Synodicon hispanum

SYNODICON HISPANUM

DIRIGIDO POR

ANTONIO GARCÍA Y GARCÍA (†)

Y REALIZADO

BAJO EL PATROCINIO DE LA

UNIVERSIDAD PONTIFICIA DE SALAMANCA

COMITÉ DE DIRECCIÓN:
FRANCISCO CANTELAR RODRÍGUEZ
LUIS A. GARCÍA MATAMORO
JAIME JUSTO FERNÁNDEZ
PETER A. LINEHAN

PLAN GENERAL DE LA OBRA

En preparación próxima:

LAS DIÓCESIS DE ARAGÓN

En perspectiva, las restantes diócesis de Cataluña y Mallorca.

SYNODICON HISPANUM

DIRIGIDO POR
ANTONIO GARCÍA Y GARCÍA (†)

XIII

AGER (ABADÍA) BARCELONA, LÉRIDA, SEGORBE-ALBARRACÍN Y URGELL

POR

FRANCISCO CANTELAR RODRÍGUEZ
ANTONIO GARCÍA Y GARCÍA (†)
LUIS A. GARCÍA MATAMORO
JAIME JUSTO FERNÁNDEZ
BENIGNO MARQUÈS SALA

BIBLIOTECA DE AUTORES CRISTIANOS

Madrid • MMXVII

© Biblioteca de Autores Cristianos, 2017
  Añastro, 1. 28033 Madrid
  Telf.: 91 343 97 91
  www.bac-editorial.com

  Depósito legal: M-20372-2017
  ISBN: 978-84-220-1019-7 (Obra completa)
  ISBN: 978-84-220-1992-3 (Tomo XIII)

Preimpresión: BAC
Impresión: Cofás, Juan de la Cierva, 58, Móstoles (Madrid)
Encuadernación: Sucesores de Felipe Méndez, S.L. Carbón, 6 y 8. Pol. Ind. San José de Valderas II,
  Leganés (Madrid)

Impreso en España. Printed in Spain

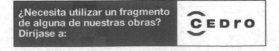

DOMINICO MAFFEI,
EXIMIO MAGISTRO, CARISSIMO AMICO,
MININVM HOC OPVS,
IN AESTIMATIONIS MAXIMAE SIGNVM,
HVIVS OPERIS AVCTORES
D.D.D.

ÍNDICE GENERAL

PRÓLOGO

Este volumen se abre con los sínodos de Ager, una abadía situada en la provincia de Lérida. Es la segunda vez que en el Synodicon hispanum *se editan los sínodos de una abadía. No llegaron a nosotros los textos originales manuscritos de los sínodos de la abadía de Ager, quizá porque una bella edición temprana de 1518 hizo que los textos manuscritos se considerasen superfluos. Pero la fortuna hizo que no solamente podamos reeditar las constituciones sinodales de Ager según la edición de 1518, utilizando un ejemplar que era desconocido hasta ahora, sino que con este motivo hayamos descubierto la edición de 1518 de Juan de Rosembach en Barcelona, que contiene las* Constitutiones sacrorum conciliorum prouincialium Tarracone de inuasoribus ad instar quarum procedunt constitutiones abbatiatus Sancti Petri Agerensis, *edición que hasta el presente no conocían ni los más prestigiosos bibliófilos. Otra contribución de este volumen del* Synodicon hispanum *a la bibliofilia es el sínodo de Urgell que Francisco de Urríes celebró en 1542, que está dedicado todo él a la edición de un breviario para los sacerdotes de la diócesis de Urgell. Se encuentran en este volumen los sínodos de Segorbe-Albarracín de 1479 y de 1485, de los que nada menos que Hain y Haebler dijeron que se habían editado en Segorbe y en Jerez en 1479 y 1485. Por desgracia no se conocen ejemplares de estas ediciones, y parece que son ediciones fantasma que en la realidad nunca existieron, y del sínodo de 1479 no se conserva actualmente el texto. Son también una novedad, aunque en este caso no de la bibliofilia, los sínodos que Francisco Clemente Pérez Capera, obispo de Barcelona, celebró en 1413 y 1421, que no se mencionaban hasta ahora en las listas de sínodos de Barcelona. Y confiamos que futuras investigaciones encuentren nuevas noticias y textos sinodales de cualesquier otras diócesis.*

Algunas características cuantitativas de los sínodos del presente volumen se pueden ver en siguiente cuadro:

	Ager	Barcelona	Lérida	Segorbe	Urgell	Total
Número	4	27	25	9	17	82
Noticia sin texto	0	7	9	1	6	23
Con texto	4	20	16	8	11	59
Siglo XIII	1	8	5	0	3	17
Siglo XIV	2	17	9	4	6	38
Siglo XV	1	2	4	4	3	14
Siglo XVI	0	0	7	1	5	13

De todos los sínodos de Barcelona cabe destacar el primero del que conoce- mos el texto, un sínodo que celebró en 1241 Pedro de Albalat, estando vacante la sede Barcelonesa, en el cual el arzobispo de Tarragona Pedro de Albalat publicó la Summa septem sacramentorum, que también se publicó en Lé- rida y más tarde en Valencia. En la misma línea y no menos interesante es el Tractatus septem sacramentorum o Libro sinodal que Guillermo Arnaldo de Patau publicó en la diócesis de Urgell en 1364, el cual procede del libro sinodal de la diócesis francesa de Rodez de 1289, y que también se publicó en el sínodo de Tarazona de 1354. El ya mencionado sínodo de Urgell de 1542 que trata de la edición de los breviarios para los sacerdotes de la diócesis contiene una completísima relación de todos los pueblos y de los sacerdotes de la diócesis, ya que todos debían contribuir y adquirir el breviario que se iba a editar. Quizá en ninguna diócesis exista para este tiempo una guía eclesiástica tan completa de pueblos y de clérigos.

Los trabajos de la presente edición se distribuyeron de la siguiente forma entre los distintos colaboradores:

La investigación previa y la localización de varios textos sinodales en archivos y bibliotecas, así como la obtención de reproducciones de los mis- mos, se debe a *Antonio García y García* (†)[1]. Los restantes textos fueron localizados por *Jaime Justo Fernández* y *Francisco Cantelar Rodríguez*, que procuraron sus reproducciones. Los sínodos de la abadía de Ager los trans- cribieron *Luis A. García Matamoro* y *Francisco Cantelar Rodríguez*, trabajo que fue revisado por *Jaime Justo Fernández*. Los textos de los sínodos de Barcelona fueron transcritos por *Francisco Cantelar Rodríguez*, trabajo que fue revisado por *Jaime Justo Fernández*. Los sínodos de Lérida y Segor- be-Albarracín los transcribió *Francisco Cantelar Rodríguez*, y *Jaime Justo Fernández* revisó este trabajo. *Benigno Marquès Sala* transcribió los sínodos de Urgell de los años 1542 y 1545, y *Francisco Cantelar Rodríguez* tran- scribió los restantes sínodos de Urgell, trabajo que fue revisado por *Jaime Justo Fernández* y por el mismo *Benigno Marquès Sala*, que también revisó las introducciones a todos los sínodos de Urgell. La puntuación de todos los textos, las introducciones a cada diócesis y a cada uno de los sínodos, el aparato crítico y el aparato de fuentes, los índices onomástico, toponími- co y temático son obra de *Francisco Cantelar Rodríguez*, que también se encargó de la corrección de las pruebas de imprenta y de algunas otras pequeñeces de la edición. Todo este trabajo fue revisado por *Jaime Justo Fernández*, que además confeccionó el índice sistemático final.

En este volumen tiene un destacadísimo protagonismo Josep Baucells i Reig, canónigo Archivero de Barcelona. En diversos lugares de nuestra edición de los sínodos de Barcelona indicamos su aportación al estudio de los sínodos

---

[1] El P. Antonio García y García, después de una larga enfermedad, murió en el convento franciscano de Chipiona (Cádiz) el día 8 de julio de 2013 y allí fue sepul- tado al día siguiente. *Vivat in Christo.*

barceloneses, que aparece en su valiosa obra Vivir en la Edad Media, *que nos ha sido de muchísima utilidad. Pero, además y sobre todo, ha tenido la amabilidad de leer nuestro original, y en carta de 22 de julio de 2016 a Francisco Cantelar dice:* «Por mi parte, he intentado, dedicando a ello un montón de tiempo, documentar fechas (...) tanto en el archivo capitular como en el diocesano (...), sin que mi labor haya conseguido nada de lo que era deseable. De ahí que tus suposiciones siguen siendo válidas y merecen de mi parte un aplauso», *y añade algunas pequeñas observaciones que hemos procurado incorporar. Reiteramos, pues, nuestra gratitud a* Josep Baucells i Reig *por su importante colaboración en este volumen. Y nuestro agradecimiento se extiende también a* Inma Ferrer, *su colaboradora en el Archivo Capitular de Barcelona, que con exquisita amabilidad nos atendió en numerosas ocasiones.*

Queremos expresar igualmente nuestra sincera gratitud a Xavier Navarro, *párroco de Ager (Lérida), a* Ana Carles, *del Archivo Capitular y a todo el personal de la curia episcopal de Lérida por habernos facilitado una excelente reproducción de las valiosas ediciones de los sínodos de Ager. De nuevo y muy especialmente manifestamos nuestro agradecimiento a la misma* Ana Carles *y a todo el personal del archivo capitular de Lérida por las numerosas veces que atendieron nuestras consultas acerca de varios sínodos ilerdenses, supliendo así nuestra imposibilidad de desplazarnos personalmente a Lérida. Manifestamos también nuestra gratitud al personal de los distintos archivos y bibliotecas que nos han facilitado con presteza y amabilidad la documentación que les hemos solicitado. Sin su desinteresada y eficaz colaboración no habría sido posible realizar este estudio. La misma sincera gratitud manifestamos a* María Isabel Crespo Freire, *de la Biblioteca del Instituto Teológico Compostelano, por su cordial amabilidad en facilitarnos la consulta de varias obras de su Biblioteca. Y finalmente, aunque en primer lugar, manifestamos de nuevo nuestro grato e imperecedero recuerdo al profesor y amigo* Domenico Maffei, *tan cercano siempre a* Antonio García y García[2].

Santiago de Compostela, 25 de julio de 2016.
En la fiesta del Apóstol Santiago.

Nota: A partir del volumen IX, para mayor comodidad de los lectores que no sean expertos en latín redactamos el aparato crítico y el aparato de fuentes en castellano, abandonando las palabras latinas que empleábamos hasta entonces, pero siguiendo el mismo método de presentación. Hemos procurado también utilizar palabras castellanas similares a las latinas usuales en estos casos y empleadas en los volúmenes anteriores, para que el cambio resulte menos extraño o apenas perceptible, y que la redacción de dichos aparatos crítico y de fuentes sea fácilmente com-

---

[2] Paola MAFFEI, «Antonio García y García, OFM (1928-2013) "carissimo e indimenticabile amico". Ricordi dalle lettere a Domenico Maffe», en: *Rivista Internazionale di Diritto Comune* 25 (2014) 281-296.

prensible a cualquier lector, incluso no muy avezado. Las principales abreviaturas
del aparato crítico y su significado son las siguientes:

ac.	= *antes de la corrección*
ad.	= *adiciona/n o añade/n*
antep.	= *antepone/n*
bis	= *palabra/s o frase/s repetida/s*
cancel.	= *cancelado o tachado*
homograf.	= *homografía o homoiteleuton*
interl.	= *interlineal o entre líneas*
m.	= *mano, amanuense o escribiente*
marg.	= *al margen*
om.	= *omite/n*
pc.	= *posterior a la corrección o después de corregido*
post.	= *posterior o después de*
rec.	= *reciente*
tr.	= *transpone/n*

SIGLAS, FUENTES Y BIBLIOGRAFÍA

A) Fuentes primarias

A = Andorra, Arxiu Històric Nacional d'Andorra MS 1 (Casa de la Vall, Andorra la Vella): Es un volumen facticio con documentos de los siglos xii-xvi, encuadernado probablemente en el siglo xvii. Entre otros documentos, son especialmente importantes los diversos privilegios otorgados por los señores de Andorra a los habitantes del Valle en los siglos xii al xv. A nosotros aquí nos interesan únicamente los fragmentos que contiene de textos sinodales de La Seu d'Urgell. En el fol. 95r-96r contiene el sínodo de Urgell de 1328. [4-12] de nuestra edición. En el fol. 96r-100v contiene las constituciones provinciales de Tarragona, como se encuentran en el MS 2065 bis fol. 15r-21v, aunque con algunas deficiencias. En el fol. 101r comienza inesperadamente y sin indicación alguna el [20] de nuestra edición del *Tractatus septem sacramentorum* o *Libro sinodal de Urgell,* que continúa hasta el [114] en el fol. 110v, y con otros textos repetidos hasta el [149] de nuestra edición, con el que concluye en el fol. 124v. En el fol. 111rv hay unos fragmentos de los sínodos de 1276 y de 1286 de Urgell. Por ser un texto muy fragmentario y deficiente, este MS no tiene interés para nuestra edición.

B = Barcelona. Archivo Capitular. *Libro de la Cadena,* o simplemente *Cadena.* Para nuestro presente interés contiene los siguientes sínodos de Barcelona: en el fol. 127ra-130va, sínodo de 1241, presidido en Barcelona por Pedro de Albalat, arzobispo de Tarragona. Fol. 130va-131rb, sínodo de marzo de 1244, de Pedro de Centelles. Fol. 133rab, sínodo de 1242, sínodo del arcediano, en sede vacante. Fol. 131va-132rb, sínodo de noviembre de 1242, de Pedro de Centelles. Fol. 132rb-133ra, sínodo 1245, de Pedro de Centelles. Fol. 133rb-135rb, sínodo de 1290, de Bernardo Peregrí. Fol. 135rb-135vb, sínodo de 1301 (?), de Hugo de Cardona, vicario de Poncio de Gualba. Fol. 135cb-136va, y fol. 137va-139vb, sínodo de Poncio de Gualba de 1320-1323. Fol. 136va-137va, sínodo de 1307, de Poncio de Gualba. Fol. 139vb-140ra, sínodo de 1317, de Poncio de Gualba. Fol. 140ra-141rb, sínodo de 1318, de Poncio de Gualba. Fol. 141rb-142va, sínodo de1319, de Poncio de Gualba. Fol. 144rava, sínodo de 1323, de Poncio de Gualba. Fol. 142va-143vb, sínodo de 1339, de Ferrer de Abella. Fol. 145ra, sínodo de 1345, de Bernardo Oliver. Fol. 145rab y fol. 171ra-173rb, sínodo de 1354, de Francisco Ruffach, vicario de Ricomá. Una descripción más minuciosa del contenido del códice y otras características se pueden ver en Josep BAUCELLS I REIG, *Vivir en la Edad Media: Barcelona y su entorno en los siglos XIII y XIV.* 1: *1200-1344* (Barcelona 2004) 361-363.

C = Barcelona. Archivo Capitular. Códice CSB. *Constitutiones synodales ecclesie Barcinonensis.* Son 77 folios numerados recientemente con lápiz, de 30 x 22 cms., encuadernación del siglo XIX, con acoplamiento de textos diversos. Contiene principalmente concilios tarraconenses de 1329 a 1390 y textos sinodales de Barcelona. La parte principal del códice se puede datar hacia 1415. Los trece primeros folios son una añadidura, y de ellos los fol. 6-13 están en blanco. Los fol. 14ra-34va contienen la compilación sinodal de Francisco Ruffach, vicario del obispo Miguel Ricomá, 1347-1353. En los fol. 34va-37vb se encuentra el sínodo de Francisco Ruffacha de 6 de junio de 1354. Los folios 38r-69v contienen constituciones provinciales de Tarragona. Más completa descripción se puede ver en Josep BAUCELLS I REIG, *Vivir en la Edad Media: Barcelona y su entorno en los siglos XIII y XIV.* 1: *1200-1344* (Barcelona 2004) 364-365.

Ch = Barcelona. Archivo Capitular. Códice CSP. *Constitutiones synodales et prouinciales.* Es un libro facticio, confeccionado arbitrariamente a base de hojas y pliegos diversos. Papel y pergamino. Encuadernación del siglo XIX, que parece que sustituyó a otra anterior. Son 83 folios numerados recientemente a lápiz. En el fol. 1r comienza con el final de [8] de nuestra edición del sínodo de 1339, con las palabras «ultra penas a iure impositas», y continúa el texto hasta el final de dicho sínodo, el [18] de nuestra edición, donde sigue en fol. 3rv una noticia del notario de dicho sínodo acerca de la lectura de las constituciones, que sitúa en el «quinto idus aprilis» (= 9 de abril). En el fol. 3v-4v hay la misa de un apóstol. En el fol. 5r comienza el *Tractatus breuis de articulis fidei et sacramentis Ecclesie* de Juan de Aragón, patriarca de Alejandría y administrador de Tarragona, que concluye en el fol. 15r. Los fol. 15r-21r contienen plegarias, unas listas de casos reservados, misas, textos bíblicos, etc. En el fol. 21 está la constitución [12] de nuestra edición del sínodo de Pedro Centelles de 1244. En el fol. 22r comienza el sínodo de Barcelona por Pedro de Albalat, de 18 de octubre de 1241, que concluye en el fol. 32v, pero el fol. 26, que está encuadernado en horizontal y con el vuelto en blanco, parece ser una añadidura. En el fol. 32v comienza una serie de concilios provinciales de Tarragona, que se inicia con el concilio de Pedro de Albalat de 12 de enero de 1244, y la serie de concilios concluye en el fol. 50r. Los fol. 50r-51v contienen trozos de textos evangélicos, y en blanco el fol. 52rv. En los fol. 53r-55r se encuentra el sínodo de Pedro de Centelles de 1 de marzo de 1244, con el sínodo de 7 de noviembre de 1244 del mismo Pedro de Centelles. En el fol. 55v comienza el sínodo de 15 de febrero de 1258, que concluye en fol. 59r (faltan los casos reservados, para los que solamente está la rúbrica). En el fol. 59rv se encuentra el sínodo de 18 de octubre de 1242. Los fol. 60r-62v están el blanco. En los fol. 63r al 68v se encuentra en sínodo de 15 de marzo de 1291. Siguen unas constituciones de Hugo de Cardona, la primera de ellas, que aparece en fol. 68-69v es el [4-7] de nuestra edición de las constituciones de Hugo de Cardona, la siguiente, en fol. 69v-71 es distinta y en ella aparece Hugo de Cardona «gerens uices episcopi, sede uacante» y está fechada el 25 de julio de 1300. El fol. 72rv es blanco. En el fol. 73r comienza el sínodo de Poncio de Gualba de 1306, igual al texto de [1-8]. Sigue un espacio en blanco como para unas cinco líneas de texto y continúa con «Quoniam parum est constitutiones condere», que es el comienzo del texto del sínodo de 6 de abril de 1307, que concluye en fol. 79v. En los fol. 79v-80v hay una lista de casos reservados. En los fol. 80v-82r hay unas disposiciones dadas en la visita pastoral, acerca de la residencia en los beneficios, y unas oraciones o palabras para ir de viaje, que parecen tener sabor judaico y cariz supersticioso.

Ct = Barcelona. Archivo Capitular. Códice conocido como CT o Constitutiones Tarraconenses. Son 298 folios, numerados en romanos con tinta roja del 1 al 232 y con lápiz los restantes. Encuadernación del siglo xviii, con *Constitutiones Tarraconenses* en el lomo. Es un bellísimo códice, pero cuyo texto, en lo que se refiere a los sínodos de Barcelona, es idéntico al del llamado Libro de la Cadena, que es aquí nuestra sigla B, pero es bastante más deficiente, pues tiene más erratas que el Libro de la Cadena y, especialmente, tiene varias omisiones por homografía o homoioteleuton. Ambos códices proceden del mismo original o acaso el presente códice Ct sea copia del Libro de la Cadena, pero ciertamente que no sucede al revés, es decir que el Libro de la Cadena no depende del presente códice Ct. Contiene los textos de varios concilios provinciales de Tarragona desde 1329 a 1414 y también el concilio legatino de 1229. Para lo que aquí directamente nos interesa, contiene los siguientes sínodos de Barcelona: el sínodo de 1241 en los fol. 177v-184v, el sínodo de octubre de 1242 en los fol. 192v-193r, el sínodo de marzo de 1244 en los fol. 184v-186v, el sínodo de noviembre de 1244 en los fol. 187v-192v; el sínodo de 1291 en los fol. 193r-198v; las constituciones de 1300-1301 en los fol. 198v-199v, el sínodo de 1306 en los fol. 200r-202r, el sínodo de 1307 en los fol. 202r-204r, el sínodo de 1317 en los fol. 209v-210v, el sínodo de 1318 en los fol. 210v-213r, el sínodo de 1319 en los fol. 213r-216r, el sínodo de 1320-1322 en los fol. 204r-209v, el sínodo de 1323 en los fol. 220r-222r, el sínodo de 1339 en los fol. 216r-219v, en los fol. 223r-224v el rito para la celebración del concilio provincial y del sínodo diocesano. Una descripción más detallada se puede ver en Josep Baucells i Reig, *Vivir en la Edad Media: Barcelona y su entorno en los siglos XIII y XIV.* 1: *1200-1344* (Barcelona 2004) 360-361.

D = *Constitutiones abbatiatus Agerensis.* Impressum atque explicitum Barcinone per Johannem Rosembach, Alemanicum impressorem quam diligentissimum, anno Domini m.d.xviij. vicesimo primo die Junii. Son 40 hojas, en cuarto, foliación en romanos [I] Fo. II - Fo. XXXII [8], las hojas 18 y 28 no están numeradas, y la hoja 24 está numerada con Fo. XVI. Cuadernillos con las siguientes signaturas: a⁸ - d⁸ A⁸. Bellas iniciales y algunos huecos para iniciales, tinta roja y negra, letra gótica, única columna, 33 líneas por plana. Contiene los sínodos de la abadía de Ager. Palau 59822; F. J. Norton, *A descriptive catalogue of printing in Spain and Portugal* (Cambridge 1978) 136; J. Martín Abad, *Post-incunables ibéricos* (Madrid 2001) 449. Ninguno de estos autores menciona el ejemplar que se conserva en Ager. Hay una buena reproducción en la *Colección Sinodal «Lamberto de Echeverría»* de la Universidad Pontificia de Salamanca y otra en la Biblioteca del Instituto Teológico Compostelano.

E   = *Constitutiones sacrorum conciliorum prouincialium Tarracone de inuasoribus,*
       and instar quarum procedunt constitutiones abbatiatus santi Petri Agerensis,
       nullius diocesis sed ad ecclesiam Romanam, tam in capite quam in membris
       nullo medio pertinentis, contra inuasores et raptores personarum, rerum eccle-
       siaticarum et locorum ecclesiarum dicti abbatiatus. (Pequeño grabado S. Pe-
       dro y una iglesia al fondo). Impressum atque explicitum Barcinone per
       Johannem Rosembach, Alemanicum impressorem quam diligentissimum,
       anno Domini m.d.xviij. vicesimo sexto die mensis Junii. Son 20 hojas,
       en cuarto, foliación en romanos [I] Fo. II - Fo. XX. Cuadernillos con las
       siguientes signaturas: A⁸ B⁸ C⁴. Bellas iniciales. En el vuelto de la portada
       hay un grabado a toda plana de la Virgen con el Niño. Tinta roja y negra,
       letra gótica, única columna en el texto y dos columnas en la tabla final. Es
       de la misma fecha y del mismo impresor que el anterior, pero éste tiene 38
       líneas por plana. Esta edición es desconocida hasta el presente (diciembre
       de 2015) por los estudiosos. El original se guarda en la parroquia de Ager
       (Lérida). Hay una buena reproducción en la *Colección Sinodal «Lamberto*
       de Echeverría» de la Universidad Pontificia de Salamanca y otra en la Bi-
       blioteca del Instituto Teológico Compostelano.

Es   = Escorial. San Lorenzo del Escorial. Real Biblioteca del Monasterio: MS
       c-II-7. Manuscrito del siglo XIV, papel, foliación romana, en la que fal-
       tan los folios 17, 18, 19, 20 y 21, pero no falta texto. La parte de este
       voluminoso códice que hemos manejado y que aquí nos interesa contie-
       ne los siguientes sínodos de Barcelona: los fol. 1r-22r (17r) contienen la
       compilación de sínodos de Barcelona que Francisco Ruffach compuso en
       1347-1353. El sínodo que el mismo Francisco Ruffach, vicario del obispo
       Miguel de Ricomá, celebró en Barcelona el 6 de junio de 1254, ocupa
       los folios 22r-24v. Los fol. 25r-38r contienen constituciones de concilios
       provinciales de Tarragona. Y finalmente en los fol. 38r-39v se encuentra
       el sínodo que Ferrer de Abella celebró en Barcelona el 8 de abril de 1339.
       G. ANTOLÍN (OSA), *Catálogo de los códices latinos de la Real Biblioteca del*
       Escorial 1 (Imprenta Helénica, Madrid 1910).

F   = *Constitutiones synodales veteres et novae abbatiatus, nunc archipresbyteratus,*
       Agerensis, recolectae ex synodis dioecesanis de 1285 usque ad synodum cele-
       bratum per illustrem admodumque reuerendum Ioannem Fort, die 15 Iunii
       1648. (Grabado). Anno (escudo) 1648. Cum licentia, Barcinone, ex typis
       Antonii Lacualleria. Son 7 hojas, más 172 páginas numeradas en arábigos,
       más una hoja. Palau 60178; Sawicki 972. Hay un ejemplar en la *Colección*
       Sinodal «Lamberto de Echeverría» de la Universidad Pontificia de Sala-
       manca, que se describe en F. CANTELAR RODRÍGUEZ, *Colección Sinodal*
       «Lamberto de Echeverría». Catálogo (Bibliotheca Salmanticensis. Estudios
       30. Salamanca 1980) n.23 pp.45-46. En este catálogo se indican las pági-
       nas en las que aparece cada uno de los sínodos de la abadía y arciprestado
       de Ager.

G   = Segorbe, Archivo de la Catedral, MS 10, fol. 1r-47v y 113r-117r. En los
       fol. 1r-12r contiene el sínodo de Segorbe-Albarracín de 1320, el sínodo

de 1323 en los fol. 12v-17v, con el sínodo de 1358 en los fol. 19r-21r, en los fol. 27v-47v se encuentra el sínodo de 1367, y finalmente el sínodo de 1531 en los fol. 113r-117v.

H = Segorbe, Archivo de la Catedral, MS 2 fol. 169r-174v, en los que contiene el sínodo de Segorbe-Albarracín de 1531.

I = Vitoria, Biblioteca del Seminario, MS 1 fol. 1r-59v; I¹ (añadiduras de otra mano en los márgenes de I) y I² (añadiduras de otra mano en los márgenes de I, con la indicación de: *al. cod.* Estas añadiduras de otro u otros códices en I² suelen coincidir con el texto de G); J. ZUNZUNEGUI, «Los sínodos diocesanos de Segorbe y Albarracín celebrados por fray Sancho Dull (1319-1356)», en: *Scriptorium Victoriense* 1 (1954) 147-165, que transcribe el códice. Este códice del Seminario de Vitoria es el mejor testigo para los sínodos de Segorbe-Albarracín, con el sínodo de 1320 en los fol. 1r-10, el sínodo de 1323 en fol. 10r-14r, el sínodo de 1358 en fol. 43r-44r, el sínodo de 1367 en fol. 25r-42v, cn el fol. 53rv el sínodo de 1417, el sínodo de 1428 en los fol. 54v-58r y finalmente el sínodo 1485 en los fol. 58v-59v.

J = Barcelona. Archivo Capitular, Códex 77, fol. 46va-47ra. Ritual para la celebración del sínodo. J. BAUCELLS I REIG, *Vivir en la Edad Media* 1.353.

K = Madrid. Biblioteca Nacional. MS 89, antes C 60 y C 61. Es un códice facticio, papel, siglo XIV, con 114 folios, 290 x 215 mm, dos columnas, con 21 líneas por plana. Hay dos antiguas foliaciones en romanos, la primera para los primeros tratados con la foliación: i-lxi., y la segunda para las constituciones sinodales de Barcelona, foliada como: i-xliiii., y hay una foliación moderna en arábigos para todo el códice, que es la que seguimos. En los fol. 2r-64 hay dos sumas de penitencia, y con letra del siglo XVI hay una lista de fiestas en los fol. 65r-66r. En el fol. 67ra *Incipiunt constitutiones sinodales episcopatus Barchinonensis,* que concluyen en el fol. 110rb. Desglosando el contenido de estas constituciones sinodales de Barcelona, resulta lo siguiente: en los folios 67ra-103ra se encuentra la compilación sinodal de Francisco Ruffach, vicario del obispo Miguel de Ricomá (1347-1353) desde el [1] al [133]. Continúa destacada en el mismo folio 103ra la rúbrica *Infra scriptas contitutiones fecit seu condidit reuerendus in Christo pater dominus* frater Bernadus, diuina prouidentia Barcinonensis episcopus, in prima synodo quam celebrauit in ecclesia Barcinonensi die ueneris, xiiii. kalendas septembris, anno Domini millesimo ccc. xl. quinto. A este sínodo de 1345 asigna todo el texto que sigue hasta el final en el fol. 103rb *(que es el texto de 1354 en otros lugares).*

L = Lérida. Archivo Capitular. N.º 1; 1012. Año 1429 (es el manuscrito más parecido al texto de Villanueva). Folios 1 - 45 , es el códice base para nuestra edición de los sínodos manuscritos de Lérida. Contiene en el fol. 1r-6v el sínodo de 1238-1247; en el fol. 6v-7r el sínodo de 1248-1255; sínodo de 1257-1282 (1) en el fol. 7rv; y sínodo de 1257-1282 (2) en fol. 7v-8v; el fol. 8rv contiene el sínodo de 1295; con el sínodo de 1301 en fol. 8v-

11r; en fol. 11r-13r está el sínodo de 1308; el sínodo de 1314 ocupa los fol. 13r-14v; con el sínodo de 1315 en fol. 14v-15r; el sínodo de 1318 ocupa los fol. 15r-16r; con el sínodo de 1321 en fol. 16r-18r; los fol. 18r-20v contienen el sínodo de 1323; y el sínodo de 1325 está en los fol. 20v-23v; fol. 23v-24v el sínodo de 1368; y en fol. 24v-27v el sínodo de 1428.

M-D = Martène-Durand, *Thesaurus novus*, IV, col. 671-768.

Ma = Mansi, el vol. 24 con el libro sinodal de Rodez. Que en nuestra edición es: *Tractatus septem sacramentorum seu Liber synodalis*, Guillermo Arnaldo de Patau, 1364, el sínodo 8 de Urgell.

N = Lérida. Archivo Capitular. folios 156r -167r (recientes); y fol. 165 xv-xxvi (antiguos). Contiene los siguientes sínodos manuscritos de Lérida: el sínodo de 1238-1247 en fol. 156ra-158va; el sínodo de 1248-1255 en fol. 158va-159ra; el fol. 159rab contiene un sínodo de 1257-1282; y en el fol. 159rbva otro sínodo de 1257-1282; fol. 159vb el sínodo de 1295; y el sínodo de 1301 en fol. 159vb-261ra; los fol. 161ra-162ra contienen el sínodo de 1308; el sínodo de 1314 ocupa el fol. 162ravb; en fol. 162vb-163ra está el sínodo de 1315; el sínodo de 1318 en fol. 163rava; en fol. 163va-l64vb está el sínodo de 1321; en fol. 164va-165vb el sínodo de 1323; en fol. 165vb-167rb el sínodo de 1325.

Ñ = Lérida. Archivo Capitular. «Collectio synodorum Illerdensium», fol. Lxxxiiii.-ciiir. Contiene varios sínodos de Lérida. Concluye con un sínodo de Pedro de Cardona (1407-1411) que no figura en los catálogos de sínodos. Contiene en fol. 84r-87r el sínodo de 1238-1247; el sínodo de 1248-1255 en fol. 87v; en fol. 87v-88v está un sínodo de 1257-1282; con otro sínodo de 1257-1282 en fol. 88rv; el sínodo de 1295 en fol. 88v-89r; y el sínodo de 1301 en fol. 89r-90v; en fol. 90v-92r está el sínodo de 1308; en 92r-93r el sínodo de 1314; el sínodo de 1315 se encuentra en fol. 93r; en fol. 93r-94r el sínodo de 1318; en fol. 94r-95r el sínodo 1321; el sínodo de 1323 en fol. 95r-97r; en fol. 97r-98r el sínodo de 1325; el sínodo de 1368 en fol. 99r; y el sínodo de 1407-1411 en fol. 100r-102r.

O = Lérida. Archivo Capitular. Folios tamaño grande. Los sínodos de Lérida comienzan en el fol. 74r y el texto concluye en el fol. 94v. Contiene en fol. 74r-78v el sínodo de 1238-1247; en fol. 78v-79v el sínodo de 1248-1255; un sínodo de 1257-1282 aparece en fol. 79v-80r; y otro sínodo de 1257-1282 está en fol. 80rv, en fol. 80v-81r está el sínodo de 1295; y el sínodo de 1301 ocupa los fol. 81r-83v; en fol. 83v-85r el sínodo de 1308; el sínodo de 1314 ocupa los fol. 85r-86r; el sínodo de 1315 en el fol. 86rv; el sínodo de 1318 en fol. 86v-87v; en fol. 87v-89r se encuentra el sínodo de 1321; el sínodo de 1323 dn fol. 89r-91v; en fol. 91v-93r está el sínodo de 1325.

P = Enric Moliné, «Els sínodes d'Urgell del segle xvi i la reforma catòlica», en: *Urgellia. Anuari d' Estudis Històrics dels antics Comtats de Cerdanya, Urgell i Pallars, d'Andorra i la Vall d'Aran* 10 (1990-1991) 407-467.

Q   =   Todos los testigos del texto en el aparato crítico.

R   =   Barcelona, Archivo de la Corona de Aragón, Manuscrito Ripoll 90. En papel, 29 x 21,50 cm. Son 53 hojas, en una foliación reciente, pero faltan varias hojas, por lo que falta texto. Tiene 37 líneas por plana. Procede del monasterio de Santa María de Ripoll. Encuadernación del siglo xix en pergamino. Fol. 1r-2r, sínodo de Barcelona de 1421, de Francisco Clemente Pérez Capera. Fol. 2v, sínodo de Barcelona de 1413, de Francisco Clemente Pérez Capera. Fol. 3r-8v, Barcelona, compilación sinodal de Francisco Ruffach de 1347-1353. Faltan varios folios, por lo que falta texto, como se indicará en el aparato crítico. Fol. 9r-10v, sínodo de Barcelona de Ferrer de Abella de 1339. En los fol. 11r-12r hay unas constituciones capitulares de Ferrer de Abella en Barcelona, con fecha del día de Sta. Cruz de mayo de 1341. Los fol. 12r-13v contienen el sínodo que el obispo Bernardo Oliver celebró el 19 de agosto de 1345 en la catedral de Barcelona. Los restantes folios, desde el 14r al 53v contienen constituciones provinciales de Tarragona. Faltan también varios folios y texto. Para el contenido de los fol. 11r-13v ver también la sigla Ra.

Ra =   Madrid. Biblioteca Nacional, MS 13118. Un manuscrito que contiene papeles varios y de muy diversas fechas. Son 211 hojas, de 33 x 22 cm. Encuadernación del siglo xviii. Hay un índice general en la primera hoja. Los fol. 1r-56r contienen noticias de códices titulados «Colección de concilios» del Colegio Mayor de San Ildefonso de Alcalá, y la «Historia católica del arzobispo de Toledo D. Rodrigo». Aquí nos interesan especialmente los folios 57r-61r. En los folios 57r-59r hay unas constituciones capitulares de Ferrer de Abella, obispo de Barcelona (1334-1344), y su cabildo barcelonés, redactadas en las sesión 3 de mayo de 1341. Y los fol. 59r-61r contienen las constituciones del sínodo que Bernardo Oliver celebró en la catedral de Barcelona el día 19 de agosto de 1345. Ver el final del códice de la sigla R. En los folios siguientes de Ra hay papeles muy diversos, como documentos referentes al apóstol Santiago, privilegios de los reyes de Castilla a los arzobispos de Toledo, inscripciones sepulcrales de la catedral de Toledo en el año 1750, etc., que aquí no son de nuestro interés.

S   =   Barcelona, Archivo de la Corona de Aragón, Manuscritos Ripoll 73. Constituciones sinodales del obispado de Urgell. 58 hojas, una columna, 27 líneas por plana, siglo xiv, papel. Foliación reciente 1-58 folios. Algo deteriorados por la humedad el primero y los dos últimos folios. Encuadernación en pergamino, siglo xix. Procede del monasterio de Santa María de Ripoll. Antigua signatura: Estante 2.º, cajón 2.º; núm. moderno 20, antiguo 116. Contiene exactamente lo mismo que el códice de nuestra sigla Z de Urgell, pero es mucho mejor texto, por lo que elegimos a este códice como texto base de nuestra edición. El texto que se conserva del códice A de Andorra con sínodos de Urgell coincide enteramente, incluso en las pocas erratas que ambos contienen, con este códice Ripoll 73, nuestra sigla S.

Sa =   Barcelona, Archivo de la Corona de Aragón, MS Manuscrito Misceláneo n.28. Constituciones sinodales del obispado de Urgell. Texto que es casi enteramente ilegible por deterioro de la tinta. Es una copia con el mismo texto que contiene códice 2065bis del Catálogo de los manuscritos de la Biblioteca Capitular de La Seu d'Urgell, que es nuestra sigla Z. El códice no está foliado, ni es posible foliar debidamente la reproducción que tenemos, a la que asignamos una numeración hipotética de hojas. Nos parece posible y probable que esta excelente copia, hoy inservible, proceda del mismo original que el códice 2065bis de La Seu d'Ugell.

T = Un MS del siglo XVI con nueve folios en papel, que contienen el sínodo de Urgell de 1542.

Ta = Un MS del siglo XVI en papel, con 4 folios, que contienen el sínodo de Urgell de 1545. Este cuaderno y el anterior, junto con otros que contienen actas de sínodos de Urgell del siglo XVI, están encuadernados en un volumen y pertenecen al Archivo Capitular de La Seu d'Urgell.

U = Biblioteca de la Universidad de Barcelona. MS 588. Manuscrito en papel, letra gótica, dos columnas por plana, 41 líneas por plana. En los fol. 54ra-55vb contiene el sínodo de Barcelona de 1241 hasta el capítulo 9, del matrimonio. En el fol. 57ravb contiene el sínodo de Barcelona de Pedro de Centelles de marzo de 1244, en los fol. 57vb-58ra el sínodo de Barcelona del mismo Pedro de Centelles de noviembre de 1244.

V = J. VILLANUEVA, *Viage literario a las iglesias de España* I-XXII (Madrid 1803-1852). En cada caso se indica el volumen citado.

X = A. GARCÍA Y GARCÍA (dir.), *Catálogo de los manuscritos jurídicos de la Biblioteca Capitular de La Seu d'Urgell* (La Seu d'Urgell 2009) CXLII + 637 páginas. Nuestra sigla X es el códice 2065 A de este Catálogo, pp.146-147. Son 16 folios, numerados recientemente, con una foliación antigua que va desde el 53 al 68. Códice del siglo XIV en papel, dos columnas, 37 líneas por plana. Iniciales en rojo y azul. Contiene los sínodos de Urgell de 1276, 1287, 1310-1316, 1328, 1362 y 1364. No contiene el Libro Sinodal.

Y = Nuestra sigla Y es el códice 2065 B del citado *Catálogo*, p.147. Son 57 folios, con una foliación reciente que va del 17 al 72, y con una foliación antigua en romanos, que va del v. al lxi. Es un códice del siglo XIV en papel, única columna, con 27 líneas por plana. En el fol. 17r comienzo mutilado el Libro sinodal o Tratado de los siete sacramentos de Urgell. Contiene también los sínodos de Urgell de1276, 1287, 1310-1316, 1328, 1362, 1364, una parte del Libro Sinodal de 1364 y una constitución de un sínodo de la segunda mitad del siglo XV.

Z = Nuestra sigla Z es el códice 2065bis del citado *Catálogo*, pág. 158-165. Son 93 folios, numerados recientemente. Es un códice del siglo XIV en papel, única columna, con 20-23 líneas por plana. Letra cursiva poco cuidada. Las rúbricas y calderones fueron añadidos por otra mano tosca. Contiene lo mismo que el códice de la sigla S de Barcelona, Archivo de la Corona de Aragón, Ripoll 73, del que es un hermano gemelo o acaso una copia del mismo.

B) Fuentes secundarias y bibliografía

M. AYMERICH, *Nomina et acta episcoporum Barcinonensium, binis libris comprehensa, atque ad historiae et chronologiae rationem revocata.* Barcinone, anno MDCCLX, apud Joannem Nadal typographum.

C. BARAUT - J. CASTELLS - B. MARQUÈS - E. MOLINÉ, *Episcopologi de l'església d'Urgell, segles VI-XXI* (La Seu d'Urgell 2002) 150 p. y 18 hojas de ilustraciones.

J. BAUCELLS I REIG, *Vivir en la Edad Media: Barcelona y su entorno en los siglos XIII y XIV (1200-1344),* 3 vols. (Barcelona 2004); vol. 1.315-365.

J. BLASCO AGUILAR, *Historia y derecho en la catedral de Segorbe* (Valencia 1973) 542 p.

F. CANTELAR RODRÍGUEZ, *Colección sinodal «Lamberto de Echeverría». Catálogo 1-3* (Bibliotheca Salmanticensis. Estudios 30, 86, 230; Salamanca 1980-2001).

COD = *Conciliorum oecumenicorum decreta,* ed. J. Alberigo y otros (Bolonia ³1973).

DHEE = *Diccionario de historia eclesiástica de España* 1-4 (Madrid 1972-1975). Suplemento 1 (Madrid 1987).

Episcopologi, vid. C. Baraut - J. Castelles - B. Marquès - E. Moliné.

J. M.ª ESCRIVÁ DE BALAGUER, *La abadesa de las Huelgas* (Madrid 1944) 415 p., con numerosas reediciones.

C. EUBEL, *Hierarchia catholica medii aevi* 1-3 (Monasterii 1913 - 1923 = Patavii ²1960). El tercer volumen lo comenzó G. van Gulik y lo concluyó C. Eubel. La segunda ed. la preparó Ludovicus Schmitz-Kallenberg.

L. FERRER, «Sínodo», en: DHEE 4 (Madrid 1975) 2487-2494.

A. GARCÍA Y GARCÍA (dir.), *Catálogo de los manuscritos jurídicos de la Biblioteca Capitular de La Seu d'Urgell* (La Seu d'Urgell 2009) CXLII + 638 p.

C. HAEBLER, *Bibliografía ibérica del siglo XV* 1-2 (Leipzig-La Haya 1903-1917 = Madrid 1992).

P. LINEHAN, *La iglesia española y el papado en el siglo XIII* (Bibliotheca Salmanticensis. Estudios 4; Salamanca 1975).

P. MADOZ, *Diccionario geográfico-estadístico-histórico de España y sus posesiones de Ultramar* 1-16 (Madrid 1845-1850).

D. MANSILLA REOYO, *Geografía eclesiástica de España. Estudio histórico-geográfico de las diócesis* 1-2 (Roma 1994).

— *Iglesia castellano-leonesa y curia romana en los tiempos del rey san Fernando* (Madrid 1945).

E. MARTÈNE - U. DURAND, *Thesaurus novus anecdotarum.* IV (Lutetiae Parisiorum 1717).

J. M. MARTÍ BONET, *Historia de las diócesis españolas.* 2: *Barcelona, Terrasa, Sant Feliu de Llobregat y Gerona* (Madrid 2006) 23-430.

— *Costumario eclesiástico: normativas diocesanas* (Barcelona 2013).

J. MARTÍN ABAD, *Post-incunables ibéricos* (Madrid 2001).

D. Montolío Torán - P. Saborit Bádenas, *Historia de las diócesis españolas*. 6: *La Iglesia de Valencia, Segorbe-Castellón y Orihuela-Alicante* (Madrid 2005) 475-511.

F. J. Norton, *A descriptive catalogue of printing in Spain and Portugal 1501-1520* (Cambridge 1978).

— *La imprenta en España 1501-1520*. Edición anotada, con un nuevo «Índice de libros impresos en España, 1501-1520», por J. Martín Abad (Madrid 1997).

Noticias de Segorbe y de su obispado, por un sacerdote de la diócesis 1-2 (Segorbe 1890 = Segorbe 1983) 994 p. y diez hojas de índices.

Palau = A. Palau y Dulcet, *Manual del librero hispanoamericano*, 2.ª ed. revisada y añadida por A. Palau Claveras, 1-38 (Barcelona 1948-1977).

J. M.ª Pons Guri, *Constitucions conciliars Tarraconenses*. Separata de *Analecta Sacra Tarraconensia* XLVII-XLVIII, 190 p.

S. Puig y Puig, *Episcopologio de la sede Barcinonense. Apuntes para la historia de la Iglesia de Barcelona y de sus prelados* (Biblioteca Balmes, Barcelona 1929) 546 p.

L. Ruiz Fidalgo, «Obispos españoles», en: DHEE, Suplemento 1 (Madrid 1987) 523-558.

J. Sanabre, *Los sínodos diocesanos de Barcelona* (Barcelona 1930) 98 p.

P. Sanahuja, ofm, *Historia de la villa de Ager* (Barcelona 1961) 360 p.

SH = *Synodicon hispanum* I-XII (Madrid 1981-2014).

J. Tejada y Ramiro, *Colección de cánones de todos los concilios de la Iglesia de España y América* 1-6 (Madrid 1859-1863).

TR = Tejada y Ramiro.

Urgellia. Anuari d'estudis històrics dels antics comtats de Cerdanya, Urgell i Pallars, d'Andorra i La Vall d'Aran 10 (1990-1991).

J. Villanueva, *Viage literario a las iglesias de España* I-XXII (Madrid 1803-1852).

J. Vives - T. Marín Martínez - G. Martínez Díez, *Concilios visigóticos e hispano-romanos* (Barcelona-Madrid 1963).

SYNODICON HISPANUM

XIII

AGER (ABADÍA), BARCELONA, LÉRIDA, SEGORBE-ALBARRACÍN Y URGELL

TEXTOS SINODALES

AGER (ABADÍA)

Ager es actualmente una importante parroquia de la diócesis de Lérida, en la provincia del mismo nombre, y fue antaño una extensa abadía, independiente de la jurisdicción episcopal y sometida directamente a la Santa Sede. Tiene la villa de Ager la fortuna de contar con una documentada historia, que contiene muchos datos acerca de su origen y su vida civil, y con muchas noticias también acerca de su vida religiosa, centradas especialmente en la historia de su abadía[1]. La institución oficial de la abadía canonical de San Pedro de Ager data del 21 de marzo de 1048, fecha de la dotación de la abadía por Arnau Mir de Tost y su esposa Arsenda. La abadía estuvo regida por canónigos regulares de San Agustín[2]. El 13 de agosto de 1592 el papa Clemente VIII suprimió todos los prioratos y preposituras de la Orden de San Agustín, también la abadía de Ager, y en la iglesia de San Pedro erigió una colegiata secular con los mismos privilegios de la antigua abadía agustiniana[3], colegiata que pervivió hasta 1873[4]. En todas las abadías *nullius,* el abad o la abadesa[5] tenían facultades episcopales de régimen, y podían convocar sínodo, igual que cualquier obispo en su diócesis. Tenemos noticias y textos de los sínodos que en Ager celebraron los siguientes abades y arcedianos: el abad Pedro de Ager celebró sínodo el 15 de enero de 1285, el abad Hugo de Cervelló presidió un sínodo el 13 de noviembre de 1333; el abad Francisco de Monllor lo celebró el 5 de abril de 1339, el abad Vicente Segarra celebró sínodo el 14 de junio de 1409, Jerónimo de Cardona, que es el último abad, tuvo sínodo en 1579, el 5 de julio de 1605 tuvo sínodo el arcediano Antonio Puigvert, que fue el primer arcediano de Ager; el siguiente arcediano, Jerónimo Roure, celebró sínodo el 15 de mayo de 1612; el arcediano Andrés Pujol celebró sínodos los días 24 de abril de 1623, el 5 de noviembre de 1628 y el 16 de noviembre de 1629, el 15 de mayo de 1626 tuvo sínodo el arcediano

---

[1] P. SANAHUJA, OFM, *Historia de la villa de Ager* (Barcelona 1961) 360 pp.

[2] Ibíd., especialmente en la p.110ss.

[3] Ibíd., 211-212.

[4] Ibíd., 230-232; J. VILLANUEVA, *Viage literario* IX.88-150, con una lista de sus abades (pp.120-124); en la p.149 dice Villanueva «he visto y disfrutado para mis ritos la colección de todos los sínodos que publicó en 1665 el arcipreste D. Francisco Ciscar. Los hay desde el año 1285»; también L. FERRER, «Sínodo», en: DHEE 4.2489, cita esta edición de Barcelona de 1665, que añade a la edición de 1648 el sínodo Francisco Ciscar y de Gravalosa de 1662, pero no menciona Villanueva la edición de 1518, que es para nosotros la edición importante, de la que Ferrer dice que no se conocen ejemplares.

[5] Como es el caso de la abadesa de Las Huelgas (Burgos), J. M.ª ESCRIVÁ DE BALAGUER, *La abadesa de las Huelgas* (Madrid 1944) 415 pp., con varias reediciones posteriores. Pero la abadesa de las Huelgas nunca celebró sínodo en su abadía, aunque podía haberlo hecho, como expone la documentada obra de J. M.ª Escrivá. En el vol. IX del *Synodicon hispanum* (Madrid 2010) 7-198 hemos editado los sínodos de la abadía de Alcalá la Real, aunque el caso de la abadía de Alcalá la Real es bastante distinto del de Ager.

Jerónimo, el arcediano Francisco Broquetes celebró sínodo el 8 de octubre de 1639, y el 2 de mayo de 1644 y el 15 de julio de 1648 tuvo sínodos el abad Juan Forte[6], y en el año 1662 celebró sínodo Francisco Ciscar y de Gravalosa, que es el último sínodo que conocemos de los celebrados en Ager.

No se conserva documentación manuscrita de los sínodos de Ager, pero hay tres ediciones, una de 1518, otra de 1648 y una tercera de 1665[7]. Gracias a estas ediciones conocemos los textos sinodales de Ager. Estas ediciones están ordenadas por temas, por lo que las constituciones de cada sínodo aparecen dispersas en distintos lugares, y la edición de 1518, que es la que principalmente nos interesa, no siempre indica a qué abad o sínodo pertenecen las constituciones que edita. Esto último suele aparecer en la edición de 1648, por lo que a ella acudiremos en nuestra edición para mostrar a qué sínodo pertenecen las constituciones. Y así en el encabezamiento de cada una de las constituciones, después de lo que aparece en la edición de 1518, añadimos entre corchetes <...> la cabecera que se encuentra en la edición de 1648. Según esto, pertenecen al sínodo que el abad Pedro de Ager celebró el 15 de enero de 1285 los siguientes textos de nuestra edición: [3-5, 8-21, 25-27, 29-42, 44-88, 92-93, 95-122, 125-133, 140-144, 173-177, 182-185, 187, 190-192], y al sínodo que el abad Hugo Cervelló tuvo el 13 de noviembre de 1333 pertenecen los siguientes: [6, 22-24, 94, 123-124, 158, 167-171]; del sínodo que el abad Francisco de Monllor celebró el 5 de abril de 1339 son los siguientes: [7, 28, 43, 89-91, 134-139, 145-146, 160-166, 172, 178-181]; al sínodo del abad Vicente Segarra de 14 de junio de 1409 pertenecen los siguientes: [186, 188-189,193-196, 198] y acaso también el [197], que se encuentra entre dos textos suyos; y aparecen sin adscripción a ningún abad o sínodo el c.26.[147-157] y el c.28.[159], que puede ser que pertenezcan al sínodo de 1518[8].

---

[6] Datos que proceden de la edición de las *Constitutiones sinodales veteres et novae abbatiatus nunc archipresbyteratus Agerensis, recolectae ex synodis dioecesanis de 1285 usque ad synodum celebratam per illustrem admodumque reuerendum Ioannem Fort, die 15 iulii 1648.* (grabado) *anno* (escudo) *1648. Cum licentia, Barcinone, ex typis Antonio Lacaulleria.* Puede verse la descripción de esta obra y las páginas en las que se encuentran los distintos sínodos en F. CANTELAR RODRÍGUEZ, *Colección sinodal «Lamberto de Echeverría». Catálogo* 1, n.23, pp.45-46.

[7] *Constitutiones synodales veteres et novae abbatiatus, nunc archipresbyteratus Agerensis...* (Barcinonae 1665). Prescindimos de esta edición de 1665, que ya hemos mencionado en la nota 4, porque nada especial añade para conocer los sínodos anteriores al concilio de Trento (1563), que son los que aquí nos interesan.

[8] Pero quizá algunas de estas adscripciones no sean correctas, porque, por ejemplo, el [176] se atribuye al sínodo de 1285 del abad Pedro, que es el primer sínodo de Ager que conocemos, pero en el texto de la constitución [176, lín.6-7] aparece un «dominus Hugo, predecessor noster». Quizá este [176] pertenezca al sínodo de 1339 de Francisco de Monllor, que es el abad siguiente al abad Hugo. De dicho abad Pedro de Ager las ediciones mencionan únicamente el sínodo de 1285, pero el abad Pedro celebró más de un sínodo porque en el encabezamiento de [177] se dice «in alia synodo per eum celebrata», y en el cuerpo de la constitución el mismo abad alude a ese otro sínodo suyo, al decir (lín.8) «igitur in constitutione per nos

La abadía de Ager tenía una notable extensión, aunque no siempre fue la misma en todo tiempo. En marzo de 1373 pertenecían a la abadía de Ager las siguientes iglesias parroquiales: San Pedro de Ager, San Pedro de La Ametlla, San Just, San Salvador, San Pedro de Cas, San Julián de la Régola, San Pedro de Millá, Santa María de Claramunt, Santa María de Corsá, San Lorenzo, San Miguel de Montmagastre, San Juan de Comiols, Vall-llebrera, San Jaime de Vilves, Santa María de Artesa, San Pedro de Montsonís, San Juan de Montclar, Tudela, San Pedro de Bicfret, San Salvador de la Manresana, Santa María de Castellnou de las Oluges, San Miguel de Priexens, Santa María de Pradell, Santa María de Boccénit, Santa María de Balaguer a la parte de Ager, Santa María de Castelló de Farfanya, San Miguel de Os, Santa María de Alguerri, Santa María de Ivars, Santa María de Piñana, Santa María de Castillonroy, Santa María de Valldellou, Entensa, San Bartolomé de Bellmunt, Fet, Finestras, Blancafort, Santa María de Tragó, San Julián de Boix, Salgá (Ribagorza), Santa María de Camporrells, Baells, Estaña, Santa María de Caserras[9]. Por lo que las constituciones sinodales que editamos estaban destinadas a ser aplicadas en un territorio relativamente extenso.

edita», que es la [174-175], por lo que el abad Pedro de Ager celebró al menos dos sínodos. Por otra parte las fechas de los sínodos y abades que aparecen en la edición de 1518 y en la de 1648 no siempre coinciden enteramente con las fechas del abadologio que publica J. VILLANUEVA, *Viage literario* IX.120-124.

[9] P. SANAHUJA, *Historia*, 70. En la edición de 1648 de los sínodos de Ager aparece la siguiente lista de iglesias parroquiales: «*Ecclesiae parochiales archipresbyteratus Agerensis:* Primo, parochialis Sancti Vincentii villae Agerensis. Parochialis eiusdem villae antiqua Sancti Nicolaii. Parochialis eiusdem villae Sancti Martini. Parochialis antiqua eiusdem villae Sancti Johannis Baptistae, unitae dictae parochiali Sancti Vincentii. Parochialis Sancti Iuliani de la Regola vallis Agerensis. Parochialis de Conill. Parochialis de la Amella. Parochialis de Scumo. Parochialis de Mallabechs. Parochialis de Orones. Parochialis de Sant Iust. Parochialis de Cas. Parochialis de Font de Pou. Parochialis de Mont-Lleo est ruralis. Parochialis de Montesquiu est ruralis. Prioratus seu parochialis Sancti Laurentii erat prioratus monachorum Sancti Bernardi. Parochialis de Claramont. Parochialis de Corsa. Parochialis de la Pardina. Parochialis de Milla. Parochialis de Agullo. Parochialis de Fet. Parochialis de Vallescura. Parochialis de Bellmunt, diruta propter bella. Parochialis de Antensa. Parochialis de Casserras. Parochialis de Panavera. Parochialis de Estanya. Parochialis de Cabestany. Parochialis de Baells. Parochialis de Castellon Roi. Parochialis de Covet. Parochialis de Vall de Llou. Parochialis de Panella. Parochialis de Camporrell. Prioratus et parochialis de Pinyana. Parochialis de Hivars. Parochialis de Andeni. Parochialis de Trago. Parochialis de Salavera. Parochialis de Alberola. Parochialis de Montassor. Parochialis de Boix. Parochialis de Algeri. Parochialis villae de Os. Parochialis de la Figuera. Prioratus et parochialis villae de Castello de Farfanya. Parochialis de Torrada. Parochialis de Torra dels Homs. Parochialis de la Cuda in parte Ageris civitais Balagarii. Paroquialis de Burcenit. Parochialis de Bellmont. Parochialis de Pradell. Parochialis de les Ventoses. Parochialis de Mijanell, diruta. Parochialis de Prexens. Parochialis de Montclar. Parochialis de Marcoval. Parochialis de Montsonis, in hac parochia est monasterium Beatae Mariae de Salgar Ordinis Carmelitarum. Parochialis de Foradada. Parochialis de Artesa. Parochialis de Tudela. Parochialis de Vilves. Parochialis de Collfret. Parochialis de Grealo. Parochialis de Valla-

La edición de 1518, que es la que pertenece a la época de nuestra atención directa, tiene unas particularidades verdaderamente notables, y no hemos encontrado por ahora ningún otro caso similar. En realidad, se trata de dos distintas ediciones de dos textos diversos, de tal forma que una de ellas era desconocida por los bibliófilos hasta el presente. La edición que contiene las constituciones sinodales propiamente tales fue impresa en Barcelona por Juan Rosembach el 21 de junio de 1518 y era ya conocida por los bibliófilos. Pero hay otra edición o folletito del mismo impresor, Juan de Rosembach, también en Barcelona y en 1518, aunque cinco días posterior porque es del 26 de junio de 1518. Este segundo impreso, desconocido hasta el presente por los bibliófilos, contiene *Constitutiones sacrorum conciliorum prouincialium Tarracone de inuasoribus, ad instar quarum procedunt constitutiones abbatiatus Sancti Petri Agerensis, nullius diocesis, sed ad ecclesiam Romanam, tam in capite quam in membris nullo medio pertinentis.* La cuestión es si estas constituciones de los concilios provinciales de Tarragona, que son el modelo de las constituciones sinodales para la abadía de Ager, tienen también ellas valor sinodal en la abadía y si debemos editarlas aquí o no. Es indudable que se trata de dos cosas distintas y que la abadía era muy celosa de proclamar su independencia de toda autoridad que no fuese la del Papa, y por lo tanto se consideraba también independiente de los concilios provinciales de Tarragona. Pero esta independencia se proclamaba y defendía con denuedo solamente cuando interesaba, porque si la legislación provincial de Tarragona era favorable a la abadía, en ese caso se aceptaba como propia. Y resulta que el mismo abad o administrador de la abadía que en 1518 encargó la impresión de las constituciones sinodales al impresor Juan Rosembach le encargó también la edición de las constituciones provinciales. Y en estas constituciones provinciales de Tarragona se encuentra, además, «la forma que se debe guardar en los procesos que se hagan en la abadía de Ager», como se puede ver en [68-74] de nuestra edición de estas constituciones provinciales. Finalmente, aunque en primer lugar, en la carta que el administrador de la abadía dirige a los sinodales de 1518 y que se encuentra en el vuelto de la portada del impreso de las constituciones propiamente sinodales (en el [2] de nuestra edición), aparece la queja de que *fere nullus repertus fuerit qui eas* (las constituciones abaciales) *penes se tenuerit, maxime contra inuasores, ad instar constitutionum sacrorum conciliorum Tarraconensium.* En nuestra edición de las constituciones sinodales, en [135-139], hay una constitución del sínodo de 1339 del abad Francisco de Monllor que tiene una gran similitud con el texto

---

brera. Parochialis de Vallabrerola. Prioratus et parochialis de Montmagastre. De Comiols. De Sancta Creu. De Montargull. De Sant Ioan. De Anya. Parochialis de Bifret. Parochialis de Comabella. | Parochialis de Manresana. Parochialis de Castellnou de las Olujes».

de [3-5] que editamos de las constituciones provinciales de Tarragona, a las cuales expresamente remite el sínodo de 1339 y dice que se deben guardar con minuciosidad [139], indicando que se encuentran al final[10]. Como ya hemos dicho, la carta del comienzo del sínodo de 1518 manda que todos tengan, lean y cumplan las constituciones, también las provinciales contra los invasores, y para que nadie pueda alegar ignorancia dice que *impressoribus imprimendas dedimus,* que es lo que tenemos con las ediciones de 1518, que describimos a continuación, indicando las siglas que les adscribimos.

Tradición editorial de los sínodos de la abadía de Ager:

D = *Constitutiones abbatiatus Agerensis.* Impressum atque explicitum Barcinone per Johannem Rosembach, Alemanicum impressorem quam diligentissimum, anno Domini m.d.xviij. vicesimo primo die Junii. Son 40 hojas, en cuarto, foliación en romanos [I] Fo. II - Fo. XXXII [8], las hojas 18 y 28 no están numeradas en el impreso, y la hoja 24 está numerada con Fo. XVI. Cuadernillos con las siguientes signaturas: a⁸ - d⁸ A⁸. Bellas iniciales y algunos huecos para iniciales, tinta roja y negra, letra gótica, única columna, 33 líneas por plana. Contiene los sínodos de la abadía de Ager. Palau 59822; F. J. NORTON, *A descriptive catalogue of printing in Spain and Portugal* (Cambridge 1978) 136; J. MARTÍN ABAD, *Post-incunables ibéricos* (Madrid 2001) 449. Ninguno de estos autores menciona el ejemplar que se conserva en la parroquia de Ager (Lérida), que es el que nosotros utilizamos. Deseamos manifestar nuestra sincera gratitud a Xavier Navarro, párroco de Ager, a Ana Carles, del Archivo Capitular de Lérida, y al personal de la curia de Lérida, por la amabilidad con que nos atendieron y por habernos facilitado una excelente reproducción del ejemplar de la parroquia de Ager.

E = *Constitutiones sacrorum conciliorum prouincialium Tarracone de inuasoribus, ad instar quarum procedunt constitutiones abbatiatus santi Petri Agerensis, nullius diocesis sed ad ecclesiam Romanam, tam in capite quam in membris nullo medio pertinentis, contra inuasores et raptores personarum, rerum ecclesiaticarum et locorum ecclesiarum dicti abbatiatus.* (Pequeño grabado de S. Pedro). Impressum atque explicitum Barcinone per Johannem Rosembach, Alemanicum impressorem quam diligentissimum, anno Domini m.d.xviij. vicesimo sexto die mensis Junii. Son 20 hojas, en cuarto, foliación en romanos [I] Fo. II - Fo. XX. Cuadernillos con las siguientes signaturas: A⁸ B⁸ C⁴. Bellas iniciales. En el vuelto de la portada hay un grabado a toda plana de la Virgen con el Niño en brazos y con una persona arrodillada delante, al lado derecho de la imagen, persona a la que la Vir-

---

[10] La mentada constitución del sínodo de 1339 concluye diciendo [139]: «Et circa istam constitutionem constitutiones sacri concilii Tarraconensis contra inuasores ad unguem debent obseruari. Reliquas constitutiones facientes contra inuasores require in fine, cum modo procedendi contra inuasores»; y algo similar en [153].

gen va a imponer una corona. Tinta roja y negra, letra gótica, única columna en el texto y dos columnas en la tabla final. Es del mismo impresor, del mismo lugar y año que el precedente, pero con 38 líneas por plana y cinco días posterior en la fecha de edición. Esta edición era desconocida hasta el presente (diciembre de 2015) por los estudiosos. El original se guarda en la parroquia de Ager (Lérida). Queremos expresar de nuevo nuestra sincera gratitud a Xavier Navarro, párroco de Ager, a Ana Carles, del Archivo Capitular de Lérida, y al personal de la curia de Lérida, por su amabilidad al facilitarnos una excelente reproducción del ejemplar de la parroquia de Ager. Estos dos impresos de Ager de 1518 están plagados de erratas y en algunas ocasiones es difícil percibir el sentido correcto de los textos. En nuestra edición haremos un aparato crítico sucinto y selectivo, en el que no consignaremos las que son erratas claramente tipográficas.

F = *Constitutiones synodales veteres et novae abbatiatus, nunc archipresbyteratus, Agerensis, recolectae ex synodis dioecesanis de 1285 usque ad synodum celebratum per illustrem admodumque reuerendum Ioannem Fort, die 15 Iunii 1648.* (Grabado). Anno (escudo) 1648. Cum licentia, Barcinone, ex typis Antonii Lacualleria. Son 7 hojas, más 172 páginas numeradas en arábigos, más una hoja. Palau 60178; Sawicki 972. Hay un ejemplar en la *Colección Sinodal «Lamberto de Echeverría»* de la Universidad Pontificia de Salamanca, que se describe en F. CANTELAR RODRÍGUEZ, *Colección Sinodal «Lamberto de Echeverría». Catálogo* 1 (Bibliotheca Salmanticensis. Estudios 30. Salamanca 1980) 23 pp.45-46. En este catálogo salmantino se indican las páginas en las que aparece cada uno de los sínodos de la abadía y arciprestado de Ager en la edición de 1648.

1. Compilación sinodal del abad Lorenzo Périz, sínodo de 9 de febrero de 1518

El abad Lorenzo Périz o Pérez era navarro de origen, fue obispo titular de Nicopoli y obispo auxiliar y vicario general de Tarragona con el arzobispo Gonzalo Fernández de Heredia. Fue abad de Ager desde 1503, falleció el 9 de diciembre de 1542 y parece que había renunciado al abadiato algo antes de morir, quizá a mediados de 1542. Residió mucho tiempo personalmente en la abadía, en la que fundó un pequeño hospital. A su muerte fue enterrado en la iglesia de Ager, cerca de la puerta, junto a la pila del agua bendita. Se conserva su testamento, hecho el mismo año de su fallecimiento[1]. Según cuenta la carta que aparece al comienzo de la compilación, estas constituciones se leyeron en el sínodo de 9 de febrero de 1518, fueron aprobadas por todos los asistentes al sínodo y el abad mandó que se

---

[1] J. VILLANUEVA, *Viage literario* IX.122; C. EUBEL, *Hierarchia catholica* II.202, que lo llama Joannes Perez, dice que fue nombrado el 4 de junio de 1498 para Nicopoli (Palestina) y que pasó como auxiliar a Tarragona, con la pensión anual de 200 florines.

imprimiesen para que nadie pudiera alegar desconocimiento de ellas. No hemos encontrado en la compilación de 1518 ninguna constitución que expresamente se atribuya al sínodo 1518, mientras que hay varias que se atribuyen a sínodos precedentes, y los antepasados de muchas otras se pueden averiguar acudiendo a la edición de 1648. Pero los textos de [147-157] y de [159], que aparecen sin paternidad conocida, quizá se deban adscribir al sínodo de 1518, como también deberá ser de 1518 el [139], que claramente es una añadidura a la constitución. Parece indudable que hay varios textos que tienen una clara relación con la Suma de los sacramentos que Pedro de Albalat promulgó en el sínodo de Barcelona de 1241.

Tradición editorial: D fol. 1r-32v, y F para los textos entre corchetes < > de los encabezamientos de las constituciones, aunque para mayor claridad en el aparato crítico lo citaremos por ed.1648.

[1]   *<Libri frons>*

Constitutiones abbatiatus Agerensis.

[2]   *Epistola*

Nos Laurentius, miseratione diuina et apostolice Sedis gratia episcopus Nicopolitanus, et perpetuus administrator abbatiatus Agerensis, nullius diecesis, sed tam in capite quam in membris ad
5   ecclesiam Romanam nullo medio pertinentis, uniuersis et singulis prioribus, canonicis, clericis curatis et non curatis per dictum nostrum abbatiatum constitutis, presentibus et futuris, salutem in Domino. Noueritis quod nos, considerantes esse parum iura condere, nisi sint qui ea exsecutioni mandent et tueantur, et uidentes
10   constitutiones abbatiales nostrorum predecessorum obliuioni quasi traditas, in graue periculum animarum curam habentium, qui eas sub certis penis in dictis constitutionibus contentis tenere et penes se habere deberent, et fere nullus repertus fuerit qui eas penes se tenuerit, maxime contra inuasores, ad instar constitutionum sa-
15   crorum conciliorum Tarraconensium, ut dicto periculo animarum et indemnitati ecclesiarum dicti abbatiatus consulere possemus, et ut officium diuinum augeretur et nostram conscientiam exoneraremus, synodum celebrare decreuimus, quam quinto idus februarii dicto anno M.D.XVIII. in ecclesia nostri monasterii Sancti Petri
20   Agerensis, uocatis et interessentibus omnibus fratribus nostris canonicis dicti monasterii et prioribus, rectoribus et habentibus curam

---

Libri frons *om.*D *(falta la portada del impreso en el ejemplar de Ager).*
Epist. 1-33 Epistola — sequuntur *está en el vuelto de la portada del impreso, pero falta la portada en el ejemplar de Ager, el texto de la carta lo tomamos de la edición de 1648, donde está en las dos hojas anteriores a la paginación.*

animarum et certis clericis beneficiatis dicti nostri abbatiatus, ac
etiam de facto celebrauimus. In qua quidem synodo dictas constitutiones in conspectu omnium supra dictorum legi fecimus et,
25   ipsis audientibus et consentientibus, approbauimus et confirmaui-
mus. Et ut deinceps ignorantie causam allegare non possint, expensis omnium supra dictorum, redactas sub meliori modo et ordine
quo potuimus, impressoribus imprimendas dedimus. Quapropter
mandamus omnibus uobis predictis prioribus, rectoribus et haben-
30   tibus curam animarum ac aliis clericis dicti nostri abbatiatus, uirtute
sancte obedientie, quatenus eas habeatis, legatis et contenta in eis
obseruetis, sub penis et censuris in eis contentis. Datis loco et die
quibus supra. Et sunt que sequuntur.

[3]   *Incipiunt constitutiones uenerabilis patris Petri, Dei gratia*
       Agerensis abbatis, edite in synodo Agerensi, anno Domini
       millesimo ducentesimo octuagesimo quinto, xviij. kalendas
       februarii. Que legantur in synodis per abbates annuatim
5   *ad doctrinam simplicium sacerdotum.*

[4]   *<Proemium abbatis>*

Nos Petrus, Dei gratia Agerensis abbas, ad honorem Domini
nostri Iesu Christi et ecclesie Agerensis utilitatibus, sponse nostre,
propensius intendentes, tractatu habito diligenti cum fratribus
5   nostris in clericorum nostri abbatiatus synodo specialiter congregata, prohibitiones et precepta secundum canonum instituta, que
ex diuersis auctoritatibus et statutis sumpsimus, prout sunt rationi
consona atque iuri, et que saluti animarum et bonis clericorum moribus nouimus expedire duximus inferius annotari.

[5]   1.   *De synodi celebratione. Cap. j. <Petrus abbas in sy-*
       nodo celebrata xviij. kalendas februarii, m.cc.lxxxv. Anno
       quolibet synodum celebrandam esse feria secunda post do-
       minicam Quasi modo. Que tractanda sunt in ea, et eam
5   *uenientes quomodo se habere debeant>.*

In primis igitur statuimus quod de cetero quolibet anno, secunda feria post dominicam qua cantatur Quasi modo, dies ad synodum celebrandam, in qua clerici conueniant, sit assignata. Et die
martis, mercurii et iouis, si uisum fuerit abbati, synodus continue

Incip. 1 (fol.2r) D
Pr. 1 Proemium abbatis *om.* D
c.1 1-5 Petrus — debeant, *ed.* 1648 *p.* 1-2; *om.* D

10　teneatur. In qua synodo clerici cum mantellis uel capis rotundis aut
　　superpelliciis, ieiuni, honeste conueniant, prout decet. Et in synodo
　　pacifice audiant que legentur. Et si aliquod habuerint dubium, ab
　　abbate querant postmodum uel ab eius clericis, et eisdem questioni-
　　bus satisfaciant. Nec tamen tempore synodi aliquid per abbatem a
15　clericis exigatur, sed eis in suis dubitationibus respondeatur pacifice
　　sine murmure, synodo celebrata. Caueant etiam sacerdotes ne nimis
　　festinent uenire ad synodum apud Agerensem, nec magnam ibidem
　　contrahant moram, quoniam ex mora ipsorum graue posset paro-
　　chianorum animabus periculum imminere. Item, precipimus quod
20　clerici habentes curam animarum omnes ue|niant ad synodum, nisi
　　infirmitate aut alia canonica necessitate fuerint impediti, et tunc
　　mittant suos capellanos aut clericos loco sui. Et euntes siue redeun-
　　tes a synodo presbyteri honeste se habeant et ambulent ac honesta
　　querant hospitia, ne status clericorum in laicorum contemptum
25　uertatur et opprobrium. Qua die si non uenerint, suspendantur et
　　arbitrio abbatis canonice puniantur[1].

> [6]　2.　*Hugo primus, abbas Agerensis, in synodo sua celebra-*
> *ta idus nouembris, anno m.ccc.xxxiij. Cap. ij. <De bien-*
> *nio in biennium die predicta synodum esse celebrandam>*

　　Sane in synodo reuerendi patris Petri, bone memorie predeces-
5　soris nostri, constitutum fuit quod annis singulis celebraretur syno-
　　dus in Agerensi ecclesia secunda feria post dominicam in Albis, in
　　qua officium Quasi modo in Ecclesia decantatur[1].Sed quia ex causa
　　frequenti synodi celebratione nostri subditi grauarentur laboribus
　　personalibus et expensis, quos alias cupimus suis damnis et graua-
10　minibus releuari, statuimus quod de cetero de biennio in biennium
　　in iam dictis terminis et loco, post annum incipiendo completum,
　　dicta synodus celebretur, nisi alia iusta causa exstiterit illam infra
　　dictum biennium celebraturam duximus ordinandum. Qua quidem
　　die de biennio in biennium assignata omnes clerici iuxta tenorem
15　constitutionis predicte teneantur, sine aliqua notificatione, uenire
　　apud Agerensem ecclesiam ad dictam synodum celebrandam.

---

[1]　**c.1** D.18 c.16-17; X 1.33.9; X 5.1.22; X 5.33.17; In VI 5.7.6; Conc.4 lat.1215
c.6 (X 5.1.25); Conc.legat.Lérida 1229 c.3 (TR 3.330; Pons Guri 12, donde es
el c.2); Conc.legat.Valladolid 1228 c.1 (TR 3.325); Conc.legat.Valladolid 1322
c.1 (TR 3.479-80); Conc.prov.Tarragona 1330 c.63 (TR 3.543; Pons Guri 178);
1 Partida 5.16; 1 Partida 12.2 n.8.
[1]　**c.2** Es la constitución anterior, el [5].

---

20 (fol.2v) D
c.2 2-3 De — celebrandam, *ed.*1648 *p.*2; *om.*D

[7]   3.   *Franciscus primus, abbas Agerensis, in synodo sua cele-*
brata quinta die mensis aprilis, anno m.ccc.xxxix. Cap. iij.
<Personaliter sunt citandi qui tenentur ad synodum uenire>

In primis, attendentes fuisse in generali synodo per reuerendum
5 in Christo patrem dominum Hugonem, predecessorem, ordinatum
quod secunda feria post dominicam in Albis, qua in Dei Ecclesia
decantatur officium Quasi modo, celebretur synodus generalis de
biennio in biennium in monasterio et loco Agerensi, et omnes clerici nostri abbatiatus sine aliqua notificatione adesse teneantur termi-
10 no et loco supra dictis, nisi ex iusta causa per | abbatem Agerensem
infra biennium fore celebrandam exsisteretur ordinandum[1]. Attendentes insuper quod clerici rectores possint uerisimiliter obliuisci
dictam synodum illo tempore fore celebrandam, eo quod memoria
hominis labilis exsistat et plures ex dictis clericis in beneficiis suis
15 de nouo recepti probabiliter haberent causam ignorandi terminum
synodi ante dictum. Inclinati supplicationibus dictorum rectorum
et aliorum clericorum, tamquam iustis, statuimus et ordinamus
quod, non obstante constitutione predicta, semper in dicto biennio (et etiam si ex causa legitima ante biennium uel post, prout
20 abbati Agerensi uidebitur expedire, ipsa synodus fuerit celebranda)
debeant rectores ecclesiarum per abbatem Agerensem personaliter
citari, sumptibus tamen et expensis dictorum rectorum clericorum,
qui uenire omnino teneantur, nisi legitimo impedimento detenti
non ualeant personaliter interesse, et tunc suos mittant clericos ta-
25 mquam procuratores in scriptis loco sui, impedimenta suorum dominorum absentium allegantes et fidem facientes de eisdem.

[8] 4.   *De sacramentis. Et primo de sacramento baptismi. Cap.*
iiij. <Petrus abbas in synodo celebrata xviij. kalendas februa-
rii, m.cc.lxxxv. Sacramentum baptismi, ianua cum sit cete-
rorum sacramentorum, magna cum reuerentia tractandum
5 *est, a solis sacerdotibus, nisi in casu necessitatis, et in aqua*
naturali conferendum. Quid agendum quando dubitatur an
puer sit baptizatus. Quando chrisma renouandum sit. Quot
et qui patrini sint admittendi. Et tandem quid agendum si
matrem in puerperio contingerit decedere large prescribitur>

10   Septem sunt sacramenta Ecclesie, que per hunc uersum possunt
haberi: abluo, firmo, cibo, penitet, uxor, ordinat, unxit. Et man-

---

[1] **c.3** Es la constitución anterior, el [6].

c.3 3 Personaliter — uenire, *ed.*1648 *p.*3; *om.*D   10 (fol.3r) D
c.4 2-9 Petrus — prescribitur, *ed.*1648, *p.*23; *om.*D

damus quod ipsis omnibus sacramentis <a> clericis et laicis magna
exhibeatur reuerentia, et populo ab ipsis sacerdotibus predicetur.
[9] Et quia baptismus ianua est sacramentorum omnium et funda-
15 mentum[1], mandamus quod cum magna celebretur cautela, maxime
in distinctione uerborum et prolatione, in quibus tota uirtus consistit sacramenti et salus puerorum. Ista enim uerba semper debet
proferre sacerdos sine aliqua sincopa: 'Ego te baptizo in nomine
Patris et Filii et Spiritus Sancti. Amen', semper nominando puerum
20 uel puellam. Presbyteri moneant laicos quod in necessitate, cum
timeretur de morte puerorum, possunt masculi, si affuerint, uel fe-
mine, si masculi presentes non fue|rint, pueros baptizare, dicentes:
'Petre, ego te baptizo in nomine Patris et Filii et Spiritus Sancti.
Amen'. Hoc idem, si alii non sint, possint facere pater et mater cum
25 de uita fuerit dubitatum. Si uixerit puer taliter baptizatus, ad ecclesiam apportetur, et ibi catechizetur et ungatur chrismate, sed non
rebaptizetur, quia suppleri debet caute quod ex necessitate fuerat
pretermissum[2]. [10] Nec tamen in aliquo liquore baptizetur, nisi in
aqua, calida uel frigida, et in uase mundo, ligneo, lapideo uel quo-
30 libet alio; uel si uas haberi non potest, fundatur aqua super caput
baptizandi[3]. Et dicantur uerba quibus debet aliquis baptizari, et si
uerba predicta non essent prolata ut superius dictum est, non dicatur aliquis baptizatus[4].

[11] Et si dubitaretur de aliquo utrum esset baptizatus, ut quia
35 forte baptizans non recordatur ad plenum de uerbis in baptismo,
uel circumstantes discordant, uel forte infans expositus est inuentus, baptizetur, sed sacerdos dicat in prolatione uerborum: 'Petre,
si es baptizatus, non te rebaptizo, sed si non es baptizatus, ego te
baptizo in nomine Patris et Filii et Spiritus Sancti. Amen', quia iniu-
40 ria non debet fieri sacramento. Sed in tali dubio stetur testimonio
unius, si plures testes haberi non possunt. Et pro baptismo aliquid
non queratur, sed si datum fuerit gratis, recipiatur.

[12] Fontes cooperti, mundi et nitidi teneantur, et cum omni
diligentia custodiantur. Et aqua de octo in octo diebus mutetur,
45 ne putrefiat. Et caueant sacerdotes ne de aqua sortilegia fiant. Et
ultra tres compatres ad leuandum puerum de sacro fonte non admittantur, quia inde matrimonia impediuntur. Et illud presbyteri
populo predicent: quod si maritus leuet puerum de sacro fonte,

---

[1] **c.4** X 3.43.1, 3.
[2] C.1 q.1 c.54; C.15 q.1 c.3; De cons. D.4 c.1-3, 17-18, 24, 28-30, 37, 44, 51,
82-84, 86, 109, 132, 137, 142, 149, 153; X 3.42.1-6; X 4.43.1, 3; 1 Partida 4.1-
10; 4 Partida 7.6 (al final).
[3] X 3.42.5.
[4] X 3.42-1-6.

---

12 a *om.*D   22 (fol.3v) D   26 ibi] tibi D   27 ex] est D

uxor, que est in domo, est commater, et e conuerso. Illud autem
50 non est pretermittendum: quando laici in necessitate baptizant
pueros, sacerdos debet querere diligenter qualiter laicus dixit uerba, et si inuenerit ut superius dictum est, bene quidem, si autem
non, baptizet; uel si mortuus fuerit, non tradatur corpus ecclesiastice sepulture.

55 [13] Chrisma uero, oleum | infirmorum et oleum catechumino-
rum sub fideli custodia, clauibus adhibitis, teneantur, ne possint a
maleuolis usurpari⁵. Et quia semper ista sacramenta quolibet anno,
in sancto die Iouis a solis episcopis benedicuntur, mandamus quod
ultra diem illam chrisma uetus et oleum penitus refutentur, et po-
60 nantur in lampade uel infundant infra fontes ecclesie baptismales.
Et in aqua currenti lauentur ampulle, et nouum chrisma et oleum
ponantur ibidem. Et de nouo chrismate et oleo per totum annum
inungantur pueri baptizandi. Et si forsitan contingeret oleum uel
chrisma deficere, in continenti mittatur pro chrismate et oleo. Et si
65 haberi non poterit uel absque periculo exspectari, si aliquid residui
fuerit, admisceant presbyteri residuo chrismatis uel olei aliud oleum
non consecratum, et ex eis inunctiones faciant supra dictas. [14] Et
in uigilia Pasche et Pentecostes in qualibet parochiali ecclesia generalis baptismus, si baptizandi fuerint pueri, celebretur. Honeste
70 persone mittantur pro chrismate.

[15] Item, statuimus quod presbyteri in traditione ipsius baptismatis hanc formam studeant obseruare: ut infantem ter immergendo in aqua, baptizans dicat sic: 'Petre uel Martine, ego te
baptizo', ut supra. Si tamen prima immersio facta fuerit tantum,
75 erit nihilominus baptizatus. Et licet proprium nomen infanti non
fuerit impositum, uel patrinum uel patrinam non habuerit, nec
dictum fuerit ego, dum tamen infantem immergendo in aqua, a
baptizante dictum fuerit 'Baptizo te in nomine Patris et Filii et
Spiritus Sancti. Amen', etiam infans nihilominus est baptizatus.
80 [16] Si tamen tanta aque copia haberi non possit ut infans in ea
totaliter mergi possit, cum scutella uel cipho uel alio uase aliqua
quantitas aque super caput infantis infundatur a baptizante, et re-
fundendo dicat baptizans 'Ego te baptizo, etc.', ut supra. Et hoc
idem populo exponatur.

85 [17] Et necessitate cessante, omnibus laicis et etiam clericis, nisi
fuerint in presbyteros rite, secundum claues Ecclesie, or|dinati, ca-

---

⁵ D.25 c.1 § 14; D.95 pc.2, c.3-4; De cons. D.3 c.18; De cons. D.4 c.122-124;
X 1.24.2 § 2; 5.40.14; Conc.4 Lat.1215 c.20 (X 3.44.1); In VI 5.11.19; Clem.3.16
un.; Conc.legat.Valladolid 1228 c.6.1 (TR 3.326); 1 Partida 4.69-71.

---

55 (fol.4r) D   59-60 refutetur et ponatur D   72-73 immergen-
do] inungendo D   85 (fol.4v) D

techismum faciendi, baptizandi, mortuos sepeliendi interdicimus
potestatem, substinentes quod diaconi et subdiaconi predicta possent facere ubi sacerdos presens non est uel ea facere nequit, ubi ne-
90 cessitatis articulus immineret. **[18]** Interdicimus etiam et statuendo
firmiter prohibemus ne in patrinum regularis aliquis admittatur,
nec aliquis qui excommunicationis uel interdicti sententia sit ligatus, uel qui non est confirmatus. Tamen si aliquis de predictis fuerit
patrinus, non nocet aliquid baptizato[6].

95   **[19]** Districte autem precipimus et mandamus, et sub pena
excommunicationis, officii et beneficii priuatione, ut quocumque
tempore et hora quacumque diei et noctis sacerdos pro baptismo
uel penitentia fuerit requisitus, omnium occasione et mora remotis,
ad conferendum ea liberaliter exhibeat se paratum. **[20]** Verumta-
100 men si propriam capitam, propter paupertatem uel aliam causam
quamcumque non habuerit aut habere nequiuerit baptizandus, capita cum qua alius baptizatus fuerit, (quam sacerdos gratis, precipue
pauperioribus, exhibeat) baptizet.

     [21] Si uero muliere in partu laborante, infans extra uentrem
matris caput tantum emisserit, in tanto periculo infans positus
105 nasci nequiuerit, infundat aliqua de obstetricibus aquam super
caput infantis, dicens: 'Ego te baptizo, etc.', ut supra, et erit baptizatus. Postremo, quia frequenter contingit mulierem in puerperio
decedere, si partus in maternis uisceribus adhuc creditur uiuus
esse, ex quo pro certo mulierem mortuam esse constiterit, mulieris
110 uenter aperiatur per partem aliquam sine mora, ut partus, si uiuus
exstiterit, baptizetur. Et quilibet ad hoc se exhibeat promptiorem,
ut qui talem partum procurauerit baptizari, in remissionem sibi
proficiat peccatorum. Et hoc in ecclesiis per rectores annis singulis
publicetur.

     [22]   5.   *Hugo primus in sua synodo, de eodem sacramento*
baptismi. Cap. v. | *<Hugo abbas in synodo per eum ce-*
lebrata idus nouembris, anno m.ccc.xxxiij. Non amplius
quam duos patrinos, masculum scilicet et feminam, ad te-
5   *nendum puerum de sacro fonte admitti iubet>*

     Et quia in dicta synodo fuit, pro euitando periculo, constitutum
et constitutionibus cauetur predictis in titulo De baptismo quod
ad leuandum paruulum de sacro fonte ultra tres compatres non
admitterentur ab aliquo baptizante, et dictum statutum, quamuis

---

[6] C.16 q.1 c.8; C.18 q.2 c.20; De cons. D.4 c.102-104.

95 precipimus] percipimus D
c.5 2 (fol.5r) D   2-5 Hugo — iubet, *ed.*1648 *p.*26; *om.*D

10 nimis laxum, fuerit negligenter hactenus obseruatum, nos ipsum secundum statuta canonum moderantes, uolumus et statuimus quod
ultra duos compatres, uidelicet unum masculum et unam feminam,
non admittantur in baptismate paruulorum ab aliquo baptizante. Et
in contra uenientem, premissa monitione canonica, excommunica-
15 tionis sententiam ferimus in hiis scriptis[1].

> [23] 6.   *Hugo primus in sua synodo, de predicto baptismi sa-*
> *cramento. Cap. vi. <Hugo abbas in synodo per eum ce-*
> *lebrata idus nouembris m.ccc.xxxiij. Fontes baptismales,*
> *chrisma et oleum sacrum sub diligenti custodia, parochia-*
> 5   *norum expensis, custodiri mandat et precipit>*

Sane quia periculis animarum, utpote maioribus, salubre est remedium adhibendum, et baptismus ianua sit et introitus omnium
sacramentorum et remissio precedentium peccatorum, statuimus et
districte mandamus curam habentibus animarum quatenus fontes
10 baptismales claros et nitidos teneant, et conseruent sub custodia fideli et coopertura sufficienti, clauibus cum clausura interueniente,
necnon chrisma et oleum sacrum sub forma predicta custodiant[1].
[24] Verum quia parochiani ecclesiarum ad sumptus et expensas
dictorum fontium baptismalium et cooperturas tenentur et sunt
15 ea adimplenda obligati, mandamus rectoribus et curam habentibus
animarum, in uirtute sancte obedientie, quatenus publice in ecclesiis moneant et requirant suos parochianos, qui ad predicta sunt
obligati, dum sollemnia missarum celebrabuntur, per quatuor dies
dominicos uel festiuos quatenus hinc ad proximum festum Pasche
20 adimpleant que superius eisdem mandantur, sub pena excommunicationis, quam, canonica monitione premissa, in quemlibet parochianorum qui ad premissa sunt obligati, nisi nostris paruerint
mandatis, ferimus in hiis scriptis, propter multa et diuersa sortilegia
et alia mala que cum aqua baptisma|li, chrismate et oleo sacro per
25 multos et diuersos committuntur.

---

[1] **c.5** De cons. D.4 c.100-01, 103-05; In VI 4.3.3; 1 Partida 4.7; 4 Partida
7.1-2.
[1] **c.6** Conc.4 Lat.1215 c.20 (X 3.44.1).

c.6 1 Hugo] Franciscus D   2-5 Hugo — precipit, *ed.*1648 *p.*27, *om.*D
2 Hugo] Franciscus ed.1648 *(No puede ser el abad* Francisco *por la fecha del sínodo,*
sino el abad Hugo *como en la constitución anterior)*   6 utpote] ut potest D
24 (fol.5v) D

[25] 7. *De sacramento confirmationis. Cap. vij. <Petrus abbas in sua synodo celebrata xviij. kalendas februarii, m.cc. lxxxv. Vt parentes quamprimum potuerint, pueros confirmari curent, et adultos confiteri ante confirmationem,*
5   *quam in nullo casu iterari, et eius materiam et formam prescribit>*

De chrismatione in fronte, que fit ab episcopis, precipimus quod sacerdotes moneant populum ad confirmationem, quod post baptismum debeant confirmationis suscipere sacramentum. Et adulti
10 confirmandi confiteantur, postea confirmentur, quia in sacramento confirmationis confertur robur et gratia, et debilitatur penitus inimicus. Et dicatur laicis ne diu exspectent ad confirmandum aduentum episcopi, sed ducant pueros ad eum uel uadant ubi adesse audierint prope, et quod possint mutari nomina in confirmatione. **[26]** Et
15 est sciendum quod soli episcopi possunt confirmare, consecrare uirgines et ecclesias dedicare, clericos ordinare, cruces, uestimenta, calices et corporalia benedicere, secundum canonica instituta. Illud autem <est> sciendum quod sacramentum baptismi et confirmationis numquam iterantur: etiamsi baptizatus et confirmatus faceret se
20 Iudeum uel Saracenum et postea uellet redire ad fidem catholicam, non baptizaretur, quia sufficit contritio in hac parte, cum reconciliatione episcopi[1]. **[27]** Et materia huius sacramenti est chrisma, forma uero uerba prolata ab episcopo signante in fronte. Et in isto sacramento, ut in baptismo, contrahitur compaternitas, et sunt illa eadem
25 impedimenta et prohibitiones ut in baptismo, quod nota[2].

[28] 8. *Franciscus primus de eodem. Cap. viij. <Franciscus abbas in synodo per eum celebrata quinta die mensis aprilis, anno m.ccc.xxxix. Vt curati anno quolibet recipiant chrisma ab ecclesia Agerensi, eorum matre, cuius*
5   *sacrista libram cere non recipiat nisi ab hiis a quibus recipere solet>*

Item, statuimus et inconcusse uolumus obseruari quatenus omnes rectores et alii quibus cura imminet animarum quolibet anno mittant et recipiant ab ecclesia eorum matre Sancti Petri Agerensis
10 chrisma, oleum sanctum et oleum infirmorum, uidelicet per totam

---

[1] **c.7** D.68 c.4; D.95 c.1-2; De cons. D.4 c.119-120; De cons. D.5 c.1-9; X 1.4.4; X 1.15 un. § 7-8.
[2] C.30 q.1 c.1-2, 4, 6; De cons. D.4 c.90, 100-102; De cons. D.5 c.1; In VI 4.3.1,3.

c.7 1-6 Petrus — prescribit, *ed.*1648 *p.*29; *om.*D   18 est *om.*D
c.8 1-6 Franciscus[2] — solet, *ed.*1648 *p.*30; *om.*D

primam septimanam Pasche usque ad dominicam Quasi modo
inclusiue. Quod si non fecerint, uolumus arbitrio abbatis Agerensis fore puniendos. Etiam statuendo mandantes sacriste nostri
mona|sterii Sancti Petri Agerensis ab aliquo rectore uel curam ha-
15 bentibus animarum non recipiat libram cere pro decima, chrismate,
oleo sancto et infirmorum, hactenus recipere consuetam, nisi ab illis
solum a quibus solui et percipi a dicto sacrista antiquitus exstitit
obseruatum[1].

[29] 9. *De penitentie sacramento. Cap. ix. <Petrus abbas in*
sua synodo celebrata xviij. kalendas februarii, m.cc.lxxxv.
Quid sit penitentia, quo in loco et quomodo sit ministran-
dum hoc sacramentum. Que penitentie iniungende sint.
5 *Que peccata ad superiorem remittenda. Quibus, quomodo*
et de quibus sit facienda restitutio. Que sint inquirenda
et que non in confessione, et in ea audita nulla lege reue-
landa. Interrogationes que confessionem precedere debent.
Absolutionis forma et partes uere confessionis exponuntur.
10 *Confitentium nomina per parochum describi iubet>*

[30] Penitentia est, ut ait Ambrosius, mala preterita plangere et
plangenda iterum non committere[1]. Et est secunda tabula post naufragium, unde precipimus quod sacerdotes moneant populum quod,
cum aliquis delinquerit, recipiat penitentiam a proprio confessore
15 uel a predicatoribus uel minoribus, quibus data est licentia audiendi
confessiones. Et circa eos maximam curam adhibeant et cautelam,
scilicet ut diligenter inquirant peccata usitata singillatim, inusitata
non nisi a longe per aliquam circumstantiam, sic etiam ut expertis
detur materia confitendi. Sacerdotes cum debuerint audire confessio-
20 nes, locum sibi in ecclesia eligant congruentem ubi communiter ab
omnibus uideantur. Extra ecclesiam uero nullus audiat confessiones
nisi in infirmitate magna et necessitate. Preterea sacerdotes semper in
confessione audienda uultum habeant humilem et oculos ad terram,
et si caputium teneant in capite, habeant caput inclinatum, ne facies
25 respiciant confitentium, maxime mulierum, causa debite honestatis.
Et patienter audiant et benigne que dixerint, in spiritu lenitatis et
eis compatiendo. Nec admirentur de commissis, quantumcumque
turpibus, nec spuant, nec caput uel faciem auertant, nec aliquid di-

---

[1] **c.8** D.25 c.2 § 14; D.95 c.4; De cons. D.3 c.18; De cons. D.4 c.122-124; In VI
5.11.19.
[1] **c.9** De poen. D.3 c.1 y dac.1; De poen D.3 c.6.

---

14 (fol.6r) D
c.9 1-10 Petrus — iubet, *ed.*1648 *p.*38; *om.*D   17 singillatim] sigillatim *mal*D

cant uel faciant propter quod eis peccatum abominabile uideatur, ne
30 peccatorum rubore suffusus peccata reliqua uel similia metuat reuelare, sed eis <pro> posse suo persuadeat et pluribus modis ut confiteantur integre, alioquin dicant eis nihil ualere ad uitam eternam.
Audita autem confessione, semper confessor interroget confitentem
si | uelit abstinere ab omni peccato, aliter eum non absoluat, nec ei
35 penitentiam iniungat, nec inde confidat, exponendo ei quod si totus
mundus suus esset et pauperibus erogaret et in pane et aqua ieiunaret toto tempore uite sue, nihil sibi proficeret ad uitam eternam
promerendam quamdiu in peccato remaneat uel uoluntatem habeat
peccatum iterum committendi. Et facta generali confessione, scilicet
40 Confiteor Deo, non absoluat eum a peccatis, sed dicat ei quod recedat et faciat iuxta consilium suum, dicens sibi ne Corpus Christi
recipiat quamdiu in predicto proposito perstiterit. Et moneat eum ut
interim quidquid boni poterit agat. Si enim non proponat confitens
de cetero non peccare, non est ei penitentia iniungenda.
45 　[31] Et in penitentiis iniungendis caueant sacerdotes quod secundum qualitatem culpe et possibilitatem confitentis penitentias
iniungant, quia secundum qualitatem culpe debet esse quantitas
penitentie, alioquin quod minus est requiretur ab eis, quia facilitas
uenie incentiuum tribuit delinquendi. Debent enim iniungere ieiu-
50 nium, eleemosynas, orationes, uenias, peregrinationes et huiusmodi. [32] Et moneantur quod ieiunent Aduentum, Quadragesimam
et dies ueneris. Et statuta ieiunia obseruent, et festiuitates colendas
colant, et decimas et primitias donent, et ad ecclesiam libenter ueniant, et iura dominis suis integre soluant, alias grauiter peccarent,
55 ut sic paulatim ad hoc quod facere debent inducant[2].
　[33] Item, mandamus omnibus sacerdotibus quod maiora peccata reseruent maioribus et discretioribus in confessionibus, sicut sacrilegia, homicidia, peccata contra naturam, incestus, stupra monialium, uota fracta et iniectiones manuum in parentes et huiusmodi.
60 Item, incendiarios, uerberatores clericorum uel religiosorum, simoniacos, qui portant arma ad Saracenos, hereticos credentes, fauctores,
receptatores, defensores eorum, fractores ecclesiarum, omnes abbati
tansmittant. Item, parentes qui inueniunt pueros mortuos iuxta se
abbati uel eius locum tenenti circa hoc specialiter transmittantur. In
65 dubiis tamen sacerdotes semper consulant abbatem aut uiros sapientes, quorum consilio certificati soluant securius siue ligent.

---

[2] Conc.4 Lat.1215 c.21 (X 5.38.12); 1 Partida 4.34.

---

29 ne] nec D　　　31 pro *om*.D　　　32 alioquin] ne *ad*.D　　　34 (fol.6v) D
39 scilicet] solius D　　42 moneant D　　57 discretionibus D

[34] Item, in furto, usura, rapina, fraude, sacrilegio, | incen-
dio, indebita extorsione, tallia, questia, colta, census quarti, quinti
et damni dati, et cuiuslibet aliene rei indebita retentione sibi cau-
70   eant sacerdotes ne penitentias iniungant, nisi prius (si hoc tamen
facere possunt) restituerint quibus debent, quia non remittitur peccatum nisi prius restituatur ablatum³. Et si peccata sunt occulta,
precipiendum est occulte confitenti. Et talis occulta restitutio fieri
debet per ipsum sacerdotem uel aliquam religiosam personam, sup-
75   presso nomine penitentis. Si autem penitens non habet rem quam
debet restituere uel bona de quibus commode satisfacere possit, et
appareat uere penitens et contritus et proponit satisfacere cum poterit, ei penitentia iniungatur. Et si talis fuerit infirmus, precipiat suis
heredibus quod de illis satisfaciant pro eodem si de illa infirmitate
80   contingerit ipsum mori. Nec sacerdos aliquis missas, quas iniunxerit
celebrandas, celebret, causa debite honestatis. Nec pro uiuis trigena-
rium uel annuale celebretur.

[35] Item, in confessione sibi caueant sacerdotes ne inquirant
nomina personarum cum quibus peccauerint confitentes, sed cir-
85   cumstantias tantum et qualitates. Et nullus sacerdos ira uel odio uel
metu mortis in aliquo audeat reuelare confessiones uel prodire peccatorem generaliter uel specialiter, aut uerbo, signo uel aliquo quolibet modo. Quod si fecerit, deponatur et in arctum monasterium
detrudatur ad eternam penitentiam peragendam. Item, quando sa-
90   cerdos audit confessionem infirmi, sibi penitentiam innotescat, et
non iniungat, nisi in peccato restitutionis, sed dicat ei quod, cum
sanus fuerit, ad ipsum reuertatur. Si uero obierit, oret Deum pro
eodem, ne sibi paretur laqueus transmigranti⁴.

[36] Item, statuimus et mandamus firmiter obseruari quod cum
95   peccator primo ad sacerdotem ueniat, querat ab eo, si non sit sibi
notus, utrum sit eius parochianus. Si dixerit quod non, querat ab eo
an uenerit de licentia proprii sacerdotis; si dixerit quod non, dicat ei:
non debeo te audire, uade ad tuum sacerdotem, quia ego non possem
te absoluere a peccatis. Si autem sit eius parochianus uel uenerit cum
100   licen|tia sui episcopi uel proprii sacerdotis, querat ab eo utrum aliqua
excommunicationis uel interdicti sententia sit ligatus. Si dixerit quod
sic, dicat ei: 'frater, non audiam te, nisi prius fueris absolutus'. Si autem dicat se non ligatum, interroget eum primo an sciat Pater noster
et Credo in Deum et Aue Maria; et si nesciat, ipsum moneat ut addis-
105   cat. Inde moneat eum familiariter et benigne ut omnia sua peccata
confiteatur mortalia et uenialia (si de eis recordetur) humiliter, nec

---

³ C.14 q.6 c.1.
⁴ De poen. D.1-7; X 5.38.1-16.

---

67 furto] futuro D   (fol.7r) D   100 (fol.7v) G

ob uerecundiam celet uel timorem, quia non est homini, sed Deo, locuturus, cuius personam ideo presbyteri representant, dicendo sic: quod ipse sacerdos peccator est, et quod ipse confitens non potest

110 tot peccata commisisse quin alii maiora commiserint, et quod illi qui bene penitent, magis postea a Deo exaltantur, sicut patet in beato Petro et Paulo et Latrone et beata Maria Magdalena et aliis multis, et quia tota gaudet curia de penitentia peccatoris. Et dicat ei etiam: 'confitere, frater, quia homines sumus et sine peccato esse non possumus

115 in hoc mundo, nam si uere confessus fueris et contritus et proponis non amplius peccare, a Deo sine dubio tibi peccata omnia remittentur, et ego auctoritate Dei absoluam te a pena, alioquin damnaueris in perpetuum'. Deinde audiat eius confessionem diligenter.

[37] Vt autem possit sacerdos contraria curare contrariis, impo-
120 nat peccatori penitentiam per contrarium respondendum, ut si peccauerit per superbiam, iniungat ei orationem et suadeat ei humilitatem; si per auaritiam, eleemosynarum largitatem; si per gulositatem, ciborum abstinentiam; si per luxuriam, iniungatur ei ieiunium, orationes, peregrinationes, discipline et alie carnis macerationes. Si au-
125 tem peccator diues sit et dicat sepe se ieiunare non posse, aggrauabit eum sacerdos orationibus et eleemosynis, et releuabit ieiunium. Si autem allegat peccator corporis fragilitatem et recuset asperitatem penitentie, inducat eum sacerdos ad eam per exhortationem premii eterni et terrorem damnationis eterne, quod si induci nequiuerit,
130 imponat sibi penitentiam cum uoluntate ipsius peccatoris, quam uerisimiliter possit portare, ne deterius postea forte portet ipsum pe|nitentia in astringendo. [38] Et iniuncta penitentia et facta generali confessione, scilicet Confiteor Deo, etc., dicat presbyter sic: Ego iniungo tibi talem penitentiam pro peccatis que confessus es. Ap-
135 ponens manus super caput ipsius dicat: 'Ego te absoluo auctoritate Domini nostri Iesu Christi et beatorum apostolorum Petri et Pauli et officio mihi commisso ab hiis peccatis que confessus es nunc et ab aliis oblitis'. Item, dicat ei quod si reduceret ad memoriam alia peccata, rediret ad eum et confiteretur.

140 [39] Est autem sciendum tria esse principalia in uera penitentia, scilicet cordis contritionem, oris confessionem et operis satisfactionem, iuxta posse. Alioquin non est uera penitentia, sed simulata atque ficta.

[40] Et est facienda restitutio domino rei uel eius heredibus, si
145 potuerint inueniri. Alioquin cum consilio et uoluntate sacerdotis penitentialis, res illa in piis causis distribuatur, et maxime in pauperum sustentatione pro anima illius cuius fuerit res illa. Sed si persona sciatur cui est restitutio facienda, mittatur ei, si commode fieri

132 (fol.8r) D   iniuncta] iuncta D

potest. Alias, si res sit modica, pro anima eius cum consilio Ecclesie
150 pauperibus erogetur, sed si magni ualoris fuerit res, debet mitti expensis detentoris ad illum cui est restitutio facienda. [41] Qui uero
pecuniam uel aliam rem inuenerit in uia uel alibi, reddat eius domino, si tamen inueniri poterit, alioquin in ecclesia per sacerdotem
publicetur, et si diu exspectatus non uenerit, cum consilio Ecclesie
155 pauperibus erogetur pro ipsius anima cuius fuerit. Si quis autem
uoluntarius et causa cupiditatis, aliqua in ludo lucratus fuerit, quod
restituat est sibi in penitentiali iudicio iniungendum.

[42] Item, statuimus sic seruari, quod rectores ecclesiarum nomina illorum quorum confessiones audierint ipsi, minores siue pre-
160 dicatores in scriptis redigant, ut de parochianorum suorum penitentiis ualeant esse certi, et si quis decesserit infra annum quo confessus
non fuerit, denegetur sibi ecclesiastica sepultura.

> [43] 10. *Franciscus abbas, de eodem sacramento. Cap. x.*
> *<Franciscus abbas in synodo per eum celebrata, v. mensis*
> *aprilis, anno m.ccc.xxxix. Confitentium nomina describi*
> *per parochum iubet>*

5 Item, eadem fuit synodo statutum sub titulo De penitentia quod
omnes rectores teneantur quolibet anno ponere in scriptis nomina
propria illorum quorum audiunt confessiones, ut si quis decedat
parochianus infra annum non confessus, ei, ut iuris est, ecclesiastica denegetur sepultura[1]. Quod approbans, declarando statuimus
10 quod rectores habeant scribere nomina illorum quos in Quadragesima confitebuntur, quorum sub pena unius morabatini, necnon et
aliorum qui confitebuntur citra uel ultra Quadragesimam quolibet
anno, sub pena quinque solidorum abbati Agerensi applicandorum.

> [44] 11. *De sacramento extreme unctionis. Cap. xj. <Petrus*
> *abbas in synodo per eum celebrata xviiij. kalendas februa-*
> *rii, m.cc.lxxxv. Adultis in extremis laborantibus sacram*
> *unctionem dari, et pro ea nihil exigi. Sacrum oleum mag-*
> 5 *na cum reuerentia deferri. Et modum conferendi hoc sa-*
> *cramentum in libro describi iubet>*

Quia de unctione extrema, que datur laborantibus in extremis, nihil in iurisdictione nostri monasterii obseruatur, ordina-

---

[1] **c.10** Conc.4 Lat.1215 c.21 (X 5.38.12).

161 decesserit] deserit G
c.10 2-4 Franciscus — iubet, *ed.*1648 *p.*43; *om.*D   5 (fol.8v) D
c.11 1-6 Petrus — iubet, *ed.*1648 *p.*50; *om.*D

mus quod de cetero omnibus in egritudine constitutis tradatur
10 a sacerdotibus, et <in> ecclesiis publice predicetur. In Sancto die
Iouis quilibet sacerdos parochialis mittat pro oleo infirmorum, catechuminorum et sancto chrismate tres ampullas. Et cum magna
reuerentia sanctum oleum ad infirmos deferatur, et eos ungant
sacerdotes cum magno honore et orationum celebritate, que ad
15 hoc sunt institute. Et inde nihil penitus exigatur, siue a paupere
siue a diuite, sed si quid gratis datum fuerit, accipiatur. Illud est
notandum, quod istud sacramentum tantum prestatur adultis, et
sicut penitentia iteratur, istud sacramentum etiam. Nec obligat
aliquem quin, si conualuerit post unctionem, debet accedere ad
20 uxorem[1]. **[45]** Item, mandamus quod sacerdotes parochiales omnes habeant librum in quo continetur ordo extreme unctionis,
catechismi et baptismi huiusmodi, qui dicitur *Manuale* <siue>
Ordinarium officiorum Ecclesie, secundum consuetudinem ecclesie Sancti Petri Ageris[2], que est caput nostri abbatiatus. Contra
25 facientes puniantur arbitrio abbatis.

        [46]   12.   *De sacramento Eucharistie seu Corporis Christi, et*
        quod sacerdotes non debent habere suos proprios | filios
        in seruitio misse. <Petrus abbas in sua synodo celebrata
        xviij. kalendas februarii, m.cc.lxxxv. Quomodo deferen-
5   *dum sit Corpus Christi infirmis. Vbi et qua reuerentia sit*
        custodiendum. Quando renouandum. Quo in casu liceat
        bis celebrare. Linteamina et sacerdotalia indumenta ni-
        tida sint. Magnaque cum reuerentia adoretur sacra Hos-
        tia in eleuatione. Quid agendum sit casu quo aliquid de
10   *calice consecratum fuerit sparsum, et quid si musca uel*
        aranea in calice ceciderit, et <si> infirmus post susceptum
        Sacramentum uomitum fecerit. Laici quando debeant
        communicare, et aliqua circa eorum communionem scitu
        digna. Si sacrificium misse ceptum ab uno sacerdote, ab
15   *eodem perfici non poterit, quid agendum sit ostenditur.*
        In peccato mortali exsistentem celebrare prohibet, et tunc
        quid agendum sit si necessario celebrandum erit. Prohibi-
        tur sacrarum uestium usus laicis. Prioribus uero et eccle-

---

[1] **c.11** D.95 c.3; X 1.15.un. § 1-2; X 5.40.14; 1 Partida 4.69-71.
[2] No consta la edición de ningún libro litúrgico para la abadía de Ager en los siglos
XV-XVI.

---

10 in *om.* D   14 orationum celebritate] oratione celebrentur D   15 instituta D   18 sicut penitentia] sine pena D   Nec] non D   19 si
conualuerit] uoluerit *mal* D   22 qui] quod D   siue *om.* D
c.12 2 quod] quot D   (fol.9r) D   3-21 Petrus — enarrantur, *ed.*1648
p.31, *om.*D

*siarum rectoribus possessionum emptiones ex pecuniis ec-
clesie nomine proprio facere interdicitur. Et alia permulta
notatu digna enarrantur>*

[47] Quia Corpus Christi consueuit dari infirmis, mandamus
quod cum reuerentia deferatur honorifice ante pectus, semper lumine precedente et cruce ac aqua benedicta et cum campanella. Et
25 sacerdos qui portauerit induat superpellicium et stolam, et dabit
infirmo. Et si infirmus forte faciat uomitum, Corpus Christi ei non
detur, sed tantum infirmus adoret illud. Et cum ad ecclesiam reuer-
tetur, campanella non pulsetur nisi Corpus portauerit. Et admoneant populum sacerdotes quod cum uiderint Corpus Domini uel
30 audiuerint campanellam, omnes inclinent se uel genua flectant ob
reuerentiam Iesu Christi. Nec presbyteri permittant diaconos deferre Corpus Christi infirmis, nisi in necessitate, cum absens fuerit sacerdos, uel legitimo impedimento detentus. Sed semper sacerdotes
deferant cum magna reuerentia et humilitate ac maturitate in calice
35 uel in pixide, multum honeste. Et dicant septem psalmos penitentiales cum litania pro infirmo eundo et redeundo, et alias orationes,
sic enim debitum soluent pro infirmo[1]. [48] Item, mandamus quod
sacerdos quilibet frequenter doceat plebem suam ut cum in celebratione missarum eleuatur hostia salutaris se reuerenter inclinent[2].
40 [49] Item, precipimus quod honor maximus exhibeatur altaribus, et maxime ubi Corpus Christi reseruatur et missa celebratur.
Et in media parte altaris cum summa diligentia et honestate, sub
claue, in loco singulari et mundo, deuote et honorifice Corpus Domini custodiatur et fideliter conseruetur[3]. Item, calices unde infirmi
45 communicant decenter et munde custodiantur, ut deuotius communicent infirmi.
[50] Et habeant sacerdotes paratum uinum purum in ecclesia,
quod statim tribuatur populo postquam receperint Corpus Christi, prohibendo communicantibus ne a presentia ipsorum sacer-
50 dotum recedant donec de uino aliquamtulum biberint et diligentius
abluerint ora sua.
[51] Item, sacerdotes de octo in octo diebus renouent Corpus
Christi, ne sui uetustate aliqui a Dei deuotione remoueantur. Et
si ec|clesia fuerit interdicta, sacerdos secrete, ianuis clausis, celebret
55 missam, ut renouet, et quod superfluum inuenerit cum summa di-

---

[1] **c.12** D.93 c.18; De cons. D.2 c.29, 93; X 3.41.10; Conc.legat.Valladolid 1228
6.2 (TR 3.326); 1 Partida 4.60-63; cf. D.93 c.16, 18.
[2] Cf. De cons D.3 c.10; X.2.9.2 § 1-2.
[3] Conc.4 Lat.1215 c.20 (X 3.44.1).

---

42 honestate] honeste D   54 (fol.9v) D

ligentia recipiat. **[52]** Item, nulli clerico permittatur seruire altari, nisi cum superpellicio aut cappa rotunda.

[53] Nec aliquis sit ausus bis in die celebrare missam, nisi ex magna necessitate uel in die natalis Domini, iuxta illud: 'Tres in
60 natali misse debent celebrari, quarum prima sacram Christi figurat genituram, et altera uentura designat gaudia Christi' (!). Item, pro necessitate nuptiarum potest duas missas celebrare. Item, in Pascha, item in Pentecoste, in festo Ascensionis, in festo sancti Johannis Baptiste, et Omnium Sanctorum, et festo Apparitionis Christi. In
65 istis enim sollemnibus festiuitatibus, si omnes parochiani simul non possunt ad unam missam conuenire, eo quod in diuersis habitent locis distantibus ab ecclesia, nec sunt in ecclesia duo sacerdotes qui missam possunt celebrare, et dicta prima missa, postea parochiani uenientes postulant missam aliam, tunc poterit sacerdos aliam mis-
70 sam celebrare, nisi in prima missa uinum perfusionis acceperit.

[54] Item, nullus presumat missam celebrare, nisi prius canonicas dixerit Matutinas, et Primam, non de necessitate, nisi ubi est consuetudo[4]. Et linteamina altaris et indumenta sacerdotalia sepe abluantur ob reuerentiam et presentiam Iesu Christi et totius cu-
75 rie celestis, que cum eo presens est quotiens missa celebratur. Ampulle quoque uini et aque in ministerio altaris munde et integre habeantur, et una ab altera cognoscatur[5]. **[55]** Item, prohibemus sacerdotibus ne secum prolem habeant ad seruitium altaris, propter scandalum. Quod si fecerint, penam uiginti solidorum Agerensium
80 abbati soluere teneantur[6].

[56] Item, mandamus quod in primo Memento de sacra sacerdos habeat memoriam pro benefactoribus uiuis, in secundo pro mortuis. Et cum inceperint *Qui pridie,* non statim eleuent manus alte, sed ante pectus teneant donec dixerint *Hoc est enim Corpus*
85 *meum,* et tunc eleuent caute, ita ut possit uideri ab omnibus, quia | tunc est Corpus Christi ibi, et predicetur populo quod tunc omnes flectant genua et adorent Corpus. Et licet totum canonem debeant dicere cum diligentia et maturitate, ab illo loco *Qui pridie* usque ad *Supra que propitio* cum maiori deuotione et sollicitudine precipimus
90 obseruari, quia omnia illa uerba fere sunt de substantia sacramenti.

[57] Item, precipimus quod uinum rubeum potius quam album ministretur in calice propter aque similitudinem, et purum et bonum, et non ineptum, ob reuerentiam Iesu Christi. Item, corporalia nitida et munda teneantur. **[58]** Et si quid de Sanguine

---

[4] D.91 c.2; X 3.41.1.
[5] De cons. D.1 c.40 § 2; Conc.4 Lat.1215 c.19 (X 3.44.2).
[6] X 1.17.3, 6, 13-15; cf. D.56 c.1-4, 11-14.

---

76 in] mihi D   86 (fol.10r) D

95 Domini ceciderit super corporale (quod ne fiat debent sacerdotes
cum diligentia precauere), rescidendum est ipsum corporale et in
loco reliquiarum honorifice reseruandum. Si super pallas uel super
casullam uel uestimentum, abluantur in aqua, et partes ille postea
comburantur et cinis in sacrario reponatur, et ille cui contingerit,
100 decem diebus peniteat. Si uero in terra uel in lapide aut tabula
ceciderit, locus lambatur et radatur, et rasura in sacrario reponatur;
uel quod rasum fuerit comburatur, et cinis intra altare uel iuxta
custodiatur uel abscondatur, et quadraginta diebus ille cui hoc acciderit peniteat. Et si musca uel aranea casu super calicem ceciderit,
105 si uiua fuerit uel mortua, caute extrahatur et comburatur et cinis in
sacrario reponatur. [59] Si autem infirmus recepto Corpore uomitum fecerit, in uase aliquo recipiatur, uel, si uas haberi non poterit
et in terra uomitum fecerit, locus radatur et totum in aqua proiciatur. Tamen caueant sacerdotes, cum dant Corpus: querant utrum
110 infirmus consueuerit uomitum facere, ut seruetur quod dictum est
superius.

[60] Item, precipimus ut quando mulieres post puerperium ad
purificationem uenerint, eis tantum detur panis benedictus, Corpus
autem Domini nullo modo eis proponatur nisi expresse illud | pe-
115 tant. Et illis <non detur> qui suspendentur uel debent iustitiari, nisi
impunitos promitterentur usque ad tres dies post susceptionem Sacramenti, ob scandalum laicorum, sed si adorare uoluerint, adorent
ac etiam recognoscant. Tradi autem ecclesiastice sepulture possunt,
si fuerit de principis uoluntate.

120 [61] Missam uero ultra meridiem nullus cantet, nisi in uigilia
Pasche, nec de nocte, nisi in Natiuitate.

[62] Item, statuimus quod quilibet fidelis, postquam confessus
fuerit, ad minus in Pascha reuerenter suscipiat singulis annis Eucharistie sacramentum, nisi de consilio proprii sacerdotis propter
125 aliquam rationabilem causam ad tempus ab eius perceptione duxerit
abstinendum; alioquin uiuens ab ingressu ecclesie arceatur et moriens ecclesiastica careat sepultura[7]. [63] Sacerdotes autem curam
animarum habentes, ante communicationem parochianos suos moneant in ecclesia publice diebus illis in quibus facienda est com-
130 municatio generalis, ut aliquis constitutus in mortali peccato, siue
occulto siue manifesto, non presumat recipere Corpus Christi. Et si
uideant aliquem uel sciant in mortali peccato occulto constitutum,
paratum communicare, trahant ipsum ad partem et eum moneant

---

[7] Conc.4 Lat.1215 c.21 (X 5.38.12); Conc.legat.Valladolid 1228 c.7 (TR 3.326);
Conc.legat.Valladolid 1322 c.28 (TR 3 504); 1 Partida 4.34.

---

108 in terra] interea D   114 (fol.10v) D   115 non detur *om.* D

ne communicet, nisi prius de illo peccato uere contritus fuerit et
135 confessus, dicentes sibi quod si faceret, in damnationem sue anime redundaret. Et si intus abstinere noluerit, non ei debet communio publice denegari, si autem a solo sacerdote, non alio presente,
communionem petierit, non est audiendus, sed potius repellendus.
Verumtamen si peccatum fuerit manifestum et non est de ipso uere
140 confessus, ante satisfactionem condignam debet sibi manifeste et
publice <communio> denegari. **[64]** Et hec eadem in osculo crucis
dicimus et uolumus obseruari cum in die Veneris sancte Crux sancta ab omnibus generaliter adoratur.

[65] Hostias autem de alio quam de puro et mundo et electo
145 grano frumenti fieri prohibemus[8].

[66] Item, dicimus quod si inuenta fuerit aliqua forma sub palla
altaris et dubitatur utrum fuerit consecrata, sacerdos in fine misse,
post receptionem Sanguinis, potest eam recipere. Et idem dicimus
de aliqua | parte hostie si ita inuenta fuerit in altari et dubitetur
150 utrum fuerit consecrata.

[67] Item, prohibemus sub pena excommunicationis ne sacerdos aliquis missam celebrare presumat extra ecclesiam in oratorio
priuato uel in domo, sine nostri licentia speciali. Sacerdos uero postquam missam inceperit, non presumat dimittere imperfectam, nisi
155 repentina infirmitate intolerabili fuerit occupatus. Et tunc, si alius
sacerdos presens fuerit qui non celebrauerit, per ipsum, inceptum
officium compleatur, qui debet incipere ubi alius noscitur dimississ-
se. Si uero nescitur ubi alius dimisit, quia defecit forsitan in secretis,
incipiat in capite secretorum. Verum si sacerdos secundus presens
160 non fuerit, quacumque hora diei usque ad horam nonam haberi
poterit, que prius sacerdos dimisserit poterit sigillari, secundum
doctrinam que superius est expressa. Si autem secundus sacerdos
usque ad horam nonam haberi non poterit, remanebit officium ad
complendum.

165 **[68]** Item, precipimus quod in calice magis de uino quam de
aqua ponatur. Prohibemus insuper ne quisquam in panno serico aut
tincto, sed in panno puro lineo ab episcopo consecrato, missam celebrare presumat, quia corpus Domini nostri Iesu Christi in sindone munda et linea sepultum fuit. **[69]** Item, prohibemus ne missa
170 nisi cum puro uino pariter et aqua, cum calice aureo uel argenteo,
ac etiam stagneo, aliquatenus celebretur.

[80] Item, statuimus quod nullus sacerdos in mortali constitutus peccato missam celebret, nisi prius confessus fuerit expresse et

---

[8] Conc.prov.Tarragona 1243 c. 7 (Pons Guri 53-54; TR 6.39).

141 communio *om.* D   149 (fol.11r) D

nominatim de illo peccato, si sacerdotem inueniat cui illud ualeat
175 confiteri. Alioquin si sacerdotem non inuenerit, non celebret missam nisi necessitas immineat, que sine scandalo graui nequeat preteriri, ut si dies festiuus aduenerit et populus iam conuenerat ad diuina, uel corpus alicuius sui parochiani sit in ecclesia, uel nubentes ad
ecclesiam conueniant matrimonium contracturi, | propter que, ut
180 scandalum euitetur, ipsum oporteat celebrare. Et in hiis casibus poterit, si contritionem habet sacerdos et proponat quam cito poterit
confiteri alteri sacerdoti, alias etiam in hiis casibus non presumat,
quecumque necessitas uel scandalum immineat, celebrare.

[81] Item, uolumus quod ad corporalia lauandum uas pro-
185 prium habeatur, et aqua ablutionis infra ecclesiam recondatur.
Vestimenta et ornamenta missarum, ecclesiarum, cruces et calices benedicere et consecrari debent <...> antequam diuino officio
deputentur, nec post benedictionem debent a laicis contrectari.
Corporalia et pallas altaris et uestimenta ministrorum ecclesie, si
190 fuerint uetustate consumpta et in aliis usibus ecclesiasticis non sunt
apta, comburantur, et eorum cineres infra ecclesiam recondantur,
ubi nullus transitum faciat, ne inter euntium pedes conculcentur.
Prohibemus ne laici ad processionem uel ad aliud diuinum officium, et multo minus ad profana, intra ecclesiam uel extra utantur
195 uestibus benedictis.

[82] Districte etiam iubemus ne quis presumat edificare ecclesias, capellas, oratoria, hospitalia uel alia loca religiosa in iurisdictione nostra, seu altaria erigere, sine nostra licentia speciali[9].

[83] Item, prohibemus ne prior seu rector alicuius ecclesie per
200 se uel per alium de pecunia ecclesie, ratione dicte ecclesie adquisita,
possessiones seu reditus suo seu alieno nomine emant, sed nomine
ipsius ecclesie confici faciant instrumentum. Qui autem contra fecerit, tamquam fur et sacrilegus puniatur, et penam amissionis beneficii poterit non immerito formidare. De hiis uero et super hiis que
205 sub dominio et iurisdictione ecclesiarum clerici uel laici tenentur
ad opus ecclesiarum et nomine earum rectores ipsarum, si nondum
est factum, faciant fieri reconuentiones et publica instrumenta, ut
sic in | futurum ecclesiarum utilitatibus caueatur, que caputbreuia
appellantur.

---

[9] C.16 q.1 c.44; C.18 q.2 c.10; De cons. D.1 c.9; X 5.33.14; In VI 5.7.4; 1 Partida
10.1-3, 6-8, 10.

---

179 (fol.11v) D   187 <...> *texto tachado y raspado en* D   200 adquisitis D   203 amissionis] admissionis D   208 (fol.12r) D

[84]   13.   *De sacramento matrimonii. Cap. xiij. <Petrus ab-*
bas in sua synodo celebrata xviij kalendas februarii, m.cc.
lxxxv. Que seruanda sint circa matrimonium contrahen-
dum. Clandestinum prohibetur, ubi sit publicandum.
5   *Que impedimenta detegenda et cui. Nihil exigi a sacerdo-*
tibus ante benedictionem, sed postea sic, secundum consue-
tudinem. Mulierem per longam uiri absentiam alteri non
coniungi, nec ignotos sine expressa abbatis licentia matri-
monio copulari mandatur>

10   [85] Quia matrimonium est apud omnes gentes, ideo mandamus quod cum honore et reuerentia celebretur et in facie Ecclesie,
non in risu uel ioco, ne contemnatur. Et per octo dies antea dicat
sacerdos in ecclesia, sub excommunicationis pena, quod talis uult
talem ducere in uxorem. Et si sciunt impedimentum consanguini-
15   tatis uel adulterii uel affinitatis carnalis uel cognationis spiritualis,
ueniant coram eo, alias peccarent mortaliter, et non audirentur nisi
infra illos octo dies dixerint que sciunt. Sacerdotes querant ad ostium ecclesie si est aliquis qui sciat impedimentum; et si dicatur
non, desponset eos per uerba de presenti, recipiendo annulum pri-
20   mo in manu uiri, et dicat: 'Ego Petrus recipio te Mariam in uxorem
legalem et trado me ipsum tibi in legalem uirum'; et ita, incipiendo
numerare a police, ponat annulum in quarto digito manus dextere
mulieris, dicendo: 'In no✠mine Patris et Fi✠lii et Spi✠ritus Sancti.
Amen'. Eodem modo faciat mulier ut dictum est de marito. Et sic
25   est matrimonium firmum et uerum.
      [86] Prohibeant sacerdotes ne fiant clandestina matrimonia,
nec dent sibi ab inuicem fidem de contrahendo matrimonio, nisi
coram sacerdote et coram pluribus hominibus, monitionibus precedentibus, ut dictum est supra, quia propter hoc multa mala eue-
30   nire consueuerunt. Item, statuimus quod fiat denuntiatio predicta
matrimonii contrahendi in illa ecclesia in cuius parochia uolentes
matrimonium contrahere longam fecerunt moram, et in illa in
qua suum domicilium transtulerunt, maxime si de nouo se trans-
tulerunt in parochiam alienam. Item, mandamus, sub | pena ex-
35   communicationis, ne sortilegia fiant nec maleficia nec ligationes,
que fiunt per maleficas mulieres. Et qui sciunt impedimenta matrimonii dicant, sicut est: uotum, ordo, consanguinitas, affinitas,
disparitas cultus et compaternitas et huiumodi. Nec in casu dubio
sacerdotes non audeant perficere matrimonia abbate inconsulto,

c.13 1-9 Petrus — mandatur, *ed.*1648 *p.*46; *om.*D   34 (fol.12v) D   36 ma-
leficas] maledictas D

40   sed ad eum semper referant omnes matrimonii questiones[1]. Item,
     precipimus sacerdotibus ne aliquid exigant ante benedictionem
     nuptiarum, nec ante sepulturam siue pro matrimonio celebrando.
     Sed celebratis nuptiis, exigant consueta, quia postea licite facere
     potest, consuetudine tolerante. Compellantur etiam iidem laici
45   ex tunc super istis laudabiles consuetudines obseruare. Item, sta-
     tuimus quod nullus contrahat matrimonium cum illa quam pater
     baptizauit uel tenuit in baptismo, nec cum illa quam suis manibus
     baptizauit, quod si fecerit erit matrimonium separandum. Item,
     statuimus quod aliquis coniugum non intret religionem uel reci-
50   piatur, abbate inconsulto. Item, statuimus ne aliqua mulier absente
     uiro suo, etiam quantocumque annorum numero, presumat con-
     trahere cum alio donec certa sit de uiri sui morte. Item, precipimus
     sacerdotibus ut, cum aliquis confitetur eis se fidem alicui dedisse
     mulieri de matrimonio contrahendo cum ea, et post fidem datam
55   cognouit eamdem, non detur illi licentia contrahendi cum alia,
     quoniam sequens carnalis copula cum illa cui fidem dedit, ma-
     trimonium consummauit. Nec intersint matrimoniis clandestinis,
     nisi in multorum presentia, quia qui male agit odit lucem. Prohi-
     bemus etiam ne quis sacerdos ignotas personas de remotis partibus
60   uenientes matrimonialiter copulare presumat, siue ambe ignote
     fuerint siue altera illarum, nec etiam huiusmodi matrimonium fa-
     ciendum esse nuntiet, nisi de nostra licentia speciali. Item, prohi-
     bemus ne aliquis sacerdos parochialis recipiat ad | matrimonium
     contrahendum parochianum uel parochianam alterius, sacerdote
65   proprio ignorante.
        [87] Item, mandamus sacerdotibus ne faciant nuptias ab Aduen-
     tu Domini usque ad festum sancti Hilarii, et tunc faciant usque ad
     dominicam Septuagesime. Et tunc cessent usque ad dominicam de
     Quasi modo, et tunc faciant usque ad dominicam de Vocem iucun-
70   ditatis, que precedit festum Ascensionis. Et tunc cessent continue
     per tres septimanas usque ad dominicam de Trinitate, et tunc ce-
     lebrent nuptias usque ad dominicam de Aduentu, iuxta illud: As-
     piciens, ueterem, circum, quasi quis, benedicta. Hoc prouiso quod
     prima dominica Aduentus, que inducit prohibitionem, intelligatur
71   prohibita, et festum sancti Hilarii, quod inducit permissionem, in-
     telligatur concessum, et sic de aliis[2]. [88] Item, precipimus quod
     mulieres uotum non faciant nisi cum magna deliberatione, et tunc
     cum uirorum assensu et sacerdotum consilio[3].

---

[1] **c.13** C.30 q.5 c.1-6, pc.9; X 4.1.27; Conc.4 Lat.1215 c.51 (X 4.3.3) 4 Partida 3.1-5.
[2] C.33 q.4 c.8-11; X 2.9.4.
[3] C.33 q.5 c.3-6, 11, pc.20.

---

53 alicui] alieni D   63 (fol.13r) D

[89] 14. *Franciscus primus, de eodem sacramento. Cap. xiiij.*
<Franciscus abbas in synodo per eum celebrata, v aprilis,
m.ccc.xxxix. Terminus octo dierum per constitutionem Pe-
tri abbatis prefixus, per hanc tollitur>

5   Et quia in constitutionibus domini Petri abbatis, predecessoris
nostri, sub titulo predicto continetur quod nullum matrimonium
per uerba de presenti contrahatur seu in facie Ecclesie sollemnize-
tur, nisi ante per octo dies parochialis sacerdos publice in ecclesia
proponat quod talis uult ducere talem in uxorem, et si quis sciat
10   aliquod impedimentum legitimum habeat proponere infra dictum
terminum, alias peccarent mortaliter, et post dictum terminum non
audirentur, et sacerdos ad ostium ecclesie querat si est aliquis sciens
impedimenta. Et ubi non apparet denuntians, tunc desponsatio et
sollemnizatio fiat[1]. **[90]** Volentes dictum terminum abbreuiare, ne
15   matrimonia contrahenda nimium dilatentur, statuimus et fir|miter
precipimus obseruari quatenus, cum desponsatio contingerit celebrari, non exspectata dicta denuntiatione octo dierum fiat, sed
non nisi publice in ecclesiis parochialibus uel ianuis ecclesiarum,
multitudine populi collecta, a solis ortu usque ad occasum, et non
20   de nocte. Et hoc sub pena excommunicationis, quam in clericos et
laicos quoscumque et eorum quemlibet sollemnitatem predictam
et formam non obseruantes, canonica monitione ferimus in hiis
scriptis. **[91]** Constituentes insuper quod nullus laicus ualeat nec
audeat facere sponsalia per uerba de presenti inter aliquos matri-
21   monium contrahere uolentes, sed solum per clericos in forma predicta contrahantur. In contra facientes laicos et eorum quemlibet,
propter contemptum, canonica monitione premissa sententiam
excommunicationis proferentes. Mandantes omnibus et singulis
rectoribus et curam animarum habentibus quatens constitutionem
22   predictam denuntient per tres dies dominicos uel festiuos quolibet
anno parochianis suis, ne pretextu ignorantie a predictis ualeant se
excusare.

[92] 15. *De sacramento ordinis. Cap. xv. <Petrus abbas in*
synodo celebrata xviij. kalendas februarii, m.cc.lxxxv. Vt
ordinandi per mensem antea abbati se presentent, quos
per suas litteras abbas episcopis ordinaturis presentabit.
5   *Nihilque pro suscipiendis ordinibus dent. Nec ad quatuor*

---

[1] **c.14** Se refiere a la constitución anterior.

c.14 2-4 Franciscus — tollitur, *ed.*1648 *p.*49; *om.*D   7 seu]nisi D
8 ante] autem D   9 quod talis *bis* D   15 (fol.13v) D   17 fiant D
c.15 1-7 Petrus — sciant, *ed.*1648 *p.*45; *om.*D

gradus non presententur nisi qui latine loqui sciant, et ad
tonsuram, distincte legere sciant>

Quoniam multa in recipiendis ordinibus ueniunt pericula, ideo
mandamus quod ante tempora Quatuor Temporum spatio unius
10   mensis, omnes ordinandi sub iurisdictione nostri monasterii constituti abbati eiusdem se presentent, ut tam de uita, quam de moribus,
quam de scientia possit facere scrutinium diligenter, utrum cantent
uel legant, uel legitimi sint, uel loqui sciant latinis uerbis. Quod
cum examinati fuerint, probetur qualiter in domo Domini conuer-
15   sari debeant. In die illa qua ordines conuenerit celebrari, tunc abbas eosdem clericos episcopis ordinaturis per suas litteras habeat
presentare, et de ipsorum fama, uita et conuersatione testimonium
perhibere. [93] Precipimus itaque clericis | quod ad ordines, sicut
ad synodum, honeste ueniant, tam in uestibus quam in coronis.
20   Nec aliquid dent uel promittant archidiaconis uel eorum clericis
uel episcopo uel clericis episcopi ut ordinentur, simoniacum enim
esset. Item, statuimus quod nullus presentetur ad quatuor gradus
nisi latine loqui sciat, et ad primam tonsuram nisi distincte legat, et
reliqua habeant que de iure cauentur[1].

[94]   16.   *Hugo primus, de Horis et diuino officio celebrandis.*
Cap. xvj. <Hugo abbas, in synodo per eum celebrata idus
nouembris, anno m.ccc.xxxiij. Horas canonicas et diui-
num officium more Romane ecclesie celebrari precipitur>

5   Et quoniam circa maiora est pre ceteris et ante omnia primitus consulendum, inter que diuinum consistit officium, quod
est multum precipuum in Ecclesia sancta Dei, et propter ipsum
celebriter faciendum ecclesiastica beneficia conceduntur. Quia in
ecclesiis abbatiatus Agerensis quidam fuit abusus olim citra qua-
10   si communiter obseruatus, quod in quibusdam ipsarum celebrate
fuerunt, et etiam hodie celebrantur, Hore diurne ac nocturne et
alia diuina officia secundum consuetam officiorum et diuinarum
obseruationum ecclesie seu diecesis Vrgellensis, et in aliis secundum obseruationem seu consuetam ecclesie seu diecesis Illerdensis,
15   in aliis secundum clericorum celebrantium seu dicentium libitum
uoluntatis ad regimen dictarum ecclesiarum positorum, ipsarum

---

[1]   c.15 D.37 c.12; Conc.3 Lat. 1179 c.18 (X 5.5.1); Conc.4 Lat.1215 c.11
(X 5.5.4); X 5.5.5; Conc.legat.Valladolid 1228 c.3 (TR 3.325); Conc.legat.Lérida
1229 c.6-7 (TR 3.331-332); Conc.legat.Valladolid 1322 c.9.2 (TR 3.487).

---

18 itaque] inquam D   (fol.14r) D
c.16 1-4 Hugo — precipitur, *ed.*1648 *p.*18; *om.*D   11 diurne] diuine D

caput, uidelicet Agerensem ecclesiam et eius obseruantiam, non sequentes, contra canonica instituta. Et licet in dicte ecclesie Agerensis obseruantia et circa eam amplius et pluries exstiterit dubitatum,
20 asserentibus dictis clericis dictam Agerensem ecclesiam passam
fuisse defectum in dicta obseruantia seu consuetudine diuinorum
<officiorum>, nos dictos defectus supplere et ad statum debitum
perducere et effectum uolentes, statuimus quod Agerensis ecclesia cum omnibus membris suis (que immediate subest Romane
25 ecclesie, cuius mores, ut sui capitis, sequi debet et obseruantiam),
tam in Horis dicendis diurnis pariter et nocturnis, et aliis celebrationibus diuinorum <officiorum> sequantur prefatam Romanam
ecclesiam et ei inuiolabiliter obediant. | Et quod hinc ad festum
Resurrectionis dominice ad longius, quelibet ecclesia dicte con-
30 suete copiam habeat, recipiendam statim cum uoluerit a consueta
nostri monasterii Agerensis, cum qua summa <diligentia> debitum officium cum libris sue ecclesie teneatur et ualeat ordinare.
Et a festo sancti Michaëlis mensis septembris proximo sequentis
in antea, secundum dictam consuetam suas Horas et diuina offi-
35 cia celebrare et dicere teneatur. In non facientes et predicta non
adimplentes excommunicationis sententiam, monitione premissa
canonica, proferimus[1].

[95] 17. *De uita et honestate clericorum. Qualiter sacerdotes*
se debeant habere in diuinis. <Petrus abbas in synodo
celebrata xviij. kalendas februarii, m.cc.lxxxv. Cap.17.
Modus psallendi Horas canonicas describitur. Ludus inter-
5 *dicitur clericis. Alique superstitiones et alienationes rerum*
ecclesiasticarum prohibentur. Questores non admittantur
nisi sub certa forma. Clerici coloratis uestibus non utan-
tur. Et quamplurima alia decus et clericorum honestatem
concernentia prescribuntur>

10   [96] Exhortentur sepe presbyteri populum ad dicendum orationem dominicam et Credo in Deum et beate Virginis salutationem.
Et quod doceant filios orationem dominicam et Credo in Deum
et salutationem beate Marie. Et in aliqua parte sermonis aliquando populo Symbolum fidei exponant, et eis diligenter distinguant

---

[1] **c.16** D.91 c.1-2; D.92 c.9; C.7 q.1 c.15; X 3.4.7; X 3.5.32; X 3.41.1; X 5.40.16;
Conc.4 Lat.1215 c.17 (X 3.41.9); Conc.Vien.1311-12 c.22 (Clem.3.14.1); 1 Partida 6.34.

---

22 officiorum *om.*D   27 officiorum *om.*D   28 (fol.14v) D   31 diligentia *om.*D
c.17 2-9 Petrus — prescribuntur, *ed.*1648 *p.*5; *om.*D   14 diligenter] diligentes D

15 articulos fidei, et confirment auctoritatibus et rationibus sacre Scrip-
    ture pro posse et scientia sua, propter laicos instruendos, et hereticos
    et corruptores fidei consumendos.

    [97] Item, mandamus quod in Quadragesima dicantur semper
    nouem lectiones pro defunctis, facientes officium de feria et haben-
20 tes anniuersarium, exceptis festiuitatibus nouem lectionum; diebus
    aliis extra Quadragesimam feriatis, tres lectiones. Et ad Horas beate
    Marie non sedeant, nec ad Magnificat neque ad Nunc dimittis et
    Benedictus et Quicumque uult, et semper ad Gloria Patri assurgant.

    [98] Et ubi plures presbyteri fuerint, semper unus leuet psalmos,
25 et punctuatim sine syncopa, ac etiam lectiones. In festiuitatibus
    uero duo cantent Alleluya honorifice et decenter, et semper cantetur
    Gloria in excelsis Deo in diebus dominicis et festiuis, | exceptis do-
    minicis Quadragesime et Aduentus. Credo autem in unum Deum
    numquam cantetur, nisi in diebus dominicis et festiuitatibus apos-
30 tolorum <et> aliorum sanctorum secundum regulam ecclesie Ro-
    mane. Ob reuerentiam Domine nostre in sabbato dici potest Gloria
    in excelsis.

    [99] Item, precipimus quod mandent semper Quatuor Tempo-
    ra ieiunare. Quorum ieiunium primum est in Aduentu, secundum
35 in Quadragesima, tertium in festiuitate Pentecostes, quartum in
    mense septembris. Et possunt sciri per hos uersus:

        Vult Crux, Lucia, Cineris et charismata dia,
        ut det uota pia quarta sequens feria.

    Et ieiunent in cibo quadragesimali, in diebus autem Litania-
40 rum possunt comedere caseum et oua, Ascensionis uigilia excepta.
    Diebus autem mercurii et sabbati Quatuor Temporum Pentecostes
    possunt comedere caseum et oua[1].

    [100] Item, precipimus quod quilibet sacerdos caute et diligenter
    inquirat in sua parochia quis utatur mala uita. Et si inuenerit, eum
45 corrigat monendo ter uel quater. Et si renuerit, interdicatur persona,
    ad maiorem penam abbatis consilio nihilominus processurus.

    [101] Item, mandamus quod quilibet sacerdos, cum audierit
    obitum sui parochiani, oret Dominum pro eo, exhortando nihilo-
    minus populum sibi commissum in ecclesia ut, cum campanas au-
50 dierint pro defuncto pulsari, orent Deum pro eo. [102] Et quilibet
    portet ad synodum suorum nomina parochianorum qui decesserint
    per annum in sua parochia, et ibi quilibet absoluat eos. Processiones

---

[1] **c.17** D.76 c.1-7; De cons. D.3 c.6-9; De cons. D.5.c.16; X 3.46.1-3.

---

27 (fol.15r) D   30 et *om.* D   38 uota pia] dicit nota D

autem pro defunctis fiant semper diebus lune, nisi festiuitas occurrerit nouen lectionum.

55 [103] Item, precipimus quod si festum fuerit die lune, quod
habeat ieiunium, precedenti sabbato ieiunetur.

[104] Item, prohibemus clericis uniuersis cum taxillis ludere,
interesse spectaculis uel choreis, maxime mulierum, aut habere
aleas, taxillos, intrare tabernas, nisi essent in itinere constituti, uel
60 sine socio intrare domos mulierum suspectarum, aut per uicos et
plateas discurrere, et ire quotidie ad forum seu mercata, cum causa
non subest. Nec suspensioni latronum, nec combustioni etiam ali-
quorum uel sangui|nis effusioni intersint.

[105] Item, moneant populum quod illi qui ueniant ad uigilias
65 ecclesiarum, deuote et honeste se habeant. Nec permittant choreas
facere in ecclesiis uel cemeteriis. Nec fiant purgationes <seu> coniurationes aque feruentis uel ferri candentis uel aque frigide coniurate,
quia omnia ista superstitiosa sunt penitus et contra Deum.

[106] Item, nullus clericus fideiubeat Iudeo uel feneratori, nec
70 obliget calicem, pallas altaris, uestimenta, libros Iudeis.

[107] Item, mandamus clericis quod mobilia et immobilia
pretiosa ecclesiarum suarum non alienent aliquo casu, abbate inconsulto. Quod si fecerint, contractus non teneat et rem alienatam
ipsi ecclesie restituere compellantur. [108] Et faciant inuentarium
75 de omnibus possessionibus ecclesie, et scribant omnia in missali,
ut cum abbas uel officialis uidere uoluerint, meliorata adinueniant.
Nec aliquis faciat mutuum super ecclesias, abbate inconsulto, nec
ualet creditori probare pecuniam in utilitatem ecclesie uersam fore,
quia satis est quod clerici habeant ecclesiarum reditus, et non obli-
80 gent sine causa, quam abbas debet scire.

[109] Item, prohibemus quod nullus clericus presumat alicui
in ipsis ecclesiis titulum assignare absque nostro consilio et assensu.

[110] Item, mandamus sacerdotibus uel habentibus curam
quod nullus renuntiet nisi in manu abbatis. Et cum uoluerint
85 ire ad synodum, moneant parochianos et uisitent infirmos <ac>
dent penitentias eisdem, exponendo eis qualiter tenentur ire ad
synodum, ut si interim morirentur, sine penitentia ab hoc seculo
non recedant. A qua synodo cum redierint, etiam non requisiti,
uisitent infirmos et faciant quod pro salute animarum nouerint
90 expedire.

[111] Item, mandamus quod questores, quantumcumque
portent litteras domini pape uel archiepiscopi uel aliorum episcoporum, non admittantur ad predicationem nec ad questum, nisi
litteras habeant expressas ab abbate. Tunc sacerdotes legant indul-

63 (fol.15v) D   66 seu *om*.D   85 ac *om*.D   92 portant D

95 gentias et populo exponant, quia in | predicationibus huiusmodi
questorum multotiens heresim intelleximus predicari, dicente sacra
Scriptura 'quomodo predicabunt nisi mittantur'.

[112] Item, mandamus quod fratres minores et predicatores ac
fratres beate Marie matris Domini nostri Iesu Christi honorifice a
100 clericis recipiantur, et eis in necessitatibus subueniant, et hoc idem
populo exponant.

[113] Item, statuimus ne quisquam clericus botones in uestibus portet, nisi de panno aut serico, nec pannis rubeis seu uiridibus aut uirgatis tunicis, uel super tunicis sic apertis quod late-
105 ra ostendantur, ita quod femoralia demonstrentur, non utantur.
[114] A crapula et ebrietate omnes clerici diligenter abstineant, ut
se a uino temperent. Et cum mimis, ioculatoribus et histrionibus
non incedant, nec rostratis sotularibus uel cordulatis utantur, nec
frenis, sellis, pectoralibus aut calcaribus deauratis. [115] Granum,
110 uinum, oleum aut alias quascumque merces non emant ut aliis
temporibus carius uendant, aut aliis negotiis secularibus se im-
misceant, nec officia uel commertia exerceant secularia, maxime
inhonesta, aut secularium potentium uicedominationes aut pro-
curationes exerceant uel assumant.

115 [116] Item, statuimus quod nullus clericus sententiam sanguinis dictet aut ferat, nec litteras dictet uel scribat pro diffidamento
aut uindicta sanguinis destinandas, nec uindictam sanguinis exerceant.

[117] Item, statuimus quod nullus clericus portet arma, nisi ad
120 terrorem inimicorum aut alia iusta causa. Nec comam nutriat neque
barbam, nisi ex legitima causa, iuxta illud: tutius ut peterem laici
sub imagine comam fas fuit ut sinerem luxuriari comam.

[118] Item, districte precipimus quod clerici coniugati uolentes
gaudere priuilegio clericali, coronam et tonsuram congruentem pu-
125 blice portent, si tamen bigami non fuerint, et secularia negotia non
exerceant, nec portent uestes uirides, rubeas uel uirgatas.

[119] Item, sacerdos moneat populum quod quilibet parochianus
addiscat salutationem beate Marie, Pater noster et Credo in Deum.

[120] Item, nullus quoque clericus aliquam | chirurgicam artem
130 exerceat, que adustionem uel incisionem inducat.

[121] Item, statuimus quod nullus sacerdos habeat in domo
sua aliqua occasione mulierem, nisi sit mater eius uel soror, aut esset persona talis ex qua nulla posset oriri suspicio mala contra eum.
[122] Item, statuimus, et sub pena que sequitur in perpetuum
135 firmiter obseruari precipimus, ne quisque clericus de cetero ali-

quam mulierem teneat publice concubinam. Alioquin huius statuti transgressorem temerarium pene uiginti aureorum uolumus
subiacere, cuius siquidem pene abbati Agerensi due partes, tertia
uero pars in cadentis utilitatem ipsius ecclesie cuius delinquens
140 rector aut clericus fuerit, puta in libris, operibus, luminaribus uel
ornamentis aliis, ad arbitrium abbatis predicti, pout sibi expedire
uidebitur, applicentur, dignum etenim esse constat ut quos diuinus amor a malo non reuocat temporalis saltem pena coherceat a
delicto.

[123] 18. *Hugo primus, de botonis et uestibus portandis. Cap.*
xviij.<Hugo primus, abbas Agerensis, in dicta synodo cele-
brata idus nouembris, anno m.ccc.xxxiij. Vt clerici botones
in uestibus, nisi de panno aut serico, non deferant, ad pe-
5 *nam decem solidorum>*

Item, fuit statutum ibidem ne quisquam clericus botones in
uestibus, nisi de panno aut serico, deportaret[1]. Sed quia dicto statuto per abusum seu contrarium usum exstitit derogatum, nos dictum
statutum ut consonum et conueniens ordini clericali statuimus fir-
10 miter obseruandum, sub pena decem solidorum in contra uenientes
statuta, et totiens quotiens contra uenerint et contra facientes reperti fuerint committendo.

[124] 19. *Idem de apertis uestibus non portandis. Cap. xix.*
<Idem in eadem synodo. Clerici apertis uestibus non utan-
tur>

Et quia inter quosdam clericos inoleuit abusus quod cum gra-
5 masiis seu subtunicalibus, aut uidelicet in aperto pectore, diuisis
penitus <uestibus> et apertis, non congruentibus ordini clericali,
in|cedere non uerentur, nos talem uolentes exstirpare abusum, sta-
tuimus ne aliquis clericus in sacris ordinibus constitutus talibus uestibus uti de cetero audeat et presumat. Quod si quis contra uenerit,
10 pena quinquaginta solidorum, totiens quotiens contra uenerit et
cum tali habitu repertus fuerit, puniatur[1].

---

[1] **c.18** Supra [113].
[1] **c.19** D.23 c.22; D.41 c.8; C.17 q.4 c.25; C.21 q.4 c.1-5; X 1.6.15; X 3.1.4-5, 7,
15; X 5.39.35; In VI 3.2 un.; In VI 5.11.12; Conc.4 Lat.1215 c.16 (X 3.1.15); Conc.
Vien.1311-12 c.9 (Clem.3.1.2) y c.22 (Clem.3.14.19); Conc.legat.Lérida 1173 c.5
(TR 3.281); Conc.legat.Lérida 1229 c.9, 24-25 (TR 3.333, 338-339); Conc.le-

---

c.18 2-5 Hugo — solidorum, *ed.*1648 *p.*9; *om.*D
c.19 2-3 Idem — utantur, *ed.*1648 *p.*10; *om.*D   6 uestibus *om.*D   7 ince-
dere] intendere D, (fol.17r) D

[125]   20.   *De sententia excommunicationis*[1]. *Cap. xx. <Petrus*
abbas in synodo per eum celebrata xviij. kalendas februa-
rii, m.cc.lxxxv. Qua forma excommunicationis sententia
ab habente potestatem proferri debeat. Et contra facientes
5   *qua pena puniantur. Quid faciendum sit cum excom-*
municatus ingreditur ecclesiam dum diuina peraguntur,
quid tempore interdicti. Qua forma absolutionis benefi-
cium infirmis et in aliis multis casibus sit conferendum
prescribitur>

10   Quoniam non est maior in Ecclesia sancta Dei pena quam excommunicatio, que hominem separat a communione fidelium et
a receptione sacramentorum, et ideo quicumque excommunicant
cautius debent prospicere et diligenter attendere, prohibemus ne
aliquis sacerdos seu rector ecclesie, qui hoc habet ex consuetudi-
15   ne antiqua et legitime prescripta, proferat excommunicationis uel
interdicti sententiam, nisi in scriptis eam proferat, tertia monitione premissa, causam expresse conscribens propter quam sententia
proferatur, quam formare poterit sub hac forma: **[126]** 'Cum ego
Iacobus, capellanus uel talis ecclesie rector, monueram N. primo, se-
20   cundo et tertio peremptorie, et quarto ad eius malitiam conuincen-
dam in presentia talium testium, ut de premissis decimis seu legatis
satisfaceret uel tale quid faceret de quo tenetur, et ipse non curauerit
obedire, ideo, eius contumacia exigente, in scriptis suppono eum
ecclesiastico interdicto, uel (si eum excommunicat) dicat: excom-
25   munico in hiis scriptis'. Et si interdictus uel excommunicatus uoluerit copiam seu exemplum scripture seu sententie, teneatur ille qui
fecit sententiam tradere infra mensem post diem late sententie, cum
fuerit requisitus. Qui autem predictam formam non seruauerit, per
mensem <ab> ingressu ecclesie nouerit se suspensum, et ad expensas
30   et interesse omne condemnabitur excommunicato uel interdicto, et
nihilominus alia pena condigna, iuxta superioris arbitrium, punietur. Et si sic suspensus diuina officia celebrare presumpserit sicut
prius, in irregularitatem incurrat, super qua non nisi per summum
pontificem poterit dispensari.
35   **[127]** Item, si excommu|nicatus intret ecclesiam dum diuinum
officium celebratur, moneatur publice quod exeat ab ecclesia. Et si

---

gat.Valladolid 1228 5.3 (TR 3.326); Conc.legat.Valladolid 1322 c.6.1(TR 3.482);
Conc.prov.Tarragona 1282 c.2 (TR 3.403); Conc.prov.Tarragona 1291 o 1292 c.2
(TR 3.410); Conc.prov.Tarragona (s.d.) c.3 (TR 3.558-559); 1 Partida 5.39.
[1] **c.20** X 5.39.1-60; In VI 5.11.1-24; Clem.5.10.1-4; Extravag. Juan XXII 13;
Extravag.com. 5.10.1-4.

c.20 1-9 Petrus — prescribitur, *ed.*1648 *p.*69; *om.*D   16 tertia] tamen *mal* D
29 ab *om.*D   35 (fol.17v) D

exire noluerit, officium dimittatur, nisi sacerdos canonem inceperit, quia tunc perficere debet officium iam inceptum, licet omnes alii qui in ecclesia tunc fuerint exire debeant de ecclesia, preter ipsum
40 presbyterum celebrantem, et unum uel duos clericos pro seruitio eiusdem presbyteri remanere possunt et debent in ipsa ecclesia. Completo autem canone et assumpto Corpore et Sanguine Iesu Christi, excommunicato presente non est in missa amplius procedendum. Si in ecclesia uel loco temporalem iurisdictionem habeat
45 <sacerdos>, potest ipsum expellere uiolenter, uel si non habet ibi iurisdictionem, potest requirere dominum secularem quod ipsum expellat. Et propter talem rebellionem debet et potest excommunicatus iterum excommunicari. Verum si est occulte excommunicatus maiori excommunicatione et ibi est aliquis qui secrete sciat, mo-
50 nendus est ab eo secreto quod de ecclesia exeat, et si monitus exire noluerit, exeat caute ille qui sciuerit, ne alii hoc cognoscant.

[128] Item, statuimus et mandamus quod cum castrum, uilla seu locus aliquis ecclesiastico suppositus fuerit interdicto, omnibus parochianis illius loci negentur omnia ecclesiastica sacramenta, pre-
55 ter baptisma paruulorum et etiam adultorum, sacramentum confirmationis et penitentie, tam infirmorum quam sanorum (possunt excommunicari qui dederunt causam interdicto), et Corpus Christi, quod non debet decedentibus in penitentia denegari.

[129] Item, mandamus sub hac forma fieri absolutionem ex-
60 communicatorum: Prestito iuramento quod stabit mandatis Ecclesie, uel, si est excommunicatus ex causa pro qua restitutionem facere teneatur, precipiatur ei ante absolutionem quod, si habet illam rem quam debet restituere, illam restituat, uel eius pretium, si res illa haberi non potest. Et si hoc casu facere non potest, man-
65 det heredibus quod si de illa infirmitate ipsum mori contingat, ad cognitionem sacerdotis satisfaciant pro eodem. [130] Et est forma absolutionis talis: Dicat sacerdos psalmum 'Mi|serere mei, Deus' uel 'Deus misereatur nostri, etc.' 'Kirie eleyson, Christe eleyson, Kirie eleyson. Pater noster. Saluum fac seruum tuum, Domine. Domi-
70 ne, exaudi orationem meam. Dominus uobiscum. Oremus: Presta, quesumus, Domine, huic famulo tuo digne penitentie fructum, ut Ecclesie tue sancte, a cuius integritate deuiauerat peccando, admissorum ueniam consequendo reddatur innoxius. Per Dominum nostrum. Deus, cui proprium est misereri semper et parcere, suscipe
75 deprecationem nostram, ut quem delictorum excommunicationis catena constringit, tue miseratio pietatis absoluat. Per Dominum nostrum'. Postea dicat sacerdos: 'Auctoritate qua fungor, absoluo

---

45 sacerdos *om.* D   46 ipsum] episcopum *mal* D   56 penitentie] penitentias D   59-60 absolutio excommunicationum D   67 (fol.18r) D

te ab omni uinculo excommunicationis, et specialiter a sententia excommunicationis qua ligatus eras pro tali facto, et precipio
80 tibi quod de cetero talia uel consimilia non committas'. [131] Si
autem propter infirmitatem grauem, excommunicato mortis periculum immineret et propositum habet restituendi, recipiat ab eo
sacerdos iuramentum quod stabit mandatis Ecclesie, et absoluat
eumdem, precipiendo sibi quod quam cito poterit satisfaciat pro
85 eodem. Si autem excommunicatus paupertate depressus satisfacere
nequeat in totum uel in partem, recepto iuramento ab eo quod
stabit mandatis Ecclesie, absoluatur et iniungatur eidem quod,
si conualuerit et ad pinguiorem fortunam peruenerit, satisfaciat
iuxta posse. Si autem infirmus propter contumaciam excommu-
90 nicatus fuerit uel etiam interdictus, uidelicet quod citatus a iudice
noluit stare iuri uel coram iudice comparere, recipiat sacerdos ab
ipso simpliciter iuramentum coram testibus quod stabit mandatis
sui iudicis, qui eum excommunicauit. Quo recepto, absoluat eum
iuxta formam predictam, et precipiet ei quod, cum conualuerit,
95 compareat quam cito potuerit coram illo iudice, facturus quod de
iure fuerit faciendum.

[132] Si uero propter uerberationem clerici aut persone alicuius
religiose qui infirmus excommunicatus exsistit, recepto ab ipso quod
stabit mandatis Ecclesie iuramento, ipsum absoluat sacerdos, preci-
100 piendo sibi quod, si conualuerit, accedet ad papam uel eius legatum,
mandatum ipsius | humiliter suscepturus; nisi leuis esset iniuria, aut
senex uel pauper aut puer excommunicatus exsistat: cuilibet mandetur ut, si conualuerit, ad abbatem accedat, eius consilio pariturus.
Item, precipiat ipsi infirmo sacerdos quod clerico aut persone reli-
105 giose expensas restituat et damna emendet, quas et que propter hoc
passus est, et ab eo, si presens est uel haberi eius copia commode
potest, ueniam petat de iniuria quam sibi fecit. Et si in continenti de
expensis et damnis datis satisfacere non posset seu haberi non potest
clericus iniuriam passus, precipiat infirmus heredibus suis quod de
110 predictis satisfaciant pro eodem.

[133] Si autem excommunicati <qui> in infirmitatibus iuxta
formas predictas fuerint absoluti, recuperata sanitate facere quod
iurarunt noluerint, per censuram ecclesiasticam compellantur.

80 talia] qualia D   82 immineret] emineret D   92 testibus] et *ad*.D
101 (fol.18v) D   102 cuilibet] quilibet D   111 qui *om*.D

[**134**] 21. *Franciscus primus in synodo, contra negligentes pete-*
re absolutionem et de cera excommunicatorum. Cap. xxj.
<Franciscus primus, abbas, in synodo per eum celebrata, v.
mensis aprilis, m.ccc.xxxix. Vt non petentes absolutionem
5 *pena unius libre cere puniantur>*

Cum medicinalis sit excommunicatio, non mortalis, discipli-
nans non eradicans, dum tamen hii in quos lata fuit non contem-
nant, in hac sancta synodo statuimus quod si clericus uel laicus canonice fuerit excommunicationis uinculo innodatus <et> publice
10 nuntiatus, negligens in absolutione petenda per mensem continue
in excommunicatione ipsa contumaciter ex certa scientia perstiterit
(quia nihil obedientia prodesse uideretur, si inobedientie conceptus
contumacibus non obesset), pena unius libre cere pro dicto mense
puniatur. De qua tertia pars ecclesie cuius parochianus fuerit, re-
15 sidue due partes ad opus fabrice nostri monasterii applicentur. Si
uero, proprie salutis oblitus, per duos menses continue et usque
ad unum annum in ipsa excommunicationis sententia perdurauerit,
pharaonico animo damnabiliter obstinatus, quia crescente contumacia crescere debet et pena, statuimus ut per quemlibet mensem
20 operario nostri monasterii unam | libram cere, applicandam ut su-
pra ad opus predicte fabrice, soluere teneatur, nulla gratia interueniente[1].

[**135**] 22. *Idem in eadem synodo, contra damna dantes uel*
consentientes ecclesiis et seruitoribus earumdem. Cap. xxij.

Cum quidam in aliorum prediis propria commoda studeant
inuenire, et propter multa et maxima pericula que passa fuit eccle-
5 sia et abbatiatus Agerensis ad instigationem aliquorum maliuolo-
rum, nos uolentes, in quantum possibile erit, predictis obuiare, approbante et consentiente capitulo et synodo, excommunicamus et
anathematizamus occisores, mutilatores clericorum, et inuasores,
raptores et depredatores hominum ecclesiarum et rerum et iurium
10 et locorum religiosorum, qui bona predicta rapuerunt, occupaue-
runt uel inuaserunt uiolenter, dummodo persone de quibus querelam habuerint parate fuerint, prout debebuntur, iuri stare. Eadem
etiam excommunicatione ligamus seruitores et receptores predicto-

[1] **c.21** C.11 q.3 c.36-37; X 1.14.8; X 5.7.13; X 5.37.13; X 5.40.23-24; In VI
5.2.7; 1 Partida 9.21, 31-32; cf. Nueva Recop. 8.5.1-2; Novís. Recop. 12.3.5.

c.21 1 synodo] quarto *ad.*D   3-5 Franciscus — puniantur, *ed.*1648 *p.*72; *om.*D
7 hii] his D   9 et *om.*D   20 (fol.19r) D
c.22 9 ecclesiarum] eclicorum (!) D

rum malefactorum, statuentes quamdiu principales malefactores in
15 aliqua uilla fuerint, ecclesie cessent a diuinis. [136] Et si principales malefactores mortui fuerint absque satisfactione condigna, licet
in articulo mortis absoluti fuerint, eorum corpora non tradantur
ecclesiastice sepulture quousque heredes morientium passis iniuriam satisfecerint et damnum datum fuerit penitus emendatum.
20 Nec predicti in sanitate obsoluantur, nisi de premissis omnibus satisfecerint competenter. [137] Simili excommunicationis sententia
innodamus omnes illos qui predia clericorum et locorum religiosorum et hominum eorumdem scienter et uoluntarie receperint in
castris suis uel emerint, castra illa in quibus retenta fuerint predicta
25 cessent a diuinis quousque damnum datum, pro posse, studuerint
emendare. [138] Et licet occisores, mutilatores, uulneratores, inuasores et raptores ecclesie in genere sint excommunicati, non tamen
euitentur, nisi facti euidentia uel confessione con|staret. Et post-
quam in specie denuntiati fuerint, absolutio nobis et officiali nos-
30 tro Agerensi reseruamus, preter illam absolutionem que pertinet
ecclesie Romane. [139] Et circa istam constitutionem constitutiones sacri concilii Tarraconensis contra inuasores ad unguem debent
obseruari. Reliquas constitutiones facientes contra inuasores require in fine, cum modo procedendi contra inuasores[1].

[140]   23.   *De sepulturis*[1]. *Cap. xxiij.* <*Petrus abbas in syno-*
do per eum celebrata xviij. kalendas februarii, m.cc.lxxxv.
Pactum super electione sepulture factum irritatur. Parochis
prohibetur ne alterius parochie aliquem ad sacramenta
5   *admittant sine licentia proprii parochi. Laicis interdicitur*
intra ecclesiam sepeliri. Et sacerdotibus mandatur quod
uestes habeant sacerdotales cum quibus sepeliri ualeant>

[141] Precipimus quod nullus clericus pactum faciat cum aliquo
in sanitate constituto, sed nec aliquem in infirmitate constitutum
10 blandiens munusculis siue donis uel deceptionibus inducat ut in suo
cemeterio eligat sepulturam. Quod si fecerit, pactum non teneat, nec
electio sepulture, quin immo et corpus et quidquid occasione sepulture ipsius perceptum fuerit totaliter ecclesie parochiali reddatur.

[1]   **c.22** Cf. infra Constitutiones Tarraconenses [3-5]; Martène-Durand, *Thesaurus*
novus anecdotarum 4.288-289.
[1]   **c.23** C.13 q.2 c.6-19; X 3.28.1-14; In VI 3.12.1-5; Clem.3.7.1-2; Extravag.com.
3.6.1-2; 1 Partida 13.1-14.

28 (fol.19v) D
c.23 1-7 Petrus — ualeant, *ed.*1648 *p.*57; *om.*D

[142] Item, statuimus quod nullus sacerdos parochianos al-
15 terius recipiat ad ecclesiastica sacramenta, nisi ad penitentiam et
baptismum necessitatis articulo imminente, sine licentia proprii
sacerdotis.

[143] Item, prohibemus laicos intra ecclesiam sepeliri absque
nostra licentit speciali.

20 [144] Item, statuimus et precipiendo mandamus quod quilibet
presbyter in principio sui presbyteratus faciat fieri et habeat uestes
sacerdotales proprias et alia necessaria ad hoc, cum quibus quando
mortuus fuerit ualeat sepeliri.

[145] 24. *Franciscus primus. Quod nullus inducat aliquem*
ad sepulturam eligendam, nisi ad locum quem eligere uo-
luerit. Cap. xxiiij. <Franciscus abbas, in synodo per eum
celebrata, v. aprilis, m.ccc.xxxix. Confirmatur precedens
5 *constitutio et ultra penas in ea excommunicationem ap-*
ponit>

Item, fuit statutum in synodo generali per reuerendum patrem,
bone memorie, Petrum predecessorem nostrum, sub titulo De sepulturis, quod nullus clericus faciat pactum cum aliquo in sanitate
10 constituto, sed nec infirmitate oppressum etiam inducat blanditiis
uel aliis quibuscumque modis ut in suo cemeterio eligat sepulturam, et si contra fecerit, pactum et electio sepulture non teneat,
quin immo corpus et quidquid occasione sepulture perceptum fuerit totaliter ecclesie parochiali reddatur[1]. Statutum ipsum, tamquam
15 iuri consonum approbantes, ut fortius in posterum obseruetur, sta-
tuimus quod nullus clericus, | etiam religiosus, contra predictum
statutum uenire presumat, alioquin ipso facto sententiam excommunicationis incurrat.

[146] 25. *Idem, de sepulturis eligendis in ecclesiis per rectores*
et curatos. Cap. xxv. <Idem Franciscus in eadem synodo.
Vt rectores intra ecclesiam possint sepeliri, si tamen quin-
que solidos censuales pro anniuersario reliquerint uel eccle-
5 *siam seu capellam edificauerint>*

Et quia dignum exsistit ut hi qui in ecclesiis Dei utilius deseruiunt ab ipsa ecclesia speciali debeant prerogatiua honoris remu-
nerari, statuimus concedendo quod omnes rectores et alii habentes

---

[1] **c.24** Es la constitución 23 anterior, [140-141] de nuestra edición.

c.24 3-6 Franciscus — apponit, *ed.*1648 *p.*58; *om.*D   16 (fol.20r) D
c.25 2-5 Idem — edificauerint, *ed.*1648 *p.*59; *om.*D   6 quia] quod D

curam animarum nostri abbatiatus possint in ecclesiis quorum sunt
10 rectores eligere sepulturas, et intus ipsas ecclesias sepeliri, dum tamen relinquant in ecclesiis in quibus sepeliuntur quinque solidos
censuales perpetuos pro anniuersario annuatim faciendo pro ipsorum decedentium rectorum animabus. Verum, si aliqui eorum rectorum fecerint et edificauerint in eorum ecclesiis aliquas capellas,
15 uolumus in eisdem ecclesiis sepeliri, licet non relinquant quinque
solidos censuales ante dictos.

[147] 26. *De penis et contra non obseruantes constitutiones.
Cap. xxvj.*

Statuimus ut clerici beneficiati uel in sacris ordinibus constituti
aut alii quilibet clerici iurisdictioni nostre subiecti, qui irato animo
5 gladium extraxerint contra aliquem, quinquaginta solidos Iaccenses
pro pena abbati Agerensi soluere teneantur. [148] Item, precipimus
sub pena excommunicationis et statuimus ut si quis clericus homicidium, sacrilegium, incendium uel furtum in nostra iurisdictione
manifeste repertus fuerit commisisse, uel aliquem atrociter (nisi de-
10 fendendo fecerit) uulnerasse, per priorem uel rectorem illius ecclesie
in cuius parochia predicta crimina fuerint commissa capiatur, et,
capto, per clericos apud Agerensem adducatur, aliquibus laicis, si
opus fuerit, adhibitis seu adiunctis ad repellendam uiolentiam, si
forsan inferre per aliquos timeatur. [149] Item, statuimus et districte
15 precipimus ut in locis in quibus post sonitum campane seu buccine
de nocte laici ire sine lumine prohibentur, et gladium portare ultra
certam longitudinem seu mensuram, clerici eamdem prohibitionem
debent obseruare. Alioquin pene, que propter laicos imponitur, uo-
lumus subiacere, quam per | priores et rectores ecclesiarum locorum
20 illorum nostro nomine exigi et recipi uolumus et mandamus. Et si
eam soluere noluerint requisiti infra decem dierum spatium, penam duplicatam soluere compellantur. Et idem de damno fructuum
precipimus obseruari, ut propter hoc laicorum scandalum euitetur,
et clerici ab illicitis arceantur. [150] Item, sub pena excommunica-
25 tionis et suspensionis districte precipimus ne damna data seu foris
facta cuiquam sacerdoti in penitentia tradita ut alii restituat, differat
restituere uel sibi retinere presumat, sed restituat integraliter sine
mora et fraude illis quibus est restitutio facienda. Qui autem contra
hoc fecerit, super hoc ueritate comperta, quod recepit cum uerecun-
30 dia reddere compellatur. Et si restituere postea noluerit, alia pena
grauiori, iuxta nostrum arbitrium, puniatur.

14 edificauerint] dictauerint D
c.26 1-99 De penis — domino abbate *om.ed.*1648   19 (fol.20v) D
22 damno] bamno D   26 restituat] restituant D   27 sed] et D

[151] Item, statuimus ne quis rectoriam uel uicariam alicuius ecclesie in iurisdictione nostra sitam presumat ab aliquo recipere, nisi prius nobis presentatus fuerit et a nobis curam illius ecclesie
35 receperit animarum. Item, statuimus et precipiendo mandamus clericis habentibus ecclesias ne prebendarios uel portionarios laicos uel clericos ponant seu instituant in ecclesiis abbate inconsulto, alioquin nunc ut ex tunc in hiis scriptis illum uel illos qui huius statuti fuerint transgessores excommunicationis sententia innodamus[1].
40 Item, mandamus quod nullus faciat pactum aliquod patronis super facto ecclesiarum antequam sit abbati presentatus. Item, statuimus quod nullus clericus preces aliquas persone aut personis potentibus faciat aut fieri faciat super aliquo a nobis beneficio obtinendo quod iam alii sit collatum. Alioquin ipsum scientem quod collatio facta
45 fuerit excommunicationi uolumus subiacere.

[152] Item, statuimus et amodo sic in perpetuum uolumus obseruari ne abbas Agerensis subsidium, nisi moderatum et ex causa rationabili, a suis clericis exigat in futurum, et tunc caritatiue id faciat, uocatis prioribus et ecclesiarum nostre iurisdictionis rectori-
50 bus uniuersis. Qui quidem priores et rectores iam dicti quatuor ex se eligant, qui quantitates minutas taxent et imponant super ualore quantitatis subsidii impositi, prout eis uidebitur, ecclesiis uniuersis.
[153] Item, statuimus et districte mandamus et precipimus omnibus prioribus <et> rectoribus supra dictis ut statuta Sabinensis legati
55 et constitutiones editas in | sacro Tarraconensi concilio contra raptores, inuasores et depredatores personarum et rerum ecclesticarum obseruent et inuilabiliter in omnibus et per omnia faciant obseruari, et constitutiones abbatiales <editas> ad instar seu similitudinem illarum sacrorum conciliorum Tarraconensium.

60 [154] Est autem sciendum omnibus clericis, maxime ecclesiarum rectoribus et aliis in sacris ordinibus constitutis (et hoc idem mandamus populis dici publice et exponi) quod septem sunt articuli fidei, scilicet incarnatio siue natiuitas et baptismus, passio Christi continentes ad humanitatem Christi siue eius mors, descensus ad inferos, resu-
65 rrectio, ascensus in celum, aduentus eius ad iudicium. Item, est sciendum quod sunt decem Legis precepta, que hiis uersibus continentur:

> Sperne deos, fugito periuria, sabbata serua,
> sit tibi patris honor, sit tibi matris amor,
> non sis occisor, fur, mecus, testis iniquus,
70 > uicinique torum resque caueto suas.

---

[1] **c.26** Cf. infra [159] de este sínodo.

38 illum] illam D   54 et *om.*D   55 (fol.21r) D   58 editas *om.*D
62 sunt] de *ad.*D   63-65 et baptismus — iudicium *texto deficiente en* D

[155] Item, quia parum prodesset statuta promulgari et mandata fieri nisi ad eorum obseruationem coerceantur improuidi transgressores, statuendo precipimus et sub intimatione anathematis
districte mandamus has constitutiones ab omnibus clericis iurisdic-
75 tionis nostre, et maxime <a> prioribus et ecclesiarum rectoribus, hec
statuta, precepta et synodales prohibitiones inuiolabiliter obseruari,
et quod frequenter legant et diligenter studeant, inuigilent et intelligant atque seruent, ut de obseruatione ipsarum Deo et abbati
dignam possint reddere rationem. Et si super hiis delinquere eos
80 contingerit uel errare, se non possunt postmodum per ignorantiam
excusare, scientes quod transgressores huiusmodi animaduersione
debita puniemus. Et que de supra dictis fuerint intimanda clericis,
per rectores parochiales presbyteros intimentur, et ea que tangunt
laicos eisdem laicis temporibus et diebus, secundum quod opus fue-
85 rit, intimentur, maxime ubi adfuerit populi multitudo. [156] Item,
statuimus et mandamus prioribus ecclesiarum nostre iurisdictionis
et rectoribus uniuersis quod eorum quilibet has constitutiones omnes habeat, et recipiat copiam earumdem hinc ad festum sancti Michaelis mensis septembris proxime instantis². Alioquin, ne pretextu
90 ignorantie se fingant in posterum excusare personas illarumque (!)
huius statuti et mandati nostri transgressor excommunicatione et
ecclesias illorum ecclesiastico, nunc ut ex tunc, supponimus interdicto.

[157] Item, statuimus et precipiendo mandamus quod priores
95 <et> rectores ecclesiarum uel eorum loca tenentes ueniant ad synodum diebus superius annotatis. Qui autem uenire contempserint,
nisi iusta et legitima causa fuerint impediti (et tunc uolumus ut
mittant excusatores), decem solidorum pene subiaceant uel compo-
nantur cum domino abbate.

[158] 27. *Hugo, de ludentibus ad aleas seu taxillos. Cap. xx-*
vij. <Hugo primus, abbas Agerensis, in synodo celebrata
idus nouembris, anno m.ccc.xxxiij. Alearum et taxillorum
ludus clericis prohibitus, ad penam uiginti solidorum Acri-
5 *montis>*

Item, prohibitum fuit in constitutionibus seu statutis predictis,
in titulo De uita et honestate clericorum, uniuersis clericis ludere ad
taxillos, cum inde plura scandala oriantur et damna quamplurima,

---

² Cf. infra [171].

72 coerceantur] arceantur D   75 a *om*.D   82 que] quod D   90 personas
illarumque *quizá haya alguna errata* D   94 (fol.21v) D   95 et *om*.D
c.27 2-5 Hugo — Acrimontis, *ed*.1648 *p*.10; *om*.D

cum clericorum opprobrio, subsequantur[1]. Sed quia dictum statu-
10 tum simpliciter et sine aliqua adiectione penali quasi ludibrio a pluribus fuit habitum et habetur, per actum contrarium suo fuit debito
frustratum effectu, statuimus et ordinamus quod nullus clericus ad
aleas de cetero, seu ad ludum aliquem taxillorum presumat ludere,
maxime publice, uidelicet in uiis, plateis et uicis, maxime publicis.
15 Contra ueniens penam uiginti solidorum Acrimontis totiens quotiens incurrerit persoluat.

[159] 28. *De commissione cure animarum. Cap. xxviij.*

Item, statutum fuit in constitutionibus supra dictis, in titulo De
penis, quod nullus reciperet regimen seu uicariam alicuius ecclesie
a priore aliquo seu rectore in iurisdictione abbatiatus Agerensis nisi
5 presentatus fuerit Agerensi abbati seu eius officiali, et ab eo curam
receperit animarum[1]. Attamen ex causa dictum statutum ducimus
moderandum, ut si quis prior uel rector in iurisdictione nostra predicta sue deseruiens ecclesie parochiali per se ipsum et eum contingerit infirmari uel per octo aut quindecim dies, et non plus, propter
10 aliqua necessaria ac iusta negotia sue ecclesie se absentari, durante
infirmitate ac dictorum dierum absentia possit auctoritate nostra et
per nos illo casu concessa alicui presbytero idoneo suas uices committere in cura et regimine animarum.

[160] 29. *Franciscus in iiij. synodo, de casibus reseruatis.
Cap. xxix. <Franciscus in synodo per eum celebrata, v.
aprilis, m.ccc.xxxix. Enumerantur casus domino pape re-
seruati>*

5 Cum a multis dubitari soleat qui sunt casus pertinentes pape et
qui prelatis reseruentur, licet iam dominus Petrus, bone memorie
predecessor noster, aliquos expresserit[1], nos uolentes tollere eorum
dubitationes, propria constitutione duximus exprimendos.
Primo, si quis confiteatur se credere hereticam prauitatem.
10 Item, simoniacus, quomodocumque commiserit simoniam.
Item, clerici qui, excommunicati aut suspensi, ante absolutio-
nem diuina officia principaliter celebrauerint, missam | cantando,

---

[1] **c.27** Supra [104].
[1] **c.28** Supra [151].
[1] **c.29** Supra [33].

---

9 clericorum] clerici D
c.28 1-13 De — animarum *om.ed.*1648
c.29 2-4 Franciscus — reseruati, *ed.*1648 *p.*81-82; *om.*D   5 qui] quod D
9 confitebatur D   12 (fol.22r) D

euangelium, epistolam uel alias Horas canonicas, faciendo et dicendo principaliter officium in ecclesia.

15 Item, clerici per saltum promoti, aliquo ordine pretermisso.

Item, depredantes <uel> iniuriantes euntes ad curiam Romanam.

Item, clerici qui scientes celebrant in ecclesia interdicta.

Item, portantes ferrum uel arma Saracenis.

Item, uulnerantes (nisi leuis fuerit uulneratio), mutilantes <et>
20 occidentes clericos et alios quos ecclesia Romana sibi reseruat, licet
non sint hic positi.

Item, illi qui excommunicati denuntiantur et nolunt exire ab
ecclesia ad monitionem sacerdotis.

Item, incendiarii, postquam fuerint ab Ecclesia publice nuntiati.

[161] 30. *Idem, de casibus reseruatis domino abbati. Cap. xxx.*
<Idem Franciscus in eadem synodo. Casus reseruati domi-
no abbati enumerantur>

Item, casus infra scriptos nobis reseruamus et retinemus, et
5 quos nullus absoluere ualeat, nisi habeat specialem commissionem
a nobis.

Primo, excommunicatos maiori excommunicatione.

Item, commutationem cuiuslibet uoti.

Item, stuprum monialium.

10 Item, inuasores ecclesiarum, manus imponentes in parentes.

Item, de infantibus oppressis et languidis.

Item, illorum absolutionem qui in malos usus tractauerunt Eucharistiam et rem sanctam.

Item, illorum absolutionem qui contractis sponsalibus cum
15 aliquibus prestito iuramento et non dissolutis, postmodum contrahunt cum aliis sponsalia uel matrimonium, contra iuramentum
prius prestitum temere ueniendo.

Item, illorum qui in cemeterio ecclesiastico presumunt scienter
excommunicatorum corpora sepelire.

20 Item, sacrilegos et uiolatores ecclesiarum.

Item, iuramenti absolutionem, factam in preiudicium cuiuscumque domini habentem iurisdictionem, uel alterius partis.

Item, clericorum absolutionem, qui ab aliquo episcopo se fecerint promoueri, nostri licentia non obtenta.

16 uel *om*.D   19 et *om*.D
c.30 2-3 Idem — enumerantur, *ed*.1648 *p*.82-83; *om*.D   5 quos] quod D
14 contractis] contra eius D
c.31 2-5 Idem — expressa, *ed*.1648 *p*.83-85; *om*.D

[162] 31. *Idem, de casibus commissis curam habentibus animarum. Cap. xxxj. <Idem Franciscus in eadem synodo. Enarrantur casus a quibus possunt absoluere habentes curam animarum, et nonnulli etiam a quibus absoluere non*
5 *possunt, nec etiam religiosi, nisi sub forma inibi expressa>*

Item, infra scriptos casus committimus prioribus, rectoribus et curam animarum habentibus a nobis:

Primo, illi qui facto, uerbo, consensu uel alio modo perpetrauerint homicidium, dum clerici tamen non sint.

10 Item, illi qui luxuriam expleuerint cum matre, sorore uel consanguinea aliqua sua, uel uxore fratris.

Item, illi qui in ecclesia luxuriam commiserunt secrete.

Item, illi qui cum Iudea uel Saracena | uel bruto animali coire ausu nephario presumpserint.

15 Item, mulier que in adulterio concipit infantem, quem maritus eius credit esse suum, propter quem legitimi liberi fraudantur hereditate paterna.

Item, illi qui mulieribus aliquid faciunt propter quod fecerint abortiuum (!). Item, mulier etiam que hec facerit uel supportauerit fieri.

20 Non soluentes decimas et primitias illi uel illis cui debentur, nisi satisfecerint non absoluantur, si habent unde.

Item, blasphemantes Deum et sanctos.

Item, illos uel illas quorum pueri sine baptismo decedunt.

[163] Item, mandamus, sub uirtute sancte obedientie, omnibus
25 curatis ut moneant populum quod nullus religiosus uel aliquis alius potest absoluere de casibus infra scriptis: primo, de decimis et primitiis; item, de restitutionibus certis, nisi satisfaciant; item, de iniunctis (!) solummodo ad quantitatem quinque solidorum, et in continenti tradant illis quibus debetur, uel in posse rectoris uel curati, si de pre
30 senti non habent quod pro pignore ponant, uel cum instrumento obligent se mediante iuramento tradere aliis. Summam predictam ascendentes nullus audeat retinere nec distribuere nisi de licentia abbatis uel officialis nostri Agerensis. Et predicta abbati Agerensi uel dicto officiali quam citius commode et opportune fuerit teneantur reuelare,
35 alias contra facientes arbitrio nostro rigide puniantur.

[164] Si uero predicti confitentes, ad mandatum et monitionem sacerdotis et confessorum ad nos super casus nobis reseruatos non uenerint, in suis peccatis et duritia remanentes, si peccata occulta fuerint, eis a sacerdotibus penitentia iniungatur, et nihilomi
40 nus ipsi confessores quam citius poterint et commode petant et a nobis habeant consilium.

---

13 (fol.22v) D   27-35 iniunctis — puniantur *texto oscuro, quizá haya alguna errata* D

[165]   32.   *De iureiurando et de pena periurii. Cap. xxxij.*
<Idem Franciscus in eadem synodo. Contra clericum pe-
riurantem imponitur pena centum solidorum>

Item, cum periurium sit crimen abominabile inter omnes fi-
5 deles, potissime clericis, ideo ab Ecclesia tam pena spirituali quam
etiam temporali penitus euitandum est. Statuimus quod si quis
clericus in contractu uel quasi, in delicto uel quasi seu aliter quo-
modocumque depre|hensus siue repertus fuerit periurus, in penam
centum solidorum Acrimonensium incidat totiens quotiens fuerit
10 repertus ipso facto, ut quos timor diuinus a malo non reuocat saltim temporalis pena coherceat a peccato. Alia iuris pena spiritualis
seu ecclesiastica in suis iuribus permansura, cui penam temporalem
predictam nolumus in aliquo derogari[1].

[166]   33.   *De transgressione iuramenti. Cap. xxxiij. <Francis-*
cus in synodo, quinta die aprilis, m.ccc.xxxix.>

Item, statuimus et ordinamus quod quicumque in transgressione iuramenti manifeste fuerit deprehensus, in ecclesia denun-
5 tietur periurus. Qui si admonitus satisfacere noluerit, tunc candelis accensis et exstinctis, et pulsatis campanis, singulis diebus
dominicis et festiuis denuntietur detestabilis et infamis, nec ad
testimonium uel ad alios actus legitimos admittatur. Et hanc penam precipimus frequenter per ecclesias publicari, sed nolumus
10 quod aliquis rector uel sacerdos aliquem parochianum suum denuntient periurum, nisi de licentia abbatis Agerensis uel eius officialis seu successorum nostrorum mandatum super hoc receperit
speciale.

[167]   34.   *De non residentibus in ecclesiis. Cap. xxxiiij. <Hugo*
abbas in synodo per eum celebrata idus nouembris, anno
m.ccc.xxxiij. Amissione fructus unius anni puniuntur cu-
rati non facientes constinuam residentiam>

5 Item, statuimus ut omnes clerici iurisdictionis nostri abbatiatus
Agerensis curam habentes et regimen animarum, exceptis canonicis

---

[1] **c.32** C.6 q.1 c.17-18; C.22 q.1 c.17; C.22 q.4 c.11; C.22 q.5 c.1-13; X 2.1.10;
X 2.24.10-12; X 3.22.2 (27); 3 Partida 11.26-28.

c.32 2-3 Idem — solidorum, *ed.*1648 *p.*85-86; *om.*D   8 (fol.23r) D
c.33 1-2 Franciscus — xxxix. *om.*D y *ed.*1648   3-13 Item — speciale, *ed.*1648
*p.*86 *el segundo bloque de la página*
c.34 1 De] Idem *antep.mal* D   1-4 Hugo — residentiam, *ed.*1648 *p.*15-16; *om.*D

nostri monasterii, infra unum mensem deinceps continue computandum, ex tunc continuam faciant residentiam in suis ecclesiis seu
beneficiis personalem. Alias, non facientes penam amissionis fruc-
10 tuum beneficiorum suorum unius anni, ex tunc proxime uenturi,
ipso facto incurrent. Et pro pena transgressionis presentis statuti,
dicti fructus unius anni continui talium beneficiorum sit Agerensi
abbati integriter adquisitus[1].

[168] 35. *De priuilegiis et exemptione seruanda. Cap. xxxv.*
<Hugo abbas, in synodo per eum celebrata idus nouem-
bris, m.ccc.xxxiij. Grauissimis plectuntur penis qui contra
immunitatem, exemptionem et priuilegia ecclesie Agerensis
5 *aliquid demoliuntur>*

Nos Hugo, Dei gratia abbas ecclesie Agerensis, considerantes
sollicite et attente nostram Agerensem eccle|siam, cuius regimini
Deo propitio presidemus, exemptionis priuilegio et immunitate
gaudere, quibus immediate subesse dignoscitur sacrosancte Ro-
10 mane ecclesie, que totius caput est orbis, et ad eam cum omnibus
membris suis principaliter pertinere, ut tenemur ex debito affectu, ac uolumus toto conamine cum effectu dictam eius exemptionem, immunitatem et priuilegia inuiolabiliter obseruare et facere
obseruari. Verum quidam nostri subditi pestiferi et nociui, nes-
15 cientes in semitis iustitie dirigere gressus suos, in lesionem dicte
exemptionis et in exempli perniciem et suarum periculum animarum, dudum ac etiam temporibus prope lapsis contra dictam
nostram ecclesiam et abbatiatum (quod non tamen sine cordis
amaritudine ad memoriam reducimus), quo spiritu ducti igno-
20 rantes, dictam pro posse, quantum in eis exstitit, uiolando exemptionem, ecclesiis nobis subiectis damna et grauamina, ac nostro
monasterio iniurias quamplurimas, damnationem contemptibi-
liter uilipendendo, intulerunt. Quorum actus, notorii euidentia
facti, huic causam dederunt edicto, quos tam execrabiles et dam-
25 nosos non intendimus sine animaduersione debita conniuentibus
oculis pertransire, sed suo loco eorum uindictam debitam nobis
expresse et specialiter reseruamus. [169] Ad presens statutum in-
ducimur faciendum (maxime quia exempla preterita et presentia

---

[1] **c.34** C.7 q.1 c.19, 23-24, 26, 29; X 1.14.4; X 2.28.28; X 3.4.4-17; Conc.3
Lat.1179 c.13 (X 3.4.3); Conc.4 Lat.1215 c.32 (X 3.5.30); Conc.2 Lugd.1274
c.13 (In VI 1.6.14); Conc.legat.Valladolid 1228 8.2 (TR 3.327); Conc.legat.Valla-
dolid 1322 c.8 (TR 3.486); 1 Partida 16.16-17.

---

c.35 2-5 Hugo — demoliuntur, *ed.*1648 *p.*86; *om.*D   7 (fol.23v) D   25 conni-
uentibus] conuiuentibus D

nos precauere faciunt in futurum et circa id nos esse premonent
30 cautiores) quo statuimus et toto mentis affectu inuiolabiliter ordinamus quod dicta exemptio, cum omnibus libertatibus, priuilegiis
et immunitatibus dicte nostre Agerensis ecclesie, cum omnibus
membris suis, ab omnibus nostris subditis perpetuo, firmiter et
sine lesione aliqua obseruetur. Mandantes omnibus dictis subditis
35 nostris et dicte ecclesie Agerensis, tam clericis quam laicis, cuiuscumque condicionis siue status exsistant, firmiter et districte, in
uirtute sancte obedientie et sub pena excommunicationis ac beneficii seu beneficiorum priuatione (si beneficiati fuerint benefi-
cio ecclesiastico seu temporali) quatenus dictam exemptio|nem,
40 priuilegia et immunitates dicte Agerensis ecclesie et membrorum
eius inuiolabiliter teneant et obseruent. Et contra eam uel ea uerbo uel facto, palam uel occulte, per se uel per aliam interpositam
personam uel personas, ulla machinatione adhibita uel ingenio seu
aliquo figmento uel quesito colore non ueniant, nec alios, pro suo
45 posse, uenire sustineant nullo modo, ratione uel causa. Alias in
rebelles et inobedientes, nunc pro tunc, monitione premissa canonica, excommunicationis sententiam ferimus in hiis scriptis. Et
nihilominus eos quos pro nobis et dicta Agerensi ecclesia beneficia
tenere contigerit, nunc prout ex tunc decernimus et declaramus
50 hiis esse priuatos, et non beneficiatos esse inhabiles perpetuo ad
habenda alia beneficia, et etiam alia animaduersione grauissima
puniendos, ut recedentes a sui capitis unitate.

> **[170]** 36. *De confirmatione constitutionum. Cap. xxxvj.*
> *<Hugo, in synodo per eum celebrata idus nouembris, m.ccc.*
> *xxxiij. Constitutiones Petri abbatis obseruari precipit>*

Item, statuimus et ordinamus quod omnes constitutiones do-
5 mini Petri abbatis, predecessoris nostri, in omnibus aliis inuiolabiliter obseruentur. Quod si qui inuenti fuerint non seruantes, nos secundum cause, personarum et negotii qualitatem, mediante iustitia,
eos inobedientes et rebelles ac transgressores pena debita puniemus.

> **[171]** 37. *Quod habeant copiam constitutionum. Cap. xxx-*
> *vij. <Hugo, in synodo per eum celebrata idus nouembris,*
> *m.ccc.xxxiij. Vt cuncti constitutionum copiam habeant>*

Item, uolumus et mandamus quod omnes clerici iurisdictionis
5 nostre curam habentes et regimen animarum, et quilibet eorum-

39 (fol.24r) D
c.36 2-3 Hugo — precipit, *ed.*1648 *p.*91; *om.*D
c.37 2-3 Hugo — habeant, *ed.*1648, *p.*92; *om.*D

dem harum constitutionum copiam habeant hinc ad festum natalis Domini proxime affuturum[1], ne pretexto ignorantie fingant se in posterum posse excusare, sub pena uiginti solidorum, quam non facientes ex tunc incurrere uolumus ipso facto.

[172] 38. *Franciscus, de infantibus oppressis et languidis[1].*
Cap. xxxviij. <Franciscus in syodo per eum celebrata, v.
aprilis, m.ccc.xxxix. Statuitur pena contra parentes et alios
qui infantes paruulos scienter uel ex culpa occidunt seu
5 *opprimunt>*

Et quia parentes uel alie persone curam habentes regiminis et nutrimenti infantium paruulorum, scienter uel ex culpa ipsos infantes paruulos opprimunt et occidunt, uel oppressos et occisos circa ser reperiunt, maximum crimen committentes. Nos igitur
10 uolentes ut publice sollemnitas penitentie et reconciliationis eis iniungenda ac tribuenda imponatur, ut facilius a dicto crimine arceantur, districte precipimus et mandamus omnibus rectoribus et curam habentibus animarum, in uirtute sancte obedientie et sub pena decem solidorum, abbati Agerensi infallibiliter applicanda,
15 quatenus in festo natiuitatis Domini, Pasche et Pentecostes, dum sollemnia missarum celebrabuntur in ecclesiis eorumdem moneant ex parte nostra omnes et singulos parochianos suos crimen predictum committentes, precipiendo eisdem ut in die Mercurii Cinerum ueniant ad confitendum peccatum supra dictum ad lo-
20 cum Ageris, et ibidem penitentiam condignam et salutarem recipiendum. Insuper die Iouis Cene in Hebdomada Sancta ad locum predictum personaliter accedant, recepturi reconciliationem criminis ante dicti iuxta seriem in Ecclesia Dei solitam. Denuntient eis rectores insuper ante dicti, sub prefata pena, quod nisi loco et
25 terminis supra dictis obseruent que eis iniungutur, non recipient a nobis illo anno absolutionem et penitentiam pro crimine sepe dicto.

[173] 39. *Quod nullus obliget bona ecclesiastica Iudeo uel fe-*
neratori. Cap. xxxix. <Petrus abbas in synodo per eum
celebrata xviij. kalendas februarii, m.cc.lxxxv. Res ecclesie

---

[1] **c.37** Cf. supra [156] de este sínodo.
[1] **c.38** Cf. X 5.11 un.

c.38 2-5 Franciscus — opprimunt, *ed.*1648 *p.*88; *om.*D   6 (fol.24v) D
8 infantes] infames D   11 iniungende ac tribuende D
c.39 2-5 Petrus — precipitur, *ed.*1648 *p.*60; *om.*D

5   *per clericos ad penam excommunicationis non obligari pre-*
        cipitur>

In eadem synodo, sub titulo De uita et honestate clericorum institutum fuit quod nullus clericus fideiubeat Iudeo uel feneratori, uel obliget calices uel uestimenta et pallas altaris Iudeis, uel etiam libros ecclesiarum[1]. Quod uolentes inuiolabiliter obseruari, statui-
10   mus quod quicumque clericus contra faciens ipso facto sententiam excommunicationis incurrat.

[174] 40.   *De testamentis et de dando computum et rationem*
        de ultimis uoluntatibus defunctorum. Cap. xxxx. <Petrus
        abbas in synodo per eum celebrata xviij. kalendas februa-
        rii, m.cc.lxxxv. Vt pie testantium uoluntates infra annum
5   *compleantur>*

Quia experientia euidenti elucescit defunctorum pias ultimas uoluntates, propter hominum nimiam malitiam (que in mundo, instigante diabolo, et nostris, ut credimus, exigentibus meritis, super excreuit) infra annum a morte dictorum defunctorum per heredes et
10   manumissores, ut tenentur de iure, minime persolui et debite exse-cutioni demandari comprobatur. Et quia cura commissi a Deo regi-minis nos sollicite inducit ut saluti animarum uiuentium, et potius defunctorum, condignum remedium cum debita exsecutione proui-deamus, presenti statuto in perpetuum ualituro statuimus quatenus
15   omnes manumissores defunctorum et heredes qui sint obligati et te-neantur legata ad pias causas et pro animabus dimissa persoluere, in-tegre eadem persoluant infra annum, a tempore mortis defunctorum continue computandum. Alioquin, si predicta non adimpleuerint infra annum, ut predicitur, et reddant compotum seu rationem legi-
20   timam de administratis, adducentes quod nisi iustas causas et ratio-nabiles allegauerint et probauerint cur infra annum pias defunctorum uoluntates nequiuerint integre persoluere seu distribuere, sententiam excommunicationis uolumus incurrere anno elapso. Et hoc uolumus obseruari in piis uoluntatibus defunctorum, quorum annus a die pre-
25   sentis constitutionis et statuti uolumus incipere et continue numerari in illis qui ante diem constitutionis presentis diem clauserunt extre-mum. De illis uero qui post diem constitutionis contingerit decedere in futurum, uolumus annum computari a die mortis defunctorum.

---

[1] **c.39** Supra [106].

---

7 fideiubeat] fide D
c.40 1 (fol.25r) D   2-5 Petrus — compleantur, *ed.*1648 *p.*52; *om.*D   8 cre-dimus ut *tr.*D

[175] Mandantes omnibus et singulis rectoribus uel curam anima-
30 rum habentibus seu eorum loca tenentibus, sub pena uiginti solidorum, applicandorum abbati Agerensi, quatenus quilibet eorum anno
quolibet in festo natalis Domini, Pasche et Pentecostes in suis eccle-
siis, dum missarum sollemnia | celebrabunt, denuntient et moneant
publice et generaliter omnes et singulos heredes et manumissores de-
35 functorum ut infra tempus prefatum et eis prefixum, sub pena eis
iniuncta, satisfaciant piis uoluntatibus defunctorum[1].

> **[176]** 41. *De moderatione facta condendi testamenta. Cap.*
> *xxxxj. <Idem de moderatione facta condendi testamenta.*
> *Moderatur quantitas relinquenda abbati in testamentis*
> *clericorum ad tres morabatinos>*

5   Sane uolentes quod nimium est moderare et ad statum reducere
iustitie et equitatis, ideo recolentes quod dominus Hugo, predecessor noster, per priuilegium suum indulserit rectoribus et curam habentibus animarum et aliis clericis beneficiatis, ut de bonis ecclesie
suum ualerent et possent condere testamentum uel aliam ultimam
10 uoluntatem, dum tamen abbati Agerensi relinquerent quinquaginta
solidos, ut domino[1], in ipsa ultima uoluntate, statuimus, dictum
priuilegium reformantes <et> relaxando de summa quantitatis predicte, quod relinquendo dicti clerici abbati Agerensi tres morabatinos possint sua condere testamenta et alias ultimas uoluntates.

> **[177]** 42. *Moderata fuit constitutio de ultimis uoluntatibus*
> *defunctorum. Cap. xxxxij. <Idem in alia synodo per eum*
> *celebrata. Moderatur precedens [=174-175] constitutio>*

Non debet reprehensibile iudicari si secundum uarietatem tem-
5 porum, statuta quoque uarientur humana, presertim quando urgens
necessitas uel euidens utilitas id exposcat, quoniam idem Deus in hiis
que in Veteri Testamento statuerat, nonnulla mutauit in Nouo. Cum
igitur in constitutione per nos edita caueatur expresse quod si infra
annum, a die mortis computandum, manumissores, heredes ac bo-
10 norum defunctorum detentores relicta ad pias causas pro animabus

---

[1] **c.40** X 3.26.3, 6, 17, 19; Clem.3.6 un.; Nov.131.10; 1 Partida 19.7; 6 Partida
10.7; vide infra [177].
[1] **c.41** No encontramos la constitución de «dominus Hugo, predecessor noster»,
pero encontramos que esta constitución 41 no puede ser del sínodo de 1285 de
Pedro de Ager, aunque lo afirme la rúbrica.

---

33 (fol.25v) D
c.41 2-4 Idem — morabatinos, *ed.*1648 *p.*54; *om.*D   6 iustitie] iuste D
9 ualerent] uellent D   12 et *om.*D
c.42 2-3 Idem — constitutio, *ed.*1648; *om.*D

defunctorum non soluerint, et de quantitatibus receptis ad reddendum computum et rationem negligentes inuenti fuerint, uinculo excommunicationis tales remaneant ligati[1]. Tamen, quia ex frequentibus subditorum querelis accepimus, et nos ipsa experientia probauimus, quod multi ex ipsis in nostrum abbatiatum constituti tot tallias seu collectas et excommunicationes et alia onera habent supportare, ita quod de residuo uix possunt congrue <se> sustinere, ex quo de facili potest sequi quod propter | rerum inopiam non ualentes soluere, sine culpa uinculo essent excommunicationis ligati. Nos uolentes itaque super hiis omnibus, prout expedit, sollicite prouidere et saluti animarum consulere ac periculis animarum, in quantum possumus, obuiare, statuimus et ordinamus quod nullus predictorum uigore constitutionis predicte ligetur sententia excommunicationis, sed lapso anno residuum distribuere non possint nec audeant, nisi de licentia nostra uel officialis nostri Agerensis. Et si fecerint, de suo proprio teneantur restituere. Et si moniti fuerint litteratorie et infra tempus eisdem assignatum, computum et rationem reddere non curauerint, tunc procedatur contra ipsos per excommunicationis sententiam et alia iuris remedia, prout ius et et iustitia suadebunt.

[178]   43.   *De approbatione omnium constitutionum. Cap. xliij.*
<Franciscus in synodo per eum celebrata, v. aprilis, m.ccc.
xxxix. Petri et Hugonis constitutiones obseruari mandat>

5   Et quia merito omnia nostra facimus quibus nostram impertimur auctoritatem, eapropter approbamus ac etiam confirmamus omnes et singulas constitutiones factas per reuerendos patres predecessores nostros dominos Petrum et Hugonem, abbates Agerenses, et easdem constitutiones sub penis et formis in eis contentis (nisi in eis que per nostras constitutiones synodales fuerint moderate, correcte uel declarate) uolumus inuiolabiliter obseruari.

[179]   44.   *Vt cuncti habeant copiam omnium constitutionum.*
Cap. xliiij. <Franciscus abbas in synodo celebrata, v. aprilis, m.ccc.xxxix. Sub pena quinque marabatinorum cunctis
precipitur curatis quod constitutionum copiam habeant>

5   Item, licet iura communia et que in eis comprehensa sunt clericos pretextu ignorantie minime ualeant excusare, particularia tamen

---

[1] **c.42** Supra [174-175].

16 onera] omnia D   17 se *om.*D   18 (fol.26r) D
c.43 2-3 Franciscus — mandat, *ed.*1648 *p.*92; *om.*D
c.44 2-4 Franciscus — habeant, *ed.*1648 *p.*93; *om.*D

statuta, et maxime que a recto tramite deuiant iuris communis, probabiliter possunt indicere ignorantie causam. Quod euitare cupientes, statuimus et firmiter precipimus obseruari quod quilibet rector
10 habeat copiam et transumptum omnium constitutionum dominorum Petri et Hugonis, predecessorum nostrorum, et presentium per
nos editarum, hinc ad festum proxime uenturum natiuitatis Domini, et in ecclesiis suis teneant cum aliis libris ecclesiarum. Quod si
non fecerint, lapso dicto termino penam quinque morabatinorum
15 uolumus teneri et abbati Agerensi applicari.

[180]   45.   *Franciscus, de festiuitatibus colendis. Cap. xxxxv.*
<*Franciscus, in synodo per eum celebrata, v. aprilis, m.ccc.*
xxxix. Festiuitates colende enumerantur>

Cum otiositas et uoluptas sint arma hostis antiqui, Hieronymo
5 testante, qui dicit: 'Agito aliquid boni operis, ut diabolus te inueniat occupatum'[1], nam in desideriis est carnis otiosus. Et licet diebus festiuis magis orationibus quam aliis operibus inter diem insistere debeant quam aliis diebus, quamuis in illis diebus, in hoc quod
non laborant, pauperes aggrauantur, et otiosi et desidiosi de facili
10 ad illicita prouocantur pre nimia festorum multitudine. Et licet in
dubium ab aliquibus uertatur que festiuitates necessarie sint colende in abbatiatu Agerensi, ideo ne aliquis se excusare possit et dicat
se nescire que festiuitates sint colende et celebrande, nos presenti
constitutione illas duximus exprimendas, prout sequitur: Primo,
15 festum Circumcisionis Domini, Epiphanie, sancti Vincentii, Purificationis sancte Marie, Cathedre sancti Petri, Matthie apostoli,
Annuntiationis beate Marie, sancti Marci euangeliste, sanctorum
Philippi et Iacobi, sanctorum Abdon et Senen martyrum, Iacobi
apostoli, Vincula sancti Petri, sancti Bartholomei, sancti Augus-
20 tini, ubi altaria habentur. Et in ecclesia priores, rectores et omnes
alii presbyteri faciant officium sollemne de omnibus festiuitatibus
sequentibus, uidelicet: Transfigurationis Domini, sancti Laurentii,
Assumptionis beate Marie, Inuentionis sancte Crucis, Johannis
ante Portam Latinam, Ascensionis Domini, Pentecostes, feria se-
25 cunda octaue, festum Corporis Christi, Barnabe apostoli, Johannis
Baptiste, | Petri et Pauli apostolorum, sancte Marie Magdalene,
Natiuitatis beate Marie, Exaltationis sancte Crucis, Matthei apostoli, sancti Michaelis, Luce euangeliste, Simonis et Iude apostolo-

---

[1] **c.45** De cons. D.5 c.33.

---

12 editarum] et dictorum D
c.45 1 (fol.26v) D   2-3 Franciscus — enumerantur, *ed.*1648 *p.*65; *om.*D
13-14 presentes constitutiones D   26 (fol.27r) D

rum, Omnium Sanctorum, sancti Martini episcopi et confessoris,
30 sancti Andree apostoli, sancti Thome apostoli, Natiuitas Domini,
sancti Stephani, sancti Johannis euangeliste. Et etiam illius sancti
festiuitas celebretur in cuius honore maior ecclesia loci illius est
constructa seu edificata, et si hoc utile <et> expediens priori uel
rectori seu curam regenti uisum fuerit, aliorum sanctorum altaria
35 habentium. Et contra parochianos predicta festa non celebrantes,
auctoritate nostra procedant per censuram ecclesiasticam, eos publice monendo et excommunicando; demum, si ad penitentiam
uenerint, auctoritate nostra absoluendo. **[181]** Mandamus prioribus, rectoribus et aliis curatis quatenus presentem constitutio-
40 nem inuiolabiliter obseruent, prout supra dictum est, et si contra
fecerint, quod non credimus, procedemus contra eos prout nobis
uisum fuerit procedendum[2].

> **[182]**   46.   *Contra notarios iniuriantes notarias. Cap. xxxxvj.*
> *\<Petrus abbas in synodo per eum celebrata xviij. kalen-*
> *das februarii, m.cc.lxxxv. Imponitur pena excommuni-*
> *cationis his qui absque auctoritate et licentia abbatis*
> 5   *conficiunt instrumenta. Manualia et prothocolla a pa-*
> *rochia non extrahi, sub eadem pena. Et rectoribus, sub*
> *quinquagintorum solidorum, mandatur quod licentiam*
> *conficiendi scripturas publicas non nisi clericis conferant.*
> *Quam constitutionem sepe sepius publicari, et eidem con-*
> 10   *tra facientes excommunicatos in ecclesia denuntiari pre-*
> *cipitur\>*

Recepimus, quorumdam nostrorum querimonia ministrante,
quod nonnulli auctoritatem sibi et potestatem assumentes, sine licentia et commissione nostri, scribendi in parochiis nostris <et> con-
15 ficiendi scripturas, tam publicas quam alias, que olim scribi et confici
non consueuerunt, tamquam si a nobis et predecessoribus nostris eis
attributa esset potestas seu auctoritas notarie siue scribanie officium
in nostris exercere parochiis, in magnum preiudicium ecclesiastice libertatis, et nostri et ecclesiarum nostrarum dispendium et iacturam.
20 Nobis humiliter supplicatum fuit et instanter petitum super his a no-

---

[2] C.15 q.4 c.1-3; De cons. D.1 c.62-66; De cons. D.3 c.1-3; X 2.9.1-5; X 3.41.3;
X 3.46.3; X 5.40.14; In VI 3.22 un.; Clem.3.16 un.; Conc.prov.Tarragona 1239 c.10
(Pons Guri 39); Conc.prov.Tarragona 1242 c.4 (Pons Guri 46); Conc.prov.Tarrago-
na 1330 c.13 (Pons Guri 145-146; TR 3.535 y 368 c.5); Conc.legat.Valladolid 1322
c.4 (TR 3.481); Conc.legat.Palencia 1388 c.6 (TR 3.618); Juan I, Ordenamiento de
Briviesca, ley 7 (Nueva Recop. 1.1.4; Novís. Recop. 1.1.7); 1 Partida 23.1-2.

---

31 etiam] ex D   33 et[2] *om.*D
c.46 2-11 Petrus — precipitur, *ed.*1648 *p.*75-78; *om.*D   14 et[2] *om.*D

bis de remediis prouideri, licet iam alias per dominos predecessores
nostros Hugonem et Guillermum[1], bone memorie, litteratorie fuerit
ordinatum. Nos attendentes itaque quod dudum super predictis fuit
in sacro Tarraconensi | concilio per generalem constitutionem salu-
25 briter tunc prouisum, per quam talia facientes et consentientes ipso
facto sint excommunicationis uinculo innodati, et etiam contrahentes per tales scripturas preiudiciales ecclesiis et damnosas, constitutioni adherentes predicte ac uolentes hiis, pro posse, congruis presidiis
obuiare, statuimus, prohibemus et interdicimus per presentem const-
30 itutionem ut aliquis in locis seu parochiis abbatiatus Agerensis seu eorum terminis, nisi auctoritate nostri speciali uel commissione non recipiat, scribat seu conficiat aliqua instrumenta seu scripturas publicas,
aut alias quaslibet recipi, scribi aut confici <faciat>, consuetas olim
a nobis seu predecessoribus nostris, prioribus, rectoribus seu uicariis
35 ecclesiarum predictarum iurisdictionis nostre, seu locum nostrum tenentibus <uel> eorumdem, nec scribi, confici aut recipi aliquas faciat,
nec per tales scripturas quis aliquem actum nullo modo faciat seu
contractum. Tamen notarie seu scribanie in tota nostra iurisdictione et abbatiatu Agerensi predicta sine adiunctione alterius cuiuslibet
40 auctoritatis sint franque et libere ecclesiarum eorumdem euidentia
facti et iure quod non potest ab aliquo uerti in dubium, cum omnibus iuribus et pertinentiis ad notarias seu scribanias spectantibus
quoquomodo. [183] Et ideo quia plus solet teneri quod specialiter et
frequenter iniungitur quam quod raro et generaliter imperatur, ultra
45 constitutionem sacri concilii predictam, generaliter editam pro omnibus ecclesiis notariam seu scribaniam habentibus prouincie Tarraconensis, quam de certa scientia approbamus, in contra facientes predictos in toto abbatiatu Agerensi seu iurisdictione nostra predicta et
locis seu parochiis eius, seu ipsorum aliquo aut terminis eorumdem,
50 ut uiolatores ecclesiastice libertatis, canonica monitione premissa,
pro predicta libertate ecclesiastica conseruanda et tanto preiudicio
euitando, excommunicationis sententiam ferimus in hiis scriptis.
[184] Item, nec aliquis cui commissa uel arrendata iura notarie
<fuerint> memorialia seu prothocola a parochia abstrahat, et ille
55 uel illi qui dictas notarias tenuerint seu arrendauerint notulas seu
prothocolla teneant finito tempore commissionis seu arrendamenti

---

[1] **c.46** Si esta constitución 46 es del abad Pedro de Ager en el sínodo del año 1285,
como dice la ed. de 1648, no puede mencionar a los abades Hugo de Cervelló
(1333-1341) y Guillermo de Agulló (1341-1348). El sínodo de 1285 es el primer
sínodo que conocemos de Ager. Por lo que alguna errata hay en esto.

---

24 (fol.27v) D   25 tunc] cum D   33 faciat *om.*D   34 nobis] uobis D
nostris] uestris D   35 nostrum] uestrum D   36 uel *om.*D   aliquas] aliquis D   47 in] Et D   47-48 predictis D   53 commisse uel arrendate D
54 fuerint *om.*D

ultra quatuor menses. Immo predicta infra dictum terminum resti-
tuant rectori uel illis quibus | debentur, alias in contra facientes ex
nunc ut ex tunc sententiam excommunicationis canonice promul-
60 gamus, uobis et uestrum cuilibet nihilominus iniungentes quod in
predictis notariis seu scribaniis uestris seu dictarum ecclesiarum ues-
trarum, nisi clericis non concedatis seu tribuatis scribendi, recipiendi
seu conficiendi scripturas publicas auctoritatem uestram, licentiam
seu etiam potestatem. <Et si> tam <per> committentes quam <per>
65 recipientes seu scribentes tales scripturas contra hoc mandatum nostrum quoquo modo factum fuerit, penam quinquaginta solidorum
uolumus incurrere totiens quotiens fuerit commissa, nisi de licentia
nostra petita et obtenta, ultra aliam penam per nos transgressoribus imponendam. [185] Statuentes etiam et mandantes uobis et
70 uestris singulis in uirtute sancte obedientie ut quemcumque seu
quoscumque predictorum inueneritis transgressores, eos et ipsorum
quemlibet denuntietis excommunicatos singulis diebus dominicis et
festiuis in uestris ecclesiis in misse celebratione, dum ibi erit maior
populi multitudo, tantum et tamdiu quousque absolutionis benefi-
75 cium meruerint, seu a nobis contrarium receperitis in mandatis. Et
hanc constitutionem frequenter in uestris ecclesiis publicetis diebus
dominicis et festiuis, ut nemo super predictis ignorantiam ualeat
allegare, uel saltem per illas festiuitates quibus solent alie constitutiones publicari, et hoc sub pena uiginti solidorum nobis applican-
80 dorum. Et super predictis, prefatis rectoribus committimus plenarie
uices nostras.

> [186]   47.   *Vincentius abbas, in synodo per eum celebrata die ue-*
> *neris, xiiij. iunii, anno millesimo cccc.ix. Cap. xlvij. <Ins-*
> *trumenta publica non in schedulis, sed in libris notularum*
> *continuari, que in publicam formam non redigi mandat,*
> 5   *nisi fuerint ad longum notata, sub pena uiginti librarum>*

Item, ut periculis et scandalis obuietur et tollatur materia iur-
giorum, hac in perpetuum ualitura constitutione sancimus ut recto-
res, uicarii uel quiuis alii beneficiati ad quos pertinet, ratio|ne suo-
rum beneficiorum, notarias publicas exercere in nostro abbatiatu
10 Agerensi, de omnibus contractibus, testamentis et quibusuis aliis actibus publicis teneantur facere notas non in cedulis seu membranis,
cum talia facilius amittantur, sed in suis libris continuatas, ita quod
contractus ipse, testamentum uel quiuis alter actus publicus non re-

58 (fol.28r) D   64 Et si ... per ... per *om.* D   65 scribentes] Et si per
conficientes *ad.*D (*cf. ed. de* 1648 *p.*77 *para este texto deficiente*)   66 quoquo
modo] quamquam D   78-79 alias ... publicare D
c.47 2-5 Instrumenta — librarum, *ed.*1648 *p.*78; *om.*D   8 (fol.28v) D

digatur in formam publicam donec per notarium largo modo fuerit
15 dictatum in dicto suo libro notularum, ubi contineatur ordinatio
ipsius contractus, testamenti seu alterius actus publici, talis et tam
largo modo sicut fuerit in publicam redacta absque aliqua breuia-
tura. Si quis autem predictorum presumpserit contractum aliquem,
testamentum seu quemuis actum publicum in formam redigere et
20 tradere parti uel alteri cuicumque, non retenta penes se nota in libro
et modo predictis, penam uiginti librarum, fisco nostro applicandarum, incurrat. Alias et grauius nihilominus puniendus, si qualitas
culpe id exposcat.

[187] 48. *Quod nullus audeat arrendare beneficia nec nota-*
rias sine licentia abbatis. Cap. xlviij. <Petrus abbas in
synodo per eum celebrata xviij. kalendas februarii, m.cc.
lxxxv. Beneficia ecclesiastica et notarias laicis arrendari
5 *prohibet, sub pena amissionis fructuum>*

Item, ad tollendum pericula, scandala, dissensiones et rancores,
quibus, in quantum possumus, obuiare, pacem et tranquillitatem
fouere <intendimus>, et ut ecclesiastica beneficia melius deseruian-
tur et in officiis non fraudentur, ordinamus quod nullus audeat
10 curas seu beneficia arrendare nisi clericis. Alias contra facientes
amittant fructus unius anni totiens quotiens commiserint, et, ultra
hoc, amittant fructus beneficii durante arrendamento, <quorum>
applicanda est medietas abbati Agerensi et alia medietas fabrice
nostri monasterii. Per hoc autem non intendimus quod fructus et
15 reditus beneficiorum uendi possint ad annum, nec etiam notarias
arrendare, nisi clericis, nostra uoluntate interueniente.

[188] 49. *Vincentius abbas, in synodo per eum celebrata die ue-*
neris, xiiij. iunii, anno m.cccc.ix. Cap. xlix. <Beneficia non
nisi clericis arrendari mandat, sub certa pena pecuniaria>

Inherentes uestigiis diuersorum episcoporum prouincie Tarra-
5 conensis, intra quam nostrum monasterium Agerense, cum ecclesiis sibi subiectis fundatum exsistit, statuimus et ordinamus quod
nullus prior, rector, uicarius perpetuus seu quiuis alius beneficium
curatum obtinens in nostro abbatiatu Agerensi audeat arrendare beneficium ipsum curatum seu eius reditus, nisi solum et dumtaxat
10 clericis in sacris ordinibus constitutis, uno uel pluribus, prout sibi

---

c.48 2-5 Petrus — fructuum, *ed.*1648 *p.*89; *om.*D   6 dissensiones] discensio-
nes D   8 intendimus *om.*D   12 quorum *om.*D
c.49 1 (fol.29r) D   2-3 Beneficia — pecuniaria, *ed.*1648 *p.*90; *om.*D
6 fundatum] siui datum D

uidebitur expedire. Et qui contra fecerit, penam uiginti florenorum auri de Aragonia, fisco nostro applicandorum, pro quolibet anno ad quem arrendauerit se nouerit incurrisse.

[189] 50. *De custodia instrumentorum beneficiorum. Cap. l. <Idem in eadem synodo. Beneficiorum instrumenta in loco publico conseruari precipit>*

Item, ordinamus quod omnia instrumenta beneficiorum ponant
5 in uno sacculo siue cassidelo, et ea teneant in cassidelo in ecclesia uel sacristia in uno armario siue theca communi omnibus beneficiatis, et in eadem sint due claues, et unam teneat rector uel curam animarum regens et alteram teneat unus beneficiatus. Et in unoquoque sacculo ponatur titulus beneficiorum. Et predicta instrumenta non abstra-
10 hantur ab ecclesia, sed si beneficiatus necessitatem habuerit copiam, in publico habeat. Et qui contra predicta fecerit et ea non obseruaue-rit, sententiam excommunicationis uolumus quod incurrat.

[190] 51. *Et quilibet beneficiatus suorum beneficiorum tenea-tur habere capibreuia. Cap. lj. <Petrus abbas in synodo per eum celebrata xviij. kalendas februarii, m.cc.lxxxv. Beneficiati habeant capibreuia de reditibus suorum bene-*
5 *ficiorum>*

Item, statuimus et ordinamus, de consilio in synodo exsisten-tium, quod quilibet beneficiatus teneatur habere caputbreue de om-nibus reditibus et censualibus sui beneficii post duos men|ses a die qua pacificam possessionem sui beneficii habuerit in antea compu-
10 tandos. Et instrumenta dictorum censualium siue redituum teneant sub clausura, prout supra tactum est in proximiori constitutione[1].

[191] 52. *De annata beneficiorum uacantium. Cap. lij. <Pe-trus abbas in sua synodo celebrata xviij. kalendas februa-rii, m.cc.lxxxv. Fructus beneficiorum uacantium post mor-tem quomodo diuidantur>*
5 Item, statuimus et ordinamus, de consensu et uoluntate totius capituli seu conuentus nostri et omnium priorum, rectorum, uica-

---

[1] c.51 C.12 q.1 c.20-21; Conc.prov. Tarragona, clebrado por Pedro Clasquerí el 13 de febrero de 1366 c.7 (TR 6.84-85); Conc.prov. Tarragona 1391 c.15 (TR 6.94).

c.**50** 2-3 Idem — precipit, *ed.*1648 *p.*79; *om.*D
c.**51** 2-5 Petrus — beneficiorum, *ed.*1648 *p.*63-64; *om.*D 6 in] et D
8 (fol.29v) D 9 antea] aurea D
c.**52** 1-4 Petrus — diuidantur, *ed.* 1648 *p.*91; *om.*D

riorum et presbyterorum, quod quandocumque contingerit uacare
aliquod uel aliqua beneficia et officia, tam in monasterio quam in
abbatiatu nostro, quorum reditus summam ascendunt quindecim
10 librarum uel ultra, quod fructus primi anni, facto seruitio, sint et
applicentur fabrice nostri monasterii, et ille uel illi teneantur conuenire cum operario nostri monasterii infra duos menses, ex quo
possessionem pacificam obtinuerint. Per hanc constitutionem non
intendimus comprehendi beneficia de quibus cambium seu permu-
15 tatio fieri contingat.

> **[192]** 53. *De subuentionibus fabrice et candele ligni Domi-*
> *ni. Cap. liij. <Idem Petrus, de subuentionibus fabrice et*
> *candele ligni Domini. Vt rectores teneantur monere suos*
> *parochianos quod in testamentis aliquid relinquant fabri-*
> 5 *ce et candele ligni Domini, ad consequendum indulgentias*
> *per summos pontifices concessas, ultra quas dominus abbas*
> *concedit uiginti dies indulgentiarum>*

Item, priores, rectores, uicarii seu curam animarum habentes
et notarii teneantur et sint astricti monere et inducere parochianos
10 in testamentis conficiendis per testatores, ut pro salute animarum
suarum et ad obtinendum indulgentias concessas per summos
pontifices monasterio Agerensi, aliquid dimittant fabrice et cande-
le ligni Domini eiusdem monasterii, sub pena decem solidorum.
Inducentibus uel eleemosynas largientibus, ultra predictas indul-
15 gentias concessas eidem monasterio, nos de omnipotentis Dei et
apostolorum Petri et Pauli <gratia> concedimus uiginti dies indulgentiarum. Et quilibet curatus, factis precibus et diebus supra
dictis, moneat et inducat populum sibi commissum, alias contra
facientes et predictam constitutionem non obseruantes, arbitrio
20 nostro puniantur.

> **[193]** 54. *De superpelliciis portandis. Cap. liiij. <Vincentius*
> *abbas in synodo per eum celebrata, xiiij. iunii m.cccc.ix.*
> *Canonici et alii, dum sollemnia in ecclesia peraguntur, su-*
> *perpellicia portent>*

5 Item, statuimus et ordinamus quod canonici nostri monasterii,
dum officia sollemnia in ecclesia celebrantur et in processionibus,
superpellicia portent, et non caputia. Etiam mandamus et stricti-
tius precipimus ut priores, rectores, uicarii et alii presbyteri in suis

---

c.53 1-7 Idem Petrus — indulgentiarum, *ed.*1648 *p.*56; *om.*D   16 gratia
*om.*D
c.54 1 (fol.30r) D   1-4 Vincentius — portent, *ed.*1648 *p.*19; *om.*D

ecclesiis in predictis sollemnitatibus et officiis superpellicia teneant,
10 inducant et portent. Et dictam constitutionem obseruent sub pena
decem solidorum, nobis applicandorum. Per sollemnia officia intelligimus quod cantando fiat, et non uoce submissa.

> [194] 55. *Contra illos qui se absentant a suis beneficiis. Cap.*
> *lv. <Vincentius abbas in sua synodo celebrata die ueneris,*
> *xiiij. iunii, anno m.cccc.ix. Beneficium illius qui per men-*
> *sem sine licentia est absens uacat ipsa constitutione. Et ex-*
> 5 *communicantur hi qui beneficii uacantis per adeptionem*
> *alterius, capibreuia et alia instrumenta, necnon et fructus*
> *pro rata temporis successori futuro comparentes in manibus*
> *abbatis non tradunt>*

Cum periculosa sit diuturna uacantium beneficiorum prouisio
10 et absentia beneficiatorum uel eis deseruientibus, et aliqui malitiose et in fraudem nos uilipendendo et iurisdictionem nostram
se absentent multotiens, suis demeritis exigentibus aliquando per
adoptionem secundi beneficii minime curant in dictis beneficiis
residentiam facere nec eis deseruire. Immo nonnulli per fraudem et
15 malitiam retinent penes se uel abscondunt instrumenta, capibreuia
et alia iura beneficiis pertinentia. Nos uolentes malitiis eorum
obuiare, licet iam per dominos predecessores nostros aliquantum
exstiterit prouisum quod si aliquis per mensem absens esset a suis
beneficiis, perderet fructus illius anni[1]. Nos uidentes quod si con-
20 tingeret beneficia conferre alteri illi deseruiens, non haberet unde
uitam posset sustentare, nec beneficiis posset deseruire, constituimus et ordinamus quod tales sic se habentes, post mensem a dictis beneficiis <absentes> (nisi de nostra licentia petita et obtenta),
quod ipso facto dicta beneficia censeantur uacare, et nos presenti
25 constitutione <eos beneficiis> priuamus. [195] Et ultra, illi qui per
adoptionem secundi beneficii se absentauerint, per dictum mensem fidem teneantur facere si fuerit cum eis dispensatum, alias per
dictum mensem per se uel sufficientem procuratorem teneantur re-
nuntiare beneficio. [196] Et instrumenta, capibreuia et omnia alia
30 iura facientia pro beneficiis teneantur in manibus abbatis tradere,
fructus et reditus pro rata temporis futuro suc|cessori dimittere.
Alias contra facientes et constitutionem predictam non obseruantes ex nunc ut ex tunc sententiam excommunicationis canonice
promulgamus in hiis scriptis.

---

[1] **c.55** Supra [167].

---

c.55 1-8 Vicentius — tradunt, *ed.*1648 *p.*16; *om.*D   10 eis] ei D   21 beneficiis posset deseruire] beneficii possent deseruiri D   23 absentes *om.*D
25 eos beneficiis *om.*D   31 futuri D   (fol.30v) D

[197] 56. *Vt priores, rectores et alii clerici abbatiatus possint clericum religiosum uel secularem presbyterum idoneum eligere confessorem. Cap. lvj.*

Item, ut priores, rectores et alii clerici nostri abbatiatus in sacer-
5 dotio constituti opportunitatem habeant sepe confitendi, quod aliquem religiosum uel secularem presbyterum idoneum et discretum
possint sibi eligere in confessorem, qui, eorum confessione diligenter audita, eos a penis quibus non est superior consulendus absoluant, presentis constitutionis auctoritate ducimus concedendum.
10 Super predictis intelligimus canonicis nostris exceptis, qui teneran-
tur confiteri priori nostro claustrali uel eius locum tenenti uel alicui
canonico sufficienti[1].

[198] 57. *<De cohabitatione clericorum et mulierum. Vincentius abbas, in synodo per eum celebrata die ueneris, xiiij.
iunii, anno m.cccc.ix. Clerici concubinarii grauisimis penis plectuntur>. Cap. lvij.*

5 Speciosus forma pre filiis hominum et plenus gratia, fons uirtutum, gloriosus sponsus Ecclesie Iesus Christus, inter alia sanctitatis
insignia, quibus sponsam eius inclitam insigniuit, gloriosam instituit
castitatem, ut in illa, sine qua nullum bonum opus exsistit, sponsa
ipsius et ministri eius eidem sponso uirgini, nato de Virgine, uite
10 puritate fulgentes, deuotione supplici deseruirent. Sed nonnulli clericorum et religiosorum, fame sue et salutis immerores, cum concubinis uitam ducunt enormiter dissolutam. Super quo bone memorie
Guillermus, episcopus Sabinensis, sancte Romane ecclesie cardinalis, in partibus Hispanie apostolice Sedis legatus, cupiens salubriter
15 prouidere, quamdam constitutionem prouide edidit, que antiqui
hostis procurante uersutia usquequaque non exstitit obseruata[1].
[199] Propter quod nos aduersus huiusmodi uitium prouidere de
remedio salubri cupientes, monemus omnes et singulos presbyteros,
diaconos, subdiaconos et clericos, beneficiatos ac etiam religiosos,
20 cuiuscumque dignitatis, gradus, status, ordinis uel condicionis exsistant, ne concubinas in domo propria aut aliena publice audeant
detinere. Contrarium facientes sint inhabiles dum sic, ut premitti-

[1] **c.56** X 3.41.7; In VI 5.10.2; Conc.prov.Tarragona 1253 c.3 (Pons Guri 76).
[1] **c.57** Toda esta constitución procede literalmente del concilio de Palencia de 1388 c.2 (TR 3.612-615) y se refiere aquí a Guillermo de Godin, Cardenal de Santa Sabi-na, legado pontificio en el concilio de Valladolid de 1322 c.7 (TR 3.483-486).

c.56 1 Vt] Et D 7 confessores D
c.57 1-4 De — plectuntur, *ed.*1648 *p.*11; *om.*D   9 eius eidem] eiusdem D

tur, tenuerint publice concubinas, et per duos menses | sequentes
postquam etiam easdem dimisserint realiter cum effectu, ad quod-
25 cumque ecclesiasticum beneficium obtinendum, etiamsi beneficium
patrimoniale uel capellania fuerit temporalis. Sit etiam eis per idem
tempus ad recipiendum sacros ordines aditus interdictus, ut sic ab
exsecutione ordinum infra idem tempus receptorum suspensi maneant, donec cum eisdem sufficienter fuerit dispensatum. Et collatio
30 beneficiorum eis facta infra tempus ipsum sit nulla, uacua, irrita ipso
iure, si ipsas concubinas tempore receptionis dictorum ordinum, aut
collationis beneficii seu beneficiorum eis facte, uel infra terminum
duorum mensium antea publice tenuerint, ut prefertur.

[**200**] Et <ut> de predictis certius constet et nullum dubium in
35 posterum oriatur, uolumus quod beneficiorum collatores in litteris
per eosdem concedendis super collationibus huiusmodi beneficiorum
apponi faciant clausulam subsequentem: «Nostre tamen intentionis
exsistit quod si tempore collationis per nos de huiusmodi beneficio
tibi facte aut a duobus mensibus proxime lapsis publicus concubina-
40 rius fueris, presens nostra collatio nullius sit roboris uel momenti».
Adicientes et insuper statuentes, prout Guillermus, episcopus Sabinensis <et legatus> prefatus statuit[2], quod quicumque clerici aut
religiosi, qui post duos menses a publicatione constitutionis et mo-
nitionis, in ecclesia cathedrali de cuius diocesi exsistunt, facienda, nu-
45 merandos, concubinam seu concubinas modo predicto detinuerint,
uel dimissam seu dimissas aut aliam seu alias admiserint, si beneficiati exsistant, tertia parte fructuum omnium beneficiorum que pro
illo tempore obtinent sint priuati ipso facto. Si uero per alios duos
menses, predictos duos immediate sequentes, in eodem crimine con-
50 tinuauerint fedam uitam, alia tertia parte. Et si forte, Dei timore contempto, per alios duos menses, predictos quatuor immediate sequentes, in peccato permanserint memorato, reliqua parte tertia fructuum
dictorum beneficiorum omnino priuati exsistant. Precipientes eisdem
quod ad aliquam partem fructuum predictorum, postquam ipsa uel
55 ip|sis, ut predicitur, priuati fuerint, manus temerarias aliqualiter non
extendant. Et si forsan contrarium attemptauerint, sub obtestatione
extremi iudicii prelatis eorum, siue sint diocesani siue alii, districte
precipimus quod ad restituendum quidquid de predictis tertiis fructuum seu ipsorum aliqua, postquam modo predicto priuati exsistant,

---

[2] Se refiere a Guillermo de Godin, Cardenal de Santa Sabina, legado pontificio en
el concilio de Valladolid de 1322 (TR 3.483-84).

---

23 (fol.31r) D   27-28 sic ab exsecutione] sit ad exsecutionem D   33 profer-
tur D   34 ut *om.* D   35 collatores] collectores D   42 et legatus
om. D   47 pro] pio *mal* D   55 (fol.31v) D

60 occupauerint seu detinuerint uel consumpserint, per censuram ecclesiasticam et alia iuris remedia ipsos compellere non obmittant.

[201] Quod si forte predicti clerici uel religiosi concubinarii adhuc ad cor non redierint, sed nostrum contempnentes mandatum, se ostenderint tam execrande turpitudinis amatores, prelatis suis
65 predictis et eorum cuilibet, in uirtute sancte obedientie et sub animarum suarum periculo, districte precipimus et mandamus quatenus si infra quatuor menses, post supra dictos sex menses continue numerandos, transgressores predicti concubinas predictas omnino non dimisserint, easdem uel alias ulterius non admissuri, eos bene-
70 ficiis suis priuent, ipsosque in limo peccatorum tam fixos, donec se correxerint et postea per duos menses inhabiles esse denuncient ad quecumque beneficia ecclesiastica obtinenda, eisque decernant per idem tempus ad suscipiendum sacros ordines aditum interdictum. Volumus etiam quod si quis de predictis, postquam beneficio seu
75 beneficiis priuatus fuerit modo predicto, manus rapaces extenderit ad dictorum beneficiorum fructus seu ad aliquam eorum partem, incurrat excommunicationis sententiam ipso facto, a qua non possit absolui nisi de sic occupatis restitutione integra, et beneficii seu beneficiorum, quibus priuatus fuerit ut predicitur, dimissione plena-
80 ria, prius factis. [202] De fructibus uero beneficiorum quibus concubinarii huiusmodi priuati, ut premittitur, decernuntur, due partes assignentur pro seruitio beneficii uel ecclesie, cui concubinarius ipse deseruiebat, faciendo, tertia uero pars ordinario diocesano uel alteri ipsius concubinarii prelato, huiusmodi nostram constitutionem ex-
85 sequenti, alias pro dicto seruitio remaneat applicata.

[203] Et ut tanta in eisdem concubinariis exerceatur pena quanto grauior in ipsis fuerit culpa reperta, prefate ordinationi adicimus sta|tuentes, quod prefati presbyteri, diaconi, subdiaconi et clerici beneficiati ac religiosi qui tempore sui obitus uel infra duos menses tunc
90 immediate lapsos in crimine concubinatus huiusmodi reperti fuerint publice permansisse, sint intestabiles, et bona ipsorum, tam mobilia quam immobilia, locis, personis et negotiis infra scriptis remanant confiscata. [204] Et nihilominus tam ipsi concubinarii quam eorum concubine ecclesiastica careant sepultura, nisi per duos menses ante
95 suum obitum, fraude cessante, ab inuicem fuerint separati. Qui uero ipsorum aliquem in cemeterio sepelire aut eorum sepulture interesse presumpserint, excommunicationis sententiam incurrant ipso facto. Et cemeterium ubi hoc factum fuerit seu presumptum, interdictum remaneat donec corpora concubinariorum seu concubinarum huius-
100 modi sepulta ab inde proiecta fuerint in signum damnationis eorum.

[205] Bona uero dictorum concubinariorum decedentium, tam mo-

78 de sic] desit D   88 (fol.32r) D

bilia quam immobilia, in tres partes diuidantur, quarum una pars fabricis ecclesiarum ubi beneficiati fuerint, reliqua ipsius concubinarii
prelato, siue diocesano siue alteri huiusmodi nostram constitutionem
105 quoad hec exsequenti, tertia uero pars redemptioni captiuorum remaneat et sit applicata. Quam tertiam partem redemptioni captiuorum deputatam prelatis diocesanis concubinarii ipsius per fratres de
Mercede uel de Trinitate ordinum, quos ad hoc magis promptos et
utiles nouerit, exigi faciat et leuari, et per ipsos in dicta redemptione
110 captiuorum fideliter dispensari. De quibus diocesanis ipsis de hiis que
in eorum diocesisbus predicta de causa receperint teneantur reddere
rationem. In quo si culpabiles fuerint uel remissi, per diocesanos ipsos subtrahatur eis portio quam alias de similibus petere aut leuare
deberent. [206] Per hanc tamen ordinationem ecclesiis uel personis
115 aut locis quibus ius aliquod in dictis bonis concubinariorum decedentium pertinet, preiudicare non intendimus neque uolumus aliquo
modo. Dictis autem prelatis districte precipiendo mandamus quatenus in exigendis penis predictis diligentiam adhibeant et per duos uiros idoneos, per eos infra limites diocesis seu iurisdictionum suarum
120 deputandos, recolligi faciant iuxta formam superius ordinatam.

[207] Volumus insuper et mandamus quod prelati in | ciuitatibus
et diocesibus suis testes deputent synodales, qui per eorum diocesim
ueritatem inquirant super omnibus supra dictis, et ea que reperierint
quam citius poterint suis prelatis in synodis, quas annuatim propterea
125 celebrare iubemus, uel, ipsis in remotis agentibus, eorum uicariis semel teneantur anno quolibet nuntiare, ne idem prelati excusationem
pretendere seu ignorantiam aliquam ualeant allegare[3].

[208] <*Colophon*>>

Deo gratias
Impressum atque explicitum Barcinone,
per Joannem Rosembach,
5   Alemanicum impressorem quam diligentissimum,
anno Domini m.d.xviij.
uicesimo primo die iunii.

✜

---

[3] Concilio legatino de Palencia de 1388 c.2, presidido por el cardenal Pedro de
Luna (antipapa Benedicto XIII), de donde procede toda esta constitución (TR
3.612-615).

---

121 (fol.32v) D   127 allegare *sigue una tabla de rúbricas y otra tabla de materias
muy minuciosa, que omitimos por nuestros índices*

2. Constitutiones Tarraconenses *contra invasores et raptores*, sínodo de 1518

La abadía de Ager, como abadía «Nullius dioecesis» que era, no dependía de la jurisdicción del obispo diocesano, ni tampoco estaba sujeta a la autoridad del arzobispo metropolitano, por lo que las constituciones de la provincia eclesiástica tarraconense no le afectaban. Pero sucedió que algunos concilios provinciales de Tarragona promulgaron varias constituciones, que resultaban ser muy favorables para los clérigos de la abadía, que no se podían beneficiar de esta legislación tarraconense. Por lo cual un abad decidió recopilar esta legislación provincial de Tarragona y promulgarla en la abadía como legislación sinodal. De esta forma las leyes provinciales de Tarragona se convirtieron en normas sinodales de Ager. Creemos que ésta es la consideración jurídica que se debe otorgar a estas constituciones tarraconenses en la abadía, pero acaso en la mente de los sinodales de Ager tenían también estas constituciones autoridad regia y pontificia, por sus respectivas aprobaciones [81-88]. Los sinodales de Ager aceptaron estas constituciones de los concilios de Tarragona porque les resultaban muy beneficiosas, pero puede ser que haya tenido también alguna influencia el hecho de que el abad Lorenzo Périz, que celebró el sínodo de 1518, había sido vicario general del arzobispado de Tarragona con el arzobispo Gonzalo Fernández de Heredia[1]. Según lo indicado en la introducción general a Ager, no creemos que haya duda alguna de que estas constituciones provinciales de Tarragona fueron aceptadas en Ager y que es obligado editarlas aquí como normas sinodales.

Tradición editorial: E fol.1r-20r.

[1] <*Libri frons*>

     Constitutiones sacrorum conciliorum prouincialium Tarracone de inuasoribus, ad instar quarum procedunt constitutiones abbatiatus Sancti Petri Agerensis, nullius diocesis sed ad ecclesiam Romanam, tam
5 *in capite quam in membris, nullo medio pertinentis, contra inuasores et raptores personarum, rerum ecclesiasticarum et locorum ecclesiarum dicti abbatiatus.*

     [2] 1. *Petrus archiepiscopus in quinto concilio prouinciali Tarraconensi, contra conspiratores et facientes libellos famosos*

     Conspiratorum genus odibile cupientes a peruersitate huius-
5 modi coercere, sacri approbatione concilii, excommunicamus om-

---

[1] J. VILLANUEVA, *Viage literario* IX.122.

Libri frons 1 Libri frons *om.*E   2 (fol.1r) E   5 abbatiatus *sigue un pequeño grabado de S. Pedro, una iglesia al fondo. En fol.1v hay un grabado*
c.1 1 (fol.2r) E

nes conspiratores et colligationes illicitas facientes in clero et contra constitutos in clero. Sententiam autem huiusmodi ad preterita
duximus extendendam, nisi infra mensem a tempore sentencie qui
conspiratationem et colligationem huiusmodi <fecerint>, pro pos-
10 se duxerint reuocandam. Simili sententia innodamus omnes illos
qui contra constitutos in clero libellos famosos composuerint et qui
componi fecerint, et qui compositos non rumperint sine mora[1].

[3] 2. *Contra inuasores et raptores rerum ecclesiasticarum*

Item, cum quidam in aliorum prediis propria commoda studeant inuenire, sacro approbante concilio, excommunicamus inuasores, raptores, depredatores hominum ecclesiarum et ecclesiastica-
5 rum rerum et locorum religiosorum, qui bona predicta rapuerint
uel inuaserint uiolenter, dummodo persone de quibus querelam
habuerint parate fuerint, prout debuerint, iuri stare. Eadem etiam
excommunicatione ligamus fautores, receptatores predictorum malefactorum, statuentes ut quamdiu principales malefactores in ali-
10 qua uilla uel ciuitate fuerint, ecclesie cessent penitus a diuinis. Et
si forte principales malefactores mortui fuerint absque satisfactione
condigna, licet in articulo mortis absoluti fuerint, eorum corpora
non tradantur ecclesiastice sepulture quousque heredes morientium
satisfecerint iniuriam passis et damnum datum fuerit penitus emen-
15 datum[1]. Nec predicti in sanitate aliquatenus absoluantur, nisi cum
de premissis omnibus satisfecerint competenter. [4] Simili excommunicatione innodamus omnes illos qui predam clericorum uel locorum religiosorum et hominum eorumdem scienter et uoluntarie
receperint in castris suis uel emerint, et castra illa uel uille in quibus
20 retente fuerint prede cessent penitus a diuinis quousque damnum
datum pro posse studuerint emendare. [4a] Et licet inuasores et raptores ecclesie in genere sint excommunicati, nondum euitentur nisi
facti euidentia uel confessione propria hoc constaret, quousque in
specie denuntiati fuerint. Et postquam denuntiati in specie fuerint,
25 absolutio talium cuilibet episcopo in sua diocesi auctoritate sacri
concilii est commissa[2]. | [5] Item, sacro concilio approbante, statui-
mus quod quilibet episcopus in sua diocesi denuntiet sententias per

---

[1] **c.1** Quinto concilio prov. de Tarragona de Pedro de Albalat, 1244 c.2 (Pons Guri
58, TR 6.40).
[1] **c.2** Conc.prov. Tarragona 1244 c.4 (Pons Guri 58, TR 6.40-41).
[2] Conc.prov. Tarragona 1244 c.5 (Pons Guri 59).

---

9 fecerint *om.*E
c.2 20 retenta ... preda E   26 (fol.2v) E

alium episcopum latas, ad significationem ipsius, et euitet excommunicatos et faciat per suam diocesim tamquam excommunicatos
30 arctius euitari³.

[6] 3. <*Item, de eodem*>

Item, olim excommunicasse recolimus inuasores, raptores et depredatores hominum ecclesiarum, rerum ecclesiasticarum et locorum religiosorum, qui bona predicta rapuerint uel inuaserint uiolen-
5 ter, dummodo persone de quibus querelam habuerint parati fuerint, prout debuerint, iuri stare. Eadem autem excommunicatione ligauimus fautores, receptores predictorum malefactorum, statuentes ut quamdiu principales malefactores essent in aliqua uilla uel ciuitate cessarent ecclesie a diuinis penitus. Et si forte principales malefac-
10 tores absque satisfactione condigna ab hoc seculo transmigrarent, licet essent in mortis articulo absoluti, eorum corpora non tradantur ecclesiastice sepulture quousque heredes morientium satisfecissent passis iniuriam et damnum datum penitus emendassent. Nec predicti in sanitate absolui possent, nisi de predictis omnibus prius
15 satisfecissent passis iniuriam competenter. Simili excommunicatione innodauimus omnes qui predam clericorum et locorum religiosorum et hominum eorumdem scienter receperint et uoluntarie in castris suis, et emptores ab eis, et quod castra et uille in quibus preda esset retenta cessarent penitus a diuinis quousque damnum datum
20 studuissent, pro posse suo, penitus emendare. [7] Verum quidam per se predictam constitutionem peruerse intelligentes, eam trahunt ad res modicas et ad ea que non ex proposito nocendi, sed necessitate aliqua, non credentibus offendere, capiunt. Nos autem peruersum intellectum et dubitationem huiusmodi penitus declarantes,
25 in omnibus predictis casibus sic duximus declarandum: quod illi tantum intelligantur excommunicati qui ex proposito, cum armis uel sine armis, uiolenter inuaserint uel destruxerint loca predicta et ceperint homines ipsorum et res eorumdem, in hoc grauiter delinquentes. [8] Loca autem in hoc solo casu cessare uolumus penitus a
30 diuinis quamdiu ibi fuerit preda uiolenter accepta, fautores autem et emptores prede post admonitionem legitimam, iuxta diocesani arbitrium, excommunicentur, et si aliquem predictorum excommunicatorum absque satisfactione condigna mori contingerit, tamdiu careat ecclesiastica sepultura quousque per heredes ipsius damnum

---

³ Conc.prov. Tarragona 1244 c.6 (Pons Guri 59; TR 6.41 c.5).

c.3 1 Item de eodem *om.* E   4 rapuerunt E   21 eam] ea E

35   datum | per eum sit plenarie passis iniuriam uel eorum heredibus
      restitutum[1].

         **[9]   4.   *<De absolutione inuasorum, raptorum et malefacto-*
                 *rum>***

         Sacro approbante concilio, plenam concedimus uniuersis nos-
      tris suffraganeis potestatem absoluendi subditos suos qui excommu-
5   nicati per ipsos fuerint uel auctoritate constitutionis sacri concilii
      Tarraconensis contra malefactores et inuasores hominum et rerum
      ecclesie promulgate, licet dicti excommunicati denuntiati fuerint
      in concilio Tarraconensi[1]. **[10]** Item, fuit ordinatum, sacro concilio
      approbante, quod dominus archiepiscopus absoluat subditos suffra-
10   ganeorum suorum qui ad ipsum uenerint excommunicatos ratione
      constitutionis sacri concilii Tarraconensis contra inuasores, raptores
      et malefactores hominum et rerum ecclesie promulgate, premissa
      satisfactione et secundum formam Ecclesie, et quod dominus ar-
      chiepiscopus consensum diocesani illius uel illorum excommunica-
15   torum de cuius diocesis sunt requirat, si sibi uisum fuerit expedire[2].

         **[11] 5.   *<Declaratio constitutionis edite contra inuasores*
                 *rerum ecclesiarum>***

         Item, uerum cum in constitutione domini Petri, bone memorie
      predecessoris nostri, que incipit 'Olim excommunicasse recolimus'[1],
5   caueatur quod loca ad que preda clericorum, ecclesiarum uel per-
      sonarum, religiosorum seu hominum eorumdem uiolenter accepta
      peruenerit, quamdiu ibi fuerit cessent penitus a diuinis, uolentes
      inuasorum et raptorum excogitatis malitiis ac machinationibus,
      quantum cum iustitia possumus, obuiare, declaramus et constitui-
10   mus quod loca in quibus huiusmodi preda uendita uel alio modo
      alienata, seu etiam consumpta fuerit, tamdiu cessent penitus a diui-
      nis quousque condigna satisfactio dammna passis facta fuerit pro
      eadem[2].

¹ **c.3** Conc.prov. Tarragona 1246 c.3 (Pons Guri 62-63).
¹ **c.4** Conc.prov. Tarragona 1253 c.1 (Pons Guri 76).
² Conc.prov. Tarragona 1253 c.2 (Pons Guri 76).
¹ **c.5** Supra c.3. [6] de nuestra edición.
² Conc.prov. Tarragona 1266 c.2 (Pons Guri 88).

35 (fol.3r) E
c.4 1-2 De — malefactorum *om.* E
c.5 1-2 Declaratio — ecclesiarum *om.* E   7 peruenerint E   9 iustitia] ins-
tantia E   11 etiam] ecclesiam E   12 pro] per E

[12] 6. <*Cessetur penitus a diuinis in locis ad que peruenerint occisores et mutilatores clericorum uel receptatores
eorumdem*>

    Item, cum clerici et persone ecclesiastice maiori quam res eo-
5 rumdem debeant priuilegio et immunitate seu libertate gaudere,
sacro approbante concilio, statuimus quod loca ad que occisores
et mutilatores clericorum et personarum ecclesiarum et capientes
eosdem peruenerint, cessent penitus a diuinis quousque Ecclesie
satisfecerint de commissis[1]. **[13]** Loca etiam in quibus clerici seu
10 persone ecclesiastice capte detinebuntur, quamdiu uiolenter seu
inuite detinebun|tur ibidem, cessetur similiter a diuinis[2]. **[14]** Item,
quia facientes et consentientes pari debent pena damnari, eodem
concilio approbante, receptatores eorum qui occidunt uel mutilant
uel capiunt clericos uel personas ecclesiasticas excommunicationis
15 sententia innodamus[3].

        [15] 7. <*Declaratio constitutionum editarum contra inuaso-
res et raptores personarum ac rerum ecclesiasticarum*>

    Declarando constitutiones predecessorum nostrorum, uideli-
cet dominorum Petri et Benedicti, bone memorie, quarum prima
5 incipit 'Item, olim excommunicasse recolimus'[1] et secunda 'Cum
nos Benedictus, etc.'[2], statuimus quod quandiu persone inuasorum
et raptorum uel receptorum rerum ecclesiarum, et persone etiam
illorum qui in prelatos cathedralium ecclesiarum et locorum aliorum religiosorum Tarraconensis prouincie manus iniecerint uiolen-
10 tas fuerint in aliqua ciuitate, uilla uel castro prouincie supra dicte
aut infra terminos locorum eiusdem prouincie, quod ipse ciuitates,
castra seu uille et alia loca cessent (ipsis inuasoribus, raptoribus seu
persecutoribus presentibus) penitus a diuinis. Et dicti malefactores,
persecutores seu raptores per rectorem seu capellanum loci ipsius
15 excommunicati nihilominus nuntientur et tamquam excommunicati ubique ab omnibus euitentur[3].

---

[1] **c.6** Conc.prov. Tarragona 1266 c.3 (Pons Guri 88).
[2] Conc.prov. Tarragona 1266 c.4 (Pons Guri 88).
[3] Conc.prov. Tarragona 1266 c.5 (Pons Guri 88).
[1] **c.7** Conc. prov. Tarragona 1246 c.3 (Pons Guri 62-63).
[2] Deberá ser una constitución de alguno de los concilios de Benito Rocabertí, que
no aparece en Pons Guri 73-90, pero ver supra las notas de [12-14], que proceden
del concilio de Benito Rocabertí de 1266 y que se refieren a estos asuntos.
[3] Conc.prov. Tarragona 1274 c.4 (Pons Guri 92-93).

---

c.6 1-3 Cessetur — eorumdem *om*.E   11 (fol.3v) E   Item] Ita E
c.7 1-2 Declaratio — ecclesiasticarum *om*.E   13 malefactores] male persecutores E

[16]   8.   *<De obseruatione constitutionum conciliorum>*

Item, statuimus, sacro concilio approbante, quod quilibet episcopus prouincie Tarraconensis circa obseruationem presentis constitutionis et omnium constitutionum a nostris predecessoribus
5   editarum sit solicitus ac attentus. Rectores autem ecclesiarum et uicarii siue eorum loca tenentes constitutiones omnes, ad mandatum
suorum diocesanorum uel eorum officialium, teneant et obseruent.
Si qui uero de predictis rectoribus, uicariis, capellanis uel eorum
loca tenentibus, recepto mandato sui diocesani uel eius officialis,
10   presentes et aliorum predecessorum nostrorum constitutiones neglexerint obseruare, ad sui episcopi uel eius officialis arbitrium puniantur, et nihilominus teneantur restituere illi qui petit iustitiam
omnes expensas quas eundo et redeundo propter hoc ad diocesanum, per iuramentum, premissa taxatione diocesani, probauerit
15   se fecisse, et ad hoc per diocesanum ipsum compellantur. Diocesanus uero qui circa correctionem subditorum suorum qui super
predictis suum mandatum uel officialis sui neglexerint adimplere,
uel circa obseruationem predictarum constitutionum negligens
repertus fuerit uel remissus, iram et indignationem omnipotentis
20   Dei et beate Tecle incurrat, puniendus nihilominus ad arbitrium
prouincialis concilii quod in | ecclesia Tarraconensi contingerit in
posterum celebrari[1].

[17]   9.   *<Pena illius qui interfecerit, uulnerauerit uel ceperit*
episcopum aut aliquem de prelatis inferioribus>

Quoniam exempla preterita cauere nos admonent in futurum,
idcirco nos Bernardus, miseratione diuina Tarraconensis archiepis-
5   copus, assistentibus nobis uenerabilibus fratribus Arnoldo Barcinonensi, Raymundo Vicensi, Petro Vrgellensi, Iacobo Oscensi,
Gisperto Valentino, Garcia Tirasonensi, Bernardo Gerundensi, et
Guillermo Illerdensi, episcopis ac procuratoribus aliorum episcoporum absentium, necnon et capitulorum ecclesiarum cathedra-
10   lium ac collegiatarum, et quamplurimis aliis prelatis presentibus,
sacro sancto concilio approbante statuimus ut quicumque, instigante diabolo, per se uel per alium interfecerit uel uulnerauerit uel
ceperit aut percusserit aliquem episcopum, omnibus feudis et rebus

---

[1] **c.8** Conc.prov. Tarragona 1274 c.5 (Pons Guri 93).

---

c.8 1 De — conciliorum *om.* E   8 qui] quis E   17 officialis sui] officialem
qui E   neglexerit E   21 (fol.4r) E
c.9 1-2 Pena — inferioribus *om.* E   7 Tirasonensi] Tarraconensi E

et beneficiis que ab ecclesiis quibuscumque Tarraconensis prouincie
15 tempore commissi sceleris obtinebit, ipso facto perpetuo sit priuatus, et iure ecclesiis a quibus predicta obtinuerit applicentur, et descendentes ab eodem malefactore usque ad quartam generationem
ad gradum aliquem clericatus non promoueantur, nec beneficium
ecclesiasticum feudale uel aliud quodlibet in Tarraconensi prouin-
20 cia assequantur. Et ne minus uindicte quam excessus memoria
tanti facinoris prorrogetur, adicientes quod si aliquis <episcopus>
uel alius quicumque prelatus aliquem de predictis descendentibus
ad aliquem ordinem promouere uel aliquod ecclesiasticum beneficium seu quodlibet aliud eidem conferre presumpserit, a collatione
25 illius ordinis quem scienter contulerit per biennium sit suspensus,
et collatio eiusdem beneficii sit irrata ipso iure et ea uice per proximum superiorem de illo beneficio ordinetur. [18] Si uero aliquem
de prelatis inferioribus ab episcopis, seu principalem officialem
episcopi uel canonicum ecclesie cathedralis ausu temerario quis-
30 quam interficere, mutilare uel capere presumpserit, ipse et filii sui
incurrant penam expressam superius ipso facto, prouiso quod illis
feudis et possessionibus quibuscumque tantummodo sint priuati
que ab ecclesiis quarum personas sic leserint modo quolibet obti-
nebant, hoc saluo quod alias super hoc in canonibus continetur. Et
35 prelatus qui tales malefactores uel filios eorum ad aliquem ordinem
promouere uel cuiquam talium beneficium ecclesiasticum conferre
presumpserit, a collatione illius ordinis quem scienter contulerit per
annum nouerit se suspensum, et collatio huiusmodi sit irrita ipso
iure et ea uice de beneficio ipso per superiorem proximum | ordi-
40 netur. Quicumque autem de predictis malefactoribus uel filiis suis
a quocumque episcopo scienter uel ignoranter ordinem receperit,
exsecutionem non habeat ordinis suscepti, nec beneficii collatio
ualeat, ut dictum est, saluis tamen omnibus penis canonicis quibus per hanc constitutionem non intendimus in aliquo derogare.
45 [19] Hec autem statuta salubriter per diocesanos episcopos Tarraconensis prouincie singulis annis in suis synodis et diocesibus
precipimus publicari, et nihilominu hii qui predictas penas incurrerint in synodis nuntientur.
[20] Datam apud Tarraconam, xj. kalendas aprilis, anno Domini millesimo cc.lxxxij[1].

[1] **c.9** Conc.prov. Tarragona 1283 c.un. (Pons Guri 100-101).

21 episcopus *om*.E   30 interficere] interfecerit E   39 (fol.4v) E   42 exse-
cutionem] excommunicationem E

[21] 10.   <*Constitutiones conciliorum Tarraconensium contra raptores personarum et inuasores rerum ecclesiasticarum debitum sortiri debent effectum*>

Sollicita cura suscepti regiminis nos admonet ut utilitatibus
5 subiectorum nunc nouarum constitutionum editione, nunc antiquarum innouatione prouidere curemus. Sane, cum constitutiones sacrorum conciliorum Tarraconensium edite contra raptores et
inuasores personarum et rerum ecclesiasticarum et religiosorum
et hominum eorumdem, ex quibus impiorum audatia coercetur
10 et bona ecclesiastica conseruantur, propter quorumdam abusum et
negligentiam debitum non sortiantur effectum, cum nonnulli, tre-
pidantes ubi trepidandum non est, cum requiruntur per locorum
ordinarios (in quorum diocesi rapina uel uiolentia est commissa) ut
predictas constitutiones debeant obseruare, subtiliter, causa diffu-
15 gii, nituntur indagare et inquirere an prefate constitutiones uendi-
cent sibi locum, in hiis partes iudicis (cum potius ut meri exsecutores deberent procedere) sumentes. Et idcirco, quia parum est iura
condere nisi esset qui ea tueretur, predictas constitutiones approbantes et confirmantes, sacro approbante concilio, statuimus quod
20 quandocumque aliquis episcopus uel eius officialis aut uices eius
gerentes per nos uel per officialem nostrum uel per alium episcopum uel eius officialem seu uices eius gerentem nostre prouinicie,
qui per litteras suas significauerit se seruare constitutiones predictas
contra illum, contra quem petitur ipsas constitutiones obseruare,
25 fuerit requisitus ut denuntiet eum excommunicatum iuxta memoratas constitutiones, eas seruet et faciat obseruari et talem in ecclesia mandet denuntiari excommunicatum. Ipsas constitutiones,
sine ali|qua cause cognitione et inquisitione, statim uel infra tri-
duum (die qua talis requisitio facta fuerit minime computata) si in
30 sua diocesi presens requisitus fuerit uel in loco quo infra predictum
tempus hoc ualeat adimpleri —alias quam cito commode fieri poterit, considerata locorum distantia— obseruet et mandet obseruari,
omni appellatione et exceptione cessante. Quod si premissa contempserit ut predicitur adimplere, tamdiu ingressum ecclesie sibi
35 nouerit interdictum, donec dictas constitutiones seruari fecerit et
obseruet. Ex quo autem dictas constitutiones fecerit uel mandauerit
obseruari, ex tunc ipso facto interdictum predictum, absque relaxa-
tione aliqua, penitus sit sublatum. Hoc autem prouiso quod propter iuris ordinem non seruatum, processus per ordinarium uel eius
40 officialem habitus seu facta denuntiatio nullatenus reuocetur, cum

---

c.10 1-3 Constitutiones — effectum *om.* E   16 meri] nostri *mal* E   18 ea
tueretur] et itteretur E   26 eas] et *antep.* E   28 (fol.5r) E

multis crassantibus opus sit exemplo, iuxta canonicas et et legitimas sanctiones.

[22] Item, quia non est ferendus qui lucrum ampletitur onus autem subire recusat, sacro approbante concilio statuimus om-
45 nes personas, cuiuscumque status uel condicionis exsistant, que ex prefatis constitutionibus commodum recipiunt, subiacere et esse subiectas ipsis constitutionibus, si delinquerint in hiis que in ipsis constitutionibus continentur, et contra tales personas iuxta tenorem ipsarum constitutionum esse rigide procedendum, saluis
50 constitutionibus sacrorum conciliorum Tarracone in fauorem epis-coporum factis, quibus cautum est quod episcopi huiusmodi cons-titutionibus contra raptores et inuasores rerum ecclesiasticarum editis non ligentur[1].

[23] 11. *<De illis qui manus iniecerint uiolentas in canoni-cum ecclesie cathedralis uel collegiate uel in commenda-torem Militie Templi uel Hospitalis Sancti Johannis Hie-rosolymitani, seu qui terram prelatorum uel ecclesiarum*
5 *cum exercitu inuaserint>*

Item, officii nostri debitum circa dispendia que per nonnullos ecclesiis et personis ecclesiasticis et earum hominibus et rebus in-debite inferuntur, deliberatione prouida exigente salubri remedii appositione talium temeritatem duximus precidendam. Et idcirco,
10 sacro approbante concilio, confirmantes omnes constitutiones per predecessores nostros editas, et specialiter contra raptores et inuaso-res personarum et rerum ecclesiasticarum, addentes eisdem, statui-mus quod quicumque de cetero in canonicum ecclesie cathedralis uel prelatum ecclesie collegiate uel clericum qui uocem habeat in
15 communibus tractatibus capituli ecclesie cathedralis, uel in com-mendatorem Ordinis Militie Templi uel Hospitalis Sancti Johannis Hierosolymitis iniecerit temere uiolentas manus, uel terram | uel loca prelatorum ecclesiasticorum uel Templariorum uel Hospita-liorum uel aliorum locorum religiosorum cum exercitu inuaserit,
20 arbores scindendo uel talando aut ignem immittendo aut graue damnum alias irrogando, preter sententiam excommunicationis, quam ex tali delicto se nouerit incurrisse, et ultra alias penas con-tra tales statutas, ubicumque ipse fuerit cessetur penitus a diuinis.
[24] Et quicumque cum exercitu terram prelatorum uel ecclesia-

---

[1] **c.10** Conc.prov. Tarragona 1294 c.2 (Pons Guri 115).

---

c.11 1-5 De — inuaserint *om.*E   7 ecclesiis] ecclesiasticis E   9 precin-
dendam E   17 (fol.5v) E   21 preter] potest E

25 rum uel locorum religiosorum inuaserint, ut est dictum, et moniti
infra mensem non satisfecerint, omnibus feudis que ab ecclesiis uel
personis aut locis religiosis tenebunt et sic lesserint, perpetuo sint
priuati, saluis omnibus aliis penis contra tales statutis, quibus per
hanc constitutionem non intendimus in aliquo derogari[1].

[25]   12.   *Contra diffidantes clericos, prelatos et personas eccle-*
siasticas

Predecessorum nostrorum, qui damnauerunt diffidantes prelatos et personas ecclesiasticas, uestigiis inherentes, sacro approbante
5 concilio, statuimus ut si quis deinceps, cuiuscumque status uel condicionis exsistens, diffidauerit seu acuydauerit diffidari, uel acuydari
fecerit aut procurauerit publice uel occulte archiepiscopum, episcopum uel alicuius eorum officiales, prelatum aut religiosum uel
alium clericum beneficiatum aut alium clericum in sacris ordinibus
10 constitutum, seu predictorum occasione homines et loca eorum ad-
ministrationi commissa reacuydauerit, siue in hoc scienter dederit
auxilium, consilim uel fauorem, ipso facto sententiam excommunicationis incurrat, et denuntietur excommunicatus quotidie dum in
excommunicatione perstiterit, pulsatis campanis et candelis exstinc-
15 tis. Et nihilominus terra seu castra ipsius, si que habuerit, eo ipso
subiaceant ecclesiastico interdicto, a qua sententia nullatenus absoluatur, nec interdictum ipsum relaxetur, donec de iniuria et damnis
propterea irrogatis satisfecerit competenter. Quod si clericus, cuiuscumque status uel condicionis exsistens, aut religiosus in hiis deli-
20 querit, si beneficium ecclesiasticum uel administrationem obtineat,
preter penas predictas, a beneficiis omnibus et administratione sit eo
ipso priuatus, si uero beneficiatus non fuerit, perpetuo sit inhabilis
ad ecclesiasticum beneficium obtinendum, donec secum super hoc
per Sedem apostolicam fuerit dispensatum[1].

[26]   13.   <*Quod constitutio contra inuasores seruetur ex quo*
sciatur in locis uicinis seruari>

Cum affecta ignorantia, maxime in uiris ecclesiasticis, repro-
betur, presenti constitutione sancimus quod cum rector aliquis seu

---

[1]   **c.11** Conc.prov. Tarragona 1294 c.3 (Pons Guri 116); Martene-Durant IV 300-301.
[1]   **c.12** Conc.prov. Tarragona 1324 c.1 (Pons Guri 133; TR 3.519) y Conc.prov.
Tarragona 1330 c.59 (Pons Guri 175-176); cf. Conc. de Valencia de Pedro de Albalat de 1240 c.4 (Pons Guri 43).

---

c.12   11 siue] sine E   14 perstiterit] qui sisterit E
c.13   1-2 Quod — seruari *om.* E

5 uicarius prouincie Tarraconensis in cathedrali uel conuicinis | sibi
ecclesiis ad mandatum sui episcopi uel officialis eiusdem sciuerit
contra personas aliquas constitutiones sacri concilii Tarraconensis,
per quas a diuinis cessatio indicitur obseruari, ita quod ipsis personis presentibus cessetur a diuinis, in sua parochia et ecclesia eas
10 seruet, et ipsis personis presentibus, non exspectato mandato alio,
cesset similiter a diuinis. Et si contrarium fecerit, ipsum in illas penas incidere declaramus in quas incideret si mandatum huiusmodi
habuisset[1].

[27]   14.   *<De obseruatione constitutionis contra inuasores>*

Item, cum in constitutione domini Petri, que incipit 'Item, cum
quidam'[1], caueatur expresse quod si principales malefactores absque satisafactione in mortis articulo fuerint absoluti, eorum corpora
5 non tradantur ecclesiastice sepulture donec per heredes morientium
damnum datis satisfactum fuerit competenter, ideo, attendentes
quod uerba intelligenda sunt cum effectu, sacro approbante concilio excommunicamus omnes qui de cetero talium corpora (donec,
ut predicitur, satisfactum fuerit) scienter tradiderint ecclesiastice
10 sepulture, et qui in hoc dederint consilium, auxilium uel fauorem.
[28] Et quia ridiculum quodam modo reputatur non uitari per
prelatos et clericos eos qui ob eorum <et> ecclesiarum et tutelam
uitari mandantur, precipimus, in uirtute obedientie, prelatis et clericis quibuscumque ne illos contra quos constitutio obseruabitur, ad
15 mensam suam recipere audeant uel etiam inuitare[2].

[29]   15.   *Contra facientes guerram seu malum per modum*
guerre sine diffidamento, et quod archiepiscopus possit su-
per hac constitutione et aliis contra inuasores editis proce-
dere

5   Ad reprimendam audaciam peruersorum, clericos seu personas
ecclesiasticas diffidantium seu procurantium diffidari, aut, eorum
occasione, homines uel loca eorum, fuit dudum in prouinciali Tarraconensi concilio constitutum quod facientes talia incurrerent
sententiam excommunicationis ipso facto et terra eorum esset
10 supposita interdicto ecclesiastico. Verum quidam, non attendentes

---

[1] **c.13** Conc.prov. Tarragona 1330 c.69 (Pons Guri 181).
[1] **c.14** Conc.prov. Tarragona 1244 c.4 (Pons Guri 58; y supra [3]).
[2] Conc.prov. Tarragona 1330 c.77 (Pons Guri 184; TR 3.547, donde es c.83).

---

5 (fol.6r) E
c.14 1 De — inuasores *om.*E   6 datis] pacis E   12 ob] ab E   et[2] *om.*E

mentem ipsius constitutionis sed uerba, ac penas eiusdem astuta
caliditate uitare uolentes, contra illos quos dicta constitutio diffidari
prohibet, guerram absque diffidamento faciunt, seu eos et homines,
loca uel bona eorum per modum guerre seu hostiliter aut alias <cum
15   turba seu hominibus coadunatis ex proposito damnificant et inua-
dunt>, quamquam contra personas ecclesiasticas uel homines uel
bona aut loca eorum guerra fieri non possit. Nos igitur Johannes,
miseratione | diuina sancte Alexandrine sedis patriarcha ac adminis-
trator in spiritualibus et temporalibus ecclesie Tarraconensis a Sede
20   apostolica deputatus, sacri approbatione concilii, attendentes eos
qui talia agunt non minus, sed plus, delinquere quam simpliciter
diffidantes, eamdem constitutionem, que ad hoc facta exstitit ne
damna ecclesiis, clericis seu personis ecclesiasticis inferentur, locum
habere decernimus quantum ad omnia eius capitula etiam contra
25   illos qui absque diffidamento predicta faciunt uel aliquid predictorum, et qui in hoc dederint auxilium, consilium aut fauorem,
adicientes dictam constitutionem locum habere etiam contra eos
qui predictos diffidantes, guerrificantes seu malefactores in locis suis
receptauerint siue defensauerint publice uel occulte. Quam quidem
30   penam etiam locum habere decreuimus contra omnes personas que
in dictis criminibus seu delictis persistunt, nisi infra duos menses, a
tempore huiusmodi constitutionis continue computandos, satisfecerint de eisdem. [30] Statuentes, eodem concilio approbante, quod
presentem constitutionem et alias contra raptores et inuasores per-
35   sonarum ecclesiasticarum, rerum ac bonorum, et hominum eorumdem diffidatores, malefactores, damnificantes, receptatores, fautores
ac defensores predictos editas, nos patriarcha administrator predictus et archiepiscopi Tarraconenses qui pro tempore fuerint, per quemcumque fuerimus requisiti, et etiam sine requisitione ex officio,
40   pro nobis et ecclesia Tarraconensi ac canonicis eiusdem et familiaribus nostris possimus libere per totam Tarraconensem prouinciam
seruare et facere obseruari, et secundum eorum formam procedere
ac procedi facere super eis. Et super hiis subditi suffraganeorum nostrorum teneantur nobis et dictis archiepiscopis obedire, nedum pro
45   committendis in futurum contra constitutiones predictas, immo
pro eis que contra eas sunt etiam iam commissa[1].

---

[1] **c.15** Concilio III de Tarragona de los presididos por el arzobispo Juan de Aragón,
patriarca de Alejandría, (tal vez en el año 1332) c.1 (TR 3.553-554).

---

c.15 14 aut] autem E   14-16 cum — inuadunt *om.* E
18 (fol.6v) E   39 ex officio] expossitio E

[**31**] 16. *Quod denuntiatos ter publice in ecclesiis excommu-*
nicatos per constitutiones contra inuasores editas nullus in
suis domibus seu hospitiis admittat. Et quod officiales epis-
coporum pro cause cognitione super dictis constitutionibus
5 *nihil accipiant, et quod censuram ecclesiasticam aggrauent*
contra tales

Item, pia consideratione predecessores nostri excommunicantes
inuasores, raptores et depredatores hominum ecclesiarum, ecclesiasticarum rerum et locorum religiosorum, ac fautores et recep-
10 tores eorum, prouide statuerunt quamdiu principales malefactores
huiusmodi in aliqua uilla uel ciuitate exsisterent, ecclesias cessare
penitus a diuinis, prohibentes tales ab excommunicatione absolui
donec de premissis satisfecerint competenter. Considerauerunt namque quod malefactores huiusmodi a ciuitatibus et uillis ad quas
15 eos uenire contingerit expulsi, rubore suffusi, ad humilitatis et debite satisfactionis ac reconciliationis facilius inclinarent affectum. Sed,
pro dolor! quia interdum constitutiones super hiis edite debite non
seruantur, huiusmodi excommunicatio, que contra formam dictarum constitutionum faciliter relaxatur <in> animarum periculum,
20 deducitur in contemptum. Nam uix aliquis participationem talium
excommunicatorum euitat, nullus etiam de suis ciuitatibus uel uillis
eos expellit, et ex hoc sequitur quod ipsis excommunicatis in ciuitatibus et uillis remanentibus, cum cessent ecclesie a diuinis, parti-
cipatio diuinorum multis insontibus subtrahitur, diuinum officium
25 intermittitur, ac iuri ecclesiarum in prouentibus et obuentionibus
debitis detrahitur et honori, et, quod horrendum est dicere, dictis
excommunicatis, interdum propter munera eis oblata, de ciuitatibus et uillis ad horam uel tempus modicum exeuntibus, quod in eorum penam spiritualem statutum est in premium seu lucrum eorum
30 uertitur temporale. Et sic quod ad defensionis presidium est inuentum, ad iniquitatis dispendium retorquetur. [**32**] Cupientes igitur
constitutiones predictas debitum sortiri effectum, hanc predictam
excommunicationem deduci nullatenus uolumus in contemptum,
hoc statuto perpetuo, sacro approbante concilio, excommunica-
35 mus omnes qui scienter huiusmodi malefactores excommunicatos,
(postquam in ecclesia paroquiali per tres dies dominicos uel festiuos denuntiati fuerint publice excommunicati in ipsa parochia)
in suis ad hospitandum uel habitandum receperint —uel receptos

c.16 7 (fol.7r) E   15 contingerint E   suffusi] subfugi E   16 in-
clinaret E   18 huiusmodi] huius E   19 in *om.* E   26 honori] honor E
33 excommunicationem] constitutionem *mal* E

sustinuerint— domibus uel hospitiis, aut eos per alios recipi man-
40 dauerint uel fecerint: quos statim ex suo officio (etiam absque requisitione cuiusquam episcopi) et eorum officiales principales et alii
pro episcopis iurisdictione utentes excommunicatos denuntient |
usque ad satisfactionem condignam.

[33] Precipimus insuper omnibus episcopis prouincie Tarraco-
45 ne ac uicariis et officialibus eorum quod circa obseruationem istius
et aliarum constitutionum se exhibeant promptos, fauorabiles et be-
nignos. Et ut liberius ad obseruationem constitutionum huiusmodi
procedatur, prohibemus uicariis ac officialibus episcoporum principalibus et aliis pro episcopis iurisdictione utentibus, ne pro cause
50 cognitione uel processu faciendo contra malefactores huiusmodi
aliquam pecuniam, pretextu salarii uel laboris, exigant uel etiam recipiant, alioquin eo ipso suspensi sint ab officio et diuinis. Prohibemus etiam episcopis et uicariis ac officialibus eorumdem ne ad cognitionem uel processum huiusmodi faciendum, aliquem uel aliquos
55 debeant delegare, cum onus huiusmodi eis incumbere dignoscatur.

[34] Postquam autem contra aliquem uel aliquos ipsas constitutiones duxerint publicandas eosque ut excommunicatos fecerint euitari, contra eos, exigente contumacia, requisiti procedant, quilibet
uidelicet contra suos subditos, ex suo mero et puro officio censuram
60 ecclesiasticam aggrauando. Nec tales malefactores aut fautores uel
receptores eorum absoluant donec de damnis et iniuriis propterea
irrogatis satisfactum fuerit competenter. Imponant insuper absolutis, super debito prestiti iuramenti, talem penitentiam pro commissis quod, pena docente, agnoscant quantum excesserint cessationi
65 huiusmodi causam dando seu taliter excommunicatis huiusmodi
obsequia exhibendo. Quam penitentiam si peragere contempserint,
in pristinam excommunicationem, in quam eos in hoc casu incidere decernimus, ipsos denuntient reincidisse. Qui uero eos aliter
duxerit absoluendos, ad interesse illis qui taliter damnificati fuerint
70 teneatur, et diuine subiaceat ultioni, ac iudicio concilii subsequentis. Nos autem patriarcha et administrator ecclesie Tarraconensis
predictus, ac successores nostri qui pro tempore fuerint archiepiscopi Tarracone in nobis et officialibus nostris hanc constitutionem
et alias supra dictas per omnia obseruabimus et obseruari etiam
75 faciemus[1].

---

[1] **c.16** Concilio III de Tarragona de los presididos por el patriarca Juan de Alejandría, (tal vez en el año 1332) c.2 (TR 3.554-556).

39-40 mandauerit uel fecerit E   43 (fol.7v) E   55 debent E   58 con-
tumacia] consequentia E   63-64 commissis] emissis E   70 diuine] diuitie E

[35] 17. *Dubia et ipsorum responsiones, examinata et declarata per sacrum concilium Tarracone. Et habentur per constitutiones, que fuerunt publicata in concilio celebrato die sabbati, sexto idus decembris, anno Domini m.ccc.xlj.*[1]

5   [36] *Primum dubium.* | In constitutione 'Item, cum quidam'[2] dicitur quod inuasores et raptores rerum ecclesiasticarum sint excommunicati et quod ipsis presentibus cessetur a diuinis, et in constitutione 'Olim'[3], declaratoria ipsius, dicitur quod illi tantum sint excommunicati qui ex proposito cum armis uel sine armis uiolenter 10 inuaserint uel destruxerint loca ecclesiarum et ceperint homines ipsorum locorum et res eorum, in hoc grauiter delinquentes. Nunc uero dubitatur utrum solum tales sint excommunicati, propter uerbum exclusiuum, et utrum predicta omnia requirantur, cum copulatiue ponantur, uel generaliter sint excommunicati omnes male-15 factores ecclesiarum. *Determinatio precedentis dubii:* Videtur, et ita interpretata est consuetudo, quod inuasores, raptores et depredatores clericorum, hominum ecclesiarum, ecclesiasticarum rerum et locorum religiosorum sint excommunicati, et quod uerba in constitutione 'Olim' posita intelligi debeant disiunctiue.

20   [37] *Secundum dubium.* Item, in dicta constitutione 'Item, cum quidam' dicitur quod fautores et receptatores talium sint excommunicati, et in dicta constitutione 'Olim' dicitur quod excommunicentur. *Determinatio secundi dubii:* Videtur quod fautores et receptores sint excommunicati per constitutionem 'Item, cum quidam', et per 25 constitutionem 'Olim', que dicit excommunicentur, debeant denuntiari et publicari excommunicati.

    [38] *Tertium dubium.* Item, in dicta constitutione 'Item, cum quidam' dicitur quod presentibus predictis principalibus inuasoribus in aliqua ciuitate, etc., cessetur penitus a diuinis, et in dicta 30 constitutione 'Olim' dicitur quod solum loca in quibus preda uiolenter accepta fuerit cessent a diuinis. Et si per constitutionem que incipit 'Declarando'[4] debet cessari presentibus inuasoribus, etc., remanet primum dubium, uidelicet qui in hoc casu dicantur esse inuasores et esse excommunicati, cum in dicta constitutione 'De-

---

[1] **c.17** Martène-Durand, *Thesaurus novus anecdotarum* IV.324-327; Mansi 25.1079-1082.
[2] Supra [3].
[3] Supra [6].
[4] Supra [15].

---

c.17 5 (fol.8r) E   6 dicitur] dicit E   15 et] quod E   16 quod] que E
21 fautores] feneratores *mal* E   28 dicitur] dicatur E

35 clarando' non sint excommunicati. *Determinatio tertii dubii:* Videtur idem respondendum quod ad primum dubium, quod cessetur
ubicumque fuerint principales malefactores; in locis in quibus preda
recepta fuerit cessetur quamdiu ibi preda fuerit, uel ubi fuerit uendita aut alienata seu etiam consumpta.

40   **[39]** *Quartum dubium.* Item, cum in dicta constitutione 'Declarando' dicatur quod cessetur a diuinis quamdiu predicti fuerint
in locis uel infra terminos locorum, dubitatur quomodo iure intelli-
guntur termini locorum. Et si dicatur quod ponuntur ibi pro terminis parochiarum, quid erit, cum in una ciuitate uel loco sint multe

45 parochie. *Determinatio quarti dubii:* Videtur quod in ecclesia et in
ecclesiis ciuitatis, uille uel castri uel loci ubi malefactores presentes
fuerint, uel preda detenta aut uendita uel alienata uel consumpta
fuerit, cessetur a diuinis, et in suburbanis et continentibus edificiis
eorumdem, stimandis ad arbitrium diocesani episcopi uel eius offi-

50 cialis, taliter quod neruum non contemnatur ecclesiastice discipline.
Sed si ecclesia parrochialis extra castrum, uillam uel populationem
fuerit, cessetur ibi quamdiu malefactor in parochia fuerit, et quod
aliter ex nunc, alias tunc, non curetur de terminis locorum uel parochiarum.

55   **[40]** *Quintum dubium.* Item, cum in dictis constitutionibus
'Item, cum quidam' et 'Olim' dicatur quod loca in quibus preda
recepta fuerit cessent a diuinis, utrum intelligantur scienter uel ignoranter, et quorum scientia requiratur. *Determinatio quinti dubii:*
Videtur quod scientia hominum loci requiratur, et quod pro scien-

60 tia habeatur si publica sit fama in loco quod preda est ibi.
        [41] *Sextum dubium.* Item, in constitutione 'Item, cum qui-
dam' dicitur quod tales non euitentur nisi facti euidentia uel confessione propria hoc constaret. Dubitatur si tunc posset rector eos
uitare, et ipsis presentibus cessere, et facit ad hoc constitutio 'Item,

65 statuimus'[5], ubi dicitur quod rectores ad mandatum episcopi uel
eius officialis dictas constitutiones seruent. *Determinatio sexti dubii:*
Videtur quod nullus astringatur ad obseruantiam cessationis donec
cessatio per episcopum uel eius officialem uel eius uices fungentem
sit indicta.

70   **[42]** *Septimum dubium.* Item, cum ibi dicatur officialis et in
constitutione 'Sollicita'[6] dicatur cum per episcopum uel eius officialem seu eius uices gerentem, uidetur intelligendum de principali

[5] Supra [16].
[6] Supra [21].

39 seu etiam] seuesset E   40 (fol.8v) E   44 parochiarum] parochianum E
48 suburbanis] sburnantis E   52 cessetur] cesset E   69 indicta] in dictum E
70 cum] tamen E

officiali, presertim cum | in cessationibus requiratur magna sollem-
nitas, nec iudex delegatus possit terram interdicere nisi sibi specia-
75 liter sit commissum. *Determinatio septimi dubii:* Videtur quod nedum episcopi et eorum officiales principales, sed etiam foranei seu
decani, qui habent cognitionem uniuersitatis causarum crimina-
lium possint processum facere, quem fieri desiderant constitutiones
predicte, citra tamen indictionem quam faciant episcopi uel uicarii
80 generales aut officiales principales eorum. Pro liberatione uero personarum ecclesiasticarum, decani cessationem, cum locus ei fuerit,
indicere non uetantur.

[43] *Octauum dubium.* Item, si constitutio habet locum ubi
homines ecclesie inter se damnum sibi inferunt. *Determinatio octaui*
85 *dubii:* Videtur quod si homines alicuius loci ecclesie inter se guerri-
ficando uel alias damnum dederint, non sit locus constitutioni. Si
uero homines unius loci ecclesie ex proposito inuaserint, rapuerint
uel depredati fuerint homines alterius loci ecclesie, locus est constitutioni.

90 [44] *Nonum dubium.* Item, si constat quod dicta constitutio
habet locum, si potest episcopus uel officialis eam non seruare et de
iure communi procedere, cum pena legis non sit in arbitrium iudi-
cantis. *Determinatio noni dubii:* Videtur quod si episcopus uel eius
officialis requiratur seruare constitutionem, cum locus constitutioni
95 fuerit, tenetur seruare eam et indicere cessationem auctoritate eiusdem, nisi aliud pars requirens duxerit tolerandum. Vbi uero prelatus ex suo tantum procedat officio, in sua remaneat libera potestate
utrum in toto uel in parte seruet eamdem.

[45] *Decimum dubium.* Item, si facta restitutione, debet cessari
100 donec excommunicatus fuerit absolutus. *Determinatio decimi dubii:*
Videtur quod facta restitutione rapine uel liberatione persone de-
tente debeat tolli cessatio.

[46] *Vndecimum dubium.* Item, si propter inuasorem uel rapto-
rem captum sit cessandum cum recedere non possit. | *Determinatio*
105 *undecimi dubii:* Videtur quod propter illum qui captus sine fraude
tenetur, non debeat cessari.

[47] *Duodecimum dubium.* Item, cum in constitutione 'Pia'[7]
dicatur quod episcopi et eorum officiales non per delegatos, sed
per se ipsos faciant constitutionis processum, dubitatur utrum
110 possint delegare aliis receptionem testium producendorum ad instructionem negotii, et utrum talibus delegatis liceat, absque pena

[7] Supra [31 y 33].

---

73 (fol.9r) E   79 indictionem] moderationem *ed.* Martène-Durand y Mansi
82 uetatur E   92 cum] tamen E   92-93 iudicantis] indicantis E
101-102 detente] decenter E   103-104 raptorem] receptore E   104 (fol.9v) E

dicte constitutionis 'Pia', recipere salarium pro labore. *Determina-tio duodecimi dubii:* Videtur quod absque dubio huiusmodi dele-gationes fieri possint. Sed caueant sibi officiales quod non parti-
115 cipent cum salario delegatorum, quia alias predictam penam non euitabunt.

[48] 18. *Confirmatio apostolica constitutionum sacrorum conciliorum prouincialium Tarraconensium contra inua-sores, raptores, depredatores ecclesiarum, personarum eccle-siasticarum et hominum et rerum ecclesiarum*

5 Clemens episcopus, seruus seruorum Dei, ad perpetuam rei memoriam. Honestis petitionibus supplicum gratum nos decet prebere consensum, et eis maxime que ecclesiasticarum persona-rum honorem et statum ac fauorem libertatis ecclesiastice respicere dignoscuntur. Ac petitio uenerabilium fratrum nostrorum Sanctii,
10 archiepiscopi Tarracone, et suffraganeorum suorum nuper nobis ex-hibita continebat quod olim bone memorie Petrus et Bernardus et Rodericus, necnon Eximinus et Arnaldus, archiepiscopi Tarracone, ac Johannes patriarcha Alexandrinus, tunc administrator ecclesie Tarracone in spiritualibus et temporalibus, auctoritate apostolica
15 deputatus, quasdam, inter alias, constitutiones diuersis successiue temporibus ediderint, et idem Johannes patriarcha administrator, ac Arnaldus archiepiscopus nonnulla quibusdam ex constitutioni-bus ipsis addiderint, et alias ex illis etiam declarauerunt, pro bono et tranquillo statu cleri prouincie Tarraconensis ac fori ecclesiastice
20 libertatis ipsius. Quarum constitutionum et additionum ac declara-tionum tenores de uerbo ad uerbum presentibus fecimus annotari, quare idem Sanctius, archiepiscopus, et suffraganei nobis humili-ter supplicauerunt ut constitutionibus ac declarationibus ipsis, ex quibus, ut asserunt, eis non modicum utilitatis status et honoris
25 acreuerint, apostolice confirmationis robur addicere de specia-li gratia | dignaremur. Nos igitur statui et equitati subditorum, et presertim personarum ipsarum que uelut Dei ministri potiori auxi-lio digne sunt, libenter intendimus, ut utilitatem publicam fauore prosequamur opportuno, dictorum Sanctii, archiepiscopi, et suffra-
30 ganeorum supplicationibus inclinati, constitutiones, additiones ac declarationes ipsas ratas et gratas habentes, illas auctoritate aposto-lica et ex certa scientia confirmamus et presentis scripti patrocinio communimus. Tenores uero predictarum constitutionum eiusdem

---

c.18 9 Ac] Hanc E   18 bono] bonis E   26 (fol.10r) E

Petri, archiepiscopi, tales sunt: 'Item, cum quidam'[1], 'Olim excom-
35 municasse, etc.'[2], 'Sacro approbante concilio,etc.'[3], 'Verum cum in
constitutione, etc.'[4], 'Declarando, etc.'[5], 'Quoniam exempla, etc.'[6],
'Sollicita, etc.'[7], 'Officii nostri, etc.'[8], 'Cum affectata, etc.'[9], 'Cum in
constitutione, etc.'[10], 'Ad reprimendam, etc.'[11], 'Pia consideratione,
etc.'[12]. **[49]** *Confirmatio dubiorum domini pape:* Nulli ergo omnino
40 hominum liceat hanc paginam nostre ratificationis et confirmationis et communitionis infringere uel ei ausu temerario contra ire. Si
quis autem <hoc> attemptare presumpserit, indignationem omnipotentis Dei et beatorum Petri et Pauli, apostolorum eius, se nouerit incursurum.
45 Datis apud Castrum Nouum, Auenione diocesis, tertio kalendas septembris, pontificatus nostri anno x.

[50] 19. *Sequens additio non fuit confirmata per dominum*
papam. Additio ad constitutionem 'Sollicita' in fine

Item, quia non ferendus est qui lucrum ampletitur onus autem subire recusat, sacro approbante concilio statuimus omnes
5 personas, cuiuscumque status uel condicionis exsistant, que ex
prefatis constitutionibus commodum recipiunt, subiacere et subiectas esse istis constitutionibus, si delinquerint in hiis que in
ipsis constitutionibus continentur, et contra tales personas iuxta
tenorem ipsarum constitutionum esse rigide procedendum, sa-
10 luis constitutionibus sacrorum conciliorum Tarracone in fauorem
episcoporum factis, quibus cautum est quod episcopi huiusmodi
constitutionibus contra raptores et inuasores rerum ecclesiasticarum editis non ligentur[1].

[1] **c.18** Supra [3].
[2] Supra [6].
[3] Supra [9].
[4] Supra [11].
[5] Supra [15].
[6] Supra [17].
[7] Supra [21].
[8] Supra [23].
[9] Supra [26].
[10] Supra [27].
[11] Supra [29].
[12] Supra [31].
[1] **c.19** Conc.prov. Tarragona 1294 c.2 (Pons Guri 115); supra [21-22] donde está
la constitución 'Sollicita' con todo su texto.

42 hoc *om.* E

[51]   20.   *Contra exemptos, qui constitutiones contra inuasores*
contra se non admittunt

Frequens plurimorum clamor nostrum propulsauit auditum
quod nonnulli religiosi exempti et non exempti, etiam de Ordine
5 Militari, potius propriis quam rei publice nostre prouincie commodis inhiantes, cum eis in personis propriis, locis, hominibus
uel aliis bonis suis iniurie, damna aliqua seu uiolentie per quem-
piam irrogantur, nos seu curiam | nostram et uenerabilium fra-
trum nostrorum suffraganeorum adeunt ut eis per constitutiones
10 in sacris conciliis Tarracone contra inuasores, raptores et depredatores hominum ecclesiarum, rerum ecclesiasticarum et locorum
religiosorum sancte et salubriter emanatas sucurratur de remedio
competenti in dictis constitutionibus expressato. Quod quidem remedium cum contra ipsos in dictas constitutiones committentes,
15 ad instantiam aliquorum uel alias ex officio proceditur, non curant
admittere, nec eis uolunt subici, sed potius liberari, obliti consilio
sapientis quo cauetur parere legem quam ipse tuleris, et canonicis ac imperialibus legibus, que publice profitentur quod quisque
iuris in alterum statuit, ipse debet uti eo, et frustra legis auxilium
20 inuocat qui committit in eam. Nos igitur prefatus archiepiscopus
frater Sanctius, approbatione eiusdem sacri concilii, statuimus
quod dicti religiosi, etiam si fuerint de Ordine Militari, sicut pro
se dictas constitutiones admittunt, contra se, si in eas commiserint,
admittere teneantur. Quod nisi fecerint, dictarum constitutionum
25 commodo et auxilio, presentis sanctionis auctoritate ipso facto
decernimus esse priuatos, precipientes nostris dictis suffraganeis,
uicariis et officialibus eorumdem ne eo casu ad instantiam ipsorum nec ex officio dictas constitutiones obseruent. Fuit approbata
per omnes de concilio Tarracone, procuratores monasterii Populeti
30 et Sanctarum Crucum eam concesserunt, saluis priuilegiis ordinis
monasteriorum suorum[1].

---

[1] **c.20** Conc.prov. Tarragona de 20 de marzo de 1357 c.6 (TR 6.78-79). Una primera información acerca de los monasterios de Poblet y de Santas Creus se puede
ver en DHEE 3.1622-1624 y 1668.

---

c.20 8 (fol.10v) E   17 parere] patere E   23 commiserint] omiserint E

[52] 21. *Contra interficientes uel capientes nuntios episcoporum et officialium suorum*

Procedit a rationis et iuris tramite quod ubi maius est periculum, ibi procul dubio est plenius et salubrius prouidendum. Quam-
5 quam graue sit et honestum dispendiis et quod et quantis sit plenum periculis ecclesiastice iurisdictionis exercitium nostre prouincie hiis presertim temporibus exercere non solum exacti consideratione temporis docuit, sed considerata prudenter presentis temporis discrimina indicant quo nonnulli temporale dominium obtinentes
10 suis terminis non contenti falcem suam in alienam segetem imponere non uerentur, satagentes iurisdictioni ecclesiastice quantum possunt illudere, ac eam etiam exquisitis coloribus usurpare, exsecutores namque seu nuntios nostros et uenerabilium fratrum nostrorum et uicariorum aut officialium litteras (eis et subditis suis seu
15 in dominio ipsorum consistentibus) iustitie deferentes, nedum capiunt, immo interimunt, uulnerant et atrociter uerberant, | ac precepta suis subditis faciunt de interficiendis eisdem, in Dei offensam notoriam et ipsorum grande periculum animarum. Quapropter nos archiepiscopus predictus, prout decet et expedit talia attemptantes
20 (qui ipso iure, tamquam impedientes iurisdictionem ecclesiasticam, excommunicati exsistunt) congruis remediis ab huiusmodi ausibus retrahere et ad Dei semitam reducere cupientes, sacro approbante concilio, statuimus quod si talia et tam nefanda crimina, quod absit, per aliquem ducem, marchionem, comitem, uicecomitem,
25 nobilem, baronem, militem, ciuem burgensem generosum uel non generosum, et officiales eorum, consules, paciarios ciuitatum uel uillarum, castrorum et locorum temporale dominium obtinentes uel aliquem eius loco in nostra prouincia Tarraconensi commissa de cetero fuerint, omnia loca, castra seu uille committentium huiusmodi
30 facinus in diocesi in qua commissum fuerit constituta ipso facto sint supposita ecclesiastico interdicto. Quod quidem interdictum in ecclesiis cathedralibus et propinquioribus circumuecinis ecclesiis, si commode alibi denuntiari non possit, sufficiat publicari, et processus necessarius fieri in eisdem[1].

---

[1] **c.21** Conc.prov. Tarragona 1357 c.7 (TR 6.79).

c.21 3 iuris] intus E   5 grauis E   4-9 Quamquam — nonnulli *texto oscuro
en* E, *también en* TR   15 nedum] nondum E   16 (fol.11r) E   28 eius]
eis E   29 committentium] committentes E   33 possit] possunt E

[53]　22.　*Et sequens constitutio fuit edita per reuerendum*
dominum fratrem Sanctium, archiepiscopum Tarraconen-
sem, in iiij. concilio per eum celebrato, xx. mensis martii,
anno Domini m.ccc.luij. Quod excommunicati per consti-
5　　　　　*tutiones contra inuasores non possint absolui ad cautelam*

Naturalis dictat ratio ac experientia manifestat quod nouis morbis noua conuenit antidota preparari. Cumque aliquibus citra temporibus nonnulli excommunicati auctoritate sacrorum conciliorum
Tarraconensium contra inuasores, raptores et depredatores homi-
10　num ecclesiarum, rerum ecclesiasticarum, locorum religiosorum
salubriter promulgatarum munus absolutionis ad cautelam obtinere nitantur, quod numquam uel raro fieri consueuit, approbatione
eiusdem sacri concilii, hoc fieri prohibemus, statuentes quod si de
facto fuerint absoluti, non ualeat absolutio sic obtenta[1].

[54]　23.　*Contra dominos temporales qui clericos uaniunt uel*
expellunt de terra sua

Ceterum, quia fide dignorum relatu percipimus quod nonnulli
dominium temporale obtinentes in ciuitatibus, locis, castris et uillis
5　infra prouinciam Tarraconensem, illudentes ecclesiastice libertati,
presbyteros et clericos simpliciter tonsuratos uel etiam coniugatos
et personas alias ecclesiasticas, si coram eisdem dominis uel officialibus allegant tonsuram uel quod gaudere, cum casus occurrit, uolunt
priuilegio clericali, uel si pecunia | eis data uel mutuata non fuerit,
10　quam nituntur a dictis presbyteris uel clericis exigere exquisitis coloribus et figmentis, uel quia dicunt eos habere suspectos, seu alias
pro libitu uoluntatis de dictis ciuitatibus, castris et locis et uillis et
ipsorum dominio de facto expellunt uel expelli faciunt, uaniunt uel
uaniri faciunt. De uoluntate et assensu sacri concilii, ordinamus ut
contra dominos, uicarios, officiales seu baiulos dictorum domino-
15　rum et alios talia facientes, qui in premissis uel aliquo premissorum
delinquerint uel ratum habuerint procedatur per constitutiones sacrorum conciliorum Tarraconensium editas contra inuasores, raptores et depredatores hominum ecclesiarum et locorum religiosorum
per nos et suffraganeos nostros, et uicarios et officiales nostros et ip-
20　sorum, prout in aliis casibus sit hactenus in Tarraconensi prouincia
fieri consuetum, prefatas constitutiones contra talia impie attemp-

---

[1]　**c.22** Conc.prov. Tarragona 1357 c.8 (TR 6.79).

c.22　6 dictat] dicat E　　　11 munus] minus E
c.23　9 (fol.11v) E　　　mutuata] mutata E　　　10 exigere] uel *ad*.E　　　12 li-
bitus E　　　20 sit] sint E

tantes et dantes eis in hoc consilium, auxilium uel fauorem, quos uolumus penis et censuris dictarum constitutionum ipso facto ligari penitus excedentes.

[55] 24. *Ne domini temporales se intromittant de notariis, nec de regimine notarie ad ecclesiam pertinente*

Item, quia nonnulli domini temporales, baiuli uel officiales eorum in locis in quibus scribanie sunt et fuerunt hactenus ecclesia-
5 rum, ab aliquibus citra temporibus, postquam iurisdictionem dictorum locorum ciuilem uel criminalem iidem domini temporales emerunt, iura ad dictas ecclesias, scribanias uel rectores ipsarum uel ad alias personas ecclesiasticas, ratione instrumentorum et aliarum scripturarum pertinentia, in fraudem et detrimentum predictorum
10 rectorum et ecclesiarum uel aliarum personarum ecclesiasticarum permittunt seu usurpare nituntur, faciendo <in> registris suis uel suorum officialium scribi inuentaria, contractus et alia de quibus erant per dictos rectores seu eorum uicarios uel alias personas ecclesiasticas instrumenta publica facienda. Propter quod euidenter
15 diminuti fuerunt et diminuuntur reditus, prouentus et emolumenta ad dictos rectores et ecclesias et personas ecclesiasticas alias pertinentes. Talia deinceps, sub excommunicationis anathemate (quam contrarium faciens ipso facto incurrat), fieri prohibemus, a qua absolui nequeat donec de damnis eisdem ecclesiis et rectoribus, ad
20 arbitrium diocesanorum huiusmodi usurpantis, uicarii generalis uel officialis principalis ipsius, fuerit plenarie satisfactum. Sciantque prefati domini temporales, baiuli uel officiales predicti se ad restitutionem dam|norum iam per eos illatorum eisdem ecclesiis et rectoribus teneri, si diuinam euitare cupiunt ultionem[1].

[56] 25. *Quod nullus notarius audeat recipere instrumenta uel contractus in aliena parochia, nisi de licentia illius cuius scribania fuerit, de qua constet*

Cum nullus in alienam segetem debeat ponere falcem suam, ap-
5 probatione huius sacri concilii, quoscumque notarios uel scribas publicos, qui in locis in quibus notarie seu scribanie ad prelatos, abbates, ecclesias uel rectores earumdem aut ad alias ecclesiasticas personas pertinent, instrumenta uel quoscumque alios contractus deinceps receperint, excommunicationis uinculo innodamus, nisi ea fecerint

---

[1] **c.24** Conc.prov. Tarragona 1367 c.5 (TR 6.84).

c.24 11 in *om.*E   18 prohibemus] quorum *ad.*E   23 (fol.12r) E

10   de expressa licentia, de qua apparuerint eorumdem instrumenta, et
      alia sic confecta careant roboris firmitate. Nostre tamen intentionis
      exsistit quod notarii archiepiscopi et uenerabilium suffraganeorum
      nostrorum et capitulorum ecclesiarum etiam cathedralium in locis
      predictis utantur prout et hactenus est fieri consuetum[1].

      [57] 26. *Contrahentes inducentes rectorem uel uicarium no-*
             tarium ut in alia parochia in fraudem recipiant instru-
             menta excommunicationis sententiam incurrunt

          Quia fraus et dolus nulli debent patrocinium impertiri, statui-
5   mus quod contrahentes alicuius parochie aut abbatum seu aliarum
      personarum ecclesiasticarum, ad quas seu quem competit publica
      conficere instrumenta uel alios quoscumque contractus seu obli-
      gationes recipere, ad conficiendum instrumenta per rectorem uel
      alium quemcumque notarium ut in alia parochia predicta instru-
10   menta recipiant non inducant, excommunicationis sententiam ipso
      facto, si secus actum exstiterit, incursuri. A qua nullatenus absol-
      uantur nisi ecclesie, rectori uel damnum passo de salario quod erat
      eidem debitum, si instrumenta uel contractus huiusmodi recepisset,
      fuerit plenarie satisfactum[1].

      [58] 27. *Quomodo debeant presentari littere mittende contra*
             excommunicatos

          Quia malitia delinquentium succrecente, cum per prelatos, ui-
      carios uel officiales eorum ex officio uel ad partis instantiam, per
5   constitutiones sacrorum conciliorum Tarraconensium contra eos
      proceditur, talis processus per delinquentes seu inuasores huiusmo-
      di, presertim potentes, pluries impeditur, qui exquisitis fraudibus
      nuntios ad eos portantes litteras ut coram ipsis prelatis, uicariis et
      officialibus compareant uel procedant, interimunt, rapiunt uel alias
10   faciunt et procurant quod huiusmodi littere ad eorum | notitiam
      nequeant peruenire. Statuimus quod in predictis casibus et etiam si
      sine periculo uel scandalo uerisimili nuntiorum easdem deferentium
      commode premisse littere illis contra quos emanauerint presentari
      non possent, litteras que talibus delinquentibus seu inuasoribus di-
15   riguntur, in duabus parochiis circumuicinis ipsarum ecclesiarum
      rectoribus sufficiat presentari, quibus per dictos rectores in suis

---

[1] **c.25** Conc.prov. Tarragona 1367 c.6 (TR 6.84).
[1] **c.26** Conc.prov. Tarragona 1367 c.8 (TR 6.85).

c.25 12 notarii] nostri E
c.27 10 (fol.12v) E

ecclesiis publice lectis, perinde illi quibus littere diriguntur parere contentis in litteris teneantur, ac si eedem littere essent eisdem
delinquentibus uel inuasoribus presentate, et sic consequenter in
20 negotio seu causa procedatur.

[59]   28.   *Contra iudices seculares et uniuersitates qui compu-*
lerint clericos ad contribuendum in questis et talliis

Item, cum nonnulli domini temporales et uniuersitates ciuitatum, uillarum et castrorum ac locorum, et iudices et alie perso-
5 ne seculares compellant clericos per amparam et pignorationes et
uenditiones censualium bonorum et iurium beneficiorum et alias
<ad> contribuendum et soluendum in peitis, talliis et aliis exactio-
nibus impositis seu indictis per eosdem. Et in casu quo in illis uel
aliquibus eorum <casibus> soluere et contribuere tenerentur, non
10 tamen per eos sunt de iure compellendi, sed per eorum iudicem
ecclesiasticum competentem. Ideo, sacro concilio approbante, statuimus quod si predicti domini et alii superius nominati compulerint
seu cogerint directe uel indirecte clericos beneficiatos uel in sacris ordinibus constitutos aut quoscumque religiosos ad contribuendum et
15 soluendum in peitis, questis, talliis et aliis exactionibus supra dictis,
excommunicationis sententiam incurrant ipso facto, si autem uniuersitates dictam compulsionem fecerint seu fieri fecerint, eo ipso subiaceant ecclesiastico interdicto. A qua quidem excommunicatione non
absoluantur, nec dictum interdictum relaxetur donec dictam compul-
20 sionem reuocauerint et de damnis satisfecerint plenarie et expensis[1].

[60]   29.   *Declaratio contra 'Statuentes' constitutionis 'Ad re-*
primendam'[1]

Quoniam <aliqui> curiosi disceptantes de hiis que non multum
expediunt[2], et plura sapere quam oporteat[3], contra doctrinam Apos-
5 toli, appetentes, in dubitationem sollicitam uertere dignoscuntur
quod a nostris predecessoribus prouide noscitur statutum in constitutione incipiente 'Ad reprimendam', § 'Statuentes'[4], et a summis
pontificibus confirmatum, an nos et officiales nostri Tarraconenses

---

[1] **c.28** Conc.prov. Tarragona 1369 c.8 (TR 6.88-89).
[1] **c.29** Supra c.15, [29-30] de estas constituciones.
[2] Eclo 37,31; 1 Cor 6,12; 10,22.
[3] Rom 12,3.
[4] Supra [29] y [30] de estas constituciones.

17-18 parere] aparere E
c.28 7 ad *om.*E   9 earum E   casibus *om.*E
c.29 3 aliqui *om.*E

requisiti per to|tam prouinciam obseruare et obseruari facere ualea-
10 mus constitutiones \<per\> predecessores nostros editas contra raptores, inuasores personarum ecclesiasticarum, rerum ac bonorum,
et hominum eorumdem diffidatores, damnificatores personarum ac
bonorum Ecclesie, factores et defensores raptorum et damnificantium predictorum. Nos, sacro concilio requirente \<et\> unanimiter
15 approbante, cupientes hesitationis materiam amputare, declaramus
quascumque constitutiones a predecessoribus nostris editas contra
dictos raptores, inuasores personarum ecclesiasticarum, rerum ac
bonorum, et hominum eorumdem diffidatores, damnificatores, receptores raptorum ac damnificantium predictorum, nos et officialis
20 noster Tarraconensis, qui nunc sumus et pro tempore fuerint, per
quemcumque de prouincia et quotienscumque fuerimus requisiti
contra quemlibet de prouincia et qui infra eamdem dicta crimina
commiserunt seu quomodolibet delinquerint, etiam absque requisitione et ex officio pro nobis et ecclesia Tarraconensi ac canonicis
25 eiusdem, nostris et ipsorum familiaribus quibuscumque possimus
libere per totam Tarraconensem prouinciam obseruare et facere obseruari, et secundum earum formam contra predictos in qualibet
diocesi suffraganeorum nostrorum, et contra eorum subditos et ad
eorum requisitionem et pro dictis delictis ibidem perpetratis proce-
30 dere et procedi facere super eis. **[61]** Et super hiis nostri suffraganei
et eorum officiales ac ipsorum subditi teneantur nobis seu officiali
nostro nostrisque successoribus et eorum officialibus obedire, nedum pro committendis in futurum contra constitutiones predictas,
immo pro hiis que contra eas sunt etiam iam commissa, officiales et
35 subditos dictorum suffraganeorum, sacro approbante concilio, si in
premissis impedimentum prestiterint, excommunicationis sententia
innodantes, a qua nisi per nos uel officialem nostrum beneficium
absolutionis nequeant obtinere. Nulli ergo liceat declarationem
huiusmodi interpretari, restringere uel arctare, si excommunica-
40 tionis sententiam, approbante concilio, per nos latam contra huius
antiqui statuti declarationem hesitantes, in dubium uertentes seu
etiam restringentes, cupiant euitare⁵.

[62] 30. *Modus procedendi contra detinentes clericos*

Iustum quidem decernimus et necessitate compellimur nos En-
necus, miseratione diuina sancte Tarraconensis ecclesie archiepis-

---

⁵ Conc.prov. Tarragona 1391 c.12 (TR 6.93-94).

9 (fol.13r) E   10 per *om.* D   14 et *om.* E   31 ipsorum] episcoporum E
36 impedimento E
c.30 2 (fol.13v) E

copus, prouinciale concilium celebrantes, quod in hiis que sunt
5 salubriter prouisa, si declaratione uel additione indigeant, prout
experientia docuerit debite prouisionis <remedium> apponamus.
Cum itaque in modo procedendi uigore constitutionum prouincialium de inuasoribus contra delinquentes, in eis per nos, approbatione sacri concilii edito, sit prouisum quod contra detinentem notorie
10 clericum uel monachum, fratrem minorem uel huiusmodi similem
habitum regularem gestantem, si requisitus eum restituere noluerit
sine aliqua informatione pene dictarum constitutionum contra eum
declarentur, et de capto non notorie clerico recipiatur informatio
summaria, si est clericus gaudens priuilegio clericali, contra deti-
15 nentem procedatur iuxta tenorem decretalis 'Si iudex' De sententia
excommunicationis, libro VI[1]. Adicimus, sacri concilii approbatione, et declaramus quod si per dictam informationem constiterit
talem captum esse clericum gaudentem priuilegio clericali, contra
detentorem eiusdem procedatur ad declarationem dictarum consti-
20 tutionum, uti de notorio clerico est prouisum[2].

[**63**] 31. *<Item, de eodem>*

Item, cum in constitutione per bone memorie Petrum, archiepiscopum Tarraconensem, predecessorem nostrum, edita, incipiente 'Olim excommunicasse recolimus'[1] caueatur quod quando
5 principales malefactores, inuasores et raptores rerum et bonorum
ecclesiarum et hominum ac locorum eorum fuerint in aliqua ciuitate uel uilla, in eorum presentia cessetur penitus a diuinis. Et sepe
acciderit quod quidam domini ciuitatum et uillarum huiusmodi,
et eorum officiales, eorum qui depredati sunt damna non sentien-
10 tes, et ipsorum et Ecclesie iniurias pro nihilo habentes, malefactores predictos multo tempore sustinuerunt (quandoque in odium
ecclesiarum et dammna passorum predictorum), ex quo delictorum eorumdem esse uidentur participes et consortes. Adicimus et
sancimus quod si dominis ciuitatis, uille, castri aut loci in quibus
15 malefactores fuerint receptati, uel eorum officialibus constiterit tales malefactores in eis fuisse per octo dies, nisi eosdem a suis ciuitatibus, castris, uillis uel locis infra decem dies —post dictos octo
dies immediate sequuturos—, requisiti non eiecerint cum effectu,

---

[1] **c.30** In VI 5.11.12.
[2] Conc.prov. Tarragona 1400 c.4 (TR 6.99).
[1] **c.31** Conc. prov. Tarragona 1246 c.3 (Pons Guri 62-63); supra [6-8] de la presente compilación.

---

6 remedium *om.*E   11 si] sit E   restituere] quod si *ad.*E
c.31 1 Item de eodem *om.*E   14 dominis] domini E

ita quod amplius ad ipsos uel ipsa uel iurisdictiones eorum non
20 redeant, tales domini et eorum officiales simili sint excommunicatione ligati, et in eorum presentia et in fautoribus et receptatoribus
cessetur penitus a diuinis. [64] Ab hac autem pena tantum exclu-
dimus dominum regem et | dominam reginam et eorum primoge-
nitum et suam uxorem².

[65] 32. <*Quod officiales seculares prouincie Tarraconensis
iurisdictionem ecclesiasticam callida fraude non occupent*>

Quoniam officiales seculares prouincie Tarraconensis priuile-
5 gium clericis coniugatis a sacris canonibus indultum (quod pro excessibus seu delictis per eos commissis, seu de quibus delati fuerint,
in personis et bonis de ecclesiastici iudicis foro exsistunt), eis au-
ferre et ecclesiasticam iurisdictionem sibi usurpare callida fraude,
ut percipimus, cupientes, priuilegium predictum quoad personas
10 dictorum clericorum restringunt, bona uero eorumdem esse asserunt —licet ficte— de foro seculari, et hiis non contenti, multotiens dictos clericos, in odium ecclesiastice iurisdictionis, capiunt
et eorum bona occupant etiam de facto. Et cum ex hiis per ecclesiasticum iudicem proceditur contra eos pro dictorum bonorum
15 restitutione, respondent et excipiunt, contra ueritatem, quod dicta
bona non capiunt ratione delicti, sed eo quia asserunt dominii esse
temporalis, et quod dominus temporalis uult quod ipsa bona capiantur et occupentur per eosdem. [66] Nos autem, huic pernitio-
so abusui obuiare, et ecclesiastice iurisdictioni, ut illibata persistat,
20 prouidere debito remedio cupientes, approbante sacro concilio,
excommunicamus quoscumque officiales et personas, quacumque
auctoritate uel potestate fungantur, talia attemptantes, et contra ipsos et ipsas uelut inuasores et occupatores rerum et bonorum ac
iurium Ecclesie, prout reuera exsistunt, procedi uolumus et penas
25 constitutionum de inuasoribus in eis discernimus locum habere et
esse seruandas¹.

---

² Conc.prov. Tarragona 1400 c.5 (TR 6.99-100).
¹ **c.32** Conc.prov. Tarragona 1400 c.6 (TR 6.100).

---

23 (fol.14r) E
c.32 1-3 Quod — occupent *om.* E   9 quoad] quod ad E   10 restringuntur E
16 dominii] domini *mal* E   23 uelut] uera ut E

[67] 33. *Propter diffidantes personas ecclesiasticas, si infra decem dies post monitionem non reuocauerint, cessari debet a diuinis*

Quoniam ex penis in constitutione incipiente 'Predecesso-
5 rum, etc.'[1] impositis contra diffidantes seu acuydantes prelatos uel alias personas ecclesiasticas in dicta constitutione contentas, propter temporis malitiam et multorum, pro dolor !, prauitatem prefato morbo, ut deceret, non est usquequaque prouisum quominus, Dei timore et penis prefatis postpositis et spretis, nonnulli diffi-
10 dare seu acuydare personas ecclesiasticas in prefata constitutione contentas, et dictis diffidantibus dare consilium, auxilium uel fauorem nullatenus uereantur. Idcirco quia crescente contumacia, debet crescere ipsa pena, adiciendo statuimus quod si post monitionem factam personaliter uel publice in ecclesia ubi domicilium
15 habuerint diffidantes seu acuydantes prefati per rectorem uel uel eius locum tenentem uel alium loco sui, de mandato prelati ipsius rectoris | uel officialis eiusdem, infra decem dierum spatium prefata acuydamenta seu diffidamenta non reuocauerint cum effectu, ex tunc in ecclesiis ciuitatum, uillarum uel locorum quamdiu pre-
20 fati diffidantes seu acuydantes fuerint presentes, cessetur penitus a diuinis, uti cessatur seu cessari debet in presentia inuasorum, raptorum et depredatorum hominum ecclesiaticorum seu ecclesiarum et rerum ecclesiasticarum locorum religiosorum, aliis penis in prefata constitutione contentis in suo robore duraturis[2].

[68] 34. *Forma seruanda in processibus qui fient in abbatiatu Agerensi, ad instar sacrarum constitutionum sacrorum conciliorum Tarraconensium contra inuasores, prout fuit conclusum in sacro concilio celebrato per dominum Enne-*
5 *cum de Valterra, archiepiscopum, v. kalendas aprilis, anno Domini m.ccc.xcj.*

Veniet ad iudicium damnum passus, et in scriptis, coram officiali principali uel, in eius absentia, coram uice gerente suam querelam proponet, in qua continebitur quod talis uel tales raubaue-
10 runt uel inuaserunt rem ecclesie uiolenter, uel contra ecclesiasticam libertatem fecerunt, et sic de aliis, secundum quod continetur in

---

[1] **c.33** Conc.prov. Tarragona 1324 c.1 (Pons Guri 133; TR 3.519) y Conc.prov. Tarragona 1330 c.59 (Pons Guri 175-176, TR 3.542 c. 60); supra c.12 [25] de la presente compilación.
[2] Conc.prov. Tarragona 1395 c.4 (TR 6.96).

c.33 17 (fol.14v) E

constitutionibus sacrorum conciliorum Tarraconensium de inuasoribus, dicentibus contra inuasores summarie, breuiter et de pla-
no et absque litis contestatione procedi. Et in fine ipsius querele
15 proponat seu offerat stare iuri cuicumque, obligandoque bona sui
principalis, si interuenerit in ipsa causa procurator. Nec erit necesse
dare firmantias seu facere alias obligationes. [69] Iudex autem, recepta et retenta querela, scitet illico, uel saltem quomodo poterit,
ipsum malefactorem et fautores. Iuxta proposita in querela, scisciat
20 ubi moram faciant seu personaliter exsistant, ac si scitare commode
possit. Et sic ipsam querelam per sagionem seu nuntium iuratum
curie transmittat, uel absque copia ipsius querele, sed causa expressa; tamen si <citatus> ueniat et copiam ipsius querele petat, est sibi
danda. Nec est necesse quod citator eumdem malefactorem perso-
25 naliter apprehendat postquam sic fuerit citatus. Addendoque in fine
querele ac in eadem littera sibi dicat expresse quod restituat talem
rem, si quam recepit seu de facto occupauit, uel restituat talem in
sua possessione uel libertate ecclesiastica, uel hominem ecclesie, si
captum detineat, uel talia bona, si sunt mobilia, que dicitur uiolen-
30 ter recepisse seu occupasse, una cum omnibus dam|nis, interesse ac
expensis quas et que fecit ac sustinuit pars ipsa conquerens, uel tali
die compareat coram eodem, iustas causas, si quas habet, positurus
et ostensurus. Alias quod dictus iudex procedet contra dictum malefactorem seu inuasorem per constitutionem sacri concilii Tarraco-
35 nensis, iuxta et secundum petita in prefata querela. [70] Et si dictus
malefactor ueniat et dicat, ac coram ipso iudice proponat, quod iure
facere potuit uel quod impune poterat hoc alias fieri, audiendus est
et in suis probationibus, tam per testes quam per alias probationes,
admittendus est, quas summatim ipse iudex recipere debeat et te-
40 neatur. Et si infra tempus per iudicem assignatum non probaberit
se iuste fecisse, ergo presumitur quod illicite, quare iudex procedat
absque alia iuris sollemnitate tamquam contra malefactorem ad declarandum ipsum incidisse in excommunicationis sententiam et in
alias penas in ipsis constitutionibus contentas, iuxta etiam petita in
45 querela. Si autem simpliciter neget contenta in dicta querela, inter
iudex recipiet suam ex officio informationem, absque alia partis uocatione. Et si sibi constiterit de contentis in ipsa querela, iudex ipse
habeat declarare, sine difficultate quacumque, ipsum malefactorem
incidisse in excommunicationis sententiam et in alias penas consti-
50 tutionum sacri concilii Tarraconensis, iuxta et secundum in predicta
querela petita.

c.34 23 citatus *om.*E   24 citator] citatio E   30 (fol.15r) E
43 in²] cum E

[71] Si autem non uult coram eo in auditorio comparere uel
iustas causas, si quas habeat, ad sui defensionem proponere, uel non
inuenitur, quia forte cum preda recessit uel est extra terram, uel
55 commode etiam citari non potest, et damnum passus, qui spoliatus
est, fraudaretur, cum afflicto non sit danda afflictio, quod esset si talis malefactor exspectaretur, tunc dictus iudex habeat in continenti
uel statim quando commode poterit, summariam informationem
super dicta querela oblata recipere, etiam parte contraria non uoca-
60 ta. Tamen faciat iudex ipse hoc casu ut merus exsecutor. Et si non
requierit iudiciarium ordinem obseruari, etiam de iure communi et
si inuenerit ita fore, debet iudex citare ipsum malefactorem ad audiendam declarationem dumtaxat. Qui si non ueniat, in eius contumaciam declarationem faciat declarando eumdem excommunica-
65 tum ac incidisse in excommunicationis sententiam et in alias penas,
iuxta et secundum formam et tenorem constitutionum sacri concilii
Tarraconensis. Et illico mandet litteras fieri rectoribus ecclesiarum,
etc., et specialiter illi rectori illius paro|chie in qua dictus malefac-
tor audire consueuit diuina ac de cuius est parochia, ut quamdiu
70 sit presens ipse malefactor uel eius preda in illa parochia cessetur
penitus a diuinis, et deinde per totam prouinciam Tarraconensem.
Et inseratur causa quare hoc facit ipse iudex in littera seu litteris
predictis. Et numquam est absoluendus ab excommunicationis sententia dictus malefactor donec plenarie satisfecerit damnum passis
75 de omnibus damnis, iniuriis et interesse ac expensis, nec est admit-
tenda eius appellatio, si talis de facto appellet, immo iudex apostolos negatiuos tradere teneatur, neque absoluatur etiam ad cautelam,
cum in facto dictarum constitutionum non habeat locum absolutio
ad cautelam[1]. Et hoc contra minores personas.
80 [72] Si autem persona illa que dicitur raptor sit potens, utputa
nobilis uel baro uel dominus illius loci, uel tenens officium procuratoris pro aliquo domino temporali uel uicarie seu baiulie, uel
cum eo faciat partem uniuersitas alicuius ciuitatis, uille uel loci in
quo informatio habeat recipi et illius loci habitatores testificari, ne
85 per talium personarum potentiam facti ueritas ualeat occultari uel
probatio debita impediri si scirent per citationes talem processum
constitutionum predictarum fieri, ante aliquam citationem recipiatur informatio super querela oblata, qua informatione recepta, si
per illam constet de contentis et assertis in eadem, citetur inuasor
90 seu malefactor sub tali forma: Cum constet nobis de predictis per
summariam informationem, etc., requirimus et monemus quatenus

---

[1] **c.34** Conc.prov. Tarragona 1357 c.8 (TR 6.79), y [33] de la presente compilación.

---

52 auditorio] iuditio E   67 mandet] mandare E   68 (fol.15v) E

infra talem terminum sex uel decem dierum (secundum locorum distantiam), quem peremptorie assignamus, restituatis rapta, etc., uel conueniatis amicabiliter, etc., uel dicta die coram nobis in iudi-
95 cio compareatis, causas iustas, si quas habetis, propositurus et ostensurus, alioquin lapso dicto termino procedemus ad declarationem excommunicationis sententie ac penarum in dictis constitutionibus sacri concilii Tarraconensis contentarum, iuxta petita in querela. Verumtamen, si sine periculo uel damno uerisimili nuntiorum eas-
100 dem litteras deferentium, commode predicte littere illis personis presentari non possent seu poterint, que talibus delinquentibus seu inuasoribus diriguntur, in duabus parochiis circumuicinis ipsarum ecclesiarum rectoribus sufficiat presentari². Et si dictus malefactor sic citatus et monitus uenerit in termino assigna|to et petit copiam
105 de contentis in querela, detur sibi copia de querela, non autem de attestationibus iam receptis, et audiuntur defensiones ut supra in casu premisso, quas si non habuerit uel minus iustas, fiat declarario ut supra. Si uero malefactor uenire in termino assignato contempserit uel alias adimplere contenta <in> litteris predictis ipsius iudicis,
110 reputabitur contumax et in eius contumacia procedetur ad declarationem, etc.

[73] Si autem requiratur procedi ad liberationem persone ecclesiastice, que capta detinetur, distinguitur, quia aut est notorium quod ille qui captus detinetur est clericus gaudens priuile-
115 gio clericali, ut quia notorie canonicus uel presbyter uel in sacris ordinibus constitutus. Tunc in prouiso casu, ex quo de captione constat et requisitus restituere noluerit, sine aliqua citatione declarantur pene dictarum constitutionum, etc., et idem si est persona ecclesiastica notorie, ut quia monachus, frater minor, huiusmodi
120 similes habitum regularem publice deferentes³. Si autem non sit notorium captum fore clericum gaudentem priuilegio clericali, et in hoc casu recipitur informatio summaria si est clericus gaudens priuilegio clericali, et proceditur attentis serie et tenore decretalis 'Si iudex laicus', libro Sexto, De sententia excommunicationis⁴. Et
125 dictus processus debet remanere penes ordinarium, qui aggrauare poterit participantes cum eodem malefactore trina monitione in ipsa parochia per tres dies dominicos uel festiuos publice facta, post quas denuntiationes, si qui tales denuntiatos excommunicatos in suis domibus uel hospitiis ad habitandum receperint uel

---

² Supra [38] de la presente compilación.
³ Conc.prov. Tarragona 1400 c.4 (TR 6.99), supra [62] de la presente compilación.
⁴ In VI 5.11.12; supra [62].

130 receptos sustinuerint, tales receptatores uel sustinentes iudex ipse
etiam denuntiet seu denuntiari faciat publice in ecclesiis excommunicatos, cum ipso facto inciderint in excommunicationem contra premissa faciendo[5], quos excommunicatos denuntiare tenetur
iudex etiam ex officio, absque cuiusquam requisitione, usque ad
135 satisfactionem congruam, prout hec et alia in prefatis constitutionibus latius continetur.

[74] Et de tali processu faciendo nihil debet recipere uel habere iudex, nisi solum expensas, si contingat ipsum iudicem extra ciuitatem, uillam uel locum ubi habitat exire et circa premissa
140 intendere uel uacare. Sed notarius de scripturis debet seu potest
salarium temperatum habere, ut in dictis constitutionibus plenius
habetur.

[75] 35. *Constitutiones edite in concilio primo prouinciali*
Tarraconensi, celebrato Barcinone per illustrissimum et
reuerendissimum dominum Petrum de Cardona, sanc-
te ecclesie Tarraconensis archiepiscopum[1]. *<Aggrauantur*
5 *constitutiones contra inuasores et depredatores hominum*
ac rerum ecclesiarum>

Licet per multas laudabiles constitutiones fuerit statutum et
prouisum, sub certis penis et censuris, aduersus diffidantes uel acuydantes, seu diffidari et acuydari facientes uel procurantes aut in
10 hoc consilium, auxilium uel fauorem dantes, et etiam guerram,
absque diffidamento, facientes contra archiepiscopum, episcopum
uel eorum officiales uel prelatum aut religiosum uel alium clericum beneficiatum uel in sacris ordinibus constitutum, uel contra
homines uel loca eorumdem, et signanter circa sacerdotes inuenia-
15 tur latius prouisum per constitutionem incipientem 'Predecessorum nostrorum, qui damnauerunt'[2], et per aliam incipientem 'Ad
reprimendam peruersorum'[3], et aliam incipientem 'Quoniam ex

---

[5] Concilio III de Tarragona de los presididos por el patriarca Juan de Alejandría,
(tal vez en el año 1332) c.2 (TR 3.554-556); supra c.16 [31-34], especialente el
[32], de la presente compilación.
[1] c.35 Se trata del concilio que Pedro Folch de Cardona, arzobispo de Tarragona,
celebró en Barcelona el 30 de junio de 1517.
[2] Conc.prov. Tarragona 1324 c.1 (Pons Guri 133; TR 3.519) y Conc.prov.Ta-
rragona 1330 c.59 (Pons Guri 175-176), y supra c.12.[25] de la presente compilación.
[3] Concilio III de Tarragona de los presididos por el patriarca Juan de Alejandría,
(tal vez en el año 1332) c.1 (TR 3.553-554), y supra c.15.[29-30] de la presente
compilación.

---

c.35 1 (fol.16v) E   4-6 Aggrauantur — ecclesiarum *om.*E

penis'[4]. Verumtamen, attendentes hominum excrescente malitia,
id experientia docente, premissa parum attendi, nec penas et cen-
20 suras formidari, sed potius negligi et paruipendi, ut igitur audacia
peruersorum reprimi ualeat et similia committendi omnis occasio
auferatur, premissas et alias constitutiones super huiusmodi disponentes presentis auctoritate concilii approbantes et ampliantes,
statuimus etiam et ordinamus ut qui in dictas commiserit consti-
25 tutiones, ultra dictas penas et censuras in ipsis contentas et in eas
inflictas, ipso facto cessent ecclesie penitus a diuinis, et interdictum ubicumque sic dicti malefactores moram traxerint obseruetur,
iuxta mentem, seriem et tenorem constitutionum contra inuasores, raptores et malefactores ecclesiarum et clericorum editarum.
30 Et constito summarie de eorum maleficio, statim, absque aliqua
monitione et citatione, procedant et procedi possint <ad> declarationem dictarum penarum excommunicationis et interdicti et ad
obseruationem earumdem, non obstante monitione decem dierum
uel alia per alias constitutiones requisita. Et contra tales secundum
35 formam et modum procedendi contra inuasores et malefactores
ecclesiarum et clericorum, tamquam contra potentes uel a notorio procedi posse, ad libitum ordinariorum uel ex officio uel ad
instantiam partis. **[76]** Si tales malefactores clerici seculares fuerint
in sacris ordinibus constituti uel beneficiati seu religiosi, ultra in-
40 cursionem penarum et censurarum predictarum, ab exsecutione
sacrorum ordinum et pro tempore fructuum suorum beneficiorum
exsistant eo ipso priuati, donec absolutionem a suo superiore meruerint obtinere.

[77] 36.   *<Qui uiolentas manus contra clericos iniecerint>*

Item, cum iure disponente omnes illi qui uiolentas manus iniecerint contra clericos in sacris ordinibus constitutos, beneficiatos
seu religiosos ligentur censuris ipso facto[1], necnon de iure diuino
5 sit dispositum quod predicti non sunt tangendi[2] preter ipsorum uoluntatem, approbantes constitutiones circa ea disponentes, de nouo,
sacro concilio approbante, decernimus (ut remoueatur omne du-

---

[4] Conc.prov. Tarragona 1395 c.4 (TR 6.96), y supra c.33.[67] de la presente compilación.
[1] **c.36** C.3 q.5 c.13; C.6 q.1 c.8, 17; C.17 q.4 c.19, 22-15, 27-29; C.24 q.3 c.22;
X 2.18.13; X 3.1.9; X 3.28.14; X 5.31.18; X 5.38.2; X 5.39.1-3, 5-11, 13-19,
22-27, 29, 32-33, 50, 54, 58; In VI 2.14.2; In VI 5.9.5; In VI 5.11.15, 21, 23;
Clem.5.8.2; Extravag.com.5.9.3, 5.
[2] Sal 104,15; 1 Par 16,22.

---

31 ad *om.* E
c.36 1 Qui — iniecerint *om.* E   2 (fol.17r) E

bium quod hucusque per aliquos suscitabatur super iniuria seu uer-
beratione atrociter facta in personis clericorum et beneficiatorum et
10 religiosorum) <et> declaramus omnes illi qui ex proposito uiolentas
manus iniecerint quoquo modo in personis ipsorum clericorum et
religiosorum in sacris ordinibus constitutis seu beneficiatis uel religiosorum (!) sint excommunicati, et procedi ualeat et possit contra ipsos per querelam constitutionum sacri concilii Tarraconensis
15 editarum, tamquam contra inuasores <et> raptores, iuxta mentem,
tenorem et seriem ipsarum, et in ipsorum presentia cessandum a
diuinis, prout dicte constitutiones discernunt et modus procedendi
se habet.

[78] 37. *<Contra laicos qui ecclesias et beneficia occupant uel
Saracenis tradunt>*

Quamuis a predecessoribus nostris fuerit prouisum per constitutiones editas contra laicos, ecclesias sub colore iuris patronatus
5 (quod in eis habere se asserunt) uel alias occupantes, et etiam contra
clericos seculares et regulares qui per potentiam laicorum ecclesias
et beneficia detinent, preter et contra uoluntatem ordinariorum
sub penis et censuris. Verumtamen, ut experientia docet, que magistra omnium rerum exsistit, dicti laici, non obstantibus dictis
10 censuris et constitutionibus, faciunt, quod est peius, dictas ecclesias
et beneficia detineri per Saracenos seu quascumque alias personas,
tam ecclesiasticas quam seculares, fructusque ipsarum ecclesiarum
et beneficiorum asportari faciunt per predictos. Et quod non sit
dubium tam predicti quam mandantes, consentientes, facientes et
15 fieri facientes, et in hiis dantes consilium, auxilium uel fauorem sint
excommunicati. Ad reprimendam audaciam et temeritatem hominum predictorum, adicimus et de nouo, sacro approbante concilio, statuimus contra talia facientes (cuiuscumque gradus, prehe-
minentie, dignitatis seu condicionis exsistant, etiam si sint domini
20 temporales et potentes), mandantes, dantes consilium, auxilium uel
fauorem, tacite uel occulte facientes, possit et ualeat procedi per
uiam constitutionum sacrorum conciliorum de inuasoribus, et incidant in penis contra inuasores editas, et in ipsorum presentia cessari
debeat a diuinis, seruata procedendi forma in dictis constitutioni-
25 bus tradita super notorio, et etiam in loco, | ciuitate uel uilla ubi
ipsi infideles et Saraceni aut alii predicti fuerint seu preda, cessetur
penitus a diuinis, prout dicte constitutiones de inuasoribus dispo-

10 et *om.* E   15 et *om.* E
c.37 1-2 Contra — tradunt *om.* E   21 occulte] et *ad.* E   25 (fol.17v) E
26 ipsi] episcopi E

nunt. **[79]** Et etiam quod christiani non possint communicare cum
ipsis Saracenis, nec aliquod commercium exercere. Contrarium fa-
30 cientes ipso iure et facto, trina canonica monitione premissa, sint
excommunicati, et cum presenti declaramus ipsos <in excommuni-
cationem> incidisse. Mandantes, eodem sacro concilio approbante,
quod ordinarii locorum seu eorum officiales publicent supra dictos
christianos talia facientes, aggrauando ipsos, prout iuris fuerit, us-
35 que ad inuocationem brachii secularis. **[80]** Et etiam ponere interdictum generale seu speciale in loco et territorio illius domini in quo
delictum fuerit commissum, si dictis ordinariis seu suis officialibus
visum fuerit, donec debitam satisfactionem fecerint de premissis. Et
quod interdictum non possit relaxari simpliciter neque ad cautelam,
40 nisi de consensu ordinariorum et parte satisfacta et contenta, cuius
interest. Et prelati ecclesiarum et presbyteri seu clerici in hiis dantes
consilium, auxilim uel fauorem, seu fieri mandantes et occasione
quorum predicta fuerint perpetrata, seu predicta rata habentes, ipso
iure et facto sint priuati iure, si quid in ipsis ecclesiis et beneficiis eis
45 competat, ultra censuras desuper fulminatas, quas ipso facto et iure
incurrant, et in ipsis locum uolumus uendicare.

> **[81]** 38. *Constitutio edita in ciuitate Ilerde per dominum*
> *regem Petrum antiquum contra perseuerantes in excom-*
> *municatione postquam fuerint denuntiati cum candelis, et*
> *contra interficientes clericos*

5   In Christi nomine. Nos Petrus, Dei gratia rex Aragonum et co-
mes Barcinone, ad honorem sancte matris Ecclesie et fidei catholice
religionis augmentum, et ad multarum precum instantiam dilecti
nostri domini Raymundi, per eamdem <Dei gratiam> uenerabilis
Tarracone archiepiscopi, et omnium episcoporum ceterorumque
10 prelatorum totius terre nostre, statuimus et legem ponimus in perpetuum quod aliquis laicus ab archiepiscopo uel episcopo suo uel
eorum speciali mandato propria culpa sollemniter cum candelis, sicut moris est, excommunicatus, in ipsa excommunicatione ex certa
scientia contumaciter per quatuor menses continuos perstiterit, pe-
15 nam centum solidorum prestare cogatur. Idem fiet per omnes alios
sequentes quatuor menses usque ad unum an|num completum.
Post unum uero annum completum penam predictam teneantur
soluere duplicatam, et tres centos solidos, post illos dictos centum
solidos singulorum quatuor mensium unius anni, cuius quidem pe-
20 cunie totius medietatem accipiat archiepiscopus uel episcopus de

31-32 in excommunicationem *om.* E
c.38 8 Dei gratiam *om.* E   16 (fol.18r) E

cuius iurisdictione fuerit, nisi forte dominum habuerit ipse excommunicatus prelatum uel canonicum ecclesie cathedralis aut uirum religiosum alicuius monasterii, quibus ipsa medietas detur, et alia medietas nobis et nostro erario applicetur. Sitque preterea post an-
25 num ipsum ipse, quamdiu stiterit excommunicatus seu in excommunicatione, ipso iure factus infamis, et a pace et a treuga et nostro ducatu eiectus, nec ad legitimorum uirorum officia uel consilia uel ad aliquos alios actus legitimos aliquatenus admittatur, sit etiam intestabilis, nec ad alicuius hereditatis successionem ualeat accedere
30 unquam. Nullus preterea in iudicio uel extra super quocumque negotio sibi respondeat. Nec possit etiam <esse> iudex nec arbiter nec testis nec aduocatus nec tabellio, nec uicariam nec saxioniam tenere in ciuitate uel extra in parte aliqua dominationis nostre, nec fidelitatem nec homagium, si sit talis persona que uasallos habeat uel
35 habere debeat, possit requirere ullo modo, nec aliqui ipsi teneantur ea prestare quamdiu steterit excommunicatus, quousque absolutionis sit beneficium consecutus. [82] Precipimus quoque et ratum habemus et nihilominus semper habebimus quod ad tanti excessus exsecrationem ab archiepiscopo et episcopis est omnibus constitu-
40 tum, uidelicet ut post euolutionem unius anni non possit absolui nisi a summo pontifice uel eius legato uel eius speciali mandato, nisi positus fuerit in articulo mortis uel laborauerit in extremis. [83] Adicimus preterea quod nullus talibus excommunicatis, postquam in ecclesiis denuntiati fuerint excommunicati, aliquid uendat uel ab
45 eis emat, nec cum eis habitet, comedat uel uiuat, preter personas a canone exemptas, scilicet uxorem et filios et alias quibus per canones conceditur, nec filiam suam eius nuptui quis tradat, nec aliquod commercium uel contractum cum eis celebret uel habeat. Quod si fecerit, in penam dictorum aureorum incidat, quam prestabit nobis
50 et episcopo diuidendam et accipiendam, sicut de pena excommunicationis superius est prouisum. Et ultra, iram et indignationem nostram sentiat et incurrat. Cassum quoque et irritum facimus et haberi uolumus ipso iure, nullo exspectato iudicio uel sententia, quidquid a talibus excommunicatis tempore excommunicationis
55 fuerit actum.

[84] Statuimus quoque et promittimus Deo et uobis, reuerendis|simo Tarracone archiepiscopo et episcopis regni nostri omnibus, quod non sustinemus neque defendemus illos qui in clericos uel religiosos uiros manus uiolentas iniecerint, uel qui eos
60 captos tenuerint, nec ab eis aliquem finem uel compositionem faciemus uel accipiemus quousque de sacrilegio commisso et iniuria uobis et ecclesiis et personis quas lesserint sit plenarie satisfactum

31 esse *om.* E   57 (fol.18v) E

et ab Ecclesia sint absoluti Romana. [85] Idem dicimus et eamdem
penam imponimus et modum pene circa interfectores clericorum.
65 Et quia grauius peccant, addimus ut, satisfacto prius de sacrilegio
ecclesiis uel clericis et episcopis, sine compositione, quam inde non
accipiemus, sicut est premissum dictorum aureorum <summam>
nobis prestare teneantur, pena corporali eis a nobis nihilominus
infligenda, nisi arbitrio episcopi ipsius loci ubi facinus fuerit com-
70 missum fuerit remissa. Et quod fenda (!) et beneficia et alia omnia
que quocumque modo tenuerint uel habuerint ab ecclesiis, libere et
absolute ipsis ecclesiis ad quas spectabant irreuocabiliter, perpetuo
et sine retentione aliqua adquirantur ipso iure, nullo exspectato iudicio uel sententia, mandantes baiulis et uicariis sagionibus nostris
75 quod hoc uobis et ecclesiis uestris in pace tenere et possidere faciant.
Hec tamen omnia supra dicta ita locum habeant quod priuilegiis
clericorum uel ecclesiarum non derogetur, si qua persona ecclesiastica uoluerit uel elegerit magis eis uti.

[86] Datum Ilerde, xij. kalendas aprilis, per manum Ferrarii,
80 notarii nostri, anno dominice incarnationis m.cc.x. Signum Petri,
Dei gratia regis Aragonum, comitis Barcinonensis. Et Auson. episcopus. Signum Petri, Barcinonensis episcopi. Abbas Sancti Johannis. Signum Guillermi Durfortis.

[87]   39. *Confirmatio domini pape*

Gregorius episcopus, seruus seruorum Dei, uenerabilibus fratribus archiepiscopo Tarraconensi et suffraganeis suis, salutem et apostolicam benedictionem. Cum a nobis petitur quod iustum est et ho-
5 nestum, tam uigor quam equitas quam ordo exigit rationis ut id per
sollicitudinem officii nostri ad debitum perducatur effectum. Cum
itaque, sicut referentibus uobis accepimus, sic in partibus uestris ini-
quitas abundet ut laici crudeliter seuiant in personas eccle|siasticas
aut censuram ecclesiasticam uilipendiant, carissimus in Christo fi-
10 lius noster illustris rex Aragonum, tamquam Dei et Ecclesie sue deu-
otus, pia consideratione constituit ut homines regni sui, qui clericos
interficiunt uel manus in eos iniciunt uiolentas seu censuram contemnunt eamdem, iuxta modum culpe pena pecuniaria puniantur,
et si excommunicati ultra annum in excommunicatione perstiterint,
15 a legitimis actibus excludantur, et officiales officiorum suorum detrimentum incurrant, donec absolutionis beneficium fuerint asse-
cuti et satisfactionem duxerint exigendam, predictorum itaque in-
terficiuntium bona, si qua tenent ab ecclesiis, reuertantur libere ad

easdem. Nos ergo, fraternitatis uestre precibus inclinati, quod super
20 huiusmodi ecclesiasticarum personarum tutela et ecclesiastice discipline uigore ab ipso rege pie ac prouide noscitur constitutum, prout
in eiusdem litteris dicitur plenius contineri, auctoritate apostolica
confirmamus. Nulli ergo omnino hominum liceat hanc paginam
nostre confirmationis infringere uel ei ausu temeratio contraire. Si
25 quis autem hoc attemptare presumpserit, indignationem omnipotentis Dei et beatorum Petri et Pauli, apostolorum eius, se nouerit
incursurum.

[88] Datum Lateranensi, v. kalendas februarii, pontificatus nostri anno quarto. Finis.

[89]   <*Colophon*>

Deo gratias
Impressum atque explicitum Barcinone,
per Joannem Rosembach,
5   Alemanicum impressorem quam diligentissimum,
anno Domini m.d.xviij.
uicesimo sexto die mensis iunii.
<*Escudo tipográfico*>

---

20 huiusmodi] hoc E   29 Finis *sigue una minuciosa tabla del contenido, que*
omititmos por nuestros índices
Coloph. 1 Colophon *om*.E   2 (fol.20r) E

BARCELONA

El cristianismo llegó pronto a la cuenca mediterránea, en la que tuvo una notable difusión. Hay seguros indicios de que la sede Barcelonesa era ya una realidad en el siglo tercero. Y es indudable la presencia de obispos barceloneses en los concilios de Toledo, además de la celebración de varios concilios en Barcelona durante los primeros siglos. La invasión árabe llegó muy pronto a esta tierra, en la que el cristianismo no llegó a desaparecer. Liberada Barcelona por los francos, los obispos barceloneses participaron decididamente en la reconquista. El Cisma de Occidente afectó mucho a toda la región catalana, especialmente a los territorios de la corona de Aragón. Superada esta grave crisis, la jerarquía eclesiástica y la vida religiosa se desarrollaron con relativa normalidad en toda la época a la que se refiere el *Synodicon hispanum*, que es desde el concilio cuarto de Letrán (1215) hasta el concilio de Trento (1563)[1].

Acerca de la celebración de sínodos en la diócesis de Barcelona dice J. Sanabre: «La actividad sinodal de la diócesis de Barcelona, sin ser extraordinariamente intensa, comparada con la de otras diócesis, puede considerarse respetable. No tenemos ninguna duda de que se celebraron sínodos en los primeros siglos del actual milenario, como se hacía en otras diócesis de la provincia Tarraconense, pero no poseemos testimonio auténtico de ello hasta mediados del siglo XIII»[2]. El insigne J. Sanabre, especial conocedor de los sínodos de Barcelona, dice en este lugar que no poseemos testimonios auténticos de sínodos de Barcelona anteriores al siglo trece, pero quizá lo que quiere decir es que no tenemos textos escritos de esos sínodos anteriores al año 1241, aunque parece cierto que se han celebrado. En efecto, hablando Martí Bonet del obispo S. Oleguer o S. Olegario (1116-1137) dice que, además de asistir a varios concilios, «Oleguer presidió innumerables sínodos, concilios provinciales y diocesanos, así como los que se celebraban en la provincia narbonesa»[3]. Mucho más amplio y ampuloso es S. Puig y Puig, quien cuenta que, extenuado ya S. Olegario por el peso de sus años y por los continuos trabajos de su largo pontificado, «Según su costumbre, todavía presidió el sínodo celebrado en el mes de noviembre de 1136. Dos veces al año reuníase en sínodo la iglesia de Barcelona. Constata esta ejemplar y constante

---

[1] J. M. MARTÍ BONET, *Historia de las diócesis españolas. 2: Barcelona, Terrasa, Sant Feliu de Llobregat, Gerona* (Madrid 2006) 23-430, con una minuciosa y clara exposición; D. MANSILLA REOLLO, *Geografía eclesiástica de España. Estudio histórico-geográfico de las diócesis* 1.146 y 154; 2.214-222 del segundo volumen; J. SANABRE, «Barcelona, diócesis de», en: DHEE 1.188-193; S. PUIG Y PUIG, *Episcopologio de la sede Barcinonense. Apuntes para la historia de la iglesia de Barcelona y de sus prelados* (Barcelona 1929), con importantes datos, pero algo confuso en ocasiones. J. BAUCELLS I REIG, *Vivir en la Edad Media* 1.315-365.

[2] J. SANABRE, «Barcelona, diócesis de», en: DHEE 1.189.

[3] J. M. MARTÍ BONET, *Historia de las diócesis españolas* 2.114.

periodicidad la circunstancia de que el pago de los censales eclesiásticos se regulaba en este tiempo por la celebración de estos sínodos. La iglesia de San Andrés de Palomar, por ejemplo, venía obligada a pagar a la sede el censo anual de cincuenta y dos dineros, según el establecimiento del obispo Olegario, *inter duos sinodos,* entre la celebración de uno y otro sínodo»[4]. Esta noticia que cuenta Puig de la celebración anual del sínodo resulta especialmente verosímil, ya que relaciona la celebración anual del sínodo con el pago y cobro de censos, asunto especialmente sensible. Puig menciona los sínodos del obispo Bernardo de Berga (1172-1188) y unas disposiciones sinodales que debieran corresponder a Berenguer de Palou I (1120-1206), pero después no aparecen tales sínodos de Bernardo de Berga ni de Berenguer de Palou I[5]. En cambio, hablando de Raimundo de Castellvell (1189-1199), dice Puig que «se le han atribuir las disposiciones sinodales estableciendo que cualquier sacerdote (...) residiera»[6], disposiciones sinodales que pueden acaso pertenecer del obispo Raimundo de Castellvell, como afirma el historiador Puig, pero que se encuentran también mucho más tarde en el sínodo de 1306.

De similar opinión es J. Baucells i Reig, que en un documentado estudio dice que «para Barcelona se tiene conocimiento, a lo menos, de un

---

[4] S. PUIG Y PUIG, *Episcopologio de la sede Barcinonense,* 152-153. En la nota 136 cita el *Boletín de la Real Academia de la Historia,* XL, p.77. La narración de Puig continúa en toda la pág. 153 con minuciosos detalles, como son los siguientes: «En el referido sínodo de 1136, que duró, según costumbre, tres días, habló todavía Olegario con su proverbial elocuencia y doctrina a su clero ... Al fin de su parlamento, según el maestro Renallo, que quizá asistiera al sínodo, vencido por la emoción, "predijo con débil voz y suspiros que no volvería a celebrar sínodo con ellos y prorrumpiendo en lágrimas encomendó al Señor a los que confiara a su solicitud. La voz del padre conmovió a los presentes" ... Acompañáronle los sinodales a su palacio. El santo obispo enfermó. No fue su última enfermedad ... (la enfermedad se prolongó) hasta la celebración del siguiente sínodo, que se celebraba en la primera semana de Cuaresma. Los sinodales acudieron a la ciudad episcopal ... pero el obispo Olegario no pudo asistir a la asamblea. Después de la oración laudatoria de sus virtudes, el último día del sínodo visitaron procesionalmente al prelado. Olegario había entrado ya en la agonía, y a presencia de todos sus hijos ... voló al cielo ... el día 6 de marzo de 1137, a la puesta del sol» (p.153).

[5] S. PUIG Y PUIG, *Episcopologio de la sede Barcinonense,* 171, en el resumen del contenido que antepone al cap. XVI.

[6] Ibíd., 176: «También se le han de atribuir las disposiciones sinodales estableciendo que cualquier sacerdote, fuese rector o beneficiado, exceptuados los canónigos, residiera, bajo pena de excomunión; que los clérigos al rezar las Horas canónicas en la iglesia no lleven *pilleum neque caputium in capitibus;* que en las iglesia no se guarde, fuera del tiempo de guerra, cosa alguna que no esté dedicada al culto divino; que ningún clérigo venda el misal a los judíos; que los rectores de iglesia puedan excomulgar, suspender y poner en entredicho *pro iuribus suarum ecclesiarum,* y, finalmente, que los llamados al sínodo estén obligados a asistir bajo penas pecuniarias». Estas constituciones sinodales, que aquí Puig y Puig atribuye al obispo Raimundo de Castellvell, las puede ver el lector en el sínodo de 1306.

sínodo celebrado por Sant Oleguer en 1133, poco antes de morir, y de otro que tuvo lugar después de su muerte durante la primera semana de Cuaresma del año siguiente. Se sabe también que por este tiempo existía la obligatoriedad de reunir sínodo dos veces al año», y añade el Dr. Baucells que «deberá transcurrir casi un siglo para que el obispado de Barcelona se congregue nuevamente en sínodo. De aquella época no quedan, por tanto, la colección de cánones ni tampoco constituciones aisladas»[7]. Para saber que se celebraron sínodos antes de 1215, quizá tenga mayor importancia lo que cuenta Aymerich, hablando de Berenguer de Palou II (1212-1241), pues dice que en 1214 se fundó el monasterio de Junqueras para monjas benedictinas, con la condición fundacional de que este monasterio estaría siempre bajo la jurisdicción del obispo de Barcelona, quien impuso a la priora la obligación de asistir al sínodo episcopal y de cumplir lo que en el sínodo fuere establecido[8]. El sínodo de octubre de 1241 es el primer sínodo de Barcelona del que se conserva el texto, y en su primera constitución afirma indirectamente que existieron sínodos anteriores que publicaron constituciones, aunque su texto no haya llegado a nosotros. Por otra parte, en el texto de este sínodo de 1241 hay muchos indicios de que la celebración del sínodo era algo habitual.

Los sínodos de Barcelona tienen la fortuna de que un notable estudioso les dedicó especial atención, publicando un valioso libro dedicado a su celebración y ediciones desde la antigüedad a nuestros tiempos[9]. Según los estudiosos actuales de esta cuestión, la lista de los sínodos de Barcelona que

---

[7] J. BAUCELLS I REIG, *Vivir en la Edad Media* 1.317. Hablando del obispo Guillermo de Torroja (1144-1171), dice Villanueva que después de consagrar la iglesia de San Martín de Cerdeñola, en el condado de Barcelona, el día 6 de las kalendas de marzo de 1144, «la sujetaron a la sede de Barcelona, obligándola a pagar anualmente *per censum inter duos sinodos quinquaginta duos denarios monetae curribilis*. De estos dos sínodos anuales hay otra memoria en la donación que Don Guillermo con su Capítulo hizo a 13 de agosto de 1149 a la iglesia de San Julián de *Lisano superiori* (vulgo *Llisa de munt*) a la iglesia de San Miguel *de Fallio Richerio*, con tal que la de San Julián asistiese a los sínodos que se celebraban dos veces al año» (J. VILLANUEVA, *Viage literario* XVII.191). A esto mismo alude el mencionado J. BAUCELLS I REIG, al decir: «Y si alguna iglesia pasaba a la tutela monástica, el ordinario se cuidaba bien de hacer constar en el documento que el rector quedaba igualmente obligado a asistir al sínodo» (p.324).

[8] M. AYMERICH, *Nomina et acta episcoporum Barcinonensium* (Barcinone 1760) 344-345. «Anno 1214 fundatum fuit monasterium de Junqueras (...) ea condicione ut semper subjectum sit ecclesiae Barcinonensi (...). Statuit item (episcopus), priorissam statutis temporibus venturam ad generalem synodum episcopi, et quae in ipsa synodo fuerint sibi injucta firmiter observaturam». Ver también la nota 5 precedente. La misma noticia se encuentra en J. VILLANUEVA, *Viage literario* XVII. 206-207. Es oportuno destacar que el obispo Berengario de Palou II es el primero al que asignamos un sínodo que promulgó constituciones en Barcelona, como se puede ver más adelante.

[9] J. SANABRE, *Los sínodos diocesanos de Barcelona* (Eugenio Subirana, Barcelona 1930) 98 pp.

pertenecen a la época del *Synodicon hispanum* es la siguiente: 1241, 1242, 1243, 1244, 1255, 1257, 1280, 1289, 1290, 1305, 1307, 1317, 1318, 1319, 1323, 1339, 1345, 1354[10]. Pero la lista de sínodos que propone el Dr. Buacells para los años 1241 a 1339, años que comprende su estudio, se aparta un tanto de la lista precedente, ya que propone para los sínodos las siguientes fechas: 18 octubre 1241, 18 octubre 1242, 1 de marzo 1244, 7 noviembre 1244, 15 marzo 1291, 21 abril 1306, 6 abril 1307, año 1316, 13 abril 1317, 22 abril 1318, 11 diciembre 1319, 25 abril 1323, 8 abril 1339. Y para constituciones adoptadas por sínodos propone el Dr. Baucells las fechas siguientes: 15 marzo 1290, 18 marzo 1301, 11 abril 1311; y finalmente para constituciones sueltas propone las fechas siguientes: 25 julio 1300, 18 marzo 1301, y entre 1335 y 1344[11]. No obstante, como veremos, no parece que todas estas fechas sean enteramente fiables, por lo que la lista de sínodos que aquí propondremos tampoco coincide del todo con ninguna de las dos precedentes. Pero es evidente que en estos asuntos no hay dogmas, sino que hay simplemente opiniones, que no tienen más validez que la de los datos y razonamientos en los que se fundamentan.

La tradición manuscrita y editorial de los sínodos barceloneses para nuestra edición es la siguiente:

B = Barcelona. Archivo Capitular. Libro de la Cadena, o simplemente *Cadena*. Para nuestro presente interés contiene los siguientes sínodos de Barcelona: en el fol. 127ra-130va, sínodo de 1241, presidido en Barcelona por Pedro de Albalat, arzobispo de Tarragona. Fol.130va-131rb, sínodo de marzo de 1244, de Pedro de Centelles. Fol.133rab, sínodo de 1242, sínodo del arcediano, en sede vacante. Fol.131va-132rb, sínodo de noviembre de 1244, de Pedro de Centelles. Fol.132rb-133ra, sínodo 1245, de Pedro de Centelles. Fol.133rb-135rb, sínodo de 1290, de Bernardo Peregrí. Fol.135rb-135vb, sínodo de 1301 (?), de Hugo de Cardona, vicario de Poncio de Gualba. Fol.135rb-136va, y fol.137va-139vb, sínodo de Poncio de Gualba 1320-1322. Fol.136va-137va, sínodo de 1307, de Poncio de Gualba. Fol.139vb-140ra, sínodo de 1317, de Poncio de Gualba. Fol.140ra-141rb, sínodo de 1318, de Poncio de Gualba. Fol.141rb-142va, sínodo de1319, de Poncio de Gualba. Fol.144rava, sínodo de 1323, de Poncio de Gualba. Fol.142va-143vb, sínodo de 1339, de Ferrer de Abella. Fol.145ra, sínodo de 1345, de Bernardo Oliver. Fol.145rab y fol.171ra-173rb, sínodo de 1354, de Francisco Ruffach, vicario de Ricomá. Una descripción más minuciosa del contenido del códice y otras características se pueden ver en Josep BAUCELLS I REIG, *Vivir en la Edad Media: Barcelona y su entorno en los siglos XIII y XIV. 1: 1200-1344* (Barcelona 2004) 361-363.

---

[10] J. M. MARTÍ BONET, *Historia de las diócesis españolas* 2.415; ÍD., *Costumario eclesiástico: normativas diocesanas,* 5; J. SANABRE, «Barcelona, diócesis de», en: DHEE 1.189. Ambos con la misma lista de sínodos.
[11] J. BAUCELLS I REIG, *Vivir en la Edad Media* 1.347.

C = Barcelona. Archivo Capitular. Códice CSB. *Constitutiones synodales ecclesie Barcinonensis.* Son 77 folios numerados recientemente con lápiz, de 30 x 22 cms., encuadernación del siglo XIX, con acoplamiento de textos diversos. Contiene principalmente concilios tarraconenses de 1329 a 1390 y textos sinodales de Barcelona. La parte principal del códice se puede datar hacia 1415. Los trece primeros folios son una añadidura, y de ellos los fol. 6-13 están en blanco. Los fol. 14ra-34va contienen la compilación sinodal de Francisco Ruffach, vicario del obispo Miguel Ricomá, 1347-1353. En los fol. 34va-37vb se encuentra el sínodo de Francisco Ruffach de 6 de junio de 1354. Los folios 38r-69v contienen constituciones provinciales de Tarragona. Más completa descripción se puede ver en Josep BAUCELLS I REIG, *Vivir en la Edad Media: Barcelona y su entorno en los siglos XIII y XIV.* 1: *1200-1344* (Barcelona 2004) 364-365.

Ch = Barcelona. Archivo Capitular. Códice CSP. *Constitutiones synodales et prouinciales.* Es un libro facticio, confeccionado arbitrariamente a base de hojas y pliegos diversos. Papel y pergamino. Encuadernación del siglo XIX, que parece que sustituyó a otra anterior. Son 83 folios numerados recientemente a lápiz. En el fol. 1r comienza con el final de [8] de nuestra edición del sínodo de 1339, con las palabras *ultra penas a iure impositas,* y continúa el texto hasta el final de dicho sínodo, el [18] de nuestra edición, donde sigue en fol. 3rv una noticia del notario de dicho sínodo acerca de la lectura de las constituciones, que sitúa en el *quinto idus aprilis* (= 9 de abril). En el fol.3v-4v hay la misa de un apóstol. En el fol. 5r comienza el *Tractatus breuis de articulis fidei et sacramentis Ecclesie* de Juan de Aragón, patriarca de Alejandría y administrador de Tarragona, que concluye en el fol. 15r. Los fol. 15r-21r contienen plegarias, unas listas de casos reservados, misas, textos bíblicos, etc. En el fol. 21v está la constitución [12] de nuestra edición del sínodo de marzo de Pedro Centelles de 1244. En el fol. 22r comienza el sínodo de Barcelona por Pedro de Albalat, de 18 de octubre de 1241, que concluye en el fol. 32v, pero el fol. 26, que está encuadernado en horizontal y con el vuelto en blanco, parece ser una añadidura. En el fol. 32v comienza una serie de concilios provinciales de Tarragona, que se inicia con el concilio de Pedro de Albalat de 12 de enero de 1244, y la serie de concilios concluye en el fol. 50r. Los fol. 50r-51v contienen trozos de textos evangélicos, y en blanco el fol.52rv. En los fol.53r-55r se encuentra el sínodo de Pedro de Centelles de 1 de marzo de 1244, con el sínodo de 7 de noviembre de 1244 del mismo Pedro de Centelles. En el fol. 55v comienza el sínodo de 15 de febrero de 1258, que concluye en fol.59r (faltan los casos reservados, para los que solamente está la rúbrica). En el fol.59rv se encuentra el sínodo de 18 de octubre de 1242. Los fol. 60r-62v están el blanco. En los fol. 63r al 68v se encuentra el sínodo de 15 de marzo de 1291. Siguen unas constituciones de Hugo de Cardona, la primera de ellas, que aparece en fol. 68-69v es el [4-7] de nuestra edición de las constituciones de Hugo de Cardona, la siguiente, en fol. 69v-71 es distinta y en ella aparece Hugo de Cardona *gerens uices episcopi, sede uacante* y está fechada el 25 de julio de 1300. El fol. 72rv es blanco. En el fol. 73r comienza el sínodo de Poncio de Gualba de 1306, igual al texto de [1-8]. Sigue un espacio en blanco como para unas cinco líneas de texto y continúa con *Quoniam parum est constitutiones condere*, que es el comienzo del texto del sínodo de 6 de abril de 1307, que concluye en fol. 79v. En los fol. 79v-80v hay una lista de casos reservados. En los fol.80v-82r hay unas disposiciones dadas en la visita pastoral, acerca de la residencia en los beneficios, y unas oraciones o palabras para ir de viaje, que parecen tener sabor judaico y cariz supersticioso.

Ct = Barcelona. Archivo Capitular. Códice conocido como CT o Constitutiones Tarraconenses. Son 298 folios, numerados en romanos con tinta roja del 1 al 232, con lápiz los restantes. Encuadernación del siglo XVIII, con *Constitutiones Tarraconenses* en el lomo. Es un bellísimo códice, pero cuyo texto, en lo que se refiere a los sínodos de Barcelona, es idéntico al del llamado Libro de la Cadena, que es nuestra sigla B, pero es bastante más deficiente que el Libro de la Cadena, pues tiene algunas más erratas, y especialmente tiene varias omisiones por homografía u homoioteleuton. Ambos códices proceden del mismo original o acaso el presente Ct sea copia del Libro de la Cadena, pero ciertamente que no sucede al revés, es decir que el Libro de la Cadena no depende de este códice Ct. Contiene el sínodo de Barcelona de 1241 en los fol. 177v-184v, el sínodo de octubre de 1242 en los fol. 192v-193r, el sínodo de marzo de 1244 en los fol. 184v-186v, el sínodo de noviembre de 1244 en los fol. 187v-192v; el sínodo de 1291 en los fol. 193r-198v; las constituciones de 1300-1301 en los fol. 198v-199v, el sínodo de 1306 en los fol.200r-202r, el sínodo de 1307 en los fol. 202r-204r, el sínodo de 1317 en los fol.209v-210v, el sínodo de 1318 en los fol.210v-213r, el sínodo de 1319 en los fol.213r-216r, el sínodo de 1320-1322 en los fol.204r-209v, el sínodo de 1323 en los fol.220r-222r, el sínodo de 1339 en los fol.216r-219v, en los fol.223r-224v el rito para la celebración del concilio provincial y del sínodo diocesano. Más completa descripción se puede ver en Josep BAUCELLS I REIG, *Vivir en la Edad Media: Barcelona y su entorno en los siglos XIII y XIV*. 1: *1200-1344* (Barcelona 2004) 360-361.

Es = Escorial. San Lorenzo del Escorial. Real Biblioteca del Monasterio: MS c-II-7. Manuscrito del siglo XIV, papel, foliación romana, en la que faltan los folios 17, 18, 19, 20 y 21, pero no falta texto. La parte del códice que hemos manejado y que aquí nos interesa contiene lo siguiente: la compilación sinodal de Francisco Ruffach de 1347-1353 en los fol. 1r-22r (17r). El sínodo que Francisco Ruffach, vicario del obispo Miguel de Ricomá, celebró el 6 de junio de 1254, en los folios 22r-24v. Los fol. 25r-38r contienen constituciones de los concilios provinciales de Tarragona. Y en los fol. 38r-39v se encuentra el sínodo que Ferrer de Abella celebró el 8 de abril de 1339. G. ANTOLÍN (OSA), *Catálogo de los códices latinos de la Real Biblioteca del Escorial* 1 (Madrid, Imprenta Helénica 1910).

J = Barcelona. Archivo Capitular. Códex 77, fol. 46va-47ra. Ritual para la celebración del sínodo. J. Baucells i Reig, *Vivir en la Edad Media* 1.353.

K = Madrid. Biblioteca Nacional. MS 89, antes C 60 y C 61. Es un códice facticio, papel, siglo xiv, con 114 folios, 290 x 215 mm., dos columnas, con 21 líneas por plana. Hay dos antiguas foliaciones en romanos, la primera para los primeros tratados con la foliación: i-lxi., y la segunda para las constituciones sinodales de Barcelona, foliada como: i-xliiii., y hay una foliación moderna en arábigos para todo el códice, que es la que seguimos. En los fol. 2r-64 hay dos sumas de penitencia, y con letra del siglo xvi hay una lista de fiestas en los fol. 65r-66r. En el fol. 67ra *Incipiunt constitutiones sinodales episcopatus Barchinonensis,* que concluyen en el fol. 110rb. Desglosando el contenido de estas constituciones sinodales de Barcelona, resulta lo siguiente: en los folios 67ra-103ra se encuentra la compilación sinodal de Francisco Ruffach, vicario del obispo Miguel de Ricomá (1347-1353) desde el [1] al [133]. Continúa destacada en el mismo folio 103ra la rúbrica *Infra scriptas constitutiones fecit seu condidit reuerendus in Christo pater dominus* frater Bernadus, diuina prouidentia Barcinonensis episcopus, in prima synodo quam celebrauit in ecclesia Barcinonensi die ueneris, xiiii. kalendas septembris, anno Domini millesimo ccc. xl. quinto. A este sínodo de 1345 asigna todo el texto que sigue hasta el final en el fol. 103rb (*que es el texto de 1354 en otros lugares*). Vid. R. Paz Remolar - J. López de Toro, *Inventario General de Manuscritos de la Biblioteca Nacional,* I (Madrid 1953) 85-86.

R = Barcelona, Archivo de la Corona de Aragón, Manuscrito Ripoll 90. En papel, 29 x 21,50 cm. Son 53 hojas, en una foliación reciente, pero faltan varias hojas, por lo que falta texto. Tiene 37 líneas por plana. Procede del monasterio de Santa María de Ripoll. Encuadernación del siglo xix en pergamino. Fol.1r-2r, sínodo de Barcelona de 1421, de Francisco Clemente Pérez Capera. Fol.2v, sínodo de Barcelona de 1413, de Francisco Clemente Pérez Capera. Fol.3r-8v, Barcelona, compilación sinodal de Francisco Ruffach de 1347-1353. Faltan varios folios, por lo que falta texto, como se indicará en el aparato crítico. Fol. 9r-10v, sínodo de Barcelona de Ferrer de Abella de 1339. En los fol.11r-12r hay unas constituciones capitulares de Ferrer de Abella en Barcelona, con fecha del día de Sta. Cruz de mayo de 1341. Los fol.12r-13v contienen el sínodo que el obispo Bernardo Oliver celebró el 19 de agosto de 1345 en la catedral de Barcelona. Los restantes folios, desde el 14r al 53v contienen constituciones provinciales de Tarragona. Faltan también varios folios y texto. Para el contenido de los fol. 11r-13v ver también la sigla Ra.

Ra = Madrid. Biblioteca Nacional, MS 13118. Un manuscrito que contiene papeles varios y de muy diversas fechas. Son 211 hojas, de 33 x 22 cm. Encuadernación del siglo xviii. Hay un índice general en la primera hoja. Los fol. 1r-56r contienen noticias de códices titulados «Colección de concilios» del Colegio Mayor de San Ildefonso de Alcalá, y la *Historia ca-*

tólica del arzobispo de Toledo D. Rodrigo. Aquí nos interesan especialmente los folios 57r-61r. En los folios 57r-59r hay unas constituciones capitulares de Ferrer de Abella, obispo de Barcelona (1334-1344), y su cabildo barcelonés, redactadas en la sesión 3 de mayo de 1341. Y los fol. 59r-61r contienen las constituciones del sínodo que Bernardo Oliver celebró en la catedral de Barcelona el día 19 de agosto de 1345. Ver el final del códice de la sigla R. En los folios siguientes de Ra hay papeles muy diversos, como documentos referentes al apóstol Santiago, privilegios de los reyes de Castilla a los arzobispos de Toledo, inscripciones sepulcrales de la catedral de Toledo en el año 1750, etc., que aquí no son de nuestro interés.

U = Biblioteca de la Universidad de Barcelona. MS 588. Manuscrito en papel, letra gótica, dos columnas por plana, 41 líneas por plana. En los fol.54ra-55vb contiene el sínodo de Barcelona de 1241 hasta el capítulo 9, del matrimonio. En el fol. 57ravb contiene el sínodo de Barcelona de Pedro de Centelles de marzo de 1244, en los fol.57vb-58ra el sínodo de Barcelona del mismo Pedro de Centelles de noviembre de 1244.

V = J. VILLANUEVA, *Viage literario a las iglesias de España* XVII (Madrid 1851) 341-350, que edita los sínodos de marzo y de noviembre de 1244.

1. Sínodo de Berenguer de Palou II, 1212-1241

Berenguer de Palou II era sobrino del obispo Berenguer de Palou I (1200-1206) y con él se educó en la escuela catedralicia de Barcelona. Poseía una buena cultura, especialmente en el campo bíblico. En 1203 era diácono. En 1212 fue consagrado obispo de Barcelona y el 20 de junio de ese año prestó juramento de obediencia canónica al arzobispo de Tarragona. Fue un celoso obispo, protegiendo especialmente a los religiosos y a los pobres, tuvo también una notable intervención en la vida política y militar, pues participó, entre otras, en la batalla de las Navas de Tolosa y en la conquista y reparto de Mallorca en 1229, donde fue mutilado en un pie. Su pontificado fue muy largo en el tiempo y muy destacado por sus actuaciones, tanto religiosas como políticas. Hizo testamento el 20 de agosto de 1241, en el que aparece como testigo S. Raimundo de Peñafort, falleció el 24 siguiente y fue enterrado en la capilla de S. Miguel de la sede románica de Barcelona[1].

Sabemos que Berenguer de Palou II en el año 1214 en la fundación del monasterio de religiosas benedictinas de Junqueras impuso a la priora «la obli-

---

[1] C. EUBEL, *Hierarchia catholica* I.128; M. AYMERICH, *Nomina et acta episcoporum Barcinonensium* (Barcinone 1760) 344-351; J. VILLANUEVA, *Viage literario* XVII.205-212; S. PUIG Y PUIG, *Episcopologio de la sede Barcinonense*, 183-199 y 437-443, donde trae en los apéndices 92-96 varios documentos, entre ellos su testamento; J. M.ª MARTÍ BONET, *Historia de las diócesis españolas* 2.123-124, 129-131, 403, 413 415, 418, 423 y 428; P. LINEHAN, *La Iglesia española y el papado en el siglo XIII* (Bibliotheca Salmanticensis V. Estudios 4; Salamanca 1975) 21-22 (el legado pontificio Juan de Abbeville lo reprendió públicamente en Barcelona por sus injustas exacciones de los bienes de los canónigos fallecidos, estando Berenguer en el asedio de Mallorca), 62-63.

gación de acudir al sínodo general del obispo, y de observar lo que en él se le mandara»[2], lo cual indica que la celebración del sínodo era una de sus preocupaciones. Consta también que en el año 1229 asistió al concilio legatino de Lérida, concilio que recordó a todos los obispos de la provincia de Tarragona lo que había establecido el canon sexto del concilio cuarto de Letrán de 1215, que prescribe la celebración anual del sínodo diocesano[3]. Con todo esto y sabiendo, como hemos expuesto en la introducción general, que S. Oleguer y otros obispos celebraron sínodos en Barcelona antes de lo prescrito por el concilio de Letrán de 1215, no resulta extraño que Berenguer de Palou II, que fue un obispo celoso y cumplidor, haya celebrado algún sínodo, cumpliendo lo establecido por el concilio de Letrán de 1215 y por la legislación tarraconense. Y esto lo confirma la primera constitución del sínodo de 18 de octubre de 1241, que establece: «Mandamus nihilominus quod circa hereticos inquirendos sint clerici uigiles et intenti, et in predicationibus suis moneant populum ne portent superfluitates in uestibus, prout iam bone memorie Berengarius, episcopus Barcinonensis, mandauerat pro diocesi Barcinonensi». Este mismo texto se encuentra en la compilación sinodal de Francisco Ruffach de 1347-1353[4]. Resulta, pues, indudable que Berenguer de Palou promulgó unas constituciones, constituciones que los sínodos siguientes aceptan y mandan observar. Y parece lógico suponer que estas constituciones fueron promulgadas en sínodo, pero si alguna duda hubiere, los sínodos siguientes las aceptan y de alguna forma las sinodifican. Una de las constituciones citadas del obispo Berenguer trata de la inquisición acerca de los herejes, y precisamente recuerda esto el concilio de Tarragona de 1242, celebrado poco después de su muerte, concilio que presidió Pedro de Albalat y en el que fue muy destacada la intervención de S. Raimundo de Peñafort, persona especialmente vinculada al obispo Berenguer. Dice, en efecto, el concilio provincial de Tarragona de 1242 en su proemio: «Cum nos Petrus, miseratione divina archiepiscopus Tarraconensis, inquisitionem inceptam per bonae memoriae Berengarium, Barcinonensem episcopum, contra haereticam pravitatem in civitate Barcinonensi vellemus effectui mandare, inter iurisperitos qui nobiscum aderant dubitationes hinc inde variae emerserunt»[5].

Con todo lo precedente creemos que es indudable que Berenguer de Palou II celebró algún sínodo, pero carecemos de datos o indicios para adscribir fecha alguna de su largo pontificado a su sínodo o sínodos. Creemos también que todo esto confiere especial verosimilitud a lo que barrunta el insigne J. Sanabre cuan-

---

[2] J. VILLANUEVA, *Viage literario* XVII.206-207; M. AYMERICH, *Nomina et acta*, 344-345.

[3] Conc.IV Lat.1215 c.6 (COD 236); X 5.1.25; Conc.legat. Lérida 1229, en el proemio, donde aparece el obispo B. de Barcelona después del arzobispo de Tarragona, y c.2-3 (TR 3.329-330; Pons Guri 11-12).

[4] Sínodo de 1241.[4]; Compil. de 1347-1353.[5]. Pero en la compilación de Ruffach los códices escriben claramente *Bernardus* y no *Berengarius*. También J. BAUCELLS I REIG, *Vivir en la Edad Media* 1.340 y nota 161, afirma que en el sínodo de 1241 se reconoce una constitución de Berenguer de Palou, pues dice: «en el primer canon sinodal barcelonés (1241), reunido sede vacante, se preceptuó un mandato a tenor de lo dispuesto por el prelado anterior, que lo fue Berenguer de Palou».

[5] Conc.prov.Tarragona 1242, pr. (TR 3.351). El texto conciliar prosigue: «Quare, ut circa factum haeresis et inquisitionis de caetero fiendae in provincia Tarraconensi clarius procedatur, collationibus inde factis cum venerabili fratre Raymundo de Pennaforti, poenitentiario domini papae, et aliis prudentibus...».

do, refiriendose al sínodo de 1241, dice: «Pero no dudamos en atribuir el honor de esta primera reunión sinodal al obispo Palou, pues no dejaría de ser cosa muy rara el que, habiendo fallecido dicho prelado con tan poca anterioridad, a últimos de agosto de 1241, no hubiera intervenido en su organización, que no creemos que estuviese lejos de su mente, dada la intimidad y compenetración con la gran figura jurídica de aquellos días, San Raimundo de Peñafort, su amigo íntimo y albacea»[6].

2. Sínodo de Pedro de Albalat, arzobispo de Tarragona, en sede vacante, 18 de octubre de 1241

Pedro de Albalat nació en Lérida a finales del siglo doce, aparece en el cabildo leridano como sacrista desde el año 1228, y el 14 de octubre de 1236 fue nombrado obispo de su diócesis, pasando al arzobispado de Tarragona en 1238. En la documentación de la época se le llama siempre *magister*. Es autor de la importante obra *Summa septem sacramentorum*. Tuvo una estrecha amistad con S. Raimundo de Peñafort y con Juan de Abbeville, cardenal de Santa Sabina. No fue religioso cisterciense, como algunos dicen, pero murió en el monasterio de Poblet el 2 de julio de 1251. Fue realmente una persona muy destacada en su tiempo[1].

Vacante la sede barcelonesa por muerte del obispo Berenguer de Palou II (que falleció el 24 de agosto de 1241), el cabildo barcelonés pidió al arzobispo de Tarragona Pedro de Albalat que presidiera el sínodo diocesano, que se debía celebrar en el ya cercano día de S. Lucas, según lo que estaba mandado[2]. Como hemos dicho en el sínodo anterior, quizá sea razonable suponer que el celoso obispo Berenguer de Palou tenía prevista y de alguna forma organizada la celebración de este sínodo, como sugiere J. Sanabre, tan buen conocedor de los sínodos de Barcelona. En el testamento de Berenguer de Palou, otorgado en Barcelona el 20 de agosto de 1241, Pedro de Albalat, arzobispo de Tarragona, fue uno de los testigos firmantes[3], por lo que quizá no sea descabellado suponer que el anciano obispo haya tratado con su arzobispo de la celebración del futuro y ya próximo sínodo diocesano. De

---

[6] J. SANABRE, *Los sínodos diocesanos en Barcelona* (Barcelona 1930) 10.

[1] P. LINEHAN, *La Iglesia española y el papado en el siglo XIII* (Bibliotheca Salmanticensis V. Estudios 4; Salamanca 1975) 49-73; ÍD., «Pedro de Albalat, arzobispo de Tarragona y su "Summa septem sacramentorum"», en: *Hispania Sacra* 22 (1969) 1-22; J. VIVES, «Albalat, Pedro de», en: DHEE 1.29-30; C. EUBEL, *Hierarchia catholica* I.282, 478.

[2] El concilio legatino de Lérida de 1229, al que asistió el obispo de Barcelona Berenguer de Paluo, establecía: «Statuimus ut in provincia Terraconensi provinciale concilium singulis annis, dominica qua cantatur *Iubilate*, celebretur, et episcopalis synodus ad minus celebretur semel in anno, in die festo sancti Lucae. Si vero ex causa necessitatis absens fuerit episcopus aut alias rationabiliter fuerit impeditus, provideat per quem vel per quos synodus celebretur. [...] Si uero uacante sede, penes priorem uel capitulum uel aliam personam ecclesie resederit iurisdictio, procuret quod predicto modo synodus celebretur» (TR 3.330; Pons Guri 12). Menciona este sínodo de 1241 L. FERRER, «Sínodo», en: DHEE 4.2489.

[3] S. PUIG Y PUIG, *Episcopologio de la sede Barcinonense*, apéndice 96 en p.442-443, donde edita el testamento de Berenguer de Palou.

esta forma, cuando unos meses más tarde el cabildo de Barcelona rogó a Pedro de Albalat que presidiera el sínodo, él estaría ya prevenido y con el texto sinodal preparado[4]. Este mismo texto sinodal lo promulgará más tarde su hermano Andrés de Albalat en el sínodo que celebró en Valencia en 1258, como advierte al final del sínodo de Valencia, que dice: «Ista mandauit dominus archiepiscopus Tarraconensis obseruari in synodo per eum celebrata in sede Barchinonensi, sede uacante, anno Domini millesimo ducentesimo quadragesimo primo, in die sancti Luce euangeliste»[5]. Este mismo sínodo de Valencia nos informa de que el arzobispo Pedro de Albalat también promulgó el texto de la suma en un sínodo de Lérida[6]. Es indudable, por otra parte, la similitud de varios textos de esta suma con textos sinodales de Ager, entre los que hay muchas coincidencias literales y estructurales.

Tradición manuscrita: B fol.127ra-130va (texto base); Ch fol.22r-32v; Ct fol.177r-184v; U fol.54ra-55vb; Sanabre se ocupa de este sínodo y edita sus rúbricas en pp. 8-12.

[1]   *<Inscriptio>*

Incipiunt constitutiones synodales domini Petri, archiepiscopi Tarraconensis.

[2]   1.   *<Dies synodi. Obseruentur constitutiones episcopi Sabinensis, apostolice Sedis legati, in concilio Illerdensi,*

---

[4] Esto mismo expresa J. Baucells i Reig, *Vivir en la Edad Media* 1.327 cuando dice que se puede barruntar que Berenguer de Palou «había convenido con su compañero y amigo el arzobispo, en dictar las normas que ese acababa de componer como una *Summa;* lo que sabido de los canónigos del cabildo, lo aprovecharon para tirar adelante la iniciativa, tal como estaba prevista». Como se puede ver en el aparato crítico, nuestro códice Ch pone como encabezamiento del sínodo: «Summa super septem sacramentis, edita a domino Tarraconensi archiepiscopo in synodo Barcinonensi».
[5] SH XII: *Osma, Sigüenza, Tortosa y Valencia* (Madrid 2014) 697-709. El texto citado está en el [45], p.709 de la edición del sínodo de Valencia.
[6] El texto del sínodo de Valencia dice. «Idem per omnia dicimus [...] de tractatu septem sacramentorum, edito per uenerabilem archiepiscopum, patrem dominum Petrum, Tarraconensis ecclesie in synodo Ilerdensi», en: SH XII.697-698, texto que también se encuentra en J. Sáenz de Aguirre, *Collectio maxima conciliorum Hispaniae...*, V (Romae 1755) 197, que edita el sínodo de Valencia. Ver este asunto tratado con algunos detalles en el presente volumen con motivo del primer sínodo de Lérida; y en P. Linehan, «Pedro de Albalat y su "Summa septem sacramentorum"», en: *Hispania Sacra* 22 (1969) 5-6; Íd., *La Iglesia española*, 64-69.

Inscr. 1 Inscriptio *om.*Q   1-2 Incipiunt — Tarraconensis] Summa super septem sacramentis edita a domino Tarraconensi archiepiscopo in synodo Barcinonensi Ch; Constitutiones domini Tarraconensis archiepiscopi U; archiepiscopi Tarraconensis] episcopi Barcinonensis BCt
c.1 1-4 Dies — obseruandis *om.*Q

*anno millessimo ducentesimo uigesimo nono edite. De aliis
etiam constitutionibus obseruandis>*

5   Anno Domini millesimo ducentesimo quadragesimo primo,
die sancti Luche, nos Petrus, miseratione diuina Tarraconensis archiepiscopus, in Barcinonensi synodo, ad preces capituli Barcinonensis, uacante sede, presidentes, mandamus constitutiones uenerabilis Sabinensis, bone memorie, apostolice Sedis legati, inuiolabiliter
10   obseruari, editas in concilio Illerdensi[1]. Item, et eius ordinationem
circa officium et alia in eadem ecclesia debeant obseruari. [3] Ad
memoriam nihilominus reducentes illa capitula que per nos in Tarracone et Valentie prouincialibus conciliis fuere statuta[2]. Districte
mandantes quod ad acolitatus nullus promoueatur ordinem, nisi
15   loqui sciat uerbis latinis[3]. Et canonici qui non sunt in sacris compellantur per subtractionem beneficiorum, firmiter statuentes quod,
nisi in primis Quatuor Temporibus se fecerint promoueri ad sacros, ex tunc sint priuati uoce capituli, nec admittantur ad omnes
tractatus[4]. [4] Item, mandamus omnibus clericis habentibus curam
20   siue locum qui residentiam requirat, quod continuam de cetero faciant residentiam in ecclesiis suis uel locis, alioquin a kalendis ianuarii proximis in antea a beneficiis sint suspensi, saluis priuilegiis
apostolice Sedis[5]. Adiungentes quod ad presbyteratus ordinem promoueantur per continua insterstitia temporum, alias de locis et ec-
25   clesiis, cum iam multotiens mandauerimus, ad collationes locorum
et ecclesiarum auctore Domino procedemus[6]. Et ideo si sunt aliqui

---

[1] **c.1** Concilio de Juan de Alegrin o de Abbeville, obispo de Sabina, legado apostólico, celebrado en Lérida en 1229 (TR 329-342; Pons Guri 6-28, que lo llama
concilio provincial de Lérida, pero en realidad es un concilio legatino o de un
legado pontificio).
[2] Conc.prov. de Tarragona de Pedro de Albalat, de 1239 (TR 3.349-350 y 6.29-
32; Pons Guri 34-40); y concilio de Pedro de Albalat celebrado en Valencia en
1240 (TR 3.240 y 6.32-33; Pons Guri 40-43).
[3] Conc.legat.Valladolid 1228 c.3 (TR 3.325); Conc.legat.Lérida 1229 c.6-7 (TR
3.331-332; Pons Guri 14-15).
[4] Cf. Clem.1.6.2 (que es posterior a esto) y su Glos.Ordin.
[5] C.7 q.1 c.19, 23-24, 26, 29; X 1.14.4; X 2.28.28; X 3.4.4-17; Conc.3 Lat.1179
c.13 (X 3.4.3); Conc.4 Lat.1215 c.32 (X 3.5.30); Conc.legat.Valladolid 1228 8.2
(TR 3.327); Conc.legat.Lérida 1229 c.12 (TR 3.334-335; Pons Guri 16-17, c.11).
[6] Texto oscuro, quizá haya alguna errata.

5-6 Anno — Luche *om*.Ch   5 Anno — primo] edite anno Domini millesimo
ducentesimo quadragesimo primo in Barcinonensi synodo U   6 Petrus] *los
códices* ChU *ponen solamente* P.   9 Sabinensis] patris Johannis ChU   10 et]
mandamus Ch   eius *interl*.Ch   11 debeant] debere ChU   14 acolitatum Q
ordinem *om*.ChU   15-28 Et canonici — post facto *om*.U   18 omnes]
communes Ch   20-21 requirat — residentiam *om*.Ct *(homograf.)*   20 requirant B   26 Domino *interl*.B

qui causas habeant rationabiles, ostendant coram nobis, alias non sit eis offensio cum nos processerimus ex post facto. Mandamus nihilominus quod circa hereticos inquirendos sint clerici uigiles et intenti,
30 et in predicationibus suis moneant populum ne portent superfluitates in uestibus, prout iam bone memorie Berengarius, episcopus Barcinonensis, mandauerat pro diocesi Barcinonensi.

[5] 2. *De ordinatione synodi*

Item, statuimus quod ad celebrandam synodum omnes clerici conueniant in die in qua fuerit assignata, in qua synodo clerici cum mantellis uel capis rotundis uel superpelliciis, ieiuni, honeste co-
5 nueniant, prout decet. Et in synodo audiant pacifice que leguntur. Et si aliquod habuerint dubium, ab episcopo querant postmodum uel eius clericis, et eis de questionibus satisfaciant. Nec tempore synodi aliquid ab episcopo uel archidiaconis a clericis exigatur, sed eis in suis dubitationibus respondeatur pacifice sine murmure, synodo
10 celebrata. Item, dicimus quod clerici habentes curam animarum, omnes ueniant ad synodum, nisi infirmitate aut alia necessitate canonica fuerint impediti, et tunc mittant suos capellanos aut clericos loco sui. Et eundo et redeundo a synodo honeste se habeant, et ambulent bini et bini, et honesta querant hospitia in ciuitate et in
15 uia, ne status clericorum uertatur in contemptum et opprobrium laicorum. Qua die, si non uenerint, suspendantur et arbitrio episcopi puniantur[1].

[6] 3. *De sacramentis Ecclesie*

Item, dicimus quod omnibus sacramentis a clericis et laicis magna exhibeatur reuerentia, et hoc ab ipsis sacerdotibus populo predicetur.

---

[1] **c.2** D.18 c.16-17; C.18 q.2 c.16; C.35 q.6 c.7; X 1.33.9; Conc.4 Lat.1215 c.6 (X 5.1.25); X 5.33.17; Conc.legat.Valladolid 1228 c.1 (TR 3.324-25); Concil. XI de Toledo (a.675), 1 (ed. J. Vives - T. Marín - G. Martínez, *Concilios visigóticos e hispano-romanos,* 354-55).

27 alias non] ne Ch   28 eis] ei BCt   31 Berengarius] *los códices ponen simplemente* B; *en la* compilación de Francisco Ruffach (1347-1353.[5]) *los códices ponen* Bernardus *con todas las letras. Parece indudable que lo único correcto es* Berengarius
c.2 1 De — synodi *om.*ChU   3 conueniant — clerici *om.*BCt *(homograf.)*   8 archidiaconibus U   exigatur] requiratur U   9 dubitationibus] satisfiat et *ad.*U   pacifice *om.*U   11 infirmitate] in *antep.*B   alia] aliqua BCt   12 suos] duos U   14 ambulent] presbyteri *ad.*ChU   bini et bini *interl.*Ch, *om.*U   14-15 ciuitate — uertatur in *om.*Ct *(homograf.)*   in ciuitate et in uia *interl.*Ch
c.3 1 De — Ecclesie *om.*Ch   Ecclesie] ecclesiasticis U   3 hoc *om.*Ch

[7]　4.　*De baptismo et eius forma*

Et quia baptismus ianua est omnium sacramentorum[1], mandamus quod cum magna celebretur cautela, maxime in distinctione
uerborum et prolatione, in quibus tota uirtus consistit sacramenti
5　et salus puerorum. Ista enim uerba semper debet proferre sacerdos
sine aliqua syncopatione: 'Petre uel Johannes, ego te baptizo in nomine Patris et Filii et Spiritus Sancti. Amen', semper nominando
puerum uel puellam. Et presbyteri moneant laicos quod in necessitate, cum timetur de morte puerorum, possunt pueros baptizare,
10　dicentes: 'Petre, ego te baptizo in nomine Patris et Filii et Spiritus
Sancti. Amen'. Hoc idem possunt facere pater et mater, cum de uita
pueri dubitatur. Et si uixerit puer taliter baptizatus, ad ecclesiam
apportetur, et ibi catechuminetur et chrismetur, sed non baptizetur,
quia suppleri debet caute quod ex necessitate fuerit pretermissum.
15　Nec in alio liquore baptizetur nisi in aqua. Et si uerba predicta non
essent prolata ut superius dictum est, non dicatur aliquis baptizatus. Et si dubitaretur de aliquo utrum esset baptizatus, baptizetur,
sed sacerdos dicat in prolatione uerborum 'Si es baptizatus, non te
baptizo, sed si non es baptizatus, Petre, ego te baptizo in nomine
20　Patris et Filii et Spiritus Sancti. Amen', quia non debet fieri iniuria
sacramento[2].

[8] Et pro baptismo aliquid non queratur, sed si datum fuerit gratis, recipiatur. Fontes enim cum omni diligentia custodiantur. Et aqua ad plus de octo in octo diebus mutetur, ne putrescat.
25　Et caueant sacerdotes ne de aqua sortilegia fiant. **[9]** Et ultra tres
compatres ad leuandum puerum de sacro fonte non admittantur,
quia matrimonia impediuntur. Et illud presbyteri predicent populo:
quod si maritus leuet puerum de sacro fonte, uxor, que est in domo,
est commater et e conuerso[3]. **[10]** Illud autem non est pretermit-
30　tendum, quod quando laici in necessitate baptizant pueros, sacerdos
debet querere diligenter qualiter dixerint uerba, et si inuenerit ut

---

[1] **c.4** X 3.43.3 (ver la Glosa Ordinaria).
[2] C.15 q.1 c.3; De cons. D.4 c.1-156; X 1.1.1 § 4; X 3.42.1-6.
[3] De cons. D.4 c.100-101, 103-105; C.30 q.4 c.3; X 4.11.4.

---

c.4 1 et eius forma *om.*Ch, quia ianua est omnium sacramentorum primo et
principaliter est uidentum U　　6 aliqua *om.*U　　Johannes] Raymunde uel
Alline Ch　　7 Amen *interl.*Ch　　10 Petre *interl.*Ch, *om.*U　　baptizo *interl.*Ch
11 Amen *om.*Ch, et imponant nomen puero et si non imposuerint imponat ei
postea in cathecismo sacerdos qui supplere debet ea que deficiunt de christianismo
ut infra sequitur statim *añade* Ch *en el margen inferior*　　13 rebaptizetur ChU
14 fuerat U　　17 baptizatus] necne *ad.intel.*Ch　　18-19 non te — baptizatus *om.*Ct *(homograf.)*　　18 non] ego *interl.antep.*Ch　　19 baptizo] rebaptizo
ChU　　22 pro] quod Ct　　25 ne] non BCt　　31 et *om.*BCt

superius dictum est, bene quidem; sin autem, baptizetur, uel si mortuus fuerit, corpus non tradatur ecclesiastice sepulture[4].

[11] Chrisma uero et oleum infirmorum et catechuminorum
35 sub fideli custodia teneantur. Quia semper quolibet anno in Sancta die Iouis, sancta ista sacramenta a solis episcopis benedicuntur, dicimus quod ultra diem illam chrisma uetus et oleum penitus refutentur et ponantur in lampade, et in aqua currenti ampulle lauentur, et nouum chrisma et oleum apportetur[5]. [12] Et in uigilia Pasche
40 et Pentecostes in qualibet parochiali ecclesia generalis baptismus, si baptizandi fuerint pueri, celebretur[6].

[13] 5. *De confirmatione*

De chrismatione in fronte, que fit ab episcopis, precipimus quod sacerdotes moneant populum ad confirmationem, quia post baptismum debent confirmationis suscipere sacramentum. Et adul-
5 ti confirmandi confiteantur et postea confirmentur. Et quia in sacramento confirmationis continetur robur et gratia, et debilitatur penitus inimicus, dicatur laicis ne exspectent diu ad confirmandum aduentum episcopi, sed ducant pueros ad eum uel uadant ubi adesse audierint prope, et quod possint mutari nomina in confirmatio-
10 ne. [14] Et est sciendum quod soli episcopi possunt confirmare, consecrare uirgines, ecclesias dedicare, clericos ordinare, cruces, uestimenta, calices et corporalia benedicere, litteras ordinationis dare, indulgentias facere, secundum canonica instituta. Illud autem est sciendum quod sacramenta baptismi et confirmationis numquam
15 iterantur: etiamsi confirmatus et baptizatus faceret se Iudeum uel Saracenum et postea uellent redire ad fidem catholicam, non baptizarentur nec confirmarentur, quia sufficit contritio in hac parte, cum reconciliatione episcopi[1].

---

[4] De cons. D.4 c.3, 37.
[5] D.25 c.1 § 14; D.95 pc.2, c.3-4; De cons. D.3 c.18; De cons. D.4 c.122-124; X 1.24.2 § 2; 5.40.14; Conc.4 Lat.1215 c.20 (X 3.44.1); Conc.legat.Valladolid 1228 c.6 (TR 3.326); Conc.legat.Lérida 1229 c.10 (TR 3.333-334).
[6] De cons. D.4 c.12-13, 15, 17-18.
[1] **c.5** D.68 c.4; D.95 c.1-2; De cons. D.4 c.119-120; De cons. D.5 c.1-9; X 1.4.4; X 1.15 un. § 7-8.

---

35 teneantur] ne possint a maliuolis usurpari *ad.*ChU   37-38 refutetur et ponatur B   41 celebretur] et mittantur honeste persone pro chrismate *ad.*ChU   **c.5** 1 confirmatione] in fronte *ad.*Ch   2 in fronte — precipimus *texto corrupto en* BChCt   3 quia *om.*Ct   post *marg.*U   4 Et *om.*ChU   6 continetur] confertur ChU   7 dicatur] et *antep.*ChU   16 uellet ChU   16-17 rebaptizaretur ChU   17 nec confirmarentur *om.*U

[15] 6. *De penitentia*

Item, quia penitentia est secunda tabula post naufragium[1], precipimus quod sacerdotes moneant populum quod, si quis deliquerit
mortaliter, recipiat penitentiam a proprio confessore uel a predica-
5 toribus uel minoribus, quibus data est licentia audiendi confessiones. Et circa confessionem curam adhibeant et cautelam, scilicet ut
diligenter inquirant peccata usitata singillatim, inusitata non nisi a
longe per circumstantias aliquas, sic tamen ut expertis detur materia
confitendi. Et sacerdotes cum debent audire confessiones, locum
10 sibi in ecclesia eligant conuenientem ut communiter ab omnibus
uideantur. Extra ecclesiam uero nullus audiat confessiones nisi in
necessitate magna aut infirmitate. Preterea sacerdotes in confessione audienda semper uultum habeant humilem et oculos ad terram,
nec facies respiciant confitentium, maxime mulierum, causa debi-
15 te honestatis. Et patienter audiant que dixerint, in spiritu lenitatis
eis compatiendo. Nec admirentur de commissis, quantumcumque
turpibus, sed eis pro posse persuadeant et pluribus modis ut confiteantur integre, aliter enim dicant eis nihil ualere ad uitam eternam.
Audita autem confessione, semper confessor interroget confitentem
20 si uelit abstinere ab omni peccato, aliter autem non absoluat, nec
penitentiam iniungat, nec inde confidat, moneat eum ut interim
agat quidquid boni potest, quia nisi proponat confitens de cetero
non peccare, non est ei penitentia iniungenda. [16] Et in iniungendis penitentiis caueant sacerdotes quod secundum qualitatem
25 culpe et possibilitatem confitentium penitentias iniungant, quia secundum qualitatem culpe debet esse quantitas penitentie, alioquin
quod minus est requiretur ab eis, quia facilitas uenie incentiuum
tribuit delinquendi. Debent enim iniungere ieiunium, eleemosynas, uenias, orationes, peregrinationes et huiusmodi.
30 [17] Et moneant quod ieiunent Aduentum et Quadragesimam
et dies ueneris, et in sabbatis non comedant carnes nisi in infirmitate. Et statuta ieiunia obseruent, et festiuitates colendas colant, et
decimas et primitias donent, et ad ecclesiam libenter ueniant, et

---

[1] **c.6** De poen. D.1 c.72.

c.6 1 penitentia] qualiter fiat *ad.*Ch   3 quis] aliquis U   6 curam] maximam *antep.*ChU   adhibeant] habeant ChU   7 singillatim] sigillatim *mal*
BCtU   8 aliquam circumstantiam ChU   ut] quod U   11 uero
*interl.*Ch   12 sacerdos BCt   13 semper *om.*Ch   17 persuadeant]
suadeant ChU   20 autem] enim ChU   21 eum] tamen ChU   22 poterit U   23 iniungenda] nam penitentia est commissa flere et flenda non committere *ad.marg.*Ch   25 penitentias] eis BCt   28 retribuit Ch
Debet U   31 sabbatis] quod *ad.*ChU

iura dominis suis integre persoluant, aliter grauiter peccarent, ut sic
35 paulatim ad id quod facere debent inducantur.

[18] Item, dicimus sacerdotibus quod maiora peccata reseruent
maioribus et discretioribus in confessione, sicut homicidia, sacrilegia, peccata contra naturam, incestus, stupra monialium, uota fracta, iniectiones manuum in parentes et huiusmodi. Prouiso tamen
40 quod si peccata enormia fuerint publica, transmittantur huiusmodi penitentes penitentiario episcopi, et in die Cineris ab ecclesia
expellantur et in die Sancto Iouis introducantur, secundum quod
in ecclesiis cathedralibus dignoscitur obseruari. Item, incendiarios,
uerberatores clericorum uel religiosorum, simoniacos et illos qui
45 portant arma Saracenis uel aliquod suffragium contra christianos
eis faciunt, hereticos credentes, fautores, receptatores, defensores
eorumdem, fractores ecclesiarum, qui Deum uel sanctos (et precipue qui beatam Virginem) blasphemant uel maledicunt, omnes episcopo transmittantur. Item, parentes qui inueniunt pueros
50 mortuos iuxta se penitentiario episcopi transmittantur. In dubiis
tamen sacerdotes semper consulant episcopum aut uiros sapientes,
quorum consilio certificati secure soluant uel ligent. [19] Item, in
furto, usura, rapina, fraude sibi caueant sacerdotes ne penitentiam
iniungant, nisi prius restituerint quibus debent, quia non remittitur
55 peccatum nisi prius restituatur ablatum². Nec sacerdos missas aliquas, quas iniunxerit celebrandas, celebret, causa debite honestatis.

[20] Item, in confessione sibi caueant sacerdotes ne inquirant
nomina personarum cum quibus peccauerint confitentes, sed circumstantias tantummodo et qualitates. Et nullus sacerdos ira, odio
60 uel metu mortis audeat reuelare confessionem generaliter uel specialiter, quod si fecerit deponatur. Item, quando sacerdos audit confessionem infirmi, sibi penitentiam innotescat, sed non iniungat,
nisi in peccato restitutionis, sed dicat ei quod, cum sanus fuerit, ad
ipsum reuertatur. Si uero obierit, roget Deum pro eodem, ne sibi
65 paretur laqueus transmigrandi³.

---

² C.14 q.6 c.1.
³ De poen. D.1-7; X 5.38.1-16.

37 sicut] sunt.*ad.interl.*Ch   39 parentes] stupra *ad.* B, atque in clericos *ad.*
*marg.*Ch   44 et illos *interl.*Ch   45-46 uel aliquod — faciunt, *interl.*Ch,
*om.*U   47-48 qui Deum — maledicunt *interl.*Ch   49 Item] dicimus quod
*ad.*Ch   52 soluant securius aut ChU   53 fraude] ualde *mal* BCt   54 resti-
tuerint] fiat restitutio U   debet U   55 prius *interl.*Ch, *om.*U   sacerdos aliquis missas ChU   56 honestatis] nec pro uiuis tricennale uel annuale celebretur
*ad.*Ch, De confessione *como rúbrica ad.*Ch   59 ira] uel *ad.*ChU   60 mortis]
in aliquo *ad.*ChU   reuelare] releuare BCt   63 ei *interl.*Ch

[21] Item, prouideat sacerdos quod quilibet parochianus confiteatur generaliter semel in anno, scilicet in Quadragesima, ita quod non exspectent finem Quadragesime, et postea communicent in festo Pasche, alioquin procedat in pena secundum formam conci-
70 lii generalis, que talis est: uiuens arcebitur ab introitu ecclesie, et moriens carebit ecclesiastica sepultura. Et hoc ut melius ualeat obseruari, precipimus quod rectores ecclesiarum per se audiant confessiones parochianorum suorum, et non per conductitios, nisi forte in necessitate, uel sit certus de predicatoribus uel minoribus qui eas
75 audiuerint a predictis parochianis, ne ipsorum parochianorum fraude uel malitia Ecclesia illudatur. Et ut de parochianis confitentibus possit esse certus, omnia parochianorum nomina in uno memoriali conscribat. Et quia clerici parochiales predicare debent non solum uerbo sed etiam exemplo, statuimus quod predicti clerici ad minus
80 semel in anno confiteantur generaliter de peccatis suis nobis uel penitentiario nostro uel alicui fratri predicatori uel minori, qui nos de sua confessione certificet secundum formam quam super his certificandis, tam in clericis quam in laicis, duxerimus ordinandum[4].

[22] 7. *De extrema unctione*

Quia de unctione extrema, que datur in extremis laborantibus, nihil in ecclesiis obseruabatur, dicimus quod de cetero omnibus in egritudine constitutis tradatur, et a sacerdotibus in ecclesiis publi-
5 ce predicetur. Et in die Sancto Iouis quilibet sacerdos parochialis mittat pro oleo infirmorum, catechuminorum et chrismate sancto tres ampullas. Et cum omni reuerentia oleum sanctum ad infirmos deferatur, et eos ungant sacerdotes cum magno honore et orationum celebritate, que ad hoc sunt institute. Et nihil inde penitus
10 exigatur, siue a paupere siue a diuite, sed si quid gratis datum fuerit, accipiatur. Illud tamen notandum quod istud sacramentum tantum prestatur adultis, et sicut penitentia iteratur, ita et istud sacramentum. Nec obligat aliquem quin, si conualuerit post unctionem,

---

[4] Conc.4 Letran 1215 c.21; COD 245; X 5.38.12. Ver la ed. de A. García y García, *Constitutiones Concilii quarti Lateranensis una cum commentariis glossatorum* (Monumenta Iuris Canonici. Series A: Corpus Glossatorum, vol. 2. Città del Vaticano 1981) 67-68, con el aparato crítico, y 208-209, 314-316 y 428-429 con los comentarios de los glosadores.

66 Item] De confessionibus parochianorum *antep.*U   67 semel] saltem *antep.*U
69 procedatur U   70 generalis *om.*U   75 ipsorum] ipsa BCt   76 Ecclesia] ecclesie BCt   77 omnia] omnium U   82 certificent U
c.7 3 obseruabatur *interl.*Ch   4 constitutis] positis U   4-5 publice]
publicetur Ch^ac   7 sanctum] et *ad.*Ct   11 istud] illud U   tantum
*interl.*Ch   12 prestatur] prestandum est Ch

accedere debeat ad uxorum[1]. **[23]** Item, dicimus quod sacerdotes
15 parochiales omnes librum habeant in quo continetur ordo extreme
unctionis, catechismi, baptismi et huiusmodi, qui dicitur *Manuale*
et *Odinarium* officiorum Ecclesie, secundum usum et modum qui
obseruatur in Ecclesia Maiori.

[24] 8. *De Corpore et Sanguine Christi*

Quia Corpus Christi consueuit dari infirmis, dicimus quod
cum reuerentia deferatur, cum lumine et campanella, et sacerdos
qui portauerit induat superpellicium et stolam, et det infirmo. Et
5 si infirmus facit forte uomitum, recognoscat Corpus, et non det ei.
Et cum reuertitur ad ecclesiam, campanella non pulsetur, nisi Corpus portaret. Et admoneant populum sacerdotes quod cum uiderint
Corpus uel audierint campanellam, omnes se inclinent uel genua
flectant ob reuerentiam Iesu Christi. Nec presbyteri permittant
10 diaconos deferre Corpus Christi infirmis, nisi in necessitate, cum
absens fuerit sacerdos. Sed semper deferant sacerdotes cum magna
reuerentia et maturitate in calice uel in pixide, multum honeste. Et
dicant psalmos penitentiales cum litania pro infirmo in eundo et
redeundo, et alias orationes secrete, sic enim debitum soluant pro
15 infirmo[1].

[25] Item, dicimus quod honor maximus exhibeatur altaribus,
et maxime ubi Corpus Christi reseruatur et missa celebratur. Et in
media parte altaris cum summa diligentia et honestate, sub claue,
si fieri potest, Corpus Domini custodiatur. Item, nulli clericorum
20 permittatur seruire altari, nisi cum superpellicio uel capa rotunda.
Nec aliquis sit ausus bis in die celebrare missam nisi ex magna
necessitate, et tunc non recipiat in prima missa, post communionem, uinum. Item, nec aliquis presumat missam celebrare, nisi
prius Matutinas dixerit canonicas et Primam, aliqua necessitate
25 <excepta>. **[26]** Et linteamina altaris et indumenta sacerdotalia
sepe abluantur ob reuerentiam et presentiam Iesu Christi et totius

---

[1] **c.7** D.95 c.3; X 1.15.un. § 1-2; X 5.40.14.
[1] **c.8** D.93 c.18; De cons. D.2 c.29; X 3.41.10; Conc.legat.Valladolid 1228 6.2
(TR 3.326).

---

16 catechismi] catechumeni et Ch   baptismi *om*.Ct   17 usum] alias morem
*ad.interl.*Ch   modum] morem U
c.8 1 et Sanguine *om*.ChU   3 reurentia] magna *antep.*ChU   5 facit]
faciet Ch   6 cum] si BCt   8 se *om*.U   13 psalmos] septem *antep.*ChU
14 persoluant ChU   19 Domini] Christi Ch   clericorum] clerico ChU
24 prius] primo ChU   25 excepta *om*.Q   Et *interl.*Ch

curie celestis, que cum eo presens est quotiens missa celebratur[2].
Calices etiam unde infirmi communicant decenter et munde custodiantur, ut deuotius communicent infirmi. Ampulle quoque
30 uini et aque in ministerio altaris munde et integre habeantur, et
una ab altera cognoscatur.

[27] Item, prohibemus sacerdotibus ne habeant secum prolem
ad seruitium altaris, propter scandalum. Et de octo in octo diebus
renouetur Corpus Christi, ne sui uetustate aliqui a Dei deuotione
35 remoueantur. Et si ecclesia fuerit interdicta, sacerdos secreto, clausis
ianuis, celebret missam ut renouet, et quod superfluum inuenerit
cum magna diligentia recipiat. Item, dicimus quod in primo Memento de sacra sacerdotes habeant memoriam pro benefactoribus
uiuis, in secundo pro mortuis. Et cum inceperint *Qui pridie,* non
40 statim eleuent manus alte, sed ante pectus teneant donec dixerint
Hoc est enim Corpus meum, et tunc eleuent caute, ita ut possit uideri
ab omnibus, quia tunc est Corpus Christi ibi, et predicetur populo
quod tunc omnes flectant genua et adorent Corpus Christi. Et licet
totum canonem debeant dicere cum diligentia et maturitate, ab illo
45 loco *Qui pridie* usque *Vnde et memores, Domine* cum maiori deuotione et sollicitudine precipimus obseruari, quia omnia illa uerba
fere sunt de substantia sacramenti.

[28] Item, dicimus quod uinum rubeum potius quam album
ministretur in calice propter aque similitudinem, et purum et bo-
50 num, et non ineptum, ad reuerentiam Iesu Christi. Item, corporalia
munda et nitida teneantur, et ad morem Cistertii fiant de cetero ac
etiam incidantur. [29] Et si quid de Sanguine Domini ceciderit super corporale, recindendum est ipsum corporale et in loco reliquiarum honorifice reponendum. Si super pallas uel super casullam uel
55 uestimentum, abluantur in aqua et partes ille postea comburantur

---

[2] De cons. D.1 c.40; Conc.4 Lat.1215 c.19-20 (X 3.44.1-2); Conc.legat.Lérida
1229 c.10 (TR 3.333-334).

---

28 etiam *om.* U mundi ChU 30-31 munde — cognoscatur] propter scandalum nitide teneantur U 30-33 munde — scandalum] propter scandalum
nitide teneantur et una ab altera cognoscatur. Item prohibemus sacerdotibus ne
habeant secum prolem in seruitio altaris propter scandalum laicorum euitandum
*marg.*Ch 34 renouent ChU 34-35 ne sui — remoueantur *om.*U 36 re-
nouet] et renouet Corpus Christi *ad.interl.*Ch quod superfluum inuenerit]
totum Corpus quod remanserit U 37 Item] De primo memento *antep.*
como rúbrica Ch 39 uiuis *interl.*Ch 41 enim *om.*U ita *interl* Ch
44 diligentia] magna *antep.*ChU 45 Vnde — Domine] Supra que propitio ChU 47 fere] sacra U 48 Item] De uino *antep.como rúbrica* Ch
rubeum] et non ineptum *antep.*Ch[ac] 49 similitudinem] solicitudinem Ch[ac]
50 ad] ob ChU 51 et[2] *interl.*Ch fiant] hostie *ad.interl.*Ch 54 repo-
nendum] reseruandum ChU 54-55 casullas uel uestimenta U 55 aqua]
currenti *ad.interl.*Ch

et cinis in sacrario ponatur. Et si musca uel aranea casu contigente super calicem ceciderit, si uiua fuerit uel mortua, caute extrahatur et comburatur et cinis in sacrario reponatur[3]. [30] Si autem infirmus recepto Corpore uomitum fecerit, in uase aliquo recipiatur,
60 uel, si uas haberi non poterit et in terra uomitum fecerit, locus radatur et totum in aqua proiciatur. Tamen caueat sacerdos, cum dat Corpus, quod querat utrum infirmus consueuerit facere uomitum, ut seruet quod superius dictum est, et etiam moneat quod si contingerit infirmum uomitum facere, in uase recipiatur[4]. [31] Item,
65 dicimus quod Corpus Christi non tradatur illis, qui suspenduntur uel debent iustitiari, nisi impunitas promittatur usque ad quatuor dies post sumptionem Sacramenti, ob scandalum laicorum, sed si adorare uoluerint, adorent et recognoscant. Tradi autem possunt ecclesiastice sepulture, si fuerit de principis uoluntate.
70 [32] Missam uero ultra meridiem nullus cantet, nisi in uigilia Pasche, nec de nocte, nisi in Natiuitate Domini[5].

[33] 9. *De matrimonio*

Item, quia matrimonium est apud omnes gentes, dicimus quod cum honore et reuerentia celebretur et in facie Ecclesie, non in risu uel in ioco, ne contemnatur. Et per octo dies antea dicat sacerdos in
5 ecclesia, sub pena excommunicationis, quod talis uult talem ducere in uxorem. Et si sciunt impedimentum consanguinitatis uel adulterii uel affinitatis carnalis uel spiritualis, ueniant coram eo, alias peccarent mortaliter, et non audirentur nisi infra illos octo dies dixerint que sciunt. Et sacerdotes querant ad ostium ecclesie si est aliquis
10 qui sciat impedimentum; et si dicatur non, desponset eos per uerba de presenti, recipiendo annulum primo a manu mariti, et dicat: Ego Petrus recipio te Bertam in uxorem et trado me ipsum tibi in legalem uirum; et ita ponat annulum in quarto digito mulieris, dicendo: In nomine Patris et Filii et Spiritus Sancti. Amen. Eodem
15 modo faciat uxor ut dicitur de marito. Et sic est matrimonium confirmatum.

[3] De cons. D.2 c.27.
[4] De cons. D.2 c.28.
[5] De cons. D.1 c.48.

56-58 Et si musca — reponatur *marg.*Ch   57-58 extrahatur et *interl.*B, *om.*Ct
62 quod querat *interl.*Ch   65 illis] istis Ch   66 quatuor] tres uel *antep.*ChU
67 sumptionem] susceptionem ChU   68 et] ac etiam ChU   70 Domini *om.*U
c.9 4 antea] uel per tres ad minus si necessitas urgeat *ad.*U   5 ecclesia] tali
hora quod parochiani sint presentes *ad.*U   7 eo] et dicant *ad.*U   8 octo *om.*U
9 sciunt *marg.*Ch   13 *desde* digito mulieris *falta el texto en* U   15-16 confirmatum] consummatum Ch

[34] Et prohibeant sacerdotes ne fiant clandestina matrimonia, nec dent sibi ad inuicem fidem de contrahendo matrimonio, nisi coram sacerdote et coram pluribus hominibus, quia ex hoc multa mala 20 consueuerunt uenire. Item, dicimus, sub pena excommunicationis, ne sortilegia fiant nec maleficia nec ligationes, que fiunt per maleficas mulieres. Et qui sciunt impedimenta matrimonii dicant, sicut est: uotum, ordinem, consanguinitatem, affinitatem, disparem cultum, compaternitatem et huiumodi. Nec in casu dubio sacerdotes audeant 25 perficere matrimonia episcopo inconsulto, sed ad eum referant semper omnes matrimonii questiones. Item, dicimus sacerdotibus ne aliquid exigant ante benedictionem nuptialem, nec ante sepulturam siue pro matrimonio celebrando. Sed celebratis nuptiis, exigant fercula sua, si necesse fuerit, uel mortuarium, quia post licite facere possunt, con- 30 suetudine tolerante. Item, dicimus quod aliquis coniugum non intret religionem uel recipiatur, episcopo inconsulto. Dicimus sacerdotibus ut, cum aliquis confitetur eis se fidem dedisse alicui mulieri de matrimonio contrahendo cum ea, et, fide data, cognouit eam, non dent ei licentiam contrahendi cum alia, quia carnalis copula cum illa cui 35 fidem dedit, matrimonium consummauit. Nec intersint clandestinis matrimoniis, nisi in multorum presentia, facta denuntiatione, ut supra dicitur[1]. Et sciant sacerdotes et clerici parochiales quod si circa ista matrimonia prohibenda negligentes exstiterint, et denuntiationes ut dictum est facere non curauerint, uel talibus clandestinis matrimoniis 40 interfuerint, iuxta generale concilium per triennium ab officio suspendantur, et alias nihilominus grauius puniantur, quia qui male agit odit lucem[2]. [35] Item, dicimus sacerdotibus ne faciant nuptias ab Aduentu Domini usque ad festum beati Hilarii, et tunc faciant usque ad dominicam Septuagesime. Et ex tunc cessent usque ad dominicam 45 de Quasi modo, et ex tunc faciant usque ad dominicam de Vocem iucunditatis, que precedit festum Ascensionis Domini. Et tunc cessent continue per tres septimanas usque ad dominicam de Trinitate, et ex tunc celebrent nuptias usque ad dominicam de Aduentu. Hoc prouiso, quod prima dominica Aduentus, que inducit prohibitionem, in- 50 telligatur prohibita, et festum sancti Hilarii, quod inducit permissionem, intelligatur concessa, et sic de aliis[3]. [36] Item, dicimus quod

[1] c.9 C.30 q.5 c.1-6, pc.9; X 4.1.27; Conc.4 Lat.1215 c.51 (X 4.3.3).
[2] Jn 3,20.
[3] C.33 q.4 c.8-11; X 2.9.4.

19 hominibus] facta prius denuntiatione ut dicitur *ad.marg.*Ch   20 euenire Ch
30 tolerante] celebrante BCt, De coniugatione *ad.como rúbrica* Ch   33 cum ea
*interl.*B   34 quia] quoniam sequens Ch   35 fidem *interl.*Ch   36-41 facta — punientur *marg.*Ch   47-48 de Trinitate — dominicam *om.*Ct *(homograf.)*
51 Item] De uoto mulierum *antep.como rúbrica* Ch

mulieres uotum non faciant nisi cum magna deliberatione animi, et tunc faciant uirorum assensu et consilio sacerdotum[4].

[37] 10. *De ordinibus clericorum*

Item, quia in ordinibus recipiendis multa ueniunt pericula, dicimus quod quarta feria Quatuor Temporum omnes ordinandi archidiaconibus se presentent, ut tam de uita, quam de moribus,
5 quam de scientia possit fieri scrutinium diligenter: utrum cantent uel legant uel sint legitimi uel loqui sciant latinis uerbis, sic quod cum diligentia sint examinati et probati die ueneris qualiter in domo Domini conuersari debeant. Et dicimus clericis et precipimus quod ad ordines suscipiendos et synodum honeste ueniant, tam in
10 uestibus quam in coronis. Nec aliquid dent uel promittant archidiaconibus uel eorum clericis uel episcopo uel clericis episcopi, ut ordinentur, quia simoniacum esset. Item, quod aliquis non recipiat ordines nisi fuerit nomen eius scriptum in matricula archidiaconi, de conscientia episcoporum, quia excommunicati essent. Item, dici-
15 mus archidiaconis ne presentent clericos aliorum episcopatuum sine litteris episcoporum propriorum, quas tradant episcopo cum sigillo pendenti. Et nomina omnium clericorum qui fuerint ordinandi tradantur episcopo, et apud ipsum in matricula reponantur. Item, dicimus quod religiose persone que habitum receperint aliorum
20 episcopatuum uel nostri, non se presentent sine litteris sui maioris. Item, dicimus quod nullus presentetur ad quartum gradum, nisi loqui sciat latinis uerbis. Et ut possint habere doctorum copiam sicut statutum est, semper in cathedrali ecclesia detur portio magistris[1].
[38] Item, dicimus quod nullus sacerdos habeat in domo sua
25 aliqua occasione mulierem, nisi sit mater aut soror, nisi esset per-

[4] C.33 q.5 c.3-6, 11, pc.20.
[1] c.10 D.37 c.12; Conc.3 Lat. 1179 c.18 (X 5.5.1); Conc.4 Lat.1215 c.11 (X 5.5.4); X 5.5.5; Conc.legat.Valladolid 1228 c.3 (TR 3.325); Conc.legat.Lérida 1229 c.6-7 (TR 3.331-332; Pons Guri 14-15).

53 faciant *interl.*Ch
c.10 1 clericorum *om.*Ch   6 uel[1]] et Ch   7 et *om.*Ct   8 debeant] ualeant Ch, aliter debeant *interl.ad.*Ch   dicimus *interl.*Ch   9 ad *om.*Ct   suscipiendos *marg.*Ch   10 dent *interl.*Ch   promittant] permittant B   12 quod] dicimus Ch   13 archidiaconi] archidiaconorum Ch   14 episcoporum] ipsorum Ch   Item] de presentatione clericorum *ad.como rúbrica* Ch   18-20 Item — maioris *om.*Ch *(homograf.)*   20 se presentent] representant BCt   22 latinis uerbis] latinum Ch   sicut *interl.*Ch   23 semper] quod *antep.*Ch   magistris] Item dicimus quod religiose persone que habitum receperunt aliorum episcopatuum uel nostri non presententur sine litteris sui maioris *ad.*Ch

sona de qua nulla suspicio possit haberi[2]. Item, dicimus clericis habentibus ecclesias quod portionarios non ponant in ecclesiis, episcopo inconsulto. Nec aliquis clericus sit ausus recipere decimas, nisi
per episcopum. Item, dicimus quod nullus faciat pactum aliquod
30   <cum> patronis super facto ecclesiarum antequam sit episcopo presentatus, uel etiam post sine conscientia episcopi. Nec admittatur
aliquis ad predicandum, nisi sit authentica persona, uel ab episcopo
missa uel licentiata[3].

[39]   11.   *Qualiter christiani orare debent*

Exhortentur sepe presbyteri populum ad dicendum Orationem
dominicam et Credo in Deum et beate Virginis salutationem, et
quod doceant filios Orationem dominicam et Credo in Deum et
5   salutationes <beate Marie>. Et in aliqua parte sermonis aliquando
exponant fideliter populo Symbolum fidei, et eis diligenter distinguant articulos fidei et confirment auctoritatibus et rationibus sacre
Scripture, pro posse et scientia sua, propter laicos instruendos et
hereticos et corruptores fidei confundendos.

[40]   12.   *De uita et honestate clericorum*

Item, prohibemus uniuersis clericis ludere cum taxillis, uel interesse spectaculis et choreis mulierum, uel intrare tabernas causa
potandi, uel sine socio intrare domos mulierum suspectarum aut
5   discurrere per uicos et plateas, et ire quotidie ad mercata, cum non
subesset causa. Nec suspensioni latronum nec combustioni hominum aliquorum nec sanguinis effusioni intersint[1]. [41] Item,
moneant populum quod illi qui ueniunt ad uigilias ecclesiarum
caute et honeste se habeant. Nec permittant choreas facere in ce-
10   meteriis uel ecclesiis, uel turpes cantilenas cantare. Nec in ecclesia
fiant coniurationes aque feruentis uel ferri candentis uel aque frigi-

---

[2]   Conc.1 Lat.1123 c.7 (COD 191); D.23 c.3; D.32 c.16-17; D.34 c.1; D.81 c.20-
21, 24-28, 31; X 3.2.1, 9.
[3]   D.43 c.1; Conc.legat.Lérida 1229 c.5 (TR 3.331; Pons Guri 13, c.4).
[1]   **c.12** Conc.4 Lat.1215 c.15-16 (X 3.1.14-15); Conc.legat.Lérida 1229 c.9 (TR
3.333).

26 haberi] de illis qui habent ecclesias *ad.como rúbrica* Ch   30 cum *om.*Q
facto] sacro B   31 uel etiam — episcopi *interl.*Ch   33 missa uel licentiata] uel
archidiacono sit missus Ch
c.11 1 Qualiter — debent] De doctrina Ch   5 beate Marie *om.*Q   ali-
quando] aliqua BCt
c.12 1 De — clericorum *om.*Ch   6-7 hominum] etiam Ch   10 uel
turpes — cantare *interl.*Ch   ecclesia] ecclesiis Ch

de coniurate², quia omnia ista superstitiosa sunt penitus et contra Deum. **[42]** Item, nullus clericus fide iubeat Iudeo uel feneratori, nec obliget calicem uel uestimenta uel pallas altaris uel libros
15 Iudeis uel aliis, nisi in casibus licitis et de licentia episcopi. Item, dicimus clericis quod immobilia non alienent aliquo casu, episcopo inconsulto. Et fiat inuentarium de omnibus possessionibus ecclesie, et scribant omnia in missali, ut, cum episcopus uel archidiaconus uidere uoluerint, meliorata inueniant. Nec aliquis faciat mutuum
20 super ecclesias, episcopo inconsulto, quia satis est quod clerici habeant reditus ecclesiarum, nec obligent sine causa, quam episcopus debet scire. **[43]** Item, dicimus sacerdotibus uel habentibus curam quod nullus renuntiet nisi in manu episcopi, et, cum uenerint ad synodum, perquirant parochiam et uisitent infirmos et dent peni-
25 tentiam eisdem, exponendo eis qualiter tenentur ire ad synodum, ut si interim morerentur, sine penitentia non decederent; a qua synodo cum reuenerint, non requisiti uisitent infirmos et faciant quod saluti animarum uidebitur expedire.

    [44] Item, dicimus quod questores, quantumcumque portent
30 litteras domini pape uel archiepiscopi uel aliorum episcoporum, non admittantur ad predicationem, nisi expressas litteras habuerint ab episcopo; sed ipsi sacerdotes legant litteras indulgentiarum et exponant populo, quia in predicatione huiusmodi questorum hereses intelleximus predicari. Quomodo enim predicabunt, nisi mittan-
35 tur? Item, dicimus quod fratres predicatores et minores honorifice a clericis recipiantur, et eis in necessitatibus subueniatur, hoc idem populo exponatur.

    [45] Item, dicimus quod si festum fuerit die lune quod habeat ieiunium, precedenti sabbato ieiunetur³. Festiuitates autem beati
40 Francisci, beati Dominici ac sancti Antonii, quas sanctorum catalogo nouimus ascriptas, festiuari precipimus et nouem inde fieri lec-

² Conc.4 Lat.1215 c.18 (X 3.50.9); X 5.35.1-3.
³ X 3.46.1-2.

---

12 penitus *interl.* B   15 uel aliis — episcopi *interl.*Ch   15-22 Item — scire *om.*Ch *(que lo traslada a después de* expedire, *en* lin.28)   27 reuenerint] uenerint Ch   28 expedire] Item dicimus clericis quod immobilia non alienent aliqua causa, episcopo inconsulto. Et faciant inuentarium de omnibus possessionibus ecclesie, et scribant omnia in missali, ut, cum episcopus uel archidiaconus uidere uoluerint, meliorata inueniant. Nec aliquis faciat mutuum super ecclesias, episcopo inconsulto, quia satis est quod clerici habeant reditus ecclesiarum, et non obligent sine causa, quam episcopus debet scire *ad.*Ch *(texto que omitió en las líneas* lin. 15-22)   31-32 habuerint — litteras *om.*Ct *(homograf.)*   32-33 exponant] in *ad.*BCt   33 huiusmodi] huius BCh   38 quod²] que BCt

tiones[4]. Item, dicimus quod clerici pannos listatos non portent, nec manicas sutas, nec sotulares rostratos, et maxime presbyteri[5].

[**46**] Item, dicimus quod in Quadragesima dicantur semper
45   nouem lectiones pro defunctis, exceptis festiuitatibus nouem lectionum; diebus aliis feriatis, tres, uel secundum quod erit de consuetudine. Et ad Horas beate Virginis non sedeant, neque ad Magnificat nec ad Nunc dimittis et Benedictus et Quicumque uult, et semper assurgant ad Gloria Patri. Et ubi plures clerici fuerint, semper unus
50   leuet psalmos, et punctantes sine sincopa legant psalmos ac etiam lectiones. In festiuitatibus uero cantent honorifice et decenter, et semper cantetur Gloria in excelsis Deo in dominicis diebus et festiuis, exceptis diebus dominicis Quadragesime et Aduentus. Credo autem in unum Deum numquam cantetur, nisi dominicis diebus
55   et festiuitatibus apostolorum et duplicibus festis; causa tamen reuerentie Domine nostre, in sabbato cantari potest. [**47**] Item, dicimus quod quilibet sacerdos cum audierit mortem sui parochiani, roget Deum pro eo. Et quilibet portet ad synodum nomen siue nomina clericorum qui decesserint in anno in sua parochia, et ibi quilibet
60   absoluat eos. Processiones autem pro defunctis fiant semper diebus lune, nisi festiuitas occurrerit nouem lectionum.

[**48**] Item, dicimus quod quilibet sacerdos caute et diligenter inquirat in sua parochia quis male uiuat, et, si inuenerit, eum corrigat ter uel quater monendo, et nisi resipuerit, interdicatur persona;
65   ad maiorem penam de consilio episcopi nichilominus processurus. [**49**] Item, dicimus quod Quatuor Tempora mandentur semper ieiunari, quorum ieiunium est primum in Aduentu, secundum in Quadragesima, tertium in festo Pentecostes, quartum in mense septembris. Et possunt sciri per hos uersus:

70   Vult Crux, Lucia, Cinis et Carismata dia,
        ut det uota pia quarta sequens feria.

Et ieiunent in cibo quadragesimali, in diebus autem Litaniarum possunt comedere caseum et oua, Ascensionis uigilia excepta.

---

[4] Conc.prov.Tarragona 1239 c.7 (TR 3.367-368; 6.31; Pons Guri 39, 46); primer concilio de Pedro de Albalat en 1239 c.7 (TR 6.31).
[5] D.23 c.22; D.41 c.8; C.17 q.4 c.25; C.21 q.4 c.1-5; X 1.6.15; X 3.1.4-5, 7, 15; X 5.39.35; Conc.legat.Valladolid 1228 5.3 (TR 3.326); Conc.legat.Lérida 1229 c.9, 24-25 (TR 3.333, 338-339).

---

43 sutas] suticias Ch   45 lectiones] de *ad.*Ct   48 et[3] *om.*BCt   57 mortem] obitum Ch   58 synodum *interl.*Ch   69 sciri] scribi BCt

3. Sínodo de Bernardo de Villagranada, arcediano, sede vacante, 18 de octubre de 1242

Muerto Berenguer de Palou a finales de agosto de 1241, la sede de Barcelona continuaba vacante al año siguiente para el sínodo de S. Lucas de 1242. Y este año el cabildo no acudió al metropolitano de Tarragona, como hizo en 1241, para la celebración del sínodo, sino que lo presidió el arcediano[1], en conformidad con lo establecido en el ya mencionado concilio legatino de Lérida de 1229. Acerca de lo tratado en este sínodo de 1242 tenemos dos versiones distintas. S. Puig y Puig nos informa que «durante la vacante (se refiere a la vacante por la muerte de Berenguer de Palou), el arcediano en el sínodo del día de San Lucas del año 1242 dictó las siguientes constituciones: Que los sacerdotes que tengan cura de almas amonesten frecuentemente al pueblo, bajo pena de privación del ingreso en la iglesia durante su vida y de sepultura eclesiástica en la muerte, el precepto de confesar y comulgar al menos una vez en el año; que todos los sacerdotes inquieran en el tribunal de la penitencia acerca de los herejes, sus cómplices, receptores y fautores, los denuncien fielmente y sin demora, viniendo con los penitentes al arcediano o a su oficial, el canónigo Bertán Delfín, o si el penitente se negara a que su manifestación fuese revelada, el mismo confesor requiera el consentimiento del obispo o su oficial para denunciarlo sin revelar la persona del penitente; que todos los sacerdotes amonesten atentamente al pueblo a deponer *huiusmodi ornamentum, scilicet aurifrigium et armulium positum in vestibus ... inordinatum,* y que en adelante no lo lleven, amenazándoles al efecto con la indignación de la Majestad del Señor; que nadie proceda *ex abrupto* a la excomunión, sin avisar al interesado hasta la tercera monición, y que antes de excomunicarle le prive del ingreso en la iglesia y de la participación de los sacramentos»[2]. Pero J. Sanabre dice: «El año siguiente, 1242, estando vacante la Sede de Barcelona, atendido lo establecido por el Cardenal Sabinense, fue celebrado nuevamente sínodo, convocado y presidido por el Arcediano de la catedral, como lo indica el titular de estas *Constitutiones edite ab archidiacono Barcinonensi in syndo sancti Luce, 1242*. Los títulos de estas ordenaciones —continúa Sanabre—, son los siguientes: *De cathedratico seu denariis synodalibus solvendis. Quod rectores teneantur habere constitutiones has et antiquas. De honestate vestium clericalium. Quod clerici omni anno ad synodum veniant. De fratribus minoribus et predicatoribus procurandis. Quod habeant orationes beati Dominici et beati Francisci*[3], y cita su fuente[4]. Evidentemente que estos dos textos en nada se parecen y no pueden proceder ambos del mismo sínodo. Pero las rúbricas de Sanabre aparecen en algunas constituciones de otros sínodos en nuestra edición, como es fácil comprobar. El códice de nuestra sigla B, o Libro de la Cadena, trae para este sínodo de S. Lucas de 1242 un texto claramente datado, que coincide con las rúbricas de S. Puig, el mismísimo texto, como suele ocurrir casi siempre, se encuentra en el

---

[1] Que se llamaba Bernardo de Villagranada, J. Villanueva, *Viage literario* XVII.217. Este B. de Villagranada firma por Barcelona, en sede vacante, las actas del concilio provincial de Tarragona de 5 de mayo de 1243: «B. de Villagranada, archidiacono por ecclesia Barcinonensi, pastore vacante» (TR 6.37; Pons Guri 51).

[2] S. Puig y Puig, *Episcopologio de la sede Barcinonense*, 202.

[3] J. Sanabre, *Los sínodos diocesanos*, 12.

[4] La fuente que cita Sanabre en este caso es: «Constitutiones Tarragonenses, fol. 192». Este códice que cita Sanabre es el de nuestra sigla Ct y el folio 192v citado es correcto. Pero el contenido no es verdad, quizá por algún descuido o distracción.

códice Ct o Constituciones Tarraconenses que menciona J. Sanabre, e igual texto aparece en el códice de la sigla Ch, aunque en este caso sin encabezamiento y sin datación alguna.

Tradición manuscrita: B fol.133rab (texto base), Ch fol.59rv; Ct fol.192v-193r.

[1] *<Inscriptio>*

Incipiunt constitutiones edite ab archidiacono Barcinone in synodo sancti Luche, anno Domini m.ccxl.secundo

[2] 1. *<De annua confessione et communione paschali>*

Precipimus firmiter omnibus sacerdotibus habentibus curam animarum quatenus frequenter moneant populum suum ad confessionem faciendam, exponentes populo sibi commisso quod si 5 quis confiteri ad minus semel in anno et communionem recipere neglexerit, uiuens ab ingressu ecclesie arceatur, et moriens careat ecclesiastica sepultura[1].

[3] 2. *<De inquisitione hereticorum facienda>*

Item, precipimus omnibus sacerdotibus quod in penitentiis diligenter inquirant de hereticis et in sabbatatis credentibus, receptatoribus et fautoribus eorumdem. Et si quid inuenerint, fide-5 liter scribant, et sine mora cum illo uel cum illis qui hoc confessi fuerint ueniant ad nos uel ad Bertrandum Delfinum, et que super hoc inuenerint manifestent. Si uero confessus noluerit consentire quod dictum eius reueletur episcopo uel uel eius uicario, ipse sacerdos nihilominus requirat consensum episcopi uel officialis eius, non 10 specificata persona confitentis[1].

---

[1] **c.1** Conc.4 Lat.1215 c.21 (X 5.38.12); Conc.legat.Lérida 1229 c.10 (Pons Guri 17; TR 3.334, donde es el c.11); Conc.legat.Valladolid 1228 c.7 (TR 3.326).
[1] **c.2** Conc.prov.Tarragona 1230 c.5 (Pons Guri 33).

Inscr. 1 Inscriptio *om.*Q   2-3 Incipiunt — secundo *om.*Ch
c.1 1 De — paschali *om.*Q   4 faciendam] audiendam BCt
c.2 1 De — facienda *om.*Q   6 que] quod Ch   super] semper Ct

[4] 3. *<Quod aurifrigium et armulium a uestibus deponantur>*

Item, precipimus quatenus omnes sacerdotes moneant attente populum ad deponendum huiusmodi ornamentum, scilicet aurifri-
5 gium et armulium positum in uestibus, positum inordinate, et de cetero non portandum, indignationem maiestatis Domini comminando.

[5] 4. *<Ne ex abrupto procedatur ad excommunicationis sententiam faciendam>*

Precipimus etiam ne aliquis ex abrupto procedat ad excommunicationis sententiam faciendam, sed potius moneat committentem
5 trina admonitione competenti premissa, et tamen antequam procedat ad excommunicationem, amoueat eum ab introitu ecclesie et participatione sacramentorum[1].

4. Sínodo de Pedro de Centelles, 1 de marzo de 1244

Pedro de Centelles se educó desde niño en la escuela catedralicia de Barcelona, a la que lo ofrecieron sus padres Gilaberto y Suarina el 10 de junio de 1198. A la muerte del obispo Berenguer de Palou II (23 de agosto de 1241), Pedro de Centelles tenía el cargo de sacrista en el cabildo barcelonés, que por una notable mayoría de votos lo eligió para la sede episcopal, según consta en un decreto de octubre de 1241. Pero la aceptación de la elección episcopal por parte de Pedro de Centelles y la confirmación pontificia de la misma resultó muy azarosa y no concluyó hasta el 15 de octubre de 1243. Resulta que Pedro de Centelles no quería aceptar la elección para la sede episcopal porque él tenía un voto secreto de ingresar en la orden de predicadores. Tras diversos avatares que omitimos, el día 4 de julio de 1243 el papa Inocencio IV, por letras expedidas en Agnani, mandó al arzobispo de Tarragona que si encontraba que la elección del sacrista Pedro de Centelles para la sede episcopal de Barcelona era conforme a derecho y que la persona elegida era idónea, que confirmase la elección. El día 15 de octubre de 1243, después de la profesión religiosa de Pedro de Centelles en la orden dominicana, que tuvo lugar en el monasterio de San Cugat del Vallés, el arzobispo de Tarragona confirmó con autoridad apostólica la elección de fray Pedro de Centelles para la sede episcopal

---

[1] **c.4** C.11 q.3 c.8; C.17 q.4 c.21 § 3, c.23, C.23 q.5 c.26; C.24 q.3 c.15.

---

c.3 1-2 Quod — deponantur *om.*Q   5 positum² *om.*Ch   6 portandum] portant BCt
c.4 1-2 Ne — faciendam *om.*Q   3 ne] quod Ch   4 sed *om.*Ct

de Barcelona[1], que ocupó hasta su muerte, acaecida el 28 de marzo de 1252[2]. La más gloriosa página de su pontificado la constituyen sus célebres sínodos de 1243, 1244 y 1245, que proclamarán perdurablemente su sabiduría, su celo y diligencia, afirma S. Puig[3], con entusiamo e indudable exageración. También Martí Bonet y J. Sanabre dicen que Pedro de Centelles celebró sínodos en 1243, 1244 y 1245[4], y J. Sanabre asegura muy convencido que «en marzo de 1243 celebró sínodo, promulgando a continuación unas constituciones. Decimos en marzo de 1243, con lo cual queda enmendada la primera fecha que nos da Aymerich de 1244 de este prelado»[5].

Pero es indudable que si Pedro de Centelles celebró sínodo en Barcelona en 1243, la fecha del sínodo tiene que ser posterior al 15 de octubre de ese año, porque el 15 de octubre de 1243 es la fecha en la que Pedro de Centelles cumplió en San Cugat del Vallés su voto de profesar en la orden de Predicadores, y a continuación de ese acto el arzobispo de Tarragona confirmó allí mismo con autoridad apostólica su elección para la sede de Barcelona. Antes de esa fecha no podía celebrar sínodo porque no era obispo de Barcelona. Por lo cual, el año de la

[1] S. Puig y Puig, *Episcopologio de la sede Barcinonense,* 200-203 cuenta con todo detalle este largo proceso. Pero la fuente se encuentra en el documento del arzobispado de Tarragona que edita J. Villanueva, *Viage literario a las iglesias de España,* XVII (Madrid 1851) 337-341, donde edita la *Summa processus electionis domini Petri de Centelles, sacristae Barcinonensis in episcopum eiudem ecclesiae,* tomada de un manuscrito del arzobispado de Tarragona, cuyo arzobispo Pedro de Albalat tuvo especial protagonismo en este asunto; P. Linehan, *La Iglesia española,* 62-63, 69, 70-71, 169.
[2] C. Eubel, *Hierarchia catholica* I.128, que da el 4 de julio de 1243 como fecha de la confirmación de su elección, pero esa es la fecha de la carta del papa Inocencio IV al arzobispo de Tarragona, comisionándolo para confirmar la elección. Una pequeña parte del final del citado documento que edita Villanueva dice: «Innocentius episcopus, servus servorum Dei, venerabili fratri archiepiscopo Tarraconensi salutem et apostolicam benedictionem. Inspectis litteris, quas super negotio electionis Barcinonensis ecclesiae tua nobis fraternitas destinavit, et super confirmatione ipsius [...] praesentium tibi auctoritate mandamus quatenus non prius ad confirmationem electionis ipsius procedas, quam N. Sacrista, qui in episcopum eiusdem ecclesiae est electus, secreto, si velit, saltem coram te, et duobus fratribus de ordine Predicatorum reddat votum Altissimo, quod emisit. Dat. Anagniae IIII nonas iulii, pontificatus nostri anno primo». Y el documento continúa y concluye con la intervención final del arzobispo de Tarragona en este asunto, que en resumen dice: «Anno Domini M.CC.XLIII. idus octobris. Cum dominus Archiepiscopus esset in monasterio Sancti Cucuphatis [...] in praesentia fratris R. de Pennaforti, capellani domini Papae, et fratris Pontii de Villanova, de ordine Praedicatorum de Barchinona [...] praedicto sacristae dedit habitum ordinis Praedictorum auctoritate apostolica, et vestivit et subiecit se constitutionibus ordinis supra dicti, cantantes cum fratribus *Veni, Creator Spiritus* [...]. Unde Archiepiscopus, praemissis aliquibus verbis in modum collationis, deliberatione habita cum archidiacono et operario et [...], electionem de ipso fratre Petro factam utpote canonicam, auctoritate apostolica confirmavit». J. Villanueva publica su testamento, p.254-260, en el que aparecen posesiones, pero no figuran libros.
[3] S. Puig, y Puig, *Episcopologio de la sede Barcinonense,* 203.
[4] J. M. Martí Bonet, *Historia de las diócesis españolas.* 2.124-125, 403; 415; J. Sanabre, «Barcelona, diócesis de», en: DHEE 1.189; Íd., *Los sínodos diocesanos de Barcelona,* 12-13.
[5] J. Sanabre, *Los sínodos diocesanos,* 12.

Sínodo de 1244 145

celebración del sínodo, según nuestra computación por la Navidad del Señor, es el año 1244, como ya había propuesto acertadamente Mateo Aymerich[6] y como aclara J. Villanueva, que dice: «De los primeros meses de su pontificado nos queda un sínodo, tenido a 1 de marzo de 1243 (según nuestra cuenta 1244)»[7]. La causa de este tropiezo o confusión entre 1243 y 1244 creemos que procede de interpretar las dataciones de estos sínodos por la Navidad del Señor y no por los años de la Encarnación. Resulta que el concilio provincial de Tarragona de 1180 decidió cambiar la datación de los documentos, que se databan hasta entonces por los reyes de Francia, y en este concilio *decretum fuit ut deinceps annus Domini poneretur in publicis instrumentis*[8], noticia que recogen Martí Bonet[9] y S. Puig y Puig[10], que interpretan que el *annus Domini* del concilio se debe entender por el año de la Encarnación del Señor[11]. De esta forma parece que todo concuerda, ya que el 1 de marzo de 1243 del texto sinodal, que debe contar los años por la Encarnación, resulta ser el 1 de marzo de 1244 si contamos los años por el Nacimiento del Señor. El obispo Pedro de Centelles murió el 28 de marzo de 1252.

[6] M. AYMERICH, *Nomina et acta episcoporum Barcinonensium* (Barcelona 1760) 351. Noticia que se encuentra en J. Sanabre y que él indebidamente rechaza. Pues tiene razón Aymerich, aunque él no menciona expresamente el sínodo de Pedro de Centelles en 1244, sino que dice que en el año 1244 Pedro de Centelles suscribe en último lugar en el concilio provincial de Tarragona, concilio celebrado el 12 de enero de 1244, lo cual demuestra, añade Aymerich, que «non multis antea annis electum in episcopum». Y tiene razón Aymerich porque en el concilio de Tarragona celebrado el 5 de mayo de 1243 no aparece Pedro de Centelles como obispo de Barcelona, sino que el que firma las actas del concilio es «B. de Villagranada, archidiacono pro ecclesia Barcinonensi, pastore vacante», por lo tanto a comienzos de mayo de 1243 no había obispo en Barcelona, según las actas del concilio de Tarragona. Estos textos conciliares de Tarragona se pueden ver en J. M.ª PONS GURI, *Constitucions conciliars,* 50-55 el concilio de 5 de mayo de 1243, y 56-60 el concilio de 12 de enero de 1244; y en TR 6.36-39 el concilio de 5 de mayo de 1243, y 39-41 con el concilio de 12 de enero de 1244, del que Tejada y Ramiro ya había dado noticia en 3.375.

[7] J. VILLANUEVA, *Viage literario* XVII.214. También L. FERRER, «Sínodo», en: DHEE 4.2489 dice que los sínodos de Pedro Centelles se celebraron en marzo y noviembre de 1244. Por supuesto que J. BAUCELLS I REIG, *Vivir en la Edad Media* 1.347 pone la data correcta de primero de marzo de 1244.

[8] MANSI, *Sacrorum conciliorum* XXII.471; J. TEJADA Y RAMIRO, *Colección de cánones* 3.294; VILLANUÑO, *Summa conciliorum Hispaniae* III.26-27.

[9] J. M. MARTÍ BONET, *Historia de las diócesis españolas* 2.119, que dice: «También debe señalarse que, en tiempo de Bernat de Berga, se introdujo la nueva datación de los documentos según la Encarnación, prescindiendo de la absoleta datación de los reyes francos».

[10] S. PUIG Y PUIG, *Episcopologio de la sede Barcinonense,* 173, que cuenta lo mismo con otras palabras: «Asistió también el obispo Bernardo al concilio provincial de 1180, que abrogó la antigua costumbre de datar los documentos por los años de los reyes de Francia, substituyéndolos por los de la Encarnación del Señor, según se ve en el Cartulario de nuestro archivo».

[11] La datación por los años de la Encarnación del Señor duró hasta el año 1351, según dice M. AYMERICH, *Nomina et acta episcoporum Barcinonensium* (Barcinone 1760) 375, que, hablando del obispo Miguel de Ricomá, dice «Tempore huius praesulis, anno 1351 coepit annus putari a Christi Nativitate».

J. Sanabre edita las rúbricas de las constituciones[12], con el texto que aquí editamos, y Puig publica un sucinto resumen del texto de las constituciones de nuestra edición[13]. Tenemos, pues varios testigos del texto de este sínodo, además del resumen de Puig y Puig, sin variantes destacables entre ellos, pero llama poderosamente la atención la completa coincidencia literal entre el texto de la edición de Villanueva (sigla V) y el del códice de la Biblioteca de la Universidad de Barcelona (sigla U).

Tradición manuscrita y editorial: B fol.130va-131rb (texto base); Ch fol.53r-55v; Ct fol.184v-186v; U fol.57rava; J. VILLANUEVA, *Viage literario* XVII.341-345 (sigla V en el aparato crítico).

[1] *<Inscriptio>*

Incipiunt constitutiones synodales domini fratris Petri, episcopi Barcinonensis.

[2] 1. *<Clerici habere debent constitutiones prouinciales et synodales>*

Nos frater Petrus, Dei gratia Barcinonensis episcopus, residentes in synodo in anno Domini millesimo ducentesimo quadragesi-
5 mo tertio, kalendis martii, districte et in uirtute sancte obedientie ac sub pena excommunicationis precipimus et in periculo animarum mandamus quatenus omnes clerici diocesis Barcinonensis, in parochialibus ecclesiis residentes, constitutiones uenerabilis patris Johannis, quondam Sabinensis episcopi, apostolice Sedis legati,
10 statuta etiam seu constitutiones quas dominus Tarraconensis in Valentino concilio[1] uel aliis postmodum promulgauit conscribi faciant diligenter, ac in eis intente studeant, ut per eruditionem earum discant qualiter in sacramentis ecclesiasticis et aliis

---

[12] J. SANABRE, *Los sínodos diocesanos,* 12-13.
[13] S. PUIG Y PUIG, *Episcopologio de la sede Barcinonense,* 203-204.
[1] **c.1** Conc.legat.Lérida 1229 y conc.prov.Tarragona en Valencia 1240 (Pons Guri 6-28 y 40-50; TR 3.329-342 y 350; 6.32-33).

Inscr. 1 Inscriptio *om.*Q   2-3 Incipiunt — Barcionensis] Constitutiones domini fratris Petri Barchinonensis episcopi ChUV, edite in Barcinonensi synodo *ad.*C, Ex cod. Barchin. ap. FF. Carmel. excalc. *ad.*V
c.1 1-2 Clerici — synodales *om.*Q   3 frater *om.*UV   4-5 in anno — martii] Anno ab incarnationis *(sic)* millesimo cc.xliii. kalendis martii *antes de* Nos *tr.*Ch   5 kalendis] bonis BCt *(errata)*   districte] precipimus *ad.*Ch   sancte *om.*ChUV   6-7 precipimus — mandamus] mandamus et in periculo animarum precipimus Ch   12 intente] euidenter BCt

que continentur in eisdem oporteat se habere, multum enim id
15 profuturum et necessarium nouimus ad eorum et parochianorum
suorum salutem. [3] Et quoniam de hiis que promulgata sunt,
eis multotiens est iniunctum, nec quidquam adhuc obseruatum,
statuimus ut quicumque ex ipsis clericis usque ad festum sancti
Johannis, prout eis tradiderimus, scribi non fecerit, nisi fuerit ius-
20 to impedimento detentus, ex tunc beneficio quod habet nouerit
se suspensum. Sciantque cuncti ad obseruationem earum, tam curam habentes quam alii, sub pena excommunicationis se teneri firmiter, secundum loca tamen, gradus et ordines que in Ecclesia sibi
uendicare noscuntur. Nos autem, cum per inquisitionem uel alias
25 ipsos circa huiusmodi mandatum nostrum seu obseruationem ipsarum constitutionum inuenerimus negligentes, cum instructionem eorum et plebis sibi commisse salutem plurimum affectemus,
sic eos alias, auctore Domino, puniemus quod pena unius propter
sui atrocitatem alios castigabit. Sic ergo faciant singuli quod cum
30 ad eorum loca uenerimus, sentiamus in eis id quod commendatio-
ne, non uituperatione, sit dignum.

[4] 2. *De indumentis clericorum*

Illis uero quedam adicienda decreuimus, quod nullus uidelicet
clericus uxorem non habens, crines sibi dimittat, et cum uestibus
catebriatis induatur, comam luxuriare permittat, coronam defe-
5 rens clericalem, sed precise coronam deferens comam non nutriat
et tales uestes deponat. Quod si comam nutriuerit, simul uolens
portare coronam, cum id satis ridiculosum uideatur quod, quasi
diuisus in duo, talis Deo et mammone, sub quadam contrarietate,
seruire contendat[1], Ecclesia ipsum sub clericorum priuilegio non
10 defendet[2].

---

[1] **c.2** Mt 6,24; Lc 16,13.
[2] D.23 c.22; D.41 c.8; C.17 q.4 c.25; C.21 q.4 c.1-5; Conc.legat.Lérida 1229
c.24 (Pons Guri 23-24; TR 3.338).

---

14 in eisdem] ibidem ChUV   18 quicumque] quemcumque UV   19 eis]
ibi UV   fuerit] sit ChUV   22 alii] qui *ad.*Ch   23 Ecclesia] Dei
*ad.*ChUV   29 sui] suam UV   Sic] Sicque CUV   30 sentiamus
*interl.*B
c.2 1 De — clericorum *marg.*U, *om.*Ch   2 Illis] His V   adicienda decreui-
mus] adiscenda decernimus Ch   3 dimittat] omittat UV   3-4 cum — induatur *om.*Ch   3 cum *om.*UV   4 catabriatis UV   4-5 deferens] deferentes UV   6 uestes *om.*Ch   simul *espacio en blanco* Ct   9 contendant U
10 defendat U

[5] 3. *De clericis aduocatis*

Item, statuimus quod nullus clericus in sacris ordinibus constitutus coram iudice seculari in negotiis secularibus aduocare presumat, nec etiam in minoribus ordinibus constitutus qui benefi-
5 cium ecclesiasticum habeat unde commode ualeat sustentari, nisi propriam causam uel ecclesie sue fuerit prosequutus, uel nisi pro pupillo, uidua uel paupere uel aliis miserabilibus personis que proprias causas administrare non possunt. Ceterum, cum sacerdotis sit nulli nocere, omnibus autem uelle prodesse, non sit sibi licitum
10 etiam coram iudice ecclesiastico nisi pro se ipso et ecclesia sua, uel, si necessitas immineat, pro personis coniunctis aut miserabilibus postulare, sine speciali nostra permissione. Quoniam si fecerint, suspensionem officii, usque ad satisfactionem et correctionem condignam, poterunt merito formidare. **[6]** Clericus etiam qui pro ex-
15 traneis aduocatus uel procurator, contra ecclesiam a qua beneficium obtinet, esse contenderit, tamquam ingratus ab illo beneficio spoliabitur, maxime si sit clericus qui resideat in eadem[1].

[7] 4. *Quod possessiones ecclesiastice non alienentur sine consensu episcopi*

Item, quoniam nonnulli clerici in alienationibus possessionum ecclesiasticarum dilapidationis crimen incurrunt, statuimus quod
5 aliquis clericus rem immobilem donare, uendere, obligare uel stabilimentum de ea perpetuum facere aut alienare aliquo modo, sine permissione et subscriptione nostra non audeat. Quod si forte presumpserit, id nullum et irritum habeatur, et degradationis pena, quam canones pro huiusmodi culpa imponunt, eis, exigente ius-
10 titia, infligetur, nosque nihilominus id, tamquam contra iuris formam de facto attemptatum, curabimus reuocare. Idem in his que alienata sunt firmiter et inuiolabiliter statuentes[1].

---

[1] **c.3** D.86 c.26; D.88 c.1-4, 9-10; Conc.3 Lat.1179 c.12 (X 3.50.4); X 3.50.2, 8.
[1] **c.4** C.12 q.2 c.5, 19, 41, 51, 52, 56.

c.3 1 De — aduocatis *om.*Ch   5 unde *bis* Ct   6 prosequutus] assecutus Ch
uel *om.*Ch   7 uel[2]] aut ChUV   11 si *interl.*Ct   12 sine] nisi BCt
nostra permissione] littera permissionis UV   Quoniam] Quod V   fecerit V
13 officii] et beneficii *ad.*ChUV   14 formidare] De clerico pro extraneis aduo-
cante *como rúbrica y nuevo cap. ad.*UV, *espacio en blanco en* Ch   17 eadem]
ecclesia Ch
c.4 1-2 Quod — episcopi *om.*Ch   1 Quod] UtUV   10 infligentur UV
tamquam *om.*Ch

[8] 5. *De medicis tam corporis quam anime aduocandis*

Item, districte precipimus et mandamus quod omnes clerici sepe cum multa diligentia moneant populum suum ut si aliquis eorum fuerit infirmus, prius ad se aduocet medicum anime, scilicet
5 sacerdotem, quam medicum corporis. Cui sacerdoti infirmus ipse sua confiteatur peccata, ut propter confessionem huiusmodi facilius ab infirmitate corporis ualeat liberari. Et ipsi sacerdotes, quantum in eis sit, prohibeant medicis ne ipsos infirmos ante in cura sua recipiant quam sint peccata confessi, facilius enim humanum cor-
10 pus curam salutis recipit si ante in anima sit homo sanatus[1]. **[9]** Inducant etiam ipsi sacerdotes et moneant suos parochianos quod ad curam suam Iudeos non aduocent medicos, cum illud sit contra canones sacros[2].

[10] 6. *Vt aliquis clericus non recipiat parochianum alterius clerici ad diuina*

Item, statuimus et sub pena excommunicationis precipimus quod nullus clericus parochianos alterius recipiat ad diuina officia
5 uel ad sacramenta ecclesiastica, nisi hoc faceret de licentia prelati ipsius, uel nisi esset parochianus ille in mortis articulo constitutus[1]. **[11]** Sub eadem etiam pena districte iniungimus quod presbyter alterius episcopatus in episcopatu nostro nullatenus recipiatur ad celebrandum uel officiandum in ecclesia sine nostra licentia speciali[2].

[12] 7. *De absolutione excommunicatorum, qualiter sit facienda et quando*

Quia in absolutione excommunicatorum multa diligentia est habenda, caute seruandum est quod si aliquis est excommunica-
5 tus quia tribus uicibus citatus non uult stare iuri super eo de quo

---

[1] **c.5** Conc.4 Lat.1215 c.22 (X 5.38.13).
[2] C.28 q.1 c.13.
[1] **c.6** X 3.29.2.
[2] D.71 c.6-9; C.19 q.2 c.2; De cons.D.2 c.23 § 2; De cons. D.5 c.37; X 1.22.3; X 3.4.5.

c.5 1 anime quam corporis *tr.*UV   5 ipse] ipsa Ct   6 huiusmodi] huius UV
10 recipit] recipiat BCt   13 canones sacros] canonicas sanctiones UV
c.6 3 Item *om.*Ct   precipimus] mandamus UV   4 parochianum UV
6 constitutus] De clerico alterius episcopatus *como rúbrica y nuevo cap. ad.*UV, *espacio en blanco para rúbrica en* Ch   7 presbyter] nullus *antep.*UV   9 in ecclesia] ecclesiam BCt   nostra] nostri U
c.7 5 eo de] eodem BCt

mouetur questio contra eum, uel non uult uenire ad iudicium, talis, prestito iuramento quod stabit mandatis Ecclesie, potest et debet absolui. Si autem postmodum, contempto iuramento, super eodem se iterum excommunicari permittit, non absoluatur, nisi aliam
10 bonam securitatem cum iuramento, si potest, prestiterit quod Ecclesie mandato parebit. Si autem aliquis excommunicatus est pro manifesta rapina uel maleficio publico, quod ipse confitetur uel condemnatus est, uel est ita publicum quod illud negare uel celare non potest aliqua ratione, talis cum prestiterit iuramentum quod
15 mandato Ecclesie pareat, non prius absoluatur quam maleficium seu rapinam emendet. Si autem ita pauper est quod emendare non possit, prestet securitatem, ad minus iuratoriam, quod cum illud habere poterit, emendabit, et sic seruata forma protinus absoluatur. Si uero de maleficio dubitatur, sufficit prestare securitatem quod ex-
20 communicatus mandato Ecclesie pareat, et sic poterit absolutionem habere. [13] Illud autem est indubitanter tenendum quod in mortis articulo, quocumque excommunicationis uinculo aliquis sit ligatus, potest a proprio sacerdote absolui, seruata tamen forma superius declarata. Si autem ita quis proximus est morti quod non potest
25 emendam facere pro rapina seu maleficio manifesto, absoluatur, et heredes compellantur ipsum maleficium emendare[1].

[14]   8.   *Qualiter sit absoluendus qui mortuus est ligatus*

Vbi uero excommunicatus sit morte preuentus, quod loqui non potest nec absolutionem petere, apparent autem in ipso signa penitentie, in hoc casu ab eo absolutio requiratur, a quo talis excommu-
5 nicatus, dum uiueret, fuerat absoluendus, non ante sepeliatur quam absoluatur, quo absoluto, heredes pro eo satisfacere sunt cogendi.

[15]   9.   *De festo beati Matthie*

In festo autem beati Matthie id precipimus obseruari quod cum bisextus fuerit, non in primo die, sed in secundo ipsius festiuitas celebretur, cum sic hactenus sit de consuetudine obseruatum. Est
5 autem bisextus cognitio sic habenda, quod annis dominice Incarna-

---

[1]   **c.7** C.11 q.3 c.2, 40, 108; C.26 q.6 dac., dpc.3.

6 mouetur] modo *antep.*Ct   10 prestiterit si potest *tr.*UV   12 quod]
quia Ct   13 est² *om.*BCt   illud] ille BCt   16 autem *om.*B   17 illud]
ille Ch   18 forma *om.*BCtUV   protinus] penitus Ch   24 ita *om.*UV
quod *interl.*B
c.8 2 sit morte preuentus] sic morte preuenitur UV   3 appareant Ch   4 ab
eo *om.*UV   talis] taliter BCtCh   5 ante] autem *antep.*Ch   6 quo] pro Bᵃᶜ

tionis per quaternarium numerum diuisis, semper in quarto anno bisextus habetur.

5. Sínodo de Pedro de Centelles, 7 de noviembre de 1244

En la introducción al sínodo anterior hemos presentado algunos datos acerca del nombramiento de Pedro de Centelles para la sede barcelonesa y hemos intentado fijar la fecha de su primer sínodo, celebrado a primeros de marzo de 1244. En el mismo año 1244, el día siete de noviembre celebró Pedro de Centelles otro sínodo. La celebración del sínodo dos veces en el año no es cosa extraña. El concilio legatino de Lérida de 1229, que presidió el legado pontificio Juan de Alegrín o de Abbeville, establece que «episcopalis synodus ad minus celebretur semel in anno»[1], y el mismo legado pontificio había dispuesto el año anterior en el concilio de Valladolid de 1228: «Establecemos que se faga dos veces en el año synodo»[2].

Recordando esta prescripción, dice J. Villanueva que Pedro de Centelles, «durando todavía la costumbre de congregarse dos sínodos en un año, tuvo otro a seis del inmediato noviembre, en el cual hay varias ordinaciones contra los clérigos jugadores, cazadores, abogados, comerciantes, no residentes en sus beneficios, y reos de otros crímenes: en el mismo mandó, bajo pena de excomunión, que los adultos de dieciocho años sean obligados a los ayunos de Cuaresma y fuera de ella. Mas sínodos debió celebrar; pero han tenido la suerte que otros de esta iglesia que están todavía desconocidos y guardados con envidia para tiempos más felices»[3]. J. Sanabre edita una larga serie de rúbricas de constituciones que dice que pertenecen a este sínodo de noviembre de 1244[4]. Por su parte, S. Puig y Puig[5] presenta un detallado resumen de las constituciones de este sínodo, resumen que en gran parte, aunque no del todo, coincide con el breve sumario de Villanueva y especialmente coincide con la extensa serie de rúbricas que J. Sanabre edita como pertenecientes a este sínodo. Pero es fácil percibir que el contenido de los textos que estos tres autores, Villanueva, Puig y Sanabre, atribuyen al sínodo que Pedro de Centelles celebró en noviembre de 1244 no es del todo coincidente, y ciertamente que su atribución no es correcta.

Y si de los resúmenes y de las rúbricas que nos presentan los autores recientes pasamos a los textos de las fuentes, nos encontramos también con tres textos distintos para el mismo sínodo de noviembre de 1244. Un texto muy breve, con so-

---

[1] Conc.legat.Lérida 1229 (Pons Guri 12; TR 3.330).
[2] Conc.legat.Valladolid 1228 c.1 (TR 3.325).
[3] J. Villanueva, *Viage literario* XVII.215. El texto de Villanueva y el de nuestra sigla U, que es el MS 588 de la Biblioteca de la Universidad de Barcelona, que suelen coincidir siempre, dicen que el sínodo se celebró el «viii. idus nouembris», que es el 6 de noviembre. El 6 de noviembre en el año 1244 fue domingo, que parece ser menos apropiado que el lunes para celebrar el sínodo.
[4] J. Sanabre, *Los sínodos diocesanos,* 13-14.
[5] S. Puig y Puig, *Episcopologio de la sede Barcinonense,* 204-205. En la p.204 hay una errata en el año, pues dice que en el sínodo que celebró Pedro Centelles «en 8 de los idus de noviembre de 1245», y debiera poner el año de 1244.

lamente tres constituciones, que se encuentra en el códice de nuestra sigla Ch, del Archivo Capitular de Barcelona, y en el MS 588 de la Biblioteca de la Universidad de Barcelona, al que asignamos la sigla U. Otro texto con veintiuna constituciones que edita J. Villanueva[6]. Y finalmente un texto muy parecido al de Villanueva, pero algo más extenso, que se encuentra en los manuscritos del Archivo Capitular de Barcelona de nuestras siglas B (llamado el libro de la Cadena) y Ct, que son dos códices hermanos en lo que al texto se refiere, que proceden ambos directamente de la misma fuente o que acaso el Ct sea copia del B (aunque ciertamenteque el B no es copia del Ct). Resulta que las tres primeras constituciones son idénticas en estos tres testigos. Ahora bien, el códice del Archivo Capitular de Barcelona que denominamos con la sigla Ch, y el MS 588 de la Universidad de Barcelona, nuestra sigla U, solamente atribuyen esas tres primeras constituciones al sínodo que Pedro de Centelles celebró en noviembre de 1244, sin ninguna otra añadidura para ese sínodo. En cambio, en el texto que edita Villanueva para este sínodo de noviembre de 1244 y en el texto del libro de la Cadena del Archivo Capitular de Barcelona, que es nuestra sigla B, y en el códice Ct del mismo Archivo Capitular de Barcelona, después de esas tres primeras constituciones sigue otra larga serie de constituciones, que comienza con una extraña rúbrica, que parece sugerir que hay una ruptura con lo anterior y que el extenso texto que sigue no pertenece ya al sínodo de noviembre de 1244.

Creemos que el verdadero texto del sínodo de Ferrer de Abella de noviembre de 1244 son únicamente las tres constituciones que editamos a continuación, y que como tales se encuentran en los códices de nuestras siglas Ch y U. En los códices B y Ct del Archivo Capitular de Barcelona y en la edición de Villanueva a estas tres primeras constituciones sigue otra larga serie de constituciones, que creemos que es imposible que procedan del sínodo de noviembre de 1244, cuestión que examinaremos más detenidamente en la introducción al sínodo de 1258.

Tradición manuscrita y editorial: Ch fol.55r (texto base); U fol.57vb-58ra; B fol.131va; Ct fol.187rv; J. VILLANUEVA, *Viage literario* XVII.345-246 (sigla V en el aparato crítico).

[1]   *<Inscriptio>*

Has subsequentes constitutiones fecit dominus Petrus, Barcinonensis episcopus, in plena synodo constitutus anno Domini m.cc.xliiii. vii. idus nouembris

---

[6] J. VILLANUEVA, *Viage literario* XVII.345-350; P. LINEHAN, *La Iglesia española*, 70-71.

Inscr. 1 Inscriptio *om.*Q   2-4 Has — nouembris] Constitutiones domini fratris Petri, Barcinonensis espiscopi edite (edite] editas U) in plena synodo viii. *(sic)* idus nouembris anno Domini m.cc.xliiii. UV   Ex cod. Barchin. apud FF. Carmel. excalc. *ad.*V   2 subsequentes] sequentes BCt   dominus] frater *ad.*BCt   3 anno] in *antep.*BCt

[2] 1. *Contra clericos lusores*

Si quis clericus beneficiatus nostre diocesis aut in sacris ordinibus constitutus, ciuitatensis uel diocesanus, ad aliquem ludum taxillorum luserit, ex tunc nouerit a suis beneficiis se suspensum[1].

[3] 2. *De clericis uenatoribus*

Si quis presbyter uel clericus curam animarum habens, auistrucem seu falchonem uel sparuerium de cetero ad uenandum portauerit, auem quam portauerit amittat, nobis uel cui manduerimus
5 applicandam, in eleemosynam pauperibus erogandam[1].

[4] 3. *Item de clericis aduocatis*

Quia constitutio in preterita synodo contra clericos aduocantes a nobis edita non sit hactenus obseruata[1], de misericordia procedentes uolumus, et sub pena beneficii mandamus firmiter, quod
5 quicumque presbyter uel curam animarum habens predicte constitutionis transgressor exstiterit, non exeat ciuitatem donec persoluat hoc Ferrario de Torrente Malo, in eleemosynam erogandum, quidquid de illicita aduocatione perceperit a tempore constitutionis a nobis edite in synodo precedenti. [5] Predicta constitutione de
10 cetero in suo robore permanente.

6. Sínodo de Arnaldo de Gurb, de 15 de febrero de 1258

El inmediato sucesor de Pedro de Centelles en la sede episcopal barcelonesa fue Arnaldo de Gurb. Sus padres eran Raimundo de Gurb y Adelaida de Montra, que en 1223, cuando Arnaldo tendría unos once o doce años, lo entregaron con una dotación a la canónica de Vic, donde se formó y convivió durante los años 1233-1243 con S. Bernardo Calvó. Pasó después a Barcelona,

---

[1] **c.1** D.35 c.1; X 3.50.1; Conc.4 Lat.1215 c.16 (X 3.1.15); Conc.legat.Valladolid 1228 c. 5.2 (TR 3.326); Conc.legat.Lérida 1229 c.9 (TR 3.333; Pons Guri 15-16, donde es el c.8); 1 Partida 5.57.
[1] **c.2** D.34 c.1-3; D.86 c.8-13; X 5.24.1-2; 1 Partida 5.57 n.10-11; 1 Partida 6.47.
[1] **c.3** Sínodo de marzo de 1244.[5-6].

---

c.1 1 Contra] et primo *antep.*ChU
c.2 3 seu *om.*BCt   asperverium BCt   5 eleemosynis BCt
c.3 1 Item *om.*UBCtV   aduocatis] iterum *ad.*UV   7 hoc *om.*U

donde tuvo una estrecha relación con S. Raimundo de Peñafort. En 1252 fue nombrado obispo de Barcelona, sede que rigió hasta su muerte, que ocurrió el 23 de septiembre de 1284[1]. De su largo pontificado de casi treinta años se puede destacar que defendió la entonces pía creencia en la Inmaculada Concepción de la Virgen y que en 1281 estableció su fiesta de precepto, a celebrar el 8 de diciembre[2].

En las listas de sínodos de Barcelona que ofrecen J. M. Martí Bonet[3] y J. Sanabre[4] aparecen, entre otros, los sínodos de los años 1255, 1257 y 1280, fechas que corresponden al pontificado de Arnaldo de Gurb. Pero en cambio, J. Villanueva dice que «De este prelado (se refiere a Arnaldo de Gurb) existen algunas constituciones de los años 1255, 77 y 80, las cuales publicó Martene (*Anecd.,* tom. IV, col. 605)»[5], y similares fechas aparecen en Puig, quien dice que de Arnaldo de Gurb se deben mencionar «sus mandamientos por la perfecta disciplina de la Iglesia en sus sínodos de 1255, 1277 y 1280»[6]. Como se puede ver, hay una discordancia entre estos autores acerca de la fecha de un sínodo, que es de 1257 (Sanabre y Martí Bonet) o de 1277 (Villanueva y Puig), mientras que ninguno de estos autores menciona el sínodo de 15 de febrero de 1258, pero en realidad creemos que la fecha de 1257 de Sanabre y de Martí Bonet y la errata de Villanueva y Puig con 1277 son en realidad el presente sínodo de 1258, y que ciertamente esto es así en Sanabre[7]. En cuanto a las restantes fechas de sínodos que estos autores atribuyen a Arnaldo de Gurb quizá sean fantasías o una confusión con constituciones capitulares, como es el caso de Villanueva, en el que esto es indudable porque cita su fuente[8].

Pero el texto de este sínodo de Arnaldo de Gurb en 1258 plantea especiales problemas, por lo que requiere una detenida atención. El primer problema es la fecha y el sínodo al que se debe atribuir este texto, con lo que está en liza la exis-

---

[1] C. Eubel, *Hierarchia catholica* I.128; Villanueva, *Viage literario* XVII.217-225; S. Puig y Puig, *Episcopologio de la sede Barcinonensa,* 206-213 y 445-457; J. M. Martí Bonet, *Historia de las diócesis españolas* 2.125 y 403; M. Aymerich, *Nomina et acta episcoporum Barcinonensium,* 356-362; P. Linehan, *La Iglesia española,* 76, 81.

[2] S. Puig y Puig, *Episcopologio,* 212 y 456-457, donde edita el decreto acerca de la fiesta de la Inmaculada, fiesta que también menciona J. M. Martí Bonet, *Historia de las diócesis españolas* 2.403.

[3] J. M. Martí Bonet, *Historia de las diócesis españolas* 2.415, el mismo *Costumario eclesiástico: normativas diocesanas,* Archivo Diocesano, p.5.

[4] J. Sanabre, «Barcelona, diócesis de», en: DHEE 1.189.

[5] J. Villanueva, *Viage literario* XVII.219. Las tres constituciones que cita J. Villanueva del obispo Arnaldo Gurb, en Barcelona, del año 1277 la primera, de 1255 la segunda, y de 1280 la tercera, que editan E. Martène-U. Durand, *Thesaurus novus anecdotarum,* IV (Lutetiae Parisiorum 1717) col. 605, 606 y 607, no son sínodos ni constituciones sinodales, sino que son tres insulsas constituciones capitulares.

[6] S. Puig y Puig, *Episcopologio,* 211. También L. Ferrer, «Sínodo», en: DHEE 4.2489 dice que Arnaldo de Gurb celebró sínodo en los años 1255, 1277 y 1280.

[7] J. Sanabre, *Los sínodos diocesanos en Barcelona,* 14 y nota 1, donde publica las rúbricas de las constituciones de nuestra edición y en la nota (1) cita nuestro manuscrito y el fol. 55 en que comienzan. La fecha de 1257 procede en Sanabre de que cuenta los años por la Encarnación del Señor, que aparece en el códice, y no por la Natividad, que es el cómputo actual.

[8] Ver más arriba el texto de Villanueva y la nota 5.

tencia misma de este sínodo de 1258, y la segunda cuestión es si este texto procederá todo él del mismo sínodo o si acaso tendrá distintas paternidades. Podemos adelantar que para el primer problema tenemos una respuesta que nos parece segura, mientras que para la segunda cuestión no encontramos una respuesta que nos resulte indudable.

El texto que editamos a continuación lo encontramos en tres manuscritos del Archivo Capitular de Barcelona y en la edición de Villanueva[9]. Dos de estos códices del Archivo Capitular y la edición de Villanueva, que procede de un códice del convento de Carmelitas Descalzos de Barcelona, códice actualmente perdido, atribuyen este texto al sínodo que Pedro de Centelles celebró el 7 de noviembre de 1244. Todos ellos encabezan este texto con las tres constituciones que son realmente del sínodo de Pedro de Centelles de noviembre de 1244, y a seguido de esas tres constituciones aparece una extraña rúbrica y todo el texto que aquí editamos, que lo presentan como si realmente fuese del sínodo de noviembre de 1244.

Ahora bien, el examen interno del texto que editamos a continuación nos indica claramente que no puede proceder del sínodo de Pedro de Centelles de noviembre de 1244. En el [4] de nuestra edición se menciona una constitución «domini fratris Petri, Barcinonensis episcopi, que incipit "Si quis clericus"», y el fray Pedro que aquí se cita y su constitución es Pedro de Centelles y la primera constitución de su sínodo de noviembre de 1244. Por lo que es indudable que este [4] no es una constitución de Pedro de Centelles y del sínodo de noviembre de 1244[10]. En el [9] entre las constituciones que penalizan a los clérigos que venden las posesiones de la iglesia, figura «et secundum constitutionem domini Barcinonensis episcopi 'Item, quoniam nonnulli», el obispo de Barcelona que aquí se cita es Pedro de Centelles y su sínodo de marzo de 1244. Parecidas alusiones al obispo fray Pedro y a su sínodo de marzo de 1244 se encuentran en los números [17] y [18] de nuestra edición, donde de nuevo se menciona al obispo de Barcelona y a sus constituciones de 1244, como fácilmente puede comprobar el lector interesado. Por todo ello, creemos que el examen interno de este texto indica claramente que Pedro de Centelles no es su autor y que estas constituciones no pertenecen a ninguno de sus sínodos, descartando expresamente el [4] de nuestra edición que pertenezcan al sínodo de noviembre de 1244, aunque esto aparezca consignado, creemos que por error, en algunos testigos.

El examen interno, pues, de este texto nos indica que no procede de Pedro de Centelles y de su sínodo de noviembre de 1244, aunque esto, como acabamos de decir, lo afirmen los tres testigos citados. Resta ahora acudir a otros testigos documentales para averiguar la datación correcta de este texto y a qué sínodo se debe adscribir. Para ello contamos con dos testimonios indirectos, que también ellos excluyen que este texto pertenezca al sínodo de noviembre de 1244, testigos documentales que hemos alegado ya al presentar el sínodo de Pedro de Centelles de 7 de noviembre de 1244, y que son los códices Ch y U, que nos dicen cuál es el texto que verdaderamente pertenece a ese sínodo, aunque otros códices atribuyan otro texto a ese sínodo. Sabemos, pues, por el examen interno

---

[9] Los códices de nuestras siglas: Ch fol. 55v-59r (texto base); B fol.131va-133ra; Ct fol.187v-192v; J. VILLANUEVA, *Viage literario* XVII.346-350, sigla V en aparato crítico.

[10] Cf. J. BAUCELLS I REIG, *Vivir en la Edad Media* 1.346: «Otras cuestiones» y nota 202.

y por testimonios documentales a qué sínodo no pertenece este texto, resta ahora saber a cuál pertenece y cuál es su datación. Esto lo encontramos en el códice de nuestra sigla Ch, que en el fol.55v nos dice que estas son constituciones que editó el obispo Arnaldo en el sínodo del xv. de las calendas de marzo del año de m.cc.lvii., que resulta ser el 15 de febrero del año 1258, contando los años por la Navidad del Señor y no por la Encarnación. No hay motivo alguno para dudar de la veracidad de esta noticia. Pero es obligado reconocer que en todo el texto que sigue no hay mención alguna de sínodo, ni del obispo que haya promulgado este texto y en qué fecha, lo cual resulta extraño, aunque esto mismo suceda también en otros casos. Como también resulta algo extraño que Poncio de Gualba en el sínodo de 6 de abril de 1307.[2] menciona las constitutiones promulgadas *per bone memorie fratrem Petrum et fratrem Bernardum, predecessores nostros,* pero no cita las constituciones de Arnaldo de Gurb de este sínodo, si bien el argumento de omisión carece de verdadero valor, como es obvio. Quizá es más grave que el sínodo de Poncio de Gualba que situamos en 1320-1322, en el [17] de nuestra edición, atribuye a Pedro de Centelles la constitución que habla de la obligación de ayunar en la Cuaresma, que es el [19] de nuestra edición del presente sínodo de 1258. Sin duda que esto es debido a que Poncio de Gualba o el que haya redactado sus constituciones de 1320-1322 acudió a alguno de los códices que indebidamente adscriben estas constituciones al sínodo de noviembre de 1244, y no tuvo en cuenta o no conoció al códice Ch que las asigna a Arnaldo de Gurb en 1258, lo cual tampoco es extraño, ya que el códice Ch es de menor apariencia que los otros.

Es necesario todavía plantear la cuestión de si este texto procederá todo él del mismo sínodo o si tendrá distintas paternidades. Resulta indudable ante el más elemental examen que en este texto hay dos grupos de constituciones, grupos que aparecen como distintos incluso en su presentación gráfica, ya que en el primer grupo, del [1] al [18] en nuestra edición, cada constitución tiene su rúbrica, mientras que en el segundo grupo ninguna constución tiene rúbrica, sino que hemos suplido unas rúbricas en nuestra edición para mayor claridad. El primer grupo contiene una serie de constituciones penales, que quizá hayan sido recopiladas por el obispo o por alguno de sus colaboradores para tener a mano las constituciones con las penas que más frecuentemente se aplicaban. En el segundo grupo, del [19] al [33], todas las constituciones están redactadas en tercera persona y no parece posible que hayan sido presentadas en un sínodo que presidiera el obispo, sino en todo caso en el sínodo de algún vicario episcopal, pues ese es el estilo de constituciones de sínodos presididos por los vicarios. Estos dos grupos de constituciones son tan diversos que resulta muy difícil casarlos en un mismo sínodo. Confesamos que nos resulta muy difícil admitir que todas estas constituciones procedan del mismo sínodo, pero como constituciones sinodales y como procedentes todas ellas del sínodo de 1258 las presenta el códice Ch, y como constituciones sinodales y como procedentes todas ellas del sínodo de noviembre de 1244 las presentan los restantes testigos. Por todo lo cual, es necesario reconocer, no sin cierta sorpresa, que la documentanción de la que disponemos presenta estas constituciones como sinodales y como procedentes todas ellas de un mismo sínodo, aunque les asignen procedencias diversas.

Tradición manuscrita y editorial: Ch fol. 55v-59r (texto base), B fol.131va-132va; Ct fol.187v-192v; J. VILLANUEVA, *Viage literario* XVII.346-350, sigla V en aparato crítico.

[1]   *<Inscriptio>*

*Hee sunt constitutiones edite a domino Arnaldo, episcopo Barcino-
nensi, in synodo eiusdem anno Domini m.cc.lvii. xv. kalendas martii.*

[2]   1.   *Contra addiscere renuentes*

Pena clericorum nolentium scientiam addiscere liberalem, et ad
minus grammaticam, talis est: quod debent a beneficiis expelli ex
toto, ne suo fungantur Creatori sacerdotio indiscrete[1].

[2a]   2.   *Item de publicis concubinariis*

Pena clericorum tenentium publice concubinas in domibus
propriis uel etiam alienis, talis est: quod sunt suspensi et quod debent suis beneficiis spoliari, et deponi ab ordinibus iam susceptis,
5   secundum constitutionem domini Sabinensis 'Ad extirpandam'[1].

[3]   3.   *Item de clericis exercentibus commercia secularia*

Pena clericorum exercentium commercia secularia est suspensio
omnium beneficiorum, et non beneficiatus, quod ab ingressu ecclesie arceatur omnino, secundum constitutionem domini Sabinensis
5   'A crapula'[1].

[4]   4.   *De clericis ludentibus*

Pena illorum clericorum qui luserint ad aliquem ludum taxillorum ab anno Domini m.cc.xliiii.vii. idus nouembris, pena talis

---

[1]   **c.1** Os 4.6.
[1]   **c.2** Conc.legat. de Lérida 1229 c.8 (TR 3.332-333; Pons Guri 15, c.7). Lo
mismo había establecido ya el mismo legado pontificio el año anterior en el
concilio de Valladolid de 1228 c.4 (TR 3.325, que solamente edita el texto castellano, pero es la misma constitución). E igual sucede con las constituciones
siguientes.
[1]   **c.3** Conc.legat de Lérida 1229 c.9 (TR 3.333; Pons Guri 15-16, c.8).

Inscriptio *om.*Q   2-3 Hee — martii] Sub penis affligendis uel a iure inflictis
contra clericos siue laicos crimina uel transgressiones subsequentes, comprehensa
(comprehensa] comprehense V) sub compendio, committentes. Et primo BCtV
2 Arnaldo] aº. Ch
c.1 1 contra addiscere renuentes *om.*Ch   3 ex] a BCtV
c.2 1 Item *om.*BCtV   3 quod¹] qui V   quod² *om.*V
c.3 1 Item *om.*BCtV   secularia *om.*BCtV
c.4 1 ludentibus] ad taxillos *ad.*BCtV   2 aliquem] aliquod BCtV   3 xliiii.]
xliii. *mal* Ch

est: quod sunt suspensi ipso iure a beneficiis suis per constitutionem
5 domini fratris Petri, Barcinonensis episcopi, que incipit 'Si quis clericus'[1].

[5] 5. *De pena clericorum non residentium*

Pena clericorum qui personaliter non deseruiunt in ecclesiis habentibus curam animarum, et qui non receperunt ordines quos ipsa
cura requirit, hec est: quod ipso iure sint priuati a beneficiis suis per
5 constitutionem domini Sabinensis 'Quoniam propter hominum'[1].
Adicimus etiam quod de iure potest episcopus ipsa beneficia, utpote
uacantia, aliis conferre.

[6] 6. *Item de contrahentibus matrimonia in gradu prohi-*
bito

Pena illorum, siue sint clerici siue laici, qui contraxerunt matrimonia in gradu prohibito, talis est: quod sunt excommunicati ipso
5 iure per constituionem domini Sabinensis 'Districte precipimus'[1].
Qui uero clandestina matrimonia contraxerunt, sunt tamquam excommunicati arctius euitandi.

[7] 7. *Item de clericis recipientibus ecclesiastica beneficia*
sine consensu episcopi

Pena clericorum qui recipiunt beneficia ecclesiastica uel officiant
in eisdem sine consensu episcopi, talis est: quod debent excommu-
5 nicari et amittere beneficium et deponi ab ordine, tam secundum
constitutionem Lateranensis concilii quam domini Alexandri, de
iure patronatus 'Preterea'[1].

---

[1] **c.4** Es la primera constitución del sínodo de Pedro de Centelles de 7 de noviembre de 1244.
[1] **c.5** Conc.legat. de Lérida 1229 c.12 (TR 3.334-335; Pons Guri 17-18, c.11).
[1] **c.6** Conc.legat. de Lérida 1229 c.14 (TR 3.335; Pons Guri 19, c. 13).
[1] **c.7** Conc.3 Lat.1179 c.14 (COD 218-219); X 3.38.4.

---

4 ipso *om.*BCtV   5 Petri] p¹. Bct   que incipit *om.*BCtV
c.5 1 De — residentium *om.*Ch   non residentium *om.*BCt   3 et *om.*Ct
4 sint] sunt BCtV   Quoniam] Cum V
c.6 1 Item *om.*BCtV   contractibus matrimonii BCtV   in *om.*ChCt   6 matrimonia *om.*BCtV   sunt] sint B
c.7 1 Item *om.*BV   5-6 secundum constitutionem tam *tr.*BCt   5 tam
*interl.*Ch, *om.*V   6 Lateranensis] sacri *antep.*BV   quam] quondam V
7 Preterea *om.*V

[8] 8. *Item de clericis pactum ineuntibus super conferendis ecclesiasticis sacramentis*

Pena clericorum qui ex pacto aliquo aliquid recipiunt pro benedictionibus nubentium et exsequiis mortuorum et aliis sacramentis
5 ecclesiasticis conferendis, talis est: quod debent suspendi ab officio
per episcopum. Sed ex post facto possunt recipere opportunum ex
consuetudine approbata.

[9] 9. *Item de clericis alienantibus possessiones ecclesie sine consensu episcopi*

Pena clericorum, siue sint religiosi siue alii, qui alienant possessiones ecclesie sine consensu episcopi, talis est: quod debent
5 remoueri in perpetuum ab administratione qua funguntur, secundum contitutioncm domini Sabinensis 'Quoniam monasteria'[1], et
secundum constitutionem domini Barcinonensis episcopi 'Item,
quoniam nonnulli'[2]. Item, de clericis obligantibus per pecuniam
personatum uel dignitatem suam, si obligauerint pro aliqua summa
10 pecunie: hoc est quod ipso facto sunt suspensi ab omni beneficio et
officio, donec impetrauerint gratiam a Sede apostolica, secundum
constitutionem domini Sabinensis 'In ecclesiis cathedralibus'[3].

[10] 10. *Item de clericis qui committunt talia crimina, que penam merentur in laicis capitalem*

De pena clericorum qui commiserint furtum uel crimen falsi
uel rapinam uel homicidium uel raptum mulierum, uel cuderint
5 falsam monetam, uel alia crimina que penam capitalem merentur,
talis est: si publice fuerint deprehensi, quod debent degradari a suis
ordinibus, secundum constitutionem domini Sabinensis 'Ne clerici
in opprobrium'[1].

---

[1] **c.9** Conc.legat.Lérida 1229 c.22 (TR 3.338; Pons Guri 23).
[2] Sínodo de marzo de 1244.[7].
[3] Conc.legat.Lérida 1229 c.23 (TR 3.338; Pons Guri 23).
[1] **c.10** Conc.legat.Lérida 1299 c.28 (TR 3.339; Pons Guri 25).

---

c.8 1 Item *om.*BCtV   pactum ineuntibus] paciscentibus V   ineuntibus]
innuentibus Ch, inuenientibus BCt   1-2 conferendis ecclesiasticis sacramen-
tis] benedictionibus ecclesiasticis conferendis V   2 sacramentis] beneficiis BCt
3 qui *om.*BCtV   recipiunt] recipientes V   6 opportunum] opportunior V
c.9 1 Item *om.*BCtV   6 Quoniam monasteria *om.*V   7-8 Item quoniam
nonnulli *om.*V   8-12 Item de clericis — cathedralibus *om.*Ch   9 si *om.*BCt,
hi V   9-10 obligauerint — quod *om.*V   9 pro] quam Ct   12 domini] dicti V
c.10 1 Item *om.*BCtV

[11] 11. *Item de clericis siue laicis qui mittunt ferrum, arma et alia prohibita Saracenis*

Pena illorum, siue sint clerici siue laici, qui mittunt Saracenis uel Mauris arma, ferrum, lignamina nauium, instrumenta, panem,
5 equos, bestias uel animalia ad comedendum uel ad excolendum terras, talis est: quod sunt excommunicati ipso iure, secundum constitutionem domini Innocentii[1], que sic incipit 'Constitutionem domini Alexandri ad memoriam'[2].

[12] 12. *Item de christianis qui Saracenis uendunt christianum uel aliquam christianam*

Pena illorum, siue sint clerici siue laici, qui christianum uel christianam uendunt Saracenis, talis est: quod ipso iure sunt ex-
5 communicati, nec possunt absolui nisi a Sede apostolica, secundum constitutionem domini Sabinensis 'Statuimus ut quicumque'[1].

[13] 13. *De clericis siue laicis qui faciunt conspirationem siue colligationes illicitas uel libellum famosum*

Pena illorum, siue sint clerici siue laici, qui conspirationem siue colligationem illicitam faciunt, siue libellum famosum com-
5 ponunt uel componi faciunt uel qui inuentos non rumpunt sine mora, talis est: quod sunt excommunicati ipso iure per concilium Tarraconense[1].

---

[1] **c.11** Conc.4 Lat.1215 c.71 (COD 267-271); X 5.6.17. Cf. A. García y García, *Constitutiones concilii quarti Lateranensis, una cum commentariis glossatorum* (Monumenta Iuris Canonici, Series A: Corpus Glossatorum, vol. 2. Città del Vaticano 1981) 110-118, y los comentarios de Juan Teutónico (p.268-270) y de Vicente Hispano (p.380-384).
[2] Conc.legat.Lérida 1229 c.35 (TR 3.341; Pons Guri 27); Conc.3 Lat.1179 c.24 (COD 223); X 5.6.6.
[1] **c.12** Conc.legat.Lérida 1229 c.36 (TR 3.341; Pons Guri 27).
[1] **c.13** Conc.prov.Tarragona 1230 c.2 (Pons Guri 32, con la excelente introducción de las páginas 29-31). Tejada y Ramiro menciona este concilio en 3.436 y 6.27, pero no edita el texto. Conc.prov.Tarragona, enero 1244 c.3 (Pons Guri 58).

---

c.11 1 Item *om.*BCt siue] uel BCt, et V   4 arma *om.*Ch   5 uel[1] *om.*BV ad[2] *om.*BV   excolendum] colendum BCtV   5-6 terram BCtV
c.12 1 Item *om.*BCt   2 uel aliquam christianam *om.*V, aliquam *om.*B
c.13 1 conspirationes BCt   2 colligationem illicitam V   uel] siue V
5 rumpunt] ruperint BCtV

[14] 14. *Item de inuasoribus rerum ecclesiasticarum*

Pena illorum qui inuaserint uel rapuerint res ecclesiasticas et locorum religiosorum per uiolentiam, talis est: quod sunt excommunicati ipso iure per concilium Tarraconense[1].

[15] 15. *Item de recipientibus uel ementibus bona ecclesiastica habita per rapinam*

Pena fautorum et receptatorum uel emptorum scienter de maleficiatis ecclesiarum uel locorum religiosorum hec est: quod sunt
5 excommunicati ipso iure per concilium Tarraconense[1].

[16] 16. *Item de clericis promulgantibus sententias excommunicationis, suspensionis, interdicti sine monitione legitima et sine scriptis*

Pena illorum clericorum qui ferunt sententias excommunica-
5 tionis, interdicti uel suspensionis non premissa legitima monitione et non in scriptis, hec est: quod sunt suspensi ipso iure ab ingressu ecclesie per mensem, et si presumpserint infra ipsum mensem celebrare diuina, quod non poterunt habere dispensationem sine apostolica Sede[1].

[17] 17. *Item de clericis parochialibus non habentibus constitutiones*

Pena clericorum curam habentium animarum qui non habuerint constitutiones domini Sabinensis et domini Tarraconensis
5 archiepiscopi in anno Domini m.cc.xliii. in festo sancti Johannis Baptiste, talis est: quod sunt suspensi a suis beneficiis ipso iure per constitutionem domini Barcinonensis episcopi que incipit 'Nos frater Petrus'[1].

[1] **c.14** Conc.prov.Tarragona, enero de 1244 c.4 (Pons Guri 58).
[1] **c.15** Conc.prov.Tarragona, enero de 1244 c.4 (Pons Guri 58).
[1] **c.16** C.11 q.3 c.8; C.12 q.2 c.21; C.16 q.7 c.5; C.17 q.4 c.21, 23; C.23 q.5 c.26; C.24 q.3 c.15.
[1] **c.17** Sínodo marzo de 1244.[2-3].

c.14 1 Item *om.*BCtV ecclesiasticorum V
c.15 1 Item *om.*BCtV uel] et BCtV 3-4 maleficiis BCtV
c.16 1 Item *om.*BCtV 4-6 Pena — scriptis *om.*V *(homograf.)* 6 et] uel *interl.*B, *om.*Ct non] est *ad.*BCt
c.17 1 Item *om.*BV 1-2 constitutiones] haec est *ad.*V 3 Pena — animarum *om.*V 3-4 habuerint] habent BV 7 que incipit *om.*BV

[18]   18.   *De clericis coronam non deferentibus*

Pena deferentium coronam cum crinibus hec est: quod non defendantur ab Ecclesia, secundum constitutionem domini Barcinonensis episcopi 'Nos frater Petrus, Illis uero'[1].

[19]   19.   *<De obseruatione ieiuniorum>*

Mandat dominus episcopus quod quilibet christianus ultra decimum octauum annum constitutus ieiunet Quadragesimam et alia
ieiunia ab Ecclesia indicta, nec (preter infirmitatem seu debilitatem
5 seu aliam iustam necessitatem, de consilio medici et speciali licentia
domini episcopi uel sui officialis uel clerici sui parochialis) pluries
reficiantur. Qui autem contra fecerit, nouerit se excommunicatum.
Ciues autem non possint habere licentiam, nisi a domino episcopo
uel, in eius absentia, ab eius officiali, nisi in tantum esset infirmus
10 uel debilis quod in mora petendi licentiam a domino episcopo uel
eius officiali, possent huiusmodi persone periculum incurrere, in
quo casu possint licentiari a proprio clerico parochiali. Quorum
omnium absolutionem, si in sententiam inciderint, dominus episcopus sibi reseruat[1].

[20]   20.   *<Ne naute et nauigantes christianos portare presumant ad partes Saracenorum>*

Item, mandat dominus episcopus nautis, marinariis et omnibus
aliis nauigantibus ne ad partes Saracenorum baptizatos, siue quas-
5 cumque alias christianas, portare presumant, preter uxores proprias,
nec illas etiam sine speciali licentia domini episcopi, cum quidam
quandoque dicant fraudulenter se esse coniuges qui non sunt. Quos

---

[1] **c.18** Sínodo de marzo 1244.[4].
[1] **c.19** D.76 c.1-7; De cons. D.3-9, 14-16; De cons. D.5 c.16; X 3.46.1-3;
X 5.41.4; Conc.legat.Lérida 1229 c.25 al final (TR 3.338; Pons Guri 24). El
dominus episcopus de esta constitución es *dominus Petrus, bone memorie, episcopus
Barcionensis* en el [17] del sínodo de Poncio de Gualba que situamos en 1320-
1322.[17].

---

c.18 2 deferentium — crinibus] clericorum non deferentium coronam V   4 Illis
uero] etc. V, *in fine ad.*BCt. *En* Ch *sigue un espacio en blanco, como para unas tres
líneas, que acaso estaría destinado a alguna rúbrica. El texto de c.18-20 figura en B,
en* Ct *y en* V *en un solo bloque, bajo la rúbrica del* c.18, *y el códice base* Ch *también
omite las rúbricas de las constituciones que siguen.*
c.19 De — ieiuniorum *om.*Q   3 ieiunent BCtV   4 indicta] interdicta Ch
preter] propter Ch   6 sui[1]] siue BCtV   12 possint] possunt BCtV
c.20 1-2 Ne — Saracenorum *om.*Q   4 nauigantibus] marinariis Ch   4-5 quoscumque alios christianos V   6 domini *om.*V

nautas, marinarios et alios qui contra huiusmodi mandatum comitant, iam dominus episcopus excommunicauit et fecit excommuni-
10 catos publice nuntiari.

[21]   21.   *<De diebus festis colendis>*

Item, quia non colere festiuitates ab Ecclesia indictas est magna et periculosa obedientie transgressio, et qui talia propria auctoritate presumunt uidentur Ecclesie claues contemnere et communem
5 regulam christianitatis infringere. Et <cum> in hiis ab omni seruili opere sit cessandum, mandat dominus episcopus, sub pena excommunicationis, quod omnes barberii, macellarii, molendinarii, fornerii et piscatores (qui omnes supra dicti contra hec consueuerunt delinquere, in periculum animarum suarum), celebrantes et colen-
10 tes omnes festiuitates per sanctam Ecclesiam constitutas, cessent ab officiis suis omnibus diebus dominicis et in die Natiuitatis Domini, cum die sequenti, Circumcisionis, Apparitionis, diei Veneris Sancti, Resurrectionis dominice, cum die sequenti, Ascensionis, Pentecostes, cum die sequenti, festiuitatum sancte Crucis sancteque Eulalie,
15 omnium festiuitatum beate uirginis Marie beatique Johannis Baptiste, beatorum apostolorum Petri et Pauli, dedicationis sancte Crucis, sedis Barcinonensis et festiuitatis Omnium Sanctorum. [22] De quibus personis seu officiis, propter hominum necessitatem et quia commode aliter fieri non posset, exceptantur macellarii quo ad
20 secundam diem Natiuitatis Domini, Resurrectionis et Pentecostes, in quibus possint uendere carnes et tenere macellum. Item, quod omnes piscatores possint, propter communem necessitatem, piscari qualibet die Quadragesime, preterquam in diebus dominicis, in die Veneris Sancto et in festiuitatibus Annuntiationis beate Marie et
25 beate Eulalie, si uenerint in Quadragesima. [23] Monet et mandat dominus episcopus quod nullus ciuis uel forensis in diebus dominicis et aliis predictis festiuitatibus apportet uel apportari faciat ad ciuitatem ligna uel paleas uel bladum uel alia consimilia, nec teneant mercatum[1].

---

[1] **c.21** De cons. D.3 c.1; Conc.prov.Tarragona 1242 c.4 (Pons Guri 46; TR 3.368 c.5); Conc.prov.Tarragona 1243 c.12 (Pons Guri 54; cf. pág. 39 c.10).

8-9 comitant] ueniant BCtV   9 fecit] eos *ad.*BCtV
c.21 1 De — colendis *om.*Q   3 qui] quia BChCt   4 communem] omnem BCtV   5 cum *om.*Q   ab omni] omnibus BV   7-8 fornarii BCt, ferrarii V
8 piscatores] et *ad.*BCtV   9 periculum '*desunt reliqua*', *advierte Villanueva, y ahí concluye su texto, que procede de un códice del convento de los Carmelitas Descalzos de Barcelona, actualmente perdido*   11 diebus *om.*BCt   14 Eulalie] et *ad.*BCt
15 uirginis *om.*BCt   19 posset] potest BCt   exceptantur] expectantur Ct
21 possint] possunt BCt   22 possint] possunt BCt   25 et mandat *om.*BCt

[24]   22.   *<De blasphemantibus Deum uel sanctos>*

Item, monet et mandat dominus episcopus quod nullus in ludo uel etiam alias blasphemet Deum uel beatam Virginem uel aliquem sanctum, cum talis blasphemia sit contra Deum et christianam reli-
5 gionem, et ideo a fidelibus christianis nullatenus sustinenda. Si quis autem deinceps hoc attemptare presumpserit, procedatur contra eum secundum canonum instituta[1].

[25]   23.   *<Quod nullus ludat in cemeteriis uel aliis locis sacris>*

Item, quod nullus audeat uel presumat in cemeteriis uel aliis locis sacris et Deo dedicatis ludere ad aleas uel taxillos.

[26]   24.   *<De publicis meretricibus>*

Item, monet omnes publicas meretrices, que indifferenter se supponunt, et maxime que stant in marginibus et in uiis publicis et in locis sequestratis ad hoc apertis, quod infra octo dies de ciuitate
5 recedant, nullatenus reuersure, nisi infra predictum tempus desti-terint a peccato et egerint penitentiam, alioquin contra eas procede-tur. **[27]** Item, monet dominus episcopus quod nullus locet talibus mulieribus domum uel operatorium suum, cum talis locatio sit ad magnam infamiam et periculum animarum.

[28]   25.   *<Ne Saraceni hospitentur cum christianis>*

Item, mandat dominus episcopus et monet quod si contingat Saracenos uenire de partibus Tunicii uel aliis partibus, quod non hospitentur, nec sint uel maneant simul cum christianis, sed ha-
5 beant locum segregatum a christianis, cum talis simul cohabitatio fiat in preiudicium animarum christianorum ex eo quod possent damna plurima euenire[1].

---

[1] **c.22** Conc.prov.Tarragona 1242 c.2 (Pons Guri 45).
[1] **c.25** Conc.prov.Tarragona 1242 c.1 (Pons Guri 45).

---

c.22 1 De — sanctos *om.*Q   3 beatam] Mariam *ad.*BCt   aliquem] alium BCt
4 sit] fiat BCt   7 canonum] canonica BCt
c.23 1 Quod — sacris *om.*Q   3 et] a BCt
c.24 1 De — meretricibus *om.*Q   4 sequestratis ad hoc] insequestratis BCt
c.25 1 Ne — christianis *om.*Q   2 dominus *om.*BCt   contingerit BCt
6 ex] et *antep.*BCt   quod *om.*BCt

[29] 26. *<De cohabitatione coniugum>*

Item, mandat dominus episcopus, sub pena excommunicationis, et monet quod si quis habens unam uxorum, et ea uiuente alteram superduxerit, priori cohabitet.

[30] 27. *<Nullus in infirmitate medicum Iudeum aduocet>*

Item, mandat dominus episcopus, sub pena excommunicaionis, quod nullus in infirmitate sua ad consilium uel curam suam Iudeum medicum medicum aduocet uel admittat.

[31] 28. *<Manumissores testamentorum reddere debent rationem de relictis ad pias causas>*

Item, monet dominus episcopus manumissores testamentorum quod ostendant et reddant rationem de distributione quam fece-
5 runt de legatis ad pias causas, que legata ipsi, de quibus ipsi sunt manumissores, fecerunt. Quos manumissores qui predicta ostendere contradicunt, dominus episcopus iam excommunicauit et excommunicatos publice nuntiauit.

[32] 29. *<Quod sortilegi et diuini denuntientur excommunicati>*

Item, quod sortilegi et diuini denuntientur excommunicati per ecclesias, tam ciuitatis quam diocesis, et etiam illi qui ad eos iuerint
5 uel misserint, consilium uel responsionem habituri ab eis de huiusmodi officio reprobato[1].

[33] 30. *Casus retenti per episcopum*

Hec sunt que sibi retinet dominus episcopus:
Sacrilegia, nisi in minimis, scilicet si furta facta sunt in ecclesiis et occulte, que non excedant summam uiginti solidorum.
5 Item, commutationis uotorum.
Item, incendiarios.

---

[1] **c.29** C.3 q.5 c.9; C.26 q.5 c.1-14.

c.26 1 De — coniugum *om.*B   3 si quis] aliquis BCt
c.27 1-4 Nullus — admittat *om.*BCt   1 nullus — aduocet *om.*Ch
c.28 1-2 Manumissores — causas *om.*Q   3 monet — episcopus] mandat dominus episcopus et monet BCt   6 fecerunt *om.*BCt
c.29 1-2 Quod — excommunicati *om.*Q   4 qui ad eos] ad quos B^ac
c.30 1 Casus — episcopum *om.*BCt   2-19 Hec — tollendum *om.*Ch

Item, uerberatores clericorum et religiosorum.
Item, simoniacos, quantumcumque opus fuerit dispensatione.
Item, absolutionem illorum qui portant res prohibitas Sara-
10 cenis.
Item, hereticos credentes, fautores, receptatores et defensores
eorumdem.
Item, parentes qui inueniunt filios mortuos iuxta se.
Item, clandestina matrimonia.
15 Item, sententias latas a iudice <non suo>.
Item, concubinas publicas clericorum.
Item, peccata publica ex quibus processit publicum scandalum,
quantum ad publicam satisfactionem seu sollemnitatem, propter
scandalum tollendum.

7. Sínodo de Bernardo Peregrí, de 15 de marzo de 1291

Bernardo Peregrí era fraile franciscano, que había nacido en Barcelona, sede episcopal que ocupó desde el 22 de junio de 1288 hasta su muerte, acaecida el 24 de marzo de 1300. Fue sepultado en la capilla de S. Francisco que él había construido. El día primero de mayo de 1298 colocó la primera piedra de la bella catedral gótica[1].

En las listas de los sínodos de Barcelona que publican J. M. Martí Bonet, J. Sanabre y L. Ferrer[2] aparecen los sínodos de los años 1289 y 1290, que corresponden a los años de pontificado del obispo Bernardo Peregrí. J. Villanueva dice que Bernardo Peregrí mostró su celo «en los dos sínodos que, según dicen, celebró en los años 1289 y 90, donde entre otras cosas estableció que los clérigos no pernoctasen fuera de la ciudad sin licencia del obispo; que ningún sacerdote celebrase dos misas en un día, ni recibiese estipendio por ellas. En 1292 hizo con su capítulo constitución de que los oficios *pistoris, ministralis, dormitorarii,*

[1] C. Eubel, *Hierarchia catholica* I.28; J. Sanabre, «Barcelona, diócesis de», en: DHEE 1.192; J. Villanueva, *Viage literario* XVIII.1-4; J. M. Martí Bonet, *Historia de las diócesis españolas* 2.125 y 403; S. Puig y Puig, *Episcopologio de la sede Barcinonense,* 226-232; M. Aymerich, *Nomina et acta episcoporum Barcinonensium,* 362-367; J. Linehan, *La Iglesia española,* 44-46 (especialmente para el [30-35] del sínodo).
[2] J. M. Martí Bonet, *Historia de las diócesis españolas* 2.415; Íd., *Costumario eclesiástico: normativas diocesanas,* 5; J. Sanabre, «Barcelona, diócesis de», en: DHEE 1.189. Pero J. Sanabre, *Los sínodos diocesanos en Barcelona,* 14-15 dice: «El obispo Bernardo Peregrí (1288-1300) celebró también algunos sínodos, el primero de ellos tuvo lugar en el año 1290», por lo cual aquí no menciona J. Sanabre el sínodo de 1289, que sería el primero del obispo Peregrí. L. Ferrer, «Sínodo», en: DHEE 4.2489 también da las fechas de 1289 y 1290 para los sínodos de Bernardo Peregrí.

15 non suo *om.* BCt

botellerii et portarii se confiriesen a clérigos solos y no a legos»[3], texto en el que Villanueva se muestra poco seguro de lo que cuenta y para nada vuelve a mencionar los sínodos de Bernardo Peregrí. Y casi a la letra se encuentra el mismo texto de Villanueva en Puig, quien, hablando de que Bernardo Peregrí dictó ordenaciones convenientes en sus sínodos, dice: «Quédannos de los de 1289 y 1290 las constituciones ordenando que los clérigos no pernocten fuera de la ciudad sin licencia del obispo; que ningún sacerdote celebre dos misas en un día, ni perciba por ellas estipendio; que los oficios *pistoris, ministralis, dormitorarii, botellarii* y *portarii* no se confieran a laicos»[4]. Un poco más adelante dice Puig que Bernardo Peregrí: «En el sínodo de 1289 confirmó lo prescrito por su predecesor, de que ningún beneficiado de la Seo pernoctase fuera de la ciudad sin licencia del obispo»[5].

Este sínodo de 1289, tan reiteradamente aludido por algunos autores, no aparece en la lista de sínodos que publica J. Baucells i Reig, quien en cambio reseña unas constituciones de Bernardo Peregrí de 15 de marzo de 1290, adoptadas por sínodos, además de su verdadero sínodo de 15 de marzo de 1291[6]. El sínodo de 1291 es sin duda el que otros autores sitúan en el año 1290. Resulta, en efecto, que al comienzo del texto, el códice dice que el sínodo se celebró «idus martii, anno Domini millesimo ducentesimo nonagesimo», y esa fecha, que en el documento barcelonés está consignada por los años de la Encarnación, que era la datación establecida por el concilio provincial de Tarragona de 1180[7], es el año 1291, según el calendario del Nacimiento del Señor que nosotros ahora utilizamos[8].

Resulta un tanto extraño que el cambio de penas contra los concubinarios, [30-35] de nuestra edición, aparezca al final del sínodo, casi como un apéndice del mismo. Puede que haya sido una constitución promulgada fuera del sínodo, ya que no era obligatorio hacer esta conmutación de penas en sínodo. En otras diócesis, como en Tortosa y en Urgell, este asunto aparece en un sínodo, y como sinodal lo incluimos en el presente sínodo, pues alguna relación con el mismo parece que tiene, según que se encuentra en los códices[9].

---

[3] J. Villanueva, *Viage literario* XVIII.2-3. El asunto de que los oficios de *pistor et administralis et dormitarius et botellarius et portarius* no se confieran a laicos se encuentra también en otros lugares, como en una constitución capitular que aparece datada «in capitulo xvi. cal. ianuarii anno Domini m.cc.lxxxii», E. Martène - U. Durand, *Thesaurus novus anecdotarum* IV (Lutetiae Parisiorum 1717) col.607. Y en las columnas 608-610 editan unas interesantes constituciones capitulares de Bernardo Peregrí, de 26 septiembre 1288: «Ut beneficiati in ecclesia Barcinonensi assidue intersint omnibus Horis in ipsa ecclesia a cantico graduum usque ad Completorium», que concluyen: «Actum est hoc vi. cal. octobris anno Domini m.cc.lxxxviiii».

[4] S. Puig y Puig, *Episcopologio de la sede Barcinonense*, 229, y continúa exponiendo largamente el contenido de esos sínodos, sin especificar qué pertenece a cada uno de ellos.

[5] Ibíd., 231, y continúa Puig con una larga exposición del contenido de ese sínodo.

[6] J. Baucells i Reig, *Vivir en la Edad Media* 1.347.

[7] Ver este asunto tratado en la introducción al sínodo de Pedro de Centelles de primero de marzo de 1244.

[8] El manuscrito escribe la fecha de la siguiente manera: «idus martii anno Domini m° cc° nonagesimo».

[9] J. Baucells no atribuye este texto al sínodo de 1291, pero considera que son constituciones adoptadas por algún sínodo de Bernardo Peregrí, J. Baucells i Reig, *Vivir en la Edad Media* 1.347.

Tradición manuscrita: B fol.133rb-135rb (texto base); Ch fol.63r-68v; Ct fol.193r-198r; J. Sanabre[10] edita las rúbricas de las constituciones hasta el [29] de nuestra edición.

[1]   *<Inscriptio>*

Constitutiones domini fratris Bernardi, episcopi Barcinonensis.

[2]   1.   *Quod uasa ecclesie non impignorentur Iudeis*

Quoniam officii nostri debitum remediis inuigilat subditorum, idcirco nos frater Bernardus, Dei gratia episcopus Barcinonensis, idus martii, anno Domini millesimo ducentesimo nonagesimo, re-
5 sidentes in plena synodo statuimus perpetuo et mandamus quod nullus rector seu quilibet alius clericus ciuitatis aut diocesis Barcinonensis impignoret Iudeis uel alicui alii calices, patenas, pannos seu quelibet alia uasa uel ecclesiastica ornamenta. Et si quis in hoc delinquens fuerit, suspensionis sententiam se nouerit incurrisse[1].

[3]   2.   *Quod clerici non ludant ad ludum taxillorum ubi denarios perdere possint*

Item, quod non ludant ad ludum taxillorum, nec ad aliquem alium ludum ubi denarios perdere possint uel alias res equiualen-
5 tes. Decernentes quod qui contra fecerit, is qui amittet puniatur in tantum quantum amisserit in ludo, et qui lucratus fuerit puniatur in lucro et in tantumdem, illis quibus nos assignare uoluerimus applicanda, aliis penis contentis in antiquis constitutionibus non mutatis.

[10] J. SANABRE, *Los sínodos diocesanos en Barcelona*, 14-16.
[1]   c.1 X 3.21.1.

Inscr. 1 Inscriptio *om.*Q   2 Constitutiones — Barcinonensis *om.*Ch   Bernardi] alias Berengarii *entre líneas* B, *otra mano al margen:* inmo Bernardus ut in constitutionibus apparet B; Berengarii Ct
c.1 1 Quod — Iudeis *om.*ChCt, *al marg. y de otra mano* B   6 aut] et Ch
9 delinquens] inuentus *ad.*Ch
c.2 1-2 Quod — possint *om.*Ch   5 fecerit Ch   6 ludo] ludendo Ch
8 contentis *om.*Ch

[4] 3. *Quod nullus clericus conficiat instrumenta nisi in ec-*
clesia in qua fieri debent. Et quod quilibet rector habeat
capibreuium, in quo note scribantur

Item, quod nullus clericus faciat instrumenta nec claudat nisi in
5 ecclesia in qua fieri debent. Et quilibet rector habeat capibreuium, in
quo omnes note, tam testamentorum quam aliorum instrumentorum quorumlibet contractuum inscribantur. Et quod semper in quolibet testamento siue instrumento subscribat rector uel claudat. Et
quod clerici conductitii non remoueant notas ab ecclesia ubi steterint,
10 nec eas aliqualiter secum portent. Et si clerici conductitii uel illi qui
reditus ecclesiarum emerint aliquas notas receperint que in fine anni
redacte non fuerint in publicam formam, remaneant note in ecclesiis.
Et ipsis clericis ab ecclesiarum rectoribus uel eorum locum tenentibus de labore congrue satisfiat. Qui uero contrarium fecerit, penam
15 quinquaginta solidorum ipso facto incurrat, et nihilominus ei qui ex
hoc damnum sustinuerit uel expensas eum facere oportuerit, teneatur
expensas refundere et damnum datum etiam resarcire.

[5] 4. *Quod nullus clericus recipiat curam nisi ab episcopo*

Item, quod nullus clericus teneat curam animarum in ciuitate et
diocesi Barcinonensi, nisi eam ab episcopo eos constiterit recepisse.
Quod si facere presumpserit, pena debita puniatur.

[6] 5. *De clerico aduocato*

Item, quod nullus clericus beneficiatus uel in sacris ordinibus
constitutus postulet seu aduocet in foro seculari uel ecclesiastico,
nisi in casibus a iure permissis. Qui uero contrarium fecerit, penam
5 suspensionis officii et beneficii usque ad satisfactionem condignam
poterit non immerito formidare. Clericus autem quicumque qui
contra ecclesiam a qua beneficium obtinet postulare presumpserit
uel procurator exstiterit, pena canonis, absque omni remedio, feriatur[1].

---

[1] **c.5** Sínodo de marzo de 1244.[5-6]; sínodo de noviembre de 1244.[4].

---

c.3 1-3 Quod — scribantur *om.*Ch   6 testamentorum] testatorum BCt,
instrumentorum Ch^{ac} 9-10 non remoueant — conductitii *om.*Ch *(homograf.)*
10 illi *om.*Ch   14 satisfiat] satisfaciat BCt
c.4 1 Quod — episcopo *om.*Ch   3 eos *om.*Ch   4 facere] forte Ch
c.5 1 De — aduocato *om.*Ch

[7] 6. *De collatione sacramentorum*

Item, quod in collationibus sacramentorum ecclesiasticorum nullum pactum penitus apponatur, post tradita uero sacramenta consuetudines laudabiles obseruentur, prout innuunt canonum
5 sanctiones. Qui uero contrarium fecerit, penam decem solidorum ipso facto incurrat, in eleemosynam nostro arbitrio conuertendam, pena canonis non mutata.

[8] 7. *Quod nullus clericus alienet possessiones beneficiorum sine expresso consensu episcopi*

Item, quod nullus clericus possessiones ecclesiarum seu quorumlibet ecclesiasticorum beneficiorum sine expresso assensu et
5 auctoritate episcopi alienet, alias quod contractus ipse nullus sit ipso iure, et prescriptionem aliquam longitudine temporis non inducant, hiis que iura statuunt super hiis in suo robore duraturis[1].

[9] 8. *De legatis caritati sedis Barcinonensis relictis*

Item, quod rectores seu alii curam animarum tenentes ea que a decedentibus caritati sedis Barcinonensis relinquuntur colligant, et
5 annis singulis libere tradant illis qui pro tempore dictam tenuerint caritatem, si penam suspensionis officii et beneficii uoluerint euitare.

[10] 9. *De tonsura et uestibus honestis per clericos portandis*

Item, quod quilibet uolens gaudere priuilegio clericali tonsuram et coronam deferat congruentem, nec uestes portet uirgatas uel alias clericali ordini non decentes, alias ab Ecclesia nullatenus defenda-
5 tur, cum indecens sit ei ab Ecclesia subueniri per quem constat in Ecclesia scandalum generari[1].

---

[1] **c.7** Sínodo de marzo de 1244.[7].
[1] **c.9** D.23 c.22; D.41 c.8; C.17 q.4 c.25; C.21 q.4 c.1-5; X 1.6.15; X 3.1.4-5, 7, 15;X 5.39.35; In VI 3.2 un.; In VI 5.11.12; Conc.4 Lat.1215 c.16 (X 3.1.15); Conc.Vien.1311-12 c.9 (Clem.3.1.2) y c.22 (Clem.3.14.19) (aunque Vienne es posterior); Conc.legat.Valladolid 1228 5.3 (TR 3.326); Conc.legat.Lérida 1229 c.25 (TR 3.338-339; Pons Guri 24); 1 Partida 5.39.

c.6 1 De — sacramentorum *om.*Ch   4 canonum] canonice Ch
c.7 1-2 Quod — episcopi *om.*Ch   1 alienet] recipat B^ac   4 assensu] consensu Ch
c.8 1 De — relictis *om.*Ch   3 decedentibus] descendentibus BCt
c.9 1 De — portandis *om.*Ch   4-5 nullatenus — ei ab Ecclesia *om.*Ct *(homograf.)*

[11] 10. *Quod littere episcopi et eius officialis reuerenter reci-*
piantur et obseruentur

Item, quod omnes clerici ciuitatis et diocesis Barcinonensis
reuerenter recipiant et obseruent litteras domini episcopi et offi-
5 cialis eiusdem. Alias suspensionis officii et beneficii sententiam se
nouerint incursuros, penam aliam nihilominus formidantes prout
episcopo et officiali uisum fuerit expedire, si hoc meruerit proteruitas contumacis.

[12] 11. *De uigiliis beate Eulalie et sancti Thome ieiunandis*

Item, quod quilibet rectores uel eorum locum tenentes publice
proponant in ecclesiis quod omnes etatem decem et octo annorum
transcendentes ieiunent uigilias martirii beate Eulalie et uigiliam
5 sancti Thome.

[13] 12. *De cathedratico seu denariis synodalibus exsol-*
uendis

Item, quod omnes rectores ecclesiarum uel eorum locum tenentes annis singulis soluant cathedraticum seu denarios synoda-
5 les cum ad synodum uenient. Et si synodus consueto tempore non
celebratur uel alias modo quolibet differatur, predictos synodales
denarios, eis quibus debent soluere, per fideles mittere nuntios
non postponant, alioquin ipso facto in penam dupli se nouerint
incidisse[1].

[14] 13. *Quod rectores teneantur habere constitutiones has et*
antiquas

Item, quod quilibet rectores ecclesiarum uel eorum locum tenentes nostras constitutiones hinc ad festum sancti Johannis Bap-
5 tiste habeant et obseruent, simul cum aliis constitutionibus antiquis. Alioquin penam in antiquis constitutionibus constitutam se
nouerint incursuros[1].

---

[1] **c.12** C.10 q.3 c.1, 4-10; X 1.31.16; X 3.24.7; X 3.39.9, 20.
[1] **c.13** Sínodo de marzo de 1244.[2-3].

c.10 1-2 Quod — obseruentur *om.*Ch   6 incursores Ch   7 hoc *om.*BCt
c.11 1 De — ieiunandis *om.*Ch
c.12 1-2 De — exsoluendis *om.*Ch   3 denarios] dicitur Ch   6 celebretur Ch
c.13 1-2 Quod — antiquas *om.*Ch   5-6 antiquis[1] — constitutionibus *om.*Ct
(homograf.)

[15] 14. *Quod rector uel beneficiatus foraneus hanc ciuitatem intrans teneatur semel omni die qua hic fuerit se presentare*

Item, quod quicumque rector seu beneficiatus intrauerit ciui-
5 tatem aliqua ratione, teneatur se presentare domino episcopo ipsa die uel sequenti, et deinde omni die semel quibus steterit ibi. Et hoc sub pena decem solidorum, quam ipsos qui contra constitutionem istam uenerint incurrere uolumus ipso facto.

[16] 15. *De honestate uestium clericalium portandarum*

Item, quod omnes <clerici> portent uestes longas et latas et honestas, ut discernantur ab habitu laicourm.

[17] 16. *Quod nullus duarum ecclesiarum simul reditus emat, et quod ecclesie reditus laicis non uendantur*

Item, quod nullus emat reditus duarum ecclesiarum simul, et quod non uendantur laicis. Et qui contra fecerit, pena arbitraria puniatur.

[18] 17. *Quod omnes qui reditus ecclesie emerint teneantur in ea residere*

Item, quod qui emerit reditus alicuius ecclesie teneatur in eadem personaliter residere, alioquin penam quinquaginta solidorum
5 se nouerit incurrisse[1].

[19] 18. *Quod rector in sua ecclesia, sub pena excommunicationis, resideat*

Item, quod quilibet rector in ecclesia sua residentiam faciat personalem a proximo uenturo festo sancti Johannis Baptiste in antea,
5 alioquin ex tunc excommunicationis sententiam se nouerit incurris-
se. In hoc autem non intelligimus canonicos nostros, nec clericos in nostro seruitio constitutos[1].

---

[1] **c.17** Sínodo de 1241.[4]; sínodo de noviembre de 1244.[10] y la constitución siguiente.
[1] **c.18** C.7 q.1 c.19, 23-24, 26, 29; X 1.14.4; X 2.28.28; X 3.4.4-17; Conc.3 Lat.1179 c.13 (X 3.4.3); Conc.4 Lat.1215 c.32 (X 3.5.30); Conc.2 Lugd.1274

---

c.14 1-2 Quod — presentare *om*.Ch   3 quod *om*.Ct   6 semel] similiter Ch
c.15 1 De — portandarum *om*.Ch   2 clerici *om*.Q
c.16 1-2 Quod — uendantur *om*.Ch   3 simul *bis* Ct
c.17 1-2 Quod — residere *om*.Ch   3 quod] clericus Ch
c.18 1-2 Quod — resideat *om*.Ch   4 uenturo *om*.Ch

[20] 19. *Quod nullus presbyter in una die duas celebret missas, nec duarum missarum una die salarium recipiat*

Item, quod nullus presbyter duas missas in eadem die celebrare presumat, nisi in casibus a iure permissis, nec accipiat conductio-
5　nem siue salarium a duobus. Nec dimittat clericus aliquis habens beneficium missam quam tenetur pro beneficio celebrare. Qui uero contrarium fecerit, penam suspensionis ab officio et beneficio poterit non immerito formidare.

[21] 20. *Quod extraneus clericus non recipiatur absque episcopi licentia, alias littera*

Item, quod non recipiant aliquem extraneum clericum sine littera nostra, si a se uoluerint suspensionis sententiam euitare, hiis
5　que iura statuunt non mutatis.

[22] 21. *Quod questores sine licentia non admittantur*

Item, quod non permittant questores predicare nec admittant eos sine nostris litteris, nec etiam cartellos, nisi eos nostro sigillo uiderint sigillatos.

[23] 22. *Quod clerici omni anno ad synodum ueniant*

Item, quod omni anno ad synodum ueniant. Quod si non fecerint, nisi ex causis legitimis fuerint prepediti, ab officio suspendantur et alias nostro arbitrio puniantur.

[24] 23. *Quod nullus clericus constituatur in aliquo beneficio sine episcopo*

Item, quod nullus clericus constituatur in aliquo beneficio, quantumcumque minimo, nisi per dominum episcopum, quia tales
5　non possunt ministrare in eis, quia rem tractant alienam. Alias a suo beneficio repellantur.

c.13 (In VI 1.6.14); Conc.legat.Valladolid 1228 8.2 (TR 3.327); Conc.legat.Lérida 1229 c.12 (TR 3.334-335; Pons Guri 17-18, c.11); 1 Partida 16.16-17. Y la constitución anterior.

---

c.19 1-2 Quod — recipiat *om.*Ch　　6 beneficium *om.*Ch　　pro beneficio *om.*Ch
c.20 1-2 Quod — littera *om.*Ch　　2 alias littera *om.*Ct　　3-4 littera] licentia B[ac]
c.21 1 Quod — admittantur *om.*Ch
c.22 1 Quod — ueniant *om.*Ch
c.23 1-2 Quod — episcopo *om.*Ch　　5 a *om.*BCt

[25] 24. *Quod contrahentes clandestina matrimonia excommunicentur*

Item, quod clandestina matrimonia contrahentes tamquam excommunicati uitentur, et post absolutionem eorum, matrimo-
5 nium celebrari non debet, nisi prius factis denuntiationibus super impedimentis in ecclesiis quarum sunt parochiani, iuxta canonum sanctiones[1].

[26] 25. *Quod excommunicatus, suspensus uel interdictus ante absolutionem satisfaciens, si diuinis se immiscet irregularis est*

Item, quod si sententia excommunicationis, suspensionis uel
5 interdicti lata est contra aliquem, ubi etiam satisfecerit ex quo ligatus erat, absolutus non est. Immo, si non obtenta absolutione immiscet se diuinis, irregularis efficitur, nec per aliquem cum eo dispensari potest, nisi per dominum papam.

[27] 26. *Quod corporalia et panna altaris munde teneantur*

Item, quod rectores et clerici quicumque pannos ecclesie uel altaris mundos teneant, et precipue corporalia, in quibus unigenitus Dei Filius pro salute humani generis uictimatur. Et quod Corpus
5 Christi et chrisma sub claui et fideli custodia teneantur[1].

[28] 27. *De fratribus minoribus et predicatoribus procurandis*

Item, uolumus et mandamus quod fratres predicatores et fratres minores cum ad ecclesias accesserint procurentur, secundum quod Dominus unicuique ministrabit.

---

[1] **c.24** C.30 q.5 c.1-6, pc.9; X 4.1.27; Conc.4 Lat.1215 c.51 (X 4.3.3) 4 Partida 3.1-5.
[1] **c.26** Conc.legat.Lérida 1229 c.9 (TR 3.333-334 c.10; Pons Guri 16).

c.24 1-2 Quod — excommunicentur *om.*Ch
c.25 1-3 Quod — est *om.*Ch
c.26 1-2 Quod — teneantur *om.*Ch
c.27 1-2 De — procurandis *om.*Ch   4 ministrauerit Ch

[29] 28. *Quod habeant orationes beati Dominici et beati Francisci*

Item, quod omnes clerici habeant orationes beati Dominici et beati Francisci[1].

[30] 29. *<De mutatione pene contra concubinarios>*

Anno Domini millesimo ducentesimo septuagesimo sexto, tertio idus julii.

Cum olim uenerabilis pater dominus Johannes, Sabinensis
5   episcopus, in partibus Hispanie legationis officio fungeretur, et
contra clericos concubinarios suspensionis, et contra concubinas
eorum excommunicationis sententias generaliter promulgasset[1].
Ex quibus quidem sententiis, licet ad salutem animarum prodite
exstitissent, quia tamen non salus sed damna frequenter et pericu-
10   la sequebantur, dominus papa, uolens morbo huiusmodi salubri
remedio subuenire, mandauit per uenerabilem patrem dominum
Egidium, bone memorie, sanctorum Cosme et Damiani diaconum cardinalem[2], contra morbum predictum tam pestiferum et
damnosum conueniens remedium adhiberi. Qui, cum prelatis
15   Hispanie tunc in Romana curia exsistentibus deliberatione diligenti habita et tractatu, commisit et mandauit archiepiscopis et
episcopis et aliis prelatis Hispanie ut predictas suspensionis et excommunicationis sententias in penas alias, prout sequitur, commutarent:

[31] *Tenor commissionis domini Egidii cardinalis.*

'Venerabilibus in Christo patribus archiepiscopis et episcopis
et aliis per Hispaniam ecclesiarum prelatis constitutis, Egidius,

---

[1] **c.28** Conc.prov.Tarragona 1239 c.7 (TR 3.31; Pons Guri 39, c.10).
[1] **c.29** Conc.legat.Valladolid 1228 c.4 (TR 3.325-326); Conc.legat.Lérida 1229
c.8 (TR 3.332-333; Pons Guri 15, c.7); Conc.prov.Tarragona 1230 c.1 (TR 6.28;
Pons Guri 31-32). Ver SH XII.619-622, sínodo de Tortosa de 1278.[2-6], con este
mismo texto acerca de la misma cuestión. Y ver en el presente volumen el sínodo
de Urgell de 1287, que trata de este mismo asunto.
[2] Se trata del cardenal español Gil Torres; cf. P. LINEHAN, «Torres, Gil», en:
DHEE, Suplemento 1.692; D. MANSILLA REOYO, *Iglesia castellano-leonesa y curia
romana en los tiempos del rey San Fernando* (Madrid 1945) ver índice en p.XX-
VIII del final; P. LINEHAN, *La Iglesia española y el papado en el s. XIII* (Salamanca
1975) 243-246.

---

c.28 1-2 Quod — Francisci *om.*Ch
c.29 1 De — concubinarios *om.*BCt, Quartum concilium domini Bernardi archiepiscopi Tarracone de commutatione concubinorum pene Ch   8 Ex] Set *antep.*Ch

diuina patientia sanctorum Cosme et Damiani diaconus cardi-
5 nalis, salutem in uero salutari. Ad regimen animarum et curam
Sedes apostolica, per sedem summi pontificis instituta, pericula,
per que commisse sibi anime cadunt grauiter in commissa, cura
debet sollicita remouere, salubrem animabus ipsis adiciendo medelam. Sane cum recolende memorie uenerabilis in Christo pater
10 dominus Johannes, Sabinensis episcopus, in partibus Hispanie legationis officio fungeretur, pro reformandis moribus et precipue
clericorum, qui, per uite munditiam et conuersationem laudabilem, formam in moribus ceteris dare debent pura conscientia,
fecit et statuit omnes sacerdotes, diaconos, subdiaconos et omnes
15 beneficiatos, qui in domibus suis uel alienis detinere presumerent
publice concubinas, denuntiari suspensos ac concubinas talium
excommunicationis sententie subiacere. Verum quia sepe quod
prouidetur ad bonum, antiqui hostis inuidia procurante tendit ad
noxiam, predicte sententie, que pro animarum procuranda salu-
20 te fuerunt promulgate (tamen propter irregularitates, quas clerici sententiis eisdem ligati multotiens contrahebant, cum propter
contagiose uite effecti sepe pene contagium, qua excommunicati
per excommunicationem sibi communicantes excommunicationis
labe inficiunt) animabus ipsis laqueos eterne mortis parabant et
25 quamplures sepissime unius laqueo ligabantur. Huic autem morbo dominus papa salutiferam intendens adhibere medelam, nobis
uiua uoce mandauit ut contra morbum eumdem tam pestiferum,
tam damnosum, tam in clerum Hispanie infamiam inducentem,
conueniens adhibere remedium curaremus, ut animarum uitare-
30 tur periculum et nihilominus delinquentes canonicam non effugerent ultionem. Nos igitur cum prelatis et aliis uiris discretis Hispanie apud Sedem apostolicam constitutis super hiis deliberatione
prehabita, et diu de commutatione pene predicte tractatu habito
cum eisdem, prospeximus quod, cum pro uarietate personarum et
35 etiam regionum pene sunt prouide uariende, ne ad instar imperiti medici omnium curare oculos uno collyrio uideremur, uobis,
qui condicionem personarum et locorum uestre prouincie melius
scire potestis, eadem auctoritate committimus, districte precipiendo mandantes, quatenus habentes pre oculis solum Deum, cui de
40 animabus uobis commissis reddituri estis in die iudicii rationem,
penas clericis et concubinis predictis per sententias memoratas
impositas, in penas alias, quas, personarum, locorum et temporum circumstantiis prouida circumspectione pensatis, earumdem
animarum saluti magis expedire uideritis, commutetis, eiusdem
45 legati sententias auctoritate apostolica postmodum relaxantes.
Singuli autem uestrum nihilominus circa subditos suos, qui ex
dictis sententiis in excommunicationis uel irregularitatis laqueos

inciderunt hactenus, per absolutionis et dispensationis gratiam,
prout merita personarum exegerint, eadem auctoritate, discre-
50 tione preuia, prouidere curetis, prouiso ne, quod pro correctione
morum duxeritis ordinandum, ad iniquum compendium nullatenus conuertatis.

Datis Ianue, kalendis iunii, pontificatus domini Innocentii
pape quarti anno octauo. Anno Domini m.cc.l.'[3].

[32] *Super commutatione penarum contra clericos concubina-*
rios et concubinas eorum ciuitatis et diocesis Barcinonensis

Cum nos frater Bernardus, diuina miseratione Barcinonensis
episcopus, uisitationis officium exercentes inuenerimus quam-
5 plures clericos et eorum concubinas in predictas suspensionis
et excommunicationis sententias incidisse, attendentes quod ex
huiusmodi generalibus sententiis nullus aut rarus fructus hactenus
peruenerit, sed instante humani generis infestissimo inimico, animabus ipsis suspensionis et perditionis laqueus sepissime paraba-
10 tur, dum clerici sic ligati ordines receperint, et nihilominus diuina
officia celebrantes, irregularitatis uitio subderentur. Affectantes
insuper ipsarum animarum periculis, prout nobis diuina ministrauit gratia, salutare remedium adhibere, cum non inuenerimus
predictas suspensionis et excommunicationis sententias, prout ex-
15 pedit, per aliquem predecessorum nostrorum fuisse in penas alias
commutatas, auctoritate predicta nobis in hac parte tradita, prefatas suspensionis et excommunicationis sententias in penas inferius
positas commutamus. In primis statuentes ut si qui clericorum
ciuitatis et diocesis Barcinonensis inuenti fuerint de cetero deti-
20 nentes publice concubinas, si beneficia habuerint cum cura uel
sine cura, cum alios teneantur instruere ac uita et conuersatione
laudabili suum populum informare, a perceptione fructuum anni
illius in quo reperti fuerint in predictum uitium incurrisse, de-

---

[3] Conc.prov. de Tarragona, celebrado en Alcañiz, en el año 1249 o 1250, Carta del
reverendo padre cardenal Gil, y comisario de nuestro señor el papa, por la que se
da facultad a los obispos de la provincia de Tarragona para poder permutar en otra
pena la impuesta por el Legado Sabinense contra los clérigos concubinarios, año de
1251 (TR 6.49. Es el último concilio convocado y presidido por el arzobispo Pedro
de Albalat. J. M.ª PONS GURI, *Constitucions conciliars,* 68-70 no publica el documento de Gil Torres, que Tejada y Ramiro toma de un códice de la curia episcopal
de Gerona, pero que Pons Guri no menciona.

---

54 l.] primo *ad.*Ch
1-2 Super — eorum] Constitutio facta super commutatione penarum contra clericos concubinarios et concubinas eorum ciuitatis et diocesis Barcinonensis Ch
1 commutatione] terminatione Ct   5 predictas] predictis BCt

ducto ipsius beneficii seruitio, presenti constitutione decreuimus
25 esse suspensos, quos quidem fructus ordinationis nostre arbitrio
reseruamus. Si uero ita tenue fuerit beneficium uel ecclesia quod,
deducto seruitio debito, nihil inuentum fuerit superesse, ipsos
pena decem morabatinorum decreuimus puniendos. Pena etiam
illorum de quorum beneficiis seu ecclesiis, facto seruitio debito,
30 residuum ad summam decem morabatinorum non suffecerit, ad
quantitatem huiusmodi pro pena debita reducentes. Si autem beneficium non habuerint, sed in sacris fuerint ordinibus constituti,
similem decem morabatinorum penam se nouerint incursuros,
alios siquidem non habentes beneficia in minoribus ordinibus
35 constitutos arbitrio nostro decreuimus puniendos. [33] Concubinas uero publicas predictorum clericorum decem morabatinorum
pena decreuimus puniendas. [34] Predictis itaque suspensionis
et excommunicationis sententiis in prenominatas penas per nos
taliter commutatis, easdem sententias suspensionis et excommu-
40 nicationis latas per iam dictum dominum Johannem, Sabinensem
episcopum, quantum ad clericos ciuitatis et diocesis Barcinonensis et concubinas eorum, presenti constitutione, auctoritate premissa, ex certa scientia reuocamus, decernentes predictos clericos
et eorum concubinas predictis suspensionis et excommunicationis
45 sententiis in posterum de cetero non ligari. [35] Datis Barcinone,
anno Domini m.cc.lxxix.

8. Constituciones de Hugo de Cardona, arcediano y vicario general de Poncio de Gualba, 18 de marzo de 1301 y de 25 de julio de 1300

Hugo de Cardona era señor feudal del castillo de Olesa y era además arcediano de Barcelona y vicario general del obispo Poncio de Gualba. Entre los años
1313 y 1314 hizo al menos 140 visitas pastorales a diversas parroquias como delegado episcopal. En 1303, con ocasión de una ausencia del obispo en Mallorca,
excomulgó a varios ciudadanos y e incluso a los concelleres[1].

Editamos a continuación tres constituciones de Hugo de Cardona, dos de las
cuales aparecen datadas en el 18 de marzo de 1301 y la tercera de ellas el 25 de
julio de 1300. Las dos primeras fueron inicialmente constituciones capitulares, ya
que aparecen aprobadas «de consilio, assensu et uoluntate uenerabilis capituli»,
cuando Hugo de Cardona era vicario general de Poncio de Gualba, y la tercera

---

[1] J. M. Martí Bonet, *Historia de las diócesis españolas* 2.160, 161; S. Puig y Puig,
Episcopologio de la sede Barcinonense, 226 y 233-234.

45 Barcinone] idus martii *ad*.Ch   46 lxxix] xc. Ch

de ellas, promulgada el año 1300 en sede vacante, parece que fue simplemente la constitución de un vicario capitular. Pero estas tres constituciones de Hugo de Cardona fueron después recibidas por el sínodo de 1307.[1] y por la compilación sinodal de Francisco Ruffach de 1347-1353.[76], mencionando expresamente a las dos primeras y aludiendo veladamente a la tercera al decir que se recibe la constitución del concilio tarraconense.

La fecha de las dos primeras constituciones aparece consignada con toda claridad como el «xv. kalendis aprilis anno Domini m. ccc.», datación que por nuestro calendario de la Navidad del Señor es el 18 de marzo del año 1301. En julio de 1300 la diócesis estaba vacante, según dice la tercera constitución. En marzo de 1301 aparece el obispo Poncio como electo confirmado, pues así lo llaman las dos primeras constituciones y así lo reconoce el mismo Poncio de Gualba en su sínodo de 1307.[1]. Esto no contradice los datos de que Poncio de Gualba fue consagrado obispo el 17 de febrero de 1303[2].

Tradición manuscrita: para el c.1 ([1-3]) B fol.135rbva (códice base); Ch *om.*; Ct fol.198rv. Para el c.2 ([4-7]) B fol.135vab (códice base); Ch fol.68v-69v; Ct fol.198v-199v. Para el c.3 ([8-15]) BCt *om.; Ch fol.69v-71v.

[1]   1.   *Constitutio facta contra non residentes in suis beneficiis per dominum archidiaconum Barcinonensem*

Hugo de Cardona, archidiaconus Barcinonensis ac generalis uicarius reuerendi domini Pontii, electi confirmati eiusdem, uenerabilibus et dilectis uniuersis et singulis ecclesiarum rectoribus et beneficiatis infra Barcinonensem ciuitatem et diocesim constitutis, salutem in Domino sempiternam. Emisit hactenus sancta mater Ecclesia in plerisque locis Barcinonensis episcopatus profunda suspiria, cui presunt nonnulli regimini, qui pastorum nomina solum obtinent, et commissum sibi gregem dominicum deserentes tamquam mercenarii, per loca dispersa et uaria peruagando, exquisitis coloribus se frequenter absentant, spirituali temporale, transitoriumque mansuro commodum anteponunt. Et minus

5

10

---

[2] M. AYMERICH, *Nomina et acta episcoporum Barcinonensium*, 367, dice de Poncio de Gualba que «consecratus dicitur in sede propria 13 kal. martii, anno ab Incarnatione 1302», que por nuestro calendario es el 17 de febrero de 1303, y esa es la data que aparece en C. EUBEL, *Hierarchia catholica* I.128, y en J. SANABRE, «Barcelona, diócesis de», en: DHEE 1; J. VILLANUEVA, *Viage literario* XVIII.6, quienes advierten expresamente que esa fecha de 17 de febrero de 1303 es la fecha de la consagración episcopal, no es, pues, el año 1303 la fecha de su elección o nombramiento para la diócesis. En elsínodo de 1307.[1] dice Poncio de Gualba que la constitución fue promulgada «per uenerabilem Hugonem, archidiaconum Barcinonensem, tunc uicarium nostrum post confirmationem, sed ante consecrationem nostram».

---

c.1 1-36 Constitutio — m.cccc. *om.*Ch   6 et diocesim *interl.*B   6-7 constitutis] et diocesis *ad.*B^{ac}

prudenter attendunt quod pastor eternus suis discipulis declarans,
15 ait 'Bonus pastor animam suam ponit pro ouibus suis'[1], et quod
scriptum alibi reperitur: pastorem teneri uultum sui cognoscere
pecoris[2], quod idonee explere non potest quasi continuo separatus
ab eo. Sicque ob hoc in prefato episcopatu dammna plurima et
Ecclesie ac clero scandala prodierunt, et periclitatur ex hoc multo-
20 tiens populus christianus. [2] Nos itaque tam damnosum tamque
damnabile nolentes sustinere defectum, de consilio, assensu et uoluntate uenerabilis capituli eiusdem Barcinonensis ecclesie, tam
pastorum quam gregum ouium animarum saluti prouidere salubriter cupientes, hortamur in Domino nihilominus et monemus
25 primo, secundo, tertio et peremptorie uniuersos et singulos rectores et beneficiatos ecclesiarum ciuitatis et diocesis Barcinonensis
memoratis, singulariter singulos et uniuersaliter uniuersos, per tenorem presentium quatenus in ecclesiis seu beneficiis quibus presunt, usque ad kalendas iunii a presentatione presentium eis facta,
30 personaliter et continue resideant, ac fideliter in eisdem amodo
deseruiant, prout onera beneficiorum ipsorum exigunt continue
ministrandum. Alioquin ab ecclesiis et beneficiis, ut predicitur,
quibus presunt, post elapsum terminum pretaxatum nouerint se
suspensos[3]. Hanc autem suspensionis sententiam ad canonicos
35 sepe dicte ecclesie Barcinonensis extendi nolumus.

[3] Datis Barcinone, xv. kalendas aprilis, anno Domini m.ccc.

[4] 2. *Constitutio facta contra lusores, per eumdem dominum archidiaconum*

Pateat uniuersis quod nos Hugo de Cardona, archidiaconus
Barcinonensis ac generalis uicarius reuerendi Pontii, Dei gratia
5 electi confirmati eiusdem, attendentes ludos nociuos et uolup-
tuosos, quorum occasione, sub quadam curialitatis imagine, ad
dissolutionis materiam deuenitur, ex quibus sepe plura scandala
et contentiones oriuntur in ciuitate et diocesi Barcinonensi inter clericos multipliciter frequentari. Volentes, quantum nobis est
10 possibile, occurrere scandalis et periculis memoratis, de consensu et uoluntate uenerabilis capituli Barcinonensis, statuimus et
ordinamus quod quicumque presbyter, diaconus uel subdiaconus

---

[1] **c.1** Jn 10,11-13.
[2] Prov 27,23.
[3] Sínodo de 1291.[19] y las fuentes allí indicadas.

---

14 pastor] pater BCt
c.2 1-2 Constitutio — archidiaconum *om.* Ch   2 archidiaconum] archiepiscopum
mal Ct   6 ad] a BCt   11 uenerabilis *om.* Ch   Barcinonensis] ecclesie *ad.* Ch

aut quiuis alius in minoribus ordinibus constitutus ad aliquem
ludum taxillorum uel alearum luserit, uel ad ludum qui dicitur
15 cabraboch uel ad croetes uel altileue, qui aliter dicitur blancha
et negra, si beneficium ecclesiasticum obtinuerit, penam centum
solidorum se nouerit incurrisse; si autem nullum obtinuerit beneficium, penam quinquaginta solidorum se nouerit incursurum.
[5] Ceterum, quia non minus agere uidetur qui ludum exerceri in
20 domo propria uel conductitia sustinet quam ludentes, statuimus
et ordinamus quod quicumque clericus, in quibusuis ordinibus
constitutus, beneficium ecclesiasticum obtinens, ludum seu ludos
per nos superius inhibitos in domo propria uel conductitia permiserit exerceri, eo ipso beneficio quod obtinere dignoscitur sit
25 suspensus; si uero clericus nullum obtinens beneficium prefatos
ludos ut predicitur permiserit exerceri, centum solidorum pene
se nouerit subiacere. Penas autem superius impositas ita decreuimus diuidendas quod due partes ipsius pene fabrice operis ecclesie
Barcinonensis applicentur et residua tertia pars accusatori plenarie
30 impendatur. Verum si in solutione dicte pene aliqui forsitan defecerint, excusationem non habendi unde soluere ualeant pretendentes, tamdiu et tanto tempore in carcere episcopali detineantur
quousque de dicta pena satisfecerint competenter[61]. [6] Et ut hec
superius statuta et ordinata maiori affectione seruentur et diutius
35 manere ualeant illibata, uolumus et mandamus omnibus rectoribus ciuitatis et diocesis Barcinonensis ut in suis ecclesiis presens
salubre statutum in scriptis habeant et fideliter obseruare procurent. In cuius rei testimonium, presentem chartam sigillis cereis
pendentibus nostri et dicti capituli fecimus communiri.
40   [7] Datis et actis Barcinone, xv. kalendas aprilis, anno Domini
m.ccc.

[8]   3.   *<De laicis qui comestiones, pastus, potationes uel*
abbadagia a clericis exigunt per subtractionem decimarum
et aliorum iurium>

Hugo de Cardona, archidiaconus Barcinonensis ac gerens ui-
5 ces episcopi sede uacante, uenerabilibus uiris et singulis abbatibus,
prioribus, rectoribus, uicariis et aliis ecclesiasticis personis per Barcinonensem ciuitatem et diocesim constitutis et eorum loca tenen-

---

[1] **c.2** Sínodo de 1241.[40].

---

15 altileue] autileua Ch   17-18 incurrisse — nouerit *marg.*B *(homogr.)*
17-18 quinquaginta solidorum penam se nouerit Ch   24-26 eo ipso — exerceri *om.*BCt *(homograf.)*   31 soluere] habeant *ad.*Ct
c.3 1-120 De — rectoribus *om.*BCt   1-3 De — iurium *om.*Ch   3 (fol.69v) Ch

tibus ad quos presentes peruenerint, salutem, et Deo potius quam
hominibus obedire. Cum in sacro concilio, quod anno isto exstitit
10 Tarracone celebratum, quedam constitutio, inter alias, facta fuerit
ad tollendum quosdam abusus et corruptelam que in aliquibus ecclesiis prouincie Tarracone per laicorum insolentiam hactenus inoleuit, cuius tenor inferius continetur, auctoritate presentium uobis
dicimus et mandamus quatenus, uisis presentibus, quilibet uestrum
15 in sua ecclesia et eius appendiciis publice coram populo notificet,
legat seu legi faciat ac publicet dictam constitutionem et omnia et
singula contenta in ea, ne aliquis dictorum laicorum deinceps per
ignorantiam se ualeat excusare. Monentes predictos laicos ne contra constitutionem predictam uel contenta in ea, aliqua exigant,
20 petant uel recipiant ab ecclesiis uel earum rectoribus in fraudem
constitutionis predicte uel contentorum in eadem, significantes
eisdem quod omnes et singuli qui predicta in dicta constitutione
contenta uel aliquid eorum exegerint uel contra uenerint, et qui
occasionibus eorum que in supra dicta | constitutione continentur
25 uel aliqua earumdem scienter aliquid sibi retinuerint de decimis,
primitiis et aliis iuribus ecclesiasticis, uel per alios procurauerint seu
mandauerint aut consenserint retineri, per constitutionem predictam excommunicati sunt ipso facto, et in locis in quibus uniuersitas in hiis culpabiles exstiterint est cessandum penitus a diuinis.
30 Mandamus etiam uobis et uestrum cuilibet firmiter et districte ac
sub pena excommunicationis ne dictis laicis uel alicui eorumdem
contra predictam constitutionem seu contenta in eadem detis nec
dari faciatis seu permittatis, quantum in uobis fuerit, comestiones,
pastus, potationes, beuragia, abbadagia uel aliquid aliud ex causa
35 seu occasionibus in dicta constitutione contentis, nec contra ipsam
constitutionem uel contenta in ea aliquatenus ueniatis uel contra
uenire, in quantum in uobis fuerit, permittatis, si alias penas canonicas uolueritis euitare. Et si aliquem uel aliquos de dictis laicis post
publicationem et notificationem dicte constitutionis per nos factam
40 culpabiles inueneritis, ipsos nominatim excommunicatos per uos
uel per alium seu alios publice nuntietis, et in locis in quibus seu
quo uniuersitas uel uniuersitates culpabiles fuerint cessetis penitus a
diuinis, donec a nobis absolutionis beneficium meruerint obtinere.
   Tenor uero dicte constitutionis noscitur esse talis[1]: **[9]** "In
45 nonnullis Tarraconensis prouincie diocesibus et ecclesiis sic auida
gulositas quorumdam laicorum animos excecauit quod pro certis

---

[1] **c.3** Conc. de Lérida de 1294 y tercer concil. prov. de Tarragona de Rodrigo
Téllez, c.4 (TR 3.424-426; Pons Guri 117-118, c.5).

---

12 insolentiam] insolertiam Ch   21 predictam in dictam constitutionem Ch
24 (fol.70r) Ch

anni temporibus parochiani dictarum ecclesiarum ab abbatibus,
uicariis seu | rectoribus earumdem certa prandia, abbadagia, co-
mestiones, pastus, potationes seu beuragia exigere quasi ex debito
50 non formidant. Et ipsos rectores, uicarios seu abbates ad ea ipsis
iuxta abusum huiusmodi exhibenda per subtractionem et retentionem decimarum et aliorum iurium ecclesiaticorum uerecunde
compellere non uerentur. [10] Aliqui etiam ex laicis supra dictis
una die cuiuslibet septimane, quasi ex debito, uolunt comedere
55 cum rectore, uicario seu abbate, et, ultra comestionem, habere et
exigere aliquam pecuniam ab eisdem. Ita per totum anni circulum
facientes continue, quousque omnes parochiani cum eis comederint et certum quid habuerint ab eisdem. Posteaque inchoant et
repetunt illud idem. [11] Suntque alii laici ex predictis qui sollem-
60 nibus diebus Natalis Domini, Pasche et Pentecostes, immediate
post communionem et receptionem Corporis Iesu Christi, quod
cum humilitate et deuotione recipere tenentur, et aliquibus aliis
anni temporibus quasi ex debito exigunt improbe ab abbatibus,
uicariis et rectoribus uinum certum ex abusu huiusmodi uel etiam
65 iuxta uotum, <adeo> quod interdum decem uel quindecim onera
in potationibus expenduntur, propter que ingurgitationes et ebrie-
tates et comessationes indebite committuntur, et multotiens mor-
tes et uulnera sunt hactenus subsequuta. [12] Quamplurimum
insuper ex laicis ante dictis tempore quo decimarum ac primitia-
70 rum granaria diuiduntur, non permittunt per illos ad quos dicte
decime et primitie bladi pertinent portari libere dictum bladum
suis propriis animalibus uel etiam alienis, ut pro aportaturis prefati bladi in duplo uel triplo quam alii portarent eis detur. Nonnulli
etiam sunt qui, iuxta laicorum consuetudinem, ad horrea eccle-
75 siarum bladum decimarum uel primitiarum deferunt <et die qua
portant cibantur ab ecclesiis, uicariis seu rectoribus earumdem>, |
per multas uices multosque dies excogitata malitia deferunt mi-
nutatim quas portare poterant una die, ut singulis diebus et uicibus reficiantur ab ipsis ecclesiis et ipsarum rectoribus ac cibentur,
80 constitutione nostra que hoc prohibet non obstante². [13] Alii
uero laici cum subsidia ex certis causis portionariis, uicariis seu
clericis ipsorum laicorum consanguineis, affinibus seu amicis per
locorum ordinarios uel nuntios seu legatos Sedis apostolice impo-

---

² Conc. de Lérida de 1293, segundo conc. prov. de Tarragona de Rodrigo Téllez,
c.2 o c. 4 (TR 3.420; Pons Guri 111-112).

---

48 (fol.70v) Ch   50 ipsis] ipsos Ch   58 Posteaque] Postquam Ch
62 et²] ab Ch   65 adeo *om.*Ch   75-76 et die — earumdem *om.*Ch
77 (fol.71r) Ch   80 constitutionem nostram Ch   82 laicorum] clericorum Ch

nuntur, uel cum ipsis portionariis, uicariis seu clericis beneficiatis
85 in ecclesiis prelibatis per ipsos rectores seu abbates uel eorum loca
gerentes, ex eo quia seruitium ecclesie non faciunt ut tenentur
uel alia causa iusta, licita et honesta interdum ad tempus suorum
beneficiorum fructus forsitan subtrahuntur, ad inquisitionem,
suasionem seu nutum huiusmodi clericorum occulte retinent sibi
90 decimas et alia iura ecclesiastica, et dant portionariis seu clericis
memoratis, propter quod negligentia dictorum portionariorum,
clericorum et aliorum circa diuinum officium remanet impunita
et de alieno soluunt quod de suo proprio soluere tenebantur. Et
dictis laicis nihilominus participes sunt in furto, allegantes omnes
95 predicti et singuli, ad excusandas excusationes in peccatis[3], quod
consuetudines obseruant atque usus.

[14] Nos igitur uolentes ex debito nostri officii ecclesiarum
indemnitatibus prouidere, ac malitiis, usurpationibus et morbis
huiusmodi obuiare, approbante concilio, predictas consuetudines,
100 obseruantias atque usus, corruptelas et abusus penitus reputantes ac
etiam iudicantes, predicta omnia et singula deinceps omnino fieri
prohibemus, cum non sit dubium ea esse contra bonos mores | et
canonicas sanctiones, et in grauamen iurium ecclesiarum et ecclesiastice libertatis. Et nihilominus quia parum proficit iura condere
105 nisi pena transgressoribus imponatur, in omnes et singulos laicos
qui predicta prandia et comessationes seu pastus, potationes seu
beuragia et alia predicta seu aliqua de eisdem exegerint cum effectu,
et qui occasionibus memoratis uel aliqua earumdem de decimis, primitiis uel aliis iuribus ecclesiasticis aliquid sibi scienter retinuerint,
110 uel per alios procurauerint seu mandauerint aut consenserint retineri, excommunicationis sententiam promulgamus. In locis uero in
quibus uniuersitas in hiis culpabilis exstiterit cessetur penitus a diuinis, sub pena excommunicationis abbatibus, rectoribus et uicariis
et aliis ecclesiasticis personis, interdicentes et prohibentes expresse
115 quod dictis laicis uel eorum alicui comestiones et pastus, potationes
ac beuragia uel aliquid aliud ex causis uel occasionibus supra dictis
non dent nec dari faciant uel permittant, si aliquas penas canonicas
uoluerint euitare".

[15] Datum Barcinone, octauo kalendas augusti, anno Domini
120 m.ccc. Publicatis presentibus, mittatis eas uicinis rectoribus.

---

[3] Sal 140,4.

86 gerentes] gerentibus Ch   87 tempus *interl*.Ch, temporis^{ac}Ch   89 nutum]
nuntium Ch   92 remanet impunita] remanent impuniti Ch   102 (fol.71v) Ch

9. Sínodo de Poncio de Gualba de 1303

Poncio de Gualba nació en Mallorca, en cuya iglesia fue educado y en la que antes ya de 1299 tenía el cargo de sacrista. Fue también canónigo de Barcelona y administrador de la sede vacante en 1301. Se ignora la fecha de su elección para la sede barcelonesa, pero consta que recibió la consagración episcopal el 17 de febrero de 1303. Fue uno de los grandes obispos reformadores de Barcelona. Se le considera el iniciador del archivo diocesano y dio especial importancia a las visitas pastorales. Murió el 17 de julio de 1334 y fue sepultado en la capilla de S. Nicolás[1].

Se dice que Poncio de Gualba «en 1332 hizo una colección de todas las constituciones de la iglesia»[2] o que «una de sus obras literarias mejores y de más interés histórico lo constituye la compilación (año 1332) de las constituciones de la Iglesia de Barcelona elaborada por el gran obispo Ponç de Gualba»[3]. Pero ésta es una noticia muy inflada y que resulta ser falsa, ya que las citadas constituciones de Poncio de Gualba, aprobadas *in capitulo generali celebrato in crastinum sanctae crucis mensis maii, anno Domini millesimo trecentesimo tricesimo secundo,* que son las que los mencionados autores citan como una colección o compilación de constituciones, son en realidad nueve constituciones capitulares, que ocupan dos páginas en la edición de Martène y Durand, y que tratan únicamente de cuestiones del cabildo, sin referirse a ningún otro asunto diocesano[4]. La que se puede llamar una colección o compilación de las constituciones sinodales de Barcelona es la compilación que hizo Francisco Ruffach, vicario del obispo Miguel de Ricomá, que situamos en 1347-1353 y que editamos en el lugar correspondiente, pero que nada tiene que ver con el texto que editan Martène-Durand, que es al que aluden o que expresamente mencionan los autores antes citados, como es el caso de J. Villanueva[5]. Con el mayor respeto debido a tan notables autores, creemos que se

---

[1] C. EUBEL, *Hierarchia catholica* I.128; J. M. MARTÍ BONET, *Historia de las diócesis españolas* 2.141, 151-162, 403; J. VILLANUEVA, *Viage literario* XVIII.6-9; S. PUIG Y PUIG, *Episcopologio de la sede Barcinonense,* 232-241; M. AYMERICH, *Nomina et acta episcoporum Barcinonensium,* 367-369; J. SANABRE, «Barcelona, diócesis de», en: DHEE 1.192.

[2] S. PUIG Y PUIG, *Episcopologio,* 237.

[3] J. M. MARTÍ BONET, *Historia de las diócesis españolas* 2.141, y en la p.151 puntualiza un poco más y dice: «Sabemos que al final del pontificado de Ponç de Gualba, concretamente en 1332, se hizo de todas las constituciones, decretos, leyes, edictos episcopales una colección, obra que nos ayuda a conocer la vida diocesana en el siglo XIV». Esta misma noticia aparece en J. VILLANUEVA, *Viage literario* XVIII.7, que afirma de Poncio de Gualba: «Item, en 1332 hizo una colección de todas las constituciones de esta iglesia, empezando por las del Cardenal Juan, Obispo Sabinense. Publicó estas constituciones Martene *(loc.laud. col.595)*».

[4] E. MARTÈNE - U. DURAND, *Thesaurus novus anecdotarum,* IV (Lutetiae Parisiorum 1717) col.595-599. Mucho más extensa y más completa es la colección de constituciones capitulares aprobada por Poncio de Gualba y el cabildo barcelonés el 12 de abril de 1317, que editan los mismos Martène-Durand, col. 610-617, pero que es una compilación de constituciones capitulares, no sinodales. Las columnas 595-624 del citado *Thesaurus* de Martène-Durand contienen «Antiqua statuta ecclesiae Barcinonensis», y casi todos estos estatutos son de Poncio de Gualba y de Ferrer de Abella, y la mayor parte de ellos contienen normas capitulares, pero ninguna constitución sinodal.

[5] J. VILLANUEVA, *Viage literario* XVIII.7, ver el texto alegado en la nota 3.

trata de una equivocación o errata, introducida probablemente por J. Villanueva y que los autores siguientes copiaron sin la justa comprobación.

Acerca de los sínodos de Poncio de Gualba dice escuetamente J. Villanueva: «Sábese que celebró algunos sínodos»[6], sin ninguna otra información acerca de esos sínodos. Puig y Puig da una larga lista de rúbricas de constituciones sinodales de Poncio de Gualba, pero no dice a qué sínodos pertenecen, ni si todas las rúbricas de esas constituciones pertenecen a uno o a varios sínodos, ni siquiera si están ordenadas por sínodos[7]. Más concreta información encontramos en J. M. Martí Bonet, que dice: «Ponç de Gualba convocó seis sínodos diocesanos los años 1305, 1307, 1317, 1318, 1319 y 1323»[8], y estas mismas datas aparecen en J. Sanabre, al tratar de la diócesis de Barcelona[9]. No encontramos noticia alguna del sínodo de Poncio de Gualba de 1305 en ningún otro lugar[10], y sospechamos que se trate de una errata tipográfica por el año 1306, sínodo de 1306 que precisamente no figura en esa lista de Martí Bonet, ni en la citada obra de J. Sanabre acerca de los sínodos[11], aunque sí lo menciona en otro lugar.

Noticia minuciosa y segura es la que cuenta J. Baucells i Reig, quien dice que «en la fecha pascual acostumbrada, de 1303, a los dos meses de su consagración, Ponç de Gualba tuvo sin duda el primer sínodo de su pontificado, pues a mitad de junio en una letra de concesión de ausencia al rector de Arraona para actuar de familiar suyo escribía: *licet per nos in generali sinodo fuit ordinatum* la residencia personal en los beneficios. Sería una reunión sin producto escrito, pues de otra forma no se comprende el redactado del apunte; se anticiparía al de 1306»[12]. El segundo domingo de Pascua o domingo de Quasi modo, que era el más usual para la celebración del sínodo en la Pascua, fue el 14 de abril en el año 1303.

10. Sínodo de Poncio de Gualba, 21 de abril de 1306

El primer sínodo de Poncio de Gualba que llegó a nosotros con texto es el de 21 de abril de 1306. Pero resulta que hay dos textos distintos con la fecha de 1306. El primer texto aparece datado el 21 de abril de 1306. A este texto de 21 de 1306 sigue en los códices B y Ch y Ct el sínodo de 1307. Y después del sínodo

---

[6] Ibíd., 7.
[7] S. Puig y Puig, *Episcopologio*, 237-238.
[8] J. M. Martí Bonet, *Historia de las diócesis españolas* 2.415; Íd., *Costumario eclesiástico: normativas diocesanas*, 5 (con igual texto en ambos lugares).
[9] J. Sanabre, «Barcelona, diócesis de», en: DHEE 1.189.
[10] No lo menciona L. Ferrer, «Sínodo», en: DHEE 4.2489, según el cual los sínodos de Poncio de Gualba pertenecen a los años «1306, 1307, 1317 a 1319, 1323, Ponce de Gualba, que agrupa las constituciones anteriores». Por supuesto que J. Baucells i Reig, *Vivir en la Edad Media* 1.347 no menciona este sínodo de 1305. Un pequeño portillo lo abre J. Sanabre, *Los sínodos diocesanos en Barcelona*, 17, que del sínodo de 1306 dice: «ignoramos si fue el primero por él convocado».
[11] J. Sanabre, *Los sínodos diocesanos en Barcelona*, 17-20.
[12] J. Baucells i Reig, *Vivir en la Edad Media* 1.348. También la primera constitución de su vicario Hugo de Cardona había recordado el 18 de marzo de 1301 la obligación de residir en los beneficios.

de 1307 aparece en los códices B y Ct otro texto sinodal con la data de 1306. Se podría suponer que estos dos textos de 1306 pertenecen al único sínodo de 21 de abril de 1306 y que entre el texto del sínodo de 1306 se introdujo indebidamente en los códices B y Ct (que son dos copias hermanas) el texto del sínodo de 1307. Pero realmente no es así. Con atención y perspicacia estudia este asunto J. Baucells i Reig[1], cuyas indudables conclusiones son que esos dos textos fechados 1306 no pueden pertenecer ambos a un mismo sínodo, pues no se avienen todas esas constituciones para formar un solo grupo, porque hay unas constituciones que aluden a otras como de sínodo distinto y porque los días de la semana que mencionan estas constituciones no concuerdan si todas ellas fuesen del mismo sínodo. La solución que se ofrece más fácil es que hay una errata en la datación de *m.ccc.vj.* para las constituciones que aparecen después del sínodo de 1307, errata consistente en que falta una *x.*, con la que resultaría la fecha de *m.ccc.xvj.* o sea 1316 para esas constituciones posteriores al sínodo de 1307[2]. Pero contra esta fecha de 1316, que parece la solución más fácil y más normal, surge otro grave inconveniente y es que una constitución de este sínodo supuestamente de 1316 menciona los abusos que se cometen con los capillos del bautismo y cita expresamente una constitución que solamente conocemos por el sínodo de 1318. Por lo cual adscribimos estas constituciones, que no pueden ser del 21 de abril de 1306, y que pudieran ser de 1316 si hubiera la errata de la falta de una *x.*, a un sínodo que situamos en 1320-1322 por las razones que indicaremos al tratar del mismo.

Pero de lo que no hay duda alguna es de que el texto que llegó a nosotros del sínodo que Poncio de Gualba celebró el 21 de abril de 1306 es únicamente el que editamos a continuación.

Tradición manuscrita: B fol.135vb-136va; Ch fol.73r-75v; Ct fol.200r-202r; J. Sanabre, *Los sínodos diocesanos en Barcelona,* 17-18 edita las rúbricas de las constituciones, aunque sin indicar a qué sínodos pertenecen.

[1] *<Inscriptio>*

Incipiunt constitutiones synodales reuerendi in Christo patris domini Pontii, episcopi Barcinonensis.

[2] 1. *Quod clerici non portent, dicendo Horas in ecclesia, pilleum uel caputium in capitibus*

Debet rectum officium presidentis suos subditos moribus et uirtutibus conformare. Idcirco nos Pontius, Dei gratia Barcino-

---

[1] J. Baucells i Reig, *Vivir en la Edad Media* 1.344-346.
[2] De alguna forma confirma esto el códice de nuestra sigla Ch, que para el sínodo de 1306 trae únicamente las ocho constituciones que aquí editamos, [1-9] de nuestra edición.

Inscrip. Inscriptio *om.*Q   1-2 reuerendi — Barcinonensis] edite a domino Pontio diuina miseratione Barcinonensi episcopo Ch, *om.*B
c.1 1-2 Quod — capitibus *om.*Ch

5   nensis episcopus, sacrosanctam synodum celebrantes xj. kalendas
      maii, anno Domini millesimo trecentesimo sexto, in nostra matre
      ecclesia Barcinonensi, uolentes nostros subditos, in quorum com-
      modis utique prosperamur, doctrina morum instruere et uirtutum,
      constitutiones predecessorum nostrorum et sacrosancti concilii
10   Tarraconensis[1] circa reformationem et correctionem cleri et tui-
      tionem ecclesiastice libertatis editas, precipientes, in uirtute sancte
      obedientie, districte inuiolabiliter obseruari. Statuimus quod rec-
      tores ecclesiarum et eorum loca tenentes et alii clerici beneficiati,
      qui non solum uerbo tenentur populum instruere, sed exemplo,
15   quamdiu in locis suorum beneficiorum fuerint celebrent horis
      competentibus deuote, quantum poterunt, et honeste, induti su-
      perpelliciis et sine pileis et caputiis in capitibus, sed cum birretis
      uel almutiis, si tenere uoluerint, Matutinas et alias Horas canonicas
      in ecclesiis in quibus beneficiati exsistunt, que ad orandum sunt
20   proprie institute, et non extra, nisi infirmitate uel alia causa ratio-
      nabili excusentur[2].

[3]   2.   *Quod in ecclesiis non teneant aliquas res, que non sint*
              ad diuinum officium deputate, nisi in tempore guerre

      Quia decet domum Domini sanctitudo[1], et decet ut cuius in
      pace factus est locus[2], eius cultus sit cum debita ueneratione paci-
5   ficus, statuimus quod rectores ecclesiarum non teneant nec teneri
      permittant in eorum ecclesiis bladum, uinum, carnes, supellectilia,
      archas uel alia uasa, nec aliquas alias res que non sunt ad diuinum
      officium specialiter deputate, nisi tempore guerre et quod tunc pre-
      dicta non possunt alibi commode custodiri. Et quod usque ad fes-
10   tum sancti Johannis Baptiste abstrahant et abstrahi faciant de dictis
      ecclesiis, si que sunt forsitan in eisdem de his que per nos in ecclesiis
      prohibita sunt teneri, et guerra cessante abstrahant uel abstrahi fa-
      ciant infra mensem. Contradictores per censuram ecclesiasticam,
      auctoritate nostra, si opus fuerit, compellentes, indecens enim est et
15   contrarium honestati ut ecclesia, que tamquam domus orationis est

---

[1] **c.1** Conc.prov. de Tarragona de 22 de febrero de 1306 (TR 6.60-62, que da el
año 1305, Pons Guri, 120-121, con notabe información y con un breve resumen
del texto). Fue el cuarto y último concilio tarraconense del arzobispo Rodrigo Tello.
[2] Esta constitución pasó a la Compil.1347-1353.[78].
[1] **c.2** Sal 92,5.
[2] Sal75,3.

---

8 et *om.*BCt   10 cleri] et populi *ad.*Ch   13 beneficiati] nec non beneficiati
*ad.*BCt   15 fuerint] et *ad.*Ch
c.2 1-2 Quod — guerre *om.*Ch   7 sint Ch   8 officium] seruitium Ch
9 possint Ch   quod *interl.*B

solummodo diuino cultui deputata, domus laica, non Dei basilica uideatur. Plerumque insuper propter predicta immunitas ecclesie uiolatur[3].

[4] 3. *De ornamentis ecclesie*

Et quia nimis absurdum est in sacris sordes negligere que dedecent etiam in profanis, mandamus eisdem rectoribus quod dictas ecclesias mundas teneant et lampades et alia ornamenta[1], et hos
5 tias in propria persona conficiant uel per sacerdotes confici faciant de pulchra et munda farina, sine sale et fermento, et faciant eas in quantitate in qua fiunt in hac nostra matre ecclesia Barcinonensi. Alias sciant se per nos, cum per uisitationem uel alio modo de ipsorum negligentia constiterit, pro modo negligentie puniendos[2].

[5] 4. *Quod nullus clericus tradat missale Iudeo ad uenden*
dum

Item, cum sit multum indecens et absurdum Iudeos, inimicos fidei christiane, de christiana religione aliquid contrectare,
5 statuimus quod nullus clericus uendat uel tradat ad uendendum seu aptandum uel aliter alicui Iudeo missale uel textum sanctorum euangeliorum uel aliquem alium librum, in quo sit canon misse uel crucifixum Domini uel imago beate Marie uirginis, matris eius, uel aliqua alia ornamenta ecclesie consecrata. Et qui contra fecerit,
10 quinquaginta solidos pro qualibet uice soluat, usibus quibus uoluerimus applicandos.

[6] 5. *Quod rectores teneantur denuntiare excommunicatos*

Item, statuimus quod rectores et alii clerici, quibus per nos uel officialem nostrum mandatum fuerit aliquem uel aliquos denuntia-

[3] D.42 c.4-7; D.86 c.13; C.10 q.1 c.14; C.16 q.7 c.9 § 1-2; Conc.4 Lat.1215 c.19 (X 3.44.2); Conc.2 Lugd.1274 c.25 (In VI 3.23.2); Conc.Vien.1311-12 c.22 (Clem.3.14.1, que es posterior); Conc.legat.Valladolid 1228 6 (TR 3.326); Conc. legat.Lérida 1229 c.10 (TR 3.333-334; Pons Guri 16-17, c.9).
[1] **c.3** De cons. D.1 c.40 § 2; Conc.4 Lat.1215 c.19 (X 3.44.2).
[2] Conc.prov.Tarragona 1243 c.7 (TR 6.39; Pons Guri 53-54).

c.3 1 De — ecclesie *om.*Ch   3 dictas] predictas Ch   5 persona] induti superpelliciis *ad.*C   conficiant] perficiant A^ac   6 farina] frumenti *ad.*Ch
c.4 1-2 Quod — uendendum *om.*Ch   1 tradat] trahat BCt   4 contractare BChCt   8 Domini] uel imago *ad.*Ch   uel] etiam *ad.*Ch   Marie *om.*Ch
c.5 1 Quod — excommunicatos *om.*Ch   2 rectores] ecclesiarum *ad.*Ch   et alii clerici *interl.*B

re excommunicatos, in dicta denuntiatione, prout eis mandatum
5　fuerit, non supersedeant neque cessent donec aliud receperint uerbo
uel litteris uel per fidelem nuntium in mandatis. Qui uero contra
fecerit, penam quinquaginta solidorum, usibus quibus nos uoluerimus applicandam, se nouerit incurrisse.

[7]　6.　*Quod rectores possunt excommunicare pro iuribus ec-*
clesiarum suarum, et suspendere et interdicere

Item, statuimus quod quicumque rectores ecclesiarum uel eorum loca tenentes qui dicunt sibi de consuetudine competere posse
5　excommunicare, suspendere uel interdicere parochianos suos pro
ipsarum ecclesiarum juribus defendendis, uel quolibet alio modo
excommunicare, suspendere uel interdicere uoluerint, moneant
nominatim tribus uicibus (quarum quelibet contineat aliquos dies)
uel una pro omnibus, illum contra quem procedere uoluerint per
10　modum aliquem de predictis, presentibus aliquibus per quos, si necesse fuerit, poterit probari monitio quod satisfaciat de eo de quo
dicunt ipsum ecclesie iniuriari. Et si facere noluerit et procedi oporteat contra ipsum, in scriptis sententiam proferant, continentem in
se causam propter quam sic proceditur contra eum, de qua sen-
15　tentia tenentur dare transumptum excommunicato, suspenso uel
interdicto infra mensem, si fuerint requisiti. Et qui contra predicta
aliquem excommunicare, suspendere uel interdicere presumpserit,
penam centum solidorum incurrat, usibus quibus nos uoluerimus
applicandam, ultra penam iuris, que est ut ipso facto sit suspensus
20　ab ingressu ecclesie et diuinis. Et si sic suspensus diuina officia celebrauerit sicut prius, irregularis efficitur, super quo non potest sibi
dispensari per alium quam per papam.

[8]　7.　*De residentia rectorum in ecclesiis suis*

Item, statuimus quod quilibet rector in ecclesia sua residentiam
faciat personalem a proximo festo sancti Johannis Baptiste in antea.
Alias ex tunc excommunicationis sententiam se nouerit incurrisse.
5　In hoc autem non intelligimus canonicos nostros, neque clericos in
nostro seruitio constitutos[1].

---

[1]　**c.7** Sínodo de 1291.[19] y las fuentes allí indicadas.

c.6 1-2 Quod — interdicere *om.*Ch　　　　3 quicumque] quandocumque ChCt
8 uicibus] monitionibus Ch　　　11 poterit] possit Ch　　　quo] quibus Ch
22 papam] dominum *antep.*Ch
c.7 1. De — suis *om.*Ch　　　5 autem] tamen Ch

[9]   8.   *Quod ueniant ad synodum qui uenire tenentur*

Item, statuimus quod quicumque de hiis qui ad synodum uenire tenentur non uenerit prima die ipsius synodi, soluat quinque
solidos, et qui nec prima nec secunda, soluat decem solidos, et qui
5   nec prima nec secunda nec tertia uenerit, uiginti solidos soluere
compellatur, usibus quibus nos uoluerimus applicandos, penis aliarum constitutionum in suo robore duraturis.

11.   Sínodo de Poncio de Gualba, 6 de abril de 1307

Como ya indicamos en la introducción al sínodo de 1306, las constituciones de este sínodo de 1307 aparecen entre dos grupos de constituciones que
llevan la data de 1306, aunque con clara indicación en los códices de la fecha
propia de este sínodo de 1307. Quizá se pueda destacar en este sínodo el amar-
go reconocimiento que el obispo manifiesta del poco caso que se hacía a las
normas sinodales y conciliares. Tiene también interés la aceptación expresa de
la constitución que promulgó Hugo de Cardona, vicario del obispo «post confirmationem, sed ante consecrationem nostram» [1], como dijimos al tratar de
la datación de las constituciones de 1301. La última constitución, con los casos
reservados, figura únicamente en el códice Ch, lo que la hace un poco sospecho-
sa, pues resulta, además, que es casi literalmente idéntica a la que aparece en el
sínodo de 1258.[33].

Tradición manuscrita y editorial: B fol. 136va-137va; Ch fol.75v-80v; Ct
fol.202r-204r; J. SANABRE, *Los sínodos diocesanos en Barcelona*, 18-19 edita las rúbricas, pero edición poco útil.

[1]   *<Inscriptio>*

Constitutiones synodales domini Pontii, episcopi Barcinonensis.

[2]   1.   *<Quod omnes ecclesiarum rectores teneant, discant*
et obseruent constitutiones Sabinensis episcopi, apostolice
Sedis legati, contitutiones etiam conciliorum Tarraconen-

---

c.8 1 Quod — tenentur *om.* Ch   3 uenerit] uenerint BChCt   6 compellantur B
Inscrip. 1 Inscriptio *om.* Q   2 Constitutiones — Barcinonensis *om.* Ch
c.1 1-5 Quod — oleorum *om.* Q

5   *sium et constitutiones synodales Barcinonenses. De custo-*
        dia chrismatis et sacrorum oleorum>

Quoniam parum est constitutiones condere, nisi condite diligentius obseruentur, et qui sacras constitutiones dedignantur habere de neglectu sunt et incuria arguendi, habentes etiam et non
seruantes de temeritate corripiendi et plurimum increpandi. Idcir-
10 co nos Pontius, Dei gratia episcopus Barcinonensis, octauo idus
aprilis, anno Domini millesimo trecentesimo septimo, in sancta
synodo residentes, omnibus ecclesiarum rectoribus nostre diocesis
uel eorum loca tenentibus, sub uirtute sancte obedientie et suarum
animarum periculo, iniungimus et mandamus quatenus constitu-
15 tiones uenerabilis patris Johannis, quondam Sabinensis episcopi,
apostolice Sedis legati, constitutiones etiam sacrorum conciliorum
Tarraconensium, et illas que per bone memorie fratrem Petrum
et fratrem Bernardum[1], predecessores nostros, in suis synodis, et
nos in proxime transacta facte noscuntur, et constitutionem factam
20 per benerabilem Hugonem, archidiaconum Barcinonensem, tunc
uicarium nostrum post confirmationem, sed ante consecrationem
nostram, que incipit 'Pateat uniuersis, etc.'[2], conscribi faciant et in
suis parochialibus ecclesiis teneant et easdem discere et obseruare
studeant diligenter, ut per eruditionem earum discant qualiter in
25 sacramentis ecclesiasticis et aliis que continentur ibidem oporteat
se habere. [3] Et quia de hiis que promulgata sunt tam per nos
quam per predecessores nostros, eis multotiens est iniunctum, tam
ex negligentia quam ex temeritate per quamplures est minime obseruatum, ut pena docente cognoscant eorum negligentiam stimu-
30 landam et temeritatem seuerius corripiendam, statuimus ut quicumque ex ipsis clericis usque ad festum sancti Johannis Baptiste
proximo uenturum, prout eis tradiderimus, scribi non fecerit, nisi
fuerit iusto impedimento detentus, ex tunc penam quinquaginta
solidorum se nouerit incursurum, piis usibus, quibus nos uolueri-
35 mus, applicandam.
[4] Illis etiam quedam adiungenda decreuimus. Quod nullus
clericus audeat recipere et deportare, nec etiam tenere, sanctum
chrisma, oleum catechuminorum et oleum infirmorum in uase
uitreo, ne propter fragilitatem materie, uase de facili rupto, prout

---

[1] **c.1** Sínodos de Pedro de Centelles y de Bernardo Peregrí.
[2] Constitución de Hugo de Cardona de 1301.[4-7].

8-9 non seruantes — et *om.*Ct *(homograf.)*   18 et[1] *om.*BCt   19 proximo Ch
21 sed] seu Ch   consecrationem] confirmationem B[ac]Ch   23 discere
et] discrete Ch   27 per *om.*BCt   iniunctum] et *ad.*Ch   30 temeritatem]
seueritatem B[ac]   32 fecerit] fecerunt BCt

40 alias deuenisse reperimus, periculum eueniat sparsionis, sed in uase
de argento uel stagno uel alio decenti metallo, quod quidem uas
purum et nitidum teneant. Et annuatim, cum nouum chrisma et
oleum predictum in Cena Domini recipiendum fuerit, ueteri prius
in sacrario concremato seu baptisterio misso, ipsum uas in ipso bap-
45 tisterio abluatur et cum diligentia purificetur. [5] Et clericus qui ad
recipiendum dictum chrisma et oleum uenerit seu missus fuerit,
etatem decem et octo annorum ad minus habens, teneatur portare
superpellicium, et indutus superpellicio ipsum chrisma et oleum
recipiat, et in redeundo ad ecclesiam sine intermissione deportet.
50 Verum, si forte propter loci distantiam, uel casu aliquo interueniente, contigerit clericum dictum chrisma et oleum deportantem in
ciuitate seu in uia in aliquo hospitio hospitare uel moram facere,
non in laicorum hospitio, sed apud ecclesiam propinquiorem ipsum
chrisma et oleum deponat, uel iuxta se sub clausura teneat diligen-
55 ter, ne per laicorum manum temerariam, ut alias deprehendimus,
instigante diabolo attemptatum aliquid nefarium attemptentur. Et
si contra premissa seu aliquid premissorum aliquis transgressor exstiterit, eo ipso pene quinquaginta solidorum se nouerit subiacere. Eamdem penam magister scholarum uel quiuis alius qui dum nouum
60 chrisma et oleum in nostra cathedrali ecclesia statuto tempore traditurus est, si contra premissa seu aliquid premissorum alicui tradiderit, eo ipso se sentiat incursurum, piis usibus, quibus decreuerimus,
applicanda. Et nihilominus, si scandalum inde contigerit, taliter presumptorem castigabimus quod eius pena erit aliis in exemplum[3].

[6] 2. *De matrimonio contrahendo*

Cum antequam matrimonia contrahantur, in ecclesiis utriusque
contrahentium sit per presbyteros publice proponendum, competenti
termino prefinito, ut inter contrahentes qui sciuerint, uoluerint et
5 ualuerint legitimum impedimentum opponant, quia tamen repertum est quod quidam, dicto termino abutentes, una et eadem die
prefatum edictum (seu banna aliter nuncupata) ter proponentes, statim ipsos contrahentes, et, quod grauius est, non in ecclesiis, sed in
eorum domibus, matrimonialiter coniungere non uerentur. Euenit
10 etiam frequenter quod quidam in propria seu in aliena diocesi relicta
uxore sua legitima, se ad nostram diocesim transferentes, uxores alias
superducunt. Nonnulli etiam, importunitate precum, propter quam
frequentius non concedenda conceduntur, nos insectantes, licentiam

---

[3] Sínodo de 1241.[11, 22]; sínodo de 1306.[15].

52 hospitare] hospitari Ch   55 ut] uel B[ac]
c.2 1 De — contrahendo *om.*Ch

seu indulgentiam obtinere conantur, ut nullo edicto proposito seu
15 bannis premissis, contrahentes, nedum in ecclesiis, sed in eorum domibus ualeant matrimonialiter copulari. Nos igitur animarum periculis et scandalis que ex hiis frequenter insurgunt, quantum nobis est
possibile occurrere cupientes, statuimus ut nullus sacerdos seu quiuis
alius cui hoc ex officio competat presumat aliquos matrimonialiter
20 copulare, nisi prius edicto seu bannis premissis, propositis in ecclesiis
utriusque contrahentium, populo presente, per tres terminos, quorum quilibet contineat aliquos dies, quibus elapsis, in ecclesia, et non
alibi, matrimonium celebretur. Verumtamen si tempus nuptiarum
esset ita breue quod non posset dictos tres terminos continere, dicte
25 monitiones possint fieri presente populo infra tres seu ultimos duos
dies ac etiam ultima die simul, et contrahere uolentes sic matrimonialiter copulari, si necessitas immineret, dummodo fraus aut impedimentum aliquod interuenire non apparuerit super ipsis. [7] Inter
illos uero qui in alia diocesi domicilium habuerint seu originem con-
30 traxerint, post pubertatem se ad nostram diocesim transferentes, nisi
diocesanorum seu officialium eorumdem ubi domicilium habuerint
seu unde originem traxerint litteras testimoniales ostenderint, matrimonium penitus interdicatur, licentiam seu indulgentiam a nobis uel
officiali nostro super aliter matrimoniis contrahendis de cetero obti-
35 nendam, quam contra premissa seu aliquid premissorum nulli uolumus suffragari, tamquam subreptitiam uires decernimus non habere.
[8] Circa sublimes uero et nobiles personas, quas conuenit maiori
prerogatiua gaudere, inter quas, propter communem eorum notitiam, impedimentum de facili latere non potest, cum ratio postulaue-
40 rit, per nos poterit dispensari. Cum autem apparuerit probabilis suspicio contra copulam contrahendam, per parochialem presbyterum
contractus interdicatur expresse donec a nobis uel officiali nostro,
consilio requisito super eo, quid fieri debeat manifestis constiterit
documentis. Si quis uero sacerdos uel quiuis alius contra premissa ali-
45 quos copulare presumpserit, interfuerit uel ad hoc consilium dederit,
sciat se excommunicationis sententie subiacere, aliis penis canonicis
non mutatis. [9] Illi autem inuidi et maliuoli qui, postquam inter
contrahere desiderantes dispositum fuerit et conuentum super matrimonio contrahendo, inuide et malitiose, prout excogitatum esse repe-
50 rimus, ipsos contrahentes a recto proposito deuiauerint et malitiosum
impedimentum scienter obiecerint, eamdem sententiam eo ipso se
nouerint incursuros, a qua sententia non absoluantur donec damnum
passis, ad arbitrium iudicis, satisfecerint competenter.

26 et *post* uolentes *tr.*BCt   33 penitus] plenius BCt   34 aliter super *tr.*Ch
47 maliuoli] malitiosi Ch   qui *interl.*B   48 conuentum] fuerit *ad.*Ch   51 sen-
tentiam] ipsam B^{ac}

[10] Et hoc salubre statutum in ecclesiis nostre diocesis per ea-
55 rum rectores seu eorum locum tenentes, sub uirtute sancte obedientie et animarum suarum periculo, frequenter, maxime in precipuis
festiuitatibus, coram ipso populo precipimus publicari[1].

[11] 3. *Quod rectores faciant residentiam in suis ecclesiis*

Quia plures ecclesiarum rectores, in animarum suarum periculum et dispendium populi sibi commissi, sine causa rationabili
in suis ecclesiis, ut tenentur, personaliter residere recusant, excusa-
5 tiones frequenter minus legitimas pretendentes, licet tam per nos[1]
quam per fratrem Bernardum, bone memorie, predecessorem nostrum[2], contra tales fuerit sententia excommunicationis promulgata, propter quam hactenus quosdam diligentiores in residentia non
cognouimus, immo durius in sua damnabili negligentia obstinatos.
10 Ne de sua duritia ualeant gloriari, sancimus ut quicumque rector,
curam animarum habens in nostra diocesi, a proximo uenturo festo
sancti Johannis Baptiste in antea continuam residentiam non fecerit
personalem, nisi ex causa necessaria, rationabili seu euidenti, de nostra litteratoria permissione absens exstiterit, ecclesia quam obtinet
15 per nos ex tunc, absque monitione aliqua, nouerit se priuandum,
aliis constitutionibus prius super hoc editis non mutatis. [12] In
hoc autem non intelligimus canonicos nostros nec de nostra familia
clericos, nec alios in nostro speciali seruitio constitutos.

[13] 4. *<Casus episcopo reseruati>*

Vt casus nobis retenti sint clericis animarum curam gerentibus
manifesti, pro animarum salute modo subscripto duximus desig-
nandos.
5 Primum, sacrilegos, nisi in minimis, uidelicet si furta facta sunt
in ecclesiis sine effractione uel insolentia, que excedant summam
uiginti solidorum.
Item, commutationes uotorum.
Item, incendiarios.
10 Item, uerberatores clericorum seu religiosorum.
Item, simoniacos, quandocumque opus fuerit dispensatione.

---

[1] **c.2** C.30 q.5 c.1-6, pc.9; X 4.1.27; Conc.4 Lat.1215 c.51 (X 4.3.3) 4 Partida 3.1-5.
[1] **c.3** Sínodo de 1306.[8]. Ver allí otros sínodos anteriores y las fuentes canónicas.
[2] Sínodo de 1291.[19].

57 coram ipso] omni Ch
c.3 1 Quod — ecclesiis *om.*Ch   10 sancimus] statuimus Ch
c.4 1 Casus — reseruati *om.*Q   2-35 Vt — Explicit *om.*BCt

Item, illos qui portant arma Saracenis seu res prohibitas.

Item, hereticos credentes, fautores, receptores et defensores eorumdem.

15   Item, parentes qui inueniunt filios mortuos iuxta se.

Item, clandestina matrimonia.

Item, peccata publica ex quibus processit publicum scandalum,
quantum ad publicam satisfactionem seu sollemnitatem sellemnis
penitentie iniungende, propter publicum scandalum tollendum.

20   Item, sententias excommunicationis a iudice uel a canone latas.

Item, publicas concubinas clericorum.

Item, clericos qui propter delictum irregularitatem aliquam incurrerunt.

Item, uoluntarie homicidas.

25   Item, uerberatores patris uel matris.

Item, falsarios.

Item, sortilegos et diuinos et demones inoucantes seu coniurationes illicitas facientes, et ad eas accedentes pro furtis uel mulieribus uel quocumque modo.

30   Item, defloratores uirginis ui oppresse, si fuerit manifestum.

Item, abutentes Eucharistia, chrismate uel re sacra.

Item, ubicumque tam graue delictum fuerit et enorme quod
propter difficultatem et ambiguitatem et casus etiam nouitatis, pe-
ritia non sufficiat sacerdotis, in quo casu superioris iudicium est
35   merito requirendum. Explicit.

12.   Sínodos de Poncio de Gualba de 1310 y de 1314

Después del sínodo de 1307 se produce un vacío de diez años en los textos
sinodales de Poncio de Gualba que llegaron hasta nosotros. No sabemos por qué,
pero no llegó hasta nosotros texto alguno que pertenezca con seguridad a los sínodos
que Poncio de Gualba celebró entre 1307 y 1317. Podría ser que los sínodos de estos
años no hayan promulgado constituciones, como ciertamente sucedió en muchos de
los sínodos que se celebraron en las diócesis, pues la verdadera finalidad del sínodo
diocesano no era promulgar documentos. Pero de los sínodos ágrafos solamente nos
quedan noticias indirectas, como sucede con los sínodos celebrados en Barcelona
en los años 1310 y 1314, de los cuales nos informa J. Baucells i Reig, que dice: «Se
celebró sínodo a fines de abril de 1310, dado que en 19 de marzo del mismo año
hubo acuerdo entre el diocesano y el rector de Lavern para pagar éste 50 sueldos por
su concubinato *hinc ad secundam septimanam post Pasca cum ad sinodum venerit.
Solvit termino apposito,* en que el propósito de saldar la multa y su realización quedan
fehacientemente demostrados gracias al apunte original y su cumplimiento posterior
anotados juntos». La información de J. Baucells continúa y dice: «También habría
sínodo en la primavera de 1314 —fecha de 1307 y 1316 de reuniones documenta-

das— en el que el clero se avino a una paga conjunta de cinco mil sueldos al obispo a ingresar en un tiempo (un año y algo más) cuyo plazo terminaba en la fiesta de San Pedro y San Felix de 1315, pues en dicho día el prelado lo recordaba doliéndose que no estuviera saldada aún la cuenta y no imponía de momento la pena de excomunión prevista contra los rectores, beneficiados, priores, etc. deudores»[1].

13. Sínodo de Poncio de Gualba, 13 de abril de 1317

En los sínodos anteriores figuran algunas noticias acerca del obispo Poncio de Gualba y de sus sínodos. Desde el sínodo de 1307 no tenemos noticias seguras de textos sinodales hasta el sínodo de 1317, que presentamos a continuación.

Tradición manuscrita y editorial: B fol. 139vb-140ra; Ct fol.209v-210v; J. Sanabre, *Los sínodos diocesanos,* 19, que edita las rúbricas de las constituciones de este sínodo.

[1]   *<Inscriptio et proemium notarii>*

Constitutiones synodales domini Pontii, episcopi Barcinonensis.

Anno Domini millesimo trecentesimo decimo septimo, die mercurii post dominicam de Quasi modo, que intitulabatur idus aprilis, reue-
5 *rendus in Christo pater dominus Pontius, Dei gratia episcopus Barcino-*
nensis, celebrauit synodum in ecclesia Barcinonensi.

[2]   1.   *Sententia excommunicationis lata contra clericos et laicos non seruantes constitutionem latam*

Cum non liceat laicis de spiritualibus a quoquam relictis in sua ultima uoluntate in ecclesiis aliquid disponere seu ordinare, sta-
5 tuimus ac perpetuo ordinamus ut nullus laicus, quantumcumque potestatem asserat se habere a persona defuncta, in anniuersariis distribuendis, missarum celebrationibus disponendis, capellaniis, annualibus, trentenariis seu cuiuslibet aliis spiritualibus obsequiis pro defunctis in ecclesiis faciendis in ciuitate Barcinonensi uel dio-
10 cesi aliquid ordinare seu disponere ualeat, nec aliquis presbyter se

---

[1] J. Baucells i Regi, *Vivir en la Edad Media* 1.348-349, donde en notas indica las fuentes documentales de las que proceden estas noticias.

Inscr. 1 Inscriptio — notarii *om.*Q
c.1 7 celebrationibus] sollemnitatibus B[ac]   9 pro defunctis *bis* B

ad horum seruitium aliquatenus immiscere sine expresso assensu nostro uel rectorum ecclesiarum de quorum parochiis assumpta fuerint corpora defunctorum qui pro animabus suis spiritualia legata huiusmodi dimisserint. Qui uero contrarium fecerit, cum multa
15 exinde scandala oriantur et damna plurima suscitentur, excommunicationis sententiam ipso facto se nouerit incurrisse. Volumus tamen et intendimus quod presens contitutio incipiat currere ab instanti festo beati Johannis Baptiste in antea, et non antea, ut interim publicari ualeat et omnibus esse nota.

[3] 2. *De monitione matrimonii*

Item, iniungimus omnibus ecclesiarum rectoribus, sub pena excommunicationis in constitutione super hoc apposita contra tales[1], quod in matrimoniis clandestine factis, nubentes huiusmodi
5 ad benedictionem ecclesiasticam non recipiant, nisi primo tribus diebus fuerint in ecclesia moniti, quia sic intelligitur constitutio edita contra tales, alias uiderentur de sua malitia commodum reportare.

[4] 3. *Quod clerici non portent in manicis botonos de auro uel argento*

Item, quod omnes rectores et clerici beneficiati abstineant de cetero ne portent in manicis uel quibuslibet uestibus suis modulos
5 aut botonos, fibularia uel aliqua alia ornamenta de auro aut de argento seu de alio aliquo metallo, ne uideantur mercatores seu laici inhonesto habitu incedentes. Alias punirentur iuxta constitutionem super hoc editam contra tales[1].

[5] 4. *Quod aliquis rector non recipat alienum parochianum ad ecclesiastica sacramenta*

Item, caueant omnes ecclesiarum rectores ne ad aliqua ecclesiastica sacramenta recipiant alienos parochianos, nisi hoc facerent
5 in articulo mortis uel de licentia proprii sacerdotis, nec parterias ad missam, cum multos inueniamus super hoc quamplurimum negligentes. Et si quis contrarium fecerit, punietur iuxta formam constitutionis super hoc editam contra tales[1].

---

[1] **c.2** Sínodo de 1307.[7].
[1] **c.3** Sínodo de 1306.[26].
[1] **c.4** Sínodo de marzo de 1244.[10].

---

11 assensu *interl.* B

[6] 5. *Quod omnes rectores habeant omnes constitutiones, tam prouinciales quam synodales*

Item, monemus omnes ecclesiarum rectores ut omnes constitutiones, tam prouinciales quam synodales, habeant, et coram offi-
5 ciali nostro compareant et sibi fidem faciant quod eas habuerunt, prout in proxima preterita synodo eis fuerit iniunctum. Alias de inobedientia huius et neglectu punientur, prout in predicta preterita synodo exstitit ordinatum. Et ideo curent constitutiones predictas omnino habere et eas fideliter obseruare, si penas in eisdem apposi-
10 tas uoluerint euitare[1].

14. Sínodo de Poncio de Gualba, 1 de mayo de 1318

Un grave problema plantea este sínodo, que es el de la fecha de su celebración. Los códices B y Ct ponen claramente que el sínodo se celebró el *decimo kalendis madii,* que es el día 22 de abril. El día 22 de abril del año 1318 fue Sábado Santo, que parece ser un día muy inadecuado para la celebración del sínodo, que solía durar tres días. Ante la extrañeza de este fecha, acudimos a la compilación de Ruffach, que en su c.51, en el [102] de nuestra edición, dice que el sínodo de 1318 se celebró en las calendas de mayo, o sea el día primero de mayo, que en el año 1318 fue el lunes siguiente al domingo de Quasi modo, que era una semana en la que con mucha fecuencia se celebraba el sínodo. Es obvio que las fuentes de las que procede la compilación de Ruffach son distintas de nuestros códices B y Ct, y su fecha de primero de mayo, con el lunes de la semana de Quasi modo, parece que es más apropiada para celebrar el sínodo que la fecha de 22 de abril, con el Sábado Santo. Esta es la razón por la que proponemos que el sínodo de 1318 se celebró el día primero de mayo y no el 22 de abril. Desde otra consideración, resulta también un poco extraño que este sínodo promulgue de nuevo una constitución que había sido leída y publicada en las puertas de la iglesia de Barcelona el día 4 de abril de 1311, que era Domingo de Ramos, y reiterada el Jueves Santo siguiente, como advierte expresamente el texto, constitución en la que se prohíbe acudir a los médicos judíos y que se encuentra en [4-5] de nuestra edición[1].
Tradición manuscrita y editorial: B fol.140ra-141rb; Ct fol.210v-213r; J. Sanabre, *Los sínodos diocesanos en Barcelona,* 19, donde edita las rúbricas de las constituciones.

---

[1] **c.5** Sínodo de marzo de 1244.[2]; sínodo de noviembre de 1244.[22]; sínodo de 1291.[14]; sínodo de 1306.[16]; sínodo de 1307.[1-2].
[1] A esta publicación del Domingo de Ramos y Jueves Santo alude J. Baucells i Reig, *Vivir en la Edad Media* 1.340 (donde hay una errata material de 1319 por 1318).

[1]   <*Inscriptio et proemium notarii*>.

Constitutiones synodales domini Pontii, episcopi Barcinonensis
Anno Domini m.ccc.xviij., *kalendis madii, reuerendus pater et do-*
minus Pontius, Dei gratia episcopus Barcinonensis supra dictus, celebrauit
5 *synodum in ecclesia Barcinonensi et edidit constitutionem sequentem.*

[2]   1.   *Quod capide non uendantur ad profanos usus*

Quia nonnulli ecclesiarum rectores aut uices eorum gerentes
albas, que capide uulgariter appellantur, contra sacrorum canonum
instituta temere innitentes uendere personis secularibus, necnon
5 et eorum aliqui in profanos usus et illicitos conuertere non formidant, quod ualde indecens esse noscitur et indignum, cum ea que
Deo dedicata sunt ad profanos usus redire non liceat[1], et capide
predicte, que in sacramento baptismi sacro chrismate et oleo benedicto liniuntur, ad alios usus, nisi in superpelliciis et cortinis et
10 aliis ornamentis et uestimentis ecclesiarum conuerti non debeant.
Nos Pontius, diuina miseratione Barcinonensis episcopus, in presenti synodo exsistentes, prefatis abusibus et animarum periculis
obuiare uolentes, ordinamus et perpetuo statuimus ut nullus de
cetero, cuiuscumque status, condicionis aut sexus exsistat, de capi-
15 dis predictis aliquid, nisi in uestimentis et ornamentis ecclesiarum
conuertere presumat. Qui uero contrarium fecerit, pro unaquaque
uice penam uiginti solidorum monete Barcinonensis ipso facto se
nouerit incurrisse, quam siquidem penam in fabricam ecclesie sedis Barcinonensis duximus assignandam, dignum est enim ut quos
20 Dei timor a malo non reuocat, temporalis saltim pena coerceat a
peccatis[2].

[3]   2.   *Quod medici non recipiant patientem ad curam do-*
nec sit confessus

Cum nos Pontius, Dei gratia episcopus Barcinonensis, intellexerimus nonnullos medicos in ciuitate et diocesi Barcinonensi
5 degentes circa animarum salutem eorum quos sua cura suscipiunt
fore desides et quamplurimum negligentes, non attendentes quod
infirmitas corporalis nonnumquam ex peccato proueniat, dicente
Domino languido, quem sanauerat: 'Vade et amplius noli peccare,

---

[1] **c.1** In VI, Regulae iuris, regul.51.
[2] Ver el sínodo de 1306.[14] y la introducción a ese sínodo.

Inscrip. 1 Inscriptio — notarii *om.*BCt   3 kalendis] decimo *antep.*BCt

ne deterius tibi contingat'[1]. Volentes animarum saluti in hac parte,
10 quantum cum Deo possumus, prouidere, monemus semel, secundo
ac tertio et peremptorie in his scriptis generaliter omnes medicos,
tam physicos quam chirurgicos, cuiuscumque status aut condicionis exsistant, eisque districte iniungimus et mandamus ut antequam
patientem aliquem sub sua cura recipiant, ad suscipiendam peni-
15 tentiam de commissis et ad ordinandum de bonis suis moneant et
inducant. Et ab hac hora in antea neminem sub sua cura recipiant
patientem, et periculosa precipue infirmitate laborantem, nisi prius
sacerdoti suo integre confessus fuerit et Corpus Christi digne receperit, prout decet, ut inuocato prius medico anime, corporales
20 medici curam suscipiant salubrius patientis[2].

[4] 3. *De medicis Iudeis*

Item, monemus semel, secundo ac tertio et peremptorie in his
scriptis generaliter omnes parochianos nostros ciuitatis et diocesis
Barcinonensis, cuiuscumque similiter status aut condicionis exsis-
5 tant, eisque districtius inhibemus quod in eorum infirmitatibus
cure non se subiciant Iudeorum, nisi ad hoc uocato medico alio, associaretur medicus christianus, ne fraude loco in anime uel corporis
periculum adesse uel interuenire ualeat Deo propitio in hac parte.
Quod si quidam medicorum uel parochianorum nostrorum, spreto
10 presenti mandato nostro, contrarium fecerint in premissis, ex tunc,
predicta monitione premissa, excommunicationis sentantie, quam
in eosdem ferimus in his scriptis, se nouerint subiacere. Et hanc sententiam uolumus et mandamus statim per ecclesiarum nostrarum
rectores et annuatim suis plebibus in festis precipue sollemnibus
15 intimari et sollemniter publicari[1]. [5] Lata fuit hec sententia, lecta

---

[1] **c.2** Jn 5.14; Conc.4 Lat.1215 c.22 (X 5.38.13).
[2] Conc.4 Lat.1215 c.22 (X 5.38.13).
[1] **c.3** D.54 c.13-14; C.17 q.4 c.31; C.28 q.1 c.11-14; Conc.3 Lat.1179 c.26 (X
5.6.5); X 5.6.8, 13; Conc.4 Lat.1215 c.68 (X 5.6.15); Conc.Vien.1311-1312 c.25
(Clem.5.2 un.); Conc. prov. de Santiago en Zamora 1313 (TR 3.674-678); Conc.
legat.Valladolid 1322 c.22 (TR 3,499-502); Conc.legat.Palencia 1388 c.5-6 (TR
3.617-618); 4 Partida 21.8; 7 Partida 24.8-11; 7 Partida 25.10. Vid. A. García y
García, «La legislación antijudía del concilio de Zamora de 1313», en: *Homenagen
ao Prof. Joaquim Verísimo Serrao* (Academia das Ciências de Lisboa, Lisboa 1998)
291-300; J. Justo Fernández, *Los concilios compostelanos medievales (1120-1563).*
Edición crítica, en AHC 33 (2001) 338-343; el mismo, *Die Konzilien von Compostela 1120-1563* (Konziliengeschichte, W. Brandmüller, Hg.; Paderborn-München
2002) 124-133, 215-222; J. M.ª Soto Rábanos, «Reflexiones sobre el discurso
cristiano a judíos y musulmanes en los sínodos castellanos, siglos XIII-XV», en:

---

c.3 6-8 nisi — parte *texto oscuro, quizá haya alguna errata*   11 sentientie] sententiam BCt

et publicata ante portas ecclesie Barcinonensis, die uidelicet Ramis
Palmarum, populo ciuitatis, ut moris est, ad benedictionem ramo-
rum congregato, intitulata secundo nonas aprilis, et die Iouis Cene
Domini sequenti, anno Domini m.ccc.xj.

[6]   4.   *Quod officiales episcopi recipiant de scripturis mode-*
ratum salarium

Ex frequenti clamore, tam clericorum quam laicorum, ad nos
Pontium, Dei gratia Barcinonensem episcopum, peruenit quod
5 officiales nostri nimium exasperant gentes, ac notarii, tam nostri
palatii quam officialatus nostri Barchinonensis, et alii scriptores
decani nostri Penicensis et decani nostri Vallensis, et substituti ab
eis immoderatum salarium de scripturis extorquent. Vnde nos huic
morbo occurrere cupientes, statuimus, mandamus et perpetuo ordi-
10 namus quod notarii curie officialatus nostri per se uel per alium non
recipiant pro salario scripturarum actuum communium, pro quolibet folio siue carta papiri in quo sint saltem uiginti linee in utraque pagina dicti folii scripture, absque aliqua diminutione et fraude
in utramque partem, ultra quatuor denarios; de transumpto uero
15 siue translato ab utraque parte, unum denarium huiusmodi, et non
ultra. De magnis foliis recipiant secundum quantitatem minorum
foliorum. De litteris uero citationis, excommunicationis, denuntiationis et aliis non recipiant ultra sex denarios uel secundum quod
est fieri consuetum temporibus retroactis. Hoc idem statuimus per-
20 petuo de actis et transumptis qui ducuntur et deducentur in palatio
nostro Barcinone per quoscumque iudices uel successores nostros
assignatos uel assignandos.

[7]   5.   *Quod notarius curie officialatus teneat idoneos substi-*
tutos

Item, quia per clamorem frequentem in nostri officialis curia litigantium sepe addiscimus ac audiuimus insuescere quod processus
5 et littere citationis, qui fiunt in prelibata curia, propter absentiam
notarii eiusdem curie et copiam substitutorum ipsius, sepissime
plus debito retardantur, uolumus, statuimus ac etiam ordinamus
quod ipse notarius tales et tot teneat et habeat in sepe dicta curia

F. Toro Ceballos - A. Linage Conde (eds.), *Abadía. IV Jornadas de historia de la
Abadía de Alcalá la Real* (Jaén 2003) 473-494.

c.4 3 laicorum *interl.*B   5 notarii] notarios BCt   8 scripturis] et *ad.*BCt
15 siue] sine BCt
c.5 1-2 substitutos] subditos BCt

scriptores substitutos iuratos, ut litigantes quod habere uoluerint
10 habeant absque mora. Et si contingerit de cetero culpa uel mora
dictorum scriptorum in aliqua causa die prefixa seu assignata per
officialem seu alium iudicem delegatum non posse procedi, soluat
ipse notarius curie (qui in culpa fuerit non scribendo uel transumptum dictis litigantibus non tradendo immediate) partibus quas lese-
15 rit pro predictis faticam diei illius, qua, ut premittitur, propter eius
culpam processus fuerit retardatus. Quas si faticas eadem die non
soluerit, sententiam ipso facto incidat infra scriptam, nulla ei in hoc
pretii remissione, liberalitate seu gratia ualitura.

[8]   6.   *Quod notarius curie officialatus teneat sigillum*

Item, uolumus, statuimus ac perpetuo ordinamus ut notarius
dicte curie officialatus, quamdiu curia tenebitur per officialem predictum uel eius uiccs gerentem, pro eo quia sigillum dicte curie te-
5 net et tenere hactenus consueuit personaliter, in ipsa curia maneat,
ut processus et littere per eum melius et diligentius ordinentur. Sed
si contingat eumdem notarium horis predictis a dicta curia absentari propter negotia propria uel etiam aliena, possit hoc facere, ab ipso
officiali primo petita licentia et obtenta, et eo casu in posse illius
10 officialis relinquat sigillum ante dictum quamdiu eum absentem
manere contingerit, nec ulli substituto predictum sigillum committat. Et si contra fecerit, penam infra scriptam ipsum notarium
incurrere uolumus ipso facto.

[9]   7.   *Quod sagio officialatus recipiat congruum salarium*

Item, ut sagio siue nuntius curie officialatus Barcinonensis non
recipiat pro unaquaque citatione, nuntiatione seu mandato, etiam
de matrimoniis celebrandis absque bannis siue monitionibus, ultra
5 duos denarios predicte monete.

[10]   8.   *De salario carcellarii nostri palatii competenti*

Item, carcellarius nostri palatii non recipiat pro custodia nisi
dumtaxat duos denarios pro qualibet persona ab illis qui in tauegua
seu in carcere tenebuntur. Si uero dictos captos, ferratos uel inclu-
5 sos in aliqua domo nostri palatii uel alias extra taueguam custodiat,
quia tunc maiorem diligentiam oportebit eum habere, habeat pro

c.6 1 officialatus] officialis BCt
c.7 1 officialatus] officialis BCt
c.8 1 palatii *interl.* B

salario qualibet die duodecim denarios, moderamine tamen habito circa personas pauperes et indigentes, ad arbitrium nostri uel officialis nostri, ut iamque superius continetur.

[11] 9. *De actis, si perduntur*

Item, quia frequenter contigit quod acta causarum que ducuntur in palatio nostro et in curia officialatus nostri Barcinonensis, siue sint acta communia siue translata partium, perduntur, in
5 quo non sunt scriptores sine culpa, uolumus et perpetuo ordinamus quod si acta communia uel translata perdantur infra annum a tempore mote litis, siue in palatio nostro siue in curia officialatus nostri, siue causa terminata fuerit siue non, teneatur tam notarius noster siue substitutus ab eo, quam notarius officialatus nostri Bar-
10 cinonensis siue substitutus ab eo, acta siue translata predicta suis propriis sumptibus scribere et perquirere, et parti que perdiderit ea in palatio nostro siue in curia officialatus nostri tradere sine aliquo salario, cum iustum sit ut quis puniatur in quo deliquit. Si uero ultra annum perdita fuerint siue acta communia siue translata in pa-
15 latio nostro siue in curia officialatus nostri, uel dilata fuerit repetitio eorumdem ex negligentia partium, et requirantur notarii predicti siue subditi ab eis, liceat eisdem notariis cum moderato salario acta uel transumpta huiusmodi perquirere et rescribere, si necessarium fuerit. Et super dicto moderato salario stetur ad cognitionem nostri
20 officialis, cuius conscientiam super predictis intendimus onerare, nam in hoc casu non uidentur partes esse sine culpa in eo quod tantum distulerunt repetere acta sua.

[12] 10. *De notariis et eorum substitutis*

Hec que diximus de notariis et eorum substitutis supra dictis, statuimus et ordinamus perpetuo de notariis seu scriptoribus uel eorum substitutis aliorum officialium nostrorum et specialiter decani
5 Penicensis et decani Vallensis et aliorum similium, si qui fuerint pro tempore. Predicta uero omnia et singula statuimus, mandamus et perpetuo ordinamus firma esse et illibata sub pena excommunicationis, quam in predictos et singulos predictorum ferimus, si contra premissa uel aliquid premissorum fecerint, et nihilominus perdant
10 officium ipso facto.

c.10 1 substitutis] subditis BCt   2 substitutis] subditis BCt   4 substitutis] subditis BCt   officialium] officiorum Ct   8 predictorum] predicatorum Ct

15. Sínodo de Poncio de Gualba, 11 de diciembre de 1319

No es usual que el sínodo se celebre en el mes de diciembre, y tampoco suelen aparecer dos constituciones con la misma rúbrica en el mismo sínodo, como sucede en el presente caso con las rúbricas *De questoribus* de los textos de [10] y el [16]. Es llamativo también que en muchas constituciones la clerecía suplicó al obispo que las normas se redujesen al derecho común o que se suprimiesen las penas y en una ocasión la protesta de la clerecía fue tumultuosa, como aparece en «[13] Predicta constitutio fuit impugnata per tumultum aliquorum, et specialiter predicatorum».

Tradición manuscrita y editorial: B fol. 141rb-142va; Ct fol.213r-216r; J. Sanabre, *Los sínodos diocesanos en Barcelona*, 19-20, donde edita las rúbricas de este sínodo.

[1]   *<Inscriptio>*

   Constitutiones synodales domini Pontii, episcopi Barcinonensis, tertio idus decembris, anno Domini m.ccc.xix.

   [2]   1.   *Quod clerici non compareant coram iudice seculari*

   Cedit quidem in offensam Domini et eneruationem, scandalum et preiudicium totius ordinis clericalis ut clerici ad publica siue secularia iudicia, suo relicto pontifice, pertrahantur. Proinde
5 statuimus quod idem clerici tonsurati seu in sacris ordinibus constituti per secularem iudicem rei originaliter moniti uel citati coram eodem, non compareant, nec etiam coniugati super criminalibus ciuiliter intentatis, nisi ad allegandum priuilegium clericale uel ratione feudi uel casu debito alio, cuius cognitio ad ipsum secularem
10 iudicem pertineret. Qui uero contrarium presumpserint attemptare, si coniugati uel tonsurati exstiterint, unius, si in sacris ordinibus constituti, duorum pro qualibet uice morabatinorum penam se nouerint incurrisse[1].

---

[1] **c.1** D.10 c.1-2; D.96 c.1-2, 5-16; C.11 q.1 c.1-3, 5-6, 10, 12-17, 38-40, 42-47; X 1.2.7, 10; X 2.1.4, 8, 10, 17; X 2.2.1-2, 9, 12, 18; X 3.38.21; X 5.31.15; X 5.39.45, 49, 53; In VI 3.2 un.; In VI 5.11.12; Clem.3.17 un., Extravag. Com.3.13 un.; Conc.legat.Valladolid 1228 c.14 (TR 3.328); Conc.legat.Lérida 1229 c.27 (TR 3.339; Pons Guri 24-25); 1 Partida 6.55-62.

Inscrip. 1 Inscriptio *om.*Q
c.1 2 Cedit] Reddit BCt   10 presumpserit BCt   11 unius] unum BCt

[3] 2. *De usuris*

Vsurarum uoraginem, que animas deuorat et facultates exhaurit, compescere cupientes, presenti constitutione ducimus statuendum quod clerici pecuniam fenebrem non exerceant nec faciant
5 exerceri, nec ad exercendum dent consilium, auxilium uel fauorem. Qui autem contrarium attemptauerit, ipsam pecuniam fenebrem ipso facto amittat, et nihilominus incurrat uiginti morabatinorum penam, penis statutis in iure contra tales in suo robore duraturis. Quas quidem penas per nos decernimus iustis usibus applicandas[1].

[4] 3. *Quod clerici citati compareant in prima citatione*

Inobedientie indurateque malitie clericorum occurrere cupientes, statuimus ut clerici per nos citati iudicis officio uel <per> officialem nostrum, in prima citatione, prout conuenit, debeant com-
5 parere. Si autem, absque legitima causa, contempserint comparere, unius, si uero in secunda citatione idem fecerint, duorum, si autem excommunicationis sententiam diu sustinuerint, quinque, si in eadem aggrauata excommunicationis sententia permanserint, decem morabatinorum penam se nouerint incurrisse, statutis contra tales
10 in iure editis in suo robore ualituris.
[5] Supplicant clerici quod predicta constitutio reducatur ad ius commune.

[6] 4. *Quod unam missam sufficiat in die celebrare*

Cum cuilibet sacerdoti, quacumque dignitate prefulgeat, unam missam sufficiat in die celebrare ac ualde felix exsistat qui eam digne celebret, proinde precipimus omnibus in sacerdotio constitutis quod,
5 excepto die Natiuitatis dominice (nisi in casu necessitatis uel in aliis casibus a iure expressis, uel sacra iam ordinatio aliud suadeat), non celebrent nisi unam. Qui autem culpabiles reperti fuerin in premissis, si beneficiati fuerint, incurrant penam trium morabatinorum, si uero beneficiati non fuerint, unius morabatini incurrant, quos et quam

---

[1] **c.2** Ex.22.25-26; Lev.25.36-37; Deut.23.20-21; Sal.15.5; Prov.28.8; Eccli.8.15; Jer.15.10; Ez.18.8, 13, 17; Lc.6.34-35; D.46 c.9-10; D.47 c.1-5; C.3 q.7 c.2 § 20; C.14 q.3 c.1-4; C.14 q.4 c.1-12; Conc.2 Lat.1139 c.13 (COD 200); X 5.19.1-19; Conc.3 Lat.1179 c.25 (X 5.19.3); Conc.4 Lat.1215 c.67 (X 5.19.18); Conc.1 Lugdunense 1245 II c.1 (COD 293-95); Conc.2 Lugd. 1274 c.26-27 (In VI 5.5.1-2; Conc.Vien.1211-12 c.29 (Clem.5.5.un.); 1 Partida 6.58, 13.9; 4 Partida 11.31, 40; 6 Partida 15.2; 7 Partida 6.4.

---

c.3 3 per *om.*BCt   6 unius] unum BCt   12 commune] etc. *ad.*Ct

10 dispositioni nostre duximus reseruandos. Per predictam quoque iuribus que talibus alias penas imponunt in nullo uolumus derogari[1].

[7] 5. *Quod clerici non portent arma*

Cum clerici, maxime in sacris ordinibus constituti, non mate-
rialibus sed spiritualibus armis debeant premuniri, cum orationes et
lacrime esse arma debeant clericorum[1], statuimus quod infra ciui-
5 tatem Barcinonensem clerici arma non portent publice uel occulte,
nisi cum nostra licentia habita uel obtenta, uel ueniendo ad Matutinas; nec in sacris ordinibus constituti, extra ipsam ciuitatem, balistam, telum, lanceam, arcum cum sagittis nec duploides siue sparleres grosses publice et patenter, nec extra dictam etiam ciuitatem
10 debeant deportare, nisi ex causa rationabili, puta uenatione licita et
honesta uel alia, quam nobis, si tempus patiatur, habeant intimare.
Qui uero contrarium fecerit, armis que portauerit sit priuatus, et
nihilominus penam duorum morabatinorum incurrat[2].

[8] 6. *Quod clerici quotiescumque ciuitatem intrauerint coram episcopo se presentent*

Qui se scit quibusdam esse prepositum, non moleste ferre debet
sibi aliquem esse prelatum et obedientiam et reuerentiam exhibere,
5 discipuli enim sumus humilis et mitis Magistri dicentis 'Discite a
me, quia mitis sum et humilis corde'[1]. Proinde ducimus statuendum ut rectores quicumque uel loca tenentes eorumdem quotiens
ciuitatem Barcinonensem intrauerint, quam cito commode poterint coram nobis se debeant presentare, et debitam nobis reue-
10 rentiam exhibere, ut eos ob hoc precipue instruere ualeamus facto
uerbo pariter et exemplo. Et quia rationi est consonum ac nature
illos non recusare onera qui rerum commoda complectuntur, cum
beneficium ecclesiasticum propter officium fuerit institutum, irrefragabiliter ordinamus quod iidem rectores uel loca tenentes eorum-
15 dem teneantur, si in eadem ciuitate ultra duos dies permanserint
in sede Barcinonensi, saltim in missa et in Vesperis interesse, nisi
pro defensione iurium suorum beneficiorum fuerint impediti. Qui

[1] **c.4** De cons. D.1 c.53; X 3.41.3, 12.
[1] **c.5** C.23 q.8 ac.1.
[2] C.23 q.8 c.1-6, 26; X 3.1.2; Conc.4 Lat.1215 c.18 (X 3.50.9); Conc.Vien.1311-
12 c.9 (Clem.3.1.2); Conc.legat.Valladolid 1228 c.5.5 (TR 3.326); Conc.legat.Léri-
da 1229 c.9 (TR 3.333; Pons Guri c.8, pág.16 § 2).
[1] **c.6** Mt 11,29.

c.5 7 ciuitatem *interl.*B, *om.*Ct
c.6 4 sibi] si B[ac]   aliquem] aliquid BCt

uero aliquid premissorum exstiterit uiolator, quinque solidorum penam se nouerit incurrisse, per nos usibus iustis, quibus uoluerimus,
20   applicandam[2].
[9] Supplicant clerici quod predicta constitutio reuocetur.

[10]   7.   *De questoribus*

Abusionibus, quas nonnulli eleemosynarum questores in suis
proponunt predicationibus ut simplices decipiant et aurum fallaci
ingenio extorqueant ab eisdem, uiam precludere cupientes, recto-
5   ribus uel eorum loca tenentibus ducimus iniungendum quatenus
questores per eos, nisi nostras exhibuerint litteras, quomodolibet
non admittant nec permittant, cum solum ipsis competat indulgentias sibi concessas tantum insinuare populo, et caritatiua subsidia
postulare simpliciter ab eodem, nullatenus ipsi populo predicare,
10   nec ipsum populum in aliquo loco conuocare, nec aliud exponere
quam quod continebitur in nostris litteris memoratis. Litteras quoque nostras, ne quid fraudis committi ualeat per eosdem, antequam
ipsos admittant uideant et examinent diligenter, que si admittende
non exstiterint ab ipsis, cartellos non recipiant, nisi sigillo nostro uel
15   officialatus nostri cum ipsis litteris comprobatos uiderint sigillatos,
nullum tamen munus seu seruitium propter hoc ab ipsis questoribus exigentes. Qui autem trangressor fuerit de premissis, quinque
morabatinorum penam incurrisse se nouerit ipso facto[1].
[11] Supplicant clerici quod pena de predicta constitutione tol-
20   latur.

[12]   8.   *Quod quilibet catholicus christianus semel in anno
teneatur confiteri suo proprio sacerdoti*

Cum, iuxta sacrorum canonum instituta, quilibet catholicus
christianus semel in anno ad minus debeat et teneatur confiteri suo
5   proprio sacerdoti, nobisque Pontio, Dei gratia Barcinonensi episcopo, fide dignis relationibus sit deductum quod in ciuitate et diocesi
nobis commissis nonnulli de parochianis, sue salutis immemores,
nedum per annum, immo per longiora tempora differunt ad suum
rectorem seu parochialem recurrere pro eorum peccatis et sceleribus
10   detegendis. Nos predictis, tamquam perniciosis exemplo, obuiare

[2]   Sínodo de 1291.[15]; Sínodo de 1306.[19].
[1]   **c.7** X 5.7.12; Conc.4 Lat.1215 c.3 (X 5.7.13 § 6); Conc.4 Lat.1215 c.62 (X
5.38.14); In VI 5.10.1-3; Clem.5.9.2; Conc.Vien.1311-12 c.31 (Clem.5.7.1).

c.7 14 non *bis* B   19-20 tollatur] etc. *ad.*Ct
c.8 9-10 et sceleribus — predictis *om.*Ct *(homograf.)*

salubriter cupientes, statuimus quod quilibet parochianus teneatur
suo proprio sacerdoti uel rectori (uel alio sacerdoti idoneo, seculari uel religioso, de ipsius rectoris licentia) anno quolibet confiteri,
nisi eum iusta causa et rationabilis excusaruerit, quam ipsi rectori
15 uel parochiali sacerdoti exprimere teneatur. Ipsique rectores et parochiales conscribere <teneantur> nomina confitentium eorumdem.
Illis autem qui confiteri neglexerint et medio tempore decesserint,
cum deuient a tramite catholice ueritatis, uolumus et precipimus
sepulturam ecclesiasticam denegari. Et predicta per rectores et pa-
20 rochiales suis plebibus uolumus per tres dies dominicos publice in
ecclesiis annis singulis publicari, ut ad communem omnium notitiam deducantur[1].

[13] Predicta constitutio fuit impugnata per tumultum aliquorum, et specialiter predicatorum.

[14] 9. *Quod clerici non dimittant suas ecclesias*

Item, cum, sicut didicimus, nonnulli ecclesiarum rectores, heb-
domadarii, uicarii perpetui et alii parochiales presbyteri, dimissis
suis propriis ecclesiis ubi tenentur continue celebrare, concurrunt
5 pro missis celebrandis, ut pecuniam habere ualeant, ad ecclesias co-
nuicinas. Idcirco nos Pontius, Dei gratia Barcinonensis episcopus,
ambitioni talium uolentes salubriter obuiare, statuimus quod nullus
de cetero qui curam animarum rexerit (nisi habeat tenues reditus,
usque ad quingentorum solidorum quantitatem annuam pretaxan-
10 tes) audeat, pro missis celebrandis et recipiendis caritatibus, ad aliquas uicinas ecclesias declinare. Eos autem qui contrarium fecerint
predictorum penam decem solidorum incurrere uolumus ipso facto. In hoc tamen non intelligimus comprehendere illos qui pro facienda sepultura alicuius persone honorabilis, ad missas celebrandas
15 presente corpore in ecclesia fuerint euocati, nec <si> sine uocatione
accederint; si penam uitare uoluerint supra dictam.

[15] 10. *Quod nullus laicus teneat capidas*

Item, cum in pluribus parochiis dicte diocesis sit temere ordinatum quod laici ecclesiarum sacristias regunt, et reditus recipiunt
earumdem, albas siue capidas recipiunt et conseruant, quas uen-
5 dunt et distrahunt et aliis humanis usibus conuertere non formi-

---

[1] **c.8** Sínodo de 1241.[21] y las fuentes allí indicadas.

---

14 et causa *tr.*BCt   16 teneantur *om.*BCt
c.9 2 cum *interl.*Ct   13 comprehendere] comprehendimus BCt   15 si
*om.*BCt

dant, quamquam sint chrismate delinite. Statuimus et perpetuo ordinamus quod de cetero nullus laicus ipsas albas seu capidas tenere
audeat, seu tractare, sed solum rector parochialis, propter chrismatis
dignitatem. Si autem de rectore parochiali quod ipsas albas distra-
10 hat (licet sit per alias constitutiones prohibitum) uerisimiliter presumatur, taliter precipimus hiis prouideri: quod fiat una caxia cum
duabus clauibus, in qua albe huiusmodi reponantur, et quod unam
clauem teneat rector et aliam qui tenuerit sacristiam ipsius ecclesie teneat. Quas albas uendi prohibemus, sed quod in superpelliciis
15 et aliis usibus et paramentis ecclesie conuertantur. Et predicta sub
pena excommunicationis teneri uolumus et seruari[1].

[16] 11. *De questoribus*

Item, cum nobis fuerit propositum conquerendo quod questores in suo questu fraudulenter se habent, alii indulgentias ultra
et preter quam nostre littere contineant, cum suis cartellis, quos
5 ad nutum fabricant, in suis sermonibus exprimentes, aliique cum
litteris nostris et cartellis, quas secum deferunt, que sunt per lapsum
temporis reuocate, alii etiam cum tansumptis publicis et cartellis
nostro sigillo minime roboratis querunt eleemosynas et legata. Ideo
nos, uolentes talium fraudibus obuiare, statuimus et ordinamus de
10 cetero quod nullus rector, uicarius, hebdomadarius uel alii parochiales presbyteri aliquem questorem admittere audeant in suis ecclesiis uel parochiis ad querendum a christifidelibus eleemosynas
seu legata, nisi de suis indulgentiis per litteras nostro sigillo sigillatas, (et non cum transumptis, nisi nostro sigillo fuerint communiti
15 similiter sigillatos) fecerint promptam fidem. Nec cartellos sine sigillo audeant de ipsis questoribus recipere, nisi fuerint cum cartellis
nostro sigillo sigillatis fideliter comprobati. Qui uero contrarium
fecerit predictorum, penam uiginti solidorum, ultra penam inobedientie, ipso facto se nouerit incurrisse. Adicientes predictis quod
20 illos questores qui cum ueris nostris litteris et cartellis ad ecclesias
uel parochias predictas uenerint benigne tractent, ob nostri reuerentiam et honorem[1].

---

[1] **c.10** Sínodo de 1318.[2]. Ver también la compilación de 1347-1353.[103, 121].
[1] **c.11** Ver el [10] de este sínodo y las fuentes allí consignadas.

---

c.10 6 sint] sicut Ct   13-14 ecclesie] caxie BCt
c.11 5 nutum] uotum BCt   13-14 sigillatas — sigillo *om.*Ct *(homograf.)*

16. Sínodo de Poncio de Gualba de 1320-1322

En la introducción al sínodo de 21 de abril de 1306 ya expusimos que los códices B y Ct, además de las constituciones propias de ese sínodo de 21 de abril de 1306, traen otras constituciones sinodales del obispo Poncio, *quas condidit anno Domini m.ccc.vj.*, constituciones que no pueden pertenecer al sínodo de 21 de abril y que en esos códices aparecen después del sínodo de 1307. Se podría suponer que hay una errata en la datación de estas constituciones, faltando una *x* en la numeración romana, y que por lo tanto la verdadera fecha de este segundo grupo de constituciones resultaría ser el año 1316[1]. Esta solución, que parece ser la más sencilla y probable, tiene en su contra que estas constituciones citan expresamente una constitución del sínodo de 1318, por lo que no pueden ser anteriores a esa fecha. Aparece esta cita de una constitución de 1318 en el [7] de nuestra edición, la constitución que trata de los capillos del bautismo. Teniendo en cuenta que Poncio de Gualba celebró sínodo en el año 1319 y también en 1323, sínodos de los cuales se conserva el texto, asignamos estas constituciones a los años 1320-1322, sin que tengamos ningún otro indicio para su datación[2].

Los textos finales de estas constituciones, del [16] al [21] de nuestra edición, aparecen redactados en tercera persona (a diferencia de las constituciones anterirores) y están colocados después de la celebración por los difuntos, con la que concluía el sínodo, como si estos textos fuesen una añadidura del notario o del amanuense, quien advierte que 'et deinde processit ut sequitur' [16], donde parece que quiere justificar la inclusión de los textos que siguen. Ninguno de estos textos pasó a la compilación de Francisco Ruffach, a la que pasaron muchos de los anteriores.

Tradición manuscrita: B fol.137va-139vb; Ct fol.204r-209v.

[1]   *<Inscriptio>*

Constitutiones synodales domini Pontii, episcopi Barcinonensis, quas condidit anno Domini m.ccc.vj. (sic).

---

[1] J. BAUCELLS I REIG, *Vivir en la Edad Media* 1.344-346, que expone este asunto con clarividencia y sagacidad, llegando a la conclusión de que de que estas constituciones no pertenecen al sínodo de 21 de abril de 1306, sino que se trata de dos textos que pertenencen a sínodos distintos.
[2] Puede ser un pequeño indicio para su datación el texto de [16], que dice que el sínodo coincidió con el viernes de un mes, en el que se celebró el oficio de difuntos, prescrito para el primer viernes de cada mes: *die ueneris fecerunt officium pro defunctis predictis, cum processione sollemni, et deinde processit ut sequitur*. En el [14] aparece la norma de que ese oficio de difuntos se celebre el primer viernes de cada mes en los cuatro meses de abril, julio, octubre y enero. En este supuesto caso, el primer viernes más adaptado resultaría ser el 4 de abril de 1320, viernes de la semana de Pascua, día que mejor se aviene con los datos de [14 y 16]. Pero en realidad esto son hipotéticas cábalas, aunque puedan tener acaso algún vislumbre de acierto. Pero sí consta que el sínodo se celebró algo antes de la fiesta de S. Juan Bautista de un año, pues la cercana fiesta del Bautista es el plazo que se concede para cumplir la obligación que impone la constitución del [5] de nuestra edición.

Inscrip. 1 Inscriptio *om.*Q

[2]   1.   *De residentia rectorum*

Cum nos Pontius, Dei miseratione Barcinonensis episcopus, attendentes culpam et negligentiam ac animarum periculum quod ecclesiarum rectoribus imminet, qui non faciunt nec fecerunt hac-
5   tenus in suis ecclesiis personalem et assiduam residentiam, ut tenentur, publicamus constitutiones editas contra tales non residentes, et denuntiamus generaliter excommunicatos, iuxta constitutiones predictas, omnes ecclesiarum rectores qui sine nostri licentia uel officialis nostri speciali, litteratorie eis facta, hactenus non fecerint
10   in suis ecclesiis residentiam personalem. Et reuocamus expresse omnes dispensationes per nos uel uicarios nostros de non residendo in suis ecclesiis eis factas uel concessas. In hoc tamen non intelligimus canonicos ecclesie Barcinonensis, nec clericos in nostro seruitio constitutos[1].

[3]   2.   *Quod dominus episcopus reuocat dispensationes recto-*
rum

Item, uolumus et mandamus quod ecclesiarum rectores, si qui sunt qui dictas dispensationes de non residendo in suis ecclesiis ob-
5   tinuerunt, quas, ut predicitur, reuocauimus et reuocamus expresse, et qui absentes fuerint a suis ecclesiis absque dispensatione legitima se teneantur nobis uel officiali nostro presentare et dictas dispensationes exhibere antequam exeant ciuitatem uel infra tempus congruum ad hoc per nos eisdem, iuxta nostrum arbitrium, moderan-
10   dum. Alioquin, nisi fecerint quod mandamus, in penam centum solidorum presentis monete, quilibet qui in hoc defecerit ipso facto, absque remissionis et uenie <spe>, se nouerit incidisse, aliis penis contra tales editis in suo robore duraturis.

[4]   3.   *De beneficiatis qui se absentant sine licentia episcopi*

Et quia inuenimus nonnullos clericos beneficiatos in ciuitate et diocesi nobis commissis a suis beneficiis simplicibus, nulla petita licentia uel obtenta, pro suo uoluntatis libito absentare, et sic di-
5   mittunt beneficia ipsa frequenter absque idoneo seruitore. Et ideo laborant quodam modo simili morbo cum ecclesiarum rectoribus, et dictum est. Statuimus quod quilibet beneficiatus, ex simplici etiam beneficio, in suo beneficio residentiam faciat personalem, ac

---

[1]   **c.1** Para esta constitución y las tres siguientes ver el sínodo de 1291.[19] y las fuentes allí indicadas.

---

c.2 12 spe *om.*BCt

per se ipsos, et non per alios substitutos, debitum seruitium faciant
10 in eisdem, nec audeant se ad seruitium alterius beneficii simplicis
uel curati se transferre uel etiam obligare a proximo festo sancti
Johannis Baptiste in antea, nisi super hoc dispensationem legitimam habuerint uel eos obtinere contingerit gratiam uel licentiam
specialem, alias ex tunc excommunicationis sententiam se nouerint
15 incurrisse. In hoc etiam casu non intelligimus canonicos nostros,
neque clericos in nostro seruitio constitutos.

[5] 4. *De beneficiatis qui allegant tenuitatem redituum suo-*
rum beneficiorum

Item, cum nonnullos clericos de ipsis beneficiatis inueniamus
beneficia ipsa simplicia in suis debitis obsequiis, tum propter tenui-
5 tatem redituum quam allegant, tum propter eorum astutiam seu
negligentiam grauiter defraudare, pretendentes ad sui excusationem
quod reditus non sufficiunt ad faciendum continuum seruitium in
eisdem, uel quod sic consuetum est fieri seruitium in beneficiis ipsis, uolumus et ordinamus ac etiam statuimus quod omnes taliter
10 beneficiati teneantur se presentare coram nobis uel officiali nostro
cum titulis suis, si quos habent, et instrumentis dotaliciis et institutione ipsorum beneficiorum hinc ad instans festum sancti Johannis
Baptiste, et facere fidem plenariam de facultatibus beneficiorum
huiusmodi ac de statu et ordinatione ipsorum beneficiorum. Et qui
15 talia beneficia de cetero obtinebunt, teneantur illud idem facere
infra mensem a tempore prouisionis sue continue computandum.
Alias ex tunc iure quod in eisdem habent uel habebunt nouerint se
priuatos, et ipsa beneficia sic uacantia absque alia ipsorum requisitione aliis libere conferenda.

[6] 5. *Quod omnes presbyteri teneantur horis competentibus*
celebrare deuote et honeste

Item, cum iuxta constitutionem nostram synodalem, que incipit 'Debet rectum officium presidentis, etc.'[1], ecclesiarum recto-
5 res et eorum loca tenentes et alii clerici beneficiati, qui non solum
tenentur uerbo populum instruere, sed exemplo, teneantur horis
competentibus celebrare deuote, quantum poterunt, et honeste,

---

[1] **c.5** Sínodo de 1306.[1].

c.3 9 et *interl.*Ct
c.4 3 nonnullos] nullos B^{ac}   5-6 seu negligentiam *interl.*B   14 et *om.*Ct
c.5 3 constitutionem] consuetudinem BCt

induti superpelliciis et sine pileis et caputiis in capitibus, sed cum
birretis uel almutiis, si tenere uoluerint, Matutinas et alias Horas
10　canonicas in ecclesiis in quibus beneficiati exsistunt, non extra, dicere teneantur. Quidam ducti nimia superbia, desidia uel negligentia, non curantes predicta seruare, Matutinis non celebratis per eos
in ecclesiis, dicendo Horas canonicas cum caputiis et pileis ac sine
superpelliciis, portando etiam frequenter calepodia in pedibus in
15　ecclesia exsistentes, se laicos plusquam clericos exhibentes, propter
quod nedum predicta nostra frangitur et uilipenditur constitutio,
que ad laudem Dei est totaliter ordinata, uerum etiam graue scandalum per eorum inhonestam conuersationem generatur in populo
dum clerici in ecclesiis sic indeuote exsistant. Et quia dignum est
20　tales percelli pena debita qui negligunt Deo in ecclesia sancta sua
deuotione qua conuenit deseruire, statuimus et ordinamus ut qui
de cetero in predictis uel aliquo predictorum reperti fuerint delinquentes uel qui predictam constitutionem fideliter non seruauerint
dicendo Horas canonicas cum honestate debita, prout decet, in
25　penam quinquaginta solidorum pro unaquaque uice ipso facto se
nouerint incidisse. Cuius quidem pene medietatem operi ecclesie
Barcinonensis et reliquam medietatem officialibus et decanis nostris, qui hec exsecutioni mandauerint, et mandare teneantur, absque
fide remissionis et uenie, uolumus applicari.

[7]　6.　*De abutentibus capidis siue albulis*

Item, cum specialis constitutio sit per nos edita contra eos qui
abutebantur albulis uel capidis, que sic incipit 'Quia nonnulli,
etc.'[1], interpretantes et declarantes constitutionem eamdem, cum
5　nonnulli minus sane intelligant eam, statuimus quod ex quo capida
uel albola semel seruierit in uno baptismate, ulterius non seruiat in
alio baptismate, nisi ex causa summe necessitatis, utputa si aliter
nouus pannus inueniri non possit, uel adeo infans de pauperibus
parentibus proueniret quod aliter capidam siue albolam habere non
10　possint, et in casibus huius necessitatis nullo modo uendatur, sed
gratis et pietatis intuitu ministretur. Qui uero contrarium fecerit,
penam ipso facto quinque solidorum pro qualibet uice se nouerit
incurrisse, (intelligimus tamen quod post collationem dicti sacramenti baptismatis exhibitam uel impensam, si aliquid consuetum
15　est dari postea pro tali albola uel capida, quod dicta consuetudo

---

[1]　**c.6** Sínodo de 1318.[2]. También se mencionan los capillos del bautismo en el
sínodo de 1319.[15].

c.6　3 Quia] que est in tertio folio *marg. y otra mano ad.* BCt

laudabilis obseruetur et eidem per presentem constitutionem nullatenus derogetur) fabrice sedis Barcinonensis pro qualibet uice, absque spe remissionis et uenie, applicandam, de qua pena quinque solidorum medietatem habeat denuntiator.

[8] 7. *Quod rectores nostre diocesis die Iouis Cene Domini mittere debent clericos cum superpelliciis ad recipiendum sanctum chrisma*

Item, cum constitutio sit edita quod ecclesiarum rectores die
5 Iouis Cene Domini pro sancto chrismate, oleo catechuminorum et infirmorum suos nuntios transmittentes, debeant mittere clericos cum superpelliciis ad hoc aptos, et inueniamus quod huiusmodi nuntii portando predicta Dei sanctuaria non portant superpellicium indutum, ut debent, sed laicaliter et inhoneste ueniunt et recedunt.
10 Mandamus et ordinamus quod ecclesiarum rectores recipiant corporaliter iuramentum ab huiusmodi nuntiis, quando tradunt eis uasa in quibus predicta sanctuaria debent apportari, quod predictam constitutionem super hoc editam debeant fideliter obseruare. Et qui de cetero contrarium fecerit, penam trium solidorum ipso
15 facto se nouerit incurrisse, fabrice nostre ecclesie applicandam[1].

[9] 8. *Quod rectores habeant constitutiones synodales et prouinciales*

Item, cum rectores ecclesiarum, iuxta constitutiones etiam super hoc editas, teneantur de necessitate dictas constitutiones synodales
5 et prouinciales habere, ut sciant se ipsos et plebes eis commissas regere et gubernare, nosque in omnibus synodis per nos celebratis eosdem generaliter monuerimus ad predicta, et adhuc eosdem super hoc desides inuenerimus et quamplurimum negligentes, ita quod eorum negligentia in culpam conuertitur et in graue periculum animarum
10 ipsorum et parochianorum suorum. Ideo mandamus et ordinamus expresse quod quilibet rector teneatur de necessitate dictas constitutiones, tam prouinciales quam synodales, habere integras et correctas hinc ad festum sancti Michaelis, seque presentare cum eisdem nobis uel officiali nostro Barcinonensi, illasque cum nostris constitutio-

---

[1] **c.7** D.25 c.1 § 14; D.95 pc.2, c.3-4; De cons. D.3 c.18; De cons. D.4 c.122-124; X 1.24.2 § 2; X 4.40.14; Conc.4 Lat.1215 c.20 (X 3.44.1); In VI 5.11.19; Clem.3.16 un.; Conc.legat.Valladolid 1228 c.6, 3 (TR 3.326); 1 Partida 4.69-71.

18 absque *interl.*B
c.7 2 cum] induti B^ac
c.8 3-4 etiam — synodales *om.*Ct *(homograf.)*

15 nibus examinare, et fidem facere sine fraude illas esse suas proprias. Alioquin, si quis in hoc defecerit, penam quinquaginta solidorum presentis monete ex tunc ipso facto se nouerit incidisse, cum eorum negligentia sit per penam huiusmodi totaliter coercenda, qui hactenus noluerint nobis super predictis parere monitis et mandatis[1].

[10] 9. *Constitutio edita contra illos qui negligenter recipiunt litteram domini episcopi uel eius officialis*

Item, publicamus constitutionem editam contra illos qui negligenter recipiunt litteras nostras uel officialis nostri, que incipit
5 'Item, quod omnes clerici, etc.'[1], iniungentes omnibus ecclesiarum rectoribus, sub pena dicte constitutionis, quod ea que iniuncta eis fuerint in eisdem litteris uel officialium nostrorum debeant fideliter adimplere, et sigillare, qui sigillum habuerint, et nihilominus subscribere prout in eis iniunctum exstiterit. Alias eorum inobedientia
10 taliter punietur quod ceteris presumptoribus eorum pena transire poterit in exemplum.

[11] 10. *Quod rectores sint diligentes de fabrica sedis Barcinonensis*

Cum deuoti filii et subiecti teneantur sue matri ecclesie, sub cuius potestate ac dominio sua beneficia obtinere noscuntur, in
5 sua necessitate eidem prestare de persona et bonis suis, quantum cum Deo poterunt, consilium et iuuamen. Et inueniamus quod ecclesiarum rectores in ciuitate et diocesi Barcinonensi constituti ad impendendum consilium et iuuamen sue matri ecclesie Barcinonensi super fabrica eiusdem ecclesie et incepta renouatione et re-
10 edificatione eiusdem operis, non modicum sumptuoso, sunt desides et quamplurimum negligentes, licet ad predicta fuerint multotiens moniti et etiam excitati. Cupientes nos eosdem ad hoc per compositionem debitam excitare, uolumus et ordinamus quod quilibet rector teneatur unum uel duos de parochianis suis eligere, quos magis
15 ad hoc fideles et idoneos esse nouerit, quandocumque populus in ecclesia fuerit congregatus, qui colligant eleemosynas ad opus dicte fabrice cum bacino, et collectas tradant eidem rectori, confestim per eumdem rectorem in locum tutum conseruandas et mittendas per eum fideliter procuratoribus operis ante dicti quolibet anno in

---

[1] **c.8** Sínodo de marzo de 1244.[2-3]; sínodo de 1291.[14].
[1] **c.9** Sínodo de 1291.[11].

---

c.10 1 de *om.*Ct   9 renouatione] reuocatione BCt

20 festo dominice Natiuitatis et Resurrectionis. Et teneantur diebus
omnibus dominicis et festiuis et alias quandocumque populus fuerit
in ecclesia, ut predicitur, congregatus, necnon in testamentis et confessionibus parochianorum eosdem admonere et inducere ad benefaciendum operi ante dicto, exponendo eis indulgentias et missas et
25 alias remunerationes, quas benefactores dicti operis consequentur
porrigendo manus in subsidium operis memorati. Et quod per se
uel per alios fide dignos huiusmodi eleemosynas et legata fideliter
colligant seu colligi faciant, et quidquid inde collegerint mittant,
cum alberanno suo quantitatem huiusmodi contienentem, per fide-
30 lem nuntium procuratoribus ante dictis quolibet anno in terminis
supra dictis. Et hoc teneantur ecclesiarum rectores, sub uirtute sancte obedientie, per eos iam prefata fideliter attendere et complere, et
posse suum facere in eisdem, sub pena uiginti solidorum presentis
monete, quam ipso facto incurrant si super hoc negligentes fuerint
35 aut remissi, dicto operi applicanda, qui etiam possunt ad hoc alias
compelli per officialem et decanos predictos.

> **[12]** 11. *Quod rectores et beneficiati qui presentes sunt in*
> *ciuitate Barcinonensi, antequam exeant ciuitatem de-*
> *beant se presentare coram episcopo*

Item, monemus quod rectores ecclesiarum et beneficiati qui
5 presentes sunt in ciuitate se debeant presentare, antequam exeant
ciuitatem, personaliter coram nobis uel officiali nostro, et se scribere
et statuere collegas seu confratres operis ante dicti[1].

> **[13]** 12. *Quod omnes presbyteri de diocesi nostra celebrent*
> *uel celebrari faciant quatuor missas infra annum pro be-*
> *nefactoribus operis sedis Barcinonensis*

Quoniam, iuxta sanctorum patrum ordinationes, ad salutem et
5 remedium omnium fidelium defunctorum animarum, et maxime
subditorum nostrorum, ad quorum regimen, diuina gratia disponente, assumpti sumus et laborare teneamur, et potissime illorum illarumue, qui et que benefactores et confratres nostri esse uolunt et uoluerunt in constitutione operis nostre cathedralis ecclesie, que patitur
10 euidentem defectum, habito respectu ad multitudinem populi iugiter
per Dei gratiam exsistentis in ciuitate Barcinonensi et ad perficiendum dictum opus adiutores et adiutrices exsistunt et erunt. Ex quibus

---

[1] **c.11** Sínodo de 1291.[15].

---

c.12 7 illorum *om.*Ct

cultus diuinus liberius et deuotius celebrabitur in sede Barcinonensi,
et populus inibi confluens ad audiendum diuina officia copiosius et
15 latius recipi poterit, diuina gratia ministrante. Sicque considerantes
quod illis in officiis caritatis primo tenemur obnoxii a quibus nos
cognoscimus beneficia recepisse, ac uolentes omnibus confratribus et
benefactoribus nostris spiritualem retributionem facere, ut tenemur,
ut ex suis beneficiis consolationem aliquam consequantur (secundum
20 Apostolum, dicentem 'Sicut consolationum socii, etc.'[1]) qui circa
diuinum opus uigiles sunt et de suis facultatibus contribuunt. [14]
Idcirco nos Pontius, diuina miseratione Barcinonensis episcopus, una
cum uenerabili capitulo nostro, statuimus et prouide ordinamus ut
tam in sede Barcinonensi quam in omnibus et singulis ecclesiis paro-
25 chialibus et capellis ciuitatis et diocesis Barcinonensis omnes presbyteri, cuiuscumque condicionis aut status exsistant, celebrent uel celebrari faciant quatuor missas per infra scriptos terminos pro defunctis
fidelibus, et specialiter pro nostris confratribus et benefactoribus dicti
operis, qui ex hoc seculo transierunt et pro uiuis etiam. Primam uide-
30 licet missam, prima die ueneris mensis aprilis; et secundam missam,
prima die ueneris mensis iulii; et tertiam missam, prima die ueneris
subsequentis mensis octobris; et quartam missam, prima die ueneris
mensis ianuarii. Et si dicta dies ueneris in die uenerit feriata, subsequenti die non feriata compleatur officium supra dictum. Et sic quo-
35 libet anno prima die ueneris quolibet predictorum quatuor mensium
dictum officium pro dictis defunctis annis singulis celebretur, que dies
denuntietur quolibet predictorum quatuor mensium antea per ecclesiarum rectores omnibus suis parochianis, pulsatis campanis ad populum conuocandum, ut moris est fieri pro defunctis, ut illa die intersint
40 et audiant missas predictas et absoluatur cemeterium uniuscuiusque
ecclesie, tam generaliter quam specialiter dicta die. [15] Et in sede
Barcinonensi fiat dicta die processio generalis per totum cemeterium,
ut in aliis processionibus generalibus pro defunctis. Et interim rectores ecclesiarum predictarum exponant indulgentias concessas bene-
45 factoribus dicti operis a domino archiepiscopo et ab episcopis prouincie Tarraconensis et aliis, et confirmationem earum nostram in nostra
diocesi, et ut ualeat benefactoribus operis ante dicti quotiens operi
ante dicto manus porrexerint adiutrices. Que siquidem indulgentie in
summa tales sunt: ccc.lxxx. dies. Et predicta omnia in uirtute sancte
50 obedientie et sub pena excommunicationis precipimus inuiolabiliter

---

[1] **c.12** 2 Cor 1,7.

30 prima die] proximam diem BCt   31 prima die[1]] proximam diem BCt
prima die[2]] primam diem BCt   32 prima die] primam diem BCt   33 ueneris in die *marg.*B   42 fiat] fiet Ct

obseruari ab omnibus predictis et singulis. Et si quem super predictis de cetero inobedientem inuenerimus aut in aliquo negligentem, ipsius inobedientiam et negligentiam taliter puniemus quod ipsius pena transire poterit ceteris presumptoribus in exemplum.

55   **[16]** Lecta et publicata fuit dicta constitutio die mercurii supra dicta, in coro ecclesie supra dicte Barcinonensis in plena synodo inibi congregata. Sequenti die iouis dictus dominus episcopus et omnes in dicta synodo congregati, sub prosequenti die ueneris fecerunt officium pro defunctis predictis, cum processione sollemni, et
60   deinde processit ut sequitur.

[17]   13.   *Quod quilibet christianus ultra decem et octo annos ieiunet Quadragesimam et alia ieiunia*

Item, publicauit seu legi et publicari fecit constitutionem iam dudum editam per dominum Petrum, bone memorie, episcopum
5   Barcinonensem, que incipit 'Mandauit dominus episcopus quod quilibet christianus ultra decimum octauum annum constitutus ieiunet Quadragesimam et alia ieiunia ab Ecclesia indicta'[1]. Vnde dominus episcopus concessit rectoribus quod possent huiusmodi ieiunia in aliud opus melius transmutare suis parochianis quando-
10 cumque exsisterent requisiti, et incidentes in talem sententiam iuxta formam Ecclesie absoluere et eis penitentiam iniungere.

[18]   14.   *De uigilia beate Eulalie*

Item, publicauit constitutionem editam contra nolentes uigiliam sancte Eulalie ieiunare, que incipit 'Item, quod quilibet rectores uel eorum loca tenentes'[1].

[19]   15.   *De uestibus clericorum*

Item, publicauit et legi fecit constitutionem editam contra clericos portantes camisias, tunicas uel alias uestes cordatas aut botonos auri uel argenti uel alterius metalli, que incipit 'Statuimus quod
5 omnes clerici prouincie Tarraconensis, etc.'[1], in qua est pena decem solidorum contra contrarium facientes.

---

[1] **c.13** Sínodo de 1258.[19]. Sínodo que es de Arnaldo de Gurb y no de Pedro de Centelles, aunque los códices B y Ct y Villanueva atribuyen esas constituciones de 1258 al sínodo de 7 de noviembre de 1244 de Pedro de Centelles.
[1] **c.14** Sínodo de 1291.[12].
[1] **c.15** Conc.prov.Tarragona 1274 c.3 (TR 6.55, que da el año 1273; Pons Guri 92, con una interesante introducción).

[20] 16. *Quod clerici portent tonsuram et uestes congruentes*

Item, publicauit constitutionem que incipit 'Quoniam pium'[1], contra prelatos, sacerdotes et quoslibet beneficiatos aut in sacris ordinibus constitutos et qui tonsuram et uestes non deferunt con-
5 gruentes, in qua est pena ingressus ecclesie si contra fecerint.

[21] 17. *Contra rectores non facientes in suis ecclesiis residentiam*

Item, publicauit constitutionem editam per dominum Rodericum, bone memorie archiepiscopum Tarraconensem, contra ecclesiarum rectores non facientes in suis beneficiis uel ecclesiis residentiam
5 personalem, que incipit 'Item, statuimus quod quilibet rector, etc.'[1]

17. Sínodo de Poncio de Gualba, de 25 de abril de 1323

El texto de este sínodo aparece desplazado en los códices B y Ct, ya que se encuentra después del sínodo de Ferrer de Abella de 1339. Es algo similar, aunque lo presente es menos grave, a lo que sucede con el sínodo de 1307, al que estos códices B y Ct intercalan entre constituciones datadas en 1306, como se ha indicado ya en la introducción a dicho sínodo de 21 de abril de 1306.

Tradición manuscrita y editorial: B fol. 144rava; Ct fol.220r-222r; J. SANABRE, *Los sínodos diocesanos en Barcelona*, 20, que edita las rúbricas de las constituciones[1].

[1] *<Inscriptio>*

Hinc incipiunt constitutiones synodales domini Pontii, episcopi Barcinonensis, facte vij. kalendis madii, anno Domini m. ccc. xxiij.

---

[1] **c.16** Conc.prov.Tarragona 1292 c.1 (TR 3.410-411, en que aparece como c.2; Pons Guri 104).
[1] **c.17** No encontramos esta constitución del arzobispo Rodrigo Tello en Tejada y Ramiro ni en Pons Guri.
[1] L. FERRER, «Sínodo», en: DHEE 4.2489 dice acerca de este sínodo de Poncio de Gualba (o acaso de todos los suyos) que agrupa las constituciones anteriores, afirmación que no parece ser totalmente correcta, y menos lo es si se refiere al presente sínodo de 1323.

Inscr. 1 Inscriptio *om.*Q   2 Hinc] Hic Ct

[2] 1. *De residentia in ecclesiis uel beneficiis fienda*

Pastoralis officii cura suscepti regiminis nos excitat et inducit ut
utilitatibus subiectorum, nunc nouarum constitutionum editione,
nunc antiquarum innouatione et penarum etiam adiectione, prout
5 facti qualitas id exposcit, prouidere curemus. Cum igitur ecclesiarum rectores et beneficiati Barcinonensis ciuitatis et diocesis, pretextu constitutionis cuiusdam nostre synodalis, contra non residentes
in suis ecclesiis uel beneficiis edite, cuius tenor talis est: 'Item, statuimus quod quilibet rector in sua ecclesia uel beneficio residentiam
10 faciat personalem a proximo festo sancti Johannis Baptiste in antea.
Alias ex tunc excommunicationis sententiam se nouerit incurrisse.
In hoc tamen non intelligimus canonicos nostros, neque clericos in
nostro seruitio constitutos, etc.'¹, desinant (ficto uel palliato modo
quod in ipsorum canonicorum seruitio exsistant) in suis ecclesiis uel
15 beneficiis residere. Constitutionem predictam, quantum ad ipsos
canonicos et clericos in eorum seruitio constitutos, ex certa scientia
reuocamus et eos ex tunc in ipsa constitutione intelligi uolumus et
ligari, alias constitutione ipsa in suo robore permanente.

[3] 2. *Quod rectores, beneficiati ac alii clerici in sacerdotio
constituti possint sibi idoneum, quem uoluerint, eligere
confessorem*

Item, attendentes penitentie sacramentum fore secundam ta-
5 bulam post naufragium, et quod 'Omnis utriusque sexus fidelis,
postquam ad annos discretionis peruenerit, omnia solus peccata sua
confiteri tenetur et debet fideliter semel quolibet anno ad minus'¹,
et quod nulli, exceptis episcopis et eorum superioribus, preter sui
superioris licentiam licet eligere confessorem, possunt tamen cle-
10 rici de iure communi suo episcopo uel archipresbytero cathedralis
ecclesie confiteri, sicut et omnes alii de diocesi proprio sacerdoti in
cuius parochia commorantur, alioquin uiuens, siue laicus siue clericus fuerit, debet ab ingressu ecclesie interdici et moriens ecclesiastica sepultura carere. Sit etiam iure cautum quod si quis clericus uel
15 laicus alieno sacerdoti iusta de causa uoluerit sua confiteri peccata,
licentiam prius postulare debet et obtinere a suo diocesano uel pro-

---

¹ **c.1** La constitución citada es la del sínodo 1306.[8]; y también alude al mismo
asunto en el sínodo de 1307.[11-12] y en el de 1320-1322.[2]; y ya en el sínodo de
Bernardo Peregrí de 1291.[19] aparece la misma doctrina, con casi idénticas palabras.
¹ **c.2** Conc.4 Lat.1215 c.21 (X 5.38.12).

c.1 17-18 et ligari *interl.*B
c.2 9 licentiam] gratiam B^(ac)

prio sacerdote, nec ipse diocesanus uel proprius sacerdos, super hoc
requisiti, debent alicui malitiose licentiam huiusmodi denegare. [4]
Nos tamen, uolentes animarum saluti ecclesiarum rectorum et be-
20   neficiatorum et aliorum clericorum ciuitatis et diocesis Barcinonensis, quantum cum Deo possumus, prouidere, eis et eorum cuilibet,
qui sunt uel fuerint deinde in sacerdotio constituti, <concedimus
quod> possint quilibet eorum presbyterum idoneum religiosum uel
secularem sibi in confessorem eligere, qui super peccatis et scele-
25   ribus que sibi in foro penitentie detegentur (nisi talia sint propter
que merito foret Sedes apostolica consulenda, casibus etiam per nos
retentis dumtaxat exceptis) possit eis uice nostra debite absolutionis
beneficio et salutari penitentia licite prouidere, et Viaticum etiam
tradere, si petierint ab hac hora in antea quotiens necessarium fue-
30   rit seu etiam opportunum. [5] Et hoc eisdem sacerdotibus propter
celebrandi periculum concedimus de licentia speciali, cum ceteri
clerici ire ualeant ad proprium sacerdotem uel ad predicatores uel
minores de ipsius uel nostri licentia quotiens eis necessarium fuerit
seu etiam opportunum[2].

[6]   3.   *Quod rectores et beneficiati ac alii clerici ratione suo-*
rum beneficiorum, uel laici, ad facienda anniuersaria as-
tricti, ea suis terminis exsoluant, alias duplum soluant. Et
quod denegantes eis soluere census anniuersariorum, mo-
5   *niti per octo dies, sint ipso facto excommunicati*

Item, cum nonnulli ecclesiarum rectores ciuitatis et diocesis
Barcinonensis ac beneficiati in eis, et alii clerici uel laici, qui ad
faciendum anniuersaria pro defunctis necessario sunt astricti repe-
riantur in his complendis et exsequendis desides et quam plurimum
10   negligentes, ad sui excusationem friuolam, inter alia, pretendentes
quod censualia uel iura que pro his faciendis et complendis recipiunt
et recipere debent ab his qui ad prestationem censualium et iurium
huiusmodi tenentur, nequeunt aliquatenus extorquere. Et <cum
nos> attendamus ad nostrum spectare officium ad hoc compellere
15   renitentes, ordinamus et perpetuo statuimus quod prefati rectores et
beneficiati seu quiuis alii clerici uel laici, qui ad faciendum anniuersaria huiusmodi pro censualibus seu iuribus que exinde recipiunt
et recipere debent, et tenentur et deinceps etiam tenebuntur statutis terminis et diebus ea in ecclesia seu ecclesiis in quibus statuta
20   sunt fieri, faciant fideliter, prout decet. Et si ex tunc infra sex dies,

---

[2] X 3.41.7; In VI 5.10.2.

22-23 concedimus quod *om.* BCt   25 detegentur] uoluerint *ad.* BCt
c.3 13-14 cum nos *om.* BCt

postquam per rectorem ecclesie in qua huiusmodi anniuersaria statuta sunt fieri, ea inibi non fecerint plenarie ut tenentur, eo ipso in penam dupli se nouerint incidisse. Contra non soluentes malitiose censualia et iura huiusmodi nihilominus statuentes ut si, postquam
25 per eorum parochialem sacerdotem uel rectorem (ad instantiam eorum qui predicta anniuersaria facere tenentur) legitime moniti, infra octo dies, ex tunc continue subsequentes, eisdem de iuribus huiusmodi non satisfecerint plenarie, prout decet, in excommunicationis sententiam incidant ipso facto. Ita uidelicet quod utriusque
30 partis rectores possint et teneantur illum uel illos, qui in huiusmodi excommunicationis sententiam inciderint, in ecclesia sua tamdiu excommunicatos denuntiare, et tamquam excommunicatos uitare, donec tam de expensis quam de aliis iuribus ipsorum anniuersariorum plenarie satisfecerint in premissis, et satisfactionem exinde
35 debitam et emendam seu alias nobis aut cui nos uel successores nostri uoluerimus exinde reddiderint fideliter rationem aut se legitime excusauerint a premissis.

[7] 4. *De pena non uenientium ad synodum*

Item, licet contra non uenientes ad synodum sit penalis constitutio edita, uidelicet ut qui prima die synodali non uenerint, decem solidos, et qui nec prima, nec secunda, nec tertia die uenerint so-
5 luant uiginti solidos, operi nostro Barcinonensis ecclesie applicandos[1], attendentes quod facilitas pene uel uenie incentiuum tribuit delinquendi, statuimus et perpetuo ordinamus quod qui prima die deinceps non uenerit soluat decem solidos, qui nec prima, nec secunda, nec tertia die uenerit soluat quadraginta solidos presentis
10 monete, absque spe remissionis et uenie soluere teneatur, predicto operi seu usibus quibus nos uoluerimus totaliter applicandos.

18. Sínodo de Poncio de Gualba, de 2 de mayo de 1329

Con razón se ha dicho que Poncio de Gualba es el obispo que mayor número de sínodos diocesanos celebró en Barcelona, aunque no conocemos el texto de todos sus sínodos, ni siquiera sabemos si de cada uno de sus sínodos emanaron textos escritos. Así es que no ha llegado a nosotros texto alguno del sínodo que

---

[1] **c.4** Sínodo de 1306.[9]. La pena no es realmente la que aquí aparece, ya que en 1306 la pena por no asistir el primer día son cinco sueldos.

---

21 postquam] preter quam B[ac]

ciertamente se celebró en mayo de 1329, y ni siquiera sabemos si este sínodo publicó algún texto escrito. Pero de este sínodo de 1329 o de otro algo posterior es muy probable que haya salido algún documento escrito, cuyo texto literal tampoco llegó a nosotros. Todas las noticias que conocemos de este sínodo o sínodos de Poncio de Gualba son las que aparecen en la obra de J. Baucells i Reig, quien cuenta lo siguiente: «El 2 de mayo de 1329 el obispo *in episcopali palatio, presentibus ibidem (canonicis), rectoribus et beneficiatis ad sinodum convocatis*, comunicaba la suspensión de los procesos abiertos por el visitador del arzobispado de Tarragona, que presupone necesariamente un sínodo a desarrollar en aquel mismo día, martes, o, lo más seguro, en el siguiente, miércoles usual en otras asambleas; el de 1329 era distinto al de 1323, el último documentado de Ponç. Tal vez al sobredicho sínodo de 1329 o a otro posterior, productor, ese sí, de cánones, se refería el obispo, al mencionar en mayo de 1332 lo dispuesto *in proxima sinodo* sobre los legados píos, en una letra al deán del Penedés, urgiéndole su recto cumplimiento, o *in sinodo proximo preterita*, al revocar lo mandado en él sobre la obligación de confesarse al descubrirse dudas y ambigüedades en el redactado de la pertinente constitución»[1].

19. Sínodo de Ferrer de Abella, 22 de abril y 15 de junio de 1338

Ferrer de Abella era un fraile dominico, que estuvo de embajador en la corte pontificia de Aviñón y fue nombrado obispo de Neopatria (Grecia) el 27 de junio de 1323, sede en la que nunca residió. El 28 de septiembre de 1330 pasó a la diócesis de Mazzara (Sicilia) y el 30 de agosto de 1334 consiguió llegar a la sede de Barcelona, de la que tomó posesión el 2 de mayo de 1335, jurando personalmente las constituciones y estatutos de la iglesia, y el 10 de septiembre siguiente juró obediencia canónica al metropolitano de Tarragona. Murió en Arbós (Tarragona) el 21 de diciembre de 1344 haciendo la visita pastoral, y fue trasladado a Barcelona, donde fue sepultado la víspera de Navidad en la capilla de S. Esteban. El 10 de julio de 1339 había hecho el traslado de las reliquias de Sta. Eulalia a la cripta de la catedral[1].

Acerca del número de sínodos de Ferrer de Abella encontramos una cierta disonancia entre algunos autores. La información que aparece en J. Villanueva acerca

[1] J. BAUCELLS I REIG, *Vivir en la Edad Media* 1.349, donde indica en notas las fuentes de todas estas noticias.
[1] C. EUBEL, *Hierarchia catholica* I.128, 332, 362; J. M. MARTÍ BONET, *Historia de las diócesis españolas* 2.138, 140-145, 403-404, 419; S. PUIG Y PUIG, *Episcopologio de la sede Barcinonense*, 243-249; M. AYMERICH, *Nomina et acta episcoporum Barcinonensium*, 370-371; J. VILLANUEVA, *Viage literario* XVIII.9-12; L. ROBLES, «Escritores dominicos de la Corona de Aragón», en: *Repertorio de Historia de la Ciencias Religiosas en España*. 3: *Siglos XIII-XVI* (Instituto de Historia de la Teología Española. Corpus Scriptorum Sacrorum Hispaniae. Estudios 2. Universidad Pontificia, Salamanca 1971) 88-89, que da noticia de los códices de sus sínodos y de su ubicación; E. BAJET I ROYO, «Las constituciones sinodales de del obispo de Barcelona Ferrer de Abella (1334-1345)», en: *Ciencia Tomista* 106 (1979) 263-283.

de los sínodos de Ferrer de Abella es que «Tarafa dice que celebró un sínodo, y en él, entre otras cosas, mandó *quod secundae nuptiae non benedicantur*»[2]. J. Sanabre cuenta que: «A la muerte de Pons de Gualba le sucedió, en la sede de Barcelona, Ferrer de Abella (1334-1344), de la orden dominicana. Después del último sínodo de su antecesor no tenemos noticia de otro hasta el celebrado por el obispo Ferrer en abril de 1339»[3], y el sínodo siguiente que menciona Sanabre es el de 1345, por lo cual pertenece ya al episcopado de Bernardo Oliver. En las listas de sínodos de Barcelona que publican Martí Bonet y J. Sanabre únicamente aparece el sínodo de 1339 para el tiempo del episcopado de Ferrer de Abella[4]. Pero L. Ferrer en su valioso estudio acerca de los sínodos españoles señala los años de 1339, 1341 y 1343 con sínodos de Ferrer de Abella[5], y mucho antes había escrito Puig y Puig que el obispo Ferrer de Abella «laboró por la disciplina eclesiástica en sus sínodos [...]. Hizo constitución en 1341 y 1343 sobre la fiel custodia de los bienes de la casa de la *Almoina,* así como ordenando que los de la Casa de la Caridad no se aplicaran a otro destino que el fundacional»[6]. Pero las constituciones de los años 1341 y 1343 que cita Puig y Puig no son sinodales, sino que son unas breves constituciones capitulares, como el mismo Puig y Puig reconoce implícitamente al citar su fuente[7]. De esta falsa noticia de Puig y Puig seguramente que procede la equivocación de L. Ferrer.

A pesar de tantas y tan revueltas noticias, ninguno de estos autores menciona el sínodo que Ferrer de Abella convocó para el miércoles siguiente al domingo de Quasi modo del año 1338, que era el 22 de abril de ese año. Parece que la celebración de este sínodo se trasladó después para el 15 de junio del mismo año 1338, quince días después de la fiesta de Pentecostés, y que finalmente el sínodo no se celebró. Como tantas otras veces, las noticias que tenemos de este sínodo de 1338 proceden de las investigaciones del Dr. J. Baucells i Reig, que dice de Ferrer de Abella que «se sabe que hubo la intención —y se formalizaron todas las gestiones preliminares, si es que no tuvo el desarrollo previsto— de realizar sínodo, de primero, el miércoles después de Quasi modo de 1338 (22 de abril) y luego el lunes 15 de junio, según las letras de convocatoria respectiva»[8].

Conocemos también, gracias a la diligente investigación del Dr. Baucells, el texto de la convocatoria que el obispo Ferrer de Abella envió a la clerecía para el sínodo que pensaba celebrar el 22 de abril de 1338. Convocatoria que es del tenor siguiente: «Frater Ferrarius, etc. Venerabilibus et dilectis in Christo universis et

[2] J. VILLANUEVA, *Viage literario* XVIII.10.
[3] J. SANABRE, *Los sínodos diocesanos en Barcelona,* 20.
[4] J. M. MARTÍ BONET, *Historia de las diócesis* 2.415; ÍD., *Costumario eclesiástico: normativas diocesanas,* 5; J. SANABRE, «Barcelona, diócesis de», en: DHEE 1.189, con la misma lista.
[5] L. FERRER, «Sínodo», en: DHEE 4.2489.
[6] S. PUIG Y PUIG, *Episcopologio de la sede Barcinonense,* 244. En las p.244-245 publica unas rúbricas o resúmenes de las constituciones, que en nada se parecen a las de nuestro texto de 1339.
[7] ED. MARTÈNE - U. DURAND, *Thesaurus novus anecdotarum,* IV (Lutetiae Parisiorum 1717) col. 620-624, que cita el mismo Puig y Puig; uno de estos documentos, el del 7 de mayo de 1343, lo edita también Puig y Puig en su apéndice CXII, pág. 478. A estas mismas constituciones de 1341 y 1343 y remitiendo también a Martène - Durand se refiere E. Bajet y Royo en la p.274 de su valioso estudio citado supra en la nota 1. Pero es indudable que estas constituciones de 1341 y de 1343, que citan estos autores y edita Martène-Durand, no son sinodales.
[8] J. BAUCELLS I REIG, *Vivir en la Edad Media* 1.349.

singulis ecclesiarum rectoribus, ebbdomadariis, vicariis perpetuis et capellanis per barcinonensem civitatem et diocesim constitutis vel eorum loca tenentibus ad quos presentes pervenerint, salutem in Domino Jhesu Christo. Cum nos intendamus die mercurii post dominicam de 'Quasi modo geniti' proximo instantem, cum continuatione dierum sequentium, in nostra barchinonensi ecclesia, ut moris est, sinodum celebrare. Eapropter vobis et cuilibet vestrum dicimus et mandamus, in virtute sancte obedientie, firmiter et districte quatenus dicta die curetis ad dictam sinodum convenire et in eiusdem tractatibus interesse. Ulterius vobis dicimus et mandamus, sub pena excommunicationis, ut quilibet vestrum presentem bannum suo vicino rectori mittat per nuntium specialem. Datum Barchinone, IIº nonas aprilis anno quo supra (1338)»[9]. Pero este sínodo, aunque estaba convocado para que se celebrase, según la costumbre, en la semana pascual del domingo de Quasi modo, parece que fue trasladado al siguiente 15 de junio del mismo año 1338, y que finalmente no se celebró. Conocemos, en efecto, un escrito que el obispo Ferrer de Abella envió al deán del Vallés, con fecha 28 de mayo de 1338, para que comunicase con urgencia a la clerecía que la celebración del mentado sínodo quedaba suspendida. El texto de esta comunicación es el siguiente: «Frater Ferrarius, etc. Venerabili decano nostro Vallensi vel dilecto eius locum tenenti, salutem in Domino. Noveritis nos ex quibusdam causis supervenientibus ad celebrandum indictam per nos sinodum ad quindecimam diem post instans festum Penthecostes non posse intendere ut deceret. Ideo volumus et mandamus vobis firmiter quatenus omnibus et singulis ecclesiarum rectoribus aliisque curatis vestri decanatus per nostras litteras intimetis, visis presentibus, ne dicta die Barchinone veniant pro sinodo antedicta. Et hoc nullatenus differatis, ne vexentur ipsi rectores laboribus et expensis. Datum Barchinone quinto kalendas junii anno quo supra (1338)»[10]. Y esto poco es todo lo que sabemos acerca de este sínodo de 1338, que hasta las investigaciones del Dr. Baucells ni siquiera se mencionaba.

20. Sínodo de Ferrer de Abella, 8 de abril de 1339

En la introducción al sínodo de 1338 expusimos unos breves datos acerca de la biografía del obispo Ferrer de Abella y de lo que se ha dicho acerca de sus sínodos, con la presentación de los textos que se conocen de su proyectado sínodo a celebrar en 1338. Pero el sínodo más importante y más conocido de Ferrer de Abella es el de 1339, del cual se conserva el texto en algunos códices. Igual que sucede con muchos otros sínodos de Barcelona, éste de 1339 pasó a la compilación de Francisco Ruffach, por la que suele ser mencionado, lo cual ha provocado equivocaciones porque el verdadero texto del sínodo y el texto que aparece en la compilación de Ruffach no son enteramente iguales, ya que la compilación de Ruffach omite o cambia algunas constituciones de los sínodos que recopila[1]. Esta confusión entre el texto original del sínodo y el texto del mismo sínodo que

---

[9] J. Baucells i Reig, *Vivir en la Edad Media* 1.356.
[10] Ibíd., 357.
[1] Esto lo advierte expresamente Francisco Ruffach en el [3] de nuestra edición de su compilación, donde, refiriendose a las constituciones que recopila dice «... quibusdam ex eis, tamquam superfluis, resecatis ex toto uel ex parte mutatis, multisque detractionibus et mutationibus factis, prout uidimus expedire».

aparece en la compilación de Francisco Ruffach se observa en el importante y muy valioso estudio del Prof. E. Bajet i Royo[2], que habla de dos recensiones, considerando como verdadero texto del sínodo el texto más breve que aparece en la compilación de Ruffach, y como una segunda recensión el texto más amplio, que es el que verdaderamente salió del sínodo y que abrevia la compilación de Ruffach. J. Sanabre edita las rúbricas de las constituciones de este sínodo, pero Puig y Puig presenta unas rúbricas o resúmenes de las constituciones de Ferrer de Abella que en nada se parecen a las rúbricas de nuestras fuentes, aunque tampoco indica a qué fechas concretas se deben adscribir.

Tradición manuscrita y editorial: B fol. 142va-143vb (texto base); Ch fol.1r-3r (solamente desde el final de nuestro [8]); Ct fol.216r-219v; Es fol.38r-39v; R fol.9r-10v; J. SANABRE, *Los sínodos diocesanos en Barcelona*, 20-21. El códice Ch es el único que contiene en su fol.3rv la *Attestatio notarii*, del notario Guillermo Vilela, que editamos al final.

[1]   *<Inscriptio>*

Constitutiones synodales domini fratris Ferrarii, episcopi Barcinonensis, vi. idus aprilis, anno Domini m.ccc.xxxix.

[2]   *<Proemium episcopi>*

Ad perpetuam rei memoriam. Quoniam nulla iuris communis uel specialis sanctio, quantumcumque perpenso digesta consilio, ad humane nature uarietatem et machinationes eius inopinabiles sufficit, cum ab adulescentia uiri procliuis ad malum sensualitas hu-
5   mana declinet, per quod morum subuersio in clero et populo frequenter obrepit, necessaria est superioris auctoritas ut per constitutionis opportunum suffragium, quasi per cultoris prouidi sarculum, extirpet uitia, uirtutes inserat, corrigat excessus, moresque reformet. Quapropter nos frater Ferrarius, diuina miseratione Barcinonensis
10   episcopus, in nostra synodo in nostra Barcinonensi ecclesia congregata constitutiones fecimus subsequentes.

---

² E. BAJET I ROYO, «Las constituciones sinodales del obispo de Barcelona Ferrer de Abella (1334-1345)», en: *Ciencia Tomista* 106 (1979) 263-283.

Inscr. 1 Inscriptio *om*.Q   2 Constitutiones — **c.4** lin.6 contra fecerit *om*.Ch *(faltan folios al comienzo del códice)*   2-3 Constitutiones — xxxix.] Constitutiones edite in synodo sedis Barcinonensis anno Domini m.ccc.xxx. nono Es, Incipiunt constitutiones domini fratris Ferrarii episcopi Barcinone facte anno m.ccc.xxx nono R
Pr. 1 Proemium episcopi *om*.Q   3 specialis] spiritualis R   4 machinationes] maginationes R   5 ab] et BCtR   procliuis] sit cliuis R
6-7 populo frequenter] plura frequenter Es   7-8 constitutiones R   9 inserat] imparat R

[3]   1.   *Quod ecclesie parochiales non debent per laicos minis-*
      trari

Statuimus etenim quod constitutio olim edita in prouinciali
concilio Tarraconensi, cuius tenor talis est 'Cum ecclesie parochiales
per laicos administrari non debeant, statuimus quod laicis de cetero nullo modo attributentur, sed per clericos et uiros ecclesiasticos
ecclesie gubernentur, secundum canonicas sanctiones'[1], teneatur et
5   obseruetur iuxta sui continentiam et tenorem. [4] Et quia in uisitationibus ecclesiarum nostre diocesis reperimus ipsam male seruari,
ordinamus quod qui contra istam constitutionem fecerit, et etiam
qui ecclesias aut reditus ecclesie sue dictis personis laicis sine consensu expresso nostro arrendauerit uel attributauerit, eo ipso, ultra
10   penam aliam de iure debitam, incurrat penam uiginti solidorum,
que in ornamentis ecclesie eiusdem conuertatur, et nihilominus
contractus contra hanc constitutionem habitus ipso iure sit nullus.

[5]   2.   *Quod pro sacramentis Ecclesie nulla cautio exigatur*
15

Item, statuimus quod rectores parochialium ecclesiarum uel alii
in nostra diocesi pro sepulturis et sacramentis ecclesiasticis conferendis nullam cautionem uel aliquod aliud exigant ab inuitis. Per
hoc autem non intendimus preiudicare quin ex post facto possint
habere et recipere id quod et prout, iuxta laudabilem ecclesie consuetudinem, recipiendum fuerit uel habendum. Et qui contra fece-
5   rit, ultra penam iuris, penam uiginti solidorum eo ipso incurrat, in
ornamentis ecclesie cui prefuerit conuertendam[1].

---

[1] **c.1** Conc.prov.Tarragona 1243 c.8 (Pons Guri 54; TR 6.39, c.7, la segunda parte); que pasó a la importante compilación de 1330, c.18 (Pons Guri 147-148).
[1] **c.2** C.1 q.1 c.1, 3, 6-8, 10-11, 19, 22, 99, 101, 113-117, 119-120, 124; C.1 q.3
c.2-5, 7-8, 11, 14; Conc.2 Lat.1139 c.2 (C.1 q.3 c.15), c.7 (X 5.3.9); C.1 q.6 c.1-
3; C.1 q.7 c.2-3, 5; C.7 q.1c.33; C.8 q.2 c.1; X 3.19.5; X 3.38.16; X 5.3.1, 8-10,
12, 14, 16, 20-21, 23-24, 26, 29, 34, 36, 38-39; Conc.4 Lat.1215 c.66 (X 5.3.42);
X 5.4.1-3; Extravag.com. 3.9.2; 1 Partida 17.1-21.

---

11 in nostra[1] *om.*Es   in nostra[2] *om.*BCt   12 facimus R   subsequentes *om.*R
c.1 1-2 Quod — ministrari] De arrendationibus et commissionibus ecclesiarum
R   non — ministrari] per laicos non ministrentur Es   3 prouinciali] ecclesia
*ad.*BCtR   4 talis] ministralis B[ac], *om.*Ct   6 attributentur] arrendentur siue
attribuantur R   sed per clericos] per laicos Es   7 gubernentur] gubernantes Es
canonicas] canones et canonum R   10 istam] ipsam R   constitutionem
*om.*R   12 arrendauerit] attemptauerit BCt   attributauerit] atribuerit R
13 incurrant BCt   14 conuertantur B   nihilominus] uolumus quod R
c.2 1 Quod — exigatur] De sacramentis conferendis Es, Ne aliquid exigatur pro
sacramentis R   4 uel aliquod] nihilque Es   uel] neque R   aliquod *om.*R

[6] 3. *Quod Corpus Christi reuerenter teneatur*

Item, quod quilibet rector et uicarius seu alius regens ecclesiam parochialem custodiat diligenter et teneat reuerenter in pannis mundis Corpus sacratissimum Domini nostri Iesu Christi. Et qui
5 aliter tenuerit, ultra aliam penam a iure statutam, penam uiginti solidorum incurrat, qui in ornamentis ipsius ecclesie cui prefuerit expendantur[1]. [7] Item, ne in templo Dei ministrantes mercimonia exerceant illicita[2].

[8] 4. *De usuris*

De usuris prohibemus quod nullus clericus in sacris ordinibus per se uel per alium mutuet ad usuras, uel exigat eas aut aliquid pro eisdem, nec faciat baratas de blado uel aliis rebus uendendo 'ad
5 esperam' uel plus debito, uel alias contrahat in usurarum fraudcm. Et qui contra fecerit, ultra penas a iure debitas uel impositas, penam centum solidorum incurrat, in nostre opus Barcinonensis ecclesie conuertendam[1].

[9] 5. *Quod tractatus patriarche Alexandrini habeantur*

Item, quod quilibet sacerdos seu presbyter, cui sit uel non sit cura animarum commissa, habeat infra annum et teneatur habere et scire tractatum quem dominus Johannes, bone memorie patriarcha
5 Alexandrinus et administrator ecclesie Tarraconensis, composuit super articulis fidei, decem preceptis et sacramentis Ecclesie, que sunt

---

[1] **c.3** X 3.41.10; Conc.4 Lat.1215 c.20 (X 3.44.1); 1 Partida 4.60.
[2] D.23 c.3; D.46 c.9-10; D.47 c.1-2, 4-7;D.86 c.26; D.88 c.1-.2, 9-10; C. 14 q.4 c.1, 3, 8; C.21 q.3 c.1, 3; X 3.1.15-16; X 3.50.1-2, 4, 6; X 5.28.2; X 5.39.45; Conc.4 Lat.1215 c.16 (X 3.1.15); Conc.Vien.1311-12 c.8 (Clem.3.1.1); 1 Partida 6.45-46.
[1] **c.4** Sínodo de 1319.[3].

c.3 1 Quod — teneatur] De Corpore Christi nitide tenendo Es, De Eucharistia nitide tenenda R   2 et] aut R   3 custodiat diligenter] sint diligentes R   3-4 in pannis mundis *om.*Es   5 aliam] aliquam Es   statutam] debitam EsR   7-8 Item — illicita *tr.*EsR *al comienzo del* c.4   7 ne *interl.*Es   mercimonia] matrimonia B^ac
c.4-5 *El códice* R *pone el* c.5 *con el* Tratado del Patriarca *antes del* c.4 *acerca de* La usura
c.4 1 De usuris *om.*Es   usuris] et mercimoniis *ad.*R   2 De usuris] Item, ne in templo Domini ministrantes mercimonia exerceant illicita EsR *(que es el final del* c.3 *en otros códices)*   ordinibus] constitutus *ad.*EsR   3 aliquid] aliquis Es   4 faciant BCt   5 uel¹ *om.*R   contrahant *bis* R   6 debitas uel impositas] positas ChEsR   7 nostre] nostrum R^pc
c.5 1 Quod — habeantur *om.*ChEs   patriarche] domini *antep.*R   3 habeant R

fundamenta ecclesiastice discipline[1]. Et qui negligens in his repertus fuerit, ultra penam iuris, penam centum solidorum incurrat, in ornamentis ecclesie cuius rector uel administrator fuerit conuertendam.

[10] 6. *Quod secunde nuptie non benedicantur*

Item, quod aliquis rector uel regens curam in nostra diocesi benedictionem, que tantum in uirginum (seu primo nubentium) nuptiis, secundum ordinationem sancte Ecclesie dari debet et dici,
5 non det nec dicat contra ordinationem Ecclesie in nuptiis uiduarum uel secundo nubentium, in quibus tamen alia dici possunt per rectores uel presbyteros, ea que sunt per Ecclesiam ordinata. Et qui contra fecerit, ultra penam iuris, penam uiginti solidorum incurrat, in opus dicte nostre ecclesie conuertendam[1].

[11] 7. *Quod rectores et beneficiati residentiam faciant*

Item, quia per ambitiosam importunitatem petentium, tam nos quam nonnulli predecessores nostri episcopi Barcinonenses indulgentias et licentias multis concessimus de percipiendis fructibus beneficiorum suorum, quamuis non residerent in eis, quodque etiam
5 residentiam, ad quam tenebantur, facere non tenerentur in ipsis. Ex quo insolentie oriuntur uagandi et dissolutionis preparatur materia, diuinus cultus minuitur et hospitalitas in ipsis beneficiis debita non seruatur. Et dum non sunt suis in ecclesiis ipsis rectores, detrahitur
10 ecclesiarum commodis et honori, ruinis patent edificia earumdem, et, quod amarius est dolendum, animarum cura negligitur et uitiorum sensibus fomentum periculose prebetur, et officium plerumque, propter quod ecclesiasticum beneficium datur, omittitur. Nos, uolentes emendare preterita, et, quantum possumus, aduersus fu-

---

[1] c.5 Se trata del infante Juan de Aragón, hijo del rey Jaime II de Aragón y de Blanca de Anjou (1301-1334), arzobispo de Toledo, patriarca de Alejandría y administrador perpetuo del arzobispado de Tarragona.
[1] c.6 X 4.21.1, 3.

---

9 rector uel *om.*R
c.6 1 Quod — benedicantur] De secundis nuptiis R, *om.*ChEs   2 curam] ecclesiam R   4 Ecclesie] in nuptiis *ad.*Ct^(ac) (*cf.* lin.5)   7 presbyteros — ordinata *texto corrupto en* R
c.7 1 Quod — faciant] De residentia rectorum R, *om.*ChEs   2 quia] quod BCt   petentium] potentium BCtEs   3 nonnulli] olim R   4 et *om.*BCt, seu Es   5 resideant R   eis] eisdem R   7 insolentie] insolercie BCtEsR (*no se lee* Ch)   8 diuinus — hospitalitas] diuinum minuitur officium hospitalitatis Es   et *om.*BCt   9 sunt suis] sint sui *mal* R   rectoris B   10 ecclesiarum *om.*BCt   12 sensibus] gentibus R   fomentum] figmentum *mal* BCt   13 quod *om.*BCtR   datur] datum B, mandatum R   Nos] Nosque R

15 tura cauere, omnes huiusmodi indulgentias seu licentias, gratias
uel dispensationes personis beneficiatis per nos uel predecessores
nostros datas siue concessas penitus reuocamus, et earum conces-
sionem nostris temporibus uolumus exsulare. Mandantes uniuersis
et singulis ecclesiarum rectoribus uel alia ecclesiastica beneficia ob-
20 tinentibus quod a die presenti usque ad festum natiuitatis sancti Johannis Baptiste ad eorum ecclesias et beneficia redeant pro faciendo
debitam residentiam in eisdem, et ex tunc continue (prout de iure
uel de constitutione prouincialis concilii Tarraconensis, aut edita in
synodo uel capitulo Barcinonensi uel aliter teneantur) resideant in
25 ecclesia uel beneficio quod habeant et intendant retinere. Alias ex
tunc ad prouidendum aliis de beneficiis sic desertis, et ad ea ad que
et prout procedendum fuerit, procedetur, prout est a sacris canonibus definitum et de iure ac ratione fuerit faciendum. [12] Per premissa autem licentias, dispensationes aut gratias concessas aliquibus
30 causa studii uel alia causa rationabili non intendimus reuocare, nec
tales sic licentiatos, nec etiam illos qui ex causa iusta et necessaria
aut alias redendo ad sua beneficia et residendo in eis absque dispensatione et licentia, et absque eorum a nobis petitione sint excusati de
iure, in edicto aut prefixione dicti termini de redendo aut residendo
35 prefixi non intelligimus comprehendi[1].

[13]   8.   *Vt aduocati iurent quod legaliter ducant causas*

Item, dispendiosam prolongationem litium, quam interdum ex
aduocatorum et iudicum ac litigantium calumniis docet experientia
prouenire, restringere (quantum pro subiectorum nostre cure salute
5 et commodo nobis liceat) cupientes, statuimus quod aduocati utentes officio aduocationis in curiis ecclesiasticis nostre diocesis, antequam in ipsis curiis ad aduocationis officium admittantur, iurent
super sancta Dei euangelia (in posse officialis uel decani ipsius curie
presidentis) quod legaliter et omni calumnia et malitia postpositis,

---

[1] **c.7** Sínodo de 1241.[4]; sínodo de noviembre de 1244.[10]; sínodo de 1291.
[18-19]; sínodo de 1301.[1-2]; sínodo de 1306.[7, 9-12, 28]; sínodo de 1307.[10];
sínodo de 1323.[2], y las fuentes canónicas ahí indicadas. Ver también el sínodo de
1345.[2-3], que tiene semejanzas literales con éste.

16 predecessores *om*.BCt   19 uel] et EsR   20 festum] proximum *antep*.ChEs
21 redeant] redierint BCtCh   22 continue prout *marg*.B   23 constitutione]
consuetudine BCtEs   aut *om*.R   24 capitulo] in *antep*.Ch   26 aliis *interl*.B
desertis] et obtentis aliis *ad*.B, et obtentis *ad*.Ct   ea] alia R   28-29 premissas BCt
33 et² *om*.R   nobis] non BCt   34 dicti] edicti R   aut] et R   35 non *om*.R
c.8 1-21 Vt — comprehendi *om*.R *(homograf.?)*   1 Vt — causas *om*.ChEs
2 prolongationem] prorogationem ChEs   ex *om*.Ch   3 ac] ad E   4 cure]
curie ChEs   5 commode BCt   6-7 in curiis — aduocationis *om*.Es *(homograf.)*
7 ad *om*.Ch   8 sancta] quatuor Ch

10 prestabunt patrocinium clientulis suis et illis quibus patrocinium seu
consilium prestabunt, et quod non iuuent seu defendant aliquem in
mala causa, et quam non bonam crediderint deserant statim cum
eam desperatam uideant uel iniustam. Iurent etiam quod in causis
quibus fuerint delegati uel alio iudicio ecclesiastico non admittant
15 scienter positiones, exceptiones impertinentes, et quod in suis processibus et sententiis diffugia, malitias et iniustitias, quantum in eis
fuerit, euitabunt. [14] Statuentes etiam quod nullus ad aduocationis officium admittatur in curia officialatus nostri Barcinonensis,
nec cause committantur alicui, nisi examinatus fuerit et approbatus
20 in nostra curia uel curia seculari. In hoc autem canonicos et prelatos
ecclesie et diocesis nostre non intendimus comprehendi.

[15] 9. *Quod pro causa criminali nihil recipiatur*

Item, statuimus quod pro causa criminali uel in qua per inquisitionem pro crimine, delicto uel culpa ex officio uel ad partis nostre uel procuratoris nostri instantiam procedatur, nullum salarium,
5 munus, mutuum uel seruitium per officialem, decanos seu quoscumque alios commissarios, procuratores nostros ad lites, scriptores
et sagiones curiarum ipsarum uel alios qui in dicta inquisitione uel
ductione, examinatione aut decisione cause huius exstiterint exigatur per uim, nec recipiatur etiam gratis oblatum, a criminoso uel ab
10 eo contra quem fit inquisitio uel causa erit huiusmodi, uel aliquo
eius nomine uel occasione dante. Et hoc siue criminosus ipse contra
quem inquisitio erit facta uel fiet, siue condemnandus fuerit siue
etiam absoluendus, cum tales cause absque sportulis et absque expensis criminosorum seu delatorum ipsorum cognosci debeant et
15 etiam terminari, tam in casu quo officialis, decanus seu alius commissarius uel procurator noster instet per cognitionem et termina-
tionem eiusdem, quam etiam in casu quo pro huiusmodi recog-
nitione et decisione institerit criminosus. [16] Intelligimus tamen
quod si criminosus uoluerit pro sua defensione testes producere, uel
20 eo instante habet procedi ad aliqua pro quibus officialis, decanus,
iudex seu commissarius et scriptor habuerint extra suum domicilium proficisci, possint pro eorum labore recipere temperate, quodque scriptor causarum huiusmodi pro originali processu et translato
dando ipsi criminoso recipiat prout est ab antiquo fieri consuetum.

12 non *om.*Ch
c.9 1 Quod — recipiatur] De causis criminalibus R, *om.*Es   2 uel *om.*Es
8 exstiterint] astiterint R   9 nec *om.*R   10 fit] fiat Ch   erit] erat BCt
aliquo] alio Ch   11 occasione] et *ad.*B   date R   siue] sit *ad.*R   criminosus] uel
*ad.*EsR   12 erit] sit R   siue[1] *om.*R   13 sportulis] sumptibus R   14 seu
delatorum] siue delictorum *mal* R   16-17 terminationem] determinationem Es
17-18 eiusdem — decisione *om.*Es   20 aliqua] aliquid R   22 proficisci *om.*BCt

[17] 10. *Quod littere registrentur*

Item, fraudis et falsitatis periculum euitare uolentes, statuimus quod nulla littera iustitie, gratie uel alia tradatur pro sigillando tenenti nostra sigilla, nec sigillentur per officialem aut decanos nostros
5 uel scriptores tenentes sigilla officiorum nostrorum, uel tamquam sigillata tradatur, donec per notarios uel scriptores uel iuratos eorum in libris curiarum ipsarum in quibus littera ipsa fuerit expedienda, fuerit fideliter registrata. Et qui contra fecerit eo ipso officio nouerit se priuatum.

[18] 11. *Vt transumptum harum constitutionum habeantur*

Et ne, pretextu ignorantie, super premissis errari contingat, mandamus uniuersis et singulis ecclesiarum rectoribus infra nostram diocesim constitutis, ut presentium constitutionum transump-
5 tum, hinc ad festum sancti Michaelis proximo uenturum, habuisse teneantur, et ex inde in suis ecclesiis habeant et teneant tenorem ipsarum constitutionum. Et qui transumptum non habuerit infra dictum tempus, et qui ex tunc in sua ecclesia dictas constitutiones non tenuerit, penam quinquaginta solidorum eo ipso incurrant, in
10 opus nostre Barcinonensis ecclesie conuertendam.

[19] *<Attestatio notarii>*

Quas constitutiones, ego Guillelmus Vilella, notarius reuerendi domini episcopi supra dicti, in plena synodo in ecclesia Barcinonensi congregata, mandato eiusdem domini episcopi legi et publicaui. Quas
5 *idem dominus episcopus mandauit per me dictum notarium in publicam formam redigi et reponi, et de hiis tradi et facere cuique habere uolenti publicum et publica instrumenta sigillo infra dicti domini episcopi appenditum communita, ad habendum memoriam rei predicte. Que acta et publicata fuerunt in ecclesia Barcinonensi in plena synodo,*
10 *prout supra, die ueneris, v. idus aprilis anno Domini m.ccc. tricesimo nono. Presentibus nobilibus Rogerio de P., Bernardo Peletes et Uget de*

---

c.10 1 Quod — registrentur] De registratione litterarum R, *om.*ChEs   4 sigillentur] sigilletur R   5 tamquam] cuiquam ChEs   6 notarios] nos Es   uel² *om.*Ch   7 in quibus *om.*R   fuerit expedienda *om.*R   8 fuerit] exstiterit Es
c.11 1 Vt — habeantur] De illis qui non habent constitutiones R, *om.*ChEs   3 et singulis *om.*Es   4 constitutionum] ipsarum aut *ad.*R   5 habuisse] habere R
7 habuerint BCt   8 qui ex tunc *om.*R   dictas constitutiones *om.*R   10 conuertendam] sine misericordia *ad.*R, Expliciunt constitutiones prouinciales Tarraconenses *ad.*Es
Attest. 1 Attestatio notarii *om.*Q   2-14 Quas — rogatis *om.*BEsR

Foneleto, Raymundo Rouira ciue, et Petro Borrelli, notario Barcinonensi, Raymundo de Sancta Maria et Bartolomeo Fayadello, domesticis domini episcopi supra dicti, ad hoc uocatis testibus et rogatis.

21. Sínodo de Ferrer de Abella, 26 de febrero de 1341

Hemos dicho varias veces en las páginas anteriores que algunos autores citan sínodos barceloneses de Ferrer de Abella de los años 1341 y 1343, que no fueron en realidad tales sínodos, sino que se suele tratar de constituciones capitulares[1]. Pero, gracias a las investigaciones del Dr. Josep Baucells i Reig, sabemos que el obispo Ferrer de Abella convocó un sínodo para el 26 de febrero de 1241, que fue el lunes siguiente al primer domingo de Cuaresma[2]. Este «sínodo de 1341 tenía la finalidad de recoger fondos para defender los derechos episcopales sobre el castillo de Ribes, *ad supplicationem quorumdam rectorum de Penedesio,* el obispo tuvo a bien a acceder *quod rectores decanatus vestri possint ad nostram sinodum mittere procuratorem hac vice,* provistos, eso sí, de suficiente delegación para asentir a dicha petición»[3]. Y se sabe que *«fuerunt congregati omnes rectores civitatis et diocesis Barchinone et absentium procuratores in sede Barchinone pro celebratione sinodus indicte»*[4]. No tenemos el texto de lo tratado y resuelto en este sínodo de 26 de febrero de 1341, pero conocemos el texto de las cartas de convocatoria que el obispo envió a los deanes del Vallés, Penedés y Piera, que son idénticas. La convocatoria está fechada el 6 de febrero de 1341, es decir veinte días antes del día de la celebración del sínodo. La carta de convocatoria dirigida al deán del Penedés dice: *«Frater Ferrarius, etc. Venerabili et dilecto ... decano nostro Penitensi vel eius locum tenenti, salutem in Domino Jhesu Christo. Cum nos deliveravimus ex causa die lune post primam diem dominicam Quadragesime proxime instantis, cum continuatione dierum sequentium, sinodum celebrare, et ad ipsam sinodum abbates, priores ac rectores et alios ad quos tangit ipsum negotium nostre diocesis convocare. Eapropter vobis dicimus et mandamus quatenus litteram nostram, que ipsis abbatibus, prioribus et ecclesiarum rectoribus ac aliis quorum intersit dirigatur, quam vobis mittimus, faciatis eis et eorum cuilibet, prout in vestro decanatu sunt constituti, per fidelem nuntium visis presentibus presentari eaque, cum omnibus decanatus vestri quibus dirigitur presentata fuerit, nobis protinus remittatis. Et hoc nullatenus differatis. Datum Barchinone viii. idus februarii anno Domini m.ccc.xl. Sub simili forma fuit scriptum decano Vallensi. Sub simili forma fuit scriptum decano seu gerenti vices officialis in Apiare»*[5]. Estas son cuantas noticias tenemos acerca de este verdadero sínodo de Ferrer de Abella, a celebrar en febrero de 1341.

---

[1] Y suelen citar estos autores para tales sínodos la edición de Martène-Durand, como hemos indicado en los lugares oportunos.
[2] Se refiere a este sínodo el Dr. J. BAUCELLS I REIG, *Vivir en la Edad Media* 1.325, 335, 349-350 y 356-357.
[3] Ibid., 325.
[4] Ibíd., 349-350.
[5] Ibíd., 356-357.

22. Sínodo de Bernardo Oliver, de 19 de agosto de 1345

Bernardo Oliver, originario de Valencia, pertenecía a la orden de San Agustín, en la que desempeñó importantes cargos, como fue el de prior del convento de San Agustín de Valencia en 1320 y el de definidor y prior en 1329. Es autor de numerosas obras, entre ellas un comentario al libro de las Sentencias de Pedro Lombardo. Muchos consideran que en el aspecto intelectual fue Bernardo Oliver el obispo de Barcelona más eminente en el medievo. El día primero de octubre de 1337 fue nombrado obispo de Huesca, diócesis en la que estuvo hasta el 12 de enero de 1345, fecha en la que pasó a regir la diócesis de Barcelona, en la cual estuvo muy poco tiempo porque el 26 de junio de 1346 fue destinado para la diócesis de Tortosa, donde murió el 14 de Julio de 1348[1].

Celebró un sínodo en Barcelona en 1345, que presenta el grave problema de saber cuál es exactamente su texto. El MS Ripoll 90 del Archivo de la Corona de Aragón (Barcelona), que es nuestra sigla R, y el MS 13118 de la Biblioteca Nacional de Madrid, nuestra sigla Ra, ofrecen de este sínodo de 1345 el texto que editamos, que creemos que es el verdadero texto de este sínodo de 1345. Pero los códices de nuestras siglas B y K traen el texto de este sínodo de 1345 tal y como aparece en la compilación de Francisco Ruffach, que es solamente la primera constitución. Lo cual nada tiene de particular porque la compilación de Ruffach selecciona los textos según le parece oportuno. Lo extraño es que sin solución de continuidad y sin indicación alguna, estos códices B y K traen todo el texto del sínodo que Francisco Ruffach celebró en 1354, como si todo ese texto del sínodo de Francisco Ruffach de 1354 perteneciera al sínodo de Bernardo Oliver de 1345. El códice de nuestra sigla C también trae únicamente la primera constitución del sínodo de 1345, la compilación de Francisco Ruffach, pero a continuación indica que las constituciones que siguen pertenecen a un sínodo de Francisco Ruffach, *quam celebrauit in ecclesia Barcinonensi, die ueneris, octauo idus iunii, anno Domini millesimo trecentesimo quinquagesimo quarto,* que es lo correcto.

Por su parte, J. Sanabre dice de este sínodo de 1345 que «en el códice de la Catedral únicamente se habla de una constitución recomendando la residencia de los párrocos y beneficiados»[2]. Parece indudable que J. Sanabre se refiere al códice de nuestra sigla C y que no examinó el códice B (ambos del Archivo Capitular de Barcelona), de lo contrario hubiera atribuido a este sínodo de 1345 todo el texto del sínodo de 1354, como aparece en dicho códice B. Y añade J. Sanabre que «el Dr. Puig, en su documentado Episcopologio, nos habla de un códice de la Biblioteca Nacional, en donde se encuentran las constituciones de dicho sínodo, que lamentamos no haber podido consultar». Efectivamente, en Puig y Puig[3] se encuentra la noticia de un códice de la Biblioteca Nacional de Madrid con las *Constitutiones ecclesiae Barchinonensis anni 1345,* noticia que recoge J. M. Martí Bonet[4].

---

[1] C. Eubel, *Hierarchia catholica* I.128, 223, 378; J. Villanueva, *Viage literario* XVIII.12-14 y XIX.3-4; J. M. Martí Bonet, *Historia de las diócesis españolas* 2.145-146, 151 nota 22, 404; M. Aymerich, *Nomina et acta episcoporum Barcinonensium,* 373-374; S. Puig y Puig, *Episcopologio de la sede Barcinonense,* 251-254; J. Sanabre, *Los sínodos diocesanos en Barcelona,* 21-22.

[2] J. Sanabre, *Los sínodos diocesanos en Barcelona,* 22.

[3] S. Puig y Puig, *Episcopologio de la sede Barcinonense,* 252-253.

[4] J. M. Martí Bonet, *Historia de las diócesis españolas* 2.151, nota 22, que dice: «Las constituciones del 1345 se hallan en la Biblioteca Nacional de Madrid en

Sospechamos que estos autores se refieren al códice de nuestra sigla K, que es el MS 89 de la Biblioteca Nacional[5], que contiene (igual que el códice barcelonés de la sigla B) la primera constitución del sínodo de 1345, tomada de la compilación de Francisco Ruffach, y las constituciones del sínodo de 1354, que este códice madrileño y el barcelonés de la sigla B adjudican al sínodo de 1345. De hecho, lo que Puig y Puig dice que es el contenido del sínodo de Bernardo Oliver de 1345[6] son todas las constituciones que pertenecen al sínodo de Francisco Ruffach de 1354, a las que añade otras cinco que se encuentran en otros sínodos barceloneses.

Finalmente, aunque no tuviésemos ningún códice con el verdadero texto del sínodo de Bernardo Oliver de 1345, podríamos llegar a la conclusión de que los códices B y K, que atribuyen a este sínodo todo el texto del sínodo de 1354, están equivocados. En efecto, la rúbrica de [17] de nuestra edición de dicho sínodo de 1354 establece: *Quod omnes rectores et curati habeant tam constitutiones synodales quam prouinciales hinc ad unum annum, <a> die ueneris, octauo idus iunii, anno Domini millesimo trecentesimo quinquagesimo quarto* (sigla R fol.8v). Es evidente que este texto no puede pertenecer a un sínodo de 1345, aunque el texto, por encontrase en la rúbrica, no tenga estrico valor sinodal. Pero dentro del texto de la penúltima constitución de este sínodo de 1354, en el [16] de nuestra edición, el códice del Escorial, que es nuestra sigla Es (fol.24r), concluye: *Quod fuit actum viij. idus iunii anno Domini m. ccc. l. quarto*. Queda, pues, expedita la vía para deslindar las constituciones del sínodo de 1354 de las del sínodo de 1345, que se han confundido por incuria de algún amanuense que omitió una inscripción.

Prescindiendo, pues, de los códices B y K (de Barcelona y Madrid), que atribuyen al sínodo de 1345 todo el texto de 1354, lo cual ya hemos visto que es absolutamete inadmisible incluso por el solo examen interno del texto, veamos ahora una posibilidad que en alguna ocasión se hizo realidad. Se trata, por una parte, de los códices R y Ra, con el texto completo de este sínodo de 1345, y por otra parte el códice C, que trae como texto de este sínodo una sola constitución que trata de la residencia en los beneficios. Puede ser que a algún lector le extrañe que (prescindiendo de omisiones involuntarias o descuidos de algún amanuense) un manuscrito contenga un texto de un sínodo y otro manuscrito contenga otro texto distinto del mismo sínodo, como es el caso de los códices R y Ra por un lado, y el códice C por otra parte. Aunque no es lo más usual, tampoco es infrecuente que de un mismo sínodo un manuscrito contenga unas constituciones y otro manuscrito contenga otras, porque no siempre el compilador de los textos pretende dar el texto completo de un sínodo, sino que en algunas ocasiones cada compilador o usuario selecciona la constitución o constituciones que en aquel momento le interesan y omite otras en su copia. Esto sucede de manera especial

---

un códice con el siguiente epígrafe: *Constitutiones ecclesiae Barchinonensis anni 1345»;* noticia que Martí Bonet reitera en *Costumario eclesiástico: normativas diocesanas,* 8 nota 4.

[5] Ciertamente que no se refieren al MS 13118, nuestra sigla Ra, que en sus fol. 59r-61r contiene el verdadero texto del sínodo de Bernardo Oliver de 1345. En la Biblioteca Nacional solamente hemos localizado los manuscritos 89 y 13118, nuestras siglas K y Ra, con sínodos de Barcelona. Creemos incluso que, aunque aparecieran nuevos testigos, no aportarían nada verdaderamente novedoso a este asunto del sínodo de 1345.

[6] S. Puig y Puig, *Episcopologio de la sede Barcinonense,* 252-253.

con constituciones acerca del pago de los diezmos, la vestimenta de los clérigos, el concubinato, la residencia en los beneficios, etc., que aparecen seleccionadas con mayor frecuencia que otras[7]. Si no tuviesemos los códices R y Ra, creeríamos que el texto del sínodo de1345 es únicamente su primera constitución, como aparece en el códice C, tomando el texto de la compilación de Ruffach, que ya advierte que no presenta los textos completos.

Según un documento que edita J. Sanabre, este sínodo estaba convocado para celebrarse al día siguiente de la Asunción de 1345, que era un martes, pero el obispo avisó a la clerecía que lo retrasaba para el jueves siguiente, es decir para el día 18[8]. No obstante los códices dicen claramente que el sínodo se celebró el «xiiij. kalendis septembris», que es el 19 de agosto, y especifican que era viernes, lo cual es cierto. Pero puede ser que el sínodo hubiese comenzado ya el día anterior, el jueves, y que el viernes sea la fecha de la publicación de las constituciones, ya que los sínodos solían durar tres días.

Tradición manuscrita: R fol. 12r-13v (texto base); Ra fol.59r-61r.

[1]   <*Inscriptio*>

Constitutiones fratris Bernardi, episcopi Barcinonensis.

[2]   1.   *Quod rectores et beneficiati faciant residentiam in suis ecclesiis et beneficiis, ut tenentur*

Inter cunctas sollicitudines cure pastoralis, que presidentis eidem animum pulsant, debet illa esse precipua que directionem in agendis
5 et profectum conspicit subditorum. Hinc est quod nos frater Bernardus, permissione diuina episcopus Barcinonensis, die ueneris, xiiii. kalendas septembris, anno Domini m.ccc.xlv., in presenti prima synodo per nos conuocata, ac etiam in nostra Barcinonensi ecclesia nunc congregata, cui, fauente Domino, presidemus, considerantes
10 quod multis per ambitiosam importunitatem ipsorum petentium, tam nos quam nonnulli predecessores nostri indulsimus et licentias concessimus de percipiendis fructibus et prouentibus suorum beneficiorum, quamuis in eisdem nullatenus residerent, quodque

---

[7] Ejemplos de esto hay muchos en el *Synodicon hispanum*. Se puede ver, por ejemplo, el sínodo de Palencia de 1419, SH VII.424-429.

[8] J. SANABRE, *Los sínodos diocesanos en Barcelona,* 22 nota 1: «Frater Bernardus , etc. [...]. Indicta per nos diem in crastinum beate Marie mensis augusti rectoribus nostre diocesis ad celebrandum sinodum, usque ad diem jovis immediate dictum festum sequentem ex causa providimus prorrogari, quare mandamus vobis [...]. Datum Barchinone, anno Domini millesimo CCCXL. quinto, XV k. augusti (= 18 de julio) [...]».

Inscrip. 1 Inscriptio *om.*RRa   2 Bernardi] Bonifacii Ra
c.1 3 presidentis] presidens R   4 debent RRa   5 conspicit] conspiciunt RRa
5-6 Bernardus] Bonifacius Ra   10 importunitatem] opportunitatem Ra[ac]

etiam residentiam, ad quam de iure alias sunt stricti, in ipsis be-
15 neficiis facere minime tenerentur, ex quo cultus diuinus minuitur
et plerumque officium, propter quod datur beneficium, omittitur,
uagandi insolentie oriuntur, et, quod periculosius est, animarum
cura negligitur, necnon dissolutionis materia preparatur. Nos igitur,
uolentes emendare preterita, et, in quantum poterimus, aduersus fu-
20 tura cauere, omnes huiusmodi indulgentias seu licentias per nos uel
uicarium nostrum aut predecessores nostros taliter concessas, hoc synodali statuto penitus reuocamus, mandantes nihilominus uniuersis
et singulis ecclesiarum rectoribus, necnon ceteris beneficiatis qui ex
institutione, fundatione, statuto uel alias teneantur in suis beneficiis
25 continue residere quatenus a die presenti usque ad festum sancti Michaelis proxime instantis ad eorum ecclesias et beneficia redeant, et
ex tunc continue (prout de iure et constitutione prouincialis concilii
Tarraconensis, necnon aliqua synodo uel capitulo Barcinonensi <te-
nentur>) resideant in suis ecclesiis et beneficiis, ac ipsis deseruiant
30 per se ipsos, si quis ipsorum suam ecclesiam uel suum beneficium
retinere intendat. Alias ex tunc ad prouidendum aliis, qui ibidem
seruitium impenderent et continue residerent, de huiusmodi ecclesiis et beneficiis, sic desertis, procederemus, prout et in quantum de
iure et ratione possemus et est a sacris canonibus definitum. [3] Per
35 premissa autem indulgentias seu dispensationes aut gratias aliquibus
concessas, quas nobis etiam uolumus exhiberi, studiorum causa iusta, uera et necessaria, non intendimus reuocare. [4] Presens autem
statutum ad canonicos nostre ecclesie uel qui nostris seruitiis sunt
assistentes ex causa uolumus non extendi[1].

[5] 2. *Quod tractatus super articulis fidei et sacramentis Ec-*
clesie et preceptis Decalogi, a domino Johanne, patriarcha
Alexandrino ac administratore ecclesie Tarraconensis, ad
informationem curatorum utiliter editus, per ipsos omnino
5 *habeatur*

Cum sit ars artium regimen animarum, cui regimini presidentes, maxime ut ceteri orthodoxi tenentur firmiter credere et simpliciter confiteri, quinimo ac etiam alii sacerdotes nedum explici-
ter scire, hoc est explicate distinguere et defendere articulos fidei
10 catholice, necnon sacramenta Ecclesie, precepta Decalogi et que et
quot sunt crimina capitalia, ut uitentur, et uirtutes theologice et

---

[1] **c.1** Ver el sínodo de 1339.[11-12] y las fuentes allí indicadas.

14 etiam *interl.*Ra   17 insolentie] insolercie R   19 preterita] propter *antep.*
R^{ac}Ra   28-29 tenentur *om.*RRa
c.2 - c.5 Quod tractatus — m.ccc.xlv. *om.*BC
c.2 11 quot] quod R

cardinales, ut studiose adquirant, ut sciant, super hiis, que sunt fundamenta nostre salutis, alios, et potissime populum eis commissum,
salubriter informare. Idcirco, hoc synodali statuto omnibus curatis
15   nostre diocesis, sub uirtute sancte obedientie, districte precipiendo
mandamus quatenus infra annum habeant et teneantur habere tractatum utile et satis compendiosum ad informationem curatorum
factum super predictis omnibus, quem dominus Johannes, recolende memorie, patriarcha Alexandrinus et administrator ecclesie Tar-
20   racone, composuit. Qui uero in hiis repertus fuerit negligens, ultra
penan inobedientie, de qua ipsos fortiter punire intendimus, penam
centum solidorum incurrant, in ornamentis ecclesie cuius rector uel
administrator fuerit conuertendam.

[6]   3.   *Quod curati licenciati non residendo in suis ecclesiis,*
si Barcinone resederint uel in alio loco infra diocesim Bar-
cinonensem, quod in suis ecclesiis in sede Barcinonensi uel
in ecclesiis matricibus illorum locorum ubi resederint ut
5   *per saltim in missa maiori et Vesperis omnino interesse te-*
neantur, nisi fuerint legitime prepediti

Cum nonnulli curati, cum quibus ex causis ueris, legitimis et
necessariis super residentia in suis ecclesiis minime facienda dispen-
sauerimus et licentiam huiusmodi concesserimus, in hac ciuitate uel
10   alio loco nostre diocesis residentiam facientes, non curant missas
celebrare nec sollemnitati diuinorum officiorum in aliqua ecclesia
assistere, cum teneantur pro populo eis credito Altissimo preces
effundere et predicta debite exercere, sed incedunt per ciuitatem
uel locum otiosi et quodammodo uagabundi, ex quo dissolutionis
15   materia preparatur, cum otium et uoluptas arma sint hostis antiqui.
Ideoque huiusmodi uitio seu uagandi insolentiis occurrere cupientes, irrefragabiliter statuimus ac ordinamus quod huiusmodi curati
cum quibus taliter exstiterit dispensatum, uel alii cum quibus non
fuerit dispensatum, quibus in uirtute sancte obedientie iniungimus
20   ut cum ciuitatem intrauerint, infra biduum nostro conspectui uel
uicarii nostri, in absentia nostra, se presentent, exprimentes causam
ueram quare ciuitatem intrauerint, <et> si ultra duos dies in hac
ciuitate permanserint, in ecclesia nostre sedis, saltim in missa maiori et Vesperis die qualibet interesse omnino teneantur, nisi per de-
25   fensionem iurium suorum beneficiorum uel alias fuerint legitime

12 adquirantur Ra
c.3 3 quod] quam R, res quod Ra^{ac}, Quam Ra^{pc}   6 fuerit RRa   8 residentiam RRa^{ac}   10 missas] nuspiam Ra   16 insolentiis] insolerciis R
18-19 uel alii — dispensatum *om.*Ra *(homograf.)*   22 quare] quando Ra
et *om.*RRa

impediti, de quo impedimento habeant nobis uel uicario nostro, nobis absentibus, facere promptam fidem. Rectores uero taliter ex causa licentiati, qui in alio loco diocesis nostre elegerint residere, in matrice ecclesia illius loci idem facere teneantur. Qui uero
30 predictorum exstiterit uiolator, pro qualibet uice penam quinque solidorum se nouerit incurrisse, per nos piis usibus, nostro arbitrio, applicandam.

[7] 4. *<Quod omnes rectores habeant transumptum harum constitutionum>*

Et ne pretextu ignorantie super premissis errari contingat, mandamus uniuersis et singulis ecclesiarum rectoribus infra nostram diocesim constitutis ut presentium constitutionum transumptum, cum
5 presentibus fideliter comprobatum, hinc ad festum natalis Domini proxime uenturum habuisse teneantur, et ex inde in suis ecclesiis habeant et teneant tenorem ipsarum. Et qui transumptum non habuerit infra dictum tempus ut predicitur, et qui ex tunc in sua ecclesia dictas
10 constitutiones non tenuerit, penam quinquaginta solidorum eo ipso incurrat, in opus nostre Barcinonensis ecclesie conuertendam.

[8] 5. *<De auctore ac die promulgationis harum constitutionum>*

Supra scriptas constitutiones fecit et condidit reuerendus in Christo pater dominus frater Bernardus, diuina prouidentia Barcinonensis
5 *episcopus, in prima synodo quam celebrauit in ecclesia Barcinonensi, die ueneris, xiiii. kalendas septembris, anno Domini m.ccc.xlv.*

23. Compilación sinodal de Francisco Ruffach, vicario de Miguel de Ricomá, 1347-1353

Miguel de Ricomá probablemente nació en Granollers, parece que fue canónigo de Valencia, pero su vida estuvo siempre vinculada a la corte pontificia de Aviñón, llegando a ser tesorero de Clemente VI, quien el 1 de abril de 1345 lo nombró obispo de Vic y el 24 de julio de 1346 lo trasladó a la sede de Barcelona. Por procurador tomó posesión de la diócesis de Barcelona el 14 de agosto de 1346. Pero Miguel de Ricomá estuvo siempre mucho más cercano a la corte pontificia de

c.4 1-2 Quod — constitutionum *om.*RRa   5 transumptum *om.*Ra
c.5 1-2 De — constitutionum *om.*R   3 et *om.*R, *interl.*Ra   4 Bernardus] Dominus Ra^{ac}, bns. (Bonifacius) Ra^{pc} *(una mano reciente pone: es Bernardus)*

Aviñón que a las sedes episcopales, en las que apenas residió. Durante su pontificado se produjo en Barcelona la terrible epidemia llamada *Peste Negra* y otros graves sucesos, en los que nunca se menciona la presencia del obispo. Murió Miguel de Ricomá en Perpiñán el 7 de junio de 1361[1].

De su vicario general Francisco Ruffach o Rufart únicamente sabemos lo que nos dicen aquí los textos, ya que no hemos encontrado noticias suyas en otros lugares. Siendo vicario general del obispo Miguel de Ricomá, que estaba ausente, decidió hacer una compilación de las constituciones que consideró útiles para el gobierno de la diócesis y que se encontraban dispersas en varios volúmenes. La compilación fue aprobada por el cabildo, pero no parece que fuese presentada y aprobada en sínodo alguno. No obstante la incluimos aquí porque todos los textos de esta compilación son sinodales y en ella aparecen las constituciones de la mayor parte de los sínodos precedentes. De este forma tenemos muchos textos duplicados, con el original en cada sínodo y con el texto que recoge la compilación, omitiendo aquellos textos que considera superfluos, cambiando algunas partes en otros y con nuevas añadiduras en algunos casos, según manifiesta su recopilador[2]. La compilación comienza con el sínodo de 1241, el primer sínodo de Barcelona del que se conserva texto. Tiene gran importancia el hecho de que solamente se consideran válidos los textos incluidos en la compilación, careciendo de valor normativo los textos que no figuran en la misma. En cuanto a la fecha de composición, tiene que ser posterior al 14 de agosto de 1346, fecha de la toma de posesión del obispo Ricomá. Y parece lógico suponer que la compilación es anterior al sínodo de 1354, que también presidió este vicario. Pues resulta que la compilación nunca menciona las constituciones del sínodo de 1354[3], por lo cual las constituciones de este sínodo de 1354 del mismo Ruffach, si fuesen anteriores a la compilación, carecerían de valor normativo porque solamente son válidas las constituciones que recoge la compilación[4]. Por otra parte, los códices

---

[1] C. EUBEL, *Hierarchia catholica* I.128 y 526; J. VILLANUEVA, *Viage literario* XVIII 14-16; S. PUIG Y PUIG, *Episcopologio de la sede Barcinonense*, 254-257; M. AYMERICH, *Nomina et acta episcoporum Barcinonensium*, 374-375; J. M. MARTÍ BONET, *Historia de las diócesis españolas* 2.146-147, 404.

[2] «Quibusdam ex eis (ex textibus), tamquam superfluis, resecatis ex toto uel ex parte mutatis, multisque detractionibus et mutationibus factis, prout uidimus expedire, cum aliis quibusdam per nos et ipsum capitulum nouiter promulgatis», dice en el [3] de nuestra edición. J. SANABRE, *Los sínodos diocesanos en Barcelona*, 22 se refiere a esta compilación y ofrece un sucinto resumen de su contenido.

[3] No parece que se refieran al sínodo de 1354 las palabras del comienzo, en el [3] de nuestra edición, «cum aliis quibusdam per nos et ipsum capitulum nouiter promulgatis fecimus collocari, uolentes has, et non alias, pro constitutionibus synodalibus haberi et modis omnibus per subditos obseruari».

[4] También J. Sanabre parece que opina que la compilación es anterior al sínodo de 1354, pues dice: «Durante el pontificado del obispo Ricomá, que estuvo ausente de nuestra ciudad largas temporadas, su vicario general, Francisco Rufart, que ya había refundido las antiguas constituciones, celebró sínodo en la catedral de Barcelona en junio de 1354», p.22 de su *Sínodos diocesanos*. En cambio, J. BAUCELLS I REIG, *Vivir en la Edad Media* 1.342 y nota 172 propone la fecha de entre 1351 y 1361. El mismo J. Baucells i Reig en carta de 22 de julio de 2016 dirigida a F. Cantelar concreta amablemente su opinión y dice «creo que la recopilación se acabó hacia fines del mismo 1354 o al curso del 1355, en tanto que colofón de tan arduo trabajo». Es, sin duda, una respetable opinión el que la compilación sea el colofón del trabajo del vicario Francisco Ruffach y que la compusiera después de haber celebrado el sínodo de 1354, recopilando en ella toda la legislaciónque

que traen estas dos piezas colocan el sínodo de 1354 inmediatamente después de la compilación y no antes.

Esta verdadera compilación sinodal de Francisco Ruffach quizá sea la que falsamente algunos notables autores atribuyen al obispo Poncio de Gualba y que datan en 1332, como hemos sugerido en la introducción al primer sínodo de Poncio de Gualba.

Tradición manuscrita: C fol. 14ra-34va (texto base de nuestra edición); Es fol.1r-22r (= 17r); K fol.67ra-103ra (falta el final); R fol.3r-8v (que contiene el texto únicamente hasta el [11] de nuestra edición, porque se han perdido folios).

[1]   <*Inscriptio*>

Incipiunt constitutiones synodales ecclesie Barcinonensis

[2]   <*Proemium compilatoris. De anteactis constitutionibus*>

Franciscus Rufatii, decretorum doctor, Toletane et Barcinonensis ecclesiarum canonicus, uicarius in spiritualibus et temporalibus generalis reuerendi patris et domini Michaelis, diuina prouiden-

estaba entonces vigente en la diócesis, para lo cual cita a la letra casi todos los sínodos diocesanos precedentes. Pero esta respetable opinión tiene en su contra que la compilación, que menciona y cita a la letra casi todos los sínodos precedentes, nunca alude de forma expresa a textos del sínodo de 1354 y jamás los cita literalmente. Por lo cual, las constituciones del sínodo de 1354 del mismo Francisco Ruffach carecerían de valor jurídico, porque la compilación establece que únicamente son válidas las constituciones que figuran en ella, pues dice: «uolentes has, et non alias, pro constitutionibus synodalibus haberi». Es cierto que a estas palabras preceden otras que dicen: «cum aliis quibusdam per nos et ipsum capitulum nouiter promulgatis fecimus collocari» (ver el texto completo en el [3] de la edición). Estas constituciones promulgadas *per nos et ipsum capitulum* podrían quizá referirse al sínodo de 6 de junio de 1354, con lo que este sínodo quedaría recogido en la compilación. Esto es posible, por lo que la opinión de J. Baucells i Reig no es ningún dislate. Pero es necesario reconocer que la frase es poco clara y que en la compilación nunca aparece expresa ni tácitamente el lugar en el que Ruffach haya hecho colocar constitución alguna de las nuevamente promulgadas por él y el cabildo («per nos et ipsum capitulum nouiter promulgatis fecimus collocari»), mientras que los textos de los restantes sínodos precedentes suelen aparecer siempre expresa y literalmente citados en la compilación, por lo que se sabe perfectamente dónde están colocados. Por todo lo cual, ya que el sínodo de 1354 nunca aparece claramente mencionado en la compilación y resultaría un desatino pensar que no tiene validez jurídica, nos parece mucho más probable que dicho sínodo de 1354 es posterior a la compilación.

Inscr. 1 Inscriptio *om.*Q   2 Incipiunt — Barcinonensis *om.*R, et priuilegia regum Aragonum *ad. de otra mano* Es
Pr. 1 Proemium — constitutionibus *om.*Q   2 decretorum *om.*C   Toletane] Tholosane *mal* CEs   4 domini *bis* EsKR

5 tia Barcinonensis episcopi, in remotis agentis, uenerabilibus et in
   Christo dilectis uniuersis et singulis clericis, tam curatis quam non
   curatis, et aliis quibuscumque in sacris ordinibus constitutis, infra
   ciuitatem et diocesim Barcinonensem commorantibus, salutem in
   Domino sempiternam. Cum iuxta nobis creditum ab altitudine
10 officium debeamus circa subditorum commodum intendere animarum, et, quantum possumus, periculis obuiare ac uitia extirpare non immerito tenemur, et propterea considerauerimus quod
   multe constitutiones per reuerendos patres dominosque episcopos
   Barcinonenses et eorum uicarios, cum assensu et uoluntate ue-
15 nerabilis capituli ecclesie Barcinonensis promulgate fuerunt, quarum alique ualde periculose suis subditis exsistebant et difficiles ad
   seruandum propter penarum appositiones. Alique etiam earum,
   licet multum utiles, per subditos minime seruabantur, nonnulle
   earum, per diuersa uolumina dispersa, ab hominum memoria
20 erant penitus aliena.

[3] 1. *<De nouo constitutionum uolumine>*

     Ideo, ad laudem et gloriam Iesu Christi et gloriose matris sue
   et sancte Eulalie Barcinonensis, et utilitatem subditorum, eas, de
   consilio et assensu uenerabilis capituli Barcinonensis, in unum uo-
5 lumen, quibusdam ex eis, tamquam superfluis, resecatis ex toto uel
   ex parte mutatis, multisque detractionibus et mutationibus factis,
   prout uidimus expedire, cum aliis quibusdam per nos et ipsum capitulum nouiter promulgatis fecimus collocari, uolentes has, et non
   alias, pro constitutionibus synodalibus haberi et modis omnibus per
10 subditos obseruari. Illas tamen, licet aliquid mutauerimus, sub titulis
   predecessorum nostrorum qui illas ordinarunt fecimus consignari.
   Per hanc ordinationem constitutionibus que sunt uel facte fuerint in
   generalibus capitulis Barcinone non intendimus in aliquo derogare.
     [4] Primo, ad bonum statum ecclesie Barcinonensis et instruc-
15 tionem curatorum et aliorum clericorum dicte diocesis, mandamus
   constitutiones uenerabilis patris Johannis, bone memorie, apostolice Sedis legati, inuiolabiliter obseruari, editas in concilio Illerdensi[1];

---

[1] **c.1** Conc.legat.Lérida 1229, presidido por Juan de Alegrin o de Abbeville, obispo
de Santa Sabina, legado apostólico.

---

8 commorantibus] uel qui pro tempore fuerint *ad.*Es   12 teneamur EsKR
15 ecclesie *om.*Es
c.1 1 De — uolumine *om.*Q   3 utilitatem] ad *antep.*Es   6 ex] in
KR   8 fecimus] faciamus Es   9 pro] quod R   11 fecimus] facimus Es
12 sunt] sint Es   fuerint] fuerunt KR   13 Barcinone] ecclesie Barcinonensis K   14-15 instructionem] ad *antep.*Es   17 Sedis] Barcinone *ad.*Es

item eius ordinationem circa officium et alia per eamdem ecclesiam debere obseruari. Ad memoriam nihilominus illa reducentes que per
20 dominum Petrum, miseratione diuina Tarraconensem archiepiscopum, in Tarracone et Valentie prouincialibus conciliis fuere statuta. [5] Districte mandantes quod ad subdiaconatus ordinem nullus promoueatur nisi loqui sciat latinis uerbis. Illi tamen qui sunt promoti ad sacros ordines, qui nesciunt competenter loqui latinis uerbis,
25 quod addiscant per duos annos continuos, alias quod sint suspensi a fructibus beneficiorum suorum, conuertendorum in utilitatem beneficiorum suorum, non beneficiati penam quinquaginta solidorum incurrant, et penis solutis ad predicta etiam teneantur. Qui quidem anni incipiant a festo Natiuitatis Domini proxime uenturo et non
30 ante. Mandamus nihilominus quod circa hereticos inquirendos sint clerici uigiles et intenti, et in predicationibus suis moneant populum ne portent superfluitatem in uestibus, prout iam bone memorie dominus Berengarius mandauerat pro diocesi Barcinonensi[2].

[6] 2. *<De ordinatione synodi>*

Item, statuimus quod in celebrandum synodum clerici conueniant in die in qua fuerit assignata. In qua synodo cum capis rotundis uel cum superpelliciis ieiuni honeste ueniant, prout decet. Et in
5 synodo pacifice audiant que legentur. Et si aliquis habuerit dubium, ab episcopo querant postmodum uel eius clericis, et eis de questionibus satisfiant. Nec tempore synodi ab episcopo, archidiacono uel clericis eius consilium aliquod requiratur, sed in suis dubitationibus satisfiat et respondeatur sine murmuratione synodo celebrata. Item,
10 dicimus quod clerici habentes curam animarum, omnes ueniant ad synodum, nisi infirmitate aut alia necessitate fuerint impediti, et tunc mittant suos capellanos clericos loco sui. Et in eundo et re-

[2] Sínodo de 1241.[3-4].

---

18 circa officium] officii Es   per eamdem ecclesiam] in (in] pro K) eadem ecclesia EsK   21 conciliis] ecclesiis CEsKR   22 Districte mandantes] Discrete mandamus R   25 continuos *om.*R   29 uenturo] uenienti EsKR 31 populum] suum *ad.*Es   33 Berengarius] bnus, *con una carga encima, escribe el códice* Es; *los otros códices ponen claramente* Bernardus. *Pero creemos que lo único correcto es* Berengarius, *como figura en el* sínodo de 1241.[4] *de donde procede literalmente este texto, y que el obispo citado es* Berenguer de Palou II (1212-1241)*;* episcopus Barcinonensis *ad.*EsK
c.2 1 De ordinatione synodi *om.*Q   2 clerici] omnes *antep.*EsK 5 audiant que legentur *om.*C   legentur] legendum Es   6 ab episcopo querant *om.*C   episcopo] ipso EsKR   eis *om.*C   7 satisfaciant Es Nec] ne CKR   9 satisfaciant et respondantur Es   11 necessitate] canonica *ad.*EsK   12-13 tunc — habeant et *om.*Es *(homograf.)*   12 capellanos] ac *ad.*KR

deundo a synodo honeste se habeant, et ambulent bini et bini, et
honesta hospitia querant in ciuitate et in uia, ne status clericorum
15 uertatur in opprobrium laicorum. Qua die, si non uenerit, suspendatur et arbitrio domini episcopi puniatur¹.

[7] 3. *De baptismo et forma eiusdem*

Item, dicimus quod omnibus sacramentis a clericis et laicis
magna exhibeatur reuerentia, et hoc ab ipsis sacerdotibus populo
predicetur. Et quia baptismus ianua est omnium sacramentorum,
5 mandamus quod cum magna celebretur cautela, maxime in distinctione uerborum et prolatione, in quibus tota uirtus sacramenti
consistit et salus puerorum. Ista enim uerba semper debet proferre
sacerdos sine aliqua syncopatione: 'Petre uel Johannes, ego te baptizo in nomine Patris et Filii et Spiritus Sancti. Amen', semper nomi-
10 nando puerum uel puellam. Et presbyteri moneant quod in necessitate, cum timetur de morte puerorum, possunt pueros baptizare,
ita dicentes: 'Petre uel Johannes, ego te baptizo in nomine Patris et
Filii et Spiritus Sancti. Amen'. Hoc idem possunt <facere> pater et
mater, cum de uita pueri dubitatur. Et si uixerit puer taliter bap-
15 tizatus, ad ecclesiam apportetur, et ibi catechuminetur chrismate,
sed non rebaptizetur, quia suppleri debet caute quod ex necessitate
fuerat pretermissum. Nec in aliquo liquore baptizetur nisi in aqua.
Et si uerba predicta non essent prolata ut superius dictum est, non
dicatur aliquis baptizatus. Et si dubitetur de aliquo utrum esset bap-
20 tizatus, baptizetur, sed sacerdos dicat in prolatione uerborum 'Si es
baptizatus, non te rebaptizo, sed si non es baptizatus, ego te baptizo
in nomine Patris et Filii et Spiritus Sancti. Amen', quia non debet
fieri iniuria sacramento.

[8] Et pro baptismo aliquid non requiratur, sed si datum fuerit
25 gratis, accipiatur. Fontes cum omni diligentia custodiantur. Et aqua
ad plus de octo in octo diebus mutetur, ne putrescat. Et caueant
sacerdotes ne de aqua sortilegia fiant. Et teneant fontes baptismales
sub claue. [9] Et ultra tres compatres ad eleuandum puerum de sacro fonte non admittantur, quia matrimonia impediuntur. Et illud
30 presbyteri predicent populo: quod si maritus leuat puerum de sacro

¹ **c.2** Sínodo de 1241.[5].

13 bini et bini] presbyteri *mal* Q   15-16 uenerint suspendantur ... puniantur
EsKR
c.3 *El códice* Es *trae el texto del* Bautismo *después del capítulo de la* Confirmación
1 De — eiusdem *om.*EsR   3 ipsis *bis* Es   4 ianua *marg.*C   6 sacramenti
*om.*CK   7 Ista] Ita R   8 sacerdos *om.*Es   13 facere *om.*Q   17 Nec
— aqua *om.*C   24 aliquid] aliquis Es   fuerit *om.*   27 fiat C
28 eleuandum] leuandum K, lauandum *mal* R

fonte, uxor, que est in domo, est commater et e conuerso. [10] Illud autem non est pretermittendum: quando laici in necessitate baptizant pueros, sacerdos debet querere diligenter qualiter laicus dixerit uerba, et si inuenerit ut superius dictum est, bene quidem; sin au-
35 tem, baptizet, uel si mortuus fuerit, corpus non tradatur sepulture.

[11] Chrisma uero et oleum infirmorum et catechuminorum sub fideli custodia teneantur, ne possint a maliuolis usurpari. Et quia semper quolibet anno ista sacramenta in Sancto die Iouis a solis episcopis benedicuntur, dicimus quod ultra diem illam chrisma
40 uetus et oleum penitus refutetur et ponatur in lampade, et in aqua currenti lauentur ampulle, et nouum chrisma et oleum apportetur. [12] Et in uigilia Pasche et Pentecostes in qualibet parochiali ecclesia generalis baptismus, si baptizandi fuerint pueri, celebretur. Et mittantur honeste persone pro chrismate[1]

[13] 4. *De confirmatione facta per episcopum*

De chrismatione in fronte precipimus (que fit ab episcopis) quod sacerdos moneat populum ad confirmationem, quod post baptismum debent suscipere sacramentum. Et adulti confirmandi
5 confiteantur et postea confirmentur. Quia in sacramento confirmationis confertur robur et gratia, et debilitatur penitus inimicus, et dicatur laicis ne exspectent diu ad confirmandum aduentum episcopi, sed ducant pueros ad eum uel uadant ubi adesse audierint prope, et quod possent mutari nomen in confirmatione. [14] Et est scien-
10 dum quod soli episcopi possunt confirmare, consecrare uirgines, ecclesias dedicare, clericos ordinare, cruces, uestimenta, calices et corporalia benedicere, litteras ordinationis dare, indulgentias facere, secundum canonica instituta. Illud autem est sciendum quod sacramenta baptismi et confirmationis numquam iterantur, et si baptiza-
15 tus et confirmatus faceret se Iudeum uel Saracenum et postea uellet reducere ad fidem catholicam, non baptizetur, quia sufficit contritio in hac parte, cum reconciliatione episcopi[1].

---

[1] **c.3** Sínodo de 1241.[6-12].
[1] **c.4** Sínodo de 1241.[13-14].

---

32 et e conuerso *om.*C   32-33 in necessitate — laicus *om.*Es *(homograf.)*
34 ut *espacio en blanco* C   35 baptizetur Es   37 *desde* ne possint a maleuolis *falta el texto de R, porque faltan folios de dicho códice. El texto que sigue de R en el* fol.4r *con* uocato medico alio *pertenece al sínodo de* 1318.[4] *linea* 6   41 et oleum *om.*K   43 baptismus si *om.*Es
c.4 3 sacerdotes moneant EsK   quod] quia K   4 debet K   6 confertur] confortatur C   9 et] ecclesia Es   possint EsK   nomen] nomina Es 10-11 consecrare ecclesias uirgines dedicare *tr.*Es   14 et[2]] etiam EsK   16 rebaptizetur EsK

[15] 5. *De penitentia*

Item, de penitentia, que est secunda tabula post naufragium, precipimus quod sacerdotes moneant populum quod, si aliquis delinquerit mortaliter, recipiat penitentiam a proprio confessore uel
5 a predicatoribus uel minoribus, quibus data est licentia audiendi confessiones. Et circa <confessionem> maximam curam habeant <et> cautelam, scilicet ut diligenter inquirant peccata usitata singillatim, inusitata uero non nisi a longe per aliquam circumstantiam, sic tamen quod expertis detur materia confitendi. Et sacerdotes
10 cum debent audire confessiones, locum sibi eligant conuenientem ut communiter ab omnibus uideantur. Extra uero ecclesiam nullus audiat confessionem nisi necessitate magna aut infirmitate. Preterea sacerdos semper in confessione audienda uultum habeat humilem et oculos ad terram ne facies respiciat confitentium, maxime mu-
15 lierum, causa debite honestatis. <Et patienter audiat que dixerint, in spiritu lenitatis> eis compatiendo. Nec admiretur de commissis, quantumcumque turpibus, sed eis pro posse suadeat pluribus modis ut confiteantur integre, aliter enim dicant eis nihil ualere ad uitam eternam. Audita autem confessione, semper confessor interroget
20 confitentem si uellet se abstinere ab omni peccato, aliter enim non absoluat, nec penitentiam iniungat ne inde confidat, moneat tamen ut interim agat quidquid boni potest, quia nisi proponat confitens de cetero non peccare, non est penitentia iniungenda. **[16]** Et in iniungendis penitentiis caueant sacerdotes quod secundum quan-
25 titatem culpe debet esse quantitas penitentie, alioquin quod minus est requiritur ab eis, quia facilitas uenie incentiuum tribuit delinquendi. Debent enim iniungere ieiunium, eleemosynas, uenias, orationes, peregrinationes et huiusmodi.

[17] Et sacerdotes moneant quod ieiunent Aduentum et Qua-
30 dragesimam et dies ueneris et sabbatorum, et non comedant carnes nisi in infirmitate. Et statuta ieiunia obseruent, et festiuitates colendas colant, et decimas et primitias fideliter donent, et ad ecclesiam libenter ueniant, et iura dominis suis integre soluant, aliter grauiter peccarent, ut sic paulatim ad id quod facere debent inducantur.
35 **[18]** Item, dicimus sacerdotibus quod maiora peccata reseruent maioribus et discretioribus in confessione, sicut sunt homicidia, sa-

c.5 2 de penitentia que] quia penitentia EsK   3 quod sacerdotes] sacerdotibus quod Es   aliquis] aliquid Es   4 a *om.*C   6 confessionem *om.*CEsK   7 et cautelam *om.*Es, et *om.*CK   peccata] uisitata sigillata *mal ad.*Es   7-8 singillatim] sigillatim CEsK   8 nisi *om.*C   aliquam] aliam C   9 detur] det C   10 eligant] in ecclesia *ad.*K   13 in *om.*C   15-16 Et — lenitatis *om.*CEsK *(homograf.)*   16 eis] eius C   de commissis *om.*Es   17 turpibus] turpius Es   21 inde] idem CK   22 boni] si *ad.*C   23 in *om.*C   24-25 quantitatem] quantitates C   31-32 colendas] colentes C

crilegia, peccata contra naturam, incestus, stupra monialium, uota fracta, iniectiones manuum in parentes atque in clericos et huius-modi. Prouiso tamen quod si peccata mortalia fuerint publica,
40 transmittantur huiusmodi penitentes penitentiario, ut in die <Cineris ab ecclesia expellantur et in die> Iouis introducantur, secundum quod in ecclesiis cathedralibus dignoscitur. Item, incendiarios, uerberatores clericorum uel religiosorum, simoniacos et illos qui portant arma Saracenis uel aliquod suffragium contra christianos eis
45 faciunt, hereticos credentes, fautores, receptores, defensores eorumdem, fractores ecclesiarum et qui Deum uel sanctos (et precipue beatam Virginem) blasphemant uel maledicunt, omnes episcopo transmittantur. Item, parentes qui inueniunt pueros mortuos iuxta se penitentiario episcopi transmittantur. In dubiis tamen sacerdotes
50 semper consulant episcopum aut uiros sapientes, quorum consilio certificati soluant securius aut ligent. [19] Item, in furto, usura, rapina fraude sibi caueant sacerdotes ne penitentiam iniungant, do-nec prius fiat restituio quibus debet, quia non remittitur peccatum nisi restituatur ablatum. Nec sacerdos missas, quas iniunxit cele-
55 brandas, celebret, causa debite honestatis.

[20] Item, in confessione sibi caueant sacerdotes ne inquirant nomina personarum cum quibus peccauerint confitentes, sed circumstantias tantummodo et qualitates. Et nullus sacerdos ira uel odio uel metu mortis in aliquo audeat reuelare confessionem gene-
60 raliter uel specialiter, quod si fecerit deponatur. Item, quando sa-cerdos audit confessionem infirmi, sibi penitentiam innotescat, sed <non> iniungat, nisi in peccato restitutionis, sed dicat quod, cum sanus fuerit, ad ipsum reuertatur. Si uero obierit, roget Deum pro eodem, ne sibi paretur laqueus transmigrandi.

65 [21] Item, prouideant sacerdotes quod quilibet parochianus confiteatur generaliter saltem in anno semel, scilicet in Quadragesi-ma, ita quod non exspectent finem Quadragesime, et postea com-municent in festo Pasche, alioquin procedant in penam concilii ge-neralis, que talis est: uiuens arcebitur ab introitu ecclesie, et moriens
70 carebit ecclesiastica sepultura. Et hoc ut melius ualeat obseruari, precipimus quod rectores ecclesiarum per se audiant confessiones parochianorum suorum, et non per conductitios, nisi forte in ne-cessitate, uel sit certus de predicatoribus uel minoribus qui eas au-diuerint a predictis parochianis, ne ipsorum parochianorum fraude

40 penitentiario] penitentiariis episcopi Es   40-41 Cineris — die *om*.CEsK (*homograf.*)   42 dignoscitur] obseruari *ad*.K   44 eis] qui *ad*.C   45 credentes] predentes CK   62 non *om*.Q   63 Deum] Dominum K   66 sci-licet] semel *ad*.K   68 procedat CEsK   penam] pena secundum CK   72 per conductitios *om*.Es   74-75 fraude uel malitia] ecclesie K, ecclesie *ad*.Es

75 uel malitia illudantur. Et ut de parochianis confitentibus possit esse
certus, omnium parochianorum nomina in uno memoriali conscribat[101].

[22]   6.   *De extrema unctione*

Quia de unctione extrema, que datur in extremis laborantibus,
nihil in ecclesiis obseruabatur, dicimus quod de cetero omnibus
<in> egritudine positis tradatur, et a sacerdotibus in ecclesiis pu-
5   blice predicetur. Et in Sancto die Iouis quilibet sacerdos parochialis
mittat pro oleo infirmorum, catechuminorum et chrismate sancto
tres ampullas. Et cum omni reuerentia sanctum oleum ad infirmos
deferatur, et eos ungant sacerdotes cum magno honore et orationum celebritate, que ad hoc sunt institute. Et nihil inde penitus
10   exigatur, siue a paupere siue a diuite, sed si quid gratis datum fuerit, accipiatur. Illud tamen est notandum quod istud sacramentum
tantum prestatur adultis, et sicut penitentia iteratur, et istud sacramentum. Nec obligat aliquem quin, si conualuerit post unctionem,
accedere <debeat> ad uxorum. [23] Item, dicimus quod sacerdotes
15   parochiales librum habeant in quo continetur ordo extreme unctionis, catechuminum baptismi et huiusmodi, qui dicitur *Manualis* uel
Odinarium <officiorum> Ecclesie, secundum usum et morem qui
obseruatur in Ecclesia Maiori[111].

[24]   7.   *De Corpore et Sanguine Domini*

Quia Corpus Christi consueuit dari infirmis, dicimus quod
cum magna reuerentia deferatur, cum lumine et campanella, et sacerdos qui portauerit induat superpellicium et stolam, et det infir-
5   mo. Et si infirmus forte facit uomitum, adoret Corpus, et non recipiat. Et sacerdotes moneant populum quod cum uiderint Corpus
uel audierint campanellam, omnes inclinent se uel genua flectant
ob reuerentiam Iesu Christi. Nec presbyteri permittant diaconos deferre Corpus Christi infirmis, nisi in necessitate, cum absens fuerit
10   sacerdos. Sed semper sacerdotes deferant cum magna reuerentia et

---

¹ **c.5** Sínodo de 1241.[15-21].
¹ **c.6** Sínodo de 1241.[22-23].

---

75 illudatur CEs   75-76 confitentibus — certus *om.*Es   76-77 conscribat] et
quod clerici parochiales predicare debent non solum uerbo sed etiam exemplo *ad.*Es
c.6   4 in *om.*C   8 ungat sacerdos EsK   honore] et reuerentia *ad.*K   12-13 tantum — sacramentum *om.*Es *(homograf.)*   12 istud] illud CK   13 quin
si conualuerit *om.*Es   14 debeat *om.*C   15 parochiales] omnes *ad.*K
17 officiorum *om.*CEsK
c.7   8 permittant] dimittant CK, *om.*Es   10-11 et maturitate *om.*Es

maturitate in calice uel in pixide, multum honeste. Et dicant septem psalmos penitentiales cum litania pro infirmo in eundo, et alias
orationes secrete, sic enim debitum soluent pro infirmo.

[25] Item, dicimus quod honor maximus exhibeatur altaribus,
15 et maxime ubi Corpus Christi reseruatur et missa celebratur. Et in
media parte altaris cum summa diligentia et honestate, sub claue,
si fieri potest, Corpus Domini custodiatur. Item, nulli clerico permittatur seruire, nisi cum superpellicio uel capa rotunda. Nec aliquis sit ausus bis celebrare missam in die nisi ex magna necessitate,
20 et tunc non recipiat aliquid ante secundam missam. Item, nec aliquis presumat missam celebrare, nisi primo Matutinas canonicas
et Primam dixerit, aliqua necessitate <excepta>. [26] Et linteamina
altaris et indumenta sacerdotalia sepe abluantur ob reuerentiam et
presentiam Iesu Christi et totius curie celestis, qui cum eo presens
25 est quotiens missa celebratur. Calices unde infirmi communicantur
decenter et mundi custodiantur, ut decentius et deuotius communicent infirmi. Ampulle quoque uini in ministerio altaris, propter
scandalum, nitide teneantur.

[27] Et de octo in octo diebus renouetur Corpus Christi. Et si
30 fuerit interdictum, sacerdos secrete, clausis ianuis, celebret missam,
sed non in ecclesia interdicta, et renouet etiam totum Corpus; quod
remanserit cum summa diligentia recipiat. Item, dicimus quod in
primo Memento de sacra sacerdos habeat memoriam de benefactoribus uiuis, et in secundo pro mortuis. Et cum inceperint *Qui*
35 *pridie,* non statim eleuent manus, sed ante pectus teneant donec
dixerint *Hoc est enim Corpus meum,* et tunc eleuent caute, ita ut
possit uideri ab omnibus, quia tunc est ibi Corpus Christi, et predicetur populo quod omnes flectant genua et adorent Corpus. Et licet
totum canonem debeant dicere cum diligentia magna et maturitate,
40 ab illo loco *Qui pridie* usque ad *Supra que propitio* cum maiori deuotione et sollicitudine precipimus obseruari, quia omnia illa uerba
sunt de substantia sacramenti.

[28] Item, dicimus quod uinum rubeum potius quam album
ministretur in calice propter aque similitudinem, et purum et bo-
45 num, et non ineptum, ob reuerentiam Iesu Christi. Item, corporalia munda et nitida teneantur. [29] Et si quid de Sanguine Domini
ceciderit super corporale, recidendum est ipsum corporale et in
loco reliquiarum honorifice reseruandum. Si super pallas uel su-

---

12-13 in eundo — infirmo *om.*Es *(homograf.)*   12 eundo] et redeundo *ad.*K
15 misse celebrantur Es   18 seruire] altari *ad.*EsK   19-21 sit ausus — nec
aliquis *om.*Es *(homograf.)*   19 ausus *om.*K   20 nec] ne C   21 primo] post
Es   22 excepta *om.*CEsK   23 sepe abluantur] et C   25 est *om.*C   26 ut]
et C   29 renouent K   35 manus] alte *ad.*EsK   38 quod] tunc
*ad.*EsK   flectent CEsK

per casullas uel uestimentum, abluantur in aqua et recindantur et
50 partes ille comburantur et cinis in sacrario reponatur. Et si musca
uel aranea casu contigente super calicem ceciderit, si uiua uel mortua, caute extrahatur et comburetur et cinis in sacrario reponatur.
[30] Si infirmus recepto Corpore uomitum fecerit, in uase aliquo
recipiatur, uel, si uas haberi non poterit et in terra uomitum fece-
55 rit, locus radatur et totum in aqua proiciatur. Tamen caute sacerdos, cum dat Corpus, querat utrum infirmus consueuerit facere
uomitum, ut seruetur quod superius dictum est, et etiam moneat
quod si contingerit infirmum uomitum facere, in uase recipiatur.
[31] Item, dicimus quod Corpus Christi non tradatur istis, qui
60 suspenduntur uel debent iustitiari, nisi impunitas promittatur usque ad tres dies uel quatuor post susceptionem Sacramenti, ob
scandalum, sed si adorare uoluerint, adorent ac etiam recognoscant. Tradi autem possunt ecclesiastice sepulture, si fuerit de principis uoluntate.
65 [32] Missam uero nullus cantet ultra meridiem, nisi in uigilia
Pasche, nec de nocte ante auroram, nisi in die Natiuitatis Domini[1].

[33] 8. *De matrimonio*

Item, quia matrimonium est apud omnes gentes, dicimus quod
cum magna reuerentia et honore celebretur et in facie Ecclesie, non
risu nec ioco, ne contemnatur. Et per octo dies ante (uel per tres ad
5 minus, si necessitas urgeat) dicat sacerdos in ecclesia tali hora quod
parochiani sint presentes, sub pena excommunicationis, quod talis
uult talem ducere in uxorem. Et si sciunt impedimentum consanguinitatis uel adulterii uel affinitatis carnalis uel spiritualis, ueniant
coram eo et dicant, alias peccarent mortaliter, et non audirentur
10 nisi infra illos dies dixerint que sciunt. Et sacerdotes querant ad
ostium ecclesie si est aliquis qui sciat impedimentum; et si dicatur
non, desponset eos per uerba de presenti, recipiendo annulum primo in manu uiri, et dicat: Ego Petrus recipio te Bertam in uxorem
et trado me ipsum tibi in legalem uirum; et ita ponat annulum in
15 quarto digito mulieris, dicendo: In nomine Patris et Filii et Spiritus
Sancti. Amen. Eodem modo faciat uxor ut dicitur de marito. Et sic
est matrimonium.

[1] **c.7** Sínodo de 1241.[24-32].

52 reponatur] Si uero in terra uel lapide ceciderit locus ille radatur et rasura in
sacrario reponatur *ad.*K   55 caute] caueat EsK   56 querat] quod *antep.*
EsK   60 impunitas] per tres dies CEsK   promittatur] permittatur CK
60-61 usque — quatuor *om.*Es
c.8 4 dies *om.*C   13 uiri] tradat *ad.*Es   Bertam] Berengariam Es

[34] Et prohibeat sacerdos ne fiant clandestina matrimonia, nec dent sibi fidem ad inuicem de contrahendo matrimonio, nisi
20 coram sacerdote et coram pluribus hominibus, facta prius denuntiatione supra dicta, quia ex hoc multa mala consueuerunt uenire. Item, dicimus, sub pena excommunicationis, ne sortilegia fiant nec maleficia nec ligationes, que fiunt per maleficas mulieres. Et qui sciunt impedimentum matrimonii dicant, sicut est: uotum, ordo,
25 consanguinitas, affinitas, dispar cultus et huiumodi. Nec in casu dubio sacerdotes audeant perficere matrimonium episcopo inconsulto, sed ad eum referantur omnium matrimoniniorum questiones. Item, dicimus sacerdotibus ne aliquid exigant ante benedictionem nuptialem, nec ante sepulturam siue pro matrimonio celebrando.
30 Sed celebratis nuptiis, exigant suas laudabiles consuetudines, quia post facere possunt, consuetudine tolerante. Item, dicimus ne aliquis coniugum non intret religionem uel recipiatur, episcopo inconsulto. Item, dicimus sacerdotibus ut, cum aliquis confiteatur eis se fidem dedisse alicui mulieri de matrimonio contrahendo, et,
35 fide data, cognouit eam, non dent ei licentiam contrahendi cum alia, quia carnalis copula cum illa cui fidem dedit, matrimonium consummauit. Nec intersint clandestinis matrimoniis, nisi in multorum presentia, facta denuntiatione, ut supra dicitur. Et sciant sacerdotes et clerici parochiales quod si <circa> ista matrimonia
40 prohibenda negligentes exstiterint, et denuntiationes ut dictum est facere non curauerint, uel talibus clandestinis matrimoniis interfuerint, iuxta generale concilium a nobis per triennium ab officio suspendentur, et alias nihilominus grauius punientur, quia qui male agit odit lucem. [35] Item, dicimus sacerdotibus ne fiant nuptie ab
45 Aduentu Domini usque ad festum sancti Hilarii, et tunc fiant usque ad dominicam Septuagesime. Et tunc cessent usque ad dominicam de Quasi modo, et tunc fiant usque ad Rogationes. Et tunc cessent continue per tres septimanas usque ad dominicam de Trinitate, et ex tunc celebrent nuptias usque ad dominicam de Aduentu. Hoc
50 prouiso, quod prima dominica Aduentus, que inducit prohibitionem, intelligatur prohibita, et festum sancti Hilarii, quod inducit permissionem, intelligitur concessa, et sic de aliis. [36] Item, dicimus quod mulieres uotum non faciant nisi cum magna deliberatione animi, et cum uirorum assensu et consilio sacerdotum[1].

---

[1] **c.8** Sínodo de 1241.[33-36].

---

18 Et] ut C   22 fiant *om.*C   25 Nec] ne K   26 audeant] habeant C
27 referantur] referant Es   31 post] prius *mal* CK, *om.*Es   consuetudinem
tolerantem K   tolerante] tolerande C   ne] quod EsK   33 ut] quod K
39 circa *om.*CEsK   40 prohibenda] protrahenda CEsK   43 punientur
*om.*C

[**37**]   9.   *De ordinibus clericorum*

Item, quia in ordinibus recipiendis multa eueniunt pericula, dicimus quod quarta feria Quatuor Temporum omnes ordinandi archidiaconibus transmittantur, ut tam de uita, quam de moribus,

5   quam de scientia possit fieri scrutinium diligenter: utrum cantent uel legant uel legitimi sint uel loqui sciant latinis uerbis, sic quod cum diligentia sint examinati et probati die ueneris qualiter in domo Domini debeant conuersari. Et precipimus clericis quod ad ordines et synodum honeste ueniant, tam in uestibus quam in coro-

10   nis. Nec aliquid dent uel promittant archidiaconibus uel eorum clericis uel episcopo uel clericis episcopi, ut ordinentur, quia simonia esset. Item, quod aliquis non recipiat ordines nisi fuerit eius nomen scriptum in matricula archidiaconorum, de consensu episcoporum, quia excommunicati essent. Item, dicimus archidiaconis ne presen-

15   tent clericos aliorum episcopatuum sine litteris propriorum episcoporum, quas tradant episcopo cum sigillo pendenti. Et nomina omnium clericorum qui fuerint ordinandi tradantur episcopo, et apud ipsum in matricula reponantur. Item, dicimus quod persone religiose que habitum receperint aliorum episcopatuum uel nostri,

20   non presentent se sine litteris sui maioris. Item, dicimus quod nullus presentetur ad sacrum ordinem, nisi sciat loqui latinis uerbis competenter. Et ut possint habere doctorum copiam, statutum est quod semper in cathedrali ecclesia detur portio magistro.

[**38**] Item, dicimus quod nullus sacerdos habeat in domo sua

25   aliqua occasione mulierem, nisi sit mater aut soror, nisi esset aliqua persona de qua nulla possit haberi suspicio. Item, dicimus clericis habentibus ecclesias quod portionarios non ponant in ecclesiis, episcopo inconsulto. Item, dicimus quod nullus faciat pactum aliquod <cum> patronis super facto ecclesiarum antequam episcopo

30   sit presentatus, uel etiam post sine consensu episcopi. Nec admittatur aliquis ad predicandum, nisi sit authentica persona, uel ab episcopo missa uel licentiata[1].

---

[1]   **c.9** Sínodo de 1241.[37-38].

---

c.9 3 Quatuor Temporum *om.*Es, Quatuor *om.*C   5 possit fieri] fiat Es diligenter *om.*Es   7 die ueneris *om.*Es   9 synodum] ad *antep.*Es   11 simonia] simoniacum Es   13 consensu] conscientia EsK   14 dicimus *om.*Es   17 omnium *om.*Es   19 aliorum episcopatuum *om.*Es 20 se *interl.*Es, *om.*CK   23 detur] datur C   25 aliqua[2] *om.*EsK 27 portionarios] portiones CEsK   in *om.*CEs   29 cum *interl.*Es, *om.*CK 30 sit] fuerit Es

[39] 10. *Exhortatio clericis et laicis*

Exhortentur sepe presbyteri populum ad dicendum Orationem dominicam et Credo in unum Deum et beate Virginis salutationem, et quod doceant filios Orationem dominicam et Credo in
5 Deum et crucis salutationes. Et in aliqua parte sermonis aliquando exponant populo fideliter Symbolum fidei, et eis fideliter de questionibus satisfaciant, et eis diligenter distinguant articulos fidei et confirment auctoritatibus et rationibus sacre Scripture, pro posse et scientia sua, propter laicos instruendos[1].

[40] 11. *<De uita et honestate clericorum>*

Item, prohibemus uniuersis clericis ludere cum taxillis, nec interesse spectaculis uel choreis mulierum, nec intrare tabernas causa potandi, uel sine socio intrare domos mulierum suspectarum aut
5 discurrere per uicos et plateas, nec ire quotidie ad mercata, cum non subest causa. Nec suspensioni latronum nec combustioni etiam aliquorum nec sanguinis effusioni intersint. **[41]** Item, moneant populum quod illi qui ueniunt ad uigilias ecclesiarum caute et honeste se habeant. Nec permittant choreas facere in ecclesia uel ce-
10 meteriis, uel cantilenas cantare. Nec in ecclesiis fiant coniurationes aque feruentis uel ferri candentis uel aque calide coniurare, quia omnia ista superstitiosa sunt penitus contra Deum. **[42]** Item, quod nullus clericus fide iubeat feneratori, nec pro suis uel alienis debitis impignoret uel obliget calicem, uestimenta uel pallas altaris uel
15 libros, pannos uel alia ornamenta ecclesiastica uel uasa Iudeis uel aliis, nisi in casibus licitis et de licentia episopi, alioquin sententiam suspensionis se nouerit incurrisse. **[43]** Item, dicimus sacerdotibus uel habentibus curam quod nullus renuntiet nisi in manus episcopi, et, cum uenerint ad synodum, perquirant parochiam et uisitent in-
20 firmos et dent penitentias eisdem, exponendo eis qualiter tenentur uenire ad synodum, ut si interim morerentur, sine penitentia non decedant; a qua synodo cum uenerint, non requisiti uisitent infirmos et faciant quod saluti animarum uiderint expedire.

---

[1] **c.10** Sínodo de 1241.[39].

c.10 3 in unum Deum *om.*Es   7 distinguant] inquirant CEsK   8 confirment auctoritatibus] consultant de questionibus (*texto corrupto*) CEsK   9 instruendos] et hereticos corruptores fidei confundendos *ad.*EsK
c.11 1 De — clericorum *om.*Q   11 coniurare] coniurationes Es   12 ista *om.*Es   penitus *om.*Es   13 feneratori *om.*K, feneratoribus Es   14 uel[1] *om.*K   16 licitis] et honestis *ad.*K   21 ut] et CEsK   22 decedant] recedant C   23 quod *om.*Es

[44] Item, quod questores, quantumcumque portent litte-
25 ras domini pape uel archiepiscopi uel aliorum episcoporum, non
admittantur ad predicationem, nisi expressas litteras habuerint ab
episcopo diocesano; sed ipsi sacerdotes legant litteras indulgentiarum et exponant populo, quia in predicatione horum questorum
heresim intelleximus predicari. Quomodo enim predicabunt, nisi
30 mittantur?

[45] Item, dicimus quod si festum fuerit die lune quod habeat
ieiunium, precedenti sabbato ieiunetur. Festiuitas autem sancti
Francisci, beati Dominici ac sancti Antonii, quos sanctorum catalogo nouimus scriptos, festiuari in ecclesia precipimus et nouem
35 inde fieri lectiones. Item, dicimus quod clerici pannos listatos non
portent, nec manicas suticias, nec sotulares rostratos, et maxime
presbyteri.

[46] Item, quod in Quadragesima semper dicantur nouem lectiones pro defunctis, exceptis festiuitatibus nouem lectionum; die-
40 bus autem aliis feriatis faciatis tres, uel secundum etiam quod habetis de consuetudine. Ad Horas beate uirginis Marie non sedeant,
neque ad Magnificat nec ad Nunc dimittis et Benedictus <et> Quicumque uult, et semper assurgant ad Gloria Patri. Et ubi plures clerici fuerint, semper unus leuet psalmos, et punctantes sine sincopa
45 legant psalmos et etiam lectiones. In festiuitatibus uero cantent honorifice et decenter, <et> semper cantetur Gloria in excelsis Deo in
dominicis diebus et festiuitatibus, exceptis diebus dominicis Quadragesime et Aduentus. Credo autem in unum Deum numquam
cantetur, nisi in dominicis diebus et festiuitatibus apostolorum et
50 duplicibus festis; causa tamen reuerentie nostre Domine, in diebus
sabbatinis cantari potest. [47] Item, dicimus quod quilibet sacerdos
cum audierit obitum sui parochiani, roget Deum pro eo. Et quilibet
portet nomen siue nomina clericorum qui decesserunt in anno in
sua parochia et confratrum ecclesie sedis Barcinonenis ad synodum,
55 et ibi quilibet absoluat eos. Processiones autem pro defunctis fiant
semper diebus lune, nisi festiuitas occurrerit nouem lectionum.

[48] Item, dicimus quod quilibet sacerdos caute et diligenter inquirat in sua parochia quis male uiuit, et, si inuenerit, corrigat eum
monendo eum ter uel quater, et nisi resipuerit, interdicatur persona;

26 expressis litteris Es   28 horum] huiusmodi K, eorum Es   30 mittantur]
Item dicimus quod fratres predicatores uel minores et alii religiosi honorifice a
clericis recipiantur et eis in necessitatibus subueniantur. Hoc idem populo exponatur *ad.*EsK   34 in ecclesia *post* nouimus *tr.*K   nouem] nomine C
38 Item] dicimus *ad.*EsK   40 faciatis *om.*K   41 Marie *om.*EsK   42 et²
*om.*CEsK   43 ubi] ubique Es   46 et² *om.*C   50-51 in diebus sabbatinis
*om.*K   59 nisi] si uero CEsK

60　ad maiorem penam de consensu episcopi procedendo. **[49]** Item,
　　dicimus quod Quatuor Tempora mandent semper ieiunari, quorum
　　ieiunium est primum in Aduentu, secundum in Quadragesima, ter-
　　tium in festiuitate Pentecostes, quartum in mense septembris. Et
　　possunt sciri per hos uersus:

65　　　　Vult Crux, Lucia, Cinis et Carismata die,
　　　　　ut det uota pia quarta sequens feria.

　　Et ieiunent in cibo quadragesimali, in diebus autem Litania-
　　rum possunt comedere caseum et oua, excepta Ascensionis Domini
　　uigilia[1].

　　　　[50]　12.　*Forma excommunicationis*

　　Quia sententia excommunicationis habet in se salutis medi-
　　cinam et non mortem, si ille qui excommunicatur non uilipendit
　　eam, ille qui excommunicat debet monstrare quod corrigere uult
5　illum qui excommunicatur et sanare. Vnde prelatus quando ex-
　　communicat, illam sententiam scribat, ita uidelicet quod: 'P. uel
　　B, tribus uicibus monitus, non uult soluere decimam. Ideo ipsum
　　excommunico'. Et idem faciat de omnibus aliis. Translatum autem
　　illius scripture tradat illi qui excommunicatur, si ab eo fuerit requi-
10　situm. Ille autem qui excommunicatus est requirat illum translatum
　　cum publica scriptura uel cum litteris cum sigillo authentico. Si
　　autem prelatus contra fecerit, suspensus est ipso iure per mensem ab
　　ingressu ecclesie et a diuino officio. Et superior relaxabit cum audie-
　　rit querelam sine domini grauitate, et condemnabit illum prelatus
15　ad expensas et damnum quod inde <excommunicatus> sustinuerit,
　　et imponat aliam penam ipsi prelato, ut uideat quod graue est fe-
　　rre sententiam excommunicationis sine maturitate. **[51]** Et quod
　　dictum est de sententia excommunicationis, idem intelligendum
　　est de sententia interdicti. Prelatus uero qui suspensus erit pro
20　eo quod non seruauerit predicta, si ministrauerit in suo officio,
　　sit suspensus et non potest habere remedium dispensationis sine
　　apostolica Sede.

---

[1] **c.11** Sínodo de 1241.[40-49].

---

c.12 1 excommunicationis] late per summum pontificem *ad.*CEsK　　　6 quod]
quia EsK　　　　　10 est *om.*Es　　　　12 contra fecerit *om.*Es　　　　iure] facto Kªᶜ　　13 superiori Es　　15 excommunicatus *om.*CEsK　　　16 quod] quam Es
18 exommunicationis] suspensionis CK

[52] 13. *Quod nullus clericus faciat instrumenta nisi in ecclesia in qua fieri debent. <Et quod quilibet rector habeat capibreuium, in quo note scribantur>*

Item, quod nullus clericus faciat instrumenta nec claudat nisi in
5 ecclesia in qua fieri debent. Et quilibet rector habeat capibreuium, in quo omnes note, tam testamentorum quam quorumlibet contractuum scribantur. Et quod semper in quolibet testamento siue instrumento subscribat rector uel claudat. Et quod clerici conductitii non remoueant notas ab ecclesia ubi steterint, nec eas aliqua-
10 tenus secum portent. Et si clerici conductitii uel illi qui reditus ecclesiarum tenuerint uel emerint aliquas notas receperint que in fine anni redacte non fuerint in publicam formam, remaneant note in ecclesiis. Et ipsis clericis ab ecclesiarum rectoribus uel eorum loca tenentibus de labore congrue satisfiat. Qui uero contrarium fecerit,
15 penam quinquaginta solidorum ipso facto incurrat, et nihilominus ei qui damnum ex hoc sustinuerit uel expensas eum facere oportuerit, teneatur expensas refundere et damnum datum resarcire[171]. Nec aliquis clericus ante mortem illius cuius testamentum recepit audeat contenta in ipso testamento publicare uel reuelare alicui, uel notulas
20 monstrare alicui cuius non intersit. Et postquam receperint notulas, in dicto libro infra triduum scribere teneantur, alias inde per suum episcopum aut eius officialem rigide puniantur.

[53] 14. *Quod nullus clericus habeat curam animarum nisi ab episcopo*

Item, quod nullus clericus teneat curam animarum in ciuitate Barcinonensi et diocesi, nisi eam ab episcopo eos constiterit recepis-
5 se. Quod si facere presumpserint, pena debita puniantur[1].

[54] 15. *De clericis aduocatis*

Item, quod nullus clericus beneficiatus uel in sacris ordinibus constitutus postulet siue aduocet in foro seculari uel ecclesiastico, nisi in casibus a iure permissis. Qui uero contrarium fecerit, penam

---

[1] **c.13** Sínodo de 1291.[4].
[1] **c.14** Sínodo de 1291.[5].

---

c.13 2 debet CK   2-3 Et — scribantur *om.*CEsK   4 claudant CK
6 tam *om.*K   quam] aliorum instrumentorum *ad.*K, aliorum *ad.*Es
14 satisfiat] satisfaciant Es   17 datum] etiam *ad.*K   resarcire] restituere Es
19-20 uel notulas monstrare alicui *om.*K *(homograf.)*
c.14 1 nullus] quilibet EsK   nisi *om.*EsK   3 Barcinonensi *om.*Es   eam
*om.*Es

5 suspensionis officii et beneficii usque ad satisfactionem condignam poterit non immerito formidare. Clericus autem quicumque <qui> contra ecclesiam a qua beneficium obtinet postulare presumpserit uel procurator exstiterit, pena canonis, absque omni remedio, feriatur[1].

[55] 16. *De collatione sacramentorum*

Item, quod in collationibus sacramentorum ecclesiasticorum nullum pactum penitus apponatur, post tradita uero sacramenta consuetudines laudabiles obseruentur, prout innuunt canones. Qui
5 uero contrarium fecerit, penam decem solidorum ipso facto incurrat, in eleemosynam nostro arbitrio conuertendam, pena canonis non mutata[1].

[56] 17. *De possessionibus ecclesiarum*

Item, quod nullus clericus possessiones ecclesiarum seu quorumlibet ecclesiasticorum beneficiorum sine consensu expresso et auctoritate episcopi alienet, alias quod contractus ipse nullus sit
5 ipso iure, et prescriptionem aliqua longitudine temporis non inducat, hiis que iura statuunt super hiis in suo robore duraturis[1].

[57] 18. *De legatis caritati sedis Barcinonensis relictis*

Item, quod rectores seu alii curam animarum tenentes ea que a decedentibus caritati sedis Barcinonensis relinquuntur colligant, et annis singulis libere tradant illis qui tenuerint caritatem, si penam
5 suspensionis officii et beneficii uoluerint euitare[1].

[58] 19. *De tonsura clericorum*

Item, quod quilibet uolens gaudere priuilegio clericali tonsuram et coronam deferat congruentem, nec uestes portet uirgatas uel alias clericali ordini non decentes, alias ab Ecclesia nullatenus defen-

---

[1] **c.15** Sínodo de 1291.[6].
[1] **c.16** Sínodo de 1291.[7].
[1] **c.17** Sínodo de 1291.[8].
[1] **c.18** Sínodo de 1291.[9].

---

c.15 6 qui *om.*CEsK
c.16 4 canones] sanctiones *ad.*EsK   5-6 incurrat] et *ad.*CEsK
c.17 5 prescriptione C
c.18 3 decedentibus] descendentibus C   relinquuntur *om.*Es   4 annis singulis] singulas C   annis *om.*Es   tenuerint] pro tempore dictam *antep.*EsK
c.19 1 clericorum] clericali Es   3 et coronam *om.*Es   deferant K   portent CK   4 nullatenus] ab ecclesia *ad.*C   4-5 defendantur CK

5 datur, cum indecens sit ei ab Ecclesia subueniri per quem constat scandalum in Ecclesia generari[1].

[59] 20. *De receptione litterarum episcopi uel officialis*

Item, quod omnes clerici ciuitatis et diocesis Barcinonensis reuerenter recipiant et obseruent litteras domini episcopi et officialis eiusdem. Alias suspensionis officii et beneficii <sententiam> se nouerint
5 incursuros, penam aliam nihilominus formidantes prout episcopo et officiali uisum fuerit, si hoc meruerit proteruitas contumacis[1].

[60] 21. *De uigilia sancte Eulalie et sancti Thome apostoli*

Item, quilibet rectores uel eorum loca tenentes proponant in ecclesiis quod omnes etatem decem et octo annorum transcendentes ieiunent uigilias martirii beate Eulalie et sancti Thome[1].

[61] 22. *De cathedratico siue denariis synodalibus*

Item, quod omnes rectores ecclesiarum uel eorum loca tenentes annis singulis cathedraticum seu denarios apportent cum ad synodum uenient. Et si synodus consueto tempore non celebretur
5 uel alias modo quolibet differatur, predictos synodales denarios, eis quibus debent soluere, per fideles mittere nuntios non postponant, alioquin in penam duplicem nouerint incurrisse[1].

[62] 23. *Quod quilibet rectores et beneficiati presentent se domino episcopo Barcinonensi*

Item, quod quicumque rector seu beneficiatus intrauerit ciuitatem aliqua ratione, teneatur se presentare domino episcopo ipsa
5 die uel sequenti, et deinde omni die semel quibus steterit ibi. Et hoc

---

[1] **c.19** Sínodo de 1291.[10].
[1] **c.20** Sínodo de 1291.[11].
[1] **c.21** Sínodo de 1291.[12].
[1] **c.22** Sínodo de 1291.[13].

---

5 Ecclesia *om*.Es 6 generari] generali C
c.20 1 uel] et K 4 sententiam *om*.CEsK
c.21 3 etatis CK 4 sancti] uigiliam *antep*.K
c.22 1 cathedracione C 3 denarios] synodales *ad*.EsK 5 differatur] deseratur Es 6 nuntios *om*.C mittere *om*.Es 7 alioquin] ipso facto *ad*.EsK
c.23 1 quilibet] quicumque Es et] seu EsK se] coram *ad*.EsK 2 Barcinonensi *om*.EsK 3 quod *om*.EsK 3-4 ciuitatem] Barcinone *interl.ad*.Es 5 Et hoc *om*.EsK

sub pena decem solidorum, quam ipsos qui contra constitutionem uenerint incurrere uolumus ipso facto[1].

[63] 24. *Quod nullus emat reditus duarum ecclesiarum*

Item, quod nullus emat reditus duarum ecclesiarum simul, et quod non uendantur laicis solis. Et qui contra fecerit, pena arbitraria puniatur[1].

[64] 25. *Clericus qui emerit reditus alicuius ecclesie faciat residentiam in eadem*

Item, clericus qui emerit reditus alicuius ecclesie teneatur in eadem personaliter residere, alioquin penam quinquaginta solidorum
5 se nouerit incurrisse, et alias arbitrarie punietur[1].

[65] 26. *De celebratione missarum*

Item, quod nullus presbyter duas missas in eadem die celebrare presumat, nisi in casibus a iure permissis, nec accipiat conductionem siue salarium a duobus. Nec dimittat clericus aliquis habens
5 beneficium missam quam tenetur pro beneficio celebrare. Qui uero contrarium fecerit, penam suspensionis ab officio et beneficio poterit non immerito formidare[1].

[66] 27. *Quod clericus extraneus non recipiatur sine littera domini episcopi*

Item, quod non recipiant aliquem extraneum sine littera nostra, si a se uoluerint sententiam suspensionis euitare, hiis que iura
5 statuunt non mutatis[1].

---

[1] **c.23** Sínodo de 1291.[15].
[1] **c.24** Sínodo de 1291.[17].
[1] **c.25** Sínodo de 1291.[18].
[1] **c.26** Sínodo de 1291.[20].
[1] **c.27** Sínodo de 1291.[21].

---

6 qui *om.*Es   7 incurrisse Es
c.24 1 Quod — ecclesiarum *post.* puniatur (*lin.*4) *tr.*C   2 simul] semel Es
c.25 1-2 Clericus — eadem *post.* punietur (*lin.*5) *tr.*C   1 Clericus] Quod
*antep.*Es   alicuius *om.*Es   1-2 faciat — in eadem] teneatur in eadem
personaliter residentiam Es   5 puniatur Es
c.26 1 De celebratione missarum *om.*C   2 quod *om.*Es   4 duabus Es
aliquis *om.*Es
c.27 3 recipiant — extraneum] recipiatur clericus extraneus Es

[67] 28.   *Quod nullus instituatur in beneficium nisi per dominum episcopum*

Item, quod nullus instituatur in aliquo beneficio, quantumcumque minimo, nisi per dominum episcopum, quia tales non
5   possunt ministrare in eis, quia rem tractant alienam. Alias a suo beneficio repellatur[1].

[68] 29.   *De matrimonio clandestino*

Item, quod clandestina matrimonia contrahentes tamquam excommunicati uitentur, et qui presentes ibi sunt. Et post absolutionem eorum, matrimonium celebrari non potest, nisi prius factis
5   denuntiationibus super impedimentis in ecclesiis quarum sunt parochiani, iuxta canonum sanctiones[1].

[69] 30.   *Clericus excommunicatus non immisceat se diuinis*

Item, quod si sententia excommunicationis, suspensionis uel interdicti lata est contra aliquem, ubi etiam satisfecerit ex quo ligatus erat, absolutus non est. Immo, si non obtenta absolutione
5   immiscet se diuinis, irregularis efficitur, nec potest per aliquem dispensari cum eo, nisi per dominum papam[1].

[70] 31.   *<De mutatione pene contra concubinarios>. Cum uenerabilis pater dominus Johannes, Sabinensis episcopus, in partibus Hispanie fungeretur legationis officio*

Anno Domini millesimo cc.lxxvj. idus julii.
5   Cum olim uenerabilis pater dominus Johannes, Sabinensis episcopus, in partibus Hispanie legationis officio fungeretur, et contra clericos concubinarios suspensionis, et contra concubinas eorum excommunicationis sententias generaliter promulgasset[1]. Ex quibus quidem sententiis, licet ad salutem animarum prodite exstitissent,
10   quia tamen non salus sed damna frequenter et pericula sequebantur, dominus papa, uolens morbo huiusmodi salubri remedio prouidere,

---

[1] **c.28** Sínodo de 1291.[24].
[1] **c.29** Sínodo de 1291.[25].
[1] **c.30** Sínodo de 1291.[26].
[1] **c.31** Conc.legat.Valladolid 1228 c.4 (TR 3.325-326); Conc.legat.Lérida 1229 c.8 (TR 3.332-333; Pons Guri 15, c.7); Conc.prov.Tarragona 1230 c.1 (TR 6.28; Pons Guri 31-32).

---

c.31 1 De — concubinarios *om.*Q   Cum *om.*Es   2 pater] et *ad.*Es   dominus *bis* Es   9 animarum *om.*K

mandauit per uenerabilem patrem dominum Egidium, bone memorie sanctorum Cosme et Damiani diaconum cardinalem[2], contra
morbum predictum tam pestiferum et damnosum conueniens re-
15 medium adhiberi. Qui, cum prelatis Hispanie tunc in Romana curia exsistentibus deliberatione diligenti habita et tractatu, commisit
et mandauit archiepiscopis et episcopis et aliis prelatis Hispanie ut
predictas suspensionis <et excommunicationis> sententias in penas
alias, prout sequitur, commutarent:

20   **[71]** *Tenor commissionis domini Egidii cardinalis*
    'Venerabilibus in Christo patribus archiepiscopis et episcopis et
aliis per Hispaniam ecclesiarum prelatis constitutis, Egidius, diuina
patientia sanctorum Cosme et Damiani diaconus cardinalis, salutem in uero salutari. Ad regimen animarum et curam Sedes aposto-
25 lica, per sedem summi pontificis instituta, pericula, per que commisse sibi anime cadunt grauiter in commissa, cura debet sollicita
remouere, salubrem animabus ipsis adiciendo medelam. Sane cum
recolende memorie uenerabilis in Christo pater dominus Johannes,
Sabinensis episcopus, in partibus Hispanie legationis officio funge-
30 retur, pro reformandis moribus et precipue clericorum, qui, per uite
munditiam et conuersationem laudabilem, formam in moribus ceteris dare debent pura conscientia, fecit et statuit omnes sacerdotes,
diaconos, subdiaconos et omnes beneficiatos, qui in domibus suis
uel alienis detinere presumerent publice concubinas, denuntiari sus-
35 pensos ac concubinas talium excommunicationis sententie subiacere. Verum quia sepe quod prouidetur ad bonum, antiqui hostis
inuidia procurante tendit ad noxiam, predicte sententie, que pro
animarum procuranda salute fuerunt promulgate (tamen propter
irregularitates, quas clerici sententiis eisdem ligati multotiens con-
40 trahebant, cum propter contagiose pene contagium, qua excommunicati per excommunicationem affecti sibi communicantes excommunicationis labe inficiunt) animabus ipsis laqueos eterne mortis
parabant et quamplures sepissime unius laqueo ligabantur. Huic

---

[2] Se trata del cardenal español Gil Torres; vid. P. Linehan, «Torres, Gil», en:
DHEE, Suplemento 1.692; D. Mansilla Reoyo, *Iglesia castellano-leonesa y curia
romana en los tiempos del rey san Fernando* (Madrid 1945) ver índice en p.XXVIII
del final; P. Linehan, *La Iglesia española y el papado en el s. XIII* (Salamanca 1975)
243-246.

---

14 predictum *om.*K   15 adhiberi] prouideri Es   18 suspensiones C   et excommunicationis *om.*Q   in] et CEs   20 cardinalis] super concubinis clericorum *ad.*Es   23-24 salutem] Sabinensis C   24-25 Sedis apostolice Q
26 sibi] nobis Es   34 uel alienis *om.*Es   34-35 denuntiari — concubinas
*om.*Es *(homograf.)*   37-38 tendit — procuranda *om.*C *(homograf.)*   41 affec-
ti] efici CK   communicantes] excommunicantes *(mal)* CEs

autem morbo dominus papa salutiferam intendens adhibere me-
45 delam, nobis uiua uoce mandauit ut contra morbum eumdem tam
pestiferum, tam damnosum, in clerum Hispanie infamiam inducentem, conueniens adhibere remedium curaremus, ut animarum
uitaretur periculum et nihilominus delinquentes canonicam non
effugerent ultionem. Nos igitur cum prelatis et aliis uiris Hispanie
50 discretis apud Sedem apostolicam constitutis super hiis deliberatione prehabita, et diu de commutatione pene predicte tractatu habito
cum eisdem, perspeximus quod, cum per uarietatem personarum et
etiam regionum pene sint proinde uariende, ne ad instar imperiti
medici omnium curare oculos uno collyrio uideremur, uobis, qui
55 condicionem personarum et locorum uestre prouincie melius scire potestis, eadem auctoritate committimus, districte precipiendo
mandantes, quatenus habentes pre oculis solum Deum, cui de animabus uobis commissis redditturi estis in die iudicii rationem, penas
clericis et concubinis predictis per sententias memoratas impositas,
60 in penas alias, quas, personarum, locorum et temporum circumstantiis prouida circumspectione pensatis, earumdem animarum
saluti magis expedire uideritis, commutetis, eiusdem legati sententias auctoritate apostolica postmodum relaxantes. Singuli autem
uestrum nihilominus circa suos subditos, qui ex dictis sententiis in
65 excommunicationis uel irregularitatis laqueos hactenus inciderunt,
per absolutionis et dispensationis gratiam, prout merita personarum
exegerint, eadem auctoritate, discretione preuia, prouidere curetis,
prouiso ne, quod pro correctione morum duxeritis ordinandum, ad
iniquum compendium nullatenus conuertatis.
70   Datis Ianue, kalendis iunii, pontificatus domini Innocentii
pape quarti anno viij. Anno Domini m.cc.l.[3]

[72] *Super commutatione penarum contra clericos et concubinas*
eorum ciuitatis et diocesis Barcinone.
   Cum nos frater Bernardus, diuina miseratione episcopus Barci-
75 nonensis, uisitationis officium exercentes inuenerimus quamplures

---

[3] Conc.prov. de Tarragona, celebrado en Alcañiz, en el año 1249 o 1250, Carta del
reverendo padre cardenal Gil, y comisario de nuestro señor el papa, por la que se
da facultad a los obispos de la provincia de Tarragona para poder permutar en otra
pena la impuesta por el Legado Sabinense contra los clérigos concubinarios, año
de 1251 (TR 6.49). Es el último concilio convocado y presidido por el arzobispo
Pedro de Albalat. J. M.ª Pons Guri, *Constitucions conciliars,* 68-70 no publica
el documento de Gil Torres, que Tejada y Ramiro toma de un códice de la curia
episcopal de Gerona, pero que Pons Guri no menciona.

---

51 commutatione] communicatione Q   52 perspeximus] prospeximus K
53 regionum] religiosorum Q   55 melius] multum Es   65 hactenus
om. K   66 dispensationis] diffinitionis CK   68 prouiso ne] prouisione CK   69 iniquum] initium CK

clericos et eorum concubinas in predictas suspensionis et excommunicationis sententias incidisse, attendentes quod ex huiusmodi
generalibus sententiis nullus aut rarus fructus hactenus prouenerit,
sed instigante humani generis infestissimo inimico, animabus ipsis
80 suspensionis et perditionis laqueus sepissime parabatur, dum clerici
sic ligati ordines reciperent, et nihilominus diuina officia celebrantes, irregularitatis uitio subduntur. Affectantes insuper ipsarum animarum periculis, prout nobis diuina ministrauit gratia, adhibere
salutare remedium, cum non inuenerimus predictas suspensionis
85 sententias et excommunicationis, prout expedit, per aliquem predecessorum nostrorum fuisse in penas aliquas commutatas, auctoritate predicta nobis in hac parte tradita, prefatas suspensionis et
excommunicationis sententias in penas inferius positas commutamus. In primis statuentes quod si qui clericorum ciuitatis uel dio-
90 cesis Barcinonensis inuenti fuerint de cetero detinentes concubinas,
si beneficia habuerint cum cura uel sine cura, cum alios teneant-
tur instruere ac uita et conuersatione laudabili suum populum informare, a perceptione fructuum anni illius in quo reperti fuerint
in predictum uitium incurrisse, deducto ipsius beneficii seruitio,
95 presenti constitutione decernimus esse suspensos, quos quidem
fructus ordinationis nostre arbitrio reseruamus. Si uero ita tenue
fuerit beneficium uel ecclesia quod, deducto seruitio debito, nihil
inuentum fuerit superesse, pena decem morabatinorum decernimus
puniendos. Penam etiam illorum de quorum beneficiis seu eccle-
100 siis, facto seruitio debito, residuum ad summam decem morabatinorum non suffecerit, ad quantitatem huiusmodi pro pena debita reducentes. Si autem beneficium non habuerint, sed in sacris
ordinibus fuerint constituti, similiter tot morabatinorum penam
se nouerint incursuros, alios siquidem non habentes beneficia in
105 ordinibus minoribus constitutos arbitrio nostro decernimus puniendos. [73] Concubinas uero predictorum clericorum decem
morabatinorum pena decernimus puniendas. [74] Predictis itaque
suspensionis et excommunicationis sententiis in prenominatas penas per nos taliter commutatis, easdem sententias suspensionis et
110 excommunicationis latas per iam dictum Johannem, Sabinensem
episcopum, quantum ad clericos diocesis Barcinonensis et concubinas eorum, presenti constitutione, auctoritate premissa et ex
certa scientia reuocamus, decernentes predictos clericos et eorum
concubinas predictis sententiis suspensionis et excommunicatio-

81 sic ligati] sigillati C   86 aliquas] alias EsK   89 qui] quis CEs   90 de-
tinentes] publice *ad.*   94 incurrisse] incidisse Es   103 tot] quod K
107 Predictis] predictas C   108 prenominatis penis CK

115   nis in posterum de cetero non ligari. [75] Datis Barcinone, anno
      Domini m.cc.lxx.nono⁴.

      [76]   32.   *Constitutio facta contra non residentes in beneficiis*
             suis per dominum archidiaconum Barcinonensem

             Hugo de Cardona, archidiaconus Barcinonensis ac generalis
      uicarius reuerendi domini Pontii, electi confirmati eiusdem, uene-
  5   rabilibus et dilectis uniuersis et singulis ecclesiarum rectoribus et
      beneficiatis infra Barcinonensem ciuitatem et diocesim constitutis,
      salutem in Domino sempiternam. Emisit hactenus sancta mater Ec-
      clesia in plerisque locis Barcinonensis episcopatus profunda suspi-
      ria, cui presunt nonnulli regimini, qui pastorum nomina solum ob-
 10   tinent, et commissum sibi gregem dominicum deserentes tamquam
      mercenarii, per loca dispersa et uaria peruagando, exquisitis colori-
      bus se frequenter absentant, spirituali corporale, transitoriumque
      mansuro commodum anteponunt. Et minus prudenter attendunt
      quod pastor eternus suis discipulis declarans, ait 'Bonus pastor ani-
 15   mam suam ponit pro ouibus suis', et quod scriptum alibi reperitur:
      pastorem teneri uultum sui cognoscere pecoris, quod idonee explere
      non potest quasi continuo separatus ab eo. Sic quod ob hoc in pre-
      fato episcopatu dammna plurima et Ecclesie ac clero scandala pro-
      dierunt, et periclitatur ex hoc multotiens populus christianus. [77]
 20   Nos itaque tam damnosum tamque damnabile nolentes sustinere
      defectum, de consilio, assensu et uoluntate uenerabilis capituli eius-
      dem Barcinonensis ecclesie, tam pastorum quam gregum omnium
      animarum saluti prouidere salubriter cupientes, hortamur in Domi-
      no nihilominus et monemus primo, secundo, tertio et peremptorie
 30   uniuersos et singulos rectores et beneficiatos ecclesiarum ciuitatis
      et diocesis memoratis, singulariter singulos et uniuersaliter uniuer-
      sos, quatenus in ecclesiis seu beneficiis quibus presunt, usque ad
      kalendas iunii a presentatione presentium eis facta, personaliter et
      continue resideant, ac fideliter in eisdem amodo deseruiant, prout
 35   onera beneficiorum ipsorum exigunt continue ministrando. Alio-
      quin ab ecclesiis et beneficiis, ut predicitur, quibus presunt, post
      elapsum terminum pretaxatum nouerint se suspensos. Hanc autem

---

⁴ Sínodo de 1291.[30-35], o acaso sínodo de 1289, cuyo texto no conocemos. Lo
códices escriben literalmente la fecha de la siguiente forma: «anno Domini m° cc°
lxx° nono».

---

c.32 12 corporali Q   16 idonee] ideo nec Q   20 nolentes] multotiens Es
22 tam] quam Es   31-32 uniuersos *om*.Es   34 fideliter] personaliter Es
35 ipsorum *om*.K

suspensionis sententiam ad canonicos sepe dicte ecclesie Barcinonensis extendi nolumus.

40   [**77a**] Datis Barcinone, xv. kalendis aprilis, anno Domini millesimo ccc[1].

> [**78**]   33.   *Quod clerici non portent, dicendo Horas in ecclesia,*
> *pilleum neque caputium in capite*

Debet rectum officium presidentis suos subditos moribus et
uirtutibus conformare. Idcirco nos Pontius, Dei gratia Barcino-
5   nensis episcopus, sacrosanctam synodum celebrantes, xj. kalendis
maii, anno Domini millesimo ccc.vj., in nostra matre ecclesia Barcinonensi, uolentes nostros subditos, in quorum commodis utique
prosperamur, doctrina morum instruere et uirtutum constitutiones
predecessorum nostrorum et sacrosancti concilii Tarraconensis cir-
10   ca reformationem et correctionem cleri et tuitionem ecclesiastice
libertatis editas, precipientes, in uirtute sancte obedientie, districte inuiolabiliter obseruari. Statuimus quod rectores ecclesiarum et
eorum loca tenentes et alii clerici beneficiati nec non beneficiati,
qui non solum uerbo tenentur populum instruere, sed exemplo,
15   quamdiu in locis suorum beneficiorum fuerint celebrent horis
competentibus deuote, quantum poterunt, et honeste, induti superpelliciis et sine pileis et caputiis in capitibus, sed cum birretis
uel almutiis, si tenere uoluerint, Matutinas et alias Horas canonicas
in ecclesiis in quibus beneficiati exsistunt, que ad orandum sunt
20   proprie institute, et non extra, nisi infirmitate uel alia causa rationabili excusentur[1].

> [**79**]   34.   *Quod clerici in ecclesiis non teneant aliquas res,*
> *que non sunt ad diuinum officium deputate, nisi tempore*
> *guerre*

Quia decet domum Domini sanctitudo, et decet ut cuius in
5   pace factus est locus, eius cultus sit cum debita ueneratione paci-
ficus, statuimus quod rectores ecclesiarum non teneant nec teneri
permittant in eorum ecclesiis bladum, uinum, carnes, supellectilia,
archas uel alia uasa, nec aliquas alias res que non sint ad diuinum

---

[1] **c.32** Constituciones de 1301.[1-3].
[1] **c.33** Sínodo de 1306.[2].

39 extendi nolumus *om.*C
c.33 4 conformare] reformare K   8 uirtutum] uirtutem C   11-12 districte
*om.*Es
c.34 1 clerici *om.*EsK   4 decet[2] *om.*Es

officium specialiter deputate, nisi tempore guerre et quod tunc pre-
10 dicta non possint alibi commode custodiri. Et quod usque ad festum sancti Johannis Baptiste abstrahant et abstrahi faciant de dictis
ecclesiis, si que sunt forsitan in eisdem de his que per nos in ecclesiis
prohibita sunt teneri, et guerra cessante abstrahant uel abstrahi faciant infra mensem. Contradictores per censuram ecclesiasticam,
15 auctoritate nostra, si opus fuerit, compellentes, indecens enim est
et contrarium honestati ut ecclesia, que tamquam domus orationis <est> solummodo diuino cultui deputata, domus laica, non Dei
basilica uideatur. Plerumque insuper propter predicta immunitas
ecclesie uiolatur[1].

[80]   35.   *De ornamentis ecclesie*

Item, quia nimis absurdum est in sacris sordes negligere que dedecent etiam in profanis, mandamus eisdem rectoribus quod dictas
ecclesias mundas teneant et lampades et alia ornamenta, et hostias
5 in propria persona conficiant uel per sacerdotes confici faciant de
pulchra farina et nitida, sine sale et fermento. Alias sciant se per
nos, cum per uisitationem uel alio modo de ipsorum negligentia
constiterit, pro modo negligentie puniendos[1].

[81]   36.   *Quod nullus clericus tradat Iudeo missale ad uendendum*

Item, cum sit multum indecens et absurdum Iudeos, inimicos
fidei christiane, de christiana religione contrectare, statuimus quod
5 nullus clericus uendat uel tradat ad uendendum seu aptandum uel
aliter alicui Iudeo missale uel textum euangeliorum uel aliquem
alium librum, in quo sit canon misse uel crucifixium Domini uel
imago beate Virginis, matris eius, uel aliqua alia ornamenta ecclesie
consecrata. Et qui contra fecerit, quinquaginta solidos pro qualibet
10 uice soluat, usibus quibus uoluerimus applicandos[1].

---

[1] **c.34** Sínodo de 1306.[3].
[1] **c.35** Sínodo de 1306.[4].
[1] **c.36** Sínodo de 1306.[5].

13 teneri *om.*Es   17 est *om.*C
c.35 2 Item *om.*Es   absurdum *om.*Es   2-3 dedecent] decent CEs
3 etiam] omnia ecclesia Es   5 uel — faciant *om.*C *(homograf.), bis* K
c.36 1 nullus *om.*C   4 contrectare] contractare Q, aliquid *antep.*EsK   6 alicui *om.*Es   euangeliorum] sanctorum *antep.*EsK   8 matris eius] Marie Es
9 pro *om.*C

[82] 37. *Quod rectores teneantur denuntiare excommunicatos*

Item, statuimus quod rectores et alii clerici, quibus per nos uel officialem nostrum mandatum fuerit aliquem uel aliquos denuntia-
5 re excommunicatos, in dicta denuntiatione, prout eis mandatum fuerit, non supersedeant neque cessent donec alias receperint uerbo uel litteris per fidelem nuntium in mandatis. Qui uero contra fecerit, penam quinquaginta solidorum, usibus quibus nos uoluerimus applicandam, se nouerit incurrisse[1].

[83] 38. *Quod rectores possunt excommunicare pro iuribus ecclesiarum suarum*

Item, statuimus quod quicumque rectores ecclesiarum uel eorum loca tenentes qui dicunt sibi de consuetudine competere posse
5 excommunicare, suspendere uel interdicere parochianos suos pro ipsarum ecclesiarum juribus defendendis, uel quolibet alio modo excommunicare, suspendere uel interdicere uoluerint, moneant nominatim tribus uicibus (quarum quelibet contineat aliquos dies) uel una pro omnibus, illum contra quem procedere uoluerint per
10 modum aliquem de predictis, presentibus aliquibus per quos, si necessario fuerit, possit probari monitio quod satisfaciat de eo de quo dicunt ipsum et ecclesie iniuriari. Et si facere noluerit et procedi oporteat contra ipsum, in scriptis sententiam proferant, continentem in se causam propter quam sic proceditur contra eum, de qua
15 sententia tenetur dare transumptum excommunicato, suspenso uel interdicto infra mensem, si fuerint requisiti. Et qui contra predicta aliquem excommunicare, suspendere uel interdicere presumpserit, penam centum solidorum incurrat, usibus quibus nos uoluerimus applicandam, ultra penam iuris, que est ut ipso facto sit suspensus
20 ab ingressu ecclesie et diuinis. Et si sic suspensus diuina officia celebrauerit sicut prius, irregularis efficitur, super quo non potest secum dispensari per alium quam per papam[1].

---

[1] **c.37** Sínodo de 1306.[6].
[1] **c.38** Sínodo de 1306.[7].

---

c.37 3 rectores] ecclesiarum *ad.*Es   6 alias] aliud EsK   7 litteris] uel *ad.*EsK
c.38 2 suarum] et suspendere et interdicere *ad.*EsK, si consuetudo sit in illa ecclesia seruata contra quod iure habetur *de otra mano ad.*Es   5 suspendere *om.* Es
5-7 parochianos — interdicere *om.*EsK *(homograf.)*   8 nominatim *om.*Es
11 de eo *om.*Es   12 noluerit] uoluerit CEs   13 contra ipsum *om.*Es
20 ab *om.*CK   Et si] sed sit C   officia] et *ad.*C   21 sicut — efficitur *om.*C

[84] 39. *Quod ueniant ad synodum qui uenire tenentur*

Item, statuimus quod quicumque de hiis qui ad synodum uenire tenentur non uenerit prima die ipsius synodi, soluat quinque
solidos, et qui nec prima nec secunda, soluat decem solidos, et qui
5 nec prima, secunda uel tertia non uenerit, uiginti solidos soluere
compellatur, nisi fuerint impedimento canonico prepediti, dictos
denarios usibus quibus nos uoluerimus applicandos, penis aliarum
constitutionum in suo robore duraturis[1].

[85] 40. *In quo uase debeant tenere sanctum chrisma*

Item, statuimus quod nullus clericus audeat recipere sanctum
chrisma, oleum infirmorum et oleum catechuminorum in uase uitreo, ne propter fragilitatem materie, uase de facili rupto, prout
5 alias deuenisse reperimus, periculum eueniat sparsionis, sed in uase
de argento uel stagno uel alio decenti metallo, quod quidem uas
purum et nitidum teneatur. Et annuatim, cum nouum chrisma et
oleum predictum in Cena Domini recipiendum fuerit, ueteri prius
in sacrario concremato seu baptisterio misso, ipsum uas in ipso
10 baptisterio abluatur et cum diligentia purificetur. [86] Et clericus
qui ad recipiendum dictum chrisma uel oleum uenerit seu missus
fuerit, etatem decem et octo annorum ad minus habens, teneatur
apportare superpellicium, et indutus superpellicio ipsum chrisma
et oleum recipiat, et in redeundo ad ecclesiam sine intermissione
15 apportet. Verum, si forte propter loci distantiam, uel casu aliquo
interueniente, contigerit clericum dictum chrisma et oleum deportantem in ciuitate seu in uia in aliquo hospitio hospitari uel moram
facere, non in laicorum hospitio, sed apud ecclesiam propinquiorem ipsum chrisma et oleum deponat, uel iuxta se sub clausura
20 teneat diligenter, ne per laicorum manum temerariam, ut alias
deprehendimus, instigante diabolo attemptatum aliquid nefarium
attemptetur. Et si contra premissa uel aliquod premissorum aliquis transgressor exstiterit, eo ipso pene quinquaginta solidorum se
nouerit subiacere. Eamdem penam decanus uel quiuis alius pro eo
25 quia dictum nouum chrisma et oleum in nostra cathedrali ecclesia
statuto tempore traditurus, si contra premissa uel aliquod premissorum alicui tradiderit, eo ipso se sentiat incursurum, piis usibus,

[1] **c.39** Sínodo de 1306.[9].

c.40 1 tenere] recipere et deportare K   2 recipere] nec (nec] et K) deportare
ad.EsK   9-10 misso — baptisterio *om*.EsK *(homograf.)*   17-18 hospitari — hospitio *om*.Es *(homograf.)*   20 ut] uel EsK   24 nouerit] incurrisse uel
ad.Es   24 alius] alicuius C   25 quia] qui CK   26 traditurus] tradimus K

quibus decreuerimus, applicandam. Et nihilominus, si scandalum inde contigerit, taliter presumptorem castigabimus quod eius pena
30 erit aliis in exemplum[1].

[87] 41. *De matrimonio*

Cum antequam matrimonia contrahantur, in ecclesiis utrius-que contrahentium sit per presbyteros publice proponendum, competenti termino prefinito, ut inter contrahentes qui sciuerint,
5 uoluerint et ualuerint legitimum impedimentum opponant, quia tamen repertum est quod quidam, dicto termino abutentes, una et eadem die prefatum edictum (seu banna aliter nuncupata) ter proponentes, statim ipsos contrahentes, et, quod grauius est, non in ecclesiis, sed in eorum domibus, matrimonialiter coniungere
10 non uerentur. Euenit etiam frequenter quod quidam in propria seu aliena diocesi relicta uxore sua legitima, se ad nostram dio-cesim transferentes, uxores alias superducunt. Nonnulli etiam, importunitate precum, propter quam frequentius non conceden-da conceduntur, nos infestantes, licentiam seu indulgentiam ob-
15 tinere conantur, ut nullo edicto preposito seu bannis premissis, contrahentes, nedum in ecclesiis, sed in eorum domibus ualeant matrimonialiter copulari. Nos igitur animarum periculis et scan-dalis que ex hiis frequenter insurgunt, quantum nobis est possi-bile occurrere cupientes, statuimus ut nullus sacerdos seu quiuis
20 alius cui hoc ex officio competat presumat aliquos matrimonia-liter copulare, nisi prius edicto seu bannis premissis, prepositis in ecclesiis utriusque contrahentium, populo presente, per tres terminos, quorum quilibet contineat aliquos dies, quibus elapsis, in ecclesia, et non alibi, matrimonium celebretur. Verumtamen
25 si tempus nuptiarum esset ita breue quod non posset dictos tres terminos continere, dicte monitiones possint fieri presente populo infra tres dies seu ultimos duos dies ac etiam ultima die simul, et contrahere uolentes sic matrimonialiter copulari, si necessitas im-mineret, dummodo fraus aut impedimentum aliquod interuenire
30 non apparuerit super ipsis. [88] Inter illos uero qui in alia diocesi domicilium habuerint seu unde originem contraxerunt, post pu-bertatem se ad nostram diocesim transferentes, nisi diocesanorum seu officialium eorumdem ubi domicilium habuerint seu unde

---

[1] **c.40** Sínodo de 1307.[4-5].

c.41 1 De matrimonio *om.*C   7 et] ex C   19 cupientes statuimus] uolumus statuentes Es   statuimus] statuentes CK   sacerdos *om.*Es   30 diocesi *om.*C   31 seu unde originem contraxerunt *om.*C   31-34 post puberta-tem — contraxerint *om.*Es *(homograf.)*   32 se] seu K

originem contraxerint litteras testimoniales ostenderint, matri-
35 monium penitus interdicatur, licentiam seu indulgentiam a nobis
seu officiali nostro super aliter matrimoniis contrahendis de cetero obtinendam, quam contra premissa seu aliquod premissorum
nulli uolumus suffragari, tamquam subreptitiam uires decernimus
non habere. **[89]** Circa sublimes uero et nobiles personas, quas
40 conuenit maiori prerogatiua gaudere, inter quas, propter communem eorum notitiam, impedimentum de facili latere non potest,
cum ratio postulauerit, per nos poterit dispensari. Cum autem
apparuerit probabilis suspicio contra copulam contrahendam, per
parochialem presbyterum contractus interdicatur expresse donec
45 a nobis uel officiali nostro, consilio requisito super eo, quid fieri
debeat manifestis constiterit documentis. Si quis uero sacerdos uel
quiuis alius contra premissa aliquos copulare presumpserit, interfuerit uel ad hoc consilium dederit, penam excommunicationis
poterit non immerito formidare, aliis penis canonicis et domini
50 Sabinensis episcopi et nostrarum constitutionum superius contentarum in aliquo non mutatis. **[90]** Illi autem inuidi et maliuoli
qui, postquam inter contrahere desiderantes dispositum fuerit et
conuentum super matrimonio contrahendo, inuide et malitiose,
prout excogitatum esse reperimus, ipsos contrahentes a recto pro-
55 posito deuiauerint et malitiosum impedimentum scienter obiecerint, eamdem sententiam eo ipso se nouerint incursuros, a qua
sententia non absoluantur donec damnum passis, ad arbitrium
iudicis, satisfecerint competenter.

[91] Et hoc salubre statutum in ecclesiis nostre diocesis per ea-
60 rum rectores seu eorum locum tenentes, sub uirtute sancte obedientie et animarum suarum periculo, frequenter, maxime in precipuis
festiuitatibus, coram ipso populo precipimus publicari[1].

[92] 42. *Quod quilibet beneficiatus, ex simplici etiam bene-*
ficio, residentiam faciat personalem

Et quia inuenimus nonnullos clericos beneficiatos in ciuitate et
diocesi nobis commissis a suis beneficiis simplicibus, nulla petita li-
5 centia uel obtenta, pro sue uoluntatis libito absentare, et sic dimittunt
beneficia ipsa frequenter absque idoneo seruitore. Et ideo laborant
quodam modo simili morbo cum ecclesiarum rectoribus, et dictum
est. Statuimus quod quilibet beneficiatus, ex simplici etiam benefi-

---

[1] **c.41** Sínodo de 1307.[6-10].

36 aliter] aliis C   47 alius *om*.C   49 aliis *om*.K   51 aliquo] alio C
c.42 3 Et] Item Es   4 diocesi] Barcinonensi *ad*.Es   a] et Es   5 sue] suo
EsK   7 simili morbo *om*.EsK   morbo] modo C

cio, in suo beneficio residentiam faciat personalem, ac per se ipsos,
10 et non per alios substitutos, debitum seruitium faciant in eisdem,
nec audeant se ad seruitium alterius beneficii simplicis uel curati se
transferre uel etiam obligare a proximo festo sancti Johannis Baptiste
in antea, nisi super hoc dispensationem legitimam habuerint uel eos
obtinere contingerit <gratiam> uel licentiam specialem, alias bene-
15 ficiis suis sciant se priuandos. In hoc casu non intelligimus canonicos
nostros, neque clericos in nostro seruitio constitutos[1].

[93] 43. *De beneficiatis qui allegant tenuitatem redituum
suorum beneficiorum*

Item, cum nonnullos clericos de ipsis beneficiatis inueniamus
beneficia ipsa simplicia in suis debitis obsequiis, tum propter tenui-
5 tatem redituum quam allegant, cum propter astutiam eorum seu
negligentiam grauiter defraudare, pretendentes ad sui excusationem
quod reditus non sufficiunt ad faciendum continuum seruitium in
eisdem, uel quod sic consuetum <est> fieri seruitium in beneficiis ipsis, uolumus et ordinamus ac etiam statuimus quod omnes taliter be-
10 neficiati teneantur se presentare coram nobis uel officiali nostro cum
titulis suis, si quos habent, et instrumentis dotaliciis et institutione
ipsorum beneficiorum hinc ad annum, et facere fidem plenariam
de facultatibus beneficiorum huiusmodi ac de statu et ordinatione
ipsorum beneficiorum. Et qui talia beneficia de cetero obtinebunt,
15 teneantur illud idem facere infra mensem a tempore prouisionis sue
continue computando. Alias ex tunc iure quod in eisdem habent uel
habebunt nouerint se priuandos, et ipsa beneficia sic uacantia absque
alia ipsorum requisitione aliis libere conferenda[1].

[94] 44. *Quod omnes presbyteri teneantur horis competentibus celebrare deuote et honeste*

Item, cum iuxta constitutionem nostram synodalem, que incipit 'Debet rectum officium presidentis, etc.'[1], ecclesiarum recto-
5 res et eorum loca tenentes et alii clerici beneficiati, qui non solum

---

[1] **c.42** Sínodo de 1320-1322.[4].
[1] **c.43** Sínodo de 1320-1322.[5].
[1] **c.44** Sínodo de 1306.[1]; y [78] en esta compilación.

9 in suo beneficio *om*.EsK *(homograf.)*   11 se *om*.EsK   13 habuerint] hiis CK
eos] eorum CK   14 gratiam *om*.Q   15-16 In hoc — constitutos *om*.EsK
c.43 1 De] beneficiis uel *ad*.E   6 defraudare] defraudant C   8 est *om*.Q
11 et institutione] institutionum Es   12-13 hinc — beneficiorum *om*.Es *(ho-*
mograf.)   16 iura Es   in] ex Es   16-17 uel habebunt *om*.Es
c.44 2 deuote et honeste] missam Es

tenentur uerbo populum instruere, sed exemplo, teneantur horis competentibus celebrare deuote, quantum poterunt, et honeste, induti superpelliciis, et caputiis in capitibus non tenere, sed cum birretis uel almutiis, si tenere uoluerint, Matutinas et alias Horas
10 canonicas in ecclesiis in quibus beneficiati exsistunt, non extra, dicere teneantur. Quidam ducti nimia superbia, desidia uel negligentia, non curantes predicta seruare, Matutinis non celebratis per eos in ecclesiis, dicendo Horas canonicas cum caputiis et pileis ac sine superpelliciis, portando etiam frequenter calepodia in pedibus in
15 ecclesia exsistentes, se laicos plusquam clericos exhibentes, propter quod nedum predicta nostra frangitur et uilipenditur constitutio, que ad laudem Dei est totaliter ordinata, uerum etiam graue scandalum per eorum inhonestam conuersationem generatur in populo dum clerici in ecclesiis sic indeuote exsistant. Et quia dignum est
20 tales percelli pena debita qui negligunt Deo in ecclesia sancta sua deuotione qua conuenit deseruire, statuimus et ordinamus ut qui de cetero in predictis uel aliquo predictorum reperti fuerint delinquentes et qui predictam constitutionem non seruauerint fideliter, dicendo Horas canonicas cum honestate debita, prout decet, in penam
25 quinque solidorum pro unaquaque uice ipso facto se nouerint incidisse. Cuius quidem pene medietatem operi ecclesie Barcinonensis et reliquam medietatem officialibus et decanis nostris, qui hec exsecutioni mandauerint, et mandare teneantur, absque fide remissionis et uenie, uolumus applicari[2].

[95]   45.   *Quod rectores sint diligentes de fabrica sedis Barcinonensis*

Cum deuoti filii et subiecti teneantur sue matri ecclesie, sub cuius potestate a Domino sua beneficia obtinere noscuntur, in sua
5 necessitate eidem prestare de persona et bonis suis, quantum cum Deo poterunt, consilium e iuuamen. Et inueniamus quod ecclesiarum rectores in ciuitate et diocesi Barcinonensi constituti ad impendendum consilium et iuuamen sue matri ecclesie Barcinonensi super fabrica eiusdem ecclesie et incepta renouatione et reedificatio-
10 ne eiusdem operis, non modicum sumptuoso, sunt desides et quamplurimum negligentes, licet ad predicta fuerint multotiens moniti

---

[2]   Sínodo de 1320-1322.[6].

8 superpelliciis] et sine pilleis *ad.* Es^(ac)K   non tenere *om.* EsK   10 quibus] horas canonicas *ad.* C   12 predicta seruare *om.* Es   14 calepodia] calopopodia Es 26-27 operi — medietatem *om.* K *(homograf.)*   27 officialibus] ospitalibus C **c.45** 3 sue *om.* Es   4 sua] suo Es   obtinere *om.* EsK   5 bonis] de *antep.* Es 6 poterint Es   consilium et iuuamen *om.* Es

et etiam excitati. Cupientes nos eosdem ad hoc per compositionem debitam excitare, uolumus et ordinamus quod quilibet rector teneatur unum uel duos de parochianis suis eligere, quos magis ad hoc
15 fideles et idoneos esse nouerit, quandocumque populus in ecclesia <fuerit> congregatus, qui colligant eleemosynas ad opus dicte fabrice cum bacino, et collectas tradant eidem rectori, et confestim per eumdem rectorem in locum tutum esse seruandas et mittendas per eum fideliter procuratoribus operis ante dicti quolibet anno in
20 festo dominice Natiuitatis et Resurrectionis. Et teneantur diebus omnibus dominicis et festiuis et quandocumque populus fuerit congregatus, necnon in testamentis et confessionibus parochianorum eosdem admonere et inducere ad benefaciendum operi ante dicto, exponendo eis indulgentias et missas et alias remunerationes,
25 quas benefactores dicti operis consequuntur porrigendo manus in subsidium operis memorati. Et quod per se uel per alios fide dignos huiusmodi eleemosynas et legata fideliter colligant seu colligi faciant, et quidquid exinde collegerunt mittant, cum alberanno suo quantitatem huiusmodi contienentem, per fidelem nuntium procu-
30 ratoribus ante dictis quolibet anno in terminis supra dictis. Et hoc teneantur ecclesiarum rectores, sub uirtute sancte obedientie, per eos iam prefata fideliter attendere et complere, et posse suum facere in eisdem, sub pena uiginti solidorum presentis monete, quam ipso facto incurrant si super hoc negligentes fuerint aut remissi, dicto
35 operi applicanda, qui etiam possunt ad hoc alias compelli per officialem et decanos predictos[1].

[96] 46. *Quod omnes presbyteri de diocesi Barcinonensi celebrent uel celebrari faciant quatuor* (sic) *missas infra annum pro benefactoribus operis sedis Barcinonensis*

Quoniam, iuxta sanctorum patrum ordinationes, ad salutem
5 et remedium animarum omnium fidelium, et maxime subditorum nostrorum, ad quorum regimen, diuina gratia disponente, assumpti sumus et laborare teneamur, et potissime illorum illarumue, qui et que benefactores et confratres nostri esse uolunt et uoluerunt in

---

[1] **c.45** Sínodo de 1320-1322.[11].

12 compositionem] compunctionem K   13 debitam *om.*Es   13-14 teneatur *om.*Es   15 quandocumque] quantumcumque C   16 fuerit *om.*Q   qui colligant] et colligat C, colligat EsK   17 tradat Q   19 operis *om.*C
21 quandocumque] aliis *antep.*EsK   fuerit] in ecclesia ut predicitur *ad.*EsK
22 necnon] et *ad.*EsK   31-32 per — complere *om.*C
c.46 1 Barcinonensi] nostra EsK   3 operis *om.*Es

constitutione operis nostre cathedralis ecclesie, que patitur euiden-
10 tem defectum, habito respectu ad multitudinem populi iugiter per
Dei gratiam exsistentis in ciuitate Barcinonensi et ad perficiendum
opus adiutores et adiutrices exsistunt et erunt. Ex quibus cultus
diuinus liberius et deuotius celebrabitur in sede Barcinonensi, et
populus inibi confluens ad audiendum diuina officia copiosius et
15 latius recipi poterit, diuina gratia ministrante. Sicque considerantes quod illis in officio caritatis primo tenemur obnoxii a quibus
nos cognoscimus beneficia recepisse, ac uolentes omnibus confratribus et benefactoribus nostris spiritualem retributionem facere, ut
tenemur, ut ex suis beneficiis consolationem aliquam consequan-
20 tur (secundum Apostolum, dicentem 'Sicut consolationum socii,
etc.'[1]) qui circa diuinum opus uigiles sunt et de suis facultatibus
contribuunt. [97] Idcirco nos Pontius, diuina miseratione Barcinonensis episcopus, una cum uenerabili capitulo nostro, fecimus et
prouidere ordinamus ut tam in sede quam in omnibus et singulis
25 ecclesiis parochialibus et capellis ciuitatis et diocesis Barcinonensis omnes presbyteri, cuiuscumque condicionis ac status exsistant,
celebrent uel celebrari faciant xij. missas in anno quolibet prima
die ueneris cuiuslibet mensis anni pro defunctis fidelibus, et specialiter pro nostris confratribus et benefactoribus dicti operis, qui
30 ex hoc seculo transierunt et pro uiuis etiam. Et si dicta dies ueneris uenerit feriata, subsequenti die non feriata compleatur officium
supra dictum. Intelligatur tamen quod si aliquis per negligentiam
uel impedimentum aliquod dictas missas omiserit, quod illas alio
die et alio mense possit et teneatur emendare. Et predicta omnia in
35 uirtute sancte obedientie et sub pena excommunicationis precipimus inuiolabiliter obseruari ab omnibus predictis et singulis. Et si
quem super predictis de cetero inobedientem inuenerimus aut in
aliquo negligentem, ipsius inobedientiam et negligentiam taliter
puniemus quod ipsius pena transire poterit ceteris presumptoribus in exemplum[2].

[98] 47. *Anno Domini millesimo ccc.xvij., die mercurii post
dominicam de Quasi modo, que intitulatur idus aprilis,
reuerendus in Christo pater dominus Pontius, Dei gratia*

---

[1] **c.46** 2 Cor 1,7.
[2] Sínodo de 1320-1322.[13-15].

9-10 euidentem] deberi *ad.*EsK   17 uolentes] uolentibus Q   23 facimus
Es   24 ut] et C   ecclesiis *om.*C   26 ac] aut EsK   29 dicti operis *om.*Es
30 ueneris] in die *ad.*K   35-36 inuiolabiliter *interl.*K
c.47 1 xvij.] xviij. *mal* CEs

5 *episcopus Barcinonensis, celebrauit synodum in ecclesia Barcinonensi, etc.*[1]

[99] 48. *Sententia excommunicationis lata contra clericos et laicos non seruantes constitutionem latam*

Cum non licet laico de spiritualibus a quoquam relictis in sua ultima uoluntate in ecclesiis aliquid disponere seu ordinare, sta-
5 tuimus ac perpetuo ordinamus ut nullus laicus, quantumcumque potestatem asserat se habere a persona defuncta, in anniuersariis distribuendis, missarum celebrationibus disponendis, capellaniis, annualibus, trentenariis seu cuiuslibet aliis spiritualibus obsequiis pro defunctis in ecclesiis faciendis in ciuitate uel diocesi Barcino-
10 nensi aliquid ordinare seu disponere ualeat, nec aliquis presbyter se ad horum seruitium aliquatenus immiscere sine expresso assen-su nostro uel rectorum ecclesiarum de quorum parochiis assump-ta fuerunt corpora defunctorum qui pro animabus suis spiritualia legata huiusmodi dimisserint. Qui uero contrarium fecerit, cum
15 multa exinde scandala oriantur et damna plurima suscitentur, ex-communicationis sententiam ipso facto se nouerit incurrisse. Volu-mus tamen et intendimus quod presens contitutio incipiat currere ab instanti festo beati Johannis Baptiste in antea, et non ante, ut interim publicari ualeat et omnibus esse nota[1].

[100] 49. *Quod clerici non portent in manicis botonos de auro uel de argento*

Item, quod omnes rectores et clerici beneficiati abstineant de cetero ne portent in manicis uel quibuslibet uestibus suis modulos
5 aut botonos, fibularia uel aliqua alia ornamenta de auro aut de ar-gento seu de alio aliquo metallo, ne uideantur mercatores seu laici inhonesto habitu incedentes. Alias punirentur iuxta constitutionem super hoc editam contra tales[1].

---

[1] **c.47** Sínodo de 1317.[1].
[1] **c.48** Sínodo de 1317.[2].
[1] **c.49** Sínodo de 1317.[4].

---

c.48 2 latam] sequentem Es^pc   3 laicis EsK   8 cuiuslibet] quibuslibet Es
spiritualibus] specialibus CK   12 quorum] quo C   parochiis] parochianis Es   13 fuerint Es
c.49 4 uestibus *om.*K   modulos] nodulos EsK   6-7 seu laici inhonesto habitu
incedentes *om.*C   7 punientur Es

[101] 50. *Quod aliquis rector non recipat alienum parochia-*
num ad ecclesiastica sacramenta

Item, caueant ecclesiarum rectores ne ad aliqua sacramenta ecclesiastica recipiant alienos parochianos, nisi hoc facerent in articulo
5 mortis uel de licentia proprii sacerdotis, nec parterias ad missam,
cum multos inueniamus super hoc quamplurimum negligentes. Et
si quis contrarium fecerit, punietur iuxta formam constitutionis super hoc editam contra tales[1].

[102] 51. *Anno Domini millesimo ccc.xviij., kalendis madii,*
reuerendus pater et dominus dominus Pontius, Dei gratia
Barcinonensis episcopus, celebrauit in ecclesia Barcinonen-
si synodum et edidit constitutionem sequentem[1].

[103] 52. *Quod capide non uendantur ad profanos usus*

Quia nonnulli ecclesiarum rectores aut uices eorum gerentes
albas, que capide uulgariter appellantur, contra sacrorum canonum
instituta temere innitentes uendere personis secularibus, necnon et
5 eorum aliqui in profanos usus et illicitos conuertere non formidant,
quod ualde indecens noscitur et indignum, cum ea que Deo dedicata sunt ad profanos usus redire non liceat[1], et capide predicte, in
sacramento baptismi sacro chrismate et oleo benedicto liniuntur,
ad alios usus, nisi in superpelliciis et curtinis et aliis ornamentis et
10 uestimentis ecclesiarum conuerti non debeant. Nos Pontius, diuina
miseratione Barcinonensis episcopus, in presenti synodo exsistentes, prefatis abusibus et animarum periculis obuiare uolentes, ordinamus et perpetuo statuimus ut nullus de cetero, cuiuscumque
status, condicionis aut sexus exsistat, de capidis predictis aliquid,
15 nisi in uestimentis et ornamentis ecclesiarum conuertere presumat.
Qui uero contrarium fecerit, pro unaquaque uice penam uiginti solidorum monete Barcinonensis ipso facto nouerit incurrisse, quam
siquidem penam in fabricam ecclesie sedis Barcinonensis duximus

---

[1] **c.50** Sínodo de 1317.[5].
[1] **c.51** Sínodo de 1318.[1].
[1] **c.52** In VI Regulae iuris, regul. 51.

---

c.50 *El códice* Es *omitió esta constitución y está suplida por otra mano* 4 alienos]
aliquos C
c.51 2 dominus[2] *om.*EsK
c.52 3 contra *om.*EsK   5 aliqui] alicui EsK   6 indecens] esse *ad.*EsK
17 nouerit] se *antep.*EsK

assignandam, dignum est enim ut quos Dei timor a malo non reu-
20 ocat, temporalis saltim pena coerceat a peccatis[2].

[104] 53. *Quod medici non recipiant patientem ad curam do-*
nec sit confessus

Cum nos Pontius, Dei gratia Barcinonensis episcopus, intellexerimus nonnullos medicos in ciuitate et diocesi Barcinonensi
5 degentes circa animarum salutem eorum quos sua cura suscipiunt
fore desides et quamplurimum negligentes, non attendentes quod
infirmitas corporalis nonnumquam ex peccato proueniat, dicente
Domino languido, quem sanauerat: 'Vade et amplius noli peccare,
ne deterius tibi contingat'[1]. Volentes animarum saluti in hac parte,
10 quantum cum Deo possumus, prouidere, monemus semel, secundo, tertio et peremptorie in his scriptis generaliter omnes medicos,
tam physicos quam chirurgicos, cuiuscumque status uel condicionis
exsistant, eisque districte iniungimus et mandamus ut antequam
patientem aliquem sub sua cura recipiant, ad suscipiendam peni-
15 tentiam de commissis et ad ordinandum de bonis suis moneant et
inducant. Et ab hac hora in antea neminem sub sua cura recipiant
patientem, et sub periculosa precipue infirmitate laborantem, nisi
prius sacerdoti suo integre confessus fuerit et Corpus Christi digne
receperit, prout decet, ut inuocato prius medico anime, corporalis
20 medici curam suscipiant salubrius patientes[2].

[105] 54. *De medicis Iudeis*

Item, monemus semel, secundo et tertio et peremptorie in his
scriptis generaliter omnes parochianos nostros ciuitatis Barcinonensis, cuiuscumque similiter status uel condicionis exsistant, eisque
5 districtius inhibemus quod in eorum infirmitatibus cure non se subiciant Iudeorum, nisi ad hoc associetur medicus christianus, ne
fraude loco in anime uel corporis periculum adesse uel interuenire
ualeat Deo propitio in hac parte. Quod si quisquam medicorum uel
parochianorum nostrorum, spreto presenti mandato nostro, con-

---

[2] Sínodo de 1318.[2].
[1] **c.53** Jn 5.14; Conc.4 Lat.1215 c.22 (X 5.38.13).
[2] Conc.4 Lat.1215 c.22 (X 5.38.13). Sínodo de Barcelona de 1318.[3].

---

c.53 16 in antea — cura *om.* EsK   19 ut] et C   inuocato *om.* Es   20 suscipiant *om.* C
c.54 5-6 cure non se subiciant] curam non suscipiant E   6 hoc] uocato
medico alio *ad.* EsK   associaretur EsK   6-8 ne — parte *texto deficiente* Q

10 trarium fecerint in premissis, ex tunc, predicta monitione premissa, excommunicationis sententie, quam in eosdem ferimus in his scriptis, se nouerint subiacere. Et hanc sententiam uolumus et mandamus statim per ecclesiarum nostrarum rectores et alias annuatim suis plebibus in festis precipue sollemnibus intimari et sollemniter
15 publicari. [106] Lata fuit hec sententia et publicata ante portas ecclesie Barcinonensis, die uidelicet Ramis Palmarum, populo ciuitatis, ut moris est, ad benedictionem ramorum congregato, intitulata secundo nonas aprilis, et die Iouis Cene Domini, anno Domini millesimo trecentesimo undecimo[1].

[107] 55. *Quod officiales episcopi recipiant de scripturis moderatum salarium*

Ex frequenti clamore, tam clericorum quam laicorum, ad nos Pontium, Dei gratia Barcinonensem episcopum, peruenit quod
5 officiales nostri nimium exasperant gentes, et notarii, tam nostri palatii quam officialatus nostri Barchinonensis, et alii scriptores decani nostri Penicensis et decani Vallensis, et substituti ab eis immoderatum salarium de scripturis extorquent. Vnde nos huic morbo occurrere cupientes, statuimus et perpetuo ordinamus quod notarii
10 curie officialatus nostri per se uel per alium non recipiant pro salario scripturarum actorum communium, pro quolibet folio siue carta papiri in quo sint saltem uiginti linee in utraque pagina dicti folii scripte, absque aliqua diminutione et fraude in utramque partem, ultra quatuor denarios; de transumpto uero siue translato ab
15 utraque parte, unum denarium tantum, et non ultra. De magnis foliis recipiant secundum quantitatem minorum foliorum. De litteris uero citationis, excommunicationis, denuntiationis et aliis non recipiant ultra sex denarios uel secundum quod est fieri consuetum temporibus retroactis. Hoc idem statuimus perpetuo de actis et
20 transumptis que ducuntur et deducentur in palatio nostro Barcinone per quoscumque iudices uel successores nostros assignatos uel assignandos[1].

---

[1] **c.54** Sínodo de 1318.[4-5].
[1] **c.55** Sínodo de 1318.[6].

10 ex — premissa *om.*C *(homograf.)*   13 et alias annuatim] animarum Es
alias *om.*K   18 secundo] pridie Es   Domini[1]] sequentis *ad.*Es, sequenti *ad.*K
19 undecimo] uicesimo *mal* Es
c.55 5 nimium *om.*C   et] ac EsK   6-7 palatii — decani nostri *om.*C *(homograf.)*   9 cupientes] uolentes Es   statuimus] mandamus *ad.*EsK   11 actorum *om.*K   12-13 dicti folii scripte] dicto folio scripto Es   13 aliqua *om.*EsK
13-14 et fraude — partem *om.*K   14 quatuor] tres Es

[108] 56.   *Quod notarius curie officialatus teneat idoneos substitutos*

Item, quia per clamorem frequentem in nostri officialis curia litigantium sepe audiuimus aut didicimus manifeste quod processus
5   et littere citationis, qui fiunt in prelibata curia, propter absentiam notarii eiusdem curie et copiam substitutorum ipsius, sepissime plus debito retardantur, uolumus, statuimus ac etiam ordinamus quod ipse notarius tales et tot teneat et habeat in sepe dicta curia scriptores substitutos iuratos, ut litigantes que habere uoluerint
10   habeant absque mora. Et si contingit de cetero culpa uel mora dictorum scriptorum in aliqua causa die prefixa seu assignata per officialem seu alium iudicem delegatum non posse procedi, soluat ipse notarius curie (qui in culpa fuerit non scribendo uel transumptum dictis litigantibus non tradendo immediate) partibus quas leserit in
15   predictis faticam diei illius, qua, ut premittitur, propter eius culpam processus fuerit retardatus. Quas si faticas eadem die non soluerit, sententiam ipso facto incidat infra scriptam, nulla ei in hoc pretii remissione, liberalitate seu gratia ualitura[1].

[109] 57.   *Quod notarius curie officialatus teneat sigillum*

Item, uolumus et statuimus ac perpetuo ordinamus ut notarius dicte curie officialatus, quamdiu curia tenebitur per officialem predictum uel eius uices gerentem, pro eo quia sigillum dicte curie tenet et tenere hactenus consueuit personaliter, in ipsa curia maneat,
5   ac processus et littere per eum diligentius et melius ordinentur. Sed si contingat eumdem notarium horis predictis a dicta curia absentari propter negotia propria uel etiam aliena, possit hoc facere, ab ipso officiali primo petita licentia et obtenta, et eo casu in posse
10   illius officialis relinquat sigillum ante dictum quamdiu eum absentem manere contigerit, nec ulli substituto predictum sigillum committat. Et si contra fecerit, penam infra scriptam ipsum notarium incurrere uolumus ipso facto[1].

[110] 58.   *Quod sagio officialis recipiat congruum salarium*

Item, ut sagio siue nuntius curie officialatus Barcinonensis non recipiat pro unaquaque citatione seu mandato, etiam de matrimo-

---

[1]   **c.56** Sínodo de 1318.[7].
[1]   **c.57** Sínodo de 1318.[8].

c.56 4 aut] ac K   didiscimus K   13 in culpa] culpam C
c.57 3 officialatus] nostri *ad.*Es   5 curia *om.*C   6 ac] ut EsK
c.58 3 citatione] nuntiatione *ad.*EsK

niis celebrandis absque bannis siue monitionibus, ultra duos dena-
5   rios monete Barcinonensis[1].

[111]   59.   *De salario cancellarii nostri palatii*

Item, cancellarius nostri palatii non recipiat pro custodia nisi
dumtaxat duos denarios pro qualibet persona ab illis qui in tauega
seu carcere tenebuntur. Si uero dictos captos, ferratos uel inclusos
5   in aliqua domo nostri palatii uel alias extra tauegam custodiat, quia
tunc maiorem diligentiam oportebit eum habere, habeat pro suo
salario qualibet die duodecim denarios, moderamine tamen habito
circa personas pauperes et indigentes, ad arbitrium nostri uel officialis nostri, ut iam superius continetur[1].

[112]   60.   *De actis, si perdantur*

Item, quia frequenter contingit quod acta causarum que ducuntur in palatio nostro et in curia officialatus nostri Barcinonensis, siue sint acta communia siue translata partium, perduntur, in
5   quo non sunt scriptores sine culpa, uolumus et perpetuo ordinamus quod si acta communia uel translata perdantur infra annum a
tempore mote litis, siue in palatio nostro siue in curia officialatus
nostri, siue causa terminata fuerit siue non, teneatur tam notarius
noster siue substitutus ab eo, quam notarius officialatus nostri Bar-
10   cinonensis siue substitutus ab eo, acta siue translata predicta suis
propriis sumptibus scribere et perquirere, et parti que perdiderit ea
in palatio nostro siue in curia officialatus nostri tradere sine aliquo
salario, cum iustum sit ut quis puniatur in quo deliquit. Si uero ultra annum perdita fuerint siue acta communia siue translata in pa-
15   latio nostro siue in curia officialatus nostri, uel dilata fuerit repetitio
eorumdem ex negligentia partium, et requirantur notarii predicti
siue subditi ab eis, liceat eisdem notariis cum moderato salario acta
uel transumpta huiusmodi perquirere et rescribere, si necessarium
fuerit. Et super dicto moderato salario stetur ad cognitionem nostri
20   officialis, cuius conscientiam super predictis intendimus onerare,
nam in hoc casu non uidentur partes esse sine culpa in eo quod
tantum distulerunt repetere acta sua[1].

---

[1] **c.58** Sínodo de 1318.[9].
[1] **c.59** Sínodo de 1318.[10].
[1] **c.60** Sínodo de 1318.[11].

---

4 monitionibus] nuntiationibus Es
c.59 6 suo *om.*EsK   7 qualibet die *om.*Es
c.60 1 perduntur EsK   8 siue — siue *om.*K   13 ut *om.*C

[113]   61.   *De notariis et eorum substitutis*

Hec que diximus et statuimus de notariis et eorum substitutis supra dictis, statuimus et ordinamus perpetuo de notariis seu
scriptoribus uel eorum substitutis aliorum officialium nostrorum et
5   specialiter decani Penitensis et decani Vallensis et aliorum similium,
si qui fuerint pro tempore. Predicta uero omnia et singula statuimus
et perpetuo ordinamus firma esse et illibata sub pena excommunicationis, quam in predictos et singulos predictorum ferimus, si contra
premissa uel aliquid premissorum fecerint, et nihilominus perdant
10   officium ipso facto, etc.[1]

[114]   62.   *Constitutiones synodales domini Pontii, episcopi*
Barcinonensis, edite tertio idus decembris, anno Domini
millesimo trecentesimo decimo nono[1].

[115]   63.   *Quod clerici non compareant coram iudice seculari*

Cedit quidem in offensam Domini et eneruationem, scandalum
et preiudicium totius ordinis clericalis ut clerici ad publica siue secularia iudicia, suo relicto pontifice, pertrahantur. Proinde statuimus
5   quod idem clerici tonsurati seu in sacris ordinibus constituti per secularem iudicem rei originaliter moniti uel citati coram eodem, non
compareant, nec etiam coniugati super criminalibus ciuiliter intentatis, nisi ad allegandum priuilegium clericale uel ratione feudi uel casu
debito alio, cuius cognitio ad ipsum secularem iudicem pertineret.
10   Qui uero contrarium presumpserint attemptare, si coniugati uel tonsurati exstiterint, unius, si in sacris ordinibus constituti, duorum pro
qualibet uice morabatinorum penam se nouerint incurrisse[1].

[116]   64.   *De usuris*

Vsurarum uoraginem, que animas deuorat et facultates exhaurit, compescere cupientes, presenti constitutione ducimus statuen-

---

[1]   **c.61** Sínodo de 1318.[12].
[1]   **c.62** Sínodo de 1319.[1].
[1]   **c.63** Sínodo de 1319.[2].

---

c.61   1, 2-3 y 4 substitutis] subditis *(mal)* Q   6 Predicta] sententia lata *antep.*C
(como rúbrica)   statuimus] mandamus *ad.*EsK
c.62   1-3 Constitutiones — nono *lo omitió* Es *y lo suple al margen una mano pos-*
terior
c.63   1 Quod — seculari *lo omitió* Es *y lo suple una mano posterior*   3 ut] et CEs
ad publica] a publica Q   5 idem] dedecus (?) Es

dum quod clerici pecuniam fenebrem non exerceant nec faciant
5 exerceri, nec ad exercendum dent consilium, auxilium uel fauorem.
Qui autem contrarium attemptauerit, ipsam pecuniam fenebrem
ipso facto amittat, et nihilominus incurrat uiginti morabatinorum
penam, penis statutis in iure contra tales in suo robore duraturis.
Quas quidem penas per nos decernimus iustis usibus applicandas[1].

[117] 65. *Quod clerici compareant in prima citatione*

Inobedientie indurateque malitie clericorum occurrere cupientes, statuimus ut clerici per nos citati iudicis officio uel per officialem
nostrum, in prima citatione, prout conuenit, debeant comparere.
5 Si autem, absque legitimo impedimento, contempserit comparere,
unius, si uero in secunda citatione idem fecerit, duorum, si autem
excommunicationis sententiam diu sustinuerit, quinque, si in eadem aggrauata excommunicationis sententia permanserit, decem
morabatinorum penam se nouerit incurrisse, statutis contra tales in
10 iure editis in suo robore ualituris.
[118] Supplicant clerici quod predicta constitutio reducatur ad
ius commune[1].

[119] 66. *Quod clerici non portent arma*

Cum clerici, maxime in sacris ordinibus constituti, non mate-
rialibus sed spiritualibus armis debeant premuniri, cum orationes et
lacrime esse arma debeant clericorum, statuimus quod infra ciuita-
5 tem Barcinonensem clerici arma non portent publice, nisi cum nostra licencia habita uel obtenta, uel ueniendo ad Matutinas; nec in
sacris ordinibus constituti, extra ipsam ciuitatem, balistam, telum,
lanceam, arcum cum sagittis nec deploides siue sparleres grosses publice et patenter, nec infra etiam ciuitatem debeant deportare, nisi
10 ex causa rationabili, puta uenatione licita et honesta uel alia, quam
nobis, si tempus patiatur, habeant intimare. Qui uero contrarium
fecerit, armis que portauerit sit priuatus, et nihilominus penam
duorum morabatinorum incurrat[1].

---

[1] **64** Sínodo de 1319.[3].
[1] **c.65** Sínodo de 1319.[4-5].
[1] **c.66** Sínodo de 1319.[7].

---

c.65 1 clerici] citati *ad*.EsK   4 prout — debeant *om*.C   5 Si — comparere
om.Es *(homograf.)*
c.66 3 sed spiritualibus *om*.EsK   7 ciuitatem *om*.CK, *interl*.Es   8 disploi-
des Es   9 infra] dictam *ad*.K   ciuitatem] predictam balistam (balistam *interl.)*
ad.Es   10 uel alia *om*.Es

[120]   67.   *Quod quilibet catholicus christianus semel in anno*
teneatur confiteri suo proprio sacerdoti

Cum, iuxta sacrorum canonum instituta, quilibet catholicus
christianus semel in anno ad minus debeat et teneatur confiteri
5   suo proprio sacerdoti, nobisque Pontio, diuina gratia Barcinonensi
episcopo, fide dignorum relatibus sit deductum quod in ciuitate et
diocesi nobis commissis nonnulli de parochianis, sue salutis immemores, nedum per annum, immo per longiora tempora differunt
ad suum rectorem seu parochialem recurrere pro eorum peccatis et
10   sceleribus detegendis. Nos predictis, tamquam perniciosis, exemplo
obuiare salubriter cupientes, ideo statuimus quod quilibet parochianus teneatur suo proprio rectori (uel alio sacerdoti idoneo, seculari
uel religioso, de ipsius rectoris licentia) anno quolibet confiteri, nisi
eum iusta causa et rationabilis excusauerit, quam ipsi rectori uel
15   parochiali exprimere teneatur. Ipsique rectores et parochiales conscribere <teneantur> nomina confitentium eorumdem. Illis autem
qui confiteri neglexerint et medio tempore decesserint, cum deuient
a tramite catholice ueritatis, uolumus et precipimus sepulturam ecclesiasticam denegari. Et predicta per rectores et parochiales suis
20   plebibus uolumus per duos uel tres dies dominicos publice in ecclesia annis singulis publicari, ut ad communem omnium notitiam
deducantur[781].

[121]   68.   *Quod nullus laicus teneat capidas*

Item, cum <in> pluribus parochiis dicte diocesis sit temere
ordinatum quod laici ecclesiarum sacristias regunt, et reditus recipiunt earumdem, albas siue capidas recipiunt et conseruant, quas
5   uendunt et distrahunt et in aliis humanis usibus conuertere non
formidant, quamquam sint chrismate linite. Statuimus et perpetuo
ordinamus quod de cetero nullus laicus ipsas albas seu capidas tenere audeat, seu tractare, sed solum rector parochialis, propter chrismatis dignitatem. Si autem de rectore parochiali quod ipsas albas
10   distrahat (licet sit per alias constitutiones prohibitum) uerisimiliter
presumatur, taliter precipimus hiis prouideri: quod fiat una caxia
cum duabus clauibus, in qua albe huiusmodi deponantur, et quod

---

[1]   **c.67** Sínodo de 1319.[12].

c.67 1 catholicus *om.*Es   3 instituta *om.*C   4 ad minus *om.*Es   5-6
Barcinonensi episcopo *om.*C   6 dignorum] dignis EsK   7 nobis commissis]
Barcinonensi terminis Es   10 exemplum C   16 teneantur *om.*Q   21 ut]
et CK   22 deducantur] Predicta constitutio fuit inuocata (?) propter tumultum
specialiter fratrum predicatorum *marg. de otra mano ad.*Es
c.68 *El códice* Es *omite el* c.68   2 in *om.*CK   3 sacristas C

unam clauem teneat rector et aliam qui tenuerit sacristiam ipsius
ecclesie teneat. Quas albas uendi prohibemus, sed quod in superpel-
15 liciis et aliis usibus et paramentis ecclesie conuertantur. Et predicta
sub pena excommunicationis teneri uolumus et obseruari[1].

[122] 69. *<Constitutiones synodales anni 1339. Proemium>*

Constitutiones synodales fratris Ferrarii, episcopi Barcinonensis, vj.
idus aprilis, anno Domini millesimo trecentesimo tricesimo nono.
Ad perpetuam rei memoriam. Quoniam nulla iuris communis
5 uel specialis sanctio, quantumcumque perpenso digesta consilio,
ad humane nature uarietatem et machinationes eius inopinabiles
sufficit, cum ab adulescentia uiri procliuis ad malum sensualitas humana declinet, per quod morum subuersio in clero et populo frequenter obrepit, necessaria est superioris auctoritas ut per constitu-
10 tionis opportunum suffragium quasi per cultoris prouidi sarculum
extirpet uitia, uirtutes inserat, corrigat excessus, moresque reformet.
Quapropter nos frater Ferrarius, diuina miseratione Barcinonensis
episcopus, in nostra synodo <in> Barcinonensi ecclesia congregata
constitutiones fecimus subsequentes[1].

[123] 70. *Quod ecclesie parochiales non debent per laicos ad-*
ministrari

Statuimus enim quod constitutio olim edita in prouinciali concilio Tarraconensi, cuius tenor talis est 'Cum ecclesie parochiales
5 per laicos administrari non debeant, statuimus quod laicis <de cete-
ro> nullo modo attributentur, sed per clericos et uiros ecclesiasticos
ecclesie gubernentur, secundum canonicas sanctiones'[1], <teneatur>
et obseruetur iuxta sui continentiam et tenorem. [124] Et quia in
uisitationibus ecclesiarum nostre diocesis reperimus ipsam male
10 seruari, ordinamus quod qui contra istam constitutionem fecerit,

---

[1] **c.68** Sínodo de 1319.[15].
[1] **c.69** Sínodo de 1339.[1-2].
[1] **c.70** Conc.prov.Tarragona 1243 c.8 (Pons Guri 54); que pasó a la importante
compilación de 1330, c.18 (Pons Guri 147-148).

14 ecclesie] caxie *(mal)* CK   sed *om.*C
c.69 1 Constitutiones — Proemium *om.*Q   5 specialis] spiritualis Es   per-
pensa C   consiliis C   6 machinationes] maximaciones Q   7 cum]
et *ad.*K   ab] et CEs   8 subuersatio Es   13 in[2] *om.*Q   *A con-*
tinuación el códice Es (fol.15v) trae la tercera constitución del sinodo de Poncio de
Gualba de 1319.[4-5], que es también [117-118] de la presente compilación de Fran-
cisco Ruffach
c.70 3 Statuimus] quod ecclesie *ad.*C   5-6 administrari — clericos *om.*EsK
(homograf.)   de cetero *om.*Q   7 ecclesie *om.*Es   teneatur *om.*Q

et etiam qui ecclesias aut reditus ecclesie sue dictis personis laicis
sine consensu expresso nostro arrendauerit uel attributauerit, eo
ipso, ultra penam aliam de iure debitam, incurrat penam uiginti
solidorum, que in ornamentis ecclesie eiusdem conuertatur, et ni-
15 hilominus contractus contra hanc constitutionem habitus ipso iure
sit nullus[2].

[125]   71. *Quod Corpus Christi reuerenter teneatur*

Item, quod quilibet rector et uicarius seu alius regens ecclesiam
parochialem custodiat diligenter et teneat reuerenter et in pannis
mundis Corpus sanctissimum Domini nostri Iesu Christi. Et qui
5 aliter tenuerit, ultra aliam penam a iure debitam, penam uiginti
solidorum incurrat, qui in ornamentis ipsius ecclesie cui prefuerit
expendantur. [126] Item, ne in templo Dei ministrantes mercimonia exerceant illicita[1].

[127]   72. *Quod tractatus domini patriarche Alexandrini ha-*
beant

Item, quod quilibet sacerdos seu presbyter, cui sit uel non sit
cura animarum commissa, habeat infra annum et teneatur habere et
5 scire tractatum quem dominus Johannes, bone memorie patriarcha
Alexandrinus et administrator ecclesie Tarraconensis, composuit super articulis fidei, decem preceptis et sacramentis Ecclesie, que sunt
fundamenta ecclesiastice discipline. Et qui negligens in his repertus
fuerit, ultra penam iuris, penam centum solidorum incurrat, in orna-
10 mentis ecclesie cuius rector uel administrator fuerit conuertendam[1].

[128]   73. *Quod secunde nuptie non benedicantur*

Item, quod aliquis rector uel regens curam in nostra diocesi
benedictionem, que tantum in uirginum (seu primo nubentium)
<nuptiis>, secundum ordinationem Ecclesie dari debet et dici, non
5 det nec dicat contra ordinationem Ecclesie in nuptiis uiduarum uel
secundo nubentium, in quibus tamen alia dici possunt per rectores

---

[2] Sínodo de 1339.[3-4].
[1] **c.71** Sínodo de 1339.[6-7].
[1] **c.72** Sínodo de 1339.[9].

---

c.71 5 penam[2] *om.*C
c.73 1 non benedicantur] celebrentur C   non *om.*Es   2 curam] ecclesiam Es
3 que tantum in] quam tamen CEs   4 nuptiis *om.*Q   4-5 dari — Ecclesie
*om.*EsK *(homograf.)*

uel presbyteros, ea que sunt per Ecclesiam ordinata. Et qui contra fecerit, ultra penam iuris, penam uiginti solidorum incurrat, in opus dicte nostre ecclesie conuertendam[1].

[129] 74. *Vt aduocati iurent quod legaliter ducant causas*

Item, dispendiosam prolongationem litium, quam interdum ex aduocatorum et iudicum ac litigantium calumniis docet experientia prouenire, restringere (quantum pro subiectorum nostre cure sa-
5 lute et commode nobis liceat) cupientes, statuimus quod aduocati utentes officio aduocationis in curiis ecclesiasticis nostre diocesis, antequam in ipsis curiis <ad> aduocationis officium admittantur, iurent super sancta Dei quatuor euangelia (in posse officialis uel decani ipsius curie presidentis) quod legaliter et omni calumnia et
10 malitia postpositis, prestabunt patrocinium clientibus suis et illis quibus patrocinium seu consilium prestabunt, et quod non iuuent seu defendant aliquem in mala causa, et quam non bonam crediderint deserant statim cum eam desperatam uideant uel iniustam. Iurent etiam quod in causis quibus fuerint delegati uel alio iudicio
15 ecclesiastico non admittant scienter positiones impertinentes, et quod in suis processibus et sententiis diffugia, malitias et iniustitias, quantum in eis fuerit, euitabunt. [130] Statuentes etiam quod nullus ad aduocationis officium admittatur in curia officialatus nostri Barcinonensis, nec causa committatur etiam alicui, nisi examinatus
20 fuerit et approbatus in nostra curia uel curia seculari. In hoc autem canonicos et prelatos ecclesie nostre diocesis non intendimus comprehendi[1].

[131] 75. *Quod pro causa criminali nihil recipiatur*

Item, statuimus quod pro causa criminali uel in qua per inquisitionem pro crimine, delicto uel culpa ex officio uel ad partis nostre uel procuratoris nostri instantiam procedatur, nullum salarium,
5 munus, mutuum uel seruitium per officialem, decanos seu quoscumque alios commissarios, procuratores nostros ad lites, scriptores et sagiones curiarum ipsarum uel alios qui in dicta inquisitione uel ductione, examinatione aut decisione cause huius astiterint exigatur

---

[1] **c.73** Sínodo de 1339.[10].
[1] **c.74** Sínodo de 1339.[13-14].

c.74 4 restringere] constringere Es   6-7 aduocationis — admittantur *om.*Es
(homograf.)   7 ad *om.*Q   14-17 quod in — etiam *om.*Es *(homograf.)*
15 positiones] exceptiones *ad.*K   16 et iniustitias *om.*C *(homograf.)*   19 cause
committantur K   etiam *om.*K
c.75 2-3 per — uel ad *om.*K   8 examinatione aut decisione *om.*K *(homograf.)*

per uim, nec recipiatur etiam gratis oblatum, a criminoso uel ab eo
10 contra quem fit inquisitio uel causa erit huiusmodi, uel alio eius nomine uel occasione dante. Et hoc siue criminosus ipse contra quem
inquisitio erit facta uel fiet, siue condemnandus fuerit siue etiam
absoluendus, cum tales cause absque sportulis et absque expensis
criminosorum seu delatorum ipsorum cognosci debeant et etiam
15 terminari, tam in casu quo officialis, decanus seu alius commissarius uel procurator noster instet pro cognitione et determinatione
eiusdem, quam etiam in casu quo per huiusmodi cognitionem et
decisionem institerit criminosus. [132] Intelligimus tamen quod
si criminosus uoluerit pro sua defensione testes producere, uel eo
20 instante habet procedi ad aliqua pro quibus officialis, decanus,
iudex seu commissarius et scriptor habuerint extra suum domicilium <ire>, possint pro eorum labore recipere temperate, quodque
scriptor causarum huiusmodi pro originali processu et translato
dando ipsi criminoso recipiat prout est ab antiquo fieri consue-
25 tum[871].

[133] 76.   *Quod littere registrentur*

Item, fraudis et falsitatis periculum euitare uolentes, statuimus
quod nulla littera iustitie, gratie uel alia tradatur pro sigillando tenenti nostra sigilla, nec sigilletur per officialem aut decanos nostros
5 uel scriptores tenentes sigilla officiorum nostrorum, uel tamquam
sigillata tradatur, donec per notarios uel scriptores uel iuratos eorum
in libris curiarum ipsarum in quibus littera ipsa fuerit expedienda,
fuerit fideliter registrata. Et qui contra fecerit eo ipso officio nouerit
se priuatum[1].

[134] 77.   *<Constitutiones synodi anni 1345>*

Infra scriptas constitutiones fecit seu condidit reuerendus in Chris-
to pater dominus frater Bernardus, diuina prouidentia Barcinonensis
episcopus, in prima synodo quam celebrauit in ecclesia Barcinonensi,
5 *xiiij. kalendis septembris, anno Domini m.ccc.xl. quinto[1]. Rubrica.*

---

[1] **c.75** Sínodo de 1339.[15-16].
[1] **c.76** Sínodo de 1339.[17].
[1] **c.77** Sínodo de 1345.[1].

---

10 alio] aliquo K   11 occasione] in *ad*.C   Et] ex C   23 ire *om*.Q
c.76 2 uolentes *om*.C
c.77 1-5 Constitutiones — Rubrica *om*.Es   1 Constitutiones — 1345 *om*.Q
4 Barcinonensi] die veneris *ad*.K   5 Rubrica *om*.K

[135] 78.   *Quod rectores et beneficiati in ecclesiis suis et beneficiis residentiam faciant, ut tenentur*

Inter cunctas sollicitudines cure pastoralis, que presidentis eiusdem animum pulsant, debet esse illa precipua que directio-
5 nem in agendis et profectum conspicit subditorum. Hinc est quod nos frater Bernardus, miseratione diuina Barcinonensis episcopus, die ueneris, quartodecimo kalendis septembris, anno Domini millesimo trecentesimo quadragesimo quinto, in presenti prima synodo per nos conuocata, ac etiam in nostra Barcinonensi ecclesia
10 nunc congregata, cui, fauente Domino, presidemus, considerantes quod multis per ambitiosam importunitatem ipsorum petentium, tam nos quam nonnulli predecessores nostri indulsimus et licentias concessimus de percipiendis fructibus et prouentibus suorum beneficiorum, quamuis in eisdem nullatenus resident, quodque
15 etiam residentiam, ad quam de iure alias sunt astricti, in ipsis beneficiis facere minime tenerentur, ex quo cultus diuinus minuitur et plerumque officium, propter quod datur beneficium, omittitur, uagandi insolentie oriuntur, et, quod periculosius est, animarum cura negligitur, necnon dissolutionis materia preparatur. Nos igitur,
20 uolentes emendare preterita, et, in quantum poterimus, aduersus futura cauere, omnes huiusmodi indulgentias seu licentias per nos uel uicarium nostrum aut predecessores nostros taliter concessas, hoc synodali statuto penitus reuocamus, mandantes nihilominus uniuersis et singulis ecclesiarum rectoribus, necnon ceteris bene-
25 ficiatis qui ex institutione, fundatione, statuto uel alias teneantur in suis beneficiis continue residere quatenus a die presenti usque ad festum sancti Michaelis proxime instantis ad eorum ecclesias et beneficia omnino reddeant, et ex tunc continue (prout de iure et constitutione prouincialis concilii Tarraconensis, necnon aliqua synodo
30 uel capitulo Barcinonensi <tenentur>) resideant in suis ecclesiis et beneficiis, ac ipsis deseruiant per se ipsos, si quiuis ipsorum suam ecclesiam uel suum beneficium retinere intendat. Alias ex tunc ad prouidendum aliis, qui ibidem debitum seruitium impenderent et continue residerent, de huiusmodi ecclesiis et beneficiis, sic desertis,
35 procedemus, prout et in quantum de iure et ratione possemus et est a sacris canonibus definitum. **[136]** Per premissa autem indulgentias seu dispensationes aut gratias aliquibus concessas, quas nobis

---

c.78 1-2 Quod — tenentur *om.*Es   4 eiusdem] eidem EsK   debent CEs
6 miseratione] permissione EsK   17 officium] beneficium C   18 insolentie]
insolercie Q   quod *om.*C   19 materie C   20 in *om.*C   25 statuto]
instituto C   27 proxime] continue C   27-28 et beneficia *om.*Es   30 tenentur *om.*Q

etiam uolumus exhiberi, studiorum causa uel ex aliqua causa uera, iusta et necessaria, non intendimus reuocare. **[137]** Presens autem
40 statutum ad canonicos nostre ecclesie uel qui in nostris seruitiis sunt assistentes ex causa uolumus non extendi[1].

24. Sínodo de Francisco Ruffach, vicario del obispo Miguel de Ricomá, 6 de junio de 1354

Francisco Ruffach, autor de la compilación sinodal que acabamos de presentar, celebró también un sínodo el día seis de junio de 1354, que era viernes. Algunos códices ignoran la existencia de este sínodo de 1354 y adjudican todo su texto al sínodo 1345 de Bernardo Oliver, como ya expusimos al tratar del sínodo de 1345. Tal sucede, por ejemplo, con los códices de nuestras siglas B y K. Pero no hay duda alguna de que el texto de estos dos sínodos es distinto y tampoco cabe duda razonable de la identificación del verdadero texto de cada uno de ellos.

Al comienzo, en el [1] de nuestra edición, se habla de constituciones aprobadas en sínodo, sínodo celebrado en la iglesia de Barcelona, pero después el texto normativo, el propiamente sinodal de las constituciones, no vuelve a mencionar la palabra sínodo, sino que habla de la aprobación del cabildo, cosa frecuente en estos textos barceloneses que en sus constituciones apenas mencionan la aprobación sinodal, mientras que hay algunos sínodos de otras diócesis que constantemente reiteran como un sonsonete la frase de *sancta synodo approbante*. Acerca de este sínodo dice J. Sanabre que «en 1354, durante el pontificado del obispo Ricomá, que estuvo ausente de nuestra ciudad largas temporadas, su vicario general, Francisco Rufart, que ya había refundido las antiguas constituciones, celebró sínodo en la catedral de Barcelona en junio de 1354»[1], y después Sanabre edita las rúbricas de las constituciones del sínodo, que son las mismas de nuestro texto.

Tradición manuscrita y editorial: B fol. 145rab, del que falta el texto desde *reliqua* en la línea 14 del [3] con el c.2 (prescindimos de este códice en el aparato crítico); C. fol. 34va-37vb (texto base para nuestra edición); Es fol.22r-24v; K fol.104ra-110rb (que atribuye todo el texto al sínodo de 1345); R fol.7r-8v, en el que, por la pérdida de algunos de sus folios, falta el comienzo y contiene únicamente el texto desde *clericorum* en la línea 5 del [3] hasta el final del sínodo; J. Sanabre, *Los sínodos diocesanos en Barcelona*, 22-23 edita las rúbricas de las constituciones.

---

[1] **c.78** Sínodo de 1345.[2-4].
[1] J. Sanabre, *Los sínodos diocesanos en Barcelona*, 22.

40 statutum] institutum C   in *om.* C   41 non] esse C

[1] *<Inscriptio>*

Has *constitutiones fecit et ordinauit honorabilis uir Franciscus*
Ruffach, decretorum doctor, uicarius generalis reuerendissimi in Christo
patris domini Michaelis, diuina prouidentia Barcinonensis episcopi, in
5 *synodo quam celebrauit in ecclesia Barcinonensi, die ueneris, viij. idus*
iunii, anno Domini m.ccc.liiij.

[2] 1. *Quod nullus rector curatus uel uicarius perpetuus a*
sua ecclesia se absentans possit ut conductitius capellaniam
celebrare

Prouida deliberatione statutum fuit per reuerendum dominum
5 fratrem Ferrarium[1], Barcinonensem episcopum, quod nos etiam in-
nouamus, quod nullus rector, curatus, uel uicarius perpetuus nostre
diocesis, etiam de nostra uel nostrorum sucessorum licentia a sua
ecclesia se absentans, possit in posterum ut conductitius in nostra ecclesia uel aliis huius ciuitatis annualem uel trentenariam uel
10 aliam similem celebrare capellaniam. Quod si fecerit, eo ipso sit
excommunicationis sententia innodatus, a qua nequaquam possit
absolui, nisi quod nomine huiusmodi laboris siue seruitii receperit
restituerit, in opus nostre ecclesie conuertendum. Ceterum, cum
fide dignorum relatione intellexerimus ab antiquo talem fuisse inter
15 canonicos consuetudinem laudabilem, ut quilibet canonicus ecclesie Barcinonensis possit in suo seruitio habere unum rectorem uel
beneficiatum diocesis Barcinonensis, ideo nos Franciscus Ruffatii
predictus statuimus in perpetuum ad memoriam sempiternam, et
presentis constitutionis tenore concedimus quod quilibet Barcino-
20 nensis canonicus, non habita uel petita licentia episcopi, tenere et
habere possit in suo seruitio unum dumtaxat rectorem uel uicarium
perpetuum uel beneficiatum in suo seruitio siue domo. Et ille ad
residentiam personalem in sua ecclesia uel beneficio minime teneatur quamdiu in seruitio fuerit canonici dicte sedis, sed capellaniam
25 in sede possit uel ciuitate seruire, predicta constitutione in aliquo
non obstante, prouiso tamen omnino quod in ecclesiis talium uel
beneficiis debita seruitia faciant per idoneum substitutum. Non

---

[1]   **c.1** Sínodo de 1339.[11-12].

Inscrip. Inscriptio *om.*Q   2-**c.2** *línea* 8 clericorum *om.*R *(pérdida de folios)*
2-6 Has — liiij. *om.*K   2 uir *om.*Es   4 patris] et domini *ad.*Es   6 anno]
a natiuitate *ad.*Es
c.1 1-3 Quod — celebrare *om.*CEs (J. Sanabre *tampoco trae rúbrica para esta con-*
stitución)   10 si] cum Es   21-22 uel uicarium perpetuum *om.*C   22 ille
ad *om.*Es   25 seruirere] seruare Es   predicta *om.*C   27 faciant] fiant K

tamen intendimus quod dicti canonici dictos rectores aut curatos possint assumere ut in eorum ecclesiis curam teneant animarum
30 uel seruiant continue ullo modo. Nec etiam intendimus quod illos possint assumere qui iam se cum aliis conduxerint, donec tempus conductionis fuerit omnino finitum. Predictam autem licentiam concedimus, fraude omnino cessante, mandantes ipsis canonicis et rectoribus et aliis curatis et beneficiatis quod non dent aliquid
35 uel ipsi canonici non recipiant aliquid in fraudem, ut, pretio dato uel recepto, se possint a suis ecclesiis uel beneficiis absentare aliquo colore quesito, quod non fieri precipimus sub pena excommunicationis[2].

[3] 2. *Quod nullus clericus negotiationibus se immisceat, nec tabernas teneat*

Quoniam, ut aiunt sacre scripture, qui uinum, granum uel alias res uno tempore comparant et abscondunt ut alio tempore,
5 non mutata specie, carius uendant, iniustum lucrum intendunt, et qui abscondit blada in populo maledicetur[1]. Et multi clerici, quod dolentes referimus, considerantes illicita lucra captare potius quam honestatem clericorum et Ecclesie conseruare, negotiationibus intendere non uerentur, propter que decrescit populi deuotio et plu-
10 ries scandalum in Ecclesia generatur. Ideo nos Franciscus Ruffatii predictus, de consilio et assensu uenerabilis capituli, ordinamus et precipimus quod nullus de cetero clericus beneficiatus uel in sacris ordinibus constitutus sit ausus aliquas res emere per se uel per alium, ut alio tempore, non mutata specie, carius uendat, uel etiam
15 uinum uel bladum causa negotiandi uel lucro comparare, nisi so-

---

[2] C.7 q.1 c.19-26, 29; C.21 q.2 c.2; X 2.28.28; X 3.4.4-17; Conc.3 Lat.1179 c.13 (X 3.4.3); Conc.4 Lat.1215 c.32 (X 3.5.30); Conc.Lug.1274 c.13 (In VI c.1.6.14); Conc.legat.Valladolid 1228 c.8.1 (TR 3.327); Conc.legat.Valladolid 1322 c.8 (3.486); 1 Partida 16.2, 16-17. Barcelona sínodo de 1241.[4]; sínodo de noviembre de 1244.[10]; sínodo de 1291.[18-19]; sínodo de 1301.[1-2]; sínodo de 1306.[7, 9-12, 28]; sínodo de 1307.[10]; sínodo de 1323.[2]; sínodo de 1339.[12-12].
[1] c.2 Prov 11,26.

---

30 ullo] illo Es   32 finitum] cesatum Es   32-33 Predictam — cessante *om.*Es   34 et aliis *om.*Es   35 uel ipsi — aliquid *om.*C *(homograf.)*   36 recepto *om.*C
c.2 2 nec] uel K   4 ut alio tempore *om.*C, tempore *om.*Es   5 iniusto lucro CEsK   8 honestatem *desde esta palabra tenemos también el texto de* R et Ecclesie *om.*Es   9 non uerentur *om.*Es   que] quam EsKR   decrescit] decreuit KR   deuotio] indeuotio CEsKR   et *om.*R   10 in Ecclesia *om.*EsKR   12 clericus] uel *ad.*Es   13-14 per se uel per alium *om.*C   14 ut] uel R   15 lucro] loco Es

lum pro se et familie sue substentatione². [4] Nec tabernam publice teneat, nisi de uino quod habet de uineis uel reditibus suis³. Alias, contrarium faciens, ipso facto pro qualibet uice penam quinquaginta solidorum se nouerit incurrisse, de qua tertiam partem denun-
20 tianti, aliam officiali uel decano exsecutionem facienti, reliqua operi sedis Barcinonensis, sine spe uenie adquiratur. [5] Per hanc autem, emptionem uel uenditionem redituum ecclesiarum non intendimus interdicere ullo modo, immo arrendatoribus ipsorum fructuum licitum sit dictos fructus tenere uel distrahere pro libito uoluntatis.

[6] 3. *Quod notarius domini episcopi et etiam illi quibus facta est collatio de aliquo beneficio ecclesiastico habeant notificare operariis fabrice sedis Barcinonensis collationes factas de ecclesia uel beneficio*

5   Quia contingit pluries quod collationes ‹uel› permutationes ecclesiarum et aliorum beneficiorum nostre diocesis adeo per operarios fabrice ecclesie Barcinonensis ignorantur quod ipsa fabrica annuali perceptione, ad eam pertinentem, omnimo defraudatur, de assensu et consilio uenerabilis capituli, statuimus quod cum
10 contigerit collationes ratione quacumque fieri alicuius ecclesie seu beneficii per dominum episcopum uel eius uicarios, quod notarii domini episcopi et etiam illi quibus facta fuerit collatio habeant notificare dictis operariis collationes factas esse de tali ecclesia uel beneficio infra quindecim dies, a tempore collationis facte conti-
15 tinue computandos, sub pena excommunicationis et etiam sexaginta solidorum, in quam, nisi fecerint, ipso facto eos decernimus incurrisse.

[7] 4. *De testamentis*

Quia nonnulli, prout experientia nos docuit, tam religiosi quam clerici seculares et laici pecuniam et alia bona que per manus

---

² D.23 c.3; D.46 c.9-10; D.47 c.1-2, 4-7;D.86 c.26; D.88 c.1-.2, 9-10; C. 14 q.4 c.1, 3, 8; C.21 q.3 c.1, 3; X 3.1.15-16; X 3.50.1-2, 4, 6; X 5.28.2; X 5.39.45; Conc.4 Lat.1215 c.16 (X 3.1.15); Conc.Vien.1311-12 c.8 (Clem.3.1.1); 1 Partida 6.45-46.
³ D.44 c.2-4; Conc.4 Lat.1215 c.16 (X 3.1.15); Conc.legat.Valladolid 1228 5.2 (TR 3.326); 1 Partida 6.34

---

16 Nec] uel Es
c.3 1 notarii KR   3 fabrice sedis Barcinonensis *om.*K   4 de] tali *ad.*K
beneficio] sub pena in presenti constitutione contenta *ad.*K   5 uel *om.*Q
c.4 3 per manus *om.*Es

ex testamentis decedentium debent in usus pios expendi, non du-
5 bitant aliis usibus applicare uel apud ipsos ipsa retinere. Ideo, cum
sit per nos, ex iniuncto nobis officio, prouidendum ut secundum
defunctorum uoluntatem uniuersa procedant, maxime in omnibus
piis uoluntatibus, de consilio et assensu uenerabilis capituli Barcinonensis, statuimus et ordinamus quod exsecutores predicti ultima-
10 rum uoluntatum infra annum exsequantur et ad effectum perdu-
cant testatorum uoluntatem, post uero annum teneantur domino
episcopo reddere rationem. Quod si forte ulterius distulerint, eo
ipso sit eis exsecutio interdicta tamdiu donec coram prefato domino
episcopo uel eius uicario proposuerint iustas causas, ut sic relictum
15 pium defuncti propositum compleatur, dictorum exsecutorum negligentia non obstante[1].

[8] 5. *Quod nullus extra ciuitatem possit audire causas ma-*
trimoniales

Item, ordinamus quod nullus extra ciuitatem Barcinonensem
possit causas matrimoniales audire uel definire, nisi ei per dominum
5 episcopum uel eius uicarium specialiter demandetur. Per hoc autem
receptionem testium uel alium articulum dicte cause extra dictum
locum, si oportuerit, non intendimus prohibere.

[9] 6. *Quod nullus contra proximum in iudicio falsum tes-*
timonium dicat

Item, ut animarum periculum euitetur, statuendo precipimus,
in uirtute sancte obedientie, uniuersis Christi fidelibus in diocesi
5 Barcinonensi constitutis quod nullus contra proximum in iudicio
falsum dicat testimonium, uel per iudicem cum iuramento ut testis
in quacumque causa (ciuilis uel criminalis fuerit) interrogatus, ueritatem celet uel falsitatem scienter immisceat. Quod si quis contrarium fecerit, sit ipso facto excommunicatus et a nullo absolui possit
10 de dicto sacramento uel peccato nisi a domino episcopo uel eius
uicario, prius licentia petita et obtenta[1].

---

[1] **c.4** C.13 q.2 c.4; C.16 q.1 c.14-15; X 3.26.3, 6, 15, 17, 19; X 3.27.3.
[1] **c.6** C.4 q.2 y 3 c.3 § 20; C.5.q.6 c.3 § 2; C.24 q.3 c.20; X 5.20.1.

---

6 ex *om*.R   nobis *om*.KR   7 defunctorum *om*.C   procedant] excedant C   11 testatorum] testamentorum CEs, testatorem R
c.5 1 ciuitatem] Barcinonensem *ad*.K   audire] uel definire *ad*.EsK   1-2 ma-
trimoniales] nisi ei per dominum episcopum demandetur *ad*.K
c.6 1 proximum] suum *ad*.Es   3 ut] quod C, *interl*.R   8 celet] silet Es

[10] 7. *Quod nullus presbyter celebret primam missam donec in canone misse fuerit examinatus*

Item, ordinamus et statuimus quod nullus de cetero presbyter celebret primam missam donec per dominum episcopum uel eius
5 uicarium in canone misse fuerit examinatus. Quod si fecerit, penam centum solidorum se nouerit incurrisse.

[11] 8. *Quod nullus clericus de incertis audeat ministrare*

Item, ordinamus et statuimus quod nullus clericus uel religiosus confessionem audiens, nec etiam decani nostre diocesis Barcinonensis, legata uel recognita per ipsos confitentes in uita uel in
5 morte pro incertis iniuriis persoluendis uel etiam pro certis, quando non stant hii quibus facienda est restitutio retinere penes se ualeat aut aliis erogare uel quomodolibet distribuere sine speciali licentia petita et obtenta a domino episcopo seu eius uicario seu officiali, etiam si ad id accederet uoluntas ipsius testatoris aut etiam ipsius
10 confitentis, cum hic casus domino episcopo sit a iure reseruatus et etiam reseruamus. Et contrarium faciens sit excommunicatus, nisi infra mensem restituerit prefato domino episcopo uel eius uicario seu officiali sic per eum indebite distributa.

[12] 9. *Quod presbyteri ad inuicem se absoluant*

Item, animarum periculis subditorum obuiare, quantum possumus, salutari remedio cupientes, omnibus canonicis et beneficiatis seu conductitiis ecclesie Barcinonensis, necnon rectoribus, hebdo-
5 madariis, uicariis perpetuis ac beneficiatis conductitiis et aliis clericis presbyteris infra ciuitatem et diocesim Barcinonensem constitutis, presentibus et futuris, confitendi cui uoluerint ex canonicis presbyteris seu beneficiatis seu aliis presbyteris idoneis predicte sedis ac ciuitatis et diocesis predictorum quibuscumque, predicto uene-
10 rabili capitulo approbante, licentiam auctoritate officii quo utimur

---

c.7 1 presbyter] clericus Es, de cetero sacerdos K   4 celebret *om.*R
c.8 1 Quod — ministrare *om.*KR   8 seu¹] uel R   9 testatoris — ipsius *om.*C
(homograf.)   11 Et] In KR
c.9 1 Quod — absoluant] Quod presbyteri possint se confiteri ad inuicem et absolui in episcopatu Barcinonensi Es, Quod quilibet <presbyteri> possint se audire ad inuicem et absoluere de omnibus peccatis et culpis que et quas se ad inuicem in foro penitentie duxerint detegendas nisi essent talia propter que Sedes apostolica esset merito consulenda K   5 ac] aut Es   beneficiatis] seu *ad.*Es
8 seu¹ — presbyteris *om.*K *(homograf.)*   seu²] uel EsR   9 et *om.*R   quibuscumque predicto *om.*EsR *(homograf.)*, quibuscumque *om.*K

concedimus per constitutionem presentem, concedentes eisdem
et eorum cuilibet quod possint se ad inuicem audire et absoluere
de omnibus peccatis et culpis, que et quas se ad inuicem in foro
penitentie duxerint detegendas, nisi talia essent propter que esset
15 Sedes apostolica merito consulenda, etiam si de reseruatis casibus
dicto domino episcopo exsistant, exceptis homicidiis, sacrilegiis,
nisi essent furta in ecclesia facta, que tamen non excedant summam
quinque solidorum, et tunc satisfactione premissa, et exceptis etiam
quibuscumque maiorum excommunicationum sententiis, commit-
20 tentibus stuprum cum moniali, incendiariis, simoniacis, portantibus arma Sarracenis uel aliquod suffragium contra christianos, hereticis cum fautoribus et receptoribus et defensoribus eorumdem,
turpiter Deum uel sanctos blasphemantibus et falsum testimonium
in iudicio ferentibus. [13] Sed ne, quod absit, propter huiusmodi
25 gratiam reddantur procliui ad illicita in posterum committenda,
uolumus quod si ex confidentia presentis licentie aliquod peccatum
commisserint cuius absolutio ante hanc nostram constitutionem
erat de casibus reseruatis, quod ad illud presens constitutio seu licentia minime se extendat, sed talis casus domino episcopo uel eius
30 uicario reseruatur, prout iam erat reseruatus.

[14]   10.   *De ludo*

Dolentes referimus quod nonnulli clerici beneficiati et in sacris
ordinibus constituti, cum deberent attendere circa ea que spiritualia
esse noscuntur et que ad salutem sunt fidelium statuta, illis dimissis,
5 ludis taxillorum intendere non uerentur. Ex quibus multe insolercie oriuntur, rixe et discordie generantur, inuidia et auaritia, cum
proximi pecunia concupiscitur, confouentur, et, quod amarissimum
est, in sanctorum blasphemia, prout experientia nos docuit, pluries
turpiter os insipientium aperitur, in animarum ipsorum damnatio-
10 nem et scandalum populorum. Vnde nos, huic morbo pestifero cupientes congruam imponere medicinam, de consensu et uoluntate
uenerabilis capituli, statuimus et ordinamus ut nullus in sacris ordinibus constitutus uel beneficiatus de cetero in ciuitate uel diocesi
Barcinonensi audeat ludere per se uel per alium ad aliquem ludum

---

11 concedentes *om.*Es   12-13 audire — inuicem *om.*Es *(homograf.)*   13 peccatis *om.*R   14 detegendas] derogantes Es   15 etiam] et R   16 sacrilegis R   19-20 committentibus] continentibus C   20-21 portantibus arma
Sarracenis *om.*C *(homograf. ?)*   22 receptatoribus R   et defensoribus *om.*R
24 proferentibus R   29 extendant C
c.10 1 ludo] taxillorum et alearum *ad.*K   2 Dolentes] Nota de presbyteris
ludentibus constitutionem *marg.ad.*Cs   3 circa *om.*Es   6 et¹] ac EsR   7 pecuniam concupiscantur K   13 uel beneficiatus *om.*C

15 taxillorum, nisi ad ludum alearum, in quo non currant inter ambas
partes nisi quatuor denarii in quolibet ludo siue uice, nec publice
nec alibi quam in domibus canonicorum, presbyterorum uel in sacris constitutorum. Quod si fecerit, excommunicationis sententiam
incurrat ipso facto, cuius absolutionem domino episcopo et eius
20 officialibus tenore presentium reseruamus, reuocantes tamen omnes alias litteras uel constitutiones super hoc editas, cuiuscumque
tenoris exsistant[1]. **[15]** Intelligimus tamen quod in itinere constituti
possint in domibus ubi hospitabuntur uel ubi comederint illa die
seu erunt comesturi, etiam si non sit illud hospitium clericorum,
25 causa recreationis ludere iuxta formam predictam, quibuscumque
statutis in contrarium editis non obstantitubus ullo modo.

[16] 11. *De honestate uestium*[1]

Item, cum honestas uestis honestatem denotet mentis, ideo, de
consensu dicti uenerabilis capituli, precipimus et ordinamus (prout
iam antea, tam a iure quam ab olim episcopis Barcinone, quam
5 etiam per prouinciale concilium fuerat statutum) ut omnes clerici
beneficiati aut in sacris ordinibus constituti, cuiuscumque condicionis exsistant, portent uestes suo ordini congruentes, largasque
atque latas, uestemque superiorem clausam deferant, nec tabardum
a capite usque ad pedes fissum cum botonis ullatenus portent, nec
10 portent goletes siue aligotes in manicis supertunicalis, sed mani-

---

[1] **c.10** Sínodo de 1244.[2, 9]; sínodo de 1245.[7]; sínodo de 1291.[3]; sínodo de
1301 (?).[4], y las fuentes ahí indicadas.
[1] **c.11** En el códice R, antes de esta constitucion aparece esta otra (fol.8rv): *«Quod
rectores teneantur denuntiare excommunicatos*. Item, statuimus quod rectores et alii
clerici, quibus per nos uel officialem nostrum mandatum fuerit aliquem uel aliquos
denuntiare excommunicatos, in dicta excommunicatione, prout eis mandatum
fuerit, non supersedeant neque cessent donec aliud receperint uerbo uel litteris uel
per fidelem nuntium in mandatis. Qui uero contra fecerit, penam quinquaginta
solidorum, usibus quibus nos uoluerimus applicandam, se nouerit incurrisse».* Esta
constitución se encuentra ya en el sínodo de 1306.[5] y pasó a la compilación de
Francisco Ruffach de 1347-1353.[82]. Y en el códice de Es (fol.24r) del Escorial
figura esta otra otra constitución antes del mismo c.11: *«Quod aliquis rector non
recipat alienum parochianum ad ecclesiastica sacramenta.* Item, caueant ecclesiarum
rectores ne ad aliqua ecclesiastica sacramenta recipiant alienos parochianos, nisi
hoc fecerint in articulo mortis uel de licentia proprii sacerdotis, nec parteriam ad
missam, cum multos inueniamus super hoc quamplurimum negligentes. Et si quis
contrarium fecerit, punietur iuxta formam constitutionis super hoc editam contra

---

15 taxillorum nisi ad ludum *om.*Es *(homograf.)* non *om.*K 17 nec alibi
*om.*K canonicorum] seu *ad.*EsKR uel *om.*Es 24 erunt] etiam *ad.*R
hospitium *om.*R
c.11 1 De honestate uestium] De uestibus honestis Es uestium *om.*C 6 aut
*om.*Es 8 clausamque C 9 a capite *om.*Es fissum] cisum R

cas rotundas, nec gula ipsius manice ultra quatuor digitos pendeat, cucullas etiam capuciorum amplas et breues competenter deferant, ut sic in habitu a laicis discernantur. Alias ipso facto uestes tales amittant, per episcopum pauperibus erogandas, et alias ad arbi-
15 trium ipsius episcopi uel eius officialis rigide puniantur. Hac constitutione ipsos ad predicta artare uolumus a festo Natiuitatis Domini proxime in antea, et non ante ut tales uestes habentibus parcatur laboribus et expensis[2].

> [17] 12. *Quod omnes rectores et curati habeant tam constitutiones synodales quam prouinciales hinc ad unum annum, <a> die ueneris, viij. idus iunii, anno Domini m. ccc. quinquagesimo quarto*

5   Experientia rerum, que est magistra efficax, nos docuit quod rectores et alii curati diocesis Barcinonensis in habendis constitutionibus sunt ac fuerunt quam plurimum negligentes, adeo quod nedum non seruabant illas, immo, quod grauius est, penitus ignorabant. Et licet iam pluries fuerint in non habentes penales constitutiones per
10 predecessores nostros promulgate, nullus tamen fructus fuit inde finaliter subsecutus. Vnde nos, uolentes prouidere ut hec nostra ordinatio de cetero non possit, ut olim, a subditis ignorari, de consilio et assensu uenerabilis capituli Barcinonensis, precipimus omnibus et singulis rectoribus, uicariis et hebdomadariis quatenus has nostras
15 constitutiones, necnon et constitutiones prouincie Tarracone integraliter fieri faciant et habeant hinc ad unum annum, a die publicationis in antea computandum. Et ex tunc in eorum ecclesiis illas continue teneant, sub pena centum solidorum, quam contrarium facientes incurrant ipso facto, cuius medietas operi ecclesie Barci-

tales». Y esta constitución del códice Es se encuentra ya en el sínodo de 1317.[5] y también pasó a la compilación de Francisco Ruffach de 1347-1353.[101]. En ambos casos estas constituciones de R y de Es figuran dentro del texto de este sínodo de 1354, con la misma letra que las restantes constituciones y sin indicación alguna de que sean añadiduras o textos espurios.
[2] Sínodo de 1242.[4]; sínodo de 1244.[2]; sínodo de 1291.[10, 16]; sínodo de 1306.[26-27]; sínodo de 1317.[4], y las fuentes canónicas ahí indicadas.

---

11 gulam EsKR   12 etiam — breues *om.*C   14 ad *om.*KR   15-16 Hanc constitutionem R   18 expensis] Quod fuit actum viij. idus iunii anno Domini m. ccc. l. quarto *ad.*Es
c.12 1-4 rectores — quarto] qui curam animarum tenuerint habeant ac teneant constitutiones <...> in ecclesiis ubi residentiam fecerint Es   1 et curati *om.*KR
2-4 hinc — quarto *om.*K   3 a *om.*CR   iunii] madii *(mal)* C   5 rerum *om.*KR   7 ac] et Es   9 habentes] habendis R   penales *om.*R   per] in *(mal)* R   11 prouidere *om.*R   12 ut olim *om.*Es   13-14 et singulis *om.*K   15 et *om.*R

20 nonensis et alia medietas domino episcopo adquiratur, in usus quos
uoluerit conuertenda. **[18]** Et attendant diligenter ut constitutiones
que mandantur publicari per certos terminos anni suis parochianis,
punctatim publicent atque legant, prout in ipsis constitutionibus
prouincialibus uel synodalibus inuenerint ordinatum, necnon cons-
25 titutiones synodales ubi excommunicationis sententia contra laicos
promulgatur. Alias sentient ob eorum negligentiam, si negligentes
fuerint, arbitrarie rigide puniendos, dignum est enim ut quos amor
Dei circa suos parochianos non facit sollicitos, temporalis pena saltim
illos ad uigilandum super eos faciat promptiores.

25. Sínodo de Francisco Clemente Pérez Capera, 10 de mayo de 1413

Los diversos autores denominan de distinta forma a este importante personaje,
por ejemplo lo llaman Francisco Clemente, Francisco de Climent, Francisco Clemente Pérez, Francisco Cl. Sapera, Francisco Climent Sapera o Capera, y Francisco
Clemente Pérez Capera, o con otras combinaciones de estos nombres. Elegimos
aquí el nombre y apellidos que mejor lo identifican. Aymerich y J. Villanueva dicen
que era natural de Zaragoza y canónigo de esta iglesia desde 1391, mientras que
S. Puig dice que nació en la región valenciana. Fue prior de Daroca, arcediano del
Penedés y canónigo de Valencia y de Barcelona. Estuvo estrechamente relacionado
con Benedicto XIII, del cual fue un especial e íntimo colaborador. El 17 de agosto de
1403 fue nombrado obispo de Mallorca, de donde pasó a la diócesis de Tarazona el
18 de marzo de 1405. De Tarazona fue trasladado a Tortosa el 20 de junio de 1407.
Después de estos breves pontificados en estas tres diócesis, en las que quizá apenas
residió, como él mismo lamenta, fue nombrado obispo de Barcelona el 26 de febrero
de 1410 y el 13 de noviembre de 1415 pasó al arzobispado de Zaragoza. Todos estos
nombramientos fueron hechos por Benedicto XIII. El papa Martín V lo destituyó
del arzobispado de Zaragoza y el 7 de junio de 1419 lo pasó de nuevo al obispado
de Barcelona, aunque al final de sus días, el 4 de noviembre de 1429, volvió a ser
nombrado para el arzobispado de Zaragoza. Martín V lo había nombrado patriarca
de Jerusalén. Murió santamente en Barcelona el 18 de diciembre de 1430. Fue un
hombre dotado de grandes virtudes y de especial caridad con los pobres. En 1826 el
obispo Pablo Sitjar mandó incoar su proceso de canonización[1].

---

[1] C. EUBEL, *Hierarchia catholica* I.128, 153, 223, 323, 486; L. RUIZ FIDALGO,
«Obispos españoles», en: DHEE, Suplemento 1.548; J. M. MARTÍ BONET, *His-
toria de las diócesis españolas* 2.148, 178, 180-185, 194, 393, 404, 415, 419;
S. PUIG Y PUIG, *Episcopologio de la sede Barcinonense*, 285-286 y 311-321, con

---

20 et alia medietas] tertia uero denuntiatori et alia tertia reuerendo domino Barcinonensi episcopo EsKR   26 sentient] scienter R   ob] se EsKR, *om.*C   28 fa-
cit] esse *ad.*EsKR   29 promptiores] siue reddat *antep.*Es, non sunt plures neque
pauciores *ad.*Es

Dice S. Puig y Puig que «El obispo Climent apenas residió en su obispado, a lo menos en esta primera época de su pontificado en Barcelona. No consta que asistiera a la predicación de San Vicente Ferrer en los treinta y tres días del mes de septiembre de 1413 que evangelizó nuestra ciudad»[2]. Pero ciertamente consta que en mayo de ese año 1413 estaba en Barcelona y que el día 10 de ese mes de mayo de 1413 celebró un sínodo en la catedral de Barcelona. Lo que sucede es que ninguno de los autores citados menciona este sínodo de 1413 de Pérez Capera, ni el que celebró en su segunda etapa de Barcelona en abril de 1421. Las listas que conocemos con los sínodos de Barcelona no mencionan los sínodos de Pérez Capera. Así, por ejemplo, J. M. Martí Bonet dice que en Barcelona después del sínodo de 1354 «quedó nuevamente interrumpida la actividad sinodal durante el período crítico de los siglos xv y primera mitad del siglo xvi, marcados por el Cisma de Occidente»[3]. Parecido es lo que ya había dicho J. Sanabre al afirmar que con el mencionado sínodo de 1354 «terminan las noticias de los anteriores al Concilio Tridentino», pero J. Sanabre añade a continuación una sugerente sospecha, diciendo: «A pesar de nuestra investigación, nos resistimos a dar por definitivo nuestro trabajo, pues resultaría cosa extraordinariamente rara el que, durante aquellos dos siglos, no hubiese tenido lugar otro sínodo en esta diócesis, con todo el haberse celebrado numerosos sínodos en la mayoría de las diócesis vecinas, así en Tarragona, Gerona, Tortosa, Lérida, Mallorca, etc. Entre otras razones que nos obligan a sostener esta afirmación, no podemos omitir las órdenes dadas a los obispos de que procurasen celebrar sínodos anualmente. Así el Cardenal Luna, en uno de sus viajes a Cataluña y Aragón en 1385, dictó la siguiente disposición, en la que era ordenada la celebración anual del sínodo»[4]. Cierto es que entre «las órdenes dadas», que dice Sanabre, y las órdenes cumplidas en la realidad puede haber mucha distancia, como hubo mucha distancia entre las diócesis circunvecinas en cuanto al cumplimiento de la celebración anual de los sínodos. Pero es posible y creemos que muy probable que en Barcelona, igual que en otras diócesis, se celebraron muchos más sínodos que los que actualmente conocemos.

Todo esto son suposiciones de hechos que es muy probable que hayan sucedido en la realidad, pero tenemos también un testimonio histórico fehaciente de que en el año 1388 no estaba claro en Barcelona cuáles eran las constituciones sinodales que realmente obligaban. El 4 de mayo de dicho año 1388 se reunieron el obispo y el cabildo y «hay una nota escrita a continuación del apunte muy breve de la sesión capitular, que empieza así: "Dominus episcopus cum capitulo fecit provisiones sequentes XII die eiusdem mensis, cum in dubium verteretur que constitutiones sinodales ligarent et que non", y encomendaron a los canónigos Francisco Catanyer y Guillermo de Fonts que revisaran todas las constituciones

---

una minuciosa y entusiasta biografía; J. VILLANUEVA, *Viage literario* XVIII.28-30; M. AYMERICH, *Nomina et acta episcoporum Barcinonensium* (Barcinone 1760) 383-384. Ver también en el DHEE los diversos episcopologios de las diócesis en las que estuvo como obispo y en los cuales aparece con distintos nombres.

[2] S. PUIG Y PUIG, *Episcopologio*, 286.

[3] J. M. MARTÍ BONET, *Historia de las diócesis españolas* 2.415, y las mismas palabras en su *Costumario eclesiástico: normativas diocesanas*, 5. L. FERRER, «Sínodo», en: DHEE 4. Tampoco menciona sínodos en Barcelona para estos años.

[4] J. SANABRE, *Los sínodos diocesanos en Barcelona*, 23. Edita a continuación J. Sanabre el texto del cardenal Pedro de Luna, que no contiene novedad alguna, sino que es lo que la legislación general establecía acerca de la celebración anual del sínodo diocesano.

publicadas en la iglesia de Barcelona, y que se suspendieran todas las excomuniones contenidas en ellas, hasta que dieran su beneplácito el obispo y el cabildo. En las fechas siguientes y los años inmediatos, en el mismo libro de Actas Capitulares, llamado "Llibre de la Camisa", que va de 5 de mayo de 1343 a 13 de septiembre de 1507, en el fol. 50, que contiene el referido asunto, no hay más referencias»[5]. Parece razonable pensar que esta duda acerca de la valided de las constituciones sinodales, que afectaba a algo tan sensible como son las excomuniones, no tardaría en solucionarse, aunque no sepamos si se solucionó con un sínodo.

Lo que sí sabemos con certeza es que lo que reiteradamente mandó el Cardenal Luna, tan cercano siempre a Pérez Capera como papa Benedicto XIII, se cumplió en Barcelona al menos en dos ocasiones. Los dos breves sínodos de Pérez Capera que ahora editamos, con casi idéntico texto ambos, están redactados en tercera persona, porque el notario o el amanuense es el que nos cuenta lo que el obispo estableció en el sínodo, y no es el obispo el que personalmente aparece promulgando las constituciones.

Todas las constituciones del sínodo de 1413 pasaron al sínodo de 1421, según la siguiente tabla:

Sínodo de 1413	Sínodo de 1421
[2]	[2]
[3]	[3]
[4]	[9]
[5]	[8]
[6]	[6]
[7]	[11]
[8]	[12]

Tradición manuscrita: R fol.2v.

[1]   *<Inscriptio>*

Reuerendus in Christo pater et dominus Franciscus, diuina mise-
ratione Barcinonensis episcopus, ac diuina fauente gratia, pro salute
animarum et morum correctione ac cleri reformatione status, in sua
5 *cathedrali ecclesia Barcinonensi, feria iiij. post dominicam qua canta-*
tur 'Ego sum pastor bonus', que computabatur decima die madii, anno
a natiuitate Domini m.cccc.xiij., sacram synodum celebrauit sollemni-
ter et honorifice, in qua synodo publicauit seu publicari patenter fecit
ac mandauit que sequentur.

---

[5] Noticia facilitada por J. Baucells a F. Cantelar en carta de 22 de julio de 2016.

Inscrip. 1 Inscriptio *om.*R

[2] 1. *<Quod omnes habeant constitutiones synodales et illas studeant, ac de residendo in beneficiis>*

Mandat reuerendus dominus episcopus Barcinonensis omnibus rectoribus, uicariis perpetuis et curatis quod habeant constitu-
5 tiones synodales, sicut iam tenentur habere, et quod illas studeant,
specialiter tractatum domini Patriarche. Et licet in eisdem constitutionibus iam cauetur, nihilominus ex parte dicti reuerendi domini episcopi monentur omnes rectores et uicarii perpetui aliique
curati ecclesiarum, primo, secundo, tertio ac peremptorie quod
10 resideant personaliter in suis ecclesiis curatis, nisi sint canonici
uel beneficiati ecclesie cathedralis uel alias de iure communi sint
excusati. Si uero alias causas rationabiles uel priuilegia aut aliam licentiam habeant, illas et illa exhibeant infra tres menses inmediate
sequentes coram dicto domino episcopo uel uicariis suis. Alio-
15 quin, eis lapsis, procedetur contra eos ad priuationem uel alias,
prout iustitia suadebit.

[3] 2. *<Quod nullus audeat a sua parochiali ecclesia se ab-
sentare>*

Item, quod nullus se audeat a sua parochiali ecclesia absentare
ex causa pro qua habeat exire diocesim et remanere uel stare extra
5 per mensem uel ultra, sine licentia dicti domini episcopi uel sui
uicarii, specialiter ad id obtenta, sub pena in constitutione contenta.

[4] 3. *<Nullus admittat presbyterum extraneum in sua ecclesia celebrare, neque questorem predicare>*

Item, quod nullus admittat ad celebrandum in ecclesia sua
presbyterum extraneum de diocesi, uel permittat aliquem questo-
5 rem predicare, sine littera dicti domini episcopi uel uicarii sui.

[5] 4. *<Omnes curati ornamenta sacra teneant munda et
sacram Eucharistiam renouent>*

Item, quod sint aduisati omnes curati quod omnia ornamenta,
specialiter sacra corporalia, teneant munda a sordibus, et sacram

c.1 1-2 Quod — beneficiis *om.*R   13 illas] illos R
c.2 1-2 Quod — absentare *om.*R   6 obtentam R
c.3 1-2 Nullus — predicare *om.*R
c.4 1-2 Omnes — renouent *om.*R

5 Eucharistiam renouent quolibet mense, et tam ipsam quam alia sacramenta debite suis parochianis ministrent.

[6] 5. <*De clericali tonsura ac uestimentis clericorum*>

Item, aduisentur omnes, etiam sacerdotes, quod portent tonsuras competentes ordini suo, et cotas seu uestes superiores non breues nec nimis longas, nec retro sisas seu apertas, alioquin pena debita
5 punientur.

[7] 6. <*Omnes curati moneant parochianos suos quod euitent plures compatres in baptismo*>

Item, mandat dictus dominus episcopus omnibus curatis quod ter uel quater in anno, et una uice infra presentem mensem ma-
5 dii, aduisent publice in missa parochianos suos quod abstineant a faciendo plures compatres in baptismo filiorum suorum, quia per id impediuntur multa matrimonia, et sepe non legitime ignoranter contrahuntur, ex quibus filii illegitimi procreantur.

[8] 7. <*Promissio de contrahendo matrimonio, si carnalis copula subsequatur*>

Item, aduisent etiam dictos parochianos quod si quis promittat alicui mulieri quod recipiet eam in uxorem si permittat se cognosci
5 ab eo, si carnalis copula inter tales sequatur, eo ipso est matrimonium inter eos.

26. Sínodo de Francisco Clemente Pérez Capera, 9 de abril de 1421

En el sínodo anterior hicimos una breve semblanza de la personalidad del obispo. Allí hemos indicado también que las constituciones [2, 3, 6, 8, 9, 11, 12] de este sínodo de 1421 proceden del sínodo de 1413.
Tradición manuscrita: R fol.1r-2r.

c.5 1 De — clericorum *om.*R
c.6 1-2 Omnes — baptismo *om.*R
c.7 1-2 Promissio — subsequatur *om.*R

[1]　<*Inscriptio*>

Reuerendus in Christo pater et dominus dominus Franciscus, mi-
seratione diuina episcopus et administrator perpetuus ecclesie Barci-
nonensis ac patriarcha Hierosolymitanus, diuina fauente gratia, pro
5　*salute animarum et morum correctione ac cleri reformatione status,*
in sua cathedrali ecclesia Barcinonensi, feria iiij. post dominicam quā
cantatur 'Ego sum pastor bonus', que computabatur nona die aprilis,
anno a natiuitate Domini m.cccc. xxj., secundam synodum celebrauit
sollemniter et honorifice, cum continuatione dierum, in qua synodo
10　*publicari patenter mandauit et fecit hec que sequuntur.*

[2]　1.　<*Quod omnes habeant constitutiones synodales et*
illas studeant, ac de residendo in beneficiis>

Mandat reuerendus dominus episcopus Barcinonensis et patriarcha Hierosolymitanus omnibus rectoribus, uicariis perpetuis
5　et curatis quod habeant constitutiones synodales, sicut iam tenentur habere, et quod illas studeant, specialiter tractatum domini
Patriarche Alexandini, factum de fidei articulis et ecclesiasticis
sacramentis. Et licet in eisdem constitutionibus iam teneantur, nihilominus ex parte dicti reuerendi domini episcopi Barcinonensis
10　et patriarche monentur omnes rectores et uicarii perpetui, aliique
curati ecclesiarum, primo, secundo, tertio et peremptorie quod
resideant personaliter in suis ecclesiis curatis, nisi sint canonici
uel beneficiati ecclesie cathedralis uel alias de iure communi sint
excusati. Si uero alias causas rationabiles uel priuilegia aut aliam li-
15　centiam habeant, illas et illa exhibeant infra tres menses inmediate
sequentes coram dicto domino episcopo uel uicariis suis. Alioquin, eis lapsis, procedetur contra eos ad priuationem uel alias,
prout iustitia suadebit.

[3]　2.　<*Quod nullus audeat a sua parochiali ecclesia se ab-*
sentare>

Item, quod nullus se audeat a sua parochiali ecclesia absentare
ultra unum mensem in unoquolibet anno sine licentia dicti domini
5　episcopi uel sui uicarii, specialiter ad id obtenta, sub penis in constitutionibus contentis.

Inscrip. 1 Inscriptio *om*.R
c.1 1-2 Quod — beneficiis *om*.R
c.2 1-2 Quod — absentare *om*.R

[4] 3. *<De illis qui procurant habere beneficia cum potentia uel impressione secularium personarum>*

Item, aduisat dictus dominus episcopus et patriarcha omnes clericos et presbyteros qui procurant habere beneficia cum potentia
5 uel impressione secularium personarum per litteras aut nuntios uel mandata talia que uiolentiam aliquam sibi pariant: sunt excommunicati per constitutionem prouincialem, et inhabiles ad obtinendum illa beneficia pro illa uice.

[5] 4. *<De clericis habentibus publice concubinas>*

Item, denuntiat dictus dominus episcopus quibuscumque clericis, in quocumque statu constitutis, huius ciuitatis et diocesis, habentibus publice concubinas quod, ultra et preter alias penas
5 suspensionis, interdicti et irregularitatis, ipso facto incurrant penam inhabilitatis ad quecumque beneficia. Item, quod si conferantur eisdem, collatio est nulla ipso iure, ut in constitutione prouinciali edita Tarracone anno Domini millesimo trecentesimo septuagesimo[1]. Et per aliam constitutionem publicatam in conci-
10 lio Tarracone, anno Domini millesimo trecentesimo nonagesimo primo, die duodecima aprilis, si durante dicto concubinatu publico moriantur, ipsi clerici uel eorum concubine debent carere ecclesiastica sepultura[2].

[6] 5. *<De clericali tonsura ac uestimentis clericorum>*

Item, aduisentur omnes, etiam sacerdotes, quod portent tonsuras competentes ordini suo, et cotas seu uestes superiores non breues nec nimis longas, nec retro cissas seu apertas, alioquin pena debi-
5 ta punientur, secundum quod in constitutionibus inferius legendis describetur.

---

[1] **c.4** Conc.prov.Tarragona 1369 c.1 (TR 6.86-87).
[2] Tejada y Ramiro 6.90-95 publican el concilio de Tarragona de 12 de abril de 1391, pero allí no se encuentra la constitución aquí citada acerca de la sepultura de los concubinarios. En Villanuño no aparece este concilio, ni tampoco aparece en Mansi 26.

---

c.3 1-2 De — personarum *om.*R   6 sibi] si R
c.4 1 De — concubinas *om.*R
c.5 1 De — clericorum *om.*R

[7]   6.   *<Presbyteri non mergant pueros in aqua cum eos bap-
tizant>*

Item, monet dominus episcopus omnes curatos et alios presbyteros baptizantes pueros quod non mergant eos in aqua, sed dum
5   tenentur per patrinos in medio fontium, iactent aquam super capita
puerorum, signando ad modum crucis et dicendo 'Ego te baptizo in
nomine Patris et Filii et Spiritus Sancti. Amen'.

[8]   7.   *<Omnes curati ornamenta sacra teneant munda et
sacram Eucharistiam renouent>*

Item, sint aduisati omnes curati quod omnia ornamenta, specialiter sacra corporalia, teneant munda a sordibus, et sacram Eu-
5   charistiam renouent quolibet mense, et tam ipsam quam alia sacramenta debite suis parochianis ministrent.

[9]   8.   *<Nullus admittat presbyterum extraneum in sua ecclesia celebrare, neque questorem predicare>*

Item, quod nullus admittat ad celebrandum in ecclesia sua
presbyterum extraneum de diocesi, uel permittat aliquem questo-
5   rem predicare, sine licentia domini dicti episcopi uel uicarii sui.
Et si contrarium fecerit, quicumque questor, quod capiatur, iuxta
constitutionem prouincialem in primo concilio domini Roderici[1].

[10]   9.   *<De recipiendis religiosis mendicantibus ad audiendas confessiones>*

Item, sint aduisati curati quod in eorum ecclesiis et parochiis
nullum religiosum de ordine mendicantium admittant ad audien-
5   dum confessiones et ad soluendum de casibus ab episcopo reseruatis, nisi per litteras authenticas ipsius episcopi constet eosdem religiosos sibi presentatos et eis esse concessum quod possint absoluere
de casibus reseruatis, quos casus dicti curati populo declarabunt,
secundum quod eos recipient in litteris episcoporum contineri.

---

[1]   **c.8** Conc.prov. de Tarragona de 1291 o 1292 c.9 (TR 3.414-415); y, mejor, los
c.9-10 de este concilio en J. M.ª Pons Guri, *Constitucions conciliars*, 108-109. El
texto del primer concilio de Rodrigo Tello no es igual en estas dos ediciones.

c.6 1-2 Presbyteri — baptizant *om.*R
c.7 1-2 Omnes — renouent *om.*R
c.8 1-2 Nullus — predicare *om.*R   6 capiatur] capiat R
c.9 1-2 De — confessiones *om.*R

[11] 10. *<Omnes curati moneant parochianos suos quod euitent plures compatres in baptismo>*

Item, mandat dictus dominus episcopus omnibus curatis quod ter uel quater in anno, et una uice infra presentem mensem aprilis,
5 aduisent publice parochianos suos quod abstineant a faciendo plures compatres uel commatres in baptismo filiorum suorum, quia per id impediuntur multa matrimonia, et sepe non legitime ignoranter contrahuntur, ex quibus filii illegitimi procreantur.

[12] 11. *<Promissio de contrahendo matrimonio, si carnalis copula subsequatur>*

Item, aduisent etiam dictos parochianos quod si quis promittat alicui mulieri quod recipiat eam in uxorem si permittat se cognosci
5 ab eo, si carnalis copula inter tales sequatur, eo ipso est matrimonium inter ipsos.

[13] 12. *<De prohibita communicatione cum Iudeis>*

Item, aduisent etiam curati infra presentem mensem suos parochianos una uice et duabus aliis per totum annum, et sic tribus uicibus quolibet anno, declarando eis quod omnes christiani
5 et christiane sunt excommunicati per constitutiones papales et prouinciales, qui communicant cum Iudeis faciendo eis aliqua seruitia, uel locando eis habitationes, uel faciendo cum eis aliquos contractus, maxime suspectos de usuris, uel comedendo carnes per ipsos repudiatas uel panem eorum alisum, uel medicinas per
10 ipsos factas, uel faciendo eis honores in nuptiis uel conuiuiis uel circumcisionibus uel sepulturis, uel impignorando aut committendo eis calices, cruces, uestimenta, libros uel alias res ad seruitium ecclesie deputatas.

[14] 13. *<Curati moneant parochianos quod soluant integre decimas>*

Item, publicent ter in anno parochianis suis quod soluant integre decimas, non solum de bladis sed etiam de fructibus et pecudi-
5 bus et aliis rebus, et quibus consueuerunt solui. Alioquin, quod sunt excommunicati per constitutiones prouinciales.

c.10 1-2 Omnes — baptismo *om.*R
c.11 1-2 Promissio — subsequatur *om.*R
c.12 1 De — Iudeis *om.*R
c.13 1-2 Curati — decimas *om.*R

[15] 14.   <*Blasphemantes sunt exclusi ab ingressu ecclesie*>

Item, aduisent etiam dictos parochianos ter uel quater in anno <quod> blasphemantes Deum uel beatem Virginem, matrem eius, uel membra eorum turpiter iurantes sunt exclusi ab ingressu eccle-
5   sie, et si moriuntur non debent in ciminterio sepeliri.

[16] 15.   <*De annua confessione et communione paschali*>

Item, mandat dictus dominus episcopus quod omnes curati denuntient parochianis suis quatenus in anno obseruent decretalem 'Omnis utriusque sexus', in qua mandatur omnibus christianis, sub
5   pena peccati mortalis, quod confiteantur semel in anno peccata sua suo curato uel de licentia ipsius alteri idoneo confessori. Ad quod obligantur uiri ex quo compleuerunt xiiij. annos et mulieres postquam compleuerunt duodecim annos. Et quod similiter recipiant Corpus Christi in fine Quadragesime uel <in> festo Pasche aut Pen-
10   tecostes, nisi ex causa legitima excusentur.

[17] 16.   <*De exsecutione piarum uoluntatum defunctorum*>

Item, moneant curati omnes parochianos diebus dominicis, uel ad minus semel in quolibet mense, quod compleant ultimas uoluntates seu exsecutiones defunctorum, specialiter in hiis que fuerint
5   deputata ad pias causas. Et de ipsorum exsecutione procurent dare compotum et rationem officialibus per dominum episcopum deputatis.

[18] 17.   <*Quod excommunicati scribantur et denuntientur*>

Item, mandat dictus dominus episcopus quod excommunicati, ex quo semel fuerint denuntiati, scribantur et continue denuntientur donec fuerint absoluti, et tunc etiam denuntientur publice
5   absoluti.

---

c.14 1 Blasphemantes — ecclesie *om.*R   3 quod *om.*R
c.15 1 De — paschali *om.*R   3 anno] ut *ad.*R   9 in^2 *om.*R
c.16 1 De — defunctorum *om.*R   5 deputata] deputati R
c.17 1 Quod — denuntientur *om.*R

27. Ordo celebrationis synodi in ecclesia Barcinonensi

Estas normas para la celebración del sínodo se encuentran en dos códices del Archivo Capitular de Barcelona[1]. Hay una coincidencia total en que el concilio provincial y los sínodos diocesanos comienzan con la celebración de la misa del Espíritu Santo, que el segundo día se celebra la misa de la Virgen María y que tanto el concilio como los sínodos concluyen con una solemne celebración por los difuntos, en la que hay una procesión. En cuanto al día de la semana en el que comienza el sínodo, hay desacuerdo entre los textos. El [3] dice que el tercer y último día del sínodo es el viernes, por lo que el sínodo comenzaba el miércoles, que parece ser lo más usual por otros indicios, y según el [7] el viernes era el segundo día del sínodo, por lo que la conclusión debería ser el sábado. También dan por supuesto estos textos que el sínodo duraba tres días. Parece que esto era lo usual cuando no había largos textos de constituciones que promulgar y cuando no surgían enfrentamientos o desavenencias por los más diversos motivos, cosa no infrecuente. De todo esto, especialmente de sínodos que duraron largos días o muchos meses, hay abundantes ejemplos en los sínodos ya publicados. Pero lo usual no era que los sínodos promulgasen nuevos textos, ni ésta era su primordial finalidad, y la mayor parte de los sínodos no promulgaron texto alguno, ni dejaron huella de su celebración. Con todos los condicionamientos de cada época y *servatis servandis,* se podría decir que la celebración del sínodo en el medievo se parecía a unos actuales días de convivencia o de retiro espiritual para el clero.

Tradición manuscrita: J fol.46va-47ra; Ct fol.223r-224v

[1] 1. *<Ordo celebrationis liturgice>*

In prima die synodi conueniant omnes clerici in choro, et celebretur missa de Sancto Spiritu et officient duo rectores. Et celebrata
missa, unus canonicus ascendat tribunam et dicat 'Iube, domne,
5   benedicere'. Respondeat episcopus et dicat 'Spiritus Sancti gratia'.
Et legat illum sermonem 'Qui sunt in illa nocte', et finiatur cum 'Tu
autem, Domine'. Postea dominus episcopus uel eius locum tenens
moneat clericos ut bene et honeste pergant et maneant in honestis
locis.
10   [2] In secunda die synodi celebretur missa de beata uirgine
Maria, et officient duo rectores. Episcopus indutus episcopalibus
uestimentis ueniat ad chorum cum abbatibus indutis sollemnibus

---

[1] En los fol.46va-47ra del códice de nuestra sigla J, el Codex 77, se encuentran los [1-3] de la presente edición, con las normas litúrgicas para la celebración del sínodo, y en los fol.223r-224v del códice de nuestra sigla Ct, también llamado *Constitutiones Tarraconenses,* se encuentran en [4-9] las normas para la celebración del concilio provincial de Tarragona, de las que procede lo establecido para la celebración de los sínodos en las diócesis de la provincia eclesiástica tarraconense.

---

c.1 1 Ordo — liturgice *om.*J   1 (fol. 46va) J

uestimentis, et stent ante cathedras archidiaconi et decani, et ibi sit
paratum ubi unusquisque sedeat, et ueniat diaconus et petat be-
15　nedictionem | a domino episcopo et dicat euangelium 'Designauit
Dominus Iesus'. Quo finito, episcopus incipiat hymnum 'Veni, creator Spiritus', quo dicto dicat episcopus uersum 'Orate, fratres. Pater noster. Et ne nos', uersus 'Veni, Sancte Spiritus', uersum 'Domine, exaudi', uersum 'Dominus uobiscum'. Oratio 'Deus, qui corda
20　fidelium'. Et dicantur alta uoce omnia ab illo loco, scilicet 'Et ne' et
citra. Postea fiat sermo. Finito sermone, legantur constitutiones et
dicat dominus episcopus ea que dicenda sunt. Et postea unusquisque reuertatur ad propria.

[3] In tertia siquidem die synodi, scilicet feria sexta, celebretur
25　missa pro defunctis, et officient duo rectores. Veniat episcopus ad
chorum ut supra dictum est, et stet abbas Sancti Cucuphatis ad
dexteram partem episcopi et abbas Sancti Laurentii ad sinistram,
et ueniat diaconus indutus dalmatica et duo pueri cum eo cande-
labra deferentes, et dicetur in tribuna euangelium, scilicet 'Vigilate
30　quia nescitis quando'. Quo finito, incipiat episcopus uersum 'Veni,
Sancte Spiritus', quo dicto dicat episcopus uersum 'Orate, fratres.
Pater noster. Et ne nos', uersum 'Emitte Spiritum tuum', uersum
'Domine, exaudi', uersum 'Dominus uobiscum', oratio 'Adsit no-
bis, Domine, gratia Spiritus Sancti'. | Postea fiat sermo, et uocentur
35　omnes clerici. Celebrata missa et synodo in ultima die, incipiant
officiatores 'Qui Lazarum' et fiat processio generalis ut habetur feria
quarta Hebdomade Sancte, et in fine dicatur responsorium 'Libera
me, Domine'. Quo finito, dicat episcopus uersum 'Requiem eternam', uersum 'Requiescant in pace', uersum 'Domine, exaudi', uer-
40　sum 'Dominus uobiscum', oratio 'Fidelium, Deus'.

[4]　2.　*Qualiter debeat celebrari concilium Tarracone*

In prima die concilii, cantata missa Sancti Spiritus, et meridie (?)
sit domnus archiepiscopus in omni ornatu misse, pallio decora-
tus, episcopi autem sint induti cum capis et stollis et mitris, ita
5　quod archiepiscopus stet in medio eorum. Diaconus uero decantet euangelium 'Sint lumbi uestri precincti' uel 'Vos estis sal terre'
uel 'Ego sum pastor bonus'. Decantato euangelio, incipiat domnus
archiepiscopus hymnum 'Veni, Sancte Spiritus', postea dicat 'Oremus. Deus, qui corda fidelium' et 'Actione nostras' sub una conclu-
10　sione. *Oratio:* 'Deus, qui corda fidelium Sancti Spiritus illustratione
docuisti, tribue nobis in eodem Spiritu recta sapere et de eius sem-

15 (fol.46vb) J　　34 (fol.47ra) J
c.2 1 (fol.223r) Ct

per consolatione gaudere. Actiones nostras, quesumus, Domine, aspirando preueni et adiuuando prosquere ut cuncta nostra operatio a te semper incipiat et, per te cepta, finiatur. Per Christum'. Postea
15 dicatur sermo, deinde perlegantur constitutiones, postea dicant et constituant que uiderint facienda.

[5] In secunda die, cantata missa de beata Maria, et in tertia die de Requiem. Et dicto meridie (?) stet domnus archiepiscopus cum episcopis sicuti in prima die, et diaconus decantet euangelium,
20 postmodum domnus archiepiscopus uersum de Alleluia, hymnus 'Veni, Sancte Spiritus'. Postea fiat sermo, deinde perlegantur constitutiones nouiter facte. Et in ultima die concilii, cantata missa de Requiem et dicto euangelio, factoque sermone et perlectis constitutionibus, incipiat domnus archiepiscopus, alta uoce cantando, |
25 'Te Deum laudamus'. Deinde perficiatur alternatim a choro. Quo finito, dicat archiepiscopus, sine aliquo uersu, hanc orationem, et respondeatur a choro in qualibet pausa 'Amen', que oratio dicatur alta uoce ad modum lectionis. *Oratio:* Christus Dei Filius, qui est initium et finis, complementum nobis tribuat caritatis. R/ Amen.
30 Et qui nos ad expletionem huius fecit uenire concilii, absolutos efficiat ab omni contagione peccati. R/ Amen. Quod ipse prestare dignetur qui in Trinitate perfecta uiuit et regnat, Deus, per omnia secula seculorum. R/ Amen. Postea uisitent et absoluant sollemniter et processionaliter, cum omnibus sollemnibus ornamentis, totum
35 cemeterium, sicut in sollemni Die Mortuorum, omnibus campanis, tam de choro quam de campanili, pulsantibus.

[6] 3. *De synodis prouincie*

Omnia supra dicta fiant per episcopum et clericos diocesis quando synodus celebratur, hoc addito quod in prima die post sermonem legantur nomina clericorum parochialium, et qui inuenti
5 fuerint absentes, arbitrio episcopi puniantur, nisi canonicum habuerint impedimentum. In prima die synodi, scilicet die iouis, episcopus indutus episcopalibus indumentis uenit in chorum, et ibi stans ante cathedram archidiaconalem incipiat diaconus euangelium, postea episcopus dicat 'Veni, creator Spiritus'. Finito hymno,
10 dicat 'Orate, fratres', postea dicitur sub silentio Pater noster. Finita oratione dominica, dicat episcopus 'Et ne nos', uersum 'Veni, Sancte Spiritus, reple tuorum corda fidelium et tui amoris in eis ignem accende. Domine, exaudi orationem meam. Et clamor, etc. Dominus uobiscum, etc. Oremus. *Oratio:* Deus, qui corda fidelium

25 (fol.223v) Ct
c.3 1 (fol.224r) Ct

15 Sancti Spiritus illustratione docuisti, da nobis in eodem Spiritu recta sapere, et de eius semper consolatione guadere. Per eumdem, etc.'

[7] In secunda die, scilicet die ueneris, incipiat diaconus euangelium, et postea domnus episcopus incipiat 'Veni, Sancte Spiritus,
20 etc. Orate, fratres. Pater noster. Et ne nos', uersum 'Emitte Spiritum
et creabuntur. Et renouabis faciem terre. Domine, exaudi orationem
meam. Et clamor meus ad te ueniat. Dominus uobiscum. Oremus'.
Oratio: 'Adsit nobis, quesumus Domine, uirtus Spiritus Sancti, que
et corda nostra clementer expurget et ab omnibus tueatur aduersis.
25 Per eumdem Christum, etc.'

[8] Celebrata igitur synodo, in ultima die incipiat domnus
episcopus alta uoce responsorium 'Libera me, Domine'. Finito res-
ponsorio, dicat dominus episcopus 'Requiem eternam', post 'Requiescant. Domine, exaudi orationem meam. Dominus uobiscum.
30 Oremus: Fidelium, Deus, omnium conditor, etc.'

[9] 4. *Qualiter concilium prouinciale et synodus quolibet*
anno celebrentur

Item, precipimus quod constitutio de conciliis prouincialibus
et episcopalibus synodis celebrandis pro correctione et reformatio-
5 ne morum salubriter secundum suum tenorem firmiter obseruetur.
Et ut nulla negligentia uel occasio impediant ipsius obseruationem,
'statuimus ut in prouincia Tarraconensi prouinciale concilium singulis annis dominica qua cantatur *Iubilate* celebretur, et episcopalis
synodus ad minus semel celebretur in anno in festo sancti Luce. Si
10 uero ex causa necessaria absens fuerit episcopus, uel alias rationabiliter impeditus, prouideat per quem uel per quos synodus celebretur.
Quod si uacauerit sedes, per archidiaconos in suis archidiaconatibus celebrentur particulares synodi terminis supra dictis. Si uero
uacante sede, penes priorem uel capitulum uel aliam personam <ec-
15 clesie resederit> iurisdictio, procuret quod predicto modo synodus
celebretur. Et hec omnia seruentur sub pena in generali concilio
statuta'[1].

---

[1] **c.4** Conc. legat. de Lérida de 1229 c.3 (TR 3.330; Pons Guri 12, donde es el
c.2).

---

c.4 1 (fol.224v) Ct   14-15 ecclesie resederit *om.*Ct *(se suple por la edición)*

LÉRIDA

Es poco claro cuándo y cómo llegó el cristianismo a estas tierras. Prescindiendo de antiguas narraciones poco fidedignas, datos concretos y seguros son que en el concilio de Barcelona del año 540 aparece un obispo de Lérida llamado Andrés, y en el año 546 se celebra un concilio en la misma Lérida, en el que firma el obispo Febrero, el obispo Polipio de Lérida asistió al concilio tercero de Toledo de 589, y así en otros concilios sucesivos. Al caer Lérida en poder de los musulmanes en el año 714, quedó esta iglesia sumida en el más absoluto silencio. Después de la reconquista (1149) se fue restableciendo la jerarquía y la vida cristiana. Las iglesias de Roda y de Barbastro tuvieron mucha relación, no siempre amistosa, con la diócesis de Lérida. Para nuestra época medieval, desde 1205 con el obispo Berenguer de Eril, el episcopologio leridano no presenta especiales problemas[1].

Tradición manuscrita y editorial de los sínodos de Lérida:

L = Lérida. Archivo Capitular. Nº 1; 1012. Año 1429. Folios 1-45 Codice base para los sínodos manuscritos de Lérida. Contiene en el fol. 1r-6v el sínodo de 1238-1247; en el fol. 6v-7r el sínodo de 1248-1255; un sínodo de 1257-1282 en el fol. 7rv; y otro sínodo de 1257-1282 en fol. 7v-8v; el fol. 8rv contiene el sínodo de 1295; con el sínodo de 1301 en fol.8v-11r; en fol.11r-13r está el sínodo de 1308; el sínodo de 1314 ocupa los fol.13r-14v; con el sínodo de 1315 en fol.14v-15r; el sínodo de 1318 ocupa los fol.15r-16r; con el sínodo de 1321 en fol.16r-18r; los fol.18r-20v contienen el sínodo de 1323; y el sínodo de 1325 está en los fol.20v-23v; fol.23v-24v el sínodo de 1368; y en fol.24v-27v el sínodo de 1428.

N = Lérida. Archivo Capitular. folios 156r -167r (recientes; y: fol. 165 xv-xxvi antiguos). Contiene los siguientes sínodos manuscritos de Lérida: el sínodo de 1238-1247 en fol.156ra-158va; el sínodo de 1248-1255 en fol.158va-159ra; el fol. 159rab contiene un sínodo de 1257-1282; y en el fol.159rbva otro sínodo de 1257-1282; fol.159vb el sínodo de 1295; y el sínodo de 1301 en fol.159vb-261ra; los fol.161ra-162ra contienen el sínodo de 1308; el sínodo de 1314 ocupa el fol.162ravb; en fol.162vb-163ra está el sínodo de 1315; el sínodo de 1318 en fol.163rava; en fol.163va-l64vb está el sínodo de 1321; en fol.164va-165vb el sínodo de 1323; en fol.165vb-167rb el sínodo de 1325.

---

[1] P. SÁNCHEZ, «Lérida, diócesis de», en: DHEE 2.1291-1295; D. MANSILLA REOYO, *Geografía eclesiástica de España. Estudio histórico-geográfico de las diócesis* 1.279-280; 2.362-388 (especialmente los problemas con Barbastro, Huesca y Jaca); J. VIVES, *Concilios visigóticos e hispano-romanos*, 53-54, 55-60, etc. para la asistencia de obispos de Lérida a concilios españoles; L. BORRÁS PERELLÓ, *Efemérides del obispado de Lérida* (Lérida 1911). Especialmente valioso es P. MADOZ, *Diccionario geográfico-estadístico-histórico de España y sus posesiones de ultramar* 10 (Madrid 1847) con el estudio sobre Lérida, p.201-259, que concluye con un completo y fiel episcopologio; J. VILLANUEVA, *Viage literario* XVI.333 y XVII.1-110.

Ñ = Lérida. Archivo Capitular. «Collectio synodorum Illerdensium». fol. Lxxxiiii. - ciiir. Este códice concluye con un sínodo de Pedro de Cardona (1407-1411) que no figura en los catálogos de sínodos. Contiene en fol.84r-87r el sínodo de 1238-1247; el sínodo de 1248-1255 en fol.87v; en fol.87v-88v está un sínodo de 1257-1282; con otro sínodo de 1257-1282 en fol.88rv; el sínodo de 1295 en fol.88v-89r; y el sínodo de 1301 en fol.89r-90v; en fol.90v-92r está el sínodo de 1308; en 92r-93r el sínodo de 1314; el sínodo de 1315 se encuentra en fol.93r; en fol.93r-94r el sínodo de 1318; en fol.94r-95r el sínodo 1321; el sínodo de 1323 en fol.95r-97r; en fol.97r-98r el sínodo de 1325; el sínodo de 1368 en fol.99r; y el sínodo de 1407-1411 en fol.100r-102r.

O = Lérida. Archivo Capitular. Folios tamaño grande. Los sínodos comienzan en el fol. 74r y el texto concluye en el fol.94v. Contiene en fol.74r-78v el sínodo de 1238-1247; en fol.78v-79v el sínodo de 1248-1255; un sínodo de 1257-1282 aparece en fol.79v-80r; y otro sínodo de 1257-1282 está en fol.80rv, en fol.80v-81r está el sínodo de 1295; y el sínodo de 1301 ocupa los fol. 81r-83v; en fol.83v-85r el sínodo de 1308; el sínodo de 1314 ocupa los fol.85r-86r; el sínodo de 1315 en el fol.86rv; el sínodo de 1318 en fol.86v-87v; en fol.87v-89r se encuentra el sínodo de 1321; el sínodo de 1323 dn fol.89r-91v; en fol.91v-93r está el sínodo de 1325.

V = J. VILLANUEVA, *Viage literario a las iglesias de España*, vols. XVI y XVII (Madrid 1851).

1. Sínodo de Raimundo de Ciscar o Sischar, 1238-1247

Raimundo de Ciscar era monje cisterciense del monasterio de Poblet y era también canónigo de la iglesia de Roda. Fue elegido por los cabildos de Roda y de Lérida y nombrado obispo de Lérida el 20 de febrero de 1238. Asistió al concilio provincial de Tarragona de 1239 celebrado por Pedro de Albalat y al celebrado en Valencia en 1240, igual que aparece en otros concilios provinciales posteriores. Pero al concilio provincial de Tarragona de 21 de abril de 1247 ya no asistió, sino que envió como procurador a Guillermo Vitalis, seguramente porque en esa fecha se encontraba ya enfermo, pues falleció el 21 de agosto (o de julio, según otros) de 1247; en todo caso, el 2 de marzo de 1248 estaba nombrado su sucesor en la sede leridana[1]. «Quedanos de este obispo, dice Villanueva, un copioso sínodo que celebró en su catedral, que es el primero que se ha conservado de aquellos tiempos.

---

[1] C. EUBEL, *Hierarchia catholica* I.283; P. SÁNCHEZ, «Lérida, diócesis de», en: DHEE 2.1294; J. VILLANUEVA, *Viage literario* XVI.138 dice que su elección fue el 27 de abril de 1238, pero no parece que sea correcto, según los episcopologios, y MADOZ, *Diccionario geográfico* 10.259, da como fechas de su episcopado en Lérida «desde 1237 á 1247»; P. LINEHAN, *La Iglesia española y el papado en el siglo XIII* (Salamanca 1975) 61, 64-65; PONS GURI, *Constitucions conciliars*, 37, 41, 51, 55,

Sus constituciones versan sobre los ritos en los sacramentos, sacrificio de la misa y reforma del clero»[2].

Que éste sea el primer sínodo que se ha conservado de aquellos tiempos, como dice Villanueva, parece cierto, lo que no parece cierto es que sea el primer sínodo que se celebró en Lérida. Resulta que el sínodo que Andrés de Albalat celebró en Valencia el 22 de octubre de 1258 establece que todos los rectores de iglesias parroquiales de Valencia tengan la consueta para que todos celebren los oficios religiosos según la costumbre catedralicia, imponiendo una pena pecuniaria a los que no lo cumplan[3]. Y añade dicho sínodo de Valencia: «Idem per omnia dicimus, et super eadem pena fieri mandamus, de tractatu septem sacramentorum, edito per uenerabilem archiepiscopum, patrem dominum Petrum, Tarraconensis ecclesie in synodo Ilerdensi»[4], estableciendo que los rectores de las iglesias de Valencia deben tener el tratado de los siete sacramentos que el venerable Pedro, arzobispo de Tarragona, publicó en un sínodo de Lérida. Es induble que se trata de Pedro de Albalat, arzobispo de Tarragona (1238-1251), que antes había sido obispo de Lérida (1236-1238), y de su tratado de los sacramentos, que también publicó en el sínodo de Barcelona de 1241 y que, en su lugar, editamos en este mismo volumen. Lo que no resulta claro es en qué sínodo de Lérida publicó Pedro de Albalat su tratado acerca de los sacramentos, si lo habrá publicado en algún sínodo que él haya celebrado siendo obispo de Lérida (entre octubre de 1236 y febrero de 1238), que quizá sea lo más probable, o si acaso haya presidido en Lérida algún sínodo durante la vacante de su sucesor Raimundo de Ciscar (entre julio o agosto de 1247 y marzo de 1248), como presidió en Pamplona un sínodo hacia 1240[5] y presidió en Barcelona el sínodo de 1241, ambos en sede vacante, lo cual demuestra que Pedro de Albalat tenía la costumbre de intervenir en los asuntos de las diócesis de su provincia durante las vacantes episcopales[6]. Parece, pues, induble que Pedro Albalat celebró un sínodo en Lérida, ya sea antes de Raimundo de Ciscar o a su muerte en el tiempo de la vacante de la diócesis.

El texto sinodal de Raimundo de Ciscar que presentamos a continuación tiene una gran similitud con el texto de la suma de Pedro de Albalat y ambos están muy relacionados con los estatutos que se atribuyen a Eudes de Sully,

---

57, 61 (concilios provinciales a los que asistió) y 67, concilio provincial de 21 de abril de 1247, al que envía su procurador Guillermo Vitalis.

[2] J. VILLANUEVA, *Viage literario* XVI.140.

[3] «Statuimus quod rectores ecclesiarum parochialium ciuitatis et diocesis Valentine habeant consuetam secundum consuetudinem Valentine ecclesie, per quam instruantur diuinum officium uniformiter cum matrice sua ecclesia celebrare. (...) Alioquin quilibet ex tunc soluat operi maioris ecclesie decem solidos, duplicandos de mense in mensem donec consuetam predictam habuerint, sicut superius est ordinatum».

[4] SH XII (Madrid 2014) 697-698. El mismo texto se encuentra en J. SÁENZ DE AGUIRRE, *Collectio maxima conciliorum omnium Hispaniae et Novi Orbis* V (Romae 1755) 197, que edita este sínodo de Valencia.

[5] SH VIII (Madrid 2007) 373.

[6] P. LINEHAN, «Pedro de Albalat, arzobispo de Tarragona, y su "Summa sepetem sacramentorum"», en: *Hispania Sacra* 22 (1969) 5-6; ÍD., *La Iglesia española*, 64-69, donde trata este asunto con mayor amplitud.

obispo de París(1196-1208), como sucede con muchos otros textos sinodales de la época.

Tradición manuscrita y editorial: L fol. 1r-6v (texto base); N fol.156ra-158va; Ñ fol.84r-87r; O fol.74r-78v; J. VILLANUEVA, *Viage literario* XVI.297-308.

[1] *<Inscriptio>*

Constitutiones synodales per dominum Raymundum de Sischar, episcopum Ilerdensem, edite

[2]   1.   *Qualiter clerici debeant uenire et interesse synodo*

Incipiunt prohibitiones et precepta ad obseruandum in synodo a sacerdotibus, data a fratre Raymundo, Ilerdensi episcopo.

Districte precipitur sacerdotibus ut intrent ieiuni synodum, in
5   ieiunio enim debet fieri oratio[1]. Districte precipitur ut induti albis intrent. Prohibetur etiam presbyteris ne causas ducant ad synodum uel aliqua alia negotia que non pertinent ad synodum. Precipitur districte ut omnes presbyteri, maxime curam animarum habentes, ueniant ad synodum. Et si graui infirmitate detenti fuerint aut alia
10   necessitate ineuitabili uenire non poterint, suos capellanos mittant aut alios clericos loco sui. Precipimus enim ut in eundo et redeundo honeste ad synodum se habeant, ne status clericorum uertatur ad opprobrium et contemptum laicorum. Et ambulent presbyteri honeste et honesta querant hospitia, ut in hiis circumspecte se habeant
15   diligenter in populo[2]. [3] Precipimus etiam in uirtute Domini Dei nostri et obedientie, ut honor maximus et reuerentia singularis sacramentis sancte Ecclesie precipue a sacerdotibs et clericis exhibeatur[3], et ut similiter laici exhibeant, frequenter sacerdotes moneant eos et exhortentur.

---

[1] **c.1** Tob 12,8.
[2] C.18 c.16-17; X 1.33.9; X 5.33.17; Conc.4 Lat.1215 c.6 (X5.1.25); Conc.legat. Valladolid 1228 c.1 (TR 3.325); Conc.legat.Lérida 1229 c.2-3 (Pons Guri 12; TR 3.330).
[3] De cons. D.2 c.23.

Inscrip. 1 Inscriptio *om.*Q   2-3 Constitutiones — edite] Incipiunt constitutiones edite per Raymundum patrem dominumque fratrem Raymundum (*sic*) Dei gratia episcopum Ilerdensem rubrica Ñ, *om.*O
c.1 1 Qualiter — synodo *om.*NÑO   4 precipitur] precipimus Ñ   4-5 sacerdotibus — precipitur *om.*N (*homograf.*)   10 non] ut L   potuerint ÑO
11 Precipimus] Precipientes Ñᵖᶜ   12 ad] in NÑO   15 etiam] et LV, enim O, *om.*Ñ

[4] 2. *De baptismo*

Baptismus uero cum reuerentia et honore celebretur, et cum magna cautela, maxime in distinctione uerborum et prolatione, in quibus tota uirtus consistit sacramenti et salus puerorum. Et dicat
5 sic sacerdos: 'Petre uel Arnalde, ego te baptizo in nomine Patris et Filii et Spiritus Sancti. Amen'. Et in romantio dicant sacerdotes laicos posse et debere baptizare pueros in necessitate, ac etiam mulieres, atque patrem et matrem in summa necessitate¹. Pro baptismo nihil accipiatur, set si aliquid gratis offeratur, gratis accipiatur². **[5]**
10 Fontes sub sera clausa custodiantur propter sortilegia. Chrisma similiter et sacrum oleum sub sera seruentur³. **[6]** Semper sacerdotes interrogent diligenter laicum, cum in necessitate baptizauerit puerum, quid dixerit aut quid fecerit, et si inuenerint laicum discrete et modo debito baptizasse et formam uerborum integre protulisse,
15 scilicet 'Ego te baptizo in nomine Patris et Filii et Spiritus Sancti. Amen', approbent factum. Sin autem, baptizent puerum et dicant sic: 'Petre uel Arnalde, si baptizatus es, non te baptizo, set si non es baptizatus, ego te baptizo in nomine Patris et Filii et Spiritus Sancti. Amen'. **[7]** Ad leuandum puerum de sacro fonte, ad plus
20 tres sufficiunt⁴.

[8] 3. *De confirmatione*

Sacerdotes frequenter moneant ad confirmationem populos, post baptismum debet enim suscipi sacramentum confirmationis, quod sepe dicant laicis. Et cum adultus fuerit, confiteatur et postea
5 confirmetur. Sepe dicant laicis ne diu exspectent ad confirmandum aduentum episcopi, set ducant pueros ubi adesse audierint prope, et quod possint nomina mutari pueris in confirmatione, si uoluerint. Nullus sacerdos confirmare aut consecrare uirgines presumat, solius

---

¹ **c.2** D.93 c.13; C.1 q.1 pc.58, c.97 § 3; C.24 q.1 pc.39; C.30 q.3 c.4; De cons. D.4 c.19-21, 23, 29, 32, 36, 40, 51-52; 1 Partida 4.5, 8 (con la glosa a estos lugares).
² C.1 q.1 c.99, 101-105.
³ Conc.4 Lat.c.20 (COD 244); X 3.44.1.
⁴ De cons. D.4 c.100-101; In VI 4.3.3; 1 Partida 4.7.

---

c.2 1 De baptismo *om.*ÑO   5 Bernalde Ñ   7-8 ac — necessitate *om.*Ñ *(homograf.)*   11 oleum] infirmorum *ad.*O   14 baptizasse] puerum *ad.*ÑO 16-19 approbent — Amen *om.*NÑO *(homograf.)*   19 Ad] De numero comparatrum *antep.*L *al marg.como rúbrica*   19-20 Ad — sufficiunt *cancel.*Ñ
c.3 1 De confirmatione *om.*ÑO   4 laicis] quomodo potest mutari nomen puero *como rubrica ad.*V, *al marg.ad.*L

enim episcopi est consecrare, ecclesias dedicare et uirgines consi-
10   gnare¹.

[9]   4.   *<De sacra supellectili et de sacramento Eucharistie>*

Summa reuerentia et honor maximus altaribus exhibeatur, et
maxime ubi sanctum Corpus Christi reseruatur et missa celebratur.
Linteamina altaris et indumenta sepe abluantur ad reuerentiam et
5   presentiam Saluatoris nostri et totius curie celestis, que cum eo presens est quotiens missa celebratur. Calices ubi infirmi communicant
decenter et mundi custodiantur, ut deuotius communicent infirmi.
Ampulle chrismatis et sancti olei infirmorum similiter nitide ha-
beantur¹. [10] Non permittant presbyteri deferre diaconos Corpus
10   Christi infirmis, nisi in necessitate², cum sacerdos absens fuerit, set
semper sacerdotes cum magna reuerentia deferant et maturitate in
piscina eburnea bene clausa propter casum, uel in alio uase, cum
honore et cum lucerna precedente, cantantes septem psalmos penitentiales cum letania pro infirmo in eundo et redeundo. Et si uia
15   longa fuerit, addant siue reiterent illos septem psalmos penitentiales cum letania et alias orationes. Sic enim debitum persoluant pro
infirmo, et audientes inuitent ad exhibendum Deo reuerentiam et
honorem. Frequenter moneantur laici quod ubicumque uiderint
deferre Corpus Domini, statim genua flectent tamquam Domino
20   et Creatori suo, et iunctis manibus, quousque transierit, orent³. In
pulchriori parte altaris cum summa reuerentia et diligentia et honestate sub claue, si fieri potest, Corpus Domini custodiatur⁴. Nulli
clerico permittatur seruire altari nisi in superpellicio aut capa clausa.

[11]   5.   *Nullus bis eadem die missam audeat celebrare, nisi in
certis casibus*

Nullus bis eadem die missam audeat celebrare nisi in casibus,
uel nisi in magna necessitate, uidelicet propter necessitatem pere-

---

¹ **c.3** D.68 c.4; D.95 c.2; De cons. D.4 c.119-120; De cons. D.5 c.1-7; X 1.4.4;
X 1.15 un § 6-8.
¹ **c.4** D.23 pc.24, c.25, 30-32; De cons. D.1 c.40 § 1-2, c.41-46; X 3.44.1-2;
Conc.legat.Valladolid 1228 c.6.2 (TR 3.326); Conc.legat.Lérida 1229 c.10 (Pons
Guri 16-17; TR 3.333-334).
² D.93 c.13 § 1.
³ D.93 c.18; De cons. D.2 c.29; X 3.41.10.
⁴ X 3.41.10; Conc. 4 Lat. 1215 c.19-20 (X 3.44.1-2).

---

9 ecclesias] et *marg.ad.m.post.*N   et] aut ÑO
c.4 1 De — Eucharistie *om.*Q   4 ad] ob ÑO   15 addant siue reiterent] re-
petant ÑO   21 pulchriori] pleniori N   reuerentia et *om.*NÑO
c.5 1-2 Nullus — casibus *om.*NÑO

5 grinorum, hospitum, commeantium et infirmorum, et propter necessitatem nuptiarum ubi tempus labitur, et propter episcopum aut
terre dominum uenientem, et tunc non sumat uinum superfusionis
in prima missa. In die Natalis Domini potest celebrare tres missas, in aliis diebus potest celebrare duas, unam de die, aliam pro
10 defuncto, ubi magna cessitas hoc exegerit, et tunc non sumat uinum superfusionis in prima missa, ut est dictum[1]. Nullus antequam
Matutinas dixerit canonicas et Primam, presumat aliqua necessitate
missam celebrare[2].

[12] 6. *De confessione*

Sacerdotes circa confessionem maximam curam habeant et cautelam, scilicet ut diligenter inquirant peccata usitata singillatim, inusitata uero non nisi a longe per aliquam circumstantiam, sic tamen
5 ut expertis detur materia confitendi. Ad audiendam confessionem
conuenientem locum eligant sacerdotes, ut communiter ab omnibus uideantur, et in locis abditis extra ecclesiam nullus accipiat confessionem, nisi in magna necessitate et infirmitate. In confessione
habeat sacerdos uultum humilem et oculos ad terram, non faciem
10 inspiciat confitentis, et maxime mulieris causa debite honestatis.
Et patienter audiat que dixerit confitens in spiritu humilitatis, et
ei pro posse suo persuadeat pluribus modis ut confiteatur integre,
aliter enim dicat ei nihil ualere[1]. [13] Sacerdotes maiora seruent
maioribus in confessione, sicut homicidia, sacrilegia, peccata con-
15 tra naturam, incestus et stupra uirginum, iniectiones manuum in
clericos et in parentes, uota fracta et huiusmodi. Sunt autem tria in
quibus nullus habet potestatem nisi dominus papa uel eius uicarius,
uidelicet iniectiones manuum uiolentas in clericos uel quoscumque
religiosos, incendiarios et simoniacos, nihilominus tamen remit-
20 tendi sunt ad dominum episcopum. In dubiis semper sacerdotes
consulant episcopum aut uiros sapientes, quorum certificatus uel
certificati responso soluant aut ligent[2].

---

[1] **c.5** De cons. D.1 c.53; X 3.41.3, 12.
[2] D.91 c.2; X 3.41.1.
[1] **c.6** De poen. D.6 c.1; X 5.38.12; Conc.legat.Lérida 1229 c.11 (Pons Guri 17; TR 3.331).
[2] C.3 q.7 c.7; De poen. D.1 c.89; De poen. D.6 c.2; X 1.31.2; X 5.31.13; Conc.4 Lat.1215 c.21 (X 5.38.12).

---

5 hospitum — infirmorum *cancel.*Ñ   7 sumas LN   11 Nullus] Nullus antequam matutinas et primam dixerit celebret *como rubr.antep.*LN
c.6 1 De confessione *om.*ÑO   6 sacerdotes *om.*O   7 abditis *om.*Ñ
accipiat] recipiat NÑO   9 et *om.*LV   non] nec ÑO   19 tamen] autem ÑO   21 certificatus] consilio uel Ñ

[14]   7.   *De penitentia non danda nolentibus abstinere*

Audita confessione, semper confessor interroget confitentem si
uelit abstinere ab omni peccato, aliter eum non absoluat, nec penitentiam iniungat, nec inde confidat, moneat tamen ut interim
5   agat quidquid boni poterit. In iniungendis penitentiis paruis pueris
sibi caueant sacerdotes secundum etiam qualitatem culpe et possibilitatem confitentis debet esse quantitas penitentie, alioquin quod
minus est requiretur ab eis in futuro. Ab usura, fraude, rapina sibi
caueant sacerdotes ne alias iniungant penitentias, scilicet missarum
10   et eleemosynarum et huiusmodi, prius quam restituerint, non enim
dimittitur peccatum nisi restituatur ablatum.

[15]   8.   *Quod nullus confessor celebret missas quas iniungit*

Nullus missas, quas iniungit, celebret, nec tricenarium, nec
annuale siue anniuersarium. Et pro uiuis nullum fiat tricenarium
uel annuale. Frequenter enim presbyteri moneant populum ad
5   confessionem. In confessione sibi caueant sacerdotes ne inquirant
nomina personarum cum quibus peccauerint confitentes, set circumstantias tantum et qualitates. Nullus ira uel odio, etiam metu
mortis, in aliquo audeat reuelare confessionem signo uel uerbo, uel
generaliter uel specialiter[1].

[16]   9.   *De ieiuniis*

Omnes precipiant instituta ieiunia seruari, ut ieiunium Quadragesime, Quatuor Temporum et uigiliarum apostolorum et uigilia Assumptionis beate Marie et beati Laurentii. Sextam feriam et
5   Aduentum Domini si aliquis ex deuotione uoluerit ieiunare, faciet
bene, alias ex debito non tenetur facere talia ieiunia[1].

[17]   10.   *De matrimonio*

Matrimonium cum honore et reuerentia celebretur in facie
Ecclesie, non risu uel iocose, non contempnatiue. Prohibeant fre-

---

[1]   **c.8** D.29 c.3; D.45 c.9-10, 14-15; C.11 q.3 c.81; C.26 q.7 c.12; De poen. D.5
c.1; X 5.12.6; X 5.38.8; Conc.4 Lat.1215 c.21 (X 5.38.12); Conc.legat.Valladolid
1228 c.7 (TR 3.326); Conc.legat.Lérida 1229 c.11 (TR 3.334).
[1]   **c.9** D.76 c.1-7; De cons. D.3 c.6-9, 14-15; De cons. D.5 c.16; X 3.46.1-3.

---

c.7 1 De — abstinere *om.*O, *marg.*Ñ   nolenti N   5 paruis *om.*Ñ
6 etiam] et LN
c.8 1 Quod — iniungit *om.*NÑO   7 etiam] esse L, uel V
c.9 1 De ieiuniis *om.*NO   2 Omnibus precipiat statuta ÑO
c.10 1 De matrimonio *om.*O   3 non²] uel ÑO

quenter presbyteri laicis ne dent sibi fidem de contrahendo matri-
5 monium nisi coram sacerdote. Et debet celebrari scilicet ante ianuas
ecclesie et coram pluribus hominibus.

[18] 11. *Monitio que debet fieri quando contrahitur matrimonium*

Semper in nuptiis prohibeantur per excommunicationem sortilegia, sacrilegia fieri, maleficii quoque et celantes consanguinitatem
5 et alia matrimonii impedimenta: uotum, ordinem, affinitatem, disparem cultum, compaternitatem, que tamen a matrimonio excludit
personas: compatrem, commatrem, filiolum et fratrem et sororem
spiritualem, scilicet filium uel filiam patrini. Nullus sacerdos in casu
dubio audeat perficere matrimonium inconsulto episcopo, set ad
10 eum semper referat omnes matrimonii dubitationes. [19] Prohibetur districte, sub pcna suspensionis, ne ullus sacerdos aut capellanus
exigat aliquid ante benedictionem nuptialem, siue pro testimonio
ferendo, siue pro matrimonio celebrando occasione ferculorum que
debentur pro nuptiis. Celebrato autem matrimonio, recipiat fercula
15 sua et exigat, si necesse fuerit.

[20] 12. *De oleo sancto portando ad infirmos. De extrema
unctione*

Cum reuerentia deferant oleum sanctum ad infirmos, et eos
inungant sacerdotes cum magno honore et orationum celebrita-
5 te, que ad hoc sunt institute. Et nihil inde penitus exigant, siue a
paupere siue a diuite, set si aliquid gratis datum fuerit, gratis accipiatur. Ad sacramentum extreme unctionis moneant sepe populum sacerdotes, non tantum diuites set pauperes et iuuenes omnes
a quatuordecim annis supra, et ad omnes communiter se paratos
10 exhibeant cum necesse fuerit. Doceant sacerdotes populum hoc sacramentum posse licite iterari et sepe recipi in qualibet magna infirmitate quando metus est mortis, et post susceptum licite reuerti
ad opus coniugale, cum conualuerit ab infirmitate[261]. [21] Librum
quidem, qui dicitur Manuale, habeant singuli sacerdotes parochia-
15 les, ubi contineatur officium extreme unctionis, catechismi et bap-

---

[1] c.12 X 1.15 c.un. § 1-2; X 5.40.14.

4 fidem] mutuo *ad*.ÑO
c.11 1-2 Monitio — matrimonium *om*.NO   3-4 sortilegia — fieri *om*.O   4 sacrilegia *om*.Ñ   6 que *espacio en blanco* V   tamen] casum *mal* LN   7 fratrem]
confratrem Ñ
c.12 1-2 De — unctione *om*.NÑO

tismi et hiusmodi. Habeant etiam singuli penitentiales et ordinarium et officiarium, id est consuetudines ecclesie de Horis dicendis
secundum modum et usum qui obseruatur in ecclesia maiori. **[22]**
Exhortentur sepe populum presbyteri ad addiscendum dominicam
20 orationem et Credo in Deum et beate Marie uirginis salutationem.
[23] Moneant sepe populum, et mulieres maxime, ne faciant uota
sua nisi cum magna deliberatione animi et assensu uirorum et consilio sacerdotum.

> **[24]** 13. *De mulieribus quas sacerdotes non debent tenere in
> domo*

Nullus sacerdos habeat in domo sua aliqua occasione mulierem,
nisi sit mater eius aut soror.

> **[25]** 14. *De ludo*

Prohibetur penitus uniueris presbyteris ludere cum taxillis et
interesse spectaculis uel choreis, assidue intrare tabernas causa potandi, et sine comite clerico uel laico intrare domos alienas aut dis-
5 currere per uicos et plateas[1].

> **[26]** 15. *De capis. <De decimis. Nullus clericus fideiubeat
> Iudeo>*

Et ne habeant capas alatas et uestes inordinatas clericis prohibetur. Nullus clericus secularis uel regularis accipiat decimam nisi per
5 episcopum. Nullus clericus fideiubeat Iudeo uel feneratori, nec det
ei pro pignore aliquo modo ornamenta sue ecclesie uel libros Iudeo.

> **[27]** 16. *Qui impignorat Iudeo ornamenta ecclesie est excom-
> municatus ipso facto*

Quicumque autem obligauerit ornamenta ecclesie, et specialiter calices, sit eo ipso excommunicatus. Nullus faciat iusiurandum

---

[1] **c.14** D.35 c.1; X 3.50.1; Conc.4 Lat.1215 c.16 (X 3.1.15); Conc.legat.Vallad-
olid 1228 5.2 (TR 3.326); Conc.Lérida 1173.6 (TR 3.281); Conc.Lérida 1229.9
(TR 3.333).

16 singuli] psalmi LV   17 id est] et LV   19 sepe] semper LNV   discen-
dam Ñ, discendum O   21 maxime *om.*NÑO
c.13 1-2 De — domo *om.*ÑO
c.14 1 De ludo *om.*ÑO   3 assidue] assistere *mal* LV
c.15 1 De capis *om.*O   1-2 De[2] — Iudeo *om.*Q   3 et *om.*LNV   4 secularis *om.*LNV
c.16 1-2 Qui — facto *om.*NÑO   4 iusiurandum] sacramentum ÑO

5 patronis antequam fuerit episcopo presentatus. Nullus recipiatur, nisi fuerit authenticata persona, ad predicandum, nisi ab episcopo suo missus.

[28] 17. *De reditibus ecclesie*

Precipitur sacerdotibus ut omnes reditus et possessiones ecclesie scribant in missalibus suis. Et prohibetur penitus presbyteris et parochianis ne de hiis que sunt ecclesie alienent ab ecclesia, nisi per
5 consilium episcopi.

[29] 18. *De sepultura*

Prohibetur districte ne ratione alicuius eleemosyne corpus sepeliri differatur, set post sepulturam, si quid datum fuerit in eleemosyna recipiatur.

[30] 19. *Qui reedificat in cemeterio est excommunicandus*

Quicumque de nouo reedificauerit in cemeterio excommunicetur.

[31] 20. *De racionariis*

Prohibetur districte, sub pena excommunicationis, quod laici prebendarii de cetero in ecclesiis non recipiantur, etiam de consensu episcopi. Et si receptus fuerit, ipso iure sit cassa et irrita
5 donatio.

[32] 21. *De mulieribus <mortuis in partu>*

Mulieres mortue in partu scindantur si infans credatur uiuere, nequaquam uero si constiterit de morte eius. Sacerdotes audito parochianorum suorum obitu, ubicumque fuerint, statim absol-
5 uant eos cum psalmo 'De profundis' et collecta 'Deus, cui proprium est'.

---

6 nisi¹] ni LV   authentica ÑO   predicandum] uel *ad.*ÑO
c.17 1 De — ecclesie *om.*NÑO   2 omnes *om.*Ñ
c.18 1 De sepultura *om.*NÑO   4 recipiatur] accipiatur ÑO
c.19 1 Qui — excommunicandus *om.*NÑO   edificat LV   2 edificauerit LV
c.20 1 De racionariis *om.*NÑO   3 non *om.*LV
c.21 1 De — partu *om.*NÑO   mortuis in partu *om.*Q

[33] 22. *De resignationibus beneficiorum*

Item, iubetur ne fiant resignationes ecclesiarum in manu abbatum uel quorumlibet patronorum, set in manu domini episcopi uel
sui prelati.

[34] 23. *Contra questores*

Non permittantur predicatores, id est questores, celebrare super
archas, nec pulsare campanas, nihil loqui in ecclesia, nec presentare reliquias, set tantum ostendant litteras suas et sacerdotes pro eis
5 loquantur[1].

[35] 24. *<Die dominica synodum precedente sacerdotes inquirant si sint infirmi in sua parochia>*

Die dominica synodum precedente sacerdotes, id est rectores
qui capellanos non habent, in suis parochiis semper publice inqui-
5 rant in ecclesiis si qui sint infirmi in parochia sua, et eos, si qui
inuenti fuerint, uisitent, etiam non requisiti, et quidquid necesse
fuerit ad salutem animarum faciant, ne mora quam ipsi sunt facturi
in synodo fiat occasio periculi eorum saluti. Nihilominus procurantes prouisionem eorum, quam solent facere per capellanos uicinos
10 qui remanent et ad diaconos proprios.

[36] 25. *De renouatione fontium et Eucharistie*

Sacerdotes semper die octauo sacramenta renouent et fontem
benedicant (non oleo uel chrismate quousque aliquis baptizetur)
et sanctam Eucharistiam, ne sui uetustate aliqui a Dei deuotione
5 amoueantur.

[37] 26. *Si uinum non reperitur in calice post consecrationem*

Si forte per negligentiam uenerit ut, perlecto canone et facta
consecratione, nec uinum nec aqua reperiatur in calice, debet sta-

---

[1] **c.23** X 5.7.12; Conc.4 Lat.1215 c.3 (X 5.7.13 § 6); Conc.4 Lat.1215 c.62
(X 5.38.14); In VI 5.10.1-3.

c.22 1 De — beneficiorum *om.*NÑO   resignationibus] reservationibus V
c.23 1 Contra questores *om.*ÑO   4 tantum] tamen LV
c.24 1-2 Die — parochia *om.*Q   7 ne] nec NÑO   ipsi *om.*NÑO   9 uicinos *marg.*Ñ
c.25 1 De — Eucharistie *om.*O
c.26 1 Si — consecrationem *om.*NO   2 facta] peracta NÑO

tim infundi uinum, et sacerdos iterabit consecrationem ab illo loco,
5 scilicet 'Simili modo, etc.' usque ad finem. Ita tamen quod illas duas
cruces omittat que singulariter fiunt super panem.

[**38**] 27. *De uino sine aqua uel e conuerso*

Quod si de simplici uino sine aqua fiat consecratio, uinum reputatur pro sacramento et aqua non. Et ideo ista negligentia de
aqua maior est (!) et maiori pena emendanda.

[**39**] 28. *De multis infortuniis que eueniunt in celebrando*

Si quid de Sanguine Christi super corporale ceciderit, rescin-
dendum est ipsum corporale et in loco reliquiarum est honorifice
reseruandum. Si palla altaris inde intincta fuerit, rescindenda est
5 pars illa et pro reliquiis seruanda. Si super casulam rubeam uel al-
bam fuerit degutatum, similiter fiat. Si super quodlibet uestimentum, comburenda est pars illa et cinis in sacrario ponatur. Si uero
in terra ceciderit, lingendus est et extergendus est locus ille, siue
lapis siue lignum siue terra, et puluis in sacrario ponatur. Porro si
10 in sacrificatum Christi Sanguinem musca uel aranea uel aliquid tale
ceciderit quod uix sine uomitu et corporis periculo potest sumi,
igne cremandum est, et Sanguis Domini sumatur. Illud tamen quod
intus ceciderit prius debet in calice uino perfundi, et quanto cautius
et diligentius fieri potest ablui, et postea super piscinam comburi,
15 et illam ablutionem sumat sacerdos. Quod si de Corpore Domini
super pallam altaris aliquid ceciderit uel super aliquod aliud uestimentum, non scindatur, set uino abluatur et a ministro sumatur
ipsum uinum. [**40**] Si uinum infirmo datum reiteratur alias reiciatur, prout diligentius poterit suscipiatur et colligatur, et in aliquo
20 loco honesto seruetur. Reus autem huius negligentie et qui cum eo
particeps fuerit culpe, competenti subiaceat discipline. Si autem super lignum aut lapidem ceciderit, modus supra dictus de Sanguine
Christi tenendus est, id est quod radendus et extergendus est ille
lapis uel lignum et sub sera loco sacro ponenda est. [**41**] Caueant
25 tamen sacerdotes ne nimis festinent uenire Ilerdam occasione synodi, nec magnam faciant moram, sic se uisitando et reficiendo, tam
in uia quam in ciuitate, ne magnam contrahant moram, cum magnum sic emineat periculum animarum. [**42**] Precipimus presbyteris

---

5 illas] alias LV
c.27 1 De — conuerso *om*.O   2 si *om*.LNV   de *interl*.Ñ   3-4 Et — est
marg.Ñ
c.28 1 De — celebrando *om*.O   2 quid] quidem N   5-7 seruanda — po-
natur] in sacrario ponatur Ñ   18-19 alias reiciatur *om*.NÑO

ut cum inceperint canonem 'Qui pridie, etc.', tenentes hostiam in
30 manibus non statim eleuent nimis alte, set ante pectus teneant donec dixerint 'Hoc est enim Corpus meum', et tunc eleuent ut possit
uideri ab omnibus.

[43] 29. *De sputo*

Post sumptionem Corporis et Sanguinis Domini nostri Iesu
Christi a spuendo se abstineant, sin autem in piscina suauiter spuatur.

[44] 30. *De uino albo*

Vinum potius rubeum quam album ministretur in calice propter similitudinem albi uini cum aqua. Caueant autem sacerdotes ne
cum uino albo celebrent, si aliud facere possunt.

[45] 31. *Ne sacerdotes celebrent cum propriis filiis. Nec canes*
nec falcones teneant in domibus. Nec cendatum deferant,
nisi flaui uel nigri coloris

Prohibetur districte sacerdotibus ne habeant secum prolem
5 quam in sacro ordine genuerunt, propter scandalum. Nec in domibus suis falcones habeant aut alias aues rapaces. Nec cendatum
habeant in pallis suis, nisi flaui aut nigri coloris.

[46] 32. *De piscina, et de uita et honestate clericorum*

Precipitur presbyteris, sub pena suspensionis, ut quilibet in ecclesia sua piscinam faciat iuxta altare, ut post susceptionem Corporis Christi manus abluant et ablutiones calicis proiciant.

[47] 33. *De expositione articulorum fidei*

Precipitur ut frequenter dominicis diebus in aliqua parte sermonis exponant fideliter populo symbolum fidei, et eis diligenter
exponant seu distinguant articulos fidei, et singulis confirment auc-
5 toritatibus et rationibus sacre Scripture pro posse suo, propter hereticos et fidei corruptores.

c.29 1 De sputo *om.*O
c.30 1 De uino albo *om.*O
c.31 1-3 Ne — coloris *om.*ÑO   Nec canes — coloris *om.*N   6 alias] aliquas
*antep.*ÑO
c.32 1 De — clericorum *om.*ÑO   et de — clericorum *om.*N
c.33 1 De — fidei *om.*N   3 populo *om.*ÑO   4 exponant seu *om.*N   seu
distinguant *om.*O

[48] 34. *De hiis qui celebrant matrimonia <occulta>*

Item, excommunicati sunt in synodo omnes illi qui fidem dederunt uel acceperunt de celandis matrimoniis. Et ista excommunicatio recitetur in parochiis a singulis sacerdotibus.

[49] 35. *<Prohibitiones et precepta quamplura>*

Prohibetur sacerdotibus ne ipsi habeant capellanos habentes capas manicatas. Precipitur sacerdotibus, sub pena magne emende, ut custodiant precepta synodalia, quidam enim ualde negligentes sunt,
5 set sacerdotes et alii curam animarum habentes semper et ubique super alias uestes supertunicale uel aliquod rotundum habeant uestimentum. Prohibeant sacerdotes ne fiant choree, maxime in tribus locis, scilicet in ecclesiis, cemeteriis et processionibus. Prohibeant sacerdotes sepe per excommunicationem ne carnifices permittant Iu-
10 deos suas carnes laniare, nisi totum sibi retineant Iudei. Excommunicentur sepe seruientes christiani et pediseque et nutrices que sunt in seruitio Iudeorum, et tam in uita quam in morte artius in omnibus euitentur quam ipsi Iudei. **[50]** Districte precipitur sacerdotibus ne hostias dent, licet non consecratas, pueris ullo modo. Et inhibetur
15 eis ne celebrent sine caligis. Prohibetur districte ne sacerdotes cultellum cum cuspide portent, nec eorum clerici. Precipitur sacerdotibus ut cum aliquis confitetur eis se fidem dedisse alicui mulieri de matrimonio contrahendo cum ea, et post fidem datam cognouit eam, non dent ei licentiam contrahendi cum alia, quoniam sequens
20 copula cum illa cui fidem dedit matrimonium consummauit. **[51]** Prohibemus etiam, sub pena excommunicationis, ne sacerdotes uel clerici occasione alicuius consuetudinis pro baptismo, sepultura, benedictione uel aliis ecclesiasticis sacramentis aliquid exigere uel extorquere presumant, set ea liberaliter et sine difficultate studeant
25 canonice ministrare, set si aliquid datur, gratis accipiatur. **[52]** Item, ne sacerdotes capis manicatis utantur, et constituti in sacris ordinibus consuticios rostratos sotulares, et ne uestes rubei coloris habeant prohibemus. Inhibemus etiam tam clericis quam monachis, sub uinculis excommunicationis, ne aliquam negotiationem siue merca-
30 tionem inhonestam exerceant. **[53]** Prohibetur districte ne diaconi

c.34 1 De — matrimonia *om.*NÑO   occulta *om.*Q   2 in synodo *interl.*Ñ, *om.*O
c.35 1 Prohibitiones — quamplura *om.*Q   3 magne *interl.*Ñ, *om.*O   12 artius *interl.*Ñ   13 quam *om.*Ñ   ipsi] ibi O   15-16 Prohibetur — clerici *cancel.*Ñ   24 liberaliter *om.*LN   25 canonice *inter.*Ñ, *om.*O   datur *interl.*L, gratis fuerit datum NÑO   27 rostratos] costratos N, *om.*O   28 Inhibemus *om.*LV, Prohibemus O   29-30 mercaturam ÑO   30 inhonestam *interl.*Ñ, *om.*O

ullo modo audiant confessiones, nisi in artissima necessitate, claues
enim non habent, nec absoluere possunt.

[54]　36.　*De compulsione confessionis.* <*De soluenda pecunia
mutuo recepta per rectores ecclesiarum. De manutergio
habendo circa altare in celebratione misse*>

　　Precipimus etiam quod sacerdotes diligenter moneant parochia-
5　nos suos, et si necesse fuerit per censuram ecclesiasticam compellantur, quod ter in anno, aut saltem semel, confiteantur peccata sua et
recipiant Corpus Christi, quod tamen nulli detur nisi prius confessus fuerit, si facultatem habuerit confitendi[1]. [55] Ad soluendam
pecuniam per rectores ecclesiarum mutuo receptam teneri nolumus
10　rectores successores, nisi instrumentum inde confectum subscriptione uel sigillo episcopi fuerit roboratum, precipientes firmiter sacerdotibus ut hanc constitutionem in ecclesia coram omni populo
publicent ter in anno. [56] Districte precipitur ut quilibet sacerdos
habeat in celebratione misse, propter munditiam uestimentorum
15　seruandam, circa altare unum manutergium, scilicet pendens circa
missale, ad tergendum os et nares, si fuerit necesse.

[57]　37.　<*De publicatione et obseruatione constitutionum*>

　　Precipimus archidiaconis ut presentes constitutiones suis exhibeant arhipresbyteris et exponant. Et postea ipsi archipresbyteri singulos capellanos parochialium ecclesiarum qualiter se regere
5　debeant instruant, et informent has et alias quas concedimus per
totam nostram diocesim omnibus communiter. Districte omnibus
prelatis precipitur, sub attestatione diuini iudicii firmius iniungentes, ut omnia supra dicta obseruent, et, quantum in ipsis est, faciant subditis suis, monitione premissa per censuram ecclesiaticam,
10　inuiolabiliter obseruare.

---

[1] c.36 Conc.4 Lat.1215 c.21 (X 538.12); Conc.legat.Valladolid 1228 c.7 (TR
3.326).

c.36 1 De compulsione confessionis *om.*NÑO　　　　1-3 De[2] — misse *om.*Q
7 prius] proprius LV　　　10 inde *om.*LV　　　16 missale] altare LV
c.37 1 De — constitutionum *om.*Q　　　6 omnibus[2]] uniuersis NO　　　10 obseruari NÑO

2. Sínodo de Guillermo de Barberá, 1248-1255

A la muerte del obispo Raimundo de Ciscar en 1247, los cabildos de Lérida y de Roda no llegaban a un acuerdo para designar obispo para la sede de Lérida. Tras varios acuerdos y desacuerdos, el papa Inocencio IV comisionó al arzobispo de Tarragona Pedro de Albalat, que había sido obispo de Lérida, a S. Raimundo de Peñafort y a fray Miguel Fabra, ambos religiosos dominicos, para que proveyesen de obispo a la diócesis de Lérida, lo cual ellos hicieron el 2 de marzo de 1248 nombrando al dominico fray Guillermo de Barberá, que era prior del convento de Santa Catalina de Barcelona. Seis días después, el 8 de marzo de 1248, fue confirmado por el metropolitano de Tarragona, al que juró la obediencia canónica, y el día 15 siguiente ya asiste al concilio provincial de Tarragona de ese año 1248, en el que aparece como «G. Illerdensi». Murió en Barcelona el 17 de abril de 1255 y fue enterrado en la iglesia del convento de dominicos en la capilla de Santa Ana[1]. Con razón dice Villanueva que «nos queda de él un sínodo que aquí celebró, aunque ignoramos el año». Editamos a continuación el texto que conocemos de su sínodo, del que, como ya advierte Villanueva, desconocemos la fecha, que no aparece en ninguno de los testigos que nos transmiten su contenido. Podría ser que Guillermo de Barberá haya celebrado algún otro sínodo que desconocemos, ya que en el [7] de nuestra edición del segundo sínodo de Guillermo de Moncada se alude a una constitución «bone memorie Guillermi, episcopi Ilerdensis» acerca de los testamentarios o mansesores que no cumplan la voluntad de los testadores dentro de un año. El obispo Guillermo de buena memoria en Lérida en 1257-1282(2) parece que tiene que ser el obispo Guillermo de Barberá, pero en el texto sinodal que conocemos y editamos a continuación no aparece este asunto de los mansesores.

Tradición manuscrita y editorial: L fol.6v-7r (texto base); N fol.158va-159ra: Ñ fol.87v; O fol.78v-79v; J. VILLANUEVA, Viage literario XVI.310-311.

[1]   <Inscriptio>

Constitutiones edite per dominum fratrem Guillermum de Barberano, bone memorie Ilerdensem episcopum.

---

[1] C. EUBEL, Hierarchia catholica I.283; P. SÁNCHEZ, «Lérida, diócesis de», en: DHEE 2.1294; J. VILLANUEVA, Viage literario XVI.141-144 y en p.308-310 edita Villanueva, en el apéndice XXXII, la Summa processus electionis F. Guillermi de Barberá, prioris conventus Praedicatorum Barcinonen. in episcopum Illerdensem; TR 6.46-47, con el concilio provincial de Tarragona de 1248, donde entre los presentes aparece «G. Illerdensi», aunque Pons Guri 68 dice que de este concilio de Tarragona de 1248 no se conocen constituciones; también asistió al concilio de 1250; P. LINEHAN, La Iglesia española, 70, 77.

Inscrip. 1 Inscriptio om.Q

[2] 1. *De residentia personali rectorum et uicariorum perpetuorum*

Quia licet in concilio generali per dominum Sabinensem salubriter fuerit constitutum ut qui parochiales habent ecclesias non per
5 alios, set per se ipsos deseruiant in eis in ordine quem ipsarum cura requirit[1], multi enim statuta ipsa, non sine graui suarum et commissarum sibi animarum periculo, seruare contemnunt. Igitur nos frater Guillermus, miseratione diuina Ilerdensis episcopus, salutem animarum celantes, de consilio fratrum nostrorum monemus om-
10 nes parochiales ecclesias habentes, seu etiam uicarias perpetuas habentes, ut in ipsis ecclesiis personaliter deseruiant. Et si qui absunt non de nostra licentia, ad eas infra duos menses post huiusmodi constitutionis promulgationem reuertantur, continuam facturi residentiam in eisdem. Alias nos, iuxta predictarum constitutionum
15 tenorem, tales ecclesiis uel uicariis quas obtinent decernimus ipso iure priuatos, nisi eos abesse contigerit de nostra licentia speciali[2].

[3] 2. *Quod rectores recipant ordines infra certum terminum*

Monemus etiam omnes rectores parochialium ecclesiarum qui non sunt in sacerdotali ordine constituti, ut cum nos ordines celebrare contigerit, ad ordinem sacerdotalem ascendant, nisi super
5 hoc a nobis licentiam habuerint specialem. Alioquin post trinam monitionem a nobis factam, a suis beneficiis nouerint se suspensos[1].

[4] 3. *Quod clerici beneficiati in sacris ordinibus constituti, tenentes publice concubinas incurrant penam quinquaginta mazmodinarum*

Ad hoc, quia interdum plus ab aliquibus pecunie timetur dis-
5 pendium quam salutis, et nonnulli clerici proprie salutis obliti et

---

[1] **c.1** Conc.legat. de Lérida de 1229 c.12, en la segunda parte de la constitución, que comienza 'Adicimus quoque' (Pons Guri 18; TR 3.335).
[2] C.7 q.1 c.19, 23-24, 26, 29; X 1.14.4; X 2.28.28; X 3.4.4-17; Conc.3 Lat.1179 c.13 (X 3.4.3); Conc.4 Lat.1215 c.32 (X 3.5.30); Conc.legat.Valladolid 1228. 8.2 (TR 3.327).
[1] **c.2** In VI 3.4.29 (ver la Glosa Ordinaria); Conc.provinc. de Tarragona 1230 c.4 (o c.2) (Pons Guri 33; TR 6.28).

c.1 1-2 De — perpetuorum *om.*NÑO   3 generali] et *ad.*LV   5 se *om.*LV ipsorum LNV   12 post *marg.*N, *om.*ÑO   14 predictam constitutionem LÑ[pc], praedictae constitutionis V
c.2 1 Quod — terminum *om.*NÑO   2 etiam] et V   3 in *om.*LV
c.3 1-3 Quod — mazmodinarum *om.*NÑO   4 ab *om.*LV

spirituales penas contra se editas contemnentes, concubinas tenere
publice non formidant, ex quo etiam laicorum scandalum et periculum sequitur animarum. Nos itaque morbo hiusmodi quibus
possumus uolentes remediis obuiare, de consilio fratrum nostro-
10 rum statuimus ut clerici beneficiati in sacris ordinibus constituti qui
post hanc constitutionem deprehensi fuerint predicto uitio laborare, quinquaginta maçmodinas nobis et successoribus nostris soluere
teneantur[1].

[5] 4. *Qui cultellum contra aliquem extraxerit soluat quin-*
quaginta solidos

Statuimus etiam ut si quis clericorum irato animo cultellum
extraxerit contra aliquem, quinquaginta solidos pro pena nobis so-
5 luere teneatur.

[6] 5. *De ornamentis deauratis et superfluis. <Nullus habens*
curam animarum portionarium aliquem in ecclesia sua
instituat>

Prohibentes, sub attestatione diuini iudicii, ne quis sellas deaura-
5 tas aut pictas, nisi unius coloris, frena uel calcaria deaurata facere de
cetero aut portare presumat. [7] Presenti constitutione statuimus ut
nullus prelatus habens curam animarum, in ecclesia ubi preesse dignoscitur sine nostra speciali licentia portionarium aliquem clericum
uel laicum in ecclesia sua instituat. Quod si facere contra presump-
10 serit, ipso facto nouerit se excommunicationis sententia innodatum.

3. Sínodo de Guillermo de Moncada, 1257-1282 (1)

Guillermo de Moncada, de ilustre familia catalana, era deán de la iglesia
de Lérida cuando fue nombrado obispo el 4 de abril de 1257 o acaso un poco

---

[1] **c.3** Ver el sínodo de 1314.[4], sus fuentes y la constitución del cardenal Gil Torres de 1252, a la que parece que aquí ya se alude.

7 publice *interl.* Ñ   etiam] et LV   8 morbo *om.* LNV   9 possimus LNV   10 beneficiati] uel *ad.* Ñ   12 maçimutinas N, mazanas Ñ^{ac}O,
maymodinas Ñ^{pc}
c.4 1-2 Qui — solidos *om.* NÑO
c.5 1 De — superfluis *om.* NÑO   1-3 Nullus — instituat *om.* Q   4-6 Prohibentes — presumat *cancel.* Ñ   5 pictas] picatas *mal* LV   facere] fieri *ad.* ÑO

antes de esa fecha, pero la confirmación del nombramiento y la consagración episcopal debió de tardar bastante porque en 1261 todavía figura como electo. Parece que murió hacia 1282-1283, pero no consta con seguridad la fecha de su muerte, ni tampoco está clara la fecha concreta de la elección de su sucesor. En su tiempo se concluyó la fábrica de la antigua catedral, que él consagró el 31 de octubre de 1278. De su tiempo, aunque no es prescripción suya, es la ordenanza de que los barberos de Lérida no podían afeitar en los domingos y en algunos otros días festivos[1]. Dice Villanueva que «se nos ha conservado un sínodo que tuvo en su catedral, aunque no nos consta el año. Van copiadas sus constituciones»[2]. Aunque Villanueva dice que «se nos ha conservado *un* sínodo», copia dos grupos de constituciones que tienen encabezamientos distintos en los apéndices XXXIV y XXXV[3], en ninguno de los cuales se encuentra fecha alguna, pero que parecen proceder de reuniones distintas. Como dos sínodos diversos los editamos, reconociendo que también se podría haber adoptado la decisión contraria.

Tradición manuscrita y editorial: L fol.7rv (texto base); N fol.159rab; Ñ fol.87v-88r; O fol.79v-80r; J. Villanueva, *Viage literario* XVI.312-313.

[1]   *<Inscriptio>*

Constitutiones edite per reuerendum patrem dominum Guillermum de Montechateno episcopum in sacra synodo celebrata in ciuitate Ilerdensi.

[2]   1.   *Item, quod rectores et portionarii faciant residentiam personalem in ecclesiis suis, alias priuentur*

Monemus omnes habentes curam animarum in diocesi nostra quod faciant in ecclesiis suis residentiam et deseruiant personaliter
5   in ipsis ecclesiis, prout ipsarum cura requirit. Quod nisi hoc fecerint usque ad proximum festum sancti Andree, quem terminum

---

[1] C. Eubel, *Hierarchia catholica* I.283; P. Sánchez, «Lérida, diócesis de», en: DHEE 2.1294. J. Villanueva, *Viage literario* XVI.146-150; P. Linehan, *La Iglesia española,* 76 nota 9; Algunos episcopologios le ponen con interrogante el nombre de Ramón.
[2] J. Villanueva, *Viage literario* XVI.248.
[3] En las páginas 312-313 y 314-315. Los mismos dos encabezamientos de Villanueva figuran también en los códices L (códice base de nuestra edición, del que sin duda procede también el texto de Villanueva) y en N, pero en Ñ y en O solamente aparece el primero de los encabezamientos, como indicaremos en el aparato crítico de nuestra edición.

Inscrip. 1 Inscriptio *om.*Q   3 Montechatano NÑO   4 Ilerdensi] fuit ix. episcopus *ad.*L
c.1 3 nostra *om.*LV

eis peremptorie assignamus, ipsos ex tunc ipsis ecclesiis priuamus et denuntiamus priuatos, iuxta constitutionem concilii generalis. Monemus etiam omnes portionarios ecclesiarum nostre diocesis, ubi
10 certus numerus statutus est per antecessores nostros, ut in ecclesiis residentiam faciant. Quod nisi fecerint usque ad predictum terminum, quem eis peremptorie assignamus, ex tunc ipsos priuamus prebendis suis[1].

[3] 2. *Clericus recipiens pecuniam mutuo in ludo non tenetur soluere*

Statuimus etiam quod quicumque mutuauerit pecuniam clerico ludenti ad taxillos, non teneatur creditori debitor ad dictam
5 pecuniam persoluendam.

[4] 3. *Quod nullus clericus uadat de nocte*

Statuimus etiam quod nullus clericus de nocte post pulsationem campane uadat sine lumine per ciuitatem uel per uillam. Et quicumque fecerit, penam quinque solidorum nobis exsoluat[1].

[5] 4. *Quod rectores non recipiant clericum alienum*

Mandamus etiam firmiter et districte ut nullus rector ecclesiarum admittat aliquem clericum alterius diocesis ad celebrandum diuina absque litteris nostris. Et si contra factum fuerit, et recipiens
5 et receptus grauiter punientur[1].

[6] 5. *De cartellis non recipiendis*

Volumus et statuimus ut cartelli ab aliquibus non recipiantur per rectores ecclesiarum, nec parochianis exponantur, nisi forma fuerit sigilli nostri munimine roborata.

---

[1] **c.1** Sínodo de 1248-1255.[2].
[1] **c.3** Cf. sínodo de 1407-1411.[9].
[1] **c.4** D.71 c.6-9; C.19 q.2 c.2; De cons.D.2 c.23 § 2; De cons. D.5 c.37; X 1.22.3; X 3.4.5.

---

7 peremptorie] perempniter LNV   12 peremptorie] perempniter LNV
c.2 1 Clericus — soluere *om.*NÑO
c.3 1 Quod — nocte *om.*NÑO
c.4 1 Quod — alienum *om.*NÑO
c.5 1 De — recipiendis *om.*NÑO   2 accipiantur Ñ

[7]   6.   *Non recipiantur questores sine litteris episcopi. <De litteris ordinationis concedendis>*

Volumus etiam et statuimus quod nullus questor alicuius questorie uel hospitalis admittatur, nisi litteram domini episcopi osten-
5   dat, in qua sit nomen illius persone scriptum qui litteram presentauit. Et quod non admittatur aliquis cum litteris domini pape uel archiepiscopi, nisi litteram ostendat domini episcopi, que de ipsa littera domini pape uel archiepiscopi expressam faciat mentionem[1].
[8] Quia sepe ab ordinatis clericis inquietamur super conceden-
10   dis eis litteris sue ordinationis, qui tunc nequeunt ad quos ordines promoti fuerint comprobare, nos Guillermus, Dei gratia Ilerdensis episcopus, auctoritate presentis synodi statuimus ut quilibet de cetero ordinandus infra octo dies a die qua ordinatus fuerit a nobis litteras sue ordinationis recipat, eiusdem ordinationis et eidem testi-
15   monium perhibentes. Et sciant nihilominus sine aliis nostris litteris, quas interim de nouo recipiant, extra diocesim nostram celebrandi in ordine suo sibi licentiam interdictam. Quod si infra octo dies litteras nostras non habuerint, ex tunc non de facili eis ordinationis sue littere concedentur. Hoc autem statuto siue ordinatione non
20   intelligimus constringi uiros religiosos, nec canonicos nostros, nec beneficiatos in sede nostra, nec etiam clericos commensales nostros nec canonicorum nostrorum.

4. Sínodo de Guillermo de Moncada, 1257-1282 (2)

En la introducción al sínodo anterior dimos algunos datos biográficos del obispo Guillermo de Moncada e indicamos el motivo de partir este texto en dos sínodos distintos.

Tradición manuscrita y editorial: L fol.7v-8r (texto base); N fol.159rbva; Ñ fol.88rv; O fol.80rv; J. VILLANUEVA, *Viage literario* XVI.314-315.

---

[1] **c.6** Conc.provinc. de Tarragona de 1239 c.9 (Pons Guri 39) y Concilio de Tarragona del legado Juan 1339 c.2 (TR 3.367); Sínodo de 1238-1247.[34].

c.6 1 Non — episcopi *om.*NÑO   1-2 De — concedendis *om.*Q   3-4 questorie] ecclesie ÑO   4-5 ostenderit ÑO   5 qui] que ÑO   5-6 presentauerit ÑO   7 ostenderit ÑO   9 sepe] semper ÑO   18 nostras *om.*ÑO   19 littere] litteras LV   concedantur ÑO   statutio siue ordinatio V   20 constringi] astringi ÑO   21 clericos *interl.*Ñ, *om.*O

[1]   *<Inscriptio>*

Constitutiones eiusdem domini Guillermi de Montechateno, bone memorie episcopi Ilerdensis.

[2]   *Quod sacerdotes moneant populum ut ad minus in anno semel confiteantur et recipiant Corpus Christi. <Monitiones quamplures contra quosdam peccatores publicos>*

Cum sit officium prelatorum publica peccata inquirere, ne san-
5 guis subditorum de eorum manibus requiratur, ideo uolumus et mandamus quatenus per omnes dies dominicos Quadragesime publice moneatis omnes parochianos uestros discretionem habentes, ut cum teneantur ter in anno uel saltem semel peccata sua confiteri, et in Pascha recipiant Corpus Christi. Quicumque non fecerit ab
10 ingressu ecclesie arceatur et moriens ecclesiastica careat sepultura[1]. [3] Item, moneatis omnes publicos adulteros ac detinentes publice concubinas ut desistant ab adulterio, et concubinas dimittant uel in uxores ducant. Quod nisi fecerint, denuntietis excommunicatos publice in uestra ecclesia, et mandetis aliis parochianis uestris ut
15 hos et omnes publicas mulieres expellant, et eos etiam qui talibus domos locant similiter moneatis. [4] Item, moneatis usurarios ut ad cognitionem Ecclesie usuras receptas restituant, et caueant idonee non recipere in futurum. Quod nisi fecerint, post trinam monitionem publice factam, denuntietis eos excommunicatos in uestra
20 ecclesia, et si mori eos contingerit, non tradantur eorum corpora ecclesiastice sepulture[2]. [5] Preterea denuntietis excommunicatos mittentes manus uiolentas in clericos et uiros religiosos[3], et uen-

---

[1] **c.un.** D.29 c.3; D.45 c.9-10, 14-15; C.11 q.3 c.81; C.26 q.7 c.12; De poen. D.5 c.1; X 5.12.6; X 5.38.8; Conc.4 Lat.1215 c.21 (X 5.38.12); Extravag.Com.1.9.2; Extravag.Com.5.3.2; Extravag.Com.5.7.1; Conc.legat.Valladolid 1228 c.7 (TR 3.326); Conc.legat.Lérida 1229 c.11 (TR 3.334); Conc.prov.Tarragona 1330 c.67 (TR 3.544; Pons Guri 180); 1 Partida 4.17-34.
[2] D.46 c.9-10; D.47 c.1-5; C.3 q.7 c.2 § 20; C.14 q.3 c.1-4; C.14 q.4 c.1-12; Conc.2 Lat.1139 c.13 (COD 200); X 5.19.1-19; Conc.3 Lat.1179 c.25 (X 5.19.3); Conc.4 Lat.1215 c.67 (X 5.19.18); Conc.1 Lugdunense 1245 II c.1 (COD 293-95); Conc.Vien.1211-12 c.29 (Clem.5.5.un.); 1 Partida 6.58 [(3)]; 1 Partida 13.9; 7 Partida 6.4 [(15), ver la glosa a este lugar].
[3] C.17 q.4 c.22-25; C.24 q.3 c.22; X 2.28.13; X 3.1.9; X.3.28.14; X.5.39.1-3, 5-11, 13-19, 22-29, 32-33, 50, 54, 58; In VI 5.9.5; InVI 5.11.21, 23; Clem.5.8.2.

Inscrip. 1 Inscriptio *om.*Q   2-3 Constitutiones — Ilerdensis *om.*ÑO
c.un. 1-2 Quod — Christi *om.*LNÑV   2-3 Monitiones — publicos *om.*Q
8 uel *interl.*N, *om.*ÑO   9 Quicumque] qui Ñ[ac]O   10 ecclesiastica] christiana ÑO   11 adulteros] et adulteras *ad.*ÑO   ac *om.*LV   13 denuntietis] eos *ad.*ÑO   14 aliis] omnibus ÑO

dentes arma Sarracenis, et etiam uictualia in damnum et preiudicium christianorum[4]. **[6]** Item, denuntietis excommunicatos nutrices
25 christianas filiorum Iudeorum, et christianos in Iudeorum seruitio
continue commorantes[5]. **[7]** Item, denuntietis ab ingressu ecclesie
interdictos, iuxta constitutionem bone memorie Guillermi, episcopi
Ilerdensis, omnes manumissores qui infra annum non compleuerint
pias morientium uoluntates, si in hoc exstiterint negligentes[6]. **[8]**
30 Item, denuntietis excommunicatos omnes qui statuta aliqua fecerint contra ecclesiasticam libertatem, et eorum consiliarios, ac dicta
statuta seruantes, nisi ea deleuerint infra tempus a iure prefixum[7].
[9] Item, moneatis parochianos uestros et eis sub pena excommunicationis mandetis ut in egritudine positi non ponant se sub cura
35 Iudei uel etiam Sarraceni, nec ab eis recipiant medicinam, nec cum
eis simul audeant in eisdem balneis balneare[8]. **[10]** Item, denuntietis excommunicatos sacrilegos et diuinarios et illos qui ipsos consulant ac faciunt diuinare[9]. **[11]** Item, denuntietis excommunicatos
Christi nomen uel beate Marie matris eius publice blasphemantes[10].

5. Sinodo de Geraldo de Andriano, 6 de marzo 1295

Al obispo Geraldo se le apellida como de Andriano, de Andria o de Andira.
Fue nombrado obispo de Lérida el 15 de marzo de 1290, pero no tenemos dato
alguno de su vida anterior. Asistió al concilio provincial de Tarragona de 15 de
marzo de 1292, en el que figura en último lugar entre los obispos, lo cual significa
que era el últimamente nombrado. El día 28 de junio de 1298 hizo colación de la
iglesia de Crespiá a Bononato Mazareto, presentado por el comendador de Monzón, por lo que su muerte es posterior a esa fecha, pero es anterior al 23 de marzo

---

[4] Conc.4 Lat.1215 c.71 (COD 269-270); X 5.6.6, 11-12, 17; Extravag.Juan XXII
8.1; Extravag.Com.5.2.1.
[5] D.54 c.13-14; C.17 q.4 c.31; C.28 q.1 c.11-14: Conc.3 Lat.1179 c.26 (X
5-6.5); X 5.6.8, 13; Conc.4 Lat.1215 c.68 (X 5.6.15); 4 Partida 21.8; 7 Partida
24.8-11; 7 Partida 25.10.
[6] No conocemos esta constitución del obispo Guillermo, de buena memoria, que
deberá ser el obispo Guillermo de Barberá. Y tampoco aparece entre las constituciones de Guillermo de Moncada.
[7] Conc.prov.Tarragona 1244 c.4-5 (Pons Guri 58-59); Conc.prov.Tarragona
1246 c.3 (Pons Guri 62-63); ver en este mismo volumen el segundo sínodo de
la abadía de Ager de 1518, dedicado a las «Constitutiones Tarraconenses contra
invasores et raptores», con abundante legislación de los concilios de Tarragona.
[8] C.28 q.1 c.13; 7 Partida 24.8.
[9] C.26 q.1 c.1; C.26 q.5 c.1-14; X 5.21.1-3; 7 Partida 23.1-3.
[10] D.46 c.5; D.50 c.7, 34; D.71 c.12; C.3 q.5 c.9; C.6 q.1 c.17-18; C.17 q.4 c.36;
C.22 q.1 c.10, 17; C.22 q.5 c.1-5, 7; C.23 q.5 c.35; X 1.3.2; X 1.11.17; X 2.1.10;
X 2.20.54; X 2.24.10-12; X 3.22.2; X 5.1.23; X 5.26.2; In VI 2.14.2; In VI 5.2.8;
2 Partida 4.4; 7 Partida 28.1-6.

de 1299, que es la fecha del nombramiento de su sucesor Pedro del Rey[1]. Celebró sínodo, del que se conoce una sola constitución, que aparece datada en «ii. nonas martii (el 6 de marzo) anno Domini m.cc.xc.quarto», donde en el año del Señor se cuenta sin duda por la Encarnación, pero que por nuestra forma actual de contar por la Natividad es el año 1295.

Tradición manuscrita y editorial: L fol.8rv (texto base); N fol.159vab; Ñ fol.88v-89r; O fol.80v-81r; J. VILLANUEVA, *Viage literario* XVI.317.

[1]   *<Inscriptio>*

Constitutio edita per uenerabilem patrem in Christo dominum Geraldum de Andirano, Dei gratia episcopum Ilerdensem in sede Ilerdensi synodum celebrantem.

[2]   *<De illis qui sententias excommunicationis, suspensionis et interdicti uiolant et contemnunt immiscendo se diuinis>*

Quia nonnulli ecclesiarum rectores necnon et alii, tam beneficiati quam non beneficiati clerici nostras ac officialis nostri excom-
5   municationis, interdicti, suspensionis sententias in se aut eorum ecclesias legitime promulgatas miserabiliter uiolant et contemnunt immiscendo se diuinis, etc. in locis interdictis temere sicut prius. Idcirco nos Geraldus, miseratione diuina Ilerdensis episcopus, in sede nostra Ilerdensi synodum celebrantes, tante presumptionis auda-
10   ciam nolentes relinquere impunitam, cum sit in despectu clauium et lesione ecclesiastice discipline, de fratrum nostrorum consilio sanctaque approbante synodo statuimus ut rectores et alii beneficiati qui in hoc genus criminis inciderint, diabolo suadente, ipso iure suis ecclesiis et beneficiis sint priuati, et aliis libere conferantur, qui
15   uelint et ualeant humiliter obedire. Qui uero ecclesiastica beneficia non obtinent, nullum in posterum beneficium ecclesiasticum assequantur, cum sint irregulares, inhabiles et indigni, donec sit cum eis per Sedem apostolicam misericorditer dispensatum, et de tanto contemptu Ilerdensi ecclesie satisfactum. Qui autem eos scienter rece-
20   perit, postquam hoc fuerit sibi notum, pene subiaceat supra dicte[1].

[3] Datis Ilerde, ii. nonas martii anno Domini m.cc.xc. quarto.

[1] C. EUBEL, *Hierarchia catholica* I.283; P. SÁNCHEZ, «Lérida diócesis de», en: DHEE 2.1294; J. VILLANUEVA, *Viage literario* XVI.151-153 y 317 apéndice XXXVIII; PONS GURI, *Constitucions conciliars,* 103.
[1] **c.un.** C.11 q.3 c.36-37; X 1.14.8; X 5.7.13; X 5.37.13; X 5.40.23-24; In VI 5.2.7; 1 Partida 9.21, 31-32; Conc.prov. de Tarragona de 1230 c.4 (Pons Guri 33; TR 6.28-29).

Inscrip. 1 Inscriptio *om.*Q   3 de Andirano *om.*O
c.un. 1-2 De — diuinis *om.*Q   6 promulgatas] et *ad.*LV   uiolant] uiolare LV   7 etc. *interl.*Ñ, *om.*O

6. Sínodo de Pedro del Rey, 3-5 de diciembre de 1301

Pedro del Rey fue canónigo de Lérida, donde tuvo el cargo de sacrista, y fue también canónigo de Valencia. En agosto de 1269 el rey Jaime I lo nombró prior del monasterio de San Vicente Mártir de Valencia. Era hermano de Jaime Sarroca, obispo de Huesca (1273-1290), persona muy famosa en su tiempo. Fue nombrado obispo de Lérida el 23 de marzo de 1299, murió el 4 de septiembre de 1308 y fue enterrado en la capilla de San Nicolás, que había fundado su hermano Jaime Sarroca[1]. En diciembre del año 1301 celebró sínodo en la catedral de Lérida, en el que promulgó unas importantes constituciones. El problema es fijar el día concreto de la celebración del sínodo porque las fechas que aparecen en la documentación no concuerdan. Dicen, en efecto, todos los testigos que el sínodo se celebró en el año 1301, en día de domingo, «que fuit nonas decembris», pero estos datos no parecen posibles porque las «nonas decembris» son el 5 de diciembre, y el 5 de diciembre de 1301 fue martes, no fue domingo. Proponemos tímidamente que acaso el sínodo haya comenzado el primer domingo de Adviento, día 3 de diciembre de 1301, y que haya concluido el martes día 5, «que fuit nonas decembris». Esto es posible, pero realmente el texto no dice eso, ni vemos qué otra lectura se pueda hacer del mismo.

Tradición manuscrita y editorial: L fol.8v-11r (texto base); N fol.159vb-161ra; Ñ fol.89r-90v; O fol.81r-83v; J. VILLANUEVA, *Viage literario* XVI.317-323.

[1]   <*Inscriptio*>

     Constitutiones edite per reuerendum patrem dominum Petrum de Rege, Dei gratia episcopum Ilerdensem.

    [2]   1.   <*Dies synodo assignata. Constitutiones predecessorum approbantur*>

     Anno Domini m.ccc. primo, die dominica, que fuit nonas decembris, nos Petrus, Dei gratia Ilerdensis episcopus, ad honorem
5 sancte et indiuidue Trinitatis, Patris et Filii et Spiritus Sancti, apud ciuitatem et ecclesiam Ilerdensem sanctam synodum celebrantes, predecessorum nostrorum uestigiis inherentes laudamus, concedimus, approbamus et irrefragabiliter per omnia confirmamus constitutiones factas per predecessores nostros.

---

[1] C. EUBEL, *Hierarchia catholica* I.283 y 378 nota 4 (de Huesca, Oscensis, para su hermano Jaime); P. SÁNCHEZ, «Lérida diócesis de», en: DHEE 2.1294; J. VILLANUEVA, *Viage literario* XVI.154-156 y 317-323 apéndice XXXIX.

Inscrip. 1 Inscriptio *om.*Q   2-3 de Rege *om.*NÑO   3 Ilerdensem] fuit xii. episcopus *ad.*L
c.1 1-2 Dies — approbantur *om.*Q

[3] 2. *De cimbalo repicando quando in missa maiori eleua-*
tur Corpus Christi, et de indulgentia audientium qui fle-
xis genibus dicunt Pater noster et Aue Maria

Cum creatura non habeat quid pro meritis suo respondeat
5 Creatori, ad honorem Dei et beate Marie semper uirginis, matris
eius, cuius, licet immeriti, sponsi sumus, sancta approbante synodo statuimus et mandamus quod quando missa maior in ecclesiis
celebrabitur et eleuabitur Corpus Christi, rectores ipsarum ecclesiarum faciant maius cimbalum pulsari, seu etiam repicari. Qui-
10 cumque uero ob eiusdem reuerentiam Creatoris genua sua flexerint
campane sonitu intellecto, siue in domo aut in uia fuerint uel in
campis, et semel salutauerint beatam Virginem dicendo 'Ave Maria,
etc.' et semel dixerint 'Pater noster, etc.', nos de omnipotentis Dei
misericordia eiusdemque beatissime Virginis ac beatorum Petri et
15 Pauli apostolorum eiusdem meritis confidentes, quadraginta dies
de iniuncta eis legitime penitentia per gratiam Sancti Spiritus misericorditer relaxamus. [4] Adicientes ad honorem ipsius Virginis
gloriose, ac etiam statuentes, quod de cetero, quando recitabuntur
Hore beate Marie, post versum hymni 'Memento, salutis auctor,
20 etc.' dicatur iste uersus: 'Maria, mater gratie, mater misericordie, tu
nos ab hoste protege et hora mortis suscipe. Gloria tibi, Domine,
qui natus es de Virgine, etc.'

[5] 3. *De festis colendis*

Hec sunt festa que rectores debent facere coli seu celebrari per
suos parochianos, secundum constitutionem prouincialis concilii
Tarraconensis: festum Circumcisionis Domini, Epiphanie, sancti
5 Vincentii, Purificationis sancte Marie, Mathie apostoli, Annuntiationis sancte Marie et duorum dierum octaue Pasche, sancti Marci
euangeliste, Philippi et Jacobi, Inuentionis sancte Crucis, Ascensionis Domini, ferie secunde octaue Pentecostes, festum Corporis
Christi, Barnabe, Johannis Baptiste, Petri et Pauli, sancte Marie
10 Magdalene, Jacobi apostoli, Transfigurationis Domini, sancti Laurentii, Assumptionis beate Marie, sancti Bartholomei, Natiuitatis
sancte Marie uirginis, Matthei euangeliste, sancti Michaelis, Luce
euangeliste, Simonis et Iude, Omnium Sanctorum, sancti Martini,

c.2 1-3 De — Maria] Quando Corpus Christi eleuabitur presbyteri faciant pulsari
maius cimbalum ecclesie O, *om.*NÑ   6 sancta] sacra ÑO
c.3 1 De festis colendis] Festa que debent coli O, *om.*Ñ   2 rectores] ecclesiarum *ad.*ÑO   4 Epiphanie] Domini *ad.* Ñ   6 octaue] octauarum ÑO
8-9 festum — Barnabe *om.*O *(que parece que lo pone al margen, pero no se lee)*
9 Barnabe] apostoli *ad.*Ñ   12 euangeliste] apostoli NÑO

sancti Andree, sancti Nicholai, sancti Thome apostoli, Natiuitatis
15 Domini, sancti Stephani, sancti Johannis apostoli, et quelibet parochia obseruet festiuitatem illius sancti in cuius honore est maior
ecclesia constructa[1]. [6] Preterea, iuxta constitutionem sanctissimi
patris domini Bonifacii pape octaui, precipimus quod precipua festa
duodecim apostolorum et quatuor euangelistarum et quatuor doc-
20 torum Ecclesie sancte Dei, scilicet beati Gregorii, Augustini, Am-
brosii et Hieronymi, conetur quilibet sacerdos in sua ecclesia sub
officio duplici sollemniter celebrare[2].

[7] 4. *Festa priuilegiata de interdicto*

Insuper, tempore interdicti a domino papa siue ab episcopo uel
alio quocumque positi, quilibet rector ecclesie siue sacerdos cum
suis clericis potest et tenetur, etiam quotidie, celebrare missam et
5 alia diuina officia dicere sicut prius, submissa tamen uoce, ianuis
clausis, excommunicatis et interdictis exclusis et campanis non pulsatis. Potest etiam audire confessiones, tam a sanis quam ab infirmis,
et eis dare Corpus Christi, nisi specialiter sint et nominatim excommunicati, et tales numquam admittat sacerdos ad confessionem,
10 nisi essent in mortis articulo constituti. [8] In festiuitatibus uero
Natalis Domini, Pasche Resurrectionis Domini et Pentecostes ac
Assumptionis uirginis Marie gloriose ob reuerentiam dictarum festiuitatum campane pulsentur et ianuis apertis alta uoce diuina officia celebrentur, nominatim excommunicatis prosus exclusis, set aliis
15 omnibus admissis, iuxta constitutionem domini Bonifacii memorati. Ita tamen intelligendum quod in Vesperis uigiliarum dictarum
festiuitatum incipiant pulsari cimbala, et apertis ianuis ecclesiarum
Vespere sollemniter dicantur et similiter Completorium, Matutine
et in crastinum misse et alie Hore usque ad finitum Completorium
20 sollemniter celebrentur[1].

---

[1] **c.3** C.15 q.4 c.1-3; De cons. D.1 c.62-66; De cons. D.3 c.1-3; X 2.9.1-5;
X 3.41.3; X 3.46.3; X 5.40.14; In VI 3.22 un.; Clem.3.16 un.; Conc. provinc. de
Tarragona de 1239 c.7 (Pons Guri 39, c.10; TR 6.31); 1 Partida 23.1-2.
[2] In VI 3.22 un.
[1] **c.4** X 5.38.11; X 5.39.43, 57; X 5.40.17; In VI 5.7.8, 11; In VI 5.11.16-20,
24; Clem.5.10.2; Extravag.Com.5.10.2; Glos.Ord. a In VI 5.11.24 *v.* sacramentis.

14-15 sancti Andree — Stephani *om.*O *(que acaso los suple al margen, pero no se lee)*
14 sancti Nicholai *cancel.*Ñ   15 apostoli] et euangeliste *ad.*Ñ   16 obseruet
*om.*LNV   21 conetur] tenetur O   in sua ecclesia *om.*ÑO
c.4 1 Festa — interdicto] Quod quatuor festa anni non possint interdici O,
*om.*NÑ   9-10 et tales — constituti *marg.*Ñ, *om.*O   12 Marie *om.*NÑO
18 similiter] simpliciter LV

[9] 5. *Que sequuntur tenetur scire quilibet sacerdos: Decem
precepta Legis*

Ista que sequuntur tenetur scire quilibet sacerdos ut sciat docere
populum sibi commissum. In primis tenetur scire decem precepta
5 Legis, que sunt hec: Primum est: Non habebis deos alienos. Secundum est: Non assumes nomen Dei tui in uanum. Tertium est: Memento ut diem sabbati, id est diem dominicam, sanctifices. Quartum est: Honora patrem tuum et matrem tuam. Quintum est: Non
occides. Sextum est: Non mechaberis. Septimum est: Non furtum
10 facies. Octauum est: Non falsum testimonium dices. Nonum est:
Non concupisces rem proximi tui. Decimum est: Non concupisces
uxorem proximi tui.

[10] 6. *Articuli fidei*

Tenetur etiam scire quilibet sacerdos de necessitate articulos fidei. Et secundum unum modum dicuntur esse duodecim, propter
duodecim apostolos qui per inspirationem Sancti Spiritus in unum
5 congregati singuli singulos apposuerunt articulos. Beatus Petrus
apposuit primum dicens: Credo in Deum, Patrem omnipotentem,
creatorem celi et terre. Andreas: Et in Iesum Christum, Filium eius
unicum, Dominum nostrum. Jacobus Zebedei: Qui conceptus est
de Spiritu Sancto, natus ex Maria uirgine. Johannes: Passus sub
10 Pontio Pilato, crucifixus, mortuus et sepultus. Thomas: Descendit
ad inferos, teria die resurrexit a mortuis. Jacobus Alphei: Ascendit ad celos, sedet ad dexteram Dei Patris omnipotentis. Philippus:
Inde uenturus est iudicare uiuos et mortuos. Bartholomeus: Credo
in Spiritum Sanctum. Mattheus: Sanctam Ecclesiam catholicam,
15 sanctorum communionem. Symon: Remissionem peccatorum.
Thadeus: Carnis resurrectionem. Mathias: Vitam eternam. Amen.
[11] Et secundum aliam distinctionem dicuntur quatordecim
articuli, septem qui pertinent ad diuinitatem et septem ad humanitatem. Illi qui pertinent ad diuinitatem sunt hii. Primus est: Credo in unum Deum, Patrem omnipotentem, creatorem celi et terre.
20 Secundus est: Et in Iesum Christum, Filium eius unicum, Dominum nostrum. Tertius est: Credo in Spiritum Sanctum. Quartus
est: Sanctam Ecclesiam catholicam, sanctorum communionem.
Quintus est: Remissionem peccatorum. Sextus est: Carnis resurrec-

---

c.5 1-2 Que — Legis *om.*NÑO   5 sunt hec] sequuntur O   6 tui *om.*LV
7 sabbati id est *interl. en rojo* L
c.6 1 Articuli fidei *om.*NÑO   2 Tenetur etiam] Item tenetur ÑO, etiam
*om.*N   3 esse *om.*LNV   5 singuli *om.*Ñ   5-6 articulos — apposuit
*om.*Ñ *(homograf.)*   16 Thadeus] alias dicitur Judas *interl.ad.*O

25 tionem. Septimus est: Vitam eternam. Amen. Isti sunt septem qui
    pertinent ad humanitatem. Primus est: Qui conceptus est de Spiritu
    Sancto. Secundus est: Natus ex Maria uirgine. Tertius est: Passus
    sub Pontio Pilato, crucifixus, mortuus et sepultus. Quartus est: Des-
    cendit ad inferos. Quintus est: Tertia die resurrexit a mortuis. Sextus
30 est: Ascendit ad celos, sedet ad dexteram Dei Patris omnipotentis.
    Septimus est: Inde uenturus est iudicare uiuos et mortuos.

[12]   7.   *Septem sacramenta Ecclesie*

Septem sunt sacramenta Ecclesie, que quilibet sacerdos tenetur
scire, et sunt ista que sequuntur: Primum est baptismus. Secundum
confirmatio. Tertium ordo. Quartum Eucharistia. Quintum matri-
5   monium. Sextum penitentia. Septimum extrema unctio.

[13]   8.   *Dona Spiritus Sancti*

Septem sunt dona Spiritus Sancti, uidelicet: Spiritus sapientie
et intellectus, consilii et fortitudinis, scientie et pietatis et spiritus
timoris Domini.

[14]   9.   *Peccata mortalia*

Septem sunt peccata mortalia, scilicet: superbia, inuidia, ira, accidia, auaritia, gula et luxuria.

[15]   10.   *Opera misericordie*

Septem sunt opera misericordie cum quibus debet homo contra
peccata mortalia se munire, scilicet: uisitare infirmos, cibare esurientes, potare sitientes, redimere captiuos, uestire nudos pauperes,
5   dare hospitium pauperibus et sepelire mortuos.
    [16] Ista predicta uolumus quod sciat quilibet rector uel ui-
carius, ut super ipsis possit instruere populum sibi commissum in
predicationibus, et hoc frequenter, quando ei uidebitur expedire.

---

c.7 1 Septem — Ecclesie] Quod quilibet sacerdos sciat sacramenta Ecclesie O, *om*.NÑ
c.8 1 Dona Spiritus Sancti] De donis Spiritus O, *om*.NÑ
c.9 1 Peccata mortalia *om*.NÑO
c.10 1 Opera misericordie] De operibus miseridordie O, *om*.NÑ   5 mortuos]
uisito, poto, cibo, redimo, tego, colligo, condo, corrigo, parco, precor, doceo, fero,
consulo, solare *ad*.O   7 ut] et LV

[17] 11. *Quod clerici in ordinibus sacris constituti non audeant ludere publice ad taxillos, aleas nec esquaquos*

Et quia nonnulli clerici, proprie salutis obliti, plus diligentes infamiam quam famam, discurrunt per plateas et uias publicas lu-
5 dendo ad taxillos et ad aleas, et, quod deterius est, in ecclesiis, que domus orationis sunt. Idcirco nos, huic morbo obuiare uolentes et quia interdum plus ab aliquibus timetur pecunie dispendium quam salutis, statuimus quod nullus clericus ciuitatis uel diocesis Ilerden-sis in sacris ordinibus constitutus ludat in plateis uel uiis ad aliquem
10 ludum taxillorum, nec ad aleas, nec ad scacos. Et qui contra fecerit, soluat nobis qualibet uice pro pena decem solidos Jaccenses, et qui luserit in ecclesia uel eius cemeterio ad taxillos uel ad aleas, soluat uiginti solidos. Illi autem qui tales lusores nobis reuelauerint, ter-tiam partem habeant dicte pene[1].

[18] 12. *Quod clerici non audeant accipere questoriam ali-quam*

Preterea statuimus quod aliquis clericus beneficiatus seu in sa-cris ordinibus constitutus non audeat ire in questam seu questoriam
5 alicuius sancti uel sancte Dei, hospitalis aut pontis seu alia qua-cumque. Contrarium uero facientes sint ipso facto excommunicati, beneficiati autem eo ipso beneficiis que obtinent sint suspensi[1].

[19] 13. *Quod omnes curati habeant constitutiones synoda-les, alias punientur*

Et quia aliqui sacerdotes sunt ualde negligentes circa obseruatio-nem constitutionum synodalium, quas non sine graui suarum peri-
5 culo animarum seruare contemnunt, ad excusandas excusationes in peccatis[1] dicunt se non habere predictas constitutiones, in uirtute sancte obedientie et sub pena excommunicationis mandamus omni-bus et singulis archipresbyteris quod hinc ad festum Resurrectionis Do-

---

[1] **c.11** D.35 c.1; X 3.50.1; Conc.4 Lat.1215 c.16 (X 3.1.15); Conc.legat.Vallado-lid 1228 5.2 (TR 3.326); 1 Partida 5.57; 1 Partida 6.34.
[1] **c.12** Sínodo de 1238-1247.[34]; sínodo de 1257-1282(1).[7-8]; Conc.provinc. Tarragona 1292 c.9 (Pons Guri 108).
[1] **c.13** Sal 140,4.

---

c.11 1-2 Quod — esquaquos] Quod nullus clericus ludat in plateis cum taxillis O, *om.*NŃ   10-11 contra — et qui *om.*Ń *(homograf.)*
c.12 1-2 Quod — aliquam *om.*NŃO
c.13 1-2 Quod — punientur *om.*NŃO   3-18 Et quia — nostrum *cancel.*Ń
4 graui] et *ad.*LV   7 et] ut ŃO

mini habeant omnes constitutiones synodales, et cum uisitauerint suos
10 archipresyteratus instruant clericos quomodo debeant eas obseruare. Et
nihilominus iniungimus omnibus et singulis clericis curam animarum
habentibus quod, ad longius hinc ad festum Pentecostes, dictas constitutiones habeant, aliter eos fortiter puniemus.

[20] Et si alique constitutiones inuente essent que non essent
15 in hac compilatione, non adhibeatur eis fidem, nec synodales constitutiones esse credantur. Quicumque autem eas habere uel corrigere uoluerit, inueniet librum penes decanum Ilerdensem uel penes
scriptorem nostrum[2].

7. Sínodo de Ponce de Aquilaniu, 9 de diciembre de 1308

Ponce de Aquilaniu o de Aquilanido, prior de Roda, fue elegido obispo de
Lérida el 18 de septiembre de 1308. Consta que el 9 de diciembre de 1308 era
obispo confirmado y consagrado porque en esa fecha celebró el sínodo que aquí
editamos. Según algunos episcopologios murió en el mes de septiembre de 1313,
pero Villanueva dice que le consta que, según la documentación del archivo de
Roda, vivía el 21 de octubre de 1313, aunque estaba muy enfermo[1].

Tradición manuscrita y editorial: L fol.11r-13r (texto base); N fol.161ra-
162ra; Ñ fol.90v-92r; O fol.83v-85r; J. VILLANUEVA, *Viage literario* XVI.323-326.

[1]   <*Inscriptio*>

Constitutiones domini Pontii de Aquilanido, Dei gratia episcopi
Ilerdensis.

[2]   1.   <*Dies qua synodus celebratur. Constitutiones predecessorum approbantur*>

Anno Domini m.ccc. octauo, die lune, que fuit quinto idus
decembris, nos Pontius, Dei gratia episcopus Ilerdensis, in nostra

---

[2] Sínodo de 1238-1247.[57]. La constitución pasó a la letra al sínodo de 1407-
1411.[10-11].

[1] C. EUBEL, *Hierarchia catholica* I.283; P. SÁNCHEZ, «Lérida diócesis de», en:
DHEE 2.1294; J. VILLANUEVA, *Viage literario* XVI.156-157 y 323-326 apéndice
XL.

Inscrip. 1 Inscriptio *om.*Q   2-3 Constitutiones — Ilerdensis] Constitutiones
edite per reuerendum patrem Poncium de Aquilanido bone memorie episcopum
Ilerdensem. Rubrica Ñ, *om.*O
c.1 1-2 Dies — approbantur *om.*NÑO

5   cathedrali ecclesia sanctam synodum celebrantes, ad instar predecessorum nostrorum laudamus, approbamus et irrefragabiliter per
omnia confirmamus constitutiones factas per predecessores nostros[1].

[3]   2.   *De indulgentiis associantium Corpus Christi ad infirmos*

Quia sacratissimo Corpori Domini nostri Iesu Christi debet
a christifidelibus quantacumque potest reuerentia exhiberi, licet
5   ad hoc omnes christiani uoluntarii esse debeant, ut inde ad exhibendum ei reuerentiam se prebeant magis promptos quo maiorem
gratiam se nouerint assecutos, de omnipotentis Dei misericordia
et beatorum Petri et Pauli, apostolorum eius, meritis confidentes,
omnibus uere penitentibus et confessis qui in ciuitate uel diocesi
10   nostra sacerdotem portantem Eucharistiam ad communicandum
infirmum in eundo uel redeundo associauerint, uiginti dies, et si
cum brandone uel cereo accenso ipsum sacerdotem comitati fuerint
quadraginta dies, de iniuncta sibi legitime penitentia per gratiam
Sancti Spiritus misericorditer relaxamus[1].

[4]   3.   *De indulgentiis salutationis uirginis Marie ter in pul-
satione crepusculi dicende*

Insuper, ad honorem beatissime uirginis gloriose, sancta approbante synodo, statuimus quod singulis diebus per ecclesias parochia-
5   les ciuitatis et diocesis nostre post Completorium in crepusculo noctis, de die tamen, pulsetur seu repiquetur cimbalum aliquantulum
per tres pausas. Et quilibet fidelis audiens, ubicumque fuerit, flectet
genua (si tamen ei possibile fuerit et honestum) et salutet ter beatam
Virginem dicendo 'Aue Maria, etc.', ob eius reuerentiam et hono-
10   rem, ut ipsa, que aduocata nostra est, intercedat apud Dominum
nostrum Iesum Christum filium suum pro cuncto populo christiano
ut ipsum ab omni malo custodiat et eidem salutem corporis et anime conferre dignetur. Nos uero de omnipotentis Dei misericordia,
et beatorum Petri et Pauli, apostolorum eius, ac eiusdem Virginis
15   gloriose meritis confidentes, omnibus uere penitentibus et confessis

---

[1]   **c.1** Sínodo de 1301.[2].
[1]   **c.2** Cf. Sínodo de 1301.[3]; vid. el concilio provinc. de Tarragona 1357 c.4 (TR
6.78), cuya rúbrica dirá 'Quod VI feria post festum Corporis Christi celebretur
missa pro associantibus Christi Corpus cum ad infirmos portatur'.

---

c.2 1-2 De — infirmos] De illis quis sociant sacerdotem portantem Eucharistiam
ad communicandum O   8 apostolorum *om.*LNV
c.3 1-2 De — dicende *om.*NÑO   6 tamen] cum LV   12 ut] et LV   15 me-
ritis] matris LV

qui premissam reuerentiam eidem gloriose Virgini exhibuerint, et
eam ut premittitur salutauerint, quadraginta dies de iniuncta sibi
legitime penitentia per gratiam Sancti Spiritus misericorditer relaxamus. **[5]** Adicientes, ob honorem ipsius Virginis, quod quando
20 Hore beate Marie recitabuntur, post quamlibet Horam canonicam
dicatur 'Ave Maria' antequam Hore ipsius Virginis incipiantur[1].

> **[6]** 4. *Qualiter clerici ciuitatis et diocesis possunt testari. De*
> *mazmodina episcopo relinquenda*

Item, cum ex preteriti temporis experientia simus certi quod
multi de prioribus secularibus, abbatibus, rectoribus et clericis be-
5 neficiatis in ciuitate et diocesi Ilerdensi faciunt de fructibus seu reditibus beneficiorum suorum uenditiones, et obligant aliquibus pro
inde debitis fructus et reditus supra dictos. Et quando faciunt emptiones aliquas de bonis patrimonialibus seu dictorum beneficiorum,
faciunt sub alterius nomine confici instrumentum ad hoc ut de
10 bonis predictis possint testari uel saltim illa bona possint tempore
mortis diuidere uel de ipsis quesito colore aliquid ordinare. Et hoc
redundet in preiudicium animarum dictorum priorum, abbatum,
rectorum aut clericorum beneficiatorum, et damnum beneficiorum
ipsorum non modicum et iacturam: cum contingit ecclesias seu be-
15 neficia ipsa uacare post mortem eorumdem, remanent in magnis
quantitatibus obligata; et tempore quo ipsi priores, abbates, rectores
et clerici beneficiati moriuntur, nedum per extraneos set per fami-
liares et consanguineos depredantur, et, quod uerecundum est et
inhumanum, quodam modo aliquotiens in paleis relinquuntur. **[7]**
20 Idcirco nos Pontius, Dei gratia Ilerdensis episcopus, uolentes tanto
periculo animarum priorum, abbatum, rectorum et clericorum beneficiatorum predictorum ac ecclesiarum et beneficiorum ipsorum
paterna sollicitudine prouidere, ac ipsis prioribus, abbatibus, rectoribus et aliis clericis beneficiatis ciuitatis et diocesis, presentibus et
25 futuris, facere gratiam specialem, de fratrum nostrorum consilio et
sancta approbante synodo, statuimus quod omnes priores seculares,
abbates, rectores et clerici beneficiati in ciuitate et diocesi nostra,
presentes et futuri, de cetero, solutis debitis ecclesiarum seu beneficiorum suorum et relicta prouisione competenti futuris succes-
30 soribus eorum usque ad collectionem fructuum seu redituum (si
fructus uel reditus tempore mortis eorum pro maiori parte fuerint

---

[1] **c.3** Cf. Sínodo de 1301.[4].

c.4 1-2 Qualiter — relinquenda *om.*NÑO   19 quodam modo] quod amodo Ñ   23 ac] et ÑO   30 collationem LV

iam collecti) et relicta uel legata nobis uel successori nostro episcopo Ilerdensi una maçmodina (in recognitionem gratie supra dicte),
possint de bonis mobilibus ex propria industria uel etiam intuitu
35 ecclesiarum seu beneficiorum suorum uel aliter qualitercumque usque ad diem mortis adquisitis et de bonis etiam immobilibus (non
intuitu ecclesiarum seu beneficiorumm, set intuitu persone adquisitis, et pro persona, non pro ecclesia seu beneficio emptis) testari
libere, et ordinare prout secundum Deum et anime sue saluti cuili-
40 bet uidebitur faciendum, constitutione aliqua in contrarium edita
non obstante.

[8] 5.   *Quod rapientes bona clericorum sunt excommunicati*

Statuentes etiam ut quicumque de cetero aliquid de bonis
prioris, abbatis, rectoris aut clerici beneficiati nostre diocesis (preterquam manumissores sui uel illi quibus ipse hoc commisse-
5 rit) tempore mortis uel post mortem eorum ceperint, rapuerint,
occuparuerint seu absconderint, et qui eis in captione et rapina,
occupatione et absconsione tali dederint auxilium, consilium uel
fauorem, excommunicationis sententiam incurrant ipso facto, a
qua numquam absolui ualeant donec illa restituerint uel de ipsis
10 satisfecerint competenter.

[9] 6.   *<Episcopus remittit clericis concubinariis penas pecuniarias ad quas ei tenentur usque ad presentem diem>*

Item, ex uberioris dono gratie nos dictus episcopus remittimus
omnibus prioribus, abbatibus, rectoribus et clericis ciuitatis et dio-
5 cesis nostre omnes penas pecuniarias ad quas tenentur nobis usque
ad presentem diem ratione concubinatuum predictorum, et a sententiis excommunicationis uel suspensionis, si quas ratione predicta incurrerunt, eos absoluimus iuxta formam Ecclesie consuetam,
iniungentes cuilibet tali morbo laboranti ut confessori suo confitea-
10 tur peccatum suum et ab eo penitentiam recipiat salutarem. Et super irregularitate, si quam inde contraxerunt immiscendo se diuinis
officiis sicut prius, secum auctoritate nobis in hac parte commissa
duximus misericorditer dispensandum.

33 unam maçmodinam LNV, unam manmodinam Ñ, una manza O
c.5 1 Quod — excommunicati *om.*NÑO
c.6 1-2 Episcopus — diem *om.*Q   8 consuetam *om.*N   12 secum *om.*LNV
13 dispensandum *ver infra sínodo de* 1314.[4]

[10] 7. <*Qui capiunt uel interficiunt priorem, abbatem, rectorem uel capellanum alicuius ecclesie curam animarum habentem*>

Item, cum, diabolo instigante, a paucis citra temporibus acci-
5 derit in diocesi nostra quod aliqui rectores seu uicarii curam animarum habentes fuerint in abbatiis suis nequiter interfecti, et aliqui capti, aliqui ligati ad partes alias ducti, a quibus dentes euulsi
fuerunt ut pro redemptione sua tenerentur dare magnam pecunie
quantitatem. Et hoc factum fuerit per parochianos seu per alios,
10 ipsis parochianis consentientibus seu scientibus et ipsos non defen-
dentibus. Sancta approbante synodo statuimus ut quicumque per se
uel per alium uel per alios ceperit uel interfecerit priorem, abbatem,
rectorem seu capellanum alicuius ecclesie curam animarum habentem, omnibus feudis et aliis beneficiis que obtinent ab ecclesiis ciui-
15 tatis et diocesis nostre sint eo ipso priuati, et descendentes a talibus
malefactoribus usque ad quartam generationem ad aliquem gradum
clericatus non possint aliquatenus promoueri, nec beneficium aliquod in dictis ciuitate et diocesi consequantur. [11] Si uero aliqui
de parochianis ecclesie cuius ille prior, abbas, rector seu capellanus
20 fuerit in predicto maleficio consenserint, uel sciuerint et prelatum uel
capellanum suum curam animarum habentem non defenderint, pene
subiaceant supra dicte, cum facientes et consentientes puniri debeant
pari pena. Si uero uniuersitas parochianorum in hoc culpabilis fuerit,
tanto tempore sit eo ipso interdicta donec prelato, rectori seu capel-
25 lano predicto, uel Ecclesie loco eius, sit de tanto facinore et iniuria
satisfactum. Saluis omnibus aliis penis canonicis et constitutionum
prouincialium, quibus per hoc non intendimus in aliquo derogari.
[12] Predictas constitutiones omnes, preter illam de remissione
30 penarum concubinatus, precipimus, sub pena excommunicationis,
per rectores ecclesiarum ciuitatis et diocesis seruari et publicari in
ecclesiis singulis diebus dominicis et festiuis.

8. Sínodo de Guillermo de Aranyó, 15 de abril de 1314

Guillermo de Aranyó era fraile dominico. Se ignora la fecha exacta de su elección
para la sede ilerdense, pero entre la muerte de su predecesor a finales del año 1313 y
el 15 de abril de 1314, en que Guillermo de Aranyó celebra su primer madrugador
sínodo en la catedral de Lérida, no es mucho el espacio de tiempo para vacilar. Murió

c.7 1-3 Qui — habentem *om.*Q   7 ligati] et *ad.*ÑO   8 ut *om.*LNV
tenerentur] compellerentur ÑO   14 ab] in Ñ

el 17 de diciembre de 1321[1]. Es el obispo de Lérida del que se conserva mayor número de sínodos, que editamos a continuación, comenzando por el primero de ellos. Tradición manuscrita y editorial: L fol.13r-14v (texto base); N fol.162ravb; Ñ fol.92r-93r; O fol.85r-86r; J. VILLANUEVA, *Viage literario* XVII.227-229.

[1] *<Inscriptio>*

Constitutiones domini fratris Guillermi Aranyonis, bone memorie episcopi Ilerdensis.

[2] 1. *<Dies qua synodus celebratur>. Confirmat constituiones predecessorum suorum. Quod in principio cuiuslibet Hore dicatur Pater noster totum.*

Anno Domini m.ccc.xiiii., die lunc, que fuit xvii. kalendas ma-
5 dii, nos frater Guillermus, miseratione diuina Ilerdensis episcopus, in nostra cathedrali ecclesia sanctam synodum celebrantes, predecessorum nostrorum uestigiis inherentes, constitutiones factas per predecessores nostros concedimus et approbamus et irrefragabiliter per omnia confirmamus[1]. [3] Verum cum inter ceteras orationes,
10 oratio dominica, a Domino actore et doctore eiusdem, dignitatis excellentiam obtineat et uirtutis, idcirco, de fratrum nostrorum consilio sanctaque approbante synodo, statuimus ut quandocumque de cetero Hore canonice in ciuitate et diocesi nostra debeant recitari, semper ante inceptionem cuiuslibet Hore canonice dicatur
15 sub silentio Pater noster.

[4] 2. *Commutatio constitutionis domini Sabinensis, legati domini pape*

Insuper, cum olim dominus reuerendus pater dominus Jacobus *(sic),* Sabinensis episcopus, apostolice Sedis legatus in partibus

---

[1] C. EUBEL, *Hierarchia catholica* I.283; P. SÁNCHEZ, «Lérida diócesis de», en: DHEE 2.1294; J. VILLANUEVA, *Viage literario* XVII.1-2 y 227-237 apéndices I-IV. Según Villanueva, su muerte ocurrió el 21 de diciembre, no el 17, del ya indicado año de 1321.

[1] **c.1** Sínodo de 1301.[2]; Sínodo de 1308.[2].

Inscrip. 1 Inscriptio *om.*Q   2-3 Constitutiones — Ilerdensis] Constitutiones edite per reuerendum patrem dominum fratrem Guillermum de Aranyone bone memorie episcopum Ilerdensem Ñ, *om.*O
c.1 1 Dies — celebratur *om.*Q   1-2 Confirmat — suorum] Confirmantur constitutiones predecessorum nostrorum V, *om.*NÑO   2-3 Quod — totum *om.*NÑOV   9 Verum cum] Verumtamen LV   12 consilio *om.*LNV
c.2 1-2 Commutatio — pape *om.*NÑO   3 dominus[1] *om.*ÑO

 5 Ispanie, legationis officio fungeretur et in concilio celebrato Ilerde statuerit omnes sacerdotes, diaconos, subdiaconos et omnes
beneficiatos qui in domibus suis uel alienis publice detinere presumerent concubinas, denuntiari suspensos ac concubinas talium
excommunicationis sententie subiacere[1]. Postmodum, quia sepe
10 quod prouidetur ad bonum tendit ad noxam, antiqui hostis inuidia
procurante, predicte sententie, que pro animarum procuranda salute fuerunt promulgate, propter irregularitates quas clerici eisdem
sententiis ligati multotiens contrahebant, laqueos eterne mortis sibi
parabant, dominus papa huic morbo salutiferam intendens adhi-
15 bere medelam, reuerendo patri domino Egidio, sanctorum Cosme
et Damiani diacono cardinali, mandauerit remedium adhibere[2].
Et idem dominus cardinalis commisit litteratorie archiepiscopis et
episcopis et aliis ecclesiarum prelatis per Ispaniam constitutis penas
clericis et concubinis predictis per sententias memoratas impositas
20 in penas alias (quas personarum, locorum et temporum circumstantiis prouida circumspectione pensatis, eorum animarum saluti
magis expedire uiderent) commutandas, eiusdem legati sententias
auctoritate apostolica postmodum relaxantes. Nosque non inuenerimus predictas suspensionis et excommunicationis sententias,
25 prout expedit, per aliquem predecessorum nostrorum fuisse in penas alias commutatas, licet pena quinquaginta maçmodinas sit posita per quamdam constitutionem synodalem in beneficiatos seu in
sacris ordinibus constitutos qui in predicto uitio deprehensi fuerint
laborare[3], prefatas suspensionis et excommunicationis sententias
30 auctoritate predicta nobis in hac parte commissa in dictam penam
quinquaginta maçmodinarum soluendam per dictos clericos concubinarios publicos duximus commutandam, easdem sententias sus-

---

[1] **c.2** Conc.legat.Lérida 1229 c.8 (TR 3.332-333; Pons Guri 15, con c.7); Conc.
legat.Valladolid 1228 c.4 (TR 3.325-326); Conc.prov.Tarragona 1230 c.1 (TR
6.28; Pons Guri 31-32). El legado pontificio en el concilio de Lérida y antes en el
de Valladolid fue Juan de Alegrin o de Abbeville, obispo de Santa Sabina, por lo
que el nombre de *Jacobus* que aparece en esta constitución está equivocado.
[2] Se trata del cardenal español Gil Torres; vid. P. LINEHAN - G. TORRES, en: DHEE,
Suplemento 1.692; D. MANSILLA REOYO, *Iglesia castellano-leonesa y curia romana
en los tiempos del rey san Fernando* (Madrid 1945) ver índice en p.XXVIII del final;
P. LINEHAN, *La Iglesia española y el papado en el s. XIII* (Salamanca 1975) 243-246.
Texto de la carta del cardenal Gil Torres en el concilio de Tarragona de 1249 o
1250 (TR 6.48-49), que Pons Guri trae en el concilio de 1253 (Pons Guri 78-79).
Ver también en este mismo volumen el sínodo de Urgell de 1287, y en el vol. XII,
p. 619-623, el sínodo de Tortosa de 1278, con este mismo asunto de la conmutación de penas de los concubinarios.
[3] Sínodo de Guillermo de Barberá, 1248-1255.[4]

---

8 concubinas] concubinarios *male* VNL, Ista debetur poni suo loco quia iam superius est notatum de concubinariis et sic debetur poni in eodem loco *marg.ad.*O
(*sínodo de* 1308.[9])   17 commisit *om.*LNV

pensionis et excommunicationis latas per iam dictum Jacobum *(sic)*,
Sabinensem episcopum, quantum ad clericos ecclesiarum ciuitatis
35 et diocesis Ilerdensis et concubinas eorumdem auctoritate premissa
expresse et ex certa scientia reuocantes, decernentes predictos clericos et eorum concubinas predictis suspensionis et excommunicationis sententiis in posterum de cetero non ligari.

[5] 3. *Quod omnes portionarii et clerici beneficiati in eccle-*
siis intersint Horis in ipsis ecclesiis, etiam si testatores hoc
non expresserint

Insuper, cum uisitando aliquas ecclesias nostre diocesis inuene-
5 rimus quod sunt ibi alique ecclesie parochiales in quibus sunt portionarii et alii clerici beneficiati, qui minus bene et minus honeste
ueniunt ad ecclesiam ad diuinum officium faciendum, pretendentes
excusationes friuolas: quod ratione capellaniarum seu beneficiorum
que ibi obtinent, non tenentur misse conuentuali nec aliis Horis
10 canonicis interesse. Vnde nos, uolentes quod seruitium fiat ipsis ecclesiis eo modo quo debet per portionarios seu alios beneficiatos
clericos earumdem, statuimus quod in ecclesiis, tam ciuitatis quam
diocesis nostre, ubi sunt portionarii et alii clerici beneficiati, seu in
illis in quibus sunt clerici beneficiati habentes capellanias perpetuas,
15 predicti clerici, tam portionarii quam capellani habentes capellanias
perpetuas, ueniant ad ecclesiam seu ecclesias in qua seu in quibus
beneficium obtinent, honeste, cum superpelliciis et sine capuciis ad
diuinum officium faciendum, et intersint (licet fundatores capellaniarum seu beneficiorum suorum hoc non expresserint) omnibus
20 Horis diurnis pariterque nocturnis. Qui uero in hoc negligentes
fuerint, si fuerint portionarii, per rectorem seu prelatum per subs-
tractionem beneficii compellantur, si uero fuerint capellani habentes capellanias perpetuas, rectores seu prelati eorum significent hoc
nobis, et nisi admoniti adimpleuerint, eos grauiter puniemus[1].

[6] 4. *Quod nulla capellania constituatur de cetero, nisi*
centum quinquaginta solidi censuales assignentur eidem

Item, cum plures capellanie sint in ciuitate et diocesi nostra,
que sunt adeo tenues et exiles in reditibus quod capellani earum

---

[1] **c.3** D.91 c.1-2; D.92 c.9; C.7 q.1 c.15; X 3.4.7; X 3.5.32; X 3.41.1; X 5.40.16; Conc.4
Lat.1215 c.17 (X 3.41.9); Conc.Vien.1311-12 c.22 (Clem.3.14.1); 1 Partida 6.34.

c.3 1-3 Quod — expresserint *om.*ÑO   2-3 etiam — expresserint *om.*N
4 Insuper] Item ÑO   12 eorumdem LV
c.4 1-2 Quod — eidem *om.*ÑO

5   uix possunt ex ipsis commode sustentari, licet tempore fundationis,
    quo moneta Jaccensis erat carior, possent inde uiuere competen-
    ter. Volentes ut capellanie que de cetero fient dotentur taliter quod
    capellani earum ex ipsis uictum habeant competentem, statuimus
    quod de cetero capellania aliqua non possit institui in sede aut ali-
10 qua alia ecclesia ciuitatis aut diocesis nostre, nisi fundator eiusdem
    assignet eidem ad minus centum quinquaginta solidos Jaccenses
    censuales pro uita et sustentatione capellani perpetui eiusdem, cum
    de minori quantitate, pensata uilitate dicte monete, non possit unus
    capellanus competenter uiuere, ut est dictum.

9. Sínodo de Guillermo de Aranyó, 18 de octubre de 1315

En el sínodo anterior presentamos algunos datos del obispo Guillermo de
Aranyó.

Tradición manuscrita y editorial: L. fol. 14v-15r (texto base); N fol.162vb-
163ra; Ñ fol.93r; O fol.86rv; J. VILLANUEVA, *Viage literario* XVII.230.

[1]   *<Inscriptio>*

*Constitutiones eiusdem domini fratris Guillermi Aranyonis, bone
memorie episcopi Ilerdensis, in synodo celebrata in sua cathedrali ecclesia, anno m.ccc.xv.*

[2]   *Quod nullus prelatus seu rector alicuius ecclesie possit decimas nisi in sacris ordinibus constituto et pro certo seruitio
ecclesie assignare*

Nos frater Guillermus, miseratione diuina Ilerdensis episcopus,
5   in nostra cathedrali ecclesia sanctam synodum celebrantes, atten-
    dentes quod ex collationibus seu assignationibus quas prelati et
    canonici dicte ecclesie, necnon abbates, priores et alii ecclesiarum
    rectores nostre diocesis faciunt de decimis ecclesiarum ad uitam ali-
    quorum, dignitates et ecclesie sunt onerate plurimum et grauate.

6 quo] quando L   11 centum quinquaginta] ccc. Ñ^pc
Inscrip. 1 Inscriptio *om.*Q   2-3 Constitutiones — xv.] Constitutiones edite
per dominum fratrem Guillermum episcopum Ilerdensem Ñ, *om.*LNO
c.un. 1-3 Quod — assignare *om.*ÑO   8 ecclesiarum *om.*LV, *cancel.*Ñ

10 Idcirco, de fratrum nostrorum consilio sanctaque approbante synodo, statuimus quod nullus prelatus uel canonicus ecclesie cathedralis predicte, abbas, prior, rector seu uicarius alicuius ecclesie nostre
diocesis possit de cetero decimas alicuius parochiani seu excusatum
aliquod alicui laico uel clerico, nisi in sacris ordinibus constituto et
15 pro certo seruitio ecclesie faciendo et cum firma episcopi assignare. Quod si fecerit, talis collatio seu assignatio, quocumque modo
facta fuerit, nullam obtineat roboris firmitatem. [3] Et quia super
assignationibus retrodecimi, quas nonnulli, tam laici quam clerici,
occasione colligendarum decimarum ad uitam obtinent, inueni-
20 mus aliquas ecclesias nostre diocesis lesas non modicum et graua-
tas, modo simili statuimus quod nullus prelatus, canonicus, abbas,
prior, rector, uicarius seu aliquis de predictis possit de cetero alicui
laico uel clerico, etiam in sacris ordinibus constituto, pro colligendis
decimis seu alia causa retrodecimum ad uitam collectori, etiam cum
25 firma episcopi, aliqualiter assignare. Et si per aliquem seu aliquos
contrarium, quod absit, factum fuerit, talis assignatio, tamquam inanis et irrita, nullatenus obseruetur.

[4] Datum Ilerde, die sabbati, que fuit festum beati Luce, anno
Domini m.ccc.xv.

10. Sínodo de Guillermo de Aranyó, 2 de mayo de 1318

En el sínodo de 1314 presentamos los pocos datos que se conocen de la biografía del obispo.

Tradición manuscrita y editorial: L fol.15r-16r (texto base); N fol.163rava;
Ń fol.93r-94r; O fol.86v-87v; J. VILLANUEVA, *Viage literario* XVII.231-233.

[1]   *<Inscriptio>*

*Constitutiones eiusdem domini fratris Guillermi Aranyonis, bone
memorie episcopi Ilerdensis, in synodo in sua cathedrali ecclesia celebrata, anno m.ccc.xviii.*

18 quam clerici *om*.Ń
Inscrip. 1 Inscriptio *om*.Q   2-4 Constitutiones — xviii.] Synodus Ilerdensis
Ń, *om*.LNO

[2] 1. *Quod capelle non concedantur nisi capellanie per-*
petue constituantur, et tunc absque preiudicio parochialis
ecclesie. Et habet iurare beneficiatus

Anno Domini m.ccc.xviii., die martis, que fuit vi. nonas madii,
5 nos frater Guillermus, miseratione diuina Ilerdensis episcopus, in
nostra cathedrali ecclesia sanctam synodum celebrantes, sancta approbante synodo, statuimus quod in castris, uillis, turribus et aliis
locis nostre diocesis (et maxime ubi, preter dominum loci, sunt alii
parochiani qui extra loca predicta et terminos eorumdem habent ire
10 ad parochialem ecclesiam ad missam et ad alia ecclesiastica sacramenta) capella de cetero nullatenus concedatur, nec etiam in aliis
locis in quibus parochialis est ecclesia, nisi consensus rectoris eiusdem accesserit, et tunc etiam capellanus perpetuus ibidem fuerit
constitutus, cui iuxta constitutiones nostras synodales competen-
15 tes reditus fuerint assignati. Qui capellanus teneatur iurare in posse
rectoris illius parochialis ecclesie, quod ipsam ecclesiam suis iuribus
nullatenus defraudabit.

[3] 2. *Quod nullus presbyter celebret populo in aliqua eccle-*
sia seu capella sine licentia rectoris, alias est suspensus ab
officio

Item, statuimus quod nullus presbyter in aliqua parochiali ec-
5 clesia nostre diocesis seu capella celebret missam populo sine licentia rectoris ipsius ecclesie uel eius locum tenentis, petita et obtenta.
Quicumque autem contrarium fecerit, tamdiu ab officio auctoritate
presentis constitutionis nouerit se suspensum quousque, reatum
suum recognoscens, rectori parohialis seu matricis ecclesie loci de
10 iniuria et damno satisfecerit competenter.

[4] 3. *Quod corpora non sepeliantur in ecclesiis, nisi fuerint*
patroni uel fecerint ibi capellam uel capellanum perpetu-
um ipse uel alius de genere

Item, cum inuenerimus quod in parochialibus ecclesiis sepe-
5 liuntur interdum corpora que deberent in cemeteriis uel alibi sepeliri, et rectores dictarum ecclesiarum, propter metum dominorum
ipsorum locorum seu aliorum potentum, non audent contradicere,

c.1 1-3 Quod — beneficiatus *om.*ÑO   2-3 et tunc — beneficiatus *om.*N
9 et *om.*LV   13 etiam *om.*LV
c.2 1-3 Quod — officio *om.*ÑO   2-3 alias — officio *om.*N
c.3 1-3 Quod — genere *om.*ÑO   2 patroni] patronorum N   2-3 uel fecerint — de genere *om.*N   4 inuenerimus] innouerimus L, noverimus V *(texto
corrupto)*

immo inuiti habent dicta corpora sepelire. Statuimus quod de cetero nullus sepeliatur in ecclesia, nisi fuerit patronus eiusdem uel in
10   ipsa ecclesia capellam fecerit et capellanum perpetuum constituerit
ipse uel aliquis de suo genere, cui (secundum constitutionem nostram synodalem[1]) reditus assignati fuerint competentes. Qui uero
contrarium fecerint sepeliendo, mandando uel faciendo corpora
ibidem aliter sepeliri, ab ingressu ecclesie nouerint se suspensos[2].
15   Circa nobiles et sublimes tamen personas possimus nos episcopus et
nostri successores, si nobis uidebitur, dispensare.

[5]   4.   *Quod nullus decimas arrendet alicui nobili*

Item, cum in constitutionibus sacrorum conciliorum Tarraconensium prouide sit statutum quod parochiales ecclesie, que per
laicos administrari non debent, nullo modo laicis attribuentur, set
5   per clericos et uiros ecclesiasticos gubernentur. Dictam constitutionem, in uirtute sancte obedientie et sub pena excommunicationis,
precipimus firmiter obseruari, adicientes, de fratrum nostrorum
consilio, quod nullus prelatus, rector seu quiuis alius decimas seu
primitias bladi, uini et aliorum fructuum prelature aut beneficii sui,
10   unius collecte uel plurium, uendat alicui nobili, militi uel alie po-
tenti persone, nec etiam alicui alii qui loco illorum emat, in toto
uel in parte, decimas aut primitias supra dictas. Si uero contrarium
factum fuerit, talis attributio seu uenditio nullam obtineat roboris
firmitatem. Inhibentes similiter, sub pena excommunicationis, lai-
15   cis aut militibus et aliis superius expressatis, ne tales attributiones
aut emptiones contra tenorem dictarum constitutionum faciant de
cetero, si sententiam excommunicationis uolunt euitare.

[6]   5.   *Quod beneficiati pro defunctis non celebrent trentenaria sine licentia episcopi*

Item, statuimus et, sub pena excommunicationis, seruari mandamus quod nullus presbyter habens capellaniam perpetuam pro
5   mortuis institutam in ciuitate aut diocesi Ilerdensi cantet trente-

---

[1] **c.3** Sínodo de 1314.[6].
[2] C.13 q.2 c.15 § 1, 18.

---

10 et] aut LV   constituerit *om.*LNV
c.4 1 Quod — nobili *om.*ÑO   4 laicos] directe uel indirecte *interl.ad.*Ñ
attributentur NÑ   9 uini] olei *ad.*ÑO   et] aut ÑO   10 unius — plurium
texto corrupto en L, *espacio en blanco* V   14-15 laicis] ne tales attributiones aut
exceptiones *ad.*LᵃᶜÑO   15 aut] ac ÑO   15-16 attributiones aut *om.*ÑO
c.5 1-2 Quod — episcopi *om.*NÑO

naria, sumpta occasione quod reditus capellanie sue sibi non sufficiunt, uel alia quacumque, nisi fuerit de nostra licentia speciali. Quicumque autem contrarium fecerit, triginta solidos pro quolibet trentenario nobis soluere teneatur.

11. Sínodo de Guillermo de Aranyó, de 28 de abril de 1321

En el sínodo de 1314 presentamos los pocos datos que se conocen de la biografía del obispo.

Tradición manuscrita y editorial: L fol.16r-18r (texto base); N fol.163va-164va; Ñ fol.94r-95r; O fol.87v-89r, J. VILLANUEVA, *Viage literario* XVII.233-237.

[1] *<Inscriptio>*

Constitutiones eiusdem domini fratris Guillermi Aranyonis, bone memorie episcopi Ilerdensis, in synodo in sua cathedrali ecclesia celebrata, anno m.ccc.xxi.

[2] 1. *Quod prelatus uel rector possit committere curam animarum alii idoneo in ecclesia sua ex causa probabili per mensem, et non ultra. Alias incurrit penam uiginti solidorum*

5 Nos frater Guillermus, miseratione diuinia Ilerdensis episcopus, celebrantes sanctam synodum in nostra ecclesia cathedrali, attendentes quod nonnulli abbates, priores, rectores et uicarii ecclesiarum curam animarum habentes, inconsulto episcopo, non sine detrimento maximo, committunt quandoque aliis uices suas, et sic
10 forte per commissiones huiusmodi multorum anime damnabiliter sunt decepte, cum illi quibus taliter uices suas committunt non possint aliquem soluere uel ligare pro eo quod de iure communi solus episcopus potest curam animarum committere iuxta canoni-

---

8 solidos] Jaccenses *ad.*ÑO
Inscrip. 1 Inscriptio *om.*Q   2-4 Constitutiones — xxi.] Synodus Ilerdensis 1321 N, *om.*LNO
c.1 1-4 Quod — solidorum] Quod nullus prelatus uel rector possit committere curam animarum in ecclesia sua N, *om.*ÑO   8 non *om.*L   non sine] cum V

cas sanctiones. Volentes, quantum cum Deo possumus, animarum
15 saluti consulere et earum periculum euitare, indulgemus ut omnes
abbates, priores et uicarii predicti ex indulto nostro huiusmodi possint ad horam (aut, si ex causa probabili se absentauerint, ad tempus
modicum, uidelicet octo uel quindecim dierum aut unius mensis)
aliis sacerdotibus, qui sciant et possint sacramenta ministrare ec-
20 clesiastica, committere uices suas. Ita tamen quod in commissione
huiusmodi se ipsos malitiose non exonerent, nec committant aliquod dolum siue fraudem. Vltra indulgentiam autem predictam,
nisi in necessitate, nullus per se uel per alium ponat uicarium uel su-
buicarium sine nostra obtenta licentia loco sui. Si uero contrarium
25 presumptum fuerit, tam ponens quam recipiens penam uiginti solidorum nobis soluere teneantur, et alias tamquam transgressores
canonum punientur.

[3] 2. *Quod clerici aliene diocesis non recipiantur ad celebrandum sine litteris episcopi et licentia speciali. Alias
recipiens et receptus incurrant penam decem solidorum*

Item, statuimus quod nullus abbas, prior, rector uel uicarius
5 alicuius ecclesie seu capellanus curam habens animarum recipiat
aliquem presbyterum aliene diocesis ad exsecutionem suorum ordinum absque litteris nostris et speciali licentia, nisi presbyter ille
transeundo ex deuotione et secrete aliquibus paucis diebus uoluerit
celebrare. Quicumque autem contrarium fecerit decem solidos, et
10 presbyter alienus qui taliter celebrare presumpserit totidem solidos
pro pena qualibet uice nobis soluere teneatur[1].

[4] 3. *Quod uasa uinaria et olearia intelligantur in bonis
sedentibus*

Insuper, attendentes quod ex eo quia per dominum Pontium,
bone memorie episcopum Ilerdensem, fuit gratiose concessum
5 quod priores seculares, abbates, rectores et clerici beneficiati in ciuitate et diocesi Ilerdensi possint de bonis mobilibus etiam intuitu

---

[1] **c.2** D.71 c.6-9; C.19 q.2 c.2; De cons.D.2 c.23 § 2; De cons. D.5 c.37; X
1.22.3; X 3.4.5.

---

15 consulere et] consulte LNV   19 sacerdotibus] et *ad.* LV   21 ipsos]
ipsius LV   27 puniantur Ñ
c.2 1-3 Quod — solidorum *om.*ÑO   2-3 Alias — solidorum *om.*N
c.3 1-2 Quod — sedentibus *om.*ÑO   4 Ilerdensem] predecessorem nostrum *ad.*ÑO

ecclesie uel beneficii adquisitis testari ac libere ordinare[1], plerique
ad dolia seu uasa uinaria et olearia, ad colligenda seu conseruanda
uina uel olea beneficiorum huiusmodi empta uel adquisita, manus
10 extendunt, disponendo de eis uel ea quomodolibet alienando. Idcirco, temperantes et declarantes constitutionem iam dictam, statuendo sancimus ne ad huiusmodi uasa uinaria uel olearia uigore
constitutionis predicte per quemcumque, sub quouis dispositionis
ultime uoluntatis uel alienationis titulo seu colore, manus quomo-
15 dolibet extendantur. Presentem constitutionem etiam ad canonicos
Ilerdenses et eorum beneficia, siue dignitates, siue personatus, pre-
positure uel administrationes exsistant, uolentes extendi, de fratrum
nostrorum expresso consilio et assensu.

[5] 4. *Quod nullus rector possit obligare bona ecclesie ultra*
quinquaginta solidos

Item, statuimus quod nullus clericus nostre diocesis beneficium
ecclesiasticum obtinens audeat ultra summam quinquaginta solido-
5 rum Jaccensium insimul uel diuisim sine uoluntate et licentia nostra speciali mutuo recipere, ecclesiam seu beneficium ecclesiasticum
quod obtinet, aut precedentes seu futuros fructus uel reditus eiusdem modo aliquo obligando, uel aliquos parochianos suos fideiussores uel principales debitores constituendo uel dando. Alioquin,
10 cum ex hiis proueniat ipsis ecclesiis et beneficiis graue dispendium
et iactura, tam ipsos quam fideiussores eorum, quam etiam mu-
tuantes eis seu dictam obligationem recipientes ab eis, ipso facto
excommunicationis sententia innodamus. In hoc tamen non intelligimus canonicos Ilerdenses habentes dignitates, personatus uel
15 officia, cum super hoc iam per constitutiones alias sit prouisum.

[6] 5. *Quod beneficiati omnes habitent in domibus benefi-*
ciorum et eas teneant conditas. Et nisi moniti hoc fecerint,
ipsis beneficiis sint suspensi

Item, quia nonnulli abbates, priores, rectores seu uicarii et alii
5 beneficiati ecclesiarum nostre diocesis, relictis domibus ecclesiarum
seu beneficiorum suorum in quibus inhabitare debent, alias proprias

---

[1] **c.3** Sínodo de 1308.[6-7].

13 dispositionis] dispensationis LNV   14 uel alienationis *om.*LNV   manus]
minus LV
c.4 1-2 Quod — solidos *om.*ÑO   9 debitores] solutores O   11 ipsos]
ipsis LNV   11-12 etiam mutuantes] immutantes LV   12 ab eis *om.*Ñ
c.5 1-3 Quod — suspensi *om.*NÑO   2 eas] ea LV

domos de bonis ecclesiarum et beneficiorum emunt uel edificant,
et permittunt domos ecclesiarum et beneficiorum suorum ruere
seu perire, statuimus ut omnes abbates, priores, rectores, uicarii et
10 beneficiati nostre diocesis in domibus ecclesiarum et beneficiorum
suorum inhabitent et morentur[1], et eas secundum possibilitatem
ecclesiarum seu beneficiorum suorum operentur seu teneant conditas[2]. Contrarium uero facientes, postquam super hoc auctoritate
nostra moniti fuerint, tamdiu ipsis beneficiis sint suspensi, donec
15 ad morandum in dictis domibus redierint, et, iuxta possibilitatem
ecclesie seu beneficii, reedificauerint seu reparauerint domos illas.
Fructus uero beneficiorum a quibus taliter suspensi fuerint in reparationem ipsarum domorum penitus conuertantur.

[7] 6. *Quod in ecclesia uel cemeteriis choree uel ludi non
fiant. Contra facientibus pena apponitur*

Item, quia plerique in festorum uigiliis et ipsis festis ac diebus
dominicis, dum in ecclesiis orationi deberent insistere, non ueren-
5 tur in ipsis earumque cemeteriis choreas facere dissolutas, et interdum canere cantinelas ac multas insolentias perpetrare, et ludos
etiam taxillorum et alios illicitos exercere. Ex quibus ecclesiarum
et cemeteriorum uiolationes et inhonesta uariaque delicta quandoque sequuntur, et ecclesiasticum plerumque perturbatur officium,
10 in diuine maiestatis offensam et astantium scandalum populorum.
Volentes constitutiones Sedis apostolice, que predicta prohibent,
firmiter obseruari, omnibus rectoribus ac curatis et uicariis ecclesiarum nostre diocesis dicimus et mandamus quatenus quilibet ipsorum moneat peremptorie parochianos suos et eis iniungat ut pre-
15 dicta de cetero non faciant uel attemptent[1]. Qui uero contrarium
fecerint, donec (ad cognitionem nostram uel rectoris seu curati in
cuius ecclesia uel cemeterio predicta fuerint attemptata) de transgressione huiusmodi satisfecerint competenter, ab ingressu sint ecclesie interdicti. In hoc tamen non intelligimus illos clericos quibus,
20 si ludos in ecclesiis uel cemeteriis exerceant, pena uiginti solidorum

---

[1] **c.5** X 3.4.3-4-10; X 3.5.30; In VI 1.6.14.
[2] X 1.27.1-2; Conc.4 Lat.1215 c.19 (X 3.44.2); 3.49.1, 5; In VI 3.23.2;
Clem.3.14.1.
[1] **c.6** De cons. D.3 c.2; Conc.2 Lugd.1274 c.25 (COD 328; In VI 3.23.2); Con.
Vien.1311-1312 c.22 (Clem.3.14.1).

12-13 conditas] condirecta Q   13-14 facientes *post* fuerint *tr.*NÑO   15 ad
morandum *om.*LNV
c.6 1-2 Quod — apponitur *om.*ÑO   2 Contra — apponitur *om.*N   6 in-
solentias] insolertias LNOV

pro qualibet uice apposita est iam in constitutionibus predecessorum nostrorum[2], set addimus quod eamdem penam incurrant pro
qualibet uice qua choreas duxerint in ecclesiis aut cemeteriis supra
dictis.

[8] 7. *Puniuntur qui per preces uel minas potentum beneficium sibi conferri procurant, uel penam seu multam episcopi uel officialis sibi remitti*

Item, reducentes ad memoriam constitutionem in sacro Tarra-
5 conensi concilio editam contra illos qui per principum uel mag-
natum aut aliorum potentum uel dominorum locorum preces aut
minas, litteras, nuntium uel mandatum procurant beneficia ecclesiastica sibi conferri, aut ad ea per illos ad quos pertinet presentari,
eam, sub pena in ipsa constitutione contenta, in nostris ciuitate et
10 diocesi in omnibus et per omnia ab omnibus (cuiuscumque dignitatis, status uel conditionis exsistant) precipimus inuiolabiliter
obseruari. Adicientes ut eadem pena illos auctoritate nostra eo ipso
constringat qui per nos uel officialem nostrum pro suis excessibus
puniti aut multati, penam uel multam huiusmodi simili modo pro-
15 curauerint uel consenserint in toto uel in parte dimitti aut etiam
relaxari[1].

[9] 8. *Reseruatur absolutio excommunicatorum episcopo et
eius officiali*

Item, uolentes animarum periculis obuiare ac honorem Ecclesie debitum conseruare, presenti constitutione nobis et nostris
5 successoribus episcopis uel nostris et ipsorum officialibus retinemus
absolutiones et reconciliationes eorum qui auctoritate constitutionum synodalium uel prouincialium, aut de mandato episcopi uel
officialis Ilerdensis excommunicati generaliter uel specialiter fuerint
nuntiati, etiam ubi non appareat de sententia inde lata.
10 [10] Datum et actum quarto kalendas madii, anno Domini
m.ccc.xx. primo.

---

[2] Sínodo de 1301.[17]; ver también el sínodo de 1238-1247.[49].
[1] **c.7** Conc.prov. Tarragona 1230.c.3 (Pons Guri 32); Conc.prov. de Tarragona de
1293 celebrado en Lérida, c. 1 (Pons Guri 110; TR 6.59).

---

c.7 1-3 Puniuntur — remitti *om*.NÑO   8 conferri aut ad ea] conferant ad
eas LV *(texto corrupto)*
c.8 1-2 Reseruatur — officiali *om*.NÑO   3 ac] ad LOV   4 et] seu NÑO
10 actum] Ilerde die martis *ad*.O

12. Sínodo de Ponce de Villamur, 19 de mayo de 1323

Ponce de Villamur era arcediano de Lérida y capellán del papa. Estaba ordenado solamente de diácono cuando fue elegido por compromisarios del cabildo de Roda y de Lérida para la sede episcopal leridana y la elección fue confirmada por el papa Juan XXII. No concuerdan los episcopologios acerca de la fecha de su promoción, pero quizá haya sido el 26 de febrero, o de marzo, del año1322. La duración de su pontificado fue muy breve, de unos dos años o poco más, pues el 14 de noviembre de 1324 ya estaba nombrado su sucesor en la sede. Pero tuvo tiempo para hacer constituciones capitulares y de celebrar un sínodo, que editamos a continuación[1].

Tradición manuscrita y editorial: L fol.18r-20v (texto base); N fol.164va-165vb; Ñ fol.95r-97r; O fol.89r-91v; J. Villanueva, *Viage literario* XVII.237-242.

[1] *<Inscriptio>*

Constitutiones edite per dominum Pontium de Vilamuro, Ilerden-sem episcopum, anno m.ccc.xxiii.

[2] 1. *Confirmat constitutiones predecessorum*

Anno Domini m.ccc.xxiii., die iouis, que fuit xiiii. kalendas iunii, nos Pontius, miseratione diuina Ilerdensis episcopus, in nostra cathedrali ecclesia sanctam synodum celebrantes, ad instar predecessorum
5 nostrorum laudamus et approbamus constitutiones factas per predecessores nostros, et irrefragabiliter per omnia confirmamus.

[3] 2. *Casus reseruati episcopo uel eius officiali*

Quia nonnulli parochiales curati et alii confessiones in nostra diocesi audientes, eos quorum confessiones audiunt in casibus non concessis, immo etiam interdictis eisdem, interdum de facto, non

---

[1] C. Eubel, *Hierarchia catholica* I.283; P. Sánchez, «Lérida, diócesis de», en: DHEE 2.1294; J. Villanueva, *Viage literario* XVII.3-5 y 237-242 con el apéndice V, que contiene el texto del sínodo.

Inscrip. 1 Inscriptio *om.*Q   2-3 Constitutiones — xxiii.] Constitutiones edite per reuerendum patrem dominum Pontium de Villamuro episcopum Ilerdensem in sacra synodo Ilerde celebrata Ñ, *om.*O   3 anno m.ccc.xxiii. *om.*LN
c.1 1-6 Confirmat — confirmamus *om.*Ñ   1 Confirmat — predecessorum
*om.*NÑO   2-6 Anno — confirmamus] Anno Domini millesimo ccc. uicesimo tertio, xiiii. kalendas iunii reuerendus pater dominus Pontius, Dei gratia Ilerdensis episcopus, in cathedrali sua ecclesia primam synodum celebrans, approbante sancta ipsa synodo, constitutiones edidit subsequentes Ñ
c.2 1 Casus — officiali *om.*NÑO   4 etiam] et LV   eisdem] eosdem V

5 sine graui periculo animarum, absoluunt, pretendentes se ignorare
casus eis prohibitos uel etiam episcopo reseruatos. Ideo nos Pontius,
miseratione diuina episcopus Ilerdensis, uolentes animarum periculis que ex predictis proueniunt (ne sanguis in hiis excedentium
de nostris requiratur manibus) prouidere, sacra approbante synodo,
10 auctoritate constitutionis presentis uniuersis et singulis curatis parochialibus et aliis quibuscumque ad audiendas confessiones in nostra diocesi canonice deputatis uel deputandis in posterum facimus
manifestum quod absolutio excommunicatorum uel interdictorum
et etiam eorum qui in casibus infra scriptis in nostra diocesi deli-
15 querint eis est penitus interdicta. [4] Vt autem eos qui sue culpe
genere excommunicationem uel interdictum per prouinciales uel
synodales constitutiones incurrerint, quilibet manifestius scire possit, eos ac etiam aliquos qui per constitutiones Sedis apostolice in
certis casibus qui frequenter occurrunt excommunicatione nodan-
20 tur, quamuis in illis, sicut in aliis a iure communi positis, nullus
ualeat excusatam ignorantiam allegare, hic specialiter annotamus:

1) Capientes igitur clericos aut captos etiam detinentes uel alias
in eos uiolentas manus inicientes, etiam si iudices seculares exsistant, excommunicati sunt ipso iure. Set si iustitia secularis flagrante
25 maleficio: in furto, rapina, homicidio, raptu mulierum aut cudendo
falsam monetam, uel etiam alias de iudicis ecclesiastici licentia clericum comprehendit, non ut uindictam in ipsum exerceat, set ut
eumdem iudici ecclesiastico reddat, eumque sic captum confestim
eidem remittat, ipsum iustitiam ex hoc nullam penam incurrere cre-
30 dimus, nisi in hiis forsan ex proposito excedatur.

2) Iudicantes etiam scienter quod usure soluantur, aut cum re-
petentur non restituantur.

3) Et statuta contra libertatem ecclesiasticam facientes uel edita
obseruantes, ac exigentes lezdam uel pedagium a personis ecclesias-
35 ticis pro rebus quas non causa negotiandi deferunt uel transmittunt.

4) Sepelientes etiam in cemeteriis ecclesiarum interdicti tempore in casibus non concessis a iure corpora defunctorum uel publice excommunicatos aut nominatim interdictos uel etiam usurarios
manifestos.

40 5) Vendentes etiam aut portantes seu mittentes arma uel uictualia Sarracenis, in qua sententia Sarracenos in locis christianorum degentes non intelligimus ipso iure, quod per statuta Sedis apostolice
excommunicationis sententia sunt ligati.

6) Set et inuasores, raptores et depredatores hominum ecclesia-
45 rum, ecclesiasticarum rerum et locorum religiosorum, ac factores

6 uel etiam *marg.* Ñ, nobis Ñ^ac   8 in hiis *cancel.* Ñ   11 ad *om.* LV
15 sue] sine V   17 manifestus LNV, manifeste Ñ   21 excusationem LV

et receptatores eorum, dummodo persone de quibus querelam habuerint parate fuerint iuri stare.

7) Diffidantes insuper clericos, fatica iuris in suo iudice non inuenta, nisi diffidamenta huiusmodi postquam moniti fuerint re-
50 uocauerint.

8) Ac christiani cum Iudeis insimul in eisdem domibus habitantes, auctoritate prouincialis concilii eo ipso sententiam excommunicationis incurrunt.

9) Illi preterea qui sacrilegii aut diuinationis crimen docendo
55 uel consulendo committunt.

10) Et Christi nomen uel beate Marie uirginis publice blasphemantes.

11) Aut matrimonium clandestinum, id est preter presentiam parochialis curati presbyteri contrahentes.

60 12) Necnon et quiuis alii quam manumissores post mortem alicuius rectoris uel uicarii perpetui ecclesie parochialis aliquid de bonis per eum relictis rapientes uel etiam occultantes, aut eorum consiliarii et fautores. Et illi etiam qui se fideiussores uel principales debitores constituunt pro beneficiatis personis, suorum be-
65 neficiorum reditus ultra summam quinquaginta solidorum Jaccensium sine firma episcopi obligantes excommunicationis incurrunt sententiam ipso facto. Manumissores uero morientium qui infra annum pias non compleuerint morientium uoluntates, si in hoc exstiterint negligentes.

70 13) Ac etiam illi qui in ecclesiis uel cemeteriis ducunt choreas, cantilenas illicitas cantant uel ludos taxillorum exercent, donec, ad cognitionem episcopi uel parochialis curati, de excessu huiusmodi satisfecerint, ab ingressu sunt ecclesie, auctoritate constitutionum synodalium interdicti.

75 14) Statuendo insuper declaramus quod episcopo est reseruata absolutio in casibus infra scriptis, uidelicet: si peccatorem homicidam uel percussorem patris uel matris, oppressorem uel expositorem filii uel filie, incendiarium, periurum, sacrilegum, simoniacum, falsarium instrumentorum uel monete, falsum tulisse testimonium,
80 raptorem uirginis aut publicum blasphemum sanctorum, uel commisisse incestum cum consanguinea, affine, sanctimoniali uel commatre aut filia spirituali, seu commisisse cum bruto animali uel contra naturam, aut publice usuras exercuisse se fateatur, uel ex aliqua causa auctoritate prouincialium uel synodalium constitutionum aut
85 de mandato episcopi uel eius officialis in genere uel in specie excommunicatus fuerit nuntiatus, quamuis non appareat de sententia inde lata. In predictis tamen casibus, iuxta consuetudinem hactenus obseruatam, officiali Ilerdensi absoluendi uel absolutionem committendi permittimus potestatem.

90   [5] Quotienscumque igitur in predictis uel aliquo predictorum
parochiales curati uel confessiones in nostra diocesi, ut predicitur,
audituri, confitentes sibi, quos (iuxta qualitatem personarum et alias
circumstantias prudenter et caute perpensius interrogare procurent)
sciuerint uel audiuerint deliquisse, illos statim ad episcopum uel
95   officialem Ilerdensem pro obtinenda absolutione uel recipiendo
consilio remittere non postponant, cum illos absoluere nequeant,
nisi fuerint in mortis articulo constituti, quo casu (si ad episcopum
uel eius officialem predictum ante mortem huiusmodi confitentium
nequeat commode uerisimiliter recursus haberi) licitum sit eisdem
100   illos absoluere, dum tamen prius per eos illis quibus ad restitutionem
uel etiam emendam pro iniuria teneantur, prout patiantur facultates
eorum satisfecerint competenter, uel si satisfactionem huiusmodi
tunc prestare nequiuerint, de restitutione uel emenda, etiam ad cognitionem episcopi uel officialis, iuxta eorum facultatem facienda,
105   eisdem idonee, hoc est per pignora uel fideiussores idoneos, cum
publico instrumento, causam huiusmodi et etiam quantitatem uel
rem ad quam restituendam teneantur, prout expressius et commodius fieri ualeat, continente sit cautum. [6] Quibus etiam iniungatur ut, cum conualuerint, episcopi uel officialis conspectui pro
110   obtinenda absolutione uel recipiendo consilio se presentent. Quam
insuper cautionem in tali articulo uolumus prius recipi etiam in illis
casibus in quibus per sacros canones pena excommunicationis uel
interdicti infligitur, cuius relaxatio Sedi est apostolice reseruata, in
aliis autem casibus in quibus absolutio episcopo est permissa, lici-
115   tum sit eisdem curatis et aliis confessiones, ut predicitur, audituris
absoluere confitentes, dum tamen talia non sint propter que episcopalis dignitas sit consulenda de iure.
[7] Predictam igitur formam in audiendis confessionibus et ab-
solutionibus uel consiliis impendendis in nostra diocesi districte,
120   sub obtestatione diuini iudicii, precipimus obseruari, non seruantes
autem eamdem tamquam transgressores canonum et preceptorum
maiorum se nouerint puniendos. Quamuis autem casus predictos,
qui generaliter tam clericos quam laicos tangunt, duxerimus expres-
sandos, non tamen per hoc in aliis casibus in quibus per constitu-
125   tiones Sedis apostolice aut prouinciales uel synodales seu alias in
clericos uel laicos excommunicationis, suspensionis uel interdicti
sententie sunt prolate uel proferuntur interdum, concessam, immo
denegatam, curatis et aliis confessiones, ut predicitur, audituris intelligimus potestatem.
130   [8] Presentem igitur constitutionem per rectores et curatos animarum nostre diocesis in missalibus uel aliis libris ad hoc idoneis,

99 commode] quomodo LV

ne in posterum super hiis se ualeat aliquis uelamento ignorantie excusare, scribi precipimus et apponi.

[9] 3. *Rectores per se uel idoneum substitutum recipiant instrumenta, de quibus retineant protocolla in ecclesia uel abbatia, que non audeant exinde extrahere. Et si fecerint, ingressus ecclesie eis interdicitur*

5 Quoniam propter utilitatem publicam introductum est, ad gestorum probationem et rei memoriam sempiternam, fieri publica instrumenta, expedit ut circa illa que committi uel omitti per deputatas personas ad huiusmodi uidemus officia congruum remedium apponamus. Statuimus igitur, sacra synodo approbante, quod rectores et 10 uicarii perpetui ecclesiarum nostre diocesis, quibus de antiqua et de approbata consuetudine competit conficere uel confici facere publica instrumenta, nullam personam ad recipienda uel conficienda publica instrumenta deputent uel assignent, nisi prius persona huiusmodi (que ad hoc etiam peritiam habeat competentem) in posse huiusmo-15 di rectoris uel uicarii perpetui corporaliter prestiterit iuramentum quod circa recipienda uel conficienda huiusmodi instrumenta, prout teneatur fideliter se habebit. [10] Volumus etiam et statuimus quod de omnibus instrumentis, antequam redigantur in mundum, retineantur protocolla seu memorialia, que in libris siue quaternis, non 20 autem in cedulis, redigantur, et in aliqua caxia infra abbatias uel ecclesias seu domos ecclesiarum sub fideli custudia, clauibus adhibitis, conseruentur. [11] Et quia plerumque uicarii annuales uel alii reditus ecclesiarum uel scribaniarum huiusmodi arrendantes, finito sue arrendationis tempore huiusmodi protocolla seu memorialia, pre-25 textu salarii sibi debiti pro conficiendis inde instrumentis publicis, secum portant, unde illi pro quibus huiusmodi instrumenta faciunt, cum ea sibi reddi cupiunt et nequeunt apud ecclesias huiusmodi memorialia inuenire, coguntur interdum huc et illuc discurrere pro habendis huiusmodi instrumentis, non sine sui detrimento et rectorum 30 ac uicariorum apud ecclesias residentium molestia importuna. Ideo statuendo sancimus quod arrendatores huiusmodi sue arrendationis finito tempore, protocolla seu memorialia huiusmodi apud ecclesias ipsas (ut predicitur) conseruanda, teneantur omnino dimittere, ea secum nullatenus portaturi. Qui uero contra huiusmodi constitu-35 tionis tenorem aut iuramentum, ut predicitur prestitum, ausus fuerit recipere uel conficere instrumenta, aut huiusmodi protocolla seu memorialia finito sue arrendationis tempore secum ferre, ingressum ecclesie eo ipso sibi nouerit interdictum.

c.3 1-4 Rectores — interdicitur *om.*NÑO   21 adhibitis *om.*LNV
34-35 constitutionis *om.*LNV   35 aut] ante *mal* LNOV

13. Sínodo de Raimundo de Aviñón, 31 de mayo de 1325

Raimundo de Aviñón o de Aviñó fue canónigo de Lérida desde 1320 y abad del importante monasterio de Montearagón (Huesca) en los años 1320-1323. El papa Juan XXII lo nombró obispo de Lérida el 14 de noviembre de 1324. Hizo constituciones capitulares y celebró un sínodo en Lérida, pero le tiraba mucho Aviñón, donde murió el 12 de agosto de 1327 y allí fue enterrado en el convento de los dominicos. Se conserva el documento con la almoneda de sus bienes y los que compró su sucesor[1]. Este sínodo plantea el problema de cuál es su verdadero texto, porque los códices Ñ y O no contienen el capítulo o constitución 9, con *Constitutiones synodales,* los [10-16] de nuestra edición, ni tampoco contienen esos dos códices el capítulo o constitución 10, con *Constitutiones parochiales,* los [17-24] de nuestra edición. Quizá estos dos últimos capítulos o constituciones sean una recopilación de textos útiles para la clerecía, que fueron añadidos después del sínodo.

Tradición manuscrita y editorial: L fol.20v-23v (texto base); N fol.165vb-167rb; Ñ fol.97r-98r; O fol.91v-93r. Los códices Ñ y O concluyen con el [9] de nuestra edición.

[1] <*Inscriptio*>

Constitutiones per dominum Raymundum, Ilerdensem episcopum, edite in synodo in sua cathedrali ecclesia celebrata anno m.ccc.xxv.

[2] 1. *Confirmat constitutiones predecessorum*

Anno Domini millesimo ccc.xxv., die ueneris, que fuit pridie kalendas iunii, nos Raymundus, miseratione diuina Ilerdensis epi-scopus, in nostra cathedrali ecclesia sanctam synodum celebrantes,
5 predecessorum nostrorum uestigiis inherentes, constitutiones factas per predecesssores nostros concedimus, approbamus et irreuocabili-ter per omnia confirmamus.

---

[1] C. EUBEL, *Hierarchia catholica* I.283 y nota 4; P. SÁNCHEZ, «Lérida, diócesis de», en: DHEE 2.1294; J. VILLANUEVA, *Viage literario* XVII.5-7 y 242-248 con el apéndice VI, que contiene el texto del sínodo, y en el apéndice VII, p.248-251, edita Villanueva la *Notitia bonorum Raimundi, episcopi Illerdensis* y los que compra su sucesor; L. SAN MARTÍN, «Monasterios. Montearagón, *Jesús Nazareno* (Huesca)», en: DHEE 3.1601-1602, con la relación de abades, en la que aparece nuestro personaje como «Ramón de Aviñón, 1320-23».

Inscrip. 1 Inscriptio *om.*Q   2-3 Constitutiones — xxv.] Constitutiones edite per reuerendum patrem dominum Raymundum d'Auinione, episcopum Ilerden-sem, in sacra synodo Ilerde celebrata. Rubrica Ñ, *om.*NO
c.1 1 Confirmat — predecessorum *om.*NÑO   2 pridie *mal om.*Ñ

[**3**] 2. *Quod rectores in latino et in uulgari habeant precepta*
Decalogi et sacramenta Ecclesie, uirtutes et uitia, que pa-
rochianis exponant

Verum quia notitia catholice fidei cuilibet orthodoxo est neces-
5 saria ad salutem, et eius ignorantia periculosa quam plurimum et
nociua, statuimus ut quilibet rector parochialis ecclesie in scriptis
habeat, in latina et uulgari lingua, articulos fidei, precepta Decalogi,
sacramenta Ecclesie ac uitiorum species et uirtutum. Et quater in
anno ipsa populo sibi commisso publicet uel faciat publicari, uideli-
10 cet in festiuitatibus Natiuitatis Domini, Resurrectionis, Pentecostes
et Assumptionis Virginis gloriose et in diebus dominicis Quadragesime. Quod si rectores, uicarii uel eorum loca tenentes negligentes
fuerint in predictis, per nos, tamquam transgressores preceptorum
maiorum, acriter punientur[1].

[**4**] 3. *Excommunicati sunt qui falsum ferunt testimonium*
et qui eos ad hoc inducunt

Causarum et litium dispendiosa protractio, que plerumque per
falsorum testium dicta nequiter procuratur, penarum est adiectione
5 cohibenda. Ideoque statuimus ut falsi testes, mediatores et alii eos
inducentes ad falsa testimonia perhibenda ipso facto sententiam excommunicationis incurrant, a qua, nisi postquam eis satisfecerint
quibus damna per depositiones et inductiones huiusmodi illata
fuerint, nullatenus absoluantur. Presentem uero constitutionem
10 abbates, priores, rectores, uicarii et eorum loca tenentes in suis ecclesiis in festiuitatibus sollemnibus publicent uel faciant publicari
cum maior adsit populi multitudo[1].

[**5**] 4. *Decime uel primitie non retineantur per aliquem,*
licet illi ad quos pertinent aliquid debeant ei. Contra fa-
ciens excommunicationem incurrit

Animarum periculis et malignantium fraudibus occurrere cu-
5 pientes, hac constitutione sancimus ne aliquis abbas, prior, rector,

---

[1] **c.2** Conc.legat.Valladolid 1322 c.2 (TR 3.481) donde se encuentra el texto a la
letra.
[1] **c.3** Conc.legat.Valladolid 1322 c.5 (TR 3.482) donde se encuentra el texto a la
letra.

c.2 1-3 Quod — exponant *om.*NÑO
c.3 1-2 Excommunicati — inducunt *om.*NÑO   4 nequiter procuratur] nititur
procurari Ñ   procuratur] procreatur LNV   adiectione] adiectionis LN,
adiectionibus ÑO
c.4 1-3 Decime — incurrit *om.*NÑO   5 hanc constitutionem LÑV

uicarius aut beneficiatus cuiusuis ecclesie aut alius quicumque clericus aut laicus nostrarum ciuitatis uel diocesis decimas aut primitias ecclesiis uel personis ecclesiasticis debitas scienter de propriis
possessionibus retineant aut de alienis per alium seu alios retineri
10   faciant uel procurent pretextu debitorum que eis uel aliquibus aliis
debeantur per aliquem uel aliquos ad quem uel quos in solidum
aut communiter uel diuisim pertineant decime uel primitie ante
dicte, aut alia quauis actione uel quesito colore. Qui uero secus presumpserit, excommunicationis sententie se nouerit subiacere, a qua
15   uiuentes, nisi prius illis quibus per hoc damnum datum fuerit satisfecerint prout patiuntur facultates eorum, nullatenus absoluantur,
nec etiam in mortis articulo constituti, nisi ut premittitur satisfecerint uel de satisfaciendo eisdem sufficienter prestiterint cautionem. Penis aliis contra tales, qui fures seu raptores sunt censendi,
20   iam statutis in suo robore nihilominus permansuris.

[6]   5.   *Quod rectores in ecclesiis suis publicent capitulum*
unicum De consanguinitate et affinitate in ecclesia et in
maioribus festiuitatibus

Cum iuxta statutum generalis concilii[1], eos qui in gradibus con-
5   sanguinitatis uel affinitatis constitutione canonica interdictis matrimonium seu nuptias contrahunt, excommunicationis sententie non
sit dubium subiacere, statuimus et in uirtute obedientie precipiendo
mandamus uniuersis et singulis rectoribus et uicariis ecclesiarum
nostrarum ciuitatis et diocesis et eorum loca tenentibus ut ipsi in
10   suis ecclesiis parochialibus in quatuor anni festis precipuis et in diebus dominicis Quadragesime dictam generalis concilii constitutionem publicent uel faciant publicari[2].

[7]   6.   *Quod rectores publicent in suis ecclesiis capitulum*
'Omnis utriusque sexus', De penitentiis et remissionibus[1]

Penitentie sacramentum, quod omni fideli postquam ad annos
discretionis peruenerit est necessarium ad salutem, a nullo est ali-
5   qualiter negligendum. Ideoque uniuersis rectoribus et uicariis ec-

---

[1] **c.5** Clem.4.1 un., que procede del concilio de Vienne 1311-1312.
[2] Conc.legat.Valladolid 1322 c.19 (TR 3.495-496).
[1] **c.6** X 5.38.12, que procede del c.21 del Conc. 4 Lat. 1215 (COD 245).

---

13 secus] facere *ad.*Ñ   15 damnum datum] dampnatum LV   16 patiantur ÑO
c.5 1-3 Quod — festiuitatibus *om.*NÑO   4 Cum iuxta *el códice* Ñ *coloca aquí*
el texto de nuestro [9] *o cap.*8   concilii] Viennensis *ad.*ÑO
c.6 1-2 Quod — remissionibus *om.*NÑO

clesiarum, sub pena excommunicationis, precipiendo mandamus
ut constitutionem generalis concilii, que incipit 'Omnis utriusque
sexus', maxime quoad penas non confitentium aut non commu-
nicantium, que sunt ut uiuentes ab ingressu ecclesie arceantur et
10   morientes careant ecclesiastica sepultura, singulis diebus dominicis,
a Septuagesima saltem usque ad Pascha, in suis ecclesiis publicent
uel facian publicari.

[8] 7. *Rectores publicent in ecclesiis capitulum 'Cum infirmitas', De penitentiis et remissionibus*[1]

Cum infirmitas corporalis nonnumquam ex peccato proueniat,
et propterea prouide fuerit in generali concilio statutum ut medici
5   corporum cum eos ad infirmos uocari contingerit, ipsos infirmos
ante omnia moneant et inducant ut medicos aduocent animarum,
ut postquam fuerit infirmo de spirituali salute prouisum, ad corporale remedium medicine salubrius procedatur, cum causa cessante
cesset effectus, inhibitumque fuerit medicis ante dictis ne pro cor-
10   porali salute aliquid egris suadeant quod in animarum periculum
conuertatur, at hec sancta constitutio in ciuitate et diocesi Ilerdensi
hactenus negligenter fuerit obseruata. Ideo uniuersis rectoribus et
uicariis ecclesiarum dictarum ciuitatis et diocesis districte, in uirtute
sancte obedientie, precipimus et mandamus quatenus in quatuor
15   festiuitatibus, uidelicet Natiuitatis Domini, Pasche, Pentecostes et
Assumptionis Virginis gloriose ac singulis diebus dominicis Quadragesime annis singulis populo eis commisso prefatam constitutionem publicent, ac ipsos medicos ad eius obseruationem efficaciter
moneant et inducant. Eos quidem medicos qui constitutionis iam
20   dicte post dictam publicationem fuerint trangressores ab ingressu
ecclesie arcendo, iuxta constitutionem predictam.

[9] 8. *Quando talia generalis imponitur seu taxatur, sufficit
uocare rectores qui presentes sunt in ciuitate Ilerdensi*

Cum a tempore quo Romana curia fuit partibus istis propin-
qua, plures nuntii domini pape, cursores, domitilli et legati qui-

---

[1] **c.7** X 5.38.13, que procede del c.22 del Conc.4 Lat.1215 (COD 245-246);
Conc.prov.Tarragona 1312 c.3 (Pons Guri 125-126).

c.7 1.2 Rectores — remissionibus *om.*NÑO   3 corporalis] naturalis O
7-8 corporalis Ñ   8 cum causa cessante *marg.*Ñ   21 predictam] Expliciunt
constitutiones *ad.*Ñ
c.8 1-2 Quando — Ilerdensi *om.*NÑO   3-27 Cum a tempore — predictis
el códice Ñ *coloca esta constitución antes de nuestro* [6] *o cap.*5   3 quo] quando V
4 domitilli] domicelli NOV

5   bus per prelatos, rectores et clericos et ecclesiasticas personas habet necessario prouideri, frequentauerint frequentius et frequenter
transitum facere per ciuitatem et diocesim Ilerdensem quam con-
sueuerint temporibus retroactis, quodque pro eo quia expense dictarum prouisionum ad magnas quantitates aliquotiens non ascen-
10   dunt, contigit quod nec synodus conuocatur, nec rectores citantur
ad taxandum personas ecclesiasticas in predictis, set taxantur in
absentia illo pretextu uidelicet ne pro modico, ut predictum est,
iidem rectores uexentur laboribus et expensis. Quia tamen quod
omnes tangit ab omnibus debet approbari, considerando quod non
15   multum laboriosum aut sumptuosum erit rectoribus in dicta ciuitate residentiam facientibus, si ad talia pro aliis rectoribus diocesis
euocentur, ideo, sancta instante synodo, statuimus quod quandocumque et quotienscumque pro talibus expensis uel aliis similibus causis ipsis rectoribus pretermissa conuocatione synodi seu
20   dictorum rectorum subsidium imponi habeat seu taxari, uocentur rectores ecclesiarum ciuitatis uel diocesis qui tunc presentes
fuerint in ciuitate predicta, qui compoto expensarum impositio-
ni ac taxationi dicti subsidii loco dictorum rectorum et aliorum
beneficiatorum absentium ualeant interesse. Quibus siquidem
25   conuocatis, siue adfuerint siue non, ceteri rectores et beneficiati
diocesis pro eo quod uocati non fuerint, non ualeant conqueri aut
se subtrahere a solutione eius in quo taxati fuerint per episcopum
et capitulum in predictis.

[10]   9.   *Constitutiones synodales*

Quod nullus missas, quas iniungit, celebret[1]. Clericus obligans
ornamenta ecclesie, et specialiter calices, est excommunicatus[2].
Clericus si irato animo cultellum abstraxerit, soluat quinquaginta
5   solidos[3]. Nullus clericus uadat sine lumine post campanam per ciuitatem uel uillam, alias soluet quinque solidos[4]. [11] Si aliquis mutuauerit clerico ludenti ad taxillos, non potest repetere[5], et clericus
soluat decem solidos; et si luserit in ecclesia uel cemeterio, soluat

---

[1] **c.9** Sínodo de 1238-1247.[15].
[2] Sínodo de 1238-1247.[27].
[3] Sínodo de 1248-1255.[5].
[4] Sínodo de 1257-1282(1).[4].
[5] Sínodo de 1248-1255.[3].

---

12 illo] illorum Ñ   modico] modo LNV   est *om*.LNV   13 tamen]
cum   15 sumptuosum] suspectuosum LV   15-16 dictam ciuitatem LNV
24 beneficiatorum] beneficiorum LV

c.9-10 *los códices* Ñ *y* O *omiten los cap.* 9 *y* 10 *que contienen las* Constitutiones
synodales *y las* Constitutiones parochiales

uiginti solidos[6]. Quod cartelli non recipiantur sine sigillo episcopi[7].
10 Quod exsecutores testamentorum negligentes exsequi infra annum,
sunt ab ingressu ecclesie suspensi[8]. **[12]** Sortilegi et recurrentes ad
eos, et blasphemantes publice nomen Christi uel beate Marie sunt
excommunicati[9]. Portionarii et alii beneficiati tenentur interesse
Horis diurnis pariter et nocturnis, non obstante quod institutores
15 non fecerint mentionem[10]. Clericus retinens decimas uel primitias
de possessionibus propriis uel procurans alienis prouide retinere est
excommunicationis sententia innodatus[11]. **[13]** Ponens uicarium
sine licentia et ipse positus soluent uiginti solidos[12]. Permittentes
extraneum clericum celebrare sine licentia episcopi, nisi causa deu-
20 otionis secrete, soluat decem solidos[13]. Nullus beneficiatus celebret
trentenarium sine licentia episcopi, alias soluat triginta solidos[14].
[14] Quod rectores habitent in domibus ecclesiarum suarum, et
eas reficiant, alias, nisi moniti etc., sunt suspensi a beneficiis[15].
Quod rectores successores non tenentur ad soluendum debita pre-
25 decessorum, nisi episcopus firmauerit; et publicetur ter in anno[16].
[15] Quod flectentes genua et dicentes ter Aue Maria in pulsati-
one campane crepusculi, habeant quadraginta dies indulgentie[17].
Quod associantes Corporis Christi sine brandone uiginti dies, cum
brandone uero quadraginta dies habeant indulgentie[18]. Quod di-
30 catur Aue Maria antequam Hore beate Marie incipiantur[19]. Quod
Pater noster dicatur sub silentio antequam Hore maiores incipiantur[20]. Quod pulsetur campana ad eleuationem Corporis Christi,
et flectentes genua et dicentes Pater noster et Aue Maria habeant
quadraginta dies indulgentiarum[21]. **[16]** Quod clericus in sacris et
35 beneficiatus questor in quacumque questoria est excommunicatus,
et beneficiatus suspensus a beneficio[22]. Quod clericus beneficiatus

---

[6] Sínodo de 1301.[17].
[7] Sínodo de 1257-1282(1).[6].
[8] Sínodo de 1257-1282(2).[7].
[9] Sínodo de 1256-1282(2).[10-11] y sínodo de 1323.[4.10)-11)].
[10] Sínodo de 1314.[5].
[11] Sínodo de 1325.[5].
[12] Sínodo de 1321.[2].
[13] Sínodo de 1321.[3].
[14] Sínodo de 1318.[6].
[15] Sínodo de 1321.[6].
[16] Sínodo de 1238-1247.[55].
[17] Sínodo de 1308.[4].
[18] Sínodo de 1308.[3].
[19] Sínodo de 1308.[5].
[20] Sínodo de 1314.[3].
[21] Sínodo de 1301.[3].
[22] Sínodo de 1301.[18].

---

c.9 9 recipiant LV   17 Ponens] Ponere LNV

recipiens mutuo ultra quinquaginta solidos, obligans bona ecclesie, mutuans et fideiussores parochiani sunt excommunicati[23].

[17] 10. *Constitutiones parochiales*

Quod parochiales ecclesie non attribuentur laicis[1]. Quod occupans uel retinens aliquid de bonis clerici defuncti, nisi requisitus restituerit, est excommunicatus; et est etiam synodalis, scilicet
5 domini Pontii[2]. Quod mulieres christiane morantes cum Iudeis sunt excommunicate, et debent publicari quolibet anno ubi Iudei morantur[3]. **[18]** Quod festum beate Tecle, quod est viii. kalendas octobris, colatur[4]. Quod clericus sustinens excommunicationem per sex menses soluat decem morabatinos, per annum uero uiginti mo-
10 rabatinos soluat, et si ultra, est suspensus a beneficio. Quod ministrans alieno parochiano ecclesiasticum sacramentum soluat decem morabatinos. Quod euocans clericum coram iudice seculari est excommunicatus. **[19]** Quod rectores ecclesiarum celebrent infra tres menses postquam fuerint promoti, alias sunt suspensi a beneficio.
15 Quod obligans bona beneficii sui sub sigillo regio est excommunicatus. Quod decretalis 'Quoniam' De immunitate ecclesiarum[5] publicetur quater in anno. **[20]** Quod Sarraceni non proclament, alias domini eorum sunt excommunicati et loca que habent in diocesi interdicta[6]. Quod uolens celebrare possit cuilibet presbytero idoneo
20 confiteri et ab eo absolui. **[21]** Quod laici detinentes ecclesias parochiales, nisi infra duos menses dimiserint, sunt excommunicati. Quod constitutio contra inuasores seruetur ex quo sciatur in aliis locis uicinis seruari. Quod christiani non intersint circumcisionibus uel nuptiis Iudeorum causa honorandi, alias sunt excommunica-
25 ti. **[22]** Prohibetur, sub pena excommunicationis et maledictionis eterne, ne quis carnes comedat diebus ieiunii, nisi de licentia confessoris, et tunc absconso. Quod rectores ecclesiarum et habentes

---

[23] Sínodo de 1321.[5].
[1] **c.10** Sínodo de 1318.[5].
[2] Sínodo de 1308.[8].
[3] Sínodo de 1257-1282(2).[6]; sínodo de 1323.[4.8)].
[4] La fiesta de santa Tecla, muy usual en los concilios tarraconenses, por ejemplo en el concilio provincial de 1277 c.5 (Pons Guri 98), en el de 1284 c.2 (TR 6.57), etc., no aparece en la lista de fiestas de santos en el sínodo de 1301.[5].
[5] In VI 3.23.4
[6] Conc.prov. de Tarragona 1330 c.62 (TR 3.542-543; Pons Guri 177-178, que es algo posterior al sínodo); Conc.Vien.1312-1313 Decreta 25 (COD 380); Clem.5.2 un.; 7 Partida 28.6.

---

c.10 1 parochiales] prouinciales N   2 attributentur N   16 decretalis — ecclesiarum *espacio en blanco* V   20 confiteri] quod unus presbyter potest alteri confiteri *marg.ad.*L   27 absconso] in *antep.*N

beneficia curata ratione quorum, etc., celebrent decies in anno, alias
sunt suspensi a beneficio. **[23]** Quod sepelientes corpora defuncto-
30 rum contra constitutionem 'Item cum quidam'[7], sunt excommunicati. Quod uisitans pro archiepiscopis uel episcopis non recipiat
nisi quatuor solidos Barcinonenses uel tres solidos Jaccenses, nec
numerum euectionum extendant, alias sunt suspensi a uisitationis
officio. **[24]** Quod denegantes iustitiam clericis uel eos bannientes
35 sunt excommunicati. Quod clericus non faciat heredem clericum
uel laicum in bonis ecclesie, alias bona sunt pauperum.

14. Sínodo de Romeo de Cescomes, 16 de diciembre de 1378

Romeo de Cescomes, Comas o de Cumbis, prior de Tarragona, era sobrino
de Arnaldo de Cescomes, que había sido obispo de Lérida (1327-1334) y que fue
trasladado al arzobispado de Tarragona (1334-1346). Romeo de Cescomes o de
Cumbis, como aparece en el texto de su constitución, fue nombrado para la sede de
Lérida el día 11 de enero de 1361, tomó posesión el 21 de febrero siguiente y murió
el 7 de octubre de 1380. Son pocas las noticias que se conservan de este obispo, que
celebró sínodo en la catedral el 16 de diciembre de 1378, del cual sínodo conocemos
una sola constitución que el obispo publicó el domingo 26 de junio del año 1379.
La constitución trata del número de padrinos en el bautismo. Quizá en este sínodo
se hayan publicado también otras constituciones que no llegaron a nosotros[1].

Pero es necesario dilucidar la fecha verdadera de la celebración del sínodo, es
decir si se celebró en el año 1368, como hasta ahora se solía decir, o si se celebró
diez años más tarde, en el año 1378, como aquí proponemos. Resulta que J. Villanueva, que ofrece casi siempre una información correcta, dice de este obispo
que «en 1368, a 17 de diciembre, tuvo sínodo, del que solo nos ha quedado una
constitución sobre el abuso de admitir muchos padrinos en el bautismo, la cual él
publicó dos años después, y va copiada»[2]. De esta noticia de Villanueva, que sitúa
el sínodo en el año 1368, proceden seguramente otras informaciones posteriores
con la misma fecha[3]. Pero resulta que en esta ocasión Villanueva se ha equivocado
en la lectura del manuscrito que edita[4], pues el manuscrito pone indudablemente

[7] Conc. provinc. Tarragona 1244 c.4 (Pons Guri 58; TR 6.40-41). El texto de
Tarragona se puede ver en el segundo sínodo de Ager de 1518.[3-5]. Agradecemos
sinceramente una amable noticia acerca de este asunto.
[1] C. Eubel, *Hierarchia catholica* I.283; P. Sánchez, «Lérida, diócesis de», en:
DHEE 2.1294; J. Villanueva, *Viage literario* XVII.19-21 y 251-253 apéndice
VIII con el texto del sínodo.
[2] J. Villanueva, *Viage literario* XVII.20, y p.251-253 con el Apéndice VIII, en el
que copia o transcribe los textos.
[3] P. Sánchez, «Lérida, diócesis de», citado en la primera nota, que en la p. 1292
trae una lista de los sínodos diocesanos de Lérida, con un sínodo en 1368; igual
sucede con L. Ferrer, «Sínodo», en: DHEE 4.2491, que en Lérida atribuye un
sínodo a Romero Cescomes en el año 1368.
[4] Parece fuera de toda duda que Villanueva edita en Lérida el códice de nuestra sigla L.

m.ccc.lxx.octauo, y Villanueva transcribe *M.CCC.LX.octavo*[5], y en otro lugar es el códice que utiliza Villanueva el que está equivocado[6] porque el 26 de junio de 1370, fecha que ponen el códice y la transcripción de Villanueva para la promulgación de la constitución sinodal por el obispo, no fue domingo como allí dicen ambos, sino que fue miércoles. En cambio, el 26 de junio de 1379 fue domingo, y ese es el año en que el obispo publicó realmente la constitución sinodal[7]. Por fortuna, además del manuscrito que usó Villanueva (que, repetimos, nos parece indudable que fue el códice de nuestra sigla L), tenemos otro códice, que es el manuscrito de nuestra sigla Ñ, en el cual no hay confusión alguna de fechas, sino que clara e indudablemente aparece el año 1378, en numeración arábiga y en numeración romana, como el año de la celebración del sínodo, y el año 1379 como el año en que el obispo promulgó la constitución sinodal.

Tradición manuscrita y editorial: L fol.23v-24v; Ñ fol.99r (texto base); J. VI-LLANUEVA, *Viage literario* XVII.251-253.

[1]   *<Inscriptio>*

Constitutio domini Romei de Cumbis super patrinorum numero in baptismo adhibendorum, ex synodo 1378.

[2]   *Quod in baptizandis non interueniant ultra tres patrini*

Romeus, Dei gratia episcopus Ilerdensis, uenerabilibus ac in Christo nobis dilectis capellano Sancti Petri, in nostra ecclesia Ilerdensi, et uniuersis et singulis abbatibus, prioribus, rectoribus et ui-
5   cariis ecclesiarum parochialium ciuitatis et diocesis nostre Ilerdensis, et eorum loca tenentibus, ad quos presentes peruenerint, salutem in Domino sempiternam. Dudum in sacra synodo quam celebrauimus, disponente Domino, cum capitulo nostro et clero ciuitatis et diocesis predictarum in dicta ecclesia nostra Ilerdensi, uidelicet die
10   sextadecima mensis decembris anno a natiuitate Domini m.ccc.lxx. viii., constitutionem fecimus infra scriptam.

[3]   Quoniam in ciuitate et diocesi nostra Ilerdensi quidam inoleuit abusus, ut in baptismo unius persone non solum duo uel

---

[5] En el texto que aparece en el [2] de nuestra edición, como se puede ver en el aparato crítico.
[6] En el [6] de nuestra edición, ver el aparato crítico.
[7] En [5] y [6] de nuestra edición. Ver el aparato crítico.

Inscrip. 1 Inscriptio *om.*Q   2-3 Constitutio —1378] Constitutio domini Romei de Cumbis, bone memorie episcopi Ilerdensis, super baptismo L, Constitutio domini Romei de Cumbis bonae memoriae episcopi Illerdensis super baptismo edita in sacra sinodo in sua cathedrali ecclesia celebrata an. MCCCLXX *(sic)* V
c.un. 1 Quod—patrini *om.*Ñ   8 capitulo] Nota quod capitulum debet interuenire in synodo *marg.ad.*Ñ   10 sextadecima] septimadecima L, XVII V   lxx.] LX *mal*V

tres, secundum constitutionem synodalem dicte diocesis super hiis
15 editam[91], set etiam decem uel ultra inter compatres et commatres
aliquotiens admittantur, contra dispositionem iuris communis et
constitutionis predicte. Propter quod spiritualis cognatio contem-
nitur et a pluribus uiolatur et quasi pro nihilo reputatur, et exinde
multa impedimenta proueniunt ad impedienda matrimonia con-
20 trahenda et ad dirimendum iam contracta, ac etiam plurima alia
animarum pericula et scandala subsequuntur. Ideoque uolentes super hiis prouidere, ut tenemur, statuimus et ordinamus ut de cetero
in baptismo alicuius persone, cuiuscumque etatis, status uel condicionis exsistat, ultra tres personas inter compatres et commatres
25 ad eam tenendum in baptismo seu ad suscipiendum de sacro fonte
non admittantur. Qui uero contrarium fecerint, plures ultra dictum
numerum admittendo uel se immiscendo in predictis, excommunicationis sententiam incurrant, a qua non possint, preterquam in
mortis articulo, absolui nisi a nobis et successoribus nostris epis-
30 copis Ilerdensibus, et facta prius satisfactione de premissis ad arbitrium nostrum uel successorum nostrorum[2]. Inhibentes expresse uicariis et officialibus nostris, qui nunc sunt et pro tempore fuerint, ne
contra huiusmodi constitutionem audeant dispensare seu licentiam
dare, nec aliquem absoluere a dicta excommunicationis sententia.
35 Nos enim, ut hec constitutio districtius obseruetur, predicta omnia
nobis et successoribus nostris tantummodo reseruamus.

[4] Quapropter tenore presentium uobis et cuilibet uestrum
dicimus et mandamus, in uirtute sancte obedientie et sub pena excommunicationis, quatenus in quatuor maioribus anni festiuitati-
40 bus, scilicet Natiuitatis Domini, Pasche, Pentecostes et Assumptionis beate Marie, dum maior cleri et populi multitudo conuenerit ad
diuina in ecclesiis uestris supra dictam constitutionem publicetis et
exinde obseruetis et faciatis subditis uestris inuiolabiliter obseruari,
si sententiam excommunicationis in dicta constitutione ipso iure
45 promulgatam cupitis et cupiunt euitare.

[5] Datis Ilerde, xx. die iunii, anno a Natiuitate Domini m.ccc.
lxx.nono. Episcopus Ilerdensis.

[6] *Preinserta autem littera erat sigillata in dorso cum cera rubea*
sigillo maiori dicti domini episcopi Ilerdensis. Et erat scriptum in dorso
50 *ipsius littere per manum discreti Raymundi Amiguet, presbyteri bene-*

---

[1] **c.un.** Sínodo de 1238-1247.[7].
[2] C.30 q.4 c.4-6; De cons. D.4 c.100-101, 103-105; In VI 4.3.3; 1 Partida 4.7;
4 Partida 7.1-2.

---

22 tenemur] tenetur L, tenentur V   24 exsistant LV   26 fecerit LŃV   28 in-
currant] ipso facto *ad.*LV   a qua] ad quam LV   41 cleri] clerici LV   47 nono
om. mal LV   48-57 Preinserta — mandati *om.*Ń

ficiati in ecclesia Ilerdensi, scholari Sancti Petri eiusdem ecclesie, hoc quod sequitur: 'Ego Raymundus Amiguet, scholaris Sancti Petri in ecclesia Ilerdensi, presentem litteram legi et publicaui, et contenta in eis adimpleui in dicta ecclesia Ilerdensi die dominica, xxvi. mensis iunii, 55 *anno in littera contento, dum missa maior celebrabatur, presentibus dicto domino episcopo et canonicis et aliis clericis et laicis, et manu mea hec <.....> scribi, in signum completi mandati.*

15. Sínodo de Pedro de Cardona, 1407-1411

Pedro de Cardona era notario apostólico, bachiller en decretos, arcediano de Valencia y canónigo de Lérida. Estaba ordenado de diácono y el 17 de junio de 1407, Benedicto XIII, el Papa Luna, lo promovió a la sede de Lérida. Murió el 9 de diciembre de 1411 y fue enterrado en el coro de la catedral, sobre cuyo sepulcro el cabildo mandó colocar una lápida en el año 1485[1]. Celebró un sínodo cuya data no consta y cuya existencia desconocen las listas de sínodos de L. Ferrer y la de P. Sánchez[2], tampoco lo menciona Villanueva y únicamente lo conocemos porque se encuentra en el manuscrito de nuestra sigla Ñ, como indicamos seguidamente. Las dos últimas constituciones, [12] y [13] de nuestra edición, escritas en el códice por una mano muy descuidada, parecen ser una añadidura posterior al sínodo.
Tradición manuscrita: Ñ fol.100r-102r.

[1]   <*Inscriptio*>

Incipiunt constitutiones edite per reuerendum patrem dominum Petrum de Cardona, episcopum Ilerdensem, in sancta synodo.

[2]   1.   <*Officium diuinum tam nocturnum quam diurnum sollemniter celebretur*>

Quia cordi nostro est, prout hactenus fuit et astricti sumus, quod diuina officia, tam nocturna quam diurna, in nostra diocesi

---

[1] C. EUBEL, *Hierarchia catholica* I.283; P. SÁNCHEZ, «Lérida, diócesis de», en: DHEE 2.1294; J. VILLANUEVA, *Viage literario* XVII.27-31, que para nada menciona su sínodo.
[2] L. FERRER, «Sínodo. Lérida», en: DHEE 4.2491, donde no aparece el de Pedro Cardona; P. SÁNCHEZ, «Lérida, diócesis de», en: DHEE 2 que en la p.1292 trae una lista de los sínodos de Lérida, en la cual no se encuentra el de esta fecha de Pedro Cardona.

57 <...> *una palabra que no leemos*
Inscrip. 1 Inscriptio *om.* Ñ   2 (fol.100r) Ñ
c.1 1-2 Officium — celebretur *om.* Ñ

5   sollemniter fiant, dicente psalmista 'media nocte surgebam ad confitendum, etc.'[1], et pie instituentium uoluntates per omnia seruentur, ideo nos Petrus, diuina gratia Ilerdensis episcopus, uolentes,
quantum possumus, diuinum officium augmentari, non diminui,
de fratrum nostrorum consilio statuimus quod in quolibet monas-
10 terio uel ecclesia ciuitatis aut diocesis ubi sint ultra quinque beneficiati seu portionarii, de cetero dictum officium diuinum, tam
nocturnum quam diurnum sollemniter celebretur[2]. Et ut presens
constitutio, quam cordi habemus, perpetuo seruetur, mandamus in
uirtute sancte obedientie omnibus abbatibus, prioribus, rectoribus,
15 uicariis et aliis portionariis et beneficiatis dictarum ecclesiarum ut
istam constitutionem seruent, precipientes eisdem abbatibus, prioribus, rectoribus et uicariis quod per se uel per alium dictos portionarios et beneficiatos punctuent uel punctuare faciant, taliter ut
pena sequens contrarium seruantes ab eis amoueatur, que est talis:
20 quod quicumque portionarius dictarum ecclesiarum in officio Ma-
tinarum non fuerit a principio usque ad finem puniatur in duobus
panibus uel duobus denariis; et si in missa maiori defecerit, aliis
duobus panibus uel duobus denariis; et si in Vesperis, in duobus
denariis, quos possit retinere abbas, prior uel rector seu uicarius
25 uel presidens in illa ecclesia de eorum portione; si uero beneficiati, in duobus denariis pro qualibet Horarum predictarum. Quam
<penam> uolumus exigi de distributionibus seu obuentionibus eis
prouenientibus in dictis ecclesiis, et per collectores dictarum obuen-
tionum seu per rectorem, priorem aut uicarium retineri. Et de penis
30 dictorum beneficiatorum uolumus quod fiat unum brandonum aut
duos in ecclesia ubi beneficiati fuerint, qui ardeat in missa et Matutinis, uel applicetur aliis beneficiatis uenientibus ad dictas Horas,
remissione nullatenus profutura.

[3]   2.   *Quod rectores seu uicarii habeant examinari ante-*
quam admittantur

    Item, experientia preteriti temporis et presentis nos docuit quod
sunt multe ecclesie in nostra diocesi que habent scribanias annexas,
5 et ad ipsas admittuntur multi in rectores seu uicarios qui sunt pe-
nitus ignari ad regendum officium dicte scribanie, | propter quod
plurima scandala et damna multis contrahentibus, tam in testamentis quam in aliis contractibus, sunt illata et quotidie inferuntur,

---

[1] **c.1** Sal 118,62.
[2] Sínodo de 1314.[5].

27 penam *om.*Ñ   30-31 aut duos *interl.*Ñ
c.2 6 (fol.100v) Ñ

10 et permaxime quia nullus notarius in locis ubi sunt tales scribanie
annexe non audet recipere aliquos contractus sine licentia rectoris.
Quare nos Petrus predictus cupientes scandala et damna, quantum
possibile fuerit, amouere et <ut> dicte ecclesie per idoneos rectores
seu uicarios gubernentur, presenti constitutione statuimus et ordinamus quod de cetero nullus clericus admittatur in rectorem uel
15 uicarium dictarum ecclesiarum habentium scribanias annexas, nisi
fuerint idonei et sufficientes ad dictum officium regendum et quod
habeant examinari de cetero ante admissionem possessionis seu collationis dictarum ecclesiarum. Mandantes omnibus rectoribus uel
uicariis iam ante istam constitutionem obtinentibus dictas ecclesias
20 quod infra annum, a data presentium computandum, studeant pro
uiribus addiscere et edoceri, taliter ut predictum officium per se
possint exercere, scituri quod si in hoc fuerint negligentes, prouidebitur contra eos de remedio condecenti[1].

[4] 3. *<Quartum fructum loci de Caydi ornamentis ecclesie Ilerdensis debetur>*

Item, mandamus seruari ad unguem constitutionem olim editam per bone memorie Geraldum, qui aduertens quod quidquid in
5 iure legatis impeditur legantis in opprobrium retorquetur, pro tanto
uoluit quartum fructum loci de Caydi ornamentis ecclesie nostre
Ilerdensis deberi[1]. Vnde que nostra non sunt abhorrentes, presenti
statuto salubri declaramus dictam quartam fructuum ornamentis
altaris dicte nostre ecclesie perpetuo deberi, ipsis ornamentis per-
10 petuo restituendo, nec successores nostros aliter uenire (?) decreuimus, licet in nobis tolerabilior <...> usurparetur in altaris luminibus
officeret.

[5] 4. *De celebratione missarum*

Cum experientia, que est rerum magistra, nos edocet et iam
cum essemus in minoribus edocuit quod sunt multi presbyteri, magis negotiis secularibus, etiam inhonestis, se implicantes quam diui-
5 nis, ante celebrationem misse proprie multotiens intendunt prout
si essent laici circa labores et cultiuationes suarum possessionum,

---

[1] **c.2** Conc.prov. de Tarragona 1336 c.4 (TR 6.69).
[1] **c.3** No conocemos esta constitución del obispo Geraldo de Andriano, que no aparece en su sínodo de 1295, ni tampoco consta que sea una constitución sinodal.

---

12 ut *om.*Ñ
c.3 1 Quartum — debetur *om.*Ñ   11 <...> *unas palabras que no leemos en* Ñ
c.4 1 (fol.101r) Ñ   3 minoribus] nos^{ac} *ad.*Ñ

puta fodiendo uineas et alia clericis inhonesta. Et post dictos labores
ueniunt de suis operibus ruralibus absque aliqua deuotione, affectantes magis requiescere quam ad missam uel alia diuina procedere,
10 et demum procedunt indeuote ad celebrationem missarum suarum, propter quod sequitur indeuotio populi et alia quamplurima
que calamo sunt remittenda. Quapropter nos Petrus, diuina gratia
episcopus Ilerdensis, uolentes prouidere circa predicta, mandamus,
in uirtute sancte obedientie et sub pena quinque solidorum (quos
15 uolumus incurrere pro qualibet uice contra facientes), omnibus et
singulis presbyteris ciuitatis et diocesis quod amodo ante celebrationem missarum ruralia negotia per se non exerceant, cum in tanto
Sacramento debeant esse puri, quieti et deuoti, neque etiam postea
debent exercere si aliter uiuere possint.

[6] 5. *Quod nullus extrahat libros de ecclesia*

Item, quia multi libri ecclesie multotiens perduntur et des-
truuntur portando <eos> ad domum propriam, recitando ibi Horas canonicas, que deberent magis recitari in eorum ecclesiis, que
5 sunt deputate ad dictum seruitium, quam alibi. Ideo statuimus et
ordinamus et districte mandamus omnibus et singulis rectoribus
et beneficiatis quod amodo talia non presumant, scituri quod qui
culpabiles fuerint reperti penam uiginti solidorum incurrant.

[7] 6. *Quod ubi Corpus Christi reseruatur nihil aliud po-natur*

Item, ordinamus et districte mandamus omnibus presbyteris
curam animarum habentibus quod in custodia seu loco ubi Corpus
5 Christi custoditur seu reseruatur non audeant tenere aliquas res,
nisi sint sacrate. Et si contrarium fiat per quoscumque, quod non
creditur, sciant se ipsos grauiter puniendos[1].

[8] 7. *Quod rectores seu clerici in diebus festiuis non parti-cipent cum laicis in publicis*

Item, quia multi rectores, uicarii et beneficiati in diebus dominicis et festiuis interdum cum laicis in plateis contendunt <inter>

---

[1] **c.6** De cons. D.2 c.94; X 3.41.10; Conc.4 Lat.1215 c.20 (X 3.44.1); 1 Partida
4.60.

---

9 ad *interl.*Ñ
c.5 3 eos *om.*Ñ
c.7 4 inter *om.*Ñ

5　se disceptando de negotiis temporalibus, propter quod sequuntur
　　diuersa scadala inter ipsos presbyteros et laicos. Quare ad tollen-
　　dum | dicta scandala, districte precipimus dictis rectoribus, ui-
　　cariis et beneficiatis ne amodo in talibus diebus cum ipsis laicis
　　in plateis uel aliis publicis locis disceptent, alias sciant se grauiter
10　puniendos.

**[9]　8.　*Quod clerici de nocte non uadant dicendo cantilenas
　　　seu alia inhonesta***

　　　Item, quia multi presbyteri sunt qui etiam hora prohibita, ui-
　　delicet de nocte, exercendo cum suis instrumentis seu cantilenis,
5　associando alios uadunt ad faciendum albades et alia eis inhones-
　　ta, sicut deberent intendere circa diuina, prout tenentur, propter
　　quod sequuntur diuersa scandala. Idcirco, uolentes prouidere circa
　　predicta, districte precipiendo mandamus eisdem ne talia de cetero
　　presumant. Et si aliquis inuentus fuerit in talibus, penam quinqua-
10　ginta solidorum incurrat pro qualibet uice et aliter ad arbitrium
　　domini <episcopi> grauius puniendus[1].

**[10]　9.　*Quod archidiaconi et rectores seu uicarii habeant ha-
　　　bere copiam dictarum constitutionum***

　　　Et quia aliqui archidiaconi, sacerdotes et rectores uel uicarii
　　sunt ualde negligentes circa obseruationem constitutionum syno-
5　dalium, quas non sine graui animarum suarum periculo seruare
　　contemnunt, et ad excusandas excusationes in peccatis[1] dicunt se
　　non habere dictas constitutiones, idcirco, in uirtute sancte obedien-
　　tie et sub pena excommunicationis, mandamus omnibus et singulis
　　archidiaconis nostre diocesis quod hinc per totum mensem iulii ha-
10　beant omnes predictas constitutiones synodales, et cum uisitauerint
　　suos archidiaconatus instruant clericos quomodo debeant eas ob-
　　seruare. Et nihilominus iniungimus omnibus clericis curam anima-
　　rum habentibus quod per totum mensem augusti proximum dictas
　　constitutiones habeant. Aliter ad arbitrium nostrum fortiter eos pu-
15　niemus. **[11]** Et si alique constitutiones inuente essent que non sint
　　in hac compilatione, non adhibeatur eisdem fides, nec synodales
　　constitutiones esse credantur. Quicumque autem eas habere uolue-

---

[1]　**c.8** Sínodo de 1257-1282(1).[4].
[1]　**c.9** Sal 140,4.

---

7 (fol.101v) Ñ
c.8 11 episcopi *om.*Ñ
c.9 1 (fol.102r) Ñ

rit, inueniet librum apud notarium nostrum in regestro uicariatus nostre curie².

[12]   10.   *<Fiat constitutio quod nullus presbyter <...>*

Item, fiat constitutio quod nullus presbyter presbyterum causam (?) <...> obtinens audeat administrare procuratorem (?) alicuius
laici et permaxime domini uille (?) Castri (?) et alterius loci <...> sub
5   pena <...> priuationis ecclesie et beneficiorum.

[13]   11.   *<Clerici non portent supertunicalias apertas more
laicorum>*

Item, fiat constitutio quod nullus canonicus aut in dignitate
constitutus, prior, rector <...> alii clerici nostre ciuitatis aut diocesis
5   audeat portare supertunicalias aut gramasias apertas more laicorum,
retro nec ante. Quicumque autem contra fecerint penam uiginti
solidorum pro qualibet <uice> qua portauerint incurrant, nulla remissione profutura¹.

16.   Sínodo de Domingo Ram, diciembre de 1428

Domingo Ram, natural de Alcañiz, era prior de Zaragoza cuando el 5 de mayo
de 1410 Benedicto XIII, el Papa Luna, lo nombró obispo de Huesca, de donde el
13 de noviembre de 1415 lo trasladó a la sede de Lérida, de la que tomó posesión
el 24 de febrero de 1416. El 24 de mayo de 1426 el papa Martín V lo nombró
cardenal del título de S. Juan y S. Pablo, nombramiento publicado el 8 de noviembre de 1430, continuando con la administración de la diócesis de Lérida. El 25
de agosto de 1434 fue trasladado al arzobispado de Tarragona, pero continuando

² Sínodo de 1301.[19-20].
¹ **c.11** D.23 c.22; D.41 c.8; C.17 q.4 c.25; C.21 q.4 c.1-5; X 1.6.15; X 3.1.4-5,
7, 15; X 5.39.35; In VI 3.2 un.; In VI 5.11.12; Conc.4 Lat.1215 c.16 (X 3.1.15);
Conc.Vien.1311-12 c.9 (Clem.3.1.2) y c.22 (Clem.3.14.19); Conc.legat.Léri-
da 1173 c.5 (TR 3.281); Conc.legat.Lérida 1229 c.9, 24-25 (TR 3.333, 338-
339); Conc.legat.Valladolid 1228 5.3 (TR 3.326); Conc.legat.Valladolid 1322
c.6.1(TR 3.482); Conc.prov.Tarragona 1282 c.2 (TR 3.403); Conc.prov.Tarrago-
na 1291 o 1292 c.2 (TR 3.410); Conc.prov.Tarragona (s.d.) c.3 (TR 3.558-559);
1 Partida 5.39.

c.10 1 Fiat — presbyter *om.*Ñ   1-5 <...> *palabras que no leemos en* Ñ
c.11 1-2 Clerici — laicorum *om.*Ñ   4 <...> *palabras que no leemos en* Ñ
5 aut gramasias *marg.*Ñ   7 uice *om.*Ñ

todavía con la administración del obispado de Lérida durante algún tiempo, parece que hasta el nombramiento del sucesor. Murió muy anciano en Roma el 25 de abril de 1445 y fue enterrado en la iglesia de San Juan de Letrán. Su epitafio dice que murió con unos cien años de edad[1]. El sínodo contiene dos partes claramente diferenciadas. En la primera de ellas [2-12] la clerecía hace una serie de peticiones al obispo, cosa bastante frecuente en el primer sínodo que el obispo celebraba en una diócesis. La segunda parte [13-22] comienza con un nuevo encabezamiento, contiene algunas disposiciones más o menso usuales en los sínodos y finaliza con una conclusión del notario.

Tradición manuscrita y editorial: L fol.24v-27v; J. VILLANUEVA, *Viage literario* XVII.258-263.

[1]   *<Inscriptio>*

Constitutiones facte in synodo celebrata per reuerendissimum dominum dominum Dominicum, episcopum Ilerdensem, anno Domini millesimo cccc. uicesimo octauo

[2]   1.   *<Petitiones clericorum episcopo Dominico in prima synodo exhibite>*

Placeat reuerendo patri et domino domino episcopo Ilerdensi concedere ea que sequuntur, cum sint iusta et consona:

5   [3] Primo, cum clericis laici oppido sint infesti[1], et pluribus accusationibus et infamiis sint uexati et fatigati sine iusta ratione, et sepius procurator fiscalis proprio officio conetur eos uexare sine accusatore, propter que plurimum expensis et damnis fatigantur indebite, quod cedit in grande periculum animarum et eorum in-
10   famiam. Quare supplicant quod tales accusati, si non constet eos fore accusatos ad instantiam partis, sed solum fisci, quod talis accusatio non habeat locum. Si uero ad instantiam partis, quod talis

---

[1] C. EUBEL, *Hierarchia catholica* I.34 y 42 (cardenal), 283, 379; 2.248 (conviene ver las notas de Eubel, tanto en Huesca como en Lérida y en Tarragona); A. DURÁN, «Huesca, diócesis de», en: DHEE 2.1110; P. SÁNCHEZ, «Lérida, diócesis de», en: DHEE 2.1294; A. SOBERANA, «Tarragona, archidiócesis de», en: DHEE 4.2530; J. VILLANUEVA, *Viage literario* XVII.31-34 y 258-263 con los apéndices XI y XII, que contienen el texto del sínodo, y XX.16-17 para su estancia en Tarragona; *Enciclopedia universal ilustrada europeo-americana (Espasa)* tom. XLIX (Madrid 1923 = 1988), «Ram, genealogía y heráldica», 463, con una genealogía del obispo-cardenal Ram y de su familia aragonesa.
[1] **c.1** In VI 3.23.3.

Inscrip. 1 Inscriptio *om*.LV
c.1 1-2 Petitiones — exhibite *om*.LV

pars accusans se habeat nominare in libello, ut ueritas clarius elu-
cescat. Placet domino episcopo quod ubi aliquis priuatus accusaue-
15 rit presbyterum uel clericum in sacris ordinibus constitutum, quod
accusans habeat se scribere ad penam talionis.

[4] Item, cum aliquis clericus fuerit accusatus coram uobis, reuerendo patre, uel coram uestris officialibus, dum tamen non sit causa
criminalis, talis debeatur scitari personaliter ad respondenum que-
20 relis contra eum datis, aut fiat commissio alicui alteri de receptione
testium, ad hoc ut non uexetur talis accusatus per officialem fiscalem
notis, superfluis expensis et dietis supra dictorum, cum multotiens
multi per emulos accusentur indebite et uexentur dictis expensis.
Placet domino episcopo, nisi arduitas cause aliud exposcerit.

25 [5] Item, quod per uos, reuerendum dominum episcopum, fiat
de preteritis omnibus generalis absolutio, tam de ignotis excommu-
nicationibus (dum tamen non sint ad instantiam partis) quam de
aliis ciuilibus. Placet et iam fuit statutum, exceptis excommunicatis
pro libellis diffamatoriis.

30 [6] Item, quod citati modo ad synodum, qui per ignorantiam
uel importunitatem notarii non potuerunt interesse in dicta synodo
uel facere procuratores, quod detur eis tempus opportunum ad hoc
quod non incidant in penis comminatis. Iam sunt remisse eis pene
per dominum episcopum, dum tamen habuerint grata et rata facta
35 in synodo.

[7] Item, quod omnes casus papales et episcopales scribantur in
constitutionibus. Placet.

[8] Item, quod per annum duret tempus curatis habendi constitutiones a die qua eis posite in publico (?) ac notificate in ecclesiis
40 principalibus ubi debent haberi, et quod dicte constitutiones ab-
breuientur, et taxetur salarium notarii, ut dicti curati non uexentur
superfluis solutionibus. Placet.

[9] Item, quod unusquisque soluens pro uno uel pro duobus
uel pro tribus uel pro pluribus beneficiis suis, quod in qualibet so-
45 lutione tallie <non> teneatur soluere nisi unum albaranum. Placet.

[10] Item, reuerende pater, quod beneficiati, cuiuscumque dignitatis uel preeminentie exsistant, deseruientes in uno beneficio,
quod non soluant pro alio uel aliis beneficiis, alibi non deseruientibus, absentiam, neque (!) illi qui non deseruierunt temporibus elap-
50 sis, quod habeantur pro absolutis et pro relaxatis. Et quod in futurum non sint astricti ad soluendum absentiam pro aliquo beneficio
ficto (?). Placet domino episcopo remittere absentias preteritas, et
quod in futurum beneficiati in pluribus beneficiis possint deseruire

---

22 notis] notarium V   39 posite — notificate] positis in pulcro et notifica-
to LV *(texto corrupto)*   45 non *om.*Ñ   52 ficto] facto V

in illo quod magis seruitium requirit, ad arbitrium domini episcopi
55 uel sui uicarii.

[11] Item, fuit conuentum quod nouem solidi pro libra pro-
missi per clerum domino episcopo soluantur in tribus solutionibus, per modum qui sequitur. Prima solutio, in festo Resurrectionis
Domini proxime uenturo. Secunda, prima die septembris proxime
60 sequentis. Tertia, in festo sancti Andree sequenti.

[12] Item, fuit impositum quod clerici simpliciter tonsurati,
non habentes patrimonium, soluant domino episcopo duos solidos.
Habentes uero patrimonium, si contribuerint in muneribus publicis ciuitatis, uillarum uel locorum ubi morantur, soluant quatuor
65 solidos. Si non contribuunt in dictis muneribus publicis, soluant
duos solidos pro libra bonorum que habent.

[13] 2. *Ordinationes facte in synodo celebrata per reueren-*
dissimum dominum Dominicum, episcopum Ilerdensem,
anno Domini millesimo cccc. uicesimo octauo

Pastoralis cura sollicitudinis, nobis diuinitus super cunctos po-
5 pulos nostre diocesis iniuncta, nos inuigilare remediis subiectorum
<et> animarum saluti intendere, cultumque diuinum ampliare
districte compellit. Idcirco nos Dominicus, Dei gratia Ilerdensis
episcopus, cum assensu et approbatione nostre presentis synodi, se-
quentia duximus ordinanda.

[14] 3. *<De festis sanctorum confessorum Hieronymi et Tho-*
me de Aquino>

Primo, quod propter singularem illuminationem uniuersalis
status Ecclesie, quam attulerunt doctrine excellentes sanctorum
5 confessorum Hieronymi et Thome de Aquino, in nostra diocesi
Ilerdensi perpetuis temporibus fiant octaue simplices de festo prefati beati Hieronymi, per hunc uidelicet modum: pro qualibet octauarum fiat sola commemoratio de eo in Vesperis et Matutinis,
maioritas uero sit de octauis sancti Michaelis. In capite autem oc-
10 tauarum fiant nouem lectiones, et sexta lectio sit de sancto Marcho
papa. [15] De festo uero beati Thome de Aquino fiat festum du-
plex. Officium uero eiusdem sancti per illos qui non habent eius
proprietatem fiat de communi unius confessoris non pontificis. Et
quia predictum festum cadit in die sanctarum Perpetue et Felicita-
15 tis, fiat de eis sexta lectio.

c.2 6 et *om.*LV
c.3 1-2 De — Aquino *om.*LV

[16] 4. *<Bine commemorationes ordinarie faciende diebus ferialibus et nouem lectionum>*

Secundo, quod per totam diocesim Ilerdensem diebus ferialibus et nouem lectionum in Matutinis et Vesperis maioribus fiant
5 due commemorationes ordinarie. Prima per antiphonam 'Saluator
mundi'; R. 'Saluum fac populum tuum'. Oratio: 'Deus, qui nos in
tantis periculis'. Secunda per antiphonam 'Domine rex, Deus Abraham'; R. 'Rigans montes'. Oratio: 'Deus, in quo uiuimus'. Oratio:
'A domo tua'. Diebus uero sollemnibus, in festis duplicibus ac infra
10 octauas sollemnes minime fiant.

[17] 5. *Quomodo clerici presbyteri ad inuicem possunt confiteri et absolui*

Tertio, quod licet per constitutionem prouincialem concessum
fuerit presbyteris ad inuicem ab excommunicatione minori se absol-
5 uere, a peccatis uero solum concessum exsistat in defectum proprii
curati. Nos uero, ut animarum periculis obuietur, omnibus presbyteris nostre diocesis concedimus quod ad inuicem a prefata minori
excommunicatione et ab omnibus peccatis de quibus curati proprii
potestatem habent absoluendi, siue habeant copiam sui curati siue
10 non, se ualeant absoluere.

[18] 6. *<Qui habere tenentur constitutiones prouinciales et
synodales>*

Quarto, statuimus et ordinamus <quod> capellanus Sancti Petri, rectores Sancti Johannis et Sancti Laurentii ciuitatis Ilerdensis,
5 necnon ecclesie infra nominate siue priores earum, rectores uel uicarii habeant et teneantur habere constitutiones prouinciales et synodales, sub pena uiginti solidorum, quam ipsos uolumus incurrere
ipso facto si infra unum annum a presentium publicatione nume-
randum <eas non habuerint>. Primo, de archidiaconatu Ilerdensi,
10 ecclesia Rotensis, ecclesia Sancte Marie uille Montissoni, ecclesia
Tamariti, ecclesia Frage, ecclesia de Pertusa, ecclesia de Caydino,
ecclesia Dalmenar; de archidiaconatu Terracone ecclesia de la Gra-
nadella, ecclesia Castriasinorum, ecclesia de Alcolegie de Cinqua,
ecclesia de Stadella, ecclesia de Gradibus; de archidiaconatu Be-

c.4 1-2 Bine — lectionum *om.*LV
c.6 1-2 Qui — synodales *om.*LV   3 quod *om.*LV   4 rectoris LV   5 earum]
eorum LV   8-9 numerandos LV   9 eas non habuerint *om.*LV   archidia-
conatu] archidiaconorum LV

15   nascensi ecclesia de Canuy, ecclesia de Almuniye Sancti Johannis,
     ecclesia de Stopannya, ecclesia de Fontoua, ecclesia de Benasco; de
     archidiaconatu Ripacurtie ecclesia de Benauarie, ecclesia de Aragast,
     ecclesia de Plano in ualle de Gistau, ecclesia de Bielsa, ecclesia de
     Benasch, ecclesia de Villaler in ualle de Barraues.

> **[19]**   7.   *<Omnes dum missam celebrant habeant in altari
>   chartam cum uerbis consecrationis Corporis et Sanguinis
>   Christi>*

     Quinto, quod omnes presbyteri in suis altaribus dum missa-
5   rum sollemnia celebrabunt, teneant uerba consecrationis Corporis
     et Sanguinis Christi, scripta de littera formata siue grossa.

> **[20]**   8.   *<Cessiones bonorum in curia ecclesiastica non fiende>*

     Sexto, statuimus quod in curia nostra non admittantur cessio-
     nes bonorum fiende per quoscumque, nisi predictam cessionem
     facere uoluerint predicti iuxta formam a iure ciuili super cessione
5   bonorum traditam, exceptis dumtaxat clericis in sacris ordinibus
     constitutis.

> **[21]**   9.   *<Abusus uitandi in missis nouis>*

     Septimo, quia inhonesta laicis sunt ualde in clericis reprehen-
     denda, idcirco, in uirtute sancte obedientie et sub pena quadraginta
     solidorum, districte prohibemus omnibus clericis, tam simplicibus
5   quam constitutis in sacris ordinibus, ne in missis nouis aliqua enor-
     mia seu inhonesta uerbo uel facto perpetrent, tam in ecclesiis quam
     extra. Prohibemus insuper, sub eisdem penis, ne utantur uestibus
     mulierum, nec monstris laruarum siue caraças utantur, nec uestibus
     bipartitis seu triperticatis aut nimia breuitate notatis aliquo modo
10   utantur. Honeste autem et letanter festiuare missas nouas per hoc
     non intendimus prohibere.

> **[22]**   *<Conclusio notarii>*

     *Hec enim copia fuit ab eorum originali fideliter recepta, et cum
     dicto originali per me Benedictum Ferrarii, publicum regia auctori-*

---

c.7 1-3 Omnes — Christi *om.*LV
c.8 1 Cessiones — fiende *om.*LV   3 predictis LV   5 tradita V
c.9 1 Abusus — nouis *om.*LV
Concl. 1 Conclusio notarii *om.*LV

tate notarium, regentem scribanias officialatus et uicariatus reuerendi
5 *domini episcopi Ilerdensis, comprobata fuit cum copula predicta, fac-*
ta et concordata in sancta synodo que celebrata fuit per reuerendum
in Christo patrem et dominum dominum Dominicum, miseratione
diuina episcopum Ilerdensem, in mense decembris, anno a natiuitate
Domini millesimo quadringentesimo uicesimo viii. In quorum fidem
10 *et testimonium mei tabellionatus officii solitum hic aposui sig†num, et*
clausi, nihil addito, nihilque remoto.

17. Sínodo de Luis Juan del Milá, Alfés, 20 de noviembre de 1494

Luis Juan del Milá o Millán, al que también se conoce como Luis del Milá y Borja, era valenciano, de la casa de los condes de Albaida, y era, sobre todo, de la familia de los Borja, sobrino de Alonso Borja, futuro Calixto III. El 29 de enero de 1453 fue nombrado para el obispado de Segorbe, según cuenta C. Eubel «Usque ad annum 27 in administratione, dein in episcopum. Qui 17 sept. 1456 a Calixto III, avunculo suo, promotus in S.R.E. cardinalem, retinet ecclesiam Segobricensem»[1]. Continuó como obispo de Segorbe hasta el 7 de octubre de 1459, fecha en la que fue trasladado a la diócesis de Lérida. La noticia del nombramiento llegó a Lérida el 9 de octubre de 1460, pero él no tomó posesión de la diócesis hasta el 23 de febrero del año siguiente, posesión que tomó por su procurador Juan de Alcañiz. Tardó hasta el año 1464 en ir a Lérida, donde el 20 de julio hizo el juramento de guardar las constituciones de esta iglesia. Estuvo de obispo en la diócesis de Lérida durante casi cincuenta años, aunque residió en Lérida mucho menos tiempo porque pasaba largas temporadas en su tierra de Albaida (Valencia), ya que las templadas auras mediterráneas le resultaban más gratas que los gélidos vientos pirenaicos. Renunció al obispado en 1510, antes del 9 de diciembre, fecha del nombramiento de su sucesor[2]. Parece que el gobierno de la diócesis estuvo encomendado a sus vicarios, y «para ejercer los pontificales y con cargo y autoridad de visitador tenía aquí a su obispo auxiliar Vicente Trilles, obispo Hieropolitano», y en el año 1500 aparece como su vicario general Pedro Stornell, *Episcopus Civi-*

---

[1] C. Eubel, *Hierarchia catholica* II.234 nota 3; y en la pág. 12 figura su nombramiento de cardenal por Calixto III. En cuanto a la edad de 30 años requerida para el episcopado, vid. X 1.6.7 y lugares paralelos.
[2] C. Eubel, *Hierarchia catholica* II.12, 167, 234; Íd., 3.212; J. Villanueva, *Viage literario* XVII.43-48; P. L. Lloréns, «Segorbe, diócesis de», en: DHEE 4.2392 (donde está equivocada la fecha de su nombramiento para el obispado de Segorbe); P. Sánchez, «Lérida, diócesis de», en: DHEE 2.1294; L. Ruiz Fidalgo, «Obispos españoles», en: DHEE, Suplemento 1.544; P. Madoz, *Dicccionario geográfico-estadístico-histórico de España y sus posesiones de ultramar* X (Madrid 1847) 259 llama Luis Juan del Asilla a este obispo.

---

5 cum] quod L, quae V

tatensis, según noticias que cuenta Villanueva[3]. De su tiempo es la edición de un misal y de un ritual para la diócesis de Lérida[4].

Todo lo que sabemos de su sínodo de 1494 es lo que nos cuenta J. Villanueva, que dice: «convocó sínodo para Aspa para el día 8 de noviembre de 1494 *propter pestem* en Lérida. Pero, a petición del Capítulo, fue trasladado a Alfés, lugar pequeño, para el 20 de los mismos. Queda un trozo de actas incompleto en la curia eclesiástica, y por desgracia no contienen constitución alguna, sino querellas y sentencias, algunas de ellas sobre la conducta del auxiliar Trilles en las visitas de la diócesis»[5].

18. Sínodo de Martín Juan de Alcoleia, vicario del obispo Luis Juan del Milá, abril de 1500

En el sínodo anterior ya dijimos que el gobierno de la diócesis de Lérida durante el largo pontificado del obispo Luis Juan del Milá o Luis del Milá y Borja solía estar encomendado a sus vicarios y procuradores. De nuevo es J. Villanueva quien nos cuenta todo y lo poco que sabemos acerca del sínodo de abril de 1500: «Otro sínodo celebró por su procurador Martín Juan de Alcoleia en el mes de abril de 1500, en el que aprobó las constituciones hechas por sus antecesores, que nombra así: Raimundum de Ciscar, Guillermum de Montecatheno et Fr. Guillermum de Agonis et Petrum Raimundum et Dom. Garciam, et Dominicum Ram, episcopos Ilerdenses»[1].

19. Sínodos de Jaime Conchillos, de 1520 y de 28 de abril de 1525

Jaime o Jacobo Conchillos parece que era religioso mercedario. El 23 de febrero de 1505 fue nombrado obispo de Gerace, actualmente Locri-Gerace, en Italia, de donde el 25 de febrero de 1509 fue trasladado a la diócesis de Catania, pasando al obispado de Lérida el 1 de octubre de 1512. Tomó posesión de la nueva diócesis de Lérida el 19 de abril de 1513 por su procurador Gonzalo de Conchillos, que era deán de Jaca y canónigo de Tarazona. Murió en Tarazona el Martes Santo, día 4 de abril de 1542[1]. Su escudo de armas aparece en el misal que en 1524 se imprimió en Zaragoza por Jorge Coci, de 1531 es la edición del breviario de Lérida editado en Lyon por Dionisio de Harsy, y también de Dionisio de Harsy y del tiempo del

---

[3] J. Villanueva, *Viage literario* XVII.44-45 y 46.

[4] A. Odriozola, *Catálogo de libros litúrgicos, españoles y portugueses, impresos en los siglos XV y XVI.* Edición preparada por J. Martín Abad y F. X. Altés i Aguiló (Pontevedra 1996) 41 (p.111) y 509 (p.373); J. Villanueva, *Viage literario* XVII.47-48; Íd., *Viage literario* XVI.96-97 (poco exacto este último).

[5] J. Villanueva, *Viage literario* XVII.45. Noticia en L. Ferrer, «Sínodo», en: DHEE 4.2491; y en P. Sánchez, «Lérida, diócesis de», en: DHEE 2.1292.

[1] J. Villanueva, *Viage literario* XVII.46-47. Noticia en L. Ferrer, «Sínodo», en: DHEE 4.2491; y en P. Sánchez, «Lérida, diócesis de», en: DHEE 2.1292.

[1] C. Eubel, *Hierarchia catholica* III.159, 209, 212; J. Villanueva, *Viage literario* XVII.49-52; P. Sánchez, «Lérida, diócesis de», en: DHEE 2.1294.

obispo Jaime de Conchillos es el *Ordinarium sacramentorum secundum ritum diocesis Ilerdensis*[2], lo cual es un buen indicador de su interés por los libros litúrgicos, además de la dotación de una cátedra de escritura en la Universidad de Lérida en 1536. De sus sínodos conocemos únicamente lo que nos cuenta J. Villanueva, que dice: «A estos cuidados pastorales debe añadirse el sínodo que convocó en 1525, para el cual el Capítulo, día 28 de abril, nombró tres procuradores, entre ellos a Don Pedro Agustín, hermano de Don Antonio Agustín. Otro (sínodo) había pensado celebrar en 1520, cuando el 18 de junio pidió al Capítulo que para su mejor gobierno mandase formar una colección de todas las constituciones sinodales anteriores, y las de la iglesia»[3].

20. Sínodos de Fernando de Loaces, de 20 de abril de 1545 en Monzón, y de 19 de enero de 1550

Fernando de Loaces nació en Orihuela, aunque sus antepasados procedían de Galicia. Su padre Rodrigo de Loaces era doctor en medicina y en 1513 aparece como médico del cabildo de Cartagena. Fernando de Loaces era clérigo de Cartagena y algunos dicen que también fue dominico[1]. El 5 de mayo de 1542 fue nombrado obispo de Elne, donde casi no le dio tiempo a resollar porque el 6 de agosto de 1543 fue trasladado a la diócesis de Lérida. El 23 de agosto de 1551 salió de Lérida para el concilio de Trento. El 28 de abril de 1553 pasó de la diócesis de Lérida al obispado de Tortosa, de Tortosa pasó al arzobispado de Tarragona el 26 de abril de 1560, donde en 1564 convocó y presidió el concilio provincial de Tarragona para la aceptación del concilio de Trento. El 15 de febrero de 1566 fue nombrado patriarca de Antioquía. Pocos años de vida le quedaban ya, pero sus andanzas no concluyeron en Tarragona, sino que el 28 de abril de 1567 fue destinado al arzobispado de Valencia, en el que sucedió a Martín Pérez de Ayala y donde falleció al poco tiempo de llegar, el 28 de febrero de 1568. Tuvo como obispo auxiliar en Lérida a Benito Sabater, obispo de Filadelfia[2].

---

[2] J. M. Sánchez, *Bibliografía aragonesa del siglo XVI*, I (Madrid 1991) 123 (p.175-176); A. Odriozola, *Catálogo de libros litúrgicos, españoles y portugueses, impresos en los siglos XV y XVI*. Edición preparada por J. Martín Abad y F. X. Altés i Aguiló (Pontevedra 1996) 42 (p.111), el misal; 225 (p.217-218), el breviario; y 510 (p.373) el Ordinario de los sacramentos; J. Villanueva, *Viage literario* XVII.50.

[3] J. Villanueva, *Viage literario* XVII.50-51. Noticia en L. Ferrer, «Sínodo», en: DHEE 4.2491.

[1] C. Eubel, *Hierarchia catholica* III.192, al reseñar su nombramiento para la diócesis de Elne dice que era «cler. Cartagin.»; y en su nombramiento para Valencia, p.325, dice que era «O. Praed.». Pueden ser verdad ambas cosas, que proceda de Cartagena y que al final de su vida profesase en la orden dominicana, porque su condición de dominico la atestiguan también otras fuentes. Pero C. Gutiérrez, *Españoles en Trento* (Valladolid 1951) 347-348 y nota 705 dice que Fernando de Loaces tenía un hermano y un sobrino, ambos de nombre Juan, que eran dominicos, pero que él no llegó a vestir el hábito dominicano. J. Villanueva, muy cuidadoso siempre con las noticias de los dominicos, nada dice de este asunto, aunque Villanueva pierde la pista de este obispo con su salida de Lérida para Trento.

[2] C. Eubel, *Hierarchia catholica* III.186, 192, 212, 308 y 325; para el patriarcado de Antioquía 3.111 y las notas 4 y 5; L. Ruiz Fidalgo, «Obispos españoles», en:

De sus sínodos en Lérida dice J. Villanueva: «En 20 de abril de 1545 celebró sínodo en Monzón», y un poco más adelante continúa: «A 19 de enero de 1550 comenzó otro sínodo, que duró tres días consecutivos, cuyas constituciones existen, como las demás de esta iglesia»[3]. La información de Villanueva, que siempre suele ser veraz, es muy importante, especialmente la que se refiere al sínodo de 1550, «cuyas constituciones (dice Villanueva) existen, como las demás de esta iglesia'. Pero Villanueva no dice expresamente en qué lugar encontró esas constituciones sinodales de 1550, ni las transcribe, como hace con otras constituciones sinodales y no sinodales de Lérida. Su expresión de que «existen, como las demás de esta iglesia» parece sugerir que Villanueva se refiere al Archivo Capitular de Lérida, que es donde se encuentran las constituciones de otros sínodos ilerdenses. Pero del Archivo Capitular de Lérida nos informaron reiterada y amablemente que allí no se encuentran constituciones algunas que correspondan a los sínodos de Fernando de Loaces, y nosotros no hemos conseguido localizar estas constituciones en otros lugares, ni realmente sabemos si en la actualidad existen en lugar alguno, como Villanueva dice que en su tiempo existían, aunque no informa del lugar concreto en el que él las encontró.

21.   Sínodo de Juan Arias, 17 de enero de 1554

Juan Arias, presbítero de Zaragoza e inquisidor en Barcelona, fue nombrado obispo de Lérida el 28 de abril de 1553, tomó posesión de la sede el 10 de junio siguiente e hizo su entrada en la diócesis el 30 de noviembre del mismo año 1553. Murió en su palacio episcopal el 13 de julio de 1554 y fue enterrado en la catedral[1]. En su breve pontificado y estando ya enfermo, tuvo tiempo para celebrar un sínodo, del cual lo único que sabemos es lo que cuenta J. Villanueva, que dice: «Tuvo sínodo a 17 del mismo mes (enero de 1554), habiendo hecho su convocatoria en 15 de diciembre último (en el año 1553). Por su indisposición, asistió en su lugar el arcediano mayor, y se le concedió un donativo de 50 sol.»[2]. Según amable comunicación del Archivo Capitular de Lérida, no se conserva allí documentación alguna de este sínodo.

DHEE, Suplemento 1.541, que también dice que era dominico, igual que algunos episcopologios de Valencia; J. VILLANUEVA, *Viage literario* XVII.53-54; P. SÁNCHEZ, «Lérida, diócesis de», en: DHEE 2.1294. Para el concilio de Tarragona de 1564 que presidió Fernando Loaces, ver Tejada y Ramiro 6.119-122. Para su estancia en Trento ver el ya citado C. GUTIÉRREZ, *Españoles en Trento* (Valladolid 1951) 342-350, con aquilatados datos, como siempre.
[3] J. VILLANUEVA, *Viage literario* XVII.53. Noticia en L. FERRER, «Sínodo», en: DHEE 4.2491.
[1] C. EUBEL, *Hierarchia catholica* III.212; J. VILLANUEVA, *Viage literario* XVII.54-56; P. SÁNCHEZ, «Lérida, diócesis de», en: DHEE 2.1294, quien dice que «asistió al concilio de Trento», pero no aparece mencionado en C. GUTIÉRREZ, *Españoles en Trento* (Valladolid 1951) y quizá esta noticia que trae P. Sánchez de que Juan Arias asistió al concilio de Trento debía haberla indicado para su predecesor Fernando de Loaces, quien ciertamente asistió al Concilio.
[2] J. VILLANUEVA, *Viage literario* XVII.54. No menciona este sínodo L. Ferrer en su reiteradamente citado estudio.

22. Sínodo de Miguel Despuig o de Puig, 1557

Miguel Despuig o de Puig (Puch o Podio), catalán de nacimiento, doctor in utroque iure, fue abad comendatario de Serratex (1535-1541) y era canónigo de Barcelona cuando el 8 de junio de 1545, a presentación regia, fue nombrado obispo de Elne. Por designación regia, el 14 de noviembre de 1548 se le encargó la reforma de los tribunales del reino de Valencia. Del primero de septiembre de 1551 al 28 de abril de 1552 asistió al concilio de Trento. El 22 de octubre de 1552 pasó al obispado de Urgell, de donde el 13 de abril de 1556 fue trasladado a la diócesis de Lérida. Falleció de un ataque de apoplejía a las diez de la noche del 21 de noviembre de 1559 en el palacio episcopal de Lérida. Según cuenta J. Villanueva, poco antes de morir, en el año 1559 había fundado un pequeño colegio con el título de la Concepción, para doce estudiantes pobres, tres de la diócesis de Lérida, tres de la de Barcelona, tres de la de Urgell, dos de la de Elne, y uno de su parentela, y añade Villanueva que «las constituciones que he visto manuscritas en la biblioteca del Cármen Calzado de Barcelona, al paso que descubren su celo ilustrado con la ciencia, muestran que su establecimiento es el más análogo que puede hallarse a los seminarios Tridentinos»[1]. De su sínodo tenemos únicamente las noticias que cuenta Villanueva, que dice: «Además del sínodo que celebró en 1557, publicó acaso en el mismo ciertas constituciones sobre la reforma de la vida clerical y culto divino; las cuales intituló *praecepta spiritualia*, que he visto y extractado para los ritos»[2]. Como en los casos precedentes, lamentamos tener que consignar que no hemos localizado el texto de este sínodo, si es que realmente existe, pues no se encuentra en el Archivo Capitular de Lérida, según amable comunicación, ni tampoco en otros archivos catalanes que hemos podido consultar.

23. Sínodo Pedro Agustín, obispo de Huesca, delegado de Antonio Agustín para el sínodo de 7 de abril de 1562

Antonio Agustín, celebérrimo personaje, nació en Zaragoza el 26 de febrero de 1517. Fue «canonista y a la vez jurista y humanista, teólogo, arqueólogo, numismático y epigrafista. Por la amplitud de sus conocimientos y sus relaciones con sabios de otros pueblos es una de las figuras más universales de nuestra cultura y de la Europa de su siglo»[1]. Estudió en Alcalá, Salamanca, Padua y Bolonia, donde fue colegial de San Clemente. Sus investigaciones históricas acerca del derecho

---

[1] J. VILLANUEVA, *Viage literario* XVII.56-58; C. EUBEL, *Hierarchia catholica* III.192, 212, 324; L. SERDÁ, «Seo de Urgel, diócesis de», en: DHEE 4.2432; P. SÁNCHEZ, «Lérida, diócesis de», en: DHEE 2.1294; C. GUTIÉRREZ, *Españoles en Tento* (Valladolid 1951) 872-874.

[2] J. VILLANUEVA, *Viage literario* XVII.57. *Episcopologi,* 76, que cita los *Praecepta spiritualia.* También menciona la celebración de este sínodo L. FERRER, «Sínodo», en: DHEE 4.2491, e igualmente lo cita C. Gutiérrez, p.874, nota 1508, pero dependiendo de lo que cuenta Villanueva y sin ulterior información.

[1] C. GUTIÉRREZ, «Agustín, Antonio», en: DHEE 1.16-17, con una sucinta biografía de este eminente personaje, destacado por la amplitud y la profundidad de sus conocimientos y por su celo pastoral como obispo; el mismo, *Españoles en Trento* (Valladolid 1951) 92-125, con una más amplia y muy documentada exposición. Acerca de su hermano Pedro, obispo de Huesca, que presidió el sínodo y

civil y canónico todavía son hoy valiosas. El 15 de diciembre de 1557 fue nombrado obispo de Alife (Italia), de donde el 8 de agosto de 1561 pasó a la diócesis de Lérida, de la que tomó posesión el 13 de octubre de 1561, y el 17 de diciembre de 1576 fue nombrado arzobispo de Tarragona, donde murió el 31 de mayo de 1586. Fue también auditor de la Rota y embajador. Tuvo notable intervención en el concilio de Trento. Terminado ya el concilio se incorporó a la diócesis de Lérida a finales de Marzo de 1564[2]. No pudo, pues, presidir en Lérida personalmente los sínodos anteriores a la clausura del concilio de Trento, pero lo hizo mediante procurador, que en el sínodo de 1562 lo fue su hermano mayor Pedro Agustín, obispo de Huesca.

Las noticias que tenemos acerca del sínodo de Lérida de 1562 son las que se encuentran en J. Villanueva, quien dice que «lo primero, pues, que ocurre en los registros de *Actas capitulares* después de su posesión (13-X-1561, en que Antonio Agustín tomó posesión de la diócesis) es que el día 23 de febrero de 1562 el citado José Monsuar, vicario general y procurador del obispo, pidió en nombre de él *consilio* al Capítulo para congregar sínodo en la catedral en la próxima dominica de *Quasi modo* (que en el año 1562 fue el 5 de abril). A 28 de marzo siguiente, prosigue Villanueva, nombró el Capítulo cuatro canónigos síndicos para el sínodo. Mas el día 4 de abril se acordó que si el Obispo celebraba el sínodo asistiesen a él los cuatro canónigos nombrados, que también habían asistido el Sábado Santo; pero si lo celebraba el canónigo Moliner solo asistiesen dos. Este modo de hablar indica que se hallaba aquí nuestro Obispo. Mas es indudable que se hallaba ausente y residiendo en el concilio de Trento, y entendiendo en varios negocios del servicio del Rey. Y temiendo el Capítulo de esta iglesia que por esta razón debía ser muy larga la ausencia del nuevo Prelado, tenía ya pedido al Rey con fecha del 29 de octubre de 1561 que supliese su falta y visitase esta iglesia y diócesis su hermano Don Pedro Agustín, Obispo de Huesca, que podía hacerlo cómodamente por la inmediación de las diócesis (...). Es indudable que el Rey accedió a la petición, pues consta que dicho Obispo de Huesca presidió el sínodo de 1562. *Die septima aprilis* (dicen las *Actas capitulares* de esta iglesia) *M.D.LXII. dominus Episcopus Oscensis praesentavit ipsis potestatem suam ad celebrandum synodum, qui iuravit, etc.*»[3]. En cuanto a lo tratado y resuelto en el sínodo, únicamente sabemos que se trató de la concesión de un subsidio caritativo al obispo para asistir al concilio.

---

que participó en las tres etapas del concilio de Trento, ver las páginas 900-911 de la misma obra de C. Gutiérrez.

[2] C. EUBEL, *Hierarchia catholica* III.104 y la nota 10, 212 y la nota 8, 308-309; J. VILLANUEVA, *Viage literario* XVII.58-73.

[3] J. VILLANUEVA, *Viage literario* XVII.60-61 y 62. La concesión de un subsidio caritativo a los obispos para asistir al concilio de Trento fue algo habitual en las diócesis españolas y en este mismo volumen se puede ver el sínodo de Urgell de 1545 que está dedicado íntegra y exclusivamente a este asunto. Menciona también Villanueva (p.62-65) un breve catecismo o algo similar que parece que se presentó al sínodo de 1563, y alude al sínodo que Antonio Agustín pensaba celebrar y celebró el 31 de diciembre de 1564, que le ocasionó graves enfrentamientos con el cabildo. Menciona igualmente Villanueva el sínodo de 1569 y del año 1573 dice: «En este mismo año 1573 hay indicios de haberse celebrado otro sínodo; mas ni de él ni de los anteriores nos queda constitución alguna» (p.68-71).

SEGORBE-ALBARRACÍN

Los orígenes del obispado de Albarracín se remontan al año 1172. El 18 de marzo de 1258 se unieron las diócesis de Albarracín y Segorbe, unión que perduró hasta el 21 de julio de 1577, como diócesis de Seborge-Albarracín, sufragánea de Zaragoza. Por lo cual, los sínodos que se celebraron en Albarracín y Segorbe en la época a la que se refiere el *Synodicon hispanum*, es decir desde el concilio IV de Letrán (1215) hasta la clausura del concilio de Trento (1563), se refieren por igual a ambas iglesias, regidas entonces por un solo obispo. En la actualidad Segorbe-Castellón de la Plana forman una diócesis y otra diócesis distinta es Teruel-Albarracín[1]. Tradición manuscrita y editorial:

G = Segorbe, Archivo de la Catedral, MS 10, fol. 1r-47v y 113r-117r. Contiene el sínodo de Segorbe-Albarracín de 1320 en los fol. 1r-12r, en los fol. 12v-17v está cl sínodo de 1323, el sínodo de 1358 en los fol. 19r-21r, y los fol. 27v-47v contienen el sínodo 1367, con el sínodo de 1531 en los fol. 113r-117r.

H = Segorbe, Archivo de la Catedral, MS 2 fol.169r-174v, en los que se encuentra el sínodo de Segorbe-Albarracín de 1531.

I = Vitoria, Biblioteca del Seminario, MS 1 fol.1r-59v; I[1] (añadiduras de otra mano en los márgenes de I) e I[2] (añadiduras de otra mano en los márgenes de I, con la indicación de: *al. cod.* Estas añadiduras de otro u otros códices en I[2] suelen coincidir con el texto de G); J. Zunzunegui, Los sínodos diocesanos de Segorbe y Albarracín celebrados por fray Sancho Dull (1319-1356), en *Scriptorium Victoriense* 1 [1954] 147-165, que transcribe el códice. Este códice de la Biblioteca del Seminario de Vitoria, con nuestra sigla I, el es el mejor testigo para los sínodos de Segorbe-Albarracín. En los fol. 1r-10r contiene el sínodo de 1320, en los fol.10r-14r el siguiente sínodo del año 1323, el sínodo de 1358 ocupa los fol. 43r-44r, los fol. 25r-42v contienen el sínodo de 1367, en el fol. 53rv está el sínodo

---

[1] D. MONTOLÍO TORÁN - P. SABORIT BADENES, «La iglesia de Segorbe-Castellón», en: *Historia de las diócesis españolas* 6.475-511; J. BLASCO AGUILAR, *Historia y derecho en la catedral de Segorbe* (Valencia 1973), con una excelente y muy clara exposición; J. VILLANUEVA, *Viage literario* III.3-12, 33, 85, especialmente 115-22, en las pp.235-237 publica la bula de Alejandro IV de 18 de marzo de 1258, uniendo Segorbe y Albarracín, y en 247-255 la bula de Gregorio XIII, de 21 de julio de 1577 con la división; D. MANSILLA REOYO, *Geografía eclesiástica de España. Estudio histórico-geográfico de las diócesis* 2.179, 323 y 388-397; M. ALMAGRO BASCH, «Albarracín, diócesis de», en: DHEE, Suplemento 1.14-19; P. L. LLORÉNS, «Segorbe-Castellón, diócesis de», en: DHEE 4.2389-2393; F. J. RIVERA RECIO, «La erección del obispado de Albarracín», en: *Hispania* 14 (1954) 27-52; *Noticias de Segorbe y de su obispado, por un sacerdote de la diócesis* I-II (Segorbe 1890 = Segorbe 1983) 994 p. y 10 hojas de índices; P. MADOZ, *Diccionario geográfico* 1.293-304; 14.64-75.

de 1417, al que siguen el sínodo 1428 en los fol. 54v-58r, y el sínodo de 1485 en los fol. 58v-59v.

1. Sínodo de Sancho Dull, Albarracín, 13 abril 1320

Sancho Dull era un religioso carmelita navarro que residía en Aviñón cuando en 1319 fue nombrado para la sede de Segorbe-Albarracín. Para atender a diversos pleitos de su diócesis residió bastante tiempo en Aviñón, donde falleció en 1356. Celebró los dos primeros sínodos de esta diócesis, uno en Albarracín y otro en Segorbe. Como religioso que era, muestra especial afecto por los religiosos carmelitas, dominicos y franciscanos en el sínodo de 1323.[13], concediendoles facultades inusuales[1].

Tradición manuscrita y editorial: I fol. 1r-10r (texto base); I[1] y I[2] (notas marginales de algún usuario o usuarios de I; diferenciamos I[1] del I[2] porque en el que llamamos I[2] se indica que las variantes textuales que anota proceden de *alii codices,* y estas variantes de *alii codices* suelen coincidir con el texto de G); G fol.1r-12v; J. Zunzunegui, pp.149-160 (que transcribe el texto de I, indicando en nota las variantes de I[1] y de I[2]).

[1]   *<Inscriptio>*

Incipiunt constitutiones synodales domini fratris Sancii Dul, episcopi Segobricensis et Sancte Marie de Albarrazino

[2]   *<Proemium episcopi>*

Anno Domini m.ccc.xx., die dominica, que intitulabatur 'Ego sum pastor bonus', idibus aprilis, nos frater Sancius, Dei permissione episcopus Segobricensis et Sancte Marie de Albarrazino, apud
5   sedem nostram ciuitatis Sancte Marie de Albarrazino predicte gene-

---

[1] C. Eubel, *Hierarchia catholica* I.443; P. L. Lloréns, «Segorbe-Castellón, diócesis de», en: DHEE 4.2392; J. Zunzunegui, «Los sínodos diocesanos de Segorbe y Albarracín celebrados por fray Sancho Dull (1319-1356)», en: *Scriptorium Victoriense* 1 (1954) 147-165; J. Villanueva, *Viage literario* III.65-67 y 115-119 con un breve resumen de algunas constituciones del sínodo; D. Montolío Torán - P. Saborit Badenes, «La iglesia de Segorbe-Castellón», en: *Historia de las diócesis españolas* 6.493, 497-500, 614; *Noticias de Segorbe y de su obispado* 127 (p.110-111), donde se menciona este sínodo y el de 1323, con un breve resumen de las constituciones de 1320.

Inscrip. 1 Inscriptio *om.*IG   2-3 Incipiunt — Albarrazino I[1]G: *om.*I
Pr. 1 Proemium episcopi *om.*IG   2 intitulabatur] dominica *ad.*G
2-3 Ego — bonus I[1]G: *om.*I   4-5 de Albarrazino — Albarrazino *om.*G
(homograf.)

ralem synodum celebrantes, ad honorem Domini nostri Iesu Christi, et ecclesie Segobricensis et Sancte Marie de Albarrazino, sponse nostre, utilitati propensius intendentes, cum sociis et canonicis nostris tractatu diligenti habito, clericorum nostri episcopatus synodo
10 specialiter congregata, constitutiones, ordinationes, prohibitiones secundum canonum instituta, prout saluti animarum et bonis moribus clericorum <conueniunt>, fecimus, ut sequitur, annotari.

[3] 1. *De synodis annuatim celebrandis*

In primis, statuimus ut episcopalis synodus secunda dominica post Pascha, uidelicet qua legitur euangelium 'Ego sum pastor bonus', annis singulis celebretur in ciuitate Sancte Marie de Alba-
5 rrazino, nisi aliter per nostras litteras duxerimus ordinandum. Ad quam diem omnes clerici beneficiati uenire teneantur, etiam non uocati, preter illos qui in ecclesiis de speciali licentia sui maioris remanserint pro officiandis ecclesiis et sacramentis ecclesiasticis ministrandis. Non uenientes ac etiam de synodo sine speciali epis-
10 copi licentia ante finem synodi recedentes, tamquam inobedientes ad eius arbitrium puniantur. Venientes ad synodum in synodo non resideant absque superpelliciis[1]. [4] Quilibet etiam rector uel uicarius ad synodum ueniens constitutiones nostras afferre secum nulla ratione postponat.

[5] 2. *De etate et qualitate <preficiendorum>*

Statuimus quod quicumque nostre diocesis ad titulum patrimonii sui desiderauerit ad ordines promoueri, in instrumento ipsius tituli ponantur et specificentur possessiones et ualores ipsarum
5 et quantum possunt annuatim ualere reditus earumdem, ut possit euidenter cognosci si ex reditibus dictarum possessionum promouendus ualeat congruam sustentationem habere. Volumus insuper quod omnes promouendi litteram testimonialem sui rectoris uel uicarii exhibeant episcopo uel archidiacono, continentem uitam
10 et conuersationem eorumdem et quod illorum instrumentum, qui

---

[1] **c.1** D.18 c.16-17; X 1.33.9; X 5.33.17; Conc.4 Lat.1215 c.6 (X 5.1.25); Conc. legat.Valladolid 1228 1.2-5 (TR 3.325); Conc.legat.Valladolid 1322 c.1 (TR 3.479-80); 1 Partida 5.16; 1 Partida 12.2.

8-9 canonicis nostris sociis G   9 habito] et *ad*.G   clerici G   synodo]
in *antep*.G   10 prohibitiones] et precepta *ad*.G   12 conueniunt *om*.IG
fecimus] nouimus facilius *(texto corrupto)* G
c.1 2 episcopalis] specialis G   4 ciuitate *om*.G   11 eius] nostri G
c.2 1 De etate et qualitate] De ordinandis G   preficiendorum *om*.IG
3 sui I[2]G: *om*.I I[1]   5 possunt] possint G   earumdem] terrarum G

ad titulum patrimonii promoueri desiderant, non est in fraudem confectum. Necnon ipsa littera testimonialis contineat ualorum possessionum predictarum et reditus earumdem, et quod sunt ex legitimo matrimonio procreati. Alioquin decernimus nullum talem
15 ad ordines ecclesiasticos presentandum nec etiam admittendum[1].

[6]   3.   *De filiis clericorum*

Quia sepe ex eo quod filii sacerdotum, qui ex damnato sunt coitu procreati, propriis patribus in diuinis officiis assistunt, quos ad ordines et beneficia ecclesiastica sacri canones interdicunt admitti,
5 honestas Ecclesie difformatur. Idcirco nos frater Sancius, episcopus supra dictus, in presenti constitutione duximus statuendum quod nullus clericus, in quouis ordine constitutus seu etiam dignitate, filium proprium ex damnato coitu intra ecclesiam scienter ad altaris seruitium recipiat, nec ad assistendum seu sibi seruiendum in ec-
10 clesia dum ibidem diuina officia celebrantur. Qui uero contrarium fecerit ab offcio suspendatur[1].

[7]   4.   *De eodem*

Precipimus ut nullus illegitime natus ad primam tonsuram uel quoslibet ecclesiasticos ordines uel beneficia se ingerat seu presentet uel presentari faciat absque legitima dispensatione. Qui uero contra-
5 rium fecerit et qui talem scienter presentauerit, preter penam iuris, ipsum excommunicationis uinculo innodamus. Illegitimi quoque beneficia ecclesiastica absque sufficienti dispensatione obtinentes, eo ipso ipsis beneficiis nouerint se priuatos[1].

[8]   5.   *De uita et honestate clericorum*

Statuimus ut quicumque clericus publice luxerit ad taxillos in pecunia sicca, et qui arma portauerit per uillam, nisi ad usum scin-

---

[1]   **c.2** D.61 c.2-3, 5; D.63 c.8; C.1 q.1 c.115-117, 119-120; C.8 q.1 c.15; X 1.6.7; X 1.12 un.; X 1.14.1-15; X 3.5.2, 4, 23; In VI 1.9.4.
[1]   **c.3** X 1,17.3, 15.
[1]   **c.4** X 1.17.1, 12, 14.

---

11 fraude G
c.3 1 clericorum] presbyterorum I²G   6 in *om.*G   8 intra] infra IG   9 ad *om.*G   10 officia *interl.*G
c.4 3 ingerat] iungeat G   4 legitima] licentia seu I²G (seu *interl.*G)   dispen- satione] presentatione I²   7 ecclesiastica] sit *ad.*G   sufficientia dispensationis obtineant G
c.5 1 et *interl.*I

dendi panem et carnes, et qui in taberna biberit, preterquam in
5 itinere constitutus, pena uiginti solidorum pro qualibet uice, nobis
applicandorum, sine remedio puniatur[1].

[9] 6. *De cohabitatione clericorum et mulierum*

Licet constitutio sacri concilii Cesaraugustani, penas adiciendo,
prohibeat clericis tenere concubinas, quia tamen in eiusdem sacri
concilii obseruatione multi sunt negligentes, statuimus quod, ultra
5 penas ibidem positas, clericus qui inuentus fuerit publice concubinarius, per spatium quadraginta dierum carceri mancipetur[1].

[10] 7. *De clericis non residentibus*

Item, mandamus rectoribus et uicariis ecclesiarum nostre diocesis quod faciant residentiam personalem in ecclesiis suis, et, postquam infra annum se fecerint promoueri ad ordinem quem onus ip-
5 sius beneficii requirit, in eodem ordine deseruiant in ipso beneficio,
iuxta constitutionem concilii generalis. Alioquin dicta sua ecclesia

---

[1] **c.5** D.4 c.6 § 4; D.25 pc.3 § 6; D.35.1-9; D.44 ac.1, c.2-4, 7; C.15 q.1 c.7-9;
C.23 q.1 c.1-6; X3.1.2; Conc.4 Lat.1215 c.15-16 (X 3.1.14-15); X 3.50.1; Conc.
legat.Valladolid 1228 c.5 (TR 3.326); Conc.legat.Lérida 1229 c.9 (TR 3.333); 1
Partida 5.36, 57; 1 Partida 6.34

[1] **c.6** Pedro de Luna, primer arzobispo de Zaragoza, celebró el primer concilio provincial en 1318-1319 (TR 3.477; Sáenz de Aguirre 5.241), pero ni Tejada ni Sáenz
de Aguirre publican sus actas, sino que dicen que el concilio únicamente publicó
la bula de erección de Zaragoza en metropolitana. Pero ciertamente que el concilio
publicó algunas constituciones: F. R. Aznar Gil, *Concilios provinciales y sínodos de
Zaragoza*, 34 dice que la ed. de *Constitutiones synodales archiepiscopatus Cesaraugustani* de 1500 «contiene cánones de concilios provinciales y sínodos celebrados entre
1319 y 1495». La constitución provincial zaragozana aquí aludida se encuentra en
fol.19r de la edición zaragozana de 1500 con la compilación de concilios y sínodos
de Zaragoza de 1498, que es el [113] de nuestra edición que tenemos el proyecto de
hacer de ese texto. Se encuentra también esta constitución provincial zaragozana en
el fol.4r de la ed. de Pamplona de 7 agosto 1501 (Norton, *A descriptive catalogue*,
443) que contiene sínodos de Pamplona y que comienza con las constituciones
provinciales de Zaragoza. Una buena descripción de este impreso de Pamplona por
Arnaldo Guillén de Brocar en 1501 se puede ver en SH VIII.368-369, al tratar de
los sínodos de Pamplona, donde se menciona expresamente el concilio provincial
de Zaragoza de 1318, que edita en los fol. 2ra-11va de la primera foliación. Hay
una reproducción de este impreso de Pamplona de 1501 en la Colección Sinodal
de la Universidad Pontificia de Salamanca y otra igual en el Instituto Teológico
Compostelano.

---

c.6 1 De — mulierum *om.*G *(una sola constit. con la anterior)*   2 Licet] et
*antep.*G   6 carceri *om.*G
c.7 5 in ipso] ipsi I²G

sit ipso iure priuatus, et alii eadem ecclesia libere conferatur, nisi de
nostra licentia absentes fuerint uel in nostris assistant seruitiis[1].

[11]   8.   *De eodem*

Item, statuimus quod quilibet presbyter capellaniam perpetuam
uel annalem obtinens teneatur sequi chorum ecclesie cathedralis uel
illius loci in quo celebrat, et ibidem intersit Horis canonicis noctur-
5   nis pariter et diurnis. Qui Horis predictis interesse contempserit,
nisi rationabiliter excusetur, pro qualibet Hora omissa pena duorum
denariorum, fabrice ecclesie applicandorum, sine remedio puniatur. [12] Volumus insuper quod omnes clerici in choro et processionibus utantur superpelliciis et birreto, sic quod caputium supra
10 capite non teneant, cum id sit honestati contrarium. Contrarium
faciens, pro qualibet uice pena duorum denariorum puniatur, applicandorum operi predicto. Salua tamen constitutione sacri concilii
Cesaraugustani de capis nigris deferendis certis temporibus[1], cui per
presentem constitutionem non intendimus in aliquo derogare.

[13]   9.   *De clericis peregrinis*

Cum legitime sanctiones prohibeant clericum aliene diocesis
admitti ad suorum ordinum exsecutionem absque litteris dimissoriis seu commendatiis sui prelati, de quibus ad nostrum pertinet
5   officium iudicare. Quia tamen relatione aliquorum intelleximus
nonnullos nostre diocesis per simplicitatem temere recipere tales
clericos in ecclesiis sibi commissis sine nostra conscientia, quod de
cetero fieri prohibemus, nisi duobus uel tribus diebus in peregrina-
tione ac necessitate constitutos, ostensis tamen litteris dimissoriis
10 sui prelati, uel notus sit recipienti, sic quod de eius promotione non
habeat conscientiam scrupulosam. Statuentes quod nullus clericus

---

[1] **c.7** C.7 q.1 c.19, 23-24, 26, 29; X 1.14.4; X 1.28.6; X 2.28.28; X 3.4.4-17;
Conc.3 Lat.1179 c.13 (X 3.4.3); Conc.4 Lat.1215 c.32 (X 3.5.30); Conc.2
Lugd.1274 c.13 (In VI 1.6.14); Conc.legat.Valladolid 1228 8.2 (TR 3.327);
Conc.legat.Valladolid 1322 c.8 (TR 3.486); 1 Partida 16.16-17.
[1] **c.8** Conc.prov.Zaragoza 1318-1319, ed. Sínodos de Pamplona fol.3v (ver la nota
a c.6).

---

8 in *om.*G
c.8 1 De eodem *om.*G *(una sola constit. con la anterior)*   2 statuimus]
constituimus G   3 uel[2] *om.*G   4 quo] qua I   4-5 celebrat — diurnis]
celebrauerit in diuinis G   5 diurnis] diuinis *mal* I   Qui] uero *ad.*G   9-10 supra capite] super caput I[2]G   10 cum id — contrarium] tamen id sit inhonestum G
c.9 1 De — peregrinis] De hordinandis G   3-4 dimissoriis] dimissoris *mal* I
4 commendatitiis] commendatariis I[2]G   ad nostrum *om.*G   6 temere] non
desistant *ad.*I[2]G   8 fieri *om.*G   9 dimissoris IG

aliene diocesis absque nostris litteris et licentia speciali recipiatur ad suorum ordinum exsecutionem, nec receptus absque nostris litteris tolleretur. Contrarium uero facientes penam centum solidorum in-
15 currant[1].

[14] 10. *De prebendis et dignitatibus*

Cum ad episcopi officium et nulli alii de iure in sua diocesi pertineat curam committere animarum, idcirco presenti prohibemus edicto ne aliquis prior, archidiaconus seu quiuis alius prelatus,
5 rector uel uicarius possit alicui sacerdoti infra ciuitatem et diocesim nostram, sine nostra licentia speciali, curam committere animarum. Quod si quis contrarium fecerit, quod factum fuerit non ualeat, nec ille, cui per tales contra prohibitionem presentem animarum cura taliter commissa fuerit, ualeat aliquem absoluere uel ligare, nisi
10 necessitate cogente, qua cessante cesset commissio et facultas. Et uolumus quod recipiens et committens arbitrio nostro puniantur[1].

[15] 11. *De testamentis*

Cum nichil sit quod magis debeatur hominibus quam quod eorum supreme et pie uoluntatis eulogia impleantur, statuimus atque ordinamus quod quandocumque aliquem in parochia cuiusquam
5 rectoris uel uicarii testamentum uel quamlibet ultimam uoluntatem ordinare uel disponere contigerit, post mortem testatoris per eiusdem parochie rectorem uel uicarium moneantur heredes uel heres, uel ipsius ultime uoluntatis exsecutor seu exsecutores, uel ille seu illi penes quem uel quos scriptura huius ultime uoluntatis fuerit,
10 ut ipsam infra quadraginta dies, a tempore obitus testatoris computandos, nobis uel officiali nostro apertam uel aperiendam exhibeant, ne helemosine seu legata ad pias causas remaneant insoluta et ut pia ultima uoluntas debitum sortiatur effectum. Quod si infra quadraginta dies predictos exhibita non fuerit, infra uiginti dies,
15 post dictos quadraginta immediate sequentes, id nobis uel officiali

---

[1] **c.9** D.71 c.6-9; C.19 q.2 c.2; De cons.D.2 c.23 § 2; De cons. D.5 c.37; X 1.22.3; X 3.4.5.
[1] **c.10** C.7 q.1 c.37; C.10 q.1 c.3-4; C.16 q.7 c.11-12, 16-20; X 1.9.4; X 2.25.6; X 3.7.3, 6; Conc.prov.Zaragoza 1318-1319, ed. Pamplona fol.4v.

---

13 exsecutiones I
c.10 1 De — dignitatibus] De commissione cure animarum I²G   3 curam
animarum committere *tr.*I¹   idcirco] pro *ad.*I¹G   4 edicto *om.*G   6 curam
*interl.*I   8-9 nec ille — ualeat *om.*G *(homograf.)*   8 nec] uel I
c.11 3 et *interl.*I   uoluntates I^{pc}   5 quamlibet] qui talem G   7 mo-
neantur] moueantur I   8-9 uel — illi] seu alii G   10 infra *om.*G

nostro notificet rector uel uicarius loci, ut eadem defuncti dispositio modo debito requiratur et detentores ipsius tamquam suppressores eiusdem scripture uel dispositionis, si necesse fuerit, pena debita puniantur. Exsecutores uero qui infra annum, a die mortis testatoris 20 computandum, uoluntatem ipsius non impleuerint, bonis exstantibus, excommunicationis sententiam incurrant[1].

[16] 12. *De sepulturis*

Cum sacri canones precipiant neminem intra ecclesiam sepeliri, nisi sit episcopus uel abbas aut dignissimus presbyter, in nostra diocesi, ut experimento didicimus, praua consuetudo ualde inoleuit: 5 corpora defunctorum indistincte intra ecclesias sepeliri. Interdicimus omnibus prelatis, rectoribus et uicariis ciuitatis et diocesis Segobricensis et Sancte Marie de Albarrazino ne aliquem sepeliant uel permittant intra ecclesias suas sepeliri, nisi persone fuerint superius nominate uel de licentia nostra speciali idem faciant. Alio- 10 quin contra facientes, si clericus fuerit, ab officio et beneficio sit suspensus, laici uero qui uiolenter sepelierint uel sepeliri fecerint intra ecclesiam predictam corpora defunctorum sint excommunicati, et tamdiu cessent ecclesie a diuinis donec de uiolentia et iniuria competenter fuerit ecclesie satisfactum[1].

[17] 13. *De parochiis et alienis parochianis*

Nullus presbyter copulet matrimonialiter alienos parochianos sine prelati, rectoris uel uicarii sui licentia, et presentibus tribus uel quatuor personis idoneis atque notis de eorum parochia qui uo- 5 luerint matrimonialiter copulari. Nec ante solis ortum celebret eis missam, nec in ecclesiis solitariis missa talibus celebretur. Qui uero contrarium fecerit ab officio et beneficio per annum sit suspensus[1].

---

[1] **c.11** X 3.26.3, 6, 17, 19; Clem.3.6 un.; Nov.131.10; 1 Partida 19.7; 6 Partida 10.6-8.
[1] **c.12** C.13 q.2 c.13-18; X 5.3.8-9, 29, 42; 1 Partida 13.11.
[1] **c.13** X 3.29.1-5; X 4.1.27; X 4.3.3; 4 Partida 3.1-5.

---

16 eadem] eiusdem G   17 ipsius] ipsi IG   19 puniantur] De eodem *ad.*G 21 incurrant] Hic deficit constitutio que iam est infra a quatuor cartis Quoniam ra- tioni *ad.*I[1]; *la constit. aludida en* I[1] *es* Quoniam rationi, *el* [21] *de nuestra ed. En* G *sigue el texto* Quoniam rationi — contentus, *del* [21] *de nuestra ed., texto que continúa en* G *de la siguiente forma:* Vobis significamus quod constitutionem facimus contra illos qui scienter et ex malitia cessabant adimplere testamenta defunctorum, et non contra illos qui ex obliuione aliqua legata dimittebant soluere, et inde *(siguen dos palabras)* **c.12** 2 intra] infra IG   4 didicimus IG **c.13** 1 De — parochianis] De sponsalibus I[2]G   3 sui] sine G   5 matrimo- nialiter I[2]G: matrimonia I

[18]   14.   *De celebratione missarum*

Officii nostri debitum nos compellit ut illis operibus intendamus et <ad ea> inducamus subditos, que pietatem respiciunt et ad
salutem pertinent animarum. Statuimus igitur et ordinamus quod
5 quando Corpus Christi portabitur ad infirmos, omnes deuote flexis
genibus illud adorent. Nos autem uere penitentibus et confessis,
illud in eundo et redeundo reuerenter, deuote ac humiliter intra
ciuitatem, castrum, uillam, aldeam uel eorum suburbia associantibus, decem dies, cum uero illud de nocte ferri aut deferri contingat,
10 omnibus tunc illud cum lumine ac etiam de die extra ciuitatem, castrum uel uillam sine lumine associantibus, uiginti dies de iniunctis
sibi legitime penitentiis misericorditer relaxamus[1].

[19]   15.   *De uestimentis ad prophanos usus non concedendis*

Quoniam indecens est in sacris relinquere que dedecent in
prophanis, precipimus ut uestimenta ministrorum, cortine et omnia ornamenta ecclesie neque ad usum seu pompam nuptiarum
5 uel funerum uel festiuitatum secularium prestentur. Nec uestem
seu ornamenta uirorum uel mulierum aut equorum uel alia, que
in prophanis seu secularibus fuerint obsequiis, ad usum ponantur
altaris, nec inde sacre uestes fiant, set de pretio illorum noue uestes
emantur seu etiam ornamenta[1].

[20]   16.   *De decimis*

Item, mandamus rectoribus et uicariis nostre diocesis ut moneant et compellant parochianos suos ut de uino, blado et aliis fructibus uniuersis integre (et antequam aliqua deductio fiat expensa-
5 rum) de toto aceruo soluant ecclesiis suis decimam, et antequam
pastoribus, mancipiis, messoribus uel aliis quibuscumque personis
aliquid persoluatur[1].

---

[1] **c.14** D.93 c.18; De cons. D.2 c.29; X 3.41.10; Conc.legat.Valladolid 1228 6.2
(TR 3.326); 1 Partida 4.60-63.
[1] **c.15** De cons. D.1 c.41-43; 1 Partida 4.64.
[1] **c.16** C.16 q.1 c.55-57, 66-67; C. 16 q.2 c.2-3; C.16 q.7 c.1, 4-5; X 3.30.5-7,
14, 18, 20-26, 32-33; X 3.39.18; Conc.4 Lat.1215 c.56 (X 1.35.7); In VI 3.13.1;

c.14 1 De — missarum *om*.G, et Eucharistia *ad*.I[1], De Eucharistia et quando
datur infirmis I[2]   3 ad ea *om*.IG   8 castrum] claustrum alias caustrum
I[2], caustrum G   uillam] et *interl.ad*.G   9 de nocte ferri] deuote fieri G
c.15 1 De — concedendis I[2]: *om*.I, De vestimentis ecclesie non prestandis I[1]
concedendis] concedendum G   2 in[2] *om*.G   3-4 omnia] alia *ad*.G   6 ui-
rorum] contra priorem et beneficiatos Sancti Saluatoris *ad*.I[1]   7 prophanis]
vanis I[2]G   8 noue] alie I[2]G
c.16 2 Item] hordinamus et *ad*.G

[21] 17. *<De fructibus beneficii in morte beneficiati>*

Quoniam rationi congruit quod anima illius potiatur solatio
cuius corpus, si uiueret, potiretur, statuimus quod quicumque curatus nostre diocesis quandocumque decesserit, habeat medietatem
5 fructuum beneficii sui proximo colligendorum, in utilitatem anime
eiusdem conuertendam. Reliqua medietate successor in suo beneficio sit contentus.

[22] 18. *De ecclesiis edificandis*

Prohibemus ne deinceps quisquam ecclesias, capellas, oratoria,
hospitalia uel alia pia loca et religiosa in diocesi nostra edificet, uel
altare aliquod in illis locis erigat sine nostra licentia speciali[1]. **[23]**
5 Altaria quoque per somnia et inanes quasi reuelationes hominum
construi prohibemus, nos enim talia loca preter nostram aut predecessorum nostrorum licentiam constructa interdicto discernimus
subiacere[2]. **[24]** Altaria portatilia ita late et spatiose fiant quod calix et hostia possint tute super illos conuenienti distantia collocari.
10 Corporalia de serico siue de operibus uariatis fieri prohibemus, set
de simplici albo panno lineo solum fiant, precipientes ut munda
sint ac bene composita et plicata[3].

[25] 19. *De curatis, quod non cantent pro pecunia*

Interdicimus omnino rectoribus et uicariis aliisque curatis nostre diocesis ne quis eorum cantet seu celebret pro pecunia capellaniam perpetuam uel annalem aut tricesimum aut trentenarium,
5 cum teneantur pro parochianis suis, a quibus decimam percipiunt,

---

Clem.3.13.1; Clem.3.8.1; Clem.5.8.3; Conc.legat.Valladolid 1228 19 (TR 3.329);
Conc.legat.Valladolid 1322 c.12 (TR 3.489); Conc.prov.Zaragoza 1318-1319, ed.
en *Sínod.Pamplona* fol.5r-6r; 1 Partida 20.1-21.
[1] **c.18** C. q. 1 c.2; C.16 q.1 c.43-44; C.16 q.7 c.26-27; C.18 q.2 c.10; De cons.
D.1 c.8-10; X 3.40.8; X 5.33.14; In VI 5.7.4; 1 Partida 10.1-3, 6-12.
[2] De cons. D.1 c.25; 1 Partida 10.10.
[3] De cons. D.1 c.46 (y la Glosa Ordinaria).

---

c.17 1-7 De — contentus *om.*G, *ver aparato crítico de c.11, donde figura el texto
de* G   1 De — beneficiati *om.*I
c.18 1 De — edificandis] De edificatione ecclesiarum G   3 uel] et G   5 reue-
lationes] releuationes I   6 talia] alia G   7 constructa] contracta G   discerni-
mus] decernimus G   8 portatilia] sint *ad.*I, *texto corrupto en* G   ita — fiant]
sint ita spatiosa I[1]
c.19 1 De — pecunia] De eodem I, Quod curati non cantent sine licentia I[1], De
curatis quod non cantent trentenaria nec alia I[2]   4 aut[2]]seu G

celebrare, nisi de nostra licentia speciali. Alioquin contra faciens, per annum ipso facto ab officio sit suspensus.

[26]   20.   *De sigillis propriis habendis*

Quoniam, sicut experimento didicimus, ualde periculosum est quod rectores et uicarii nostri episcopatus sigilla non habeant, per que nobis fidem facere possint, cum suis litteris, de iniunctis eis-
5   dem per nos uel prelatos subditos nostros uel officialem nostrum. Illam consuetudinem extirpantes per quam consueuerunt in dorso citationum scribere se compleuisse mandatum, et accidebat quod damnabantur pluries homines sine culpa. Ideo hac presenti consti-tutione mandamus quod quisque rector et uicarius nostre diocesis
10   sigillum proprium habeat et quod fidem possit facere de iniunctis. Et illud in sequenti synodo secum portet et nobis ostendat. Alias quisque hoc non fccerit, quinque solidorum pena, absque ullo re-medio, puniatur[1].

[27]   21.   *De domibus seu abbatiis construendis*

Sepe contingit quod multi in dignitatibus constituti, rectores et uicarii, cum libenter suarum dignitatum et ecclesiarum fructus percipiant, paucum uel nullum eisdem procurant commodum. Et
5   ideo, huic uitio ingratitudinis occurrere intendentes, mandamus, in uirtute obedientie, quod omnes prelati subditi nostri, rectores et religiosi in nostro episcopatu habentes ecclesias, domos emant uel construant iuxta ecclesiam, que abbatie uocentur, in quibus hospi-tes recipere ualeant et congruam hospitalitatem tenere, et ad quas
10   nos conuenienter declinare possimus, et in quibus fructus nostri et eorum secure possint colligi et seruari. Et hoc faciant usque ad tem-pus proxime synodi celebrande. Alioquin ex tunc medietatem fruc-tuum eius partis, que eos contigerit, ecclesiarum que non habuerint abbatias emptas uel constructas usque ad tempus predictum, ad
15   emendum et construendum easdem singulis annis deputamus, tam-diu quousque domos habeant emptas uel constructas, mandantes

---

[1]   **c.20** 3 Partida 20.1-4.

6 faciens] facientes I¹G   7 sint suspensi I¹
c.20 1 De — habendis] Quod curati habeant propia sigilla G   2 didiscimus I
4 quem I   4-6 eisdem — extirpantes *texto corrupto en* G   8 pluries]
plures I¹   8-9 constitutione] consuetudine G   9 et] uel G   11 portent ... ostendant G
c.21 1 De — construendis] De constructione abbatie G   4 paucum] pauca I
5 intendentes] intendimus G   6 uirtute] sancte *ad.*G   quod] quatenus G
11 seruari] reseruari G

quod de illa medietate fructuum nichil percipere audeant per se uel
per alios. Quod si fecerint, uolumus ut ex tunc tamdiu cessent ipse
ecclesie a diuinis, quousque restituerint quod contra hanc nostram
20 constitutionem perceperint uel ab eisdem plene fuerit satisfactum.
Nos enim ex tunc intendimus procuratores constituere, qui de ipsis
fructibus domos emant uel construant pro ecclesiis que non habeant.

[28] 22. *De clandestina desponsatione*

Quoniam, prout experimento et relatione plurium personarum didicimus, quamplurima scandala et grauia pericula animarum peruenerunt in nostra diocesi ex sponsalibus et matrimoniis
5 clandestinis hucusque ibidem celebratis. Nos, prout est possibile,
remedium adhibere uolentes, statuimus quod nullus, siue sit clericus siue laicus siue mulier, intersit clandestinis sponsalibus, nec
aliquis predictorum desponset seu uoluntates contrahere uolentium
recipiat, nisi fuerit rector uel uicarius loci illius in quo inhabitant
10 contrahentes uel alter ipsorum. Qui uero contrarium fecerit, tam
ipse quam illi contrahentes ac alii ibidem exsistentes, eo ipso sententie excommunicationis subiaceant, a qua sine nostra licentia speciali nequeant absolutionis beneficium obtinere. [29] Nichilominus
statuentes quod presbyteri curam animarum habentes non despon-
15 sent seu uoluntates contrahere uolentium recipiant, nisi de die et
campana pulsata et multis presentibus. Omittentes uero predictam
sollemnitatem ab officio et beneficio suspendantur. Nullus etiam
sacerdos, inconsulto episcopo uel eius officiali, in casu dubio audeat
aliquos matrimonialiter copulare, si penam suspensionis ab officio
20 per triennium uoluerit euitare. Per hanc autem nostram constitutionem non intendimus in aliquo derogare omnibus aliis penis canonicis. [30] Mandamus insuper presentem constitutionem in ecclesiis
sollemniter publicari, quando diuina officia ibidem celebrabuntur,
tribus diebus dominicis et festiuis[1].

---

[1] **c.22** C.30 q.5 c.1-6, pc.9; X 4.1.27; Conc.4 Lat.1215 c.51 (X 4.3.3) 4 Partida
3.1-5.

---

17 nichil] nisi I[ac]   18 ut] quod G
c.22 1 desponsatione] desponsalium I[2]G   3 didiscimus IG   quamplurima]
plurima G   4 perueniunt G   5 celebratis] celebrantes *mal* G   6 nullis I
8 uoluntates] ueritates IG   11 ipse] ipsi IG   12 subiaceat G   15 uo-
luntates] ueritates IG   16 Omittentes] Contradicentes G   18 incon-
sultus G   dubii G   22 insuper] quod *ad.* G   24 dominicis et
om. G   festiuis] quolibet anno *ad.* I[2]G

[31] 23. *De usuris*

Cum usurarum crimen utriusque Testamenti ac iuris pagina detestetur, precipimus quod nullus clericus uel laicus nostre iurisdictionis usuras aut aliquos contractus illicitos aut in fraudem
5 usurarum simulatos exercere presumat. Qui inuentus fuerit clericus huiusmodi exercere, sortem et usuram amittat, sic quod ipsa sors operi ecclesie in qua beneficium obtinet, uel, si non est beneficiatus, ecclesie ubi celebrat uel sacramenta recipit, applicetur; laicus uero qui talia facere presumpserit amittat similiter sortem et usuram, et
10 applicetur operi ecclesie ubi parochianus exstiterit, saluis aliis penis canonicis, quibus per presentem constitutionem non intendimus in aliquo derogare[1].

[32] 24. *De eodem*

Nullus tabellio instrumenta publica faciat in quibus sciuerit uel crediderit esse usuras occultas uel manifestas. Qui uero moniti contra fecerint, excommunicentur et excommunicati publice nuntientur[1].

[33] 25. *De penitentiis et remissionibus*

Omnes curati nobis confiteantur peccata sua aut specialiter a nobis postulent et obtineant confessores, nisi in infirmitate uel necessitate fuerint constituti.

[34] 26. *De eodem*

Quoniam quod medicamenta morbis, id iura et constitutiones exhibent negotiis, idcirco, magna experientia suadente, nouis

---

[1] **c.23** D.46 c.9-10; D.47 c.1-5; C.3 q.7 c.2 § 20; C.14 q.3 c.1-4; C.14 q.4 c.1-12; Conc.2 Lat.1139 c.13 (COD 200): X 5.19.1-19; Conc.3 Lat.1179 c.25 (X 5.19.3); Conc.4 Lat.1215 c.67 (X 5.19.18); Conc.1 Lugdunense 1245 II c.1 (COD 293-95); Conc.2 Lugd. 1274 c.26-27 (In VI 5.5.1-2; Clem.2.7.1; Conc. Vien.1211-12 c.29 (Clem.5.5.un.); 1 Partida 6.58, 13.9; 4 Partida 11.31, 40; 6 Partida 15.2; 7 Partida 6.4.
[1] **c.24** Ver las fuentes de la constitución anterior.

c.23 5 simulantes I   Qui] Quod si I   clericus *om.*I   6 usuras G amittant I   8 ecclesie] in ecclesia *mal* I   9 amittet G   et[2] *om.*G   10 applicet G   11 per *om.*G   presentibus *mal* G[ac]
c.24 1 De eodem *om.*G *(que une este texto al anterior)*
c.25 1 De — remissionibus] De confessionibus curatorum I[2]G   2 a *om.*I   3-4 uel necessitate *om.*G   4 fuerint constituti I[2]G: fuerit constitutus I
c.26 1 De eodem] Quod curati teneantur scribere nomina confitentium I[2]G   2 quod *interl.*G   id] et I, in G   3 suadete G

negotiorum morbis noua <oportet> antidota preparemus. Mandamus
5　igitur omnibus rectoribus et uicariis curam animarum habentibus
uel eorum loca tenentibus, eisdem nichilominus in uirtute sancte
obedientie iniungentes, quod quilibet habeat librum, in quo scribat
nomina suorum parochianorum ultra quartumdecimum annum
uenientium ad penitentiam. Et semel in anno quilibet sibi confi-
10　teatur, uel petita licentia mittat eum ad presbyterum discretum. Et
talibus in Pascha tradat Eucharistie sacramentum, aliis non, immo
interdicat eis ingressum ecclesie et, si decesserint, non tradat tales
ecclesiastice sepulture, secundum statuta concilii generalis, nisi
de sacerdotis consilio forsitan abstinerent. Ita quod nomina con-
15　fitentium et non confitentium nobis ostendere possint. Talemque
librum faciant quod semper de anno in annum certificari possimus
qualiter in sua parochia omnes bene uiuunt. In principio autem
libri scribant: 'Anno et die tali, ego talis, rector uel uicarius talis
ecclesie, scribo nomina parochianorum nostrorum, uirorum uide-
20　licet et mulierum, a quatuordecim annis ultra, qui sunt in parochia
mea. G. R. tali loco confessus est michi et absolutus uel non est
absolutus, set consilium ei dedi'[1]. [35] Nulli religiosi ad audiendum confessiones sine litteris nostris et speciali licentia admittantur.
Qui obtenta licentia, si aliqui de parochianis ipsis eisdem religiosis
25　confessi fuerint, nomina illorum et quibus confessi fuerint in dicto
libro conscribant[2].

[36] 27. *De eodem*

Item, mandamus omnibus rectoribus et uicariis nostre diocesis
quod frequenter in ecclesiis suis admoneant parochianos suos quod
ter in anno confiteantur, et saltem semel in anno suo proprio sacer-
5　doti, et recipiant Eucharistie sacramentum.

---

[1]　**c.26** Conc.4 Lat.1215 c.21 (X 5.38.12); Conc.legat.Valladolid 1228 c.7 (TR
3.326); Conc.legat.Valladolid 1322 c.28 (TR 3 504); 1 Partida 4.34.
[2]　Conc.Vien.1311-1312 c.10 (Clem.3.7.2; Extravag.Com.3.6.2).

---

4 negotiatorum G　　　oportet *om.*IG　　　antidota] antteota I　　　preparamus
G　　　7 iniungentes *om.*G　　　8 parochianorum] uel extraneorum *ad.*G　　　ultra — annum *om.*G　　　9 quilibet *om.*G　　　9-10 confiteantur G　　　10 eum]
seu eos *ad.*G　　　11 tradat *marg.*I　　　13-14 secundum — forsitan *om.*G　　　nisi
de I[2]: in fide I　　　14 abstineret G　　　17 omnes] permanentes G　　　autem
*om.*G　　　18 et *om.*G　　　21 G. R. *om.*G　　　confessi sunt G　　　absolutus
(absoluti G)] si forte aliquis uenerit ad penitentiam et non uult recedere a peccatis
dicat *ad.*G　　　uel *om.*G　　　22 dedi ei *tr.*G
c.27 1 De] Super G　　　4-5 confiteantur — sacerdoti] suo proprio sacerdoti confiteantur G

[37] 28. *De questoribus*

Prohibemus questores indulgentias concedentes, cuiuscumque conditionis exsistant, admitti sine litteris specialibus nostris. Si quis uero contrarium fecerit, questorem aliquem absque nostris litteris
5 recipiendo, eo ipso ab officio sit suspensus[1].

[38] 29. *De fabrica sedis Albarrazinensis*

Cum nostre matrici ecclesie pre ceteris nostre diocesis debeamus honorem prebere, ac ecclesia Sancti Saluatoris sedis nostre ciuitatis Sancte Marie de Albarrazino indigeat ualde reparatione et
5 ad eius reparationem non sufficiant proprie facultates, statuimus quod in omnibus ecclesiis Sancte Marie de Albarrazino et eius archidiaconatu fiat demanda seu questoria pro opere seu fabrica dicte ecclesie Sancti Saluatoris sedis nostre. Que demanda preferatur omnibus aliis demandis seu questoriis, ac recolligatur per rectorem
10 seu uicarium cuiuslibet loci, una cum uno uel duobus probis hominibus cuiuslibet loci. Qui collectores nobis uel alii nostro nomine teneantur dare computum de receptis. [39] Nos enim, de Christi misericordia et beatorum Petri et Pauli, apostolorum eius, confidentes, omnibus uere penitentibus et confessis, qui operi predicto seu
15 fabrice manus porrexerint adiutrices, quadraginta dies de iniuncta eis legitime penitentia misericorditer relaxamus. Volumus insuper quod recollectio operis seu fabrice ac primitiarum siue iurium ecclesie fiat per rectorem uel uicarium cuiuslibet loci cum uno bono homine, et teneantur, ut supra, nobis reddere rationem.

[40] 30. *De sententia excommunicationis*

Ceterum, statuimus quod rectores et uicarii habeant rotulos siue libros nomina excommunicatorum sue parochie continentes,

---

[1] **c.28** X 5.7.12; Conc.4 Lat.1215 c.3 (X 5.7.13 § 6); Conc.4 Lat.1215 c.62 (X 5.38.14); In VI 5.10.1-3; Clem.5.9.2; Conc.Vien.1311-12 c.31 (Clem.5.7.1); Conc.prov. Zaragoza 1318-1319, ed. *Sínod.Pamp.* fol.11r.

c.28 1 *Antes de la rúbrica de c.29 una mano distinta del texto en* G *escribió:* De questoribus. Deficit hic constitutio, fuit culpa legentis uel scribentis. *Y esa misma mano copia el texto de la constitución en el margen inferior de* G   De questoribus I[1]: *om.*I

c.29 1 De — Albarracinensis I[2]G: De fabrica I[1], *om.*I   4-5 reparatione et ad eius *om.*G *(homograf.)*   7 fabrica *om.*I   10-11 una cum — loci *om.*G *(homograf.)*   16 legitima G   17-18 ecclesie *om.*G

c.30 1 De — excommunicationis] Quod curati teneant in scriptis nomina excommunicatorum I[2]G   3 continentes] que teneant G

<et etiam continentes> annum et diem et causam excommunicationis,
5 ac nomen cuiuslibet excommunicati et excommunicatoris eiusque
ad cuius instantiam excommunicatus est. Quodque illos diligenter
excommunicatos nuntient, prout in litteris excommunicationis uiderint contineri, et ne cum illis participent moneant plebes suas.

[41] 31. *Quod curati habeant constitutiones*

Quia plus timetur quod specialiter iniungitur quam quod generaliter imperatur, precipimus et mandamus uniuersis et singulis
prelatis, rectoribus et uicariis ciuitatum et diocesis Segobricensis et
5 Sancte Marie de Albarrazino ut quilibet presentes instructiones et
constitutiones habeat infra quatuor menses in ecclesia sua, easque
diligenter obseruet et faciat a suis parochianis obseruari, ut, iuuante
Domino Iesu Christo, cum ipsis se possit regere et animabus gregis
sibi commissi salubriter prouidere. [42] Constitutiones uero sacri
10 concilii Cesaraugustani in presenti synodo publicatas, habeat usque ad sequentem synodum per nos, dante Domino, celebrandam.
Quicumque autem infra dictos quatuor menses ipsas constitutiones
nostras et sacri concilii Cesaraugustani in termino superius expressato non habuerit, penam uiginti solidorum incurrat. [43] Predic-
15 tas uero constitutiones, quatenus tangunt laicos, diebus dominicis
coram clero et populo legant, prout possibile et opportunum fuerit,
ac exponant; quatenus autem clericos tangunt, seorsum ipsis illas
insinuent, ne quis eorum se per ignorantiam ualeat excusare.

2. Sínodo de Sancho Dull, Segorbe, 18 octubre 1323

En la introducción al sínodo anterior hicimos una breve semblanza del obispo
Sancho Dull.

Tradición manuscrita y editorial: I fol.10r-14r (texto base); I[1] y VI[2] (notas
marginales de algún usurario o usuarios de I, con la indicación en el I[2] de variantes que existen en otros manuscritos); G fol.12v-17v; J. Zunzunegui, pp.160-165
(que transcribe el texto de I, indicando en nota las variantes de I[1] y de I[2]).

4 et etiam continentes *om.*IG   6 Quodque] quod G   8 contineri *om.*G
illis] quid *ad.*G[ac]   suas *om.*G
c.31 1 Quod — constitutiones *de otra mano en* I, *om.*G   2 Quia] Quoniam
G   5-6 instructionem et constitutionem I   7 obseruet — obseruari] obseruare faciat a suis parochianis G   11 celebrandum G, Declaratiua precedentis
*ad.*G   15 tangunt] cogunt G   17 autem *om.*G

[1] *<Inscriptio>*

Secunde constitutiones fratris Sancii.

[2] *<Proemium episcopi>*

Anno Domini m.ccc.xxiii., die martis, festo sancti Luche euangeliste, que intitulabatur xv. kalendas nouembris, nos frater Sancius, Dei permissione episcopus Segobricensis et Sancte Marie de
5 Albarrazino, apud sedem nostram ciuitatis Segobricensis generalem
synodum celebrantes, ad honorem Dei et utilitatem ecclesiarum Segobricensis et Sancte Marie de Albarrazino, sponse nostre, ac etiam
curam gregis nobis crediti, quantum ex alto permittitur, intendentes, tractatu cum sociis et canonicis nostris habito diligenti, in syno-
10 do clericorum nostri episcopatus, premissa uocatione seu citatione
canonica congregata, infra scriptas constitutiones et ordinationes
fecimus annotari, in quibus aliqua de antiquis, alias per nos editis,
ex causis superuenientibus mutantur, subtrahuntur et corriguntur,
aliqua etiam adduntur nouiter secundum canonum instituta, que
15 quidem speramus, dante Domino, animabus ac bonis moribus clericorum maxime profutura. Has uero nouas constitutiones predictis
nostris antiquis constitutionibus decernimus addendas.

[3] 1. *De synodis annuatim celebrandis*

Quia in constitutione nostra, collocata in titulo de synodis, que
incipit 'In primis', inter cetera continetur quod in ciuitate Sancte
Marie de Albarrazino annuatim synodus celebretur, nos, attenden-
5 tes quod pari ratione debet in ciuitate Segobricensi, cum sit cathedralis ecclesia, predicta synodus celebrari, declaramus diuisim et al-
ternis uicibus, uno anno apud ciuitatem Segobricensem, alio anno
apud ciuitatem Sancte Marie prefatam synodum celebrandam, nisi
aliter per nostras litteras super huius celebratione duxerimus ordi-
10 nandum. Ceterum, cum per eamdem constitutionem omnes clerici

Inscrip. 1 Inscriptio *om.*IG 2 Secunde — Sancii I¹, *om.*I, Sequuntur secunde
constitutiones domini fratris Sancii Dull episcopi Segobricensis (episcopi Segobricensis *om.*G) I²G
Pr. 1 Proemium episcopi *om.*IG 2 martis] in *ad.*G 3 intitulatur G 7 ac
etiam] ad G 11 scriptas *om.*G 12 alique G 13-14 mutantur — noui-
ter] mutare subtrahere corrigere aliquas que nouiter adduntur G 16 uero *om.*G
17 addendas] acttendentes *mal* I
c.1 4 annuatim] annis singulis G 6 predicta synodus celebrari] predictam
synodum declarari decernimus seu celebrari G 8 Marie] de Albarrazino *ad.*G
prefata synodus celebranda G 9 duxerimus I²G: duximus I

beneficiati nostre diocesis tenentur uenire ad certum terminum pro celebrandis annuatim synodis, etiam non uocati, uolumus quod dicta citatio ad beneficiatos curatos parochiales, qui specialiter te-nentur statuta ibidem edita clero et populo nuntiare, tantummodo
15 se extendat, aliis in dicta constitutione contentis in suo robore per-mansuris[1].

[4] 2. *De sacramentis iterandis uel non*

Cum sacramentum extreme unctionis magne sit efficacie et uir-tutis, statuimus quod omnes rectores, uicarii et alii curati parochia-les nostre diocesis suos parochianos moneant et inducant ad reci-
5 piendum huiusmodi sacramentum, ipsique plus solito sint parati ad illud, cum requisiti fuerint, conferendum[1].

[5] 3. *De uita et honestate clericorum*

Quia decet recipientes sacrum Corpus Domini nostri, propter eius excellentiam, sanctitatem et munditiam, nedum in anima set in corpore mundos esse, iuxta illud prophete 'Mundamini, qui fertis
5 uasa Domini'[1], precipimus quod nullus presbyter sciens se morta-li peccato et specialiter uili fornicationis contagio defedatum, sine confessione preuia et absolutione obtenta presumat aliquatenus ce-lebrare[2].

[6] 4. *De cohabitatione clericorum et mulierum*

Quamquam clericos nostre diocesis publice concubinarios constitutio prouincialis et nostra synodalis corrigat et castiget, quia tamen peccatum huiusmodi nedum ipsos set mulieres eis turpiter
5 coeuntes illaqueat et infestat, ordinamus et, canonica monitio-ne premissa, mandamus omnibus et singulis concubinis clerico-

---

[1] **c.1** Segorbe sínodo 1320.[3].
[1] **c.2** D.95 c.2-3; C.26 q.7 c.1; X 1.15.1; X 5.40.14; Clem.5.7.1; 1 Partida 4.69-71.
[1] **c.3** Is 52-11.
[2] X 3.41.7.

---

11 tenentur I[2]G: citentur I   12 etiam *om.*G   13 curatos *om.*G
c.2 1 iterandis I[2]G[pc]: uenerandis IG[ac]   2 extremum I   5 huiusmodi] huius I[ac]   5-6 ipsique — conferendum *texto corrupto en* G
c.3 1 honestate] honore I[ac]   2 decet] dicere I[ac]   3 sanctitatem *om.*G
4 iuxta] secundum G   prophete] domini G   6 et *om.*G   uili fornicationis] in illis fonicatio G   fedatum G   sine] siue I[ac]
c.4 5 infestat] infernat IG

rum nostre diocesis quod usque ad festum sancti Andree proximo
uenturum recedant a cohabitatione dictorum clericorum, nec ad ipsos postea reuertantur. Alioquin, si ipse in hoc peccato decesserint,
10 careant ecclesiastica sepultura[1].

[7] 5. *De decimis*

Licet olim per nos in constitutione de decimis, que incipit 'Item
mandamus[1]', fuerit salubriter ordinatum ut rectores et uicarii nostre
diocesis suos moneant parochianos ut de toto aceruo singulorum
5 fructuum inibi contentorum, ante deductionem expensarum aut
mercenariorum seu quarumuis aliarum personarum solutionem,
decimam ecclesiis suis soluant. Quia tamen in obseruatione constitutionis eiusdem multi se exhibent negligentes, nos, periculosam
illorum negligentiam uolentes iurium exsecutione suppleri, adici-
10 mus ut quicumque amodo dictam constitutionem per eosdem rectores uel uicarios, prout in ea specialiter cauetur, canonice publicata,
neglexerint obseruare, ipso facto sententiam excommunicationis incurrant et tamdiu per eosdem rectores seu uicarios excommunicati
publice nuntientur, donec, premissa satisfactione, absolutionis be-
15 neficium secundum formam iuris meruerint obtinere. [8] Per hanc
autem constitutionem non intendimus constringere quarterios seu
alios portionarios, quocumque nomine censeantur, quominus possint diuisim, distributione inter eos facta, et non de toto aceruo, si
uoluerint, decimare.

[9] 6. *De testamentis*

Quoniam aliqui heredes, testamentorum exsecutores et alii
quibus dispositio committitur eorumdem, uoluntate moti potius
quam fomite caritatis, cum annualia seu alius certus numerus ce-
lebrandarum missarum pro defunctis nostre diocesis in suis ulti-

---

[1] **c.4** Segorbe sínodo 1320.[9], y la legislación general, que es: D.28 c.2; D.32 c.16;
D.34 c.1; D.81 c.23-28, 30-31; C.27 q.1 c.40; Conc.4 Lat.1215 c.14 (X 3.1.13);
X 3.2.1-10; Conc.legat.Valladolid 1228 c.4 (TR 3.325-26); Conc.legat.Valladolid
1322 c7 (TR 3.483-486); Conc.prov.Zaragoza 1318-1319, ed.*Sínod.Pamplona*
fol.4r; Conc.legat.Lérida 1229 c.8 (TR 3.332); 1 Partida 6.37-38, 43-44.
[1] **c.5** Segorbe sínodo 1320.[20].

8 uenturi I
c.5 3 mandamus] mandatum G   6 quarumuis] quatinus I[ac]   7-8 decimam — multi *om*.G   8 negligentes I[2]G: intelligentes I   9 negligentiam] in-
telligentiam I[ac]   iurium exsecutione] iure exsecutionem I   10 eosdem] eiusdem I[ac]   15 iuris] iure I[ac]
c.6 2 exsecutores I[2]G: exsecutionis I

5   mis uoluntatibus relinquuntur, procurant et faciunt illas missas in
     alienis diocesibus, dimissis ecclesiis et indigentibus clericis proprie
     diocesis, celebrari. Idcirco, uolentes egestati clericorum pauperum
     subuenire, ut sic diuinus cultus in nostra diocesi augmentetur, pro-
     hibemus ne de cetero per aliquem talia attemptentur. Alias uolumus
10   quod contrarium faciens, totidem missas de suo proprio in nostra
     diocesi teneatur facere celebrari, non obstante quod iam extra dio-
     cesim de bonis defuncti dicte misse fuerint celebrate. Et mandamus
     rectoribus et uicariis nostre diocesis in quorum parochiis hec ac-
     ciderint, ut predicta referant nostris officialibus, quibus in uirtute
15   obedientie iniungimus ut rebelles ad premissa adimplenda moneant
     et compellant[1].

[10]   7.   *De adulteriis et stupro*

     Prohibemus ne quispiam coiugatus concubinam publice teneat,
     uel coniugata etiam amasium publice habeat, siue alter taliter de-
     linquentium coniugatus fuerit siue ambo. Alias uolumus quod si in
     tali peccato decesserint, careant ecclesiastica sepultura[1].
5

[11]   8.   *De celebratione missarum*

     Cum quelibet creatura et presertim catholicus homo, qui maio-
     ra recipit dona, suum teneatur recognoscere creatorem, statuimus
     ut quilibet curam habens animarum nostre diocesis parochianos
     suos moneat et inducat ad audiendam completam totam missam,
5   saltem diebus dominicis et festiuis, quibus est ab omni seruili opere
     abstinendum. Nec recedant ante datam benedictionem in fine mis-
     se per episcopum, si presens fuerit, alias per presbyterum celebran-
     tem, cum peccatum sit graue dominicis diebus missam truncare et
     eam completam omittere ex negligentia uel contemptu[1].
10

---

[1] **c.6** Cf. Segorbe sínodo 1320.[15].
[1] **c.7** Conc.legat.Valladolid 1322 c.23 (TR 3.502).
[1] **c.8** C. 15 q.4 c.1-3; De cons. D.1 c.62-66; De cons. D.3 c.1-3; X 2.9.1-5; Conc.
legat.Valladolid 1322 c.4 (TR 3.481); 1 Partida 23.1-2.

---

5 pro defunctis I²G: per defunctos I   6 procurant et I²G: procuratiue I
10 attemptentur] acceptentur G   14-15 hec acciderint I²G: hoc accidit I¹
15 referant] reficiant G
c.7 *El códice* G *invierte el orden de las constit.* 7 *y* 8   3 etiam amasium I: amas-
culum suum I²G   taliter *om.*G   4 si] forte *ad.*G
c.8 1 misse G   2 quilibet G   2-3 maiora — suum *texto corrupto* G
9-10 truncare et eam *om.*G

[12] 9. *De penitentiis et remissionibus. De fabrica sedis Segobricensis*

Dudum in synodo nos meminimus statuisse ut pro reparatione ecclesie Sancti Saluatoris ciuitatis Sancte Marie de Albarrazino
5 demanda fieret siue questa. Et quia matrix ecclesia Segobricensis
simili indiget reparatione, nec ad eam sufficiunt proprie facultates,
uolumus quod pro opere ipsius ecclesie Segobricensis similiter fiat
questa, constitutionem illam 'Cum nostre', que tantum de Sancto Saluatore loquitur, ad ecclesiam Sancte Marie Segobricensis per
10 omnia extendentes[1]. Verum, ne dicte demande seu queste mutuo se
impediant, decernimus ut demanda Sancti Saluatoris in archidiaconatu eiusdem ecclesie, et demanda Sancte Marie Segobricensis
in archidiaconatu sue ecclesie tantummodo procurentur. Volumus
etiam et, sub pena suspensionis, districte mandamus omnibus et
15 singulis rectoribus, uicariis et aliis curam habentibus animarum
nostre diocesis, ut suos parochianos in confessionibus et ultimis
uoluntatibus moneant et inducant ut, in remissionem suorum pec-
caminum, predictis tam piis locis suas manus porrigant adiutrices.

[13] 10. *De predicatione fratrum <beate Marie de Carmelo,
predicatorum et minorum>*

Quoniam ex presentia et exercitio fratrum beate Marie de Carmelo, predicatorum et minorum magna et euidens utilitas uniuer-
5 sali Ecclesie noscitur prouenire, statuimus quod rectores, uicarii et
curati parochiales uniuersi dictos fratres, cum ad eorum parochias
declinauerint, benigne curent recipere et eosdem libere permittant
demandas pro suis monasteriis procurare ac missas in suis ecclesiis
cum deuotione dicere, <si> sine aliena iactura duxerint celebran-
10 dum. Item, admittantur ad proponendum populo uerbum Dei et
necessitates suorum ordinum exponendum, ac etiam confessiones

---

[1] **c.9** Segorbe sínodo 1320.[38-39].

c.9 1 penitentiis] penis G   1-2 De fabrica — Segobricensis I[2]: *om*.IG   3 nos
om.G   meminerit G   ut *interl*.I   5 questa] questet G   Et *om*.G
mater G   6 sufficiant ad eam G   7 Segobricensis *om*.G   10-11 se
impediant] impediantur G   15 et singulis] singulariter G   rectoribus] et
ad.G   18 tam piis] campis G
c.10 1 De — fratrum *otra m*.I   1-2 beate — minorum *om*.IG   3 et *om*.G
de] in G   4 predicatorum et] predictorum G   6 cum] tamen G   7 eosdem libere permittant] eos quaslibet domini permittent G   9 cum deuotione
dicere *om*.G   dicere] ducti I   si *om*.IG   10 proponendum] uel predicandum *ad*.G   et] contra G

audiendum, de ipsorum rectorum, uicariorum uel curatorum licentia et consensu, ita tamen quod de casibus nobis a iure, consuetudine uel constitutione specialiter reseruatis se nullatenus intromittant,
15 nisi de nostra licentia speciali, de qua per nostras litteras fidem facere teneantur.

[14]   11.   *De testamentis*

Olim pia consideratione nostra synodalis constitutio emanauit
ut quilibet curatus nostre diocesis, cum decederet, haberet medietatem fructuum sui beneficii in utilitatem sue anime conuertendam,
5 successori medietate altera reseruata. Verum, quia propter aliquorum abusum, quod statutum fuit ad solatium animarum tendere
dignoscitur ad periculum earumdem, et quia, paupertate ecclesiarum nostre diocesis opprimente, successores cum media solum parte nequeunt commode sustentari, idcirco dictam constitutionem,
10 que incipit 'Quoniam rationi'[1], ducimus moderandam, uolentes ut
de cetero defuncto non precise medietas fructuum, set plus uel minus pro rata temporis quo uixerit, residuum uero successori, facta
estimatione secundum ualorem beneficii, applicetur.

[15]   12.   *Quod infra mensem habeant curati dictas constitu-*
tiones

Vt autem premisse constitutiones plenius et melius obseruentur, uolumus et mandamus ut omnes prelati, rectores, uicarii et alii
5 curam animarum habentes ciuitatum et diocesis Segobricensis et
Sancte Marie de Albarrazino, et eorum quilibet, infra mensem a
die publicationis earum inde superius expressato copiam habeant
earumdem. Deinde curent eas clero et populo frequenter publicare
ac exponere diligenter, ut sic suas et aliorum sibi commissas animas
10 studiosius ualeant gubernare. Quicumque uero copiam huius infra
dictum terminum non habuerit, pena uiginti solidorum irremissibiliter puniatur[1].

---

[1] **c.11** Segorbe sínodo 1320.[21].
[1] **c.12** Segorbe sínodo 1320.[41-43].

---

13 et *om.*G   consensu] nostro *ad.*G   ita tamen quod de *om.*G   14 se] set G
c.11   11 defuncto] de fructu G   12 uero *om.*G   13 secundum ualorem
*om.*G
c.12   1-2 Quod — constitutiones I²G: *om.*I   1 curati *om.*G   dictas] istas G
3 melius I²G: nullius I   5 et¹ *om.*G   6 earum *om.*G   7 inde I²G:
idem I   9 et aliorum *om.*G   11 dictum terminum] mensem G   habuerint G   12 puniantur I¹

3. Sínodo de Elías de Périgueux, Castielfabib, 28 mayo 1358

Elías de Périgueux, originario de la diócesis de Périgueux, sufragánea de Burdeos, doctor en decretos, residía en la curia de Aviñón cuando el 5 de diciembre de 1356 el papa Inocencio VI lo nombró obispo de Segorbe-Albarracín. En Aviñon, donde se encontraba muy a gusto, residió gran parte de su vida, ocupado en los muchos pleitos que tenía la diócesis. En 1358 celebró el que fue el tercer sínodo de Segorbe-Albarracín, que se reunió en Castielfabib (Valencia). El obispo murió en 1362[1].

Tradición manuscrita: I fol.43r-44r (texto base); I[1] y I[2] (notas marginales de algún usurario o usuarios de I, con la indicación en el que llamamos I[2] de variantes que se encuentran en otros manuscritos); G fol.19r-21r.

[1]   <*Inscriptio*>

Incipiunt constitutiones synodales domini Helie, quondam episcopi Segobricensis et Sancte Marie de Albarrazino, facte et publicate in synodo congregata in uilla Castrifabib anno Domini m.ccc.lviii.

[2]   <*Proemium episcopi*>

Die lune, intitulada xxviii. mensis maii, anno Domini m.ccc. lviii., nos Helias, Dei et apostolice Sedis gratia Segobricensis et Sancte Marie de Albarrazino episcopus, in ecclesia Castrifabib nos-
5   tre diocesis sanctam synodum celebrantes ad honorem et utilitatem nostrarum ecclesiarum predictarum et aliarum nobis subiectarum, in sancta synodo clericorum nostri episcopatus, premissa uocatione canonica congregata, ad laudem Dei et totius curie celestis et diuini cultus augmentum infra scriptas constitutiones et ordinationes feci-
10 mus annotari, prout sequitur.

---

[1]   C. EUBEL, *Hierarchia catholica* I.443; D. MONTOLÍO TORÁN - P. SABORIT BADE-NES, «La iglesia de Segorbe-Castellón», en: *Historia de las diócesis españolas* 6.499, 604, 614, que en la p.499 dicen que este sínodo se celebró del 23 al 28 de mayo de 1358; *Noticias de Segorbe y de su obispado* 135-138 (p.119-123); J. VILLANUEVA, *Viage literario* III.68-69, 120-121; P. LLORÉNS, «Segorbe-Castellón, diócesis de», en: DHEE 4.2392.

Inscrip. 1 Inscriptio *om.*IG   4 lviii.] lviiii. *mal* G, die lune etc. *ad.*G
Pr. 1 Proemium episcopi *om.*IG   2 anno] natiuitatis *ad.*G   3 gratia *post.* Dei
*tr.*G   6 et *om.*G   9 cultus *om.*G   et ordinationes *om.*G

[3] 1. *Quod constitutiones et statuta predecessoris sui maneant in robore suo*

Primo, statuimus et ordinamus quod omnes ordinationes et statuta predecessorum nostrorum in suis synodis factas et facta in
5 suo perpetuo robore remaneant et uirtute, quas et que mandamus inuiolabiliter obseruari.

[4] 2. *Quod clerici deferant birreta uel almucias. Et cum dicunt missas habeant clericum cum superpellicio. Et quod per mensen radant barbas*

Item, statuimus et ordinamus quod de cetero omnes clerici in
5 sacris ordinibus constituti et alii beneficiati nostre diocesis deferant in ecclesiis almucias uel birreta sine caputio. Et cum dicent missas habeant clericum cum superpellicio[1]. Et quolibet mense ad minus barbam radant[2]. Et diebus dominicis et festiuis Matutinum, Vesperos et missas alta uoce cantent. Qui uero contra fe-
10 cerint penam decem solidorum incurrant totiens quotiens inuenti fuerint remissi, applicandorum fabricis nostrarum ecclesiarum cathedralium.

[5] 3. *Quod clerici non portent longas cugullas*

Preterea, statuimus et ordinamus quod nullus clericus seu beneficiatus portet ultra unum palmum cugulle in caputio. Contra facientes penam quinque solidorum incurrant, applicandam fabrice
5 supra dicte[1].

---

[1] c.2 D.91 c.2; C.7 q.1 c.15-6; De cons.D.1 c.58, 61; X.1.17.6 (al final); X 3.2.1 (al final); X.3.41.1; 1 Partida 4.50 (al final).
[2] D.23 c.21-23; C.12 q.1 c.7; C.21 q.4 c.5; X 3.1.4-5, 7; Conc.4 Lat.1215 c.16 (X 3.1.15); Conc.Vien.1311-1312 c.22 (Clem.3.14.1); Conc.legat.Valladolid 1228 5.3-6 (TR 3.326).
[1] c.3 D.23 c.22; D.41 c.8; C.17 q.4 c.25; C.21 q.4 c.1-5; X 1.6.15; X 3.1.4-5, 7, 15;X 5.39.35; In VI 3.2 un.; In VI 5.11.12; Conc.4 Lat.1215 c.16 (X 3.1.15); Conc.Vien.1311-12 c.9 (Clem.3.1.2) y c.22 (Clem.3.14.19); Conc.legat.Valladolid 1228 5.3 (TR 3.326); Conc.legat.Valladolid 1322 c.6.1(TR 3.482); 1 Partida 5.39.

---

c.1 2 sui robore G   3 et² *om.*G   4 factas] factis G   et facta *om.*G
c.2 1 birretum G   3 barbam G   4 in] et *mal* I   6 ecclesiis] ab *ad.*G
7 missas] altas *ad.*I   8 diebus] in *antep.*G   9 Vesperos I²G: responsos *mal* I
11 applicandarum I   nostrarum *om.*G
c.3 1 portant G   2 seu] alias *ad.*G   4 applicandorum G

[6] 4. *Quod questores non admittantur sine litteris*

Ceterum, statuimus et ordinamus quod nullus questor admittatur in diocesi nostra nisi portet litteras sub nostro proprio nomine et nostro sigillo sigillatas[1].

[7] 5. *Quod usurarii et alii sint excommunicati*

Ad compescendas peruersorum audacias, statuimus et ordinamus quod omnes usurarii, diuinatores, coniuratores, rotulos facientes, potiones mortiferas dantes, necnon omnes occupatores,
5 usurpatores et detentores iurium nostrarum ecclesiarum cathedralium et aliarum nostre diocesis absque beneplacito illorum ad quos iura pertinent ante dicta, siue sint decime siue castra siue aldee siue primitie siue alie possessiones siue alia iura, nisi infra duos menses post publicationem huius nostre constitutionis seu statu-
10 ti satisfecerint, ipso facto sint excommunicati, et ex tunc quilibet rector eos denuntiet publice excommunicatos diebus dominicis et festiuis. Et uolumus quod quilibet rector, uicarius uel curatus istam constituionem seu statutum infra sex dies publicet populo ad diuina congregato[1].

[8] 6. *De preconizatione de 'la çala'*

Cum iura prohibeant inuocationem publice et alte nomen perfidi Mahometi, idcirco statuimus et ordinamus quod quilibet rector uel curatus seu uicarius nostre diocesis, uidelicet locorum et paro-
5 chiarum in quibus Saraceni clamant alta uoce 'la çala' uel nomen perfidi Mahometi, in ecclesia sua moneant publice dominum temporalem, baiulum siue alcaydum uel alcaydos dictorum locorum, sub intestatione diuini nominis, quod compellant dictos Saracenos cessare a proclamatione predicta[1].

---

[1] **c.4** Segorbe sínodo 1320.[37] y sus fuentes.
[1] **c.5** Segorbe sínodo 1320.[31]; C.26 q.1 c.1; C.26 q.5 c.1-14; X 5.21.1-3; Conc. legat. Valladolid 1322 c.25 (TR 3.503);7 Partida 23.1-3.
[1] **c.6** Conc.Vien.1312-1313 Decreta 25 (COD 380); Clem.5.2 un.; Conc.Tarragona 1329.62 (TR 3.542-543); 7 Partida 28.6.

---

c.4 1 Quod — litteris] De questoribus quod non admittantur G
c.5 2 compescendum G   4 potitiones G   5 usurpatores] usuriatores I, usuratores G   8 siue[1]] aut G   12 uel] seu G   13 dies *interl.*I   publicent G
c.6 2-3 perfidii G   4 uicarius seu curatus *tr.*G   7 siue] seu G

[9] 7. *Quod clerici non promoueantur in sacris nisi prius habeant propria breuiaria*

Vt materia tribuatur promouendis clericis quoad officium Horarum diurnalium et nocturnalium, ad quas ratione ordinum tenentur, per ipsos perfectius peragatur, idcirco statuimus et ordinamus quod nullus clericus promoueatur ad sacros ordines, nisi primo habeat breuiarium proprium, pergameni uel papiri, ad usum proprium, et uestimentum sacerdotale cum quo possit officium diuinum peragere.

[10] 8. *Quod clerici non deferant arma*

Consequenter duximus statuendum quod nullus clericus in sacris ordinibus constitutus seu alias beneficiatus portet de die ensem nec alia arma, set solum paruum gladium ad scindendum panem et carnes, nisi iustas causas inimicitie habuerit uel exierit extra locum ubi domicilium tenuerit[1].

[11] 9. *Quod curati possint eligere confessorem*

Ad salutem animarum peragentium diuinum officium concedimus quod quicumque rector seu uicarius habens curam animarum possit eligere idoneum confessorem, qui eum possit absoluere a peccatis, preterquam in casibus nobis reseruatis[1].

<Conclusio notarii>

Expliciunt constitutiones synodales domini Helie, quondam episcopi Segobricensis et Sancte Marie de Albarrazino.

---

[1] **8** C.23 q.8 c.1-6, 26; X 3.1.2; Conc.4 Lat.1215 c.18 (X 3.50.9); Conc. Vien.1311-12 c.9 (Clem.3.1.2); Conc.legat.Valladolid 1228 c.5.5 (TR 3.326).
[1] **c.9** X 3.41.7; In VI 5.10.2; Conc.prov.Tarragona 1253 c.3 (Pons Guri 76).

c.7 1-2 nisi — propria] qui non habent I   3 quoad] quod IG   4 diurnalium] diuinalium G   5 per *om*.G
c.8 4 scindendum] cindendum IG   5 inimicitie *om*.G
c.9 3 seu] uel G   4 qui] quod G
Concl. 1 Conclusio notarii *om*.IG   2-3 Expliciunt — Albarrazino I²G: *om*.I, Incipiunt constitutiones et statuta per dominum Eliam episcopum et capitulum *ad*.I²G

4. Sínodo de Juan Martínez de Barcelona, Segorbe, 21 de mayo de 1367

Juan Martínez de Barcelona, a quien algunos llaman simplemente Juan de Barcelona, pertenecía a los canónigos regulares de S. Agustín, era doctor en decretos y arcediano de Zaragoza. Fue nombrado obispo de Segorbe-Albarracín el 26 de agosto de 1362 y el 3 de marzo de 1369 fue trasladado a la diócesis de Huesca, donde murió antes del 15 de octubre de 1372. Celebró un importante sínodo en Segorbe el 21 de mayo de 1367, que era el día viernes de la semana[1].

Tradición manuscrita: I fol.25r-42v (texto base); I¹ y I² (notas marginales de algún usurario o usuarios de I, con la indicación en el I² de variantes que se encuentran en otros códices); G fol.27v-47v.

[1]   <*Proemium notarii*>

In nomine Domini. Amen. Incipiunt constitutiones edite per reue-
rendum in Christo patrem et dominum Johannem, miseratione diuina
Segobricensem et Sancte Marie de Albarrazino episcopum, in synodo
5 *per ipsum Segobrice celebrata anno lxvii.*

[2]   <*Proemium episcopi*>

In nomine Domini. Amen. Anno a natiuitate Domini m.ccc.
lxvii., die ueneris, uicesima prima die mensis maii, nos Johannes,
miseratione diuina Segobricensis et Sancte Marie de Albarrazino
5 episcopus, ad honorem Domini nostri Iesu Christi et omnium
ciuium supernorum et utilitatem dictarum ecclesiarum nostrarum,
apud sedem nostram Segobricensem generalem synodum celebran-

---

[1] C. Eubel, *Hierarchia catholica* I.443 y 379; P. L. Lloréns, «Segorbe-Castellón, diócesis de», en: DHEE 4 (Madrid 1975) 23-92; D. Montolío Torán - P. Saborit Badenes, «La iglesia de Segorbe-Castellón», en: *Historia de las diócesis españolas* 6.499-500, con una extensa reseña del sínodo, 604-614, que llaman a este obispo simplemente Juan de Barcelona; *Noticias de Segorbe y de su obispado* 139-141 (pp.124-127), que lo denomina Juan de Barcelona y hace una breve reseña del sínodo; L. Ferrer, «Sínodo», en: DHEE 4.2492, que también lo llama Juan de Barcelona; J. Villanueva, *Viage literario* III.69 y 121-122; L. Ruiz Fidalgo, «Obispos españoles», en: DHEE, Suplemento 1.543. Algunos manuscritos dicen que el sínodo se celebró en el año 1368, pero el 21 de mayo de 1368 fue domingo, no viernes, mientras que el 21 de mayo de 1367 sí que fue viernes.

Pr. 1 Proemium notarii *om.*IG   2-5 In nomine — lxvii.] Incipiunt constitutiones sinodales reuerendi patris domini Johannis episcopi Segobricensis et Sancte Marie de Albarrazino G
Pr. 1 Proemium episcopi *om.*IG   2-3 m.ccc.lxvii.] millesimo trecentessimo
lxviii. *mal* G, 1368 *mal* I²   6 dictarum *om.*G

tes, tratatu cum sociis et canonicis nostris habito diligenti, in dicta
synodo clericorum nostre diocesis, premissa uocatione seu citatio-
10 ne canonica congregata, infra scriptas constitutiones, ordinationes,
prohibitiones et precepta pro diuini cultus augmento et reformatione morum in clero et populo nostre diocesis iuxta sacrorum canonum instituta, prout animarum saluti eorumdem cleri et populi
nouimus expedire, edidimus et fecimus, ut sequitur, annotari. Quas
15 et que per uniuersos subditos nostros seruari precipimus et mandamus, constitutionibus predecessorum nostrorum in suo robore
duraturis, quatinus infra scriptis nostris non obuiant institutis.

[3]   1.   *De fide catholica et pueris instruendis in ea*

Primo, statuimus quod docentes pueros, antequam ipsos in psalmis seu quibusuis aliis instruant, post alphabetum statim doceant
eos Pater noster, Credo in Deum, Aue Maria, Confessionem et alia
5 ad respondendum presbytero cum missam celebrauerit. Item, doceant precepta Legis, septem uirtutes (tres theologicas et quatuor
cardinales), septem peccata mortalia, septem sacramenta Ecclesie,
septem opera misericordie, septem dona Sancti Spiritus, octo beatitudines, septem uirtutes contra septem peccata mortalia, et quinque
10 sensus, iuxta modum et formam Abecedarii seu Alphabeti per nos
inferius presentibus annotati[1]. Alias, si docentes in predictis negligentes fuerint uel remissi, pro quolibet scholari quem sic non do-
cuerint, penam duorum solidorum incurrant ipso facto, quorum
medietas nobis et alia medietas ecclesie in qua talis instructor fuerit
15 applicetur.

[4]   2.   *De etate et qualitate*

Vt Clementina constitutio, que prohibet canonicos in sacris ordinibus non constitutos in cathedralibus uel collegiatis ecclesiis ad

---

[1] **c.1** Vide infra [44-50] de este sínodo.

8 et *om*.G   nostris canonicis *tr*.G   10 congregati I²G   11 et²
om.G   12 nostro G   13 cleri] clericorum G   14 edidimus] dedimus G
17 quatinus] quod I²G
c.1 1 De] Primus liber rubrica *antep*.I, alii codices absque librorum distinctione
titulum hunc habent: De summa Trinitate et instructione puerorum in fide catholica *antep*.I²   De fide — in ea] De summa Trinitate et instructione puerorum in
fide catholica G   2-3 psalmis I²G: psalmos I   6 tres *om*.G   theologicales
I²G   7-9 septem sacramenta — peccata mortalia *om*.G *(homograf.)*   11 an-
notati] anotari G   12-13 docuerit G   13 incurrat G   14 nobis — medietas *om*.G *(homograf.)*
c.2 1 De — qualitate] Contra qui non sunt ordinati in sacris ordinibus I²G
3 in *om*.G

capitulares actus admitti[1], in nostris ecclesiis Segobricensi et Sancte
5 Marie de Albarrazino quasi per usum contrarium abolita, pene formidine de cetero in eisdem ecclesiis nostris inuiolabiliter obseruetur, in uirtute sancte obedientie precipimus ne de cetero celebrantes
capitulum in dictis ecclesiis nostris quemuis non constitutum in
sacris ordinibus ad actus seu administrationes aliquas capitulares
10 admittere uel recipere audeant quouis modo. Et si contra factum
fuerit, quidquid cum tali siue talibus uel de talibus in sacris ordinibus non constitutis factum, tractatum, administratum fuerit siue
gestum, ipso facto sit irritum et inane, et admittentes talem siue
tales ad actus et administrationes supra dictas, penam uiginti libra-
15 rum incurrant ipso facto, quarum medietas nobis, alia uero medietas ecclesie in qua tales admissi fuerint, applicetur.

[5] 3. *De filiis presbyterorum*

Vt incontinentia clericorum pene formidine reprimatur, statuimus quod clerici in sacris ordinibus constituti qui de soluta prolem
habuerint, filium uidelicet uel filiam, penam trium librarum, qui
5 uero de coniugata seu alia muliere ratione cognationis spiritualis
sibi prohibita filium habuerint seu filiam, penam sex librarum nobis
applicandarum pro quolibet incurrant ipso facto.

[6] 4. *Quod filii presbyterorum non intrent cum parentibus ecclesiam seu chorum*

Prouide bone memorie dominus frater Sancius, predecessor
noster, in constitutionibus suis synodalibus prohibuit ne clerici, in
5 quocumque ordine constituti, proprios filios ex damnato coitu procreatos siue genitos ad diuina officia reciperent uel admitterent[1],
quod hactenus in nostra diocesi fuit negligenter obseruatum. Nos
autem uolentes dictam constitutionem ad litteram obseruari, clericos predictos, qui filios sic procreatos ad diuina officia in ecclesia

---

[1] **c.2** Clem.1.6.2.
[1] **c.4** Segorbe sínodo 1320.[6].

4 capitulares] tam plures G   5-6 formidare G   7 de cetero *om*.G
6 quemuis] quamuis G   constituti G   7 seu] siue G   quouis modo] aliquo
modo I²G   10-16 Et si — applicetur *texto corrupto en* G   14-15 librarum]
solidorum I²
c.3 2 continentia G   3 prolem *om*.G   5 seu] uel G   cognitionis G
6 sibi — habuerint] scilicet filium habuerit coniuncta G   sibi prohibita]
scilicet coniuncta I²
c.4 1-2 Quod — chorum: I²G: Idem I   3 Prouide] Proinde I   4 suis
om.G   6 siue] seu G

10 seu choro uel alias inter psallentes seu cantantes admisserint seu
sustinuerint, penam quinque solidorum nobis applicandorum pro
qualibet uice incurrere uolumus ipso facto.

[7] 5. *De clericis peregrinis*

Quia frequenter clerici aliarum diocesium ignoti et quandoque criminosi et irregulares et qui uagantur per orbem, concurrunt ad ecclesias nostre diocesis et ibidem petunt se admitti ad
5 celebrandum et ad exsecutionem suorum ordinum, quod a iure
nullatenus est permissum. Idcirco statuimus quod nullus clericus aliene diocesis absque commendatitiis sui prelati litteris admittatur, nisi fuerit notus et constet de promotione ipsius et sit
bone fame, et tunc ad missas dumtaxat priuatas. Clericos autem
10 sequentes archiepiscopos, episcopos seu alios prelatos Ecclesie uel
principes aut ambaxatores principum, in premissis nolumus comprehendi. Rector uel uicarius aut curatus qui contra hec fecerit,
penam uiginti solidorum pro qualibet uice persoluat, medietatem
nobis et aliam medietatem ecclesie in qua predicta fuerint com-
15 missa applicandorum[1].

[8] 6. *De feriis et mercato*

Item, ut melius gentes circa auditionem diuinorum officiorum intendant, statuimus quod diebus Natiuitatis, Circumcisionis et Epifanie, Resurrectionis et Ascensionis Domini, Pentecostes
5 et in quatuor festiuitatibus principalibus beate Marie, uidelicet
Assumptionis, Natiuitatis, Purificationis et Annuntiationis, Corporis Christi et in diebus sanctorum apostolorum et in aliis festiuitatibus sollemnibus non teneantur mercata neque nundine.
Alias quicumque merces suas talibus diebus exposuerint uenales
10 excommunicentur[1].

---

[1] **c.5** Segorbe sínodo 1320.[13].
[1] **c.6** De cons. D.1 c.66; De cons. D.3 c.16; X 2.9.1, 3, 5; Conc.legat.Valladolid
1322 c.4 (TR 3.481); 1 Partida 23.1-2.

---

12 ipso facto *om*.G
c.5 3 irregulares] regulares I[ac] 3-4 concurrerunt G 4 nostre diocesis
I[2]G: *om*.I 4-5 petunt — ordinum *om*.G 6 permissum] commissum G
8 sit *om*.I 12 uel] autem I[2], aut G aut] uel I[2]G
c.6 1 et mercato I[2]G: *om*.I 6-7 Corporis Christi I[2]G: *om*.I 7 sanctorum
om.G 10 excommunicentur I: excommunicationem incurrant I[2]G

[9] 7. *Quod clerici non ludant in ecclesiis uel cimenteriis*

Attendentes quod, secundum euangelicam doctrinam, ecclesia Dei est domus orationis[1], quam non licet prophanis et illicitis abusibus inquinari, maxime per illos qui in ea debent quotidie conuer-
5 sari, statuimus quod nullus clericus nostre diocesis audeat ludere in ecclesia uel cimenterio uel in plateis ad taxillos seu ad alium ludum ubi pecunia interueniat. Alias contra facientes penam decem solidorum, nobis et ecclesie quam sic illicitis moribus deformauerint equis partibus applicandam, pro qualibet uice incurrere uolumus
10 ipso facto[2].

[10] 8. *Quod clerici non tripudient*

Ad conseruandam honestatem clericorum, qui in uita et conuersatione laicos precedere debent, ordinamus quod nullus clericus nostre diocesis in sacris ordinibus constitutus tripudiet cum laicis
5 publice de die uel de nocte per uias uel plateas. Alias contra facientes pro qualibet uice penam decem solidorum nobis applicandorum incurrant ipso facto[1].

[11] 9. *Quod clerici in sacris non intersint ludis laicorum*

Cum non liceat ministris altaris, iuxta Laudicense concilium, spectaculis aliquibus aut ludis laicorum interesse[1], prohibemus ne quisquam clericorum nostre diocesis in sacris ordinibus constitutus
5 ludis laicorum audeat interesse. Et si contra fecerit, ipso facto penam incurrat quinque solidorum nobis applicandorum.

---

[1] **c.7** Lc 19,46.
[2] D. 35 c.1; X 3.1.12; X 3.49.1; X 3.50.1; Conc.4 Lat.1215 c.16, 19 (X 3.1.15; X 3.44.2);In VI 3.23.2; Clem.3.14.1 Conc.legat.Valladolid 1228 c.5.2 (TR 3.326); Conc.legat.Lérida 1229 c.9 (TR 3.333); Conc.legat.Valladolid 1322 c.18.2 (TR 3.494); 1 Partida 5.57; 1 Partida 6.34.
[1] **c.8** Ver las fuentes de la constitución anterior.
[1] **c.9** De cons. D.5 c.36.

---

c.7 1 Quod — cimenteriis I[2]G: De uita clericorum et honestate clericorum I 3 Dei *om.*G   4 quotidie I[2]G: lucide I   5-6 in ecclesia uel cimenterio I[2]G: infra ecclesiam uel cimenterium I   6 plateis] platis I   taxillos] uel ad aleas *ad.*G
c.8 1 Quod — tripudient I[2]G: Ad idem I, contra tripudiantes I[1]   3 laicos I: laicis I[2]G   5 plateas] per *antep.*G   6 penam] pecuniam I   nobis *om.*G 7 incurrant *om.*G
c.9 1 Quod — laicorum I[2]G: Ad idem I, quod non audeant interesse ludis laicorum I[1]   2 iuxta *om.*G   3 aut ludis aliquibus *tr.*I[2]G   laicorum *om.*I[2]G 4 constitutis G   5 audeant G   Et] quod G

[12] 10. *De clericis non residentibus in ecclesia uel prebenda*

Constitutionem bone memorie domini fratris Sancii, predecessoris nostri[1], (qua mandat rectoribus et uicariis perpetuis ecclesiarum nostre diocesis quod in ecclesiis suis faciant residentiam perso-
5 naliter et, postquam infra annum se fecerint promoueri ad ordinem
quem onus sui beneficii requirit, in eodem ordine deseruiat in ipso
beneficio, alioquin dicta sua ecclesia sit ipso iure priuatus et alii
eadem ecclesia libere conferatur) ad omnes et singulos portionarios
et alios beneficiatos nostre diocesis, quorum beneficia de iure uel
10 de consuetudine habent ordinem sacrum annexum uel requirunt
residentiam personalem, intelligi uolumus et extendi, adicentes ne
quis portionarius seu beneficiatus in ecclesia in qua tenetur modo
predicto deseruire seu facere residentiam personalem, quemquam
de hiis qui alias iam ex se tenent et sint obligati eidem ecclesie de-
15 seruire, loco sui subrogare seu constituere audeat seruitorem, nisi
de nostra licentia speciali. Et si contra factum fuerit, constituens
penam quinquaginta solidorum et constitutus, si in predicta subro-
gatione assensum suum prestiterit, penam uiginti solidorum incurrant ipso facto. Quarum quidem penarum medietas conuertatur in
20 usus ecclesie in qua tales fuerint delinquentes, et alia medietas nobis
applicetur.

[13] 11. *Idem*

Ordinamus insuper ac etiam statuimus quod aliquis rector uel
uicarius aut alius curam habens animarum, quem de parochia sua
uoluntarie et absque utilitate seu necessitate ecclesie sue uel populi
5 sibi commissi contingat absentare, nullatenus possit alteri curam
animarum committere ultra quindecim dies, nobis inconsulto.
Alias tam committens quam recipiens dictam curam pro qualibet
uice qua contra fecerint, penam uiginti solidorum incurrant ipso
facto, nobis applicandorum. Ubi uero pro necessitate uel utilitate
10 ecclesie sue uel populi sibi commissi ipsum contingerit absentari,

[1] **c.10** Segorbe sínodo 1320.[10].

c.10 1 clericis] uel portionariis *ad.*I[1]   in — prebenda *om.*G   4-5 personaliter I: personalem I²G   5 fecerint] faciant G   6 quem onus *om.*G
deseruiant G   7 alioquin] in *ad.*G   8 portionarios] beneficiatos G
10 habent — annexum I: sunt ordini sacro annexa I²G   13 quemquam] quamquam G   14 ex se tenent] tenentur G   sint I: sunt I²G   15 constituere I:
substituere I²G   16 Et] quod G   16-17 constituens ... constitutus I: substi-
tuens ... substitutus I²G
c.11 1 Idem] quod non audeant se absentare *ad.*I[1]   6 committere animarum
*tr.*G   7 curam] animarum *ad.*G   9 uel utilitate *om.*G   10 ipsum] ipsi G

concedimus eidem quatinus per mensem possit dictam committere curam animarum persone idonee et discrete.

[14] 12. *Idem*

Statuimus etiam quod de cetero aliquis clericus nostre diocesis, obtinens beneficium ecclesiasticum in nostra diocesi residentiam re-quirens personalem uel cui alias sacer ordo sit annexus aut curam
5 habens animarum, non audeat se absentare a suo beneficio, sine nos-tra licentia speciali, ultra sex menses, a die qua a suo beneficio se absentauerit computandos. Alias si infra dictos sex menses ad suum beneficium non redierit et in eo continuam residentiam ex tunc non fecerit (assignantes dictis absentibus dictum tempus sex mensium
10 pro trina monitione et termino peremptorio), ipsos et quemlibet ipsorum non redeuntium ad ea sua beneficia et continuam residen-tiam ex tunc in eis non facientium cum effectu, ut est dictum, ipso facto prefatis suis beneficiis ex tunc perpetuo uolumus esse priuatos, sine aliqua alia monitione eisdem ulterius facienda. Que omnia in
15 presenti constitutione contenta in canonicis nostrarum ecclesiarum locum habere nolumus, set in eis seu contra eos penas a iure seu con-suetudine hactenus introductas seu impositas uolumus obseruari[1].

[15] 13. *De prebendis et prestimoniis*

Multorum rectorum et uicariorum perpetuorum ecclesiarum nostre diocesis frequenti ac queruloso clamore, tam in uisitatione generali, quam fecimus in anno proxime preterito, quam in presenti
5 synodo, percepimus quod in multis ecclesiis parochialibus nostre diocesis in quibus prestimonia seu prestimoniales portiones exsis-tunt, obtinentes dicta prestimonia in aliquibus ecclesiis medieta-tem, in aliis uero tertiam partem seu quartam recipiunt omnium

---

[1] **c.12** C.7 q.1 c.19, 23-24, 26, 29; X 1.14.4; X 2.28.28; X 3.4.4-17; Conc.3 Lat.1179 c.13 (X 3.4.3); Conc.4 Lat.1215 c.32 (X 3.5.30); Conc.2 Lugd.1274 c.13 (In VI 1.6.14); Conc.legat.Valladolid 1228 8.2 (TR 3.327); Conc.legat.Valla-dolid 1322 c.8 (TR 3.486); 1 Partida 16.16-17.

---

11 quatinus — possit I: per unum mensem posse I²G   predictam G   11-12 cu-ram animarum committere *tr.*G
c.12 3 obtinens — diocesi *marg.*I   ecclesiasticum *om.*G   8 continuam] continuatim G   11 ea *om.*G   11-12 et continuam — effectu *om.*G   13 pre-fatis] ipsis G   perpetuo *om.*G   14 aliqua *om.*G   15-17 contenta — con-suetudine *om.*G *(homograf.)*
c.13 1 et prestimoniis I²G: *om.*I   4 in²] de I   5-6 nostre diocesis *om.*G   8 in *om.*G   tertiam partem seu quartam I²G: certam partem seu quotam *mal* I

reditum dictarum ecclesiarum prouenientium dictis rectoribus et
10   uicariis seu eosdem rectores et uicarios contingentium, in tantum
quod de parte restanti dictis rectoribus seu uicariis non possunt iidem rectores seu uicarii, prout experimento cognouimus, etiam pro
medietate anni aliqualiter sustentari. Et multis ex predictis annualia, aliis trintenaria et aliquibus capellanias et missas rogatas nos
15   oportuit, propter eorum grauem inopiam, concedere atque dare.
[16] Et quia, secundum Apostolum, 'qui altario seruit, uiuere debet
de eodem'[1], et, secundum eumdem, 'qui ministrat spiritualia, non
est magnum si metat carnalia'[2], nec etiam 'boui claudere os debet
trituranti'[3]. Idcirco nos Johannes episcopus supra dictus, uolentes
20   eisdem rectoribus et uicariis perpetuis super predictis de opportuno
remedio, quantum possumus, prouidere, (cum sit ualde inhumanum, rationi et iuri contrarium, quod dicti rectores et uicarii perpetui, qui altario seruiunt continue et spiritualia ministrant, messem
dominicam triturant et laborem diei et estus sustinent[4] super gre-
25   gem eis creditum, de reditibus ex dicto grege sibi credito prouenientibus uiuere non possint seu etiam sustentari, dictis prestimoniariis,
qui nec in dictis ecclesiis psallunt neque canunt, nec in eis uidentur
nisi dum ueniunt cum sacco parati, tollentes partes suas et recedentes, eosdem reditus recipientibus et asportantibus in parte, ut
30   est dictum; dictis rectoribus et uicariis perpetuis non habentibus
unde ualeant de reditibus ecclesie per medium annum, ut premittitur, sustentari) statuimus et ordinamus quod cum predicti reditus,
eosdem rectores uel uicarios et prestimonia contingentes, fuerint
diuidendi quolibet anno, quamdiu dicti prestimoniarii, qui nunc
35   sunt, eisdem prestimoniis prefuerint, ante omnia de eisdem reditibus deducatur congrua sustentatio pro quolibet dictorum rectorum
et uicariorum et saltem pro duobus seruitoribus, qui rectori uel uicario perpetuo seruiant in ecclesia et in domo; et quod restauerit,
deducta dicta sustentatione, diuidatur, iuxta morem, inter rectores
40   seu uicarios et prestimoniarios supra dictos. Et hoc in uirtute sancte
obedientie precipimus teneri et obseruari. [17] Hanc autem constitutionem nostram in illis rectoribus seu uicariis perpetuis et pres-

[1]   **c.13** 1 Cor 9,13.
[2]   1 Cor 9,11.
[3]   1 Cor 9,9.
[4]   Mt 20,12.

9 ecclesiarum *om.*G   et] uel G   12 seu] uel G   14 aliis trintenaria] seu ter-
cenaria G   18-19 boui — trituranti I: bouis triturantis os claudi debeatur I²G
23-24 messem dominicam triturant I: mensam dominicam curant I²   28 sacco
parati I: saccis paratis I²G   29 eosdem I: eis I², eis idem G   35 sunt — pre-
fuerint] presunt dictis prestimoniis G   eisdem] illis *antep.*G   35-36 redi-
tibus] rectoribus G   39 iuxta morem *om.*G

timoniariis qui inter se super predicta redituum diuisione facienda
composuerint iam uel component amicabiliter in futurum, locum
45 uolumus non habere, set dictam compositionem uolumus pro bono
statu pacis et concordie inter predictos equanimiter tollerare.

[18] Sane quia ex predictis prestimoniis seu prestimonialibus
portionibus, prout experientia docet, multe parochiales ecclesie
nostre diocesis, que alias debiles et exiles ualde reditus obtinent, fue-
50 runt et sunt admodum deformate, nos easdem reformare cupientes,
hac constituione nostra synodali statuimus et ordinamus quod post
decessum uel abscessum prestimoniorum qui hodie dicta obtinent
prestimonia et cuiuslibet eorum, predicta prestimonia et eorum
quodlibet ad ecclesias seu ecclesiam in quibus seu in qua posita
55 fuerint seu instituta, plene et libere reuertantur ac etiam reducantur
et incorporentur, ita quod amodo dicta prestimonia seu prestimoniales portiones uel eorum aliquid in ecclesiis nostre diocesis uel
earum aliqua non exsistant, et reditus dictorum prestimoniorum et
partes eorum habeat et recipiat quilibet dictorum rectorum et uica-
60 riorum in ecclesia sua, sicut prius ante dictorum prestimoniorum ins-
titutionem. Et nos Johannes episcopus supra dictus dicta prestimonia
seu prestimoniales portiones per presentem nostram constitutionem
ex nunc pro tunc tollimus, amouemus et reuocamus, et eorum partes
siue reditus dictis rectoribus et uicariis perpetuis ac eorum rectoriis et
65 uicariis perpetuo incorporamus ac etiam applicamus.

[19] 14. *De testamentis et ultimis uoluntatibus*

Vt malignatio et usurpatio cesset circa bona clericorum ab
intestato decedentium et iuris ordinatio circa illa obseruetur, statuimus et ordinamus quod si aliquem clericum in sacris ordinibus
5 constitutum, habentem ecclesiasticum beneficium in ciuitatibus et
diocesi nostra Segobricensi et Sancte Marie de Albarrazino, mori
contingat ab intestato, omnia et quecumque bona sua per ecclesiam
seu uirtute ecclesie acquisita, per officialem nostrum, si presens fuerit, uel eius locum tenentem, uel, eis absentibus, per clericum in

---

45 uolumus] nolumus *mal* I   compositionem] constitutionem G   49 nostre
diocesis *om.* G   alias] aliis G   52 hodie I: nunc hodie I²G   53-54 et
cuiuslibet — quodlibet I²G: et quolibet eorum predicta prestimonia et eorum quolibet I   56 amodo I: ex tunc I²G   58 earum] eorum I, aliarum G   exsistat G
59 habeant et recipiant G   63 pro tunc] prout ex tunc G   63-65 eorum — applicamus] quorum rectoribus eorum et rectoribus et uicariis perpetuo
incorporamus ac sibi applicamus G
c.14 1 De — uoluntatibus I: De testamentis et successionibus ab intestato I²G
2 usurpatio I: occupatio I²G   bona *om.* I   3 decedentium] detendentium I,
descederit G   5 habentem I²G: habens I   6 diocesibus G   8 uirtute] intuitu G

10   sacris ordinibus constitutum in parochia ubi dictus clericus intestatus decesserit residentem uel domicilium tenentem aut ibi celebrantem, uel per alium alterius parochie uiciniorem, uel, ubi isti omnes
deficerent, per iudicem secularem ad requisitionem illius laici qui
illo anno operarius uel receptor fabrice fuerit, auctoritate huiusmo-
15   di constitutionis nostre pro ecclesia emparentur. Alias si bona dicti
clerici, sicut premittitur, ab intestato decedentis per quoscumque,
etiam si defuncto linea consanguinitatis uel affinitatis attineant,
occupata fuerint seu etiam asportata, dictus clericus, qui prefatam
emparam facere neglexerit, uel dictus laicus, illo anno operarius,
20   dictam emparam fieri requiri negligens, teneantur illis ad quos dicta
bona pertinent de eisdem reddere rationem.

[20]   15.   *Idem*

Vt citius et commodius habeatur ratio de bonis clericorum et eorum ultime uoluntates melius compleantur, illorum uidelicet quos
in nostra diocesi mori contigerit uel testari, statuimus et ordinamus
5   quod quilibet clericus nostre diocesis in sacris ordinibus constitutus testamentum faciens seu etiam codicillum seu quamlibet aliam
ordinans ultimam uoluntatem, unum de exsecutoribus dicti sui testamenti, codicilli siue ultime uoluntatis nominet et ponat aliquem
clericum de nostra diocesi, in sacris saltem ordinibus constitutum.
10   Alias testamentum, codicillum siue ultima uoluntas huiusmodi uiribus careat, et cessetur ab exsecutione ipsius tamdiu quoad usque
per nos uel per successores nostros testamentum siue codicillum aut
ultima uoluntas huiusmodi approbetur et aliquis clericus adiungatur
exsecutor, qui, una cum aliis exsecutoribus per testatorem in eisdem
15   ordinatis, huiusmodi testamentum, codicillum siue ultimam uoluntatem ac ordinationes testatoris debite mandet exsecutioni.

[21]   16.   *Idem*

Ne exsecutores testamentorum et heredes defunctorum ignorantiam ualeant allegare, mandamus omnibus et singulis curatis
nostre diocesis quod quilibet in sua parochia moneat quoscumque
5   exsecutores et heredes defunctorum, quod infra annum compleant

10 in parochia *om.*G   14 fuerit *om.*G   14-15 auctoritatis huius G   15 emparentur I[1]: emparata I, imperetur G   17 attineat IG   18 dicto clerico G
18-19 qui — laicus *om.*G   20 requiri] require I, requirentem G, fuerit *ad.*G
c.15 2 habeatur I: habeantur rationes I[2]G   et *om.*G   4 testari I[2]G: testa-
mentarii I   6 quelibet alia G   7 ultimam .... unum *om.*G   12 per[2] *om.*G
16 ordinationes I: ordinationem I[2]G
c.16 2 Ne] Vt G   3 ualeant] non *otra m. antep.*G

testamenta eis commissa, et in libro suo, quem ad hoc specialem habeant, manu sua propria scribant annum, diem, locum et horam, adhibitis duobus uel tribus testibus fide dignis, quos in dicto libro similiter scribant. Alias si elapso anno post dictam monitionem
10 immediate sequenti, se intromisserint de complendis testamentis, maxime ad pias causas, cum ex tunc exsecutio ad episcopum de iure pertineat[1], excommunicationi subdantur, et nichilominus non ualeat quidquid post dictum annum fecerint, nisi alias testator prolixius tempus in suo testamento receperit ad illud adimplendum.
15 Penam uero contra manumessores testamentorum per bone memorie dominum fratrem Sancium, predecessorem nostrum, in fine synodalis constitutionis sue, que incipit 'Cum nichil sit, etc.'[2] contentam, certis et rationabilibus ex causis tollimus et amouemus, ceteris in eadem constitutione contentis in suo robore duraturis.

[22]   17.   *De baptismo et pueris baptizandis*

Ceterum, periculum puerorum baptizandorum uitare uolentes, statuimus quod curati in suis ecclesiis informent suos parochianos quod, in casu quo aliquem puerum in periculo mortis nouerint esse
5 constitutum antequam ad ecclesiam possit ad baptizandum deferri, ipsum in aqua pura et munda sciant baptizare, proferendo uerba: 'Pedro o Johan, ego te baptizo in nomine Patris et Filii et Spiritus Sancti'. Et ut citius parochiani eorum utriusque sexus informentur, curati teneantur, in periculo animarum suarum, istam constitutio-
10 nem nostram ipsis publicare quolibet die dominico in ecclesiis suis, hora solita, donec parochiani sui de predictis plene fuerint informati[1].

[23]   18.   *De custodia sacri chrismatis*

Materiam fabricandi maligna in nostra diocesi amputare uolentes, statuimus quod talis persona mittatur per quemlibet curatum

---

[1]   **c.16** X 3.26.3; 6 Partida 10.6.
[2]   Segorbe sínodo 1320.[15].
[1]   **c.17** C.24 q.1 c.40; C.30 q.1 c.7; C.30 q.3 c.4; De cons. D.4 c.10, 21, 23, 28-32, 36, 40-43, 51; X 1.1.1; 1 Partida 4.3, 5, 8.

7 scribat I   9 scribat IG   10 sequenti] sequentem G   11 ad pias causas] in piis causis I[1]   12 subdantur] subditur G   13 quidquid *om.*G   annum] quid *ad.*G   13-14 prolixius I: prolixum I[2]G   15 manumessores I[2]G: exsecutores I 17 sue *om.*G   19 suo *interl.*I
c.17 1 De — baptizandis I[2]G: De sacro baptismate I   3 curati *om.*G   4 aliqui puerorum G   mortis *om.*G   5 constitutum] institutum G   7 Pedro o Johan] Petre uel talis G   8-9 citius — curati *om.*G   11 plene *om.*G
c.18 1 sacri *om.*G

pro chrismate, qui habeat discretionem et omni suspitione careat.
5 Et sic caute chrisma custodiatur, quod de ipso nichil sinistri ualeat
fabricari. Item, quod locus ubi chrisma portari debeat sit uelut modica caxa, que cum claue claudatur. Alias curati, qui in hoc negligentes siue desides fuerint uel remissi, penam decem solidorum de
suo nobis soluere teneantur[1].

[24]   19.   *De reliquiis et ueneratione sanctorum. Et de dicen-*
dis Horis

Item, precipimus et mandamus quod in dicendis diuinis officiis,
tam in Pascha quam in Pentecostes et aliis sollemnitatibus anni et
5 octauis eorum ac in ceteris diebus ferialibus, mos seu consuetudo
sancte Cesaraugustanensis ecclesie, metropolitane nostre, in ecclesiis nostris Segobricensi et Sancte Marie de Albarrazino ac in aliis
ecclesiis nostre diocesis per omnia obseruetur. Contrarium facientes
nostro arbitrio puniantur[1].

[25]   20.   *De flexione genuum ad 'Gratias agamus'*

Quia quotiens, fratres carissimi, missarum sollemnia agimus, totiens ad ablutionem nostram Passionem Domini nostri Iesu Christi
ad memoriam reuocamus, propterea debemus missarum sollemniis
5 cum omni deuotione assistere. Hinc est quod sacerdos ante orationem canonis, prefatione premissa, parat fratrum mentes dicendo
'Sursum corda', ut cum respondet plebs 'Habemus ad Dominum',
admoneatur nichil aliud se quam Dominum cogitare et in suis
actibus uenerari. Et ut ad hoc plebs deuotius inducatur, omnibus
10 uere penitentibus et confessis uel qui infra octo dies uere penitentes
fuerint et confessi, qui dum sacerdos in dicta prefatione 'Gratias agamus Domino Deo nostro' dicet, corde humili ac deuoto, dimissoque
caputio, genua in terra flexerint, humiliando se ad Deum et Salua-

---

[1] **c.18** D.25 c.1 § 14; D.95 pc.2, c.3-4; De cons. D.3 c.18; De cons. D.4 c.122-
124; X 1.24.2 § 2; 5.40.14; Conc.4 Lat.1215 c.20 (X 3.44.1); In VI 5.11.19;
Clem.3.16 un.; Conc.legat.Valladolid 1228 c.6.1 (TR 3.326); 1 Partida 4.69-71.
[1] **c.19** D.8 c.2; D.12 c.1, 13-14; De cons. D.2 c.31; De cons. D.3 c.22; De cons.
D.5 c.13; cf. X 4.4.5.

4 qui] quod G   5 caute chrisma custodiatur I²G: discrete chrisma custodiat I
6 uelut] sicut G   7 caxia G
c.19 1-2 De — Horis I: De Horis dicendis secundum consuetudinem Cesarau-
guste I²G   6-7 ecclesiis nostris *om.*G
c.20 1 ad] uerbum illud *ad.*G   agamus] Domino *ad.*G   2 Quia quotiens
I: Quoniam nos quotiens I²G   missarum *om.*G   7 ut cum I: et tunc I²G
8 admoneat G   11-12 dicet *ante* Gratias *tr.*G

torem suum, de misericordia eiusdem Saluatoris et sanctorum apos-
15 tolorum eius Petri et Pauli auctoritate confisi, quadraginta dies de
iniunctis eis legitime penitentiis, hac synodali constitutione perpetuo in nostra diocesi ualitura, misericorditer in Domino relaxamus.

[26] 21. *De oratione ordinata per dominum episcopum. Et*
        dat uiginti dies indulgentie dicentibus eam

Vt nomen illud gloriosissimum Domini nostri Iesu Christi, 'in
quo solo datum est sub celo hominibus posse saluos fieri'[1], eo deuo-
5 tius et crebrius a christifidelibus recolatur, quo sibi ex hoc spiritualia
beneficia ulterius conspexerint prouenire, omnibus uere penitentibus et confessis, qui corde pio pariter et deuoto, flectendo genua saltem cordis, deuote dixerint 'Benedictum sit nomen Domini nostri
Iesu Christi Nazareni crucifixi et gloriose matris eius semperque uir-
10 ginis Marie, nunc et in eternum et ultra. Amen', cum Pater noster
et Aue Maria, uiginti dies indulgentiarum, de misericordia eiusdem
Domini nostri Iesu Christi et sanctorum apostolorum eius Petri et
Pauli auctoritate confisi, de iniunctis eis legitime penitentiis, hac
synodali constitutione perpetuo in nostra diocesi ualitura, miseri-
15 corditer in Domino relaxamus.

[27] 22. *De festo sancti Eustachii*

Etsi sanctorum omnium memoriam ideo ueneramur in terris ut
eorum patrocinia in nostris tribulationibus et salutaribus petitionibus sentiamus in celis, illos tamen eo deuotius colimus et confiden-
5 tius inuocamus, quos, in passione sui martyrii positos, zelo caritatis
accensos, pro exauditione fidelium, eorum patrocinia inuocantium
in suis tribulationibus et necessitatibus, Dominum Deum legimus
inuocasse et exauditos ab eo fuisse. Inter quos beatum Eustachium,
uxorem filiosque suos, insignes Christi martyres et athletas fortissi-
10 mos legimus exstitisse. Nos itaque predictorum martyrum festiuitatem speciali deuotione prosequentes, ad diuini nominis gloriam
eorumque denique martyrum reuerentiam et honorem et fidelium
salutem, per uniuersas nostre diocesis ecclesias festiuitatem dicto-

[1] **c.21** Act 4,12.

---

c.21 1-2 De — eam] De ordinata dat xx. dies G   4 eo] et I   7 corde deuoto G   et *om*.G   10 Amen *om*.G   15 in Domino *om*.G
c.22 1 De — Eustachii I²G: Idem de ordinatione filiorum Eustachi I   2 memoriam I²G: memorias I   3 patrociniis G   et] in G   4 tamen] cum G
9 athletas] archetectas I, alletas I²G   10-12 festiuitatem — martyrum I²G: *om*.I
(homograf.)   11 speciali] spirituali G   12 et honorem *om*.G

rum sanctorum martyrum, (quorum passio, licet fuerit consum-
15 mata Rome quarto nonas mensis nouembris, tamen propter occupationem illius diei, in qua sancta mater Ecclesia circa animarum
sollemnitatem est intenta, celebratur decimo tertio kalendas iunii)
sub duplici ueneratione officii, de consensu pariter et assensu totius
synodi, statuimus et precipimus annis singulis ac perpetuis futuris
20 temporibus sollemniter celebrari. Et ut predicta sollemnitas deuotius
excolatur, omnibus uere penitentibus et confessis, qui in primis Vesperis dicte sollemnitatis interfuerint, uiginti dies, qui uero in missa,
totidem, et qui in secundis Vesperis alios uiginti dies indulgentiarum,
de misericordia Saluatoris nostri et beatorum apostolorum eius Petri
25 et Pauli auctoritate confidentes, de iniunctis eis legitime penitentiis,
per gratiam Sancti Spiritus, hac nostra synodali constitutione in nostra diocesi perpetuo ualitura, misericorditer in Domino relaxamus.

[**28**]   23.   *De Iudeis. Ne christiani <cum> Iudeis in cibis par-*
ticipent

Cum christiani in nullo peioris conditionis esse debeant quam
Iudei, qui distinguunt cibos a nobis, idcirco statuimus et sub pena
5 excommunicationis districte precipiendo mandamus omnibus et
singulis christianis nostre diocesis quod non comedant de carnibus
occisis a Iudeis nec bibant uina eorum. Alias, si quis contra presens
uenerit statutum, excommunicetur[1].

[**29**]   24.   *De penis contra illos qui fructus uinearum et alia-*
rum <arborum colligunt sine licentia dominorum>

Artare uolentes audaciam illorum qui metunt ubi non seminant
et colligunt ubi non plantant[1], statuimus quod si quis clericorum

---

[1] **c.23** C.28 q.1 c.12-14; Conc.3 Lat.1179 c.26 (X 5.6.5); X 5.6.8, 13; Conc.4
Lat.1215 c.68 (X 5.6.15); Conc.Vien.1311-12 c.25 (Clem.5.2 un.); Conc.legat.
Valladolid 1322 c.22 (TR 3.499-502); 4 Partida 21.8; 7 Partida 24.8-11; 7 Partida
25.10.
[1] **c.24** Mt 25,26; Lc 19,22.

---

15 nonas I²G: numeris I   18 ueneratione I: deuotione I²G   20-21 sollemniter — excolatur *om.*G   22-23 qui uero in — dies I²G: *om.*I *(homograf.)*
25 de iniunctis — penitentiis] in Domino G   27 relaxamus] Explicit tertius
liber. Sub rubricis quarti libri non sunt alique constitutiones edite de presenti *ad.*I
c.23 1-2 De — participent] Quod christiani abstineant a cibis Iudeorum G
1 cum *om.*Q   4 statuimus] instituimus G   7 quis] qui G   8 excommunicentur G
c.24 1-2 De — dominorum *om.*G *(que une esta constit. con la anterior)*   2 arborum — dominorum *om.*I   3-4 metunt — plantant *texto corrupto en* G

5 nostre diocesis fructus uinearum, arborum et prediorum alienorum colligerit sine licentia et permissu illius uel illorum quorum
dicti fructus exstiterint, dicta licentia primitus non obtenta, ultra
damnum irrogatum illi cuius dicti fructus collegerit, tantum soluat
nobis de pena quantum unus laicus in suo iudicio solueret, nulla
10 remissione exspectata.

[30] 25. *De penitentiis et remissionibus, et de bacinis Sedis et
aliarum ecclesiarum*

Statuimus insuper et ordinamus quod questus sedium nostrarum episcopalium, uidelicet Segobricensis et Sancte Marie de Albar-
5 razino, per ecclesias et parochias nostre diocesis fiat, ita quod per
rectorem cuiuslibet ecclesie uel parochie nostre diocesis aut per eius
locum tenentem eligatur unus parochianus, qui bacinum portet, et
quolibet die quo questus fiat scribatur per rectorem uel uicarium
aut eorum locum tenentem quantum congregabitur, ut in fine anni
10 a collectore ratio habeatur. Nos uero, confidentes de omnipotentis
Dei gratia et sanctorum apostolorum eius Petri et Pauli auctoritate, cuilibet facienti eleemosynam dictis sedibus quadraginta dies
indulgentiarum pro qualibet die in qua talem fecerit eleemosynam,
hac nostra synodali constitutione perpetuo ualitura in nostra dio-
15 cesi, concedimus, in peccatorum suorum remissionem. Vt autem
collector dicte eleemosyne ad eamdem eleemosynam colligendam
deuotius et animosius inducatur, eidem collectori, ultra dictam indulgentiam, gratiam facimus quod in aliquo interdicto per nos seu
officiales nostros posito in populo illo, ubi collector exstiterit, nu-
20 llatenus comprehendatur, nisi ob culpam sui positum fuerit interdictum. **[31]** Questus uero dictarum sedium sic uolumus distingui:
quod questus factus seu eleemosyne collecte in archidiaconatibus
Segobricensi et Altipontis fabrice sedis Segobricensis applicentur,
questus autem factus et eleemosyne collecte in archidiaconatu
25 Albarrazinensi cedant fabrice sedis nostre Albarrazinensis. Rectores
quoque uel uicarii supra dicti aut eorum loca tenentes, qui in premissis fuerint negligentes, tantum de suo dare teneantur, quantum
eleemosyna parochiarum suarum ascenderet, si fuisset fideliter collecta, nostro arbitrio taxanda.

5 uinearum] uuarum I²G   et *om*.G   5-6 alienorum *om*.G   6 colligerint I, colligent G   licentia] illorum *ad*.G   uel] et G   7 dicti] rei G
8 irrogatum] reseratum I, cessantem I²G   illi *om*.G   dicti] uictus G
colligunt ... soluant G   9 quantum] quam I
c.25 1 Sedis — ecclesiarum I: pro operibus ecclesiarum et locorum I²G   5 per²]
uicarium uel *ad*.I²G   8 fiat] fiet G   20 ob culpam sui I: ad culpam suam I²G
28-29 ascenderent ... fuissent ... taxandas G

[32] 26. *Quod bacinum Sedis uadat statim post bacinum parochie*

Item, ordinamus quod bacinum dicte sedis nostre Segobricensis in ecclesiis dictorum archidiaconatuum Segobricensis et Altipon-
5 tis, et bacinum prefate sedis nostre Albarrazini in ecclesiis prelibati archidiaconatus Albarrazini, statim post bacinum cuiuslibet parochialis ecclesie portetur, et quod rectores, sub pena inobedientie, teneantur plebibus suis dictas nostras indulgentias notificare et intimare, ut melius dictis fabricis manus suas porrigant adiutrices.
10 Et portetur nichilominus dictum bacinum quotiens ibit questus cuiuslibet ecclesie parochialis diebus dominicis et festiuis et diebus Omnium Sanctorum et Veneris Sancti et die qua fit commemoratio Omnium Fidelium Defunctorum.

[33] 27. *Quod questores dent quartam partem de questu ecclesiis*

Item, statuimus et ordinamus quod questores qui de licentia nostra in ecclesiis nostre diocesis questun fecerint, de hiis que a
5 christifidelibus in qualibet parochia eis erogata fuerint, ad releuandam indigentiam parochialium ecclesiarum (que, ut uidimus et fideli relatione cognouimus, incursionibus guerrarum interuenientibus sunt adeo desolate quod in eis, propter defectum librorum et ornamentorum altarium et aliorum, uix possint diuina celebrari)
10 quartam partem cuilibet ecclesie parochiali ubi illa colligerint soluere teneantur. Mandantes rectoribus et uicariis perpetuis ciuitatum diocesis nostre predictarum uel eorum loca tenentibus quod de dicta quarta parte exigenda de cetero a dictis questoribus solicite curent seu curam habeant diligentem, alias tantum eisdem ecclesiis de suo
15 soluere teneantur quantum dicta quarta pars ascenderet si asportata non fuisset. Et in casu quo ueritas de ualore queste ignoretur, stetur arbitrationi bonorum hominum, illorum uidelicet uel illius qui dictos questores associauerunt in questa facienda. Dicta uero quarta pars inde habita seu habenda, in utilitatem ecclesie conuertatur.

c.26 1-2 Quod — parochie I²G: Idem I   11 ecclesie parochialis] parochie G, et *ad.*G   et diebus *om.*G
c.27 1-2 de questu ecclesiis I²G: etc. I   2-4 qui — nostra] quidam licentiam nostram *(texto corrupto)* I   5 eis *post* christifidelibus *tr.*G   6 indigentiam] indulgentiam G   7 incursionibus] incursoribus I, intrusionibus I¹, incursionibus I², intensionibus G   8 adeo] scilicet *ad.*G   9 et aliorum *om.*G possunt G   10 cuilibet — colligerint I²G: cuiuslibet ecclesie parochiali in cuius parochia illa colligerit *(texto corrupto)* I   11 perpetuis *om.*G   ciuitatum] et *ad.*IG   14 de suo *om.*G   17 hominum] et *ad.*G

20 Et hoc nisi eisdem questoribus obtentu priuilegiorum sancte Sedis
apostolice aliud competierit in hac parte.

[34] 28. *Quod questores non portent crucem neque reliquias*

Olim prouide per Sedem apostolicam exstitit prouisum quod
questores ab abusionibus cessarent. Set quia iidem questores nouis
et exquisitis coloribus non cessant argentum a simplicibus extor-
5 quere, idcirco ordinamus quod nullus questor per ciuitates diocesis nostre supra dictas crucem, reliquiarium seu campanellam,
cum questum facit, audeat portare, nisi super hoc licentiam a
Sede apostolica habuerit specialem. Alias, si presumptuose dictam
crucem uel reliquiarium aut campanellam portauerit, mandamus
10 per presentes quatinus illa uel illud ei per officialem nostrum uel
eius locum tenentem, et, eo absente, per rectorem uel uicarium
ecclesie in cuius parochia predicta commisserit, aut <per> eorum
locum tenentem, una cum questu quem collegerit, auferatur, et
questus ille in utilitatem ipsius ecclesie, in cuius parochia illum
15 extorserit, conuertatur.

[35] 29. *Quod questores non predicent*

Cum a iure prouisum exsistat quod questores non se intromittant de predicando populis in ecclesiis uel extra, temporibus
illicitis quibus diuina officia minime celebrantur, et iidem questores
5 non cessant a dicta predicatione, dicentes se ad hoc permissionem
habere. Idcirco statuimus quod nullus questor admittatur in nostra
diocesi ad exponendum aliquid in populis, nisi illa que in eorum
priuilegiis seu in nostris litteris comprobatis continebuntur. Et ut
fraus euitetur, mandamus quod illa que in litteris indulgentiarum
10 continebuntur, in cartellis conscribantur, qui quidem cartelli sigillo
nostro uel uicarii nostri generalis sint muniti. Curati uero ecclesiarum ad quas dictos questores declinare contigerit, dictos cartellos
legant, et ultra illa in eisdem cartellis contenta prefatos questores
quidquam exponere non permittant, si indignationem nostram

c.28 1 Quod — reliquias I²G: Item qua questores portantes cruces I 2 exstitit I: fuit I²G prouisum] promissum G 3 iidem] idem *mal* IG 5 ciui-
tates] et *ad.*IG 5-6 diocesim nostram I, dioceses nostras G 6 reliquiarium I:
reliquias I²G 9 reliquiarium I: reliquias I²G 10 ei] eis IG 12 predicta]
premissa G commisserint IG aut] uel G per *om.*IG eorum] eius IG
13 colligerint G 15 extorserint G
c.29 1 Quod — predicent G: Item qua questores (non *ad.*I¹) predicantes I
7 in¹ *om.*G eorum] suis G 8 seu] siue G in *om.*G 10 continebuntur in] et G scribantur G 13 eisdem] dictis G prefatos questores *om.*G

15 uoluerint euitare, nisi eisdem questoribus ex priuilegio apostolico
aliud competierit in hac parte[1].

[36] 30. *De sententia excommunicationis*

Cum olim uenerabilis pater dominus Johannes, Sabinensis
Episcopus, in partibus Yspanie legationis officio fungeretur, et contra clericos concubinarios suspensionis, et in concubinas eorum
5 excommunicationis sententias generaliter promulgasset. Ex quibus
quidem sententiis, licet ad salutem animarum prolate fuissent, quia
tamen non salus set damna frequenter et pericula sequebantur, dominus papa, uolens morbo huiusmodi salubri remedio subuenire,
mandauit per dominum Egidium, bone memorie, sanctorum Cos-
10 me et Damiani diaconum cardinalem, contra morbum predictum
tam pestiferum et damnosum conueniens remedium adhiberi. Qui,
cum prelatis Yspanie tunc in Romana curia exsistentibus deliberatione habita et tractatu, commisit et mandauit archiepiscopis, episcopis et aliis prelatis Yspanie ut predictas suspensionis et excommu-
15 nicationis sententias in penas alias, prout sequitur, commutarent:
[37] 'Venerabilibus in Christo patribus archiepiscopis, episcopis et aliis per Yspaniam ecclesiarum prelatis, Egidius, diuina prouidentia sanctorum Cosme et Damiani diaconus cardinalis, salutem
in uero salutari. Ad regimen animarum et curam Sedes apostolica,
20 per sedem summi pontificis instituta, pericula per que commisse
sibi anime cadunt grauiter, commissa cura debet sollicita remouere,
salubrem animabus ipsis adiciendo medelam. Sane cum recolende
memorie uenerabilis in Christo pater Johannes, Sabinensis Episcopus, in partibus Yspanie legationis officio fungeretur, pro refor-
25 mandis moribus et precipue clericorum, qui, per uite munditiam
et conuersationem laudabilem, formam in moribus cunctis dare
debent pura conscientia, fecit et statuit omnes sacerdotes, diaconos,
subdiaconos et omnes beneficiatos, qui in domibus suis uel alienis
detinere publice presumerent concubinas, denuntiari suspensos et
30 concubinas excommunicationis sententie subiacere. Verum quia

---

[1] **c.29** Conc.4 Lat.1215 c.3 (X 5.7.13 § 6); Conc.4 Lat.1215 c.62 (X 5.38.14);
Conc.legat.Tarragona 1239 c.2 (TR 3.367; Pons Guri 39); Segorbe sínodos de
1320.[37] y 1358.[6].

---

c.30   4 suspensionis *om.*G   7-8 dominus] et *antep.*G   10 cardinalem]
ut *ad.*G   12 exsistentibus I: residentibus I[2]G   14 predictas] prefatas G   15 sententias *post* commutarent *mal tr.*G   17 ecclesiarum *om.*G
17-18 prouidentia I[2]G: potentia I   18 salutem *om.*G   19 uero] non *mal* G
20 per sedem] asi esta no se entiende bien *ad.*I[1]   pontifices instituto G   per
*om.*G   21 commissa] in comissa G   sollicita] solita G   25 per *om.*G
29 presumant G

sepe quod prouidetur in bonum, antiqui hostis inuidia procurante tendit ad noxiam, predicte sententie, que pro animarum procuranda salute fuerant promulgate (tum per irregularitates quas clerici sententiis eisdem ligati multotiens contrahebant, tum per contagio-
35 se pene contagium qua excommunicati per excommunicationem affecti sibi communicantes excommunicationis labe inficiunt) animabus ipsis laqueos eterne mortis parabant et quamplures sepissime utri laqueo ligabantur. Huic autem morbo dominus papa salutiferam intendens adhibere medelam, nobis uiua uoce mandauit ut
40 contra morbum eumdem tam pestiferum, tam damnosum, tam in clerum Yspanie infamiam inducentem, conueniens remedium adhibere curaremus, ut animarum uitaretur periculum et nichilominus delinquentes canonicam non effugerent ultionem. Nos igitur cum prelatis et aliis discretis uiris Yspanie apud Sedem apostolicam
45 constitutis super hiis deliberatione prehabita et deinde super commutatione pene predicte tractatu habito cum eisdem, prospeximus quod cum pro uarietate personarum ac etiam regionum pene sint proinde uariende, ne ad instar imperiti medici omnium curare oculos uno collirio uideremur, uobis, qui conditionem personarum et
50 locorum uestre prouincie melius scire potestis, eadem auctoritate committimus, districte precipiendo mandantes, quatinus habentes pre oculis solum Deum, cui de animabus uobis commissis reddituri estis in die iudicii rationem, clericis penas et concubinis predictis per sententias memoratas impositas, in penas alias, quas, persona-
55 rum, locorum et temporum circumstantiis prouida circumspectione pensatis, eorumdem animarum saluti magis expedire uideritis, commutetis, eiusdem legati sententias auctoritate apostolica postmodum relaxantes. Singuli autem uestrum nichilominus circa suos subditos, qui ex dictis sententiis in excommunicationis et irregulari-
60 tatis laqueos hactenus inciderunt, per absolutionis et dispensationis gratiam, si merita personarum exegerint, eadem auctoritate, discretione preuia, prouidere curetis, prouiso ne, quod pro correctione morum duxeritis ordinandum, ad iniquum compendium ullatenus conuertatis.

31 quod *om.*G   33 quas *bis* G   34 eisdem] ipsius G   ligati] legati IG tum] tunc G   36 affecti] efecti I, officii I²G   communicantes] editantes G 37 parabant] periebant G   et *om.*G   38 utri] unius IG   dominus] dicens G 39 uiua] una G   40 pestiferum I: mortiferum I²G   41 inducentem] educentem   45-46 commutatione] comunicationem G   46 predicte *om.*G prospeximus] propensius G   47 pro uarietate I: propter uarietatem I²G   ac] et G   sint] sunt G   48-49 oculos *om.*G   51 districte I²G: discrete I 52 uobis I¹: nobis *mal* IG   54 alias quas I²G: *om.*I   56 earumdem G 57 eiusdem] dictas *antep.*I²   dictas sententias eiusdem legati G   58 relaxantes I: relaxandas I²G   59 excommunicationis et] excarcerationis uel G 64 conuertatis I: conuertatur I²G

65   Datum Ianue, kalendis iunii, pontificatus domini Innocentii pape quarti anno octauo, Domini millesimo ducentesimo quinquagesimo primo'[1].

[38] Nos igitur Johannes episcopus supra dictus, prelibatis animarum periculis obuiare uolentes ac cupientes apponere remedium
70 salutare, ne persone predicte insolenter delinquant, cum non inuenerimus predictas suspensionis et excommunicationis sententias per aliquem predecessorum nostrorum fuisse in penas alias commutatas, auctoritate predicta nobis in hac parte commissa prefatas suspensionis et excommunicationis sententias in penas inferius po-
75 sitas commutamus. In primis statuentes ut omnes et singuli clerici ciuitatum et diocesis nostre Segobricensis et Sancte Marie de Albarrazino, qui inuenti fuerint detinentes publice concubinas, si beneficia ecclesiastica habuerint cum cura uel sine cura, puniantur iuxta constitutionem sacri concilii Casaraugustani[2], uidelicet in sexta par
80 te redituum beneficiorum suorum que obtinent in nostra diocesi, anni uidelicet illius quo tales fuerint inuenti, nobis applicanda. Et hoc pro prima uice cum publici concubinarii fuerint inuenti. Et si secunda uice in eodem concubinatu uel alio fuerint inuenti, tamdiu eos suspendimus a perceptione redituum dictorum beneficiorum
85 suorum quodausque concubinas a se omnino abiecerint, numquam reuersuri ad easdem. Quod si forte ad ipsas redierint uel alias receperint et in concubinatu tertio inuenti fuerint, ipsos, ultra dictas penas, uolumus per quadraginta dies carceri mancipari. Si uero beneficium ecclesiasticum non habuerint et in sacris ordinibus fuerint
90 constituti, penam quinque librarum, nobis applicandarum, pro qualibet uice qua publici concubinarii fuerint inuenti, incurrant ipso facto et exsoluant. Et nichilominus tam istos quam illos habentes beneficia, si facti qualitas expoposcerit, decernimus nostro arbitrio grauius puniendos. Penam uero aliorum clericorum qui non
95 habent beneficia et sunt in minoribus ordinibus constituti, nostro arbitrio reseruamus. [39] Concubine insuper publice predictorum clericorum, si manifestum fuerit et notorium per circumuicina ipsas fore uel immediate fuisse, ante mortem uel decessum earum, con-

---

[1] **c.30** Todo el texto de esta constitución se encuentra a la letra en el sínodo de Tortosa de 1278, editado en SH XII.619-622, donde se pueden ver el origen y las fuentes.
[2] Conc.prov.Zaragoza 1318-1319, ed. *Sínod.Pamplona* fol. 4r.

---

65 domini] nostri *ad.*G   66 octauo *om.*G   ducentesimo] ccc. *mal* I   70 insolenter] insolerter I, insoliciter G   72 penas] personas I   74 inferius] inferni G   75 clerici *interl.*I   79 uidelicet *om.*G   80 redituum *om.*G suorum *om.*G   81 applicanda] applicandorum G   84 dictorum *om.*G 91 publice G   92 exsoluant] exsoluatur G   93 facti *om.*G   94 grauius] grauiter G   97 ipsas] ipsos *mal* IG   98 earum] dictarum *ad.*G

cubinas eorumdem clericorum uel alicuius eorum, et pro talibus re-
100 putentur et fama publica de hoc exsistat, si sic tali laborante infamia
decesserint, non antea tradantur ecclesiastice sepulture quam decem
libras cere soluerint ecclesie in qua seu in cuius cimiterio fuerint
sepeliende, in diuini cultus seruitium dumtaxat conuertendas. In
casu uero quo dicte concubine decederent in domibus dictorum
105 clericorum uel alicuius eorum, careant ecclesiastica sepultura, nisi
alias per nos uel de mandato nostro super hoc dispensatum fuerit
cum eisdem. [**40**] Et predictis suspensionis et excommunicationis
sententiis in prenominatas penas per nos taliter commutatis, easdem suspensionis et excommunicationis sententias per iam dictum
110 Johannem Sabinensem Episcopum latas, quantum ad clericos ciuitatum et diocesis nostre predictarum et concubinas eorumdem, presenti constitutione, auctoritate premissa, expresse et ex certa scientia
tollimus ac etiam relaxamus, decernentes clericos ciuitatum et diocesis nostre predictarum et concubinas eorumdem prelibatis sus-
115 pensionis et excommunicationis sententiis de cetero non ligari, dis-
pensantes nichilominus eadem auctoritate cum omnibus et singulis
clericis dictarum ciuitatum et diocesis nostre super irregularitatibus
seu irregularitate, si quas seu si quam, occasione dicte constitutionis
prefati legati, non tamen ex contemptu, incurrerunt, restituentes
120 eosdem in statum pristinum et celebrationi diuinorum.

[**41**]   31. *Item, de eodem. Et reuocatur constitutio domini
Helie episcopi*

Constitutionem domini Helie, bone memorie, predecessoris nostri, que penam excommunicationis imponit clericis manifeste concu-
5 binariis[1], quantum ad dictam excommunicationis sententiam in clericos concubinarios promulgatam, certis et legitimis ac rationabilibus
ex causis cum presenti statuto tollentes et reuocantes, statuimus quod
clerici concubinarii puniantur prout superius in precedenti constitutione commutationis sententiarum, suspensionis uidelicet in clericos
10 concubinarios et excommunicationis in eorum concubinas, latarum
per dominum Johannem, Sabinensem Episcopum, in Yspania legatum apostolicum, in penas alias per nos exstitit ordinatum.

---

[1]   **c.31** No encontramos esta constitución en el sínodo de 1358.

98-99 concubinas I: concubinarum I[1]G   99 eorumdem] dictorum G
99-100 reputentur] deputentur G   100 de hoc exsistat I: adhuc constat I[2]G
102 libras] librarum G   104 decederent] recederent G   108 commutatis]
commutatas G   110 quantum] quatenus G   110-111 ciuitatis G   113 ciui-
tatum] ciuitatis G   117 diocesis] diocesum G
c.31 1 Item — reuocatur I: constitutio — episcopi G   3 Constitutio G
4 imponit] ponitur G   12 per nos *om.* G   exsistit G

[42] 32. *Contra clericos et laicos qui tempore interdicti tradunt corpora defunctorum sepulture*

Periculose presumptioni eorum qui tempore interdicti sepulture ecclesiastice defunctorum corpora tradere non formidant occurrere cupientes, statuimus quod tempore interdicti generalis uel specialis nullus clericus uel laicus, cuiuscumque preeminentie, status uel condicionis exsistat, audeat funus aliquod ecclesiastice tradere sepulture. Qui uero contra fecerit, si laicus fuerit, careat ecclesiastica sepultura quousque ad arbitrium nostrum, cuius iurisdictionem
10 contempsit, satisfecerit de contemptu; si uero clericus fuerit curam habens animarum uel alias beneficiatus, pena quinque librarum puniatur, cuius quidem pene medietas nobis et alia medietas illi ecclesie in qua illud fuerit commissum applicetur; si uero beneficiatus non fuerit, penam inhabilitatis ad ecclesiasticum beneficium
15 obtinendum incurrat ipso facto, tamdiu quousque ad arbitrium nostrum satisfecerit competenter. Penis aliis super hoc a iure positis in suo robore duraturis.

[43] 33. *<De penis que ecclesiis applicantur>*

Cum in multis supra dictarum constitutionum nostrarum articulis diuersas penas pro correctione et honestate cleri et populi nobis commissi imposuerimus et earum aliquas ecclesiis applicauerimus, applicationem seu applicationes tales sic uolumus intellegi:
5 quod pene predicte ecclesiis applicande conuertantur, ad nostrum arbitrium, in utilitatem ecclesie ad quam noscuntur pertinere. Et ut pene predicte diligentius ac efficatius accusentur et leuentur, accusatorem earum quintam partem habere uolumus ac etiam obtinere.

[44] 34. *<Abecedarium siue alfabetum in quo pueri sunt instruendi>*

Abecedarium siue alfabetum in quo pueri seu nouitii sunt ante omnia instruendi, prout supra in prima constitutione precepimus
5 obseruari[1], sequitur in hunc modum: a. b. c. d. e. f. g. h. i. k. l. m. n. o. p. q. r. s. t. u. x. y. z.

---

[1] **c.34** Supra, el [3] de este sínodo.

c.32 1-2 Contra — sepulture *om.* G   7 tradere] tradi G   17 duraturis] Explicit liber quintus *ad.* I
c.33 1 De — applicantur *om.* IG   2 nostrarum *om.* G   3 et populi *om.* G et *om.* G   4 aliquas] aliquibus G   8 ac] et G
c.34 1-2 Abecedarium — instruendi *om.* IG   4 prima] nostra *ad.* G   5 obseruare G   5-6 a. — z. *om.* G

Sequitur oratio dominica: 'Pater noster, qui es in celis, etc.'

Sequitur symbolum apostolorum: 'Credo in Deum, Patrem omnipotentem, etc.'

10   Sequitur salutatio angelica: 'Ave, Maria, gratia plena, etc.'

Sequitur Confessio ante missam facienda. Antea 'Sancti Spiritus adsit nobis gratia. Amen', et 'Introibo ad altare Dei. Ad Deum qui letificat iuuentutem meam'. Psalmus 'Iudica me, Deus, et discerne causam meam, etc.' Et 'Introibo ad altare Dei'.

15   'Dignare, Domine, die isto. Sine peccato'.

'Ab occultis meis. Et ab alienis parce'.

'Confitemini Domino'.

Confessio: 'Ego peccator confiteor omnipotenti Deo, etc.' 'Misereatur tui omnipotens Deus, etc.'

20   Sicut mos est dicendi, ita instruendi sunt dicti pueri.

[45]   35.   *De articulis fidei*

Et quia fundamentum fidei christiane sunt articuli ipsius fidei, quos quilibet fidelis christianus, quammaxime clericus, scire debet, idcirco dictos articulos, qui in preinserto apostolorum symbolo
5   continentur, distinguendos et declarandos duximus, ad informationem rudium, in hunc qui sequitur modum.

Et primo sciendum est quod duodecim sunt articuli fidei, secundum quod duodecim sunt apostoli, qui cooperante eis gratia Spiritus Sancti composuerunt symbolum ante dictum, quorum duo
10   pertinent ad deitatem, quinque ad humanitatem Filii, et alii quinque ad Spiritum Sanctum.

Sequuntur articuli secundum deitatem:

Primus articulus est: Credo in Deum, Patrem omnipotentem, creatorem celi et terre.

15   Secundus articulus est: Et in Iesum Christum, Filium eius unicum, Dominum nostrum.

Sequuntur articuli pertinentes ad humanitatem Filii:

---

7 etc.] sanctificetur nomen tuum, etc. Totum dicatur G   9 etc.] creatorem celi et terre, etc. Dicatur totum G   10 etc.] Dominus tecum benedicta tu in mulieribus. Que tota dicatur G   11 ante — Antea *om.*G   faciendam I   13 meam] et sic de omnibus singulis *ad.*G   Psalmus *om.*G   Deus] Domine *antep.*G 14 etc.] que cum psalmis cantetur G   15 Sine peccato] etc. G   16 Et — parce] etc. G   17 Domino] etc. *ad.*G   18 Confessio *om.*G   omnipotenti *om.*G 18-19 Misereatur — etc.] Indulgentiam et remissionem etc. Adiutorium nostrum etc. Sit nomen Domini benedictum. Benedicamus Domino. Deo gratias. Penitentiam pro peccatis nostris. Pater noster G   20 Sicut — pueri *om.*G

c.35 1 De articulis fidei *espacio en blanco* I   4 qui *om.*G   10 quinque] autem *ad.*G   12 Sequuntur — deitatem] Articuli sequuntur fidei G   14 terre] Dixit Petrus *ad.*G   16 nostrum] Dixit Andreas *ad.*G   17 Sequuntur — Filii *om.*G

Tertius articulus est: Qui conceptus est de Spiritu Sancto, natus ex Maria uirgine.

20 Quartus articulus est: Passus sub Pontio Pilato, crucifixus, mortuus et sepultus.

Quintus articulus est: Descendit ad inferos, tertia die resurrexit a mortuis.

Sextus articulus est: Ascendit ad celos, sedet ad dexteram Dei
25 Patris omnipotentis.

Septimus articulus est: Inde uenturus est iudicare uiuos et mortuos.

Et comprehenduntur dicti articuli pertinentes ad humanitatem Filii sub hiis uersibus qui sequuntur:

30 Conceptus, natus, passus, descendit ad yma,
surgit et ascendit, ueniet discernere cuncta.
Sequuntur articuli pertinentes ad Spiritum Sanctum:
Octauus articulus est: Credo in Spiritum Sanctum.

Nonus articulus est: Sanctam Ecclesiam catholicam, sanctorum
35 communionem.

Decimus articulus est: Remissionem peccatorum.

Vndecimus articulus est: Carnis resurrectionem.

Duodecimus articulus est: Et uitam eternam. Amen.

[46] 36.   *<De decem preceptis, de uirtutibus et de peccatis mortalibus>*

Decem precepta Legis seu decalogi in hiis uersibus qui sequuntur continentur:

5 Vnum crede Deum, nec iures uana per eum,
Sabbatum sanctifices, habeas in honorem parentes,
Non sis occisor, fur, mechus, testis iniquus,
Alterius nuptam nec rem accipias alienam.

Septem uirtutes, tres theologice et quatuor cardinales, sunt que
10 sequuntur. Tres theologice sunt: Spes, fides et caritas. Quatuor cardinales sunt: Prudentia, temperantia, fortitudo et iustitia.

---

19 uirgine] Dixit Johannes *ad.*G   21 sepultus] Dixit Iacobus *ad.*G   23 mortuis] Dixit Thomas *ad.*G   25 omnipotentis] Dixit Iacobus Minor *ad.*G 26-27 mortuos] Dixit Philippus *ad.*G 32 Sequuntur — Sanctum *om.*G   33 Sanctum] Dixit Bartholomeus *ad.*G   35 communionem] *no sigue ningún nombre de apóstol en* G   36 peccatorum] Dixit Simon Cananeus *ad.*G   37 resurrectionem] Dixit Judas Thadeus *ad.*G   38 Amen] Dixit Matheus *ad.*G
c.36 1-2 De — mortalibus *om.*IG   3 seu decalogi *om.*G   4 continebuntur G   5 crede] credo Gªᶜ, cole Gᵖᶜ   6 honorem] amore G   8 accipias] cupias G   9 Septem — tres] Tres sunt uirtutes theologice et quatuor cardinales G   theologice] scilicet *ad.*G   10-11 Quatuor ... sunt *om.*G

Septem peccata mortalia sub hac dictione *saligia* designantur, litteram pro dictione recipiendo, scilicet: *s:* superbia; *a:* auaritia; *l:* luxuria; *i:* inuidia; *g:* gula; *i:* ira; *a:* accidia.

[47]   37.   *<Septem sacramenta Ecclesie>*

Septem sacramenta Ecclesie sunt hec que sequuntur: Baptismus, confirmatio, penitentia, Eucharistia, matrimonium, ordo et extrema unctio.

[48]   38.   *<Septem opera misericordie>*

Septem opera misericordie comprehenduntur sub hoc uersu:
Visito *infirmum,*
Poto *sitientem,*
5   Cibo *esurientem,*
Redimo *captiuum,*
Tego *nudum,*
Colligo *hospitem pro Deo,*
Condo *mortuum (sepelio).*

[49]   39.   *<Septem dona Spiritus Sancti. Octo beatitudines>*

Septem dona Spiritus Sancti sunt ista que sequuntur: Sapientia, intellectus, consilium, fortitudo, scientia, pietas et timor.

Octo beatitudines sunt hec que sequuntur: Paupertas spiritus,
5   humilitas, luctus, esuries iustitie, misericordia, munditia cordis, pax, et patientia in persecutionibus.

[50]   40.   *<Septem uirtutes contra septem peccata mortalia. Et quinque sensus corporales>*

Septem uirtutes contra septem peccata mortalia sunt hec que sequuntur:

12 Septem] sunt *ad.*G   13 recipiendo] accipiendo G   13-14 s ... a ... l ...
i ... g ... i ... a] pro *antep.*G
c.37 1 Septem — Ecclesie *om.*IG   2 sunt *ante* sacramenta *tr.*G   hec] scilicet
*ad.*G
c.38 1 Septem — misericordie *om.*IG   2 Septem] sunt *ad.*G   misericordie] que *ad.*G   3-9 infirmum ... sitientem ... esurientem ... captiuum ...
nudum ... hospitem pro Deo ... mortuum (sepelio) *om.*G
c.39 1 Septem — beatitudines *om.*IG   2 sunt *ante* dona *tr.*G   ista
*om.*G   sequuntur] scilicet *ad.*G   3 *desde* fortitudo *hasta el final falta del texto
de* G
c.40 1-2 Septem — corporales *om.*I

5   Humilitas contra superbiam.
Largitas contra auaritiam.
Continentia contra luxuriam.
Patientia contra iram.
Abstinentia contra gulam.
10   Amor seu dilectio contra inuidiam.
Et occupatio sancta contra accidiam.
Quinque sensus sunt isti qui sequuntur: Visus, auditus, odoratus, gustus et tactus.

[51] 41. *<Qui teneantur habere constitutiones synodales et eas publicare>*

Vt autem predicte constitutiones nostre efficatius obseruentur, mandamus ut omnes prelati, rectores, uicarii et alii curam anima-
5   rum habentes ciuitatum et diocesis nostre Segobricensis et Sancte Marie de Albarrazino et eorum quilibet, usque ad proximum festum sancti Michaelis mensis septembris copiam habeant earumdem, et deinde curent eas clero et populo frequenter publicare et exponere diligenter, ut sic suas et aliorum sibi commissas animas
10   ualeant studiosius gubernare. Quicumque uero copiam huiusmodi infra dictum tempus non habuerit, pena uiginti solidorum, nobis applicandorum, irremissibiliter puniatur[11].

[52] *Publicate fuerunt dicte constitutiones, presente synodo, sub anno, die et loco supra dictis, presentibus, etc.*

5. Sínodo de Juan de Tauste, Segorbe, 25 abril 1417

Juan de Tauste pertenecía a la orden franciscana y era maestro en teología. El 16 de agosto de 1403 fue nombrado obispo de Huesca, donde celebró sínodo en 1408. El 5 de mayo de 1410 fue trasladado a la diócesis de Segorbe-Albarracín. Murió en 1427. Fue nombrado obispo por Benedicto XIII, pero en 1416 se separó de su obediencia[1].

Tradición manuscrita: I fol.53rv

[1] **c.41** Segorbe sínodos de 1320.[41-43]; 1323.[15].
[1] C. EUBEL, *Hierarchia catholica* I.379, 443; D. MONTOLÍO TORÁN - P. SABORIT BADENES, «La iglesia de Segorbe-Castellón», en: *Historia de las diócesis españolas* 6.501, 605, 614, 617; *Noticias de Segorbe y de su obispado* 178-185 (pp.179-184), que dice que era «maestro de la orden la Merced» y menciona el sínodo de 1417, pero dice que de él «no nos queda nada», quizá porque es muy poco lo que queda; P. L. LLORENS, «Segorbe-

c.41 1-2 Qui — publicare *om.*I

[1]   <*Proemium notarii*>

Incipiunt constitutiones edite per reuerendum in Christo patrem et dominum fratrem Johannem de Thaust, miseratione diuina Segobricensem et Sancte Marie de Albarrazino episcopum, in synodo per ipsum
5   Segobrice celebrato anno m.cccc.xvii.

[2]   <*Prologium episcopi*>

Anno a natiuitate Domini millesimo quatuor centesimo decimo septimo, die dominica in que cantatur 'Ego sum pastor bonus', computata uicesima quinta die aprilis, nos frater Johannes, Segobri-
5   censis et Sancte Marie de Albarrazino ecclesiarum inuicem canonice unitarum episcopus, apud ecclesiam nostram Segobricensem iam dictam, synodum generalem celebrantes ad honorem Domini nostri Iesu Christi et utilitati nostre diocesis propensius intendentes, prius cum dominis canonicis, nostris fratribus et amicis, tractatu
10   diligenti habito et maturo consilio, clericisque nostri episcopatus in synodo specialiter congregatis, constitutiones, ordinationes, prohibitiones et precepta secundum canonum instituta, prout saluti animarum et bonis moribus clericorum expedire nouimus, fecimus, ut sequitur, annotari.

[3]   1.   <*Omnes constitutiones predecessorum nostrorum in sua firmitate maneant*>

Primo, statuimus et ordinamus ac uolumus quod omnes constitutiones predecessorum nostrorum correcte et emendate in sua
5   firmitate maneant, quas mandamus inuiolabiliter obseruari.

[4]   2.   <*Synodus celebretur anno quolibet, alternatim Segobrice et in Albarrazino*>

Item, quod amodo synodus celebretur anno quolibet, una uice Segobrice et uice alia in Albarrazino aut | in alio quocumque loco
5   nostre diocesis, ubi nobis seu successoribus nostris fuerit bene ui-

---

Castellón, diócesis de», en: DHEE 4.2392; A. Durán, «Huesca, diócesis de», en: DHEE 2.1110; L. Ferrer, «Sínodo», en: DHEE 4.2491 y 2492.

Pr. 1 Proemium notarii *om.*I   2 (fol.53r) I
Prol. 1 Prologium episcopi *om.*I
c.1 1-2 Omnes — maneant *om.*I
c.2 1-2 Synodus — Albarrazino *om.*I   3 (fol.53v) I

sum. Et qui uocatus ad synodum non uenerit pena quinquaginta
solidorum puniatur, nisi legitimam habuerit excusationem[1].

[5] 3. <*Item, quod omnes beneficiati teneantur recitare officium diuinum iuxta formam cathedralis ecclesie*>

Item, quod omnes rectores et uicarii perpetui et beneficiati residentes in ecclesiis et beneficiis suis teneantur recitare, cantare et fa-
5   cere officium diuinum iuxta et secundum formam sedis cathedralis
et matricis ecclesie in diocesi sua, sub pena quinquaginta solidorum,
nobis seu successoribus nostris applicandorum. Et quod habeant
corrigere et adaptare et conformare consuetas suas cum consueta
dictarum sedium hinc ad festum sancti Michaelis mensis septem-
10   bris primo uenturi, sub pena supra dicta, ut supra applicanda[1].

6. Sínodo de Francisco de Aguilón, cartuja de Valldecrist, 18 de octubre de 1428

Francisco de Aguilón había nacido en Valencia y era canónigo sacrista de
Mallorca cuando en 1427 el obispo Juan de Tauste lo nombró vicario general
de Segorbe-Albarracín y el 14 de abril de 1428 le sucedió en la sede episcopal.
Murió en 1437[1]. Celebró sínodo en la cartuja de Valdecristo o Valldecrist el 18 de
octubre de 1428, del cual se dice, que «se desconoce su contenido», pero se afirma
también que este sínodo de Francisco de Aguilón es «conocido por las referencias
contenidas en el de Gaspar Jofré de Borja, ya en el quinientos. No obstante, el
presente está incluido dentro del códice primero del Seminario de Vitoria, cen-
trándose muy enérgicamente en la disciplina del clero»[2]. El texto del códice del

---

[1] **c.2** Segorbe sínodos 1320.[3]; 1323.[3].
[1] **c.3** D.8 c.2; D.12 c.1, 13-14; De cons. D.2 c.31; De cons. D.3 c.22; De cons. D.5 c.13;
cf. X 4.4.5.
[1] C. EUBEL, *Hierarchia catholica* I.443; P. L. LLORENS, «Segorbe-Castellón, diócesis de», en: DHEE 4.2392; D. MONTOLÍO TORÁN - P. SABORIT BADENES, «La iglesia
de Segorbe-Castellón», en: *Historia de las diócesis españolas* 6.501, 605, 614, 617;
L. FERRER, «Sínodo», en: DHEE 4.2492; J. VILLANUEVA, *Viage literario* III.75-76 y
123; DHEE 3.1691-92 *Valdecristo*.
[2] D. MONTOLÍO TORÁN - P. SABORIT BADENES, «La iglesia de Segorbe-Castellón»,
en: *Historia de las diócesis españolas* 6.605 y 501. No tiene importancia este pequeño desajuste en una obra coherente y tan bien informada; *Noticias de Segorbe y de su
obispado* 186 (p.184) dice que Francisco de Aguilón celebró sínodo el 18 de octubre de 1428 y añade «pero no tenemos el sínodo, ni otra noticia de él que la de su
celebración». Parece, pues, que algo inusual sucede en este sínodo; J. VILLANUEVA,
Viage literario III.122-123 dice que no conoce el texto de éste ni de otros sínodos.

---

c.3 1-2 Item — ecclesie *om*.I

Seminario de Vitoria es el que presentamos seguidamente en nuestra edición. Pero hay que reconocer que el texto del sínodo de 1428 que nos transmite el códice de Vitoria es muy deficiente y quizá no sea el texto completo del sínodo. No es infrecuente, aunque tampoco sea lo usual, que al final del primer sínodo que el obispo celebraba en una diócesis, la clerecía le hiciese una serie de peticiones, que no solía ser muy extensa. Pero lo extraño es que el texto del sínodo comience con estas peticiones de gracias y que casi se reduzca a ellas. Hay, además, dos series de súplicas de la clercía, que son casi enteramente iguales, incluso en su redacción literal y en el orden en que aparecen colocadas, con la diferencia de que en la primera serie figuran las respuestas del obispo, mientras que la otra podría quizá ser el borrador hecho para presentar en el sínodo. Parece probable que se trate de un amanuense que por descuido hizo dos copias de las peticiones de la clerecía, con leves variantes entre ellas. Pero éste es el único texto que conocemos y a él tenemos que ceñirnos.

Tradición manuscrita: I fol.54v-58r.

[1]   *<Proemium notarii>*

    Die sancti Luche, decima octaua mensis octobris, anno a natiui-
tate Domini millesimo quatuor centesimo uigesimo octauo, dominus
Franciscus Aquilonis celebrauit sanctam synodum in monasterio Vallis
5 *Christi et concessit clericis gratias sequentes.*

[2]   1.   *<Clericorum supplicationes. Textus primus>*

    [3] Primo, supplicat predictus clerus humiliter ac deuote remittere quascumque penas ciuiles et criminales, sententias excommunicationis, suspensionis uel interdicti, quocumque modo fuerint commisse usque in hunc hodiernum diem.— Placet hoc, in quantum de iure possumus et nos et fiscum nostrum tangit offensa Ecclesie.
    [4] Secundo, quod quilibet curatus dictarum diocesum possit eligere sepulturam et sepeliri in sua ecclesia sine preiudicio fabrice, iuris constitutione in contrarium edita minime obsistente.— Placet
10 hoc de omnibus rectoribus, uicariis et beneficiatis concurrentibus in donatiuum, sine preiudicio ecclesie.
    [5] Tertio, quod rectores et uicarii perpetui, et alii beneficiati in dictis diocesibus facientes residentiam in dictis ecclesiis cathedralibus, non sint restricti petere uel recipere licentiam absentandi,
15 quibuscumque contitutionibus non obstantibus ullo modo.— Placet hoc de rectoribus et uicariis et beneficiatis concurrentibus in donatiuo.

Pr. 1 Proemium notarii *om.*I   2 (fol.54v) I
c.1 Clericorum — primus *om.*I   12 (fol.55r) I

[6] Item, quod quilibet beneficiatus absens se possit conuenire cum substituto idoneo sine fraude diuini cultus, non obstante
20 quacumque constitutione.— Super huiusmodi capitulo dominus
episcopus in se retinuit deliberationem.

[7] Item, quod nulli predictorum subditorum pro causis ciuilibus possint esse capti nec in carceribus detineri, prestantibus cautiones seu fideiussores sufficientes.— Placet hoc domino episcopo.
25 [8] Item, quod dominus episcopus non petat uisitationem infra
biennium.— Non possumus de iure remittere nec subditos nostros
liberare a uisitatione ullo modo, pacto nec conuentione.

[9] Item, quod ipsi dicti curati et beneficiati possint cantare
missas et trentenaria absque licentia usque ad summam centum so
30 lidorum quolibet anno, quauis constitutione non obstante, reseruato iure domini episcopi.— Placet hoc in concurrentibus in donatiuo hinc ad quinquennium.

[10] Item, quod dominus episcopus concedat casus suos rectoribus et curatis, et super restitutionibus faciendis predicti curati pos
35 sint absoluere subditos usque ad uiginti solidos.— Placet domino
episcopo in presentibus in donatione, prout eis tradetur.

[11] Item, quod dominus episcopus residens in diocesi Segobricensi non possit tractare aliquem in causis ciuilibus de diocesi Albarrazinensi et econuerso, cum hic et illic sint officiales.— Contra ius
40 est et priuatiuum nostre iurisdictionis.

[12] Item, quod quilibet presbyter siue capellanus dictarum
diocesum possit condere testamentum uel codicillum seu codicilla, et in eisdem instituere et substituere heredem uel heredes quos
maluerit, quibuscumque statutis siue ordinationibus in contrarium
45 editis non obstantibus ullo modo, saluo iure episcopi.— Placet hoc
in concurrentibus in donatiuo, episcopi iure saluo et ecclesie.

[13] Item, quod quilibet curatus uel beneficiatus possit eligere
confessorem, et talis confessor possit eos absoluere de casibus episcopalibus quibuscumque.— Placet hoc in concurrentibus in dona
50 tiuo in casibus infra concessis.

[14] Item, si aliquis presbyter mortuus fuerit tempore interdicti, in sepultura pro ipso facienda suspendatur interdictum in ecclesia qua ipse debuerit sepeliri, durante sepultura.— Placet hoc ut in
precedenti, sine partis preiudicio.
55 [15] Item, si fiscus accusauerit quemquam ex clericis et uexauerit eum sine causa, quod teneatur ad expensas parti uexate.— Placet, ne quem uexet indebite.

[16] Item, quod nullus clericus uel religiosus possit cantare
trentenaria uel missas testamentarias, nec interueniat in exsecutione

60 testamentorum alicuius parochiani uel parochiane, sine consensu
rectoris seu curati.— Placet hoc domino episcopo.

[17] Item, quod concessa omnia et singula supra dicta per
dominum episcopum, non possint ab inde modo aliquo reuocari
in uita dicti domini episcopi. Et ista dictus clerus cum omnimoda
65 subiectione postulat per paternitatem uestram admitti et conce-
di, quibuscumque conditionibus, statutis siue ordinationibus in
contrarium editis non obstantibus ullo modo.— Concedit dictus
dominus episcopus prout superius sunt per eum concessa et non
plus.

[18] 2. *Casus episcopales de quibus fit supra mentio*

Primus, de incendiariis ante publicationem, uidelicet si sit oc-
cultum.
Secundus, de blasphemis, dum tamen sit occultum.
5 Tertius, de uiolatione et permutatione ac redemptione uoti sim-
plicis.
Quartus, de oppressione filiorum, dum tamen sit occultum.
Quintus, de homicidio casuali.
Sextus, de sortilegis uel euntibus ad sortilegos uel adeuinos,
10 dum tamen non sit ibi turificatio uel inuocatio demonum.
Septimus, de omni lapsu carnis, preter patrem cum filia, matrem cum filio.
Octauus, de corruptoribus monialium, si sit occultum.
Nonus, de restitutionibus incertis, usque in quantitatem uiginti
15 solidorum.
Decimus, de periurio, facta restitutione parti lese.
Undecimus, de retinentibus uel fraudantibus decimas uel pri-
mitias, facta prius restitutione uel conuentione cum illis quorum
interest, etc.
20 *Deo gratias. Amen.*

[19] 3. *<Clericorum supplicationes. Textus alter>*

[20] Primo, supplicat clerus humiliter et deuote reuerendissimo domino episcopo debere dimittere quascumque penas ciuiles et
criminales, sententias excommunicationis et interdicti et suspensio-
5 nis, quocumque modo fuerint commisse usque in hodiernum diem.

---

c.2 9 sortilegos] sortilegios I   adeuinios I   13 (fol.56v) I   *(en blanco
el resto del fol. 56v, que es más de la mitad de la carilla. El texto continúa en el fol. 57r,
que comienza con un espacio en blanco equivalente a cinco líneas)*
c.3 1 Clericorum — alter *om.*I   2 (fol.57r) I

Huic uero articulo prefatus reuerendissimus dominus episcopus particulariter respondit, scilicet quod placet sibi quatenus in eo est.

[21] Secundo, quod quilibet rector, uicarius perpetuus et beneficiatus dicte diocesis possit eligere sepulturam et sepeliri in sua
10 ecclesia libere et sine aliqua solutione ratione sepulture cuiuslibet ecclesie parochiali soluenda.

[22] Tertio, quod rectores et uicarii perpetui, et alii beneficiati in dictis diocesibus Segobricensi et Albarrazinensi facientes residentiam in sede cathedrali Segobricensi seu Albarrazinensi, non
15 sint astricti petere uel recipere licentiam absentandi, quibuscumque constitutionibus non obstantibus ullo modo.

[23] Item, quod nulli predictorum subditorum pro causis ciuilibus possint esse capti nec in carceribus detineri, prestantibus cautiones seu fideiussores sufficientes.

20 [24] Item, quod dominus episcopus non petet uisitationem infra triennium.

[25] Item, quod dicti curati et beneficiati et rectores possint cantare missas et trentenaria absque licentia usque ad summam centum quinquaginta solidorum quolibet anno, quauis constitutione
25 non obstante.

[26] Item, <quod> quilibet rector, uicarius perpetuus et presbyter siue capellanus dictarum diocesum possit condere testamentum uel codicillum seu codicilla, et in eisdem instituere seu substituere heredem uel heredes quos maluerit, quibuscumque statutis seu or-
30 dinationibus in contrarium editis non obstantibus ullo modo.

[27] Item, quod quilibet rector, curatus uel beneficiatus possit eligere confessorem, et talis confessor possit eos absoluere de casibus episcopalibus quibuscumque.

[28] Item, quod si aliquis rector, curatus uel beneficiatus mor-
35 tuus fuerit tempore interdicti, in sepultura pro ipso facienda suspendatur interdictum in ecclesia qua ipse debuerit sepeliri, durante sepultura.

[29] Item, quod nullus clericus in dictis ecclesiis non beneficiatus uel religiosus possit cantare trentenaria uel missas testamen-
40 tarias, nec interueniat in exsecutione testamentorum alicuius parochiani uel parochiane, sine consensu rectoris seu curati. Quod in secus agentibus, predictus rector uel curatus possit petere et repetere quantitates seu emolumenta dictorum testamentorum seu missarum coram officiali ac uicario generali dicte diocesis.

45 [30] Item, quod si aliquis rector, uicarius uel beneficiatus in ciuitatibus et diocesibus Segobricensi et Albarrazinensi condiderit

---

26 (fol.57v) I   quod *om*.I   42 rector] reuerendissimus I

testamentum et in eo non instituerit manumissorem ecclesiasticum, quod <in> tali casu dictus dominus episcopus aut eius uicarius generalis apponat manumissorem ecclesiasticum, qui simul cum aliis
50 manumissoribus exsequatur uoluntatem testatoris, et ualeat testamentum, quibuscumque constitutionibus in contrarium editis non obstantibus ullo modo.

[31] Item, quod predicti rectores, curati et etiam quilibet alii presbyteri predictarum diocesum possint dicere in quinta feria Horas
55 de Corpore Christi, et idem in sabbato sufficiat | illis dicere Horas de maioritate (?) beate uirginis Marie, ceterisque hucusque Horis assuetis dimissis, secundum consuetudinem Segobricensem, demptis Quadragesima et Aduentu.

[32] Item, quod quando aliquis clericus suos dies clauserit, te-
60 neatur soluere domino episcopo uiginti solidos pro licentia testandi, siue ponat in testamento siue non.

[33] Item, quod si quis curatus uenerit ad petendum casus reseruatos causa cure, teneatur pro prima uice soluere tres solidos; et si continuet in seruitio eiusdem cure, quod deinceps non teneatur
65 ulterius soluere pro dictis casibus, dum tamen annuatim per se uel per alium aut per litteras missiuas se presentauerit. Et si forte dictam licentiam perdiderit, teneatur de nouo soluere.

[34] Item, quod quilibet rector, uicarius uel curatus pro licentia absentis pro prima uice teneatur soluere decem solidos, et deinceps
70 annuatim quinque solidos.

[35] Item, quod si aliquis clericus rector uel curatus suos clauserit dies et non condiderit testamentum, quod dominus episcopus accipiat uiginti solidos, et cetera bona sint suorum heredum, quauis constitutione non obstante.

7. Sínodo de Bartolomé Martí, Segorbe, marzo de 1479

Bartolomé Martí nació en Játiva, estaba emparentado con la poderosa familia de los Borja y estuvo al servicio de Rodrigo Borja, el futuro papa Alejandro VI, del que fue mayordomo. El 27 de septiembre de 1473 fue nombrado obispo de Segorbe-Albarracín por el papa Sixto IV, pero no pudo tomar posesión de la diócesis hasta 1479 por la oposición del cabildo, que había elegido a otro para la sede episcopal. El papa Alejandro VI lo nombró cardenal el 19 de febrero de 1496 y con este motivo Bartolomé Martí renunció a la sede de Segorbe-Albarracín en

48 in *om.*I   53 etiam] seu I   55 (fol.58r) I

1498, con la condición de recuperar el obispado cuando quedase de nuevo vacante, como así sucedió el 1 de noviembre de 1499, pero poco le duró la recién recuperada episcopalía porque Bartolomé Martí falleció en Roma el 25 de marzo de 1500[1].

Bartolomé Martí celebró dos sínodos, uno en Segorbe en marzo de 1479 y otro en Jérica el 8 de junio de 1485. Nada menos que Hain y Haebler recogen la noticia de que estos dos sínodos se imprimieron, en Segorbe el primero y en Jérica el segundo[2]. Pero desgraciadamente parece que esto no es verdad. Del sínodo de 1479, del que ahora nos ocupamos, tenemos noticias de su celebración, pero no conocemos texto alguno de sus constituciones[3].

8. Sínodo de Bartolomé Martí, Jérica, 8 de junio de 1485

En el sínodo anterior ofrecimos unos rasgos de la vida del obispo Bartolomé Martí, que celebró su segundo sínodo en Jérica (Castellón) el 8 de junio de 1485, del que se conserva un breve texto, de muy difícil lectura, en el códice de Vitoria. En el sínodo anterior damos la noticia de la edición de este sínodo, según que aparece en Hain y Haebler. Pero la realidad de esta edición resulta más que dudosa.

Tradición manuscrita: I fol. 58v-59v

---

[1] C. Eubel, *Hierarchia catholica* II.23 (nombramiento de cardenal) y 234; D. Montolío Torán - P. Saborit Badenes, «La iglesia de Segorbe-Castellón», en: *Historia de las diócesis españolas* 6.605-606; P. L. Lloréns, «Segorbe-Castellón, diócesis de», en: DHEE 4.2392, que no menciona su regreso al episcopado Segobricense en 1499; L. Ruiz Fidalgo, «Obispos españoles», en: DHEE, Suplemento 1.542, que tampoco menciona su regreso a la diócesis.

[2] L. Hain, *Repertorium bibliographicum* 10794: «Martí (Bartholomaeus), cardinalis et episcopus Segobricensis. Constitutiones synodales. Segobricae 1479», y en el 10795 «Xericae 1485»; C. Haebler, *Bibliografía ibérica del siglo XV,* n.401 (p.191): «Marti, Barth. Constituciones synodales. Segorbe 1479. — lo mismo: Jerez 1485» (donde Jerez es, sin duda, en Haebler una errata por Jérica). Nosotros creemos que se trata ediciones fantasma. En todo caso, de estas tales ediciones no se conocen ejemplares actualmente.

[3] *Noticias de Segorbe y de su obispado* 200 (195) dice que Bartolomé Martí celebró sínodo en marzo de 1479 en Segorbe «del cual no tenemos sino esta noticia»; P. L. Lloréns y Raga, *Episcopologio de la diócesis de Segorbe-Castellón* 1 (Madrid 1973) 239, también dice que «las actas de este sínodo perdiéronse»; y lo mismo se encuentra en el reiteradamente citado valioso estudio reciente de D. Montolío Torán - P. Saborit Badenes, «La iglesia de Segorbe-Castellón», en: *Historia de las diócesis españolas* 6, que al referirse en la p.614 a los sínodos diocesanos escriben: «1479. Reunión de sínodo convocada por el obispo Bartolomé Martí y celebrada en Segorbe, cuyas actas no se han conservado».

[1] *<Proemium notarii>*

Sequuntur constitutiones reuerendissimi domini Bartholomei, epis-copi Segobricensis et Albarrazinensis, publicate in uilla de Cerxicorin (?) dum in synodo presideret, die viii. iunii anno m.cccc.lxxxv.

[2] 1. *<De testamentis et ultimis uoluntatibus>*

Licet bone memorie dominus frater Sancius, predecessor nos-ter, sua constitutione, que incipit 'Cum nichil sit'[1], statuerit quod quotienscumque aliquem in parochia cuiusquam rectoris uel uicarii
5 nostre diocesis testamentum uel quamlibet aliam ultimam uolun-tatem ordinare uel disponere contigerit, heres uel heredes dicti tes-tatoris post eius mortem, aut exsecutor uel exsecutores eius ultime uoluntatis, aut ille seu illi penes quem seu quos scriptura huius ul-time uoluntatis fuerit, per eiusdem parochie rectorem uel uicarium
10 moneantur ut dictam scripturam seu testamentariam dispositionem nobis aut officiali nostro infra quadraginta dies, a die obitus dicti testatoris computandos, exhibeant, ut pia ultima uoluntas defuncti debitum sortiatur effectum. Et si infra dictos quadraginta dies exhi-bita non fuerit, ex tunc infra uiginti dies rector uel uicarius dicte pa-
15 rochie nobis aut dicto officiali notificet. [3] Et dominus Johannes, similiter predecessor noster, postmodum cupiens ut pie defuncto-rum uoluntates omnino compleantur, etiam sua constitutione, que incipit 'Ne exsecutores'[2], statuerit ut quilibet curatus nostre dio-cesis in sua parochia moneat quoscumque exsecutores et heredes
20 defunctorum quod infra annum compleant testamenta quorum sint exsecutores, et quod dictus curatus in libro suo, quem ad hoc specialem habeat, manu sua scribat annum, diem, locum et horam, adhibitis duobus uel tribus testibus fide dignis, quos in dicto libro similiter scribat. Et si dicti exsecutores elapso anno post dictam mo-
25 nitionem immediate sequenti, de exsecutione dictorum testamen-torum se intromiserint, maxime ad pias causas, cum ex tunc exsecu-tio de iure ad episcopum pertineat, excommunicationi subdantur, et nichilominus non ualeat quidquid post dictum annum fecerint, nisi testator prolixius tempus in suo testamento eis indulserit ad
30 illud complendum. [4] Quia tamen in obseruatione dictarum cons-titutionum dicti curati adeo se exhibent negligentes ut nec moni-tiones prefatas dictis exsecutoribus aut heredibus faciunt, nec nos

---

[1] Segorbe sínodo 1320.[15].
[2] Segorbe sínodo 1367.[21].

Pr. 1 Proemium notarii *om.* I   2 (fol.58v) I
c.1 1 De — uoluntatibus *om.* I

aut officialem nostrum de testamentis non completis et <de> negligentia exsecutorum certificare curant, et sic defunctorum animabus
35 debita suffragia differuntur et multotiens interea auferuntur, nos
uolentes illorum negligentiam pene appositione extirpare et animarum saluti et refrigerio consulere, statuimus et ordinamus quod de
cetero omnes et singuli curati in suis parochiis scribant in libro suo,
modo quo premissum est, nomina decedentium parochianorum et
40 exsecutorum suorum testamentorum, et diem, annum, mensem et
locum quibus parochianos suos mori contigerit, et dictum librum
singulis annis, inter festa Pasche Resurrectionis et Ascensionis Domini, nobis aut officiali nostro portent atque manifestent. Quod si
dicti curati premissa omnia non obseruauerint, penam centum soli-
45 dorum nobis applicandorum pro qualibet uice ipso facto incurrant,
ceteris a predecessoribus nostris statutis in suo robore duraturis.

[5]   2.   <*De penitentiis et remissionibus*>

Constitutionem bone memorie fratris Sancii, predecessoris nostri, disponentem quod quilibet rector et uicarius curam animarum
habens uel eius locum tenens habeat librum in quo scribat nomi-
5 na suorum parochianorum qui sibi confessi fuerint quolibet anno[1],
firmiter obseruare uolentes, statuimus et ordinamus ac, in uirtute
sancte obedientie et sub pena centum solidorum nobis applicandorum, omnibus et singulis rectoribus et uicariis ac loca tenentibus
eorumdem nostre diocesis mandamus quatenus quilibet eorumdem
10 nobis uel officiali nostro quolibet anno, a Pascha Resurrectionis usque ad Ascensionem Domini, deferant librum quem confecerint
et in quo scripserint nomina eorum parochianorum qui sibi uel
alteri sacerdoti, de eorum licentia obtenta, confessi fuerint peccata sua et Eucharistie sacramentum sumpserint, et nomina eorum
15 qui non fuerint confessi nec in Pascha Eucharistie sacramentum
sumpserint, iuxta formam concilii generalis 'Omnis utriusque sexus'[2] incipientis, ut sic demum, postquam nobis uel officiali nostro innotuerint inobedientes et peccata sua semel in anno confiteri
nolentes et Eucharistie sacramentum, secundum quod premissum
20 est, sumere recusantes, ab ingressu ecclesie illos uiuos arceri mande-
mus, et mortuos ecclesiastica sepultura carere faciamus, ut in dicto
concilio generali salubriter fuit prouisum. **[6]** Adicientes etiam ut
in dicto libro simili modo scribant nomina parochianorum suorum

---

[1]   **c.2** Sínodo Segorbe 1320.[34].
[2]   Conc.4 Lat.1215 c.21 (X 5.38.12).

---

33 de[2] *om.* I
c.2 1 De — remissionibus *om.* I   2 (fol.59r) I   13 sacerdoti *interl.* I

qui singulis dominicis et festiuis diebus missam completam in sua
25 parochia non audiuerint.

> [7] 3.   *<Quilibet curatus singulis dominicis diebus moneat*
> *parochianos suos quatenus discant orationes. Quomodo eos*
> *docere debent>*

Innotuit nobis quod in nonnullis locis et uillis nostre diocesis,
5 in quibus nulli aut pauci litterati uiri reperiuntur, multi utriusque
sexus fideles orationem dominicam, salutationem gloriose uirginis Marie et symbolum fidei ignorant, nec aliquem orandi modum quo Deum laudare possint sciunt. Quibus nos cura pastoralis
officii prouidere cupientes, statuimus et ordinamus quod de cetero
10 quilibet curatus singulis dominicis diebus, postquam preces infra
missarum sollemnia more solito dixerit, moneat parochianos suos
quatenus discant orationem dominicam, salutationem gloriose uirginis Marie et symbolum fidei; et dictus curatus alta et intelligibili
uoce <ac> spatiose dicat dictas orationes dominicam, salutationem
15 gloriose uirginis Marie et symbolum fidei, cunctis utriusque sexus
fidelibus eum similiter dicendo sequentibus. Quibus omnibus uere
penitentibus et confessis, pro qualibet uice qua dictas orationes taliter dixerint, de misericordia omnipotentis Dei et beatorum Petri et
Pauli apostolorum eius confissi, quadraginta dies de iniunctis eis pe-
20 nitentiis in Domino relaxamus. [8] Et postmodum, quilibet curatus
supra dictus denuntiet publicos excommunicatos, non soluentes integre decimas et primitias, et usurarios manifestos, necnon concubinarios publicos et hereticos ac sortilegos, et moneat parochianos
suos ut singulis dominicis et festiuis diebus missam completam au-
25 diant. Si quis autem supra dictorum curatorum premissa non obseruauerit, quinquaginta solidorum nobis applicandorum penam,
quotienscumque non obseruauerit, ipso facto incurrat.

> [9] 4.   *<De numero patrinorum in baptismo>*

In omnibus fere uillis et locis nostre diocesis inanis (?) consuetudo inoleuit, quod tres uiri et una mulier, aut duo uiri et due
mulieres suscipiunt infantem de baptismo, et hoc faciunt contra
5 sacrorum canonum instituta, non <enim> est dubium in ipsis omnibus spiritualem contrahi cognationem, impedientem matrimonia
contrahenda et etiam post contracta dirimentem, unde sequitur

---

c.3 1-3 Quilibet — debent *om.*I   14 ac *om.*I
c.4 1 De — baptismo *om.*I   5 enim *om.*I

quod inter omnes ferme dictorum uillarum (....) incolas (....) sicut
supra dictis quarum est cognatio, et multotiens in periculum ani-
10 marum suarum matrimonia contrahunt taliter impediti. Nos autem
pii patris more laudabili moleste ferentes incommoda filiorum et
periculis animarum obuiare atque occurrere cupientes, statuimus
et ordinamus quatenus de cetero in uillis et locis nostre diocesis
non plures quam unus uir et una mulier ad suscipiendum infantem
15 de baptismo accedant, mandantes omnibus et singulis rectoribus,
uicariis perpetuis et eorum loca tenentibus ceterisque presbyteris
quibuscumque ne plures quam unum uirum et unam mulierem ad
suscipiendum de baptismo infantem per quemlibet ipsorum baptizandum admittant baptizantes. Hoc qui non fecerint ipso facto
20 sententiam excommunicationis incurrant[1].

[10]   <_Additio_>

<_Gaspar Jaufridus de Borgia laudat et appobat preinsertas consti-_
tutiones in synodo quam ipse in uilla de Chelua celebrauit anno 1531>
Nos Gaspar Jaufridus de Borgia, Dei et apostolice Sedis gratia
5 ecclesiarum inuicem canonice perpetuo unitarum Segobricensis et
Sancte Marie de Albarrazino episcopus, preinsertas constitutiones
laudamus, firmamus et approbamus, et de nouo, quatenus opus sit,
concedimus. Datis in oppido de Chelua die tricesima augusti, anno
natiuitatis Domini millesimo quingentesimo tricesimo primo (_Si-_
10 _gue un nombre ilegible y rúbrica_). De mandato reuerendissimi domini episcopi, Petrus Marti, notarius.

9. Sínodo de Gaspar Jofré de Borja, Chelva, 30 de agosto de 1531

Gaspar Jofré de Borja era natural de Valencia, pertenecía a la familia Borja y
era canónigo de Segorbe cuando el 2 de septiembre de 1530 fue nombrado obispo
de Segorbe-Albarracín, sede de la que tomó posesión el 6 de febrero de 1531.
Asistió al concilio de Trento. Murió el 18 de febrero de 1556[1]. Celebró sínodo

---

[1] c.4 C.30 q.4 c.4-6; De cons.D.4 c.100-101, 103-104; In VI 4.3.3; 1 Partida 4.7.
[1] C. Eubel, _Hierarchia catholica_ III.296; D. Montolío Torán - P. Saborit Badenes, «La iglesia de Segorbe-Castellón», en: _Historia de las diócesis españolas_ 6.606,

---

8 (...) ... (...) _no pudimos leer una palabra en cada caso, todo el texto es de difícil lectura_
Add. 1 Additio _om._I   2-3 Gaspar — 1531 _om._I   4-11 Nos — notarius:
este texto es de una mano tardía con letra totalmente distinta a la de las constituciones
anteriores, pero es la misma mano que aparece al fondo del fol. 54r, con casi idéntico
texto, que editamos en la introducción al sínodo de 1531

en la villa de Chelva el 30 de agosto de 1531, es decir a los pocos meses de haber tomado posesión de la diócesis. No volvió a celebrar sínodo, que se sepa, en los veinticinco años restantes de su episcopado en Segorbe-Albarración. El sínodo de Gaspar Jofré de Borja de 1531 es realmente un sínodo atípico, en el que no hay un verdadero cuerpo de constituciones para fomentar la vida religiosa, para la reforma de las costumbres y el buen gobierno de la diócesis. Todo lo que se conoce de este sínodo es una larga serie de peticiones de la clerecía y de respuestas del obispo. Pero tampoco estas peticiones tienen nada de original, pues estos mismos textos aparecen ya a la letra un siglo antes en el sínodo que Francisco de Aguilón celebró en 1428. Después del texto del sínodo que Bartolomé Martí celebró en Jérica el 8 de junio de 1485, una mano posterior, con letra totalmente distinta a la del sínodo escribió la nota que publicamos como añadidura al final de ese sínodo de 1485[2], en la que se dice que Gaspar Jofré de Borja acepta en 1531 en la villa de Chelva las «preinsertas constitutiones», que quizá sean no sólo las constituciones del sínodo de 1485 sino también las del sínodo de 1428, que en el códice I son las inmediatamente anteriores. Pero lo curioso y verdaderamente extraño es que esa misma mano, con idéntica letra había escrito al fondo del fol. 54r del mencionado códice I el mismo texto, con mínimas variaciones, que dice: «Nos Gaspar Jaufridus de Borgia, Dei et apostolice Sedis gratia ecclesiarum inuicem canonice perpetuo unitarum Segobricensis et Sancte Marie de Albarrazino episcopus, preinsertas constitutiones laudamus, confirmamus et approbamus, et de nouo, quatenus opus sit, concedimus. Datis in oppido de Chelua, ubi ad presens sanctam celebramus synodum, die tricesimo mensis augusti, anno natiuitatis Domini millesimo quingentesimo tricesimo primo *(Sigue un nombre ilegible y rúbrica)*. De mandato dicti reuerendissimi domini episcopi, Petrus Marti, notarius». La diferencia principal con relación al texto que se encuentra al final del sínodo de 1485 es que en este otro se hace mención expresa de que en Chelva se estaba celebrando un sínodo diocesano. Pero resulta que las «preinsertas constitutiones» que en este caso se aprueban y, si fuere necesario, se otorgan de nuevo son el canon primero del segundo concilio de Braga de 572[3], que es el único texto que existe en ese fol. 54r de I y que precede inmediatamente a la aprobación que se dice que fue hecha en el sínodo de 1531. Y es ciertamente llamativo que un sínodo diocesano apruebe lo que dispone el canon primero del concilio de Braga de 572, que se refiere a cómo el obispo debe hacer la visita a las iglesias. Quizá se trate en este caso de una equivocación del amanuense que colocó este texto en un lugar inapropiado del códice I, en el que ciertamente es una añadidura.

Tradición manuscrita: G fol.113r-117r (códice base), y H fol.169r-174v.

614, 618; *Noticias de Segorbe y de su oispado* 221-233 (pp.215-232), dicen en el n.221 (p.216) que Gaspar Jofré de Borja «tomó posesión a 6 de febrero de 1531, y en 30 de agosto siguiente celebró en Chelva sínodo diocesano, cuyas actas se han perdido»; P. L. Lloréns, «Segorbe-Castellón, diócesis de», en: DHEE 4.2392; L. Ruiz Fidalgo, «Obispos españoles», en: DHEE, Suplemento 1.528 (que lo alfabetiza por Borja y lo hace obispo de Segorbe-Castellón, aunque lo fue de Segorbe-Albarracín).

[2] Sínodo de Segorbe 1485.[10].

[3] J. Vives - T. Marín Martínez - G. Martínez Díez, *Concilios visigóticos es hispano-romanos* (Barcelona-Madrid 1963) 5. Muy poco o nada aclara J. Villanueva, *Viage literario* III.82-83 y 122-123.

[1] *<Proemium notarii>*

 Constitutiones synodales edite in prima synodo noui ingressus reue-
rendissimi domini Gasparis Jaufridi de Borgia, miseratione diuina ec-
clesiarum Segobricensis et Albarrazinensis inuicem canonice perpetuo
5 *unitarum episcopi, celebrata in oppido de Chelua, concesse prout infra,*
sub anno m.d.xxxi., die xxx. mensis augusti, quarum tenor talis est.

[2] *<Prologium episcopi>*

 Nos Gaspar Jaufridus de Borgia, Dei et apostolice Sedis gratia
ecclesiarum inuicem canonice perpetuo unitarum Segobricensis et
Sancte Marie de Albarrazino episcopus, in ecclesia oppidi de Chelua
5 dicte diocesis Segobricensis synodum celebrantes ad honorem Domini nostri Iesu Christi et ad commodum et utilitatem nostrarum
diocesum, prius cum dictis canonicis, nostris fratribus et amicis,
tractatu diligenter habito et maturo consilio, congregatis in eadem
synodo clericis dictarum diocesum, constitutiones, ordinationes,
10 prohibitiones et precepta secundum canonum statuta, prout saluti
animarum et bonis moribus clericorum expedire nouimus, fecimus,
ut sequitur, annotari.

[3] 1. *<Clericorum supplicationes>*

 [4] Primo, supplicat humiliter et deuote clerus ipsum reuerendissimum dominum episcopum quod confirmet omnes constitutiones synodales a suis predecessoribus editas et concessas.— Placet
5 reuerendissimo domino episcopo et eas obseruari mandauit. Gaspar
Episcopus.
 [5] Item, quod remittat quascumque penas ciuiles et criminales sententias excommunicationis et interdicti et suspensionis,
quocumque modo fuerint commisse, usque in hodiernum diem.—
10 Placet reuerendissimo domino, quantum de iure potest et ipsum ac
fiscum suum et Ecclesie offensa tangit. Gaspar Episcopus.
 [6] Secundo, quod quilibet rector, uicarius perpetuus et beneficiatus dicte diocesis possit eligere sepulturam et sepeliri in sua ecclesia libere et sine aliqua solutione ratione sepulture cuilibet ecclesie
15 parochiali soluenda.— Ad tertiam, placet reuerendissimo domino
episcopo, sine preiudicio ecclesie, et pro omnibus illis qui in donatiuo dominationis sue contribuent. Gaspar Episcopus.

Pr. 1 Proemium notarii *om.*GH
Prol. 1 Prologium episcopi *om.*GH
c.1 1 Clericorum supplicationes *om.*GH 11 offensam H 12 et] ut H
14 cuilibet] cuiuslibet H

[7] Tertio, quod rectores et uicarii perpetui, et alii beneficiati in dictis diocesibus Segobricensi et Albarrazinensi facientes residen-
20 tiam in cathedrali Segobricensi et Albarrazinensi, non sint astricti petere uel recipere licentiam absentandi per annum, quibuscumque constitutionibus non obstantibus ullo modo, et quod dictus reuerendissimus dominus episcopus remittat eisdem et clero et beneficiatis illas sex libras quas aliquo tempore soliti eran soluere
25 eidem.— Placet reuerendissimo domino quoad licentiam prout petitur. Respectu uero sex librarum, placet quod remittantur et non exigantur, set tantum exigantur quinque solidi pro qualibet licentia. Gaspar Episcopus.

[8] Item, quod nulli predictorum subditorum pro causis ciui-
30 libus possint esse capti nec in carceribus detineri, prestantibus cautiones seu fideiussores sufficientes.— Placet reuerendissimo domino episcopo. Gaspar Episcopus.

[9] Item, quod dominus episcopus non petet uisitationem infra triennium.— Placet reuerendissimo domino episcopo, cum hoc
35 quod triennium incipiat currere a die prouisionis dicto reuerendissimo domino episcopo de dicto episcopatu per sanctissimum dominum nostrum papam facte. Gaspar Episcopus.

[10] Item, quod dicti curati et beneficiati rectores possint cantare missas et trentenaria absque licentia usque ad summam centum
40 quinquaginta solidorum quolibet anno, quauis constitutione non obstante.— Placet reuerendissimo domino episcopo in concurrentibus in donatiuo, usque in triennium. Gaspar Episcopus.

[11] Item, quod quilibet rector et uicarius perpetuus et presbyter siue capellanus dictarum diocesum possit condere testamentum
45 uel codicillum seu codicilla, et in eisdem instituere et substituere heredem seu heredes quos maluerit, quibuscumque statutis et ordinationibus in contrarium editis non obstantibus ullo modo.— Placet reuerendissimo domino episcopo in concurrentibus in donatiuo in conditionibus infra exprimendis. Gaspar Episcopus.

50 [12] Item, quod quilibet rector, curatus uel beneficiatus possit eligere confessorem, et talis confessor possit eos absoluere de casibus episcopalibus quibuscumque.— Placet reuerendissimo domino episcopo in concurrentibus in donatiuo in casibus infra exprimendis. Gaspar Episcopus.

[13] Item, si aliquis rector, curatus uel beneficiatus mortuus
55 fuerit tempore interdicti, in sepultura pro ipso facienda suspendatur interdictum in ecclesia qua ipse debuerit sepeliri, durante sepultura.— Placet reuerendissimo domino episcopo, dummodo ipse non dederit causam interdicto. Gaspar Episcopus.

---

23 dominus *om.* H   49 in — exprimendis] saluis iuris *(sic)* episcopi et ecclesie H

[14] Item, quod nullus clericus in dictis ecclesiis non benefi-
60 ciatus uel religiosus possit cantare trentenaria uel missas testamentarias, nec interueniat in exsecutione testamentorum alicuius parochiani uel parochiane, sine consensu rectoris siue curati. Quod in
secus agentibus, predictus rector uel curatus possit petere et repetere
quantitates seu emolumenta dictorum trentenariorum seu missa-
65 rum coram officiali et uicario generali dicte diocesis.— Placet reuerendissimo domino episcopo. Gaspar Episcopus.

[15] Item, quod si aliquis rector, uicarius uel beneficiatus in
Segobricensi et Albarrazinensi ciuitatibus et diocesibus condiderit
testamentum et in eo non instituerit manumissorem ecclesiasticum,
70 pro tali casu dictus dominus episcopus aut eius uicarius generalis
ponat manumissorem ecclesiasticum, qui simul cum aliis manumissoribus exsequatur uoluntatem testatoris, et ualeat testamentum,
quibuscumque constitutionibus in contrarium editis non obstantibus ullo modo.— Placet reuerendissimo domino episcopo. Gaspar
75 Episcopus.

[16] Item, quod quando aliquis clericus dies suos clauserit, teneatur soluere domino episcopo uiginti solidos pro licentia testandi,
siue ponat in testamento siue non.— Placet reuerendissimo domino
episcopo quod summa apponenda in testamentis pro legitima dic-
80 ti reuerendissimi domini episcopi sint uiginti solidi et non minus.
Gaspar Episcopus.

[17] Item, si quis curatus uenerit ad petendum casus reseruatos
causa cure, teneatur pro prima uice <soluere> tres solidos; et si continuet in seruitio eiusdem cure, quod deinceps non teneatur ulterius
85 soluere pro dictis casibus, dum tamen annuatim per se uel per alium
aut per litteras missiuas se presentauerit. Et si forte dictam licentiam
perdiderit, teneatur de nouo soluere.— Placet reuerendissimo domino episcopo. Gaspar Episcopus.

[18] Item, quod quilibet rector, uicarius uel curatus pro licentia
90 absentie pro prima uice teneatur soluere decem solidos, et deide
annuatim quinque solidos.— Placet reuerendissimo domino episcopo. Gaspar Episcopus.

[19] Item, quod si quis clericus beneficiatus, rector uel curatus decesserit non condito testamento seu aliqua ultima uoluntate,
95 solutis illis uiginti solidis expecificatis superius, in bonis acquisitis intuitu Ecclesie succedat Ecclesia, facta portione in ecclesiis in
quibus beneficia uiuens possessit. In reliquis uero bonis patrimonialibus hereditariis <et in> acquisitis industria persone succedant
consanguinei qui de iure succederent si laicus esset, cum sic a iure

100 dispositum sit, constitutionibus et consuetudinibus in contrarium
non obstantibus.— Placet reuerendissimo domino episcopo quod
si clericus decedit intestatus, in bonis acquisitis intuitu persone,
quod succedant consanguinei, ut petitur; in acquisitis uero intuitu
Ecclesie, pro duabus partibus succedat episcopus et pro una par-
105 te Ecclesia, facta diuisione prout supplicatur; si uero fuerit clericus
mercenarius et alienigena, de bonis acquisitis intuitu Ecclesie succedat tantum episcopus. Gaspar Episcopus.

[20]   2.   *Casus episcopales de quibus supra fit mentio*

Primus, de incendiariis ante publicationem, uidelicet si sit oc-
cultum.
Secundus, de blasphemis, dum tamen sit occultum.
5   Tertius, de uiolatione et commutatione ac redemptione uoti
simplicis.
Quartus, de oppressione filiorum, dum tamen sit occultum.
Quintus, de homicidio casuali.
Sextus, de sortilegiis uel euntibus ad sortilegos uel diuinos, dum
10 tamen non sit ibi turificatio uel inuocatio demonum.
Septimus, de lapsu carnis, preter patrem cum filia, matrem cum
filio, et contra naturam.
Octauus, de corruptoribus monialium, si sit occultum.
Nonus, de restitutionibus incertis, usque in quantitatem uiginti
15 solidorum.
Decimus, de periurio, facta restitutione parti lese.
Undecimus, de retinentibus uel defraudantibus decimas uel primitias, facta prius restitutione uel conuentione cum illis quorum
interest.
20   [21] Predicta omnia et singula, prout supra dictum est, concedimus nos Gaspar de Borgia, episcopus Segobricensis et Sancte
Marie de Albarrazino, in uilla de Chelua nostre diocesis Segobricensis, dum ibi concilium synodale celebrabatur, die tricesima mensis
augusti anno m.d.xxxi. Gaspar Episcopus Segobricensis et Albarra-
25 cinensis manu propria.

[22]   3.   *Alie constitutiones edite in dicta synodo celebrata in*
uilla de Chelua, tenoris sequentis

[23] Primo, petunt quia ecclesia Albarrazinensis est in pacifica
possessione a multo tempore percipiendi fructus decimarum et pri-
5   mitiarum prestimonii de Jaualoyes in partita de Eriglo, en Cebre-

c.2 9 diuinos] ad adeuinos H   10 turificatio] uerificatio H

ro y la Sierra Almagro et Torres, et perturbatur ab arrendatoribus episcopi, quod mandetur dictam ecclesiam in sua possessione remanere, et, si quid pretensum fuerit, iuridice petant, et quod fructus trium annorum restituantur et libere dicte ecclesie reddantur, non
10 obstantibus sequestris et emparis ad illorum instantiam factis et prouisis.— Dicit reuerendissimus dominus episcopus quod, quam cito fuerit in ciuitate Valentie et pro parte capituli fuerit requisitus, committet personis litteratis et neutri parti suspectis, qui tam de proprietate quam de possessione ac pretensis sequestris prouideant
15 prout iuris fuerit. Gaspar Episcopus.

[24] Item, quia de nonnullis hereditatibus in aliquibus locis dicte Albarracinensis diocesis, ex quibus a multo tempore dicta ecclesia, fabrice et prebendati soliti erant fructus percipere decimarum, nunc perturbentur a predictis arrendatoribus pretextu aliqua-
20 rum pretensionum et signanter quia uoluerunt uel fuerunt uel sunt possessores dictarum ecclesiarum nobiles uel uulgariter hidalgos coronati, uel habuerunt predictas hereditates ad titulum patrimonii, petunt ut eos manuteneant in sua possessione, et, si quid pretensum fuerit, iuridice petant.— Reuerendissimus dominus episcopus res-
25 pondit ut supra. Gaspar Episcopus.

[25] Item, quod officialis Albarrazinensis quolibet anno uisitat totam diocesim cum plurimis expensis, et multotiens fabrice expendunt plus quam in redditibus habent, petunt ut dictus officialis non possit uisitare nisi quando reuerendissimus dominus episcopus ui-
30 sitabit et uisitare tenebitur.— Reuerendissimus dominus episcopus prouidet quod officialis suus usque ad primam uisitationem faciendam non uisitabit, et tunc prouidebitur per suam dominationem quod melius uidebitur expedire. Gaspar Episcopus.

[26] Item, quia est introductum in curia officialatus Albarrazi-
35 nensis nouum uectigal, uidelicet quod quando aliquis excommunicatus petit absolutionem, solutis expensis et satisfacta parte, predictus officialis compellit eum soluere tres solidos pro quadam patente per notarium facta, de qua nulla subest necessitas, nisi quod dictus officialis eum absoluat uel propria manu scribat et committat ut
40 absoluatur, si ipse non uult eum absoluere.— Placet reuerendissimo domino episcopo quod predicta fiant prout supplicatur. Gaspar Espiscopus.

[27] Item, petunt quod opportune prouideat in possessione adepta, contra ius et constitutiones ecclesiarum, per secretarium
45 officialis et procuratorem domini episcopi de canonicatu et prebenda canonici curati Albarrazinensis, per obitum canonici Nouella, non conuocatis canonicis, non solutis regalibus qui per constitutio-

c.3 20 uoluerunt *om.* H

nes ecclesiarum tenentur soluere.— Reuerendissimus dominus episcopus fecit iam super hiis debitam prouisionem, et mandat quod
50 seruentur super hiis constitutiones dicte ecclesie. Gaspar Episcopus.

[**28**] Item, quod reuerendissimus dominus episcopus soluat
fabrice et notario et sacriste salarium et portionem competentem
eiusdem pro possessione episcopatus, et quod exinde constituatur
certum salarium et portio competens, ut non remittatur exinde ar-
55 bitrio noui episcopi, prout factum est hactenus, etc.— Reuerendissimus dominus episcopus ex nunc prouidet quod fiat constitutio
quod soluatur pro salario scribe scribentis instrumentum possessionis episcopatus, tam in ecclesia Segobricensi quam Albarrazinensi,
60 uiginti libre, et fabrice quindecim libre, et sacriste quinque libre,
monaco[1] siue campanerio alie quinque libre. Gaspar Episcopus.

[**29**] Item, omnia dicta et singula, prout supra dictum est, concedimus nos Gaspar de Borgia, episcopus Segobricensis et Sancte
Marie de Albarrazino, in uilla de Chelua nostre diocesis Segobricen-
65 sis et Albarrazinensis manu propria, dum concilium synodale celebrabatur, die xxx. mensis augusti anno m.d.xxxi. Gaspar Episcopus
Segobricensis et Albarrazinensis manu propria.

[**30**]   *<Conclusio notarii>*

*Que fuerunt acta et concessa in ecclesia oppidi de Chelua, die et
anno predictis, presentibus ibidem reuerendo Michaele de Miedes, decretorum doctore et archidiacono Muriueteris ac canonico Valentie, ac
5 uenerabili Johanne de Calcena, rectore ecclesie loci de Canet, in dicta
uilla degentibus, testibus ad premissa uocatis pariter et assumptis.*

---

[1]   **c.3** Acerca de las obligaciones del sacristán y de la curiosa institución del mona-
cato y campanero se puede ver el excelente estudio de J. BLASCO AGUILAR, *Historia
y derecho en la catedral de Segorbe* (Valencia 1973) 198-216.

---

56 prouidet] et *ad.*H   57 scribentis] recipientis H
Concl. 1 Conclusio notarii *om.*GH

URGELL

La primera noticia segura que tenemos de la diócesis de Urgell *(Urgellensis)* es del año 531, pues en el segundo concilio de Toledo, celebrado en esa fecha, aparece el obispo S. Justo, «ecclesiae catholicae Urgellitanae episcopus». El mismo obispo S. Justo asistió al concilio de Lérida de 546, y «el obispo Simplicio tomó parte en el concilio III de Toledo (589); también en el II de Zaragoza (592) y en el II de Barcelona (599). El obispo Ranario asistió al IV concilio de Toledo (633). El obispo Maurelo asiste al VIII de Toledo (653) y al IX (655). El obispo Leuberico está representado por Florencio presbítero en el XIII (683) y también representado por el mismo presbítero en el concilio XV de Toledo (688). El obispo Leuberico asiste personalmente al concilio XVI de Toledo (693)»[1]. Si por estos obispos llegó a nosotros noticia del obispado de Urgell, quizá el obispo de la antigüedad más conocido sea el obispo Félix de Urgell (786), que murió desterrado en Lyon en el año 818. Era el obispo Félix un hombre de gran erudición y de débil carácter, que estuvo muy relacionado con Elipando de Toledo y con la herejía adopcionista[2]. Los sínodos de Urgell no son muchos en número, pero tienen la importancia de que el sínodo de 1364 acepta (sin indicar su procedencia) el Libro sinodal o *Tractatus septem sacramentorum* que en 1289 había promulgado un sínodo de la diócesis francesa de Rodez y que habían adoptado otras diócesis del país vecino. Este mismo tratado o libro sinodal, que en La Seu d'Urgell está incompleto, se había promulgado ya en el sínodo de Tarazona de 1354, donde se encuentra completo.

Tradición manuscrita y editorial de los sínodos de Urgell:

A = Andorra, Arxiu Històric Nacional d'Andorra MS 1 (Casa de la Vall, Andorra la Vella): Es un volumen facticio con documentos de los siglos XII-XVI, encuadernado probablemente en el siglo XVII. Entre otros documentos, son especialmente importantes los diversos privilegios otorgados por los señores de Andorra a los habitantes del Valle en los siglos XII al XV. A nosotros aquí nos interesan únicamente los frag-

---

[1] D. Mansilla Reoyo, *Geografía eclesiástica de España. Estudio Histórico-geográfico de las diócesis* 1.; 2.412; J. Villanueva, *Viage literario* X.7-19; L. Serdá, «Seo de Urgel, diócesis de», en: DHEE 4.2430-2433; C. Baraut - J. Castells - B. Marquès - E. Moliné, *Episcopologi de l'església d'Urgell, segles VI-XXI* (La Seu d'Urgell 2002) 186 pp., citaremos esta importante obra por *Episcopologi* y las páginas correspondientes; P. Madoz, *Diccionario geográfico-estadístico-histórico de España* 14.175-182.

[2] J. Perarnau (coord.), *Feliu d'Urgell. Bases per al seu estudi* (Facultat de Teologia de Catalunya-Societat Cultural Urgel-litana, 1999); *Jornades Internacionals d'estudi sobre el bisbe Feliu d'Urgell (La Seu d'Urgell, 28-30 de setembre de 1999). Crònica i estudis* (Facultat de Teologia de Catalunya-Societat Cultural Urgell-litana 2000); M. Díaz y Díaz, «Félix», en: DHEE 2.912; Íd., «Elipando», en: DHEE 2.782; R. Silva, «Adopcionismo», en: DHEE 1.10-11.

mentos que contiene de textos sinodales de la diócesis de Urgell. En el fol. 95r-96r contiene el sínodo de Urgell de 1328.[4-12] de nuestra edición. En el fol.96r-100v contiene las constituciones provinciales de Tarragona, como se encuentran en el MS 2065 bis fol.15r-21v, de la Biblioteca Capitular de Urgell, aunque con algunas deficiencias. En el fol.101r comienza inesperadamente y sin indicación alguna el [20] de nuestra edición del Tractatus septem sacramentorum o Libro sinodal de Urgell, que continúa hasta el [114] en el fol.110v, y con otros textos repetidos hasta el [149] de nuestra edición, con el que concluye en el fol.124v. En el fol.111rv hay unos fragmentos de los sínodos de 1276 y de 1286 de Urgell. El texto de los sínodos de la diócesis de Urgell que se conserva en este códice de Andorra, especialmente el texto del Libro sinodal o Tratado de los siete sacramentos es exactamente igual al texto del códice S, con una asombrosa coincidencia incluso en las pocas erratas o deficiencias que ambos contienen.

M-D = E. MARTÈNE - U. DURAND, *Thesaurus novus anecdotarum. Tomus quartus* Lutetiae Parisiorum 1717, col.671-768. Contiene el libro sinodal o tratado de los siete sacramentos, sínodo de Urgell de 1364. Este texto pasó a la edición de Mansi que mencionamos a continuación.

Ma = J. M. MANSI, *Sacrorum conciliorum nova et amplissima collctio.* Vol. 24, col.963-1056, que toma el texto de E. Martène - U. Durand, sigla M-D.

Q = Todos los testigos del texto en el aparato crítico.

S = Barcelona, Archivo de la Corona de Aragón, Manuscritos, Ripoll 73. Constituciones sinodales del obispado de Urgell. 58 hojas, una columna, 27 líneas por plana, siglo XIV, papel. Foliación reciente 1-58 folios. Algo deteriorados por la humedad el primero y los dos últimos folios. Encuadernación en pergamino, siglo XIX. Procede del monasterio de Santa María de Ripoll. Antigua signatura: Estante 2.º, cajón 2.º; núm. moderno 20, antiguo 116. Contiene exactamente lo mismo que el códice de nuestra sigla Z de Urgell, pero es mucho mejor texto, por lo que elegimos a este códice como texto base de nuestra edición. El texto que se conserva del códice A de Andorra con sínodos de Urgell coincide enteramente, incluso en las pocas erratas que ambos contienen, con este códice Ripoll 73, nuestra sigla S.

Sa = Barcelona, Archivo de la Corona de Aragón, Manuscritos, Miscelánea n. 28. Constituciones sinodales del obispado de Urgell. Texto que es casi enteramente ilegible por deterioro de la tinta. Es una copia con el mismo texto que contiene códice S del mismo Archivo, y el manuscrito 2065bis del Catálogo de los manuscritos de la Biblioteca Capitular de Urgell, que es nuestra sigla Z. El códice no está foliado, ni es posible foliar debidamente la reproducción que tenemos, a la que asignamos una numeración hipotética de hojas. Nos parece posible y probable que el excelente texto de esta copia, hoy inservible, proceda del mismo original que el códice S del mismo Archivo y el 2065bis de La Seu d'Ugell, pues ambos contienen los mismos textos y por el mismo orden.

T = ACU, MS 692. Manuscrito de 9 folios, que contienen el sínodo de Urgell de 1542.

Ta = ACU, MS 692. Manuscrito de 4 folios, con el sínodo de Urgell de 1545. Estos dos cuadernos y otros que contienen las actas de sínodos del siglo XVI están encuadernados en un volumen con cubiertas de pergamino.

V = J. Villanueva, *Viage literario a las iglesias de España* XI (Madrid 1850), que en los apéndices de pp.283-327 trae varios sínodos de Urgell, tomados de un códice de Solsona, actualmente desaparecido.

X = A. García y García (dir.), *Catálogo de los manuscritos jurídicos de la Biblioteca Capitular de La Seu d'Urgell* (La Seu d'Urgell 2009) CXLII + 637 páginas. Nuestra sigla X es el códice 2065 A del citado Catálogo, pág.146-147. Son 16 folios, numerados recientemente, con una foliación antigua que va desde el 53 al 68. Códice del siglo XIV en papel, dos columnas, 37 líneas por plana. Iniciales en rojo y azul. Contiene los sínodos de Urgell de 1276, 1287, 1310-1316, 1328, 1362 y 1364. No contiene el Libro Sinodal.

Y = Nuestra sigla Y es el códice 2065 B del citado Catálogo, pág. 147. Son 57 folios, con una foliación reciente que va del 17 al 72, y con una foliación antigua en romanos, que va del v. al lxi. Es un códice del siglo XIV en papel, única columna, con 27 líneas por plana. En el fol.17r comienzo mutilado el Libro sinodal o Tratado de los siete sacramentos de Urgell. Contiene también los sínodos de Urgell de1276, 1287, 1310-1316, 1328, 1362, 1364, una parte del Libro Sinodal de 1364 y una constitución de un sínodo de la segunda mitad del siglo XV.

Z = Nuestra sigla Z es el códice 2065bis del citado Catálogo, pág. 158-165. Son 93 folios, numerados recientemente. Es un códice del siglo XIV en papel, única columna, con 20-23 líneas por plana. Letra cursiva poco cuidada. Las rúbricas y calderones fueron añadidos por otra mano tosca. Contiene lo mismo que el códice de la sigla S de Barcelona, ACA, Ripoll 73, del que es un hermano gemelo o acaso una copia del mismo.

Observando el aparato crítico, es fácil percibir que el texto de la sigla V, que Villanueva toma de un códice de Solsona, hoy perdido, suele coincidir con el texto de la sigla X, incluso en erratas, mientras que los códices SYZ, con menos erratas, también suelen coincidir, pero especialmente coinciden los códices SZ. Parece indudable que estos dos códices S y Z proceden del mismo original y que S ofrece algo mejor texto que Z, por eso lo elegimos como códice base de nuestra dición. No es probable que uno de ellos proceda del otro, y ciertamente que S no procede de Z. El mismo texto se encuentra en Sa, Manuscrito misceláneo 28 del Archivo de la Corona de Aragón (Barcelona), pero este códice es ilegible por corrimiento de la tinta. Como el códice S, que elegimos como códice base de nuestra edición, suele coincidir en casi todo con el códice Z, damos en el aparato crítico juntas las variantes de estos dos códices. Los textos sinodales de Urgell que se encuentran en el códice A de Andorra coinciden con asombrosa exactitud con S, nuestro códice base para los sínodos de Urgell. Por lo que para aligerar el aparato crítico se debe considerar que el texto del códice A, cuando existe, es siempre idéntico al de S.

1. Sínodos del obispo Abril, 1257-1269

Era Abril arcediano de Salamanca y capellán del papa Alejandro IV, que el 11 de agosto de 1257 lo nombró para el obispado de Urgell. Según parece, Abril era natural de Galicia, y ciertamente tenía en Santiago de Compostela un tío canónigo, donde también residía una hermana suya. Un P. Aprilis, tesorero en Compostela, y un M. Aprilis, que era canónigo en la misma iglesia, quizá sean hermanos del Abril, arcediano de Salamanca y nombrado obispo por el papa Alejandro IV. Puede ser que el nombre del obispo Abril fuese Alfonso, como parece que así se llamaba también su padre. Falleció el 21 de octubre de 1269 y fue enterrado en la catedral[1]. L. Serdá dice que el obispo Abril «celebró sínodos»[2], sínodos que L. Ferrer sitúa en el año 1266[3]. Más concreta y completa es la información de J. Villanueva, que dice: «Sábese de este prelado que celebró algunos sínodos, mas también se sabe que no existe ninguna de las constituciones que hizo en ellos. Dícelo muy claro un códice manuscrito de sinodales que vi en la biblioteca de Ripoll (núm. 164), y empieza así: *Incipiunt constitutiones synodales edite per dominos Aprilem et Petrum, bone memorie episcopos Vrgellenses. Set est uerum quod nulla constitutio reperitur dicti domini Aprilis.* Lo mismo repiten varios códices de esta iglesia»[4], texto que se puede ver en nuestra edición al comienzo del sínodo de 1276, el primer sínodo de Pedro de Urtx. Al final del sínodo de 22 de marzo de 1287, que es el segundo del mismo Pedro de Urtx, se mencionan y cambian unas penas impuestas contra

---

[1] C. EUBEL, *Hierarchia catholica* I.509; L. SERDÁ, «Seo de Urgell, diócesis de», en: DHEE 4.2432; L. RUIZ FIDALGO, «Obispos españoles», en: DHEE, Suplemento 1.523; *Episcopologi* 55-56, con la bibliografía que indican; P. LINEHAN, «La carrera del obispo Abril de Urgel: La Iglesia Española en el siglo XIII», en: *Anuario de Estudios Medievales* 8 (1972-1973) 143-197; M. DE VILLANUÑO, *Summa conciliorum Hispaniae* III (Matriti 1785) 71-73, que publica dos cartas del papa Alejandro IV de 1257, una al electo Abril, arcediano de Salamanca, y otra al cabildo de Urgell; J. VILLANUEVA, *Viage literario* XI.94-101 y 237-239, apéndice XXX, donde publica Villanueva tres interesantes cartas, una de ellas de su propia madre, dirigidas al obispo Abril.

[2] L. SERDÁ, citado en la nota anterior.

[3] L. FERRER, «Sínodo», en: DHEE 4.2493, con los datos que le suministró L. Serdá, archivero de La Seu d'Urgell. J. VILLANUEVA en el *Viage literario* IX.200, menciona una escritura de 10 de febrero de 1268, en la cual Pedro de Sala, abad de Cardona, presta obediencia a Abril, obispo de Urgell, y se ofrece a «venir él personalmente al sínodo, y en caso de estar impedido, *aliquem*, dice, *de praelatis seu canonicis meis loco mei, ad eamdem synodum destinabo»*.

[4] J. VILLANUEVA, *Viage literario* XI.99.

los clérigos concubinarios «per dominum Aprilem, predecessorem nostrum, et per nos postea innouatas»[5]. Y esto poco es todo lo que sabemos de los sínodos del obispo Abril.

2. Sínodo de Pedro de Urtx, 19 de octubre de 1276

Pedro de Urtx, de Urg o de Urgio (1269-1293), era arcediano de Prats en la misma iglesia, y a la muerte del obispo Abril fue elegido obispo por aclamación unánime del cabildo el día 3 de noviembre de 1269. La elección fue confirmada por el cabildo de Tarragona, en sede vacante, y el 29 de diciembre de 1269 recibió la ordenación episcopal. Estando enfermo, hizo testamento el 12 de enero de 1292 (1293 por nuestro cómputo) y parece que murió poco tiempo después a consecuencia de esa enfermedad, y fue enterrado en la catedral, en la que se conservó su sarcófago durante largo tiempo[1].

Hay alguna dificultad para determinar cuál es el texto que realmente corresponde a este sínodo, ya que después de las constituciones que editamos a continuación [1-26] no aparece en las fuentes indicación alguna de que con ellas concluye el texto del sínodo de 1276 y que los textos que siguen pertenecen ya a otro sínodo. Al contrario, si tuviésemos únicamente el manuscrito de nuestra sigla X, que es el 2065 Codex A del Catálogo[2], podríamos pensar que las dos constituciones que se encuentran a continuación y que ambas llevan en ese códice la data equivocada del año *m.cc.lxxvi.*, pertenecen realmente a este sínodo de 1276. Pero ciertamente que no es así, como veremos en la introducción al sínodo de 1287, donde nos referiremos también a J. Villanueva, que dice: «Dos sínodos celebró nuestro obispo, uno a 19 de octubre de 1276, cuya constituciones existen (...). El otro fue a 21 de marzo de 1286»[3], donde la segunda datación de

---

[5] Sínodo de 1287.[5]. En el [24] de nuestra edición del sínodo de 1276 menciona el obispo una constitución de sus predecesores contra los clérigos que administran los sacramentos a feligreses ajenos. El predecesor aludido podría ser el obispo Abril, pero es muy poco claro el texto de esa constitución.

[1] C. EUBEL, *Hierarchia catholica* I.509-510; L. SERDÁ, «Seo de Urgell, diócesis de», en: DHEE 4.2432; B. MARQUÈS, «Pere d'Urtx, bisbe d'Urgell (1269-1293)», en: *Església d'Urgell* 88 (abril de 1980) 13-15; J. VILLANUEVA, *Viage literario* XI.101-106. Intrigado, dice J. Villanueva (p.106): «No sé a qué podrá aludir un breve que he hallado aquí de la Penitenciaría Romana para absolver al obispo Pedro, dado en Viterbo a 23 de febrero, año I del pontificado de Juan XXI (1277)». A este desconcierto que muestra J. Villanueva quizá responde la nota 5 de C. Eubel (p.509), que dice: «Cum eo (con el obispo Pedro) ad cautelam, si forte tempore suae promotionis non habuerit aetatem legitimam, dispensatur 1277 Mart. 18 a Johanne XXI»; *Episcopologi*, 56-58.

[2] A. GARCÍA Y GARCÍA (dir.), *Catálogo de los manuscritos jurídicos de la Biblioteca Capitular de La Seu d'Urgell*, MS 2065 Codex A (La Seu d'Urgell 2009) 146 y 159.

[3] J. VILLANUEVA, *Viage literario* XI.102-103. También L. Ferrer, con los datos facilitados por el canónigo archivero L. Serdá, dice que este obispo celebró sínodo en 1276 y en 1286, L. FERRER, «Sínodo», en: DHEE 4.2493.

Villanueva corresponde al año 1287 de nuestro cómputo por el Nacimiento y no por la Encarnación. En realidad, pues, y sin duda alguna, al sínodo que Pedro de Urtx celebró en 1276 pertenece únicamente el texto de los números [1-26] que editamos a continuación.

Tradición manuscrita y editorial: S fol.1r-3r (texto base de nuestra edición); Sa hoja 3-11 (ilegible); V, vol. XI, pág.283-289; X fol.3ra-5ra; Y fol.43r-45r; Z fol.1r-4r.

[1]   <*Inscriptio*>

Incipiunt constitutiones synodales edite per dominos Aprilem et Petrum, bone memorie episcopos Vrgellenses. Set est uerum quod nulla constitutio reperitur dicti domini Aprilis.

[2]   1.   *Quod uiolatores ecclesiarum et raptores ecclesiasticorum sint excommunicati*

In nomine Domini nostri Iesu Christi. Quartodecimo kalendis nouembris, anno a natiuitate Domini m.cc.lxxvi., nos Petrus, mi-
5   seratione diuina Vrgellensis episcopus, residentes in sancta synodo in ecclesia beate Marie sedis Vrgellensis, auctoritate Domini nostri Iesu Christi et beate Marie uirginis et beatorum apostolorum Petri et Pauli et nostra, cum assensu et uoluntate capituli nostri et presentis synodi excommunicamus et anathematizamus omnes uiolatores,
10   inuasores, combustores et destructores siue despoliatores ecclesiarum seu rerum et omnium ad eas pertinentium. Et statuimus et ordinamus quod tales non absoluantur absque satisfactione, et si non fuerint absoluti, careant ecclesiastica sepultura[1].

---

[1] **c.1** D.96 c.1; C.12 q.2 c.69; C.12 q.3 c.3; C.16 q.1 c.40, 57-59; C.17 q.4 c.5, 12, 14, 21; C.23 q.8 c.24-25; X 1.2.7, 10; X 5.39.19, 22; In VI 3.23.1, 3, 5; Extravag.Com.3.13 un.; Conc.3 Lat.1179 c.19 (X 3.49.4); Conc.4 Lat.1215 c.44 (X 3.13.12); Conc.prov.Tarragona 1239 c.2, 8 (Pons Guri 38-39); 1 Partida 6.50-51, 55. Ver las constituciones de concilios de Tarragona editadas supra en el sínodo 2 de la abadía de Ager.

Inscrip.   1 Inscriptio *om.*Q   2 Incipiunt] Adsit in principio sancta Maria meo. Amen *antep.* Z, In nomine Domini nostri Iesu Christi quartodecimo kalendas nouembris anno Domini m.cc.lxx.sexto *antep.*X   3-4 Set — Aprilis *om.*VX
c.1   1 raptores] bonorum *ad.*VX   3-4 In nomine — lxxvi. *om.*X *(que lo antepone al comienzo)*   4 a natiuitate *om.*VX   6 beate] sancte VX   10 et] uastatores *ad.*VX   siue *om.*X   despoliatores] depopulatores VX   11 omnium] hominum Y   12 satisfactione] congrua *ad.*V, condigna *ad.*X   et si] qui si forte in hora mortis absque uel (absque uel *om.*X) ante satisfactionem VX   13 non *om.*V

[3] 2. *Quod omnes clerici et monachi ecclesias occupantes sint excommunicati*

Item, excommunicamus et anathematizamus omnes clericos monachos qui auctoritate propria ecclesias occupant et in eis admi-
5 nistrant in diocesi Vrgellensi sine institutione uel licentia episcopi Vrgellensis, et qui eas occupauerint et taliter detinent occupatas, nisi eas totaliter dimisserint infra mensem a tempore istius constitutionis[1].

[4] 3. *Quod impignorantes uel uendentes ornamenta eccle-siastica sint excommunicati*

Excommunicamus et anathematizamus omnes clericos seu rec-tores qui ecclesias, possessiones uel iura, libros uel ornamenta ip-
5 sarum uendiderint uel alienauerint quoquomodo aliter quam sacri canones permittant, et eos qui tales receperint uel receptas conten-derint retinere. Et hoc ad preterita, presentia et futura trahi uolu-mus et mandamus, nisi infra duos menses a tempore promulgatio-nis istius constitutionis indemnitati ipsarum ecclesiarum duxerint
10 consulendum.

[5] 4. *Quod clerici scribentes uel dictantes litteras diffidatio-nis sint excommunicati*

Item, excommunicamus et anathematizamus omnem cleri-cum diocesis Vrgellensis uel etiam ciuitatis qui litteras diffidatio-
5 nis uel acundamenti dictauerint ac etiam conscripserint contra episcopum uel capitulum uel ecclesiam Vrgellensem uel ceteras ecclesias uel personas religiosas seu etiam clericos seculares, aut scienter illas duxerint presentandas et seu etiam per aliquos fe-cerint presentari[1].

---

[1] **c.2** X 1.9.4; X 3.5.31; Conc.prov.Tarragona 1239 c.2, 8 (Pons Guri 38-39).
[1] **c.4** Conc.prov.Tarragona 1244 c.3 (TR 6.40; Pons Guri 58).

c.2 3 et *om.*Z   clericos] et *ad.*V   6-7 detinent — totaliter *om.*X *(homograf.)*
7 infra mensem a] in fraude SZ
c.3 4 iura] ecclesiastica *ad.*X   7 presentia *om.*Y
c.4 1 clerici] omnes *antep.*VX   5 acundamenti] acuydamenti VX, cunynda-
menti Y   6 uel capitulum] religiosum Y   6-7 capitulum — ecclesias
uel *om.*VX   7 etiam *om.*VX   7-8 aut scienter *(de este* c.4*)* — seculares *(de*
c.5*, lín.*8*)* om.*SZY *(homograf. Tomamos para el resto de este capítulo 4 y para todo el*
capítulo 5 el texto de VX, ante esta indudable omisión por homografía en que caen los
tres principales códices, que son SZY*)*   illas] illatas X   8 et *om.*X

[6] 5. *Quod clerici et religiosi utriusque sexus concitantes potentes in episcopum uel ecclesiam Vrgellensem uel alias personas ecclesiasticas sint excommunicati*

Item, excommunicamus et anathematizamus omnem clericum,
5 monachum uel quamlibet monialem seu religiosam feminam nostre diocesis concitantem seu commonentem uiros potentes, milites seu alios seculares homines contra episcopum uel ecclesiam Vrgellensem uel ceteras ecclesias aut personas religiosas seu etiam clericos seculares.

[7] 6. *Quod ponentes portionarios in ecclesiis sine licentia episcopi et patroni sint excommunicati*

Item, excommunicamus omnes clericos et rectores parochialium ecclesiarum nostre diocesis qui tenentes possessiones fecerint
5 clericum uel laicum portionarium uel canonicum in ecclesiis sibi commissis, sine licentia et mandato episcopi Vrgellensis et patroni.

[8] 7. *Quod clerici sint excommunicati qui litteras et nuntios domini episcopi irreuerenter receperint*

Item, excommunicamus et anathematizamus omnes clericos nostre diocesis qui litteras nostras sibi missas et nuntios recipere aut
5 legere contempserint irreuerenter aut indignanter.

[9] 8. *Quod nullus missam celebret cum filio suo illegitimo*

Item, interdicimus, sub pena sexaginta solidorum, quod nullus cum filio suo illegitimo presumat diuina officia celebrare, nec cum indumentis per episcopum non benedictis

[10] 9. *Quod clerici non sustineant quod pueri diu remaneant ad baptizandum*

Item, non sustineat sacerdos quod diu retineantur pueri a parentibus non baptizati. Et ne propter imperitiam laicorum, cum ne-

c.5 2 potentes] potestates X   uel ecclesiam *om.* X   2-3 uel alias personas ecclesiasticas *om.* X   4 et *om.* V   5 monachum] uel quemlibet religiosum *ad.* X
6 commonentem *espacio en blanco* V   potentes] potestatis X
c.6 1 portionarios] aliquam personam X   3 excommunicamus] et anathematizamus *ad.* Y   4 tenentes possessiones] tenuerint aut V, tenuerint posuerint X
5 portionarium] prebendarium *ad.* VX
c.7 5 aut indignanter] ac ecclesiam indignentur Y *(texto corrupto)*   aut] etiam *ad.* VX
c.8 1 illegitimo] aut cum indumentis non benedictis *ad.* V
c.9 3 sustineant sacerdotes VX

5   cessitas eminet, per laicos baptismum fieri contingat absque forma
     baptismi, <et infans> decedat, precipimus ut frequenter moneat et
     instruat plebem suam ut hanc formam in traditione ipsius baptismi
     studeant obseruare, scilicet ut infantem ter immergendo in aqua,
     si tanta possit copia aque haberi, sin autem superinfundendo cum
10   scypho super infante, a baptizante hec uerba proferantur: Petre uel
     Johannes, ego te baptizo in nomine Patris et Filii et Spiritus Sancti.
     Amen.

**[11]   10.   *Quod habens ecclesiam aliam non suscipiat ad can-
     tandum***

     Item, quod nullus habens ecclesiam, aliam suscipiat ad cantan-
     dum sine licentia episcopi Vrgellensis. Et quicumque fecerit, propria
5   spolietur[1].

[12]   11.   *Quod omnes beneficiati intersint omnibus Horis*

     Item, quod sacerdotes qui in una ecclesia sunt beneficiati inter-
     sint omnibus Horis, tam in propria hebdomada quam in hebdoma-
     da sui socii. Alioquin pro non residentibus habeantur.

**[13]   12.   *Quod omnes clerici seruent sententiam contra rapto-
     res rerum ecclesiasticarum latam***

     Item, precipimus omnibus clericis ecclesias habentibus quod
     sententiam latam contra raptores, inuasores rerum ecclesiastica-
5   rum fideliter teneant et obseruent in continenti, cum per nos seu
     officialem nostrum uel eius locum tenentem super hoc mandatum
     receperint, uel cum ipsis de rapina et inuasione et aliis in constitu-
     tione ipsa contentis facti euidentia constiterit manifeste, uel cum
     infra decanatum in quo ipsi clerici habent ecclesias seu tenent fuerit
10   notorie obseruata, non exspectata aliqua monitione uel mandato.
     Negligentes et desidiosi sciant se beneficio proprio spoliandos, nam
     cum constitutio publice editur aut promulgatur, non oporteat sin-
     gulorum auribus inculcari.

---

[1]   **c.10** Conc.prov.Tarragona 1239 c.5 (Pons Guri 38).

5 imineat V, eminet Y   6 et infans *om.*Q   6-7 moneant et instruant VX
9 copia aque] aqua Y, aque *om.*V
c.10 4 quicumque] si contra V
c.11 4 socii] cori V
c.12 3 precipimus] et mandamus *ad.*VY   6 officiales nostros uel eorum XY
loca X   tenentes XY   hoc *om.*X   mandata X   12 oportet V

[14] 13. *Quod diffidantes episcopum occasione sententie ex-*
communicationis in ipsos late sint excommunicati

Item, excommunicamus milites et barones et quoscumque homines nostre diocesis qui excommunicati pro suis excessibus ab
5 episcopo uel proprio rectore, ipsos ausu sacrilego diffidare uel acun-
dare presumpserint pro hac causa.

[15] 14. *Quod rectores prelatos et canonicos ecclesie Vrgellen-*
sis recipiant reuerenter

Item, precipimus omnibus prelatis et clericis ac ecclesiarum rectoribus quod prelatos et canonicos nostre ecclesie Vrgellensis reci-
5 piant reuerenter et benigne et nuntios eorumdem.

[16] 15. *Quod prelati et rectores religiosos curent pro posse*
recipere, et benigne ac caritatiue tractare

Item, mandamus omnibus prelatis et rectoribus ecclesiarum
nostre diocesis quod minores et predicatores et alios religiosos, cum
5 ad eorum loca seu ecclesias eos declinare contigerit causa predicationis uel confessionum audiendarum, benigne et pro posse recipere
procurent et caritatiue tractare.

[17] 16. *De uita et honestate clericorum*

A crapula et ebrietate omnes clerici se abstineant diligenter[1].
Officia uel cetera secularia negotia non exerceant, maxime inhonesta. Ioculatoribus, mimis et histrionibus non intendant, tabernas
5 prorsus euitent, nisi forte necessitatis causa in itinere constituti; ad
aleas uel taxillos non ludant, nec huiusmodi ludis intersint. Coronam et tonsuram habeant competentem. Clausa insuper deferant
indumenta, nimia breuitate uel longitudine non notanda. Pannis
rubeis uel cendatis seu uiridibus aut uirgatis, tunicis aut supertu-

---

[1] **c.16** Conc.4 Lat.1215 c.15 (X 3.1.14).

c.13 3 excommunicamus] precipimus *mal* Y   et²] etiam alios *ad.* V, alios *ad.* X
5-6 acundare] acuydare VY   6 per hanc causam Y
c.14 3 precipimus] et mandamus *ad.* V   ac *om.* Y   5 et² *om.* Y
c.15 1 pro posse *om.* V   2 benigne ac *om.* V   3 ecclesiarum *om.* V
5 eos] eorum V   6 uel] confessionis siue *ad.* Y
c.16 2 ebrietate] beuerrie Y   se *om.* VX   3 secularia] officia uel *ad.* V
7 insuper] desuper X   9 seu *om.* SZY   uiridibus] non utantur *ad.* V

10 nicis sic apertis quod ostendant latera, <nec> sic strictis quod femoralia demonstrent, necnon manicis uel sotularibus consuticiis
aurificiis, pictis pileis serico subornatis, corrigiis auri ornamentum
habentibus, centuris sericis, sellis et pectoralibus deauratis uel aliam
superfluitatem habentibus, non utantur[2].

[18] 17. *Quod clericus non scribat pro uindicta sanguinis*

Nullus clericus dictet uel proferat litteras uel scribat pro uindicta sanguinis destinandas, uel uindictam sanguinis exerceat uel ubi
exerceatur intersit[1].

[19] 18. *Quod ornamenta ecclesiastica et uasa diuini myste-*
rii munda conseruentur

Precipimus autem quod ecclesie et omnia ornamenta <et> uasa
diuini mysterii, panni, pallia altaris et corporalia <et> uestimenta
5 ministeriorum munda et nitida conseruentur[1].

[20] 19. *Quod chrisma, oleum, Eucharistia cum clavibus ad-*
hibitis caute seruentur

Chrisma, oleum, Eucharistia caute conseruentur clauibus adhibitis, necnon et altare consecratum diligenter seruetur caute, ne ad
5 aliquid eorum depredatoris manus temeraria se extendat pro aliquibus negotiis nephandis exercendis[1].

---

[2] D.23 c.22; D.41 c.8; C.17 q.4 c.25; C.21 q.4 c.1-5; X 1.6.15; X 3.1.4-5, 7, 15;
X 5.39.35; In VI 3.2 un.; In VI 5.11.12; Conc.4 Lat.1215 c.16 (X 3.1.15); Conc.
legat.Valladolid 1228 5.3 (TR 3.326); Conc.legat.Lérida 1229 c.9 (TR 3.333;
Pons Guri c.8, p.15-16); 1 Partida 5.39.
[1] **c.17** X 3.50.5, 8-9; X 5.12.19.
[1] **c.18** De cons.D.1 c.40 § 1-2; Conc.4 Lat.1215 c.19 (X 3.44.2); Conc.legat.
Lérida 1229 c.10 (TR 3.333; Pons Guri c.9, p.16).
[1] **c.19** X 1.24.3; X 3.41.10; Conc.4 Lat.1215 c.20 (X 3.44.1).

---

10 apertis] paratis SZY   nec *om.*Q   11 sotularibus consuticiis] secularibus constitutis SZY   12 corrigiis] fibulis aut *antep.*VX   13 sellis] quoque
deauratis frenis pectoralibus *ad.*VX
c.17 1 clericus non scribat] nullus scribat litteras V, clerici non scribant litteras X
2 Nullus] Precipimus quod *antep.*Y
c.18 3 quod] ut VX   et[2] *om.*Q   4 diuini mysterii] diuinis mysteriis deputata V   et[2] *om.*Q
c.19 1-2 Quod — seruentur *om.*SZVX *(excepto V, que presenta la constitución uni-*
da a la anterior, los códices SZX omiten la rúbrica, pero tienen una R en rojo y espacio
en blanco para el texto de la rúbrica)   3 oleum] et *ad.*VX   4 diligenti seruetur
cautela VX   5 se *om.*SZY   6 negotiis *om.*VX   nephandis *om.*Y

[21] 20. *Quod Eucharistia cum lumine et campanella deportetur*

Sacra Eucharistia ad infirmos cum campana et lumine honorifice deportetur. Et in singulis octo diebus renouetur aqua benedicta,
5 et Eucharistia infra mensem. Aliter transgressores ad arbitrium nostrum seu officialium nostrorum puniantur, aliis statutis contra tales editis in suo robore duraturis[1].

[22] 21. *Quod sacerdotes frequenter moneant populum ad confessionem*

Sacerdotes frequenter moneant populum ad confessionem faciendam, exponentes eis et districte seruantes constitutionem con-
5 cilii generalis, uidelicet quod si quis ad minus semel in anno confessionem et communionem recipere neglexerit, et uiuens ab ingressu ecclesie arceatur et moriens ecclesiastica careat sepultura[1]. Et ad maiorem certitudinem predictorum confitentium habendam, anno quolibet in aliquo libro nomina conscribantur.

[23] 22. *Quod prelati, canonici et alii clerici coniurationes speciales uel generales facientes sint excommunicati*

Item, excommunicamus prelatos et canonicos, tam ecclesie nostre quam diocesis, et etiam alios clericos seculares uel regu-
5 lares facientes coniurationes contra certas personas uel incertas, generaliter uel specialiter, occulte seu etiam manifeste. A qua non absoluentur nisi satisfecerint damnum passis et penituerint cum effectu[1].

---

[1] **c.20** D.93 c.18; De cons. D.2 c.29; X 3.41.10; Conc.legat.Valladolid 1228 6.2 (TR 3.326); 1 Partida 4.60-63.
[1] **c.21** Conc.4 Lat.1215 c.21 (X 5.38.12); Conc.legat.Lérida 1229 c.11 (TR 3.331; Pons Guri c.10, p.17); Conc.prov.Tarragona 1243 c.3 (TR 6.38; Pons Guri 53).
[1] **c.22** Conc.prov.Tarragona por Pedro de Albalat, celebrado en Valencia 1240, c.1, 3-5 (TR 6.32-33; Pons Guri 42-43); Conc.prov.Tarragona 1244 c.2-4 (TR 6 40-41; Pons Guri 58-59).

---

c.20 1 campana Z
c.21 1 populum] plebem Y   3 populum] plebem Y   4 exponentes] exponendo V   constitutionem] constitutiones SYZ   9 libro] papireo *ad.*VX
c.22 1 prelati — et alii *om.*V   4 etiam *om.*S   7 absoluantur VXY

[24] 23. *Contra omnes rectores qui scienter in suis ecclesiis, in alterius preiudicium, alienos parochianos receperint uel ecclesiastica sacramenta administrauerint*

Item, cum inuenerimus per predecessores nostros contra clericos ministrantes scienter alienis parochianis ecclesiastica sacramenta excommunicationis sententiam fore latam[1], et per constitutionem prouincialem talibus pena imposita fuerit decem aureorum[2], ne rectores in laqueum incidant excommunicationis sententie et periculum incurrere ualeant animarum, cum pene potius molliende sint quam ampliande, dictam constitutionem amouemus et ipsam prouincialem precipimus inuiolabiter obseruari.

[25] 24. *Quod clerici publice ludentes sint excommunicati*

Item, excommunicamus omnes clericos nostre diocesis, cuiuscumque condicionis exsistant, in sacris tamen ordinibus constitutos uel ecclesiastica beneficia possidentes, qui publice luserint ad aleas uel taxillos[1].

[26] 25. *Ne clerici aliarum dioceseum in nostra celebrent populo diuina uel ministrent ecclesiastica sacramenta*

Item, statuimus quod nullus extraneum aut ignotum permittat in ecclesia sua celebrare absque litteris commendatitiis, nec tunc donec se nobis presentauerit et licentiam obtinuerit, nisi for-

---

[1] **c.23** Desconocemos esta constitución de sus predecesores y si acaso fue sinodal, que quizá lo haya sido y puede que fuere del obispo Abril.
[2] El concilio provincial de Tarragona de 1292 c.5 (c.6 en Tejada y Ramiro) establece esto, con la pena de diez maravedís en Pons y de veinte en Tejada (J. M.ª Pons y Guri, *Constitucions conciliars,* 107; TR 3.413-414). Pero esta constitución provincial de Tarragona de 1292 no puede ser la citada por el sínodo de Urgel de 1276.
[1] **c.24** D.34 c.2-3; D.44 c.2-4; Conc.4 Lat.1215 c.16 (X 3.1.15); Conc.legat. Valladolid 1228 c.5.1 (TR 3.326).

c.23 1-3 Contra — administrauerint] Moderatio constitutionis quod recipientes alienos parochianos sint excommunicati V   1 Contra] Quod *mal* SZY 4 per *om.* Y   6 constitutionem] istam non inuenimus et est ponenda *dice una nota marginal en* S, *nota marginal de* S *que el copista de* Z *pasó al texto. Y otra mano muy posterior pone al margen en* Z: c. Cum ecclesiastica De parochiis et alienis parochinis, *que es una falsa cita del Liber Extra*   7 prouincialem] incipientem: Item cum ecclesistica sacramenta de *ad.* V   imposita fuerit] imponitur VXY 8-9 excommunicationis — ualeant] et periculum ex dicta excommunicationis sententia VX, incurrere debeant *ad.* X   et periculum excommunicationis sententiam *mal* Y

te esset peregrinus aut uiator qui uellet priuatim pro deuotione celebrare[1].

3. Sínodo de Pedro de Urtx, 22 de marzo de 1287

En la introducción al sínodo de 1276 ofrecimos unos breves datos biográficos del obispo Pedro de Urtx. Acerca de sus sínodos dice J. Villanueva: «Dos sínodos celebró nuestro obispo, uno a 19 de octubre de 1276, cuya constituciones existen [...]. El otro fue a 21 de marzo de 1286»[1]. En cuanto al segundo sínodo, del que ahora nos vamos a ocupar y al que Villanueva sitúa a 21 de marzo de 1286, surgen las siguientes cuestiones: en qué día del mes se celebró el sínodo, en qué año y cuál es el texto o el contenido de este sínodo.

Acerca del día del mes en que se celebró el sínodo, Villanueva dice que se celebró el 21 de marzo, pero todas las fuentes que tenemos, incluido el texto que edita Villanueva procedente de un códice de Solsona, actualmente perdido, y también el códice de nuestra sigla Sa, del Archivo de la Corona de Aragón[2], ponen siempre *xi. kalendas aprilis* que es el 22 de marzo, no el 21 de marzo[3]. Para la celebración del sínodo las fuentes indican el año 1286. Siguen en esto el cómputo de la Encarnación, que era el usual en la provincia eclesiástica tarraconense después del concilio provincial de Tarragona de 1180, por lo cual se deberá entender que es el año 1287 según nuestro cómputo por la Navidad[4]. Pero esta fecha de 1287 tropieza con un pequeño problema y es que el códice de nuestra sigla X, que es el MS 2065 Codex A de la Biblioteca Capitular[65], data las dos constituciones de este sínodo en el año *m.cc.lxxvi.*, año 1276 (1277), como indicamos en el aparato crítico. Sin duda alguna que se trata de una errata del copista de este códice, que omitió una *x.* al consignar la fecha que aparece en todos los restantes testigos. Por lo tanto, el año de la celebración del sínodo es el año 1287, y no el año 1286, como hasta ahora se solía decir.

En cuanto al texto de este sínodo, las dos constituciones que editamos a continuación es todo lo que conocemos del mismo y es también el único texto que de este sínodo edita Villanueva. Pero resulta que Villanueva, cuando habla

---

[1] **c.25** D.71 c.6-9; C.19 q.2 c.2; De cons. D.2 c.12 § 2; De cons. D.5 c.37; X 1.22.3; X 3.4.5.

[1] J. Villanueva, *Viage literario* XI.102-103. También L. Ferrer, con los datos facilitados por el canónigo archivero L. Serdá, dice que este obispo celebró sínodo en 1276 y en 1286, L. Ferrer, «Sínodo», en: DHEE 4.2493.

[2] Este códice apenas se lee, pero a veces es posible leer algunas frases, como sucede en este caso.

[3] En el códice de Andorra, fol.111v, no se puede leer esa fecha.

[4] Uno de los códices, el de nuestra sigla Y, que es el 2065 Codex B en el catálogo dirigido por A. García y García, dice en dos ocasiones que es el *anno a natiuitate Domini*, como en su lugar indicaremos en el aparato crítico. Pero todos los demás códices, y también la edición de Villanueva, ponen: *xi. kalendas aprilis, anno Domini m.cc.lxxvi.*, aunque escrito de diversas maneras.

[5] A. García y García (dir.), *Catálogo de los manuscritos jurídicos de la Biblioteca Capitular de La Seu d'Urgell*, MS 2065 Codex A (La Seu d'Urgell 2009) 146 y 159.

de la biografía de Pedro de Urxt, dice que celebró dos sínodos, el segundo de ellos en «marzo de 1286 (1287) en el cual entre otras cosas dio facultad a los curas para testar de los bienes muebles adquiridos *intuitu Ecclesiae,* dejando al obispo *duos aureos,* y uno al patrono del beneficio en reconocimiento o derecho de *luctuosa»*[6]. Alude Villanueva a una constitución que nuestros manuscritos no recogen entre las constituciones de este obispo y que tampoco aparece en el texto que Villanueva edita de este sínodo. Pero parece que hay una clara alusión a esta constitución en el sínodo de Arnaldo de Lordato de 19 de octubre de 1328. Dice, en efecto, el sínodo de 1328.[13]: «statuimus quod omnes manumissores et heredes rectorum nostre diocesis aut aliorum quorumcumque, qui nobis et successoribus nostris duos aureos dare et soluere tenentur ratione testamentorum ipsorum clericorum et uigore statuti domini Petri, bone memorie, predecessoris nostri». Este texto de 1328.[13] y lo que dice Villanueva tienen una indudable similitud, por lo que quizá se pueda suponer que Villanueva se sirve del mismo para sus afirmaciones. Pero con esto no se soluciona enteramente la cuestión de cuál es el texto o contenido del sínodo de 1287, sino que el interrogante se desplaza al sínodo de 1328, que menciona un estatuto del predecesor Pedro de Urtx, que debería ser una constitución sinodal, (aunque el sínodo de 1328 no dice expresamente que el estatuto del predecesor don Pedro sea un estatuto sinodal, como sí lo afirma Villanueva). Y queda todavía sin respuesta de dónde toma la noticia el sínodo de 1328 y por qué el texto del estatuto al que alude no aparece en la documentación de Pedro de Urtx, al menos no aparece en la documentación sinodal que conocemos.

Tradición manuscrita y editorial: V pág.290-292; S fol.3r-4v (texto base de nuestra edición); Sa hoj.11-13 (ilegible); X fol.5ra-6ra; Y fol.45v-46v; Z fol.4r-6r.

[1] 1. *Contra archipresbyteros uel decanos modum in uisitando excedentes*

Subditorum sepe ad nos et repetita querela peruenit quod archipresbyteri seu decani rurales diocesis Vrgellensis, cum causa uisita-
5 tionis ad ecclesias nobis subditas accedunt, numerum personarum et euectionum in Lateranensi concilio constitutum excedere non uerentur[1], in animarum suarum periculo et grauamine subiectorum. Eapropter nos contra morbum huiusmodi uolentes debitum remedium adhibere, statuimus ut nullus de cetero nostre dioce-

---

[6] J. Villanueva, *Viage literario* XI.103.
[1] c.1 Conc.Lat.1179 c.4 (COD 213-214; X 3.39.6); 1 Partida 22.2, con la legislación del concilio lateranense de 1179 y de las Decretales. Vide F. Cantelar Rodríguez, «La moral pública en los sínodos medievales españoles», en: *Revista Española de Derecho Canónico* 71 (2014) 781-825, especialmente las páginas 799-806, con referencia especial a los abusos de los visitadores.

---

c.1 3 Subditorum] Subdiaconorum *mal* Y   sepe ad nos et] ad nos sepius VX
4 rurales *om.*Y, nostre *ad.*V   5 subditas] subiectas VX   7 in] non sine VX

10 sis archipresbyter, decanus ruralis cum ad ecclesias sui decanatus
causa uisitationis et recipiende procurationis accesserit, ultra duas
equitaturas et duas personas, preter equites, ducere iuxta dictum
concilium et statutum huiusmodi non presumat. Nec ille decanus
predictus qui causa uisitationis cum quinque uel pluribus ad eas-
15 dem accedere ecclesias consueuit, de cetero ultra quatuor, eodem
compoto, ducere non attemptet. Vel ad hoc equitaturas accommo-
datas manu leuare uel uistam uel placitum in die uisitationis ad
huiusmodi ecclesias cum uisitandorum grauamine assignare. Set
neque eis liceat pro sacramentis ecclesiasticis, uti sacro chrismate
20 uel olio benedicto, aliquid exigere uel recipere aut quouis ingenio
a subditis extorquere, ex post facto, ad seruandas pias et laudabiles
consuetudines poterunt subditos cohercere. Quod si forte predicti
decani in predictis contra fecerint, grauatis subditis et ecclesiis duplum restituere teneantur, subditi autem ultra predictum numerum
25 eos recipere minime teneantur et procurationem eis impune ualeant
denegare, et nos nihilominus sententias per eos hac occasione positas in clericos et ecclesias eorumdem decernimus non tenere.

[2] Lecta et publicata fuit hec presens constitutio de mandato
dicti domini episcopi ante dicti per Arnaldum de Solerio, canoni-
30 cum Vrgellensem et notarium nostrum, in plena synodo in ecclesia
Sancte Marie sedis Vrgellensis, presentibus uenerabili nostro capitulo Vrgellensi et abbatibus de Serratex et de la Portella et tota synodo
congregata, xi. kalendas aprilis, anno Domini m.cc.lxxx.sexto.

> [3] 2. *Commutatio penarum excommunicationis et suspen-*
> *sionis latarum per dominum Sabinensem in clericos publi-*
> *ce concubinarios Yspanos, facta per dominum episcopum,*
> *in penas pecuniarias*

5 Cum olim uenerabilis pater dominus Johannes, Sabinensis episcopus, in partibus Yspanie legationis officio fungeretur, et contra
clericos concubinarios suspensionis immo et concubinas eorum

---

11 procurationis *om.* Y   13 huiusmodi *om.* Y   15 accedere *interl.* Z   ec-
clesias] peditibus *ad.* VX   16-18 Vel — assignare *texto oscuro*   25 minime
— eis *om.* VX   26 denegare] nec predicta sacramenta ante traditionem redimere
(redimere] remittere X) *ad.* VX   nos] eos *mal* V   eos] nos *mal* SZXY
28 hec *om.* VX, siue *ad.* Y   29 dicti²] nostri VX   30-31 et notarium — Vrgellensis *om.* V *(homograf.)*   31-32 presentibus — Vrgellensi *om.* X *(homograf.)*
32 Vrgellensi *om.* V   abbate V   la *om.* VXY   33 kalendas *om.* V   anno]
a natiuitate *ad.* Y   m.cc.lxxx.sexto] m.cc.lxxvj.X, m.ccc.lxxx.vj.Y
c.2 1-4 penarum — pecuniarias] pene per constitutionem domini Sabinensis
imposite clericis publice (publice *om.* X) concubinariis et eorum concubinis VX
7 suspensionis immo *om. mal* SZY

excommunicationis sententias generaliter promulgasset[1]. Ex quibus
quidem sententiis, licet ad salutem animarum prodite exstitissent,
10 quia tamen non salus set damna frequenter sequebantur, dominus
papa, uolens morbo huiusmodi salubri remedio prouidere uel subuenire, mandauit per uenerabilem dominum Egidium, bone memorie, tituli sanctorum Cosme et Damiani diaconum cardinalem[2],
contra morbum predictum tam damnosum et pestiferum conue-
15 niens remedium adhibere. Qui, prelatis Yspanie tunc in Romana
curia exsistentibus, diligenti deliberatione habita et tractatu, commisit et mandauit archiepiscopis, episcopis et aliis prelatis Yspanie
ut predictas suspensionis et excommunicationis sententias in penas
alias commutarent circa suos subditos, qui ex dictis sententiis in
20 suspensionis et excommunicationis uel irregularitatis laqueos hactenus inciderunt, per absolutionis et dispensationis gratiam, prout
merita personarum exigerent, eadem auctoritate, discretione preuia,
procurarent.

[4] Igitur nos Petrus, diuina miseratione Vrgellensis episcopus,
25 cum inuenerimus plures clericos ciuitatis et diocesis et eorum concubinas in predictis suspensionis et excommunicationis sententiis incidisse, attendentes quod ex huiusmodi generalibus sententiis nullus
aut rarus fructus hactenus prouenit, set instigante humani generis infestissimo inimico, animabus ipsis confusionis et perditionis laqueus
30 sepissime parabatur dum clerici sic ligati ordines receperint et nihilominus diuina officia celebrantes irregularitatis uitio subderentur.
Affectantes insuper animarum ipsorum periculis, prout diuina nobis
ministrauit gratia, adhibere salubre remedium, cum non inuenerimus

---

[1] **c.2** Conc.legat.Valladolid 1228 c.4 (TR 3.325-326); Conc.legat.Lérida 1229 c.8
(TR 3.332-333; Pons Guri c.7, p.15); Conc.prov.Tarragona 1230 c.1 (TR 6.28;
Pons Guri 31-32).
[2] Se trata del cardenal español Gil Torres; vid. P. LINEHAN, «Torres, Gil», en:
DHEE, Suplemento 1.692; D. MANSILLA REOYO, *Iglesia castellano-leonesa y curia
romana en los tiempos del rey San Fernando* (Madrid 1945) ver índice en p.XXVIII
del final; P. LINEHAN, *La iglesia española y el papado en el s. XIII* (Salamanca 1975)
243-246. El texto de la carta del cardenal Gil Torres se puede ver también en PONS
GURI, *Constitucions conciliars* 78-79. Este mismo asunto y los correspondientes
textos se encuentran en otros lugares, por ejemplo, en el sínodo de Tortosa de
1278.[2-6], ed. en SH XII.619-622; y ver en el presente volumen en el sínodo de
Barcelona de 1291. [30-35], que también trata de esta cuestión.

---

8 sententias] sententiam SZY   9 quidem *bis* X, *om.*Y   prodite *om.*SZY
10 frequenter] et pericula *ad.*VX   11 prouidere uel *om.*X   13 tituli *om.*Z, et
cetera Y   19 circa] et *antep.*VX   22 discretione] districtioni *antep.*V   preuie
V   23 procurarent] prouidere curarent VX   25 clericos] nostre *ad.*VX
29 confusionis] confessionis SZY   32 ipsorum] ipsarum X   33 ministrauit]
ministrabit V, ministrauerit X   salubre *om.*Y, salutare V

predictas sententias suspensionis et excommunicationis commutatas
35   nec reuocatas, auctoritate predicta nobis in hac parte tradita et nostra
ordinaria, de consensu capituli nostri, predictas sententias suspensionis et excommunicationis, tam a predicto domino legato quam a nobis et predecessoribus nostris contra clericos concubinarios et eorum
concubinas editas, in penas contentas inferius commutamus. In pri-
40   mis statuentes quod si qui clericorum ciuitatis uel diocesis Vrgellensis
fuerint inuenti de cetero detinentes publice concubinas, si beneficium
habuerint cum cura uel sine cura, cum alios teneantur instruere et
uita et conuersatione laudabilid informare, penam decem aureorum
se nouerint incurrisse. Si autem beneficia non habuerint, set in sacris
45   ordinibus fuerint constituti, sex aureorum pena decernimus puniendos, alii uero beneficia non habentes in minoribus constituti nostro
et successorum nostrorum arbitrio puniantur. Concubinas uero publicas predictorum clericorum pena quinque aureorum decernimus
puniendas. [5] Predictas itaque suspensionis et excommunicationis
50   sententias in prenominatas penas taliter commutamus, easdem sententias suspensionis et excommunicationis latas per iam dictos dominum Johannem, Sabinensem episcopum, et per dominum Aprilem,
predecessorem nostrum, et per nos postea innouatas, quantum ad
clericos ciuitatis uel diocesis Vrgellensis et concubinas eorum presenti
55   constitutione, auctoritate premissa et nostra, expresse et ex certa scientia reuocamus, decernentes predictos clericos et eorum concubinas
predictis suspensionis et excommunicationis sententiis in posterum
de cetero non ligatos.

[6] Lecta et publicata fuit sollemniter hec presens constitutio
60   de mandato domini episcopi ante dicti per Arnaldum de Solerio,
canonicum Vrgellensem et notarium nostrum, in plena synodo in
ecclesia Sancte Marie sedis Vrgellensis, presentibus uenerabili nostro capitulo Vrgellensi et abbatibus de Sarratexio et de Portella et
tota synodo congregata, xi.kalendas aprilis, anno Domini m.cc.lxxx.
65   sexto.

34 excommunicationis] prout expedit per aliquem predecessorem nostrum fuisse
in penas alias *ad.*VX   35 nec reuocatas *om.*VX   in hac *om.*X   37 legato] ale-
gato V, delegato X, latas *ad.*VX   38 clericos *om.*V   38-39 et eorum concubinas
om.mal SZY   39 contentas — commutamus] commutamus inferius annotatas V
41 beneficia VX   45-46 sex — constituti *om.*V *(homograf.)*   46 minoribus]
ordinibus *ad.*X   50 in] et SZY   50-51 in prenominatas — excommunicationis *om.*X   50 commutamus] commutatas V   57 predictis] predictas SZXY
sententiis] sententias SZY   58 de cetero *om.*V   ligatos] ligari VX   59-64
sollemniter — congregata *om.*V   61-62 et notarium — Vrgellensis *om.*XY *(homograf. ?)*   63 Saratexo Z   Portella] la *antep.*Z   64 xi.] die *antep.*V   anno]
a natiuitate *ad.*Y   64-65 m.cc.lxxx.sexto.] m.cc.lxx.sexto X

4. Sínodo de Raimundo de Trebailla, 1310-1326

Raimundo de Trebailla era abad del monasterio benedictino de San Saturnino de Tabérnolas, en la diócesis de Urgell, cuando el 29 de julio de 1309 fue elegido obispo de la diócesis. Parece que fue ordenado obispo el 30 de noviembre de 1310, día en que prestó obediencia al metropolitano de Tarragona sobre el altar de santa Tecla. Murió el 12 de mayo de 1326 en la villa de Berga, donde fue enterrado, según consta en un necrologio del monasterio de Serrateix[1]. J. Villanueva dice: «Sábese que celebró uno o más sínodos, mas no nos queda noticia de lo mandado en ellos»[2]. Por fortuna, podemos ofrecer aquí el texto de uno de sus sínodos, texto que el mismo Villanueva conoció casi íntegro, pero que no pudo identificar porque su códice de Solsona no contenía el encabezamiento o proemio ni la primera constitución, en los que se identifica el sínodo, encabezamiento y primera constitución que tampoco se encuentran en el códice de nuestra sigla X, que en el Catálogo[3] es el manuscrito 2065 Codex A, que es el códice que más coincide siempre con el texto de Villanueva, como fácilmente se puede observar en nuestro aparato crítico. Al comienzo, advierte el obispo que él se dispone a celebrar sínodo, sínodo que sus predecesores hacía ya muchísimo tiempo que no celebraban[4]. Por lo que allí mismo dice, parece que cuando celebró este sínodo llevaba ya varios años en la diócesis, pero no podemos concretar más la fecha de la celebración.

Tradición manuscrita y editorial: V págs. 292-301; S fol.4v-8v (texto base de nuestra edición); Sa hoj.13-24; X fol.6rb-8vb; Y fol. 46v-51r; Z fol.5v-11r.

[1] 1. *<Confirmatio constitutionum per suos predecessores editarum>*

> *Incipiunt constitutiones synodales edite per dominum fratrem Ra-*
> *ymundum, Vrgellensem episcopum. Proemium et confirmatio predicta-*
> 5 *rum per suos predecessores editarum*

---

[1] C. EUBEL, *Hierarchia catholica* I.510; L. SERDÁ, «Seo de Urgel, diócesis de», en: DHEE 4.2432; G. M. COLOMBRÁS, «Monasterios. Tabérnolas o Tavérnoles, San Saturnino», en: DHEE 3.1679; J. VILLANUEVA, *Viage literario* XI.110-112; *Episcopologi*, 59-60.

[2] J. VILLANUEVA, *Viage literario* XI.111-112; el *Episcopologi* dice: «La seva preocupació pels fidels i per la bona organització i actuació del clergat de la diòcese i dels canonges es manifesta en el sínode que celebrà i en les constitucions capitulars del seu temps que es conserven» (p.59).

[3] A. GARCÍA Y GARCÍA (dir.), *Catálogo de los manuscritos jurídicos de la Biblioteca Capitular de La Seu d'Urgell*, MS 2065 Codex A (La Seu d'Urgell 2009) 146 y 160.

[4] «ut synodum, que a longissimis temporibus in episcopatu Vrgellensi per nostros predecessores dilata fuerat celebrari», dice en la primera constitución.

---

c.1 1-2 Confirmatio — editarum *om.*Q   2-33 Incipiunt ordinandas *om.*VX

Cum superiorum constitutiones et statuta, que correctionem delinquentium, instructionem reformationemque morum inducunt, tam superioribus quam inferioribus salubres et utiles dignoscuntur, idcirco nos frater Raymundus, Dei gratia Vrgellensis
10 episcopus, ut synodum, que a longissimis temporibus in episcopatu Vrgellensi per nostros predecessores dilata fuerat celebrari, conuocare ac subditorum suadente utilitate, constitutiones et statuta nouiter ordinando, et a predecessoribus nostris edita consulte confirmando, reuocando uel in melius reformando, celebrare breuiter debeamus,
15 frequentatis et assiduis subditorum ipsorum excitati clamoribus et inducti ut ex prefatis ordinationibus et statutis, <que> per longam dissuetudinem uagabantur in dubium, ipsis subditis norma uiuendi prebeatur et moribus disciplina. Quamuis non uertatur in dubium fore nos magnis et diuersorum negotiorum mole et onere prepedi-
20 tos, eorum subditorum clamoribus affectu pio et beniuolo desiderio (prout Dominus nobis, licet inmeritis, ministrabit ex alto) satisfacere cupientes, aliis familiaribus negotiis pretermissis, huiusmodi ordinationum et statutorum assumendo labores, ut quietem tam interioris quam exterioris eorum subditorum mentibus prepare-
25 mus, et ne in extremo examinis iudicio sanguis eorum de nostris manibus requiratur, presentem synodum duximus conuocandam, in qua assistentibus nobis uenerabili nostro capitulo Vrgellensi et de ipsius consilio et assensu, approbante ipsa sancta synodo, in primis: In nomine Patris et Filii et Spiritus Sancti. Amen. Constitutio-
30 nes per nostros predecessores editas, aliquibus additis et subtractis prout utentium postulat utilitas et requirit temporis qualitas, ducimus confirmandas et consequenter alias duximus nouiter ordinandas.

[2]   2.   *Quod presbyteri non celebrent nisi prius recitauerint Matutinum et Primam*

Et quia a maioribus et dignioribus est, secundum sententiam prophete, inchoandum, et cum timore et amore sit ad sanctissimum
5 sacramentum redemptoris patris Domini nostri Iesu Christi et non

---

7 instructionem] et *antep.*Y, *ad.*SZ   12 nouiter] nouerint Z, nouerit Y
13 ordinando] ordinanda SZ, ordinamus Y   edita] et *ad.*SZY   16 ex *om.*Y
que *om.*SZY   22 familiaribus] et *ad.*SZY   23 ut] et SZY   24 quam exterioris
*om.*SY *(homograf.)*   27 nobis *om.*Y   30 aliquibus] a quibus SZ   additis]
editis SZY
c.2   2 Matutinum] officium *ad.*VX   Primam] Constitutiones edite per dominum Raymundum episcopum Vrgellensem *al marg. de otra letra ad.*X   4 prophete] philosophi ZVX   cum] semper *antep.*VX   5 redemptionis Y
patris] corporis VX, corporis *antep.*Y

illotis manibus accedendum, uolumus et mandamus omnibus presbyteris nostre diocesis, tam beneficiatis quam non beneficiatis, quod nisi ante Matutinum et Primam recitauerint et dixerint, missam celebrare nullatenus audeant uel presumant[1]. Nec duas missas,
10 nisi in casibus a iure concessis, celebrare audeant una die[2]. Qui uero in hoc inuenti fuerint deliquisse, ultra indignationem Dei omnipotentis, quam ipsos ex hoc incurrere dubium non exsistit, nostro uel successorum nostrorum arbitrio, absque omni spe gratie et misericordie, puniantur.

[3] 3. *De quo uino celebrandum sit et cum qua hostia, et quod clerici superpelliciis stent in officio induti*

Item, quod nullus de uino mixto, corrupto uel acetoso conficiat, hostia fiat de farina de tritico et mundissima, cum forma ro-
5 tunda et circulo integro, aliter ad sacrificandum non admittantur[1]. Ministri in sacris ordinibus constituti ad missam et alias Horas canonicas superpelliciis stent induti, nec pileos de lino intra uel extra ecclesiam publice ad modum laicorum audeant deportare. Qui uero contrarium fecerint penam quinque solidorum monete curribilis se
10 nouerint incursuros.

[4] 4. *Quod omnes clerici officium faciant secundum quod fit in nostra ecclesia Vrgellensi*

Item, cum in nonnullis partibus nostre diocesis usus non ordinatus hactenus inualuerit, ut quidam clericorum ab unitate officii
5 discrepantes, diuinum officium prout fit in nostra ecclesia cathedrali facere in suis ecclesiis pretermittant. Cupientes igitur uniuersos et singulos clericos iurisdictioni nostre subditos ad uniformitatem

---

[1] **c.2** D.91 c.2; X 3.41.1.
[2] De cons. D.1 c.53; X 3.41.3, 12; 1 Partida 4.49.
[1] **c.3** De cons. D.2 c.1-2, 4-5, 7 § 2, 83.

---

7 quam non beneficiatis *om.*X *(homograf.)*   8 nisi ante] ante quam VX   11 in hoc *om.*V   12 exsistat Z   14 puniatur V
c.3 1-2 De — induti *om.*X   2 stent in officio] sint V   3 acetoso] aceto SZY   3-4 conficiat *om.*X, et *ad.*V   4 de tritico et mundissima] tritici mundissima V   4 et mundissima] mundissimo X   5 et *om.*Y   admittatur XY   6 missas VX   7 pilos V
c.4 1 faciant] teneant et dicant VX   2 nostra] matrice VX   3-4 non ordinatus] inordinatus V, sic *ad.*VX   4 inualuerit] inolevit V, inoleuerit X, innoluerint Y   ut] quod V   5 nostra] matrice VX   6 pretermittunt VX   uniuersos] omnes VX   7-8 iurisdictioni — debitam *om.*V

debitam coaptare, presenti constitutione duximus statuendum ut
omnes clerici nostre diocesis diuinum officium quod fit in matre
10 ecclesia cathedrali, ex nunc ubilibet in nostra diocesi facere teneant-
tur[1]. Beneficiatos uero commorantes in monasteriis religiosorum,
dictum nostrum officium uel ipsorum religiosorum dicere permittentes. Firmiter et districte mandantes uenerabili capitulo nostro ac
prelatis necnon rectoribus et clericis uniuersis nostre diocesis glo-
15 riosissimorum christiane fidei principum duodecim apostolorum
numero ac uenerandissimorum quatuor euangelistarum, quatuor-
que doctorum egregiorum festa sub duplici officio, secundum ordinationem et decretalem domini nostri summi pontificis[2], studeant
diligentissime uenerari.

[5]   5.   *Quod rectores et clerici possint eligere confessores*

Item, ut rectores et alii clerici nostre diocesis in sacerdotio
constituti opportunitatem sepius habeant confitendi, quod aliquem religiosum uel secularem presbyterum idoneum et discre-
5 tum possint eligere confessorem, qui, eorum confessione diligenter audita, eos a peccatis in quibus non est superior consulendus
absoluat presentis constitutionis auctoritate ducimus concedendum[1].

[6]   6.   *Quomodo fontes debent teneri mundi*

Quod fontes sint mundi et in eis aliquid, nisi aqua ad baptizandum, aliquatenus reponatur, ac teneantur cum diligentia cooperti,
ne pulueres uel alie immunditie ibi cadant[1].

---

[1] **c.4** D.8 c.2; D.12 c.1, 13-14; De cons. D.2 c.31; De cons. D.3 c.22; De cons.
D.5 c.13; cf. X 4.4.5; Conc.prov.Tarragona 1242 c.13 (TR 6.35-36, sin numeración de constituciones; Pons Guri 48).
[2] In VI 3.22 un.
[1] **c.5** Conc.prov.Tarragona 1253 c.3 (TR 6.51; Pons Guri 76).
[1] **c.6** Conc.4 Lat.1215 c.20 (X 3.44.1).

---

9 fit] fieri contigerit V   matre] nostra VX   10-13 ex nunc — permittentes *texto corrupto en* SZY   10 nunc] tunc X   12 dictum — religiosorum]
illorum officium V   14 et clericis *om.*X   15 principum] principium ZXY
18 nostri *om.*Z
c.5 1 possint] sibi *ad.*VX   3-4 quod aliquem] quoniam aliquando *mal* SZ,
per aliquem Y   4-5 discretum] sibi *ad.*VX   5-6 confessione — audita]
confessionem audire et V   7 absoluat] absolvere valeat V   duximus Y
c.6 *Los códices* VXY *ponen el cap.* 6 *después del* 7   1 Quomodo] Quod VX
teneri] esse VX   2 Quod] Item *antep.*VXY   et] quod *ad.*V   eis] eos SZY
3 aliquatenus] aliqua Z, aliquid Y   reponatur] non ponatur VX

[7] 7. *Quot debent patrini in sacramentis confirmationis et baptismi admitti*

Item, non nisi duo masculi uel femine, unus et una, nec uir et uxor simul, quemquam de sacro fonte uel in confirmatione sus-
5 cipiant. Vltra uero dictum numerum patrinos admittentes penam decem solidorum monete curribilis se nouerint incurrisse ipso facto, nobis uel officiali nostro infra mensem a die facti baptismi, absque omni remissionis gratia, soluendorum. Clerici uel laici contra uoluntatem baptizantis se ingerentes excommunicationis sententie
10 subiaceant ipso facto[1].

[8] 8. *De indulgentiis eorum qui associant Corpus Christi ad infirmos*

Item, illis qui Corpus Christi dum portatur ad infirmos causa deuotionis sequuti fuerint, de iniuncta eis legitime penitentia,
5 per gratiam Spiritus Sancti paracliti uiginti dies, aliis spiritualibus indulgentiis per nos ad hoc concessis in suo robore duraturis nihilominus, indulgemus.

[9] 9. *Quod unus rector in posse alterius possit condere testamentum*

Item, quod quilibet parochialis ecclesie rector in posse rectoris alterius ecclesie possit firmare et facere, si notarium publicum com-
5 mode habere non poterit, testamentum, per hoc fidem et firmitatem perpetuo habiturum ac si manu notarii publici esset factum.

---

[1] **c.7** De cons. D.4 c.100-01, 103-05; In VI 4.3.3; 1 Partida 4.7; 4 Partida 7.1-2.

c.7 1 Quot] Quod VXY   debent] esse *ad.*VX   2 admitti *om.*VX   4 quemcumque V   5 dictum] predictum VX   patrinos] predictos V, *espacio en blanco en* S, *om.*Z   8 remissionis gratia] spe remissionis et gratie V   soluendorum] quam nisi soluerint absque etiam requisitione eo ipso excommunicati exsistant *ad.*V
c.8 1-2 De — infirmos] Indulgentia illorum qui associant Corpus Domini dum ad infirmos portatur, V, Indulgentia data sociantibus Corpus Christi X, De indulgentiis eorum qui Corpus Christi ad infirmos portant Y   3 porteretur Z   4-5 de iniuncta — dies] uiginti dies de iniuncta eis legitima (legitima] indulgentie *mal* V) penitentia pro qualibet uice de omnipotentis Dei misericordia (misericordiae V) confisi per gratiam Spiritus Sancti indulgemus VX   4 iniuncta] eis *ad.*Y   penitentia] pro qualibet uice *ad.*Y   5 aliis] illis *mal* V   6-7 nihilominus indulgemus *om.*VX
c.9 3 ecclesie] nostre diocesis *ad.*VX   4-5 possit testamentum *texto corrupto* V   4 firmare] testamentum *ad.*Y   5 poterit] ac condere *ad.*X   6 publice V

[10] 10. *Quod clerici arrendatores uel conductitii non portent secum protocolla uel alia ecclesiastica ornamenta*

Item, quod protocolla seu libros notularum aut quasuis alias scripturas, uestimenta uel queuis alia quecumque ad ecclesiam uel
5 beneficium spectantia nullus clericus conductitius uel quiuis alius, cuiuscumque condicionis exsistat, pro salario uel quauis causa alia, uel manumissor rector ecclesie uel beneficii eorumdem sub quocumque uelamine propria auctoritate portare seu extrahere de parochia presumat. Si quis uero presens statutum infregerit, eo ipso
10 penam quinquaginta solidorum incurrat et nihilominus rem illam in ecclesiam seu beneficium reducere teneatur.

[11] 11. *Quod interdicti in una ecclesia sui culpa ad diuina non recipiantur in alia*

Item, statuimus quod si aliqua ecclesia est interdicta culpa parochianorum, quod ipsi parochiani ibi uel alibi non admittantur
5 ad diuina. Et si quis eos scienter admiserit, ab ingressu ecclesie sit suspensus.

[12] 12. *Quod qui corpora defunctorum sepelierint in ecclesia interdicta uel earum cemeteriis sunt excommunicati*

Item, quod cum quidam sepeliant contra libertatem Ecclesie et discipline, et <in> iniuriam non modicam, tempore interdicto in
5 cemeteriis, et presument corpora sepelire defunctorum, statuimus quod quicumque sepelierint in locis predictis tempore interdicti et qui eorum sepulturis intererint sint excommunicati ipso facto, a qua excommunicationis sententia nullatenus liberentur nisi ad arbitrium nostrum satisfecerint ecclesie cui iniurie ex uiolatione ceme-
10 terii fuerint irrogate.

c.10 1 conducti VY   2 alia *om.*VX   ornamenta] sacramenta *mal* SZ   3 protocollum VX   seu] notulas uel *ad.*X   4 ad quamcumque ecclesiam VX
5 spectantium V   7 rectoris VX, rectorem Y   uel beneficii] seu beneficiati VX
c.11 1 ad diuina *om.*VX   3 interdicta *om.*X   5 admiserit *om.*Y
c.12 1-2 Quod — excommunicati] Qui sepelierit in ecclesia ab episcopo interdicta sit excommunicatus V, Quod qui sepelierint in ecclesia interdicta ipso facto sit excommunicatus X   2 sunt] sint YZ   3 quod *om.*VX   sepeliant *om.*VX
4 et *om.*VX   in *om.*Q *(homograf.)*   interdicto] interdicti VX   5 et *om.*VX
presumant VX   6 quod] ut VX   7 intererint] interuenerint VX   9 nostrum *om.*VX   cui] qui V, *om.*Y   iniuria VX   9-10 cemeterii] ecclesie SZY
10 fuerit irrogata VX

[13] 13. *Quod bona defunctorum ad pias causas relicta, per manumissores in proprios usus non conuertantur*

Item, quod nullus manumissor uel quiuis alius exsecutor alicuius ultime uoluntatis bona recepta auctoritate eiusdem manumis-
5 sorie et que ad pias causas relicta fuerint in proprios usus conuertere
seu cuiquam persone mutuare seu penes alium dimittere seu quouis
alio quesito colore cuiuslibet alterius contractus tradere ad propriam
utilitatem uel alterius non presumat, nisi de licentia superioris et
ad utilitatem cederet testatoris. Si quis autem huic statuto scienter
10 fraudem aliquam adhibuerit, eo ipso nouerit se excommunicationis
sententie subiacere.

[14] 14. *Quod infra annum et mensem manumissores de relictis ad pias causas rationem reddere teneantur*

Infra mensem post annum a die obitus testatoris uel tempore
exsistentis condicionis uel die apposito in legato per testatorem, ma-
5 numissores seu quiuis alii exsecutores alicuius ultime uoluntatis ex
hiis que ad pias causas legata fuerint soluere ex integro teneantur, et
nobis uel officiali nostro, prout eis subsunt, uel hiis qui ad hoc per
nos fuerint deputati, etiam si requisiti non fuerint, rationem reddere teneantur. Alias super expensis, si quas ratione manumissorie se
10 fecisse dixerint, mullam fidem uolumus adhiberi. Adicientes quod
tales post dictum annum et mensem ipso facto sint excommunicati
si moniti hoc adimplere distulerint postquam per nos uel per officialem nostrum fuerint requisiti[1].

[15] 15. *Quod manumissores de rebus testatoris inuentarium
facere teneantur*

Si manumissores de rebus testatoris que ad eorum manus peruenerint inuentarium per manum publicam facere non curauerint,

---

[1] **c.14** X 3.26.3, 6, 17, 19, Clem.3.6 un.; Conc.Lérida 1173 c.20 (TR 3.285);
Conc.Tarragona 1291 o 1292 c.13 (TR 3.418); Conc.prov.Tarragona 1305 c.1
(TR 6.60); 1 Partida 19.7; 6 Partida 6.8-9.

---

c.13 1 pias causas] pios V, pios usus X   2 proprios] uel alios *ad.*X   3 quiuis
alius *om.*Y   5 et *om.*VX   que *om.*Y   in proprios usus conuertere *om.*Y
6 cuiquam] cuicumque VY, cuiuscumque X   persone *om.*VX   7 quesito *om.*V,
questio Y   8 et *om.*VX   9 utilitatem] uoluntatem *mal*XY   scienter] sciens V
c.14 1 Quod *om.*V   3 testatorum X   4 die apposito in] diei apposite pro V
6 ex integro] integre V   7 hiis *om.*V   10 dixerint] duxerint Z   11 dictum]
dictos V   12-13 officiales nostros Y
c.15 4 manus publicas V

5 ipsis super expensis quas ratione manumissorie sperant se fecisse
aliquatenus non credatur, aliis penis contra tales in iure statutis in
suo robore duraturis.

[16] 16. *Quod excommunicationis sententia sine monitione
et scriptis et causa propter quam fertur non feratur*

Item, presenti statuimus edicto ut infra nostram diocesim aliqui
quibus de iure uel consuetudine competat absoluere uel ligare, in
5 aliquem seu aliquos, siue in genere uel specie, excommunicationis
sententiam <non> proferant sine scriptis, nec tunc etiam sine legitima monitione precedente, causam continente propter quam sit
ferenda, sententias aliter latas carere uiribus decernentes[1].

[17] 17. *Quod non iniungantur alicui misse uel eleemosyne
pro satisfactione si penitens ad restitutionem certis personis
teneatur*

Item, cum secundum Apostolum non dimittatur peccatum nisi
5 restituatur ablatum, in furto, rapina, usura et quacumque occupatione et retentione rei alterius, et omni damnificatione proximi,
sacerdotes confitentibus non missas cantandas nec eleemosynas fa-
ciendas (ubi inueniri possit persona cui restitutio fieri debeat), non
orationes et non ieiunia, set restitutionem iniungant.

[18] 18. *Casus domino episcopo uel eius officiali reseruati*

Illos autem qui grauiora peccata commisserint, utpote heresim,
homicidia, sacrilegia, ueneficia, maxime de Eucharistia aut oleo
sancto aut chrismate, sortilegia, falsa testimonia, incendium, uoto-
5 rum fractores et illos quorum pueri sine baptismo decesserint, uel
Deum uel eius sanctos blasphemauerint, et alios etiam in casibus a
iure statutis et exceptis, ad nos uel officiales nostros, cessante legi-

---

[1] **c.16** C.11 q.3 c.8; C.12 q.2 c.21; C.16 q.7 c.5; C.17 q.4 c.21 § 3, 23; C.23 q.5
c.26; C.24 q.3 c.15; X 1.34.1; X 2.28.61; In VI 5.11.1, 3, 5, 9; 1 Partida 9.11-12.

5 ipsis] ipsi SY   quas *om.*XY   sperant] asserint V, *om.*X
c.16 1-2 Quod — feratur] Quod sententia excommunicationis sine monitione et
scriptore (scriptore] scriptis X) non feratur VX   4 competat] spectat SZ   5 in
*om.*Z   6 non *om.*Q   7 continentem SZY   8 sententia SZY, *om.*X   lata X
c.17 1-3 Quod — teneatur *texto deficiente en todos los códices*   4 dimittatur]
remittatur VX   6 alterius] aliene VX   9 et *om.*V, et non] nec X
c.18 3 sacrilegia *om.*V   ueneficia *om.*Y   4-5 incendia uota fracta VX   6 blas-
phemauerint] publice *antep.*VX   alios] illos V   in *om.*SZY   7 statutis
et *om.*VX

timo impedimento, remittere teneantur, Sedis apostolice reuerentia
salua. Et illos qui pueros oppresserint ad nos uel officialem nostrum
10 proprium uel illum seu illos qui iam sunt per nos deputati ad hec
remittere ualeant, ut est moris.

    [19] 19. *Quod cura animarum non exerceatur quousque a*
          domino episcopo uel eius officiali exercere uolenti sit com-
          missa

    Damnande presumptionis improbitas sic aliquos in illam te-
5 meritatem impellit ut que sibi a iure interdicta nouerint usurpare
conentur. Hinc est quod nonnulli presbyteri conductitii et alii, tam
nostre quam aliene diocesis, in dicta nostra diocesi, a nobis licentia
non obtenta, in parochialibus ecclesiis curam animarum exercere
presumant, in proprie et parochianorum ipsarum ecclesiarum sa-
10 lutis dispendium: cum sint damnati, umbram solam ostendunt, in
opere ueritas autem non subeat in effectum. Nos igitur, periculis
animarum obuiare uolentes, presenti constitutione statuimus quod
nullus rector parochialis ecclesie nostre diocesis uel ciuitatis aliquos
presbyteros conductitios uel alios, siue in ipsis ecclesiis beneficiati
15 fuerint siue non, cuiuscumque status uel condicionis exsistant, in
ecclesiis suis permittant gerere curam animarum. Nec iidem presbyteri ipsam exercere presumant nisi eis a nobis uel, in nostri absentia, ab officialibus nostris commissa fuerit per litteras speciales. Si
uero aliqui predictorum constitutioni nostre huiusmodi fraudem
20 aliquam fecerint in hac parte, ipso facto penam sexaginta solidorum
incurrant. Ad illos autem qui in aliquibus parochialibus ecclesiis
curam animarum huiusmodi sine nostra licentia ante diem presentis constitutionis exercere ceperunt, nisi infra mensem postquam
notitia huiusmodi peruenerit ad eosdem duxerint desistendum, et
25 ad eos qui ad id ex tunc ipsos admiserint, presentem constitutionem
uolumus extendi.

9 salua] semper *antep.*VX
c.19 1 quousque] nisi VX   2 eius officiali] officiali V, officiali suo X   exercere
uolenti] specialiter VX   4-11 Damnande — effectum *damos el texto de* X y
aparato de SZVY, *con texto muy deficiente*   4 sic aliquos *om.*SZY   4-5 illa temeritate Z   5 impulit SZY   que *om.*V   sibi] si V   a *om.*SZY   6 quod] cum
*ad.*SZY   conducti ZY   7 nostram quam elienam diocesim V, de nostra quam
de aliena diocesi X   9 in proprie] improprie V, in propria SZY   et *om.* SZY
9-10 salute S   10 ostendant SZVY   11 ueritatis VX   non autem subeat
*tr.*V   subeunt X   effectu VX   12 quod] ut VX   16 gerere] exercere
X, regere Y   17 a nobis *om.*V   18 officiali nostro VX   20 ipso facto *om.*V
solidorum] iacentium (?) *ad.*X   21 in *interl.*Z, *om.*X   25 eos] etiam *ad.*VX
ex tunc] extant V

[20] 20. *Quod nullus clericus aliene diocesis recipiatur conti-*
nue ad diuina sine litteris domini episcopi uel eius officialis

Item, statuimus quod aliquis de nostra diocesi non recipiat clericum alterius diocesis in sacris ordinibus constitutum in diuinis
5 officiis continue faciendis, nisi primo presentet eum domino episcopo uel eius officiali, nec tunc recipiatur sine litteris a suo episcopo dimissoriis. Et quod primo examinetur, si ad curam regendam
assumi uoluerit animarum, super ecclesiasticis sacramentis. Et istud
statutum mandamus sub pena suspensationis seruandum[1].

[21] 21. *Quod nullus clericus baiulias teneat a domino tem-*
porali

Cum clerici in sacris constituti ac curam animarum habentes
seu beneficiati, contra iura necnon contra constitutiones domini
5 Sabinensis ac concilii Terrachonensis ac sacrorum canonum statuta,
suorum sacrorum ordinum et beneficiorum cura neglecta, baiulias,
uicarias et publica secularia officia a secularibus uel laicis recipere uel
exercere ullatenus non uerentur, presenti constitutione statuimus ut
predicti clerici qui predictarum constitutionum transgressores exsti-
10 terint penam centum solidorum eo ipso incurrant, ut quos Dei timor
a malo non reuocat temporalis saltem pena cohibeat a peccato[1].

[22] 22. *Pena blasphemantium Dominum et eius sanctos, et*
ludentium ad aleas et quosdam alios ludos, et eorum qui
tripudiant et cum mimis uadunt publice

Si qui clerici in tantam temeritatem prorumperint ut in creato-
5 rem suum Dominum nostrum Iesum Christum uel gloriosissimam

---

[1] **c.20** D.71 c.6-9.
[1] **c.21** Conc.prov.Tarragona 1239 c.3 (TR 6.30; Pons Guri c.4, p.38).

---

c.20 1 aliene] alterius VX   1-2 continue ad diuina *post* officialis *tr.*VX   3-4 non
recipiat — diocesis *om.*X *(homograf.)*   5 officiis *om.*Z   7 regendam] agendam V
8 uoluerit] uolunt V   9 statutum] statuimus et V   seruandum] esse *antep.*VX
c.21 1 baiulias] uel uicarias *ad.*VX   3 clerici *om.*X   4 necnon] et *ad.*VX
contra *om.*Y   constitutiones] institutiones VX   5-6 statuta suorum sacrorum *om.*V *(homograf.)*   6 cura] citra V   8 nullatenus VX   uerentur]
formidant VX, nos frater Raymundus Dei gratia Vrgellensis episcopus de opportuno
remedio (remedio *om.*X) prouidere uolentes *ad.*VX   9 constitutionum
*om.*V   9-10 transgressores exstiterint] fuerint transgressores VX   10 Dei]
diuinus VX   11 a malo *om.*V
c.22 1 Dominum] Deum VXY   et[1]] uel VX   2-3 et eorum — publice *om.*VX
3 tripudiant] tripudiauerint uel *antep.*Z   4 qui] quis V   clerici] clericorum VX   prorumperit V   5 gloriosam VX

uirginem Mariam matrem eius uel quemquam sanctorum linguam publice laxare presumpserint blasphemantes, penam uiginti solidorum ipso facto decernimus incurrisse, quam nisi infra mensem postquam per officialem uel nuntium ipsius officialis fuerint requisiti
10 soluerint, ipsos ex tunc excommunicationis sententiam incurrere uolumus ipso facto[1]. **[23]** Et quia maxime propter ludum nonnulli, instigante diabolo, in blasphemiam Creatoris, sicut manifestatur euidentia, prolabuntur, uniuersis clericis, cuiuscumque status, ordinis et dignitatis exsistant, prohibemus expresse ne ad ludos de
15 grescha, rifa, altileua, cabraboch audeant ludere uel trauesare publice, nec sortilegia, incantationes uel diuinationes faciant, nec cum instrumentis per uillas aut alia loca de die uel de nocte incedant uel tripudient. Qui uero contrarium fecerint, eo ipso excommunicationem incurrant. Occulte uero ludentes ad ludos predictos, cum
20 exerceant factum a iure prohibitum, penam decem solidorum se nouerint incurrisse.

> **[24]** 23. *Quod nullus bona ecclesiastica uendat uel impignoret uel mutuum contrahat sine iusta causa et superioris auctoritate*

Item, cum sit canonibus institutum quod nullus ecclesiasticum
5 beneficium obtinens, nisi in certis casibus possit uel debeat bona ecclesiastica uendere uel alias impignorare seu obligare, et plerumque ecclesiarum rectores, datis fideiussoribus, diuersa, cessantibus etiam omnibus supra dictis, contra hanc mutua incessantur bona ecclesiasticorum beneficiorum, aliter quam eis liceat obligando,
10 propter quod, sicut experientia docuit, tam in uita quam in morte eorum ecclesie et succedentes eisdem contra libertatem ecclesias-

---

[1] **c.22** D.46 c.5; D.50 c.7, 34; D.81 c.12; C.3 q.5 c.9; C.6 q.1 c.17-18; C.17 q.4 c.36; C.22 q.1c.10, 17; C.22 q.5 c.1-7; C.23 q.5 c.35; X 1.3.2; X 1.11.17; X 2.1.10; X 2.20.54; X 2.24.10-12; X 3.22.2; X 5.1.23; X 5.26.2; In VI 2.14.2; In VI 5.2.8; 7 Partida 28.1-6; Conc.prov.Tarragona 1242 c.2 (Pons Guri 45).

---

6 Mariam *om.*V   7 presumpserit V   blasphemantes] blasffemos huiusmodi VX   9 nuntium] nuntios nostros (nuntium nostrum X) aut VX   10 soluerint] non *antep.*VX   tunc] nunch V, *om.*Y   11-12 nonnulli *om.*X 12 sicut] rei *ad.*VX   13 prolabuntur] sepissime *antep.*VX   14 dignitatis] seu condicionis *ad.*VX   15 audeant *om.*X   16 faciant *om.*X   18 tripudiant V 18-19 fecerit ... incurrat V
c.23 2 et] cum X, cum *ad.*V   4 canonibus] sacris *antep.*X, a *antep.*Y   5 in *om.*X   certis *om.*Y   6 alias impignorare seu *om.*X   impignorare seu *om.*V   6-7 plerumque] plerique VX   7-8 cessantibus etiam] cesa *y espacio en blanco* V   8 etiam] in *marg.ad.*Z   omnibus] casibus VX   hanc *espacio en blanco* V   incessantur] incessanter V   9 ecclesiasticorum *om.*VX   liceat *om.*V

ticam patiuntur indifferenter temporalem non modicam lessionem.
Ideoque huiusmodi periculis et ecclesiarum indemnitati et succedentium eisdem occurrere cupientes, et decedentium animarum
15   saluti prouidere uolentes, statuimus et etiam sollemniter ordinamus
quod nullus rector, capellanus uel quisquis alius clericus beneficium
ecclesiasticum obtinens mutuum facere uel contrahere presumat,
datis fideiussoribus bona beneficiorum obligando, nisi in casibus
a iure statutis, nec tunc etiam nisi facta nobis uel officiali nostro
20   insinuatione uel declaratione quod prefatum mutuum in utilitatem
uel necessitatem euidentem ecclesie uel persone debeat poni uel conuerti, set de reditibus et prouentibus beneficiorum decenter uiuere
studeant et honeste, presertim cum inuentum sit, peccatis exigentibus, aliquos mutuo receptas pecunias in alios usus quam exprime-
25   re conueniat frequentius conuertisse. Qui uero contrarium fecerit
officio et beneficio sit suspensus quousque indemnitati ecclesie, ad
nostram uel officialis nostri notitiam, satisfecerit competenter[1].

[25]   24.   *Quod ecclesia uel altare sine domini episcopi licentia*
non edificetur

Item, cum ecclesia uel altare, nisi de licentia nostra in diocesi nostra edificari non debeat uel construi, secundum legitimas
5   sanctiones, nec tunc etiam nisi prius dotetur et tantum in reditibus assignetur unde clerici seruientes possint uiuere et congruam
sustentationem habere. Idcirco uolumus et mandamus quod nulli
clericorum altare uel ecclesiam edificare audeant uel presumant,
nec in ecclesia uel parochiis suis edificare permittant, nisi a nobis
10   et successoribus nostris prius habita licentia et obtenta[1]. Qui uero
contrarium fecerint, ad dotationem ecclesie uel altarium huiusmodi ipso facto ad nostri notitiam astringantur. [26] Nec in ecclesiis
aliqua priuata persona absque nostra speciali licentia ad sepulturam
aliquatenus admittatur[2].

---

[1] **c.23** Conc.legat.Lérida 1229 c.22 (TR 3.338; Pons Guri 23).
[1] **c.24** C.16 q.1 c.44; C.18 q.2 c.10; De cons. D.1 c.9; X 5.33.14; In VI 5.7.4.
[2] C.13 q.2 c.15 § 1, 18; 1 Partida 13.11.

---

12 temporalem] per temporales dominos VX   13 ecclesiarum *om.*Y
15 etiam *om.*VX   16 quisquis] quiuis VX   18 *desde* nisi in casibus *falta el*
texto de X, *en el que faltan dos folios, los fol.* 59-60 *de la antigua foliación en arábigos*
con tinta en el margen derecho superior, folios que deberían estar después del fol. 8v *de*
la reciente foliación a lápiz; en esta reciente foliación al fondo del fol. 8vb *una nota a*
lápiz advierte que faltan dos folios, como ya lo indica el Catálogo   20 uel] et V
24 aliquos] causam fingentes legitimam *ad.*V
c.24 2 edificentur V   5 sanctiones] constitutiones Y   6 clerici *om.*Y, inibi
*ad.*V   9 ecclesiis V   10 et] uel V   prius *om.*V   11 fecerit VY
altaris V   12 nostri] iuris Z   astringatur VY   14 aliquatenus] aliquam Y

[27] 25. *Quod misse non celebrentur extra ecclesiam, nisi in*
casibus hic concessis

Cum ecclesia domus orationis sacre Scripture testimonio nomi-
netur[1], in ipsa ad orandum debeant fideles acturi gratias conuenire,
5 moleste gerimus quod in aliquibus partibus nostre diocesis, ecclesia pretermissa, tamen iusta causa cessante, misse in locis et etiam
in domibus sordidis et immundis, nunc per ipsarum ecclesiarum
rectores, nunc de eorum licentia per alios celebrantur. Ideo considerantes quod loca non debent ad celebrandum tantum sacramen-
10 tum, que dedecerent in prophanis, eligere, omnibus rectoribus et
capellanis et aliis clericis nostre diocesis et ciuitatis, cuiuscumque
condicionis et status exsistant, districte precipimus ut amodo talia
non attemptent. Qui uero extra ecclesiam absque nostra licentia
speciali presumpserint celebrare, et rector dans licentiam et ipse
15 utens, nisi pro pluuia uel pane caritate benedicendo (et tunc in loco
nitido atque mundo), quia in istis casibus concedimus, penam uiginti solidorum, absque omni spe et remissionis gratia, incurrant
scilicet transgressores[2].

[28] 26. *Quod omnes rectores debeant infra duos menses in*
suis ecclesiis residere

Item, monemus omnes rectores nostre diocesis ut infra duos menses faciant residentiam personalem in propriis ecclesiis, uel ostendant
5 dispensationis gratiam uel aliam iustam causam infra dictum tempus
propter quam de dicta residentia excusentur. Alias ex tunc, prelatis
et canonicis Vrgellensis ecclesie et aliis qui causa studii uel alias de
speciali licentia nostri episcopi sint absentes exceptis, ex tunc in non
residentes excommunicationis sententiam ferimus in hiis scriptis[1].

---

[1] **c.25** Lc 19,46.
[2] De cons. D.1 c.1-2, 11-12, 14-15, 28-30; In VI 5.11.18; 1 Partida 10.4-5.
[1] **c.26** C.7 q.1 c.19, 23-24, 26, 29; X 1.14.4; X 2.28.28; X 3.4.4-17; Conc.3
Lat.1179 c.13 (X 3.4.3); Conc.4 Lat.1215 c.32 (X 3.5.30); Conc.legat.Valladolid
1228 8.2 (TR 3.327); 1 Partida 16.16-17

---

c.25 1 missa non celebretur V   3 orationis *om.*Y   3-4 nominetur] et *ad.*V
4 acturi *espacio en blanco* V   5-6 ecclesia *espacio en blanco* V   6 tamen] omni V
7 in *om.*V   sordidis et immundis] immundis et insolidis V   nunc] nec S
8 per alios celebrantur] quod alio celebrarent (celebrent Y) SZY *(texto deficiente)*
Ideo] Ideoque V   10 que dedecerent *texto corrupto en* SZVY   14 presumpserit VYZ   et rector dans] in recordans SZY *(texto corrupto),* et rectore dante V
licentia V   14-15 ipse utens] ipso utente V   15 pro — caritate] per pluviam vel
ponis caritatem V   uel] et Y   15-16 et tunc — casibus *om.*V   17 remissionis
et gratiae V   18 scilicet *om.*V
c.26 9 scriptis] Deo gratias *ad.*V

5. Sínodo de Arnaldo de Lordato, 19 de octubre de 1328

Arnaldo de Lordato fue sacrista y deán de Urgell. Acompañó al cardenal de Sabina, legado del papa, a Palencia para la celebración del concilio legatino de Valladolid de 1322. El 27 de junio de 1326 fue nombrado obispo de la diócesis, que rigió hasta el 2 de octubre de 1341, fecha en la que pasó a la diócesis de Tortosa, donde celebró sínodo el 29 de abril de 1343. Falleció el 3 de mayo de 1346[1]. Tiene cierto interés lo que dice en la primera constitución, lamentándose de que hacía mucho tiempo que sus predecesores no convocaban sínodo en la diócesis[2]. El texto del sínodo que Arnaldo de Lordato celebró en Urgell en 1328, que ahora aquí editamos, y el que unos años más tarde celebró en Tortosa responden a problemas distintos y no guardan especial similitud, en contra de lo que sucede en algunos otros casos en los que el obispo publica el mismo texto sinodal sin variación alguna en distintas diócesis.

Este sínodo se celebró en el año 1328 y en el mes de octubre. Pero en cuanto al día del mes, no concuerdan las fuentes que tenemos. Nuestros códices S y Z, que suelen ofrecer mejor texto y casi siempre coinciden ambos en todo, no contienen la fecha del sínodo porque les faltan las dos últimas constituciones, en la última de las cuales es donde está la fecha de la celebración del sínodo. Los dos códices de nuestras siglas XY[3] dicen que el sínodo se celebró el *xiiii.* (escribe el X) o el *decimoquarto* (escribe el Y) de las calendas de noviembre, que es el 19 de octubre, que fue miércoles en el año 1328. El texto de la edición de Villanueva, tomado de un códice perdido de Solsona, dice que el sínodo se congregó el *IIII. kalendas Novembris,* que es el 29 de octubre, que en el año 1328 fue sábado. El códice Y suele coincidir con los códices SZ, mientras que el códice X suele estar de acuerdo con el texto de la edición de Villanueva. Pero en este caso el códice X se aparta de Villanueva y coincide con el códice Y, que pertenece al área de los códices SZ. Por esta razón preferimos la data del «decimocuarto de las calendas de noviembre», que es el 19 de octubre. Por otra parte, la fecha del 19 de octubre está a la vera de la fiesta de S. Lucas, que es la data usual para la celebración del sínodo diocesano[4], y el hecho de que fuese miércoles en 1328, parece que sea más aceptable para la reunión del sínodo que el 29 de octubre, que fue sábado en el año 1328.

Tradición manuscrita y editorial: V págs.301-308; S fol.9r-12r (texto base de nuestra edición); Sa hoj.24-32 (ilegible); X fol.9ra-10rb (comienzo mutilado); y fol.51r-53v y 56v-57r (con los casos reservados, c.10.[10-11]); Z fol.11r-15r[5].

---

[1] C. Eubel, *Hierarchia catholica* I.223 (para Tortosa) y I.510 (para Urgell); J. Villanueva, *Viage literario* V.97-98 y XI.112-113 y 301-308; L. Serdá, «Seo de Urgel, diócesis de», en: DHEE 4.2432. L. Ferrer, «Sínodo», en: DHEE 4.2493; *Episcopologi* 60-61; R. O'Callaghan, *Episcopologio de la santa iglesia de Tortosa* (Tortosa 1896) 90-91; SH XII.641-645, donde se edita el sínodo que Arnaldo de Lordato celebró en Tortosa el 9 de abril de 1343.
[2] «Synodum, que a longissimis temporibus in episcopatu Vrgellensi per nostros predecessores dilata fuit celebrari».
[3] Que son el 2065A y el 2065B del *Catálogo de los manuscritos jurídicos de la Biblioteca Capitular de La Seu d'Urgell* (La Seu d'Urgel 2009) 146-147 y 158-165.
[4] Por ejemplo, el concilio legatino de Valladolid de 1228 c.1 manda que el sínodo se celebre a «otro día de San Lucas», y el de Lérida de 1229 c.3 establece que el sínodo se celebre «in die festo sancti Lucae» (TR 3.325 y 330).
[5] Información más minuciosa en el Catálogo, p.160-161.

[1] 1. *<Confirmatio constitutionum per suos predecessores editarum>*

   Incipiunt constitutiones synodales edite per dominum Arnaldum, Dei gratia Vrgellensem episcopum. Proemium et confirmatio predicta-
5 *rum per suos predecessores editarum, cum aliquibus sacri Terrachonensis concilii in eis insertis.*

   Cum superiorum ordinationes et statuta, que correctionem et reformationem delinquentium instructionesque morum inducunt, tam superioribus quam inferioribus salubres et utiles dignoscan-
10 tur, idcirco nos Arnaldus, Dei gratia Vrgellensis episcopus, ut synodum, que a longissimis temporibus in episcopatu Vrgellensi per nostros predecessores dilata fuit celebrari, conuocare ac subditorum suadente utilitate, et constitutiones et statuta nouiter ordinando, a predecessoribus nostris editas consulte confirmando, reuocando,
15 corrigendo uel in melius reformando, celebrare breuiter deberemus frequentius, et assiduis subditorum ipsorum excitati clamoribus et inducti ut ex prefatis ordinationibus et statutis, <que> per longam desuetudinem uagabantur in dubium, ipsis subditis norma uiuendi prebeatur et in moribus disciplina. Quamuis non uertatur in du-
20 bium fore nos magnis et diuersorum negotiorum mole et onere prepeditos, eorum subditorum clamoribus affectu pio et beniuolo desiderio (prout Deus nobis, licet immeritis, ministrabit ex alto) satisfacere cupientes, aliis familiaribus negotiis pretermissis, huiusmodi ordinationum et statutorum assumendo labores, ut quietem
25 tam interioris quam exterioris eorum subditorum mentibus preparemus, et ne in extremo examinis iudicio sanguis eorum de nostris manibus requiratur, presentem synodum duximus conuocandam, in qua assistentibus nobis uenerabili nostro capitulo Vrgellensi et de ipsius consilio et assensu, approbante ipsa sancta synodo: In no-
30 mine Patris et Filii et Spiritus Sancti. Amen. Constitutiones predecessorum nostrorum editas, aliquibus additis et subtractis, in meliusque reformatis prout utentium postulat utilitas et requirit

c.1 1-2 Confirmatio — editarum *om.*Q   3 Incipiunt — **c.4** 15 non seruantes *om.*X *(faltan dos folios en el códice* X)   5-6 cum — insertis *om.*V   7 superiorum] superiores *mal* VY   8 instructionesque] instruccionem quae *mal* V 9-10 dignoscantur] dinoscuntur V, demonstrantur Y   10 episcopus *om.*Y ut] in V   12 fuit] fuerint V   subditorum] a *antep.*V   13 ordinando] et *ad.*V   15-16 deberemus frequentius] debemus frequentibus V   17 statutis] statutorum Y   que *om.*Q   19 prebetur V   et *om.*SZY   21 eorum] eorumdem V   22 Deus] Dominus   inmeritus ministravit V   24 ut] et SZY 25 quam] in *ad.*Y   eorum] eorumdem V   28 nobis *om.*Y   29 consilio et *om.*V   approbante *om.*SZ   synodo] in primis *ad.*VY   30-31 predecessorum nostrorum] per nostros predecessores Y   31-32 in meliusque reformatis *om.*Y   32 reformatis] reformantem Z   32-33 prout — confirmandas *om.*S

temporis qualitas, ducimus confirmandas, insuper aliquas prouinciales, quas inter ceteras subditis nostris salubres esse inuenimus,
35 quibusdam additis inserimus, ut melius memorie commendentur,
et consequenter aliquas duximus nouiter ordinandas, prout inferius
subsequuntur[1].

[2]   2.   *Quod banna per tres dies dominicos uel festiuos*
nouem lectionum per rectores diocesis Vrgellensis uel eorum
loca tenentes publice in ecclesiis edantur antequam matri-
monia in facie Ecclesie celebrentur, et qua pena punientur
5   *hic habetur contrarium facientes*

Cum intellexerimus ex frequentatis querelis et clamoribus subditorum nostrorum quod plurima matrimonia in nostra Vrgellensi
diocesi separantur et diuortia plurima et frequenter inter coniuges
celebrantur, propter consanguinitatem et affinitatem post matrimo-
10   nium celebratum inter ipsos quandoque adinuentam, ex quo scandala plurima oriuntur et pericula animarum. Circa que euitanda nos
uigilare tenemur, idcirco statuimus ut banna de cetero publice in
ecclesiis nostre diocesis per rectores uel eorum loca tenentes edantur
die dominico uel festiuo nouem lectionum, antequam huiusmodi
15   matrimonia in facie Ecclesie sollemnicentur. Alias si matrimonia
sine tribus bannis editis fecerint seu celebrare presumpserint, ab
officio per triennium suspendantur ac nihilominus predicti clerici
qui huiusmodi nostri statuti fuerint transgressores penam quinque
librarum cere eo ipso incurrant, ut quos Dei timor a malo non reuo-
20   cat, pena saltem temporalis cohibeat a peccato[1].

[3]   3.   *Quod uiolatores ecclesiarum et cemeteriorum publi-*
centur excommunicati

Tabernaculum suum, hoc est Ecclesiam, sanctificauit Altissimus
et in pace fieri uoluit locum eius, et nomen eius, quod est super

---

[1] **c.1** Constitución muy parecida o casi igual a la primera del sínodo de 1310-
1326.[1].
[1] **c.2** C.30 q.5 c.1-6, pc.9; X 4.1.27; Conc.4 Lat.1215 c.51 (X 4.3.3) 4 Partida 3.1-5.

---

33 confirmandas] et consequenter duximus alias nouiter ordinandas *ad*.Y
34 quas] quae V
c.2 4 puniuntur V   6 ex] et V   querelis et] et querelosis V   8 plurima]
plura V   9 celebrantur] celebrantes V   affinitatem] ac compaternitatem
ad.V   10 inter *om*.V   adinuentam *om*.SZY   11 plura V   12 idcirco]
Ideoque V   15 sollemnicentur] celebrentur sollempniter V   15-16 matrimonia sine] non V   20 cohibeat] coherceat V
c.3 3 Ecclesiam] suam *ad*.V   4 eius[2]] ipsius V

5 omne nomen, cum debita deuotaque reuerentia uenerari ibidem, et
ne domus negotiationis fieret prohibuisse ipsum tabernaculum attes-
tatur. Quia uero quosdam in tantam temeritatis audaciam prorum-
pere frequenter audiuimus quod fugientes ad ecclesiam exinde uiolenter abstrahant, et alias quia in ecclesiis uel earum cemeteriis, que
10 eadem immunitate gaudere censentur, capiunt, uulnerant et quandoque, quod grauius est, interficiunt, contra iura utriusque statuti
et in ecclesiasticam libertatem. Ex quibus ecclesias ipsas pollui frequenter accidit et deinde diuina officia retardari. Volentes excessus
huiusmodi sic presumptuosos et sic detestabiles coercitione congrua
15 prohibere, statuimus quod taliter delinquentes, preter alias penas in
iure statutas, excommunicationis sententiam ipso facto incurrant, a
qua, preterquam in mortis articulo, minime absoluantur, set publi-
centur excommunicati donec ad mandatum nostrum, cuius iurisdictionem offenderunt, seu officialium nostrorum, et ecclesie quam
20 taliter leserunt et nobis seu officiali nostro satisfecerint et ecclesie
damnum passe, prout culpe qualitas hoc exegerit, competenter[1].

[4]   4.   *De penis editis contra presbyteros qui in secundis nup-*
tiis dant uel dederint benedictionem

Item, cum super celebratione secundarum nuptiarum et benedictione earum pluries audiuerimus a nostris subditis hesitari,
5 propter quod hesitationem huiusmodi uolentes remouere quia per
iura communia remouetur, set cum quod ius innuit per aliquos
ignoretur, idcirco ipsum declaramus eo modo quo sequitur, uide-

---

[1] c.3 D.87 c.6; C.17 q.4 c.8-10, 19-20, 35-36; X 3.49.5-6, 9-10; Conc.legat.
Valladolid 1322 c.18.3 (TR 3.494); Conc.legat.Lérida 1229 c.34 (TR 3.340-341;
Pons Guri 26-27); 1 Partida 11.2-5.

5 uenerari] venerentur V, ueneratur Y   6 ne] nemo Y   8 confugientes V
9 abstrahant] extrahunt V, abstrahunt Y   et alias quia] vel quod V   que] qui V
10 eadem] eorum SZY   capiunt] homines percutiunt V, homines *antep.*Y
11 gravius quod est *tr.*V   statuti] statuta V   12 in *om.*V   13 Volentes] Volen-
ter igitur V   14 presumptuosos] perniciosos V   et *om.*V   14-15 coercitione
congrua prohibere] cohercere V, *texto deficiente en* Y   19 offendunt V   20 ec-
clesie] etiam V   21 passo V   culpe *om.*SYZ   hoc] homo Y   exigit Y
c.4   1 *(vuelve el códice X, fol.9ra de la reciente foliación a lápiz, y fol. 61ra de una
antigua foliación. Pero el texto de este c.4 está mutilado en este códice. Es el códice
2065 Codex A del* Catálogo, *pág.*160-161)   1-2 De — benedictionem] Quod
secunde nuptie a presbytero (a presbytero *om.*V) non benedicantur nam (nam]
tamen V) aliter facientes puniuntur penis inferius annotatis VX   4 ea-
rum] earumdem VX, *om.*Y   5 propter quod] ideoque VX   remouere]
amouere V   quia] que VX   6 set cum — **c.5** 10 uniformitas obseruetur
*om.*X   6-7 cum — ignoretur] quoniam ius commune per aliquos ignoratur V
6 cum] secundum SZY

licet quod nullus conuolans ad secundas nuptias a presbytero be-
nedicatur, et hoc siue uir fuerit siue mulier, siue unus siue uterque
10   benedicti fuerint. Presbyteri beneficiati qui secundam benedictionem in matrimonio fecerint, sint suspensi ab officio et beneficio, et
tam illi quam isti ad Sedem apostolicam transmittantur secundum
canonicas sanctiones pro absolutione habenda, et nihilominus ad
arbitrium nostrum seu officialium nostrorum punientur formam
15   predictam non seruantes.

[5]   5.   *Forma officii secundarum nuptiarum*

Set quia formam in secundis nuptiis audiuimus diuersimode
obseruari, eis damus formam que sequitur, uidelicet quod totum ordinem faciant presbyteri quando contrahentes erunt unus uel ambo
5   benedicti, sicut si non essent benedicti, usque ad illam orationem
'Deus Abraham, Deus Isaac, etc.', et illam dimittant et totum illud
quod sequitur usque ad orationem que incipit 'Benedic, Domine,
hos famulos tuos, etc.' et illam dicant et omnia alia usque ad finem
misse, ut ab omnibus clericis nostre diocesis in secundis nuptiis uni-
10   formitas obseruetur.

[6]   6.   *Quod deputandis uel condemnandis ultimo supplicio*
sacramentum penitentie minime denegetur

Item, cum inuenerimus in sacris canonibus institutum quod
deputandis ultimo supplicio sacramentum penitentie, si petierint,
5   non denegetur, idcirco monentes in Domino exhortamur omnes
temporale dominium in nostra Vrgellensi diocesi exercentes ut
talibus sacramentum penitentie non denegent, nec a suis subditis
permittant aliquatenus denegare. Omnibus et singulis nostris subditis capellanis mandamus firmiter, districte statuentes ut, quam
10   cito commode poterint, parochianos suos temporale dominium
habentes moneant ne amodo tales ultimo supplicio deputandos impediant, nec a suis subditis impedire permittant, quominus possint,
si uoluerint, recipere penitentie sacramentum.

8 nullus conuolans] nulli convolantes V   8-9 ab aliquo presbytero benedicantur V   10 Prebyteri] et *antep*.V   11 sint] sunt V
c.5 1 Forma — nuptiarum *om*.V *que sitúa todo el texto que sigue en el capítulo anterior*   2 diuersimode] in nostra diocesi *ad*.V   5 orationem] Benedictio
quam *ad*.V   7 usque ad orationem *om*.V
c.6 1 Quod] De X, *om*.V   uel condemnandis *om*.VX   supplicio] quod eis
ad.VX   2 minime] non VX   3 in *om*.VX   4 deputandis] dampnandis V
5 negetur V   monemus VX, et *ad*.X   Domino] et *ad*.V   ortamus V
9 districte] et *antep*.VXY   10 poterunt V   11 moneant *om*.X   13 recipere
om.V

[7] 7. *Quod officiales et rectores ad obseruationem constitu-*
tionum contra inuasores et raptores editarum in concilio
Terrachonensi etiam in casibus presentibus seu <in> infra
scripta constitutione contentis teneantur

5   Item, quo ad solutionem decimarum et anniuersariorum (que
alias in aliquibus partibus nostre diocesis 'penitentie' nuncupantur),
necnon et iurium aliorum quorumcumque ecclesiasticorum, et quo
ad indebitam retentionem eorumdem, tam per laicos quam etiam
per clericos quandocumque factam seu in posterum faciendam,
10   constitutiones sacri concilii Terrachonensis que sic incipit 'Cum nos
Bernardus'[1] et domini Petri, bone memorie, predecessoris nostri,
item alia incipit 'In nomine Domini, etc.'[2], et etiam contra exigentes leudam, que aliter nuncupatur 'mensuraticum', a clericis seu personis ecclesiasticis nostre diocesis de bladiis suis propriis que habent
15 seu acquirunt de suis propriis reditibus ecclesiasticis et uendunt et
consueuerunt uendere cum suis propriis mensuris, preter alias penas
a iure statutas contra tales, extendi uolumus, et mandamus omnibus
officialibus et subditis nostris quatenus ipsas constitutiones firmiter
obseruent et faciant ab aliis pro iuribus obseruari.

[8] 8. *Quod omnes clerici de cetero cum superpelliciis et bir-*
retis ad synodum uenire teneantur

    Item, cum tales deceat esse ministros Dei quales ostenduntur ex
habitu, ideoque uolumus et mandamus, sub pena excommunica-
5 tionis, omnibus clericis nostre diocesis qui ad synodum ecclesie Vrgellensis uenire tenentur, quod amodo ad dictam synodum ueniant
cum suis superpelliciis et almuciis seu birretis, et cum eis induti
bene et honeste in dicta sancta synodo incedant cum celebrabitur.
Et ad arbitrium nostrum punientur transgressores[1].

---

[1] **c.7** Concilio prov.Tarragona 1273 c.4 (TR 6.55; Pons Guri 92); Concilio prov.
Tarragona 1282 c.3 (TR 3.403).
[2] Sínodo de Urgell 1276.[2].
[1] **c.8** Conc.prov.Tarragona 1242 c.8 (TR 6.36; Pons Guri 47).

---

c.7 2-4 in concilio — contentis *om.*VX   3 in[2] *om.*Q   8 eorumdem — laicos]
tam eorumdem per laicos V   9 in posterum] ad V   fiendam X   10 cons-
titutiones] per *antep.*Z   sic *om.*VX   incipiunt Y   12 item alia] que VX
13 que aliter nuncupatur] seu VX   mensuraticum] mensuragium VX, mensuran-
tum Y   15 ecclesiasticis et uendunt et *om.*SZY   18 firmiter *om.*Z   19 ab
aliis *om.*VX, ab *om.*Z   iuribus] uiribus VX, inuiolabiliter *ad.*VXY
    c.8 1 cum] suis *ad.*X   superpelliciis] et almuciis seu (seu] aut X) *ad.*VX
1-2 birretis] almuciis Y   3 Dei] Christi X   4 mandamus] omnibus *ad.*V
5-6 Vrgellensis *om.*V   6 quod *om.*Z   7 et almuciis *om.*V   indutis VX
9 Et] alias VX

[9] 9. *Quod omnes barones et milites et alii quicumque*
acundantes uel diffidantes episcopum Vrgellensem, seu
marcham uel pignora facientes super quibus prefatus epi-
scopus et alii ecclesiasticam iurisdictionem habentes sunt
5 *parati et offerunt se paratos uel eorum officiales seu pro-*
curatores eorum facere breue iustitie complementum, sint
excommunicati

Item, cum quidam, tam barones quam milites quam alii etiam
infingentes se habere questionem uel demandam contra homines
10 ecclesiarum diocesis Vrgellensis, mittentes litteras episcopo Vrgellensi uel eius officiali aut aliis iurisdictionem ecclesiasticam habentibus ut eis debeant reddere breue iustitie complementum. Et non
obstante quod ipse episcopus uel eius officialis aut alii iurisdictionem ecclesiasticam habentes ad hoc offerant se paratos ipsis con-
15 querentibus, si ostensuri de iure suo ad eum uel eos uenire uoluerint
uel sufficientem mittere procuratorem, et tales quandoque, non
exspectata responsione, ipsum episcopum seu alios iurisdictionem
ecclesiasticam obtinentes acundauerint uel diffidauerint de pignore
uel de marcha faciendis, et postea pignorant seu marcham faciunt
20 seu facere procurant, bona ipsius episcopi et etiam aliorum hominum suorum et suarum ecclesiarum inuadendo, rapiendo ac etiam
usurpando indebite et iniuste et contra ius et iustitiam et libertatem
ecclesiasticam, non aduertentes quod ordo iuris confunditur si cuique sua iurisdictio non seruatur. Nos igitur attendentes quod, si
25 negligenter omittimus que ab aliis indebite usurpantur, excedendi
uiam aperimus, iuri et synodaticis decretis super hiis inherentes, statuimus ut quicumque talia facere seu attemptare presumpserint, uel

c.9 1 omnes *om.*VX   2 acundantes] acuydantes VYZ   3 facientes] super
hiis *ad.*VX   5-6 officiali seu procuratori X   5 officiales] eis *ad.*V   7 ex-
communicati] et de aliis penis eorum (eorum *om.*X) hic habetur *ad.*VX   8 tam
*om.*V   milites quam *om.*X *(homograf.)*   9 infingentes] insurgentes SZ, dicentes et fingentes VX   uel] seu V   10 Vrgellensis] personis ecclesiasticis *ad.*V
10-11 mittentes — Vrgellensi *om.*Y *(homograf.)*   11 officialibus V   aliis] personis ecclesiasticis *ad.*X   11-12 ecclesiasticam habentibus] temporalem habentes
VX   12 ut] aut SZ, autemY   breue] breuiter X   13 alii] alie persone
ecclesiastice VX   14 ecclesiasticam] temporalem secularem V, secularem X
15 si] se SZY   16-18 quandoque — diffidauerint] acuydant vel se defixerint V
17-18 seu alios — diffidauerint] et alias personas predictas acuydant uel se defixerint X   17 iurisdictionem] in *antep.*Z   18 acundauerint uel diffidauerint]
acuydauerint uel defixerint Y   19 de *om.*VXY   faciunt] quandoque
*antep.*VX   20-21 et etiam aliorum hominum] uel aliorum predecessorum et
omnium (omnium] hominumV) VX   20 etiam *om.*V   aliorum] predecessorum
et *ad.*V   21 inuadendo] et *ad.*V   rapiendo] recipiendo SZ, *om.*Y   22 et²
*om.*VXY   23 si] et quod Y   23-24 cuique] cuiusque Z   25 usurpant Z
excedendi] extendendi VY   26 uiam] aliis (aliis] alii V) ceteris *ad.*V, ceteris *ad.*X
et *om.*V   decretis] de ceteris VY

facientibus opem, consilium uel auxilium publicum uel occultum, seu fauorem quouis modo dederint (nobis uel officialibus nostris et
30 aliis habentibus siue tenentibus iurisdictionem ecclesiasticam paratis complementum iustitie reddere cum effectu), sententiam excommunicationis incurrant ipso facto, a qua, nisi in mortis articulo, absque satisfactione condigna minime absoluantur, et nihilominus quod terra eorum sit posita ecclesiastico interdicto. Si qui uero in
35 hora mortis fuerint absoluti et non satisfecerint ut est dictum, careant ecclesiastica sepultura.

[**10**] 10. *Hii sunt casus domino episcopo reseruati*

1) Si quis confitetur se credere hereticam prauitatem.

2) Item, simoniacus, quocumque modo commisserit simoniam.

3) Item, clerici qui maiori excommunicatione uel interdicti aut
5 suspensi, si ante absolutionem diuina officia celebrent, scilicet missas, cantando euangelium uel epistolam uel alias Horas canonicas, dicendo et faciendo in ecclesia principaliter officium suum.

4) Item, clerici per saltum promoti, aliquo ordine pretermisso.

5) Item, clerici qui ab alio episcopo se fecerint ordinari, nostra
10 licentia non obtenta.

6) Item, incendiarii.

7) Item, illi qui suos filios occiderint studiose uel etiam negligenter.

8) Item, illi qui tractauerint in malos usus Eucharistiam uel
15 chrisma.

9) Item, illi qui facto, uerbo, consensu uel alio modo homicidium pertractauerint.

10) Item, sacrilegi.

11) Item, illi qui luxuriam exercent cum matre uel cum sorore
20 uel cum consanguinea uel uxore fratris sui, uel cum sanctimoniali consecrata uel non consecrata.

12) Item, illi qui cum Iudea uel Saracena et bruto animali coire ausu nefario presumpserint.

13) Item, mulier que de adulterio concipit filium uel filiam,
25 quem uel quam maritus credit esse suum, propter quem legitimi defraudantur in hereditate paterna.

29 nobis] paratis *ad.*VX   uel] et VX   30-31 habentibus — paratis] personis prenominatis VX
c.10 1-53 Hii sunt — constitutus *om.*X   1 Hii — reseruati] Isti sunt casus pro quibus est ad episcopum recurrendum V   2 Si — prauitatem *om.*V
3 commisserit simoniam *om.*V   18 sacrilegi] et violatores ecclesiarum *ad.*V
21-22 non consecrata — saracena *om.*Y *(homograf.)*   21 non consecrata] Item illi qui luxuriam in ecclesia commisserint *ad.*V   23 ausu] temerario alias *ad.*V
24 filium uel filiam] infantem V

14) Item, qui mulieribus aliquid fecerint propter quod fiat abortum, mulier etiam si hoc fecerit uel sibi procurauerit ad nos transmittatur.

30 15) Item, qui contra aliquos falsum testimonium tulerunt in aliquibus causis.

16) Item, illi qui contractis sponsalibus cum aliquibus prestito iuramento et non dissolutis, postmodum contrahunt cum aliis sponsalia uel matrimonium, contra iuramentum prius prestitum 35 temere ueniendo.

17) Item, illi qui excommunicati uel interdicti nominatim a quocumque iudice, ingerunt se diuinis in ecclesia ante absolutionem, inuito proprio sacerdote, nec ad monitionem sacerdotis uolunt exire de ecclesia, diuinum officium perturbantes.

40 18) Item, clerici qui scienter celebrent in ecclesia interdicta.

19) Item, illi qui in cemeterio ecclesiastico presumpserint scienter excommunicatorum corpora sepelire.

20) Item, fatillerii et diuini et qui eos consulunt.

[11] Si uero predicti confitentes ad mandatum et monitionem 45 sacerdotis ad nos uenire noluerint, in suis predictis peccatis et duritia remanentes, et peccata occulta fuerint, eis a sacerdotibus penitentia iniungatur, et nihilominus postmodum ipsi sacerdotes, cum potuerint commode, a nobis uel officialibus nostris super hoc consilium habeant et requirant. Si autem manifestum fuerit aliquem 50 aliquod peccatum de supra dictis commissise, ad nos mittatur, nec ab aliquo presbytero de illo peccato manifesto penitentia iniungatur sine nostra licentia speciali, nisi senex fuerit uel corporali impedimento detentus uel in mortis periculo constitutus[1].

[12] 11. *Quod omnes officiales et decani in exsecutione et obseruatione predictarum omnium sint attenti, et infra quod tempus copiam earumdem habere teneantur, et de pena non habentium et eas non seruantium hic habetur*

5 Item, uolumus et mandamus quod omnes officiales, decani et ceteri alii uniuersi, tam in exsecutione quam in obseruatione om-

---

[1] **c.10** Sínodo de 1310-1326.[18].

34 contra iuramentum *om.*Y   40 celebrant Y, missam *ad.*V   43 fatillerii] fretilleri Y   48 potuerunt V, poterint Y   commode *om.*Y   49 fuerit] sit V   52 fuerit *om.*SZY
c.11 1 decani] et clerici *ad.*VX   in *om.*ZY   exsecutionem (excommunicationem Y) SZY   1-2 obseruationem SY, *om.*Z   2 predictorum VX   3 eorumdem VX   4 eas *om.*V, ea X   obseruantium Y   hic habetur *om.*Z
5 officiales] et *ad.*VX   6 ceteri *om.*VX   exsecutione — obseruatione]
excommunicatione quam in absolutione *mal* SZY

nium predictorum, prout ad eos pertinet, sint solliciti et attenti, eis
districte mandantes quod de omnibus supra dictis copiam habeant
infra festum Natalis Domini proxime uenturum, alias ex tunc in-
10 gressum ecclesie sibi nouerint interdictum. Abbates uero, prepositi
et alii curam animarum habentes teneantur habere infra proximum
subsequentem festum beati Johannis Baptiste, sub pena decem librarum cere. Et nihilominus qui in premissis fuerint negligentes,
ad arbitrium nostrum uel officialium nostrorum debite puniantur.

[13] 12. *Que debentur episcopis de illis qui faciunt testamentum*

Item, statuimus quod omnes manumissores et heredes rectorum nostre diocesis aut aliorum quorumcumque, qui nobis et suc-
5 cessoribus nostris duos aureos dare et soluere tenentur ratione testamentorum ipsorum clericorum et uigore statuti domini Petri, bone
memorie, predecessoris nostri[1], uel eorum communem existimatio-
nem, et legatis, preposito, prelato uel canonico ecclesie Vrgellensis
uel patronis aliis clericis qui in eorum ecclesiis ius habent presentan-
10 di unicum aureum, decano loci rurali aliquid in recompensationem
seruitii, quod amodo dictos aureos nobis uel nostro certo mandato, et successoribus nostris et aliis, et aliquid dicto decano, prout
eos tangit, infra mensem proxime et immediate subsequentem a
die obitus ipsorum rectorum seu ecclesiasticorum aliorum quorum
15 sunt manumissores seu heredes, soluere teneantur. Alias, lapso dicto
mense, eo ipso sint excommunicati.

[14] 13. *Publicatio dictarum constitutionum*

Lecte et publicate fuerunt presentes contitutiones de mandato
<domini> nostri Arnaldi, Vrgellensis episcopi supra dicti, per Pe-

---

[1] **c.12** Ver la introducción al sínodo de Pedro de Urtx de 1287 y lo que dice J. Villanueva.

---

7 prout] quod ut Z   eos] nos Y   pertinet *om.*SZ   12 subsequentem *om.*V
festum beati *om.*Z   13 cere] ceteri V, *om.*X   Et *om.*VX   14 debite *om.*Z
c.12 1-**c.13** 11 Que debentur — uicesimo octauo *om.*SZ *(tomamos el texto de* VX,
y *parcialmente de*Y, *fol.*55v)   1-2 Que debentur — testamentum] Infra quot
tempus debent soluere manumissores rectorum aureos domino episcopo X, *om.*Y
4 qui] quod Y   et] uel Y   6 et *om.*X   7 uel *om.*XY   9 in *om.*Y
11-12 certo mandato] cetero mandate V   12 et[2] *om.*X   aliquid] alicui Y
12-13 prout eos] pro eis Y   14 seu] uel Y   ecclesiasticorum] clericorum XY
aliorum *om.*Y, quorumcumque *ad.*X   15 seu] uel Y   elapso Y   dicto]
termino seu *ad.*X   16 sunt X
c.13 1-3 Publicatio — nostri *om.*Y   1 predictarum X   3 domini
*om.*VX   supra dicti *om.*Y

trum Lesa, rectorem ecclesie de Adac, nostre diocesis, et notarium
5 nostrum publicum, in plena synodo in ecclesia beate Marie sedis
Vrgellensis, presentibus uenerabilibus et discretis Bernardo, Dei
gratia abbate monasterii Sancti Petri de Portella, Bernardo, eadem
gratia preposito Celsone, fratre Jacobo de Busulduns, procuratore
abbatis Bellipodii, et Bernardo Torani, canonico Cardone et pro-
10 curatore abbatis eiusdem, et tota synodo congregata, xiiii. kalendas
nouembris, anno Domini m.ccc.uicesimo octauo.

6. Sínodo de Guillermo Arnaldo de Patau, 9 de junio de 1362

Guillermo Arnaldo de Patau era doctor en decretos y deán del cabildo, que el 2 de octubre de 1361 lo eligió para ocupar la sede diocesana. Se conserva la carta que el cabildo dirigió al papa Inocencio VI el 4 de noviembre de 1361, en la que el cabildo pide al papa la confirmación de la elección para la sede episcopal. En dicha carta constan sus dos nombres de Guillermo Arnaldo y su apellido Patau. El 12 de enero de 1362 fue nombrado obispo de la diócesis, que rigió durante muy poco tiempo, ya que consta que murió después del 7 de octubre de 1364 y antes del 1 de febrero de 1365, en que ya estaba en la diócesis su sucesor Pedro de Luna[1]. Parece, pues, seguro que murió en enero de 1365. Consta que el 1 de febrero de 1365 se hizo inventario de sus bienes, entre los cuales había 29 libros, uno de los cuales se menciona así en dicho inventario: *Item, .i. libret poch ab cuberts verts, apelat De sacramentis.* Por estas vagas indicaciones del inventario: un libro pequeño o librito, de cubiertas verdes, llamado *De sacramentis,* pudiera ser el libro sinodal o *Tractatus septem sacramentorum* que editaremos más adelante. Tiene aquí especial interés la noticia que aparece al comienzo de este sínodo de 1362, en el [3] de nuestra edición, donde se afirma que hacía 34 años que no se celebraba sínodo en la diócesis, es decir desde el sínodo que en 1328 había celebrado Arnaldo de Lordato:«attendens quod in dicta ecclesia non fuerat celebrata synodus a tempore domini Arnaldi, bone memorie, episcopi Vrgellensis, a quo tempore fluxerant triginta quatuor anni», por lo cual establece que se celebre sínodo cada año. Es obvio que el texto de este proemio, escrito en tercera persona, no pertenece al obispo. El sínodo siguiente de 1364 comienza [4] aludiendo a un texto que atribuye a este sínodo, pero que no aparece en el mismo.

---

[1] C. Eubel, *Hierarchia catholica* I.510; B. Marquès, «Guillem Arnau i Patau, bisbe d'Urgell (1362-1365)», en: *Urgellia* 5 (1982) 281-304; L. Serdá, «Seo de Urgel, diócesis de», en: DHEE 4.2432; J. Villanueva, *Viage literario* XI.119-122 y 240-241, donde edita la carta que el cabildo escribió al papa pidiendo la confirmación de la elección episcopal; *Episcopologi*, 64-65.

---

4 Lesa] Losa XY   Adac] Adam X   5 nostrum *om.* Y   5-6 beate — Vrgellensis] Vrgellensi Y   6-10 presentibus — congregata *om.* Y   8 Busulduns] Besulduno X   9 Torani] Terani X   10 xiiii.] IIII. V, decimoquarto Y

Tradición manuscrita y editorial: V págs.309-310; S fol.21v-22v (texto base de nuestra edición); Sa hoja 58-59 (ilegible); X fol.10va-11rb; Y fol.65v-66v; Z fol.28v-29v.

[1]   *<Inscriptio>*

Anno a natiuitate Domini m.ccc.lxii., die nona mensis iunii. Incipiunt constitutiones synodales domini Guillermi, episcopi Vrgellensis, in prima synodo, in qua nullam aliam fecit constitutionem nisi sequentem.

[2]   1.   *<Proemium. De caritatiuo subsidio episcopo a clericis concesso. A quo tempore non fuit celebrata synodus in diocesi>*

Reuerendus pater et dominus dominus Guillermus, diuina
5   prouidentia Vrgellensis episcopus, celebrauit, de consilio et assensu
sui uenerabilis capituli, sanctam synodum, in qua inter alia petiit
caritatiuum subsidium a prelatis et clericis ciuitatis et diocesis Vrgellensis, quod gratiose et liberaliter fuit concessum et per eumdem
caritatiue receptum. Fuit dictum subsidium una decima secundum
10   taxationem consuetam, quam etiam soluerunt uoluntarie et gratiose
clerici simplices simplicia beneficia sine cura habentes. [3] Et in
dicta synodo, attendens quod in dicta ecclesia non fuerat celebrata
synodus a tempore domini Arnaldi, bone memorie, episcopi Vrgellensis[1], a quo tempore fluxerant triginta quatuor anni, licet post
15   ipsum fuissent dominus Petrus de Narbona[2], dominus Nicholaus,
qui fuit cardinalis uocatus Vrgellensis[3], et dominus frater Hugo[4],
idcirco pro utilitate dicte ecclesie fecit constitutionem sequentem et
nullam aliam in prima synodo.

---

[1]   **c.1** Arnaldo de Lordato (1326-1341).
[2]   Pedro de Narbona (1341-1348).
[3]   Nicolás Capoci (1348).
[4]   Hugo Desbach, benedictino (1351-1361).

Inscrip. 1 Inscriptio *om.*Q   2 a natiuitate *om.*Y   iunii] ianuarii *mal* S   3 Vrgellensis *om.*Y
c.1 1-3 Proemium — diocesi *om.* Q   5 Vrgellensis *om.*VX   6 in
qua *om.*Y   petiit] petit XZ, petiuit Y   7 caritatiuum]caritatiue YZ   cle-
ricis] ecclesiasticis Y   8 liberaliter] libenter VX   fuit *om.*V   et] ac VX
9 dictum] antedictum VXY, autem dictum Z   una decima] undecima Y, una
cum decima V   9-10 decima — soluerunt] de Z   12 attendentes VX   14 fluxerunt VX   15 dominus² *om.*V   16 uocatus *om.*V   frater *om.*VX

[4] 2. *Quod singulis annis synodus in ecclesia Vrgellensi celebretur*

Cum ad celebrationem synodi quilibet episcopus cum clero suo anno quolibet teneatur, in qua oportet episcopum et clerum con-
5 gregatum super euangelicis et canonicis negotiis in meditatione et sollicitudine fieri diuinorum et uiuificorum Domini mandatorum, pro tanto ne anno quolibet oporteat uniuersum clerum Vrgellensis diocesis singulariter ad synodum conuocare, nos Guillermus, miseratione diuina episcopus Vrgellensis, de consilio et assensu
10 uenerabilis decani et capituli nostri Vrgellensis, attendentes quod omnes ecclesie et loca religiosa sita in nostra diocesi lege diocesana nobis de iure communi subesse noscuntur, statuimus quod abbates, priores, prepositi ecclesiarum, simplicesque rectores et uicarii perpetui et quocumque alio nomine nuncupentur, qui regimen ha-
15 bent animarum, ad honorem pontificalis cathedre et matris ecclesie Vrgellensis annis singulis, feria quarta post dominicam in Albis ad synodum ad ecclesiam nostram Vrgellensem uenire et esse cum superpellicio teneantur. Et ibi mandata salubria audiant et recipiant, et alia disponant et ordinent que eis a nobis uel nostris successori-
20 bus iniungentur, rationemque audiant, si uoluerint, de expensis communibus et talliis que ratione legatorum et aliorum nuntiorum Romane Sedis, et alia quecumque facta fuerint seu etiam distributa per illos qui ad hoc fuerint deputati, et duodecim denarios, quos quicumque de consuetudine antiqua fabrice ecclesie nostre predicte
25 soluere tenentur, soluere et tradere eos operario dicte ecclesie teneantur. **[5]** Vbi et quando synodus celebrabitur, inde, donec finita fuerit dicta synodus et data licentia, minime recessuri. Alioquin si in predictis uel eorum aliquo defecerint (causa cessante rationabili, de qua teneantur facere legitimam fidem per procuratorem idoneum),
30 abbates, priores et prepositi, conuentus et collegia sub se habentes, centum, ceteri rectores ac uicarii perpetui et quicumque alii curati pena quinquaginta solidorum, dandorum erario nostro, sint ipso facto condemnati. Quam penam, si eam incurrerint, infra mensem post dictam synodum soluere teneantur, sub excommunicationis

---

c.2 1-2 Quod — celebretur *om.* V 4-5 congregatum] congregari VX
5 et canonicis negotiis *om.* V 7 ne] in *mal* Z oportet Z 8 conuocare]
congregare *mal* V nos] igitur *ad.* V 12 communi *om.* VX 13 et] ac Y
14 et *om.* Y 14-15 habent] habeant VX 15 pontificalem Y 17 cum
om. V 19-20 a — successoribus] per nos vel successores nostros V 20 rationesque VX 21 communibus] omnibus V 22 distribute SVX, distribuuntur Y 23-24 quos quicumque *om.* VX 24 fabrice *interl.* Y 25 soluere
om. VXZ 26 Vbi] si *ad.* XYZ et *interl.* Y, et si V 27 si *om.* S 30 et[1]
om. VX 32-33 ipso facto] eo ipso V

35   pena, quam in eos ferimus in hiis scriptis¹. Lecta fuit et publicata
presens constitutio nona die mensis iunii, anno a natiuitate Domini
m.ccc.lx. secundo.

7. Sínodo de Guillermo Arnaldo de Patau, 3 de abril de 1364

Guillermo Arnaldo de Patau había establecido en su breve sínodo de 1362
la celebración anual del sínodo en la diócesis, pero no consta que haya celebrado sínodo en el año 1363. El sínodo que celebró en el año 1364 tiene una gran
importancia porque menciona todos los sínodos de sus predecesores, cuyas constituciones dice que andaban dispersas y que él las reúne, para que nadie alegue
ignorancia para no cumplirlas o piense que han caído en desuso, pero en realidad
la legislación emanada de este sínodo es breve e insulsa. La verdadera importancia
de este sínodo y donde se contiene la doctrina para la instrucción del clero y el
gobierno de la diócesis es en el *Tractatus septem sacramentorum* o *Libro sinodal*,
que el obispo menciona dos veces en este sínodo y cuya autoría se atribuye, pero
este tratado de los sacramentos o libro sinodal llevaba muchos años circulando ya
por Francia y también por España, aunque el obispo se presenta como su autor.
Editamos este *Libro sinodal* como pieza distinta del sínodo en el número siguiente.

Tradición manuscrita y editorial del sínodo: V págs.310-320; S fol.22v-27r
(texto base para nuestra edición); Sa hoj.59-69 (ilegible); X fol.11rb-15va; Y
fol.66v-71r; Z fol.29v-36v (texto idéntico al de S)¹.

[1]   <*Inscriptio*>

Incipit secunda synodus celebrata in ecclesia Vrgellensi per domi-
num Guillermum episcopum, que fuit celebrata anno a natiuitate Do-
mini m.ccc.lx.quarto, feria iiii. post dominicam in Albis, que computa-
5   *batur iii. dies mensis aprilis, in qua, consilio et consensu sui uenerabilis*
capituli, fecit constitutiones suas et alia ut sequitur.

---

¹ **c.2**. D.18 c.16-17; X 1.33.9; X 5.1.22; X 5.33.17; In VI 5.7.6; Conc.4 lat.1215
c.6 (X 5.1.25); Conc.legat.Valladolid 1228 c.1 (TR 3.325); Conc.legat.Valladolid
1322 c.1 (TR 3.479-80); Conc.legat.Lérida 1229 c.1-2 (TR 3.330; Pons Guri 12);
Conc.prov.Tarragona 1242 c.8 (TR 6.36; Pons Guri 47); Conc.prov.Tarragona
1330 c.63 (TR 3.543; Pons Guri 178); 1 Partida 5.16; 1 Partida 12.2 n.8.
¹ Se puede ver el Catálogo, p.162, con minuciosa descripción.

35 Lecta] lata SZV   36-37 nona — secundo] ut supra V   36 a natiuitate *om.*Z
Inscrip. 1 Inscriptio *om.*Q   3 episcopum] Vrgellensem *ad.*Y   4-5 com-
putatur XZ   5 iii.] iiii. *mal* Y   6 suas — sequitur] sequentes V

[2]   *<Proemium episcopi>*

Guillermus, miseratione diuina episcopus Vrgellensis, dilectis nobis in Christo clero et populo uniuersis per ciuitatem et diocesim Vrgellensem constitutis salutem in Filio Virginis gloriose. Sancte
5 Vrgellensis ecclesie dispositione diuina, licet immeriti, regimini presidentes, curis sollicitamur continuis et meditatione urgemur assidua ut, iuxta nobis tradite dispensationis officium, subditorum commodis, in quorum prosperitate prosperamur, quantum nobis ex alto conceditur sollicitudinis studio intendamus, et animarum
10 pericula remoueamus ab ipsis, lites, quas hominum malitia quotidie inuenire conatur, nunc antiquarum declaratione nunc uero nouarum editione constitutionum, prout nobis est possibile, reprimamus. Sane quia constitutiones synodales predecessorum nostrorum, uidelicet dominorum Petri de Vrgio, fratris Raymundi Trebayla,
15 Arnaldi Guillermi de Lordato, sic diuersas sicque reperimus uagabundas quod tamquam incerte per totam diocesim uacillabant, ex quo inconueniens sequebatur quod aliqui per constitutiones huiusmodi erant peccatis multiplicibus obligati, alii excommunicati, alii uero suis beneficiis priuati, ignorantes penas, sententias et precepta
20 que in dictis constitutionibus continentur. Idcirco, ne quis pretextu ignorantie et tarde publicationis ab obseruatione ipsarum se ualeat excusare, et ne forte crederet eas in desuetudinem abiisse, ad utilitatem, pacem et tranquilitatem diocesis Vrgellensis, ne labilis hominum memoria possit ignorantiam pretendere in futurum, cons-
25 titutiones synodales antiquas et quasdam prouinciales quantum reperire potuimus, scripto, de consensu uenerabilis nostri capituli, dignum duximus comprehendi et sigillorum nostrorum munimine roborari, adicientes constitutiones alias, et dubia que erant in prioribus declarantes, precipientes ut ab omnibus pro constitutionibus
30 synodalibus habeantur et inuiolabiliter obseruentur, nullis aliis (nisi contentis in isto uolumine dictis duobus sigillis roborato) constitutionibus pro synodalibus in nostra diocesi Vrgellensi admissis.
[3] In quo uolumine poni uolumus *Tractatum* quemdam *septem sacramentorum,* quem propter aliquorum curatorum ignorantiam

Pr. 1 Proemium episcopi *om.*Q   3 populo] capitulo X   7 tradite] creditae V   dispensationis] dispositionis VX   10-11 malitie ... conantur VZ
11 antiquarum — nunc *om.*VX *(homograf.)*   uero *om.*V   14 dominorum
*om.*XZ   15 sicque] si que V   16 incerte] interest V *(texto corrupto)*   totam
diocesim] totum V   18 erant *om.*V   21 et tarde — ipsarum] et obseruantie ipsarum et tarde publicationis SZY, et obligationum (obligationum] obligatione V)
ipsarum et tarde publicationis VX *(textos corruptos)*   22 et *om.*VX   crederet]
dicent V   25 quantum] quas V   27 et *om.*X   29 precipientes] et *antep.*VX
omnibus] hominibus Y   30 aliis *om.*V   31 contentis] quatenus SZVX   32
pro *om.*Z

35 ordinamus diuina clementia faciente. In quo tractatu quantum
ad regimen cure animarum pertinet et spectat, speculari poterunt
curati qualiter eos in domo Domini oporteat conuersari. Datis in
ciuitate nostra Vrgellensi, tertia die mensis aprilis, anno a natiuitate
Domini m.ccc.lx. quarto.

[4] 1. *Reuocantur licentie date absentibus et mandatur, sub*
pena excommunicationis, quod omnes infra triginta dies
in suis beneficiis personaliter resideant

Sane, quamuis dudum in proxime precedenti synodo ex causis
5 rationabilibus reuocauerimus dispensationes et litteras super residentia non facienda, ac monitionem fecerimus quod quicumque
curatus in suo beneficio curato resideret, uel etiam non curato, si de
statuto uel de consuetudine speciali residentiam requireret personalem[1]. Quia tamen monitiones predictas plures ex eis multipliciter
10 contempserunt et contemnunt, aliqui eorum ad ipsa beneficia minime redeundo et nonnulli se ultra quam debeant a dictis beneficiis
absentando, et residentiam ac eleemosynam et hospitalitatem frau-
dando, in periculum animarum suarum. Nos attendentes quod ex
hiis infra scripta dispendia notoria subsequuntur, cultus uidelicet
15 diuinus in ipsis beneficiis diminuitur, cure ac regimini animarum
et ipsarum ecclesiarum detrahitur, pabulumque uerbi Dei, quo populus permaxime noscitur indigere, eidem populo ministrare omittitur, et ecclesie ac domus ac edificia earum desolantur et ruunt ac
patent communiter ruinis, euidenter fraudantur insuper, ut prefer-
20 tur, residentia et eleemosyna, tollitur hospitalitas, et ipsis beneficiatis dissolutionis et uagandi materia prebetur, et fructus et reditus et prouentus beneficiorum extra ipsa beneficia et loca eorum,
ad nullam seu modicam utilitatem ipsorum beneficiorum, set in
usus alios expendendi et conuertendi materia tribuitur seu paratur,
25 interuertuntur et occupantur indebite et in graue ipsorum beneficiorum preiudicium bona, possessiones ac iura eorumdem et remanent indefensa, turbatur et scandalizatur populus et male remanet
edificatus, cum ex predictis uidet euidenter mala preinserta et in-

---

[1] **c.1** En el texto que conocemos del sínodo de 1362 no aparece este asunto.

35 ordinauimus XY   faciente] fauente VX   quantum *bis* Y, inquam *mal* V
37-39 Datis — quarto] Datum ut supra V
c.1 1-47 Reuocantur — in hiis scriptis *la ed. de* Villanueva (p.311-313) *coloca este*
texto como capítulo segundo y comienza su ed. con nuestro c.2   1 mandantur XZ
4 dudum *om.* V   proxima V   15 ac *om.* Z   19 patent] paciuntur VX
ruinis] ruynas V   20 residentia] et *antep.* VX   21 et uagandi] euagandi SZXY
materia prebetur *om.* SZXY   22 ipsa — eorum] loca beneficiorum ipsorum V
23 ipsorum *om.* V   26 et *om.* V

conuenientia et alia multa dispendia prouenire. Eapropter omnes
30 licentias et dispensationes predictas, tam per nos quam per quoscumque predecessores nostros seu alios quoscumque, auctoritate
nostra et dictorum predecessorum nostrorum, ex quibuscumque
causis et sub quacumque forma uel expressione uerborum, hactenus
concessas, donatas uel factas, in hac nostra presenti synodo reuo-
35 camus omnino et de cetero habemus et haberi uolumus pro reuo-
catis et nullis, nisi fuerint concesse residentibus in seruitio domini
nostri pape uel dominorum cardinalium uel in nostro. Monentes
omnes et singulos beneficiatos nostre diocesis seculares et regulares,
cuiuscumque dignitatis, status, ordinis uel condicionis exstiterint
40 seu exsistant, quod infra triginta dies a tempore publicationis huius
statuti, in dignitatibus et beneficiis infra diocesim nostram constitutis, que de iure uel de consuetudine residentiam personalem requirunt, deinceps residentiam faciant personalem prout iura uel statuta
prouincialia ac synodalia requirunt, sub penis statutis seu ordinatis
45 a iure et editis a prouincialibus et synodalibus statutis et sub pena
excommunicationis, quam, predictis monitionibus canonicis precedentibus, in contumaces et rebelles ferimus in hiis scriptis².

[5] 2. *Excommunicantur impedientes citatores uel publica-*
tores processuum episcopi uel eius officialium, et qui citan-
di erant pro citatis habeantur

Fide dignorum fida relatio ad nostrum deduxit auditum uulga-
5 risque fame notorium publicum publicat quod nonnulli dominium
temporale obtinentes ordinare et statuere non uerentur quod quicumque in eorum castris, uillis uel locis portauerint litteras citationis uel publicationis quorumcumque processuum, quod portantes

² C.7 q.1 c.19, 23-24, 26, 29; X 1.14.4; X 2.28.28; X 3.4.4-17; Conc.3 Lat.1179
c.13 (X 3.4.3); Conc.4 Lat.1215 c.32 (X 3.5.30); Conc.2 Lugd.1274 c.13 (In VI
1.6.14); Conc.legat.Valladolid 1228 8.2 (TR 3.327); Conc.legat.Valladolid 1322
c.8 (TR 3.486); Conc.prov.Tarragona c.16 (TR 335; Pons Guri c.17, p.147);
1 Partida 16.16-17.

29 multa] mala Y   32 et dictorum — nostrorum] vel eorum V   33 et]
seu X   41 statuti] ut *ad.*Z   beneficiis] suis *ad.*VY   41-42 constituti V   42 que] qui VX   42-43 requirunt — personalem *marg.*Z *(homograf.)*
43-44 deinceps — requirunt *om.*Y *(homograf.)*   43 faciant *om.*V, quos
*ad.*X   prout] ut VX   44 prouincialia *om.*Z   seu] et V   45 a iure
*om.*V   a² *om.*ZXY   et synodalibus *om.*Z   statutis et sub] institutis ex
Z *(texto deficiente)*   47 in¹] et Z
c.2 1 Excommunicentur V   impedientes *marg.*Z   citationes V   1-2 uel
publicatores *om.*V   2 officialis V   et] quod Z, et quod Y   4 fida *om.*V,
fide X   6 temporale] Vide aliam constitutionem declaratoriam istius in antea
folio lxi. *al marg.ad.*Y *(sínodo de* 1276.[8])   6-7 quicumque] quandoque V
7 litteram Y   7-8 citationis] citatorias VX   8 quod portantes *om.*V

siue publicantes eas capiantur, impediantur et, quod horribilius est,
10 interficiantur. Propter quod frequenter contingit quod citari non
possunt aut publicari qui alias, iustitia exigente, citandi aut pu-
blicandi erant, et sic multorum malitia istorum pretextu remanet
impunita, pandantque ausus excessibus, iustitie ledatur cultus et
peccatores, cum malefecerint, gloriantur. Nos uolentes huic pesti
15 adhibere medelam, hac synodali constitutione statuimus et ordinamus quod quicumque, cuiuscumque condicionis fuerit uel status, publice aut occulte, uerbo uel facto, ordinauerit, statuerit uel
mandauerit, uel etiam ab alio ordinatum, statutum aut mandatum
ratum habuerit quod citationes uel publicationes sententiarum uel
20 processuum nostrorum siue officialium iam dictorum impediantur
uel retardentur quocumque modo, quod ipso facto excommunicationis sententiam incurrant, et eorum castra, uille et loca ecclesiastico sint supposita interdicto, quorum absolutionem uel relaxa-
tionem nobis, presentibus in diocesi nostra ante dicta, reseruamus,
25 nobis uero absentibus, uicario nostro committentes. **[6]** Preterea
uolumus et ordinamus quod cùm predicta malitia ex uerisimilibus
et probabilibus presumptionibus apparuerit manifeste, quod ille
qui citandus uel publicandus erat dicto impedimento cessante, in
ecclesia nostra cathedrali et in duabus ecclesiis proximioribus illi in
30 qua alias citatio uel publicatio fieri debebat, publice citetur tribus
edictis uel uno, si opus fuerit, peremptorie, et ex tunc pro citato et
publicato habeatur ac si per nos uel officialem nostrum uerbaliter et
realiter citatus fuisset et citatio eumdem personaliter apprehendis-
set. Et processus qui exinde sequatur legitimus reputetur. Iuribus et
35 constitutionibus prouincialibus et synodalibus contra impedientes
iurisdictionem nostram uel malitiose facientes quominus citari ualeant editis, nihilominus remanentibus in sua firmitate.

[7] 3. *Quod rectores non obedientes mandatis episcopi pri-*
uantur beneficiis

Iniuncte nobis debitum seruitutis exposcit ut ad reformandos
in clero mores et actus, prout nobis ex alto permittitur, sollerter
5 intendamus et ibi precipue reformationis remedium apponamus

9 siue publicantes eas *marg.*Z   eas] eos V   impediantur] uel *antep.*VX
10 frequenter contingit quod *om.*Y *(homograf.)*   11 publicari — aut *om.*X
(homograf.)   alias] ab illis V   12 sic *interl.*Z   13 pandantque] pandi-
turque V   leditur VY   14 uolentes] uolumus V   21 quod *om.*V
27 et probabilibus *om.*V   apparuerit] apparebit V, aparuit Y   30 alias]
talis VX, *om.*Y   debebat] debeat VXY, deberet Z   publice citetur tribus
*om.*V   34 sequatur] sequitur VZ   Iuribus et] Quibus VX
c.3 1 Quod *om.*V   1-2 priuentur VXZ   3 debitum *om.*X   4 permittitur]
promittitur ZV   sollerter] solempniter V

ubi maius inspicimus periculum imminere. Sane reperimus quod
periculosum exsistit quod aliqui diocesis nostre in officio, dignitate
uel gradu ecclesiastico constituti nobis uel officialibus nostris non
obediunt, set summo obedientie bono a se imprudenter repulso,
10 dominis temporalibus obtemperant, mandata nostra uel officialium nostrorum exsecutioni debite mandare renuunt et contradicunt, propter quod contemptus ecclesiastice iurisdictionis oritur
et scandala multiplicia accumulantur. Nos, attendentes quod com-
pescenda est malorum audacia ut saltem pene formidine detraha-
15 tur a noxiis, hac igitur nostra synodali constitutione statuimus et
ordinamus quod quicumque rector seu beneficiatus, cuiuscumque
condicionis uel status exsistat, qui mandata nostra uel officialium
nostrorum contumaciter renuerit adimplere, beneficii priuationem
incurrat ipso facto, de quo beneficio episcopus uel alius ad quem
20 pertineat de consuetudine uel de iure, libere, tamquam de uacante
de iure et de facto, ualeant ordinare.

[8] 4. *Quod rectores pro chrismate non mittant ad ecclesiam*
cathedralem, set quod officiales episcopi pro eo mittant et
subditis distribuant

Quoniam nostra honorabilis diocesis Vrgellensis lata est et
5 diffusa, et laboriosum est rectoribus et curatis, maxime propter
temporis breuitatem, uenire aut mittere ad ecclesiam cathedralem
pro sacro chrismate et oleis catechuminorum et infirmorum, quibus utuntur fideles, uolumus et ordinamus quod solum ad dictam
ecclesiam nostram ueniant uel mittant rectores et curati qui sunt de
10 officialatu ciuitatis nostre Vrgellensis et de officialatu Tiruie. Rectores uero et alii\curati officialatus Ceritanie ad ecclesiam beate Marie
Podii Ceritani uenire pro predictis uel mittere teneantur. Constituti
autem in officialatu Berge ad ecclesiam Beate Eulalie uille ante dicte
ueniant uel mittant. Constituti autem in officialatibus Solsone et
15 Cardone ad ecclesiam Beati Michaelis Cardone. Constituti autem
in officialatu Sanaugie et Gissone et de Pontibus et Acrimontis ad
ecclesiam beate Marie Gissone teneantur mittere uel uenire pro predictis. Sane exsistentes in officialatu ciuitatis Balaguarii ad ecclesiam

6 imminere] eminere YZ   7 dignitate] dignitatis VY   9 obediunt] obedien-
tibus V, obedientes X   10 obtemperent V   11 mandare] demandare Y
14-15 detrahatur] retrahatur V   15-16 et ordinamus quod] ut Y   16 rector seu beneficiatus *om.* V   19 de quo beneficio *marg.* Z   beneficio *om.* Y
21 ualeat VXY
c.4 1 pro chrismate *om.mal* Y   2 episcopi *om.* V   3 subditis] subditorum Y
5 et *om.* Z   7 oleo VX   10 nostre *marg.* Z   11-12 Ciritanie ... Ciritani Y   13 uille ante dicte] Bergie V   16-17 de Pontibus — Gissone
marg. Z   18 ciuitatis *om.* V

Sancti Bartholomei ciuitatis predicte recurrant pro predictis. Cons-
20 tituti autem in officialatu Trempi et in toto comitatu Pallarensi ad
ecclesiam Beate Marie Trempi ueniant pro predictis. [9] Non tamen
prohibemus quin si aliquis predictorum rectorum uel curatorum
pro predictis ad ecclesiam nostram cathedralem uenire uoluerit,
uenire possit et recipere supra dicta. Sic tamen quod in uigilia Pas-
25 che chrisma et de utroque oleo habeant hora misse, ad faciendum
officium fontium prout decet, sic quod nouo chrismate dumtaxat,
et non ueteri, ex tunc utantur, et idem fiat de oleis sanctis, ut in
Tractatu septem sacramentorum, in rubrica 'De extrema unctione',
per nos reperient ordinatum.

30   [10] Adicientes quod officiales Podii Ceritani, uille Berge,
Guissone, Cardone, Balaguarii, uille Trempi expensis nostris pro
predictis mittant personam idoneam et in sacris ordinibus constitutam, cum littera propria, que fideliter recipiat et portet dictum
sacrum chrisma et olea ante dicta, taliter quod in uigilia Pasche
35 summo mane predicta ipsi officiales distribuant cuicumque rectori
siue curato petenti, scribentes nomina omnium qui pro predictis
miserint ad eosdem. Volumus insuper quod nihil petant uel exigant,
nec etiam oblatum recipiant pro predictis. [11] Addentes ordina-
tioni ante dicte quod si aliquis rectorum uel curatorum sanctum
40 chrisma uel oleum catechuminorum uel infirmorum alicui rectori
uel curato uel alii cuicumque nobis et ecclesie nostre Vrgellensi non
obedienti et non subiecto dederit uel mutuauerit, quod ex hoc excommunicationis sententiam incurrat ipso facto, a qua absolui non
possit nisi per nos uel successores nostros episcopos, quoniam nobis
45 et successoribus nostris ipsam absolutionem duximus reseruandam.
Non mittentes uero pro predictis et ea non recipientes dicta uigilia
hora competenti, penam uiginti solidorum incurrere uolumus ipso
facto. Et idem fiat quamuis receperint de dicto chrismate, si non
receperint de oleo catechuminorum uel de oleo infirmorum; et sic
50 debent portare tres ampullas uel mittere, et mittant clericum saltem
primam tonsuram clericalem habentem, alias laico non tradantur,
cum inhonestum sit talia sacra per laicos tractari.

   [12] 5. *Contra non petentes absolutionem a sententia excom-
      municationis*

   Quoniam inuenimus in nostra diocesi Vrgellensi qui, diuino timore postposito, exommunicationis sententiam per annum et ultra

---

23 uoluerint V   24 possit] possunt V   29 per nos *om.*Y   30 Ceritaniae V, Ciritani ZY   uille *om.*Z, et *antep.*VX   35 predicta] predicti
VX, ipsi *om.*V   48-49 de dicto — receperint *mar.*Z
c.5 1 Contra] Quod Y   4 annum] unum *antep.*VX

5 sustinent animo indurato, sequentes et declarantes constitutionem
predecessorum nostrorum[1], statuimus et ordinamus quod quicumque per mensem nominatim in excommunicationis sententia steterit, soluat pro quolibet mense unam libram cere, ut quos diuinus
timor a malo non reuocat, saltem temporalis pena cohibeat a pec-
10 cato. Si uero quis ultra annum steterit in sententia excommunicationis, contra eumdem de fide catholica inquiratur, cum uerisimile
sit quod in contemptu clauium talis sententia sustinetur, penis aliis
contra clericos in excommunicationis sententia permanentes in suo
robore permansuris[2].

[13] 6. *Contra coniuges ante benedictionem nuptialem insimul cohabitantes*

Animarum periculis obuiare uolentes, statuimus et ordinamus
quod nullus nostre diocesis Vrgellensis cohabitare audeat cum uxo-
5 re sua antequam benedictionem nuptialem receperit in ecclesia sua
parochiali uel in alia, de licentia sui rectoris. Qui uero contrarium
fecerit, tam uir quam uxor, excommunicationis sententiam incurrant ipso facto et tamquam excommunicati per rectores et clericos
euitentur. Adicientes quod illi qui iam in domo eadem ut coniu-
10 ges morantur dicta benedictione non recepta, quod nisi infra duos
menses post publicationem presentem receperint benedictionem
prefatam, dicta sententia ligentur.

[14] 7. *Contra clericos et laicos publice usuras exercentes*

Attendentes quod usurarum crimen utroque Testamento et
utraque Lege est damnatum[1], statuimus et ordinamus quod quicumque de cetero in ciuitate uel diocesi nostra Vrgellensi inuentus
5 fuerit publicus usurarius et manifestus, ipso facto excommunicationis sententia sit ligatus, nec ad ecclesiasticam sepulturam admittatur, donec de usuris ipsis, prout patiantur facultates eiusdem, plenarie satisfactum fuerit illis quibus facienda est retitutio, aut aliis,

[1] **c.5** No encontramos ninguna constitución de Urgell anterior acerca de este asunto.
[2] C.11 q.3 c.36-37; X 1.14.8; X 5.7.13; X 5.37.13; X 5.40.23-24; In VI 5.2.7; 1 Partida 9.21, 31-32.
[1] **c.7** Éx 22,25-26; Lev 25,36-37; Dt 23,20-21; Sal 15,5; Prov 28,8; Eccli 8,15; Jer 15,10; Ez18,8.13.17; Lc 6,34-35.

5 constitutiones Z   12 contemptum V
c.6 1-2 insimul *om.*VX   4 audeat *marg.*Z   9 euitentur] nuntientur et *antep.* VX   10 recepta] suscepta VX   11 receperint *om.*S, non acceperint VX
c.7 8 restitutio] ante dicta *ad.*VX

secundum quod continetur in decretali de usuris². Clerici uero qui
10 in hoc crimine inuenti fuerint, ultra predictam penam, sortem et
usuram amittant, sic quod ipsa sors ornamentis ecclesie Vrgellensis
applicetur, usura autem restituatur debitori, usurarius nihilominus
pro nostro arbitrio puniatur³.

[15] 8. *Contra clericos publice extra domum tripudiantes*

Cum incompositio corporis incompositionem indicet mentis,
et oculus impudicus impudici cordis sit nuntius¹, statuimus et ordinamus, predecessorum uestigiis inherendo², quod clerici in sacris
5 ordinibus constituti ac religiosus quilibet publice extra domum aliquam tripudiantes penam quinquaginta solidorum incurrant ipso
facto, cum inhonestum sit personis ecclesiasticis ludibrium facere
sui corporis in infamiam totius cleri et scandalum laicorum, excommunicationis sententiam contra tales per predecessores nostros pro-
10 mulgatam propter periculum euitandum animarum remouentes.

[16] 9. *Contra clericos publice ludentes*

Cum in constitutione nostra synodali, per predecessores nostros
facta, caueatur expresse quod clerici ludentes ad taxillos ipso facto
sint excommunicati¹, quia ex constitutione huiusmodi reperimus
5 plures scandalizari, ac super ipsa moderanda sepius et instanter fuerimus requisiti, uolentes etiam euitare periculum animarum, ideo
hac constitutione presenti in perpetuum ualitura, ordinamus et
moderando eamdem constitutionem statuimus et declaramus eam
extendi dumtaxat ad clericos in sacris ordinibus constitutos et ad
10 beneficiatos et beneficia seu officia obtinentes, etiam si fuerint in
tonsura clericali uel in quatuor minoribus ordinibus constituti, necnon ad religiosos etiam quoscumque in ciuitate et diocesi nostra

² X 5.19.5.
³ D.46 c.9-10; D.47 c.1-5; C.3 q.7 c.2 § 20; C.14 q.3 c.1-4; C.14 q.4 c.1-12;
Conc.2 Lat.1139 c.13 (COD 200); X 5.19.1-19; Conc.3 Lat.1179 c.25 (X
5.19.3); Conc.4 Lat.1215 c.67 (X 5.19.18); Conc.1 Lugdunense 1245 II c.1
(COD 293-95); Conc.2 Lugd. 1274 c.26-27 (In VI 5.5.1-2); Conc.Vien.1211-12
c.29 (Clem.5.5 un.); 1 Partida 6.58, 13.9; 4 Partida 11.31, 40; 6 Partida 15.2; 7
Partida 6.4.
¹ **c.8** C.32 q.5 c.12.
² Sínodo de 1310-1326.[23].
¹ **c.9** Sínodo de 1276.[25]; sínodo de 1310-1326.[22-23].

11 amittant] admittant *mal* V
c.8 2 indicet] et *ad.*V   4 uestigiis] nostrorum *ad.*V   5 ac] aut YZ   religiosi V
6 penam *om.*Z
c.9 3 caueatur] teneatur VX   5 scandalizatos V   8 et *om.*SZ

exsistentes. Contrarium facientes penam quinquaginta solidorum incurrant ipso facto, sententiam excommunicationis quam incurre-
15 bant remouentes.

[17] 10. *Contra laicos publice concubinarios*

Quoniam peccatis facientibus, adeo fornicationis et adulterii crimen in nostra diocesi Vrgellensi sic inuenimus pullulasse quod apud multos quasi pro nullo aut minimo peccato habetur, et sic
5 aliqui, pretextu ignorantie, se excusare frequenter periculose nitun-tur. Nos attendentes quod periculosius petatur cum ex ignorantia peccatorum labitur in peccatum, hac constitutione synodali in per-petuum ualitura, inherentes uestigiis predecessorum nostrorum, statuimus et ordinamus quod omnes laici qui concubinarii inuenti
10 fuerint manifesti et etiam eorum concubine excommunicationis sententiam incurrant ipso facto, et etiam per rectores et curatos ex-communicati publice nuntientur, pena alia pecuniaria contra dictas concubinas predicta in sua firmitate permanente.

[18] 11. *Quod nullus inferior episcopo uasa uel uestes diuino cultui deputata consecrare audeat uel uti ipsis. Quod si contrarium fecerit, est ipso facto excommunicatus*

Inter dispensatores Christi, ut fidelis quis inueniatur iam querit
5 Apostolus, et si in temporalibus fides dispensatorum exigatur, abun-dantius exigitur in dispensatoribus mysteriorum eius qui idoneos querit ministros[1]. Sane reperiuntur quidam qui, nudati consecratio-nis dono, quasi cum hiis quos terra absorbuit[2], alienum ignem offe-rentes[3], calices, sacerdotalia et aliorum ecclesiasticorum ordinum
10 uestimenta aliaque sacri altaris ornamenta sanctificare et consecrare uitio superbie attemptant, cum auctoritatis officio nequeant conse-crare, set prophanant et polluunt consecranda, cum munus conse-

---

[1] **c.11** 1 Cor 4,1-2.
[2] Núm 16,31-34.
[3] Lev 10,1-2.

---

13 Contrarium] uero *ad*.YZ
c.10 1 concubinarios] concubinas tenentes VX   2 peccatis] peccata *mal* V
adeo] id est V, ideo X   6 petatur] paratur VX, peccatur Y   ex *om*.VX
12-13 dictos concubinos Y   13 predicta *om*.VY   manente V
c.11 1 inferior] inferiorum V   2 Quod si] qui V, si X   4 inueniatur] inuenian-tur et X   5 exigatur] exhigitur V   6 exigitur] exhigatur VX   mysteriorum]
ministeriorum VX   qui] quis V   7 qui *om*.V   9 ordinum] ornamenta uel
ad.V   10 aliaque — ornamenta *om*.V   11-12 uitio — consecrare *om*.Y *(homograf.)*
11 auctoritatis] autem ex (ex *om*.X) VX   12 munus *om*.V

crationis non habentes, eumdem dare non possint. Nos igitur huic
pestifero morbo occurrere uolentes, in uirtute sancte obedientie et
15 sub anathemate maledictionis eterne precipimus quod nullus in
nostra diocesi Vrgellensi audeat uasa nec calices, uestes ecclesiastici
ordinis ceteraque altarium ornamenta sanctificare aut consecrare, et
quod nullus in sacris ordinibus constitutus talibus, ut premissum
est, non consecratis, set potius prophanatis utatur. Quod si con-
20 trarium fecerit, tam consecrans, immo uerius prophanans, quam
utens ipsis sic prohanatis excommunicationis sententiam incurrat
ipso facto, a qua absolui non possit nisi per nos aut per eos quibus
duxerimus specialiter committendum.

[19] 12. *Quod nullus episcopo inferior de exsecutione testamentorum se intromittat*

Cum testamentorum exsecutio iure utroque ad audientiam episcopalem pertineat et spectet[1], et absurdum sit si promiscuis actibus
5 eorum turbentur officia, et alii creditum alius subtrahat, statuimus
et ordinamus quod nullus de testamentorum exsecutione se intromittat aut cognoscat, nisi nos et successores nostri aut officiales qui
pro nobis aut pro ipsis ad hoc fuerint specialiter deputati. Si quis
uero huius nostre constitutionis uiolator exstiterit, excommunica-
10 tionis sententiam incurrat ipso facto, et quod ordinauerit tamquam
ordinatum a non suo iudice habeatur et careat uiribus et effectu.
Adicientes quod quicumque de casibus episcopalibus de iure uel per
constitutionem prouincialem uel synodalem nobis reseruatis, sine
nostra speciali licentia se intromittat committendo uel iudicando de
15 eisdem, quod si contrarium fecerit, sententiam excommunicationis
incurrat ipso facto, et nihilominus contra eumdem tamquam contra usurpantem iurisdictionem nostram episcopalem, tam per iura
scripta quam per constitutiones prouinciales quam synodales procedatur, dignum est enim ut qui in tot presumit ius et nos offendere,
20 pena multiplici castigetur.

---

[1] **c.12** X 3.26.3, 6, 17, 19; Clem.3.6 un.; 1 Partida 19.7; 6 Partida 10.7.

13 eumdem] effectum *antep.*V   16 calices] tales VX   17 aut] ac V
19-20 non consecratis — tam *marg.*Z   19 non consecratis] consecret *(texto
deficiente)* V   profanata utantur V   22 possint SVX
c.12 1 episcopus Y   inferiorum episcopo V   4 et] uel Y   5 et] si V   alius]
aliud SZ   subtrahit V   8 specialiter *om.*V   13 constitutionem] consuetudinem *mal* SZ   13-14 synodalem — uel *om.*V *(homograf.)*   15 fecerint SYZ
16 incurrant SYZ   17 usurpatorem Y   19 dignum *desde aquí falta el texto de
Y. Ver* Catálogo *pág.*162   tot] tantum V, tanto X

[20] 13. *Quod operarii siue sacriste reddant rationem de administratis per eosdem, et quod laici uestimenta ecclesiastica non custodiant, set rectores*

Quorumdam sacrilega auiditas rapiendi que Deo et sanctis in
5 ecclesiarum operibus offert pia fidelium deuotio, nos inducit ut utilitatibus prouideamus ecclesiarum et pro posse periculum euitemus animarum. Statuimus igitur ac, sub uirtute sancte obedientie, precipiendo mandamus quod quilibet operarius, siue sacrista siue alius quicumque qui bona alicuius ecclesie administrauerit, quod omni
10 anno semel de administratis per eumdem ratione operis uel sacristie rectori et duobus probis hominibus dicte ecclesie legale computum et fidelem reddat rationem. Et quod superfuerit ad utilitatem ecclesie per dictos rectorem et duos probos homines, et non ad usus prophanos, conuertatur. **[21]** Adicientes quod nullus laicus custo-
15 dire ac contrectare presumat calices, sanctorum reliquias, sacras uestes, nec etiam capitas uel alia benedicta aut sanctificata, set predicta teneant rectores uel alii curati uel clerici, ad cognitionem rectoris et consulum siue proborum hominum cuiuslibet loci, cum mandato utriusque Testamenti prohibitum reperiamus ne talia diuino cultui
20 deputata laicorum manibus contrectentur. **[22]** Prouidendoque circa premissa, statuimus, ad securam uestimentorum aliorumque ornamentorum custodiam, quod rectores siue curati ecclesiarum predicta teneant et custodiant, et de eis publica conficiant inuentaria. Et si per eorum incuriam seu negligentiam aliquid amissum fuerit
25 siue deperditum, plenarie restituere teneantur. Nec allegent parochiani insufficientiam rectoris, cum absurdum sit eis non committere temporalia quibus spiritualia et animarum cura committitur, in quorum custodia et administratione maius periculum inuenitur.

[23] 14. *Quod rectores siue beneficiati certarum ecclesiarum non sint in dictis ecclesiis cum ense et sine superpellicio et almucia*

Item, statuimus et ordinamus quod in ecclesia nostra Vrgellensi
5 et in ecclesia Beate Marie Podii Ceritani, Beate Marie de Thelone, Sancti Stephani de Bagano, Beate Eulalie Berge, Beate Marie

c.13 1-2 administratis] administratione VX   2 eosdem] facta *ad.*V   3 custodiant] teneant V   4 sacrilega SZ   5-6 operibus — ecclesiarum *om.*Z *(homograf.)*   10 administratis] administratione Z   15 ac] aut Z   16 capitas] capas VX   uel] nec V   aut] et V   20 Prouidendoque] Prouidendo quoque VX   21-22 aliorumque ornamentorum *om*V   23 publicum faciant inventarium V   24 amissum] admissum S   25 siue] seu V   teneantur *om.*Z
c.14 1 certarum] ceterarum V   5 Ceritaniae V   5-6 Tholano V

Solsone, Beate Marie Cardone, Sancti Vincentii Castri dicte uille,
Beate Marie Sanauge, Beate Marie Guissone, Beate Marie Organiani, Beati Petri de Pontibus, Beate Marie Acrimontis, Beati Petri de
10 Cubellis, Beate Marie de Camarasa, Beate Marie uille Trempi, Beate
Marie de Arennio, Beate Marie de Muntamama, Sancti Saluatoris
Balagarii, nullus rector uel beneficiatus intret uel sit in choro dum
diuinum officium celebrabitur (uel in processione extra ecclesiam)
cum ense, uel etiam sine ense et sine superpellicio et almucia nigra.
15 Qui uero contrarium fecerit, ensem amittat et applicetur ornamentis ecclesie, non portantes uero superpellicium et almuciam, non
admittantur ad diuinum officium nec aliquod emolumentum pro
illa die recipiant in ecclesia ante dicta. **[24]** Adicientes quod omnes
predicti rectores et beneficiati infra festum Omnium Sanctorum al-
20 mucias habeant, sub pena decem solidorum, interim uero birretum
portent tempore quo celebrabitur officium diuinum. Prohibentes
quod nullus nisi rector principalis ecclesiarum predictarum almuciam portet de uariis folratam, si eam portare uoluerit.

8. *Tractatus septem sacramentorum seu Liber synodalis,* de Guillermo Arnaldo de Patau, 1364

En la introducción al sínodo de 9 de junio de 1362 presentamos algunos
datos biográficos del obispo Guillermo Arnaldo de Patau, quien en el proemio
del sínodo de 1364 dice que entre sus constituciones «poni uolumus *Tractatum*
quemdam *septem sacramentorum,* quem propter aliquorum curatorum ignorantiam ordinamus diuina clementia faciente». Nada hay de nuevo en que el sínodo
contenga un tratado acerca de los sacramentos, cosa muy frecuente[1], pues era
tarea de los sínodos diocesanos ofrecer a los clérigos, frecuentemente iletrados
y sin medios para su formación, una enseñanza dogmática y moral sencilla y
concisa, para ayudarles en su actividad pastoral, sobre todo en la administración
de los sacramentos. Lo extraño es que el obispo se presenta como autor de un
texto que ni es suyo, ni es nuevo[2], porque este tratado de los sacramentos o libro

---

[1] En este mismo volumen se puede ver el sínodo de Barcelona de 1241. Y en varios
otros sínodos hay constituciones similares en este volumen y en otros.
[2] Algo parecido a esto sucedió con el *Liber synodalis* que Gonzalo de Alba promulgó en el sínodo de Salamanca de 1410. En este libro sinodal salmantino de
1410 hay varios extensos párrafos que están a la letra en el libro sinodal de Rodez
de 1289, por lo que una parcial dependencia entre ambos es indudable, pero

---

7 Solsone] Celsone VX   Beate Marie] Beati Michaelis VX   11 Monte-
mama V, Montanya X   14 uel *om.* Z   sine ense et *om.* Z   et[1] *om.* VX
15 amittat] admittat X   23 folratam] floratam Z

sinodal ya se había publicado en el sínodo de 1289 de la diócesis francesa de Rodez y después había pasado con algunas añadiduras a las diócesis de Cahors y de Tulle y a otras diócesis del sur de Francia y había llegado incluso a España, pues el sínodo de Tarazona de 1354 publicó este mismo texto, donde también los vicarios que presidieron el sínodo de Tarazona se presentan como autores del mismo[3].

Es, pues, seguro que Guillermo Arnaldo de Patau no es el autor del *Tractatus septem sacramentorum* o libro sinodal, pero es indudable que este tratadido había llegado a sus manos y que él lo promulga como suyo en el sínodo. Pero conviene advertir que ninguno de los códices de Urgell ni todos juntos traen el texto completo del sínodo de Rodez de 1289 que aparece en las ediciones de E. Martène - U. Durand y de Mansi, texto íntegro que sí aparece en el sínodo de Tarazona de 1354.

Tradición manuscrita y editorial: V pág.321-327 (ed. parcial: del [1] al [7] y del [154-171]; A, MS de Andorra, contiene [20-114] en fol. 101r-110v, y otra copia con [77-149] en fol.112r-124v; S fol.30r-58v (contiene desde el [1] hasta el [171], texto base de nuestra edición); Sa hoj.78-142 (texto casi totalmente ilegible, es una copia idéntica a los códices S y Z); Y fol. 17r-42r (contiene desde el [20] línea 27 al [155] línea 13); Z fol. 40rb-93r (contiene desde el [1] hasta [152], del que pasa al texto del [171]). Como ya queda dicho, ninguno de nuestros códices, ni siquiera todos juntos, contienen el texto completo de este libro sinodal, pero el texto que contienen es exactamente igual al de las ediciones. Edición en E. Martène - U. Durand, *Thesaurus novus anecdotarum* IV (Lutetiae Parisiorum 1717) col.671-768; Mansi, *Sacrorum conciliorum* 24, col.963-1056, que toma el texto de Martène-Durand. Solamente acudimos a las ediciones cuando hay alguna clara errata en los códices, no damos, pues, aparato crítico de las ediciones, a las que citamos por las siglas M-D y Ma.

hay también notables diferencias entre estos textos, que además difieren en su estructura interna, por lo que el texto salmantino no es una reproducción literal del texto de Rodez. En cambio, el texto del libro sinodal de Rodez-Cahors-Tulle de 1289 se encuentra enteramente a la letra en los libros sinodales de Tarazona de 1354 y en el presente de Urgell de 1364. Del *Liber synodalis* salmantino de Gonzalo de Alba de 1410 hay un texto latino y un texto castellano. El texto castellano se lo apropió el obispo Lope de Barrientos, quien en su sínodo de Turégano (Segovia) de 1440 y en el de Cuenca de 1446 se autopresenta como autor del texto catellano salmantino de 1410. Todo esto se puede ver en SH IV.68-293, con el sínodo de Salamanca; SH VI.381-387, con el sínodo de Turégano (Segovia), y SH X.203-205, con el sínodo de Cuenca. Parece que este *Liber synodalis* está condenado a que todos los que lo publican digan que son sus autores.

[3] Los vicarios que presidieron este sínodo de Tarazona de 27 de abril de 1354 dicen en el proemio que «sacra synodo approbante, constitutiones et ordinationes fecimus infra scriptas, quas in iudiciis et extra a uobis firmiter seruari uolumus et teneri». Confiamos editar próximamente el sínodo de Tarazona. Pero todo esto se puede ver en la edición de E. MARTÈNE - U. DURAND, *Thesaurus novus anecdotarum* IV (Lutetiae Parisiorum 1717) col. 671-768, y en MANSI, *Sacrorum conciliorum* 24, col. 963-1056.

[1] *<Proemium>*

Quoniam frequenter ex simplicitate et ignorantia sacerdotum, illorum precipue quibus animarum cura committitur, plura emergunt pericula in collatione sacramentorum et regimine animarum,
5 ideo nos Guillermus, miseratione diuina episcopus Vrgellensis, cum nostri capituli consilio et assensu, quedam super hiis utilia et necessaria in hoc libro synodali sub compendio tradimus, que aut de iure diuino aut ecclesiastico sunt, aut consona rationi. Que a clericis nostre ciuitatis et diocesis in sacris ordinibus constitutis, et maxime
10 rectoribus et capellanis curam animarum habentibus legi semper et intelligi episcopali auctoritate precipimus et mandamus, et diligenter et frequenter obseruari. Quorum transgressionem, que inobedientiam induceret, castigatione debita, prout res exegerit, seueriter puniemus, nisi forte iuri alicui obuiarent, super quod dispensare seu
15 quidquam statuere non ualemus, tunc ea uolumus et decernimus pro non statuta haberi.

[2] Cum igitur synodus ecclesie Vrgellensis in die mercurii et die iouis proximis post dominicam in Albis ordinauerimus celebrari[1], precipimus ut ad dictam synodum ueniant ad ciuitatem nos-
20 tram Vrgellensem personaliter omnes prelati et clerici et sacerdotes et uicarii curam animarum habentes dicte nostre diocesis Vrgellensis. Et si forte in infirmitate uel alia ineuitabili necessitate seu causa, per nos uel officialem nostrum approbanda, detenti uenire non potuerint, mittant aliquem capellanum uel clericum in sacris
25 ordinibus constitutum loco sui, et nobis uel uicario nostro generali causam sue absentie studeant manifestare. Transgressores uero huius precepti, qui eo ligari possunt et debent, ipso transgressu penam in nostra constitutione contentam incurrant, et nihilominus prout nobis uel uicario nostro uidebitur ulterius punientur. **[3]** Venien-
30 tes autem ad synodum predictam in eundo et redeundo honeste incedant, et honesta querant hospitia et in eis honeste se habeant, ne status ipsorum uertatur in opprobrium populo et contemptum. Iniungimus etiam omnibus qui debent esse in synodo quod induti

---

[1] **Pr.** Sínodo de 1362.[4]. Ver allí las fuentes.

Pr. 1 Proemium *om.*Q   4 pericula] animarum *ad.*V   6 utilia] dubia *mal* V
7 aut] ante V   8 aut[1]] seu V   aut[2] *om.*VZ   10 semper *acaso por* sepe *que es el texto de* M-D *y de* Ma)   11 episcopali] compelli *mal* V   13 castigationem debitam V   14 super] supra VZ   16 statuta] statutis V   17 Cum] Prelati, clerici et sacerdotes et vicarii curam animarum habentes tenentur personaliter venire ad synodum singulis annis, vel mittere aliquem loco sui *como rúbrica antep.*V   ecclesie *om.*V   et] vel V, *om.*Z   25 nostro *om.*S   27 possint VZ   29 puniantur V
30 et] vel revertendo vel V   31 honesta *om.*V

superpelliciis stent in synodis et ieiuni, et sedeant ordinate, et sine
35 strepitu audiant et diligenter mente intelligant salubria monita et
mandata², habentes in capite almuciam uel birretum.

[**4**] Ordinantes insuper quod quilibet parochialis sacerdos habeat copiam istarum constitutionum et etiam omnium illarum
synodalium per predecessores nostros editarum, necnon per nos
40 edendarum. Et quod easdem constitutiones personis ecclesiasticis
et etiam laicis, prout expedire uiderit et prout ad eos pertinuerint,
diligenter exponant. Easdem constitutiones ad singulas synodos in
futurum celebrandas deferant et coram se in synodo teneant. [**5**] Et
si de contentis in eisdem dubitent, nos sequenti synodo consulant
45 super eis. Et cum eius sit interpretare cuius est condere, mandamus
quod nullus in eisdem constitutionibus sine nostra licentia aliquid
addat uel minuat, aut interpretetur contra uerum intellectum et
mentem nostram, alioquin penam falsi se nouerit incurrisse. Nul-
lusque causas ad synodum aduocet siue adducat que alio tempore
50 coram nobis aut officiali nostro extra synodum possunt facilius et
commodius expediri. [**6**] Sacerdotes uero parochiales qui uicarios
non habent, die dominica synodum precedenti inquirant diligenter
et publice si in suis ecclesiis sint aliqui infirmi. Et si sint, antequam
iter arripiant ueniendi ad synodum, illos infirmos uisitent etiam
55 non requisiti, et eis dicant quod faciant quidquid boni potuerint ad
suarum animarum salutem. Precipientes nihilominus eorum uisitationem fieri per presbyteros in aliis uel eadem ecclesia remanentes.

[**7**] Cum uero clerus in synodo fuerit congregatus, ab episcopo
uel ab alio cui ipse commiserit incipiatur tribus uicibus antiphona
60 'Exaudi nos, Domine', et ea completa a tota synodo cum suo uer-
siculo et Gloria Patri, et episcopus flexis genuis cantando incipiat
hymnum 'Veni, creator Spiritus'. Et eo completo, dicatur uersus
'Confirma hoc, Deus', uel 'Emitte Spiritum tuum', et clerus respondeat alta uoce. Postea uero dicat episcopus 'Domine, exaudi', 'Do-
65 minus uobiscum'. Oratio: 'Actiones nostras'. Deinde dicat diaconus
euangelium 'Misit Iesus duodecim'. Deinde fiat sermo litteraliter.
Postea legantur statuta synodalia uel pars ipsorum et alia que secundum euentus temporis episcopus uiderit expedire. In utraque uero

---

² Concil. XI de Toledo (a.675), 1 (ed. J. Vives - T. Marín - G. Martínez, *Concilios
visigóticos e hispano-romanos* [Barcelona-Madrid 1963] 354-355).

---

35 monita et *om.*V   37 Ordinantes] Sacerdotes parochiales tenentur habere
copiam istarum et aliarum constitutionum sub penis hic contentis *como rúbrica
antep.*V   41 pertinuerit V   42-43 in futurum *om.*V   44 in *om.*Z   49 cau-
sas] casus V   53 si in] super V   sint¹] si *antep.*V   55 poterunt V
56 Precipientes *om.*V   57 fieri] facientes *ad.*V   62 Spiritus *om.*S
63-64 uel — exaudi] et V

die completo sermone, a loco ubi tenebitur synodus laici expellan-
70 tur. Secunda uero die synodi incipiat episcopus flexis genibus cantando alta uoce 'Veni, Sancte Spiritus', et postea legitur euangelium
'Designauit Dominus Iesus'. Deinde fiat sermo litteraliter. Et post
leguntur reliqua statuta synodalia et alia ordinata que pertinent ad
salutem animarum⁶.
75   Et quia salus anime, secundum Augustinum, a fide catholica
recipit fundamentum, idcirco de ipsa primitus est uidendum.

[8] 1. *De fide catholica*

Quoniam, ut ait Apostolus ad Hebreos, 'Impossibile est sine
fide placere Deo'¹, et Saluator in Johanne 'Qui non credit iam iudi-
catus est'², et in Marcho 'Qui crediderit et baptizatus fuerit, saluus
5 erit, qui uero non, condemnabitur'³, et secundum Augustinum,
fides est fundamentum omnium uirtutum, ideo recte incipiendo
a fundamento, instruendus est in fide populus ut saluetur. Videndum est igitur quid est fides, unde dicatur, in quibus consistit, et
que est pena non habenti fidem, et quod premium. Fides autem
10 sic definitur ab Apostolo: 'Fides est substantia sperandarum rerum,
argumentum non apparentium'⁴. 'Substantia' ideo dicitur quia est
fundamentum fabrice spiritualis; 'sperandarum rerum', id est ipsarum beatitudinum eternarum, que nobis promittuntur in euangeliis
et prophetiis. 'Argumentum uero non apparentium' dicitur quia per
15 sancta euangelia et ueras scripturas et prophetias iam completas debemus habere argumentum, id est probationem non apparentium,
scilicet tam de preteritis, ut Christum fuisse passum et similibus,
et de presentibus, ut Corpus Christi uere confici quotidie in altari,
quam de futuris complendis, ut Christum uenturum ad iudicium
20 et unicuique secundum sua opera retributorem. Dicitur autem fides
a 'fido, fidis', uel a 'fidentia', id est confidentia, quia per eam ut per
quoddam lumen anime ad Deum uere tendere confidimus. Et hanc
fidem habent mali sine caritate, et de hac dicit Jacobus 'Fides sine

---

⁶ Vide SH XII.682-684 con el Ceremonial, modo y forma de celebrar el sínodo en
Tortosa, sínodo de 1433, y en Barcelona 27.[1-9].
¹ **c.1** Heb 11,6.
² Jn 3,18.
³ Mc 1,6.
⁴ Heb 11,1.

---

74 animarum *om.*V   76 idcirco] ideo V
c.1 1 De fide catholica *om.*V   3 fide] Hic incipit sacramentale quod omittitur
propter temporis penuriam V, *que omite el texto hasta el* [154] *de nuestra ed. con* De
uita et honestate clericorum   21 id est confidentia *om.*Z *(homograf.)*

operibus mortua est'⁵; boni uero cum caritate, de qua dicitur in
25 Marcho 'Qui crediderit et baptizatus fuerit, saluus erit⁶'.

[9] 2. *<De articulis fidei>*

Consistit autem fides catholica in quatuordecim articulis fun-
datis de summa Trinitate et de Incarnatione Verbi Dei, quorum
septem pertinent ad deitatem, septem alii ad humanitatem. Illorum
5 qui pertinent ad deitatem primus respicit in se essentiam diuinam,
alii tres immediate sequentes personas essentie diuine.

<Septem articuli qui pertinent ad deitatem>
Primus est: Credo in Deum. Et non dicit deos, ut notet unitatem essentie.
10 Secundus est: Credo Patrem omnipotentem; repete, Deum.
Tertius est: Credo in Iesum Christum Filium eius unicum, Dominum nostrum; repete, Deum.
Quartus est: Credo in Spiritum Sanctum; repete, Deum.
Quintus est: Credo creatorem celi et terre; et indicat creationis
15 effectum.
Sextus est: Credo sanctam Ecclesiam catholicam, sanctorum
communionem, remissionem peccatorum; et indicat remissionis
peccatorum effectum.
Septimus est: Credo carnis resurrectionem, uitam eternam.
20 Amem; et indicat effectum glorificationis corporis cum dicitur:
carnis resurrectionem; et glorificationis anime cum dicitur: uitam
eternam.

<Septem articuli qui pertinent ad humanitatem>
Illorum uero articulorum qui pertinent ad humanitatem est
25 primus: Qui conceptus est de Spiritu Sancto.
Secundus: Natus ex Maria uirgine.
Tertius: Passus sub Pontio Pilato, crucifixus, mortuus et sepultus.
Quartus: Descendit ad inferos.
Quintus: Tertia die resurrexit a mortuis.
30 Sextus: Ascendit ad celos, sedet ad dexteram Dei Patris omni-
potentis.
Septimus: Inde uenturus est iudicare uiuos et mortuos.

---

⁵ Sant 2,17.
⁶ Mc 16,16.

---

c.2 1 De articulis fidei *om.*SZ 7 Septem — deitatem *om.*SZ 17-18 remissionis peccatorum] creationis *mal* SZ *(cf. línea* 14-15) 23 Septem — humanitatem *om.*SZ

Alii autem distinguunt alio modo articulos fidei secundum numerum apostolorum, quorum quilibet dicitur apposuisse in sym-
35 bolo suum articulum, et sic dicuntur esse duodecim articuli. Alii
dicunt quod sicut sunt septem dona Sancti Spiritus, ita sunt septem
articuli fidei, scilicet: Incarnatio seu natiuitas Christi, baptismus
eius, passio eius siue mors, descensus ad inferos, resurrectio, ascen-
sio in celum, aduentus ad iudicium. Set primus modus melior et
40 communior iudicatur.

<Septem dona Spiritus Sancti>
Septem dona Spiritus Sancti sunt hec: Donum sapientie, scientie, intellectus, consilii, fortitudinis, pietatis, timoris Domini. Primum et quartum conueniunt Patri; secundum et quintum, Filio;
45 tertium et sextum, Spiritui Sancto; et septimum, Filio.
Premium credentium fidem catholicam est uita eterna, pena
uero non credentium, gehenna perpetua.

[10] 3. *<Qui et qualiter teneantur scire articulos fidei.
Doceant sacerdotes populum in dictis articulis fidei>*

Licet autem clerici, precipue sacerdotes curati, scire teneantur
explicite dictos articulos, ut scilicet scite teneantur intentionem
5 cuiuslibet articuli et naturam populo explicare, laicis tamen sufficit
eos scire implicite, id est generaliter credant uera esse quecumque
credit Ecclesia, et ideo dicitur 'Firmiter credimus et simpliciter con-
fitemur'. Saluo quod naturali instinctu credant in speciali unum
esse Deum retributorem omnium bonorum et punitorem omnium
10 malorum[1]. Immo frequenter debent inhibere sacerdotes laicis ne
circa Trinitatem uel articulos fidei seu sacramenta Ecclesie rationem
querant quomodo uel quare sit ita, quia tanta est sublimitas fidei
quod ea que subsunt ei non possunt intellectu comprehendi, fides
etiam non habet meritum cum humana ratio prebet experimen-
15 tum. Set dicatur eis quod credant sine dubitatione firmiter omnia
quecumque catholica fides asserit et sancta Romana tenet Ecclesia,
quamuis in speciali non habeant de omnibus intellectum, maiorem
fidem testibus fidei adhibendo quam carnis oculis et aliis sensibus
humanis, qui ex sui fragilitate de subtilitate fidei nos, nisi per sanc-
20 torum miracula, plene certificare non possunt. Testes enim fidei

---

[1] **c.3** Heb 11,6.

40 iudicatur] indicatur Z   41 Septem — Sancti *om.*SZ
c.3 1-2 Qui — fidei *om.*SZ   4 scilicet] si S, *om.*Z   scite] scire SZ   inten-
tionem] incarnationem SZ   5 populo et naturam *tr.*SZ   12 sublimitas] subtilitas Z   17 non *om.*SZ, *pero está en* M-DMa   20 plena Z

sunt apostoli, martyres, confessores, uirgines et electi, quorum plu-
rimi pro testimonio fidei diuersis cruciatibus afflicti, probati inuenti
sunt, quia in uita et post mortem eorum propter ipsorum merita
diuina clementia mortuos suscitauit, cecos illuminauit, contritos
25 erexit, et sanauit infirmos et innumerabilia fecit miracula, que in
christianorum oculis apparuerunt frequenter.

[11] Doceant igitur sacerdotes populum in dictis articulis fidei,
et maxime cum infirmos communicant, ut credant firmiter quod
unus est solus uerus Deus, incommutabilis, omnipotens, creator
30 omnium, sine principio et sine fine, et sunt in eo tres persone, scilicet Pater et Filius et Spiritus Sanctus, et iste tres persone sunt unus
Deus. Item, circa fidem Incarnationis Verbi Dei, ut credant Dei Filium pro redemptione humani generis carnem assumpsisse in beata
Virgine, et de carne eiusdem Virginis, non uiri, set Spiritus Sancti
35 operatione, et qui prius tantum erat Deus in ea factus est uerus
homo, remanente deitate. Item, natum fuisse de eadem Virgine, in
conceptu et in partu uirginitate durante. Item, eumdem Christum
consputum, alapis cessum, flagellatum et multipliciter irrisum, in
cruce mortem uilissimam sustinuisse. Item, eumdem Christum in
40 anima et deitate ad inferos descendisse, et inde sanctorum animas
captiuas adduxisse. Item eumdem Christum in sepulcro corporaliter iacuisse. Item, eumdem Christum in eadem carne glorificata,
tertia die a mortuis resurrexisse, per quem et nos omnes in carne
quam gerimus resurgemus, boni in carne impassibili glorificata, mali
45 in carne passibili et damnata. Item, eumdem Christum quadragesima
die ad celos ascendisse, et quinquagesima die Spiritum Sanctum apostolis, sicut predixerat, transmisisse. Item, doceant populum eumdem
Christum uenturum esse ad iudicium, et unicuique secundum opera
sua rediturum, bonis uitam eternam, malis autem ignem eternum,
50 qui paratus est diabolo et angelis eius. Item, sacerdotes frequenter
admoneant ut sciant Pater noster et Aue Maria et Credo in Deum et
se signo crucis signare, et quod ista docere suos liberos non omittant.

[12] 4. *De decem preceptis Legis*

Item, in preceptis Legis est populus instruendus, precepta enim
Legis summe sunt custodienda, et diligenter per sacerdotes subditis exponenda triplici ratione. Primo, ut lumen spirituale recipiant,
5 iuxta illud psalmiste: 'Preceptum Domini lucidum, illuminans oculos'[1], scilicet ad uidendum quid sit faciendum et a quo abstinen-

---

[1] **c.4** Sal 18,9.

---

21 electi] clerici   29 uerus *interl.* Z   35 qui] quia Z   tantum] tamen *mal* Z
38 consputum] consumptum Z   41-42 Item — iacuisse *om.* Z *(homograf.)*

dum. Secundo, ut mortem eternam caueant, iuxta illud in Johanne: 'Amen, amen dico uobis, si quis sermonem seruauerit, non gustabit mortem in eternum'². Tertio, ut uitam eternam habeant, iuxta illud
10 Matthei: 'Si uis ad uitam ingredi, serua mandata'³. Sunt autem aliqui sacerdotes (quod ualde reprehensibile est) mandata huiusmodi ignorantes, quod in suarum et subditorum suorum periculum uertitur animarum. Sciant igitur sacerdotes decem esse mandata Legis, sicut habetur in Exodo uicesimo capitulo⁴.
15   [13] Primum preceptum est: Non habebis deos alienos.

    Secundum est: Non assumes nomen Dei tui in uanum.

    Tertium est: Memento ut diem sabbati sanctifices.

    Quartum est: Honora patrem tuum et matrem tuam, ut sis longeuus super terram.
20   Quintum est: Non occides.

    Sextum est: Non mecaberis.

    Septimum est: Non furtum facies.

    Octauum est: Non loqueris contra proximum tuum falsum testimonium.
25   Nonum est: Non desiderabis domum proximi tui.

    Decimum est: Non concupisces uxorem proximi tui, nec eius seruum, nec ancillam, nec bouem, nec asinum, nec omnia que illius sunt.

    Que omnia hiis uersibus continentur. *Versus:*

30   Sperne deos, fugito periuria, sabbata serua.

    Sit tibi patris honor, sit tibi matris amor.

    Non sis occisor, mechus, fur, testis iniquus.

    Vicinique torum, resque caueto suas.

    [14] Primo precepto prohibentur omnia ista: omnis idolatria,
35 omne sortilegium, omne augurium et diuinatio et heresis, et generaliter omnis amor creature priusquam Creatoris. In hoc etiam mandato precipitur unus Deus colendus, secundum illud Deuteronomii 'Audi, Israel, Dominus Deus tuus, Deus unus est'⁵. Secundo mandato prohibetur omne illicitum iuramentum, falsum, dolosum,
40 blasphemia, hoc est dictum 'Non assumes, etc.'⁶, id est non iura-

---

² Jn 8,51.
³ Mt 19,17.
⁴ Éx 20,3-17.
⁵ Dt 6,4; Mc 12,29.
⁶ Éx 20,7.

---

c.4 10 autem *om.*Z   12 et *om.*Z   17 Memento — sanctifices] celebrare dies dominicos et festiuos *marg. de otra m.* Z

bis pro nihilo, nec falsum, nec iniustum, nec mendacium, nec in contumeliam Dei. Contra tertium preceptum faciunt diebus dominicis et precipuis festiuis ad ecclesiam sine causa rationabili et ex contemptu non uenientes, peccatis insistentes, et dies festos quan-
45 tum ad opera seruilia et carnalia non obseruantes. Quarto mandato precipitur principaliter honor parentum carnalium, qui consistit in solacio illorum, in obsequio operum, in exhibitione necessariorum, in timore offense, preceptis eorum obtemperando, et in signo, scilicet eis assurgendo. In hoc etiam mandato precipitur honor prelati.
50 [15] In omnibus supra dictis precipitur honor Dei, in sequentibus, utilitas proximi. Quinto precepto prohibetur deliberata uoluntas, consilium, auxilium, actus iniuste occidendi, et odium fratrum et omnis illicita iracundia, cum deliberatione percussio. Sexto prohibetur omnis coitus, excepto federe matrimoniali, puta fornicatio,
55 adulterium, incestus, stuprum, peccatum contra naturam; dare licentiam, consilium, auxilium, locare domos scienter luxuriantibus, et omnis cum deliberatione, preter legem matrimonialem, humani seminis effusio. Septimo prohibetur furtum, usura, rapina, decimarum retentiones, debitorum denegationes. Octauo prohibetur adu-
60 latio, detractio, in iudicio falsi testificatio, que fit amore, timore uel munere, et omnis falsitas in nocumentum sui ipsius uel proximi. Nono prohibetur omnis illicita concupiscentia rei aliene immobilis. Contra hoc preceptum faciunt proximum iniuste impetentes, ad uendendum compellentes, mortem eius desiderantes. Decimo
65 prohibetur concupiscentia cuiuslibet mulieris non sue et rei mobilis. Contra hoc preceptum faciunt qui cogitant de ea, qui libenter respiciunt eam, qui petulanter loquuntur cum ea, qui muneribus sollicitant eam.

[16] Iste est unus modus ordinandi precepta secundum super-
70 ficiem littere Exodi[7], licet alii alio modo et alia consideratione ea duxerint ordinanda.

[17] 5. *<De sacramentis. Versus>*

Et in dictis preceptis debent populum instruere sacerdotes, item et in septem Ecclesie sacramentis, de quibus subsequenter est uidendum. *Versus:*

---

[7] Éx 20,3-17.

57 omnis] omnibus *mal* Z   61 in nocumentum] iuramentum SZ   66-68 qui libenter — sollicitant eam *om.*Z *(homograf. ?)*   66-67 qui libenter respiciunt] quilibet recipiunt *(texto corrupto)* S   67 petulanter] pectu latitur S
c.5 1 De — Versus *om.*SZ   2 debent *om.*SZ, *pero está en* M-D *y en* Ma

5   Abluo, firmo, cibo, piget, uxor, ordinat, ungit.
Maior in effectu baptismus, Corpus in esse,
Coniugium, signo, set ordo <et> chrisma, ministro.
Ordo uoluntatis, torus etiam, dant quinque necessitate.
Fons, ordo, chrisma non, cetera sunt iteranda

[18] 6. *De sacramentis in generali*

Videndum est quid sit sacramentum, et unde dicatur, et quot
sunt sacramenta, et quare fuerunt instituta, et que sunt necessaria
et que sunt uoluntaria, et que possunt iterari et que non, et a quo
5 fuerunt instituta, et a quibus debent conferri, et que appellantur
sacramentalia.

Sacramentum est, secundum Augustinum, 'Inuisibilis gratie
uisibilis forma'[1]. Dicitur autem sacramentum a sacris seu secretis
uirtutibus, quia sub tegumento rerum corporalium diuina uirtus sa-
10 lutem secretius operatur. Vel dicitur de 'sacro, sacras' et 'mens, mentis', quasi 'sacrans mentem'. Sacramenta uero sunt septem, scilicet:
baptismus, confirmatio, Eucharistia, penitentia, extrema unctio,
sacer ordo, matrimonium. De predictis sacramentis prima quinque
sunt necessaria, ideo quia sine ipsis, etsi non contemnantur, nullus
15 saluari potest, uel ideo dicuntur necessaria quia sine ipsis bellum
diaboli superari non potest. Vnde baptismus est clypeus ingre-
dientium fidem catholicam contra bellum diaboli, et dicitur ianua
omnium sacramentorum. Confirmatio est clypeus pugnantium in
bello, unde per eam dicitur robur dari, et Sancti Spiritus gratia aug-
20 mentari. Eucharistia est clypeus progredientium huc et illuc in bello
mundi, et uiaticum appellatur. Penitentia est clypeus egredientium
ad bellum, quia abeuntibus a bello et post redeuntibus datur, et ideo
secunda tabula post naufragium appellatur. Extrema unctio est clypeus egredientium de triumpho, et ideo datur egredientibus de hac
25 uita. Duo uero ultima sacramenta, scilicet ordo et matrimonium,
dicuntur uoluntaria, ideo quia sine ipsis est salus. [19] Instituta
uero fuerunt sacramenta triplici ratione: propter humilitatem, ut
dum homo rebus sensibilibus et inferioribus se subicit reuerenter, ex
hac obedientia apud Deum magis mereatur. Item, propter eruditio-
30 nem, ut per illud quod foris cernitur in specie uisibili, erudiamur ad
uirtutem inuisibilem agnoscendam. Item, propter exercitationem,
cum homo otiosus esse non debeat, proponitur ei in sacramentis

---

[1] **c.6** De cons. D.2 c.32.

7 et *om*.SZ   8 etiam] est SZ
c.6 2 et[2] *om*.Z   9-10 salutem *om*.Z   13 sacramentis prima] primis sacramentis *mal* SZ   32-33 ei in — salubris *om*.Z   sacramento utili *mal* S

utilis exercitatio et salubris. Iterari autem non debent baptismus, confirmatio atque ordo, alia autem sacramenta iterari possunt, saluo
35 quod benedictio matrimonialis, que sacramentalis est, iterari non debet.

[20] Quinque uero de dictis sacramentis ab ipso Domino instituta fuerunt, scilicet baptismus, sacer ordo, Eucharistia, penitentia, matrimonium, alia uero, scilicet confirmatio, extrema unctio
40 fuerunt diuino instinctu ab apostolis introducta. Sacerdotes etiam simplices conferre possunt et debent omnia sacramenta, exceptis sacramentis confirmationis et ordinum, que sunt a solis episcopis uel superioribus conferenda. Sacramentalia autem appellantur benedictiones nubentium, sepulture, absolutiones defunctorum et
45 alia que sacramentis accedunt. [21] Precipimus igitur ut omnia et singula sacramenta a clericis et laicis, et precipue a sacerdotibus, in magno honore et deuota reuerentia habeantur, sub pena excommunicationis et suspensionis officii et beneficii. Et in uirtute obedientie iniungentes ut quocumque tempore et quacumque hora diei uel
50 noctis sacerdos pro baptismo, penitentia, extrema unctione, Eucharistia fuerit requisitus, omni occasione et mora postposita, ad conferendum ea exhibeat liberaliter se paratum. Nullus quoque sine auctoritate legitima seu absque nostra licentia ministret ecclesiastica sacramenta in nostra diocesi, preter baptismum paruulorum et pe-
55 nitentias morientium in casu necessitatis, uel nisi de licentia rectoris uel uicarii parochialis ecclesie habentis canonicam occupationem uel uoluntariam ad breue tempus.

[22] Caueant autem prelati ante omnia ordines conferentes et clerici illos recipientes et omnes ministri Ecclesie, ne ordines uel alia
60 sacramenta uel beneficia seu dignitates uel quoscumque actus spirituales seu officia ecclesiastica conferant, recipiant, exerceant, administrent principaliter pro re aliqua temporali tamquam pro causa motiua primo et principaliter, set solum sicut pro causa adminiculatiua et annexa, secundario accedente, ut sit scilicet ibi principaliter
65 intentio spiritualis ad Deum, non rei temporalis intentio principalis ad primum, set ad solum necessitatis stipendium, alias non euadunt uitium simonie. Quod peccatum in Ecclesia Dei grauissimum reputatur, in tantum etiam quod recipiens per simoniam, aliquo dato uel promisso, ordines uel dignitates uel beneficium cum cura
70 animarum, tunc ab illorum exsecutione suspensus est ipso iure et

37 Domino] Deo Z   40 *Desde* instinctu ab apostolis *hay también el texto del códice de la sigla* Y   42 a] in SZ   43 Sacramentalia] Sacramenta alia Y   autem *om.* YZ   46 et laicis *om.* Z   49 quocumque tempore et *om.* Z *(homograf.)*   51 requisitus *om.* Y   postpositis Y   56 habentium Z   63 motiua] et *ad.* SZ   63-64 adminiculatiua] uinculatiua *mal* SZ   65-66 non rei — ad primum] intentio principalis ad primum non rei temporalis *tr.* Y   67 uitium] metum SZ   68 recipientes Y

etiam deponendus. Committitur etiam simonia non solum si detur quid spirituale pro pecunia, immo et si propter preces indignas uel rem temporalem, uel timorem uel amorem carnalem, uel famam popularem, unde uersus:

75   Munus, lingua, timor, caro cum fama populari
      impediunt gratis spirituale dari[2].

[23] Simoniacus tamen ex animi uoluntate, non precedente pacto, per solam confessionem et penitentiam liberatur, nec resignare cogitur quod taliter acquisiuit. Igitur districtissime inhibemus
80 ut cum dicta sacramenta uel benedictiones nubentium uel sepulture uel alia sacramentalia fuerint exhibenda, ante ipsorum exhibitionem plenariam sacerdotes nihil exigant a subiectis, nec propter hoc fideiusores uel iuramenta uel aliam cautionem recipiant, set cum ea gratis exhibuerint, iura parochialia et alia consueta debita licite pe-
85 tant, prout iustum fuerit et uiderint expedire, ne cadant in heresim predicte simoniace prauitatis. Est enim simonia species heresis, ut dicit canon: cetera peccata respectu simonie quasi pro nihilo reputantur. Et cum habente beneficium per simoniam, ante resignationem dispensari non potest. Si uero ante exhibitionem sacramento-
90 rum uel sacramentalium aliqua gratis exhibita fuerint sacerdotibus, illa recipere non formident.

[24] Item, precipimus quod per omnes ecclesias Eucharistia, chrisma, oleum infirmorum et fontes sub fideli custodia clauibus adhibitis conseruentur, ne manus temeraria ad illa possit extendi.
95 Si uero is ad quem spectat custodia, ea incaute relinquerit, pena uiginti solidorum puniatur, et si per eius imperitiam nefandum aliquod exinde contigerit, grauius punietur[3]. Precipientes ut singulis annis in die Iouis Cene presbyteri parochiales per se ipsos aut clericos adultos, tam chrisma nouum et oleum nouum cate-
100 chuminorum, quod exhibetur pueris baptizandis, et oleum nouum infirmorum, quod exhibetur infirmis, a nobis suscipiant, sicut est consuetum et in constitutione per nos super hoc edita continetur[4].

---

[2] C.1 q.1 c.1-22, 100-117; C.1 q.3 c.1-3, 5, 9, 15; C.1 q.7 c.2, 5; C.2 q.5 c.14; C.7 q.1 c.3, 33; C.15 q.3 c.4; X 1.35.6; X 2.18.2; X 5.2-3.5, 9, 20, 22, 33, 38-39; Extravag.com.5.1.2; 1 Partida 17.1-21.
[3] Conc.4 Lat.1215 c.20 (X 3.44.1).
[4] Sínodo de 1364.[10-11].

72-73 uel rem temporalem *om.*Y   90 gratis] grata Z   92 quod] ut Y   per *om.*SZ   Eucharistiam SZ   93 oleum] sanctum scilicet oleum *ad.*Y   94 illa] alia *mal* SZ   95 ea *om.*SZ   95-96 pena — puniatur] tribus mensibus ab officio suspendatur Y   97 exinde *om.*Y   contingerit Y   101 nobis] uel archipresbyteris nostris *ad.*Y

Set ante effundatur uetus chrisma et oleum intra fontes ecclesie baptismales, et ibidem diligenter abluantur ampulle, uel intra ecclesiam
105 uetus chrisma et oleum concrementur, et cum nouo chrismate et
oleo catechuminorum ungant pueros baptizandos, baptizatos autem cum chrismate; et cum nouo oleo infirmorum ungant infirmos.
Et si forte contigerit aliquo casu fortuito quod oleum et chrisma de-
ficiant, statim mittant ad uicinos rectores pro chrismate et oleo, et
110 si ab eis habere non possunt uel sine periculo exspectare, si aliquid
residuum fuerit, admisceant illi residuo chrismatis et illi residuo olei
oliuarum oleum non consecratum, et ex eis unctiones faciant supra
dictas. **[25]** Et si forte negligentia uel errore, loco olei cum chrismate puer inunctus fuerit uel infirmus, non fiat ulterius inunctio olei,
115 quia cum chrismate iam est facta, cum chrisma ex oleo et balsamo
componatur. Quando uero inunctio est facienda cum chrismate et
fiat cum oleo per errorem, uel illa que est facienda cum oleo infirmorum fiat cum oleo catechuminorum uel e contrario, suppleatur
adhuc chrismatis uel olei inunctio que incaute fuerat pretermissa.
120 Caueant igitur presbyteri a tali errore, alioquin grauiter punientur.
Et quia non est salus sine baptismo, iuxta illud 'nisi quis renatus
fuerit ex aqua et Spiritu Sancto, non intrabit in regnum celorum'[5],
ideo de baptismo primitus est uidendum.

[26] 7. *De sacramento baptismi*

De baptismo, quia est ianua omnium sacramentorum, primo
uidendum est, scilicet quid est, et ubi fuit institutus, et quis possit baptizare et quis baptizari, que sunt necessaria ad baptismum,
5 quot eius species, quis effectus. Baptismus est regeneratio spiritualis in certis uerbis et aque ablutione consistens. Instituuum fuit
a Domino hoc sacramentum exemplo, cum Dominus a Johanne
fuit baptizatus[1]; precepto, cum dixit Nicodemo 'nisi quis renatus
fuerit ex aqua et Spiritu, etc.'[2], et cum dixit discipulis suis: 'eun-
10 tes in uniuersum mundum, docete omnes gentes baptizantes eos

[5] Jn 3,5.
[1] **c.7** Mt 3,13-17; Mc 1,9-11; Lc 3,21-22; Jn 1,32.
[2] Jn 3,5.

105 uetus crisma et oleum *om.*Y   106 catechuminorum] et per totum annum
*ad.*Y   106-107 baptizatos — chrismate *om.*Y   107 cum — infirmos]
oleo nouo infirmorum inungantur infirmi Y   108 contingerit Y   aliquo
casu fortuito *om.*Y   109 uicinos rectores] archipresbyteros Y   111 crismatis
et illi residuo *om.*Y *(homográf.)*   113 dictas] non dea (...) alias esset grauiter
puniendus nisi hoc faceret graui necessitate *ad.*Y
c.7 1 De sacramento baptismi *om.*SY   5 quis] eius *ad.*Y   7 a Domino
*om.*Y   cum] cuius SZ   8 dixit] dicit SZ

in nomine Patris et Filii et Spiritus Sancti'[3]. Baptizare autem potest et debet episcopus uel sacerdos, uel diaconus, si sacerdos commode haberi non potest, et in necessitate quicumque, immo tenet hoc sacramentum si conferatur ab excommunicato, heretico uel paga-
15 no in forma Ecclesie, licet conferri a talibus non debeat[4]. Baptizari autem potest et debet quicumque, etiam si resistat infans non habens discretionem; habens uero discretionem inuitus non cogitur ad baptismum. Tria sunt uero necessaria in baptismo, scilicet intentio baptizantis uel Ecclesie generalis; item elementum, scilicet
20 aqua naturalis, et nullus liquor alius, nec saliua[5]; item uerba, scilicet quod dicat baptizans baptizando 'Ego baptizo te in nomine Patris et Filii et Spiritus Sancti. Amen', aspergendo aquam super caput uel maiorem partem corporis eius. Species baptismi sunt tres, scilicet fluminis, id est aque cum uerbis, de qua specie communiter utimur;
25 et flaminis, id est Spiritus Sancti, ut cum quis desiderans baptizari moritur, non habens aliquem qui baptizet eumdem; et sanguinis, ut fuit in innocentibus et potest esse in quolibet credente in Christum et antequam baptizaretur moriente pro Christo[6]. Effectus baptismi est remissio omnium peccatorum et salus eterna.
30 [27] Precipimus itaque ut infans quam cito natus fuerit, si periculum mortis sibi immineat, ita quod presbytero nequeat presentari, a circumstantibus masculis, si presentes fuerint, baptizetur in aqua calida uel frigida, non in aliquo liquore alio, et in uase mundo ligneo uel lapideo uel aliquo alio, uel, si uas haberi non possit, fun-
35 datur aqua super caput baptizandi, et dicantur dicta uerba quibus debent aliqui baptizari. Si autem masculi presentes non fuerint, a circumstantibus feminis baptizetur, etiam a patre uel a matre, si alii non fuerint a quibus ualeat baptizari, set quamdiu alii fuerint, a patre uel a matre nullatenus baptizetur. Et si ex necessitate a patre
40 uel a matre infans baptizatus fuerit, matrimonio inter eos in sua firmitate manente, nulla propter hoc penitentia iniungatur baptizanti, quia ex hoc potius debet commendari. Si uero malitiose pater uel

---

[3] Mt 28,19; Mc 16,15-16.
[4] D.32 c.6, III. pars Gratiani § 4; D.93 c.13; C.1 q.1 c.47-55, pc.58, c.59, c.73, c.97 § 3; C.24 q.1 dp.c.39, c.40; C.30 q.1 c.7; C.30 q.3 c.4; De Cons.D.4 c.19-21, 23-24, 36, 39-41, 46, 48, 51-52, 109, 110-113; X 1.1.1 § 4; X 3.42.1-6; Pedro Lombardo, *IV Sent.* D.1, 17; 1 Partida 4.5, 8, 10.
[5] X 3.42.5; Pedro Lombardo, *IV Sent.* D.3 y los comentaristas del IVde las Sentencias.
[6] C.15 q.1 c.3; De cons. D.4 c.34, 37. Ver F. Cantelar Rodríguez, «Los sacramentos. Exposición crítica desde los sínodos medievales españoles», en: *Revista Española de Derecho Canónico* 72 (2015) 53-72.

---

13 immo] etiam *ad.*Y   15 conferri — debeat] non deberet Y   36 debet aliquis Y
36-38 a circumstantibus — fuerint *om.*S *(homograf.)*   37 matre] propria *ad.*Y

mater baptizauerit uel in catechismo uel in confirmatione tenuerint
infantem proprium uel infantem uxoris sue ex alio uiro procreatum,
45 matrimonio, ut dictum est, in sui roboris firmitate permanente, ad
nos mittatur de tanto excessu a nobis penitentiam suscepturus. Si
autem casu uel ignorantia acciderit, non sunt in aliquo ii puniendi.

[28] Et ne propter imperitiam laicorum infans absque forma
debita baptizetur, districte precipimus ut presbyteri frequenter mo-
50 neant et instruant plebem suam ut cum ex necessitate aliquem baptizari contingerit, hanc formam in traditione ipsius baptismi cum
diligentia studeant obseruare, scilicet ut infantem ter immergendo
in aqua, baptizans dicat sic: 'Petre uel Johannes, ego baptizo te in
nomine Patris et Filii et Spiritus Sancti. Amen'. Si tamen una tan-
55 tum immersio fuerit facta, erit nihilominus baptizatus. Et licet nomen proprium infanti non fuerit impositum, licet etiam patrinum
uel matrinam non habuerit, nec dictum fuerit 'Ego', dum tamen
infantem immergendo in aqua a baptizante dictum fuerit 'Baptizo
te in nomine Patris et Filii et Spiritus Sancti. Amen', erit infans ni-
60 hilominus baptizatus. Idem dicimus, scilicet infantem baptizatum
esse si baptizans dixerit 'Baptizo te in nomine Christi', quod tamen
non est laicis exprimendum ne a forma predicta statuta per Ecclesiam recedatur. Si autem tanta copia aque haberi non potest quod
infans in ea mergi non possit, uel forte uerisimiliter mergi timeatur
65 ob fragilitatem pueri, quod ex tali immersione mortem possit incurrere, cum scutella uel cipho uel alio uase aliqua quantitas aque
super caput infantis effundatur curialiter a baptizante, et effundendo ipsam dicat baptizans 'Ego baptizo te in nomine Patris et Filii et
Spiritus Sancti. Amen', et erit infans baptizatus. Hec autem supra
70 dicta, scilicet quod infans a laicis baptizetur, precipimus in necessitatis articulo obseruanda, set necessitate cessante, laicis baptizandi,
et etiam clericis nisi fuerint in presbyteros ordinati, et catechismum
faciendi interdicimus potestatem, sustinentes quod subdiaconus et
diaconus predicta possint facere ubi sacerdos non est presens uel ea
75 non potest facere et necessitatis articulus noscitur eminere.

[29] Cum uero secundum formam predictam in necessitate
infans fuerit a laicis baptizatus, precipimus, si superuixerit, ut infans presbytero citius quam poterit presentetur, qui inquirat sollici-

---

44 proprium] siue *antep.*Y   45 suo robore permanente Y   53 Johannes]
Martine Y   55 baptizatus] ter in aquam mergitur ut Christi passionem, mortem
et sepulturam representet, set sicut Christus nec in passione nec in morte set in
sepultura totus latuit, ita puer nec in prima uel secunda immersione, set in tertia
totus debet latere uel abscondi ut se mundo sepultum ostendat *ad.*Y   61 nomine *om.*Y   64 mergi] totaliter *antep.*Y   non *om.*Y   posset Y
71 laicis] omnibus *antep.*Y   75 eminere] imminere Y   76 secundum *interl.*Y
78-79 sollicite *om.*Z

te qualiter fuerit baptizatus. Et si dubitetur an puer sit baptizatus,
80 quia forte baptizans non recordatur ad plenum de uerbis in baptismo prolatis, uel circumstantes discordant, uel forte infans expositus inuentus est iuxta ecclesiam uel alibi, nec habetur certitudo uel
aliquod signum utrum sit baptizatus an non. In his casibus faciat
sacerdos catechismum et baptizet puerum sub his uerbis: 'Si bap-
85 tizatus es, non te baptizo, si baptizatus non es, ego baptizo te in
nomine Patris et Filii et Spiritus Sancti. Amen'. Set in tali dubio
statur testimonio unius, si plures haberi non possunt. Si uero infans
a laico baptizatus mortuus fuerit antequam presbytero presentetur
et presbyter debitauerit an fuerit in baptismo debita forma seruata,
90 si de hoc certificari non poterit, in tali dubio infans in cemeterio
ecclesiastico debet sepeliri. Et idem credimus posse fieri quando est
expositus iuxta ecclesiam, uel alibi mortui reperiuntur, nec de baptismo ipsorum potest haberi aliqua certitudo. Si autem in baptismo,
dum infans a laico baptizatus et mortuus est antequam presbytero
95 presentetur, inuentum fuerit formam debitam non fuisse seruatam,
set infantem expositum esse et mortuum constitit per scripturam
uel aliqua signa baptizatum non esse, non debet etiam in cemeterio ecclesiastico sepeliri. Adhuc si sacerdos inuenerit infantem a
laicis iuxta formam Ecclesie baptizatum, ita quod non sit de hoc
100 aliquantenus dubitatio, non rebaptizet eum set faciat catechismum
et ungat eum in pectore et inter scapulas oleo benedicto sine illa
interrogatione 'Abrenuntias, etc.', set dicendo 'Ego te lineo etc.' Tutius enim est, licet non sit necessarium, quod fiat predicta inunctio
in hoc casu. Postea portet ad fontes puerum nihil dicendo, inungat
105 eum etc. chrismate sacro in uertice dicendo orationes que dicuntur post baptismum, scilicet 'Deus omnipotens Pater' et alia que
post baptismum consueuerunt fieri et dici, ut in libris baptismalibus
continetur. [30] Si uero infanti pro baptismo ad presbyterum ap-
portato non potest secure propter mortis periculum fieri catechis-
110 mus, baptizet eum presbyter in continenti, dimisso catechismo, et
ungat eum oleo benedicto et chrismate sacro, et alia faciat que fiunt
post baptismum, sicut superius continetur. Cum uero puer est sine
periculo, capellanus cum sollemnitate debita baptizet eumdem, et
ante baptismum fiat inunctio cum oleo catechuminorum, et cum
115 chrismate post baptismum.

79 Et si — baptizatus *om*.SZ *(homograf.)*   80 recordetur Y   82 est *om*.SZ
84 puerum] ipsum Y   92 iuxta ecclesiam *om*.SZ   alibi] alii *mal om*.SZ
96 esse *om*.Y   constiterit Y   97 aliqua] alia Y   98 Adhuc] At uero Y
si *om*.S   100 aliquantenus] aliqua Z   dubitatio] dubitandum Y   eum
om.Z   set] nec Y   101 et¹] set Y   eum *om*.YZ   benedicto] et *ad*.Y
104 puerum] uel infantem *ad*.Y   105 etc. *om*.Y   106 et] faciendo et dicendo
ad.Y   107 dici] et dicat Z   112 post] propter SZ

[**31**] Prohibemus etiam districte ne in patrinum aliquis regularis admittatur[7], nec aliquis alius qui in sententia est positus uel ligatus excommunicationis uel interdicti, uel qui non est confirmatus. Tamen si aliquis de predictis patrinus fuerit, non nocetur aliquid
120 baptismo. Precipientes ut in catechismo et baptismo et confirmatione episcopali unus tantummodo sit patrinus, hoc est unus in quolibet sacramento, quia ex hoc insurgit spiritualis cognatio, que impedit matrimonium contrahendum, et quando pro baptismo uel confirmatione prouenit dirimit iam contractum. Et qui fuit patri-
125 nus in baptismo, et confirmatione poterit esse patrinus, et pluries poterit quis effici compater alicuius diuersos baptizando infantes. Pueri et muti et surdi et egri, qui per se in baptismo respondere non possunt, per patrinum de fide respondere tenentur. Adulti uero per se respondere tenentur de fide in baptismo, in quo remissionem
130 recipiunt omnium peccatorum ante commissorum, etiam sine confessione, dum tamen fideliter conuertantur. Patrinus qui confitetur fidem pro puero in baptismo, tenetur ipsum instruere in fide et caritate[8].

[**32**] Si propriam capullam uel capidam propter paupertatem
135 uel aliam quamcumque causam non habeat nec habere possit baptizandus, cum capulla siue capida cum qua etiam alius fuerit baptizatus (quam sacerdos gratis pauperibus exhibeat) baptizetur. Capulle siue capide ad humanos usus minime transferantur, set in mundos usus ecclesie per rectores conuertantur, qui in usus proprios eis non
140 utantur.

[**33**] Si uero muliere in partu laborante, infans extra uentrem matris caput tantum emiserit et in tanto periculo infans positus commode haberi nequiuerit, infundat aliquis uel aliqua de astantibus aquam super caput infantis, dicens 'Creatura Dei, ego baptizo
145 te in nomine Patris et Filii et Spiritus Sancti. Amen', et erit baptizatus. Si uero non caput, set aliud membrum emiserit et super illud membrum aquam effundendo predicto modo fuerit baptizatus, et postea uiuus natus fuerit, non iudicamus talem esse baptizatum, set hec pie interpretationi relinquimus Altissimi creatoris. Et sic
150 seruatur in episcopatu isto ab antiquo. Set glossa de cons. di. iiii.

[7] C.16 q.1 c.8; C.18 q.2 c.20; De cons. D.4 c.103-104.
[8] C.30 q.4 c.4-6; De cons. D.4 c.100-105; In VI 3.3.3; 1 Partida 4.7; 4 Partida 7.1-2.

119 aliquid] baptizato uel *ad.*Y   127 qui *om.*Y   131 fideliter] conterantur seu *ad.*Y   134 uel capidam *om.*Y   135 possit] ualeat Y   136 siue capida *om.*Y   137 Capulle] uero *ad.*Y   139 conuertantur] deputentur Y[ac]   139-140 per rectores — utantur *interl.*Y   147 predicto modo *om.*Y 149 hec] hoc Y   149-150 Et sic — antiquo *om.*Y

in c. 'Proprie' super uerbo 'trium millium'[9] tenet talem esse baptizatum. Precipimus tamen ut ad cautelam baptizetur eo modo quo
dictum est de illis de quibus est dubium an fuerint baptizati. Si
uero mortuus natus fuerit, corpus illud extra cemeterium (cum hoc
155 sue saluti, si uitam habuerit, nocere non possit) precipimus sepeliri.
[34] Postremo, frequenter contingit mulierem in puerperio decedere, et partus in maternis uisceribus adhuc creditur esse uiuus. Ex
quo pro certo mulierem in puerperio decessisse constiterit, si partum credant uiuere obstetrices, apposito statim, id est subito, post
160 mortem baculo in ore mulieris ut sic infans cito spiramen recipiat,
aperiatur mulier mortua per aliquam partem sine mora, ut partus,
si uiuus fuerit, baptizetur. Et ut quilibet se ad hoc exhibeat promptiorem, quicumque aperiendo taliter mulierem, partum procurabit
baptizari, in remissionem sibi proficiat peccatorum. Si autem par-
165 tum simul cum matre mori contigerit sine aperitione mulieris, in
cemeterio ecclesiastico tumuletur.

[35] 8. *De sacramento confirmationis*

Quoniam baptizati Spiritus Sancti robore confirmandi sunt,
ne de facili corruant in peccatis, idcirco immediate de sacramento confirmationis est uidendum, scilicet quid est confirmatio, a
5 quo debet conferri et cui, et que sunt in eo necessaria et quis eius
effectus. Confirmatio est episcopalis in fronte baptizati chrismatio
ad robur et Spiritus Sancti augmentum. Et definitur ideo sic quia
est sacramentum pugnantium, et datur ad robur contra diabolum.
Debet autem conferri a solis episcopis et superioribus, et non ab
10 inferioribus, quia apostoli, quorum sunt episcopi successores, hoc
sacramentum ministrabant. Debet etiam conferri hoc sacramentum
cuicumque baptizato fideli. Quinque uero sunt necessaria in hoc
sacramento, scilicet materia, sicut chrisma; forma, scilicet 'Signo te
signo crucis, confirmo te chrismate salutis, in nomine Patris et Filii
15 et Spiritus Sancti. Amen'; intentio, scilicet conferendi sacramentum;
minister, scilicet solus episcopus uel superior; frons, scilicet confirmandi, ubi est sedes uerecundie, et ad insinuandum quod datur ei

[9] De cons. D.4 c.13, Glos.Ordin. *v.* trium millium.

157 partus] scilicet infans *ad.*Y   158-159 in puerperio — uiuere *om.*Z   158 decessisse *om.*Z   164 peccatorum] et hoc per ecclesias annis singulis publicetur
*ad.*Y   166 tumulentur Y
c.8 1 De — confirmationis *om.*Y   3 de[1] *om.*SZ   5 conferri] confirmari SZ   5-6 et cui — effectus *om.*SZ   9 conferri] confirmari SZ
et[1] *om.*SZ   10 apostoli quorum] apostolorum Y   successores] qui
*ad.*Y   14 signo *om.*S

gratia ut sine erubescentia nomen Christi libere protestetur. Et fructus confirmationis est quod eam recipiens fit perfecte christianus, et
20 in eo Spiritus Sanctus augetur et robur ei datur contra diabolum et
peccata. Et licet omissio talis sacramenti puero morienti non noceat
ad salutem, prodest tamen uiuentibus quia dat eis robur contra ago-
nes et prelia huius mundi. Nocet etiam parentibus quia si omittunt
ex contemptu grauiter peccant, cum sit necessitatis sacramentum.
25 [**36**] Precipimus itaque ut sacerdotes moneant suos subditos ut
hoc sacramentum recipiant, et tempore receptionis sint ieiuni, et si
adulti sunt, de peccatis suis contriti et confessi, et quod debent ple-
tas mundas et satis longas supra confirmationem in fronte positas
tribus diebus deferre propter fidem Trinitatis et ob sacramenti reue-
30 rentiam. Pleta uero ad humanos usus nullatenus transferatur, set
conburetur uel de ea fiat candela, que in ecclesia comburetur. Sacerdotes uero scientes circa se uenturum episcopum, forte ad dedica-
tionem ecclesiarum, altariorum uel cemeteriorum uel ad uisitationem faciendam, moneant suos subditos ut ad episcopum ueniant,
35 confirmationem uel penitentiam de suis peccatis uel consilium ab
eo recepturi, de quibus aliqua causa per suum sacerdotem absolutionem habuisse non poterant, suscepturi informationem uerbalem
et sermonem audituri. In confirmatione uero unus tantummodo sit
patrinus, sicut dictum est de baptismo[1].

[**37**] 9. *De sacramento penitentie*

Sicut humano generi ex culpa primi parentis uulnerato baptismus est medicina, sic post baptismum lapsis penitentia reparatio
est salutis. De qua uidendum est quid sit, unde dicatur, que sunt
5 necessaria in penitentia, quis debet confiteri et cui, qualis debet esse
confessio, que sunt confitenda et quis est effectus penitentie.

---

[1] **c.8** D.25 c.1 § 9; D.68 c.4; D.95 c.1-4; C.26 q.6 c.1-2; De cons.D.3 c.18; De
cons. D.4 c. 90, 119-120, 125; De cons. D.5 c.1-3, 5, 7; X 1.4.4; X 1.15 un. § 7;
1 Partida 4.11; Pedro Lombardo, *IV Sent.* D.7 c.1-4 y sus comentaristas.

---

18 protestetur] uel confiteatur *ad.*Y   18-19 Et fructus] Effectus Y   22-23 ago-
nes] agonias uel contra *antep.*Y   23 parentibus] non petentibus uel *antep.*Y
omittant Y   25 moneant] populum uel *ad.*Y   27 sunt] fuerint Y
27-31 debent — comburetur[2]] bendellos mundos, latos et satis longos supra cris-
mationem in fronte positos tribus diebus deferant propter fidem Trinitatis, quibus
(quibus] diebus Y) elapsis frons confirmati et bendellus abluantur a sacerdote supra
fontes ob reuerentiam sacramenti. Bendellus uero ad humanos usus nullatenus
transferatur, set conburatur uel in usus mundos ecclesie deputetur, scilicet de eis
fiat candela, que in ecclesia conburatur Y   30 Pleta] Postea Z   35-36 uel
penitentiam — causa] ab eo suscepturi uel consilium seu penitentiam de suis peccatis de quibus Y   38 sermonem *om.*SZ
c.9 1 De — penitentie *om.*Y

Penitentia est, secundum Ambrosium, mala preterita plangere et plangenda iterum non committere[1]. Dicitur penitentia quasi
penam tenens, uel a puniendo, quia requirit quod peccator in se
10 puniat ulciscendo quod commisit peccando. Tria uero principaliter
dicuntur esse in penitentia: cordis contritio, oris confessio, operis
satisfactio, quia sicut triplici modo Deum offendimus, scilicet co-
gitatione, delectatione et opere, sic per actus contrarios eum nobis
placabilem faciamus, ut cogitationi confessio, delectationi contritio,
15 operi satisfactio opponantur. Confiteri debet autem omnis utriusque sexus ex quo est doli capax, quia nemo sine crimine uiuit. Confitendum est autem episcopo uel proprio sacerdoti parochiali[2], uel ex
causa rationabili de ipsius licentia alteri sacerdoti uel illis qui super
hoc ostendent a Sede apostolica potestatem habere, et in necessitate,
20 puta mortis periculo, cuique, etiam laico et mulieri, non tamen heretico, schismatico uel pagano seu excommunicato uel alio notorio
crimine persistenti. Quod tamen diximus de laico uel de muliere,
intellige quo ad fidem sacramenti, non quod uere sit moriens sic a
tali, qui claues non habet, absolutus, set post mortem ratione fidei
25 sacramenti, quam habuit, absolui poterit a proprio sacerdote.

[38] Confessio uero debet esse *uoluntaria,* sicut fuit confessio
latronis dextere in cruce[3]; *amara,* iuxta illud 'Rugiebam a gemitu
cordis mei'[4]; *frequens,* ut quotiens quis peccauerit, totiens confiteatur; *integra,* ut omnia peccata exprimat, quia Dominus aut to-
30 tum sanat aut nihil; *discreta,* ut non dicat se commisisse quod non
commisit, licet causa humilitatis possit dicere in genere se magnum
peccatorem; et quod se accuset, non alios; et quod peritum habeat
confessorem de licentia proprii sacerdotis, si ille sufficiens non exsistat; et quod pura intentione confiteatur et non ad uanam gloriam
35 neque in transcursu, set morose; *festina,* iuxta illud 'Ne tardes uenire ad Dominum, subito enim ueniet ira illius et tempore uindicte
disperdet te'[5].

---

[1] **c.9** De poen. D.1 c.39; De poen. D.3 c.1; S. AMBROSIO, *Sermo* 25 (PL 17,677).
[2] Conc. 4 Lat.1215 c.21 (COD 245); X 5.38.12.
[3] Lc 23,41-43.
[4] Sal 37,9.
[5] Eccli 5,8-9.

---

8 penitentia *om.* Y   9 puniendo] penitendo Y   peccator quod *tr.* SYZ
10 puniat] peniteat Y, excutiendo uel *ad.* Y   11 dicuntur] debent Y   14 fa-
ciamus] facimus Y   19 ostendunt Y, se *ad.* Y   20 cuicumque Y   et] uel
Y   21 alio] alii in Y   23 sic *om.* Y   24 habet *interl.* Y   26 uero *marg.* Z
27 dextri Y   32 peritum] adeat uel *ad.* Y   33 confessorem] sacerdotem seu
antep. Y   36 tempore] in *antep.* Y

[39]   10.   *<De peccatis mortalibus>*

Confitenda autem sunt peccata mortalia, que sunt septem, scilicet: superbia, accidia, luxuria, ira, gula, inuidia, auaritia. Et quodlibet istorum habet suos comites. Superbia, que desiderat terrene
5   iniustitiam potestatis, habet comites, scilicet seuitiam, inobedientiam, impatientiam, imprudentiam, secularem pompam, inanem
gloriam, iactantiam, hypocrisim et presumptionem. Accidia uero,
que est quoddam tedium boni, habet comites, scilicet torporem et
ignauiam. Luxuria, que est infirmitas frangendi uires nature, ha-
10   bet comites, scilicet ingluuiem uentris, uestis mollitiem, soporis
resolutionem, coitus delectationem, et generat cecitatem mentis,
inconsiderationem, inconstantiam, precipitationem, amorem sui,
odium Dei, affectum presentis seculi, desperationem futuri. Ira, que
plerumque innocentes damnat et cum statim non remittitur pecca-
15   tum mortale est, habet hos comites: audaciam, mutationem faciei,
imprudentiam et iniustitiam, et hec generat lites, contumelias et
blasphemias, odium, tumorem mentis, clamorem, indignationem.
Gula est edacitas ultra condignum naturale, generat ineptam leti-
tiam, sterilitatem, immunditiam, multiloquium, hebetudinem sen-
20   suum. Inuidia, que intus et extra comburit hominem, habet hos
comites: dolorem de bono, gaudium de malo alterius; ex hoc oritur
odium, susurrium, detractio, afflictio in prosperis proximi, exsul-
tatio in aduersis. Auaritia, que es radix omnium malorum, habet
hos comites, scilicet rapacitatem, tenacitatem, pusillanimitatem,
25   contemptum fidei; ex hac oritur fraus, fallacia, periurium, inquietu-
do contra misericordiam, cordis obduratio. [40] Caue tamen ne sis
promptus de facili iudicare peccatum mortale, nisi per ueram scripturam manifestum sit esse mortale, quia forsitan aliqui desperarent,
set potes querenti respondere peccatum est et fac penitentiam. Hoc
30   tamen sit tibi pro articulo, quod cum aliquod committitur in contemptum Dei, ut in heresi, uel in contemptum Ecclesie, ut in re-
belli et in obstinata inobedientia, uel in detrimentum proximi, ut
in rapina seu in aliis male quesitis, uel in opprobrium sui, ut in
fornicatione, mortale est et de his et aliis mortalibus confiteri opor-
35   tet, si in memoria habeantur, alias sufficit confessio generalis, nisi
reducerentur postea ad memoriam, quia tunc essent specialiter confitenda. Frequenter sibi moneant suos subditos sacerdotes predicta

c.10 1 De peccatis mortalibus *om.*Q   2 autem *om.*Y   septem] principalia
*ad.*Y   4-5 Superbia — comites *om.*Z *(homograf.)*   4 terrene] terrenam Y
5 iniustitiam] iustitiam S   9 Luxuria] uero *ad.*Y   infirmitas] informitas D-M
y Ma   19 sterilitatem] scurrilitatem Y   20 intus] est *antep.*Z   28 despera-
rent] de facili *antep.*Y   30 articulo] regula uel *antep.*Y   32 et in obstinata
*om.*Y   37 sibi *om.*Y

peccata mortalia fugere et plus quam mortem timere, mors enim
solum corpus interimit, predicta uero peccata mortalia corpus et
40 animam perire faciunt in eternum.

[41]   11.   *<De septem operibus misericordie>*

Que peccata effugient septem operibus misericordie inherendo, scilicet esurientes pascendo, sitientes potando, nudos uestiendo,
hospites suscipiendo, infirmos uisitando, incarceratos consolando,
5 mortuos sepeliendo. Et hec opera sunt corporalia. Spiritualia uero
septem opera misericordie sunt hec: consilium dare, errantem corrigere, tribulatum confortare, iniuriam dimittere, patienter illata
sustinere, pro aliis orare, discordes pacificare. Qui hec enim opera
misericordie, que dictis septem uitiis principalibus opponuntur, fa-
10 cere neglexerint, dicetur eis, secundum euangelicam ueritatem uoce
terribili 'Ite, maledicti, in ignem eternum'[1].

[42]   12.   *<De uenialibus peccatis>*

De uenialibus autem causa exempli aliqua exprimamus. Sunt
enim, secundum Augustinum, uenialia quotiens quis plus comedit, loquitur, tacet quam expediat; quotiens pauperem importune
5 alias petentem exasperat; quotiens aliis ieiunantibus ultra ieiunia
constituta, qui sanus est comedit; quotiens quis somno deditus tardius ad ecclesiam surgit; quotiens quis, excepto prolis desiderio uel
causa reddendi debitum uel quia continere non potest uxorem cognouerit; quotiens quis in carcere positos tardius requisierit, infir-
10 mos tardius uisitauerit, si priuatus discordes ad concordiam reuocare neglexerit; si plus quam oportet proximum uel uxorem uel filios
aut seruum exasperauerit; si cuiquam adulatus fuerit, si se fabulis
otiosis occupauerit, si incaute iocando iurauerit et ex aliqua necessitate implere non potuerit[1]. Hec igitur uenialia et similia, si in con-
15 suetudine deducantur, uel plura colligantur, grauia reputantur et
ideo sunt specialiter confitenda. Ante uero consuetudinem uel sine

---

[1]   **c.11** Mt 25,41.
[1]   **c.12** Ver D. 25 pc.3 § 7 (con las notas de Friedberg) de donde quizá proceda.

c.11 1 De — misericordie *om.*Q   2 effugiunt Y   6 consilium] petentibus
*ad.*Y   *La misma mano al fondo del folio añadió los conocidos versos:* Aspera uox
ite, set multum leta uenite / Dicetur reprobis ite, uenite probis // Visito, poto, cibo,
redimo, tego, colligo, condo / Consule, pacifica, solare, remitte, castiga, fer, ora.
c.12 1 De uenialibus peccatis *om.*Q   3 plus *om.*Y   3-4 comedit] potat *ad.*Y
4 expedit Y   5 ieiunia *om.*Z   6-7 tardius *om.*Z   7 surgit *om.*SZ   10 priuatos Y   13 iocando] potando Y   et *om.*SZ   14 potuerit] poterit YZ, si cum
facilitate uel temeritate meledixerit *ad.*Y   16 ideo] tunc *ad.*Y

collectione minora uenialia dicuntur, et sunt saltem in genere confitenda. Minima uero uenialia dicuntur quecumque cogitationes
peccati que non peruenerunt ad consensum. [43] Hec duo genera
20 uenialium, minora et minima, non solum confitendo, immo sine
confessione speciali multis modis delentur, scilicet per assumptio-
nem Eucharistie uel per aspersionem aque benedicte uel per ieiunia
uel per eleemosynas uel per orationem dominicam uel per deuotam
pectorum percussionem uel per generalem confessionem uel bene-
25 dictionem episcopalem. Effectus penitentie est ut per eius medicinam peccatoribus reparetur spes uite eterne. [44] Et nota quod
episcopi et superiores, et non inferiores, generales indulgentias et
remissiones, quas questores deferre consueuerunt, facere possunt,
et eorum subditis tantum prosunt, et etiam archiepiscopi per totam
30 suam prouinciam, et habent effectum ut exprimitur in eisdem[2].

[45]   13.   *De aliquibus casibus episcopalibus*

Casus uero episcopales, in quibus penitentes ad episcopum
sunt mittendi, sunt isti, scilicet omnis peccator publicus et uul-
gatissimus, cuius peccatum uniuersam urbem, uillam uel castrum
5 uel parochiam commouerit. Item, pro heresi. Item, pro simonia ex
pacto commissa. Et pro omni excommunicatione maiori. Et pro
iniectione manuum in clericum, et suspensione et pro irregularitate.
Vt ipse episcopus absoluat, si potest, uel ad superiorem remittat in
his septem casibus. De minori excommunicatione absoluere pote-
10 rit non solum episcopus, set etiam sacerdos. Item, mittendi sunt
ad episcopum incendiarii. Item, Christum uel sanctos eius publice
et in contemptum blasphemantes. Item, pro commutatione uoti
et eius fractione. Item, si episcopus incipit audire confessionem de
aliquo peccato. Et predicti casus approbantur a iure. Item, in aliis
15 peccatis quorum absolutionem episcopus de consuetudine sue diocesis retinere sibi specialiter consueuit, est ad episcopum remissio
facienda, ut in hac diocesi Vrgellensi, de quibus in constitutionibus
synodalibus nostrorum predecessorum latius continetur[1].

---

[2] X 5.31.12; X 5.38.4, 15; 1 Partida 4.45.
[1] **c.13** Sínodo de 1310-1326.[18]; sínodo de 1328.[10].

---

20 uenialium] scilicet *ad*.Y   24 percussionem] tusionem Y   26 Et] Item Y
30 effectum] officium Y
c.13 1 De — episcopalibus *om.*Y   6-7 Et pro[2] — irregularitate] et pro
interdicto et suspensione, pro impositione manuum in clericum et pro irregularitate Y   9 casibus *om.*SZ   11 Christum] episcopum *mal* Y   12 in
contemptum] enormiter Y   14 Et] ut SZ   15 consuetudine] usu Y   17-18
de quibus — continetur] de homicidiis. Item, pro oppressione infantium ex hoc
morientium, de quo sacerdotes debent monere in suis ecclesiis publice mulieres,

[46] Item, de dubiis questionibus, et maxime circa matrimonia
20 et alia sacramenta, est episcopus consulendus. Si uero confitentes
hec peccata, ad preceptum sacerdotis ad nos nullatenus uenire uoluerint, in suis peccatis et duritia remanentes, sacerdos hoc nobis,
non designata persona, significare procuret, ut adhibeamus super
hoc remedium salutare.

[47] 14. *<Casus in quibus potest quis alieno sacerdoti con-*
fiteri>

Item, nota quod septem sunt casus in quibus potest quis confiteri alii sine licentia proprii sacerdotis. Primus est si sit uagabundus.
5 Secundus est si pro certo sciat uel credat indiscretum proprium sacerdotem. Tertius est quando transtulit domicilium in aliam parochiam, constituens se habitatorem ibidem. Quartus est cum quis
proprium domicilium relinquens, querit, iter faciendo uel nauigan-

ne secum cubent paruulos infantes, quia sepe dormiendo illos suffocant oppri-
mendo. Item, de sacrilegis. Item, de falsariis et de abusoribus litterarum Sedis
apostolice uel legatorum eiusdem. Item, de falsariis sigilli uel litterarum episcopi
uel officialis sui. Item, de uiolatoribus ecclesiarum seu immunitatis et libertatis ecclesiarum. Item, de sortilegiis (non tamen leuibus), et maxime si cum Eucharistia
uel chrismate uel aliis rebus sacris committantur. Item, de uitio contra naturam
enormi. Item, de hiis qui coeunt cum Iudea uel Saracena uel cum bestiis. Item, de
incestu, qui committi dicitur cum consanguinea seu fratris uxore seu alia affine.
Item, de defloratione uirginum. Item, de eo qui cognouit monialem. Item, de
periurio. Item, de clandestine matrimonium contrahentibus. Item, de clericis per
saltum promotis. Item, de illis qui faciunt se sine licentia proprii episcopi per
alios episcopos ordinari. Item, de illis qui infra ecclesiam luxuriam commiserunt.
Item, de muliere que de adulterio concepit infantem, quem maritus credit esse
suum, propter quod heredes legitimi hereditate fraudantur. Item, de muliere et
aliis procurantibus abortiuum. Item, de falsis testibus. Item, de illis qui, contractis sponsalibus cum iuramento et non dissolutis, contrahunt cum aliis. Item,
de excommunicatis et interdictis turbantibus diuina officia, qui ad monitionem
sacerdotis exire nolunt ecclesiam. Item, de illis qui scienter excommunicatorum
corpora in cemeterio sepeliri presumunt. Item, de peccato luxurie commisso inter
mulierem et confessorem suum uel proprium sacerdotem, uel compatrem suum.
Item, de inicientibus manus suas uiolentas in parentes. Item, de schismate. Item,
de sacerdotibus uel ministris, quorum negligentia aliquid inhonestum circa sacramenta, et maxime altaris, quocumque modo euenerit. Item, restitutio et distributio illicite adquisitorum, non inuentis hiis quorum hec fuerunt, seu heredibus
eorumdem, est de iure episcopi arbitrio facienda; hoc tamen restringimus, scilicet
si quantitatem quinquaginta solidorum monete currentis excedat, alias concedimus de gratia quod fiat arbitrio sacerdotis Y   18 continetur] Aspera uox ite,
set multum leta uenite, / dicetur reprobis ite, uenite probis. // Visito, poto, cibo,
redimo, tego, colligo, condo, / consule, pacifica, solare, fer, ora, remitte, castiga
*ad.*Z *(el mismo texto aparece en el códice* S *al fondo del folio* 38v *en el capítulo* 11,
como indicamos en su aparato crítico. En ambos lugares resulta extraño este texto)
21 hec peccata] predicti Y   22-23 sacerdotes ... procurent Y
c.14 1-2 Casus — confiteri *om.*Q   7 habitare Y   8 uel *om.*SZ

do, domicilium quo se constituat. Quintus, si in alterius parochia
10 delinquat. Sextus, ratione studii. Septimus, si immineat mortis articulus uel iusti belli introitus.

[48] 15. *<Casus in quibus iteranda est confessio>*

Item, nota quatuor esse casus in quibus peccata semel confessa
debemus iterum confiteri. Primus est quando facta confessione proprio sacerdoti imperito, de eius licentia uadit peccator ad peritum,
5 debet enim illi perito omnia confiteri. Secundus est si peccator contempsit satisfacere et penitentiam sibi iniunctam adimplere. Tertius
est quando audita confessione, attendens sacerdos quod ipse non
potest absoluere quia est casus episcopalis uel ad eum non pertinet,
debet superiori peccator de omnibus confiteri, nisi superior ipsum
10 remittat super aliis sacerdoti. Quartus est quando peccator ficte uenit ad penitentiam uel aliquod peccatum celauit scienter.

[49] 16. *<Que requiruntur in sacerdote, qui uult audire confessiones. De modo audiendi confessionem>*

Item, nota quod sacerdotes uolentes audire confessiones saltem
quatuor de necessitate scire tenentur. Primo ut sciat sacerdos ad que
5 peccata potestas sua se extendit, quod potest scire maxime per supra
dicta et per notitiam casuum episcopalium. Secundo, ut sciat que
sunt peccata mortalia et que uenialia. Tertio, quod sciat quod alia
penitentia datur pro mortali et alia pro ueniali. Quarto, ut sciat
formam absolutionis, uidelicet ut sciat 'Misereatur tui, etc.', et 'In-
10 dulgentiam, etc.', et 'Ego auctoritate qua fungor uel mihi commissa
absoluo te, etc.'
[50] Precipimus itaque quod parochiales presbyteri frequenter
moneant plebes suas quod, iuxta statuta concilii generalis, 'Omnis utriusque sexus fidelis, clericus uel laicus, postquam ad annos
15 discretionis peruenerit, omnia peccata sua solus confiteatur saltem
semel in anno proprio sacerdoti, et iniunctam sibi penitentiam pro
uiribus studeat adimplere, suscipiens reuerenter ad minus in Pascha
Eucharistie sacramentum, nisi forte de proprii sacerdotis consilio
ob causam rationabilem quo ad tempus ab eius perceptione duxe-

---

9 constituat] querendo *ad*.SZ   10 emineat YZ
c.15 1 Casus — confessio *om*.Q   2 in *om*.SZ   6 satisfacere] satisfactionem Y
adimplere] implere Y   7 attendens] intendens Y   8 uel] aliter *ad*.Y   pertinet]
remittit eum ad superiorem et tunc *ad*.Y   9 de omnibus *om*.SZ
c.16 1-2 Que — confessionem *om*.Q   10 commissa] concessa Y   12 parochiales presbyteri] parochialis presbyter et sacerdotes Y   15 confiteatur] fideliter
ad.Y

20 rit abstinendum; alioquin et uiuens ab ingressu ecclesie arceatur et
moriens christiana careat sepultura. Si quis autem alieno sacerdoti
iusta de causa sua confiteri peccata uoluerit, licentiam prius postulet
et obtineat a proprio sacerdote'[1]. Precipientes districte ne aliquis
sacerdos super hoc requisitus presumat alicui malitiose licentiam
25 huiusmodi denegare. Moneant etiam frequenter presbyteri publice
suam plebem ne moram faciant in peccatis, et ut ad confessionem
ueniant quam cito poterunt, commisso peccato, propter incertitu-
dinem hore mortis et quia in egritudine uix potest aliquis penitere
de peccatis, set nec etiam cogitare, quia, ut ait Hieronymus[2], cum
30 egritudine oppressus es uix potes aliquid cogitare quam sentis, et
illic rapitur intentio mentis, ubi est uis doloris. Et maxime in principio Quadragesime <inducantur> quod ad confessionem ueniant,
certificantes eos quod si ieiunia et orationes et alia quecumque bona
facerent in peccato mortali, eis non proficerent ad salutem.

35   [51] Nullus sacerdos secularis uel regularis parochianum alterius ad confessionem audiat nec recipiat, etiam de licentia proprii
sacerdotis, absque nostra licentia et assensu, nisi necessitatis articulo
imminenti aut parochiali presbytero in egritudine constituto, uel
nisi tanta esset parochianorum multitudo quod ad confessiones au-
40 diendas parochialis sacerdos sufficere non ualeret uel nisi alia rationabilis causa subesset, tunc enim concedimus quod possit ad breue
tempus de licentia proprii sacerdotis.

      [52] Precipimus etiam quod illi qui confessiones audierint, in
loco patenti et non in occulto, cum superpellicio et cum stola in col-
45 lo audiant confitentes. Si qui uero confitentium surdi fuerint, ceci
uel muti, inducat eos presbyter, ut melius poterit, ad contritionem
et penitentiam uerbis, nutibus atque signis. Habeat autem sollicitudinem sacerdos diligentem ne dum audit confessiones respiciat
confitentem in facie, et precipue mulierem, set capucium in capite
50 teneat uestitum, ac caput inclinatum. Et si peccatum horribile in-
tellexerit, non spuat, non caput uertat uel faciem huc uel illuc, aut
signum aut motum faciat seu aliquod uerbum proferat per quod
peccatorem abominet uel peccatum, ne peccator sic rubore confu-
sus peccata reliqua uel similia sibi timeat reuelare.

---

[1] **c.16** Conc.4 Lat.1215 c.21 (COD 245); X 5.38.12.
[2] Parece que estas palabras no son de S. Jeronimo, aunque se le suelen atribuir, por
ejemplo se las atribuye S. Raimundo, *Summa de casibus poenitentiae* lib.3, tit. *De
poenit. et remiss.* § 23 *Item debet esse festina confessio.*

---

20 et uiuens *om*.SZ   21 quis *om*.SZ   25 publice *om*.Y   26 plebes
suas Y   30 egritudine] in *antep*.Y   aliquid] aliud Y   32 inducantur *om*.Q
44 patenti] ecclesie *ad*.Y   45 ceci *om*.Y   46 contritionem] confessionem Y
48 confessiones] confessionem et penitentiam Y   49 confitentem in facie] in
faciem confitentem Y   52 signum] uel nutum *ad*.Y

55   **[53]** Cum uero peccator primo ad sacerdotem uenerit, querat ab eo, si non est sibi notus, an sit eius parochianus, et si dixerit quod non, querat ab eo utrum uenerit de licentia proprii sacerdotis, et si responderit quod non, dicat ei 'frater, non debeo te audire, uade ad tuum sacerdotem'. Si autem sit parochianus eius uel uenerit de li-
60 centia sui episcopi uel proprii sacerdotis, querat primo ab eo utrum aliqua excommunicationis uel interdicti sententia sit ligatus. Et si dixerit quod sic, dicat ei 'frater, non audiam te, nisi prius fueris absolutus'. Et si occulte excommunicatus fuerit, occulte dicat ei, si autem publice, publice dicat. Et talibus penitentiam denegabit quia
65 nullus excommunicatus uel interdictus recipi debet ad penitentiam, nisi prius faciat se absolui. Si uero dixerit se non esse excommuni-catum uel interdictum, debet eum interrogare presbyter utrum sciat Pater noster, Credo in Deum et Aue Maria, et si nesciat, moneat eum ut addiscat. **[54]** Deinde moneat eum familiariter et benigne
70 ut omnia peccata sua confiteatur humiliter, nec ob uerecundiam celet aliquid uel timorem, quia non est homini loquuturus, set Deo (cuius personam ipse presbyter representat), qui non uult mortem peccatoris, set ut magis conuertatur et uiuat[3], dicendo sibi quod ipse sacerdos peccator est, et ipse confitens non potest tot et tanta com-
75 misisse peccata quin alii et plura et maiora commisserint, et quod illi qui bene penitent magis postea diligentur ab eo et a Deo, sicut patet in beato Petro, Paulo et Latrone et in Magdalena[4], et in multis aliis ; et tota celestis curia guadet in penitentia peccatorum quia gaudium est angelis Dei super uno peccatore penitentiam agente[5].
80 Dicat etiam: 'frater, confitere quia homines sumus et sine peccato in hoc mundo esse non possumus. Ostendendo sibi uilitatem peccati: nam si uere confessus fueris et contritus, et proponis amplius non peccare, Deus sine dubio remittet tibi culpam, et ego auctoritate Dei absoluo te a pena eterna. Si autem nolueris confiteri mihi hic,
85 confiteberis alibi inuitus in conspectu omnium angelorum et ami-corum et non amicorum, damnaberis in perpetuum in infernum cum diabolis, ubi erit fletus perpetuus et stridor dentium[6], et pene tam acerbe et tam crudeles quod earum immanitas ore non potest exprimi, nec intellectu aliquo comprehendi, et quod perpetuo cru-
90 ciaberis in his penis'.

---

[3] Ez 18,23; 33,11.
[4] Mt 26,75; Mc 16,9; Lc 8,2; 23,39-43; Jn 20,11; Hch 9,1-31.
[5] Lc 15,10.
[6] Mt 8,12; 13,42-50; 22,13; Lc 13,28.

---

55 peccator *om.*SZ   56-57 si non — quod non *om.*SZ *(homograf.)*   71 loquu-turus *espacio blanco* Z   76 diliguntur Y   84 absoluo] absoluam Y   mihi hic] in hac uita Y   85 alibi] in alia Y   86 non amicorum] inimicorum Y
87 perpetuus *interl.*Y

[55] Debet autem confitens se ipsum accusare, non alium, nec personam nominatim exprimere cum qua peccauerit, nec sacerdos querere, nisi peccati circumstantia talis esset quod aliter non posset confiteri peccatum, ut si cognouit matrem uel filiam uel soro-
95 rem, uel huiumodi, quia non posset se ipsum aliter liberare. Item, non debet confiteri per nuntium uel scripturam, set uiua uoce, ore proprio et presentialiter, ut quidquid per se peccauit, per se ipsum confiteatur et erubescat. Item, non debet confiteri uerbis uel nominibus peccatorum siue criminum palliatis, set peccatum quod-
100 libet suo proprio nomine exprimere, quantumcumque sit turpe, ut sic peccati sanies expellatur. Debet etiam confiteri singula peccata que commisit distincte et separatim, non confuse, nec in transcursu.

[56] 17. *<De interrogationibus quas sacerdos facere debet confitentibus>*

Audita igitur confessione, discretus sacerdos qui, iuxta statuta concilii generalis, diligenter debet per se ipsum inquirere peccatoris
5 circumstantias et peccati[1], licet aliqui contrarium dixerint, interroget confitentem si uult alia peccata exprimere, sollicitando eum ut cogitet studiose ne peccatum aliquod omittat, quia si dimidiaret diuidendo peccata inter diuersos sacerdotes, aut celando aut omittendo scienter aliquod mortale peccatum, sibi talis penitentia aut
10 confessio non proficeret ad salutem. [57] Et si dixerit peccator se non habere alia confiteri, incipiat interrogare ordinate et discrete confitentem, ita tamen quod interrogationibus faciendis ad peccata specialia enormia uel speciales circumstantias non descendat, nisi prout inferius continetur, quia multi forte post tales interrogationes
15 peccarent in his que nescirent aliter cogitare. Interroget igitur sacerdos generaliter confitentem si aliquando tentetur ad graue peccatum aliquod faciendum, et qualiter tentationi resistat, et sic indirecte aperiet forte peccatum suum confitens quod celabat. Interroget etiam si exerceat aliquod officium licitum, et si dixerit quod sic,
20 interroget de circumstantiis pertinentibus ad officium illud. [58] Si fuerit religiosus, interroget specialiter de tribus substantialibus regule, uidelicet si fuerit obediens in omnibus licitis et honestis pre-

---

[1] **c.17** Conc.4 Lat.1215 c.21 (COD 245); X 5.38.12.

---

92 nominatam S   pecauit Y   97 qui per se peccauit Y   100 suo] illo SZ
sit *om.*Y   101 sic] tota *ad.*Y   102 nec] etiam *ad.*Y
c.17 1-2 De — confitentibus *om.*ZY   6 ut *om.*SZ   7 dimidiaret] dimitteret
confessionem Y   8-9 aut omittendo *om.*S   16 generaliter] penitentem seu
*ad.*Y   18 aperiet] aperirat Y   21 de tribus *interl.*Y

lato suo, et an sit proprietarius, et an custodierit castitatem. Item,
de simonia, utrum fuerit receptus pecunia mediante, uel consense-
25 rit quod aliquis alius reciperetur per simoniam. Item, an seruauerit
silentium et alia regularia instituta. Item, an in capitulo resisterit
malitiose cum erat aliquid ordinandum. **[59]** Circa clericos seculares fiat interrogatio an commiserint simoniam pro se ipsis uel pro
aliis, seu alii pro ipsis. Item, de mercatura et aliis que pertinent ad
30 auaritiam uel cupiditatem. Item, de dilapidatione si habent beneficium ecclesie, et utrum de pecunia pretextu ecclesie acquisita
emerint aliquas possessiones nomine proprio uel nomine consan-
guineorum suorum, et utrum bona ecclesie expenderint in usus illicitos et inhonestos. Item, utrum intersint diuinis officiis nocturnis
35 pariter et diurnis, precipue in ecclesia in qua est prelatus. Item, de
irregularitate. Item, de ludo alearum et taxillorum. Item, de incontinentia et gulositate et si detineat alienum. **[60]** Circa barones et
milites et consules et iudices et baiulos seculares fiat interrogatio
an fecerint statuta uel precepta contra Ecclesie libertatem, et an
40 bene reddiderint cuique iustitiam conquerenti, et an homines sibi
subditos grauauerint in indebitis talliis, collectis, toltis, questis seu
seruitiis. Circa ciues et mercatores et ministrales interroget sacerdos
de rapinis, de usuris, de pignoribus in fraudem usurarum factis, de
baratis et falsis uenditionibus, et mendaciis et iniustis ponderibus
45 et mensuris, de periurio et dolo. Circa agricolas uero interroget de
furto et de retentione rei aliene, maxime circa decimas et primitias,
tributa, census, quartos et alia iura diuersa dominorum suorum.
Item, de erradicatione terminorum et de occupatione aliarum terrarum. Item, si dedit damnum alicui. **[61]** Interroget igitur sacerdos
50 quemlibet confitentem prout iuxta condicionem sue persone uiderit faciendum, querens generaliter que sunt peccata que commisit,
et an aliqua de septem principalibus peccatis; et postea, secundum
quod uiderit expedire, descendat ad specialia, dicendo sibi et querendo de quolibet dictorum septem peccatorum (de quo secundum
55 statum sue persone uiderit expedire) si commisit tale peccatum. Si
dicat quod sic, audiat in quo et qualiter. Si dicat quod non uel plene non exprimat, dicat ei: 'carissime, tu forte non nouisti quod est
illud peccatum, et tamen multi sunt inuoluti. Responde igitur mihi
secundum tuam conscientiam super his que sequuntur'.

26 regulariter Y   resisterit] restiterit Y   28 simoniam *om*.Z   29 et aliis
om.SZ   34 utrum intersint] an sint Y   37 detineant Y   42 ciues] burgenses Y
44 mendaciis] mendosis Y   45 mensuris] et mendacis *ad*.Y   46 rei aliene
om.Z   47 iura] diuina uel *ad*.Y   50 iuxta] secundum Y   52-53 secundum
quod] si Y   58 et tamen] set eoY

[62] 18. *<Interrogationes circa unumquodque peccatum mortale. De superbia>*

Circa superbiam queratur si fecisti unquam aliquod illicitum, uel dixisti, pro laude humana uel honore seculari habendo. Si im-
5 pugnasti unquam scienter ueritatem. Si obuiasti scienter auctoritati maioris tui. Si tibi quod erat aliorum ascripsisti, si de scientia, facundia, pulchritudine, cantu, nobilitate, dignitate uel aliis gratiis, quas tibi Deus dedit, te iactasti uel intumuisti. Si alium tamquam uiliorem te contempsisti, uel superiori tuo te parificasti. Si uerba
10 superba et opprobria alicui dixisti, et si per superbiam percussisti. Si tumens in corde contendisti, disputasti, uilipendisti, blasphemasti. Si bona nature et gratie et fortune que habuisti, a te, et non a Deo, credidisti habere, et a Deo non recognouisti. Alium et non te iudicasti. Laudem, honorem et gloriam et iudicium, que solius Dei
15 sunt, usurpasti et tibi attribuisti.

[63] 19. *<De inuidia>*

Circa inuidiam queratur si causa inuidie de bono alterius doluisti, et de malo letus fuisti. Si detraxisti alii uel audiuisti libenter detractorem. Si causa infamandi dixisti uel audiuisti malum de
5 persona uel rebus uel factis alterius. Si tacuisti bonum alterius in damnum ipsius. Si inter fratres discordiam seminasti. Si laudasti unquam hominem, et in fine laudis per *tamen,* uel per *set,* uel per *nisi* aliquod unquam detraxisti uel totum uituperasti causa inuidie.

[64] 20. *<De ira>*

Circa iram: si aliquem odio habes uel habuisti, si dixisti conuicia uel dicenti respondisti quasi te uindicando per iram. Si damnificasti aliquem. Si dixisti contumeliam patri uel matri carnali uel
5 spirituali. Si damnificasti aliquem, per te uel per alium, accusando ipsum apud dominum, uel impediendo bonum uel honorem suum, uel ponendo ignem, uel arbores talando, uel res suas furtando, rapiendo, uel alia per uiolentiam et quia ipsum habeas odio occupando. Si mouisti discordias, seminasti lites, incitasti iniquas

c.18 1-2 Interrogationes — superbia *om.*Q   3 unquam] nunquam YZ 8-11 uel intumuisti — disputasti *om.*Z *(homograf.)*   8 alium tamquam] aliquando S   9 tuo] tumendo Y   10 superba] superflua Y   12 habuisti] habes Y
c.19 1 De inuidia *om.*Q   3-4 libenter *interl.*Y   5 rebus] uel dictis *ad.*Y   Si tacuisti bonum (bonum] bona Y) alterius *om.*Z   7 unquam *espacio en blanco* Z
c.20 1 De ira *om.*Q   2 si *om.*Z   aliquem] aliquid Y, aliquo Z   habes uel *om.*Y   3 te] tu Z   5-6 Si — accusando *om.*Y   9 mouisti] rixas *antep.*Y

10 sentencias, dedisti iniustum consilium. Si uulnerasti, occidisti causa
    odii, si odisti. Si iniustum bellum mouisti. Si fecisti coniurationes
    uel alias colligationes uel alias illicitas pactiones, et si iuramento,
    causa odii et ut posses te uindicare.

[65] 21. *<De accidia>*

    Circa accidiam: si fuisti unquam tepidus uel remissus ad bo-
    num agendum, cum posses. Si repulisti a te gratiam inspirantem,
    quod est cum homo cogitat aliquid bonum facere uel dicere, et non
5   acquiescit, set statim primos motus extinguit, quos motus tamen in
    peccato nutrit, ubi essent potius extinguendi. Si dimisisti unquam
    ire ad ecclesiam uel predicationem propter pigritiam uel segnitiem.
    Si fuisti nimis deliciosus uel otiosus, confiteri, cum posses, distu-
    listi, maxime per annum. Si penitentiam tibi iniunctam peragere
10 neglexisti, officium ecclesiasticum tibi iniunctum diligenter exsequi
    neglexisti, iustitiam reddere ex pigritia distulisti, celebrare noluis-
    ti nec confessiones audire propter laborem uitandum, quia potius
    uolebas quiescere. Subtraxisti proximo tuo egenti consilium tuum,
    uel propter auaritiam uel propter pigritiam solam. Vel si distulisti
15 ex negligentia restituere aliena, incidisti unquam in desperationem.
    Fuisti negligens circa obsequium fidele domini tui, a quo pascebaris
    et induebaris et alia bona recipiebas. Neglexisti seruare sacramen-
    tum, distulisti soluere mercenario salarium de quo conuenisti, uel
    aliter, considerato labore et seruitio, remunerare.

[66] 22. *<De auaritia>*

    Circa auaritiam queratur: fuisti simoniacus, uiolentus dominus,
    iudex iniustus, incautus consiliarius, cauillosus aduocatus, impetra-
    tor malignus, scriptor falsarius, fur, latro, periurus, sacrilegus, lusor,
5   euulsor metarum agrorum, festorum colendorum uiolator, falsus
    mercator, hominum quorumlibet, et maxime uiduarum, pupillo-
    rum, pauperum et aliarum miserabilium personarum oppressor
    causa lucri iniusti.

12 et si iuramento] siue etiam iuramenta Y, et sine iuramento Z
c.21 1 De accidia *om*.Q   2 accidiam] sic *ad*.Y   tepidus uel *om*.Y
4 dicere] uel laborare *ad*.Y   5 statim] ad *ad*.Y   motus[1] *om*.Z, causa ac-
cidie *ad*.Y   quos] quod Z   6 ubi] qui Y   8 nimis *om*.Z   9 Si *om*.Y
10-11 officium — neglexisti *om*.SZ *(homograf.)*   14 uel[1]] auxilium *ad*.Y   auaritiam uel propter *om*.Y   Vel si *om*.Y   15 desperationem] fuit unquam
tibi in corde demittere aliquod bonum propter uitandum tedium uite tue *ad*.Y
17 et induebaris *om*.Z   19 aliter] alteri Y   labore] suo *ad*.Y
c.22 1 De auaritia *om*.Q   4-5 fur falsus *om*.Z *(homograf.)*   5 euulsor metarum *texto corrupto en* S   6 hominum] et *ad*.Y   8 iniusti] et auari *ad*.Y

[**67**] 23. *<De gula>*

Circa gulam queratur si fuisti ebriosus aliquotiens, et tunc uidetur ueniale, uel pluries et quasi in consuetudinem deducendo, et
tunc est mortale. Comedisti ultra quam deberes et usque ad crapu-
5 lam? Fregisti ieiunia tibi in penitentia iniuncta uel consuetudinaria
seu indicta, propter gulositatem? Recepisti non ieiunus Eucharistiam uel confirmationem uel alia sacramenta Ecclesie sanus et for-
tis, nullo periculo imminente? Pauisti te splendide, inde pauperibus
iuxta te nimis esurientibus et fame morientibus, te sciente et con-
10 temnente uel negligente eis subuenire? Comedisti nimis propere, id
est ante horam tertiam omnibus diebus uel ante nonam in ieiuniis,
uel antequam audires missam, cum posses audire, set uolebas satiare
uentrem potius quam mentem?; uel antequam appeteres, nec eras
infirmus nec debilis, set causa gulositatis uel inhoneste societatis
15 hoc fecisti? Inuitasti alios ad equales potus uel bibendum nimis?
Parasti tibi species uel electuaria, non causa medicine, set ut uinum
tibi melius saperet et ad bibendum te fortius incitaret ultra quam
nature tue expediret? Et unquam aliis talia parasti et eis propinasti?
Nunquam in scandalum aliorum, contra consuetudines regionis,
20 feria quarta uel sabbato uel aliis diebus carnes palam et publice uel
alia cibaria comedisti? Et nunquam more canino totum comedisti
uel bibisti ut gule tue satisfaceres, non nature, et tamen sociis non
dimisisti, nec aliquid eis dedisti? Et nunquam more ursino siue leo-
nino nimis auide cibum, etiam uilissimum, gule flamma accensus,
25 non dico comedisti, set deuorasti? Numquid diuites et non pauperes tecum ad mensam euocasti, et ipsos ultra quam natura requireret
refecisti? Numquid guliardus fuisti?

[**68**] 24. *<De luxuria>*

Circa luxuriam queratur sic: commisisti fornicationem, quod
est quando solutus secularis cognouit solutam non uirginem nec religiosam? Commisisti stuprum, quod est uirginem deflorare? Com-
5 misisti adulterium, quod est cognoscere maritatam, uel cognosci ab
uxorato? Commisisti incestum, quod est quando cognoscitur con-

c.23 1 De gula *om*.Q   4 et] seu bebisti etiamY   4-5 crapulam] uel
nauseam *ad*.Y   8 inde *om*.Y   9 te] positis *ad*.Y   nimis] minus *mal* S
12 set] magis *ad*.Y   13 potius *om*.Y   14 gulositatis] tantum *ad*.Y   15 equa-
les] inequales Y   uel] alias Y   18 unquam] nunquam Y   21 comedisti]
uel dedisti *ad*.Y   22 ut] et Z   satisfaceret Z   tamen] cum Y
23 dimisisti] diuidisti Y   siue] seu Y   24 gule *om*.Y   25 dico] dato Y
26 ipsos] ipsum Y   requireret] reficeret SZ
c.24 1 De luxuria *om*.Q   2 sic] si Z

sanguinea uel affinis, carnalis uel spiritualis, unde ad filiolas et ad religiosas personas extenditur? Et an in loco sacro uel non sacro, et an
diebus dominicis uel festiuis, et an tempore ieiuniorum, et utrum
10 unam cognouerit uel plures et quotiens? Item, queratur, peccasti
contra naturam, quod est quando aliter cognoscitur mulier quam
natura requirit, prout quilibet naturaliter nouit et cum ipsum natura exponat? Omnis alius modus, quicumque sit ille, contra naturam
est, quos modos nolo scribere, nec tibi consulo quod reueles, set
15 caute dicas: tu bene scis modum qui naturalis est. Accidit tibi unquam pollutio aliter uel cognitio mulieris? Si dicat quod non, nihil
ultra queras. Si dicat quod sic, queras utrum uigilando uel dormiendo. Si dicat dormiendo, queras utrum cum muliere uel sine muliere,
an cum illa quam concupiuerat uel cum alia, et an nimis in diebus
20 precedentibus bibisset et comedisset, et quantum est temporis quod
sibi non acciderat. Ex his enim presumetur an sit naturalis, que non
est timenda, an alia que est timenda, scilicet quando prouenit ob
nimiam crapulam uel cogitationem mulieris, que precesserat uigilando per consensum in pollutionem incidit dormiendo. Si uero
25 dicat quod uigilando accidit pollutio, queras utrum sine muliere.
Si dicat quod sic, queras quomodo. Si dicat cum muliere, queras
utrum extra uasa uel intra et quomodo. Et sic caute procedas, ne
ipsum aliquatenus de modo instruas, set ab ore ipsius prius potius
extrahas quod commisit. Item, queras sic de locutionibus, nutibus,
30 cogitationibus et aliis similibus.

[69] 25 *<De concupiscentia>*

Concupiuisti unquam aliquam mulierem in corde tuo, concu-
piscentie consentiendo, quod mortale est? Incitasti unquam aliquem
uel aliquam ad libidinem per te uel alium, uel per ostentationem tui
5 uel ornamentorum tuorum? Iuisti unquam propter hoc plus quam
propter Deum ad ecclesiam uel ad sermones? Choreas propter hoc
duxisti? Risisti unquam uel cantasti uel nutum fecisti mulieri, uel
ipsa tibi, cum intentione istius peccati committendi? Incitasti te un-

8 personas *om.*Z   uel non sacro *om.*Z   12 nouit] uiuit *mal*Z   cum] hoc
*ad.*Y   14 est *om.*SZ   nolo] nec uolo Y   set] seu S, sic *ad.*Y   15 tibi
*om.*SZ   15-16 nunquam Y   16 mulierum Z   18 Si dicat dormiendo
*om.*Y *(homograf.)*   22 an alia — timenda *om.*SY *(homograf.)*   prouenit] uenit Y   23-24 uigilando] accidat *ad.*Z   25-26 quod uigilando — quod
sic *om.*S *(homograf.)*   29 sic *om.*Z *(el texto de este capítulo es a veces poco claro;*
ver M-D *col.*699; Ma *col.*990; SH 4, Liber Synodalis *de Salamanca, pág.*103, *que*
tampoco resultan de fácil lectura)
c.25 1 De concupiscentia *om.*Q   2 unquam] inquam Z   3-4 aliquem uel
aliquam *om.*SZ   5 Iuisti *espacio en blanco* Z   5-6 plus — hoc *om.*Z *(ho-*
mograf.)   8 te *om.*Z

quam, cum non appeteres, ad hoc peccatum, comedendo electuaria
10 calida uel aliquo modo ad libidinem exercendam? Dixisti unquam
mendacium uel uerbum otiosum, uel iuisti uel laborasti, uel aliquid
fecisti pro muliere habenda? Repete hic illum § qui est supra eodem
titulo 'Caue tamen ne sis promptus facile iudicare, etc.'[1].

[70] 26. *<Qualiter sacerdos debet iniungere penitentiam>*

Sic igitur omnibus peccatis predictis et aliis, prout expedire
uidebitur, cum diligentia inquisitis, et consideratis peccatoris circumstantiis et peccati, intelligat sacerdos quale debeat peccatori
5 consilium et cuiusmodi remedium adhibere, querendo ab ipso an
proponat amplius non peccare et agere penitentiam condignam de
commissis. Si respondeat se a peccatis abstinere non posse uel nolle,
uel a quibusdam abstinere et in aliquibus remanere, eius confessionem debet sacerdos nihilominus audire et ei de peccatis confessis
10 consilium adhibere. Set antequam ei det consilium, exprimat diligenter quia si totus mundus suus esset et pauperibus erogasset, et
in pane et aqua ieiunaret toto tempore uite sue, nihil sibi proficeret
ad uitam eternam habendam quamdiu in peccato commisso remanebit et in uoluntate et proposito peccatum iterum committendi.
15 Nec ipse sacerdos eum absoluere potest de aliquo peccato, nisi de
omnibus peniteret et haberet propositum iterum non peccandi. Et
hoc ei sepius dicat monendo ipsum dulci et pio ac suaui eloquio ut
de omnibus peniteat et abstineat in futurum, et exprimendo sibi timorem de die iudicii et penas perpetuas, quas in inferno, nisi ueram
20 egerit penitentiam, sustinebit. [71] Si uero ad ueram penitentiam et
confessionem ipsum nequiuerit inducere, debet ei de peccatis confessis in hunc modum consilium exhibere: 'frater, dico tibi et consulo quod ieiunes, ores, eleemosynas facias et alia bona'. Et dicat ei
quod hec predicta bona que ipse pro peccatis sibi consulit facienda,
25 non sunt ei fructuosa ad uitam eternam habendam cum in peccato
commisso remaneat uel uoluntate peccandi, ea tamen sibi consulit
facienda ut per ipsa bona que faciet dignetur Dominus cor eius ad
ueram penitentiam illustrare, et ne diabolus in eo tantam potestatem habeat quantam haberet si peccata continue exerceret. Et facta

---

[1] **c.25** Supra en el [40].

---

10 aliquo] alio *ad.*Y
c.26 1 Qualiter — penitentiam *om.*Q   8 quibusdam] uult *ad.*Y   in *om.*SZ
aliquibus] quibusdam Z   10 adhibere] exhibere YZ   11 quia *om.*Y
erogaret Y   15 absoluere potest] absoluisse poterit SZ   17 ut *om.*Y
18 peniteat et] nisi Y   futurum] et peniteat *ad.*Y   20 sustinebit] perpetuo
*antep.*Y   23 dicat] etiam *ad.*Y   24 bona *om.*Y   sibi *interl.*Z   26 sibi
*om.*SZ   27 per] propter Y

30 generali Confessione, scilicet 'Confiteor Deo, etc.', non absoluat
eum a peccatis, set dicat ei quod recedat et faciat iuxta consilium
sibi datum. Et dicat ei quod non recipiat Corpus Christi quamdiu in peccato remanebit et proposito peccatum iterum faciendi.
Caueat tamen sacerdos quantum poterit ne ipsum in desperationem
35 inducat. **[72]** Si autem de omnibus confitetur et penitet et habet
propositum in posterum abstinendi, consideret sacerdos an tale peccatum confessus fuerit propter quod ad episcopum sit mittendus, et
si tale sit, ad episcopum ipsum mittat, sin autem imponat sibi penitentiam de peccatis confessis, consideratis peccatoris circumstan-
40 tiis et peccati. Et licet secundum canones penitentiales pro quolibet
mortali peccato septennis sit penitentia imponenda regulariter, et
pro quibusdam magnis et grauibus peccatis alie penitentie, prout
in canonibus penitentialibus expressis per librum Decretorum reperitur, scilicet quod in xlvi. casibus, quos notat dominus Hostiensis
45 in *Summa* sua in titulo De penitentiis, in c. 'Que penitentia sit pro
peccatis singulis iniungenda'[1].

[73] 27. <*Que penitentia sit pro casibus singulis iniungenda*>

Quia tamen fragilitas nostri temporis hodie tanti rigoris non
patitur manere censuram, sacerdos imponat maiorem uel minorem
penitentiam, prout secundum quantitatem peccati et contritionis,
5 et qualitatem peccatoris saluti eius uiderit expedire. Vt autem possit sacerdos contraria contrariis curare, imponat penitentiam ipsi
peccatori per contrarium respondentem, ut si peccauerit per superbiam, iniungat ei orationem et suadeat ei humilitatem; si per auaritiam, iniungat ei eleemonsynarum largitatem; si per gulositatem
10 uel nimiam comestionem, abstinentiam ciborum; si per luxuriam,
iniungat ei ieiunium et orationem, disciplinas et alias carnis macerationes; accidioso, peregrinationem. In omni enim peccato Deum
offendimus aut corde, aut ore, aut opere. Imponatur igitur peniten-

---

[1] **c.26** Enrique de Segusio, Card. Hostiense, *Summa aurea* lib.5, tit. *De poenit.
et remiss.*, § 60 Quae poena sit pro peccatis singulis iniungenda; S. Raimundo de
Peñafort, *Summa de casibus poenitentiae* tit.34, § 33

36-37 peccatum] inter alia *ad*.Y   42 penitentie] dure *ad*.Y
c.27 1 Que — iniungenda *om*.Q   4 secundum *om*.SZ   quantitatem
peccati *después de estas palabras y al fondo del folio 43v de S la misma mano del texto
escribe:* Versus: Que cum mortali fiunt bona dant bona terre // Cor faciunt habile,
minuunt tormenta gehenne. *Estas mismas palabras o versos aparecen en el códice Z
pero en texto en el c.27 después de la palabra* macerationes *y antes* accidioso; *nada
de esto aparece en el códice* Y *ni tampoco en las ediciones de* Martène-Durand *y de*
Mansi   5 et *om*.SZ   8 humilitatem] in humilitate SZ   9 iniungat *om*.Z
11-12 macerationes: *en* Z *sigue una línea en blanco y los versos indicados más arriba*
12 In] et Y

tia contra peccatum cordis, scilicet ieiunium et alia carnis macera-
15 tio; contra peccatum oris, oratio et alia humiliatio; contra peccatum operis, satisfactio et eleemosynarum largitio. Et licet dicta tria
peccata in uno peccato aliquando concurrant, tamen semper aliquod istorum est principalius in quolibet peccato, prout confessor
diligens perpendere poterit audita confessione cuiuslibet peccatoris.
20 Item, sacerdos debet esse sollicitus ut penitenti onus importabile
non imponat, licet recipere penitens sit paratus, set sic temperet penitentiam ut a studio non cogantur cessare scholares, a fabrica fabri,
ab agro agricola, uel alius artifex ab opere solito licito et sibi competenti, nec dominus a cura familie, ut ei prouidere non possit, nec
25 cursor a cursu, ut dominum suum sequi non possit. Item, pro peccato occulto sacerdos publicam penitentiam non iniungat. Si tamen
talis luxuriosus senex fuerit uel diues, et dicat se ieiunare non posse,
aggrauabit eum sacerdos orationibus et eleemosynis. Si autem peccator fragilitatem corporis alleget, et recuset asperitatem penitentie,
30 sacerdos primo ipsum inducere debet ut animum habeat paratum
ad omnem satisfactionem, ostendendo sibi magnitudinem peccatorum que sibi confessus est, et quot et quanta bona perdidit propter
peccata illa que commisit, que omnia recuperabit per penitentiam,
et imponat ei penitentiam mitiorem, quam ipse posset portare, ne
35 forte postea peccet deterius ipsam penitentiam infringendo. Imposita uero penitentia et facta generali confessione, scilicet 'Confiteor
Deo, etc.', dicat presbyter sic 'Ego iniungo tibi talem penitentiam,
quam dixi tibi, pro peccatis que confessus es'. Et ponens manum
super caput ipsius, dicat: 'Indulgentiam, absolutionem et remissio-
40 nem omnium peccatorum tuorum tribuat tibi omnipotens, pius et
misericors Dominus, et ego te absoluo auctoritate Domini nostri
Iesu Christi et beatorum apostolorum Petri et Pauli et officii mihi
commissi ab his peccatis que mihi confessus es et aliis oblitis'. Item,
dicat illi quod si reduceret aliqua alia peccata postea ad memoriam
45 que non fuit confessus, rediret ad eum et confiteatur.

[74] Circa infirmos non est taliter procedendum, quia eis non
debet sacerdos penitentiam iniungere, set tantum innotescere siue
declarare, dicendo sic, cum eius peccata audierit: 'Si esses sanus,
pro tantis peccatis que commisisti et confessus es, deberes tot annis
50 penitere, set quia tu es infirmus, non impono penitentiam tibi, set
iniungo tibi quod si de hac infirmitate te mori contigerit, facias dari
tantum pauperibus uel piis locis loco predicte penitentie, uel facias
missas celebrari, uel hoc uel illud fieri. Si tamen conualueris, iniungo tibi penitentiam talem'. Et his dictis, imponat manum super ca-

---

14 scilicet *om.* Y   25 pro *om.* Z, de Y   26 publicam] sibi *antep.* Y   29 pe-
nitentie] quam sacerdos sibi uult ponere *ad.* Y   36 et facta *om.* Z

55 put eius et absoluat eum a peccatis ut supra dictum est de sano. [75]
Si uero infirmus petiit sacerdotem pro penitentia recipienda, uel
aliqua alia signa penitentie fecit, et interim, dum sacerdos ueniret,
obmutuerit infirmus, uel factus est amens uel freneticus, sacerdos
ueniens, siue ad nutum infirmi, siue ad testimonium eorum qui
60 audierunt ipsum petentem penitentiam, uel alia signa penitentie
facientem, debet ei quidquid humanitatis et consolationis poterit
impendere, absoluendo ipsum de peccatis suis, et reconciliando,
orationes dicendo, et crucis osculum, si presens crux fuerit, sibi
dando. Et si forte mortuus sit, nihilominus absoluat eumdem. Qua-
65 liter debet infirmus uel in mortis articulo constitutus absolui per
proprium sacerdotem uel per alium, si proprius sacerdos haberi non
possit, infra in tractatu de sententia excommunicationis continetur,
in capitulo 'Deinde uidendum est'[1].

[76]   28.   *<Que peccata non delentur sine restitutione>*

Sane considerandum est diligenter quod quedam sunt peccata
de quibus nullus potest uere penitere nisi restituat, uel emendet,
si potestatem habeat emendandi, uidelicet rapina, furtum, sacrile-
5 gium, incendium, usura, et indebita extorsio talie, queste et colte,
et retentio census; item, damna data contra iustitiam, et generaliter
cuiuslibet aliene rei scienter indebita retentio. Et in his omnibus
precipiendum est penitenti in continenti, quod in continenti satisfaciat, iuxta posse, quia, iuxta uerbum Augustini, 'non dimitti-
10 tur peccatum, nisi restituatur ablatum'[1]. Et si hec peccata occulta
fuerint, occulte fiat restitutio, scilicet per manum sacerdotis uel
alterius religiose persone, suppresso nomine penitentis. Si autem
penitens non habet rem quam debet restituere, neque mobilia uel
immobilia unde posset commode satisfacere, uel, licet habeat, ta-

---

[1] **c.27** El tratado «De sententia excommunicationis» está en la segunda parte de
este *Libro sinodal*. En la edición de E. Martène - U. Durand, *Thesaurus novus
andecdotarum* IV comienza ese tratado acerca de la excomunión en la col. 741, y
el comentario «Deinde videndum est qualiter et a quibus infirmi excommunicati
et interdicti in mortis sint articulo absolvendi» se encuentra en las col. 751-754;
en Mansi, *Sacrorum conciliorum* vol. 24 el tratado acerca de la sentencia de excomunión comienza en la col. 1030, y el comentario «Deinde videndum est, etc.» se
encuentra en las col. 1040-1042. Pero en los códices de La Seu d'Urgell no se conserva esta parte, por lo que el texto de esa cita no se encuentra en nuestra edición.
[1] **c.28** La cita de san Agustín quizá procede de C.14 q.6 c.1; X 5.19.5; S. Agustín,
Epist. 135, c.6 n.2 (PL 33,662); Reg. Juris in VI 4.

---

58 obmutuit Y   60 petentem] penitentem SZ   61 quidquid] quidquam Y
64 sit] fuerit Y   68 in capitulo *om.*SZ
c.28 1 Que — restitutione *om.*Q   6 damna] in *antep.*YZ   8 in continenti[1]
*om.*Y *(homograf.?)*   quod] ut Y   10 si *om.*Z   13 penitens *om.*Z

15 men non est presens, nec esse potest, is cui est restitutio facienda,
et appareat uere penitens et contritus, et proponat satisfacere cum
poterit, ei penitentia iniungatur; et si talis fuerit infirmus, precipiat
suis heredibus quod illi satisfaciant pro eodem, si de illa infirmitate contingerit illum mori. Omnibus autem penitentibus sanis uel
20 infirmis, qui teneantur aliis restitutionem facere seu emendam, est
sollicite intimandum quod non excusantur nec liberantur ab illo
peccato precipiendo suis heredibus quod restitutionem pro ipsis faciant uel emendam, nisi ipsi principales raptores, usurarii, fures seu
alienarum rerum illiciti detentores restitutionem in continenti fa-
25 ciant uel emendam, si eam possunt facere, sicut superius continetur.

[77] Tenetur autem raptor seu aliene rei detentor ad restitutionem, tenentur etiam eius heredes, quantum eius hereditas tota
sufficere potest. Tenentur autem omnes illi qui scienter rem rap-
tam uel alienam emerunt cum mala fide, scilicet animo detinendi et
30 non uoluntate nec proposito restituendi eam domino suo; nec taliter ementes possunt recipere, recuperare seu petere pretium quod
dederint pro ipsa, nec possunt recuperare nec retinere expensas, si
quas fecerint, ipsam restituendo uel meliorando, et hoc propter ma-
lam fidem quam habuerunt emendo. Debet etiam restitui res aliena
35 seu rapta non deteriorata; set si deteriorata fuerit uel casu fortuito
perierit, uel restitui non potest integre, restituatur tantum quantum
ualebat cum omni utilitate quam consequuti sunt ex re ipsa si cum
mala fide, ut dictum est, peruenerit ad eosdem. Set facta restitutione in integrum ab uno, ceteri liberantur quantum ad restitutionem
40 domino faciendam, et nihilominus restat agere penitentiam iuxta
arbitrium sacerdotis. [78] Facienda est autem restitutio domino
uel eius heredibus, si potuerint inueniri. Set si diligenter inquisiti
et exspectati non inueniantur uel ignorantur, tunc, cum licentia et
consilio episcopi, res illa, si excedat triginta solidos, distribuatur in
45 pias causas, et maxime in pauperibus ad salutem anime illius cuius
fuit. Si uero sit ualoris triginta solidorum uel minoris, concedimus
de gratia quod distributio fiat cum consilio et licentia sacerdotis.
Verum si persona scitur, tunc est eidem solutio uel restitutio facienda. Si tamen in remotis partibus est, nec speratur quod debeat redi-
50 re, mittatur ei si commode potest fieri et secure, alioquin pro anima
eius, cum consilio ecclesie, pauperibus erogetur, et sic fiat si res sit

---

15 potest] poterit Y   is] res Z, *om.*Y   23 nisi *om.*Y   26 autem] enim Y
27 etiam *om.*Z   29 detinendi] sibi retinendi Y   30 nec² *male om.*Y
33 fecerunt Y   ipsam] rem *ad.*Y   35 deteriorata¹] set meliorata *ad.*Y
36 tantum] tamen Z   39 in integrum] integraliter Y   40 restat agere]
debent facere Y   41 sacerdotis] quia rem alienam fraudulenter et inuito domino
tenuerunt *ad.*Y   44 triginta solidos] ualorem lxxx. solidorum Barchinonensium Y
46 triginta] lxxx. Y   49 est *om.*SZ   50 ei *om.*SZ   51 sic] hoc Y

modica que restitui debet, set si res est magni ualoris, debet mitti
expensis detentoris ad illum absentem cui est restitutio facienda².
[79] Qui uero inuenerit pecuniam uel aliam rem in uia uel in loco
55 alio, debet eam reddere illi qui eam perdiderit, si eum poterit inuenire, set si nescitur cuius fuerit, publicetur per sacerdotes in ecclesiis
uel locis in quibus est inuenta. Et si dominus diu exspetatus non
uenerit, cum consilio ecclesie pro anima illius cuius fuit pauperibus
erogetur. Si autem aliquis uoluntarius et causa cupiditatis aliqua in
60 ludo lucratus fuerit, sibi est in penitentiali iudicio iniungendum
quod ea restituat illi a quo habuerit, nisi per eum ad ludum induc-
tus fuerit, et tunc in pias eleemosynas erogentur.

[80] 29.   *<Caueat sacerdos ne uerbo uel signo prodat peccatorem. Capellani scribant singulis annis nomina confiten-
tium>*

'Caueat autem sacerdos omnino, ne uerbo uel signo aut aliquo
5 quolibet modo prodat seu reuelet aliquatenus peccatorem, set si
prudentiori consilio indiguerit, illud absque ulla expressione persone caute requirat, quoniam, iuxta statuta concilii generalis, qui peccatum in penitentiali iudicio sibi detectum uel dictum presumpserit
reuelare, non solum deponetur, set in arctum monasterium detru-
10 detur ad perpetuam penitentiam peragendam'¹. Precipimus etiam
quod nomina illorum qui peccata sua confessi fuerint scribantur
singulis annis a propriis capellanis qui confessiones audierint eorumdem, ut de ipsis possint laudabile testimonium perhibere.

[81] 30.   *<Medici corporum moneant infirmos quod medicos
aduocent animarum>*

Item, 'precipimus medicis corporum, ut infirmos ante omnia
moneant et inducant quod medicos aduocent animarum, ut pos-
5 tquam fuerit infirmo de spirituali salute prouisum, ad corporalis
medicine remedium salubrius procedatur'. Et si quis medicorum
hoc non seruauerit, supponatur ecclesiastico interdicto quousque
super hoc satisfecerit competenter, 'sub uinculo anathematis prohibentes eisdem medicis, ne quis eorum pro corporali salute aliquid

---

² X 5.17.2; X 5.35.2; X 5.36.1-6; Extravag. Juan XXII 1.2 (al final).
¹ **c.29** Conc.4 Lat.1215 c.21 (COD 245); X 5.38.12.

60 penitentiali] spirituali Y   62 erogantur Y
c.29 1-3 Caueat — confitentium *om.*Q   4 aliquo] alio Y   9 set] uerum
etiam Y   13 perhibere] facere Y
c.30 1-2 Medici — animarum *om.*Q

10 infirmo suadeat, quod in periculum anime conuertatur'[1], et quod
impediat, si hoc sciuerit, procurari.

[82] 31. *<Curati et uicarii parochialium ecclesiarum possunt eligere idoneos confessores>*

Concedimus autem ex gratia curatis <et> uicariis parochialium
ecclesiarum diocesis nostre quod alios sacerdotes idoneos et peritos
5 eiusdem diocesis pura et bona intentione sibi possint eligere confessores, prout saluti animarum suarum uiderint expedire. Si uero
non idoneos et imperitos seu cum intentione corrupta elegerint,
absolutionem a talibus nullatenus obtinebunt.

[83] 32. *<De commutatione ieiuniorum et uotorum. Ne inducantur uota de non committendis peccatis>*

Ceterum, licet sacerdotes possint facere commutationes ieiuniorum uel alterius penitentie ab ipsis imposite circa parochianos
5 suos, districte tamen et propter iustam causam uotorum commutationes per eos fieri prohibemus sine nostra licentia speciali, quia
in eis est cum maiori prouidentia procedendum. Districte etiam
prohibemus ne aliquis sacerdos penitentialis inducat aliquem confitentem ad uotum committendum seu promissionem faciendam
10 de non committendis peccatis, et maxime de his que non possunt
de facili euitari, sicut quidam presbyteri faciunt aliquando hoc fieri
indiscrete. Nam contra promissionem peccando, dupliciter fiunt rei
et culpabiles apud Deum, et ideo sunt grauius puniendi.

[84] 33. *<De celebratione earum missarum, que pro penitentia in confessione iniunguntur>*

Item, consulimus et monemus ne missas iniungat sacerdos confitentibus in fauorem ipsius sacerdotis uel alterius, ut suspicionem
5 cupiditatis fugiat in hac parte; fructum tamen qui ex tali monitione

---

[1] **c.30** Conc.4 Lat.1215 c.22 (COD 245-246); X 5.38.13.

11 hoc *om.*Z
c.31 1-2 Curati — confessores *om.*Q   3 curatis <et> uicariis] ut curati
uicarii Y   et *om.*Q, *pero está en* M-D *y en* Ma *y también en* Tarazona
6 prout] ut Y   7 peritos YZ   seu] si *ad.*Y
c.32 1-2 De — peccatis *om.*Q   5 uotorum] tamen *ad.*Q   8 penitentialis]
parochialis Y   9 committendum] emittendum Y   10 committendis] faciendis Z   his] illis Y
c.33 1-2 De — iniunguntur *om.*Q   3-4 iniungant sacerdotes penitentibus Y
5 monitione] intentione Y

solet sacerdotibus euenire, consulat pauperibus erogare. Et si missas iniunxerit, eas non celebret, nec annuale quem ipsemet iniunxerit recipiat propter periculum simonie.

[85]   34.   *<De etate ad consulendum ieiunium>*

Item, omnibus confitentibus qui etatem octodecim annorum excesserint, uel minoris sunt etatis si uideatur sacerdotibus quod sint apti ad ieiunandum, precipiant sacerdotes ieiunare ieiunia ab
5 Ecclesia instituta, nec non ieiunium quadragesimale et Quatuor Temporum et alia que per Ecclesiam consueuerunt induci, nisi de ipsorum sacerdotum consilio ipsos prandere oporteat ex iustis causis necessitate urgente.

[86]   35.   *De sacramento Eucharistie*

Quoniam post receptum penitentie sacramentum, infirmis et sanis, maxime in festo Pasche, exhiberi consueuit Eucharistie sacramentum, de hoc immediate uidendum est, uidelicet: quid est, quis
5 illud instituit et sub qua forma, quare sic dicitur, que sunt necessaria in hoc sacramento, quis debet conficere et conferre, et cui debet conferri, et quare fuit institutum.

[87] Hoc sacramentum est ex certis Christi uerbis in eius Corpus et Sanguinem panis et uini conuersio. Ipse autem Christus sub
10 certa forma uerborum instituit hoc sacramentum quando scilicet in die Cene discipulis presentibus suis dixit 'Hoc est corpus meum'[1]. Dictis enim his uerbis, statim panis, quem tenebat in manibus, fuit Corpus Christi uerum, quod eisdem discipulis ad manducandum dedit. Dicitur autem Eucharistia, id est 'bona gratia', quia in hoc
15 sacramento non solum est augmentum uirtutis et gratie, immo ille totus sumitur qui est fons totius gratie et origo, ipso tamen integro remanente.

[88] Tria uero in hoc sacramento sunt necessaria, scilicet minister, ipse sacerdos; et elementum, scilicet panis et uinum; et uer-
20 ba, scilicet 'Hoc est corpus meum'. Potest et debet conficere hoc sacramentum solummodo sacerdos rite et secundum formam et claues Ecclesie ordinatus. Debet etiam sacerdos conferre aliis hoc

---

[1] **c.35** Mt 26,26; Mc 14,22; Lc 22,19.

7 celebret] nec triennale *ad.*Y
c.34 1 De — ieiunium *om.*Q   2 confitentibus] facientibus *mal*Z   3 sunt] sint Y   5 nec non] ut Y
c.35 1 De — Eucharistie *om.*YZ, *que tienen el espacio en blanco para la rúbrica*
6 conficere et *om.*Z   7 et quare fuit institutum *om.*Y   19 uinum] et aqua *ad.*Y   21 rite *om.*Z

sacramentum, uel in necessitate diaconus. Conferri debet hoc sacramentum baptizatis postquam ad annos discretionis peruenerint,
25 uere penitentibus et confessis, ieiunis, nisi necessitas infirmitatis emergat. Institutum fuit hoc sacramentum a Deo in memoriam diuinitatis et humanitatis Christi. Migraturus enim ad inuisibilia maiestatis eterne et celebrato typico pascha in agno cum discipulis suis, memoriale suum dedit, scilicet sub specie panis et uini suum
30 Corpus et Sanguinem eis dando, ut ex hoc memoriam sui in eorum cordibus infigeret, et Ecclesia hoc in posterum frequentaret.

[89] Prohibemus itaque, sub pena excommunicationis et suspensionis, ne quis sacerdos missam cantare presumat nisi prius plene expleuerit officium matutinum et etiam Horam Prime. Nullus
35 clericus altari deseruiat dum missa celebratur, nisi cum cappa clausa uel superpellicio sit indutus, nec caput teneat coopertum. Moneat sacerdos populum ne discedant ab ecclesia nisi missa finita, nisi ex aliqua necessitis causa urgente. Quia est inconueniens in festo Resurrectionis uel in aliis festis precipuis missam forte de Natiuitate
40 Domini celebrari, missas peculiares districtius inhibemus. Item, presbyteri soli cum filiis suis sine alio clerico, propter populi scandalum, non audeant celebrare.

[90] Cum quinque mappis decentibus et idoneis ad minus cooperiatur altare. Debent habere unum clericum sacerdotes bone uite
45 et honeste, qui sciat legere et cantare, et in confessione respondere, quam facit sacerdos dum intrat ad altare. Quam confessionem non debet scholaris seruiens sacerdoti celebranti facere, set quod solum respondeat ut est moris, et det absolutionem celebranti, quam dat nomine respondentis, non nomine proprio, cum sit scholaris sim-
50 plex et non ordinatus et frequenter merus laicus.

[91] Ante missam, episcopus per sacerdotem secreto certificetur (uel quicumque erit predicaturus ibidem) super uitiis que frequenter in illa parochia committuntur, ut contra illa uitia uerbo predicationis celerius occurratur. Extra ecclesiam, in priuato oratorio uel
55 in domo nullus missam celebret sine nostra licentia speciali, et tunc habeatur lapidea tabula per episcopum consecrata. Nullus sacerdos in altari in quo episcopus celebrauerit, celebret die illa, quod de honestate et in honorem dignitatis episcopalis est ordinatum.

24 discretionis] perfectionis SZ   25 ieiuni Y   30 sui] et SZ   31 Ecclesia hoc] etiam *mal* SZ   32 excommunicationis et *om.* Y   33-34 plene *om.* SZ   37 ab ecclesia *om.* Y   38 necessitatis causa] necessitate Y   inconueniens] conueniens *mal* Z   40 missas] triginta *antep.* Y   peculiares] celebrare *ad.* Y   44 habere *om.* SZ   45 in confessione] confessioni Y   49 respondentis] ecclesie Y   non] et *mal* Z   53 uerbo] uerba SZ   54 celerius] scelerius *mal* SZ, clericus *mal* Y   57 celebrauerit] missam cantauerit missam Y   58 episcopalis *om.* SZ

[92] Hostias de aliquo alio quam de mundo et puro grano fru-
60 menti fieri prohibemus, et quod sit panis azymus et non fermenta-
tus, nec uinum nisi de uuis est in hoc sacramento ponendum. Sacerdos per se paret, uel se uidente faciat parari, uinum et aquam in
calice, ne per obliuionem horum aliquid omittatur. Misse de ieiuniis in horam nonam poterunt celebrari, alie uero antea celebrentur.
65 Nullus cum uino multum albo celebret, si possit in loco rubeum
inueniri commode, cum magis uinum rubeum quam album san-
guini conformetur. Cum legitur Passio Domini, postquam dicta
fuerint uerba illa 'emisit spiritum', prosternant se clerici et laici, de
redemptione nostra Deo gratias exhibentes. Nullus post cibum uel
70 potum sumptum die illa audeat celebrare.

[93] Districte prohibemus ne quis sacerdos uerba canonis misse
communiter in missalibus usitata et consueta in diocesi Vrgellensi
omittere uel mutare presumat. Et districtissime precipimus quod
quilibet sacerdos cum summa diligentia et sollicitudine, in nullo
75 errando, nihil omittendo, nihil reiterando, proferat uerba illa canonis ab illo 'Qui pridie quam pateretur' usque ibi 'in mei memoriam
facietis', in quibus uerbis consecratio Corporis et Sanguinis Christi
consistit, et eisdem uerbis prolatis est ibi inter manus sacerdotis ipse
Dominus noster Iesus Christus cum angelis suis. Cetera uerba, que
80 precedunt et que sequuntur, sunt de sollemnitate misse, et non de
substantia. Et fiat in altum eleuatio, ut populus illud adoret.

[94] Nec quisquam, quantiscumque peccatis irretitus, ex quo
confecerit, aliquatenus Corpus et Sanguinem sumere pretermittat.
Licet enim Corpus Christi sit totum cum uera anima et cum uera
85 diuinitate sub specie panis et simili modo sub specie uini, tamen
unum est sacramentum ab uno ordinatore, scilicet a Deo ordinatum, et ad unum principalem effectum, scilicet ad salutem anime et
corporis obtinendam, et ideo non licet sacerdoti Christum sub altera specie sumere, altera pretermissa. Sacerdos uero postquam mis-
90 sam inceperit non presumat dimittere imperfectam, nisi repentina
infirmitate et intolerabili fuerit occupatus, et tunc si alius sacerdos
presens fuerit qui non celebrauerit, per ipsum inceptum officium
compleatur, qui debet officium incipere ubi noscitur alium dimisis-
se. Si uero ignoretur ubi alius dimisit, quia forsitan defecit in secre-
95 tis, a capite incipiat secretorum. Verum si secundus sacerdos presens

---

59 alio *om.*SZ   de puro et mundo et electo grano Y   63 pro obliuione Z
64 hora nona Y   alie — celebrentur *om.*SZ   68 clerici et *om.*Y   69 uel
*om.*SZ   70 sumptum] missam *ad.*Y   75 omittendo] uel mutando *ad.*Y
75-76 canonis] misse *ad.*Y   76 illo] loco *ad.*Y   80 sunt *om.*Z   82 Nec
quisquam] Nullus Y   peccatis] sit *ad.*Y   irretitus] hereticus *mal* SZ
85 et *om.*Y   uini] et *ad.*Y   94 ignoretur] nescitur Y

non fuerit, quacumque hora diei usque ad nonam haberi poterit, quod primus sacerdos dimisit secundum doctrinam dictam poterit adimplere. Si autem secundus sacerdos usque ad horam nonam haberi non poterit, remanebit officium non completum. Dicit etiam

100 quod si sacerdos incepisset canonem misse, potest eam perficere non obstante quod squilla pulsaretur, que uulgariter dicitur 'lauedadà', uel etiam si excommunicatus superuenerit, quia officium non recipit diuisionem, et ideo potest et debet continuare. Precipimus quod in calice magis de uino quam de aqua, immo parum de aqua pona-

105 tur, ne uini substantia alteretur; et quod sacerdos postquam totum accepit Corpus Christi et Sanguinis sacramentum, duas receptiones faciat iuxta consuetudinem ecclesie Vrgellensis, uidelicet primam de uino puro tantum, secundam de uino et aqua, et cum ista secunda simul perfundat digitos super calicem, et postea recipiat, nisi eodem

110 die aliam missam debuerit celebrare, quia tunc non debet recipere, nisi tantum dictum sacramentum Corporis et Sanguinis, quod si faceret, celebrationem <secundam> impediret.

[95] Non debet autem sacerdos duas missas una die celebrare, et hoc districte fieri prohibemus, nisi in die Natalis Domini, in qua

115 unus sacerdos tres missas poterit celebrare: primam de nocte, que representat tempus ante Legem, quod erat in tenebris; secundam inter noctem et diem, scilicet in aurora, quia representat tempus sub Lege, quo incipiebant de Christo scire; tertiam de die, quia representat hoc tempus, in quo sumus, gratie. Et nisi in necessitatis

120 articulo imminente, uidelicet pro exequiis uel pro benedictione nubentium uel pro magna superueniente persona, uel pro alia iusta causa, uel de nostra licentia (et non alias) in duabus uel pluribus ecclesiis annexatis. In quibus casibus unus sacerdos duas missas poterit celebrare, ita tamen quod in prima missa nihil sumpserit, nisi

125 solum Corporis et Sanguinis sacramentum.

[96] Prohibemus etiam ne missa nisi cum hostia rotunda et integra et decenti, nec nimis modica, et nisi cum uino puro, pariter et aqua; et nisi cum calice aureo uel argenteo uel stagneo, et nisi cum lumine aliquatenus celebretur; neque in panno serico aut aureo, set

130 in puro lineo, ab episcopo consecrato, quia corpus Christi sepul-

99 non completum] incompletum Y   Dicit] Dic Y   100 si *interl.*S
101 lauedada] lauadada Z, la squela vedada Y   103 continuare: *sigue en* Z *espacio en blanco para dos líneas*   105 alteretur] corrumpatur uel *antep.*Y   110-113 quia tunc — celebrare *om.*SZ *(homograf.)*   112 secundam *om.*Y, *pero está en* M-D *y en* Ma *y en* Tarazona   115 que *om.*Z   118-119 sub Lege — tempus *om.*S *(homograf.)*   118 die] clara *ad.*Y   119 in quo sumus *om.*Y   nisi in] hoc non prohibemus Y   122 alias] et *ad.*Y   127 et[1] *om.*Z   128 aureo *om.*Z   129 aut *om.*SZ   aureo] aut tincto *ad.*Y   130 lineo] uel lino panno *ad.*Y   Christi] Domini *ad.*Y

tum fuit in sindone linea atque munda. Si uero sacerdos negligenter omiserit aquam in calice ponere, ponatur quam cito aduertit, si absque scandalo possit. Si uero uinum et aquam omiserit, et ante illa uerba 'Hoc est corpus meum' aduertat, ponatur ibi statim. Si uero
135 post dicta uerba aduertit, hostia consecrata ponatur seorsum reuerenter, et in calice ponatur statim uinum et aqua, et ante calicem hostia noua, et reincipiatur canon misse, scilicet 'Te igitur, etc.', et ambe hostie insimul assumantur.

[97] Vestes sacerdotales et mappas altaris munde et pulchre te-
140 neat sacerdos, et si ablutione indigerint, in eorum hospitiis, non alibi, lauentur per ipsos, uel eorum clericos, uel per mulieres honestas, sine aliorum pannorum mixtura. Corporalia tamen lauentur propriis manibus sacerdotis, et aqua ablutionis proiciatur in piscina. Item, ampulle uini et aque munde teneantur, et sint dissimiles, ut
145 illa in qua aqua ponitur de facili cognoscatur.

[98] Item, etiam prohibemus ne aliquis in mortali peccato constitutus missam celebret, nisi prius confessus fuerit expresse et nominatim de illo peccato, si sacerdotem inueniat cui ualeat confiteri. Si uero alium sacerdotem non possit habere cui confiteatur,
150 non celebret, nisi necessitas immineat, que sine graui scandalo nequeat preteriri, ut si dies euenerit festiuus et populus iam conuenerit ad diuina, uel corpus alicuius parochiani sui defuncti presens sit in ecclesia, uel nubentes ad ecclesiam uenerint pro matrimonio faciendo, propter quod, ut scandalum euitetur, ipsum oportet cele-
155 brare. In istis enim casibus, si ueram contritionem habet sacerdos de illo peccato mortali in quo constitutus est, et proponat quam cito poterit confiteri, credimus, magistrorum sententiis inherendo, quod ualeat celebrare. Set si ueram contritionem non habet, nec propositum confitendi, in his casibus celebrare non presumat,
160 quamcumque necessitatem uel scandalum uideat eminere. Si autem sacerdos, postquam missam inceperit, reducat ad memoriam se aliquod commisisse mortale peccatum, de quo non fuerit confessus, et de quo antequam missam inceperit non recoluerit, nec habeat sacerdotem cui in continenti ualeat confiteri, perficiat mysterium iam

---

133 possit] quoniam si aquam omittit ponere non conficit, ut de consecratione distinctione secunda (De cons. D.2 c.1-2; *ver también la* Glosa Ordinaria) *ad*.Y omiserit *om*.Z   136 et aqua *om*.Z   137 scilicet *om*.Z   139 altaris] et corporalia *ad*.Y   139-140 teneant sacerdotes Y   141-142 mulierem honestam Y   143 sacerdotis] sacerdotum Y   145 illa — ponitur] ubi uinum et aqua Y   146 Item] Illud Y   prohibemus] districtissime *antep*.Y ne] ut Y   147 et *om*.Z   149 alium] aliquem Y   151 et *om*.Z   iam *om*.Z   153 nubentes] mulieres *mal* Z   conuenerint Y   160 uideat] ueniat Z   eminere] imminere Y   163 inceperit non recoluerit] incepisset non recolebatY

165 inceptum, si tamen contritionem habet de illo peccato, et proponat
quam cito poterit confiteri. Si uero ueram contritionem non habet,
nec propositum confitendi, et nondum uerba confectionis seu consecrationis expresserit, uidelicet 'Hoc est corpus meum', dimittat
officium inceptum, quia tunc ipsum complere non debet. Si autem
170 post confectionem reducit primo ad memoriam illud mortale peccatum, discrete compleat illud officium quod incepit, et conteratur
de eo et doleat quod ita tarde penitet, et confiteatur quam cito poterit habere copiam sacerdotis.

[99] 36. *De pollutione*

Pollutio si in somnis ex infirmitate seu superfluitate nature alicui euenerit, non est de necessitate a celebratione misse abstinendum, quia in hoc casu nullum peccatum est, cum magis pati quam
5 agere uideatur, licet laudabile sit et honestum abstinere ob reuerentiam Sacramenti. Si uero ex crapula seu ex potatione nimia acciderit, honestum est, nec tamen necessarium, quod a celebratione
misse abstineat illa die, si nulla fuerit necessitas quare debeat celebrare, quia in tali casu tantum est peccatum ueniale, nisi crapula uel
10 nimia potatio ex praua consuetudine consueuerit prouenire, et tunc
quousque fuerit confessus, tenetur a celebratione misse abstinere,
quia tunc reputatur peccatum mortale. Si autem acciderit ex ima-
ginatione turpi uel inhonesta, et illicita confabulatione mulierum
precedenti, tenetur a celebratione misse et a sumptione Eucharistie
15 abstinere quousque contritus fuerit et confessus, si habere poterit
copiam sacerdotis, quia in hoc casu mortale peccatum est. Et licet
his duobus casibus, post contritionem et confessionem factam, non
tenetur a celebratione misse abstinere, abstineat tamen in illa die,
maxime si non fuerit necessitas quare debeat celebrare. Si uero ha-
20 bere non poterit copiam sacerdotis, contritionem tamen habeat et
propositum confitendi, celebret si necesitas fuerit, sicut dictum est
et distinctum superius de alio peccato quando necessitas noscitur
eminere. Versus:

Crapula premeditans, languor et humor abundans
25 in somnis maculant, extrema duo sine culpa.

---

c.36 1 De pollutione *marg.* Y, *espacio en blanco* Z   6 Sacramenti] Vnde uersus:
'Crapula premeditans, languor et humor abundans in somnis maculant, extrema
duo sine culpa' *ad.* Y *(versos que en* SZ *están al final del capítulo)*   6-7 accide-
rit] ceciderit Z   9 tali] hoc Y   peccatum *om.* Y   ueniale] mortale
mal Z   10 potatio] potatione Y   16 licet *om.* Y   18 teneatur Y
20 tamen *om.* Z   23 eminere] imminere Y

[**100**]   37.   *<De significatione misse>*

Sciendum est autem quod missa passionem Domini representat. Sacerdos indutus uestimentis sacerdotalibus Christum significat. Vestimenta eius significant carnem illam sanctissimam, quam
5 pro nobis Deus induit factus homo. Diaconus et subdiaconus significant apostolos et septuaginta duos discipulos, quibus fuit officium
predicationis iniunctum. Ceroferarii denotant doctores Ecclesie,
qui sue sapientie radiis tenebras nostre ignorantie illuminare non
desinunt. Deferens thuribulum designat illos qui, pro testimonio
10 fidei, in odorem suauitatis corda sua Domino obtulerunt.

[**101**] Sacerdos uero ad dexteram altaris primo tendit, quia, sicut Salomon ait, qui a dextris sunt nouit Dominus. Itroitus misse
significat patres ueteris Testamenti, patriarchas uidelicet et prophe-
tas, qui uidere aduentum Christi immensis desideriis peroptantes,
15 hec per sua suspiria, laudes et preconia ostendendo. Introitus enim
suspiria antiquorum denotat, 'Gloria Patri' laudes designat, quas
in honorem Dei deuotissime promebant. 'Kyrie eleison' preconia
notant cum deuotione et intentione cordis ad Deum effusa, 'Kyrie
eleison' enim grece, pertinens ad diuinam Patris essentiam, inter-
20 pretatur latine 'Domine miserere'. 'Gloria in excelsis Deo' trium-
phum denotat angeli, qui ortum Christi pastoribus primo nuntiauit. Orationes que sequuntur denotant quod sacerdos populum
ad orandum inuitat, sicut Dominus orans in monte agens gratias
orauit, et orandi formam accepit. 'Dominus uobiscum' dicitur ad
25 similitudinem Christi, qui post resurrectionem dicebat discipulis
suis 'pax uobis'.

[**102**] Epistola signat doctrinam septuaginta duorum discipulorum, quos Dominus ad locum quo uenturus erat dicitur premisisse.
Responsum quod cantatur in gradualibus dicitur 'Graduale', et de-
30 notat illos qui predicatiobus apostolicis corda sua fidei prebuerunt.
'Aleluia' uero laudes et gratiarum actiones, qui de collatione Domini
laudauerunt. Euangelium uero legitur quia illud Christus publice
predicauit, et interpretatur 'bonus nuntius', quia nuntiat nobis uitam post mortem, requiem post laborem, regnum post seruitutem.
35 Et legitur a sinistro altaris quia expulsi predicatores a Iudea, co-
nuersi sunt ad gentes. Tunc uero capita denudamus ut audire uerba

---

c.37 1 De — misse *om.* Q   2 missa] missam beatus Petrus apostolus primus
hominum anti *ad.* Y (*palabras sin sentido. Falta a continuación un folio en el códice
de nuestra sigla* Y [*que es el códice* 2065 B *del* Catálogo], *folio que antiguamente tenía
la numeración* xxi. *en el margen superior derecho del folio, y el texto sigue en el folio*
xxii. *de la antigua foliación, que es el fol.* 33 *de la foliación reciente, texto que está en el*
[103] *de nuestra edición, línea* 72 *con las palabras* Gregorius quod)   9 qui *om.* Z
23 Dominus orans *texto corrupto en* SZ   33 quia] quod SZ

celestia cum intentione et cordis deuotione recolamus; tunc signo crucis nos signamus, ne diabolus superueniens tritico nostre fidei zizaniam sue prauitatis immittat; erecti autem tunc stamus ut in iis
40 que leguntur fideliter persistamus. Stare etiam debemus cum 'Secreta' misse dicuntur, unde in ipsa orat sacerdos pro stantibus. Set dum alia dicuntur, an stare debeamus iure non cauetur, ideo deuotioni, an stare an sedere debeamus, committitur, nisi de consuetudine aliud habeatur, que in his inuiolabiliter obseruanda est. Symbolum
45 uero dicitur, ut uerbis euangelii fidem nos habuisse ostendamus. 'Flectamus genua' ad articulum cum dicitur 'Et incarnatus est de Spiritu Sancto ex Maria uirgine, et homo factus est', ad reddendum gratias Deo Patri de tanto beneficio, et Saluatori de tanta humilitate, quia, ut dicit Gregorius in benedictione cerei paschalis, 'ut seruum
50 redimeres, Filium tradidisti'. Sacerdos ad populum se conuertit dicens 'Dominus uobiscum', 'Oremus', quia monet populum ut in hac confessione fidei perseueret.

[103] Oblationes populi significant quod populus et clerus iugo dominico colla subdere se manifestant. Oblatio sacerdotis panis est
55 et uini, que <per> Melchisedech sunt oblata. Panis significat Corpus Domini, cum quo fidelis anima satiatur; uinum, Sanguinem nostre redemptionis; aqua, sacramentum baptismatis, quia de corpore Christi fluxerunt sanguis et aqua baptismatis. Hostia ponitur ab aliquibus ante calicem, ut Christi stantis ante crucem memoria habea-
60 tur; ab aliquibus uero ad dextrum latus, in quo lancee ictus demonstratur. Altare uero signat crucem Domini, calix tumulum in quo sepultus est, patena lapidem quo coopertus fuit, corporale linteum quo inuolutus fuit. Et fit de lino quia sicut linum multis laboribus ad candorem deducitur, sic corpus Christi, per illud significatum,
65 per multas tribulationes uenit in gloriam. Secrete orationes significant preces quas Dominus tempore sue passionis secrete fundebat ad Patrem, dicens 'Pater, si fieri potest, transeat a me calix iste'. Quibus orationibus finitis, dicit sacerdos 'Sursum corda', pro eo quod Dominus, intuens discipulos dormientes, excitauit eos dicens
70 'Vigilate et orate, ut non intretis in tentationem'. Sacerdos etiam uirtutes celorum commonet, ut ab eorum laudibus non discrepet laus sacerdotis, dicit enim beatus Gregorius quod dum Patri Filius immolatur, celum aperitur, celi ueniunt potestates, et celestibus ima iunguntur. Sacerdos etiam tunc manus eleuat, de se crucem faciens,

---

37 cordis *om.* Z   53 clerus] corus SZ   55 per *om.*SZ   59 crucem *om.*Z   60 ictus] digitus Z   61 signat] significat Z   62 coopertus] sepultus SZ   71 celorum *om.*Z   72 enim] etiam SZ   Gregorius *vuelve el códice* Y, *fol.*33r *de la reciente foliación a lápiz, y fol.*xxii. *de una foliación antigua en el margen superior derecho del codice*   Patri] Christus Dei Y   73 celi *om.*SZ

75 ut signum passionis Domini representet. Et per hoc signum, sub
   duce Moyse, populus Israel populum Amalech debellauit, quando
   enim Moyses tenebat manus erectas ad Deum, populus deuincebat,
   quando manus submittebat, populus uincebatur. 'Sanctus' ter dicitur, quia Trinitatem denotat personarum. 'Deus sabbaoth', id est in
80 celum elatus, essentie denotat unitatem.

   [104] 'Te igitur' secrete dicitur, cum aliis secretis que sequuntur, quia antiquitus, cum alta uoce legebantur, pastores in campis
   illa uerba retro pecora decantabant, unde Dominus ex hoc motus,
   igne misso de celo, quosdam ex illis interfecit, demonstrans ut se-
85 crete ulterius legerentur[1]. A 'Te igitur' usque ad 'Agnus Dei', quid
   sacerdos faciat in canone continetur, uidelicet primo tres cruces facit, ut a triplici peccato, scilicet cogitationis, locutionis et operis,
   humanum genus liberetur; secundo facit quinque cruces in memoriam quinque plagarum Christi; tertio facit quinque, ut quinque
90 sensus corporis a noxiis retrahamus; quarto facit duas cruces, ut
   anima et corpore saluari mereamur; quinto facit septem cruces, ut
   septem donis Sancti Spiritus illuminemur.

   [105] Hostia consecrata in tres partes diuiditur. Illa pars que
   infra calicem ponitur significat illos qui adhuc uiuunt in seculo.
95 Pars que in manu retinetur, illos qui sunt in paradiso. Pars uero
   alia, illos qui sunt in purgatorio. 'Agnus Dei' ideo ter cantatur ut
   triplex gradus Ecclesie, scilicet prelatorum, continentium et coniu-
   gatorum, a Deo consequi misericordiam mereantur. Osculum tunc
   inter homines detur, ut ostendant se in pace coniunctos ex Corpore
100 Christi, per quem pax facta est in celo et in terra. Communionis
   cantus fit ideo quia letamur ex eo quod Deus uota sacerdotis accepit. Oratio sequitur ad complendum, quia sacerdos orat pro se et
   pro populo, ut sacrificium quod suscepit ad laudem Dei cedat et eis
   proficiat ad salutem. 'Ite, missa est' ideo dicitur quia datur licentia
105 populo recedendi, signans sacrificium ad Dominum pro eis fuisse
   transmissum. Chorus uero respondit 'Deo gratias', sicut apostoli
   post Ascensionem Domini adorantes Iesum regressi sunt in Hieru-
   salem cum gaudio magno, et erant semper in templo laudantes et
   benedicentes Deum.

---

[1] **c.37** JUAN MOSCHO, *Pratum spirituale,* cap.196, *Miraculum quod pueris Apa-*
mientibus contigit, qui ioco verba sanctae consecrationis protulerunt (PL 74,225-226;
PG 87,3080-3083); REMIGIUS ANTISSIODORENSIS, *Expositio missae* (PL 101,1256).

---

75 Domini] dominice Y   77-78 enim — quando *om.*SZ *(homograf.)*   79 id
est] exercituum uel *ad.*Y   81 igitur] ideo *ad.*Y   88 liberetur] emunde-
tur Y   88-89 cruces — quinque *om.*Y *(homograf.)*   91 saluari] salutari SZ
92 illuminemur] illos *ad.*Z   94 seculo] hoc *antep.*Y   95 Pars[1]] prima *ad.*Y
96 ideo *om.*Z   99 datur Y   ex] et Z   100 pax *om.*Z   106 respondit]
pro populo *antep.*Y

[106]   38.   *<De Eucharistia infirmis deferenda>*

Missa igitur celebrata, caueat sacerdos quatenus hostiam consecratam in ecclesia semper paratam habeat, in loco singulari et claui
firmato, honorifice collocatam et deuote ac fideliter conseruatam,
5   quam de quindecim diebus in quindecim dies precipimus renouari
in hunc modum, uidelicet quod sacerdos duas, uel plures si opus
fuerit, consecret hostias, quarum unam recipiat et reseruatam, et in
loco illius quam reseruauerat ponat nouiter consecratam, et postea recipiat Sanguinem et alias receptiones, sicut mos est in ecclesia
10   Vrgellensi. Et quando ab infirmo uere confesso requisitus fuerit,
statim eum communicet, ne sine communione moriatur. [107]
Moneant populum sacerdotes et diligenter inducant ut cum ipsos
deferri contigerit Corpus Christi ad communicandum infirmos, et
cum eleuabitur in ecclesia uel altari, adorando Corpus Christi, cum
15   manuum iunctione et genuum flexione et remoto capucio studeant
se Creatori suo deuotissime inclinare. Eucharistie igitur portatio
fiat cum duabus uel pluribus hostiis consecratis, ut unam integram
possit infirmo dare presbyter, et aliam reportare. Et fiat sub honesto
habitu, cruce, lumine et squila precedentibus, cum decenti custo-
20   dia, supra posito mundo uelamine, dicendo septem psalmos penitentiales cum litaniis, et, si iter longum est, quindecim psalmos. Et
ipse sacerdos per se, et nunquam per alium, ferat et referat caute
et manifeste, ante pectus ob Dei reuerentiam et honorem, ut ex
hoc apud homines fides et deuotio augeatur. Prohibentes districte,
25   ne aliquis, qui non sit presbyter, Eucharistiam communicantibus
prebeat. Diaconus autem poterit hoc facere necessitate urgente[1].
[108] Sacerdos autem causa communionis cum Corpore Christi
ueniens ad infirmum, eius confessionem audiat, prout continetur
supra in titulo proximo 'Circa infirmos'[2]. Igitur, ipso de omnibus
30   suis peccatis absoluto, et ei Christi Corpore presentato, et articulis
fidei ab ipso ibidem recognitis, et cruce reuerenter adorata, deuo-

---

[1] **c.38** D.93 c.18; De cons. D.2 c.94; X 3.41.10; Conc.4 Lat.1215 c.20 (X 3.44.1);
Conc.legat.Valladolid 1228 c. 6.1 (TR 3.326); 1 Partida 4.60-63.
[2] En el [74] de este sínodo.

---

c.38 1 De — deferenda *om.*Q   2 caueant sacerdotes Y   quatenus] quod Y
3 habeant Y   4 firmato] firmatam Z   5 dies *om.*Z, uel qualibet septimana
*ad.*Y   7 et[1] *om.*Z   8 in loco] illico Z   10 Vrgellensi *om.*SZ   quando]
si Y   12 ipsos] ad *antep.*SZ   14 eleuabitur] eleuatur Y   uel altari *om.*Y
Christi] uerum *ad.*Y   15 genuum *om.*Z   17-18 unam — presbyter]
una possit infirmo preberi Y   18 aliam] alia YZ   reportari Y   20-21 penitentiales — psalmos *om.*SZ *(homograf.)*   22 referat] deferat Y   27 autem]
cum Y   29 supra *om.*Y   30 ei] in S, sibi Y   31-32 cruce adorata deuote
et reuerenter recipiat Y

te recipiat Corpus Christi. Et si in ore infirmi aliquid de Corpore
Christi remanserit uel inde exierit, quod ab eo recipi non possit,
habens aliquam panis formam, ab ipso sacerdote conuenienter de-
35 bet sumi uel, comminutum in calice cum modico uino, dari alicui
bonam conscientiam habenti uel alicui puero, de quo sit uerisimile
quod non sit in peccato. Si uero infirmus adeo debilis fuerit quod
sub magna forma Corpus Christi non possit recipere, forma minima detur ei in calice et cum modico uino instilletur in ore infirmi,
40 quia in qualibet particula totum est Corpus Christi.

[109] 39. *<Quilibet fidelis ad minus in Pascha suscipiat singulis annis Eucharistie sacramentum>*

Volumus etiam et mandamus quod quilibet fidelis, postquam
confessus fuerit, ad minus in Pascha singulis annis suscipiat Eucha-
5 ristie sacramentum, nisi forte de proprii consilio sacerdotis ex aliqua
causa rationabili duxerit abstinendum; alioquin uiuens ab ingressu
ecclesie arceatur, et moriens ecclesiastica sepultura careat[1]. Et esset
honestum et pium communionem recipi in festiuitatibus natiuitatis
Domini et Pentecostes a quocumque fideli, et ad hoc populus indu-
10 catur. Precipientes ut sacerdotes uinum purum habeant paratum in
ecclesia, quod statim (non cum calice sacerdotis, set cum calice ad
hoc specialiter deputato) tribuant populo postquam receperit Corpus Christi. Prohibemus communicantibus ne a presentia ipsorum
sacerdotum recedant, donec de uino aliquantulum biberint et di-
15 ligenter abluerint ora sua. Item, precipimus quod dum capellanus
hostias renouat consecratas, si alique remaneant populo communi-
cato, illas recipiat ieiuno stomacho, uel in missa recepto Corpore et
Sanguine Christi ante omnem perfusionem.

---

[1] **c.39** Conc.4 Lat. 1215 c.21 (X 5.38.12).

32 si *om.*S   35 comminutum] communicatum SZ, eo minuto Y   40 Chris-
ti] Repete hic illum c. 'Hostias autem de alio, etc.' *ad.*Y *(que es el* [92] *supra)*
c.39 1-2 Quilibet — sacramentum *om.*Q   3 quod] ut Y   4 suscipiat] reuerenter *antep.*Y   9-10 inducatur] Cum autem sacerdos communicat aliquem,
debet dicere in porrectione Eucharistie, facto signo crucis cum ipsa hostia in facie
recipientis: 'Corpus et Sanguis (Sanguis] sanguinem Y) Domini nostri Iesu Christi
conseruet et custodiat te in uitam eternam. Amen'. Cum uero porrigit calicem, dicat: 'In nomine Domini nostri Iesu Christi', quia ibi est uinum purum cum aqua,
et non Sanguis, Sanguis uero commendatur cum Corpore per modum unionis,
quia non est Corpus sine Sanguine *ad.*Y   12 tribuant populo *om.*Z *(texto
corrupto)*   14 de uino] deinde Y   16-17 communicato] communi-
cante Y

[110] 40. *<De Eucharistia paruulis tradenda>*

Paruulis autem qui tante sunt innocentie quod peccato mortali non fuerint pergrauati, et talis discretionis et compositionis fuerint quod cum aliqua reuerentia et timore sint hoc Sacramentum sus-
5 cepturi, secure ministrent eisdem aliqua confessione prehabita, ut morem confitendi et communicandi assumant. In sacramentis etenim, et maxime in isto, ubi caligat oculus rationis, instruendi sunt homines et mulieres, non solum per uerba, immo per actus exteriores, ad deuotionem et fidem. Aliis uero paruulis teneribus
10 nullatenus concedatur.

[111] 41. *<De monitione per sacerdotes parochianis ante communionem facienda>*

Sacerdotes autem curam animarum habentes ante communionem parochianos suos moneant publice in ecclesia, ne aliquis in
5 mortali peccato constitutus occulte seu manifeste presumat accipere Corpus Christi. Et si uideant uel sciant aliquem in mortali peccato constitutum paratum communicare, trahant ipsum ad partem et eum secrete moneant ne communicet ullo modo, nisi prius de peccato illo uere confessus fuerit et contritus, dicentes
10 sibi quod si taliter communicaret, in damnationem sue anime redundaret. Et si monitus noluerit abstinere, non debet ei publice communio denegari, si autem a solo sacerdote, nemine alio presente, ab eo communio peteretur, non est audiendus, set potius repellendus. Verum si peccatum fuerit notorium et non est de ipso
15 uere confessus, ante satisfactionem condignam debet sibi publice communio denegari. Et hoc idem in osculo crucis dicimus et uolumus obseruari cum in die Veneris sancta ab omnibus generaliter adoretur.

c.40 1 De — tradenda *om.*Q   2 Paruulis — tante] Parum autem qui tantis Y *(texto corrupto)*   3 discretionis et compositionis fuerint] conditionis et compunctionis sint Y   5 ministrent] sacerdos poterit ministrare Y   6 morem] modum Y   8 immo] etiam *ad.*Y   9 fidem] ut superius c. 'Eucharistie igitur' *(cf.* [107] *supra)* per latius continetur *ad.*Y   10 concedatur] Set in mortis articulo uel alio, uinum cum aqua in calice porrigatur eisdem, non quod per hoc sit sacramentum, set propter fidem et assuetudinem sacramenti *ad.*Y
c.41 1-2 De — facienda *om.*Q   5 occulte *om.*S   occulto seu manifesto Y   11 noluerit abstinere *bis* Y   13 ab eo — peteretur] communionem peteret Y   18 adoratur Y

[112] 42.   <*De periculis in celebratione missarum cauendis*>

Caueant autem sacerdotes ne aliquid de Sanguine Christi extra calicem cadat. Quod si per negligentiam ipsorum acciderit, et in tabula, terra uel lapide stillauerit, lingatur, si fieri potest, per presby-
5   terum, et nihilominus radatur et quod rasum fuerit comburetur, et cinis infra altare, si fieri potest, uel iuxta altare in sacrario abscondatur, et quadraginta diebus ille cui acciderit peniteat. Si uero super altare stillauerit Sanguis, et tangat tantummodo pannum unum, sic quod non transeat ad alium, sorbeat sacerdos stillam in conti-
10   nenti, si fieri potest, et tribus diebus peniteat. Et si stilla usque ad secundum pannum peruenerit, peniteat quatuor diebus; et si usque ad tertium pannum peruenerit, peniteat nouem diebus; et si usque ad quartum peruenerit, peniteat uiginti diebus. Et linteamina que tetigerit stilla Sanguinis, tribus uicibus in tribus aquis minister uel
15   diaconus abluat, calice supposito, et aqua ablutionis iuxta altare recondatur. **[113]** Muscam uel araneam aut aliquod turpe cadens in Sanguinem non tenetur sorbere sacerdos, set ponatur in patena uel alio calice et ibi tribus aquis lauetur, et postea illa species comburetur et aqua ablutionis ac cineres similiter recondantur. **[114]** Si quis
20   per ebrietatem, nimiam comestionem Eucharistiam euomuerit, si laicus est, quadraginta diebus peniteat; si clerici uel religiosi, diaconi uel presbyteri, septuaginta diebus peniteant; et si pro infirmitatis causa euomuerit, septem diebus peniteat. **[115]** Qui uero chrisma et Eucharistiam incaute relinquerit, id est in loco clauibus non fir-
25   mato nec fideliter custodito, tribus mensibus debet ab officio suspendi, et si per eius incuriam seu negligentiam mus uel aliud animal illud comederit, ultra predictos tres menses, peniteat quadraginta diebus. Si uero aliqua enormia seu nefaria fieri inde contingerit, grauiori subiaceat ultioni. **[116]** Vbicumque autem dicatur qua-
30   draginta uel triginta, seu pluribus uel paucioribus peniteat diebus, sic debet intelligi ut per omnes dies illos aliquam penitentiam agant secundum arbitrium imponentis. **[117]** Si uero hostia fuerit inuenta sub palla altaris et dubitatur utrum fuerit consecrata, ita dicimus: quod in fine misse post receptionem Sanguinis potest eam recipere.

---

c.42 1 De — cauendis *om*.Q   4 terra uel lapide] cerea uel lapidea *mal* SZ
6 cinis *om*.Z   6-7 infra — abscondatur] intra altare recondatur uel iuxta altare
si fieri potest Y   7 Si uero] Et si Y   8 Sanguis *om*.SZ   unum]
altaris SZ   9 sic] ita Y   stillam *om*.Y   11 pannum *om*.Y   peniteat quatuor diebus] nouem diebus peniteat Y   11-12 et si — nouem diebus
om.Y *(homograf.)*   16-19 Muscam — recondantur *post* peniteat *(lin.*23)
*tr.*Y   18-19 comburatur Y   19-22 Si quis — peniteant *om*.Y   26 mus
om.Y   26-27 animal illud *om*.SZ   30 diebus *om*.SZ   31 debet]
decet SZ   penitentiam *om*.Z   agat Y   32 uero *om*.Y   33 ita *om*.Y
34 quod] sacerdos *ad*.Y

35 Et idem dicimus de aliqua parte hostie, si ita inuenta fuerit in altari, et dubitetur utrum fuerit consecrata. Et ideo caueant sacerdotes
missam celebrare uolentes, ne panis seu uinum sint in altari preter
illa que tunc fuerint consecranda.

[118] Post celebrationem missarum, sacerdotes uisitent infir-
40 mos et postea legant, scribant uel doceant pueros, uel, si pauperes
sunt, exeant ad opus rurale, absque sui officii detrimento. Vtrum
autem celebrare quotidie uel aliquando ex reuerentia <abstinere> sit
melius sacerdoti, hoc relinquatur sue intentioni, ut id faciat in quo
magis credit placere Deo, sicut dicitur de Zacheo et Centurione,
45 quorum unus placuit sacrificando, alius abstinendo. Ex negligentia
autem non est aliquatenus abstinendum.

[119]   43.   *De sacramento extreme unctionis*[1]

Quoniam infirmis, recepta penitentia et Eucharistia, exhiberi
consueuit sacramentum unctionis extreme (quod dicitur esse sacramentum egredientium), de hoc restat immediate uidendum, scilicet
5 quid est, et quis confert illud, et cui confertur, et secundum quam
formam, et que sunt in eo necessaria, et quis est eius effectus. Est
autem sacramentum extreme unctionis sacri olei materialis in corpus infirmorum delibutio siue unctio. Et debet ac potest conferri a
presbytero et non ab inferiori. Confertur etiam infirmis quibuscum-
10 que, baptizatis, penitentibus et confessis, et quibuscumque fidelibus, ex quo aliquam discretionem habuerint; et quotienscumque
infirmitas superueniat, debebit et poterit iterari, licet aliqui contra dixerint, et male. Et si habens discretionem ex contemptu uel
negligentia omittat recipere, periculosum et damnabile reputatur
15 eidem. Formam huius sacramenti hic non ponimus quia perfecte in
Ordinario continetur, quod mandamus haberi per rectores et curam
animarum regentes infra festum Omnium Sanctorum, sub pena uiginti solidorum. Quinque uero sunt necessaria in hoc sacramento,

---

[1]   **c.43** X 1.15 un.

35 de] quod Z   37 celebrare uolentes] celebrantes Y   sint] stet Y
39 sacerdotes *om.*SZ   40 et *om.*SZ   42 abstinere *om.*Q, *y también falta en Tarazona, pero está en* M-D *y en* Ma *y en el* Libro sinodal *deSalaman-
ca*   43 sacerdoti] uideatur *ad.*Y *(texto corrupto)*   ut] aut SZ   id] illud
Y   44 Deo *om.*Z
c.43 1 De — unctionis *om.*YZ *(pero con espacio para la rúbrica)*   2 Quo-
niam] Quia Y   3-4 unctionis — sacramentum *om.*S *(homograf.)*   5 se-
cundum] qua forma uel *antep.*Y   10 confessis] petentibus *ad.*Y   qui-
buscumque] etiam *antep.*Y   12 superuenerit Y   12-13 licet — male *om.*Y
15 Formam] uero *ad.*Y   quia *om.*Z   16-18 quod — solidorum *om.*Y *(vide
infra aparato de lin.*21 *con el mismo texto)*

scilicet minister, id est sacerdos; materia, id est sacrum oleum, quod
20 dicitur infirmorum; intentio, scilicet conferendi; uerba, scilicet que
in Ordinario continentur; et membra, scilicet suscipientis. Effectus
huius sacramenti est uenialium peccatorum remissio, et infirmitatis
alleuatio, si diuina sapientia id infirmo nouerit expedire. Debent
in collatione huiusmodi sacramenti plures esse sacerdotes, si potest
25 commode fieri, et non debet unus inungere et alius orationem in-
fundere (!), ne fiat diuisio sacramenti, set uno inungente et orante,
posset quilibet, scilicet unus post alium, inungere et orare. Sacerdos
autem solus cum clerico suo hoc sacramentum poterit conferre, si
non possunt sacerdotes alii adhiberi. Si uero infirmus qui petit hoc
30 sacramentum amiserit notitiam uel loquelam, nihilominus dum tamen uitam habeat, concedatur eidem. **[120]** Precipimus itaque ut
populum doceant sacerdotes, ut omnes, maxime postquam ad annos discretionis peruenerint, penitentes et confessi et recepta penitentia et Eucharistia, uel etiam ex quo aliquam discretionem habere
35 inceperint, puta decem uel duodecim annos, et totiens quotiens
infirmitas superuenerit, hoc sacramentum recipiant unctionis extreme, quia, ut dicit Iacobus apostolus, per hoc uenialia dimittuntur
et mentibus infirmorum alacritas infunditur, ut sic ad eterna guadia
citius eleuentur. Item, precipimus ut sacerdotes oleum infirmorum
40 sacrum honeste deferant, et cum magna reuerentia hoc impleant
sacramentum. Et istud sacramentum tempore interdicti non potest
laicis, uel etiam clericis, ministrari.

[121]　44.　*De sacramento ordinum*

Dictum est supra de quinque sacramentis necessariis, sequitur
uidere de reliquis duobus uoluntariis, scilicet ordine et matrimonio.
Et dicuntur uoluntaria quia sine ipsis est salus. Vnde uidendum est
5 quid est ordo, et quot sunt ordines, et quo tempore conferendi, et a
quo, et cui et qualiter. Ordo est sacramentum Ecclesie ab apostolis

---

20 conferendi] uel conferentis *ad.*Y *(en realidad* confitendi uel confitentis *texto deficiente en* Y)　　21 continentur] Quod mandamus haberi per rectores et curam
animarum infra festum Omnium Sanctorum, sub pena uiginti solidorum *ad.*Y
(ver las líneas 16-18 *con este mismo texto)*　　24 esse *om.*SZ　　25 fieri] adhiberi
*ad.*Y　　26 orante] alii postea statim orent uel uno inungente et orante *ad.*Y *(que
podría ser una omisión por homografía en los restantes códices)*　　28 autem] etiam
Y　　31 eidem] eisdem Z, potest etiam corpus defuncti lauari ut moris est, etiam
si eadem die qua unctus fuerit decesserit, quia talis lotio non prodest nec obest defuncto, set uiuis, qui per hoc reddunt testimonium sue fidei, quia tale corpus debet
in generali resurrectione resurgere, ut habetur xiii. q.ii. Non estimemus (C.13 q.2
c.19) *ad.*Y　　32 postquam *om.*Z　　33-34 penitentia et *om.*Y　　35 totiens
*om.*Y　　36 infirmitas] infirmus Z　　39 citius *om.*Y　　42 etiam *om.*Y
c.44 1 De — ordinum *om.*YZ *(pero con espacio para la rúbrica)*　　4 Et] que Y
5-6 et quot — Ordo *om.*SZ *(homograf.)*

introductum, cuius character per manuum impositionem prelati, secundum formam Ecclesie factam, cooperante Spiritu Sancto imprimitur in ordinato, ut in certis officiis ecclesiasticis ualeat minis-
10 trare. Ordines uero clericales sunt per septem gradus Ecclesie, ad modum septiformis gratie Spiritus Sancti, scilicet ostiarii, lectores, exorciste, acolyti, subdiaconi, diaconi, presbyteri, quorum quatuor primi minores ordines, reliqui uero tres maiores et sacri ordines appellantur. Qui siquidem septem gradus seu ordines a prima tonsura
15 clericali recipiunt fundamentum. Prima enim tonsura, que aliter dicitur psalmistatus, non est ordo proprie, set graduum seu ordinum fundamentum[1]. Que tonsura, etiam sola, a prelato concessa secundum formam Ecclesie, facit uere clericum, priuilegiis clericalibus insignitum; que debet esse ampla decenter atque rotunda, qua sum-
20 mus prelatus, Dei Filius Iesus Christus, in signum uictorie usus fuit, dum pro redemptione nostra corona spinea se coronari permisit.

[122] Primus igitur ordo est, post tonsuram, ostiarii, ex eo sic dicti quia preest ostiis templi. Quod officium in sua persona suscepit Christus, qui cum flagello uendentes et ementes de templo
25 eiecit, et cum dixit 'Ego sum ostium in regno Patris mei'. Secundus gradus est siue ordo lectoris, dictus a legendo, debet enim lectiones et prophetias populo legere. Hoc officium Christus compleuit cum in medio seniorum librum Isaie aperiens, distincte ad intelligendum legit. Tertius gradus siue ordo est exorciste, qui ita grece dic-
30 tus, latine dicitur adiurans uel increpans. Debet autem, inter alia, exorcismos memoriter retinere, et immundos spiritus increpare. Hoc officio Dominus usus fuit cum demoniaticos multos sanauit. Quartus gradus est acolyti, qui ita grece dictus, latine ceroferarii appellantur, debent enim, inter alia, cereos portare, quando legitur
35 euangelium uel sacrificia offeruntur. Quod officium Dominus habere in se testatur cum dicit 'Ego sum lux mundi, qui sequitur me, non ambulat in tenebris'. Quintus gradus est subdiaconi, ideo sic dictus quia subiacet preceptis et officiis diaconorum. Debent enim,

---

[1] **c.44** D.59 c.2; D.60 c.4; D.77 c.1; C.8 q.1 c.21; X 1.14.5, 9, 11; X 3.3.1, 3, 6; 1 Partida 6 proemio (y las glosas de Gregorio López).

---

7 introductum] uel ordo est signaculum quoddam Ecclesie per quod spiritualis potestas traditur ordinato *ad.*Y (*La inusual frase de que el orden es un sacramentum Ecclesie ab apostolis introductum está en todos nuestros códices, también en el manuscrito de Andorra y en el texto de Tarazona, que pensamos editar en algún día. Pero* Martène-Durand, *Thesaurus* IV col. 715, *nota (a), y* Mansi 24 col.1005, *nota (a) advierten que* 'Haec verba *ab apostolis introductum* in solo Ruthenensi codice reperiuntur, in duobus aliis codicibus non comparent') 10 per *om.*Y Ecclesie] ecclesiastici Y 20-21 usus — coronari *om.*Z 23 dicti] et uocati *ad.*Y 24 qui] quando Y 25 cum] tunc Y 27 Christus compleuit] Dominus impleuit Y 30 autem] enim Y 32 demoniaticos] Dominus *ad.*SZ 33-34 ceroferarius appellatur debet Y

inter alia, calicem et patenam ad altare Christi deferre et diaconibus
40 tradere, et administrare urceolum, aquam et manutergium tenere
episcopo et presbyteris. Hoc officio usus est Dominus quando, mit-
tens aquam in peluim, linteo se precinxit, et pedes discipulorum
lauit et tersit. Sextus gradus est diaconi seu leuite, quod nomen accepit in ueteri Testamento, quia de tribu Leui ad diuinum cultum
45 ordinabantur. Et diacones grece, latine ministri dicuntur, debent
enim, inter alia, sacerdotibus in sacramentis ministrare, scilicet in
chrismate, patenam et calicem oblationis oferre et disponere mensam Domini, crucem ferre, euangelium legere. Hoc officio Christus
usus est quando post Cenam sacramentum sui Corporis discipulis
50 dispensauit. Septimus gradus est prebyter, qui ita grece dictus, latine
senior interpretatur, non propter etatem, set propter maturitatem,
qui aliter sacerdos appellatur, id est sacra dans, debent enim, inter
alia, sacramentum Corporis et Sanguinis Domini in altari conficere, orationes dicere. Hoc officio usus est Christus quando post ce-
55 nam panem et uinum in Corpus suum et Sanguinem transmutauit.
[123] Quidam autem dicunt quod nouem sunt ordines in hac Ecclesia militante, ut prima tonsura siue psalmistatus sit primus, ordo
uero episcopalis ultimus, quo officio spiritualiter usus fuit Christus
quando discipulos congregatos benedixit, et uidentibus illis in ce-
60 lum eleuatus est.
[124] Sciendum est autem quod superpellicium seu camisa,
quam primo sacerdos induit, significat bonam fidem, quam primo
habere debemus, cum sit radix omnium uirtutum. Amictum, quo
caput sacerdotis uelatur, humilitatem significat, cum qua omnem
65 statum nostrum uelare debemus. Alba uirginitatem significat, quia
sicut fugit albedo nigrum, unitas diuisionem, sic uirginitas corrup-
tionem. Zona uero castitatem significat, nam lumbos, ubi sedet
luxuria, deprimit et restringit. Manipulus, qui in manu sinistra
defertur, istam uitam significat, ut ab hac uita ad uitam spiremus
70 eternam. Stolla, que longa est usque ad pedes, legem Dei significat,
ut in longum uite nostre in lege Dei uiuere debeamus. Infula seu
casulla, que alias uestes cooperit, caritatem significat, que uirtutes
in se continet omnes. [125] Isti uero ordines, scilicet precipue tres
maiores ordines, dicuntur sacri quia res sacra, id est gratia, per eos

---

40 tenere] manibus *antep.*Y   53 Corporis et *om.*Z   54 dicere] et dona Dei
benedicere *ad.*Y   quando] se ipsum idem sacerdos et sacrificium siue hostia in
ara crucis obtulit et quando *ad.*Y (*¿omisión por homografía en SZ ?*)   56 autem]
tamen Y   57 militante] sicut nouem ordines angelorum in Ecclesia triumphante
*ad.*Y (*¿omisión por homografía en SZ ?*)   58 uero *om.*Y   quo *om.*Y   spi-
ritualiter] speciali Y   61 Sciendum est *om.*Z *(homograf.)*   seu] scilicet Y
66 fugit *om.*Z   69 aspiremus Y   71 debeamus] debemus uel valea-
mus Y

75 confertur. Superiorum uero officia: episcoporum, archiepiscoporum, metropolitanorum, primatuum et partiarcharum et pape, et inferiora, scilicet archidiaconorum, archipresbyterorum, abbatum, decanorum, prepositorum et aliorum non sunt proprie ordines, set ordinum officia et dignitates².

[126] 45. *<De temporibus ordinationum et qualitate ordinandorum¹>*

Ordines predicti, scilicet tres maiores, conferri non possunt nisi in sabbatis Quatuor Temporum, et sabbato in uesperis Pasche, et
5 sabbato ante dominicam de Passione, que cantatur 'Sitientes'. Minores uero ordines in dictis temporibus conferuntur, et etiam diebus dominicis et aliis precipue et festiuis potest episcopus unum aut duos uel plures ad minores ordines promouere, dum tamen ordinationem generalem facere non uideatur. Conferuntur autem dicti
10 ordines solum ab episcopis et superioribus, ab Ecclesia non precisis, licet abbas, si est presbyter, primam tonsuram clericalem et lectoratum possit monacho suo conferre.

[127] Conferri autem debent dicti ordines homini litterato, non criminoso, monogamo (id est qui unan tantum habuit mulie-
15 rem, a monos quod es unum, et gamos quod est mulier monacha), sobrio, prudenti, ornato, hospitali, casto, non percussori, non litigioso, non cupido, non neophito, bene disposito, non excommunicato, non interdicto uel suspenso, non in peccato notorio exsistenti mortali, non irregulari, non illegitime nato uel ad celebrandum non
20 bene apto. Conferendi sunt uero dicti ordines examinatione precedenti. Item, gradatim, non per saltum. Item, palam, non furtiue. Item, cum deliberatione, seruatis interstitiis temporum supra dictis. Item, opportune, non importune. Quamuis enim quatuor minores ordines insimul possent recipi, non tamen sacri ordines, nec
25 etiam unus minor et unus sacer insimul sunt recipiendi, set unus

---

² Ver F. CANTELAR RODRÍGUEZ, «Los sacramentos. Exposición crítica desde los sínodos medievales españoles», en: *Revista Española de Derecho Canónico* 72 (2015) 66-70.
¹ **c.45** X 1.11.1-17; In VI 1.9.1-4.

---

75 officia] scilicet *ad*.Y   75-76 archiepiscoporum *om*.Z
c.45 1-2 De — ordinandorum *om*.Q   3 Ordines] uero *ad*.Y   5 que cantatur 'Sitientes' *om*.Y   7 precipue et festiuis] precipuis festis Y   14 monogamo *om*.SZ
habuit *om*.Z   14-15 mulierem — monacha *om*.Y, *que al margen pone:* super uerbo monogamo: monogamus dicitur a monas, quod est unum, et gamos, quod est mulier, quasi habens unicam mulierem *marg*.Y   16 sobrio] mosobrio SZ
19 uel ad] et aliter Y   non *om*.Y   22-23 Item cum — supra dictis *om*.Z
22 interstitiis] institutis Y   23 non importune *om*.Y

sacer ordo tantummodo una die uni debet persone conferri. Set nec prima tonsura simul cum minoribus ordinibus, secundum quorumdam opinionem, una debent die conferri.

[128] Precipimus itaque ut nulli clerici nostre diocesis accedant
30 ad alios episcopos, sine nostra licentia, pro ordinibus obtinendis, set ad nos ueniant temporibus consuetis, precauentes quod, cum recipiant ordines, de omnibus peccatis suis uere penitentes sint et confessi, nec aliqua sententia maioris excommunicationis uel interdicti uel suspensionis ab officio sint ligati. Alioquim, irregularitatem
35 incurrerent, quam incurrunt etiam omnes clerici maiori excommunicatione seu interdicto uel ab officii suspensione ligati, qui durante sententia scienter ingerunt se diuinis et in suo ordine officiant sicut prius. De qua irregularitate cum eis non nisi per summum pontificem poterit dispensari. Et ideo quilibet clericus debet diligentissime
40 precauere ne irregularitatis laqueo se inuoluat, cum eius dispensatio multum damnosa, sumptuosa et laboriosa exsistat. Nullus clericus sine titulo, ex quo possit, quamdiu uixerit, sine clerici opprobrio sustentari, ueniat ad nos pro ordinibus obtinendis.

[129] Clericus habens beneficium cum cura animarum, si non
45 attigerit uiginti quinque annos, uel si infra annum non fecerit se in presbyterum promoueri, beneficio priuatus est ipso iure; et si personaliter ibidem non resideat, priuabitur illo, monitione trina premissa, nisi causa rationabili secum ad tempus super residentia duxerimus dispensandum. [130] Prohibemus ne sacerdotes huius
50 diocesis ad alias dioceses sine nostris litteris et sine promotione se transferre presumant, nec sacerdotes aliarum diocesum incogniti, sine litteris sui episcopi ad celebrationem missarum populo in hac diocesi admittantur, nisi forte secrete, ex deuotione, uoluerint celebrare.

[131]   46.   *De sacramento matrimonii*[1]

Licet matrimonium magnum sit in Ecclesia sacramentum, et prius quam aliud sacramentum a Deo fuerit in paradiso institutum, quia tamen per hoc sacramentum non confertur gratia, set per alia
5 sacramenta, et quia in Ecclesia primum locum obtinent uirgines, se-

---

[1]   **c.46** X 4.1.1-32.

26 sacer ordo] sacerdos *mal* Z   tantummodo] solummodo Y   37 officiant] efficienter Z   43 sustentari] commode *antep.*Y   44 habens] ecclesiam uel *ad.*Y   45 uigesimum quintum annum Y   46 beneficio] ecclesia uel *antep.*Y 50 diocesis *om.*Z   promotionis Y
c.46 1 De sacramento matrimonii *om.*YZ *(pero con espacio para la rúbrica)* 3 aliud sacramentum] alia sacramenta Y   5 Ecclesia] Dei *ad.*Y

cundum continentes, ultimum coniugati, ideo ultimo est de sacramento matrimonii uidendum. Et primo de quibusdam preambulis ad matrimonium, scilicet de sponsalibus, scilicet quid sunt, et unde dicuntur, et quibus modis et qua forma contrahuntur, et qualiter
10 dissoluuntur, et quis est effectus eorum. Sponsalia sunt matrimonii inter uirum et mulierem promissio. Dicuntur a spondendo, it est promittendo. Contrahuntur autem quinque modis, scilicet simplici sponsione, ut cum dicit uir mulieri: Accipiam te in uxorem; et mulier uiro: Accipiam te in maritum. Item, fidei datione. Item, iu-
15 ramenti interpositione. Item, datis arrhis sponsalitiis. Item, annuli subarrhatione. Contrahuntur uero sponsalia in septennio completo, et a septennio supra. [132] Dissoluuntur autem sponsalia communi dissensu, auctoritate tamen Ecclesie. Item, propter difformitatem corporalem uel spiritualem superuenientem, corporalem ut si na-
20 sum amisserit, uel lepra uel alia difformitas, que personam reddat inhabilem, superueniat, uel spiritualem, ut si post est fornicata uel facta heretica uel aliter infidelis. Item, propter fugam sponsi uel sponse, se ad aliam prouinciam transferentes. Item, propter maius uinculum superueniens, ut si alter contraxerit cum alio per uerba de
25 presenti. Item, si dicatur secundum famam Ecclesie inter sponsos esse canonicum impedimentum. Item, si alter ad religionem transiuit. Item, si contrahentes sponsalia ante pubertatem (que est quatuordecim annorum in masculo, et duodecim in muliere), ueniens ad pubertatem contradicit. [133] Effectus sponsaliorum est ut, ea
30 contrahens, matrimonium contrahere et perficere per censuram Ecclesie compellatur. Ex sponsalibus oritur quedam attinentia, que uocatur publice honestatis iustitia, que impedit matrimonium contrahendum et dirimit iam contractum, ut puta si aliquis contrahat matrimonium cum aliqua de cognatione illius usque ad quartum
35 gradum, quam olim habuit in sponsam, et e conuerso, quod matrimonium non ualet de iure.

[134] 47. *<Sequitur de matrimonio per se. Quid sit matrimonium>*

Sequitur uidere de matrimonio, scilicet quid sit et unde dicatur, ubi et a quo fuit institutum, quis possit contrahere, qualiter con-
5 trahatur et quare, quis eius effectus, et qualiter dissoluatur, seu que impediunt matrimonium contrahendum et dirimunt iam contrac-

6-7 sacranento matrimonii] hoc sacramento Y   8 matrimonium] ualentibus *ad.*Y
scilicet²] uidelicet Y   9 contrahuntur] et qua etate *ad.*Y   11 Dicuntur]
autem *ad.*Y   17 communi] cum *mal* SZ   18 auctoritate tamen *om.*SZ *(texto corrupto)*   21-22 uel facta *om.*SZ   31 sponsalibus] autem *ad.*Y
c.47 1-2 Sequitur — matrimonium *om.*Q   4-5 qualiter — quare *om.*Z

tum. Matrimonium est coniunctio maris et femine indiuiduam uite
consuetudinem retinens, diuini et humani iuris communicatio. Dicitur autem matrimonium matris munium, id est officium. Et de-
10 nominatur magis a matre quam a patre, quia in principaliori bono
matrimonii, scilicet in prole, magis laborat mater quam pater, nam
proles ante partum est matri onerosa et in partu dolorosa et post
partum laboriosa. Eadem ratione substantia uiri et mulieris uocatur
patrimonium, quia pater magis laborat in acquirendo quam mater.
15 [135] Fuit institutum matrimonium in paradiso a Deo et ante peccatum per illa uerba Ade, ore prophetico dicente 'Hoc nunc os ex
ossibus meis et caro de carne mea, et propter hoc relinquet homo
patrem et matrem, et adherebit uxori sue, et erunt duo in carne
una¹'. Quecumque persona apta ad consentiendum et coeundum
20 potest autem contrahere matrimonium. Contrahitur autem matrimonium consensu et uerbo, ut si dicant contrahentes 'accipio te in
meum, accipio te in meam', uel 'concedo tibi corpus meum in uxorem', uel proferant uerba equipollentia consensum exprimentia de
presenti. Mutus, qui uerba proferre non potest, consensum expri-
25 mere poterit per indicia siue signa, et tale matrimonium dicitur esse
uerum. Presumptum uero uocatur quando cognoscit quis carnaliter
sponsam, cum qua sponsalia fecerat de futuro. [136] Cause uero
matrimonii sunt due principales, scilicet susceptio sobolis et uitatio
fornicationis. Effectus matrimonii est quia filii inde nati sunt legiti-
30 mi et naturales, et in potestate patris constituti, et in solidum patri
et matri ab intestato succedunt. Item etiam, ex quo tenuit matrimonium, quod tamen fuit per carnis copulam consummatum, usque
ad mortem nullo tempore dissoluetur, nisi solummodo quoad tori
separationem, si alter coniugum fornicetur, etiamsi alter fieret here-
35 ticus, cecus, surdus, mutus uel furiosus uel leprosus, uel aliud quod-
cumque horrendum incurrat. Item, quod post carnis copulam, uir
non habet potestatem sui corporis, set mulier, et e conuerso, unde
alter non potest inuito altero uitam mutare, nec religionem intrare,
et debet alter alteri debitum reddere, etiam inuitus.

[137] 48. *<De impedimentis matrimonii>*

Impediunt autem matrimonium contrahendum, et dirimunt
iam contractum ea que in his uersibus continentur:

---

¹ **c.47** Gén 2,23-24.

9 munium *om.*Z   10 quam a patre quia *om.*Z   19-20 Quecumque — matri-
monium] Potest autem contrahere matrimonium quecumque persona apta ad consentiendum et coeundum *tr.*Y   21 uerbo] uerbis Y   22-23 meum — uxorem]
uirum meum et uir accipio te in meam uxorem Y   32 tamen *om.*S
c.48 1 De — matrimonii *om.*Q

Error, condicio, uotum, cognatio, crimen,
5   cultus disparitas, uis, ordo, ligamen, honestas,
sensus et affinis, si forte coire nequibis.
Hec socianda uetant connubia, facta retractant.

Error, scilicet persone, ut si contraho cum Guillelma credens contrahere cum Petronila, unde nullum est matrimonium. Condi-
10   cio, ut si contraham cum serua credens contrahere cum libera. Votum, ut si post uotum sollemne contraham. Cognatio, que triplex est, scilicet carnalis, ut consanguinitas usque ad quartum gradum; spiritualis, ut compaternitas; legalis, ut adoptio. Crimen, ut quando uiuente uxore cognouit aliam, et ei fidem dedit quod uxore mortua
15   contraheret cum illa.; item, si uiuente uxore cum alia contraxit, et eam cognouit; item si machinatus sit in mortem uxoris, et cum alia contrahere promisit quam cognouit uiuente uxore. Cultus disparitas, ut si christianus contrahat cum Iudea uel Sarracena aut pagana. Vis, ut si contraho cum aliqua per uim uel metum, qui possit cadere
20   in constantem uirum. Ordo, ut si exsistens in sacris ordinibus, contraham matrimonium. Ligamen, ut ligatus, qui habeo uxorem, contraham cum alia, ipsa uiuente. Honestas, id est publice honestatis iustitia, ut si contraho cum aliqua consanguinea usque ad quartum gradum alicuius que fuit sponsa mea. Sensus, ut si careat sensu,
25   ut si furiosus, contrahat. Et affinis, non enim possum contrahere cum aliqua de consanguinitate mee uxoris quousque ad quartum gradum, quia omnes ille sunt mihi affines. Si forte coire nequibis, ut in frigidis et maleficiatis, qui contrahere non possunt. Per hec enim impedimenta matrimonia contrahi impediuntur, et contracta
30   separantur.

[**138**]   49.   *<De cognatione carnali>*

Et nota de cognatione carnali, que est consanguinitas, ut dixi, quia si consanguineus est in quarto gradu et consanguinea in quinto, possunt copulari. Et debent computari gradus a stipite, id est a
5   patre duorum fratrum uel sororum, a quibus descenderunt illi qui debent copulari. Stipes autem non facit gradum secundum canones, set fratres uel sorores et sunt in primo gradu, filii fratrum in secundo,

---

10 contraham] contraxi Y   15 cum alia] de facto *ad*.Y   16 sit] est Y
16-17 et cum — promisit] ut aliam haberet Y   17 promisit] promitto SZ
cognoui S   20-21 contraham] contrahat Y   21 ligatus] si ego *antep.*Y   21-22
contraho Y   25 ut si] sicut Y   28 contrahere non possunt] coire non possunt
nec contrahere Y
c.49 1 De — carnali *om.*Q   3 quia] quod Y   est *om.*SZ   4 copulari
*om.*Z   debes computare Y   7 et *om.*Y

filii filiorum fratrum in tertio, et illorum filii in quarto. Quando
uero uir est in quarto uel infra ex una linea computando a stipite,
10　et mulier in quinto uel supra a stipite, quantum distat a stipite, tantum distat hec mulier a dicto uiro, et a quolibet de linea illa uiri, et
ideo poterint copulari.

[139] 50. *<De cognatione spirituali>*

De cognatione spirituali dico quod triplex est, scilicet compaternitas in masculo, commaternitas in femina, que attenditur inter
spiritualem patrem uel matrem pueri baptizati et carnalem. Vnde
5　si contraho cum matre carnali pueri quem baptizaui uel in baptismo tenui, non ualet. Item, est spiritualis compaternitas in masculo
et commaternitas in femina, que attenditur inter baptizantem uel
tenentem in baptismo et eum qui baptizatur, et inter tales similiter
non tenet matrimonium. Item, est spiritualis fraternitas, que attenditur inter filium meum spiritualem, quem baptizaui uel in baptis-
10　mo tenui, et filiam meam carnalem, inter quos similiter non potest
esse matrimonium. Et quod dixi quod per baptismum contrahitur
cognatio spiritualis, idem intelligas de confirmatione.

[140] 51. *<De cognatione legali>*

De cognatione legali, dico quod impedit et dirimit matrimonium, ut si ego adopto aliquam in filiam meam, nunquam possum
cum ea contrahere, etiam soluta adoptione, nec etiam filius meus
5　naturalis durante adoptione. Item, inter uxorem adoptantis et filium adoptatum est affinitas legalis, que impedit et dirimit matrimonium, etiam adoptione soluta.

[141] Item, nota quod si uxor tua, postquam fuerit a te carnaliter cognita, suscepit infantem alterius mulieris in baptismo uel in
10　eius confirmatione, illa, cuius infans erit, efficitur tibi commater
per factum uxoris tue, et ideo, mortua uxore tua, non poteris illam
ducere in uxorem; et e conuerso, eamdem compaternitatem uxori
acquiri intelligas per maritum. Si uero dictam susceptionem fecit
uxor tua antequam eam cognosceres, mortua uxore tua poteris illam

9 infra] primo Y　　　11 illa] illius Y　　　12 poterunt Y
c.50 1 De — spirituali *om.*Q　　　2 dic Y　　　2-3 compaternitas] paternitas SZ
3 commaternitas] compaternitas SZ　　　4 uel matrem *om.*SZ　　　6 compaternitas]
paternitas Y　　　7 et] seu Y　　　commaternitas] maternitas Y　　　7-8 baptizantem
uel tenentem] eum qui baptizat uel tenet Y　　　9 quem] ut est ille *antep.*Y
c.51 1 De cognatione legali *om.*Q　　　3 adoptem Y　　　4-5 nec — adoptione *om.*Y
(homograf.)　　　5 adoptantis] adoptatam *mal* SZ　　　8 si *om.*SZ　　　9-10 in eius
*om.*Y　　　10 erit] suscipitur Y　　　11 factum] effectum Z

15 mulierem in uxorem ducere. Si autem filium uxoris tue, quem ab
alio generauit antequam eam duceres et esses effectus una caro cum
ea, aliqua mulier in baptismo uel in confirmatione tenuerit, illa mulier est commater uxoris tue et non tua, unde, mortua uxore tua, talem commatrem eius habere poteris in uxorem; idem est si filius ab
20 aliquo suscipiatur, quem genuisti de aliqua muliere, quia te mortuo
uxor tua poterit esse uxor illius. Et sic in tribus casibus proximis aliquis duas commatres, unam post aliam, habere poterit in uxores, et
aliqua duos compatres, unum post alium, habere poterit in maritos.

[142]   52.   *<De matrimonio clandestino>*

Precipimus itaque ad hoc ut dicta impedimenta et alia pericula
circa matrimonia sciantur et cognoscantur, et cognita euitentur, ut
matrimonia cum honore et reuerentia, in concessis gradibus, non
5 cum risu, non iocose, nec de nocte seu clandestine, set publice in
facie Ecclesie celebrentur. Districte precipientes ut ante, per tres
dies dominicos uel festiuos, uel alios quibus presens erit populus
uel maior pars eius, banna publice, ut moris est, per sacerdotes in
ecclesiis proponantur, quod inter illos tales est matrimonium con-
10 trahendum, ut infra illos dies, iuxta statuta Concilii generalis, qui
uoluerint et ualuerint legitimum impedimentum opponant; et ipsi
presbyteri nihilominus inuestigent, utrum aliquod impedimentum
obsistat. Cum autem probabilis apparuerit coniectura super impedimento contra matrimonium contrahendum, interdicatur expresse
15 contrahi per sacerdotes, donec quid fieri debeat manifestis nobis uel
officiali nostro constiterit documentis. Sane parochialis sacerdos qui
clandestina matrimonia inhibere contempserit, aut quilibet regularis
qui eis presumpserit interesse, per triennium ab officio suspendatur,
grauius etiam, si culpe qualitas postulauerit, puniendus. Set etiam
20 illis, qui taliter copulari presumpserint, pena condigna iniungatur.
Sunt etiam matrimonia clandestina contrahentes (bannis scilicet, ut
dictum est, non premissis) et omnes qui talibus matrimoniis interesse presumpserint, auctoritate prouincialis concilii et nostrorum
predecessorum ac nostra ex statutis huiusmodi ecclesie synodalibus
25 ipso facto excommunicationis sententia innodati[1].

---

[1]   **c.52** C.30 q.5 c.1-6, pc.9; X 4.1.27; Conc.4 Lat.1215 c.51 (X 4.3.3) 4 Partida
3.1-5.

15 ducere] habere Y   19 eius *om.*SZ   19-20 filius ... quem] filia ...
quam *mal* SZ
c.52 1 De — clandestino *om.*Q   3 et cognita euitentur *om.*SZ   5 cum
*om.*S   non] seu Y   7 alios] aliquos Z   8 eius] cum interuallo aliquorum
dierum *ad.*Y   10 dies] dictos *ad.*Z, predictos *ad.*Y   24 ac nostra ex statutis
*om.*SZ

[143] Prohibeant etiam subditis suis presbyteri, ne sponsalia
inter se contrahant, interposito maxime iuramento uel etiam fide,
et non nisi in loco honesto, et coram suo sacerdote, et presentibus
personis aliquibus fide dignis. Districte etiam inhibemus ne infra
30 etatem legitimam, que est quatuordecim annorum in masculo, et
duodecim in muliere, matrimonia contrahantur, et ne aliquis talibus matrimoniis interesse presumat. Alioquin, tam contrahentes
quam qui intererunt nostro seu officialis nostri arbitrio punientur.
[144] Capellani uero parochiales, quam cito sciuerint, extra forum
35 penitentiale, in suis parochiis matrimonia illicite esse contracta, iuxta formam iuris et statuta synodalia, nobis uel officiali nostro intimare procurent, alioquin nostro seu officialis nostri arbitrio grauiter
punientur. Si uero in foro penitentiali ambo coniuges confitentur
impedimenta, que pro certo esse sciunt inter eos et erant antequam
40 contraherent (ut quia alter eorum ante habebat coniugem, uel ante
erant affines uel consanguinei, uel ante uotum religionis uel aliud
sollemne uotum emiserant), tunc, imposita eis penitentia salutari,
precipiat eis capellanus ne ulterius carnaliter misceantur, et eos inducat ut nobis uel officiali nostro ea denuntient, ut decernatur in
45 foro iudiciali tale matrimonium non tenere. Si uero alter tantum
coniugum tale impedimentum esse pro certo inter eos confiteatur
in penitentia, iniungendum est illi in foro illo, ne debitum carnale
ab altero exigat, nec exactus exsoluat, etiam si propter hoc ipsum
excommunicari contingat; et tunc capellanus mittat illum ad ex-
50 communicatorem suum, qui in hoc foro penitentie debet ipsum
absoluere. Et tam ipse quam capellanus non debent ipsum uitare
ulterius in occulto iudicio animarum, ex quo occulte est absolutus,
set publice uitabitur et denuntiabitur quousque absolutionem publicam mereatur. Set si pro certo non sciat hoc impedimentum, set
55 credit hoc probabiliter et discrete, debitum non exiget, set exactus
cum cordis contritione exsoluet. Si uero leuiter et temerarie, conscientia deposita, debitum exigere et exsoluere poterit et debebit de
consilio sacerdotis. [145] Si autem affinitas post matrimonium superuenerit, ut quia alter coniugum, durante matrimonio, cognouit
60 consanguineam alterius coniugis, iniungendum est ei, in foro penitentie, a coniuge et ab illa consanguinea in carnali copula perpetuo
abstinere, etiam si ab alio coniuge exigatur, prout in casu proximo
fuit dictum, licet in iudicio Ecclesie contentioso preciperetur eidem
quod non exigeret, set cum cordis contritione exsolueret iam exac-
65 tus. Tale uero matrimonium per carnis copulam consummatum,

---

27 etiam *om.* Y   29 etiam] iuxta statuta prouincialis concilii *ad.* Y   34 sciuerint]
statuerint Z   36 synodalia] et statuta eiusdem concilii *ad.* Y   44 ea] hoc Y
55 exigat Y   56 exsoluat Y   59 quia] si Y

quamdiu ambo coniuges uixerint non soluetur, nisi quoad carnis copulam, ut est dictum.

[146] Forus autem penitentialis, et non iudicialis, ad capellanos, uterque uero ad nos uel officialem nostrum, dignoscitur perti-
70　nere. Inhibemus itaque et precipimus quod, mota questione super matrimonio uel sponsalibus, non celebretur matrimonium, donec coram nobis uel officiali nostro illa questio fuerit terminata. Districte etiam inhibemus ne aliqui, qui sponsalia contraxerint, presumant cum aliis contrahere secunda sponsalia seu matrimonium, nisi prius
75　a uinculo priorum sponsaliorum coram nobis uel officiali nostro se ad inuicem duxerint absoluendos. Et qui contra fecerint, talia secunda sponsalia seu matrimonium non denuntientur in ecclesia, nec taliter contrahentibus detur benedictio nuptialis, sine nostra uel officialis nostri licentia speciali; nolumus enim quod talis malitia
80　remaneat impunita. Si autem sponsalia contrahentes, coram nobis uel officiali nostro ad inuicem se absoluerint, Ecclesia in patientia sustinebit.

[147] Inhibemus quoque ne aliqua mulier absente uiro suo, seu uir absente uxore sua, quantocumque annorum numero absentia du-
85　rauerit, presumat contrahere aliud matrimonium, donec constet ei quod coniux eius decesserit ab hac uita. Et si contrahere uoluerit, sacerdos eius hoc fieri non permittat. Et si contra fecerit, ad nos uel officialem nostrum mittatur, ut fiat super hoc quod iustitia suadebit.

[148] Prohibemus autem ne aliquis sacerdos ignotas personas,
90　de remotis partibus uenientes, matrimonialiter copulare audeat, siue ambo ignoti fuerint uel alter eorum, nec huiusmodi matrimonium denuntietur in ecclesia faciendum, nisi de nostra uel officialis nostri licentia speciali. Si uero persone contrahentium matrimonia clandestina note fuerint facte, et ea uoluerint in facie Ecclesie
95　publicari, recipienda sunt ab Ecclesia et approbanda tamquam a principio in conspectu Ecclesie contracta, absolutione prius obten-
ta de excommunicatione, quam propter hoc incurrerunt, ita quod, bannis premissis ut moris est, confiteantur coram sacerdote publice et aliis personis pluribus se matrimonium contraxisse, uel de nouo
100　matrimonium in ecclesia contrahant de presenti, eisque, si postu-
lauerint, detur benedictio nuptialis, nisi consanguinitas uel aliud iustum impedimentum obsistat.

[149] Item, prohibemus ne aliquis parochialis sacerdos recipiat ad matrimonium contrahendum parochianum uel parochianam
105　alterius parochie, ignorante proprio sacerdote. Si uero sponsus et

---

68 iudicialis] contentiosus *ad.*Y　　78 contrahentibus] nubentibus Y　　89 sacerdos *om.*SZ　　　93 persone *om.*Z　　94 facte *om.*Z, facte et *mal om.*SA　　95 ab]
sub Z

sponsa de diuersis parochiis fuerint, et banna premissa fuerint, matrimonium poterunt contrahere et benedictionem nuptialem recipere in quacumque ecclesia uoluerint, prouiso quod certas litteras
uel nuntios suorum presbyterorum habeant et ostendant, continen
110 tes quod in ecclesiis quarum sunt parochiani denuntiatum fuit illud
matrimonium contrahendum, et quod ipsi presbyteri nullum sciunt
uel audierunt impedimentum consistere inter eos. Littere que debent fieri sequuntur:
　　Forma littere: 'Discreto uiro capellano ecclesie talis, capellanus
115 talis salutem in Domino. Noueritis nos in nostra ecclesia banna publice, ut moris est, emisisse, quod inter talem parochianam nostram et talem hominem, parochianum uestrum, est matrimonium
contrahendum, in quo nullus apparuit contradictor, et nos ipsam
aptam credimus, prout humana fragilitas nostra nouit. Datis in tali
120 loco, tali die'. Si uero apparuerit contradictor, non procedat ad matrimonium capellanus, set citet contradicentem, ad instantium eius
cui contradicitur, ad diem competentem coram officiali, cui scribatur hoc modo.
　　Forma littere: 'Viro uenerabili et discreto domino officiali Vrgel
125 lensi, capellanus de tali loco salutem et reuerentiam cum honore.
Nouerit uestra discretio quod cum in ecclesia nostra banna publice
emitterem, ut est moris, quod inter talem hominem et talem mulierem erat matrimonium contrahendum, talis se opponit, dicens hoc
fieri non debere propter talem causam. Quare citaui peremptorie
130 dictum contradicentem, ad instantiam predicti cui contradicit, ut
tali die in ciuitate Vrgellensi compareat coram uobis, prosecuturus
canonice cum predicto cui contradixit dictam causam. Datis in tali
loco, die et anno tali.' Si uero sit fama uel dicatur a fide dignis quod
iustum impedimentum est inter eos, nec tunc procedat ad matri
135 monium capellanus, set citet eos peremptorie, ut die competenti
coram officiali in ciuitate Vrgellensi compareant, super dicto impedimento iustitiam suscepturi.
　　[150] Licet autem parochianus alicuius ecclesie exuatur a iure
parochiali prime ecclesie per tanslationem domicilii in parochiam
140 alienam, nihilominus tamen fiat denuntiatio matrimonii contrahendi in illa ecclesia in cuius parochia uolentes contrahere longam
fecerint moram, et etiam in illa in quam suum transtulerunt do-

106 parochiis] ecclesiis parochiani Y　　112-137 Littere — suscepturi *om.*Y
114 Forma littere *om.*Z　　114-115 capellanus talis *om.*Z *(homograf.)*　　121 citet] dicet Z, *desde aquí (fol.*124v*) faltan los folios y el texto del códice* A *o de* Andorra　　124 Forma littere *om.*Z　　127-128 et talem — mulierem *om.*Z *(homograf.)*
133 fama] sententia *mal*Z　　138 exuatur] eximatur Y　　142-146 in illa — contrahere *texto corrupto en* Z

micilium et morantur, maxime si de nouo se transtulerint in parochiam alienam.

145   **[151]** Quia sepe contingit quod, propter aliqua impedimenta,
sponsus et sponsa uolentes matrimonium contrahere, post celebrationem misse ad ecclesiam ueniunt, et, licet missam non audierint
die illa, benedictionem nuptialem postulant sibi dari, benedictio
nihilominus datur eis. Honestum tamen est quod, si potest com-
150 mode fieri, missam prius audiant, et in fine misse benedictionem
recipiant nuptialem, postquam sacerdos suscepit Christi Corpus et
Sanguinem, uelut in missali continetur.

    [152] Districte etiam prohibemus quod si simul uir uel uxor
fuerint benedicti et, illo matrimonio dissoluto, alter illorum co-
155 niugum secundum matrimonium contrahat cum persona alia benedicta, uel etiam non benedicta, nullatenus benedicantur taliter
contahentes, quia caro semel benedicta trahit ad se non benedic-
tam, cum post carnalem commixtionem effecti fuerint una caro,
et sic benedictionis communicabunt actionem, ut sic benedictioni
160 nuptiali, que sacramentalis est, nulla iniuria per iterationem fieri
uideatur. Sacerdos uero qui contrarium fecerit, ab officio bene-
ficioque suspensus de iure ad Sedem apostolicam est mittendus.
Sunt autem quedam tempora in quibus sollemnitates fieri non debent matrimoniorum et nuptiarum, nec dari benedictio nuptialis,
165 uidelicet ab Aduentu Domini usque ad octauas Epiphanie, et a
Septuagesima usque ad octauas Pasche completas, et a tribus diebus ante Ascensionem Domini usque ad dominicam primam post
Pentecostem. Set in ipsa dominica post Pentecosten, et deinceps
usque ad Aduentum Domini, possunt matrimoniorum et nuptia-
170 rum sollemnia celebrari.

---

147 ueniunt] uenire Y   148 postulant *desde aquí falta alguna parte del
texto en* S, *deteriorado parcialmente su fol.* 58r   149 detur Y   150 fieri] ut
*ad.*U   151 suscepit *om.*Y   152 Sanguinem] non ante *ad.*Y   153 si
*interl.*S   155 alia *om.*Z   156 uel — benedicta *om.*Z *(homograf.)*   158 car-
nalem] copulam et *ad.*Y   fuerint] sint Y   165 Epiphanie] inclusiue *ad.*Y
166 completas] id est dominicam in Albis inclusiue Y   167 primam *om.*Y
Pentecostem] inclusiue secundum meliorem opinionem *ad.*Y   167-170 Set
in — celebrari] Set post ipsam dominicam et deinceps poterunt matrimoniorum
et nuptiarum sollemnia celebrari usque ad Aduentum Domini Y   170 celebrari: *después de* celebrari *los códices* S (fol.58v), Sa (hoja 141), *el* Y (fol.41v),
y el códice Z (fol.93r) *traen la declaración o protesta con:* Si que — predicta, *texto
que editamos en* [171], *como final del texto que tenemos del* Libro sinodal, *ya que
como conclusión final parece que es el lugar donde debiere estar esa declaración o
protesta de fidelidad, aunque no se encuentra en* Martène-Durand *ni en* Mansi, *ni
tampoco figura en la copia de* Tarazona *con este* Libro sinodal *o* Tratado de los siete
sacramentos

[**153**]　53.　*De uita et honestate clericorum*

　　Vt clericorum mores et actus in melius reformentur, continen-
ter et caste studeant uiuere clerici uniuersi, presertim in sacris ordinibus constituti[1], isti enim necessario castitatem seruare tenentur,
5　quam tacite uouerunt Domino sacrum ordinem assumendo. [**154**]
Clerici quoque qui stipendiis ecclesiasticis sustentantur et qui non
habent beneficium Ecclesie, sunt tamen in sacris ordinibus constituti, debent quotidie dicere per septem Horas diuinum officium
nocturnum pariter et diurnum, prout dicitur communiter in eccle-
10　sia Vrgellensi et in breuiariis continetur, scilicet Matutinas, Primam,
Tertiam, Sextam, Nonam, Vesperas et Completorium, nisi infirmitatis necessitas excusaret. Et non cum syncopa, set distincte, et cum
intentione sollicita et deuota laudes istis temporibus Creatori nostro
super iudicia sue iustitie referendo, et si per competentes horas dicte
15　non fuerint, tamen postea persoluantur. Item, in ecclesiis sunt dicende, si commode fieri potest, alias uero ubi fieri poterit commode
et honeste. [**155**] Officium uero beate Marie nullus dicat induendo
uel calciando, set alias debite et deuote. Sacerdotes moneant clericos
sue parochie in minoribus ordinibus constitutos ut singulis diebus
20　saltem beate Marie uirginis Horas dicant et commemorationem aliquam pro defunctis.

　　[**156**] A crapula et ebrietate, maxime in anniuersariis et aliis
conuiuiis, comessationibus superfluis et a confabulationibus illicitis
omnes clerici se abstineant, et uinum sibi temperent et se uino, et
25　tabernas prorsus euitent, nisi forte causa necessitatis in itinere constituti. Ad aleas et taxillos non ludant, nec istis ludis intersint, nec
ad luctas laicorum accedant, mimis et ioculatoribus non accedant.
[**157**] Coronam et tonsuram, sine pilo, deferant congruentem,
nec officia seu commercia exerceant secularia, maxime inhonesta,
30　set officia ecclesiastica et alia bona studia exerceant diligenter. Pannis rubeis et uiridibus non utantur, manicis consutitiis aut sotularibus rostratis seu cordelatis non utantur, <et clausa deferant desuper
indumenta, nec frenis, sellis, pectoralibus et calcaribus deauratis
utantur>. Ballistas, arcus, lanceas et falcones custularios seu alia

---

[1]　**c.53** Conc.4 Lat.1215 c.14 (COD 242); X 3.1.13.

c.53 *(Texto base de* Villanueva, *Viage* XI pág.323-327; *aparato de* Y fol.41v-42r; *referencias en* Martène-Durand, *Thesaurus* IV, col.725-729, y Mansi 24, col.1015-1019)
1 De — clericorum *om.* Y　　4 isti enim] etenim V　　5 tacite] tam cito Y *(texto
corrupto)*　　10 Vrgellensi] Sancti Ruffi V　　Matutinas *om.* V　　12 syncopa] quae
de medio tollit quod eptesis auget *ad.* V　　16 uero *om.* V　　19 parochie *concluye
el texto de* Y (fol.42r), *en el que sigue más de medio folio en blanco*　　32-34 et
clausa — utantur *om.* V *(homograf.), ad.* M-D y Ma

35 arma non deferant, nisi forte ex causa rationabili probabilis timoris
uel guerre, et uenationibus non intendant.

[158] Inhibemus districte ne clerici feminas teneant de quibus
suspicio incontinentie possit esse, set nec rectores ecclesiarum iuuenes mulieres, matres, sorores, amitas et consanguineas secum in do-
40 mibus ecclesiarum tenere presumant, set alibi, si pauperes fuerint,
eis poterunt necessaria ministrare. Quicumque autem clericorum
manifeste secum tenuerit concubinam, peccato suo se nouerit excommunicationis sententia innodatum, et iuxta statuta prouincialis
concilii, si habet beneficium, priuetur eodem, nisi ex causa pro-
45 babili secum duxerimus dispensandum. Item, clericus beneficiatus,
qui per annum in excommunicatione perstiterit, et in impetran-
da absolutione negligens fuerit, per eadem statuta suo beneficio
est priuandus, nisi diocesanus secum duxerit dispensandum. Filios
quoque illegitimos presbyterorum, clericorum, beneficiatorum nu-
50 triri in eorum domibus, iuxta prouincialis eiusdem concilii statuta,
sub pena excommunicationis prohibemus.

[159] Districte etiam prohibemus ne aliquis clericus trunca-
tionem membrorum faciat, aut dictet faciendam, dictando sententiam sanguinis uel proferendo uel scribendo. Alioquin, irregulari-
55 tatem incurret. Nec in loco ubi talia fuerint uel exercentur, dum
fiant, interesse presumat. Nullus quoque clericus in sacro ordine
constitutus chirurgie artem exerceat, que adustionem uel incisionem inducat, nec tabellionatus fungatur officio in curia seculari².
[160] Nulli clerici beneficiati ac in sacro ordine constituti procura-
60 tiones seu baiulias uillarum seu castrorum, ac iudicaturas secularium
personarum recipere seu tenere presumant; aut procuratores exsis-
tere quorumlibet laicorum, aut tutores seu curatores, seu aduocati
in curia seculari, nisi pro se ipsis et ecclesiis suis et personis miserabilibus uel consanguineis suis et uniuersis religiosis et sacerdotibus.
65 Precipientes ut clerici, et precipue sacerdotes, mercata aut nundinas
non frequentent sine rationabili causa, et tunc incedant in habitu
decenti et honesto. [161] Qui uero parochialem habet ecclesiam,
non per uicarium, set per se ipsum illi deseruiat in ordine quem
ipsius ecclesie cura requirit, in ipsa personaliter residendo, sicut iura
70 precipiunt et requirunt, nisi cum eis ex causa rationabili ad tempus
duxerimus dispensandum, et tunc nobis presentet uicarios, quos
non admittemus nisi, examinatione premissa, ipsos inuenerimus
uite laudabilis et honeste conuersationis, et qui sciant construere ac
competenter legere et cantare. [162] Hospitalitatem quoque in ec-

---

² Conc.4 Lat.1215 c.18 (COD 244); X 3.50.9.

---

53 faciendam] ferendam V   56 presumant V   70 ad tempus] ab ipsis
mal V

75 clesiis teneant secundum quod facultates eorum poterunt commode sustentare, precipue circa fratres Minores et Predicatores, cum
causa predicationis vel alia qualibet ratione ad eos ipsos contigerit
declinare, eos enim precipimus ab omnibus presbyteris, rectoribus
ecclesiarum diocesis Vrgellensis caritatiue recipi et benigne tractari.

80 [163] Districte etiam precipimus ut clerici coniugati, qui tamen
non sunt bigami et guadere uelint priuilegio clericali, tonsuram et
uestes deferant clericales, uilia officia non exerceant, nec portent
uestes uirides, rubeas seu uirgatas.

[164] Quidam clerici dono uel pretio sibi cedi faciunt actiones,
85 ut aduersarios ad ecclesiasticum forum trahant et eos, quousque
cum eis composuerint, fatigant laboribus et expensis, quod omnino
fieri prohibemus.

[165] Quilibet parochialis sacerdos parochianos suos diligat
affectione filiali, nec damno aliquo illos officiat, set ipsos diligat
90 uerbis, factis pariter et exemplis, et se eis exhibeat patientem et be-
nignum, ut per ipsius sacerdotis uitam laudabilem et humilitatis
exemplum eos inuitet ad deuotionem <diuini> officii et confessionem peccatorum suorum eidem sacerdoti libenter et securiter faciendam.

95 [166] Cum ex officii nostri sit debita deuotione excessus corrigere subditorum, ne sanguis ipsorum, id est anima, de nostris
manibus requiratur, et sepe euenit quod clerici atrocia perpetrantes,
propter nostrorum absentiam ministrorum effugiunt et euadunt,
et sua crimina remanent impunita: sub excommunicationis pena
100 districte precipimus ut si quis clericus homicidium, sacrilegium, incendium uel furtum uel aliquod delictum, quod captionem requirat fecerit in nostra dioecesi Vrgellensi, uel commiserit, uel aliquem
atrociter (nisi se defendendo) uulnerauerit, capiatur per archidiaconum uel archipresbyterum, aut, si quis istorum presens non fuerit,
105 per priorem seu rectorem seu capellanum ipsius ecclesie in cuius parochia dicta crimina commissa fuerint, et captus apud Vrgellensem
uel nostra castra propria proxima ad expensas nostras per clericos
adducatur, adhibito ad hoc, si opus fuerit, auxilio brachii secularis,
ut clerici ab illicitis arceantur et scandalum ex impunitate clerico-
110 rum delinquentium proueniens euitetur.

[167] Statuimus a clericis delinquentibus tales penas seu multas
per nostros curiales exigi et leuari (in pias causas et licitas nostro uel
officialis nostri arbitrio expendendas) pro bannis scilicet fructuum

88 diligant V   90 exhibeant V   92 diuini *om.*V, *pero está en.*M-D *y en* Ma
96 id est] et *mal* V   97 atrocia perpetrantes] arciori perpetratione V *(texto
defectuoso)*   106 Vrgellensem *espacio en blanco en* V, Ruthenam M-D y Ma
109 impunitate] in presencialitate V *(texto corrupto)*   110 proueniens]
proueniente V   113 expendendas] exponendas V

subtractorum, et pro eundo de nocte sine lumine post tube sonitum
115 uel campane, et pro cruentationibus et ictibus uiolentis, quales a laicis in huiusmodi casibus consuetum est exigi et leuari per seculares
dominos in diocesi Vrgellensi, seu alias de quibus nobis uel officiali
nostro uidebitur faciendum, et nihilominus damna passis satisfactionem facere teneantur.

120 **[168]** Sacerdotes parochiales bono zelo, et non ex odio, de clericis sue parochie uitio incontinentie seu aliis grauioribus criminibus
diffamatis manifeste nos uel officiales nostros secreto certificare procurent, ut erga correctionem illorum celeriter occurramus. Et hoc in
uirtute sancte obedientie districte precipimus obseruari.

125 **[169]** Illi autem clerici, qui dimittunt tonsuram et habitum
clericalem ex iniquitate et malitia contra Deum et iustitiam et honestatem cleri, armis acceptis, inuerecunde crudelitati et enormitati
scelerum se immiscent, et ibi deprehenduntur, etiam nulla monitione preeunte, quousque se corrigant; item, clerici qui ex leuitate
130 et lasciuia uel negligentia, tonsura et habitu clericali dimissis, arma
solum deferunt uel secularibus negotiis prohibitis se immiscent,
tertio moniti desistere nolunt, quosque se corrigant; item, goliardi
qui sunt inueterati in sua goliardia, de quibus non est spes corrigen-
di, quousque se corrigant; item, bigami: foro ecclesiastico et omni
135 priuilegio ecclesiastico vel clericali sunt exclusi. Clerici quoque qui,
non dimisso habitu clericali, ut laici mercaturas et negotiationes clericis prohibitas exercentes, priuilegium de non prestandis talliis et
aliis muneribus laicalibus, post trinam monitionem amittunt.

[170] Districte prohibemus ne aliquis rectoriam seu uicariam
140 alicuius ecclesie huius diocesis ab aliquo recipiat, nisi prius presentatus fuerit nobis, et a nobis curam receperit animarum. Nec aliquis
curam seu uicariam cure animarum audeat recipere alias suscipere
uel dimittere, nostra licentia non obtenta. Nec aliquis recipiat duas
curas, nisi essent in ecclesiis annexatis. Item, quod nullus clericus
145 iuramentum seu promissionem aliquam faciat patronis ecclesiarum
antequam presentetur, propter periculum simonie.

[171] *<Protestatio scriptoris>*

Si que fuerint bene dicta in opusculo presenti, soli Deo attribuatur,
set si que minus bene, ignorantie proprie, paratus corrigi a quocumque
et etiam edoceri. Correctioni sacrosancte Romane subiciens omnia et
5 *singula predicta.*

117 Vrgellensi *espacio en blanco en* V, Caturcensi vel Ruthenensi vel Tutelensi M-D
y Ma   127 cleri] Dei *mal* V   140 recipiat] recipere V   144 esset V
Prot. 1 Protestatio scriptoris *om.*Q   2 presenti] predicto V   attribuantur VY
set *interl.*Z, *om.*Y   3 a quocumque *om.*V   5 predicta] supra dicta VY

9. *Tabula christianae religionis, seu Libri synodalis abbreviatio,* 1364

La tabla de la religión cristiana que seguidamente editamos aparece como un brevísimo resumen del *Libro sinodal* o *Tratado de los siete sacramentos,* que acabamos de presentar, por lo que nos parece que lo adecuado es editar la tabla o resumen después de dicho libro sinodal y no antes. Pero en las fuentes aparece esta tabla colocada antes del texto del libro sinodal, como se puede ver en los códices que la contienen y también de alguna forma en Villanueva, aunque no edita el libro sinodal ni el texto de la tabla[1]. Es verdad que algunos sínodos contienen en su comienzo unos breves resúmenes de la doctrina cristiana, similares al compendio que contiene esta tabla. Pero la presente tabla fue compuesta para colocarla después del texto del libro sinodal, como expresamente advierte su proemio cuando dice: «Licet in *Tractatu septem sacramentorum* supra ordinato». Es absolutamente indudable que el texto del libro sinodal no fue redactado por el obispo Guillermo Arnaldo de Patau, aunque él se lo atribuye, igual que unos cuantos años antes se lo habían apropiado ya en la diócesis de Tarazona. Pero en cambio quizá se pueda pensar que el breve texto de la presente tabla lo compuso el obispo Guillermo Arnaldo o alguno de sus colaboradores.

Tradición manuscrita y editorial: S fol.27v-29v (texto base de nuestra edición); Sa o ACA 28 hoj.70-77 (texto muy borroso y casi ilegible, como el de todo este manuscrito, pero texto idéntico al del códice Z); Z fol.37r-40rb; V pág.327 (que contiene únicamente el proemio, que es nuestro [1]).

[1] <*Proemium*>

    Licet in *Tractatu septem sacramentorum* supra ordinato de ali-
    quibus sequentibus latius habeatur, attamen quia temporibus
    nostris breuitate gaudent moderni, ad eruditionem curatorum et
5   etiam aliorum quorumcumque nostre diocesis quorum capacitas ad
    maiora non ascendit, ignorantia scripture sacre faciente, sequuntur
    quedam que ad eruditionem faciunt christianorum et ad salutem
    tendunt animarum.

---

[1] J. VILLANUEVA, *Viage literario* XI.327 edita únicamente el texto del proemio, que es el [1] de nuestra edición.

Pr. Proemium *om.*Q   2 supra ordinato *om.*V   3 quia tamen V   8 animarum] Sequitur tabula christianae religionis. Deo gratias. Postea sequitur tractatus de septem ecclesiasticis sacramentis, quem composuit reverendus in Christo pater et dominus Guillermus, Vrgellensis episcopus, ad salutem animarum et ad instructionem omnium sacerdotum, et maxime curatorum suae diocesis, et habetur pro constitutione synodali. Item, constitutiones synodales reverendi in Christo patris et domini domini Francisci, divina miseratione Vrgellensis episcopi, in prima synodo per eum celebrata anno a nativitate Domini M.CCCC.XVI die XVII mensis madii, in qua, inter alia, fuit concessum caritativum subsidium à prelatis rectoribus

[2] Primo. Sequuntur septem uirtutes principales: Fides, spes,
10 caritas, iustitia, temperantia, fortitudo et prudentia.

[3] Secundo. Sequuntur septem mortalia peccata: Superbia,
auaritia, luxuria, ira, gula, inuidia, accidia.

[4] Tertio. Sequuntur septem uirtutes contrarie peccatis mortalibus: Humilitas, largitas, castitas, amor proximi, patientia, absti-
15 nentia et diligentia.

[5] Quarto. Sequuntur septem opera misericoridie pertinentia
ad animam: Sanum consilium petentibus dare. Sacram doctrinam
insipientes docere. Peccatores facere ad salutem reuerti. Mestos et
desolatos consolari. In tribulationibus pauperum participem se ex-
20 hibere et iuuare pro posse illos. Pro peregrinis et laborantibus sepe
et feruenter orare ad Deum. Pro omnibus fidelibus defunctis effundere sepissime pias preces.

[6] Quinto. Sequuntur septem opera misericordie pertinentia
ad corpus: Vestire nudos. Cibare famelicos. Potare sitientes. Visita-
25 re infirmos. Visitare incarceratos. Hospitare pauperes et peregrinos.
Sepelire defunctos.

[7] Sexto. Sequuntur septem sacramenta Ecclesie: Baptismus,
confirmatio, sacer ordo, sacramentum misse, matrimonium, confessio, extrema unctio.

30 [8] Septimo. Sequuntur septem dona Spiritus Sancti: Donum
sapientie, donum intellectus, donum scientie, donum consilii, donum pietatis, donum fortitudinis, donum timoris Domini.

[9] Octauo. Sequuntur septem petitiones contente in Pater noster: Primo, petimus ut sanctificetur et glorificetur nomen Dei in
35 nobis per bona opera, ibi: sanctificetur nomen tuum.

Secundo, ut Deus faciat nos coheredes regni sui, ibi: adueniat
regnum tuum.

Tertio, ut sicut angeli faciunt uoluntatem Dei in celis, sic et nos
faciamus in terris, ibi: fiat uoluntas tua sicut in celo et in terra.

40 Quarto, ut Deus nobis det necessaria corporis et anime, ibi:
panem nostrum quotidianum da nobis hodie.

Quinto, ut Deus dimittat nobis peccata nostra sicut et nos di-
mittimus offensas nobis factas, ibi: dimitte nobis debita nostra sicut
et nos.

45 Sexto, ut Deus non permittat nos tentari ultra quam possimus
pati et sit nobis necessarium, ibi: et ne nos inducas in tentationem.

---

et clericis civitatis et diocesis Vrgellensis, scilicet duos solidos pro libra secundum
taxationem decimae pro beneficiis taxatis in aliis secundum valorem, considerantes quod in ecclesia Vrgellensi non fuit celebrata synodus à reverendissimo patre
et domino domino Guillermo, memoriae recolendae, episcopus Vrgelensis, à quo
effluxerunt anni quinquaginta duo, licet in constitutione domini Guillermi predecessoris nostri, etc. *ad.*V   39 fiat *om.*Z

Septimo et ultimo, petimus ut Deus liberet nos a malis et periculis omnibus, preteritis, presentibus et futuris, ibi: set libera nos a malo.

50 **[10]** Nono. Sequuntur septem dotes hominis glorificati. Dei clara uisio, perfecta fruitio, et secura tencio. Ista erunt in anima. Impassibilitas, subtilitas, agilitas, claritas. Ista erunt in corpore.

[11] Decimo. Sequuntur septem etates hominis. Prima etas est infantia, et durat usque ad vii. annos. Secunda, pueritia et durat us-
55 que ad xv. annos. Tertia, adolescentia et durat usque ad xxv. annos. Quarta, iuuentus et durat usque ad xxxv. annos. Quinta, uirilitas et durat usque ad quinquaginta annos. Sexta, senectus et durat usque ad lxx. annos. Septima et ultima, decrepitas seu grauitas et durat usque ad mortem.

60 **[12]** Vndecimo. Sequuntur sex etates mundi. Prima etas mundi fuit ab Adam usque ad Noe. Secunda a Noe usque ad Abraham. Tertia ab Abraham usque ad Dauid. Quarta, a Dauit usque ad transmigrationem Babilonis. Quinta, a transmigratione Babilonis usque ad aduentum Christi. Sexta, ab aduentu Christi usque ad
65 finem mundi.

[13] Duodecimo. Sequuntur quinque sensus corporis: Visus, auditus, gustus, tactus et odoratus.

[14] Tertiodecimo. Sequuntur duo principalia mandata Legis, in quibus pendunt leges et prophete: Diliges Dominum Deum
70 tuum ex toto corde tuo et ex tota anima tua et ex tota uirtute, et proximum tuum sicut te ipsum.

[15] Quartodecimo: Sequuntur decem mandata Legis:

Primum mandatum: Non adorabis deos alienos, set unum solum Deum, Patrem et Filium et Spiritum Sanctum.

75 Secundum: Non accipies nomen Dei tui in uanum, id est Non periurabis.

Tertium: Non falsum testimonium dices.

Quartum: Sabbata sanctifices, id est colas diem dominicam et alia festa precepta per Ecclesiam.

80 Quintum: Honora patrem et matrem, ut sis longeuus super terram.

Sextum: Non mechaberis, id est fornicationem et adulterium fugias.

Septimum: Non occides.

85 Octauum: Non furtum facies.

Nonum: Non concupisces uxorem proximi tui.

Decimum et ultimum: Non desideres res proximi tui.

72 Legis *om.* Z   85 facias Z

[16] Quintodecimo. Sequuntur quatuor consilia Christi, ad
que tenentur uiri perfecti.

90   Primum, mansuetudo et profunda humilitas, ibi in euangelio:
'Si quis percusserit te in maxilla una, prebe ei alteram'.

Secunda, paupertas spiritus, ibi in euangelio: 'Si uis perfectus
esse, uade et uende omnia que habes et da pauperibus et sequere me'.

Tertium, uirginitas seu perfecta castitas, ibi: 'Qui potest eam
95   habere, habeat'.

Quartum, inflammata caritas, ibi in euangelio: 'Orate pro per-
sequentibus uos et calumniantibus uos'.

[17] Sextodecimo. Sequuntur octo beatitudines iustorum.

Promissio regni celorum pauperibus spiritu.

100   Promissio terre uiuentium suauibus et mitibus.

Promissio filiationis Dei pacificis.

Promissio uisionis Dei corde mundis.

Promissio consequende misericordie facientibus misericordiam.

Promissio consolationis eterne deflentibus peccata proximi et sua.

105   Promissio adimplendi eorum desideriis desiderantibus et facientibus iustitiam fieri ubicumque.

Promissio finalis regni celorum patientibus persecutionem
propter iustitiam sustinendam.

[18] Decimoseptimo. Sequuntur principalia gaudia paradisi:
110   Dies sine nocte. Sapientia sine defectu. Iuuentus sine senectute. Sa-
nitas sine infirmitate. Vita sine morte. Letitia sine tristitia. Gloria
sine molestia. Laus Dei sine cessatione. Sancte Trinitatis perfecta
cognitio. Clara Dei uisio. Gaudiorum perpetuitas. Et requies sine
labore. Dei, Virginis gloriose et angelorum et sanctorum omnium
115   iocunda societas. Sunt etiam alia infinita et innumerabilia gaudia,
que nec oculus uidit, nec auris audiuit, nec in cor hominis ascendit
que preparauit Dominus Deus omnibus diligentibus se.

[19] Decimooctauo. Sequuntur principales pene inferni: Pena
uermium. Pena timoris. Pena horroris propter demones horribi-
120   liores. Penarum acerba uarietas. Fames crudelis. Sitis insaciabilis.
Frigus intolerabile. Ignis inextingibilis. Fetor sulphureus. Locus te-
nebrarum. Societas demonum. Elongatio sanctorum. Penarum perpetuitas. Eterna priuatio uisionis Dei. Penalis uniuersitas quia post
diem iudicii uniuerse partes hominis damnati erunt igne. Erunt
125   etiam in inferno alie pene ad torquendum et cruciandum damna-
tos, tot et tante quod nec ore dici nec corde excogitari possent.

[20] Decimonono. Sequuntur duodecim articuli et qualiter
fuerint expositi.

105-106 facientibus] scientibus S   109 paradisi *om.* Z   115 etiam] autem Z
122 Elongatio sanctorum *om.* Z

Primus articulus est credere in personam Dei Patris. Hunc arti-
130 culum composuit beatus Petrus apostolus, dicens: Credo in Deum, Patrem omnipotentem, creatorem celi et terre.

Secundus est credere in personam Filii. Hunc Andreas, frater Petri, dicens: Et in Iesum Christum, Filium eius unicum, Dominum nostrum.

135 Tertius est de conceptione Christi. Hunc Iacobus Maior, dicens: Qui conceptus est de Spiritu Sancto, natus ex Maria uirgine.

Quartus est de passione Christi. Hunc Johannes euangelista, dicens: Passus sub Pontio Pilato, crucifixus, mortuus et sepultus, descendit ad inferos.

140 Quintus, de resurrectione Christi. Hunc Thomas, dicens: Tertia die resurrexit a mortuis.

Sextus, de ascensione Domini. Hunc Iacobus Minor, dicens: Ascendit ad celos, sedet ad dexteram Dei Patris omnipotentis.

Septimus, de aduentu Iesu Christi ad iudicium. Hunc Philip-
145 pus, dicens: Inde uenturus est iudicare uiuos et mortuos.

Octauus est credere in personam Spiritus Sancti. Hunc Bartholomeus, dicens: Credo in Spiritum Sanctum.

Nonus est credere in sanctam Romanam ecclesiam, et facta et ordinata per eam. Hunc Matheus, dicens: Sanctam Ecclesiam
150 catholicam.

Decimus est credere in sacramentum misse et per illud fieri, id digne sumentibus, remissionem peccatorum. Hunc Simon, dicens: Sanctorum communionem, remissionem peccatorum.

Vndecimus, de generali resurrectione in corporibus propriis et
155 non de nouo factis. Hunc Iudas frater Simonis, dicens: Carnis resurrectionem.

Duodecimus est credere paradisum esse uitam eternam. Hunc articulum composuit beatus Mathias, dicens: Vitam eternam.

10. Sínodo de Galcerán de Vilanova, 4 de mayo de 1403

Galcerán de Vilanova era bachiller en decretos y desde el año 1375 fue arcediano de Besalú en la diócesis de Gerona. El 11 de marzo de 1388 fue nombrado para la sede de Urgell, y el 25 de mayo siguiente prestó el juramento acostumbrado en la entrada de los obispos en la diócesis. En 1396 regaló a su iglesia un precioso misal. En el año 1400 estableció, juntamente con el cabildo, que la fiesta de

148-149 factam et ordinatam Z

la Concepción de nuestra Señora se celebrase en toda la diócesis. Hizo testamento el 8 de abril de 1415 y murió el 15 de abril del mismo año de 1415[1].

Todo lo que sabemos de este sínodo es lo que aparece en el Catálogo de los manuscritos jurídicos de la Bibliotece Capitular[2], donde se dice que en el manuscrito 2065 Codex A, en el fol.1v, se encuentra el siguiente texto: 'Fuit ordinatum die veneris quarta die mensis madii anno a nativitate Domini m.cccc.tertio in synodo celebrata dicta die: Item, sots pena de x. lliures publiquen en les esglésies al poble cascún any lo primer diumenge de quaresma e la dominica in passione e a pasqua a sinquagesima a sant Johan Babtista e a santa Maria de Agost e a Tots Sans tres constitucions provincials fetes sobre la pagua de les dècimes, les quals comencen: Cum ad prestationem, etc.[3], la segona In nonnullis partibus, etc.[4], la tercera Dudum, etc. E induesquen lus paroquians a servar aquelles'. Resulta un poco extraño que J. Villanueva no mencione este sínodo, ni tampoco L. Ferrer.

11. Sínodo de Francisco de Tovía, 17 de mayo de 1416

Francisco de Tovía fue prior de Sta. María de Daroca (Zaragoza), canónigo de Lérida y de Gerona, bachiller en leyes. El 15 de noviembre de 1415 fue nombrado para el obispado de Urgell. Murió el 14 de abril de 1436[1]. Cuenta Villanueva que del año 1424 «nos queda la constitución que hizo con el cabildo en el Capítulo Pascual, con la que confirmó la antigua de no admitir para canónigo, sino al que fuere bachiller en derecho, teología o medicina, o del estado militar o noble»[2].

L. Ferrer menciona el sínodo de 1416 de Francisco de Tovía[3], pero quien vio su texto y ofrece alguna información, aunque muy exigua, acerca del mismo es J. Villanueva, que dice: «La primera memoria que hay de su pontificado es el sínodo que celebró en su ingreso a 17 de mayo de 1416, el cual he hallado posteriormente en un códice de la iglesia de Solsona con este título *Anno M.CCCC.XVI. die XVII Madii. Constitutiones synodales D. Francisci, Urgellensis episcopi in prima synodo per eum*

---

[1] C. EUBEL, *Hierarchia catholica* I.510; L. SERDÁ, «Seo de Urgel, diócesis de», en: DHEE 4.2432; B. MARQUÈS, «Galceran de Vilanova, bisbe d'Urgell, 1388-1415», en: *Església d'Urgell* 64 (marzo de 1978) 17-19; J. VILLANUEVA, *Viage literario* XI.124-127; *Episcopologi*, 66-68; A. OLIVAR, «El missal de Galceran de Vilanova, bisbe d'Urgell», en: *Urgellia* 7 (1984-1985) 489-498; A. VIVES, «La il·luminació pictòrica del missal de Galceran de Vilanova», en: *Urgellia* 7 (l984-1985) 499-513.

[2] A. GARCÍA Y GARCÍA (dir.), *Catálogo de los manuscritos jurídicos de la Biblioteca Capitular de La Seu d'Urgell* (La Seu d'Urgell 2009) p.146b.

[3] Conc.prov. de Tarragona 1354.1 (TR 6.75).

[4] Según Tejada y Ramiro, es el tercer concilio Tarraconense de Juan de Aragón, tal vez celebrado en 1332, c.5 (TR 3.557; el texto se encuentra trambién en Martène-Furand, *Thesarurus Novus* IV.322).

[1] C. EUBEL, *Hierarchia catholica* I.510 y III.260; L. SERDÁ, «Seo de Urgel, diócesis de», en: DHEE 4.2432; J. VILLANUEVA, *Viage literario* XI.127-129; *Episcopologi*, 68-69.

[2] J. VILLANUEVA, *Viage literario* XI.129; texto que se edita en A. GARCÍA Y GARCÍA (dir.), *Catálogo de los manuscritos* p.421, 2.2 Constitutio, donde se dice que la constitución no está datada.

[3] L. FERRER, «Sínodo», en: DHEE 4.2493.

celebrata, in qua fuit concessum caritativum subsidium a prelatis, scilicet duos solidos pro libra. — Princ. Considerantes quod in ecclesia Urgellensi non fuit celebrata synodus a reverendissimo patre domino domino Guillermo, memoriae recolendae, episcopo Urgellensi, a quo effluxerunt anni quinquaginta duo, etc. Cuenta cabal, continúa Villanueva, con el segundo sínodo que celebró en 1364 Guillermo Arnaldo de Patau, cuyo tratado *de Sacramentis* mandó nuestro Obispo que tuviesen todos, junto con la colección de sinodales»[4]. El códice de Solsona que utilizó J. Villanueva se ha perdido y no hemos encontrado el texto de este sínodo en ningún otro lugar, por lo que tenemos que conformarnos con la sucinta información que aparece en Villanueva[5].

12. Sínodo anónimo del siglo XV

En el folio 72r del códice 2065 B del Archivo Capitular de Urgell[1], que es nuestra sigla Y, hay un texto cuya letra cursiva parece ser de la segunda mitad del siglo xv. El texto comienza citando el sínodo de Guillermo Arnaldo de Patau de 3 de abril de 1364, y el autor del texto llama su predecesor al obispo Guillermo, por lo que el autor de este texto es sin duda un obispo de Urgell. Este breve texto contiene una constitución sinodal, pues dice que *hac synodali constitutione statuimus*, pero no tenemos más datos sobre su autor, ni acerca de la fecha de celebración del sínodo al que pertenece esta constitución.

Tradición manuscrita: Y fol.72r.

Licet in constitutione domini Guillelmi, predecessoris nostri, incipiente 'Fide dignorum relatio, etc.'[1] caueatur quod temporale dominium obtinentes statuentes seu ordinantes, seu ordinata ab aliis seruantes aut rata habentes, quod citatores uel publicatores processuum et sententiarum nostrorum officialium impediantur uel retardentur quocumque modo, quod ipso facto sententiam
5 excommunicationis incurrant et eorum castra uel uille sint ecclesiastico supposita interdicto, effectus tamen constitutionis predicte quasi penitus eneruatur propter officialium desidiam et neglectum, et sic interdicto ecclesiastico impedito, etiam uix qui litteras, processus seu sententias nostras portet seu publicet reperitur. Cupien-
10 tes igitur huic morbo prouidere pestifero, de uoluntate et consensu

---

[4] J. Villanueva, *Viage literario* XI.128. Casi el mismo texto en la p.327; ver el aparato crítico de la *Tabula de doctrina christiana*.
[5] El excelente *Episcopologi* de la iglesia de Urgel dice de este obispo que: «La primera actuació coneguda com a bisbe d'Urgell és el sínode que celebrà en 1416» (p.68), pero la fuente de información que menciona (nota 300) es únicamente Villanueva.
[1] A. García y García (dir.), *Catálogo de los manuscritos jurídicos de la Biblioteca Capitular de La Seu d'Urgell* (La Seu d'Urgell 2009) 147b.
[1] **c.un.** Sínodo de 1364.[5-6].

c.un. 1 (fol.72r) Y   2 dignarum Y   10 etiam] et Y

nostri uenerabilis capituli, hac synodali constitutione statuimus et ordinamus, uestigiis predecessorum nostrorum inherentes, quod rectores et uicarii ecclesiarum, seu locum tenentes eorum, eo ipso quod sciuerint nuntios nostros seu officialium nostrorum seu alios
15 portantes seu publicantes litteras, processus seu sententias nostras et eorum impediri, comminari seu alias male tractari uel rapi per dominos temporales seu eorum officiales uel subditos, absque alia monitione seu mandato teneantur seruare interdictum contra talia facientes, appositum per constitutionem prouincialem Tarraconen-
20 sem que incipit 'Procedit a rationis et iuris tramite, etc.'[2] et per constitutionem 'Fide dignorum' iam dictam rectores et prelati cu-rati et non curati commorantes in territorio uel dominio domino-rum temporalium predictorum ex quo sciuerint talia pericula seu impedimenta imminere (?) deferentes tales litteras, sententias uel
25 processus ubicumque capti fuerint etiam extra eorum parochiam teneantur litteras ipsas signare et demum facere in litteris (?) con-tinentur. Qui autem premissa facere recusauerint, ipso facto sen-tentiam excommunicationis incurrant pariter contra non seruantes mandata episcopi et officialium suorum. Et aliis in dictis constitu-
30 tionibus contentis in suo robore permanentibus. Vbi uero talia non subsunt impedimenta seu pericula, seruetur prout hactenus exstitit obseruatum.

13. Sínodo de Juan Despés, de 14 de febrero de 1516

Juan Despés pertenecía a una familia noble. El 19 de febrero de 1507 fue nombrado obispo de Gerona, sede en la que estuvo muy poco tiempo, pues re-nunció a la misma el 6 de septiembre de 1508, aunque reservandose una pensión. Algunos años más tarde, el 18 de abril de 1515, fue nombrado obispo de Urgell, diócesis de la que tomó posesión el 16 de junio de 1515. Murió en la villa de Pons a mediodía del 24 de octubre de 1530. En el año 1576 su cadáver fue trasladado a la catedral y depositado en el crucero, a la parte derecha, en una urna policroma-da[1]. Todo lo que sabemos de su actividad sinodal es que el 3 de febrero de 1516 convocó un sínodo para el siguiente día 14. La finalidad principal del sínodo era tratar «super charitativo subsidio et aliis nonnullis negotiis concurrentibus» con motivo de su reciente ingreso en la diócesis, según dice la convocatoria, que es lo único que conocemos de este sínodo. El texto de la convocatoria, firmada el 3 de

---

[2] Conc. prov. de Tarragona de 1357 c.7 (TR 6.79).
[1] C. EUBEL, *Hierarchia catholica* III.202 (para Gerona) y 3.324; L. SERDÁ, «Seo de Urgel, diócesis de», en: DHEE 4.2432. J. VILLANUEVA, *Viage literario* XI.143-144; *Episcopologi*, 73-74. Ninguno de los autores menciona el sínodo.

febrero de 1516, dice que la clerecía se debe reunir el jueves, que se cuenta 14 de febrero de 1516.

[1]   *El obispo Juan Despés convoca un sínodo en su ingreso a su nueva diócesis*

Joannes Despes, miseratione divina episcopus Urgellensis, dilectis in Christo universis et singulis presbyteris, tam curatis quam aliis, per civitatem et dioecesim nostras Urgellenses constitutis ad quos presentes pervenerint, salutem in Domino. Cum nos in nostro
5   novo ingressu super charitativo subsidio et aliis nonnullis negotiis concurrentibus, et honorem nostrum et Ecclesie et episcopalis nostre Urgellensium indigeamus colloquio, consilio et auxilio vestris, idcirco vobis et unicuique vestrum, in virtute sancte obedientie et <sub> excommunicationis pena, quam nunc pro tunc et e contra,
10   nostra trina canonica monitione premissa, ferimus in his scriptis in vestrum quemlibet nisi feceritis que mandamus, quatenus die jovis, qua computabitur xiiii mensis et anni infra scriptorum, personaliter vel per singulos procuratores legitima potestate super dictis charitativo subsidio colloquiis et omnibus in eisdem faciendis, tractandis,
15   concludendis fulcitos, in civitate nostra Urgelli, que est caput nostre dioecesis, ubi nos, annuente Deo, aderimus, intersitis. Alioquin, instante procuratore fiscali, procedemus contra vos et quemlibet vestrum per iuris remedia opportuna. Reddite presentes latori, etc. Datum in civitate nostra Urgelli, iii die mensis februarii, anno a
20   nativitate Domini millesimo quingentesimo decimo sexto[2].

14.   Sínodo de Franciso de Urríes, Sanahuja, 20 de marzo y 27 de abril de 1542

En el Archivo Capitular de Urgell, ACU, hay un fondo designado con el nombre de «Sínodos Modernos». Son unos cuadernos que contienen las actas de los sínodos celebrados en la diócesis de Urgell en el siglo XVI y siguientes, que se han conservado y están encuadernados con unas cubiertas de pergamino. Están

---

[2] E. MOLINÉ, «Els sínods d'Urgell del segle XVI i la reforma catòlica», en: *Urgellia. Anuari d'Estudis Històrics dels Antics Comtats de Cerdanya, Urgell i Pallars, d'Andorra i la Vall d'Aran* 10 (1990-1991) 413 428. Como fuente de este texto cita en la página 428 lo siguiente: AEU, Reg. 17, f.17r o 51r (hi ha dues numeracions sobreposades).

catalogados con la signatura moderna núm. 692. Hay, además, una carpeta que contiene documentación variada, que se relaciona con la celebración de los sínodos o que los complementa, cuya signatura es el núm. 691. No se han conservado las actas de todos los sínodos celebrados en la diócesis de Urgell en esta época moderna, sino únicamente las de los sínodos recogidos en dicho fondo archivístico. Es cierto que la celebración de los sínodos fue antaño bastante frecuente, pero ni todos los sínodos promulgaron constituciones, ni todas las constituciones promulgadas llegaron hasta nosotros. El historiador Enrique Moliné Coll se ha ocupado del estudio de los sínodos modernos de la diócesis de Urgell y ha publicado los textos de varios de ellos en la revista *Urgellia*[1]. Para nuestra edición nos interesan únicamente los sínodos anteriores a diciembre de 1563, fecha de la clausura del Concilio de Trento, que es la data establecida como término para el *Synodicon hispanum.*

Francisco de Urríes, arcediano de Jaca, fue nombrado obispo de la diócesis de Patti (cerca de Mesina, Sicilia) el 21 de junio de 1518. El 8 de junio de 1534 pasó a la diócesis de Urgell, a presentación de Carlos V, y es la primera vez que se tiene noticia de una presentación real para dicho obispado. Francisco de Urríes sucedió en el régimen del obispado de Urgell a su tío Pedro Jordán de Urríes, antiguo abad de Montearagón (1528-1532), cuyo mandato episcopal en Urgell fue cortísimo (del 15 de mayo de1532 al 10 de enero de1533), de tal suerte que ni siquiera llegó a recibir la ordenación episcopal. Entre las actuaciones más notables y de mayor interés del obispo Francisco de Urríes cabe destacar su preocupación por la digna celebración del culto y la liturgia. Con esta finalidad, en 1536 editó para la diócesis de Urgell un ritual, el *Ordinarium Sacramentorum, Benedictionum et aliarum rerum*[2] y promovió la edición de otros libros litúrgicos, como el *Missale*

---

[1] E. MOLINÉ, «Els sínods d'Urgell del segle XVI i la reforma catòlica», en: *Urgellia. Anuari d'Estudis Històrics dels Antics Comtats de Cerdanya, Urgell i Pallars, d'Andorra i la Vall d'Aran* 10 (1990-1991) 407-467; «Els sínodes d'Urgell del segle XVII», en: *Urgellia* 18 (2011-2014) 539-656; «Els sínodes d'Urgell dels segles XVIII-XIX», en preparación para su publicación en *Urgellia* 19. Un ejemplar de las «Constituciones sinodales del obispado de Urgel para los parochos y clerigos», editado en Barcelona en 1632, que contiene constituciones de los sínodos de 1580, 1585, 1610, 1616, 1622, 1626, 1627 y 1630, se encuentra en la Colección Sinodal de la Universidad Pontificia de Salamanca, donde también se puede ver un ejemplar de la edición del sínodo de 1747.

[2] Ha sido estudiado por Francesc-Xavier PARÉS SALTOR, *L'Ordinari d'Urgell de 1536* (La Seu d'Urgell 2002) 333 pp. Este *Ordinarium Urgellense* fue impreso en Zaragoza por Jorge Coci en 1536. Ya lo había mencionado J. VILLANUEVA, *Viage literario* XI.145. También se ocupó de él A. ODRIOZOLA, *Catálogo de libros litúrgicos, españoles y portugueses, impresos en los siglos XV y XVI.* Edición preparada por Julián Martí Abad y Francesc Xavier Altés i Aguiló (Pontevedra 1996) 544 bis (p.390), que en el núm. 545 (p.391 y 526) menciona otra edición del *Ordinarium Urgellense,* impresa en Lyon por Cornelio de Septem Granjiis en 1548, que también pertenece al episcopado de Francisco de Urríes. Fueron muchas las ediciones de libros litúrgicos para Urgel, pues del 15 de enero de 1509 hay una edición del *Missale Urgellense* en Venecia por Bernardino de Tridino, que pertenece al pontificado de Pedro de Cardona, edición que menciona y describe A. ODRIOZOLA, *Catálogo* 83 (p.138-139) y que también menciona J. VILLANUEVA, *Viage literario* XI.140; de hacia 1509 hay también un *Ordinarium secundum consuetudinem Urgelline sedis,* del que Odriozola dice: «Esta edición debe ser inmediatamente posterior a la del *Missale Urgellense* impreso el año 1509 (cf. n.° 83)»: A. ODRIOZOLA, *Catálogo,*

Urgellense, y el Breviario, al que está dedicado especialmente el sínodo de 1542. Un poco después, en el año 1545, celebró otro sínodo, que esta vez versó sobre un donativo caritativo que le debía pagar su clero. En otro orden de cosas, recuperó el palacio episcopal, que su antecesor Pedro de Cardona había empezado a construir en Fluviá, Guisona, en la parte sur del obispado. Murió en Huesca el 26 de octubre de 1551[3].

El sínodo que Francisco de Urríes celebró el año 1542 en Sanahuja se ocupó de un único asunto, que fue la edición de un breviario para los sacerdotes de la diócesis de Urgell. Acordaron editar 1.500 ejemplares[4], estableciendo que todos los clérigos del obispado, junto con los residentes y los servidores, tenían la obligación de adquirirlo. Fijaron su precio en 30 sueldos barceloneses, pagaderos en dos plazos, abonando 15 sueldos al recibir el breviario y los 15 restantes en el plazo de seis meses. Se estableció también el sistema que se debía observar en la distribución de los libros. El sínodo se desarrolló en dos sesiones. La primera sesión se celebró en la colegiata de Sanahuja el 20 de marzo de 1542, estuvo presidida por el obispo y asistieron 23 síndicos o delegados en representación de todos los sacerdotes del obispado. Algún delegado representó a más de un oficialato, mientras que otros oficialatos tuvieron más de un síndico o delegado. La segunda y última sesión del sínodo, con la aprobación de lo ya acordado y la clausura, tuvo lugar también en Sanahuja y se celebró el 27 de abril del mismo año 1542.

544** (p.525), quien informa que hay un ejemplar en la Biblioteca episcopal de Urgell. Al pontificado de Francisco de Urríes pertenece la edición del *Missale Urgellense,* editado en Zaragoza hacia 1537 por Jorge Coci, que describen A. ODRIOZOLA, *Catálogo* 84 y 84 bis (p.139-141 y 485) y J. M. SÁNCHEZ, *Bibliografía aragonesa del siglo XVI* (Madrid 1913 = 1991) 203 (p.266-269), con una excelente descripción y una reproducción a dos colores de la portada del misal. Veinte años después, el año 1557, en el pontificado de Juan Pérez García de Oliván, nuevamente se editó el *Missale Urgellense,* esta vez en Lyon por los herederos de Cornelio de Septem Granjiis, edición que describe A. ODRIOZOLA, *Catálogo* 85 (p.141 y 485) y que menciona Villanueva, *Viage literario* XI.147. Todo esto da una idea de la alta preocupación por los libros litúrgicos que existía en la diócesis de Urgell, como vamos a ver que sucedió especialmente con el Breviario.

[3] C. EUBEL, *Hierarchia catholica* III.266 y 324; L. RUIZ FIDALGO, «Obispos españoles», en: DHEE, Suplemento 1.556; L. SERDÁ, «Seo de Urgel, diócesis de», en: DHEE 4.2432; J. VILLANUEVA, *Viage literario* XI.145-146; *Episcopologi,* 75.

[4] Es un número de ejemplares realmente elevado. Odriozola dice: «Respecto a los libros litúrgicos, las tiradas no solían ser elevadas hasta mediar el XVI; el número variaba, naturalmente, de unas diócesis a otras y de unos libros a otros, pero es más frecuente que oscile de 200 a 500 ejemplares, que no alcance la cifra de 1.000», A. ODRIOZOLA, *Catálogo de libros litúrgicos,* 39, y en la p.40 trae un cuadro sinóptico de varias ediciones entre 1483 y 1526. Acerca de la impresión de misales, breviarios y manuales cuenta el obispo en el sínodo de Calahorra-La Calzada de 1539 «mandamos llamar los impresores de Valladolid y Zaragoza y de Alcala para ver quien mejor y en mas convenible precio los imprimiese. Y dimos cierto asiento por el qual dieron imprimidos y enquadernados mill misales y mill pasionarios y mill manuales y mill breviarios de camara, y se repartieron a cada yglesia del obispado un libro a cada uno dellos, y otros breviarios portatiles para los que los quisieren tomar»: SH VIII.194 (Cal.25.[303]). El sínodo de Tuy de 1528 establece un número mucho más bajo: «y en quanto a los breviarios declararon que se imprimissen trezientos, y çient missales, y dozientos manuales, y trezientas costituçiones», SH I.528, al fondo.

En la diócesis de Urgell existía una temprana edición incunable del *Breviarium Urgellense,* impresa en Venecia por Andreas de Thoresanis de Asula el 25 de junio de 1487[5]. Pero ya que el tema principal o único del sínodo de 1542 fue, como queda dicho, la edición de breviarios para la diócesis, parece oportuno que examinemos con especial atención este asunto de los breviarios en Urgell, del cual nos informan Villanueva y Odriozola. Villanueva dice que no se conserva ningún breviario manuscrito, menciona la ya citada edición incunable de 1487 y habla de «dos más del siglo XVI». El texto completo de Villanueva es el siguiente: «Ningún breviario se conserva de esta iglesia de los antiguos manuscritos. Uno hay impreso en Venecia en 1487, y dos más del siglo XVI, con uno o dos rituales próximos a la reforma de San Pío V»[6]. Este texto de Villanueva, que dice que hay *dos más del siglo XVI,* contiene una información valiosa, pero muy imprecisa, pues no indica dato alguno para identificar esas dos ediciones del siglo XVI. Más detallada información es la que nos ofrece Antonio Odriozola y, sobre todo, sus editores en las «Adiciones y correcciones» que hacen al texto de Odriozola. Dice, en efecto, Odriozola: «291. Breviarium Urgellense. Impreso entre 1515 y 1530[7]. Posiblemente en Zaragoza por Coci», indica seguidamente la bibliografía, en la que advierte: «La cita proviene del P. Villanueva, Viaje XI, pág. 177» y añade a mano Odriozola en su texto mecanografiado «pero solo dice [se refiere a Villanueva] que vio 2 breviarios más (que el de 1487) impresos en el siglo XVI»[8]. A lo que los editores de Odriozola en sus adiciones y correcciones añaden: «291. Edición perteneciente al pontificado del obispo Joan Despès (1515-1530)», remiten a la bibliografía pertinente; y continúan las añadiduras de los editores: «291*. Edición del año 1532, realizada por el obispo Pedro Jordán de Urríes, y vendida a 36 sueldos barceloneses el ejemplar», indican la bibliografía y continúan estas añadiduras: «291** Nueva edición del año 1562, que al parecer colmó la necesidad de breviarios expresada ya en 1557»[9]. Esta edición de 1562 cae fuera y un poco lejos del pontificado de Francisco de Urríes. Pero a su pontificado pertenece la edición del *Diurnale Urgellense,* impreso en Lyon en 1548 por Cornelio de Septem Granjiis[10], que de alguna forma se puede considerar un breviario. Del 5 de septiembre de 1527, en el pontificado de

---

[5] B. Marquès - F. García Craviotto, «Els incunables de les Biblioteques Capitulars i Episcopal de la Seu d'Urgell», en: *Urgellia* 2/20 (1979) 416; IBE = *Catálogo General de Incunables en Bibliotecas Española,* coordinado y dirigido por Francisco García Craviotto (Madrid 1989-1990) 1206; Villanueva, *Viage literario* XI.177; A. Odriozola, *Catálogo de libros litúrgicos* 290 (p.257).

[6] J. Villanueva, *Viage literario* XI.177.

[7] Añade o corrige a mano: «en el siglo XVI».

[8] A. Odriozola, *Catálogo de libros litúrgicos* 291 (p.259). Odriozola dice que no conoce ejemplares, y el ya citado J. M. Sánchez, *Bibliografía aragonesa del siglo XVI* no conoce ninguna edición de Breviarios hecha en Zaragoza para la diócesis de Urgell.

[9] A. Odriozola, *Catálogo de libros litúrgicos* 291, 291*, 291** (p.503-504). Dicen que no se conoce ningún ejemplar, y citan los editores de Odriozola la siguiente y única bibliografía: Pere Pujol i Tubau, «El Breviari de Cuixá», en: *Butlletí de la Biblioteca de Catalunya* 6 (1920-1922) p.232 *(sic);* Francesc Xavier Altés i Aguiló, «Aportación a la bibliografía litúrgica de Antonio Odriozola», en: *El Museo de Pontevedra* 44 (1990) p.119.

[10] A. Odriozola, *Catálogo de libros litúrgicos* 366 (p.307).

Juan Despés, es la edición de otro libro litúrgico, el *Processionarium Urgellense* en Barcelona por Juan Rosembach[11].

Con todo esto resulta que, si exceptuamos el *Diurnale Urgellense* de 1548, no hay ninguna edición conocida de breviarios que coincida con el pontificado de Francisco de Urríes (8-VI-1534, † 26-10-1551), mientras Antonio Odriozola dice, por medio de sus editores, que hay una «edición del año 1532, realizada por el obispo Pedro Jordán de Urríes», que fue su inmediato predecesor. Pedro Jordán de Urríes fue nombrado para la sede de Urgell el 15 de mayo de 1532 y murió en Reus el 10 de enero de 1533, por lo que su pontificado fue de unos pocos meses, y no llegó a recibir la ordenación episcopal. Resulta muy extraño que en tan pocos meses de pontificado en Urgell Pedro Jordán de Urríes haya acometido la empresa de la edición de breviarios, que, según nos cuenta el sínodo de 1542, no era empresa fácil. Odriozola y sus editores no conocieron o no mencionan el sínodo de 1542[12], cuyo texto editamos aquí y cuya fidelidad es incuestionable. Por lo que sospechamos que quizá en la información de Odriozola haya una confusión con los datos de nuestro sínodo de 1542 y que en realidad acaso se trate del mismo asunto.

Los sinodales de 1542 solicitaron al obispo que «mane ésser fets brebiaris nous, resecades totes dificultats e confusions tenen los que vuy són, així emperò que V. R. S. non mane fer ho fer fassa més de mil y sinch-cents». Esta y otras peticiones que los sinodales hacen al obispo al comienzo del sínodo indican claramente que la edición todavía no estaba hecha, pero que confían que se hará en un futuro inmediato, pues han decidido ya el número de ejemplares (que no pasará de los 1.500), indican el precio de cada ejemplar y la manera de pagarlo, y establecen quiénes están obligados a adquirir el breviario y la forma de su distribución.

A pesar de la contundencia y la solemnidad de este sínodo, no conocemos ningún ejemplar de la edición del breviario al que se refiere y tampoco tenemos noticia segura y precisa de que realmente la edición se haya hecho. Un acta capitular relacionada con la convocatoria del sínodo siguiente de 1545, menciona de nuevo los breviarios, aunque de manera indirecta y muy imprecisa. Es un acta capitular del 18 de febrero de 1545, en la cual, entre otras cosas, los capitulares suscitan una cuestión o discusión con el obispo sobre breviarios, sobre la posesión de Fluvià y otros asuntos, «així de breviaris com de Fluvià e altres»[13]. Pero esta alusión es tan imprecisa que lo mismo podría significar que la edición de los breviarios estaba en curso en 1545, pues de ellos se sigue hablando, o que existía algún problema en la distribución y cobro de los breviarios entre el clero, o cualquier otro tipo de problema que no se expresa. Lo que no parece que signifique esta alusión es que en febrero de 1545 se hubieran desentendido de la edición de los breviarios. Pero sí es cierto que no se conocen ejemplares de esta edición del bre-

---

[11] Ibíd., 665 (p.469). Más lejos en el tiempo y fuera ya de la época del *Synodicon hispanum* se editaron hacia el año 1575 los *Officia sanctorum episcopatus Urgellensis*, según indica Odriozola, ibíd. 400* (p.517).

[12] Ni tampoco el sínodo de 1545, para el cual el informe del cabildo de 18 de febrero menciona los breviarios, cuestión pendiente, según parece, del sínodo de 1542.

[13] E. MOLINÉ, «Els sínodes d'Urgell del segle XVI i la reforma catòlica», en: *Urgellia* 10 (1990-1991) ap.2, p.429. Publicamos íntegro el documento en la introducción al sínodo de 1545.

viario promovida por el sínodo de 1542, como tampoco se conocen ejemplares de ninguna de las otras ediciones anteriores, excepto de la edición incunable de 1487. No sabemos, pues, si el sínodo de 1542 tuvo entonces todo el éxito que pretendía con la edición del breviario diocesano, pero ciertamente constituye hoy un éxito notable el hecho de que nos haya legado una minuciosa enumeración de todos los oficialatos del obispado de Urgell y los nombres de cada uno de los sacerdotes que regentaban las parroquias de cada oficialato. En sus listas aparece una enumeración de todos los sacerdotes de la diócesis con sus nombres, y los nombres de los síndicos que los representaban en el sínodo. El notario y secretario del sínodo es Juan Aragués, originario de Jaca, que asiste y redacta las actas del sínodo, utilizando todos los formulismos jurídicos, ampulosos y grandilocuentes, que eran los empleados y propios de la época en la redacción de los documentos originales, que ellos denominaban *in forma* o *in extenso*. Por lo que el texto de estos dos sínodos, el de 1542 y el de 1545, que procede del mismo redactor o notario y que contiene varios párrafos literalmente idénticos, no solamente es un texto ampuloso y reiterativo, sino que en varias ocasiones resulta oscuro y es gramaticalmente deficiente.

Tradición manuscrita: T fol. 1r-14v

[1] 1. *<Initium synodi: 20 martii 1542, apud ecclesiam collegiatam beate Marie de Platea Sanahugie>*

In Dei nomine. Nouerint uniuersi quod anno a natiuitate Domini millesimo quingentesimo quadragesimo secundo, die uero
5 uicesima mensis martii, conuocata et congregata synodo reuerendissimi domini Vrgellensis episcopi et cleri sui episcopatus Vrgellensis more solito apud ecclesiam collegiatam beate Marie de Platea oppidi Senahugie, Vrgellensis diocesis, in qua interuenerunt et fuerunt presentes reuerendissimus dominus Franciscus de Vrries,
10 Dei et apostolice Sedis gratia Vrgellensis episcopus ex una, uenerabilis Raphael Cabrera, alias Ortis, rector parochialis ecclesie loci de Lobera, et Franciscus Portell, presbyter in ecclesia collegiata beate Marie oppidi Guissone beneficiatus, nominibus suis propriis et ut procuratores et syndici communitatis canonicorum et presbytero-
15 rum ecclesie et officialatus Guissone; Michael Cases et Petrus Areny, presbyteri in ecclesia Vrgellensi beneficiati, nominibus suis propriis et ut syndici et procuratores communitatis simplicium beneficiatorum prefate Vrgellensis ecclesie; Guillermus Pellicer et Joannes Ranat, presbyteri, nominibus suis propriis et ut syndici et procuratores
20 presbyterorum ecclesie et communitatis oppidi Podiiceritani; Michael Fiter, nomine suo proprio et ut procurator et syndicus canonicorum et presbyterorum communitatis ecclesie ciuitatis Balagarii; Joannes Jordana, nomine suo proprio et ut syndicus et procurator presbyterorum communitatum ecclesiarum officialatuum Tiruie

25 et Cardosi; Bernardus Lana, nomine suo proprio et ut syndicus et
procurator presbyterorum communitatis ecclesie et officialatus uille
Berge; Petrus Vila, nomine suo proprio et ut syndicus et procurator presbyterorum officialatus Celsone; Petrus Segu et Petrus Gaçol,
nominibus suis propriis et ut syndici et procuratores canonicorum
30 et presbyterorum ecclesie et officialatus uille Trempi; Joannes Tartera, Matheus Lanes et Guillermus Manso, nominibus suis propriis
et ut procuratores et syndici presbyterorum ecclesie et officialatus
Sortis; Bartholomeus Broca, nomine suo proprio et ut procurator et
syndicus presbyterorum ecclesie et officialatus uille Bagani; Petrus
35 Piquer, nomine suo proprio et ut procurator et syndicus canonicorum et presbyterorum ecclesie Organiani; Petrus Cenros, nomine
suo proprio et ut syndicus et procurator canonicorum et presbyterorum ecclesie et officialatus de Pontibus; Gabriel Clariana, nomine
suo proprio et ut syndicus et procurator presbyterorum ecclesie et
40 officialatus Oliane; Joannes Borro, nomine suo proprio et ut procurator et syndicus presbyterorum ecclesie et officialatus Cardone;
Petrus Rocamora, nomine suo proprio et ut procurator et syndicus canonicorum et presbyterorum ecclesie Castriboni et aliorum
in mandato contentorum; Franciscus Boquet et Joannes Castellar,
45 presbyteri Sanahugie, nominibus suis propriis et ut procuratores et
syndici canonicorum <et> beneficiatorum ecclesie et communitatis
uille Sanahugie, Vrgellensis diocesis.

[2] De quorum omnium et singulorum principalium suorum
et cuiuslibet eorum prefati omnes syndici et procuratores, prout sin-
50 gula singulis conuenit respectiue de ratihabitione teneri, promiserunt, conuenerunt et se obligarunt, prout unusquisque eorum promisit, conuenit et se obligauit. Paulus Planes, presbyter in ecclesia
oppidi Acrimontis beneficiatus, nomine suo proprio et ut syndicus
et procurator Joannis Despes, Joannis Fanecha, Petri Clemens, Bar-
55 tholomei Rubiol, Jacobi Ferrer, Augustini Pedrol, Onophrii Thomas, Anthonii Canaleta, Michaelis Caminet et Philippi Cortes, in
dicta ecclesia Acrimontis beneficiatorum; Bartholomei Oller rectoris, Bernardus Stier, uicarii seu curam animarum regentis, Petri
Gamiet, beneficiati in ecclesia de Cosco, Joannis Puig, uicarii seu
60 curam animarum regentis loci de Sero, Simeonis Monfar, uicarii
seu curam animarum regentis in loco de Puiguert; Andree Gonsaluo, uicarii seu curam animarum regentis in loco de la Guardia, et
Petri de la Guardia, clerici in ecclesia del Tarros beneficiati, Francisci Pedrol senioris, Hieronymi Vich, Jacobi Pasqual, Anthonii
65 Buera, Petri Massanes, Mathei Comabella, Anthonii Onofrii Paris
et Raphaelis Castanyeda, etiam presbyterorum in ipsa ecclesia Acrimontis beneficiatorum; Jacobi Balaguero, clerici in ecclesia loci de
la Donzel beneficiati, et Petri Berdu, presbyteri rectoris parochialis

ecclesie loci del Bollidor, Vrgellensis diocesis, prout de eius potestate
70 ad infra scripta et et alia peragenda plenum habens posse constat instrumento publico quo ad firmam Joannis Despes, Joannis Fanecha,
Petri Clemens, Bartholomei Robiol, Jacobi Ferrer, Augustini Pedrol,
Onophrii Thomas, Anthonii Canaleta, Michaelis Caminet, Philippi Cortes, Bartholomei Oller, Bernardi Stier, Petri Ganyet, Joannis
75 Puig, Simeonis Monfar, Andree Gonsaluo et Petri Lobera, clerici,
in choro ecclesie Acrimontis, uigesimo quinto die mensis februarii, anno a natiuitate Domini millesimo quingentesimo quadragesimo secundo; quo ad firmam Francisci Pedrol senioris, Hieronymi
Vich, Jacobi Pasqual, Anthonii Buera, Petri Massanes et Mathei
80 Comabella in oppido prefato Acrimontis, secundo die mensis martii prefati anni; quo ad firmam Anthonii Onofrii Paris in oppido
Camarasie, Vrgellensis diocesis, proxime dictis die, mense et anno;
quo ad firmam Raphaelis Castanyeda et Jacobi Balaguero in prefato
oppido Acrimontis, quarto die proxime dictis mensis et anni; et
85 quo ad firmam Petri Berdu, in loco de al Tarros, Vrgellensis diocesis, / proxime factis die, mense et anno; et per discretum Petrum
Joannem Vinyes, oppidi Acrimontis, Vrgellensis diocesis, habitis
auctoritatibus regia per totam terram et dominationem Sacre Cesaree Catholice ac regie magestatis et apostolica notarium publicum
90 receptis et testificatis, Guillermus de Podio, presbyter conrector loci
de Ysabarre, nomine eius proprio et ut procurator et syndicus uenerabilium Joannis Moga, uille Valencie de Aneu, Joannis Amil, loci
de Alos, Joannis Cays, loci d'Espot, et Joannis Rosso, loci de Gauas,
presbyterorum uallis de Aneu prefate Vrgellensis diocesis, asseren-
95 tium se habere facultatem et auctoritatem ad infra scripta facienda
ab aliis omnibus et singulis sacerdotibus particulariter et generaliter
in dicta ualle constitutis, nominibus suis propriis et nomine totius
communitatis cleri dicte uallis de Aneu, prout de premissis refert
notarius dicti procuratoris mandati receptor et testificator de man-
100 dato prefati procuratoris.
[3] Constat per publicum instrumentum, actum in uilla d'Esterri dicte uallis de Aneu, sub anno a natiuitate Domini millesimo
quingentesimo quadragesimo secundo, die uero intitulata quarta
decima mensis februarii, receptumque et testificatum per discre-
105 tum Petrum Gassia, presbyterum et conrectorem loci de Boren,
uallis de Aneu, marchionatus Pallariensis, diocesisque Vrgellensis,
auctoritate apostolica per uniuersum orbem notarium publicum,
regentemque pro presenti notariam publicam totius uallis de Aneu
ob absentie causam honorabilis Arnaldi de Santo Raymundo, no-
110 tarium ordinarium sepe dicte uallis de Aneu, Raymundus Micas,
uicarius de Ginestarre, nomine suo proprio et ut syndicus et procurator Bernardi Gaspar, rectoris loci de Anas officialis, Arnaldi Moga,

rectoris uille Riparie, Petri Campi, Joannis de Simo, uicarii dicte
uille Riparie, Petri Guallart, uicarii loci d'Estaon, Cipriani Ceret,
115 uicarii loci de Surri, Bartholomei Ysarn, rectoris loci de Aynet, Eronis Castellar, habitantis dicte uille Riparie, Joannis Cortes, rectoris loci de Tauascan, Raymundi Guallart, seruitoris animarum loci
d'Esterri, Guillermi Nanta, uicarii loci d'Esterri, Raymundi Micas,
uicarii loci de Ginestarre, Joannis Vidal, uicarii loci de Ladros, Joan-
120 nis Gros, uicarii de Ladorre, Guillermi Fort, rectoris loci de Leret, Bernardi alias Millat, rectoris loci de Boldis, Bernardi Amillat,
uicarii loci de Tauascan, Jacobi Bernada, rectoris loci de Laborsi,
Guillermi Guimonet, seruitoris animarum dicti loci de Laborsi,
Guillermi Petri, uicarii d'Estaron et Anthonii de Calmo et cuius-
125 libet eorum, diocesis Vrgellensis, prout / de sua potestate ad infra
scripta peragenda constat instrumento publico acto in uilla Riparie
uallis Cardosi, diocesis Vrgellensis, die uicesima mensis februarii,
anno a natiuitate Domini millesimo quingentesimo quadragesimo
secundo et per discretum Petrum de Peyra, presbyterum uicarium
130 loci de Anos Vrgellensis diocesis, auctoritate apostolica notarium
publicum, recepto et testificato, Petrus Rossea, presbyter uille Sanaugie, ut procurator et eo nomine, Michaellis Spert canonici, et Petri Spert, presbyteri in ecclesia Balagarii beneficiati, prout de eius
potestate constat per publicum instrumentum, actum in ciuitate
135 Balagarii die prima mensis martii, anno a natiuitate Domini millesimo quingentesimo quadragesimo secundo, recepto et testificato per
discretum Petrum Joannem Anpuries, auctoritate regia publicum
notarium ciuitatis Balagarii habitantis; Franciscus Boquet, procurator et eo nomine dominorum Bernardi Piquer, rectoris de Ortedo,
140 Guillermi Bosch, rectoris de Josa et Francisci Boquet, uicarii perpetui Andorrre, Vrgellensis diocesis, et cuiuslibet eorum, ut constat de
eius mandato per publicum instrumentum actum in ciuitate Vrgellensi die uicesima quarta mensis februarii, anno a natiuitate Domini
millesimo quingentesimo quadragesimo secundo et per discretum
145 Joannem Puig alias Comaposada, apostolica, imperiali et regia ac-
toritatibus publicum notarium ciuitatis Vrgellensis receptum et testificatum; Petrus Areny, presbyter in ecclesia Vrgellensi beneficiatus,
uti procurator et eo nomine Joannis Vilanoua, rectoris parochialis
ecclesie loci de Vilanoua de Banat, ac Stephani Stors, uicarii perpe-
150 tui ecclesie Sancti Juliani de Luria, uallium Andorre, et Anthonii
Puig, rectoris parochialis ecclesie loci de Argolell, ac Joannis Babot,
rectoris parochialis ecclesie de la Vrto, ac Bartholomei Capella, uicarii perpetui ecclesie loci de Ordineu, uallium Andorre et cuiuslibet
eorum, prout de potestatibus a dictis suis principalibus eiusdem ad
155 infra scripta peragenda concessis, constat uidelicet de mandato a
dicto domino Joanne de Vilanoua concesso per publicum instru-

mentum, actum in ciuitate Vrgellensi die secunda mensis martii, anno a natiuitate Domini millesimo quingentesimo quadragesimo secundo, receptum et testificatum per discretum Guillermum Mir,

160 oriundum uille Podiiceritani, apostolica et regia auctoritatibus publicum notarium; de mandato uero a dictis Stephano Scors, uicario / Sancti Juliani, et Anthonio Puig, rectore de Argolell, concesso, constat in instrumento publico, acto in ciuitate Vrgellensi die prima mensis et anni predictis, recepto et testificato per discretum Jo-

165 annem Puig alias Comaposada, apostolica, imperiali et regia auctoritatibus publicum notarium; de mandato autem a Joanne Babot, rectore parochalis ecclesie de la Vrto, concesso constat per publicum instrumentum, actum in ciuitate Vrgellensi die intitulata tertia iam dictorum mensis et anni, et per supra dictum Joannem Puig, pub-

170 licum apostolica, imperiali et regia auctoritatibus notarium, receptum et testificatum. Et de mandato a dicto Bartholomeo Capella, uicario perpetuo ecclesie de Ordino, concesso constat instrumento publico acto in ciuitate Vrgellensi die prima mensis martii, anno a natiuitate Domini millesimo quingentesimo quadragesimo secun-

175 do, et per dictum Joannem Puig, notarium publicum apostolica, imperiali et regia auctoritatibus, recepto et testificato. Omnes presbyteri, syndici et procuratores supra contenti et deinde siue de se synodum cleri totius episcopatus Vrgellensis facientes, tenentes, celebrantes et representantes omnes unanimes et conformes et nemine

180 illorum discrepante nec contradicente, nominibus eorum propriis et nomine et uice dicte synodi et singularium omnium et singulorum communitatis, officialatus cleri totius episcopatus Vrgellensis respectiue, qui in huiusmodi synodali congregatione interuenire et assistere tenentur, presentibus pro absentibus et futuris coniunctim

185 uel diuisim ex altera partibus in contumatiam contumatium, quandam in scriptis concordie cedulam et capitulationem super brebiariis faciendis inter prefatum reuerendissimum dominum episcopum et clerum sui episcopatus Vrgellensis predicti insitam mihi Joanni de Aragues, notario publico et secretario prefati reuerendissimi do-

190 mini episcopi, obtulerunt, et per me eumdem notarium legi petierunt, tenoris sequentis infra scripti:

[4] Per la molta devotió tenen a V. R. S. los devots y humils súbdits seus, los abbats, priors, canonges, rectórs y beneficiats, vicaris y conductius y altres persones ecclesiàstiques en la present santa

195 congregatió y col·loqui per sos síndichs ajustats, encara que per los molts càrrechs an sostenguts, axí per caritatius subsidis com décima, quarta y sos patges atesa majorment la sterilitat, la qual és tanta en la terra que ab molta dificultat se poden sustentar ab confiansa y molt certa speransa tenen que per V. R. S. seran sublevats de molts

200 greuges/ sostenen per bandolés; y altrament sentint-ho en l'ànyma,

com més fer no poden, supliquen a V. R. S. per sa clemència vulle
tenir per bé de contentar-se de la offerta li fan següent, a sercha de
la qual se posaran los capítols següents:

Primerament los dits síndichs en sos propis noms y de tots sos
205 principals supliquen a V. R. S. per lo que concerneix al descàrrech
de ses consciènties y així los officis dominicals sien dits y selebrats
com se pertany, mane ésser fets brebiaris nous, resecades totes dificultats e confusions tenen los que vuy són, així emperò que V. R. S.
non mane fer ho fer fassa més de mil y sinch-cents, los quals .m .d.
210 en dits noms prometem penre quiscun prevere o clerge encara que
no sie in sacris, pus sie beneficiat, un brebiari desligat y donar a
V. R. S. així per lo cost de dits breviaris com per sos trebals et alias
trenta sous moneda barçalonesa. *Placet.*

Supliquen, emperò, en dits noms los sobre dits síndichs a V. S.
215 que sie de sa mercè proveir y manar que tots los preveres, encara que
no beneficiats que residiran en la sua diòcesis de Urgell així teninty
servitut, com no volent-y, emperò, aturar, sien obligats en penre
dels dits breviaris al matex preu, així que per official algú de V. R. S.
ho clavari no sie dada licèntia general ni special que no tingue dels
220 dits breviaris; hoc encara que los qui vuy tinran licèntia general, no
puguen usar de aquella, sinó que primer prenguen dels dits breviaris
al dit preu, segons com és dit. *Placet.*

Més avant supliquen los dits síndichs que plàcie a V. R. S. proveir y manar que no sie admés algú als sagrats ordes, així bé orde-
225 nant-se en la dita diòcesis, com alias obtenint licèntia de ordenar-se
en altra part, que primer no aje pres dels dits breviaris signats de sos
nom y cognom de mà, emperò del qui donarà dits breviaris y del
receptor de les pecúnies del preu de dits breviaris. *Placet.*

Supliquen, emperò, que los dits breviaris V. R. S. fets que seran,
230 mane lo més prest fer-se porà, posar aquels y distribuits per sa diòcesis en cap de quiscun clavariat y allí se agen a distribuir per quiscun
officialat y los tinentia de dit clavariat, així, emperò, que dits breviaris V. S. mane ésser desliurats y posats en poder del procurador,
elegidor per la comunitat del cap de dit clavariat a càrrech i risch de
235 dita comunitat, entès que dit procurador ans fasse ab acte autèntich
confessió de la receptió de dits breviaris y del número de aquells, affi
que se pugue saber, quant seran/ posats tots los dits breviaris. *Placet.*

Més avant supliquen los dits síndichs a V. R. S. que sie content
consentir que los qui penran dits breviaris, dins quinze dies aprés
240 que les letres seran expedides y publicades en quiscun cap de officialat e ho loctinentia, puguen paguar los dits trenta sous en dues pa-
gues, ço és a saber, quinze sous de present que penran dits breviaris
y los restans quinze sous dins sis mesos aprés següents; y perquè V.
R. S. stigue al segur de la pagua dels dits breviaris, los dits síndichs

245 en los dits noms, ara per lavors y lavo(r)s per ara, se obliguen, ço és,
quicun per son officialat e ho loctinènties fer bons los dits preus y
paguar aquells al clavari o col·lector posat per V. R. S. Passats dits sis
mesos, dins quinze dies aprés que per lo dit clavari de V. S. los serà
ab letra patent scrit y manat que paguen lo que li restarà a paguar

250 dels dits breviaris presos per los preveres seran ho eren de sos offici-
alats e ho loctinènties, quant prengueren los dits breviaris y per assò
atendre y complir-ne obliguen ses persones y béns d'els y dels dits
sos principals in forma camere cum constitutione procuratorum per
suam reuerendam dominationem ubi sibi bene uisum fuerit nomi-

255 nandorum etc. *Placet*

Més supliquen los dits síndichs a V. R. S. que si passats los quinze dies que seran donats a penre los dits breviaris vinran alguns preveres per a residir y servir en la dita diòcesis ho altrament obtenir
licènties generals ho penre ordes ho demanar licència per ordenar-se

260 en altra part que no sien admesos que primer no agen pres dels dits
breviaris y paguats aquels íntegrament y que axí vostra senyoria ho
mana ara de present a tots y sengles preveres que los tals y semblants
no admeten ha guany algú que primer, com dit és, no agen pres dels
dits breviaris, a pena de excomunicatió late sentantie y de sinquanta

265 ducats de or. *Placet.*

Més avant supliquen los dits síndichs que los procuradós que
seran elects per las comunitats per ha exegir los preus fiats de dits
breviaris y aquels paguar al clavari de V. R. S., segons desús es dit,
per a què millor puguen afectuar o V. R. S. done ad aquels y quiscú

270 d'els poder y vices de officials en aquel cas he comissari cum potestate mandandi cum penis et censuris ecclesiasticis et pecuniariis
excommunicandi et interdicendi et/ ubi eisdem bene uisum fuerit
absoluendi, tam a censuris ecclesiasticis quam penis pecuniariis. Si,
emperò, volrà exhigir les penes pecuniàries, en tot o en part, la mitat

275 sie de sa R. S. y l'altra del clero. *Placet.*

Item, supliquen los dits síndichs perquè no's pugue fer frau per
los oficials de V. S. R. ho clavaris ni per los procuradós dels dits
oficialats que si's procura que sie dada licència per a penre ordes ho
seran dades ordens ho licència general per ha servir o celebrar en

280 la present diòcesis sens que primer no agen pres breviari de mà del
procurador del clero, que per quiscú se age de paguar al dit clero
sinch ducats de or y per aquels se puguen retenir lo procurador de
dit clero quatre breviaris fins a tant sie executada la dita pena contra
los contrafaents; y si dits procuradós posaran algun breviari del qual

285 no donara[n] compte al clavari de S. R. S. age de paguar sinch ducats per pena aplicadora als cofis de S. R. S. *Placet.*

Més avant supliquen a S. R. S. los dits síndichs que tingue per
bé e done loch e consentiment, pus ve a càrrech dels procuradós per

290 las comunitats elegidós per desliurar los breviaris lo exegir dels preus
fiats de aquells, com desús es dit, y paguar al clavari de V. S. ho a la
persona que sa R. S. manarà los dits preus, que per aquels se pugue
asegurar ab penyores ho altrament de aquels, als quals desliurarà dits
breviaris, a fi y efecte que millor y ab més facilitat se puguen exegir
dits preus y axí contentar a V. S. y no volent dar la seguretat al dit
295 procurador ben vista, agen de paguar en continent tots los trenta
sous. *Placet.*

Item, supliquen los dits síndichs a V. R. S. que declare ésser
intenció sua, com és, que los preveres y altres beneficiats de la sua
diòcesis de Urgell que residiran en cort Romana o siran domiciliats
300 y residiran extra dictam diocesim Vrgellensem, no sien tenguts pen-
dre dits breviaris. *Placet*[1].

[5] Qua quidem concordie et capitulationis schedula desuper,
ut prefertur, oblata ac alta et intelligibili uoce per me iam dictum
notarium lecta et per prefatas partes bene intellecta, prout singula
305 singulis conuenit respectiue, gratis et de certa scientia dictam concordiam et capitulationem atque omnia et singula in ea contenta attendere, tenere et complere promiserunt, conuenerunt et se/
obligarunt, uidelicet prefatus reuerendissimus dominus episcopus
pro se et quatenus sue dominationi tangit et tangere posset in fu-
310 turum, syndici uero prefati nominibus propriis et cuiuslibet eorum
ac nomine omnium et singulorum principalium suorum et cuiuslibet eorum, de quorum ratihabitione uel de habendo a dictis suis
principalibus mandato ad ratificandum predicta omnia et singula
teneri conuenerunt et se obligarunt hinc ad uigesimum quartum
315 diem mensis aprilis proxime uenturum anni currentis millesimi
quingentesimi quadragesimi secundi. Pro quibus omnibus et singulis in dicta concordia et capitulatione contentis tenendis et complendis, idem reuerendissimus dominus episcopus bona et iura omnia et singula mense episcopalis Vrgellensis predicte, prefati uero
320 syndici personas suas ac etiam personas et omnia et singula bona
sua et dictorum suorum principalium et cuiuslibet eorum totiusque
cleri episcopatus Vrgellensis, presentium, absentium et futurorum,
mobilia et inmobilia, ubique habita et habenda, obligarunt. Et premissa omnia et singula tenere et complere firmarunt et iurarunt, ui-
325 delicet prefatus reuerendissimus dominus episcopus manu eius dex-

---

[1] Todo el texto de [4], líneas 192-301 lo edita tambіén el ya varias veces citado
E. MOLINÉ, «Els sinodes d'Urgell del segle XVI i la reforma catòlica», en: *Urgellia* 10
(1990-1991) 435-437. Ver también las interesantes páginas 417-418 donde el autor se refiere a *Las tres concòrdies del bisbe Francisco de Urríes, de 1537, 1542 i 1545,*
y dice que las concordias de 1542 y 1545 fueron ciertamente hechas en sínodos, y
añade: «Pel mol que s'hi assembla, la de 1537 fa pensar que probablement es feu
també en un sínode. Per això considerem les tres plegades».

tera more prelatorum ad pectus suum apponendo, supra dicti uero
syndici et eorum quilibet in manu et posse mei, pre et infra scripti
notarii medio, ad sancta Dei quatuor euangelia, manibus suis et
cuiuslibet eorum corporaliter tacta, prestito iuramento respectiue,
330 et contra ea nec aliquod eorum non facere nec uenire permittere,
sub periurii et duorum auri mille ducatorum pena, pro parte contra
uenienti parti obedienti soluendorum.

[6] Etiam dicti syndici, procuratores et economi prefati iam
dictis nominibus per se ipsos et suos principales dicto reuerendis-
335 simo domino episcopo presenti et stipulanti, ut supra, prefatam
concordiam et omnia et singula in ea contenta tenere et complere
ac inuiolabiliter obseruare per pactum ualidum et sollemne conuenerunt. Atque omnia et singula damna, interesse et expensas, que,
quod et quas eumdem reuerendissimum dominum episcopum, ob
340 defectum premissorum forsan facere patientem sustinere contingerit in iudicio uel extra, restituere, que, qualia et quanta forent stare
et credere solo et simplici uerbo ipsius reuerendissimi domini episcopi et suorum, absque sacramento testium protectione, dictorumque damnorum et expensarum a taxatione et quauis alia super his
345 facienda probatione. Seipsosque et suos in posterum successores et
heredes atque omnia et singula sua et suorum predictorum principalium bona mobilia et immobilia quecumque, presentia et futura,
dicto reuerendissimo domino episcopo presenti, ut supra, et stipulanti et suis et his successoribus obligarunt et hypo/thecarunt. Ac
350 etiam curie causarum camere apostolice domini nostri pape eiusque
camerarii, uicecamerarii, auditoris, uiceauditoris, regentis, locum tenentis et commissarii ac omnium et singularum aliarum curiarum
ecclesiasticarum et secularium, ubilibet constitutarum, iurisdictionibus, cohertionibus, compulsionibus, iuribus, rigoribus, stilis et
355 mere examinibus supposuerunt et submiserunt. Per quas quidem
curias et illarum quamlibet in solidum, tam coninctim quam diuisim, uoluerunt et expresse consentierunt se ipsos et principales suos
omnes et singulos predictos posse et debere cogi, compelli, constringi, moneri, excommunicari, aggrauari, reaggrauari et ad bra-
360 chium seculare deponi, arrestari, capi, incarcerari et detineri uno et
eodem tempore uel diuersis temporibus per diuersorum temporum
interualla, usque ad plenariam et integram solutionem siue satisfactionem et emendam premisorum atque omnium et singulorum
damnorum, interesse et expensarum predictarum, occasione pre-
365 missorum forsan ut supra faciendorum, patiendorum et sustinen-
dorum, refectionem et restitutionem. Ita tamen quod exsecutio
unius curie exsecutionem alterius non impediat neque retardet, non
obstante iure dicente quod ubi iudicium inceptum est ibidem finem

accipere debet, et qualibet alia iuris et facti exceptione in contra-
370 rium faciente non obstante.

[7] Renuntiauerunt insuper ibidem generaliter omni et cuilibet
exceptioni doli mali, uis, metus, fraudis, lesionis et machinationis
predicte concordie et capitulationis ex causa premissa non facte neque insite, atque contractus presentis non sic, ut premittitur, facti,
375 celebrati et insiti, et aliter aut plus uel minus fuisse factum uel dictum quam recitatum et e contra, omnibusque aliis et singulis exceptionibus, cauillationibus et cautelis, quibus mediantibus contra
premissa uel eorum aliqua ipsi syndici uel eorum et cuiuslibet eorum principales sui facere, dicere, uenire, aut se uel sui tueri quouis
380 modo possent, et specialiter iuri dicenti generalem renuntiationem
non ualere nisi precesserit specialis et expressa.

[8] Et ibidem statim et in continenti prefati omnes et singuli syndici et procuratores nominibus suis propriis et cuiuslibet eorum, tam coniunctim quam diuisim, nomine et uice totius cleri
385 episcopatus Vrgellensis, prout singula singulis conuenit respectiue,
pro maiori cautela et tutiori securitate prefati reuerendissimi domini episcopi, et de speciali consensu et uoluntate eiusdem, gratis et
sponte, omnibus melioribus modo, uia, iure, causa, forma quibus
melius et efficatius potuerunt et debuerunt, fecerunt et constitue-
390 runt, crearunt et sollemniter ordinarunt suos et dictorum principalium suorum et cuiuslibet eorum atque/ totius cleri prefati ueros,
certos, legitimos et indubitatos procuratores, actores, factores ne-
gotiorumque suorum infra scriptorum gestores ac nuntios speciales
et generales. Ita tamen quod specialitas generalitati non deroget,
395 neque e contra, uidelicet reuerendos et prouidos uiros dominos Ber-
nardinum Albarez et Garsiam Albarez, Palentine, Thomam Fort,
Cesaraugustane, et Ludouicum Gomez, Oscensis diocesis, et quemlibet eorum in solidum, in curia Romana residentes, omnesque alios
et singulos dominos procuratores et notarios, qui nunc sunt et pro
400 tempore futuro erunt in Romana curia, quorum nomina et cognomina habere uoluerunt pro expressis, absentes tamquam presentes
et quemlibet eorum in solidum. Ita tamen ut non sit melior primitus occupantis condicio, nec deterior subsequentis, sed quod unus
eorum inceperit alter eorum prosequi, terminare, mediare ualeat et
405 finire, ac ad effectum debitum et finem perducere, scilicet specialiter
et expresse, ad ipsorum et cuiuslibet eorum et prefati cleri respectiue
nomine et pro eis omni tempore et diebus feriatis et non feriatis, in
terminis et temporibus et quotiens prefato reuerendisimo domino
episcopo ac suis uidebitur et placuerit coram predicto camerario,
410 uice camerario, auditore, uice auditore, regente, locum tenente et
commissario eiusdem, et aliarum curiarum predictarum officialibus
et iudicibus seu eorum loca tenentibus comparendum, ac prefac-

tam capitulationem et concordiam omniaque alia et singula superius contenta semel et pluries confitendum et recognoscendum, et
415 ad petendum, audiendum et recipiendum dictorum dominorum
constituentium et eorum cuiuslibet nomine omne preceptum, omnemque monitionem, condemnationem, sententiam atque mandatum, que, quod et quas prefati domini camerarii, uice camerarii,
auditores, uice auditores, regentes, locum tenentes, commissarii et
420 alii iudices et officiales seu eorum loca tenentes et eorum quilibet
contra predictos dominos constituentes, prefatosque principales
suos et quemlibet eorum, eorumque heredes et successores, ac bona
predicta facere ferre et promulgare uoluerint seu uoluerit, et eis
sponte acquiescendum, necnon submittendum et resubmittendum.
425 Propterea ipsos dominos constituentes et eorum quemlibet pro
premissis firmiter obseruandis iurisdictioni curiarum predictarum
et cuiuslibet earum, et ad uolendum et consentiendum quod ipsi
domini camerarius, uice camerarius, auditor, uice auditor, regens,
locum tenens, commissarius, alii iudices et officiales predicti in ip-
430 sos constituentes predictos et quemlibet eorum excommunicationis
sententiam ferant et promulgent, aggrauent, reaggrauent, aliosque
processus reales et personales gerant et fa/ciant, quos uoluerint et
dicto reuerendissimo domino episcopo ac suis placuerit et uisum
fuerit expedire, quousque de premissis et expensis predictis sibi ac
435 eis fuerit plenarie et integre ac realiter satisfactum, iuxta superius inserte capitulationis et concordie tenorem. Et generaliter omnia alia
et singula faciendum, dicendum, gerendum, exercendum et procurandum, que in premissis et circa ea necessaria fuerint seu etiam
quomodolibet opportuna. Promittentes mihi, notario publico in-
440 fra scripto, ut publice persone presenti, stipulanti et recipienti uice
et nomine omnium et singulorum quorum interest, intererit aut
interesse poterit quomodolibet in futurum se ipsos et principales
suos prefatos et quemlibet eorum respectiue omni tempore ratum,
gratum et firmum perpetuo habiturum totum id et quicquid per
445 dictos procuratores suos constitutos et eorum quemlibet actum, dictum, factum gestumue fuerit in premissis aut alias quomodolibet
procuratum.

[9] Releuantes nihilominus et releuatos esse uolentes eosdem
procuratores et quemlibet eorum ab onere omni satis dandi, iudicio
450 sisti et iudicatum solui, cum suis clausulis et capitulis necessariis
et opportunis, sub expressa hypotheca et obligatione omnium et
singulorum bonorum mobilium et immobilium, presentium et futurorum quorumcumque, ac sub omni iuris et facti renuntiatione
ad hec necessaria pariter et cautela.

455 [10] Et premissa omnia et singula in prefata capitulatione atque
presenti publico instrumento contenta tenere, attendere, complere

et inuiolabiliter obseruare, contraque ea seu eorum aliqua non facere, dicere uel uenire de iure uel de facto quouis quesito colore,
dictosque procuratores suorumque principalium et suos, ut pre-
460 mittitur constitutos, aut eorum aliquem quousque prefato reuerendissimo domino episcopo de contentis in prefata capitulatione et
concordia, una cum expensis et interesse predictis, realiter, plenarie
et integre satisfecerint et premissa omnia et singula obseruauerint
et adimpleuerint, non reuocare seu reuocari facere promiserunt et
465 conuenerunt sub predictorum duorum mille auri ducatorum pena
atque iuramento ad et super sancta Dei euangelia, scripturis sacrosanctis per eosdem et quemlibet eorum corporaliter sponte tactis,
prout supra iam prestitum fuit. De et super quibus omnibus et singulis premissis prefate partes et quelibet earum respectiue requisiue-
470 runt per me, iam dictum notarium, fieri et tradi/ sibi publicum
instrumentum, unum et plura.

[11] Que fuerunt acta pre calendatis die, mense et anno et loco
prefixis, atque modo et forma predictis, presente me, dicto Joanne
de Aragues, notario supra et infra scripto, et presentibus etiam ho-
475 norabilibus Jacobo Vilaseca, mercatore oppidi Guissone, et Petro
Benedicto Garriga, textore lini uille Senahugie, Vrgellensis diocesis,
pro testibus ad premissa uocatis specialiter et assumptis.

[12] <*Prosequitur synodus. Sessio altera: 27 aprilis 1542, apud
castrum Sanahugie*>

480 Deinde adueniente autem die intitulata uicesima septima mensis
aprilis predicti anni a natiuitate Domini millesimi quingentesimi
quadragesimi secundi, apud castrum Sanahugie Vrgellensis diocesis
in mei, Joannis de Aragues, notarii publici, et testium infra scriptorum presentia comparuerunt et fuerunt personaliter constituti
485 uenerabiles uiri Franciscus Portel, utriusque iuris doctor, in ecclesia
uille Guissone beneficiatus, nomine suo proprio et uti procurator et
syndicus uenerabilium Ludouici de Vilalonga, prioris, Petri Planes,
Petri Onofrii Castels, Jacobi Burgos, canonicorum, Petri Amigo,
Bartholomei Ferrer, Anthonii Solera, Anthonii Caua, Anthonii Cas-
490 tellar, Egidii Soler, Joannis Costafreda, Anthonii Vilamur, Laurentii
Portella, Hieronimi Treguis, Hieronimi Palou, Bartholomei Torrens
et Joannis Colom, presbyterorum in ecclesia collegiata beate Marie
uille Guissone beneficiatorum, Joannis Ortis, rectoris ecclesie parochialis de la Prinyenosa, Bernardi Vall, rectoris del Llor, nomine suo
495 proprio et nomine Petri Soluer, rectoris de Verguos Garreiat, et Jacobi Joannis, uicarii de Monfalco lo Gros, Francisci Rull, rectoris de
Joual, Michaelis Cortes, uicarii de les Spalargues, Anthonii Robiol,
beneficiati Tarrogie, Bernardi Tristany, de Iuorra, Petri Golanor, be-

neficiati de Monroig, Andree Siganos, uicarii de Palagals, Anthonii
500 Miralles, uicarii de Belber, Petri Cinsell, uicarii de San Guim de la
Plana, Joannis Prat, uicarii de Fontanet, Bernardi Roqueta, uicarii
de Portell, Joannis Nogues, uicarii de Altet, Raimundi Julia, uicarii
de la Figuarosa, Berengarii de Soldeuila, uicarii de Clarauals, Petri Aldigueri, uicarii de Viuer, Joannis Soler, uicarii de les Vluges,
505 Anthonii Soler, uille Torani, presbyterorum, et cuiuslibet eorum
concilium generale facientium et communitatem presbyterorum,
rectorum et beneficiatorum uille et officialatus Guissone representantium, ut de potestate et eius mandato sufficienti ad infra scripta
constat per publicum instrumentum in choro ecclesie uille Guis-
510 sone, Vrgellensis diocesis, actum die iouis uigesimo mensis aprilis,
anno a natiuitate Domini millesimo quingentesimo quadragesimo
secundo et per discretum Joannem Graells dicte uille Guissone auctoritatibus apostolica ubique et regia per totam terram et dominationem sacre cesaree catholice et regie magestatis atque reuerendis-
515 simi domini Vrgellensis episcopi notarium publicum receptum et
testificatum./

[13] Petrus Areny, presbyter in ecclesia Vrgellensi beneficiatus,
nomine suo proprio et uti syndicus et procurator uenerabilium Joannis Sans, Francisci Capdeuila, Joannis Gasset, Augustini Cerola,
520 Petri Molins, Joannis Cella, Joannis Massana, Petri Portella, Michaelis Vidal, Joannis Branya, Michaelis Grau, Guillermi Texidor,
Jacobi Sparça, Joannis Capella, Petri martir Gomar, Jacobi Tor alias
Majoral, Anthonii Vals, Petri Mathei, Mir Arnaldi, Guillermi Babot, Guillermi Mir, Joannis Roger, Joannis Rocha, Christofori Leo,
525 Joannis Puig, Anthonii Solans, Joannis Souils, Francisci Vallonga,
Michaelis Cases et Joannis Rouell, omnium presbyterorum beneficiatorum ecclesie Vrgellensis atque de communitate et uniuersitate
presbyterorum simplicium beneficiatorum eiusdem necnon communitatem dictorum beneficiatorum seu uniuersitatem facientium,
530 celebrantium et representantium, prout de eius potestate constat ad
infra peragenda publico instrumento in ciuitate Vrgellensi decima
nona die mensis aprilis, anno a natiuitate Domini millesimo quingentesimo quadragesimo secundo, acto receptoque et testificato per
discretum Guillermum Mir, oriundum uille Podiiceritani, Vrgellen-
535 sis diocesis, apostolica regiaque autoritatibus per totam terram et
dominationem sacre cesaree catholice et regie magestatis notarium
publicum.

[14] Guillermus Pellicer, presbyter in ecclesia Podiiceritani Vrgellensis diocesis beneficiatus, nomine suo proprio et ut syndicus et
540 procurator uenerabilium Francisci Bertran, Francisci Quinta, Joannis Vallori, Raimundi Prat, Stephani Peguillem, Raimundi Jacobi,
Raimundi Vallo, Joannis Ruscha, Saturnini Pujol, Joannis Sunyer,

Bernardi Vrgell, Hugeti Brugell, Joannis Beluer, Joannis Bonels, Bernardi Baro, Joannis Scadars, Petri Amil, Onofrii Masandreu,
545 Petri Bertran, Joannis Maranges, Joannis Ranat, Petri martir de Bonacasa, Francisci Ambroni, Stephani Aymar, Petri Mathei natu minoris, Anthonii Areny, Petri Amilada et Petri Sunyer, presbyterorum collegiatorum in ecclesia parochiali beate Marie oppidi Podiiceritani, Vrgellensis diocesis et eorumdem omnium et singulorum at-
550 que nomine et uice totius dicti collegii, prout de suo mandato cum sufficienti facultate et potestate ad infra scripta constat instrumento publico, acto intra dictam uillam Podiiceritani die decima septima mensis aprilis, anno a natiuitate Domini millesimo quingentesimo quadragesimo secundo et per discretum Joannem Mor, publicum
555 uille Podiiceritani et Ceritanie regia et honorabilium consullum dicte/ uille regio his attributa indultu auctoritatibus notarium, recepto et testificato.

[15] Michael Fiter, presbyter in ecclesia collegiata ciuitatis Balagarii beneficiatus, nomine suo proprio et uti syndicus et procurator
560 uenerabilium Bartholomei Farrer, Joannis Raimundi Lebo, Michaelis Boldu, precentoris, Joannis Fuster, uicarii, Anthonii Lox, Anthonii Rapita, Francisci Corria et Michaelis Spert, canonicorum, Petri Spert, Joannis Batalla, Anthonii Bordoll, Petri Joannis Castelbo, Anthonii Tos, Nicolai Ledos, Francisci Clauerol, Anthonii Pasquall,
565 Joannis Puiol, Michaelis Pomaro, Francisci Tos, Anthonii Alegre, Francisci Aragones, Francisci Sans, Petri Sobrerocha, Francisci Benet, Petri Anthonii Vila et Mathei Oriola, presbyterorum beneficiatorum ecclesie collegiate Sancti Saluatoris Balagarii Vrgellensis diocesis et cuiuslibet eorum, et nomine et uice omnium et singulorum
570 presbyterorum et clericorum communitatis et officialatus Balagarii, tam coniunctim quam diuisum, ut de suo mandato cum sufficienti potestate ad infra scripta habenti constat instrumento publico, acto in choro ecclesie collegiate Sancti Saluatoris Balagarii die decimo octauo mensis aprilis, anno a natiuitate Domini millesimo quingen-
575 tesimo quadragesimo secundo, et per discretum Joannem Damianum Naues, ciuitatis Balagarii habitantis, auctoritate apostolica per uniuersum orbem notarium publicum, recepto et testificato.

[16] Joannes Jordana, presbyter in ecclesia uille Tiruie Vrgellensis diocesis beneficiatus nomine eius proprio et uti syndicus et
580 procurator uenerabilium Petri Sansa, uicarii de Tor, Andree Mallol, uicarii de Noris, Petri Muntaner, rectoris de Areu, Joannis Font, uicarii de Areu, Mariani Beatriu, seruitoris purgatorii de Areu, Petri Pont, uicarii de Alins, Joannis Puia, seruitoris confratrie de la Torre, Mathei Formis, Petri Michaelis, seruitoris Sancte Marie de Alins,
585 Anthonii de Podio, uicarii de Aynet, Guillermi Nanra, seruitoris purgatorii de Aynet, Anthonii Coter, rectoris de Arahos, Joannis

Gassia, seruitoris purgatorii loci de Arahos, Joannis Clergue, uicarii
Tiruie, Joannis Palanca, uicarii adherentis Tiruie, Joannis Portella,
seruitoris Sancte Anne, Guillermi Bosch, seruitoris benificii Sancti
590 Laurentii, Bartholomei Coter, seruitoris confratrie Sancti Stephani
de Munsclar, Anthonii Peres, rectoris de Muntensclar, Raimundi
Tolzanet, uicarii de Burch, Petri Farrer, seruitoris purgatorii loci de
Burch, Guillermi Viues, seruitoris purgatorii de Farrera, omnium
officialatus Tiruie, Gasparis officialatus Cardosii, Batholomei Ys-
595 arti, rectoris de Aynet, Cipriani Leret, uicarii de Surri, Arnaldus
Moga,/ rectoris Riparie, Petri Campi, Joannis de Surno, uicarii de
Ribera, Eronis Castellar, Petri Sapeyra, uicarii de *(en blanco),* Guillermi Nantre, uicarii de Sterri, Raimundi Micas, uicarii de Ginestarre, Bernardi Amillat, rectoris de Boldis, Bernardi Amillat, Joannis
600 Gros, Guillermi Fort, rectoris de Leret, Joannis Vidal, uicarii Ladros, Raimundi Gallart, Joannis Cortes, Galart, uicarii de Stahon,
Jacobi Bernada, rectoris de Laborsi, Guillermi Pey, uicarii de Aydi,
Petri Losa, uicarii de Baiasca, omnium officialatus Cardosii dicte
diocesis Vrgellensis et cuiuslibet eorum, atque nomine et uice dic-
605 torum rectorum, presbyterorum et aliorum in dictis officialatibus
Tiruie et Cardosii beneficiatorum et residentium, tam coniunctim
quam diuisim, prout de suo mandato ad infra scripta cum sufficienti potestate legitime constitutus constat per publicum instrumentum, in uilla Tiruie diocesis Vrgellensis actum die sexta decima
610 mensis aprilis, anno a natiuitate Domini millesimo quingentgesimo
quadragesimo secundo, receptumque et testificatum per discretum
Anthonium de Castro, archidiaconum presbyterum in ecclesia Tiruie beneficiatum, auctoritate apostolica publicum notarium.
[17] Bernardus Lana, presbyter in ecclesia Berge Vrgellensis
615 diocesis beneficiatus, nomine suo proprio et uti procurator et syndicus uenerabilium Joannis de Sanctacruce, Joannis Claris, Joannis Bretons, Baltazaris Texidor, Francisci Sabater, Joannis Sorribes,
Baltazaris Sorribes maioris dierum, Joannis Alzina, Francisci Coma,
Baltazaris Sorribes iunioris, Joannis Ros, Joannis de Longe, Fran-
620 cisci Teixidor, Petri Brocha, Joannis Vilaformiu, omnium presbyterorum predicte uille Berge, Anthonii Sala, uicarii de Via, Anthonii
Mas secum residentis, Petri Cabrera, uicarii de la Spunyola, Petri
dels Andreus, uicarii de Munclar, Petri Rochos, uicarii del Pujol de
Planes, Guillermi Duran, uicarii del Mujal, Petri Vulperi, uicarii de
625 Viuer, Joannis de Ponte, uicarii de Puigreyts, Joannis Bosonda, uicarii de Caserras, Petri Grosbul, uicarii de Saguas, nomine suo proprio et ut/ procurator assignatus Petri Fontoliua et Petri Armengol,
rectoris de Saguas, Guillermi Lafont, uicarii de Vlada, Helias n., uicarii de Serchs y la Baliels, Joannis l'Amoros, Ludouici Siler, uicarii
630 de Palmerola, Petri Vila, Anthonii Castellarnau, Bartholomei Bro-

cha, Bernardini Calla, Joannis Pellicer, Anthonii Rollan, Francisci
Brocha, Joannis Aldrofeu, Christofori Sunyer, Francisci Carrera,
Damiani Cosp, Joannis Squeriu, domini Jacobi de Riambau, prepositi de Lileto, Anthonii Muga, Joannis Santo, Baltezaris Brocha
635 et Anthonii Jorda, presbyterorum, et cuiuslibet eorum in officialatu
Berge residentium, atque uice et nomine omnium et singulorum
clericorum cleri dicti officialatus et communitatis predicte Berge,
ut de suo mandato plenum ad insfra scripta in eodem habens posse
constat publico instrumento, acto in dicta uilla Berge die intitulata
640 decima tertia mensis aprilis, anno a natiuitate Domini millesimo
quingentesimo quadragesimo secundo, et per discretum Joannem
de Longe alias Sastre, presbyterum et notarium publicum per totum
orbem et uille Berge auctoritatibus apostolica et discreti Francisci
Romeu, presbyteri uicariique perpetui ecclesie parochialis predicte
645 uille Berge necnon ratione dicte sue perpetue uicarie in dicta uilla
notharii publici, recepto et testificato.

[18] Petrus Vila, rector parochialis ecclesie de Timoneda,
nomine eius proprio et uti procurator et syndicus uenerabilium
Martini de Garmendia, procuratoris ecclesie collegiate beate Marie
650 uille Celsone, procuratoris siue alterius ex partibus cotidianarum
distributionum eiusdem et dicto nomine rectoris parochialis ecclesie Sancti Martini de Riner, Joannis Tuxenes, rectoris ecclesie Sancti Clementis de la Celua, Joannis Mox minoris, presbyteri plebani
plebanie Sancti Andree de Clara, Petri Colomes, presbyteri rectoris
655 ecclesie Sancti Saturnini de Besora, Joannis Camp, presbyteri rectoris ecclesie Sancti Saturnini de Clariana, Gabriel Pallares, presbyteri rectoris ecclesie Sancti Pauli de Terrasola, Joannis Ginebrosa,
beneficiati Sancti Guillermi de Mirauet, Bernardi Bemoy, presbyteri uicarii Sancti Martini de Riner, Joannis Vila minoris, uicarii
660 Sancte Eulalie de Timoneda, Joannis Montardit, presbyteri/ uicarii
Sancti Saturnini de la Lena, Gasparis Vila, presbyteri rectoris eiusdem, Francisci Pelos, presbyteri uicarii Sancti Martini de Joual, Petri Salesa, presbyteri uicarii Sancti Clementis de Mirauer, Joannis
Ribalosa, uicarii Sancti Michaelis Castri Veteris, omnium officiala-
665 tus uille Celsone diocesis Vrgellensis et cuiuslibet eorum ac nomine
et uice omnium et singulorum rectorum, uicariorum et clericorum dicti officialatus, ut de sua potestate ad infra scripta peragenda
constat instrumento publico, acto in oppido Celsone die uigesima
prima mensis aprilis, anno a natiuitate millesimo quingentesimo
670 quadragesimo secundo, recepto et testificato per discretum Joannem Simon, oppidi Sancti Laurentii de Morunys Vrgellensis diocesis, apostolica auctoritate notarium publicum, locum tenentemque
discreti Onofrii Tarrega, oriundi uille Celsone, apostolica et regia
atque illustrissimi et reuerendissimi domini abbatis siue perpetui

675 administratoris abbaciatus beate Marie uille Celsone auctoritatibus
notarii publici eiusdem.

[19] Petrus Segu, canonicus ecclesie uille Trempi, nomine suo
proprio et uti procurator et syndicus uenerabilium Galcerandi Bardaxi, sacriste, Dionisii Rocha, uicarii Berengarii Romeu et Sabas-
680 tiani Gaçol, canonicorum, Mathei Balast, Joannis Tallada, Petri Palau, Joannis Jordi, Joannis Porta, Joannis Ferrer et Baptista Bardaxi,
beneficiatorum ecclesie beate Marie Vallis de Floribus dicte uille
Trempi; Anthonii Soler, nomine suo proprio atque nomine uenerabilium Petri Juner, Vincentii Balcebre, Anthonii Sent Pere, Joannis
685 Figuerola, Michaelis Luça, Joannis Torruella et Petri Sant Andreu,
presbyterorum uille Salasii, Joannis Sola, uicarii, Anthonii Dalmau,
Anthonii Mauri, Joannis Figuerola, Petri Monço, Martini Vidren-
ya, Francisci Amenjo (?) et Anthonii Farrus, presbyterorum uille
Talarni; Anthonius Gaçol del Vall, T. Sans, nominibus suis propriis
690 atque uenerabilium Joannis Areny, Petri Ferrer, Joannis Fontelles,
Joannis Çeal, Gasparis T., Joannis Planicet, Petri Gaçol, presbyterorum uille de Conquis, Joannis Periquet nomine suo proprio atque
nomine T. Vilaspasga, Petri Joannis, uicarii loci de Erinya, Petri Ferrer, Anthonii Monich, uicarii de Peracals, Joannis Col, uicarii de
695 Gernoles, Joannis Lacera, uicarii de Sanctarada, Bernardi Figuera,
uicarii de Sarrocha, T. Fontanella, uicarii de Sancta Coloma, Joannis Guardiola, uicarii de les Vals,/ Petri Caualler, rectoris de An[ti]st,
Joannis Torres, uicarii de Bereny, Joannis Jutglar, rectoris Oueix,
Mathei Caix, rectoris de la Torre, Saluatoris Pallares, rectoris del
700 Puy, Joannis Guiem, rectoris de Cap<d>ella, Anthonii Botella, rectoris de Astell, Jacobi Blanch de Spuny, Joannis March, Francisci
Falgas, uicarii de Montros, beneficiatorum Sancte Marie de Salasi,
uallis de Montros; Joannes Figuera nomine suo proprio atque nomine Anthonii Boer, Anthonii Burget, Joannis Aragones et Joannis
705 Puigceruer, uille Popule de Segund, Joannis Lenes nomine suo proprio atque nomine Joannis Raimundi Ferrer, Ludouici Tamarit et
Joannis Mir, loci de Orcau, Petri Vidal, nomine suo proprio atque
nomine Joannis Colonia, Anthonii Juuellar alias Perico, Joannis Garreta, rectoris de Giro, Joannis Ros de Montanyana, Melchioris Bo-
710 rrel, rectoris de Montesqui, Anthonii Pallares nomine suo proprio
atque nomine Jacobi Celuy, uicarii de Areny, Joannis Plana, Andree
Sanct Serni, Petri Puymolar, T. Rouira, rectoris de Eroles, Bernardi
Garreta, Petri Fenollas, Balthasaris Torruella, Petri Giruas, Berengarii Celeny, Bernardi Lacera, Petri Grau, uille Areny, T. Cipriani,
715 Anthinii Nicolay, T. Guillem, et T. Prats de Castanesa, Petri Gaçol,
uille de Conquis, nomine Laurentii Larges, rectoris Sancti Saluatoris de Tolo, Anthonii Sentoll, et deseruientium dels purgataris dicti
loci, Anthonii Planella, uicarii Anthonii Garriga, Mathei Mullol,

Petri Ripoll, Melchoris Buxados, uille Ysone, Marcialis Lacam et
720 deseruientium confratriam loci de Benauent, Petri Augustini, Joannis Feliu, Benedicti Garcia de Figuerola, Petri Joannis Lenes, rectoris de Bestur[s], Joannis Toar, Joannis Rochaforta, Luce Malet,
Anthonii Saura et Gasparis Vilar, uille Leminyane, Anthonii Toar
nomine suo proprio atque nomine Bartholomei Pont et Anthonii
725 Ledos, loci de Aramunt, Joannis ça Peyra, T. Guallart et t. Verina,
Ville Mediane, et cuiuslibet eorum atque nomine et uice omnium
et singulorum canonicorum, rectorum, uicariorum, beneficiatorum
et presbyterorum totius cleri et officialatus Trempi, prout de suo
mandato ad infra scripta in eisdem plenum habendum/ posse cons-
730 tat publico instrumento, acto in dicta uilla Trempi die duodecima
mensis aprilis, anno a natiuitate Domini millesimo quingentesimo
quadragesimo secundo, recepto et testificato per Jacobum Porta,
conregentem scribaniam publicam uille predicte Trempi, clausoque
et subsignato per discretum Joannem Carbonel, publicum auctori-
735 tatibus apostolica et regia notarium dicte uille Trempi Vrgellensis
diocesis, alterum ex conregentibus dictam scribaniam.

[20] Joannes Jordana, presbyter uille Tiruie, uti syndicus et
procurator uenerabilium Joannis Muntaner, Jacobi Jordana, Joannis Cerqueda, Petri Castelbo, Petri Carrera, Petri Babtista, Guiller-
740 mi Manso, Joannis Lenes, Mathei Lenes, Joannis Tartera, Joannis
Bonsom, Petri Periquet, Petri Canada, Jacobi Alegre, Joannis Janie-
re, Cosme Cadirat, Joannis Morni, Mathei Torres, Joannis Gaçet et
Joannis Aueta, presbyterorum uille et officialatus Sortis Vrgellensis
diocesis et cuiuslibet eorum, atque nomine et uice communitatis
745 omnium et singulorum presbyterorum cleri dicti officialatus Sortis,
prout de potestate dicti procuratoris constat instrumento publico,
acto in termino loci de la Bastida decimo quarto die mensis aprilis,
anno a natiuitate Domini millesimo quingentesimo quadragesimo
secundo, recepto et testificato per discretum Thomam Pintor, oriun-
750 dum ab oppido Acrimontis, apostolica et imperiali regiaque auctoritatibus atque totius marchionatus Pallariensis pro illustrissimo domino duce Cardone notarium publicum, thesaurarium et scribam.

[21] Augustinus Auellana, presbyter in ecclesia uille Sanahugie
canonicus, ut procurator et syndicus uenerabilium Anthonii Caste-
755 llarnau, Bernardini Calla, Joannis Palliser, Anthonii Rollani, Francisci Brocha, Francisci Carrera, Joannis Aldrofeu, / Damiani Cosp et
Joannis Squeriu, presbyterorum beneficiatorum et deseruitorum ecclesie parochialis Sancti Stephani uille Bagani Vrgellensis diocesis et
cuiuslibet eorum, atque Jacobi de Riambau, prepositi ecclesie beate
760 Marie Popule de Lileto dicte diocesis, Anthonii Muga, Balthasaris
Brocha, et Joannis Salto, canonicorum dicte ecclesie beate Marie de
Lileto, prout de suo mandato ad infra scripta constat instrumento

publico, quod fuit actum in uilla Bagani Vrgellensis diocesis die
decimo tertio mensis aprilis, anno a natiuitate Domini millesimo
765 quingentesimo quadragesimo secundo, receptoque et testificato per
uenerabilem et discretum Christoforum Sunyer, presbyterum uille
Bagani, apostolica per uniuersum dicte uero uille reuerendi rectoris ecclesie parochialis Sancti Stephani eiusdem uille auctoritatibus
notarium publicum.

780   [22] Petrus Areny, presbyter in ecclesia Vrgellensi beneficiatus,
uti procurator et syndicus uenerabilium Petri Piquer, Michaelis Sca-
les et Joannis Rouira, canonicorum ecclesie collegiate beate Marie
uille Organiani Vrgellensis diocesis et cuiuslibet eorum, atque nomine et uice ipsius ecclesie et capituli, prout de potestate prefati
785 procuratoris constat instrumento publico acto in choro dicte ecclesie Organiani die sabbati intitulata uicesima secunda *(espacio en
blanco:* <aprilis>), anno a natiuitate Domini millesimo quingentesimo quadragesimo secundo et per discretum Anthonium Soler alias
Gauzio, canonicum ecclesie beate Marie uille Organiani Vrgellensis
790 diocesis, auctoritate apostolica notarium publicum, regentemque
scribaniam publicam dicte uille auctoritate uenerabilis Joannis Cases, canonici et capellani Sancti Joannis dicte ecclesie, notarii publici eiusdem uille, recepto et testificato.

    [23] Petrus Cenros, presbyter in ecclesia de Pontibus beneficia-
795 tus, nomine eius proprio et uti procurator et syndicus uenerabilium
Petri Matheu, uicarii dicte uille, Vincentii Parra et Anthonii Puig,
canonicorum Sancti Petri de Pontibus, Joannis Moruedre, Joannis
Grau iunioris, beneficiati dicte uille, Joannis Balasch, presbyteri
mansi de Balasch, Saluatoris Martell, uicarii loci Oliole, Petri *(espa-
800 cio en blanco),* uicarii loci de Alentorn, Michaelis Goliet, dicti loci
de Alentorn, Michaelis Coll, rectoris de Lusas, Jacobi Bonet, uicarii
loci del Tossal, Joannis Gasset,/ uicarii loci de Tiurana, Thome Be-
ralda, loci predicti de Tiurana, Jacobi Solans, uicarii de Vilaplana,
Petri Burges, uicarii de Rialp, et Joannis Burges, eius nepotis ex fra-
805 tre, presbyterorum et cuiuslibet eorum Vrgellensis diocesis, atque
nomine et uice omnium et singulorum clericorum totius communitatis cleri et officialatus de Pontibus, prout de potestate dicti procuratoris constat publico instrumento, acto in dicta uilla de Pontibus
die undecimo mensis aprilis, anno a natiuitate Domini millesimo
810 quingentesimo quadragesimo secundo, recepto et testificato per discretum Vguetum Fructuosum Grau, uille de Pontibus Vrgellensis
diocesis, auctoritate apostolica notarium publicum regentemque
scribaniam publicam ipsius uille auctoritate uenerabilis rectoris siue
plebani ecclesie Sancti Petri iam dicte uille.

815   [24] Joannes Castellar, presbyter in ecclesia Sanahugie beneficiatus, uti syndicus et procurator uenerabilium Joannis Texeres, Fran-

cisci Cenros, uicarii conductiui oppidi Oliane, Bernardi Farras, Petri
Cases, rectoris de les Noues, Petri Sarradel, Petri Cases, rectoris de
la Salsa, Gabrielis Clariana, Jacobi Soler, rectoris dels Torrents, Fran-
820 cisci Moll, rectoris de Altes, Petri Portella, Joannis Junell, Thome
Oliua, presbyterorum dicti oppidi Oliane, Petri Vinet, uicarii loci de
Peremola, Michaelis Penella, rectoris de Pallerols, Anthonii Gelonch,
Joannis Gelonch, rectoris de Aguillar, Jacobi Puig, rectoris beate Marie Castri Veteris, Bartholomei Fontanet, rectoris de Cortiuda, presb-
825 yterorum dicte loci de Peremola Vrgellensis diocesis et cuiuslibet eorum, atque nomine et uice totius communitatis clericorum omnium
et singulorum officialatus dicti oppidi de Oliana, ut de mandato
dicti procuratoris ad infra scripta peragenda constat instrumento
publico, in dicta uilla Oliane acto die lune decimo mensis aprilis,
830 anno a natiuitate Domini millesimo quingentesimo quadragesimo
secundo, recepto et testificato per discretum Joannem Penella alias
Soberrocha, presbyterum oppidi Oliane, auctoritatibus apostolica et
reuerendissimi capituli/ Sedis Vrgellensis publicum notarium.

[25] Petrus Areny, presbyter in ecclesia Vrgellensi beneficiatus,
835 uti syndicus et procurator uenerabilium Petri Soriguera, prioris,
Philipi Texidor, Joannis Bigorda, Joannis Palanca, Joannis Marques
et Petri Rocamora, canonicorum ecclesie secularis collegiate beate
Marie uille Castriboni Vrgellensis diocesis, Joannis Restany, Joannis
de Monso, Anthonii Fabre, Petri Baro, Joannis Pallerols et Anthonii
840 Pol, omnium presbyterorum beneficiatorum in dicta ecclesia Castriboni, et Petri Peguer, presbyteri deseruientis purgatoriis loci de
Guils, et Anthonii Michaelis, uicarii Ville Mediane dicte diocesis et
uicecomitatus Castriboni et cuiuslibet eorum, ut de potestate sua
constat instrumento publico, acto in uilla Castriboni quinta decima
845 die mensis aprilis, anno a natiuitate Domini millesimo quingentesimo quadragesimo secundo, et per discretum Petrum Trago, oriundum uille Castriboni Vrgellensis diocesis, regiisque auctoritatibus
per omnes terras et dominationes serenissimorum dominorum regum Castelle, Aragonum, Nauarre et cetera, publicum notarium
850 recepto et testificato.

[26] Joannes Borro, presbyter uille Cardone, nomine eius proprio et uti syndicus et procurator uenerabilium Hieronimi Olzina,
rectoris, Ferdinandi Reuenals, Guillermi Noalles, Joannis Salauert,
Petri Altamis, Gabrielis Sunyer, Joannis Valdaura, Eligii Mas, Joan-
855 nis Olzina, Ludouici Ferrer, Petri Joannis Folgueres, Joannis Castello, Andree Graells, Ermenterii Sunyer, Petri Joannis Soler, Petri Ar-
bones, Joannis Borro, Gabrielis Noguers, Petri Scola, Bartholomei
Altamis, Emeterii Olzina et Jacobi Merola, Joannis Cayro, uicarii
Sancti Petri de Matamorgo, Joannis Castel, uicarii de Vallmanya,
860 Arnaldi de Casolas, uicarii Sancti Joannis de Bergus, Anthonii Fo-

llas, uicarii de Ossea et Linya, Joannis Lage, uicarii Sancti Vincentii
de Pinos, Francisci Casas, rectoris de Canoer, Gabrielis Vila, rectoris
Sancti Saturnini del Cint, Hieronimi Liubas, rectoris de Correa,
Anthonii Guitart, rectoris Sancti Felicis de Luelles, officialatus Cel-
865   sone, sed uicarii Sancti Martini de Pagaroles et Sancti Michaelis de
Vilondensi et Joannis Asamort, Joannis Montorsi et Poncii/ Valdaura, uille et officialatus Cardone, et cuiuslibet eorum, atque nomine
et uice totius officialatus et comitatus Cardone, ut de potestate dicti
procuratoris et syndici constat instrumento publico, acto in cho-
870   ro ecclesie Sancti Michaelis uille Cardone Vrgellensis diocesis, die
computata decima prima mensis aprilis, anno a natiuitate Domini
millesimo quingentesimo quadragesimo secundo, et per discretum
Hieronimum Olzina, uille Cardone, regia auctoritate notarium publicum regentemque publicam scribaniam et archiuium dicte uille
875   pro uenerabili rectore eiusdem, recepto et testificato.

[**27**] Petrus Riu, presbyter conrector loci de Jou, Vallis de Aneu,
nomine suo proprio et uti procurator et syndicus uenerabilium
Joannis Moga, uille Valentie, Joannis Amil, loci de Alas, Joannis
Rosso, loci de Gauas, et Joannis Cays, loci de Spot, omnium presby-
890   terorum Vallis de Aneu iam dicte Vrgellensis diocesis habentium
uim atque plenam potestatem et facultatem a clero seu omnibus
presbyteris dicti decanatus de Aneu ad syndicatum huiusmodi firmam dantes, prout notarius infra scriptus fidem facit, in mandato
dicti syndicatus et de potestate autem prefati syndici et procuratoris
895   constat instrumento publico, acto in uilla de Sterri d'Aneu, anno a
natiuitate Domini millesimo quingentesimo quadragesimo secundo, die uero intitulata decima tertia mensis aprilis et per discretum
Petrum Gassia, presbyterum et conrectorem loci de Borien, uallis
de Aneu diocesis Vrgellensis, auctoritate apostolica publicum nota-
900   rium, recepto et testificato.

[**28**] Joannes Castellar, presbyter uille Sanahugie Vrgellensis
diocesis prefate, eius nomine proprio et uti syndicus et procurator uenerabilium Augustini Auellana, Joannis Serra, canonicorum,
Berengarii Boquet, Petri Cardona, Joannis Garganter, Petri Rossea,
905   Francisci Boquet, Joannis Sarradel, Joannis Obach, Joannis Amat,
Petri sa Torra, Anthonii Tossias, Raphaelis Vilella, Petri Boquet et
Pasquasii Amat, presbyterorum et beneficiatorum ecclesie predicte
uille Sanahugie et cuiuslibet eorum, atque nomine et uice totius
eiusdem communitatis, prout de mandato dicti procuratoris ad
910   infra scripta plenum habentis posse/ constat per publicum instrumentum, actum in choro ecclesie beate Marie uille Sanahugie die
uicesima quarta mensis aprilis, anno a natiuitate Domini millesimo
quingentesimo quadragesimo secundo et per discretum Joannem
Serra, canonicum dicte ecclesie Sanahugie, auctoritate apostolica

915 notarium publicum regentemque scribaniam publicam predicte
uille Sanahugie pro reuerendissimo domino Vrgellensi episcopo,
receptum et testificatum.

[29] Qui quidem syndici et procuratores prefati gratis et de
certa scientia nominibus eorum propriis et dictorum suorum prin-
920 cipalium et cuiuslibet eorum, tam coniunctim quam diuisim, ac
nomine et uice totius cleri et uniuersitatis episcopatus Vrgellensis,
simul et in solidum pro eis et in futurum suis successoribus, per
firmam, ualidam sollemnemque stipulationem prefato reuerendissimo domino Vrgellensi episcopo, licet absenti, mihique notario pu-
925 blico et infra scripto recipienti et legitime stipulanti conuenientiam
et obligationem in uim capitulationis et concordie supra contentarum, factarum et firmatarum, necnon creationem, constitutionem
et ordinationem procuratorum desuper contentorum, ac omnia et
singula in dicta superius inserta capitulationis schedula et instru-
930 mento desuper confecto expressa et contenta laudare, approbare,
ratificare et emologare se dixerunt, prout de facto laudarunt, appro-
barunt, ratificarunt et emologarunt. Atque attendere, tenere, complere et inuiolabiliter modis et formis in eadem contentis obseruare
conuenerunt, promiserunt et se obligarunt. Ita et quemadmodum
935 in eadem capitulatione et ipsius uirtute instrumento facto dicitur,
continetur et est expressim, realiter et de facto ex causis predictis et
alias. Et predicta omnia et singula facere et adimplere nominibus
predictis et cuiuslibet eorum, tam coniunctim quam diuisim conuenerunt, promiserunt et se obligarunt sine aliqua uidelicet dilatione,
940 excusatione, compensatione, retentione, absque omni damno, mis-
sionibus et interesse dicti reuerendissimi domini episcopi uel aliorum quorumuis, ius et causam ab eodem habentium uel in predictis
eidem succedentium quouis modo.

[30] Et pro his complendis et firmiter attendendis atque inuio-
945 labiliter obseruandis omnes superius/ nominati, quibus supra nominibus, simul et in solidum respectiue obligarunt etiam ut supra
in precedenti concordie et capitulationis instrumento continetur in
ampliori forma camere apostolice et constitutione procuratorum
prefata, dicto reuerendissimo domino Vrgellensi episcopo et suis in
950 hiis successoribus quouis modo, tam personas suas quam dictorum
suorum principalium et cuiuslibet eorum in solidum, mobilia et
inmobilia, presentia et futura, ubique habita et habenda, et quouis
modo et iure priuilegiata. Renuntiantes, quantum ad hec, nominibus predictis beneficiis nouarum constitutionum et diuidendarum
955 actionum atque consuetudini Barchinonensi loquenti de duobus
uel de pluribus in solidum obligatis, et omni alii iuri hiis obuianti;
promittentes etiam dictis nominibus prefato reuerendissimo domino episcopo predicta omnia et singula semper rata, grata atque

firma habere, tenere et complere, eaque dicti eorum et cuiuslibet
960 eorum principales habebunt, tenebunt et complebunt.

[**31**] Insuper, ut predicta omnia et singula maiori gaudeant firmitate, iurarunt sponte in animas suas et dictorum suorum principalium et cuiuslibet eorum per Dominum Deum et eius sancta
quatuor euangelia, manibus suis corporaliter tacta, eadem omnia et
965 singula attendere et complere et nullatenus contra facere uel uenire
aliquo iure, causa uel etiam ratione, directe uel indirecte, quouis
quesito colore, sub pre apposita duorum mille auri ducatorum atque periuriorum et infamiam manifestantium pena.

Que omnia et singula, prout supra dicta sunt, fecerunt, pacis-
970 cerunt, conuenerunt et promiserunt nominibus predictis et cuius-
libet/ eorum, ut superius dictum est, sese obligando dicto reuerendissimo domino episcopo Vrgellensi mihique, notario publico
pre et sub scripto, ut publice et communi persone pro eodem
domino episcopo et omnibus aliis quorum interest <et> intere-
975 rit, acceptantes, paciscentes et etiam legitime stipulantes, necnon
consenserunt prefati syndici et procuratores atque preuiis nominibus uoluerunt quod super premissis fieret et dictaretur publicum
huiusmodi instrumentum, et quod liberet ad nutum reuerendissimi domini episcopi prefati et discretionem mei, pre et infra scripti
980 notarii, substantia non mutata, cum omnibus et singulis clausulis,
cautelis, securitatibus, obligationibus etiam in ampliori forma camere apostolice cum procuratorum constitutione atque renuntia-
tionibus, submissionibus necessariis et opportunis, toties quoties
opus et expediens fuerit dicto reuerendissimo domino episcopo et
985 sue dominationi uidebitur expedire, non obstante sit uel fuerit in
formam publicam extractum atque in iudicio exhibitum semel et
pluries.

[**32**] 2.   *<Conclusio et subscriptio instrumenti>*

Que fuerunt acta sub calendatis die, mense, anno et loco prefixis, presentibus ibidem honorabilibus Anthonio Compte, merca-
990 tore uille Guissone, et Jacobo Gordo, paratore uille Trempi, Vrgellensis diocesis, pro testibus ad premissa uocatis et rogatis pariterque
assumptis.

Sig*(signo notarial)*num mei, Joannis de Aragues, ciuitatis Jacce
Aragonum regni domicialiti publici, apostolica, imperiali et regia
995 atque reuerendissimi domini Vrgellensis episcopi auctoritatibus notarii et secretarii, qui premissis omnibus et singulis una cum testibus
supra dictis interfui, eaque/ in notam sumpsi, a qua prefata publica
instrumenta, partim alterius, partim mea propria manu scripta, in
hiis quatuordecim papiri foleis huius forme maioris, presenti com-

prehenso, extraxi, meoque solito artis notarie signo signaui in fidem
et testimonium premissorum, rogatus et requisitus.

15. Sínodo de Franciso de Urríes, Sanahuja, 19 de marzo de 1545

En el sínodo anterior presentamos algunas noticias acerca de la vida del obispo Francisco de Urríes, que celebró un nuevo sínodo, en sesión única, el 19 de marzo de 1545, en la población de Sanahuja. Pero este sínodo contó con el informe desfavorable del cabildo, que rehusaba intervenir en el mismo y no quería que se celebrase en Sanahuja, sino que proponía al obispo que se celebrase en la catedral, como madre y cabeza de la diócesis. El informe desfavorable del cabildo es de 18 de febrero de 1545, es decir un mes anterior a la fecha en la que se celebró el sínodo en Sanahuja. El texto del informe del cabildo es el siguiente:

> «*El cabildo de Urgell se niega a intervenir en el sínodo y no consiente que se celebre fuera de la catedral.*
> Convocato capitulo ad sonum campane et more solito congregato in domo librarie sive capitulari, in quo aderant reverendi domini coadiutor, sacrista, maior, precentor, Berga, Piquer, Quintana, Boquet, Bosch, Capdevila, Buigassé, Mònich, Basturç, Mahull et Guiu, in quo fuit conclusum, nemine discrepante, sobre dos capítols qu.el senyor bisbe scriu al capítol: lo primer és notificant la citació per al consili general, feta per nostre Sant Pare, etc., per la qual causa a convocat synodo per a tot lo clero de la diòcesi de Urgell en la vila de Sehanuga; lo segon capítol és sobre certs fets que vui penien ab sa senyoria reverendíssima, així de breviaris com de Fluvià e altres, que fossen remeses e vistes sumàriament per compromís per dos doctós, etc. Als quals capítols s.és conclós: quant al primer, que sie escrit al senyor bisbe que lo rvdm. capítol no entén entrevenir en la sínodo, com no y sia obligat ni mai y sie entrevengut en sínodos; ni menys consent lo dit capítol que la sínodo se celebre en Senahuga, ans y protesten, com se aie de celebrar en la Seu Cathedral de Urgell com a mare i cap de la diòcesi, e així ho han acostumat los prelats antecessós de sa Sa., com se mostre per constitucions provincials y sinodals; e així lo u supliquen. Quant al segon, dels plets que penien, que pese al rvdm. capítol de pledejar ab sa senyoria, y per ço seran contents que, sumàriament tractant, se vege, que lo capítol farà cortesia en lo que poran, salves ses consciències y honra, ab protestació que la causa no.s sobresegue, ans fasse son curs; e per ço ne han donat càrrech al senyor ardiacha maior e al senyor mossèn Vilasecha de Guissona de tractar-ho, e que no puguen concloure sens consulta del capítol. Et ita fuit conclusum»[1].

[1] E. Moliné, «Els sínodes d'Urgell del segle xvi i la reforma catòlica», en: *Urgellia* 10 (1990-1991) 429. ACU, MS 1.021 (Llibre primer d'actes del capítol, intitulat *Liber primus capitulorum paschalium et statutorum 1493 ad 1569)*, f. 144v. Die decima octava dictorum mensis et anni [febrer de 1545] [Anotació al marge: «La

El tema del sínodo fue también en esta ocasión monográfico, como lo había sido el del sínodo de 1542, pero de un cariz enteramente distinto, pues trató de un subsidio caritativo que los sacerdotes del obispado deberían ofrecer al obispo. Era una práctica bastante frecuente en aquellos tiempos que se impusiera a los sacerdotes la obligación de conceder a su obispo un donativo, al que contribuían todos los sacerdotes de forma equitativa, según su posición e ingresos personales. Este donativo se solía recoger en la entrada de un obispo en su diócesis, para sufragar los costes de las bulas apostólicas[2]. Y también en algunas otras circunstancias especiales los obispos solían pedir al clero un subsidio caritativo. Por aquellas fechas en varias diócesis los obispos pidieron al clero un subsidio caritativo para asistir al concilio de Trento. En Urgell parece que ocurrió lo mismo, según el testimonio del acta capitular de 18 de febrero de 1545 que hemos transcrito al comienzo de esta introducción, donde se dice: «Lo primer és notificant la citació per al consili general, feta per nostre Sant Pare, etc., per la qual causa a convocat synodo per a tot lo clero de la diòcesi de Urgell en la vila de Sehanuga». En efecto, el texto citado indica que después que el Papa había convocado un concilio, el obispo por dicho motivo convocó también un sínodo a celebrar en Sanahuja. No obstante, las actas del sínodo no hacen mención alguna al motivo por el cual se pide dicho subsidio caritativo. Ni tampoco consta que el obispo Francisco de Urríes haya asistido a dicho concilio, pues no se encuentra su nombre en las listas conocidas de los obispos que asistieron Trento.

En el prólogo del acuerdo sinodal y para comenzar la negociación, los sacerdotes aluden a su estrechez económica, producida por las condiciones de los lugares donde viven y especialmente porque también se ven oprimidos por la tributación de otros varios impuestos pontificios y regios. Este es el lógico pretexto para intentar rebajar la cantidad inicial pedida, que no sabemos a cuánto ascendía en este caso. Solamente nos consta que el obispo se avino con los delegados sinodales a recibir la cantidad total de 600 ducados de oro, cantidad que se debía hacer efectiva el 15 de mayo de aquel año, es decir en algo menos de dos meses. La clerecía impone al obispo una salvedad o cláusula de excepción, y es que si en el transcurso de un año, a contar desde la fecha del acuerdo, es trasladado a otra diócesis, está obligado a devolver íntegramente la cantidad del donativo a los donantes. Sensata

---

synodo se ha de convocar en la cathedral»]. Acerca de este sínodo de 1545 había dicho Enric Moliné en la p.413 del mismo estudio que se trata de un «Sínode del mateix bisbe (del obispo Francisco de Urríes), a Sanaüja. N'ha arribat una protesta del capítol d'Urgell dient que el lloc escaient de reunir-se era la Seu. Tenim també les actes del sínode que, malgrat tot, es reuní a Sanaüja el 19 de març; s'hi tractà d'un donatiu del clergat al bisbe, fet amb unes certes condicions».

[2] E. MOLINÉ, «Els sínodes d'Urgell del segle XVI i la reforma catòlica», en: *Urgellia* 10 (1990-1991) 417-418, se refiere a tres concordias de la clerecía con el obispo Francisco de Urríes, de los años 1537, 1542 y 1545 (indudablemete sinodales las dos últimas y no en la entrada del obispo en la diócesis) y dice que «la concòrdia de 1537 era sobre un donatiu de quatre mil lliures que el clergat havia promès pagar en quatre anys al bisbe Pedro Jordán de Urríes, que morí molt aviat. S'establia en detall com es recolliria aquest donatiu, què es cobraria a cada sacerdot...». Aunque Enric Moliné dice que esta concordia o subsidio de 1537 «probablement es feu també en un sínode» (p.417), no editamos su extenso texto (p.433-435) porque no encontramos suficientes indicios que nos hagan pensar en su verdadero carácter sinodal. Acerca de un subsidio caritativo para asistir al concilio de Trento también lo trató el sínodo de Lérida de 1562.

condición por parte de los clérigos, que suponían que un nuevo obispo les impondría un nuevo subsidio en su entrada en la diócesis.

En este sínodo se reunió el obispo Francisco de Urríes con 19 delegados o síndicos de todos los oficialatos del obispado. Los delegados se mencionan por su nombre y se hace constar el oficialato al que representan, pero, a diferencia del sínodo anterior, no aparecen los nombres de los sacerdotes representados que forman parte del respectivo oficialato. El notario y secretario del sínodo es Juan Aragués, el mismo del sínodo anterior. Y la redacción del texto sinodal contiene las mismas deficiencias de estilo y gramática que el precedente.

Tradición manuscrita: Ta fol.1r-4v.

[1] 1.   <*Initium synodi*>

In Dei nomine. Nouerint uniuersi quod anno a natiuitate Domini millesimo quingentesimo quadragesimo quinto, die uero intitulata decima nona mensis martii, conuocata et congregata synodo
5 reuerendissimi domini Vrgellensis episcopi et cleri sui episcopatus Vrgellensis more solito apud oppidum Sanahugie Vrgellensis diocesis, in qua quidem synodo interuenerunt et fuerunt presentes reuerendissimus in Christo pater et dominus dominus Franciscus de Vrries, Dei et apostolice Sedis gratia Vrgellensis episcopus, ex
10 una; Anthonius Solans et Franciscus Vallonga, syndici communitatis simplicium presbyterorum, beneficiatorum et aliorum rectorum, uicariorum et beneficiatorum ecclesie et officialatus Sedis Vrgellensis; Joannes Bada et Joannes Rabat, syndici presbyterorum et beneficiatorum communitatis ecclesie et officialatus Podiiceritani; Petrus
15 Segu, Petrus Ferrer et Matheus Mullol, syndici presbyterorum et beneficiatorum communitatis ecclesie uille et officialatus Trempi; Anthonius Rapita, syndicus presbyterorum et beneficiatorum tam ecclesie ciuitatis et officialatus Balagarii, quam presbyterorum et beneficiatorum ecclesie et officialatus de Peralta de la Sal; Franciscus
20 Portell, syndicus presbyterorum et beneficiatorum ecclesie uille et officialatus Guissone; Raphael Villella, syndicus presbyterorum et beneficiatorum communitatis ecclesie uille et officialatus Sanahugie; Michael Caminet, syndicus presbyterorum et beneficiatorum ecclesie uille et officialatus <Acrimontibus>; Joannes Castellar,
25 presbyter syndicus presbyterorum et beneficiatorum ecclesie uille et officialatus de Pontibus; Joannes Ribaldas, syndicus presbyterorum et beneficiatorum officialatus Celsone; Gabriel Nogues, syndicus presbyterorum et beneficiatorum ecclesie et officialatus Cardone; Bernardus Lana, syndicus presbyterorum et beneficiatorum com-
30 munitatis ecclesie uille et officialatus Berge; Bartholomeus Brocha, syndicus presbyterorum et beneficiatorum ecclesie uille de Baga;

Petrus Periquet, syndicus presbyterorum et beneficiatorum communitatis ecclesie et officialatus Sortis; Jacobus Bernada, syndicus
presbyterorum et beneficiatorum communitatis ecclesiarum et
35 officialatuum Tiruie et Cardosii; et Joannes Moga, syndicus presbyterorum et beneficiatorum decanatus d'Aneu Vrgellensis diocesis.
Omnes presbyteri syndici superius contenti et nominati, et deinde
siue de se synodum siue congregationem cleri totius episcopatus
Vrgellensis facientes, tenentes, celebrantes et representantes, omnes
40 unanimes et conformes et nemine illorum discrepante nec contradicente, nominibus eorum propriis/ et cuiuslibet eorum, et nomine et uice dicte synodi et singularium omnium et singulorum cleri
eorum et beneficiatorum communitatuum et officialatuum cleri
totius episcopatus Vrgellensis et cuiuslibet eorum, qui in hiusmodi
45 synodali congregatione interuenire et assistere tenentur, presentibus
pro absentibus et futuris, coniunctim uel diuisim, ex altera partibus;
in contumaciam contumatium quamdam in scriptis obtulerunt ac
mihi, notario et secretario prefati reuerendissimi domini Vrgellensis episcopi et mense episcopalis eiusdem, tradiderunt, et per me,
50 eumdem notarium et secretarium, legi petierunt clara et inteligibili
uoce, obligationem siue oblationem ac promissionem et concordiam huiusmodi tenoris:

[2] 2. *<Oblatio et promissio clericorum>*

Reverendíssimo Senyor. Los devots a V. S. Reverendíssima, los
síndichs he procuradors dels oficialats, canonges, plebans, decans,
rectors, beneficiats, vicaris he altres qualseuol eclesiàstiques persones
5 de la vostra diòcesa de Urgell, hoyda la propocisió per V. S. feta
y a ells manada donar en scrits, vistes y consideradas les causes,
així per paraula com altrament exprimidas ésser justas, legítimes y
canòniques, concernents lo bé y redrés de la església militant y spe-
cialment de la sua de Urgel, ab tot que lo dit seu clero estigua posat
10 en molta necessitat, així per causa y rahó de les passades sterilitats,
com per lo que an agut a pagar de quartes y altres impòsits, per los
quals vexats, no·ls resta sinó molt trista forma de viure, per la gran
afectió y amor que tenen a V. S. y gana molta de servir-lo com bons
súbdits e fills deuen a pare, oferexen y prometen servir a V. S. Reve-
15 rendíssima ab sis-çents ducats de bon or y pes y aquells paguar-li
realment y de fet sens danys y despeses donats y posats en mà y poder de V. S. Reverendíssima, si·s trobarà resident en la sua diòcesi de
Urgel o en absència sua als seus clavaris de la Seu y Guissona fins a
quinze dies del mes de maig prop següent, per lo que atendre y com-
20 plir-ne obligan tots sos béns y dels dits seus principals in solidum,
mobles e immobles, aguts y per haver, luny y prop a hont sevulla que

sien, ab promisió de ratihabició faedora per los dits seus principals e quiscú d'els; volent ésser ells y quiscú d'els obligats in ampliori forma camere apostolice; cum constitutione procuratorum, uidelicet

25 Thome Fort, Cesaraugustane, Garcie Aluarez, Palentine, et Ludouici Gomez, Oscensis diocesis, in Romana curia residentium et cuiuslibet eorum cum posse substituendi largo <modo> ad cognitionem notarii infra scripti. Supplicants humilment a V. S. Reverendíssima/ que·s digne he tinga per bé de acceptar y tenir-se per contenta de la

30 dita oferta, la qual los pese no haver pogut fer maior, obstant-ho los impediments y respectes ja dits, per la molta voluntat que tenen de servir a V. S. Reverendíssima y a d'aquella tenir contenta; a la qual los farà mercè V. S. que més vulla tenir los ulls que al pobre y poch servey, del qual V. S. farà y dispondrà ha ses libres voluntats, ab la

35 retenció emperò següent: que V. S. Reverendíssima no permuto ni age permutar lo bisbat de Urgel ab altre prelatura per tot un any de vuy en avant comptador. E si lo contrari feya, lo que·ns desplauria en gradíssima manera, prometa e se obligue en restituyr al dit clero los sobre dits sis-cents ducats de or.

40 El lo dit Reverendíssimo senyor, lo senyor don Francisco de Urries, per la gràtia de Déu bisbe de Urgel, atesa la bona voluntat del dit clero y síndichs accepta la sus dita oferta y les ne fa gràtias. E promet a dits síndichs en dits noms he a tots los seus principals en aqueix cas que lo dit bisbat permutàs, com dit és, de restituir-los los

45 dits sis-cents ducats dins tres mesos aprés de feta la permuta, sota obligatió de tots sos béns mobles e immobles, haguts y per haver, luny y prop, hont se vulla que sien, donant poder axí la una part com l'altra al notari y secretari dejús scrit de fortificar y alargar lo dit acte ab totes e sengles obligations, clàusules y cauteles necessàries

50 a el dit notari ben vistes, a tota utilitat de les dites parts respectivament, substància no mudada, una y moltes vegades, largo modo ut decet, etc[1].

[3] Qua quidem oblatione et promissione desuper, ut prefertur, oblata ac alta, clara et intelligibili uoce per me, iam dictum

55 notarium et secretarium, lecta et per prefatas partes bene intellecta, prout singula singulis conuenit respectiue, gratis et de certa scientia dictam promissionem obligationemque et seruitium desuper expressatas ac omnia et singula superius contenta attendere, tenere et complere promiserunt, conuenerunt et se obligarunt, uidelicet

60 prefatus reuerendissimus dominus episcopus pro se et quatenus sue

---

[1] Todo este texto de [1-2], líneas 2-72 de esta concordia de 19 de marzo de 1545 lo edita también el citado E. MOLINÉ, «El sínodes d'Urgell del segle XVI i la reforma catòlica», en: *Urgellia* 10 (1990-1991) 437-439; ver también las páginas 417-418 y 433-435 del mismo estudio.

dominationi tangit et tangere possit in futurum, syndici uero prefati
nominibus propriis et cuiuslibet eorum ac nomine omnium et singulorum principalium suorum et cuiuslibet eorum, de quorum ratihabitione teneri conuenerunt et se obligarunt. Pro quibus omnibus
65 et singulis premissis tenendis et firmiter attendendis et complendis,
idem reuerendissimus dominus episcopus/ bona et iura omnia et
singula sua ubique habita et habenda, prefati uero syndici personas
suas ac etiam personas et omnia et singula bona sua et dictorum
suorum principalium et cuiuslibet eorum totiusque cleri episcopa-
70 tus Vrgellensis, presentium, absentium et futurorum, mobilia et immobilia, ubique habita et habenda, obligarunt. Et premissa omnia
et singula tenere et complere firmarunt et iurarunt, uidelicet prefatus reuerendissimus dominus episcopus manu eius dextera more
prelatorum ad pectus suum apponendo, supra dicti uero syndici et
75 eorum quilibet in manu et posse mei, pre et infra scripti notarii et
secretarii medio, ad sancta Dei quatuor euangelia, manibus suis et
cuiuslibet eorum corporaliter tacta, prestito iuramento, et contra
ea nec aliquod eorum non facere nec uenire permittere sub periurii
pena.
80   [4] Etiam dicti syndici, procuratores et economi prefati iam dictis nominibus per se ipsos et suos principales dicto reuerendissimo
domino episcopo presenti et stipulanti, ut supra, prefatam promissionem et oblationem et omnia et singula in ea supra contenta tenere et complere atque inuiolabiliter obseruare per pactum ualidum
85 et sollemne conuenerunt. Ac omnia et singula damna et interesse et
expensas, que, quod et quas eumdem reuerendissimum dominum
episcopum ob defectum premissorum forsan facere patiatur sustinere contingerit in iudicio uel extra, restituere, que, qualia et quanta
forent stare et credere solo et simplici uerbo ipsius reuerendissimi
90 domini episcopi et suorum, absque sacramento testium protectione,
dictorumque damnorum et expensarum a taxatione et quauis alia
super his facienda probatione. Seipsosque et suos in posterum successores et heredes ac omnia et singula sua et suorum predictorum
principalium bona mobilia et immobilia quecumque, presentia et
95 futura, dicto reuerendissimo domino episcopo presenti, ut supra, et
stipulanti et suis in his successoribus obligarunt et hypothecarunt.
Ac etiam curie causarum camere apostolice domini nostri pape
eiusque camerarii, uicecamerarii, auditoris, uiceauditoris, regentis,
locum tenentis et commissarii ac omnium et singularum aliarum
100 curiarum ecclesiasticarum et secularium, ubilibet constitutarum,
iurisdictionibus, cohertionibus, compulsionibus, iuribus, rigoribus,
stilis et mere examinibus supposuerunt et submiserunt. Per quas
quidem curias et illarum quamlibet in solidum, tam coniunctim
quam diuisim, uoluerunt et expresse consentierunt se ipsos et prin-

105 cipales suos omnes et singulos predictos posse et debere cogi, compelli, constringi, moneri, excommunicari, aggrauari,/ reaggrauari et
ad brachium seculare deponi, arrestari, capi, incarcerari et detineri uno et eodem tempore uel diuersis temporibus per diuersorum
temporum interualla, usque ad plenariam et integram solutionem
110 siue satisfactionem et emendam premissorum ac omnium et singulorum damnorum, interesse et expensarum predictarum, occasione
premissorum forsan ut supra faciendarum, patiendarum et susti-
nendarum, refectionem et restitutionem. Ita tamen quod executio
unius curie executionem alterius non impediat nec retardet, non
115 obstante iure dicente quod ubi iudicium inceptum est, ibidem finem accipere debet, et qualibet alia iuris et facti exceptione in contrarium faciente non obstante.

[5] Renuntiauerunt insuper ibidem generaliter omni et cuilibet
exceptioni doli mali, uis, metus, fraudis, lesionis et machinationis,
120 promissionis et obligationis predicte ex causa premissa non facte nec
insite, ac contractus presentis non sic, ut premittitur, facti, celebrati
et insiti, et aliter aut plus uel minus fuisse factum uel dictum quam
recitatum et e contra, omnibusque aliis et singulis exceptionibus,
cauillationibus et cautelis, quibus mediantibus contra premissa uel
125 eorum aliqua ipsi syndici uel eorum et cuiuslibet eorum principales
sui facere, dicere, uenire aut se uel sui facere, dicere, uenire, aut se
uel sui tueri quouis modo possent, et specialiter iuri dicenti generalem renuntiationem non ualere nisi precesserit specialis et expressa.

[6] Et ibidem statim et in continenti prefati omnes et singuli
130 syndici et procu<rato>res nominibus suis propriis et cuiuslibet eorum, tam coniunctim quam diuisim, nomine et uice totius cleri
episcopatus Vrgellensis, prout singula singulis conuenit refferendo,
pro maiori cautela et tutiori securitate prefati reuerendissimi domini episcopi, et de speciali consensu et uoluntate eiusdem, gratis et
135 sponte, omnibus melioribus modo, uia, iure, causa, forma quibus
melius et efficatius potuerunt et debuerunt, fecerunt, constitue-
runt, crearunt et sollemniter ordinarunt suos et dictorum suorum
principalium et cuiuslibet eorum ac totius cleri prefati ueros, certos, legitimos et indubitatos procuratores, actores, factores nego-
140 tiorumque suorum infra scriptorum gestores ac nuntios speciales
et generales. Ita tamen quod specialitas generalitati non deroget
nec e contra, uidelicet Thomam Fort, Cesaraugustane, Garciam
Aluarez, Palentine, et Luduuicum Gomez, Oscensis diocesis et eorum quemlibet in solidum, in curia Romana residentes, omnesque
145 alios et singulos dominos procuratores et notarios qui nunc sunt
et pro tempore futuro erint in Romana curia, quorum nomina et
cognomina habere uoluerunt pro expressis, absentes tamquam presentes et quemlibet eorum in solidum. Ita tamen ut non sit melior

condicio primitus occupan/tis, nec deterior subsequentis, sed quod
150 unus eorum inceperit alter eorum prosequi, terminare, mediare ualeat et finire, atque ad effectum debitum et finem perducere, specialiter et expresse, ad ipsorum et cuiuslibet eorum et prefati cleri
respectiue nomine et pro eis omni tempore et diebus feriatis et non
feriatis, in terminis et temporibus et quotiens prefato reuerendissi-
155 mo domino episcopo ac suis uidebitur et placuerit coram predicto
camerario, uice camerario, auditore, uice auditore, regente, locum
tenente et commissario eiusdem, et aliarum curiarum predictarum
officialibus et iudicibus seu eorum loca tenentibus comparendum,
ac prefatam promissionem et obligationem omniaque alia et sin-
160 gula superius contenta semel et pluries confitendum et recognoscendum, et ad petendum, audiendum et recipiendum dictorum
dominorum constituentium et eorum cuiuslibet nomine omne
preceptum, omnemque monitionem, condemnationem, sententiam atque mandatum, que, quod et quas prefati domini camerarii,
165 uice camerarii, auditores, uice auditores, regentes, locum tenentes
et eorum quilibet contra predictos dominos constituentes, prefatosque principales suos et quemlibet eorum, eorumque heredes et
successores, ac bona predicta facere ferre et promulgare uoluerint
seu uoluerit, et eis sponte acquiescendum, necnon submittendum
170 et resubmittendum. Propterea ipsos dominos constituentes et eorum quemlibet pro premissis firmiter obseruandis iurisdictioni
curiarum predictarum et cuiuslibet earum, et ad uolendum et consentiendum quod ipsi domini camerarius, uice camerarius, auditor, uice auditor, regens, locum tenens, commissarius, alii iudices
175 et officiales predicti in ipsos constituentes predictos et quemlibet
eorum excommunicationis sententiam ferant et promulgent, aggrauent, reaggrauent, aliosque processus reales et personales gerant
et faciant, quos uoluerint et dicto reuerendissimo domino episcopo
ac suis placuerit et uisum fuerit expedire, quousque de premissis et
180 expensis predictorum sibi ac eis fuerit plenarie et integre ac realiter
satisfactum, iuxta inserte promissionis et obligationis tenorem. Et
generaliter omnia alia et singula faciendum, dicendum, gerendum,
exercendum et procurandum, que in premissis et circa ea necessaria fuerint seu etiam quomodolibet opportuna. Promittentes mihi,
185 notario publico et secretario infra scripto, ut publice persone presenti, stipulanti et recipienti uice et nomine omnium et singulorum quorum interest, intererit aut interesse poterit quomodolibet
in futuro se ipsos et principales suos prefatos et quemlibet eorum
respectiue omni tempore ratum, gratum et firmum perpetuo habi-
190 turum totum id et quicquid predictos procuratores suos constitutos et eorum quemlibet actum, dictum fac/tum gestumue fuerit in
premissis aut alias quomodolibet procuratum.

[7] Releuantes nihilominus et releuatos esse uolentes eosdem procuratores et quemlibet eorum ab omni onere satis dandi, iudicio
195 sisti et iudicatum solui, cum suis clausulis et capitulis necessariis et opportunis, sub expressa hypotheca et obligatione omnium et singulorum bonorum mobilium et immobilium, presentium et futurorum quorumcumque ac sub omni iuris et facti renuntiatione ad hec necessaria pariter et cautela.

[8] 3.   *<Clericorum et episcopi sponsiones>*

[8] Et premissa omnia et singula in presenti publico instrumento contenta tenere, attendere, complere et inuiolabilter obseruare, contraque ea seu eorum aliqua non facere, dicere uel uenire de iure
5 uel de facto quouis quesito colore, dictosque procuratores suorumque principalium et suos, ut premittitur constitutos, aut eorum aliquem quousque prefato reuerendissimo domino episcopo de contentis in prefata promissione et obligatione, una cum expensis et interesse predictis, realiter, plenarie et integre satisfecerint
10 et premissa omnia et singula obseruauerint et adimpleuerint, non reuocare seu reuocari facere promiserunt et conuenerunt sub iuramento ad et super sancta Dei euangelia, scripturis sacrosanctis per eosdem et quemlibet eorum corporaliter sponte tactis, prestito. De et super quibus omnibus et singulis premissis prefate partes et que-
15 libet earum respectiue requisiuerunt per me, iam dictum notarium et secretarium, fieri et sibi tradi publicum instrumentum unum et plura.

[9]   *<Conclusio instrumenti>*

Que fuerunt acta pre calendatis die, mense, anno et loco prefixis, ac modo et forma predictis.
Sig+++++++++++++++++++++++na Anthonii Solans et Francisci Va-
5 llonga, syndicorum Vrgelli; Joannis Bada et Joannis Rabat, syndicorum Podiiceritani; Petri Segu, Petri Ferrer et Mathei Mullol, syndicorum Trempi; Anthonii Rapita, syndici Balagarii et substituti syndici de Peralta; Francisci Portel, syndici Guissone; Raphaellis Villela, syndici Sahaugie; Michaelis Caminet, syndici Acrimontis; Joannis Cas-
10 tellar, syndici officialatus de Pontibus; Joannis Ribaldas, syndici officialatus Celsone; Gabrielis Nogues, syndici Cardone; Bernardi Lana, syndici Berge; Petri Periquet, syndici Sortis; Iacobi Bernada, syndici Tiruie et Cardosii; Joannis Moga, syndici decanatus d'Aneu; Bartholomei Brocha, syndici de Baga, syndicorum prefatorum obligantium
15 et iurantium. Sig+num reuerendissimi domini Francisci de Urries, Vrgellensis episcopi, obligantis et iurantis predicti.

Que fuerunt acta pre calendatis die, mense, anno et loco prefixis, atque modo et forma predictis, presente me, dicto Joanne de
Aragues, notario et secretario supra et infra scripto, et presentibus
20 etiam honorabili Petro Boquet, baiulo, et discreto Joanne Soler, notario uille Sanahugie/ Vrgellensis diocesis, pro testibus ad premissa
uocatis specialiterque assumptis.

Sig(*signo notarial*)num mei, Joannis de Aragues, ciuis ciuitatis
Jacce Aragonum regni, apostolica, regia et imperiali atque reueren-
25 dissimi domini Vrgellensis episcopi auctoritatibus publici notarii et
secretarii, qui premissis omnibus et singulis supra dictis una cum
testibus superius nominatis interfui, eaque sicut fieri uidi, audiui
et in notam sumpsi, a qua huiusmodi presens instrumentum, licet
aliena manu scriptum, in hanc publicam formam redigens meo so-
30 lito signo in fidem et testimonium premissorum signaui et clausi,
rogatus et requisitus.

16. Sínodos de Juan Pérez García de Oliván, de 1556 y de 1559

Algunos autores omiten el primer apellido de este obispo y lo llaman Juan
García de Oliván. Era clérigo de Zaragoza y licenciado en decretos. Fue nombrado
obispo de Urgell el 24 de abril de 1556 y tomó posesión el 25 de junio siguiente.
En el año 1557 mandó imprimir el misal propio de la dióceis. Murió en Balaguer
en la tarde del día 23 de septiembre del año 1560[1]. De sus sínodos lo único que
sabemos es lo que cuenta Enric Moliné, que acerca del sínodo de 1556 dice: «El 24
d'octubre el capítol elegí dos capitulares per a assistir-hi», y lo mismo dice para el
sínodo de 1559, situando la elección de los capitulares en el día 5 de abril[2]. Publica
también Enric Moliné unas importantes constituciones de Juan Pérez García de
Oliván de 1557, que son constituciones episcopales, no sinodales[3], por lo que no
las incluimos en nuestra edición.

---

[1] C. Eubel, *Hierarchia catholica* III.324; L. Serdá, «Seo de Urgel, diócesis de»,
en: DHEE 4.2430-2433; J. Villanueva, *Viage literario* XI.147-148; *Episcopologi*, 76-77. El misal se imprimió en Lyon, A. Odriozola, *Catálogo de los libros
litúrgicos, españoles y portugueses, impresos en los siglos XV y XVI.* Ed. preparada por
J. Martin Abad y F. X. Altés i Aguiló (Pontevedra 1996) 85, con la notable información que ofrece.
[2] E. Moliné, «Els sínods d'Urgell del segle XVI i la reforma catòlica», en: *Urgellia*
10 (1990-1991) 413, quien como fuentes cita: ACU, MS 1.021, fol. 220r y 233r.
[3] E. Moliné, en: ibíd., 424-426 y el texto de las constituciones de mayo de 1557 en
las p.451-467. En todo caso, estas importantes constituciones episcopales de Juan
Pérez García de Oliván no contienen ninguna verdadera novedad, pero son ciertamente un buen resumen de las usuales constituciones de reforma que aparecen en
muchos sínodos de la época.

ÍNDICES

1. ÍNDICE ONOMÁSTICO

Para la mejor inteligencia de los índices onomástico, toponímico y temático, indicamos el nombre de la diócesis, seguido del número correspondiente al sínodo donde se encuentra el texto en cuestión, número del sínodo que figura también en las cabeceras de las páginas pares. A partir del volumen VII se añaden en el texto unas cifras entre corchetes cuadrados, que en cada sínodo comienzan por el [1], que el lector encontrará en negrita al margen del texto o textos a los que se le remite.

En conformidad con los usos actuales para la alfabetización, no consideramos letras especiales y distintas a la *ch*, *ll* y *rr*.

Abbeville, Juan de: vid. Juan de Alegrin o de Abeville.

Abdón, S.: Ager 1.[180].

Abella, Ferrer de, ob. de Barcelona: Barc.19-21; 23.[122]; 24.[2].

Abrahán: Ler.16.[16]; Urg.5.

Abril, ob. de Urgell: Urg.1 introd.; 2 introd.; 2.[1].

Adán: Urg.8.[135].

Ager, Pedro de, abad: Ager introd. gral.; 1.[3-6, 8, 25, 29, 44, 46, 84, 89, 92, 95, 125, 140, 145, 160, 170, 173-174, 178-179, 182, 187, 190-192].

Aquilón, Francisco de, ob. de Segorbe-Albarracín: Segor.6.

Agulló, Gullermo de, abad: Ager 1.[182].

Agustín, S.: Ager 1.[180]; Barc.22 introd.; Ler.6.[6]; Segor.4 introd.; Urg.8.[7-8, 18, 76].

Agustín, Antonio, ob. de Lérida: Ler.23.

Agustín, Pedro, ob. de Huesca: Ler.23 introd.

Agustín, Pedro, proc.: Ler.19 introd.

Albalat, Pedro de, arzob. de Tarragona: Ager 1 introd.; 2.[2, 11, 15, 27, 48, 63]; Barc.1-2 passim; 11.[2]; 23.[4]; Ler.1 introd.; 2 introd.

Alcañiz, Juan de, proc.: Ler.17 introd.

Alcina, Juan, presb. en Berga: Urg.14. [17]; vid. Olcina.

Alcoleia, Martín Juan, ob. auxiliar: Ler.18.

Aldigueri, Pedro, vicar. de Viver: Urg.14.[12].

Aldrofeu, Juan, benef. de San Esteban de Bagá, ofic. de Berga: Urg.14. [17, 21].

Alegre, Antonio, benef. en Balaguer: Urg.14.[15].

Alegre, Jacobo, del ofic. de Sort: Urg.14.[20].

Alegrin, Juan de: vid. Juan de Alegrin o de Abbeville, card. de Santa Sabina.

Alejandro III, papa: Barc.6.[7].

Alejandro IV, papa:Urg.1 introd.

Alejandro VI, papa: Segor.7.

Altamis, Bartolomé, de la villa de Cardona: Urg.14.[26].

Altamis, Pedro, de la villa de Cardona: Urg.14.[26].

Álvarez, Bernardino, de Palencia, en la curia romana: Urg.14.[8].

Álvarez, García, de Palencia, en la curia romana: Urg.14.[8]; 15.[2, 6].

Amalec: Urg.8.[103].

Amat, Juan, benef. en Sanahuja: Urg.14.[28].

Podio, Antonio de, vicar. de Aynet: Urg.14.[16].

Podio, Guillermo de, del lugar de Isabarra: Urg.14.[2].

Pol, Antonio, benef. en Santa María de Castellbó: Urg.14.[25].

Polipio, ob. de Lérida: Ler. introd. gral.

Pomaro, Miguel, benef. de Balaguer: Urg.14.[15].

Poncio, ob. de Lérida: vid. Aquilaniu, Ponce de; Villamur, Ponce de.

Poncio Pilato: Ler.6.[11]; Segor.4.[45]; Urg.8.[9]; 9.[20].

Pont, Bartolomé, del lugar de Agramunt (ofic. de Tremp): Urg.14.[19].

Pont, Pedro, vicar. de Alíns: Urg.14.[16].

Ponte, Juan, vicar. de Puig-reig (Berguedà, en Barcelona): Urg. 14.[17].

Porta, Jacobo, escrib. en Tremp: Urg.14.[19].

Porta, Juan, benef. en Tremp: Urg.14. [19].

Portel o Portell, Francisco, benef. y síndico del ofic. de Guisona: Urg.14.[1, 12]; 15.[1, 9].

Portella, Juan, serv. de Sta. Ana: Urg.14.[16].

Portella, Lorenzo, benef. en Guisona: Urg.14.[12].

Portella, Pedro, benef.: Urg.14.[13, 24].

Prat, Juan, vicar. de Fontanet: Urg.14. [12].

Prat, Raimundo, benef. en Puigcerdá: Urg.14.[14].

Prats de Castanesa, T., de la villa de Conques: Urg.14.[19].

Puia, Juan, de la cofr. de Torre (Tirvia): Urg.14.[16].

Puig, Puch o Despuig, Miguel, ob. de Lérida: Ler.22.

Puig, Antonio, can. en Pons: Urg.14. [23].

Puig, Antonio, rector de Argolell: Urg.14.[3].

Puig, Jacobo, rector de Santa María de Castellebre (Peramola, Alto Urgell): Urg.14.[24].

Puig, Juan, vicar. de Seró (Noguera): Urg.14.[2, 13].

Puig, alias Comaposada, Juan, notar.: Urg.14.[3].

Puigcerver, Juan, benef. de la villa de Pobla de Segur: Urg.14.[19].

Puigvert, Antonio, arced.: Ager introd.gral.

Pujol, Andrés, arced.: Ager introd. gral.

Pujol, Juan, benef. en Balaguer: Urg.14.[15].

Pujol, Saturnino, benef. en Puigcerdá: Urg.14.[14].

Puymolar, Pedro, de la villa de Areny: Urg.14.[19].

Quinta, Francisco, benef. en Puigcerdá: Urg.14.[14].

Quintana, can. de Urgell: Urg.15 introd.

Rabat, Juan, síndico del ofic. de Puigcerdá: Urg.15.[1, 9].

Raimundo, ob. de Lérida: vid. Aviñón, Raimundo de; Ciscar o Siscar, Raimundo de.

Raimundo, ob. de Urgell: vid. Trebailla, Raimundo de.

Raimundo de Castellvell, ob. de Barcelona: Barc. introd.gral.

Raimundo de Peñafort, S.: Barc.1; 2 introd.; 6 introd.; Ler.2 introd.

Ram, Domingo de, ob. de Lérida y card.: Ler.16.; 18 introd.

Ranario, ob. de Urgell: Urg. introd.gral.

Ranat, Juan, presb. y proc. de Puigcerdá: Urg.14.[1, 14].

Rapita, Antonio, can. y síndico del ofic. de Balaguer y del de Peralta de La Sal: Urg.14.[15]; 15.[1, 9].

Restany, Juan, benef. en Santa María de Castellbó: Urg.14.[25].

Revenals, Fernando, de la villa de Cardona: Urg.14.[26].

Rey, Pedro del, ob. de Lérida: Ler.5 introd.; 6.

Riambau, Jacobo, de la igl. de Santa María de Popule de Lileto: Urg.14. [17, 21].

Vives, Guillermo, serv. del purg. de Farrera: Urg.14.[16].

Vulperi, Pedro, vicar. de Viver y Serrateix (Berguedà, Barcelona): Urg.14.[17].

Ysarn o Ysarti, Bartolomé, rector de Aynet: Urg.14.[3, 16].

Zaqueo: Urg.8.[118].

2. ÍNDICE TOPONÍMICO

3. ÍNDICE TEMÁTICO

Arancel para el salario del alguacil, Barc.14.[9]; 23.[110]. Arancel para el carcelero, Bar.14.[10]; 23.[111]. Los escribanos y notarios tendrán sustitutos suficientes para no retardar los juicios, Barc.14.[7, 12]; 23.[108, 113]. En las causas criminales nada se cobrará, excepto en algunos casos, Barc.20.[15-16]; 23.[131-132]. Los sacramentos se administrarán gratis, pero se puede requerir lo acostumbrado después de su celebración, Ager 1.[86, 92]; Barc.2.[8, 34]; 6.[8]; 7.[7]; 20.[5]; 23.[8, 34, 55]; Ler.1.[4, 19-20, 51]; Urg.8.[22-23]. La sepultura se hará gratis, Barc.2.[34]; 20.[5]; 23.[34]; y los funerales también se harán gratis, Barc.6.[8]. Lo que se debe pagar al obispo en la toma de posesión, Segor.9.[28]. Lo que se pagará por la licencia de ausentarse del beneficio, Segor.6.[34]; 9.[18]. Lo que pagará el que pide los casos reservados, Segor.6.[33]; 9.[17]. Abuso de algunos aranceles, Segor.9.[25-28]. Vid. **Luctuosa, Catedrático, Subsidios.**

Arañas: Qué hacer si una mosca o una araña cae en el cáliz, Ager.1.[58]; Barc.2.[29]; 23.[29]; Ler.1.[39]; Urg.8.[113].

Arcedianos: Obligación de hacer la visita al arcedianato y abusos que cometen, Urg.3.[1]. Vid. **Arciprestes, Visitadores.**

Arciprestes: Casos en los que lo arciprestes y vicarios pueden prender a los clérigos y llevarlos a la cárcel del obispo, Urg.8.[166]. Vid. **Arcedianos.**

Armas: Los clérigos no llevarán armas, excepto en algunos casos, Ager 1.[117, 147, 149]; Barc.15.[7]; 23.[119]; Segor.1.[8]; 3.[10]; Urg.8.[157]. Los clérigos no llevarán espadas, Ager 1.[147, 149]; ni cuchillos, Ler.1.[50]; 2.[5]. Los clérigos que amenazan con armas, Ager 1.[147]; Ler.2.[5]. Pueden llevar armas para ir a Maitines y en algunos casos para la caza, Barc.15.[7]; 23.[119]. Prohibición de armas en el coro y en las procesiones, Urg.7.[23]. Los que venden armas a los moros o sarracenos, Barc.6.[11]; Ler.4.[5]; ver **Judíos.** Es caso reservado vender armas a los sarracenos, Ler.12.[4].

Arrendamientos: Los beneficios curados solamente se arrendarán a clérigos, Ager 1.[187-188]; Barc.7.[17]; 20.[3-4]; 23.[63, 123-124]. El que compra los réditos de una iglesia debe residir en ella, Barc.7.[18]. Arrendamiento de notarías, Ager 1.[187]. Los diezmos no se arrendarán a personas poderosas, Ler.10.[5]. Los clérigos arrendadores o contratados no se llevarán como salario los ornamentos o libros de las iglesias o beneficios, Urg.4.[10]. Prohibición de arrendar locales para casas de lenocinio, Barc.6.[27]. Vid. **Bienes eclesiásticos temporales.**

Asesinato: vid. **Homicidio.**

Asilo: El derecho de asilo en iglesias y cementerios y abusos de los asilados, Urg.5.[3]. Los que quebrantan el derecho de asilo, Urg.5.[3].

Ayuno: Días de ayuno y alimentos prohibidos, Ager 1.[99, 103]; Barc.2.[49]; 6.[19]; 7.[12]; 16.[18]; 23.[49.60]; Ler.1.[16]. El ayuno de las Cuatro Témporas, Ager 1.[99]; Barc.2.[49]; 23.[49]. El ayuno de las fiestas de Sta. Eulalia y de Sto. Tomás apóstol, Barc.7.[12]; 16.[18]; 23.[60]. La edad para la obligación del ayuno, Barc.6.[19]; 7.[12]; 16.[17]; 23.[60]; Urg.8.[85]. Si una fiesta que tenga ayuno cae en lunes, se ayunará el sábado precedente, Barc.2.[45] 23.[45]. La misa se celebrará en ayunas, Urg.8.[92]. La confirmación se recibirá en ayunas, Urg.8.[36]. Los asistentes al sínodo irán en ayunas, Ager

1.[5]; Barc.2.[5]; 23.[6]; Ler.1.[2]; Urg.8.[3]. Algunos tiempos y días que se recomienda ayunar, Barc.2.[17]; 23.[17]. La dispensa del ayuno en caso de enfermedad, Barc.6.[19]. La facultad de cambiar el ayuno, Barc.16.[17].

Azalá: Prohibición de proclamar la azalá o zalá de los musulmanes, Segor.3.[8]; ver **Judíos.**

Bacines: vid. **Limosnas.**

Bailes: Los clérigos no andarán danzando y cantando por las calles, Ager 1.[114]; Barc.22.[6]; Ler.15.[9]; Segor.4.[10]; Urg.4.[23]; 7.[15]. Prohibición de bailes, canciones profanes y juegos en las iglesias y cementerios y en las procesiones, Barc.2.[41]; 23.[41]; Ler.1.[49]; 11.[7]; Segor 4.[9]. Los bailes en iglesias y cementerios son pecado reservado, Ler.12.[4].

Banquetes: Los clérigos serán moderados en comer y beber, Urg.8.[156]. Alusión a abusos de los clérigos en algunos convites, Urg.8.[156]. Los cristianos no participarán en comidas con los judíos, Barc.26.[13]; Segor.4.[28]; ver **Judíos.** Abuso de algunos laicos que exigen comidas y bebidas a los rectores de las iglesias en ciertos días, Barc.8.[8-15]. Vid. **Ayuno, Carnicerías, Tabernas.**

Barba: La barba, el cabello y la corona clerical, Barc.4.[4]; 6.[18]; 7.[10]; 16.[20]; 23.[58]; 25.[6]; 26.[6]; Segor.3.[4]; Urg.2.[17]; 8.[157]. La corona de los clérigos casados para gozar del fuero clerical, Ager 1.[118]; Barc.4.[4]; 7.[10]; 23.[58]. Pierden el fuero clerical los que no llevan debidamente la corona y los cabellos, Barc.6.[18]; vid. **Fuero.** La corona y los vestidos de los que se van a ordenar, Ager 1.[93]. Los barberos están obligados al descanso festivo, Barc.6.[21]. Vid. **Vestidos.**

Barraganas: vid. **Concubinato.**

Bautismo: Explicación sumaria del sacramento (materia, forma, ministro, bautismo condicionado, efectos), Ager 1.[9-24]; Urg.8.[20, 26-30]. La única materia válida es el agua, Barc.2.[7]; 23.[7]. Es el primer sacramento y puerta de los restantes, Ager 1.[9, 23]; Barc.2.[7]; 23[7]. Las tres clases de bautismo, Urg.8.[26]. El bautismo por inmersión, Ager 1.[15-16]; Barc.26.[7]; Urg.2.[10]. El bautismo se administrará con gran cuidado, Barc.2.[7, 10]; 23.[7, 10]; Ler.1.[4, 6]; pronunciando claramente las palabras de la forma, Barc.2.[7]; 23.[7]; Ler.1.[4, 6]. Obligación de bautizar pronto a los hijos, Urg.2.[10]; 8.[27]. Obligación de los sacerdotes de acudir para administrarlo, Ager 1.[19]. Pueden bautizar los laicos, Barc.2.[7, 9-10]; 23.[7, 9-10]; Ler.1.[4, 6]; Segor.4.[22]. Obligación de enseñar a lo laicos la forma correcta de bautizar, Barc.2.[7]; 23.[7]; Segor.4.[22]; Urg.2.[10]; 8.[28]; el control de si los laicos bautizan correctamente, Barc.2.[10]; 23.[10]. Qué hacer si la madre muere y el feto está vivo, Ager 1.[21]; Ler.1.[32]; Urg.8.[34]. El caso del bautismo administrado en la cabeza o en otro miembro al niño que está naciendo, Ager 1.[21]; Urg.8.[33]. El niño bautizado privadamente en peligro de muerte se debe llevar a la iglesia si pervive, Barc.2.[7]; 23.[7]. Renovación del agua de la pila bautismal, Ager 1.[12]; Barc.2.[8]; 23.[8]; Ler.1.[36]. Limpieza y custodia de la pila, Ager 1.[12, 23-24]; Barc2.[8]; 23.[8]; Ler.1.[5]; Urg.4.[6]. Peligro de que se use el agua del bautismo o los santos Óleos para supersticiones, Ager 1.[12-13]; Barc.2.[8]; 23.[8]. Los capillos o capuchas en el bautismo y su destino, Ager 1.[20]; Barc.14.[2]; 15.[15]; 16.[7]; 23.[103, 121]; Urg.8.[32]; el bautismo de los que no tienen capillo, Ager 1.[20]; Barc.16.[7]. Número de padrinos y madrinas en el bautismo, Ager 1.[12, 18, 22]; Barc.2.[9]; 23.[9]; 25.[7]; 26.[11]; Ler.1.[7]; 14.[3-4]; Segor.8.[9]; Urg.4.[7]; 8.[31]. No deben ser padrinos los religiosos, los excomulgados o los no confirmados, Ager 1.[18]. Se puede administrar en lugar y tiempo entredicho, Ager 1.[128]. El bautismo no se itera, Barc.2.[14]; 23.[14]. Obligación de tener el Ordinario o Manual para administrar el bautismo, Barc.2.[23]; 23.[23]. El bautismo de la persona de la que se duda si está ya bautizada, Barc.2.[7]; 23.[7]. Días para el bautismo general en las parroquias, Ager 1.[14]; Barc.2.[12]; 23.[12]. Se administrará gratis, pero se puede recibir lo ofrecido, Barc.2.[8]; 23.[8]; Ler.1.[4, 51]. Los navegantes no llevarán a bautizados y a ningunas mujeres cristianas a tierras de sarracenos, Barc.6.[20]. Vid. **Óleos santos, Parentesco espiritual.**

Bendiciones: La bendición de los santos Óleos, vid. **Óleos santos.** La bendición nupcial, vid. **Velaciones.**

Beneficiados: El nombramiento de los beneficiados para los beneficios, Ager 1.[109, 151, 159]; Barc.7.[5, 24]; 23.[53, 67]; Segor.1.[14]; Urg.2.[3, 7]; 4.[19]; 8.[170]. Los que consiguen los beneficios por recomendaciones o amenazas de personas poderosas, Barc.26.[4]; Ler.11.[8]. Solamente el obispo puede encomendar la cura de almas, Barc.6.[7]; 7.[5, 24]; 20.[3-4]; 23.[53, 67, 123-124]; Segor.1.[14]; Urg.4.[19]. Los beneficiados no pueden nombrar otros porcioneros para los

beneficios, Barc.2.[38]; 23.[38]; Ler.2.[7]; Urg.2.[7]; pero pueden conceder su régimen por breve tiempo, Ler.11.[2]. Recibirán las órdenes que corresponden a sus beneficios, Barc.2.[4]; Ler.2.[3]; Segor.1.[10-11]; 4.[12]; los beneficiados curados se ordenarán de presbíteros, Barc.2.[4]. Los laicos no pueden ser beneficiados, Ler.1.[31]. Prohibición de tener más de un beneficio, Barc.7.[17]; 23.[63]; Urg.2.[11]; 8.[170]. Los bienes de los beneficios, vid. **Bienes eclesiásticos temporales.** La confección y custodia de los documentos de los beneficios, Ler.12.[9-11]. La nueva distribución de los bienes de los préstamos o prestameras, Segor.4.[15-18]. La cantidad para prendar los bienes de los beneficios, Ler.11.[5]. Los beneficiados residirán en sus beneficios, Ager 1.[167, 194-195]; Barc.2.[4]; 6.[5]; 7.[18-19]; 8.[1-3]; 10.[8]; 11.[11-12]; 15.[14]; 16.[2-5. 21]; 17.[2]; 20.[11-12]; 22.[2-4]; 23.[64, 76-77a, 92-93, 135-137]; 25.[2-3]; 26.[2-3]; Ler.2.[2]; 3.[2]; Segor.1.[10-11]; 4.[12-14]; Urg.4.[28]; 7.[4]; 8.[129, 161]. Los canónigos no tienen obligación de residir en los beneficios, Ager 1.[167]; Barc.8.[2]; 10.[8]; 11.[12]; 16.[2, 4]; 22.[4]; 23.[77, 92, 137]; 25.[2]; 26.[2]; Segor.4.[14]; Urg.4.[28]; vid. Barc.17.[2]. Daños que vienen por no residir los beneficiados en los beneficios, Barc.20. [11-12]; 22.[2]; 23.[135]. Cómo residirán los que tienen varios beneficios, Ler.16.[10]. Las casas que los rectores de las iglesias tendrán al lado de sus iglesias, Segor.1.[27]. Los beneficiados residirán en las casas de los beneficios, Ler.11.[6]. La clerecía pide al obispo la facultad de ausentarse de los beneficios sin permiso del obispo, Segor.6.[5, 22]; 9.[7]; y poder nombrar ex-

cios, **Clérigos**, **Oficio divino**, **Vestidos, Libertad eclesiástica.**
Beneficios: El beneficio fue instituido por el oficio, Barc.15.[8]; 22[2]; 23.[135]. Necesidad de licencia del obispo para servir beneficios, Ager 1.[109, 151, 159]; Barc.6.[7]; 7.[5, 24]; 20.[3-4]; 23.[53, 67, 123-124]; Segor.1.[14]; Urg.2.[3, 7]; 4.[19]; 8.[170]. Los hijos ilegítimos no son aptos para obtener beneficios, Segor.1.[6-7]. Los concubinarios son inhábiles para obtener beneficios, Ager 1.[199-201]; Barc.26.[5]; vid. **Concubinato.** Los que presentan recomendaciones de poderosos para conseguir beneficios, Barc.26.[4]; Ler.11.[8]. No se concederán ni arrendarán a los laicos, Barc.7.[17]; 20.[3-4]; 23.[63, 123-124]; Ler.1.[31]. Castigo del que ocupa un beneficio sin consentimiento del obispo, Barc.6.[7]; o que aboga contra la iglesia en la que tiene beneficio, Barc.6.[7]. Necesidad de tener beneficio para recibir la ordenación, Urg.8.[128]. Los beneficiados se harán ordenar de la orden que requiera su beneficio, Ler.2.[3]; Segor.1.[10-11] 4.[12]. Prohibición de duplicidad, Barc.7.[17]; 23.[63]; Urg.2.[11]; 8.[170]. No se erigirá un beneficio sin congrua sustentación, Urg.4.[25]; lo que se considera dotación suficiente de un beneficio, Barc.15.[14]; la dotación mínima que tendrá cada capellanía, Ler.8.[6]. Algunos beneficios son muy pobres, Segor.4.[15-16]. Nueva distribución de los bienes de los préstamos o prestameras, Segor.4.[15-18]. Supresión de los prestimonios, Segor.4.[18]. La cantidad para prendar los bienes de los beneficios, Ler.11.[5]. La confección y custodia de los documentos de los beneficios, Barc.2.[42]; 7.[4]; 23.[52]; Ler.12.[9-11]; vid. **Notarios.** Las

casas de los beneficios, Ler.11.[6]; Segor.1.[27]. Los raptores de personas o de bienes de los beneficios, Ager 2 *passim.* Los bienes de los beneficios, vid. **Bienes eclesiásticos temporales.** Custodia de los documentos de las iglesias, Ager 1.[184-185, 189-190, 196]. Los rectores de las iglesias pueden conceder por breve tiempo régimen a otros, Ler.11.[2]. Los beneficios curados solamente se arrendarán a clérigos, Ager 1.[187-188]. Los beneficios solamente pueden ser resignados en manos del obispo, Barc.2.[43]; 23.[43]; Ler.1.[33]. Destino de los frutos del beneficio en la vacante, Ager 1.[191, 196]. Obligación de notificar a los fabriqueros de la catedral las colaciones de beneficios, Barc.24.[6]. Los bienes de los beneficios a la muerte de los beneficiados, Segor.1.[21]; 2.[14]; 4.[19-21]. Vid. **Beneficiados, Bienes eclesiásticos temporales, Diezmos, Libertad eclesiástica, Residencia.**
Bienes eclesiásticos temporales: Obligación de inventariarlos detalladamente, Ager 1.[108, 190]; Barc.2.[42]; 7.[4]; 23.[52]; Ler.1.[28]. Prohibición de venderlos o darlos en prenda, Urg.4.[24]. Condiciones para venderlos, permutarlos o darlos a censo, Ager 1.[107-108]; Barc.2.[42]; 4.[7]; 6.[9]; 7.[8]; 23.[56]; Ler.1.[28]; Urg.4.[24]. La custodia de los inventarios y documentos de las iglesias, Ager 1.[184-185, 189-190, 196]; Barc.2.[42]; 7.[4]; 23.[52]. Nueva distribución de los bienes de los préstamos o prestameras, Segor.4.[15-18]. Dotación mínima que tendrá cada capellanía, Ler.8.[6]. Valor del patrimonio del que solicita órdenes, Segor.1.[5]. Obligación de cuidar las casas de los beneficios, Ler.11.[6]. Los que usurpan los bienes de las iglesias

Urg.8.[158]. Los clérigos no entrarán sin compañía en las casas de mujeres sospechosas, Barc.2.[40]; 23.[40]. Los clérigos no tendrán en sus casas a sus hijos ilegítimos, Ler.1.[45]; Urg.8.[158]. Los clérigos no tendrán perros ni aves de caza en sus casas, Barc.5.[3]; Ler.1.[45]. Prohibición de arrendar locales para casas de lenocinio, Barc.6.[27]. Vid. **Bautismo, Misa.**

Casos reservados: Los casos reservados deben figurar en las constituciones, Ler.16.[7]. Listas de casos reservados, Ager 1.[160-164]; Barc.6.[33]; 11.[13]; 24.[12]; Ler.1.[13]; 11.[9]; 12.[3-5]; Segor.6.[18]; 9.[20-21]; Urg.4.[18]; 5.[10-11]; 8.[45]. La absolución de los casos reservados, Urg.5.[11]. La clerecía pide al obispo que les conceda los casos reservados, Segor.6.[10]. Lo que pagará el que pide los casos reservados, Segor.6.[33]; 9.[17]. Los pecados mayores se reservarán a los confesores más expertos, Barc.2.[18]. La ejecución de los testamentos está reservada al obispo, Urg.7.[19]. Vid. **Excomunión, Entredicho.**

Catecismo: vid. **Catequesis, Parentesco espiritual.**

Catedral: El Oficio divino se celebrará en todas las iglesias según la costumbre de la catedral, Ler.1.[21; Segor.1.[11]; 5.[5]; Urg.4.[4]; 8.[154]; vid. **Oficio divino.** La catedral se está renovando y reedificando, Barc.16.[11]; y necesita mucha ayuda, Barc.16.[13]; 23.[95-96]. Postulación de limosnas para la rehabilitación de la catedral en todas las iglesias, Barc.16.[11]; 23.[95]. Una parte de los frutos de cierto lugar son para ornamentos de la catedral, Ler.15.[4]. Las misas y sufragios que se harán por los que dan limosnas para las obras de la catedral, Barc.16.[13-15]; 23.[96-97]. Se conceden indulgencias a los que dan limosnas para las obras de la catedral, Barc.16.[15]. La procesión por los difuntos bienhechores de la catedral, Barc.16.[15]. La obligación de notificar a los fabriqueros de la catedral las colaciones de beneficios, Barc.24.[6]. La escuela catedralicia para la instrucción de los clérigos, Barc.2.[37]. Los canónigos que no tienen órdenes sacras no pueden participar en los cabildos, Barc.2.[3]; Segor.4.[4]. Los canónigos no tienen que residir en sus beneficios, Ager 1.[167]; Barc.8.[2]; 10.[8]; 11.[12]; 16.[2, 4]; 22.[4]; 23.[77, 92, 137]; 25.[2]; 26.[2]; Segor.4.[14]; Urg.4.[28]; los canónigos sí tienen obligación de residir en los beneficios, Barc.17.[2]. Los canónigos pueden tener a su servicio un beneficiado, que estará dispensado de residir en su beneficio, Barc.24. [2]. El cabildo se niega a intervenir en un sínodo y no consiente que se celebre fuera de la catedral, Urg.15 introd. Los rectores de las iglesias recibirán con afecto a los canónigos y a sus enviados, Urg.2.[15]. El obispo regala un precioso misal a la catedral, Urg.10. La imposición y la absolución de la penitencia pública, Barc.2.[18]; 23.[18]. Vid. **Beneficiados, Oficio divino.**

Catedrático: El pago del catedrático por los clérigos al obispo, Barc.7.[13]; 23.[61]; Ler.16.[11-12]; Urg.6.[4].

Catequesis: Muchos no conocen la doctrina cristiana elemental, Segor.8.[7]. Obligación de conocer la doctrina cristiana, Ager 1.[154]. Obligación de enseñar la doctrina cristiana, días de enseñanza y contenido, Ager 1.[96]; Ler.1.[22, 47]; 6.[9-16]; 13.[3]; Segor.4.[3, 44-50]; 8.[7-8]; Urg.8.[8-18. La que se enseñará los domingos en la homilía de la misa, Ler.1.[47];

Segor.8.[7]; la que enseñarán los predicadores, Barc.2.[39]; 23.[39]. Contenido esencial de la doctrina cristiana, Ler.6.[9-16]; Urg.9.[1-20]. Conocimientos que los clérigos deben tener de la doctrina cristiana, Ager 1.[154]; Ler.6.[9-16]; vid. **Ciencia.** Obligación de tener en latín y en vulgar la doctrina cristiana, Ler.13.[3]. El tratado de los sacramentos y obligación de tenerlo, Urg.8.[1]; 11. Obligación de tener el tratado compuesto por Juan de Aragón, patriarca de Alejandría, Barc.20.[9]; 22.[5]; 23.[137]; 25.[2]; 26.[2]. Quiénes están obligados a saber los artículos de la fe y cómo, Urg.8.[10]. Las oraciones que todos deben saber, Ager 1.[119]; Ler.1.[22]. Los presbíteros exhortarán al pueblo que rece las oraciones y se las enseñen a los hijos, Barc.2.[39]; 23.[39]. Las oraciones que deben saber los que se confiesan, Ager 1.[36]. Los artículos del Credo atribuidos a cada apóstol, Urg.9.[20]. Se conceden indulgencias por aprender la doctrina cristiana, Segor.8.[7]. Vid. **Ciencia.**

Caza: Los clérigos no se dedicarán a la caza, Barc.5.[3]; Urg.8.[157]; y no tendrán perros ni aves de caza en sus casas, Barc.5.[3]; Ler.1.[45]. Pero pueden tener armas en algunos casos para la caza, Barc.15.[7].

Cementerios: Prohibición de juegos, bailes y canciones profanas en los cementerios, Barc.2.[41]; 6.[25]; 23[41; Ler.1.[49]; 11.[7]; Segor.4.[9]. Prohibición de enterrar en los cementerios en tiempo de entredicho, Urg.4.[12]. Los cementerios tienen derecho de asilo, vid. **Asilo.** Condiciones para hacer obras en los cementerios, Ler.1.[30]. Vid. **Sepultura, Funerales.**

Censos: Hacer un censo, vid. **Inventarios.** Pagar censos, vid. **Contri-**

buciones, Diezmos, Catedrático, Luctuosa, Aranceles.

Censuras: Cambio de censuras de los concubinarios por penas pecuniarias, Ler.8.[4]; Segor.4.[36-41]; Urg.3.[3-6]. Vid. **Excomunión, Entredicho.**

Cetrería: vid. **Caza.**

Ciencia: Alusión al alfabeto o abecedario y a su enseñanza, Segor.4.[3, 44]. Obligación de saber los siete artículos de la fe y los diez mandamientos, Ager 1.[154]; Urg.8.[10]. Conocimientos necesarios y examen previo para recibir las órdenes, Ager 1.[92-93]; Barc.2.[37]; 23.[37]; Urg.8.[127]. Conocimientos que los clérigos deben tener de la doctrina cristiana, Ager 1.[154]; Ler.6.[9-16]. Los clérigos conocerán el latín o lo aprenderán, Barc.2.[3, 37]; 23.[5, 37]. Castigo de los clérigos que no desean aprender al menos gramática, Barc.6.[2]. Antes de celebrar la primera misa todo presbítero será examinado acerca del canon, Barc.24.[10]. Los rectores de almas deben leer y entender el libro sinodal o tratado de los sacramentos, Urg.8.[1]; 11. Los clérigos y beneficiados se pueden instruir acerca de los sacramentos en las constituciones sinodales, Barc.4.[2]; 11.[2]. Obligación de tener el tratado de los sacramentos, Barc.2; Urg.8.[1]; y el tratado del patriarca de Alejandría, Juan de Aragón, Barc.20.[9]; 22.[5]; 23.[127]; 25.[2]; 26.[2]; vid. **Libros.** Conocimientos necesarios para los rectores de iglesias que tienen escribanías anejas, Ler.15.[3]. La escuela catedralicia para la instrucción de los clérigos, Barc.2.[37]; 23.[37]. Los beneficiados que se ausentan de sus beneficios para ir a estudio, Barc.20.[12]; 22.[3]; 23.[126]; Urg.4.[28]. Los abogados serán examinados antes de ser admitidos a la abogacía, Barc.20.[14]; 23.[130]; pero los canónigos y los prelados no necesitan este examen, Barc.20. [14]; 23.[130]. Vid. **Catequesis, Libros.**

Cirios: vid. **Candelas.**

Cistercienses: Los corporales para la misa se harán según la costumbre del Císter, Barc.2.[28]. El arzobispo Pedro de Albalat no fue religioso cisterciense, Barc.2 introd.

Clérigos: Peticiones de los clérigos al obispo en el sínodo, Bar.15.[5, 9, 11, 13]; 23.[118]; Ler.16.[2-12]; Segor.6.[2-17, 19-35]; 9.[3-19, 21-30]. Piden en el sínodo que se les condonen todos los delitos, Ler.16.[5]; Segor.6.[3, 20]; 9.[5]. Conocimientos que deben tener y examen vid. **Ciencia;** los que no quieren aprender al menos gramática, Barc.6.[2]. Cómo los clérigos obtendrán el certificado de su propia ordenación, Ler.3.[8]. Algunas normas de conducta para los clérigos, Urg.2.[17-18]; 8.[153-164]. Ocupaciones que deben tener, Urg.8.[118]. Normas acerca de la barba, el cabello y la corona clerical, Barc.4.[4]; 6.[18]; 7.[10]; 16.[20]; 23.[58]; 25.[6]; 26[6]; Segor.3.[4]; Urg.2.[17]; 8.[157]. Los vestidos y el calzado de los clérigos, Ager 1.[113-114, 123-124]; Barc.1; 2.[4, 45]; 4.[4]; 7.[10, 16]; 13.[4]; 16.[19-20]; 23.[45, 58, 100]; 24.[16]; 25.[6]; 26.[6]; Ler.1.[26, 45, 49, 52]; 15.[13]; 16.[21]. Segor.3.[4-5]; Urg.2.[17]; 8.[157]. No llevarán adornos en las monturas de las caballerías, Ager 1.[114]; Ler.2.[6]. Los concubinarios o que tienen mujeres sospechosas en sus casas, Ager 1.[121-122, 198-207]; Barc 2.[40]; 6.[2a]; 23.[40]; 26.[5]. Ler.1.[24]; 2.[4]; 7.[9]; 8.[4]; Segor.1.[9]; 2.[6]; 4.[5-6, 36-41]; Urg.3.[3-6]; 8.[158, 168]; vid. **Concubinato, Mujeres.** No tendrán consigo en sus casas a sus hijos ilegítimos, Ler.1.[45]; Urg.8.[159]. Serán moderados en comer y beber, Urg.8.[156]. No andarán de noche sin luz, Ager 1.[149]; Urg.8.[167]. No asistirán a espectáculos, no andarán vagando por las calles, ni cantando o danzando, Ager 1.[114]; Barc.22. [6]; Ler.1.[25]; 3.[4]; 15.[8-9]; Segor.4.[10]; Urg.4.[23];7.[15]. No serán comediantes, Urg.7.[15]; 8.[156]. No entrarán en las tabernas, salvo yendo de camino, Ager 1.[104]; Barc.2.[40]; 23.[40]; Ler.1.[25]; Segor.1.[8]; Urg.2.[17]; ni tendrán tabernas a no ser para vender su propio vino, Barc.24.[4]. No se dedicarán a la caza, Barc.5.[3]; Urg.8.[157]; y no tendrán perros ni aves de caza en sus casas, Barc.5.[3]; Ler.1.[45]. Los trabajos agrícolas son impropios de los presbíteros, Ler.15. [5]. Los clérigos no llevarán armas, excepto en algunos casos, Ager 1.[117, 147, 149]; Barc.15. [7]; 23.[119]; Segor.1.[8]; 3.[10]; Urg.8.[157]; ni llevarán cuchillos, Ler.1.[50]; 2.[5]. No serán jugadores, Barc.6.[4]; Segor.1.[8]; 4.[9-11]; Urg.2.[17]. Juegos que están prohibidos o permitidos a los clérigos, Ager 1.[104, 158]; Barc.2.[40]; 5.[2]; 6.[4]; 7.[3]; 8.[4-7]; 23.[40]; 24.[14-15]; Ler.1.[25]; 6.[17]; Segor.1.[8]; 4.[9-11]; Urg.2.[17, 25]; 4.[23]; 7.[16]; 8.[156]. Algunos oficios y actividades prohibidas a los clérigos, Ager 1.[104, 114-116]; Barc.2.[40-42]; 4.[5-6]; 5.[4-5]; 6.[3]; 7.[6]; 23.[40-42, 54]; 24.[4]. No estarán al servicio de laicos, Urg.4.[21]; 8.[160]; los clérigos que obedecen a señores temporales y no al obispo, Urg.7.[7]. No ejercerán oficios o cargos laicos, Barc.6.[3]; Urg.2.[17]; 4.[21]; 8.[157]. No serán escribanos en la curia secular, Urg.8.[159]. Los clérigos no serán abogados en la curia secular ni eclesiástica, a no ser por asuntos propios o de personas pobres, Barc.4.[5-6]; 5.[4-5.]; 7.[6]; Urg.8.[160]; el clérigo que aboga contra la iglesia en la que tiene un beneficio, Barc,4. [6]; 7.[6]; 23.[54]. No irán a hacer cuestaciones para hospitales, puentes u otras, Ler.6.[18]. No serán negociantes, Ager 1.[115, 118]; Barc.6.[3]; 20.[7]; 23.[126]; 24.[3]; Ler.1.[52]; y no frecuentarán los mercados y ferias, Ager 1.[105]; Barc.2.[40]; 23.[40]; Urg.8.[160]. No serán fiadores de judíos o usureros, Ager 1.[106, 173]; Barc.2.[42]; 23.[42]. Los clérigos no ejercerán la cirugía, Ager 1.[120]; Urg.8.[159]. No dictarán sentencias de sangre, de truncar miembros o de muerte, Ager 1.[116]; Urg.2.[18]; 8.[159]; ni las ejecutarán, Ager 1.[116]. No asistirán al ahorcamiento o quema de delincuentes, Ager 1.[104], Barc.2.[40]; 23.[40]. Espectáculos y lugares a los que no asistirán los clérigos, Ager 1.[104]; Barc.2.[40-41]; 23.[40-41]. Los clérigos que amenazan con armas, Ager 1.[147]; Ler.2.[5]. Algunos delitos por los que los clérigos pierden el fuero clerical, Urg.8.[169]; vid. **Fuero.** Los clérigos que cometen homicidio, sacrilegio u otros graves delitos, Ager 1.[147-149]; Barc.6.[10]. Delitos por los que se impondrán a los clérigos las mismas penas que a los laicos, Urg.8.[167]. Casos en los que los arciprestes y vicarios pueden prender a los clérigos y llevarlos a la cárcel del obispo, Urg.8.[166]. Los que ponen manos violentas en los clérigos o religiosos, Ler.4.[5]. Deben tener sustentación suficiente, Segor.1.[5]; vid. **Beneficiados, Beneficios.** Deben recibir amablemente a los religiosos, Ager

1.[112]; Urg.2.[15-16]; 8.[162]. Cómo pagarán las contribuciones y subsidios eclesiásticos, Ler.16. [9-12]; están exentos de contribuir con los laicos en tallas y cuestas, Ager 2.[59]; Urg.5.[7]; vid. **Contribuciones.** El obispo pide un subsidio caritativo a la clerecía y se le concede, Urg.6.[2]; 11; 13; 15. Condiciones para que los abades de Ager puedan exigir un subsidio a los clérigos, Ager 1.[152]. Los que asesinan, mutilan, roban, injurian, etc. a los clérigos y personas de las iglesias, Ager 1.[135, 138]; 2 *passim.* Los clérigos foráneos que van a la ciudad deben presentarse al obispo, Barc.7.[15]; 15.[8-9]; 16.[12]; 22.[6]; 23.[62]. Vid. **Beneficiados, Ciencia, Fuero, Libertad eclesiástica, Orden.**

Colectas: vid. **Limosnas.**

Comidas: vid. **Ayuno, Banquetes, Carnicerías, Tabernas.**

Comunión: La comunión pascual anual de todo cristiano, Ager 1.[62-63]; Barc.2.[21]; 3.[2]; 15.[12]; 23.[21], 120]; 26.[16]; Ler.1.[54]; 4.[2]; Segor.1.[34-36]; 8.[5]; Urg.2.[22]; 8.[109]. Inventario anual de los que no comulgan, Barc.2.[21]; 15.[12]; 23.[21, 120]; Segor.1.[34]; 8.[5]. El consejo de comulgar tres veces en el año, Segor.1.[36]. Edad para la obligación de la comunión pascual, Barc.26.[16]; Segor.1.[34]. La comunión que se puede dar a los niños pequeños, Urg.8.[110]. No se darán hostias a los niños, aunque sean sin consagrar, Ler.1.[50]. La comunión de los que van a ser ajusticiados, Ager 1.[60]; Barc.2.[31]; 23.[31]. La comunión de la mujer en el puerperio, Ager 1.[60]. El vino que se dará a los fieles después de la comunión para purificar su boca, Ager 1.[50]; Urg.8.[109]; abuso de algunos laicos que exigen vino a los rectores de las iglesias después de comulgar en algunos días, Barc.8.[11]. Después de comulgar no se debe escupir, Ler.1.[43]. Qué hacer si se vomita la Eucaristía, Ler.1.[40]. No se debe recibir en pecado mortal, Segor.2.[5]. Las amonestaciones que hará el sacerdote al pueblo antes de dar la comunión, Urg.8.[111]. Qué hará el sacerdote si se acerca a comulgar alguien que le consta que está en pecado, Urg.8.[111]. La negación de la comunión y de la adoración de la cruz el Viernes Santo a los pecadores públicos, Ager 1.[63-64]. Vid. **Eucaristía, Viático, Misa, Confesión.**

Concilios: Mención del concilio de Laodicea, Segor.4.[11]. Alusión al concilio de Braga de 572, Segor.9 introd. Mención del concilio cuarto de Letrán (1215), Urg.2.[22]. Alusión al concilio legatino de Lérida de 1229, Barc.2.[2]. Mención del concilio provincial de Zaragoza de 1318-1319, Segor.1.[9, 12, 42]; 4.[38]. Obligación de tener las constituciones del concilio provincial de Zaragoza, Segor.1.[42]. Confirmación pontificia de algunas constituciones de concilios de Tarragona, Ager 2.[48-49, 81-87]. Obligación de cumplir lo mandado por el legado Sabinense y por los concilios de Tarragona, Ager 1.[153]; Barc.4.[2-3]; Urg.5.[7]. Alusión a algunos concilios provinciales de Tarragona, Ager 1 introd.; 1.[2, 139, 153, 182-183, 188]; Ager 2 *passim;* Barc.2.[3]; 8.[8-9]; y de Valencia, Barc.2.[3]. Personas e iglesias obligadas a tener las constituciones provinciales, Ler.16.[18]; vid. **Sínodo.** Los que se benefician de unas constituciones provinciales deben someterse a las mismas, Ager 2.[50-51]. Algunas dudas acerca de constituciones conciliares y su respuesta, Ager 2.[35-47]. Normas o reglamento para la celebración de

concilios y sínodos, Barc.27.[1-9]. Vid. **Sínodo.**

Concubinato: El de clérigos, Ager 1.[121-122, 198-207]; Barc.6.[2a]; 26.[5]; Ler.1.[24]. 2.[4]; Segor.1.[9]; 2.[6]; 4.[5-6, 36-41]; Urg.3.[3-6]; 8.[158, 168]. El de laicos, Segor.2.[10]; Urg.7.[17]. Las penas espirituales contra los clérigos concubinarios y sus concubinas se cambian en penas pecuniarias, Barc.7.[30-35]; 23.[70-75]; Ler.8.[4]; Segor.4.[36-41]; Urg.3.[3-6]. Alusión a que se cambian unas penas contra los clérigos concubinarios, Urg.1. El obispo perdona a los clérigos concubinarios las penas pecuniarias y los absuelve de las censuras en que incurrieron, Ler.7.[9]. Los concubinarios son inhábiles para obtener beneficios y para las órdenes, Ager 1.[199-201]; Barc.26.[5]; tampoco pueden hacer testamento y carecen de sepultura eclesiástica, Ager 1.[203-206]; Barc.26.[5]; Segor.2.[6]. Las concubinas públicas de los clérigos carecen de sepultura eclesiástica, Segor.2.[6];cf. Segor.4.[39]. Las meretrices públicas deben salir de la ciudad y no regresar hasta que se conviertan, Barc.6.[26]. La denuncia de concubinarios y adúlteros, Ler.4.[3]. Los párrocos informarán al obispo acerca de los clérigos concubinarios, Urg.8.[168]. Destino de los bienes de los concubinarios, Ager 1.[205-206]. Prohibición de alquilar locales para casas de lenocinio, Barc.6.[27].

Confesión: Explicación sumaria del sacramento (materia, forma, ministro, efectos), Urg.8.[37-38]. La penitencia es la segunda tabla de salvación, Barc.2.[15]; 23.[15]. Los diáconos no serán confesores, Ler.1.[53]. Obligación de los sacerdotes de acudir para administrar la penitencia, Ager1.[19].

elegir confesor, Segor.6.[13, 27]; 9.[12]. Los clérigos pueden elegir confesor, Ager 1.[197]; Barc.17. [3-5]; 24.[12-13]; Ler.16.[17]; Segor.3.[11]; Urg.4.[5]; 8.[82]. A quién se confesarán los beneficiados curados, Barc.2.[21]; Segor.1.[33]. Prohibición de confesar a parroquianos ajenos, Urg.8.[51]. Casos en los que el penitente se puede confesar a un sacerdote no propio, Urg.8.[47]. Los rectores de las iglesias deben permitir que los religiosos confiesen, Segor.2.[13]; Urg.2.[16]. El sacramento de la penitencia se puede administrar en lugar o tiempo entredicho, Ager 1.[128]. La denuncia de herejes cómo se hará, Barc.3.[3]. Los confesores aconsejarán que se ayude a las iglesias de Segorbe y de San Salvador de Albarracín, Segor.2.[12]. Vid. **Casos reservados, Pecado, Comunión.**

Confirmación: Explicación sumaria del sacramento (materia, forma, ministro, efectos), Ager 1.[25-27]; Ler.1.[8]; Urg.8.[20.35-36]. El sacramento de la confirmación fue instituido por los apóstoles, Urg.8.[20]. Obligación de recibir la confirmación, Barc.2.[13]; 23.[13]; Ager 1.[25]; Ler.1.[8]; Urg.8.[36]. La administran los obispos, Ager 1.[25-26]; Ler.1.[8]. Los niños se llevarán a donde esté el obispo para que los confirme, Ager 1.[25]; Barc.2.[13]; 23.[13]; Urg.8.[36]. Se recibe una sola vez, Ager 1.[26]. Se recibirá en ayunas, Urg.8.[36]. Los adultos se confesarán antes de la confirmación, Ager 1.[25]; Ler.1.[8]; Urg.8.[36]. Número de padrinos en la confirmación, Urg.4.[7]; 8.[36]. Cómo serán y qué destino tendrán las cintas que se ponen en la frente de los confirmados, Urg.8.[36]; vid. **Capillos.** Se puede cambiar el nombre en la confirmación,

Ler.1.[8]. Se puede administrar en lugar y tiempo entredicho, Ager 1.[128]. No deben ser padrinos en el bautismo los que no están confirmados, Ager 1.[18]. Vid. **Óleos santos.**

Conjuros: vid. **Supersticiones.**

Conocimientos: vid. **Ciencia, Catequesis, Latín.**

Consanguinidad: Impedimento matrimonial de consanguinidad y afinidad, Barc.6.[6]; Ler.13.[6]; vid. **Parentesco espiritual.**

Conspiraciones: Los que conspiran contra la Iglesia, el obispo y las personas eclesiásticas, Ager 2 *passim;* Barc.6.[13]. Vid. **Libertad eclesiástica, Infamar, Injurias.**

Constituciones: Las constituciones sinodales o provinciales, vid. **Sínodo, Concilios.** Constituciones contra la libertad de la Iglesia, vid. **Libertad eclesiástica.**

Contratos: El cumplimiento de los contratos de mutuo por los rectores de las iglesias, Ler.1.[55]. Las compras de bienes hechas con dinero de las iglesias, Ager 1.[83]. Prohibición de hacer contratos con los judíos y de tener cualquier trato con ellos; Barc.26.[13]; vid. **Judíos.** Vid. **Pactos, Arrendamientos, Usura, Bienes eclesiásticos temporales.**

Contribuciones: Los clérigos están exentos de pagar contribuciones a los laicos, Urg.5.[7]. Los que obligan a los clérigos a contribuir en tallas y cuestas, Ager 2.[59]; Urg.5.[7]. Abuso de algunos laicos que exigen comidas, bebidas y dinero a los rectores de las iglesias en ciertos días, Barc.8.[8-15]. Para aprobar un pequeño subsidio de la clerecía al personal pontificio es suficiente convocar a los clérigos de la ciudad, sin reunir sínodo, Ler.13.[9]. Cómo pagar las contribuciones y subsidios eclesiásticos, Ler.6.[9-12]. El subsidio caritativo que la clerecía concede al obispo, Barc.12 introd.; Urg.15. Cómo pagarán los subsidios caritativos los que tienen varios beneficios, Ler.16.[9-10]; vid. **Subsidios.** El pago del catedrático por los clérigos al obispo, Barc.7.[13]; 23.[61]; Ler.16.[11-12]; Urg.6.[4]. El pago de la luctuosa por los clérigos al obispo, Ler.7.[6-7]; Segor.6.[32, 35]; 9.[16, 19]; Urg.5.[13]. Vid. **Diezmos, Aranceles, Catedrático, Luctuosa, Subsidios, Libertad eclesiástica, Banquetes.**

Coro: La celebración de las Horas, vid. **Oficio divino.** Prohibición de armas en el coro, Urg.7.[23].

Corona: La corona clerical, vid. **Barba.**

Crisma, Crismeras: vid. **Óleos santos.**

Cuaresma: El rezo del Oficio divino por los difuntos en Cuaresma, Ager 1.[97]; Barc.2.[46]; 23.[46]. La imposición de la penitencia pública el Miércoles de Ceniza, Ager 1.[172]; Barc.2.[18]; 23.[18]. Los pescadores están dispensados del descanso festivo en algunos días de la Cuaresma, Barc.6.[22]. El ayuno en la Cuaresma, vid. **Ayuno.** No se dan las bendiciones nupciales en la Cuaresma, vid. **Velaciones.** Vid. **Confesión, Comunión.**

Cuatro Temporas: Cuándo se celebran y la obligación de ayunar, Ager 1.[99]; Barc.2.[49]; 23.[49].

Cuestores: vid. **Limosnas, Indulgencias.**

Cultura: vid. **Ciencia, Catequesis, Latín, Universidades.**

Dados: El juego de los dados, vid. **Juegos.**

Danzar, Danzas: vid. **Bailes.**

Delitos: Una lista de varios delitos y su pena correspondiente, Barc.6.[2-18]. Los clérigos que cometen homicidio, sacrilegio u otros graves delitos, Ager 1.[147-

149]; Barc.6.[10]; los que cometen delitos que en los laicos merecen pena capital, Barc.6.[10]. Algunos delitos por los que los clérigos pierden el fuero clerical, Urg.8.[169]. Delitos por los que se impondrá a los clérigos la misma pena que a los laicos; Urg.8.[167]. Casos en los que los arciprestes y vicarios pueden prender a los clérigos y llevarlos a la cárcel del obispo, Ager 1.[148; Urg.8.[166]. Los clérigos piden al obispo en el sínodo que les condone todos los delitos, Ler.16.[5]; Segor.6.[3, 20]; 9.[5]. Los párrocos informarán al obispo acerca de los clérigos delincuentes, Urg.8.[168]. Cómo hacer el proceso contra los asesinos, invasores y raptores de personas o bienes de las iglesias, Ager 2.[68-74]. En los juicios por delitos nada se cobrará, Barc.20.[15-16]; 23.[131-132]. Vid. **Asilo, Pecadores públicos, Casos reservados, Blasfemia, Concubinato, Usura.**

Demandas: vid. **Juicios, Limosnas.**

Días festivos: Obligación de guardarlos, Ager 1.[181]; Barc.6.[21-23]. El elevado número de días festivos perjudica a los pobres que no pueden trabajar y fomenta vicios, Ager 1.[180]. Listas de días festivos, Ager 1.[180]; Barc.6.[21-22]; Ler.6.[5-6]; 16.[14-15]. La celebración especial de algunas fiestas, Ager 1.[53]; Ler.16.[14-16]; Segor.4.[8, 27]; Urg.4.[4]. La celebración de la pía creencia de la Inmaculada concepción de Sta. María, Barc.6 introd. La celebración de las fiestas de los apóstoles y evangelistas y de los cuatro doctores, Urg.4.[4]. La fiesta de S. Matías, Barc.3.[15]. La fiesta de Sta. Eulalia, Barc.6.[21-22]; y el ayuno de su fiesta, Barc.7.[12]; 16.[18]; 23.[60]. La celebración de las fiestas de S. Francisco de Asís, Sto. Domingo de Guzmán y S. Anto-

Barc.2.[23]; 23.[23]; Ler.1.[21]; Urg.8.[119]. Edad para recibir la extremaunción, Urg.8.[120]; solamente se administra a los adultos, Barc.2.[22]; 23.[22]. Se puede reiterar, Ager 1.[44]; Bar.2.[22]; 23.[22]; Ler.1.[20]. La falsa creencia de que no se pueden tener relaciones sexuales después de recibirla, Ager 1.[44]; Barc.2.[22]; 23.[22]; Ler.1.[20]. Se administrará gratis, Barc.2.[22]; 23.[22]; Ler.1.[20]. Vid. **Enfermos, Médicos, Óleos santos.**

Fama: vid. **Difamar.**

Ferias: Algunos días festivos en los que se prohíben las ferias y mercado, Segor.4.[8]. Los clérigos no frecuentarán las ferias y mercados, Ager 1.[105]; Barc.2.[40]; 23.[40]; Urg.8.[160].

Fiestas: vid. **Días festivos, Banquetes, Bailes, Canto, Juegos, Vigilias, Velaciones, Oficio divino, Procesiones.**

Francisco de Asís, S.: La celebración de su fiesta, Barc.2.[45]; 23.[45]. Todos los clérigos tendrán las oraciones de Sto. Domingo y de S. Francisco, Barc.7.[29]. Ver el índice onomástico.

Fuero: Los clérigos tienen fuero especial, Barc.15.[2]; 23.[115]. Los clérigos casados gozan del fuero clerical, Ager 2.[65-66]; Barc.15.[2]; 23.[115]. Los vestidos y tonsura de los clérigos casados para gozar del fuero clerical, Ager 1.[118]; Barc.4.[4]; 6.[18]; 7.[10]; 23.[58]; Urg.8.[163]; pierden el fuero clerical los que no llevan debidamente la corona y los cabellos, Barc.6.[18]. Algunos delitos por los que los clérigos pierden el fuero clerical, Urg.8.[169]. Abuso de algunos clérigos que indebidamente llevan causas al fuero clerical, Urg.8.[164]. Es caso reservado quebrantar el fuero clerical, Ler.12.[4]. Vid. **Asilo, Vestidos.**

Funerales: Los rectores de iglesias al enterarse del fallecimiento de un parroquiano rezarán por él, Ager 1.[101]; Barc.2.[47]; 23.[47]; Ler.1.[32]. El oficio pro defunctis en Cuaresma, Ager 1.[97]; Barc.2.[46]; 23.[46]. Las misas y sufragios que se harán por los que dan limosnas para las obras de la catedral, Barc.16.[13-15]; 23.[96-97]. La procesión de cada lunes por los difuntos, Ager 1.[102]; Barc.2.[47]; 23.[47]. Obligación de cumplir los aniversarios establecidos, Barc.17.[6]. Los capellanes no celebrarán los treintanarios, Ler.10.[6]. Ningún laico se debe entrometer en las disposiciones testamentarias a favor del alma, Barc.13.[2]; 23.[99]. No se celebrarán treintanarios ni aniversarios por los vivos, Ler.1.[15]. Alusión a abusos de clérigos en comidas de aniversarios, Urg.8.[156]. Se harán gratis, Barc.6.[8]. Vid. **Difuntos, Sepultura, Treintanarios.**

Guerras: A causa de las guerras las iglesias están empobrecidas y carecen de libros y de ornamentos, Segor.4.[33]. En tiempo de guerra se pueden guardar algunas cosas dentro de las iglesias por necesidad, Barc.10.[3]; 23.[79].

Hábitos: vid. **Vestidos, Ornamentos sagrados.**

Halcones: Los clérigos no tendrán aves de caza, Barc.5.[3]; Ler.1.[45].

Herejes: Inquisición y denuncia de los herejes, Barc.1; 2.[4]; 3.[3]; 23.[5].

Hierro: Los que venden armas, hierro y otras cosas a los moros y sarracenos, Barc.6.[11]; vid. **Judíos.**

Hierro caliente: Reprobación de la salva por hierro o agua caliente, Ager 1.[105]; Barc.2.[41]; 23.[41].

Hijos: Obligación de bautizar pronto a los hijos, Urg.2.[10]. Los padres llevarán a los niños a donde esté el obispo para que los confirme, Ager 1.[25]; Barc.2.[13]; 23.[13]; Urg.8.[36]. Y deben enseñar las oraciones a los hijos, Barc.2.[39]; 23.[39]. Los clérigos no tendrán en sus casas a sus hijos ilegítimos, Ler.1.[45]; Urg.8.[158]. Los hijos de los clérigos no ayudarán a misa a sus padres, Ager 1.[46, 55]; Barc.2.[27]; Ler.1.[45]; Segor.1.[6]; 4.[6]; Urg.2.[9]; 8.[89]. Castigo especial de los clérigos de órdenes sacras con hijos, Segor.4.[5]. Las cristianas no deben criar los hijos de los judíos, ni las judías los hijos de cristianos, Ler.1.[49]; 4.[6]; vid. **Judíos.** La comunión de la mujer en el puerperio, Ager 1.[60]. Qué hacer si una mujer muere en el parto y el feto está vivo, Ler.1.[32]. El niño bautizado privadamente en peligro de muerte se debe llevar a la iglesia si sobrevive, Barc.2.[7]; 23.[7]. Los hijos ilegítimos no son aptos para las órdenes ni para obtener beneficios, Segor.1.[6-7]. Los padres que aplastan a sus hijos pequeños en el lecho, Ager 1.[172]. Vid. **Bautismo, Confirmación, Catequesis.**

Homicidio: Los que asesinan o mutilan a los clérigos o personas de las iglesias, Ager 1.[135, 138]; 2.[12-15, 17-19, 52, 78] y *passim;* Ler.7.[10-11]. Los clérigos que cometen homicidio, sacrilegio u otros graves delitos, Ager 1.[147-149]. Los que aplastan o matan a los niños pequeños en el lecho, Ager 1.[172]. Cómo hacer el proceso contra los asesinos, invasores, raptores, etc. de personas o bienes de las iglesias, Ager 2.[68-74]. Es pecado reservado en ciertos casos, Ler.12.[4].

Homilía: La homilía de la misa de días festivos, Ler.1.[47]; Segor.8.[7]. Vid. **Predicación.**

Horas canónicas: vid. **Oficio divino.**

Hospitales: No se edificarán sin licencia, Ager 1.[82]. Los clérigos no irán a hacer cuestaciones para hospitales ni otras, Ler.6.[18].

Hostias: Las hostias para la misa se harán de trigo limpio, sin sal ni fermento, y serán redondas, Barc.10.[4]; 23.[80]; Urg.4.[3]. Y las hará el propio sacerdote, Barc.10.[4]; 23.[80]; vid. **Misa.** No se darán hostias a los niños, aunque sean sin consagrar, Ler.1.[50]; vid. **Comunión.**

Iglesias: Lista de las iglesias parroquiales de la abadía de Ager, Ager introd.gral.; para las iglesias de Urgell, vid. Urg.14 *passim.* La exención, privilegios e inmunidades de la abadía de Ager, Ager 1.[168-169]. La licencia necesaria para construir iglesias, capillas o altares, Ager 1.[82]; Segor.1.[22-24]; Urg.4.[25]. Ninguna iglesia se erigirá sin congrua sustentación, Urg.4.[25]. Las iglesias estarán limpias, Urg.2.[19]. Asuntos y objetos prohibidos en las iglesias, Ager 1.[105, 143, 146]; Barc.2.[41]; 10.[3]; 23.[41, 79]; Ler.1.[49]; 10.[4]; 11.[7]; Segor.1.[16]; 4.[9]; 6.[4, 21]; 9.[6]; Urg.4.[26]; 7.[23]. Prohibición de entrar con espadas en el coro, Urg.7.[23]. Prohibición de juegos, bailes y canciones profanas en las iglesias y cementerios, Barc.2.[41]; 23.[41]; Ler.1.[49]; 11.[7]; Segor.4.[9]. Prohibición de enterrar dentro de las iglesias, Ager 1.[143, 146]; Ler.10.[4]; Segor.1.[16]; 6.[4, 21]; 9.[6]; Urg.4.[26]. La clerecía pide al obispo la facultad de sepultarse en las iglesias, Segor.6.[4, 21]; 9.[6]. Los beneficiados pueden elegir sepultura dentro de la iglesia de su beneficio, Ager 1.[146]. Las iglesias tienen derecho de asilo, vid. **Asilo.** Los bienes de las iglesias, vid. **Bienes eclesiásticos tempo-**

rales. La custodia de los inventarios y documentos de las iglesias, Ager 1.[184-185, 189-190, 196]. La recaudación de limosnas en las iglesias, vid. **Limosnas.** La iglesia de San Salvador de Albarracín necesita reparaciones y se conceden indulgencias por dar limosnas para ello, Segor.1.[38-39]. Para la iglesia de Segorbe se pedirán limosnas igual que para la de San Salvador de Albarracín, Segor.2.[12]. Los rectores de las iglesias tendrán casa al lado de sus iglesias, Segor.1.[27]; vid. **Casas.** La confección y custodia de los documentos de las iglesias, Ler.12.[9-11]. Las iglesias que tienen escribanías enejas, Ler.15.[3]. La misa se celebrará en la iglesia, no en las casas particulares, Ager 1.[67]; Urg.4.[27]; 8.[91]. Admisión de sacerdotes extraños a celebrar, Urg.2.[26]. Prohibición de recibir o de administrar los sacramentos a parroquianos ajenos, Ager 1.[147]; Segor.1.[17, 28]; Urg.2.[24]. Necesidad de licencia del rector de la iglesia o capilla para celebrar misa en ella, Ler.10.[3]. Qué hacer si un excomulgado entra en la iglesia mientras se celebra un oficio religioso, Ager 1.[127]. Los raptores de personas o bienes de las iglesias, Ager 2 *passim.* Las iglesias no deben ser adjudicadas a los laicos, Ler.10.[5]. El nombramiento de beneficiados para los beneficios, Ager 1.[151, 159]; vid. **Beneficiados, Beneficios.** Los religiosos deben ser bien recibidos en las feligresías, Ager 1.[112]; Barc.2.[44]; 7.[28]. Los rectores de iglesias pueden delegar sus facultades por breve tiempo, Ler.11.[2]; vid. **Beneficiados, Residencia.** Los parroquianos entredichos por culpa propia no serán admitidos a los oficios religiosos en su iglesia ni en otras, Urg.4.[11]. Vid. **Beneficiados, Beneficios, Diezmos,**

Oficio divino, Días festivos, Vigilias, Óleos santos.

Impedimentos matrimoniales: Mención de impedimentos, Ager 1.[12, 27, 85-86]; Barc.2.[9, 33-34]; 6.[29]; 23.[9, 33-34]; 25.[7]; 26.[11]; Ler.1.[18]; 13.[6]; 14.[3-4]; Urg.5.[2]; 8.[133, 137-141, 144-145, 147]. Cómo proceder si hay denuncia de que existe algún impedimento para un matrimonio, Urg.8.[149-150]. Castigo de los que contraen matrimonio teniendo impedimentos, Barc.6.[6]. Prohibición de hacer sortilegios y ligaciones, Ager 1.[86].

Imprenta: Constituciones sinodales impresas, Ager 1-2. El obispo manda imprimir el misal, Urg.16. Noticia de la edición de algunos libros litúrgicos y sacramentales para la diócesis de Urgell, Urg.14 introd.; e intención de hacer una nueva edición del breviario, Urg.14 intod.; 14.[4]. Colofón de unos impresos, Ager 1.[208]; 2.[89].

Impuestos: vid. **Contribuciones, Diezmos, Aranceles, Catedrático, Luctuosa.**

Indulgencias: Cautelas con los que recaudan limosnas anunciando indulgencias, Ager 1.[111]; Barc.2.[44]; 7.[22]; 15.[10-11, 16]; 23.[44]; 25.[4]; 26.[9]; Ler.1.[34]; 3.[6-7]; Segor.1.[37]; 3.[6]; 4.[33-35]. Algunos graves abusos de los que predican indulgencias, Segor.4.[34-35]. Se conceden indulgencias por acompañar el Viático, Ler.7.[3]; Segor.1.[18]; Urg.4.[8]; vid. **Viático.** Se conceden indulgencias por arrodillarse a la elevación en la misa y rezar unas preces, Ler.6.[3]. Y también se conceden indulgencias por decir algunas plegarias, Segor.4.[25-26]. Se conceden indulgencias por aprender la doctrina cristiana, Segor.8.[7]; y por asociarse al canto de la Salve, Ler.7.[4]. Las indul-

nes a los sarracenos, Barc.6.[11]; Ler.4.[5]; y los que venden cristianos a los sarracenos, Barc.6.[12]. Los navegantes nunca llevarán a bautizados o a mujeres cristianas a tierras de sarracenos, Barc.6.[20]. Es caso reservado vender armas y otras cosas a los sarracenos, Ler.12.[4]. Prohibición de ser fiador de judíos y usureros, Ager 1.[106, 173]; vid. Barc.2.[42]; 23.[42 y Ler.1.[26].

Juegos: Inconvenientes y peligros del juego, Barc.24.[14]. De los juegos proceden muchos escándalos y riñas, Barc.8.[4]; y el peligro de blasfemar, Barc.6.[24]; 24.[14]; Urg.4.[23]. Los juegos que están prohibidos y los que están permitidos a los clérigos, Ager 1.[104, 158]; Barc.2.[40]; 5.[2]; 6.[4]; 7.[3]; 8.[4-7]; 23.[40]; 24.[14-15]; Ler.1.[25]; 6.[17]; Segor.1.[8]; 4.[9-11]; Urg.2.[17, 25]; 4.[23]; 7.[16]; 8.[156]. Prohibición de juegos y bailes en las iglesias y cementerios, Barc.6.[25]; Ler.1.[49]; 11.[7]; Segor.4.[9]; vid. **Cementerios.** Jugar en las iglesias o cementerios es pecado reservado, Ler.12.[4]. Los clérigos no andarán danzando con los laicos, Segor.4.[10]; vid. **Bailes, Canto.** Los clérigos no asistirán a juegos o espectáculos de laicos, Segor.4.[11]. Lo ganado en el juego se debe devolver, Urg.8.[79]. Los que prestan dinero a un clérigo para jugar a los dados no tienen derecho a la devolución, Ler.3.[3]. Vid. **Bailes, Canto, Teatro.**

Jueves Santo: Consagración y reparto de los santos Óleos, vid. **Óleos santos.** La reconciliación de los pecadores públicos, Ager 1.[172]; Barc.2.[18]; 23[18]. Una constitución publicada el Domingo de Ramos y el Jueves Santo, Barc.14.[5]; 23.[106].

Juicios: Cómo hacer el proceso contra los asesinos, invasores, raptores, etc.

de personas o bienes de las iglesias, Ager 2.[68-74]. Los escrito se deben sellar y registrar, Barc.20.[17]; 23.[133]. Obligación de recibir y cumplir las citaciones y sentencias del obispo y de sus oficiales, a lo que algunos se oponen, Barc.7.[11]; 16.[10]; 23.[59]; Urg.2.[8]; 7.[5-6]; 12. Las causas matrimoniales no se juzgarán fuera de la ciudad, Barc.24.[8]. Las acusaciones contra clérigos por causas no criminales, Ler.16.[4]. El que acusa a un clérigo debe someterse a la pena de talión, Ler.16.[3]. Cómo publicar las citaciones y sentencias del obispo y de sus oficiales si se impide su lectura, Urg.7.[5-6]; vid. **Cartas.** Los clérigos no serán abogados en la curia secular ni en la eclesiástica a no ser por asuntos propios o de personas pobres, Barc.4.[5-6]; 5.[4-5]; 7.[6]; 23.[54]; Urg.8.[160]; ni tampoco serán escribanos en la curia secular, Urg.8.[159]. Pena del clérigo que aboga contra la iglesia en la que es beneficiado, Barc.4.[6]; 7.[6]; 23.[54]. Los juicios se alargan indebidamente por los testigos falsos, Barc.24.[9]; Ler.13.[4]; vid. **Perjurio.** Los notarios tendrán los sustitutos necesarios para no alargar los procesos, Barc.14.[7, 12]; 23.[108, 113]. Los clérigos tienen fuero especial y no comparecerán ante los jueces laicos, Barc.15.[2]; 23.[115], vid. **Fuero.** Algunos delitos por los que los clérigos pierden el fuero clerical, Urg.8.[169]. Los clérigos deben comparecer en juicio a la primera citación, Barc.15.[4]; 23.[117]; la clerecía suplica al obispo que se guarde el derecho común, Barc.15.[5]; 23.[118]. Abuso de algunos clérigos que indebidamente consiguen llevar causas al fuero clerical, Urg.8.[164]. Los laicos poderosos que hacen reclamaciones injustificadas a los clérigos, Urg.5.[9]. Los clérigos no dictarán sentencias de muerte ni de truncar miembros, ni las ejecutarán, Ager 1.[116]; Urg.2.[18]; 8.[159]. Petición de la clerecía acerca de las causas de Segorbe y de Albarracín, Segor.6.[11]. Arancel para el alguacil, Barc.14.[9]; 23.[110]. Arancel para diversas escrituras en los juicios, Barc.14.[6]; 23.[107]; y para las copias de actas en caso de pérdida, Barc.14.[11]; 23.[112]. En las causas criminales nada se cobrará, Barc.20.[15-16.]; 23.[131-132].

Juramento: Los abogados harán juramento de proceder con fidelidad y sin malicia, Barc.20.[13]; 23.[139]. El juramento que harán los encargados de llevar los santos Óleos a las feligresías, Barc.16.[8]. Vid. **Perjurio, Blasfemia.**

Laicos: Los laicos pueden bautizar, Barc.2.[7, 9-10]; 23.[7, 9-10]; Ler. 1.[4, 6]. Control de si los laicos bautizan correctamente, Barc.2.[10]; 23.[10]. Los laicos no pueden servir beneficios, Barc.7.[17]; 20.[3-4]; 23.[63, 123-124]; Ler.1.[31]. Ni se les deben adjudicar las iglesias, Ler.10.[5]. Y no se les pueden conceder los diezmos de las iglesias, Ler.9.[2-3]. Se prohíben a los laicos ciertos ornatos en los vestidos, Barc. 2.[4]; 3.[4]; 23.[5]. Abuso de algunos laicos que exigen comidas, bebidas y dinero a los rectores de las iglesias en ciertos días, Barc.8.[8-15]. Vid. **Arrendamientos, Mujeres.**

Latín: Los ordenandos sabrán latín, Ager 1.[92-93]; Barc.2.[3, 37]; 23.[5, 37]. Obligación de tener en latín y en vulgar la doctrina cristiana, Ler.13.[3].

Lérida: Alusión al concilio legatino de Lérida de 1229, Barc.2.[2]. Ver el índice toponímico.

Libelos: Los que hacen libelos difamatorios contra los clérigos, Ager 2.[2, 25, 67]; Barc.6.[13]. Vid.

Infamar, Injurias, Libertad eclesiástica.

Libertad eclesiástica: Los que usurpan los bienes de las iglesias o de los clérigos, los dañan, impiden cultivarlos, arrendarlos o su libre circulación, Ager 1.[135-139, 153, 168-169]; Ager 2 *passim;* Barc.6.[14-15]; Ler.7.[8]; Segor.3.[7]; Urg.2.[2-4, 13]; 5.[7, 9]. Penas contra los invasores y los raptores de personas y de cosas de las iglesias, Ager 2 *passim.* Los que asesinan o maltratan a los priores, rectores o capellanes, Ler.7.[10-11]. Cómo hacer el proceso contra los asesinos, invasores, raptores, etc. de personas y de bienes de las iglesias, Ager 2.[68-74]. Los que ocupan las iglesias y sus bienes o los entregan a los sarracenos, Ager 2.[78-80]. Todos los clérigos observarán las penas contra los que usurpan los bienes eclesiásticos, Urg.2.[13]. La exención, privilegios e inmunidades de la abadía de Ager, Ager 1.[168-169]. Los que obligan a los clérigos a contribuir con los laicos en tallas y cuestas, Ager 2.[59]. Los que hacen estatutos contra la libertad eclesiástica, Ler.4.[8]. Los que se oponen a recibir y leer las cartas del obispo y de sus oficiales, Urg.2.[8]; 7.[5-6]; 12; vid. **Cartas.** Los laicos poderosos que injurian al obispo o al rector porque los excomulga, Urg.2.[14]. Los que hacen conspiraciones o concitan a personas poderosas contra el obispo o contra personas eclesiásticas, Barc.6.[13]; Urg.2.[6]. Los laicos poderosos que hacen reclamaciones injustificadas a los clérigos, Urg.5.[9]. Abuso de algunos laicos que exigen comidas, bebidas o dinero a los rectores de las iglesias en ciertos días, Barc.8.[8-15]. Los que nombran porcioneros para los beneficios sin permiso del obispo, Urg.2.[7]. Los que quebrantan el fuero clerical, Barc.15.[2]; 23.[115]; o el derecho de asilo, Urg.5.[3]. Los beneficiados que obedecen a los señores temporales y no al obispo, Urg.7.[7]. Los que entierran en los cementerios quebrantando el entredicho, Urg.4.[12]. Es caso reservado absolver a los que hacen estatutos contra la libertad eclesiástica, Ler.12.[4].

Libros: Libros que tendrán los rectores de las iglesias, Ler.1.[21]. Obligación de tener el Ordinario o Manual para administrar los sacramentos, Ager 1.[45]; Barc.2.[23]; 23.[23]; Ler.1.[21]; Urg.8.[119]. Los clérigos tendrán breviario propio para poder recibir órdenes sagradas, Segor.3.[9]. El sínodo promulga un libro sinodal o tratado de los sacramentos, Barc.2; Urg.7 introd.; 7.[3]; 8. Todos los clérigos tendrán el tratado de los sacramentos, Urg.8.[1]; 11; y el tratado del patriarca de Alejandría, Juan de Aragón, Barc.20.[9]; 22.[5]; 23.[127]; 25.[2]; 26.[2]. Noticia de la edición de algunos libros litúrgicos y sacramentales para la diócesis de Urgell, Urg.14 introd. Intención de hacer una nueva edición del breviario, Urg.14 introd.; 14.[4]. El obispo regala un precioso misal a la catedral, Urg.10. El obispo manda imprimir el misal, Urg.16. El libro para anotar los que se confiesan y comulgan, Ager 1.[42-43]; Barc.2.[21]; 15.[12]; 23.[21, 120]; Segor.1.[34]; 8.[5]. Urg.2.[22]; 8.[80]. El libro que tendrán los curas con los nombres de los que no asisten a la misa en los días festivos, Segor.8.[6]. El libro que habrá en cada parroquia con los excomulgados, Barc.26. [18]; Segor.1.[40]. El libro que tendrán los curas para controlar el cumplimiento de los testamentos, Segor.4.[21]; 8.[3-4]. Los libros de las iglesias se pierden, Ler.15.[6];

y no se deben sacar fuera de ellas, Ler.15.[6]. Los libros de las iglesias no se darán en prenda, Barc.2.[42]; 23.[42]; Ler.1.[26-27]; ni se entregarán a los judíos los misales, evangeliarios u otros libros para repararlos o venderlos, Barc.10.[5]; 23.[81]. Prohibición de vender los libros de las iglesias, Urg.2.[4]. Los clérigos arrendadores o contratados no se llevarán como salario los libros de las iglesias, Urg.4.[10]. A causa de las guerras, las feligresías carecen de libros, Segor.4.[33]. Un librito que aparece en el testamento del obispo, Urg.6 introd. Vid. **Imprenta, Inventarios.**

Limosnas: Cautelas con los que recaudan limosnas anunciando indulgencias, Ager 1.[111]; Barc.2.[44]; 7.[22]; 15.[10-11, 16]; 23.[44]; 25.[4]; 26.[9]; Ler.1.[34]; 3.[6-7]; Segor.1.[37]; 3.[6]; 4.[33-35]. Los rectores de las iglesias deben permitir que los religiosos recauden limosnas para sus monasterios, Segor.2.[13]. Algunos graves abusos de los que predican indulgencias y recaudan limosnas, Segor.4.[34-35]. Los clérigos no irán a hacer cuestaciones para hospitales, puentes u otras, Ler.6.[18]. La postulación de limosnas en todas las iglesias para la rehabilitación de la catedral de Barcelona, Barc.16.[11]; 23.[95]; se conceden indulgencias a los que dan limosnas para las obras de la catedral, Barc.16.[15]. Las misas y sufragios que se harán por los que dan limosnas para las obras de la catedral, Barc.16.[13-15]; 23.[96-97]. La recaudación de limosnas para la iglesia de San Salvador de Albarracín y la sede de Segorbe, Segor.1.[38-39]; 2.[12]; 4.[30-32]. Contabilidad de las limosnas que se recaudan para las sedes de Segorbe y de Albarracín, Segor.4.[30]. Se conceden indulgencias por dar

misa, Ager 1.[98]; vid. **Canto.** Algunas amonestaciones que hará el cura en la misa de los días festivos, Segor.8.[8]. La homilía de la misa de días festivos, Ler.1.[47]; Segor.8.[7]. Cómo y cuándo se puede celebrar misa en tiempo de entredicho, Ager 1.[51]; Ler.6.[7-8]; la celebración en iglesia entredicha para renovar la Eucaristía, Ager 1.[51]; Barc.2.[27]; 23.[27]. Los parroquianos entredichos por culpa propia no serán admitidos a los oficios religiosos en su iglesia ni en otra, Urg.4.[11]. Abusos que se deben evitar en las misas nuevas, Ler.16.[21]. La admisión de sacerdotes extraños a celebrar, Barc.4.[11]; 7.[21]; 23.[66]; 25.[4]; 26.[9]; Ler.3.[5]; 11.[3]; Segor.1.[13]; 4.[7]; Urg.2.[26]; 4.[20]; 8.[130]; no se admitirán feligreses ajenos, Barc.4.[10]. Los religiosos, los capellanes y los beneficiados no pueden cantar treintanarios, Ler.10.[6]; Segor.6.[16, 29]; 9.[14]; cf. Segor.6.[9, 25]; 9.[10]. Los beneficiados celebrarán las misas de sus beneficios y no otras, Barc.7.[20]; 23.[65]; Segor.1.[25]; y no irán a celebrar a las iglesias circunvecinas para conseguir estipendios, Barc.15.[14]. Necesidad de licencia del rector de la iglesia o capilla para celebrar misa en ella, Ler.10.[3]. Los rectores de las iglesias deben permitir que los religiosos celebren misa, Segor.2.[13]. La clerecía pide al obispo poder cantar misas y treintanarios, Segor.6.[9, 25]; 9.[10]. La celebración de las misas mandadas en los testamentos, Barc.13.[2]; 23.[99]; Segor.2.[9]; vid. Segor.6.[16, 29]; 9.[14]. El confesor no celebrará las misas que impone como penitencia, Barc.2.[19]; 23.[19]; Ler.1.[15]; Urg.8.[84]. Misas y sufragios que se harán por los que dan limosnas para las obras de la catedral,

Barc.16.[13-15]; 23.[96-97]. Nadie celebrará misa el mismo día en el altar en que haya celebrado el obispo, Urg.8.[91]. La publicación de constituciones sinodales en las misas de las feligresías, vid. **Sínodo.** Todos los clérigos tendrán las oraciones de Sto. Domingo y de S. Francisco, Barc.7.[29]. La obligación de restituir por un daño causado no se cumple con misas o limosnas, Urg.4.[17]. Se puede dar la bendición nupcial sin misa, Urg.8.[151]. La cuestión de si es mejor o no celebrar misa todos los días, Urg.8.[118]. El obispo manda imprimir el misal, Urg.16; y regala un preciso misal a la catedral, Urg.10. Vid. **Días festivos, Eucaristía, Comunión, Funerales, Treintanarios, Velaciones.**

Moneda: la moneda se devalúa, Ler.8.[6]; vid. **Aranceles, Usura.**

Moros: vid. **Judíos.**

Moscas: vid. **Arañas.**

Mujeres: Los clérigos no tendrán mujeres sospechosas en sus casas, Ager 1.[121-122, 198-207]; Barc.2.[38]; 23.[38]; Ler.1.[24]; 2.[4]; 7.[9]; 8.[4]; Segor.1.[9]; 2.[6]; 4.[5-6, 36-41]; Urg.3.[3-6]; 8.[158]; vid. **Concubinato.** Las mujeres que los clérigos pueden tener en sus casas, Ager 1.[121]; Barc.2.[38]; 23.[38]; Ler.1.[24]; Urg.8.[158]. Los clérigos no entrarán sin compañía en las casas de mujeres sospechosas, Barc.2.[40]; 23.[40]. Qué hacer si una mujer muere en el parto y el feto está vivo, Ager 1.[21]; Ler.1.[32]; Urg.8.[33-34]. La comunión de la mujer en el puerperio, Ager 1.[60]. Las mujeres pueden bautizar, vid. **Bautismo.** Las mujeres casadas deben hacer los votos con discreción y con consentimiento de los maridos, Ler.1.[23]. Las meretrices públicas deben salir de la ciudad y no regresar hasta que se enmienden, Barc.6.[26]. Prohibición de alquilar locales para casas de lenocinio, Barc.6.[27]. Los navegantes no llevarán a bautizados y a ningunas mujeres cristianas a tierras de sarracenos, Barc.6.[20].

Música: vid. **Canto, Bailes.**

Musulmanes: Prohibición de proclamar la azalá o zalá de los musulmanes, Segor.3.[8]. Vid. **Judíos, Armas.**

Negociación: Está prohibida a los clérigos, Ager 1.[115, 118]; Barc.6.[3]; 20.[7]; 23.[126]; 24.[3]; Ler.1.[52]. Los clérigos no tendrán tabernas, a no ser para vender su propio vino, Barc.24. [4]. Vid. **Ferias, Moneda, Usura.**

Niños: vid. **Bautismo, Catequesis, Hijos, Edad.**

Notarios: Compendio de normas diversas para escribanos y notarios, Ager 1.[182-187, 192]; 2.[55-57]; Barc.7.[4]; 14.[6-8, 11-12]; 20.[17]; 23.[52, 107-109, 112-113, 133]; 24.[6]; Ler.12.[9-11]; Segor.1.[32]; Urg.8.[159]. Necesitan nombramiento oficial, Ager 1.[182-183]. Solamente a los clérigos se otorgará el oficio de notaría, Ager 1.[184]. No los nombrarán los señores temporales, Ager 2.[55]. Las iglesias que tienen escribanías anejas, Ler.15.[2]. Los clérigos no serán escribanos en la curia secular, Urg.8.[159]. Los notarios tendrán sustitutos necesarios para no alargar los procesos, Barc.14.[7, 12]; 23.[108, 113]. La confección y custodia de los documentos de los beneficios, Barc.7.[4]; 23.[52]; Ler.12.[9-11]. Cómo y en qué papel redactarán los documentos, Ager 1.[186]. No harán documentos fuera de su jurisdicción, Ager 2.[56-57]. El sello que tendrán los notarios, Barc.14. [7, 12.]; 23.[108-113]. Registrarán los escritos, Barc.20.[17];

23.[133]. Custodia de los memoriales y protocolos de los notarios, Ager 1.[184-186]. No llevarán los protocolos y memoriales de las parroquias, Ager 1.[184]. Los libros de notas, Ager 1.[186]. Los escribanos no redactarán documentos de usura, Segor.1.[32]. Aconsejarán a los testadores que dejen algunas mandas para las iglesias, Ager 1.[192]; Segor.2.[12]. El testamento que se puede hacer ante el párroco si no hay notario, Urg.4.[9]. Arrendamiento de notarías, Ager 1.[187]. Los que usurpan el oficio de escribanos o notarios, Ager 1.[182-183]. Los notarios notificarán a los fabriqueros de la catedral las colaciones de beneficios, Barc.24.[6]. Arancel para escribanos y notarios por folios de las escrituras, Barc.14.[6]; 23.[107]; y arancel para las copias de actas en caso de pérdida, Barc.14.[11]; 23.[112]. Testimonio del notario o escribano acerca de la celebración de un sínodo, Barc.20.[19]; 22.[8].

Obispos: Funciones propias del obispo, Ager 1.[26]; Barc.2.[14] 23.[14]; Ler.1.[8]. El obispo pide al clero un subsidio caritativo y la clerecía se lo concede, Barc.12 introd.; Urg.6.[2]; 11; 13; 15. El pago del catedrático por los clérigos al obispo, Barc.7.[13]; 23.[61]; Ler.16.[11-12]; Urg.6.[4]. El pago de la luctuosa por los clérigos al obispo, Ler.7.[6-7]; Segor.6.[32, 35]; 9.[16, 19]; Urg.5.[13]. Todo clérigo foráneo que va a la ciudad debe presentarse al obispo, Bar.7.[15]; 15.[8-9]; 16.[12]; 23.[62]. El obispo regala un precioso misal a la catedral, Urg.10; y manda imprimir un misal, Urg.16. Vid. **Confirmación, Orden, Óleos santos.**

Ofensas: vid. **Infamar, Injurias, Blasfemia, Libertad religiosa.**

Oficio divino: Compendio de normas para la celebración solemne o el rezo privado del Oficio divino, Ager1.[94, 97-98]; Barc.2.[46]; 10.[2]; 16.[6]; 22[6]; 23.[46,78, 94]; Ler.15.[2, 6]; Segor.1.[11-12]; 3.[4, 9]; 4.[6, 24]; 5.[5]; Urg.4.[4]; 8.[154-155]. Celebración atenta y devota, pronunciando bien las palabras, Barc.2.[46]; 16.[6]; 23.[46, 94]; Urg.8.[154-155]. Se comenzará con el Pater noster, Ler.8.[3]. Se debe rezar en la iglesia y no en las casas particulares, Barc.16.[6]; 23.[94]; Ler.15.[6]. Se ha celebrado siguiendo diversas costumbres, Ager 1.[94]. Se celebrará según la costumbre de Roma, Ager 1.[94]; según la costumbre de la iglesia metropolitana, Segor.4.[24]; según la costumbre catedralicia de la diócesis, Ler.1.[21]; Segor.1.[11]; 5.[5]; Urg.4.[4]; 8.[154]. Los beneficiados que residen en los monasterios pueden celebrarlo como los religiosos, Urg.4.[4]. Deben asistir todos los beneficiados a su celebración, Barc.22.[6]; Ler.8.[5]; Segor.1.[11]; Urg.2.[12]; 8.[153]. Los beneficiados foráneos que van a la ciudad deben asistir allí al Oficio divino, Barc.15.[8-9]. En qué momentos estarán de pie, Barc.2.[46]; 23.[46. Obligación de rezar una parte del Oficio antes de celebrar misa, Ager 1.[54]; Barc.2.[25]; 23.[25]; Ler.1.[11]; Urg.4.[2]; 8.[89]. Las vestiduras de los asistentes al coro, Barc.10.[2]; 16.[6]; 23.[78, 94]; Segor.1.[12]; 3.[9]; Urg.4.[3]; 7.[23-24]. Los clérigos asistirán con sobrepellices, Barc.10.[2]; 23.[78]; Urg.4.[3]. Los canónigos estarán con mucetas, birretes y sobrepellices, Barc.16. [6]; 23.[94]; Urg.7.[23-24]. Los clérigos pueden llevar armas para ir a Maitines, Barc.15.[7]; 23.[119]; pero no pueden estar con espadas en el coro, Urg.7.[23]. La celebra-

ción de las Horas de Sta. María, Ager 1.[97]; Barc.2.[46]; 23.[46]; Ler.6.[4]; 7.[5]; Urg.8.[155]. Unas preces para las Horas de Sta. María Ler.6.[4]. El rezo del Oficio por los difuntos en Cuaresma, Ager 1.[97]; Barc.2.[46]; 23.[46]. Conmemoraciones ordinarias en días feriados, Ler.16.[16]. La celebración con canto, Segor.3.[4]; vid. **Canto.** Los hijos de los clérigos no participarán en los oficios divinos con los padres, Segor.1.[6]; 4.[6]. Obligación de tener el libro para oficiarlo, Ler.1.[21]; los clérigos tendrán breviario propio para recibir órdenes sagradas, Segor.3.[9]. Edición de breviarios para la diócesis de Urgell, Urg.14 introd.; 14.[4]. Todos los clérigos tendrán las oraciones de Sto. Domingo y de S. Francisco, Barc.7.[29]. La celebración en tiempo de entredicho, Ler.6.[7-8]. Los parroquianos entredichos por culpa propia no serán admitidos a los oficios religiosos en su iglesia ni en otras; Urg.4.[11]. Penas pecuniarias de los que no asisten a su celebración en las iglesias, Ler.15.[2]. Vid. **Sobrepellices, Días festivos, Funerales, Misa.**

Óleos santos: Se consagran el Jueves Santo, Ager 1.[13]; Barc.2.[11, 22]; 11.][4]; 16.[8]; 23.[11, 22, 85]; Urg.8.[24]. Renovación anual, encargados de llevarlos a las iglesias, fecha y modo de hacerlo, Ager 1.[13-14, 28, 44]; Barc.2.[11, 22]; 11.[4-5]; 16.[8]; 23.[11-12, 22, 85-86]; Segor.4.[23]; Urg.7.[8-11]; 8.[24]. La edad del clérigo que vaya a recogerlos, Barc.11.[5]; 23.[86]; sus vestiduras, Barc.16. [8]; y el juramento que hará, Barc.16.[8]. Qué hacer si el que lleva los Oleos a las feligresías tiene que pernoctar en el camino, Barc.11.[5]; 23.[86]. Se repartirán gratis, Ager 1.[28]; Urg.7.[10].

Cómo los recogerán y repartirán los distintos oficialatos de la diócesis, Urg.7.[8-10]. Custodia, Ager 1.[13, 23-24]; Barc.2.[11]; 23.[11]; Ler.1.[5]; Segor.4.[23]; Urg.2.[20]; 8.[24, 115]. Peligro de que se usen para supersticiones, Ager 1.[13, 24]. Limpieza de las crismeras, Ager 1.[13]; Barc.2.[11]; 11.[4]; 23.[11, 85]; Ler.1.[9]; que serán de plata, de estaño o de otro metal, no de cristal por el peligro fractura, Barc.11.[4]; 23.[85]. Qué hacer si se agotan, Ager 1.[13]; Urg.8.[24]. Qué hacer con los antiguos, Barc.2.[11]; 11.[4]; 23.[11, 85]; Urg.8.[24]. Qué hacer si la unción en el bautismo o en la extremaunción se hace con el óleo indebido, Urg.8.[25].

Oraciones: Obligación de enseñarlas y de aprenderlas, vid. **Catequesis.** Prohibición de la azalá o zalá de los musulmanes, Segor.3.[8]. Vid. **Misa, Oficio divino, Funerales, Salve Regina.**

Ordalías: Reprobación de la salva por hierro o agua caliente, Ager 1.[105]; Barc.2.[41]; 23.[41].

Orden: Explicación sumaria del sacramento (materia, forma, ministro, efectos, órdenes diversos), Urg.8.[121-126]. El sacramento del orden fue instituido por Jesucristo, Urg.8.[20]; e introducido por los apóstoles, Urg.8.[121]. Los tres órdenes mayores y otros oficios superiores o inferiores, Urg.8.[125]. El ministro del orden, Urg.8.[20, 126, 128]. Se recibirá del obispo propio, Urg.8.[128]. Hay muchos peligros en la ordenación de clérigos, Ager 1.[92-93]; Barc.2.[37]; 23.[37]. Documentación e informes que presentarán los que solicitan ordenes, Barc.2.[37]; 23.[37]; Segor.1.[5-7]. Conocimientos necesarios y examen previo para recibir las órdenes, Ager 1.[92-93]; Barc.2.[37]; 23.[37];

Urg.8.[127]. Los ordenandos sabrán latín, Barc.2.[3, 37]; 23.[5, 37]; vid. **Ciencia.** Los concubinarios son inhábiles para recibir las órdenes, Ager 1.[201]. Los hijos ilegítimos no son aptos para las órdenes, Segor.1.[6-7]. Necesidad de título o beneficio para la ordenación, Urg.8.[128]. Valor del patrimonio del que solicita órdenes, Segor.1.[5]. Los clérigos tendrán breviario propio para recibir órdenes sagradas, Segor.3.[9]. Tiempos litúrgicos para conferir las órdenes, Urg.8.[126]. Le edad para el presbiterado, Urg.8.[129]. Los vestidos y la corona de los que se van a ordenar, Ager 1.[93]; vid. **Barba, Vestidos.** Los beneficiados recibirán las órdenes que corresponden a sus beneficios, Barc.2.[4]; Ler.2.[3]; Segor.1.[10-11]; 4.[12]. Los beneficiados curados se ordenarán de presbíteros, Barc.2.[4]. Los canónigos que no tienen órdenes sacras no pueden participar en los cabildos, Barc.2.[3]; Segor.4.[4]. Fecha y modo de obtener el certificado de la orden recibida, Ler.3.[8]. Vid. **Clérigos, Barba, Vestidos, Fuero.**

Ornamentos sagrados: La calidad de la tela de los manteles del altar, Ager 1.[6]; Segor.1.[19, 24]; Urg.8.[96]. Los corporales serán de lino y no de seda, Segor.1.[24]; hechos según la costumbre del Císter, Barc.2.[28]. No se confeccionarán con paños dedicados a usos laicos, Segor.1.[19]. En el altar habrá cinco manteles de lino para la misa, Urg.8.[90, 96]. Se deben bendecir antes de ser usados, Ager 1.[81]; Urg.2.[9]; 7.[18]. Significado de algunas vestiduras que pone el que celebra misa, Urg.8.[124]; vid. **Misa.** Limpieza de los ornamentos y quién los lavará, Ager 1.[57, 81]; Barc.2.[26, 28]; 7.[27]; 10.[4]; 23.[26, 28 80]; 25.[5]; 26.[8]; Ler.1.[9]; Segor.1.[24]; Urg.2.[19];

guir beneficios o que les perdonen deudas, Barc.26.[4]; Ler.11.[8].

Religiosos: Los frailes predicadores y los menores tienen licencias para oír confesiones, Barc.2.[15, 21]; 23.[15, 21]. Los religiosos necesitan licencia del obispo para poder confesar, Barc.26.[10]; Segor.1.[35]. Los religiosos predicadores y otros protestan contra una constitución acerca de la confesión, Barc.15.[13]. Los rectores de las iglesias recibirán bien a los religiosos, Ager 1.[112]; Barc.2.[44]; 7.[28]; Segor.2.[3]; Urg.2.[16]; 8.[162]. La clerecía pide al obispo que los religiosos no puedan cantar treintanarios y misas testamentarias, Ler.10.[6]; Segor.6.[16, 29]; 9.[14]; vid. Segor.6.[9, 25]; 9.[10]. Los religiosos que ocupan las iglesias sin licencia del obispo, Urg.2.[3]. Los religiosos que concitan a personas poderosas contra el obispo o contra personas eclesiásticas, Urg.2.[6]. Los religiosos no deben ser padrinos en el bautismo, Ager 1.[18]. Los beneficiados residentes en los monasterios pueden celebrar el Oficio divino con los religiosos, Urg.4.[4]. El arzobispo Pedro de Albalat no fue religioso cisterciense, Barc.2 introd.; pero estableció que los corporales para la misa se hagan según la costumbre del Císter, Barc.2.[28].

Residencia: Los beneficiados residirán en los beneficios, Ager 1.[167, 194-195]; Barc.2.[4]; 6.[5]; 7.[18-19]; 8.[1-3]; 10.[8]; 11.[11-12]; 15.[14]; 16.[2-5, 21]; 17.[2]; 20.[11-12]; 22.[2-4]; 23.[64, 76-77a, 92-93, 135-137]; 25.[2-3]; 26.[2-3]; Ler.2.[2]; 3.[2]; Segor.1.[10-11]; 4.[12-14]; Urg.4.[28]; 7.[4]; 8.[129, 161]. Los beneficiados residirán en las casas de los beneficios, Ler.1.[6]; vid. **Casas.** Cómo residirán los que tienen varios beneficios, Ler.16.

[10]. Graves daños que se siguen por no residir en los beneficios, Barc.20.[11-12]; 22.[2]; 23.[135]; Urg.7.[4]. El que compra los réditos de una iglesia debe residir en ella, Barc.7.[18]. Ningún beneficiado que se ausente de su beneficio puede servir una capellanía; Barc.24.[2]. Para cuánto tiempo los beneficiados pueden nombrar excusadores, Segor.4.[13]. La clerecía pide al obispo la facultad de ausentarse de los beneficios sin permiso del obispo, Segor.6.[5, 22]; 9.[7]. Lo que se pagará por la licencia para ausentarse del beneficio, Segor.6.[34]; 9.[18]. Los canónigos no están obligados a residir en los beneficios, Ager 1.[167]; Barc.8.[2]; 10.[8]; 11.[12]; 16.[2, 4]; 22.[4]; 23.[77, 92, 137]; 25.[2]; 26.[2]; Segor.4.[14]; Urg.4.[28]; los canónigos tienen que residir en los beneficios, Barc.17.[2]. Los canónigos pueden tener a su servicio un beneficiado, que estará dispensado de residir en su beneficio, Barc.24.[2]. Dispensa de residir en los beneficios para ir a estudio, Barc.20.[12]; 22.[3]; 23.[136]; Urg.4.[28].

Robo: Los que roban los frutos de las viñas o de otros frutales, Segor.4.[29]. Los que roban las personas o bienes de las iglesias, Ager 2 *passim.*

Sacramentos: Significado de sacramento, número e institución, Ager 1.[8]; Urg.8.[18-20]. Sacramentos instituidos por Jesucristo y sacramentos introducidos por los apóstoles, Urg.8.[20]. Honor y reverencia que se deben a los sacramentos, Barc.2.[6]; 23.[7], Ler.1.[3]; Urg.8.[21-22]. El sínodo promulga un tratado de los sacramentos o libro sinodal, Barc.2; Urg.7 introd.; 7.[3]; 8. Y todos deben tener este tratado de los sacramentos, Urg.8.[1]; 11; y el tratado del patriarca de Alejandría, Juan de Aragón, Barc.20.[9]; 22.[5]; 23.[127]; 25.[2]; 26.[2]. Breve resumen de un tratado de los sacramentos, Urg.9.[1-20]. Los clérigos se pueden instruir acerca de los sacramentos en las constituciones sinodales, Barc.1.[2]. Obligación de tener en las iglesias el Ordinario o Manual para administrar los sacramentos, Ager.1.[45]; Barc.2.[23]; 23.[23]; Ler.1.[21]; Urg.8.[119]; que se administrarán gratis, pero se puede recibir lo acostumbrado, Ager 1.[86, 92, 141, 145]; Barc.2.[8, 34]; 6.[8]; 7.[7]; 20.[5]; 23.[8, 34, 55]; Ler.1.[4, 19-20, 51]; Urg.8.[22-23]. La admisión de sacerdotes extraños a celebrarlos, Barc.4.[11]; Ler.3.[5]; Segor.1.[13]; Urg.2.[26]; 4.[20]. No se administrarán a parroquianos ajenos, Ager 1.[142]; Barc.4.[10-11]; 13.[5]; 23.[101]; Segor.1.[17, 28]; Urg.2.[24]. Los sacramentos que se pueden administrar en tiempo o en lugar entredicho, Ager 1.[128]; Ler.6.[7]; vid. **Entredicho**. No se negará el sacramento de la penitencia a los condenados a muerte, Urg.5.[6]. Obligación de los sacerdotes de acudir para administrar el bautismo y la penitencia, Ager 1.[19]. Vid. **Bautismo, Confesión, Confirmación, Comunión, Viático, Eucaristía, Extremaunción, Orden, Matrimonio, Velaciones, Catequesis.**

Sacristanes: Rendirán cuentas de la administración, Urg.7.[20].

Salva: vid. **Ordalías.**

Salve Regina: El canto o rezo de la Salve en las iglesias al anochecer, Ler.7.[4-5]. Se tañerá la campana para el Ángelus y el canto de la Salve al anochecer, vid. **Campanas.** Vid. **Catequesis, María Virgen.**

Santos: Listas de nombres de santos y el día de su fiesta, vid. **Días fes-**

tivos, **María Virgen.** Ver el índice onomástico.

Sarracenos: Los sarracenos vivirán en barrios distintos de los cristianos, Barc.6.[28]; vid. **Judíos.** Los que venden armas u otros bienes a los sarracenos, Barc.6.[11]; Ler. 4.[5]. Los que entregan las iglesias o sus bienes a los sarracenos, Ager 2.[78-80]. Los que venden cristianos a los sarracenos, Barc.6.[12]. Los navegantes no llevarán a bautizados y a ningunas mujeres cristianas a tierras de sarracenos, Barc.6.[20]. Es caso reservado vender armas a los sarracenos, Ler.12.[4]. Vid. **Judíos, Azalá.**

Sello: Los beneficiados tendrán sello propio que presentarán en el sínodo, Segor.1.[26]. El sello que tendrán los notarios, Barc.14.[8]; 23.[109]. Las cartas y otros escritos se deben sellar y registrar, Barc.20.[17]; 23.[133].

Semana Santa: Unas constituciones se publicaron el Domingo de Ramos y el Jueves Santo, Barc.14.[5]; 23.[106]. Vid. **Óleos santos, Jueves Santo, Viernes Santo, Confesión, Comunión.**

Sepultura: Legislación básica acerca de sepulturas y funerales, Ager 1.[140-146]. La elección de sepultura eclesiástica, Ager 1.[141, 145-146]. Todos los sacerdotes tendrán vestiduras propias para su entierro, Ager 1.[144]. Prohibición de enterrar dentro de las iglesias, Ager 1.[143, 146]; Ler.10.[4]; Segor.1.[16]; 6.[4, 21]; 9.[6]; Urg.4.[26]. Condiciones para tener sepultura dentro de las iglesias, Ler.10.[4]. La clerecía pide al obispo la facultad de sepultarse en la iglesia, Segor.6.[4, 21]; 9.[6]. Los beneficiados pueden elegir sepultura dentro de la iglesia de su beneficio, Ager 1.[146]. No se negará la sepultura por deudas, Ler.1.[29]. La sepultura eclesiástica de los ajusticiados, Ager.1.[60]; Barc.2.[31]; 23.[31]. Los concubinarios carecen de sepultura eclesiástica, Ager 1.[204]; Barc.26.[5]; Segor.2.[6, 10]; cf. Segor 4.[39]. Prohibición de participar en entierros con judíos, Barc.26.[13]; vid. **Judíos.** Prohibición de dar sepultura eclesiástica en tiempo de entredicho, Segor.4.[42]; Urg.4.[12]. La clerecía pide al obispo tener sepultura eclesiástica en tiempo de entredicho, Segor.6.[14, 28]; 9.[13]. La sepultura eclesiástica se hará gratis, pero se puede recibir lo acostumbrado, Barc.2.[34]; 20.[5]; 23.[34]; Ler.1.[29, 51]. Vid. **Cementerios, Funerales, Difuntos.**

Simonía: El pecado de simonía y penas de los simoníacos, Urg.8.[23].

Sínodo: Obligación de celebrar sínodo, finalidad y desarrollo, Ager 1.[2-7]; Barc.2.[5]; 20.[2]; 23.[6, 122]; Ler.1.[2]; Segor.1.[1-4]; 2.[2-3]; 3.[1-3]; 4.[1-2]; 5.[1-4]; 6.[1]; 8.[1]; 9.]1-2]; Urg.4.[1]; 5.[1]; 6.[4-5]; 7.[2-3]; 8.[2-7]; 14.[1-32]; 15.[1-9]. Alusión a sínodos anteriores al siglo XIII, Barc. introd. gral.; 1. Hace mucho tiempo que no se celebra sínodo en la diócesis, Urg.4.[1]; 5 introd.; 5.[1]. Hace treinta y cuatro años que no se celebra sínodo en la diócesis, Urg.6 introd.; 6.[3]; hace cincuenta y dos años, Urg.11. Un sínodo menciona todos los sínodos de la diócesis precedentes, Urg.7.[2]. Enumeración de los sínodos celebrados en la abadía de Ager, Ager introd.gral. Minuciosas normas o reglamento para la celebración del sínodo, Barc.27.[1-9]; Urg.8.[7]. Obligados a asistir al sínodo, Ager 1.[5-7, 157]; Barc.2.[5]; 7.[23]; 10.[9]; 17.[7]; 23.[6, 84]; Ler.1.[2]; Segor.1.[3]; 2.[3]; Urg.8.[2]. Penas de los que no asisten alguno de los días del sínodo, Barc.10.[9];

23.[84]; y agravamiento de estas penas, Barc.17.[7]. Los clérigos que no asistieron al sínodo piden la remisión de las penas, Ler.16.[6]. Listas de asistentes, Urg.14.[1-3, 8, 12-28]; 15.[1-2, 6, 9]. Comportamiento de los asistentes en la ida y en el regreso del sínodo, Urg.8.[3]. Los que van al sínodo no emplearán mucho tiempo en el viaje, Ler.1.[41]. Antes de partir para el sínodo los curas deben visitar los enfermos de la feligresía, Ager 1[110]; Barc.2.[43]; 23.[43]; Ler.1.[35]; Urg.8.[6]. Los asistentes al sínodo irán en ayunas, Ager 1.[5]; Barc.2.[5]; 23.[6]; Ler.1.[2]; Urg.8.[3]. Los vestidos de los asistentes al sínodo, Ager 1.[5]; Barc.2.[5]; 23.[6]; Ler.1.[2]; Segor.1.[3]; Urg.5.[8]; 8.[3]. Forma de comportarse en el sínodo, Ager 1.[5]; Barc.2.[5]; 23.[6]; Ler.1.[2]; Urg.8.[3, 5]. Peticiones de la clerecía al obispo en el sínodo, Barc.15.[5, 9, 11, 13]; 23.[118]; Ler.16.[2-12]; Segor.6.[2-17, 19-35]; 9.[3-19, 21-30]. Duración del sínodo, Ager 1.[5]; Barc.27 introd. Nadie se marchará antes de concluir el sínodo, Urg.6.[5]. Fecha para la celebración del sínodo, Ager 1.[5-7]; Segor.1.[2-3]; Urg.8.[2]; y fecha que se establece para la futura celebración del sínodo, Segor.1.[3]. El sínodo se celebrará alternativamente en Segorbe y en Albarracín, Segor.2.[3]; 5.[4]. El sínodo recopila las constituciones diocesanas, Urg.7.[2]. La clerecía pide al obispo que confirme todas las constituciones de sus predecesores, Segor.9.[4]. Aprobación de las constituciones de los predecesores y obligación de cumplirlas, Ager1.[178]; Barc.10.[2]; 23.[78]; Ler.6.[2]; 7.[2]; 8.[2]; 12.[2]; 13.[2]; Segor.3.[3]; 4.[2]; 5.[3]. Los asistentes al sínodo presentarán una copia de las constituciones anteriores y la tendrán delante de sí en el sínodo, Segor.1.[4]; Urg.8.[4]; (vid. Barc.13.[6]). Los beneficiados presentarán su sello propio en el sínodo, Segor.1.[26]. Cada sinodal llevará al sínodo los nombres de sus parroquianos fallecidos aquel año, Ager 1.[102]; Barc.2.[47]; 23.[47]. El sínodo promulga un libro sinodal o tratado de los sacramentos, Barc.2 introd.; Urg.7 introd.; 7.[3]; 8. La edición de un nuevo breviario para la diócesis, Urg.14 *passim;* vid. **Imprenta;** la concesión de un subsidio al obispo, Barc.12 introd.; Urg.6.[2]; 11, 13, 15 *passim;* vid. **Subsidios.** Las constituciones sinodales se olvidan y no se cumplen, Ager 1.[2]; Ler.1.[49]; 6.[19]; 15.[10]. Obligados a tener las constituciones sinodales y plazo para adquirirlas, Ager 1.[155-156, 170-171, 179]; Barc.4.[2-3]; 7.[14]; 11.[2]; 13.[6]; 16.[9]; 20.[18]; 22[7]; 23.[4]; 24.[17]; 25.[2]; Ler.6.[19-20]; 15.[10]; 16.[18]; Segor.1.[41-42]; 2.[15]; 4.[51]; Urg.5.[12]; 8.[4]; 11. Son muchos los que no tienen o no cumplen las constituciones sinodales, Barc.4.[3]; 11.[3]; 24.[17]. La clerecía pide más largo plazo para tener las constituciones, Ler.16.[8]; y pide también que las constituciones se abrevien, Ler.16.[8]. Resumen de las constituciones sinodales de la diócesis, Ler.13.[10-24]. Pena de los clérigos que no tienen las constituciones sinodales y provinciales, Barc.6.[17]; y control de si los clérigos tienen las constituciones, Barc.13.[6]; (vid. Segor.1.[4]; Urg.8.[4]). Algunas constituciones sinodales no afectan a los miembros de la catedral, Ager 1.[167]; Barc.8.[2]; 10.[8]; 11.[12]; 16.[2, 4]; 22.[4]; 23.[77.92, 137]; 25.[2]; 26.[2]; Segor.4.[14]; Urg.4.[28]. Obligación de publicar y explicar al pueblo las constituciones sinodales, Ager 1.[155]; Ler.1.[57]; 7.[12]. Obligación especial de publicar algunas constituciones en las feligresías, Ager 1.[91, 166, 172, 175, 185]; Barc.8.[6, 8,15]; 11.[10]; 13.[2]; 14.[4]; 15.[12]; 23.[91, 99, 105, 120]; 24.[18]; 25.[7-8]; 26.[11-12]; Ler.1.[55]; 12.[8]; 13.[4, 6-8]; 14.[4]; Segor.1.[30, 43]; 3.[7]; 4.[22]. Obligación de enviar alguna constitución a las feligresías vecinas, Barc.8.[15]. Alusión a constituciones desconocidas o perdidas, quizá no siempre sinodales, Barc. introd.gral.; 1; 13.[6]; Urg.1; 2.[1, 24]; 3 introd.; 3.[5]; 5.[13];7.[4, 12]. Lectura final de las constituciones en el sínodo, Urg.5.[14]. Aprobación de un sínodo en un documento posterior, Segor.8.[10]; 9 introd. Aprobación regia y pontificia de unas constituciones, Ager 2.[81-87]. Cómo se pueden corregir las copias de las constituciones, Ler.6.[20]. Profesión de buena fe del autor o del copista del texto sinodal, Urg.8.[171]; y testimonio del notario o escribano acerca de la celebración del sínodo, Barc.22[8]. El cabildo se niega a intervenir en un sínodo y se opone a que se celebre fuera de la catedral, Urg.15 introd. No es necesario reunir el sínodo para aprobar pequeños subsidios de la clerecía al personal pontificio, Ler.13.[9]. La conveniencia de hacer una compilación de las constituciones sinodales, Barc.23.[2]; criterios para hacer la nueva compilación y su validez, Barc.23.[3]. Las constituciones que no están en la compilación, Barc.23.[3]; Ler.6.[20]; 15.[11]. El destino de las penas pecuniarias que se imponen en las constituciones, Segor.4.[43]. Alusión al pago del sinodático, Barc.7.[13]; 23[61]; Urg.6.[4] vid. **Catedrático.** Un sínodo presidido por el arzobispo metropolitano en una sede sufragánea, Barc.2 introd. Carta que establece la edición de unos sínodos, Ager 1.[2]. Sínodos impresos, Ager 1-2; vid. **Imprenta.**

Sobrepellices: Las usarán los clérigos en las celebraciones religiosas, Ager 1.[52, 193]; Barc.2.[25]; 10.[2]; 16.[8]; 23.[25, 78]; Ler.1.[10]; Urg.4.[3]; 7.[23]; 8.[89]; las llevarán los asistentes al sínodo, Segor.1.[3]; Urg.5.[8]; 8.[3]. Las llevarán los clérigos en el coro y en las procesiones, Segor.1.[12]. Y las llevarán los que ayuden a misa, Segor.3.[4]. Vid. **Ornamentos sagrados.**

Sombreros: Los clérigos no tendrán la cabeza cubierta durante la misa, Urg.4.[3]; 8.[89]. Las vestiduras de los asistentes al coro, Barc.10.[2]; 16.[6]; 23.[78, 94]; Segor.1.[12]; 3.[9]; Urg.4.[3]; 7.[23-24]. Prohibición de capuchas en la cabeza durante el Oficio divino, Barc.16.[6]; 23.[94].

Sortilegios: vid. **Supersticiones.**

Subsidios: El obispo pide un subsidio caritativo a la clerecía y se le concede, Barc.12 introd.; Urg.6.[2]; 11; 13; 15. Para aprobar un pequeño subsidio de la clerecía al personal pontificio es suficiente convocar a los clérigos de la ciudad, sin convocar sínodo, Ler.13.[9]. Cómo pagarán los subsidios caritativos los que tienen varios beneficios, Ler.16.[9-10]. Condiciones para que los abades de Ager puedan exigir un subsidio a los clérigos, Ager 1.[152]. Vid. **Contribuciones, Limosnas, Diezmos, Aranceles.**

Supersticiones: Alusión a varias supersticiones y penas contra los hechiceros, adivinos, sortílegos, saludadores, etc., Ager 1.[105]; Barc.2.[41]; 6.[32]; 23.[41]; Segor.3.[7]. Peligro de que se use el agua del bautismo o los santos Óleos para supersticiones, Ager 1.[12-13, 23-24]; Barc.2.[8]; 23.[8]. Prohibición de sortilegios y ligaciones en los matrimonios, Ager 1.[86]; Barc.2.[34]; 23.[34]. Los que hacen conjuros contra algunas personas, Urg.2.[23]. Los que acuden a adivinos, Barc.6.[32]; Ler.4.[10]. Es caso reservado la adivinación, Ler.12.[4]. No se levantarán altares por supuestas revelaciones, Segor.1.[23]. Vid. **Ordalías.**

Suspensión: La forma de imponer la suspensión, Barc.10.[7]; 23.[83]. Pena de los clérigos que dictan sentencia de excomunión, de suspensión o de entredicho sin monición previa y sin escrito, Barc.6.[16]. El que está suspenso no queda absuelto porque satisfaga, Barc.7.[26]; 23.[69]. Vid. **Ensordecimiento, Excomunión.**

Tabernas: Los clérigos no entrarán en las tabernas, salvo yendo de camino, Ager 1.[204]; Barc.2.[40]; 23.[40]; Ler.1.[25]; Segor.1.[8]; Urg.2.[17]. Los clérigos no tendrán tabernas a no ser para vender su propio vino, Barc.24.[4].

Tarragona: Alusión a algunos concilios de Tarragona, Ager 1 introd.; 1.[2, 139, 153, 182-183, 188]; 2 *passim;* ver el índice toponímico. Un sínodo de Barcelona presidido por el arzobispo de Tarragona, Barc.2 introd.

Teatro: Los clérigos no serán comediantes, Urg.7.[15]; 8.[156]. Se evitarán las farsas en las misas nuevas, Ler.16.[21]. Vid. **Bailes, Canto.**

Testamentos: El testamento que se puede hacer ante el párroco si no hay notario, Urg.4.[9]. Obligación de cumplir los testamentos, fecha para hacerlo y cumplimiento subsidiario por el obispo, Ager 1.[174, 177]; Barc.24.[7]; 26.[17];

4. ÍNDICE SISTEMÁTICO

SEGORBE-ALBARRACÍN

URGELL